Managementwissen für Studium und Praxis

Herausgegeben von Professor Dr. Dietmar Dorn und Professor Dr. Rainer Fischbach

Bisher erschienene Werke:

Arrenberg · Kiy · Knobloch · Lange, Vorkurs in Mathematik, 2. Auflage
Baršauskas · Schafir, Internationales Management
Barth · Barth, Controlling
Behrens · Kirspel, Grundlagen der Volkswirtschaftslehre, 3. Auflage
Behrens, Makroökonomie – Wirtschaftspolitik
Bichler · Dörr, Personalwirtschaft – Einführung mit Beispielen aus SAP® R/3® HR®
Blum, Grundzüge anwendungsorientierter Organisationslehre
Bontrup, Volkswirtschaftslehre, 2. Auflage
Bontrup, Lohn und Gewinn
Bontrup · Pulte, Handbuch Ausbildung
Bradtke, Mathematische Grundlagen für Ökonomen, 2. Auflage
Bradtke, Übungen und Klausuren in Mathematik für Ökonomen
Bradtke, Statistische Grundlagen für Ökonomen, 2. Auflage
Bradtke, Grundlagen im Operations Research für Ökonomen
Breitschuh, Versandhandelsmarketing
Busse, Betriebliche Finanzwirtschaft, 5. A.
Camphausen, Strategisches Management
Clausius, Betriebswirtschaftslehre I
Clausius, Betriebswirtschaftslehre II
Dinauer, Allfinanz – Grundzüge des Finanzdienstleistungsmarkts
Dorn · Fischbach, Volkswirtschaftslehre II, 4. Auflage
Dorsch, Abenteuer Wirtschaft ·75 Fallstudien mit Lösungen
Drees-Behrens · Kirspel · Schmidt · Schwanke, Aufgaben und Lösungen zur Finanzmathematik, Investition und Finanzierung
Drees-Behrens · Schmidt, Aufgaben und Fälle zur Kostenrechnung
Ellinghaus, Werbewirkung und Markterfolg
Fank, Informationsmanagement, 2. Auflage
Fank · Schildhauer · Klotz, Informationsmanagement: Umfeld – Fallbeispiele
Fiedler, Einführung in das Controlling, 2. Auflage
Fischbach · Wollenberg, Volkswirtschaftslehre I, 12. Auflage
Fischer, Vom Wissenschaftler zum Unternehmer
Frodl, Dienstleistungslogistik
Götze, Techniken des Business-Forecasting
Götze, Mathematik für Wirtschaftsinformatiker
Götze · Deutschmann · Link, Statistik
Götze · van den Berg, Techniken des Business Mapping
Gohout, Operations Research, 2. Auflage
Haas, Kosten, Investition, Finanzierung – Planung und Kontrolle, 3. Auflage
Haas, Marketing mit EXCEL, 2. Auflage
Haas, Access und Excel im Betrieb
Hans, Grundlagen der Kostenrechnung
Hardt, Kostenmanagement, 2. Auflage
Heine · Herr, Volkswirtschaftslehre, 3. Aufl.
Hildebrand · Rebstock, Betriebswirtschaftliche Einführung in SAP® R/3®
Hofmann, Globale Informationswirtschaft
Hoppen, Vertriebsmanagement
Koch, Marketing
Koch, Marktforschung, 4. Auflage
Koch, Gesundheitsökonomie: Kosten- und Leistungsrechnung
Krech, Grundriß der strategischen Unternehmensplanung
Kreis, Betriebswirtschaftslehre, Band I, 5. Auflage
Kreis, Betriebswirtschaftslehre, Band II, 5. Auflage
Kreis, Betriebswirtschaftslehre, Band III, 5. Auflage
Laser, Basiswissen Volkswirtschaftslehre
Lebefromm, Controlling – Einführung mit Beispielen aus SAP® R/3®, 2. Auflage
Lebefromm, Produktionsmanagement, 5. Auflage
Martens, Betriebswirtschaftslehre mit Excel
Martens, Statistische Datenanalyse mit SPSS für Windows, 2. Auflage
Martin · Bär, Grundzüge des Risikomanagements nach KonTraG
Mensch, Investition
Mensch, Finanz-Controlling
Mensch, Kosten-Controlling
Müller, Internationales Rechnungswesen
Olivier, Windows-C – Betriebswirtschaftliche Programmierung für Windows
Peto, Einführung in das volkswirtschaftliche Rechnungswesen, 5. Auflage
Peto, Grundlagen der Makroökonomik, 12. Auflage
Peto, Geldtheorie und Geldpolitik, 2. Aufl.
Piontek, Controlling, 2. Auflage
Piontek, Beschaffungscontrolling, 2. Aufl.
Piontek, Global Sourcing
Plümer, Logistik und Produktion
Posluschny, Controlling für das Handwerk
Posluschny, Kostenrechnung für die Gastronomie, 2. Auflage
Posluschny · von Schorlemer, Erfolgreiche Existenzgründungen in der Praxis
Reiter · Matthäus, Marktforschung und Datenanalyse mit EXCEL, 2. Auflage
Reiter · Matthäus, Marketing-Management mit EXCEL
Reiter, Übungsbuch: Marketing-Management mit EXCEL
Rothlauf, Total Quality Management in Theorie und Praxis, 2. Auflage
Rudolph, Tourismus-Betriebswirtschaftslehre, 2. Auflage
Rüth, Kostenrechnung, Band I
Sauerbier, Statistik für Wirtschaftswissenschaftler, 2. Auflage
Schaal, Geldtheorie und Geldpolitik, 4. Auflage
Scharnbacher · Kiefer, Kundenzufriedenheit, 3. Auflage
Schuchmann · Sanns, Datenmanagement mit MS ACCESS
Schuster, Kommunale Kosten- und Leistungsrechnung, 2. Auflage
Schuster, Doppelte Buchführung für Städte, Kreise und Gemeinden
Specht · Schmitt, Betriebswirtschaft für Ingenieure und Informatiker, 5. Auflage
Stahl, Internationaler Einsatz von Führungskräften
Steger, Kosten- und Leistungsrechnung, 3. Auflage
Stender-Monhemius, Marketing – Grundlagen mit Fallstudien
Stock, Informationswirtschaft
Strunz · Dorsch, Management
Strunz · Dorsch, Internationale Märkte
Weeber, Internationale Wirtschaft
Weindl · Woyke, Europäische Union, 4. Aufl.
Wilde, Plan- und Prozesskostenrechnung
Wilhelm, Prozessorganisation
Wörner, Handels- und Steuerbilanz nach neuem Recht, 8. Auflage
Zwerenz, Statistik, 2. Auflage
Zwerenz, Statistik verstehen mit Excel – Buch mit CD-ROM

Volkswirtschaftslehre

Grundlagen der Mikro- und Makroökonomie

Von
Professor
Dr. Heinz-J. Bontrup

2., unwesentlich veränderte Auflage

R. Oldenbourg Verlag München Wien

Bibliografische Information Der Deutschen Bibliothek

Die Deutsche Bibliothek verzeichnet diese Publikation in der Deutschen Nationalbibliografie; detaillierte bibliografische Daten sind im Internet über <http://dnb.ddb.de> abrufbar.

Rosenheimer Straße 145, D-81671 München
Telefon: (089) 45051-0
www.oldenbourg-verlag.de

Gedruckt auf säure- und chlorfreiem Papier
Druck: R. Oldenbourg Graphische Betriebe Druckerei GmbH

ISBN 3-486-57576-7

Inhaltsverzeichnis

Vorwort

Das vorliegende Lehrbuch behandelt in zehn Kapiteln die wesentlichen mikro- und makroökonomischen Grundlagen und Grundprobleme der Volkswirtschaftslehre. Hierbei werden sowohl die theoretischen Erkenntnisse als auch die verschiedenen wirtschaftspolitischen Ausrichtungen des Faches kritisch reflektiert und durch den Autor an vielen Stellen einer Bewertung unterzogen. Dies gilt insbesondere in bezug auf eine neoklassische und keynesianische Wirtschaftspolitik, die in den einzelnen Kapiteln mehr oder weniger polarisierend erläutert wird. An den Stellen, wo es möglich war, wurde zusätzlich ein historischer Kontext hergestellt.

Das Buch basiert auf Lehrerfahrungen des Autors im Bereich von Universität, Fachhochschule, Akademien sowie im Bereich der Erwachsenenbildung. Es richtet sich an Studierende der Volks- und Betriebswirtschaft an Universitäten und Fachhochschulen, aber auch an Studenten und Studentinnen der Rechts- und Sozialwissenschaften mit Volkswirtschaftslehre als Nebenfach.

Der Autor hat insgesamt zum besseren Verständnis das umfangreiche theoretische Wissensgebiet mit jeweils aktuellem empirischen Zahlenmaterial in zahlreichen Tabellen und Übersichten angereichert. Der Leser wird damit in die Lage versetzt, durch eine eigenständige Fortschreibung der Daten aus einschlägigen Statistiken, einen ständig aktuellen Bezug zur wirtschaftlichen Entwicklung zu halten. Außerdem wird der Text durch Grafiken und verständliche mathematische Darstellungen abgerundet. Am Ende eines jeden Kapitels befindet sich ein ausführliches Literaturverzeichnis, das neben der zitierten Literatur weitere Hinweise für ein vertiefendes Studium der jeweiligen Fachthematik enthält.

Dank schuldet der Autor all denjenigen, die durch viele Hinweise und Diskussionsprozesse zur Verbesserung der unterschiedlichen Konzeptionen und Niederschriften des Buches beigetragen haben. Viele didaktisch-pädagogische Hinweise von Studierenden sind dabei berücksichtigt worden. In der „heißen" Schlußphase der endgültigen Herstellung des Manuskriptes haben mich ganz besonders Frau Dipl. Kfm. Patricia Wischerhoff und Herr stud. Kai Springob unterstützt. Auch zu danken habe ich meiner lieben Frau Ingrid, die nicht unbeträchtliche Opportunitätskosten bei der Erstellung des Buches hat tragen müssen. Ohne ihre verständnisvolle Unterstützung wäre das Buch nicht möglich gewesen. Für kritische und konstruktive Hinweise zum Buch ist der Autor jederzeit dankbar.

Heinz-J. Bontrup

1. Kapitel
Ökonomie als Wissenschaft

1. Zur Systematik der Wissenschaften

Der Ursprung aller Wissenschaften war die **Philosophie**, die im 12. Jahrhundert in vier Bereiche unterteilt wurde: in die **theoretische Philosophie** mit den Einzeldisziplinen Theologie, Mathematik und Physik, die **praktische Philosophie**, wozu man die Ethik, Politik und erste Ansätze der Ökonomie zählte, die **mechanische Philosophie** (heute würde man darunter die Ingenieurwissenschaften subsumieren) und die **logische Philosophie** wie Rhetorik, Grammatik und Dialektik. Durch die fortwährende Entwicklung des menschlichen Wissens hat sich die Wissenschaft im Laufe der Zeit immer mehr in einzelne Disziplinen und Wissenschaftsbereiche differenziert und damit auch spezialisiert.

Heute teilt man die Wissenschaft allgemein in **Real- und Formalwissenschaften** ein. Die Philosophie und die Theologie werden als **metaphysische**, als überempirische Wissenschaften eingestuft, während die Realwissenschaften die Realität untersuchen und beschreiben. Man bezeichnet sie deshalb auch als empirische Wissenschaften. Neben den **Naturwissenschaften** (Physik, Chemie, Biologie, Medizin u.a.) zählen auch die **Sozialwissenschaft** und die **Geschichte** zu den Realwissenschaften. Im Gegensatz dazu stellen die Formalwissenschaften (Mathematik, Statistik) Denkformen und Verfahrensregeln zur Erkenntnisgewinnung in den Realwissenschaften bereit. Sie bilden quasi Instrumente, deshalb bezeichnet man sie auch als instrumentale Wissenschaften.

Die **Wirtschaftswissenschaft**, zu der die **Volkswirtschaftslehre**, **Betriebswirtschaftslehre** und die **Wirtschaftsgeschichte** (incl. der wirtschaftstheoretischen Dogmengeschichte) gezählt werden, wird neben der Soziologie, Psychologie, Rechtswissenschaft und Politologie unter die Sozialwissenschaft subsumiert. Ihr **Untersuchungsobjekt** (Erkenntnisgegenstand) sind allgemein die Erscheinungen des Wirtschaftslebens, in dem bestimmte **wirtschaftliche Grundfragen** entstehen, die es zu beantworten gilt.

Dies sind Fragen hinsichtlich der **Produktion und des Verbrauchs von Gütern**. Was und wieviel soll jeweils produziert und verbraucht werden? Diese Fragen zielen auf die

Wirtschaftsstruktur einer Volkswirtschaft ab. Soll eine Wirtschaft z.B. mehr aus einer Konsumgüter- oder Investitionsgüterindustrie bestehen? Auch die Frage, wie produziert werden soll, ist zu entscheiden, wobei das Problem der **wirtschaftlichen Produktionstechnik** aufgeworfen wird. Unter den vielen technischen Verfahren ist das Produktionsverfahren auszuwählen, das für eine gegebene Produktionsmenge den geringsten Aufwand erfordert. Weiter spielt die **Standortfrage** eine wesentliche Rolle. Wo soll produziert werden? Wann produziert und verbraucht werden soll, betrifft die Entscheidungen über **Investieren** und **Sparen**. Und nicht zuletzt entsteht die Frage, für wen produziert werden soll. Hier ist die **Verteilungsfrage** der arbeitsteilig erzeugten Wertschöpfung in einer Volkswirtschaft angesprochen.

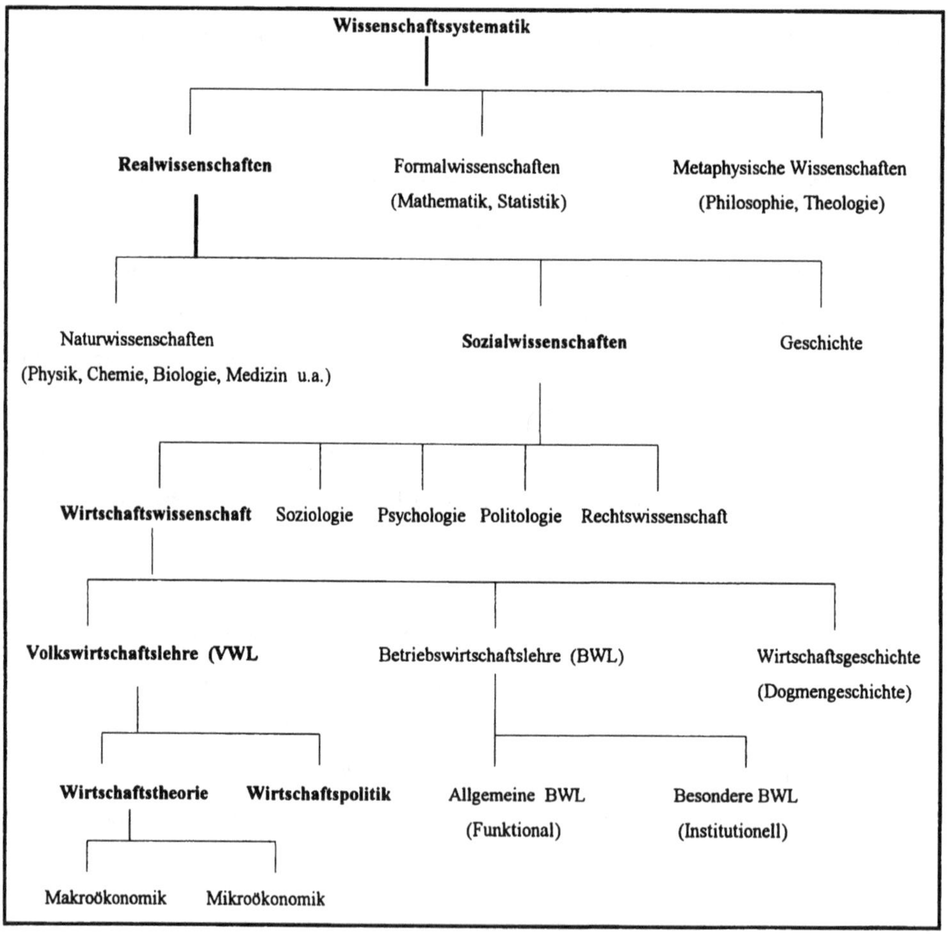

Seit Beginn des 20. Jahrhunderts hat sich die Wirtschaftswissenschaft - überwiegend im deutschen Sprachbereich - in eine **Volks- und Betriebswirtschaftslehre** differenziert. Während sich die Betriebswirtschaftslehre (BWL), die in den Anfängen insbesondere von ***Eugen Schmalenbach*** *(1873 bis 1955)* geprägt wurde[1], **einzelwirtschaftlich** mit Fragen der Wirtschaftseinheiten (Unternehmen und Haushalte), deren Strukturen und Prozesse beschäftigt, untersucht die Volkswirtschaftslehre (VWL) die **gesamtwirtschaftlichen** Zusammenhänge auf mikroökonomischer und makroökonomischer Ebene.

Die Betriebswirtschaftlehre hat sich dabei in eine **allgemeine oder funktionale BWL** und eine **institutionelle oder besondere BWL** weiterentwickelt. Die funktionale BWL ist auf die wirtschaftlich relevanten Funktionen wie Beschaffung, Produktion, Absatz, Finanzierung und Investierung, Controlling sowie auf die Personalwirtschaft ausgerichtet, während die institutionelle BWL in Wirtschaftszweige und -sektoren, wie die Industriebetriebslehre, Handelsbetriebslehre, Bank- und Versicherungsbetriebslehre u.a., differenziert wird. Ähnlich wie in der Betriebswirtschaftslehre vollzog sich auch in der Volkswirtschaftlehre eine Differenzierung in die theoretischen Teilbereiche der **Mikro- und Makroökonomik** sowie eine normative **Wirtschaftspolitik**. Die **Mikroökonomik** untersucht dabei die Entscheidungsprozesse der einzelnen Wirtschaftseinheiten wie Unternehmen und Haushalte, wodurch sich das Arbeitsfeld der Mikroökonomik stark mit der Betriebswirtschaftslehre überschneidet, wenn nicht sogar, wie einige Autoren meinen, identisch ist. Hier wird z.B. die Konsumnachfrage eines einzelnen Haushalts oder die Preisbildung auf Einzelmärkten unter Berücksichtigung bestimmter betrieblicher Kostenverläufe untersucht. In der **Makroökonomik** werden dagegen die Ursachen und Wirkungen der Veränderungen der zusammengefaßten (aggregierten) ökonomischen Größen - auch als Globalgrößen bezeichnet - wie das Sozialprodukt, die Beschäftigung oder das gesamtwirtschaftliche Preisniveau, analysiert. Dazu werden die mikroökonomisch ausgerichteten Einzelmärkte zu makroökonomischen Gesamtmärkten (Güter-, Geld- und Arbeitsmarkt) aggregiert, um ihre **kreislauftheoretischen Zusammenhänge** und Interdependenzen darzustellen.

Während die Mikro- und Makroökonomik als **Wirtschaftstheorie** der **positiven Ökonomik** zugeordnet werden, wird die **Wirtschaftspolitik** der **normativen Ökonomik** zugeteilt. Die Wirtschaftstheorie versucht durch **Theorienbildung** (vgl. dazu den Punkt 5 in diesem Kapitel)

[1] Vgl. Sönke Hundt, Zur Theoriegeschichte der Betriebswirtschaftslehre, Köln 1977, S. 47ff.

Kausalaussagen (Ursache-Wirkungs-Beziehungen) herzustellen. Sie fragt nach dem, was ist und weshalb es so ist? Eine konkrete Fragestellung könnte hier z.B. lauten: Warum steigen in hoch konzentrierten und vermachteten Märkten die Preise schneller als auf Wettbewerbsmärkten?

Positive Ökonomik	Normative Ökonomik
↓	↓
Wirtschaftstheorie	Wirtschaftspolitik
Ursache	Mittel
⇑	⇑
⇓	⇓
Wirkung	Ziel

Die normative Ökonomik fragt dagegen nach dem, was wirtschaftspolitisch realisierbar ist und wie sich bestimmte Ziele erreichen lassen. Wie sollte z.B. die personelle Einkommensverteilung zur Belebung des wirtschaftlichen Wachstums verändert werden? Die **Ursache-Wirkungs-Zusammenhänge** der Wirtschaftstheorie werden demnach in der Wirtschaftspolitik zu **Mittel-Ziel-Beziehungen** umgewandelt, womit das Problem des **Werturteils** in der Wirtschaftswissenschaft entsteht (vgl. dazu Punkt 4 in diesem Kapitel).

2. Zur Herausbildung der Wirtschaftswissenschaft

Sieht man von den Anfängen ökonomischen Denkens in der **Antike** bis zum **Mittelalter** ab,[1] so kam es erst zur Zeit des **Merkantilismus** im 17. Jahrhundert zu einer ersten systematischen wissenschaftlichen Beschreibung von wirtschaftlichen Zusammenhängen. Es wurden Fragen nach dem Reichtum der Nationen und wie man diesen Reichtum vermehren kann ebenso aufgeworfen, wie Fragen nach der Wertbestimmung einer Ware und nach welchen Gesetzmäßigkeiten sich der Wert bzw. daraus abgeleitet der Preis einer Ware verändert. Es war ***Sir William Petty (1623 bis 1687)*** der als erster Ökonom ein gesamtwirtschaftliches Konzept des

[1] Hier sind die ökonomischen Lehren in der Antike von ***Aristoteles** (384 bis 322 v. Chr.)*, der der Ökonomie den Namen gegeben hat (oikonomia), aber auch von ***Platon** (427 bis 347 v. Chr.)* zu erwähnen. Im Mittelalter ragt ***Thomas von Aquin** (1225 bis 1274)* mit seiner Lehre vom gerechten Preis und seiner Auffassung vom Zinsverbot heraus. Vgl. dazu Peter Koslowski, Politik und Ökonomie bei Aristoteles, Tübingen 1993, Siegfried Wendt, Geschichte der Volkswirtschaftslehre, 2. Aufl., Berlin 1968, Francesco De Martino, Wirtschaftsgeschichte des alten Rom, München 1985, Gerhard Stavenhagen, Geschichte der Wirtschaftstheorie, 4. Aufl., Göttingen 1969,

„Mehrprodukts" bzw. „Überschusses" konzipierte. Damit kann man ihn als den Begründer der Lehre von der Wertschöpfung durch produktive Arbeit bezeichnen.

„Die Arbeit ist der Vater und das aktive Prinzip des Wohlstandes, so wie der Boden seine Mutter ist." (Petty)

Die **Physiokraten**, wie ***Francois Quesnay*** *(1694 bis 1774)*, der im Jahr 1758 als erster Ökonom einen gesamtwirtschaftlichen Wirtschaftskreislauf („Tableau Economique") zwischen drei Wirtschaftssektoren theoretisch darstellte, und ***Robert Jacques Turgot*** *(1727 bis 1781)* u.a., der das Ertragsgesetz konstituierte, leiteten dagegen den Wohlstand einer Volkswirtschaft noch überwiegend aus dem Produktionsfaktor **Boden** ab, wenn auch sie wußten, daß die Naturkräfte nicht ohne menschliches Zutun entwickelt werden können. So ist es verständlich, daß die **Arbeit** letztlich von der **Klassischen Ökonomie** als die alleinige wertbildende Kraft bestimmt wurde.

Der endgültige Durchbruch der wissenschaftlichen Ökonomie wurde aber erst durch ***Adam Smith*** *(1723 bis 1790)* mit seinem 1776 veröffentlichten Buch: „An Inquiry into the Nature and Causes of the Wealth of Nations" eingeleitet. Die Veröffentlichung von Smith kann auch als die „Geburtsstunde" der **Klassischen Ökonomie** bezeichnet werden, die eine **Politische Ökonomie** war, weil sie stark durch wirtschaftspolitische Zielvorstellungen geprägt wurde. Unterstützung und eine Weiterentwicklung fand die Klassische Ökonomie u.a. durch die Ökonomen ***Thomas Malthus*** *(1766 bis 1834)*, der sich insbesondere mit der Bevölkerungsentwicklung und den daraus entstehenden wirtschaftlichen Problemen beschäftigte, ***David Ricardo*** *(1772 bis 1823)*, der die kapitalistische Verteilungsfrage anhand der Produktionsfaktoren untersuchte und ***John Stuart Mill*** *(1806 bis 1873)* dessen Buch: „Principles of Political Economy" über viele Jahrzehnte als die „Bibel der Ökonomen" bezeichnet wurde, und der die Klassische Ökonomie in ihrer Vollendung darlegte.

In der Klassischen Theorie der Makroökonomik lag der Schwerpunkt der Untersuchungen im Gegensatz zu heute nicht auf den *kurzfristigen Wirkungen* und Veränderungen des gesamtwirtschaftlichen Gleichgewichts, sondern auf den **langfristigen Entwicklungen**; insbesondere der **Beschäftigungsschwankungen**. Unter dem damals vorherrschenden raschen *Bevölkerungswachstums* wurde die Frage gestellt, wie sich die gesamtwirtschaftliche Beschäftigung verhält, wenn der volkswirtschaftliche *Kapitalstock* in geringerem oder größerem Maße wächst als die Bevölkerung selbst. Denn der Kapitalstock, bei dem man einen fixen und einen variablen Teil unterschied, wobei der variable Teil dem *Lohnfonds* entspricht aus dem alle Arbeitskräfte bezahlt werden müssen, begrenzt mit seinem Volumen den Umfang des Bevölkerungswachstums und damit die Beschäftigung. Solange akkumuliert wird, d.h. der Kapitalstock wächst, und von einer möglichen, die Nahrungsmittelmenge beschränkenden Bodenknappheit abgesehen werden kann, nehmen die Beschäftigungsmöglichkeiten zu. Eine steigende Kapitalausrüstung erhöht die Arbeitsnachfrage. Die Beschäftigung wurde dabei ausschließlich von der **Angebotsseite**, d.h. von dem akkumulierten Kapitalstock, abgeleitet. Die Nachfrageseite des Gütermarktes bestimmt demnach die Beschäftigung nicht; obwohl der wachsende Kapitalstock und die steigende Beschäftigung auch eine erhöhte Produktion zur Folge haben, die ihren Absatz finden muß. Das Absatzproblem lösten die Klassischen Ökonomen mit dem sog. **„Sayschen Theorem“** (benannt nach dem Ökonom ***Jean Baptiste Say*** *(1767 bis 1832)*, wonach jedes Angebot an Gütern über die damit verbundene Einkommensentstehung bei der Produktion auch zu einer entsprechenden Güternachfrage führt. Es kann infolgedessen nicht zu einem generellen Überangebot an Gütern in einer Volkswirtschaft und einer daraus resultierenden Beschäftigungsreduktion kommen.

Mit der Annahme der Gültigkeit des „Sayschen Theorems“ ist nach Klassischer Auffassung allerdings durchaus vereinbar, daß bei einigen Gütern vorübergehend eine Überschußnachfrage oder ein Überschußangebot auftritt. **Die Flexibilität der Preise** wird jedoch ein solches *partielles Ungleichgewicht* rasch verschwinden lassen. Dies gilt insbesondere dann, wenn zudem eine schnelle Anpassung der Produktion und des Kapitalapparates an sich ändernde Marktgegebenheiten unterstellt wird. Die *Güternachfrage* hat nur die Funktion der Allokation der knappen Ressourcen zu erfüllen, d.h. sie entscheidet darüber in welchen Produktionszweigen die Produktionsfaktoren Arbeit, Boden und Kapital zum Einsatz gebracht werden. Die Güternachfrage bestimmt dagegen nicht die Einkommenshöhe, und sie hat auch keinen Einfluß auf den Arbeitslohn, weil sich dieser aus der Aufteilung des Lohnfonds auf die Arbeiter am Arbeitsmarkt ergibt. Langfristig besteht gemäß der Klassiker aufgrund der Anpassungsfähigkeit des Produktionsapparates, der Preise und Löhne immer **Vollbeschäftigung**.

Diese Argumentation von der **Angebotsseite** her, die wie gesagt inhärent langfristig angelegt ist, läßt schließlich auch nicht zu, daß sich Veränderungen im **Geldsystem** einer Volkswirtschaft auf die Beschäftigung auswirken. Da man dem Geld nur eine **Transaktionsfunktion** zuerkennt, werden durch *Änderungen der Geldmenge* oder der Umlaufgeschwindigkeit des Geldes nur alle

Preise entsprechend verändert (Theorie der relativen Preise), ohne daß dies einen Einfluß auf die Produktion oder die Beschäftigung hätte. Das **Geld ist somit neutral**, d.h. vom Geldmarkt gehen keine Einflüsse auf den Realsektor der Wirtschaft aus.

Wirtschaftspolitisch war die Klassische Ökonomie gegen die Feudalordnung und die Lehren der merkantilistischen Wirtschaftstheorie gerichtet.[1] Nachdem sich aber die kapitalistische Wirtschaftsordnung immer mehr durchsetzte und auch die negativen Seiten dieser neuen Wirtschafts- und Gesellschaftsordnung manifest wurden, kam es zu einer heftigen Kritik sowohl an den realen Folgen des Kapitalismus als auch an den Lehren der Klassischen Ökonomen durch ***Karl Marx*** *(1818 bis 1883)* und ***Friedrich Engels*** *(1820 bis 1895)*. Im Jahr 1859 veröffentlichte Karl Marx seine Schrift: *„Zur Kritik der Politischen Ökonomie"* und im Jahr 1867 den ersten Band seiner drei Bände: *„Das Kapital"*.

Basis der Klassischen Ökonomie - sowohl der liberalen als auch der marxistischen Klassik - war die **Arbeitswertlehre**, die in dem Produktionsfaktor Arbeit die allein wertbildende Kraft sah. Boden und Kapital als Produktionsfaktoren geben dagegen nur Wert ab, sie sind selbst nicht wertschaffend. Mit der Arbeitswertlehre war gleichzeitig die **Verteilungslehre** und damit eine gesellschaftliche Klassenlehre (Arbeiter versus Kapitalist) konstituiert. Denn es entstand die Frage, die insbesondere vom Marxismus aufgegriffen wurde, wer bzw. welche Gesellschaftsgruppe das Mehrprodukt, die Wertschöpfung, die letztlich nur durch menschliche Arbeit geschaffen wird, erhält. Für ***Marx*** und ***Engels*** eignen sich die Kapitalisten, die Eigentümer des Produktionsfaktors Kapital, die Wertschöpfung, d.h. den Mehrwert an. Dieser Mehrwert (Gewinn) entsteht dadurch, weil der Wert der Arbeit größer ist als der Wert der Arbeitskraft, d.h. der zur Auszahlung kommende Lohn an die Arbeiter.[2]

Trotz der marxistisch hergeleiteten Ausbeutung ist die kapitalistische Wirtschaftsordnung für nicht marxistische Klassische Ökonomen eine stabile Ordnung, die sogar weitgehend auf einen **staatlichen Überbau** verzichten kann. Der Staat hat nach ***Smith*** im Grunde nur zwei Funktionen, nämlich die Verantwortung für die äußere und innere Sicherheit einer Volkswirtschaft und durch die Schaffung eines geeigneten Rechtssystems den Schutz des Privateigentums sicherzustellen.

---

[1] Das Buch von Adam Smith wurde sofort nach dem Erscheinen in Spanien von der Inquisition verboten. Es wurde als ein revolutionäres Buch, das die bestehenden Herrschaftsverhältnisse in Frage stellte, eingestuft.
[2] Vgl. Veit-Michael Bader, Johannes Berger u.a., Krise und Kapitalismus bei Marx, Bd. I u. Bd. II, Frankfurt/M. 1975

Daneben sorgt ein auf **Eigennutz** abgestelltes individualistisches Gesellschafts- und Wirtschaftsprinzip nach Vorstellung der Klassik durch eine „unsichtbare Hand" in Form eines wettbewerblichen Preismechanismus für eine stetige optimale Allokation gesamtwirtschaftlicher Wirtschaftspläne und damit für eine Funktionsfähigkeit marktwirtschaftlich-kapitalistischer Ordnungen. Für marxistische Ökonomen ist der Kapitalismus dagegen nur ein Übergangsstadium, weil auch er aufgrund seiner systemimmanenten Widersprüche - genau wie der Kapitalismus den Feudalismus eliminiert hat - von einer „höheren" weiterentwickelten Wirtschaftsordnung letztlich abgelöst wird.

Zum großen theoretischen **Paradigmenwechsel** (Paradigma = Denkrichtung) in der nichtmarxistischen Klassischen Ökonomie kam es gegen Ende des 19. Jahrhunderts (das Ende der Klassik wird auf das Jahr 1870 datiert) - nicht zuletzt in Gegenposition zum Marxismus - durch die **subjektive Wertlehre** der **Neoklassiker**, die die **Arbeitswertlehre** der klassischen Politischen Ökonomie ablöste. Der Wert bzw. Preis einer Ware wird seit dem nicht mehr aus einer gesellschaftlich notwendigen Arbeitszeit (Produktionskosten), die notwendig ist, diese Ware herzustellen, abgeleitet, sondern aus einer marginalistischen Betrachtung von Grenznutzen und Grenzkosten. Am Anfang der neoklassischen Ära standen die Ökonomen ***William Stanley Jevons*** *(1835 bis 1882)*, ***John Bates Clark*** *(1847 bis 1938)*, ***Carl Menger*** *(1840 bis 1921)*, ***Irving Fisher*** *(1867 bis 1947)*, ***Knut Wicksell*** *(1851 bis 1926)*, ***Leon Walras*** *(1834 bis 1910)* und ***Arthur C. Pigou*** *(1877 bis 1959)*. „War die Klassische Theorie eher makroökonomisch oder klassentheoretisch angelegt, das heißt, befaßte sie sich mehr mit dem Verhalten ganzer Bevölkerungsgruppen (Kapitalisten, Grundeigentümer und Arbeiter), so stellte die Neoklassik ein gleichsam 'universelles Individuum' in den Mittelpunkt ihrer Analyse. Der Wirtschaftsprozeß wurde nun mikroökonomisch, also ausgehend vom individuellen Verhalten, beschrieben."[1] Der englische Ökonom ***Alfred Marshall*** *(1842 bis 1924)* versuchte durch eine Synthese die Arbeitswertlehre der Klassiker mit der subjektiven Wertlehre der Neoklassiker zu verbinden. Diese Synthese sah eine objektive kostenbestimmte Angebotsfunktion und eine subjektive nutzenbestimmte Nachfragefunktion vor, die in einer kurzfristigen Betrachtung den Marktpreis und in der langfristigen Betrachtung den natürlichen Preis einer Ware bestimmen. Letztlich mündete die Neoklassik in eine marktbezogene harmonische **Gleichgewichtstheorie**, die von ***Leon Walras*** *(1834 bis 1910)* entwickelt wurde. Die Märkte (Güter-, Arbeits- und

---

[1] Bernhard Felderer, Stefan Homburg, Makroökonomik und neue Makroökonomik, 6. Aufl., Berlin, Heidelberg, New York u.a. 1994, S. 25

Kapitalmärkte) tendieren sich selbst überlassen, also ohne staatliche Interventionen in den Marktprozeß, automatisch nach wirtschaftlichen Ungleichgewichtssituationen immer wieder zu einem neuen Gleichgewicht mit Vollbeschäftigung. Die neoklassische Theorie, auch als **angebotsorientierte Theorie** bezeichnet, geht somit grundsätzlich von der Funktionsfähigkeit eines marktwirtschaftlichen Systems aus. Ein durch **Wettbewerb** zustande kommender flexibler Preismechanismus auf Güter- und Faktormärkten sorgt permanent für ein gesamtwirtschaftliches **Gleichgewicht mit Vollbeschäftigung**. Die in der Realität zu beobachtenden Instabilitäten (Konjunkturen) werden auf verschiedene Unvollkommenheiten des Marktes zurückgeführt. Die Aufgabe des **Staates** besteht lediglich darin durch eine adäquate staatliche **Ordnungspolitik** diese Unvollkommenheiten zu beseitigen.

Spätestens mit der **Weltwirtschaftskrise** von 1929 bis 1933 wurde die neoklassische Theorie bezüglich eines automatischen marktwirtschaftlichen Vollbeschäftigungsmechanismus empirisch falsifiziert. ***John Maynard Keynes (1883 bis 1946)*** stellte mit seinem 1936 erschienenen Buch: „The General Theory of Employment, Interest and Money“ eine völlig neue Theorie auf. Er konnte zeigen, daß marktwirtschaftliche Ordnungen immanent instabile Ordnungen sind, in denen ein gesamtwirtschaftliches **Gleichgewicht bei Unterbeschäftigung** (Unterbeschäftigungsgewicht) als Dauerzustand auftreten kann, wenn nicht der Staat, so die Keynessche Handlungslehre (Praxeologie), die am Markt vorhandene Nachfragelücke durch ein entsprechendes **staatliches demand-management** schließt. In der Bundesrepublik wurde der **Keynesianismus** 1967 durch das „Gesetz zur Förderung der Stabilität und des Wachstums der Wirtschaft“, kurz „Stabilitäts- und Wachstumsgesetz“, im Rahmen einer **staatlichen Globalsteuerung** rechtlich verankert. Mit Keynes entwickelte sich damit die Volkswirtschaftlehre zumindest teilweise zu einer Politischen Ökonomie zurück. Nach dem Tod von Keynes im Jahr 1946 kam es zu einer vielfältigen Interpretation der Keynesschen Lehre.[1] Hier ist insbesondere der Ökonom ***John Richard Hicks (1904 bis 1989)*** zu nennen, der bereits 1937, ein Jahr nachdem Keynes sein Buch veröffentlicht hatte, mit dem Artikel „Mr. *Keynes and the Classics: A Suggested Interpretation*“ den Reigen der Keynes-Interpretationen auslöste. Im wesentlichen haben sich dabei zwei Stoßrichtungen herausgebildet. Zum einen die Richtung, die versucht, die keynesianische makroökonomische Theorie mit der neoklassischen Mikroökonomie zu versöhnen, was zur sog. **neoklassischen Synthese** führte. Sie läßt sich in drei Elementen zusammenfassen:

[1] Vgl. Axel Leijonhufvud, Über Keynes und den Keynesianismus, Köln 1973

- Der Keynesschen Theorie der effektiven Nachfrage.
- Dem Basismodell des neoklassischen Angebots.
- Der monetären Theorie von Preisniveauveränderungen.

***Joan Violet Robinson** (1903 bis 1983)*, langjährige Assistentin bei Keynes, nannte diese Interpretationslinie des Keynesianismus abwertend „Bastard-Keynesianismus“. Zum anderen hat sich die Interpretationsrichtung des **Post-Keynesianismus** herausgebildet. Diese Richtung zieht die Einkommensverteilung des Volkseinkommens, insbesondere ihre Bedeutung für den Wirtschaftsaufschwung und die Preispolitik der Oligopole und Monopole verstärkt in die makroökonomische Analyse mit ein.[1]

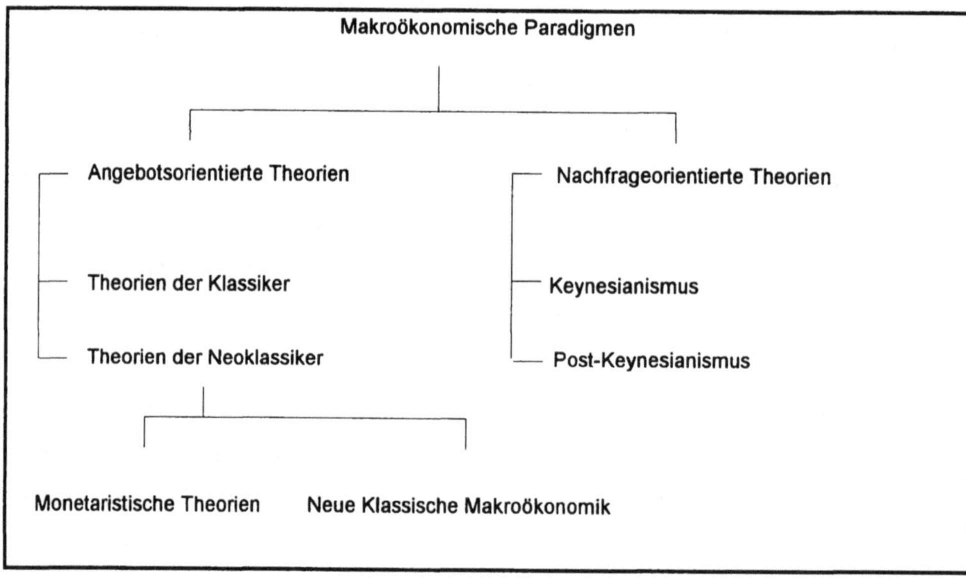

Anfang der 70er Jahre kam es - begünstigt durch das Phänomen der **Stagflation** - zu einer ökonomischen „Konterrevolution“, im wesentlichen geprägt durch die amerikanischen Ökonomen

[1] Vgl. Rudolf Hickel, „Gegengutachten“ - Anstoß und konzeptionelle Entwicklung einer Wirtschaftspolitischen Alternative, in: Diethard B. Simmert, Wirtschaftspolitik - kontrovers, Köln 1979, S. 129ff., Violet Joan Robinson, Zur Krise der ökonomischen Theorie, in: Diethard B. Simmert, Wirtschaftspolitik - kontrovers, Köln 1979, S. 57ff. , Rüdiger Soltwedel, Zur Relevanz der neoklassischen Theorie für die Wirtschaftspolitik, in: Diethard B. Simmert, Wirtschaftspolitik - kontrovers, Köln 1979, S. 27ff.

***Milton Friedman** (1912)*[1] und ***Karl Brunner** (1916 bis 1989).*[2] Diese entwickelten die neoklassische Quantitätstheorie des Geldes weiter und begründeten damit die Lehre des **Monetarismus**. Die zentrale Botschaft lautet hier: Wirtschaftliche Schwankungen sollen im Gegensatz zum Keynesianismus nicht durch eine staatliche antizyklische Fiskalpolitik beseitigt werden, sondern durch eine **verstetigte Geldmengenpolitik**. Aus dem Monetarismus ist schließlich die sog. **Neue Klassische Makroökonomik** hervorgegangen, eine konservative Spielart des Monetarismus, die von einem **marktradikalen wirtschaftspolitischen** Ansatz ausgeht. Staatliche Interventionen in den privaten Wirtschaftsprozeß werden **völlig** abgelehnt. Der Staat selbst soll durch deregulierende Maßnahmen (Privatisierung, Abbau hemmender staatlicher Vorschriften) „lean" gemacht werden, um insbesondere die Unternehmen von Abgaben und Steuern zu entlasten. Außerdem sei die Wirtschaft von dem Angebotsmonopol der Gewerkschaften auf den Arbeitsmärkten zu befreien, die den ansonsten freien und flexiblen Lohnbildungprozeß behinderten und so eine **„Mindestlohnarbeitslosigkeit"** herbeiführen würden. Durch diese Entlastungen könne dann das marktwirtschaftliche System stabil gehalten und Vollbeschäftigung gesichert werden. Politischen Auftrieb erhielt dieser hinter das Keynesianische Paradigma zurückfallende wirtschaftspolitische Ansatz insbesondere seit Beginn der 80er Jahre durch die in den USA („Reagonomics") und in Großbritannien („Thatcherismus") praktizierte staatliche Angebotspolitik.[3] In der Bundesrepublik wird von wirtschaftswissenschaftlicher Seite das marktradikale Modell einer angebotsorientierten Wirtschaftspolitik vom **„Sachverständigenrat (SVR)"**, den sog. „Fünf Weisen", getragen, der im Auftrag der *Bundesregierung* ein jährliches Gutachten zur gesamtwirtschaftlichen Lage in der Bundesrepublik erstellt.[4] Seit 1975 erstellt die keynesianisch orientierte **„Arbeitsgruppe Alternative Wirtschaftspolitik"** dazu ein „Gegengutachten" (Memorandum).[5] Außerdem gibt es bei den

---

[1] Vgl. Milton Friedman, Kapitalismus und Freiheit, München 1971, Titel der amerikanischen Orginalausgabe: Capitalism and Freedom, Chicago 1962

[2] Vgl. Karl Brunner, Eine Neuformulierung der Quantitätstheorie des Geldes, in: Kredit und Kapital, Bd. 3 (1970) S. 2ff.

[3] Vgl. Rudolf Hickel, Reagans „amerikanischer Traum" - ein Alptraum für Europa, in: Blätter für deutsche und internationale Politik, Heft 3/1981, S. 286ff., derselbe, Warum Reagans Wirtschaftskurs scheitern muß. Darstellung und Kritik der „Angebotsstrategie, in: Blätter für deutsche und internationale Politik, Heft 7/1982, S. 829ff.

[4] Vgl. Werner Meißner, Das Konzept des Sachverständigenrats, in: Diethard B. Simmert, Wirtschaftspolitik - kontrovers, Köln 1979, S. 109, derselbe, Die Lehre der Fünf Weisen, Köln 1980, Rudolf Hickel, Harald Mattfeldt (Hrsg.), Millionen Arbeitslose! Streitschrift gegen den Rat der Fünf Weisen. Eine Bilanz nach zwanzig Jahren, Reinbek 1983

[5] Vgl. „Memorandum I", Für eine wirksame und soziale Wirtschaftspolitik, in: Blätter für deutsche und internationale Politik, Heft 11/1975. Das zuletzt 1997 vorgelegte Gutachten trug den Titel: Arbeitsgruppe Alternative Wirtschaftspolitik, Memorandum '97, Beschäftigungspolitik und gerechte Einkommensverteilung gegen soziale Zerstörung, Köln 1997

Wirtschaftswissenschaftlern immer mehr Stimmen gegen eine rein neoklassisch-monetaristische Angebotspolitik.[1]

3. Wirtschaftswissenschaft und Werturteile

Wirtschaftswissenschaftliche Theorien implizieren **wissenschaftliche Aussagen**, wobei im folgenden definiert werden soll, was in der Ökonomie unter einer wissenschaftlichen Aussage zu verstehen ist. Unter Wissenschaft kann zunächst einmal allgemein die **objektive Sammlung, Beschreibung und Klassifizierung der Gesamtheit von Erkenntnissen auf einzelnen Wissensgebieten** verstanden werden, wobei Wissenschaft gleichzeitig ein System sich ständig entwickelnder Erkenntnisse darstellt.

Von wissenschaftlichen Erkenntnissen und Aussagen zu unterscheiden sind **Werturteile**, die auf subjektiven Meinungen oder Ideologien (Fehllehren mit absoluter Rechtfertigungstendenz, die gesellschaftliche Herrschaftsverhältnisse absichern sollen) basieren. Um den Horizont des vielfach interessenorientierten und mit Vorurteilen belasteten gewöhnlichen Denkens zu überschreiten, kann Wissenschaft weder auf Ideologien noch auf persönliche Wertungen einzelner abgestellt werden. Die Aussagen der Wissenschaft müssen einen **objektiven** und **allgemeinverbindlichen** Charakter aufweisen. Sie müssen **intersubjektiv vergleichbar** sein. Jedes Individuum, daß eine wissenschaftliche Aussage überprüft, muß zu dem gleichen Ergebnis kommen. - Und dennoch gibt es keine absolut wertfreie Wissenschaft. Allein die Auswahl eines Untersuchungsobjektes und die Anwendung einer bestimmten Untersuchungsmethodik durch den Wissenschaftler enthält bereits eine individuelle Wertung. Gerade in den Sozialwissenschaften (siehe weiter unten), die sich mit der sozialen (gesellschaftlichen) Wirklichkeit beschäftigt, ist eine völlig werturteilsfreie Wissenschaft kaum möglich. Hier werden, mehr als in den Naturwissenschaften, vielfach **Soll-Aussagen** und damit Werturteile benutzt. Bezogen auf die Wirtschaftswissenschaft, als Teil der Sozialwissenschaft, gilt dies insbesondere für die **Wirtschaftspolitik**. Die Zielformulierungen der

---

[1] Vgl. Dirk Nolte, Herbert Schaaff, Wirtschaft ohne Wachstum? - Zur Aktualität des Keynesschen Beitrags zu einer Wirtschaftspolitik in der Stagnation, in: WSI-Mitteilungen, Heft 5/1994, S. 299ff., Martin Höpner, Keynesianische Makropolitik - Kann sie wiederkommen? in: WSI-Mitteilungen, Heft 11/1996, S. 687ff., Alois Oberhauser, Mehr Arbeitslosigkeit durch Parallelpolitik: eine Folge einzelwirtschaftlichen Denkens, in: Wirtschaftsdienst, 1996/XI, S. 566ff., Norbert Reuter, Hunger im Paradies - Ökonomische Widersprüche und Alternativen reifer Industriegesellschaften, in: Blätter für deutsche und internationale Politik, Heft 6/1997, derselbe, Marktliberalismus führt in die Irre, in: Frankfurter Rundschau, 14.2.1996, Ingo Schmidt, Deregulierte

Wirtschaftspolitik haben notwendigerweise einen **normativen** und damit einen wertenden Charakter. Dies gilt auch dann, wenn die **wissenschaftliche Wirtschaftspolitik** von vorgegebenen Zielen durch die Politik ausgeht und sich auf die Untersuchung der zum Einsatz kommenden Mittel zur Realisierung der wirtschaftspolitischen Ziele beschränkt. Auch bezogen auf die Entscheidung für die Umsetzung einer verifizierten oder sogar falsifizierten **Wirtschaftstheorie** durch die Politik kommen Wertungen zum Ansatz.

Werturteile sind demnach im Bereich der Wirtschaftswissenschaft nicht auszuschließen. Kommen sie allerdings zur Anwendung, so müssen sie aus Gründen wissenschaftlicher Redlichkeit explizit kenntlich gemacht werden. Auch dürfen Werturteile nicht am Anfang einer wissenschaftlichen Untersuchung stehen. „Der wissenschaftliche Weg geht vielmehr von der unbefangenen und nicht durch Parteinahme vorbestimmten umfassenden Aufnahme des Sachverhalts **(konstatierendes Urteil)** über die deutende Vertiefung und Erklärung (Herstellung von Zusammenhängen zwischen beobachtbaren Erscheinungen, Erschließung von Grundsachverhalten; **deutendes Urteil**) zur schließlichen Einschätzung des untersuchten Sachverhalts **(wertendes Urteil)**. Dabei müssen die zugrunde liegenden Wertungsmaßstäbe selbst erkennbar und überprüfbar sein. Die Forderung nach einer unbefangenen und umfassenden Untersuchung des Sachverhalts wird dadurch nicht beeinträchtigt, daß selbstverständlich je nach der Fragestellung zwischen relevanten und nicht bedeutsamen Umständen unterschieden wird. Insofern wird stets eine vom Erkenntnisziel und vom gegebenen Erkenntnisstand des Forschenden selbst bestimmte methodische Auswahl der Umstände getroffen, die in die Überlegung eingehen. Vorurteilslosigkeit der wissenschaftlichen Arbeit bedeutet nicht Voraussetzungslosigkeit. Entscheidend bleibt, daß die Kriterien solcher Auswahl der theoretischen Überlegung und der empirischen Kontrolle unterliegen."[1]

4. Theorienbildung und Wirtschaftswissenschaft

Die wirtschaftswissenschaftliche Theorienbildung muß frei von Werturteilen sein. Anders als im Bereich der Wirtschaftspolitik, wo Bewertungen in Form von Mittel-Ziel-Beziehungen, also Soll-Aussagen, vorgenommen werden, muß die Theorienbildung eine allgemeine von Zeit und Raum unabhängige Erklärung ökonomischer Tatbestände liefern.

Finanz- und gespaltene Arbeitsmärkte, Zur Wirtschaftspolitik des Neoliberalismus, in: WSI-Mitteilungen, Heft 11/1996, S. 699ff., Stephan Schulmeister, Zehn Etappen zum Abgrund, in: Die Zeit, 1.11.1996

[1] Werner Hofmann, Grundelemente der Wirtschaftsgesellschaft, Hamburg 1977, S. 18

Jede Theorienbildung ist zunächst einmal an **Axiome und Theoreme** geknüpft. Der Begriff des **Axioms** leitet sich von dem griechischen Wort „Axios" ab, was soviel heißt wie „Wert", „würdig", „Geltung" und „Ansehen". Ein Axiom ist somit ein Grundsatz, der in der Wissenschaft eine hohe Wertschätzung genießt, weil er nicht bezweifelt werden soll und insofern aufgrund einer Vereinbarung der ihn Benutzenden nicht widerlegbar ist. Ein Axiom ist darum aber nicht eine unbegründete Annahme, sondern ein Axiom gilt als unmittelbar einsichtig. Eine wirtschaftswissenschaftliche Axiomatik ist z.B. die dezentrale Planung arbeitsteiliger Gesamtprozesse in Form eines marktwirtschaftlichen Systems in Verbindung mit dem Gewinnprinzip. Ein anderes Axiom ist die zentrale Planung einer Zentralverwaltungswirtschaft mit dem einzelwirtschaftlichen Prinzip der Planerfüllung.

Schema Theorienbildung und Theorienüberprüfung

Axiom - Theorem

⇓

Sammlung von Datenmaterial

⇓

Prämissenaufstellung
(Ausgangshypothesen)

⇓

Deduktion, Induktion

⇓

Abgeleitete Hypothesen (= Konklusionen)

⇓

Überprüfung der Theorie

⇓ ⇓

logischer Mangel | **kein logischer Mangel**

⇓ | ⇓

| **Empirische Überprüfung**

| ⇓ ⇓

Theorie zurückgewiesen | **Theorie falsifiziert** | **oder vorläufig verifiziert**

Eng mit dem Axiom verbunden ist der Begriff des **Theorems**. Ein Theorem ist dabei eine Aussage innerhalb eines Axioms, das mit Hilfe eines Beweises oder einer logischen Ableitung gewonnen wird. Neben dieser logischen Ableitung kann ein Theorem auch aufgrund experimenteller

Bestätigungen gewonnen werden. Zum Beispiel läßt sich aus dem Axiom des marktwirtschaftlichen Systems mit Gewinnprinzip das Theorem der Gewinnmaximierung ableiten. Die Theorienbildung selbst besteht aus einem System ineinandergreifender **Hypothesen**, die **Ursache-Wirkungs-Beziehungen** zwischen bestimmten **ökonomischen Sachverhalten** behaupten. Das Wort „Hypothese" stammt aus dem Griechischen und heißt „Unterstellung, Annahme". Die Hypothese wird auch als „Baugerüst" verstanden, mit dessen Hilfe eine Theorienbildung abgeleitet wird. Ausgangspunkt einer Hypothese ist der zu erklärende ökonomische Sachverhalt, über den Datenmaterial gesammelt wird. Auf der Grundlage dieses Materials und bereits bekannter **Gesetzmäßigkeiten** (= häufig überprüfte und bewährte Theorienaussagen) sind dann **Prämissen (Ausgangshypothesen)** aufzustellen, um durch logische Ableitungen sog. abgeleitete Hypothesen (= **Konklusionen)** bilden zu können.

Die logische Ableitung erfolgt dabei entweder durch eine **Deduktion** (man schließt vom Allgemeinen zum Besonderen) oder durch eine **Induktion** (man schließt vom Einzelfall zum Allgemeinen), wobei gleichzeitig zwischen auslösenden Faktoren (Ursachen) und bestimmten Folgen (Wirkungen) eine **Kausal-Beziehung** als Schlußfolgerung formuliert wird, die bis zur nachfolgenden **Überprüfung der Theorie** selbst noch Hypothesencharakter besitzt. Die Schlußfolgerungen innerhalb der Theorienbildung kann man auch als **Implikationen** bezeichnen. Ergänzt wird die Theorienbildung durch **Definitionen**, die festlegen, was man unter bestimmten Begriffen, die bei der Theorienbildung verwendet werden, zu verstehen hat.

Die Ergebnisse solcher wirtschaftswissenschaftlicher Forschung lassen sich aber erst dann zu allgemeinen Theorien ausbauen, wenn eine systematisch geordnete Menge von Aussagen über einen Bereich der objektiven Realität oder des Bewußtseins zu intersubjektiv vergleichbaren Gesetzesaussagen über einen Bereich, auf die sich die Theorienbildung bezieht, formuliert werden kann. Das Hypothesensystem muß danach in einem **Prüfverfahren** auf Richtigkeit kontrolliert werden. Dies geschieht zum einen durch eine immanente Überprüfung der logischen Richtigkeit der Ableitungen und zum anderen durch eine **empirische Überprüfung**, d.h. durch Konfrontation der Konklusionen mit den Fakten der Realität. Liegen logische Mängel vor, erfolgt eine automatische Zurückweisung der Theorie an die Ausgangsbasis. Liegt dagegen kein logischer Mangel vor, kommt es zu einer empirischen Überprüfung, wobei entweder eine **Falsifizierung** oder eine **Verifizierung** durch die wirtschaftliche Realität möglich ist. Bei einer Falsifizierung wird die Theorie endgültig verworfen. Erfolgt eine Verifizierung, so liegt eine **vorläufig gültige**

Theorie, in Form einer relativen Wahrheit, die über kurz oder lang durch eine relative Wahrheit höherer Ordnung abgelöst werden kann, vor.

5. Wirtschaftswissenschaft ist theoretische Modellbildung

„Ein Modell, das die ganze Buntheit der Wirklichkeit berücksichtigte, würde nicht nützlicher sein als eine Landkarte im Maßstab Eins zu Eins." (Joan Violet Robinson)

Aufgrund der wirtschaftlich **komplexen Realität**[1] lassen sich wirtschaftswissenschaftliche Probleme im Rahmen einer Theorienbildung fast ausschließlich nur mit Hilfe von **Modellen** untersuchen. Unter einem Modell wird allgemein ein Objekt oder Untersuchungsgegenstand verstanden, bei dem auf der Grundlage einer Struktur-, Funktions- oder Verhaltensanalogie zu einem entsprechenden Original ein Vergleich vorgenommen wird. Dies ist deshalb notwendig, um eine bestimmte Aufgabe lösen zu können, deren Durchführung mittels direkter Operationen am Original zunächst oder überhaupt nicht möglich bzw. unter gegebenen Bedingungen zu aufwendig ist.

Wirtschaftliche Realität

⇓

Abstraktion

⇓

Aggregation

⇓

Rationale Verallgemeinerung

⇓

Isolierung (ceteris paribus)

⇓

Wirtschaftliches Modell

---

[1] Artur Woll führt dazu aus: „Der Ökonom sieht sich zahlreichen, häufig unkontrollierbaren Einflußgrößen gegenüber. Sein Untersuchungsobjekt bilden die wirtschaftlichen Verhaltensweisen einer Vielzahl von Entscheidungsträgern mit äußerst komplexen Beziehungen untereinander. Außerdem sind in der Praxis nur bedingt Experimente möglich. (...) Hinzu kommt, daß im Testverfahren die Interpretation des empirischen Materials angesichts der komplexen Realität alles andere als eindeutig ist. Selten dürfte von der Statistik her der Beweis für nur eine der konkurrierenden Hypothesen möglich sein. Fakten sprechen selten nur mit einer Stimme. Testverfahren sind meist ein schwieriges Unterfangen, bei dem sich Fehler allein bei größter Behutsamkeit vermeiden lassen." Artur Woll, Allgemeine Volkswirtschaftslehre, 11. Aufl., München 1993, S. 14.

Bei **wirtschaftwissenschaftlichen Modellen** wird versucht, die für das betrachtete Problem am wichtigsten erscheinenden Zusammenhänge abzubilden. Modelle sind dabei immer vereinfachte Abbildungen eines Ausschnitts aus der wirtschaftlichen Realität. Je einfacher ein Modell konstruiert ist, um so größer ist sein **Abstraktionsgrad** von der Wirklichkeit, wobei in dreifacher Weise abstrahiert wird:

- Nach dem Untersuchungsziel werden gleichartige Individuen wie private Haushalte, Unternehmen und ökonomische Größen wie privater Verbrauch, Staatsverbrauch zusammengefaßt (aggregiert).

- Es erfolgt eine Beschränkung der wirtschaftlichen Verhaltensmotive auf wenige plausible Bestimmungsgründe wie z.B. die Gewinnmaximierung der Unternehmen. Der individuelle Mensch mit seinen zum Teil irrationalen Entscheidungen wird durch den **homo oeconomicus** ersetzt, der sich bei seinen Entscheidungen ausschließlich ökonomisch rational verhält.

- Der Wirtschaftswissenschaftler muß bei der Abstrahierung eine Entscheidung treffen, was als wesentlich und was als unwesentlich anzusehen ist. Unwesentliche Tatbestände kann er bei der Modellbildung vernachlässigen. Daher ist in der Ökonomie eine Modellanalyse immer eine **Partialanalyse**. Mit Hilfe der **ceteris-paribus-Methode** (d.h. unter sonst gleichen Bedingungen) werden innerhalb der Modellbildung Schlußfolgerungen (Konklusionen) gezogen, indem der Einfluß einer Größe (Ursache) auf eine andere Größe (Wirkung) isoliert unter Konstanzsetzung der übrigen Bedingungen untersucht wird. Zum Beispiel läßt sich so ein funktionaler Zusammenhang zwischen verschiedenen Einflußgrößen auf die Nachfragemenge (q_x) nach einem Gut (x) theoretisch formulieren. Als **Ausgangshypothese** wird die Prämisse angenommen, daß auf die Nachfrage nach dem Gut (x)

- der Preis (p_x) des Gutes Einfluß nimmt,
- die Preise ($p_1, \ldots p_{x-1}$) anderer Güter (Substitutionsgüter) einen Einfluß ausüben,
- das Einkommen (Y) des nachfragenden Wirtschaftssubjektes die Nachfrage tangiert,
- und die Bedarfsstruktur bzw. der Nutzen (Utility) (U) eine Rolle spielt,
- sowie das Vermögen (wealth) (W).

Als **mathematische Funktion** geschrieben ergibt sich demnach der folgende Zusammenhang:

$q_x = f(p_x, p_1, \ldots p_{x-1}, Y, U, W)$

Durch die Anwendung der ceteris-paribus-Methode kann nun der isolierte Einfluß aller Größen auf die Nachfragemenge funktional untersucht werden. Werden beispielsweise die Preise anderer Güter, das Einkommen und die Bedarfsstruktur sowie das Vermögen konstant gesetzt, so ist die nachgefragte Menge des Gutes (q_x) nur noch abhängig von dem Preis (p_x) des Gutes (x):

$q_x = f(p_x)$

Durch Deduktion kann nun eine **Konklusion** als abgeleitete Hypothese aufgestellt werden. Logisch ist hierbei, daß bei hohen Preisen weniger von dem Gut (x) nachgefragt wird, als bei niedrigen Preisen, woraus allgemein die Implikation gezogen werden kann, daß bei steigenden Preisen die nachgefragte Menge nach einem Gut sinkt, während sie vice versa (im umgekehrten Fall) steigt.

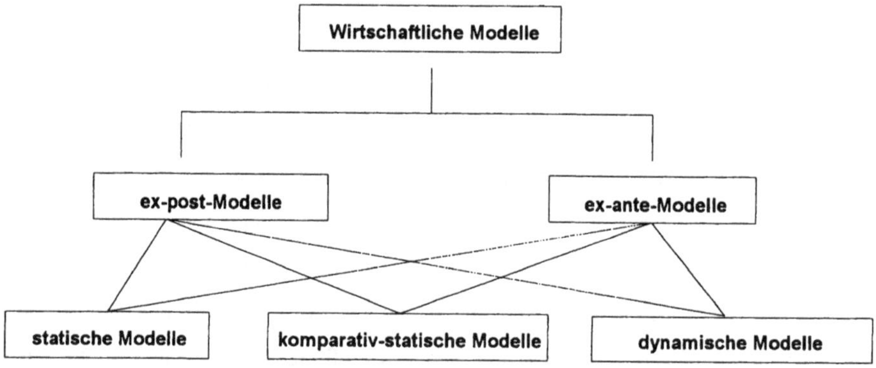

Modellbildungen werden in den Wirtschaftswissenschaften dabei hinsichtlich der **Zeit** in statische, komparativ-statische und dynamische Modelle unterschieden. **Statische Modelle** sind zeitpunktbezogen, sie eliminieren die Veränderungen im Zeitablauf, während **komparativ-statische Modelle** zwei Zeitpunkte miteinander vergleichen, ohne aber in der Lage zu sein, den zeitlichen Veränderungsprozeß erklären zu können. Dies können nur **dynamische Modelle**, die eine Funktion der Zeit darstellen. Da eine wissenschaftliche Theorienbildung immer sowohl eine explikative als auch eine **prognostische Funktion** erfüllen soll, werden in der ökonomischen Modellbildung auch sog. **ex-post-Modelle**, die vergangenheitsbezogene Aussagen machen und **ex-ante-Modelle**, die zukunftsbezogene Aussagen treffen, unterschieden.

Sowohl in der mikro- als auch in der makroökonomischen Analyse und Theorienbildung wird immer mehr auf eine **mathematische Darstellungsform** zurückgegriffen. Hierbei werden funktionale Beziehungen und Gleichungssysteme formuliert. Bei den funktionalen Beziehungen sind abhängige und unabhängige Variablen zu unterscheiden. So kann man z.B. den gesamtwirtschaftlichen Konsum C in Beziehung zum Volkseinkommen (Y) ausdrücken, wobei der Konsum als abhängige Variable vom Volkseinkommen als unabhängige Variable dargestellt wird:

$$C \equiv f(Y)$$

Auch wird in den theoretischen Modellen häufig zwischen **endogenen und exogenen Variablen** unterschieden. Ist eine Variable in einem Modell durch eine andere Variable bestimmt, z.B. die Investitionen durch den Kapitalmarktzins, so wird sie als endogen bezeichnet. Erfolgt dagegen keine Determinierung durch Variable, die im Modell enthalten sind, liegt eine exogene (autonome) Variable vor; womit aber nicht gesagt ist, daß in der wirtschaftlichen Realität eine exogene Modellvariable überhaupt nicht beeinflußt wird. Ihre Beeinflußung ist nur in der Modellbetrachtung ausgeschlossen.

Bei den Gleichungssystemen wird zwischen **Definitions- und Identitätsgleichungen** differenziert. Definitions- und Identitätsgleichungen sind im Grunde reine Tautologien, die einen Sachverhalt doppelt wiedergeben. Gleichungsmäßig gesprochen ist der Wert auf der einen Seite der Gleichung immer gleich dem Wert auf der anderen Seite der Gleichung. So ist z.B. in einer geschlossenen Volkswirtschaft ohne Auslandsaktivitäten in Form von Exporten und Importen sowie ohne staatliche Aktivitäten das gesamtwirtschaftliche Volkseinkommen (Y) so definiert, daß es immer gleich (identisch) ist mit der Summe der Konsumausgaben (C) und den Ausgaben für Investitionsgüter (I) bzw. identisch ist mit der Summe der Konsumausgaben (C) und dem nicht für den Konsum verausgabten Einkommen, der Ersparnis (S).

Hieraus lassen sich die folgenden beiden **Definitionsgleichungen** aufstellen:

$$Y_1 \equiv C + I$$

$$Y_2 \equiv C + S$$

Da (Y_1) identisch mit (Y_2) ist , läßt sich auch die folgende **Identitätsgleichung** aufstellen:

$$Y_1 \equiv Y_2$$

oder aus den Gleichungen Y_1 und Y_2 abgeleitet, die Identitätsgleichung

$$I \equiv S$$

Die Identitätsgleichung **($I \equiv S$)** impliziert dabei aber weder ein volkswirtschaftliches Gleichgewicht noch eine Theorienbildung. Sie besagt lediglich, daß die Investitionsausgaben unter den gesetzten Prämissen in einer Volkswirtschaft identisch groß den Ersparnissen sind. Die Identität stellt lediglich eine logische Ableitung aus den Definitionsgleichungen dar. Neben den Definitions- und Identitätsgleichungen werden **Verhaltensgleichungen** unterschieden. Diese Gleichungen geben z.B. in der Makroökonomik über die Verhaltensweisen einzelner Gruppen von Wirtschaftseinheiten, wie die der privaten Haushalte oder der privaten Unternehmen, Auskunft. Durch eine Konsumfunktion oder eine Investitionsfunktion können dabei die Verhaltensweisen differenziert dargestellt werden. Daneben kommen noch **institutionelle und technische Gleichungen** in Ansatz. Beispielsweise zwingt der Staat als Institution den Wirtschaftssubjekten Steuerzahlungen auf, die mit Hilfe von Steuerfunktionen in den ökonomischen Modellen berücksichtigt werden. Auch existieren technische Restriktionen, wie eine nur volkswirtschaftlich begrenzt vorhandene Produktionskapazität und -technik, die dann durch eine entsprechende gesamtwirtschaftliche Produktionsfunktion zum Ausdruck gebracht wird .

6. Die Nobelpreisträger der Wirtschaftswissenschaft

Um auch die Ökonomen für ihre herausragenden wissenschaftlichen Beiträge und Theorien auf ihrem Fachgebiet zu ehren, wurde von der *Schwedischen Reichsbank* zu ihrem 300jährigen Jubiläum im Jahr 1968 der **„Preis der Zentralbank Schwedens für die ökonomische Wissenschaft zum Andenken an Alfred Nobel“** gestiftet. Die Auszeichnung soll nach den gleichen Regeln und Grundsätzen vorgenommen werden wie die ursprünglichen fünf Nobelpreise[1], wobei sich die Schwedische Reichsbank für immer verpflichtet hat, den Preis zu vergeben.

[1] Seit 1901 werden fünf Nobelpreise, gestiftet von Alfred Nobel (1833 bis 1896), schwedischer Chemiker und Industrieller, der 1867 das Dynamit erfand, für bedeutende Leistungen auf dem Gebiet der Physik, der Chemie, der Medizin (oder der Physiologie), der Literatur und der Friedensstiftung verliehen.

Nobelpreisträger nach Geburtsländern

Land	Anzahl	Land	Anzahl	Land	Anzahl
USA	18	Schweden	2	Deutschland	1
England	4	Niederlande	2	Kanada	1
Rußland	3	Österreich	1	Schottland	1
Frankreich	2	Italien	1		
Norwegen	2	Ungarn	1		

Der erste Preis wurde im Jahr 1969 an den norwegischen Ökonomen ***Ragnar Frisch** (1895 bis 1973)* und den niederländischen Ökonomen ***Jan Tinbergen** (1903 bis 1994)* vergeben. Von den bis 1996 insgesamt 39 verliehenden Preisen gingen seit 1969 18 Nobelpreise an die Amerikaner und davon 8 Nobelpreise an die *Universität Chicago.*[1] Im Jahr 1994 erhielt als erster deutscher Ökonom ***Reinhard Selten** (1930)*, der an der *Universität Bonn* lehrt, den Nobelpreis. Bisher wurde an keine Frau der Nobelpreis für Ökonomie verliehen. Auffallend ist auch, daß seit Beginn der 90er Jahre fast ausschließlich neoliberale Ökonomen den Preis erhielten.

Im folgenden sind alle Preisträger mit ihrem Forschungsgebiet und einer kurzen Beschreibung der Preisbegründung des Nobelpreiskomitees aufgeführt.[2]

Nobelpreise für Ökonomie seit 1969

Jahr 1969

Ragnar Frisch (1895 bis 1973), geb. in Oslo, Norwegen, Universität Oslo
Jan Tinbergen (1903 bis 1994), geb. in Den Haag, Niederlande, Niederländische Schule für Nationalökonomie
Forschungsgebiet: Makroökonometrie
Preisbegründung:
Für die Entwicklung und Anwendung dynamischer Modelle zur Analyse ökonomischer Prozesse.

Jahr 1970

Paul A. Samuelson (1915), geb. in Gary, Indiana, USA, Massachusetts Institute of Technology
Forschungsgebiet: Allgemeine Gleichgewichtstheorie
Preisbegründung:
Für wissenschaftliches Arbeiten, während dessen er ökonomische Theorien - statische wie dynamische - weiterentwickelte, und aktiv daran beteiligt war, das Niveau ökonomischer Analysen zu heben.

[1] Benedikt Fehr, Die Ökonomen von Chicago, in: FAZ v. 31.8.1996, S. 15
[2] Eine ausführliche Darstellung über die Nobelpreisträger der Ökonomie ist zu finden bei: Horst Claus Recktenwald, Die Nobelpreisträger der ökonomischen Wissenschaft, Bd. I u. Bd. II, Düsseldorf 1989, sowie Karl-Dieter Grüske (Hrsg.), Die Nobelpreisträger der ökonomischen Wissenschaft, Bd. III, Düsseldorf 1994

Jahr 1971

Simon Kuznets (1901 bis 1985), geb. in Rußland, seit 1922 in den USA, Universität Harvard
Forschungsgebiet: Ökonomie und Entwicklung
Preisbegründung:
Für seine empirisch unterlegte Interpretation wirtschaftlichen Wachstums, die zu neuen und vertiefenden Einsichten in die ökonomische und soziale Struktur der Entwicklung geführt haben.

Jahr 1972

John Richard Hicks (1904 bis 1989), geb. in Warwick, England, All Souls College, Oxford
Kenneth J. Arrow (1921), geb. in New York City, USA, Universität Harvard
Forschungsgebiet: Allgemeine Gleichgewichtstheorie
Preisbegründung:
Für ihre Pionier-Beiträge zur allgemeinen Gleichgewichts- und Wohlfahrtstheorie

Jahr 1973

Wassily Leontief (1906), geb. in St. Petersburg, Rußland, Universität Harvard
Forschungsgebiet: Input-Output-Analyse
Preisbegründung:
Für die Entwicklung der Input-Output-Methode sowie ihre Anwendung auf wichtige ökonomische Problemstellungen.

Jahr 1974

Gunnar Myrdal (1898 bis 1987), geb. in Gustafs, Schweden, Universität Stockholm
Friedrich August von Hayek (1899 bis 1992), geb. in Wien, Österreich, Universität Freiburg
Forschungsgebiet: Makroökonomie und Ökonomie der Institutionen
Preisbegründung:
Für ihre Pionier-Leistung auf dem Gebiet der Geldtheorie und der wirtschaftlichen Schwankungen sowie für ihre genaue Analyse der Interdependenz zwischen ökonomischen, sozialen und institutionalen Phänomenen.

Jahr 1975

Leonid Kantorovich (1912 bis 1986), geb. in St. Petersburg, Rußland, Akademie der Wissenschaften, Moskau
Tjalling C. Koopmans (1910 bis 1985), geb. in Graveland, Niederland, Universität Yale
Forschungsgebiet: Normative Allokationstheorie
Preisbegründung:
Für ihre Beiträge zur Theorie der optimalen Allokation von Ressourcen.

Jahr 1976

Milton Friedman (1912), geb. in New York, USA, Universität Chicago
Forschungsgebiet: Makroökonomie
Preisbegründung:
Für seine Leistungen auf dem Gebiet der Konsum-Analyse, der Geschichte und Theorie des Geldes sowie für seine verdeutlichenden Darstellungen des komplexen Wesens der Stabilitätspolitik.

Jahr 1977

Bertil Ohlin (1899 bis 1979), geb. in Schweden, Stockholmer Schule für Nationalökonomie
James Meade (1907), geb. in Bath, England, Universität Cambridge
Forschungsgebiet: Internationale Ökonomie
Preisbegründung:
Für ihren bahnbrechenden Beitrag zur Theorie des internationalen Handels und des internationalen Kapitalverkehrs.

Jahr 1978

Herbert A. Simon (1916), geb. in Milwaukee, Wisconsin, USA, Carnegie-Mellon-Universität
Forschungsgebiet: Verwaltungswissenschaften
Preisbegründung:
Für seine pionierhafte Forschung auf dem Gebiet der Entscheidungsprozesse innerhalb wirtschaftlicher Organisationen.

Jahr 1979

Theodore W. Schultz (1902), geb. in Dakota, USA, Universität Chicago
Arthur Lewis (1915), geb. auf St. Lucia, USA, Universität Princeton
Forschungsgebiet: Ökonomie der Entwicklung
Preisbegründung:
Für ihre pionierhaften Forschungen zur wirtschaftlichen Entwicklung unter besonderer Berücksichtigung der Probleme der Entwicklungsländer.

Jahr 1980

Lawrence R. Klein (1920), geb. in Omaha, Nebraska, USA, Universität Pennsylvania
Forschungsgebiet: Makroökonometrie
Preisbegründung:
Für die Entwicklung ökonometrischer Modelle und ihre Anwendung auf die Analyse wirtschaftlicher Schwankungen in der Wirtschaftspolitik.

Jahr 1981

James Tobin (1918), geb. in USA, Universität Yale
Forschungsgebiet: Makroökonomie
Preisbegründung:
Für seine Analyse von Finanzmärkten und ihre Beziehung zu Ausgabe-Entscheidungen, Beschäftigung, Produktion und Preisniveau.

Jahr 1982

George J. Stigler (1911 bis 1991), geb. in Benton/Seattles, Washington, USA Universität Chicago
Forschungsgebiet: Industrieunternehmungen
Preisbegründung:
Für seine zukunftsträchtigen Studien der industriellen Struktur, über das Funktionieren der Märkte sowie über Fälle und Auswirkungen staatlicher Regulierungen.

Jahr 1983

Gerard Debreu (1921), geb. in Calais, Frankreich, Universität Berkeley
Forschungsgebiet: Allgemeine Gleichgewichtstheorie
Preisbegründung:
Für das Einbringen neuer analytischer Methoden in die ökonomische Theorie sowie für seine grundlegende Neuformulierung der Theorie des allgemeinen Gleichgewichts.

Jahr 1984

Richard Stone (1913 bis 1991), geb. in London, England, Universität Cambridge
Forschungsgebiet: Nationale Einkommensrechnungen
Preisbegründung:
Für fundamentale Beiträge zur Entwicklung von Systemen der Volkswirtschaftlichen Gesamtrechnung, womit er die Basis für empirische ökonomische Studien wesentlich verbessern konnte.

Jahr 1985

Franco Modigliani (1918), geb. in Rom, Italien, Massachusetts Institute of Technology
Forschungsgebiet: Haushaltssparen und die Funktion von Finanzmärkten
Preisbegründung:
Für seine bahnbrechende Analyse über das Sparverhalten der Finanzmärkte.

Jahr 1986

James McGill Buchanan (1919), geb. in Murfreesbora, USA, George-Mason-Universität, Virginia
Forschungsgebiet: Theorie der politischen und ökonomischen Entscheidungsfindung.
Preisbegründung:
Für die Entwicklung der kontrakttheoretischen und konstitutionellen Grundlagen der ökonomischen und politischen Beschlußfassung.

Jahr 1987

Robert M. Solow (1924), geb. in New York, USA, Massachusetts Institute of Technology
Forschungsgebiet: Wachstum der Produktion und verbesserte Wohlfahrt
Preisbegründung:
Für seine Arbeiten über Theorien des wirtschaftlichen Wachstums.

Jahr 1988

Maurice Allais (1911), geb. in Paris, Frankreich, Ecole Nationale Superieure des Mines de Paris
Forschungsgebiet: Gleichgewicht und Effizienzkriterien des Marktes
Preisbegründung:
Für seine bahnbrechenden Leistungen auf dem Gebiet der Theorie des Marktes und effektiver Ressourcen-Ausnutzung.

Jahr 1989

Trygve Haavelmo (1911), geb. in Skedsmo, Norwegen, Universität Oslo
Forschungsgebiet: Ökonomische Entwicklungstheorie, Ökonometrie
Preisbegründung:
Für seine Klärung der wahrscheinlichkeitstheoretischen Grundlagen ökonometrischer Methodik und seine Analyse simultaner ökonomischer Strukturen.

Jahr 1990

Harry M. Markowitz (1927), geb. in Chicago, USA, City University, New York
Merton H. Miller (1923), geb. in Boston, USA, Universität Chicago
William F. Sharpe (1934), geb. in Boston, USA, Universität Stanford
Forschungsgebiet: Finanzmärkte und Unternehmensfinanzierung
Preisbegründung:
Für ihre bahnbrechenden Leistungen auf dem Gebiet der Theorie der Finanzmärkte.

Jahr 1991

Ronald H. Coase (1910), geb. in London, England, Universität Chicago
Forschungsgebiet: Institutionelle Ökonomie, Industrielle Organisation
Preisbegründung:
Für die Entdeckung und Klärung der Bedeutung der Transaktionskosten und der wirtschaftlichen Rechnung für die institutionelle Struktur und Funktionsweise des wirtschaftlichen Systems.

Jahr 1992

Gary S. Becker (1930), geb. in Pottsville, Pennsylvania, USA, Universität Chicago
Forschungsgebiet: Mikroökonomie, Humankapitaltheorie, Ökonomische Verhaltenstheorie
Preisbegründung:
Für seine Verdienste um die Ausdehnung der mikroökonomischen Theorie auf einen weiten Bereich menschlichen Verhaltens und menschlicher Zusammenarbeit, auch außerhalb von Märkten.

Jahr 1993

Robert W. Fogel (1926), geb. in New York, USA, Universität Chicago
Forschungsgebiet: Wirtschaftsgeschichte, Institutionelle Ökonomie
Preisbegründung:
Für die Erneuerung der wirtschaftsgeschichtlichen Forschung durch die Anwendung von Wirtschaftstheorie und quantitativer Methoden zur Erklärung wirtschaftlicher und institutioneller Veränderungen.

Jahr 1994

Reinhard Selten (1930), geb. in Breslau, Deutschland, Universität Bonn
John F. Nash (1928), geb. in Bluesfield, West Virginia, USA, Universität Princeton
John C. Harsanyi (1920), geb. in Budapest, Ungarn, Stanford Universität
Forschungsgebiet: Mikroökonomie, Spieltheorie
Preisbegründung:
Für die innovativen Beiträge auf dem mikroökonomischen Gebiet der Spieltheorie und zur Erklärung von Preisstrategien beim Oligopol.

Jahr 1995

Robert Lucas (1937), geb. in Yakima, Bundesstaat Washington, USA, Universität Chicago
Forschungsgebiet: Makroökonomische Analyse und Theorie der Stabilitätspolitik
Preisbegründung:
Für seine mikroökonomische Fundierung makroökonomischer Hypothesen sowie für seine Theorie der rationalen Erwartungen.

Jahr 1996

William Vickrey (1914 bis 1996), geb. in Victoria, British Columbia, Kanada, Universität New York
James A. Mirrlees (1936), geb. in Schottland, Universität Cambridge
Forschungsgebiet: Mikroökonomie, Allokationstheorie
Preisbegründung:
Für die Forschungsleistungen auf dem Gebiet der Tausch- und Vertragsbeziehungen bei sogenannten asymmetrischen Informationen und auf dem Gebiet für ein Modell der optimalen Besteuerung von Verbrauchsgütern.

Jahr 1997

Robert Merton (1941), geb. in USA, Harvard Business School in Boston
Myron Scholes (1938), geb. in USA, Stanford University in Stanford
Forschungsgebiet: Finanzwissenschaft, Betriebswirtschaft
Preisbegründung:
Für den entscheidenen Durchbruch bei der Anwendung und Akzeptanz analytischer Bewertungsmethoden in der modernen Finanzwissenschaft auf dem Gebiet des Marktes für Wertpapier-Optionen.

Literatur:

Arbeitsgruppe Alternative Wirtschaftspolitik, Memorandum '97, Beschäftigungspolitik und gerechte Einkommensverteilung gegen soziale Zerstörung, Köln 1997

Veit-Michael Bader, Johannes Berger, Krise und Kapitalismus bei Marx, Bd. I u. Bd II, Frankfurt/M. 1975

Ulrich Blum, Volkswirtschaftslehre, 2. Aufl., München, Wien 1994

Karl Brunner, Eine Neuformulierung der Quantitätstheorie des Geldes, in: Kredit und Kapital, Bd. 3 (1970)

Gottfried Bombach, Die Modellbildung in der Wirtschaftswissenschaft, in: Studium Generale 18 (1965)

Die Zeit, (Hrsg.), Die grossen Ökonomen, Stuttgart 1994

W. Eichhorn, Die Begriffe Modell und Theorie in der Wirtschaftswissenschaft, in: Wirtschaftswissenschaftliches Studium (WiSt), 1. Jg. (1972) S. 281- 288 und 335-344

Bernhard Felderer, Stefan Homburg, Makroökonomik und neue Makroökonomik, 6. Aufl., Berlin, Heidelberg, New York u.a. 1994

Benedikt Fehr, Die Ökonomen von Chicago, in: FAZ v. 31.8.1996

Milton Friedman, Kapitalismus und Freiheit, München 1971

Reimut Jochimsen, Helmut Knobel, (Hrsg.), Gegenstand und Methoden der Nationalökonomie, Köln 1971

Rudolf Hickel, „Gegengutachten" - Anstoß und konzeptionelle Entwicklung einer Wirtschaftspolitischen Alternative, in: Diethard B. Simmert, Wirtschaftspolitik - kontrovers, Köln 1979

Rudolf Hickel, Reagans „amerikanischer Traum" - ein Alptraum für Europa, in: Blätter für deutsche und internationale Politik, Heft 3/1981

Rudolf Hickel, Warum Regans Wirtschaftskurs scheitern muß. Darstellung und Kritik der „Angebotsstrategie", in: Blätter für deutsche und internationale Politik, Heft 7/1982

Rudolf Hickel, Harald Mattfeld, Millionen Arbeitslose! Streitschrift gegen den Rat der Fünf Weisen. Eine Bilanz nach zwanzig Jahren, Reinbek 1983

Martin Höpner, Keynesianische Makropolitik - Kann sie wiederkommen? in: WSI-Mitteilungen, Heft 11/1996, S. 687ff.

Werner Hofmann, Grundelemente der Wirtschaftsgesellschaft, Hamburg 1977

Sönke Hundt, Zur Theoriegeschichte der Betriebswirtschaftslehre, Köln 1977

Jürgen Kromphardt, Peter Clever, Heinz Klippert, Methoden der Wirtschafts- und Sozialwissenschaften, Wiesbaden 1979

Jürgen Kromphardt, Wirtschaftswissenschaft II, Methoden und Theorienbildung in der Volkswirtschaftslehre, in: Handwörterbuch der Wirtschaftswissenschaft (HdWW), Bd. 9, Stuttgart, Tübingen, Göttingen 1988

Peter Koslowski, Politik und Ökonomie bei Aristoteles, Tübingen 1993

Paul-Heinz Koesters, Ökonomen verändern die Welt, Lehren die unser Leben bestimmen, Hamburg 1982

Axel Leijonhufvud, Über Keynes und den Keynesianismus, Köln 1973

Fritz Machlup, Der Wettstreit zwischen Mikro- und Makrotheorien in der Nationalökonomie, Tübingen 1960

Francesco Martino, Wirtschaftsgeschichte des alten Rom, München 1985

Alfred L. Malabre Jr., Ungehörte Propheten, Stuttgart 1994,

Werner Meißner, Das Konzept des Sachverständigenrats, in: Diethard B. Simmert, Wirtschaftspolitik - kontrovers, Köln 1979, S. 109ff.

Werner Meißner, Die Lehre der Fünf Weisen, Köln 1980

Hans Möller, Volkswirtschaftslehre, in: Handwörterbuch der Wirtschaftswissenschaft (HdWW), Bd. 9, Stuttgart, Tübingen, Göttingen 1988

Dirk Nolte, Herbert Schaaff, Wirtschaft ohne Wachstum? - Zur Aktualität des Keynesschen Beitrags zu einer Wirtschaftspolitik in der Stagnation, in: WSI-Mitteilungen, Heft 5/1994, S. 299ff.

Alois Oberhauser, Mehr Arbeitslosigkeit durch Parallelpolitik: eine Folge einzelwirtschaftlichen Denkens, in: Wirtschaftsdienst 1996/XI, S. 566ff.

Hans Raffee, Bodo Abel, (Hrsg.) Wissenschaftstheoretische Grundlagen der Wirtschaftswissenschaften, München 1979

Horst Claus Recktenwald, Die Nobelpreisträger der ökonomischen Wissenschaft, Bd. I u. Bd. II, Düsseldorf 1989, sowie **Dieter Grüske**, (Hrsg.), Die Nobelpreisträger der ökonomischen Wissenschaft, Bd. III, Düsseldorf 1994

Norbert Reuter, Hunger im Paradies - Ökonomische Widersprüche und Alternativen reifer Industriegesellschaften, in: Blätter für deutsche und internationale Politik, Heft 6/1997

Joan Violet Robinson, Doktrinen der Wirtschaftswissenschaft, München 1965

Joan Violet Robinson, Zur Krise der ökonomischen Theorie, in: Diethard B. Simmert, Wirtschaftspolitik - kontrovers, Köln 1979

Herbert Schaaff, Kritik der eindimensionalen Wirtschaftstheorie: Zur Begründung einer ökologischen Glücksökonomie, Frankfurt/M. 1991

Ingo Schmidt, Deregulierte Finanz- und gespaltene Arbeitsmärkte, Zur Wirtschaftspolitik des Neoliberalismus, in: WSI-Mitteilungen, Heft 11/1996, S. 699ff.

Dieter Schneider, Geschichte der Betriebswirtschaftslehre, in: Wirtschaftswissenschaftliches Studium (WiSt), Heft 10/1997

Hans K. Schneider, Methoden und Methodenfragen der Volkswirtschaftstheorie, in: W. Ehlicher u.a. (Hrsg.), Kompendium der Volkswirtschaftslehre, Bd. 1, 5 Aufl., Göttingen 1975

Stephan Schulmeister, Zehn Etappen zum Abgrund, in: Die Zeit vom 1.11.1996

Gerhard Stavenhagen, Geschichte der Wirtschaftstheorie, 4. Aufl., Göttingen 1969

Rüdiger Soltwedel, Zur Relevanz der neoklassischen Theorie für die Wirtschaftspolitik, in: Diethard B. Simmert, Wirtschaftspolitik - kontrovers, Köln 1979

Siegfried Wendt, Geschichte der Volkswirtschaftslehre, 2. Aufl., Berlin 1968,

Artur Woll, Allgemeine Volkswirtschaftslehre, 11. Aufl., München 1993

Karl-Georg Zinn, Wirtschaft und Wissenschaftstheorie, Erkenntnisse und Praxis für Betriebs- und Volkswirte, Herne-Berlin 1976

2. Kapitel
Ökonomische Grundtatbestände

1. Bedürfnisse - Bedarf - Nachfrage

Alle Menschen haben unabhängig von der jeweiligen Wirtschafts- und Gesellschaftsordnung[1], in der sie leben, unbegrenzte **Bedürfnisse**, oder man könnte auch sagen, sie haben bezogen auf ihre individuelle Daseinsgestaltung Mangelempfindungen und gleichzeitig ein Verlangen, diese Mängel zu beseitigen. Wirtschaften ist demnach nichts anderes, als das **Spannungsverhältnis** zwischen den unbegrenzten Bedürfnissen und den nur knappen Mitteln, die zur Bedürfnisbefriedigung bereitstehen, so weit wie möglich zu verringern. Bedürfnisse treten bei den Menschen in Abhängigkeit von **Zeit** und **Raum** auf und eine **Messung** des Grades der Bedürfnisbefriedigung ist **kardinal** (zahlenmäßig) nicht möglich. Auch sind Bedürnisse **intersubjektiv** nicht vergleichbar, weil sie bezogen auf jeden einzelnen Menschen einzigartig sind und in ihrer Konkretheit die Individualität des Menschen manifestieren. Woher stammen aber die Bedürfnisse, was ist ihr Ursprung? „Schon früh wurde erkannt, daß die Bedürfnisse als spezifisch menschliche Kategorie anzusehen sind, daß sie darüber hinaus bei verschiedenen Menschen, Klassen und Völkern nicht dieselben sind. Zugleich wurden vielfältige Unterscheidungen getroffen zwischen Wohlfahrts-, Verwendungs- und Verfügungsbegehren, periodischen und kontinuierlichen, körperlichen und geistigen, natürlichen und willkürlichen, wahren und falschen, Grund- und Nebenbedürfnissen und Rangordnungen sowie Hierarchien von Bedürfnissen entworfen."[2] So teilt beispielsweise ***Abraham H. Maslow*** die Bedürfnisse in einer Bedürfnishierarchie ein, wobei der Grundgedanke dieser Bedürfnispyramide in der Annahme besteht, daß die Befriedigung von Bedürfnissen der jeweils übergeordneten Ebene erst dann möglich ist, wenn eine Befriedigung der in der Hierarchie auf niedrigerem Level angesiedelten Bedürfnisse vorausgegangen ist.[3]

Der Ursprung der Bedürfnisse ist letztlich allerdings nicht ökonomisch bestimmbar. Menschliche Bedürfnisse haben viel mehr eine stark **physiologische** und **psychologische** Basis. Physiologische Bedürfnisse sind **materielle** und **immaterielle** Bedürfnisse wie Nahrung, Bekleidung, Wohnung, Gesundheitsversorgung, Sicherheit, Freizeitgestaltung etc., und zu den psychologischen

---

[1] Vgl. dazu das 3. Kapitel: „Zur Ausgestaltung möglicher Wirtschaftsordnungen".

[2] Herbert Schaaff, Kritik der eindimensionalen Wirtschaftstheorie: Zur Begründung einer ökologischen Glücksökonomie, Frankfurt/M. 1991, S. 47

[3] Vgl. Abraham H. Maslow, Motivation and Personality, New York u.a. 1970

Bedürfnissen lassen sich **soziale** Bedürfnisse wie z.B., Freundschaft, Kontakte, Achtung, Anerkennung, Prestige etc. zählen. „Da der Mensch nur in Gesellschaft überlebensfähig ist, ergibt sich zwangsläufig die gesellschaftliche Bedingtheit von Bedürfnissen. Im Evolutions- und Zivilisationsprozeß kommt es schließlich zu einer Differenzierung, Verbreiterung und Ausweitung des menschlichen Bedürfnissystems. Neben den existentiellen Grundbedürfnissen eines jeden Individuums (nach Nahrung, Kleidung, Wohnung etc.), die jeweils historischen Veränderungen unterliegen, treten immer zahlreichere individuelle Ansprüche, die im Hinblick auf die historisch-materiellen Bedingungen differieren."[1]

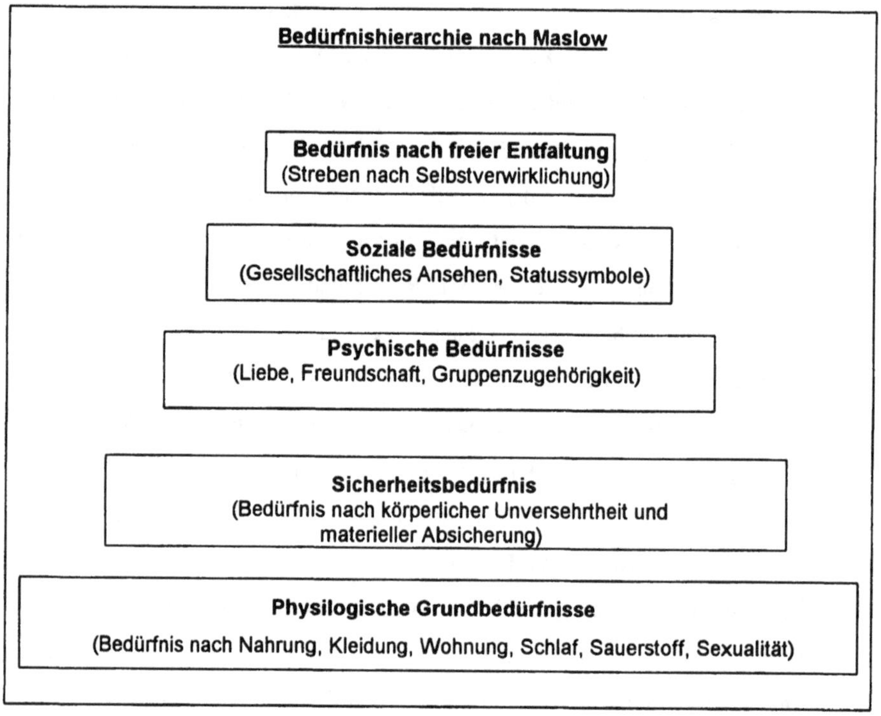

Alle menschlichen Bedürfnisse sind entweder **endogen** oder **exogen** determiniert. Endogene Bedürfnisse kommen aus dem Menschen selbst heraus. Die Befriedigung dieser meist fundamentalen physiologischen Grundbedürfnisse ist in entwickelten Ökonomien in der Regel ohne größere Mühen möglich. Je mehr sich jedoch die Wirtschaft entwickelt, verändert sich auch der Wunsch der Menschen, „die Lebensbedingungen zu verbessern, ein Verlangen, das uns (...)

[1] Herbert Schaaff, S. 48

ein ganzes Leben lang begleitet (...) (es) gibt (...) wahrscheinlich nicht einen Augenblick, in dem jemand mit seiner Lage so uneingeschränkt und vollkommen zufrieden ist daß er sich nicht wünscht, sie irgendwie zu ändern oder zu verbessern."[1] Hierdurch kommt es zu einer Herausbildung von **exogenen** Bedürfnissen, von denen man spricht, wenn die **soziale Umwelt** des Menschen durch gesellschaftliche Faktoren bestimmte Bedürfnisse erst schafft (suggeriert).

Dies geschieht durch eine **Konkretisierung der Bedürfnisse**, woraus sich ein individueller **Bedarf** entwickelt. Ich habe nicht nur Durst, sondern ich möchte das Bedürfnis Durst mit Bier der Marke „Bierdurst" befriedigen. Ich habe nicht nur das Bedürfnis ein Auto zu besitzen, sondern ich möchte einen roten Sportwagen der Firma „Sportcar" fahren. Zwischen Bedürfnis und Bedarf liegt also die **Konkretisierung**. Die **Werbung** setzt genau hier an. Ihre Aufgabe in marktwirtschaftlichen Ordnungen mit Gewinnprinzip besteht neben der allgemeinen exogenen Bedürfnisweckung in der **Lenkung der Konsumentenbedürfnisse** auf ein ganz bestimmtes Gut. Der Konsument soll eben beim Bier - aus der Sicht eines bestimmten Unternehmens - unter ca. 5.000 Biermarken, die in der Bundesrepublik angeboten werden, die Marke „Bierdurst" auswählen und kaufen und nicht etwa eine andere Marke. Der individuelle Bedarf wird demnach durch die Konkretisierung und Manipulation der Bedürfnisse zu einem **Wahlbedarf**, der zusätzlich von verschiedenen gesellschaftlichen Faktoren abhängig ist.

„Die Wirkung (dieser) gesellschaftlichen Faktoren, wie soziale Position oder Schichtzugehörigkeit, verstärkt sich bei dem Wahlbedarf. Die Zugehörigkeit zu einer sozialen Gruppe oder Kategorie führt zu konformen Verhaltensmustern in bezug auf den Bedarf. Um seinen sozialen Status zu dokumentieren, werden Güter als **Statussymbole** gekauft (Geltungskonsum). 'Man kauft, was man nicht braucht, mit dem Geld, was man nicht hat, um dem zu imponieren, den man nicht mag.' Durch Appelle an das Geltungsstreben, durch Beeinflussung der Motivationsstruktur (Gefüge von Bedürfnissen, Erwartungen, Wunschbildern und Interessen) versuchen Produzenten und Händler, die Bedürfnisse zu bestimmten Bedarfsvorstellungen zu lenken und immer neue Bedürfnisse zu wecken, um den Bedarf und damit den Absatz produktionsgerecht zu lenken. Dadurch sollen Absatzrisiken gemindert, Gewinne gesichert und vermehrt werden. Man kann auch die Mode als Manipulierung des Bedarfs verstehen. Kleidungsstücke z.B. mit einer Lebensdauer von mehreren Jahren werden nach einem Jahr unmodern, altmodisch, damit der Absatz gesichert ist. Zu fragen ist, ob der Vorteil der Produzenten auch zum Vorteil der Verbraucher und der Gesellschaft gereicht und ob der Eigennutz auch dem Gemeinwohl dient. Für die Gesellschaft können sich aus der **Manipulierung der Bedürfnisse** folgende Gefahren ergeben: **Vergeudung knapper**

---

[1] Adam Smith, Der Wohlstand der Nationen, Eine Untersuchung seiner Natur und seiner Ursachen, aus dem

Ressourcen (Produktionsmittel oder Produktionsfaktoren), beispielsweise die Verwendung von Rohstoffen bei Modeartikeln oder die Verausgabung von Arbeitskraft und Kapital für 'unsinnige' Güter. **Fehlleitungen der Produktionsfaktoren** in solche Bereiche der Volkswirtschaft, in denen ihr Nutzen für die Gesellschaft gering oder gar fragwürdig ist, beispielsweise der Einsatz der Produktionsfaktoren für Werbung. Mangelerscheinungen in anderen Bereichen der Volkswirtschaft, vor allem auf dem Sektor der Kollektivbedürfnisse."[1]

Bedürfnisse - Bedarf - Nachfrage

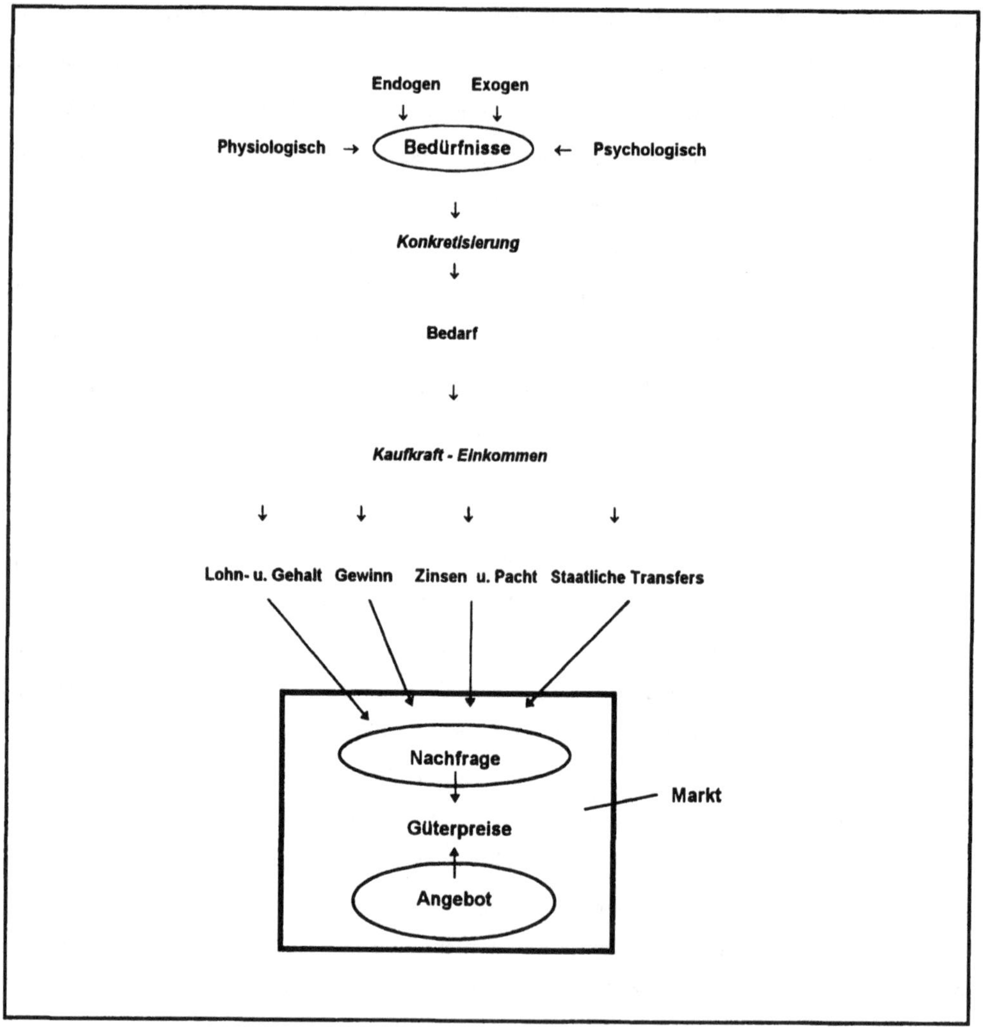

Englischen übertragen von Horst Claus Recktenwald, München 1978, S. 282

[1] Uwe Taenzer, Grundlagen der Wirtschaftswissenschaften, Teil 1, Einführung, Stuttgart 1975, S. 29f.

Damit aber der Bedarf auch zu einer effektiven **Nachfrage** wird, muß der Konsument sein konkretisiertes Bedürfnis mit entsprechender **Kaufkraft** ausstatten können. Dazu benötigt er ein bestimmtes **Einkommen**, das durch **nichtselbständige oder selbständige Arbeit** in Form von Lohn- bzw. Gehalts- oder Gewinneinkommen geschaffen wird. Die Bedürfnisbefriedigung ist also maßgeblich von der menschlichen Arbeit und dem daraus entstehenden Einkommen abhängig.[1] Für die meisten abhängig beschäftigten Menschen mit einem Lohn- bzw. Gehaltseinkommen ist Arbeit dabei anstrengend, mühselig und monoton - sie stellt eine Bürde dar, die in dieser Form nur deshalb das ganze Leben lang verrichtet wird, weil sie die Grundbedingung des Einkommens ist, das zur menschlichen Bedürfnisbefriedigung und Daseinsgestaltung benötigt wird.

Neben dem Arbeitseinkommen resultiert Einkommen aber auch aus **Zins- und Dividendenzahlungen** für Aktien, Spar- u. Termineinlagen, Wertpapiere u.a, sowie aus der **Vermietung und Verpachtung** von Grund und Boden sowie von Wohn- und Geschäftsräumen. Zusätzlich kann Nachfrage über **staatliche Transfereinkommen** ausgelöst, d.h. Bedürfnisse können auch aus einem **Nichtarbeitseinkommen** befriedigt werden. Das **gesamte Einkommen** der Wirtschaftssubjekte beschränkt dabei über den **Preis** der am Markt gehandelten Güter den **Grad der Bedürfnisbefriedigung**. Allgemein kann gesagt werden: Je geringer das Einkommen und je höher die Preise der angebotenen Güter, umso geringer ist die Möglichkeit der Nachfrage nach Gütern und damit die Bedürfnisbefriedigung.

2. Freie und wirtschaftliche Güter

In der Ökonomie werden die **Güter i.w.S.** (Sachgüter, Dienstleistungen, Rechte) zur Bedürfnisbefriedigung der Menschen in **freie Güter** und **wirtschaftliche Güter** differenziert. Sind Güter nicht das **Produkt menschlicher Arbeit**, bzw. entstehen bei der Bereitstellung dieser Güter keine **Kosten**, so bezeichnet man sie als freie Güter. Für sie existiert kein Preis. Sie werden erst dann zu einem wirtschaftlichen Gut, wenn ihre Bereitstellung Kosten verursacht. Zahlt demnach ein Unternehmen für die Verschmutzung der Umwelt einen Preis und entstehen dem Unternehmen dadurch Kosten, wird das freie Gut Natur (Umwelt) zu einem wirtschaftlichen Gut.

[1] Zur Bedeutung des Faktors Arbeit in einer Volkswirtschaft vergleiche ausführlich das 5. Kapitel: „Zum Faktor Arbeit in der Volkswirtschaft"

Innerhalb der wirtschaftlichen Güter werden **private** und **öffentliche Güter** unterschieden. Bei den privaten Gütern existiert vermittelt über den Preis ein Markt bestehend aus Angebot und Nachfrage. Der **Marktgleichgewichtspreis** legt dabei fest, wieviel ein Konsument für die Nachfrage eines privaten Gutes zu bezahlen hat. Der Preis, unter Berücksichtigung des Einkommens, entscheidet darüber, wer von der Nutzung des privaten Gutes ausgeschlossen wird. Für öffentliche Güter gilt ein solcher Ausschluß **(Ausschlußprinzip)** nicht. Kein Bürger einer Volkswirtschaft kann z.B. von der staatlichen Landesverteidigung explizit ausgeschlossen werden. Öffentliche Güter, die der **öffentlichen Bedürfnisbefriedigung** dienen, werden nur vom Staat angeboten und über **Steuern** finanziert. Da aber auch öffentliche Güter Kosten verursachen - einen öffentlichen Nulltarif gibt es nicht - ist es möglich, das nicht die Wirtschaftssubjekte mit den Kosten belastet werden, die sie tatsächlich verursacht haben. Verschmutzen z.B. Unternehmen durch ihre Produktion die Umwelt (Benutzung der Umwelt als freies Gut), so wälzen sie privatwirtschaftlich entstandene Kosten in Form von **negativen externen Effekten** auf die Allgemeinheit ab. Das **Verursachungsprinzip** wird dadurch ausgeschaltet. Ist dagegen sowohl ein privatwirtschaftliches Angebot als auch ein staatliches Angebot an Gütern möglich, weil das Ausschlußprinzip über einen entsprechenden Preismechanismus durchaus funktionieren würde, spricht man von sog. **meritorischen Gütern** (meriten (lat.) = Verdienste, gutes Werk). Beispiele sind die öffentliche Müllabfuhr, Theater, Museen, Autobahnen aber auch Schulen, Hochschulen und Kindergärten. Der Staat finanziert (subventioniert) aus **wirtschaftspolitischen** Erwägungen bei meritorischen Gütern einen Teil des Preises oder sogar den gesamten Preis, weil bei einem privaten kostendeckenden Angebot incl. eines Gewinnaufschlags ein Preis verlangt werden müßte, der bestimmte Nachfrager von der Konsumtion und damit von der Bedürfnisbefriedigung ausschließen würde.

Private und öffentliche Güter lassen sich nach unterschiedlichen Kriterien weiter unterscheiden, nach der Verwendungsdauer in **langfristige Gebrauchs- und kurzfristige Verbrauchsgüter** und nach dem Verwendungszweck in **Konsum- und Investitionsgüter**. Von **inferioren Gütern** spricht man immer dann, wenn bei steigendem Wohlstand (Einkommen) bestimmte als minderwertig eingestufte Güter durch höherwertig eingestufte **superiore Güter** ersetzt werden. Wichtig in ökonomischen Zusammenhängen ist auch die Unterscheidung in **Substitutions- und Komplementärgüter**. Substitutionsgüter können sich gegenseitig ersetzen (substituieren) und sorgen z.B. bei der Bedürfnisbefriedigung und einer daraus abgeleiteten Kaufentscheidung für Handlungs- bzw. Nachfragealternativen, während Komplementärgüter bei ihrer Nutzung voneinander abhängig sind. Unter **homogenen Gütern** versteht man völlig gleichartige Güter. Innerhalb der ökonomisch-modellinduzierten Theorienbildung wird in der Regel mit dem Begriff der homogenen Güter als Prämisse gearbeitet. So wird z.B. der Produktionsfaktor Arbeit als homogen bezeichnet, obwohl er in der wirtschaftlichen Realität, schon allein durch die unterschiedliche Qualifikation der Arbeitskräfte, ein **heterogenes** (unterschiedliches) Einsatzgut darstellt.

Zur Abgrenzung des Gutsbegriffs

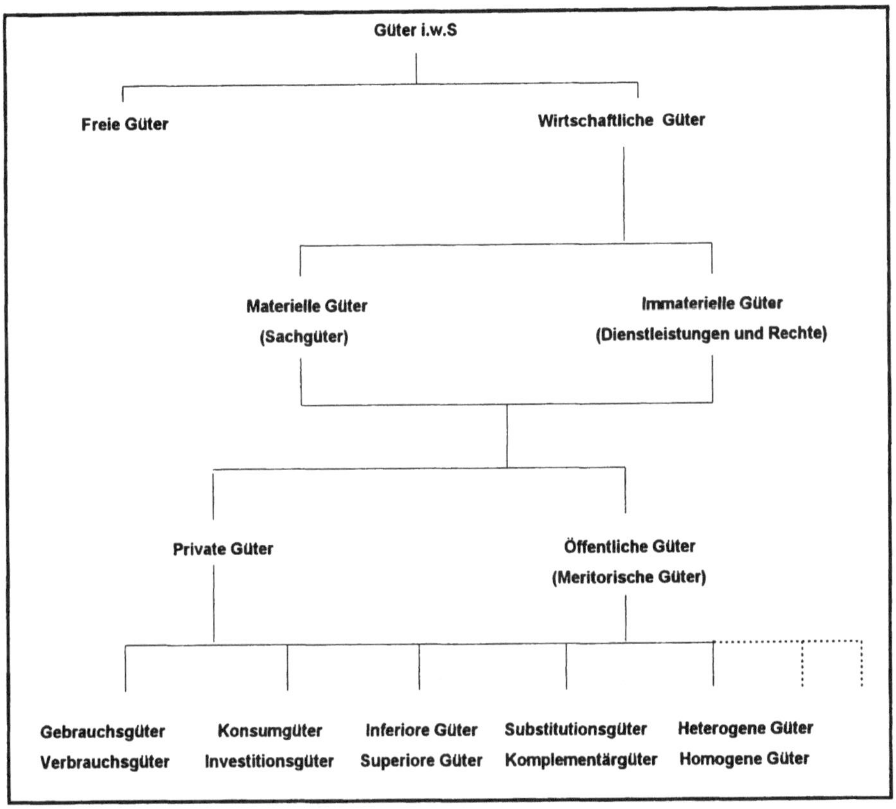

3. Nutzen - Gebrauchswert und Tauschwert von Gütern

Wirtschaftliche Güter sollen einen **Nutzen** zur Bedürfnisbefriedigung stiften. Genauso wie die Bedürfnisbefriedigung nicht meßbar ist, kann auch der Nutzen eines Gutes **kardinal** nicht gemessen werden, sondern allenfalls **ordinal** (ordo (lat.) = Ordnung) durch eine **individuelle und**

damit subjektive Rangfolge, indem der Nutzen eines Gutes (A) individuell höher eingestuft wird als der Nutzen eines Gutes (B). Die Ökonomen ***Joan Violet Robinson*** und ***John Eatwell (1913)*** bemerken dazu: „Da Nutzen ein metaphysischer Begriff ist, muß er mit sich selbst definiert werden. Nutzen ist das Merkmal von Gütern, das bewirkt, daß Individuen diese kaufen wollen, und Individuen kaufen Güter, weil ihnen deren Konsum Nutzen spendet."[1]

Bei den **„Klassischen Ökonomen"** wie ***Adam Smith*** und ***David Ricardo*** wurde der Nutzen oder die Nützlichkeit eines Gutes als **Gebrauchswert** bezeichnet. Vom Gebrauchswert unterscheidet sich der **Tauschwert**. Schon ***Aristoteles** (384 v. Ch. bis 322 v. Ch.)* bemerkte dazu: „Man kann einen Schuh gebrauchen, um ihn zu tragen, aber auch, um ihn zu tauschen; beides sind Gebrauchsmöglichkeiten ein und desselben Schuhes". (Aristoteles, Politik I, 9) Güter können aber auch einen Gebrauchswert haben, ohne daß sie einen Tauschwert besitzen. Dies ist der Fall bei allen **freien Gütern** wie Luft, unbearbeiteter Boden, wildwachsendes Holz u.a., die nicht durch menschliche Arbeitskraft entstanden sind. Dies gilt auch für alle Güter, die zur eigenen Bedürfnisbefriedigung selbst geschaffen werden. Hier entsteht zwar ein Gebrauchswert, aber kein Tauschwert. Auch gibt es Güter mit einem hohen Gebrauchswert und einem niedrigen Tauschwert und umgekehrt. Auf diese **Wertantinomie** wies ***Adam Smith*** in seinem Buch: *„Der Wohlstand der Nationen"*[2], hin:

„Man sollte zunächst bedenken, daß das Wort Wert zwei voneinander abweichende Bedeutungen hat. Es drückt manchmal die Nützlichkeit einer Sache aus, manchmal die Fähigkeit, mit Hilfe eines solchen Gegenstandes andere Güter im Tausch zu erwerben, eine Fähigkeit, die sein Besitz verleiht. Den einen kann man 'Gebrauchswert', den anderen 'Tauschwert' nennen. Dinge mit dem größten Gebrauchswert haben vielfach nur einen geringen oder keinen Tauschwert, umgekehrt haben solche mit dem größten Tauschwert häufig wenig oder keinerlei Gebrauchswert. Nichts ist nützlicher als Wasser, und doch läßt sich damit kaum etwas kaufen oder eintauschen. Dagegen besitzt ein Diamant kaum einen Gebrauchswert, doch kann man oft im Tausch dafür eine Menge anderer Güter bekommen." (Adam Smith)

Was ist dabei aber der **Wertmaßstab** für den Tauschwert eines Gutes? Die „Klassischen Ökonomen" leiteten den Wert bzw. Tauschwert eines Gutes aus der **Arbeitszeit** ab. Adam Smith schreibt dazu:

---

[1] Joan Violet Robinson, John Eatwell, Einführung in die Volkswirtschaftslehre, Frankfurt/M. 1974, S. 68
[2] Adam Smith, Der Wohlstand der Nationen, a.a.O.

„Auf der untersten Entwicklungsstufe eines Landes, noch bevor es zur Kapitalbildung kommt und der Boden in Besitz genommen ist, ist das Verhältnis zwischen den Mengen Arbeit, die man einsetzen muß, um einzelne Gegenstände zu erlangen, offenbar der einzige Anhaltspunkt, um eine Regel für deren gegenseitigen Austausch ableiten zu können. Bedarf es beispielsweise in einem Jägervolk gewöhnlich doppelt so vieler Arbeit, einen Biber zu töten, als einen Hirsch zu erlegen, sollte natürlich im Tausch ein Biber zwei Hirsche wert sein. Es ist dann nur selbstverständlich, daß der übliche Ertrag der Arbeit von zwei Tagen oder zwei Stunden doppelt soviel wert sein sollte als der übliche eines Tages oder einer Stunde. (...) Auf der untersten Entwicklungsstufe gehört der gesamte Ertrag der Arbeit dem Arbeiter, und die Menge Arbeit, die gemeinhin geleistet wird, um ein Gut zu erwerben oder zu erzeugen, ist das einzige Richtmaß, nach dem man die Menge Arbeit bestimmen kann, gegen die es üblicherweise gekauft, beansprucht oder getauscht werden sollte." (Adam Smith)

Tauschwerte auf Basis von Arbeitszeiten

- in Minuten -

Gebrauchswert	Mengeneinheit	1960	1985	1994
Mischbrot	1 Kg	20	12	11
Markenbutter	250 g	39	10	6
Vollmilch	1 L	11	5	4
Brathähnchen	1 Kg	133	22	14
Speisekartoffeln	2,5 Kg	17	9	10
Bohnenkaffee	250 g	106	25	12
Normalbenzin	1 L	14	6	4
Kühlschrank	1 St.	9.390	2.272	1.993
Fernseher	1 St.	21.098	6.139	4.209

Quelle: Statistisches Jahrbuch für die Bundesrepublik Deutschland 1994

Die Tauschwertbestimmung durch die Arbeitszeit wurde von ***David Ricardo*** und ***Karl Marx*** weiterentwickelt. Beide erkannten die Schwierigkeit, verschiedene Quantitäten und Qualitäten von Arbeit (der Faktor Arbeit ist nicht homogen sondern heterogen) als Maßstab bei der Bestimmung des Tauschwertes von Gütern vergleichbar zu machen. Dieses Problem wurde zwar auch schon von Adam Smith erkannt, aber noch nicht gelöst. Ricardo und Marx relativierten innerhalb ihrer **Arbeitswerttheorie** den Wert der Arbeitsstunde. Es ist nicht die *individuelle Arbeitszeit* eines Arbeiters maßgeblich, sondern die *durchschnittlich notwendige Arbeitszeit*. Arbeit, die höhere Anforderungen stellt, wird als entsprechend vermehrte einfache Durchschnittsarbeit[1] betrachtet, so daß die Einheit des Arbeitszeitmaßes erhalten bleibt. Wie sich

[1] *„Einfache Durchschnittsarbeit"* ist dabei die Verausgabung einfacher Arbeitskraft, die im Durchschnitt jeder gewöhnliche Mensch, ohne besondere Entwicklung, in seinem leiblichen Organismus besitzt.

die Tauschwerte auf Basis von Arbeitszeiten in Deutschland verändert haben, zeigt die Tabelle: „Tauschwerte auf Basis von Arbeitszeiten“. Mußte man 1960 für einen Fernseher noch die Arbeitszeit von 21.098 Minuten aufwenden, so waren 1994 nur noch 4.209 Minuten erforderlich.

Auch die **Produktivität** und **Konkurrenz** sind immanente Bestandteile der Tauschwertbestimmung. So schreibt Marx: „Es könnte scheinen, daß, wenn der Wert einer Ware durch das während ihrer Produktion verausgabte Arbeitsquantum bestimmt ist, je fauler oder ungeschickter ein Mann, desto wertvoller seine Ware, weil er desto mehr Zeit zu ihrer Verfertigung braucht.“ Dies ist natürlich nicht der Fall, weil als Wertmaßstab nicht die *absolute Arbeitszeit* sondern nur die **relative gesellschaftlich notwendige Arbeitszeit**, die zur Herstellung eines Gebrauchswertes notwendig ist, die Wertgröße bzw. den Tauschwert bestimmt. Je größer dabei die Konkurrenz unter den Arbeitern und je höher die Produktivität der Arbeit, desto kleiner ist auch die notwendige Arbeitszeit zur Herstellung eines Gebrauchswertes und desto kleiner ist auch sein Wert bzw. Tauschwert. Für ***David Ricardo*** spielt bei der Wertbestimmung des Tauschwertes, neben der gesellschaftlich notwendigen Arbeitszeit, auch noch die **Seltenheit bei Gütern** eine Rolle. Er schreibt:

„Es gibt einige Waren, deren Wert allein durch die Seltenheit bestimmt ist. Keine Arbeit kann die Quantität solcher Güter vermehren, und darum kann ihr Wert nicht durch ein vermehrtes Angebot herabgesetzt werden. Einige seltene Statuen und Gemälde, seltene Bücher und Münzen, Weine von besonderer Güte, die nur aus Trauben hergestellt werden konnten, die auf einem besonderen Boden gewachsen sind - alles Gegenstände von beschränkter Menge, gehören zu dieser Gattung. Ihr Wert ist gänzlich unabhängig von der Arbeitsmenge, die ursprünglich notwendig ist, sie zu erzeugen, und wechselt mit einer Veränderung des Wohlstandes sowie der Neigungen derer, welche sie zu besitzen wünschen. Doch bilden diese Waren einen sehr kleinen Teil der Warenmasse, die täglich auf dem Markte ausgetauscht wird.“ (David Ricardo[1])

4. Von der Arbeitswerttheorie zur subjektiven Wertlehre

Mit dem Aufkommen der **Geldwirtschaft** verdeckt das Marktgeschehen immer mehr den tieferliegenden Sachverhalt der **Arbeitswerttheorie** der „Klassischen Ökonomen“. Im Marktverkehr werden die ausgetauschten Güter nicht mehr nach dem Wertmaßstab der in ihnen

[1] David Ricardo, Grundsätze der Volkswirtschaft und Besteuerung, ins deutsche übersetzte Ausgabe von Heinrich Waentig, 3. Aufl., Jena 1923, S. 10f.

steckenden Arbeitsmengen bzw. - zeiten untereinander ausgetauscht, sondern nach einer bestimmten **Quantität an Geldeinheiten**. Die Arbeitsmengen und -zeiten, die in den produzierten Gütern enthalten sind, werden durch das **Geld** als Tausch- und Zahlungsmittel aus dem Bewußtsein der Wirtschaftssubjekte getilgt.

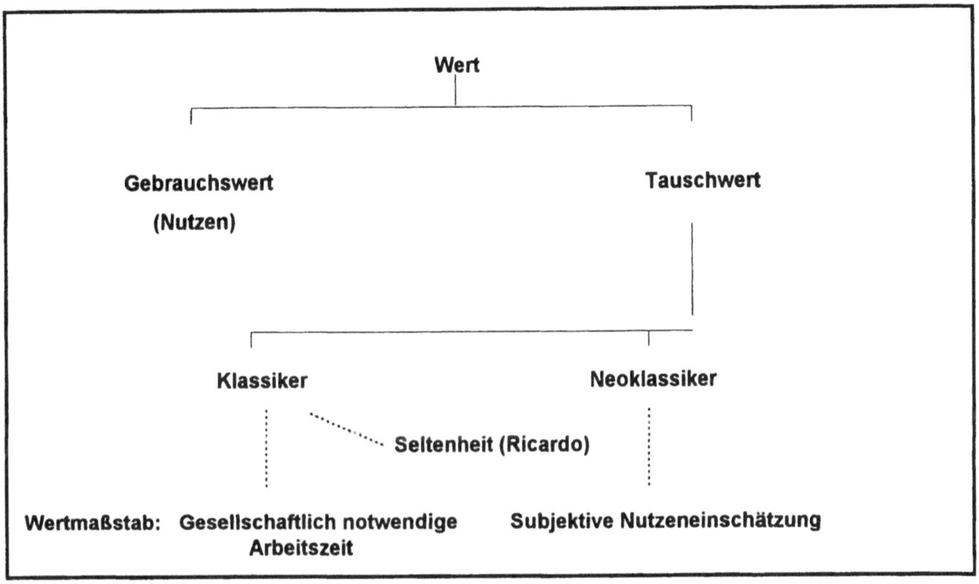

Dies ist sicher auch ein Grund für den **Paradigmenwechsel** bezüglich der allgemeinen Wertbestimmung von Gütern in der Nationalökonomie. Hinzu kam das von den „Klassischen Ökonomen" nicht gelöste Problem der **Wert-Preis-Transformation** (Transformationsproblem[1]); d.h. wie werden die durch die gesellschaftlich notwendige Arbeitszeit determinierten Werte der Güter in Preise transformiert bzw. umgewandelt? Für ***Joan Violet Robinson*** und ***John Eatwell*** war der Paradigmenwechsel „jedoch nicht so sehr eine Schwäche der reinen Theorie als eine Veränderung im politischen Klima, welche die Herrschaft der Klassik beendete. Klassische Lehrmeinungen, sogar in ihrer liberalsten Form, heben die wirtschaftliche Rolle der sozialen Klassen und der Interessenkonflikte zwischen ihnen hervor. Der Brennpunkt des sozialen Konflikts verlagerte sich im späten 19. Jahrhundert vom Antagonismus der Kapitalisten und Grundbesitzer zum Widerspruch zwischen Arbeitern und Kapitalisten. Furcht und Schrecken, die

[1] Vgl. dazu Robert Katzenstein, Wert und Preis, Zum Transformationsproblem und seiner Lösung, sowie Winfried Schwarz, Viel Lärm um nichts, Zum sogenannten Transformationsproblem, in: Sozialistische Politik, 10. Jg., Heft 2, 1978, S. 6ff.

durch das Werk von Marx entstanden, wurden durch die Einwirkungen der Pariser Kommune von 1870 in ganz Europa verstärkt. Lehrmeinungen, die einen Konflikt anregten, waren nunmehr unerwünscht. Theorien, die die Aufmerksamkeit vom Antagonismus der sozialen Klassen ablenkten, waren hoch willkommen."[1] So konnte sich zu Beginn des 20. Jahrhunderts die **„Neoklassische Theorie"**, die nicht mehr auf der Arbeitswerttheorie, sondern auf einer **subjektiven Wert- und Preislehre** aufbaute, entwickeln. Der Tauschwert einer Ware basierte von nun an ausschließlich auf einer **subjektiven Nutzeneinschätzung** durch die Konsumenten, woraus seitdem letztlich auch die Bereitschaft der Wirtschaftssubjekte abgeleitet wird, für eine am Markt angebotene Ware einen **bestimmten Preis** zu zahlen.

***Hermann Heinrich Gossen** (1810 bis 1858)* hat dazu in zwei „Gesetzen" über die Veränderung des Nutzens (bzw. Grenznutzens) bei verändertem Konsum einzelner Güter die folgenden Hypothesen formuliert:

- **Gesetz vom abnehmenden Grenznutzen**

Mit zunehmender Konsumtion eines beliebig teilbaren Gutes nimmt der Nutzen jeder weiteren konsumierten Einheit dieses Gutes ab.

Wie das Zahlenbeispiel in der folgenden Tabelle zeigt, ist der Nutzenzuwachs (Grenznutzen) abnehmend. Bei der Konsumtion der fünften Einheit erreicht der Gesamtnutzen sein Maximum und der Grenznutzen wird gleich Null. Die Konsumtion einer sechsten Einheit läßt den Grenznutzen negativ werden.

Mengeneinheiten	Gesamtnutzen	Grenznutzen
0	0	
1	20	20
2	35	15
3	45	10
4	50	5
5	50	0
6	45	- 5

[1] Joan Violet Robinson, John Eatwell, An introduction to modern economics, zitiert aus der deutschen Übersetzung: Einführung in die Volkswirtschaftslehre, Frankfurt/Main 1974, S. 67f.

- **Gesetz vom Grenznutzenausgleich**

Eine bestimmte Konsumsumme ist so auf verschiedene Verwendungszwecke aufzuteilen, daß der Nutzen der jeweils letzten Einheit (der Grenznutzen) in allen Verwendungen gleich groß ist.

Mengeneinheit	Grenznutzen Gut A		Grenznutzen Gut B		Grenznutzen Gut C	
1	80		60		**20**	**(20)**
2	65		45		18	
3	48		30		15	
4	36		**20**	**(155)**	10	
5	25		18		8	
6	**20**	**(274)**[1]	15		6	
7	15		10		4	

1) Kumulierter Gesamtnutzen

Beträgt die Konsumsumme z.B. maximal 11 Einheiten, und soll diese auf drei Güter A, B und C unter Berücksichtigung der Grenznutzen dieser Güter (vgl. dazu die folgende Tabelle) verteilt werden, so würde ein Haushalt dann sein Nutzenmaximum erreichen, wenn es 6 Einheiten von Gut A, 4 Einheiten von Gut B und 1 Einheit von Gut C nachfragt. Der **Gesamtnutzen** beträgt dann 449 Einheiten (274 Einheiten Gut A, 155 Einheiten Gut B und 20 Einheiten Gut C). Keine andere als diese Güterkombination realisiert einen größeren Gesamtnutzen, weil der Grenznutzen der jeweils letzten Einheit der einzelnen Güter mit 20 Grenznutzeneinheiten gleich groß ist.

Die **Kritik** an diesem Nutzenkonzept von Gossen richtet sich gegen eine fehlende **kardinale Messbarkeit** des Nutzens. Wenn überhaupt ist nur ein **ordinaler Nutzen-Vergleich**, d.h. ein Besser-Schlechter-Vergleich möglich. **Vilfredo Pareto** *(1848 bis 1923)* wies als erster Ökonom darauf hin. Sein Ansatz basiert deshalb auf einem ordinalen Nutzenkonzept. Hierbei werden nur Aussagen darüber gemacht, ob ein Wirtschaftssubjekt Gut A einem Gut B vorzieht oder beide Güter für gleichwertig betrachtet, wobei Gut B verstanden werden kann als alle Güter minus Gut A. Dies läßt sich modelltheoretisch über **Indifferenzkurven** (nutzengleiche Kurven) veranschaulichen. Allen möglichen Güterkombinationen auf der Indifferenzkurve verhält sich ein Wirtschaftssubjekt gegenüber gleichgültig oder indifferent, weil jede Kombination einen gleich großen Nutzen (Grenznutzen) stiftet. Ein Wirtschaftssubjekt empfindet demnach keinen

Nutzenunterschied beim Konsum der **Güterkombination (A : B)** gegenüber **(A' : B')**. Führt man für jeden Nutzengrad (U) eine neue Indifferenzkurve ein, so erhält man eine Schar von Indifferenzkurven (U_1 ... U_n), deren (jeweils konstantes) Nutzenniveau zunimmt, je weiter rechts bzw. oben die Indifferenzkurve verläuft.

Es sei folgende **Nutzenfunktion (U)** vorgegeben:

$$U = U(A, B) = 2A^{0,5} \times B$$

Hieraus ergibt sich für ein Nutzenniveau von U = 8 die folgende Indifferenzkurve:

$$8 = 2A^{0,5} \times B \text{ bzw.}$$

$$B = 4A^{-0,5} \quad \text{oder} \quad B = \frac{4}{\sqrt{A}}$$

Güterkombinationen mit gleichem Nutzen

Gut A	1	2	3	4	5	6
Gut B	4	2,8	2,3	2,0	1,8	1,6

Indifferenzkurven und Grenzrate der Substitution

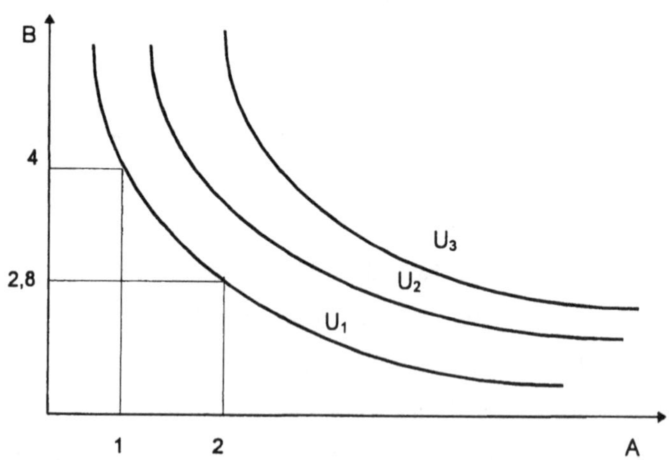

Der konvexe Verlauf der Kurve impliziert beschränkt substituierbare Güter. Die **Grenzrate der Substitution (G_{rs})** (schraffiertes Feld) gibt jeweils die zu ersetzende Menge eines Gutes an; demnach gilt z.B.:

$$G_{rs} = -\frac{\Delta A}{\Delta B} = -\frac{1}{-1{,}2} = 0{,}83$$

Die **optimale Güterauswahl** eines Wirtschaftssubjektes wird aber durch das **Einkommen des Wirtschaftssubjektes** und durch **die Preise der Güter**, die am Markt verlangt werden, beschränkt. Hierdurch ist nicht jede Güterkombination für das Wirtschaftssubjekt realisierbar. Ist z.B. das Einkommen eines Wirtschaftssubjektes mit 3.000 DM p.m. begrenzt, und soll dieses Einkommen für den Kauf von Gut (A) zum Stückpreis (p) von 50 DM und zum Kauf von Gut (B) zum Stückpreis (p) von 100 DM verwandt werden, so beschreibt die **Einkommens- oder Budgetgerade ($E_{A,B}$)**:

$$E_{A,B} = p_1 \times A + p_2 \times B$$
$$3.000 = 50\,A + 100\,B$$

alle Güterkombinationen, die ein Wirtschaftssubjekt bei voller Verausgabung seiner Konsumsumme (Einkommenssumme) erwerben kann. Entscheidet sich das Wirtschaftssubjekt z.B. nur zum Kauf des Gutes (A), so könnte es bei dem vorgegebenen Stückpreis von 50 DM insgesamt 60 Einheiten nachfragen. Soll nur Gut (B) nachgefragt werden, so könnten insgesamt 30 Einheiten konsumiert werden. Die **nutzenmaximale Güterkombination** (auch als **Haushaltsoptimum (H_G)** bezeichnet) wird in dem Punkt erreicht, wo die Budget(Einkommens)gerade zur Tangente an eine Indifferenzkurve wird bzw. bei der die **Grenzrate der Substitution dem reziproken Preisverhältnis der Güter** entspricht.[1]

$$E_{A,B} = p_1 \times A + p_2 \times B$$

$$A = \frac{E_{A,B}}{p_1} - \frac{p_2}{p_1} \times B$$

---

[1] Auf eine mathematische Herleitung mit Hilfe eines Lagrange-Multiplikators wird hier verzichtet. Vgl. dazu Jürgen Tietze, Einführung in die angewandte Wirtschaftsmathematik, 5. Aufl., Wiesbaden 1995, 7-28

$$A' = \frac{d\,A}{d\,B} = -\frac{p_2}{p_1}$$

Dies impliziert, daß die Substitutionsrate von Gut B durch Gut A im Haushaltsoptimum umgekehrt zum Verhältnis ihrer Preise steht. Also $p_2 : p_1 = 100 : 50 = 2$. Hierdurch können in unserer Beispielrechnung zwei Mengeneinheiten des Gutes A gegen eine Mengeneinheit des Gutes B getauscht werden.

Alle Punkte unterhalb der Budgetgeraden und die zugehörigen Indifferenzkurven bilden Güterkombinationen mit einer geringeren Nutzenstiftung. Alle Punkte oberhalb der Budgetgeraden und die zugehörigen Indifferenzkurven zeigen Güterkominationen, die das Wirtschaftssubjekt aufgrund seines Einkommens und der geforderten Marktpreise nicht realisieren kann.

Eine Ausdehnung des Konsums und das Erreichen einer höheren Indifferenzkurve wäre nur bei einer **Erhöhung des Einkommens** und konstanten Preisen oder bei konstantem Einkommen und einer **Preissenkung** bei den angebotenen Gütern möglich. Hierbei verschiebt sich jeweils die Einkommens- bzw. Budgetkurve nach rechts.

Indifferenzkurven und Einkommensgerade

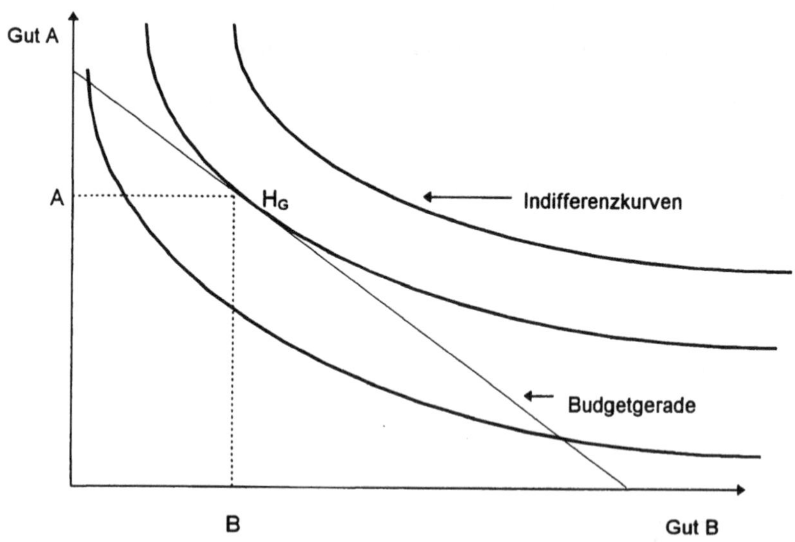

5. Knappheit, Opportunitätskosten und ökonomisches Prinzip

„Es ist ein alter Traum der Menschheit, der sich in sozialen Utopien und Religionen manifestiert hat, ein Leben in paradiesischen Verhältnissen führen zu können. Gemeinsam ist solchen Vorstellungen der Wunsch nach einem Leben ohne Mühe und Qual, ein Leben im Überfluß und ohne Konflikte. Der Charakter solcher Wunschvorstellungen ist offensichtlich: Trost gegenüber den nicht immer angenehmen Realitäten des täglichen Lebens." (Uwe Taenzer [1])

Aufgrund der unbegrenzten menschlichen Bedürfnisse und der nur begrenzt vorhandenen Güter besteht grundsätzlich eine **Güterknappheit**. Diese Knappheit ist aber eine **relative Knappheit**, weil es durchaus möglich ist, daß in Teilbereichen (Sektoren) einer Wirtschaft oder bei einzelnen Gütern Sättigungserscheinungen oder sogar Überproduktionen gegeben sind. Dies gilt auch im Vergleich von Volkswirtschaften untereinander. So ist in Entwicklungsländern die Güterknappheit um ein Vielfaches größer als in hoch entwickelten Industriestaaten.

Neben der relativen Knappheit existiert aber auch eine **absolute Güterknappheit**, und zwar insofern, als daß viele weltweit zur Verfügung stehenden Ressourcen absolut begrenzt und nicht vermehrbar sind. Ebenso knapp ist die **Kapazität der Umwelt**, schädliche Immissionen, hervorgerufen durch menschliche Produktion, als auch durch die Konsumtion von Gütern (z.B. durch den Gebrauch von Autos) zu absorbieren. Dies ist sowohl durch den Bericht des „Club of Rome" (**„Die Grenzen des Wachstums"**) als auch durch den „Bericht von Wissenschaftlern an den amerikanischen Präsidenten" (**„The Global 2000 Report to the President"**) eindrucksvoll dargelegt worden. In diesem Bericht z.B. schreiben die Wissenschaftler:

„Der Druck auf Umwelt und Ressourcen sowie der Bevölkerungsdruck verstärken sich und werden die Qualität menschlichen Lebens auf diesem Planeten zunehmend beeinflussen. Die Belastungen sind schon heute so stark, daß ihretwegen vielen Millionen Menschen die Befriedigung ihrer Grundbedürfnisse nach Nahrungsmitteln, Wohnraum, Gesundheit und Arbeit und jede Hoffnung auf eine Besserung versagt sind. Gleichzeitig nimmt die Belastbarkeit der Erde - die Fähigkeit biologischer Systeme, Ressourcen für die Bedürfnisse der Menschen zur Verfügung zu stellen - immer mehr ab. Die sich in der vorliegenden Studie widerspiegelnden Trends deuten nachdrücklich auf einen zunehmenden Abbau und eine Verarmung der natürlichen Ressourcenbasis auf der Erde hin. Wenn die Trends verändert und die Probleme verringert werden sollen, werden weltweit mutige und entschlossene neue Initiativen erforderlich sein, um die Bedürfnisse der Menschen zu befriedigen, und gleichzeitig muß die Fähigkeit der Erde, Leben zu ermöglichen, geschützt und wiederhergestellt werden. Grundlegende natürliche Ressourcen - Agrarland,

[1] Uwe Taenzer, a.a.O., S. 19

Fischgründe, Wälder, mineralische Rohstoffe, Energie, Luft und Wasser - müssen erhalten und der Umgang mit ihnen verbessert werden. Eine weltweite Veränderung der Politik ist erforderlich, bevor sich die Probleme weiter verschlimmern und die Möglichkeiten für wirkungsvolles Handeln immer stärker eingeschränkt werden."[1]

Die weltweite **Knappheitsrelation** zwingt die Menschen zum **rationalen Wirtschaften**. Gäbe es diese grundsätzliche Knappheit nicht, würde sich eine Beschäftigung mit ökonomischen Problemen erübrigen. Das **Ziel allen Wirtschaftens** ist deshalb, die Knappheitsrelation möglichst aufzuheben. Dies gilt sowohl für das einzelne Wirtschaftssubjekt als auch für die Summe der Wirtschaftssubjekte in einer Volkswirtschaft. Ohne **rationale Entscheidungen**, d.h. planvolle, logisch durchdachte und nicht zufällige und unlogische Entscheidungen, geht dies nicht. Wenn die materiellen und immateriellen Bedürfnisse unbegrenzt, die Güter aber knapp sind, muß eine Entscheidung getroffen werden, welche Bedürfnisse zuerst, welche nur teilweise und welche gar nicht befriedigt werden sollen oder können. Hierbei entstehen **Wahlentscheidungen** und damit gleichzeitig **Opportunitätskosten** durch den Verzicht auf die Befriedigung eines Bedürfnisses zugunsten eines anderen.

Knappheitsrelation

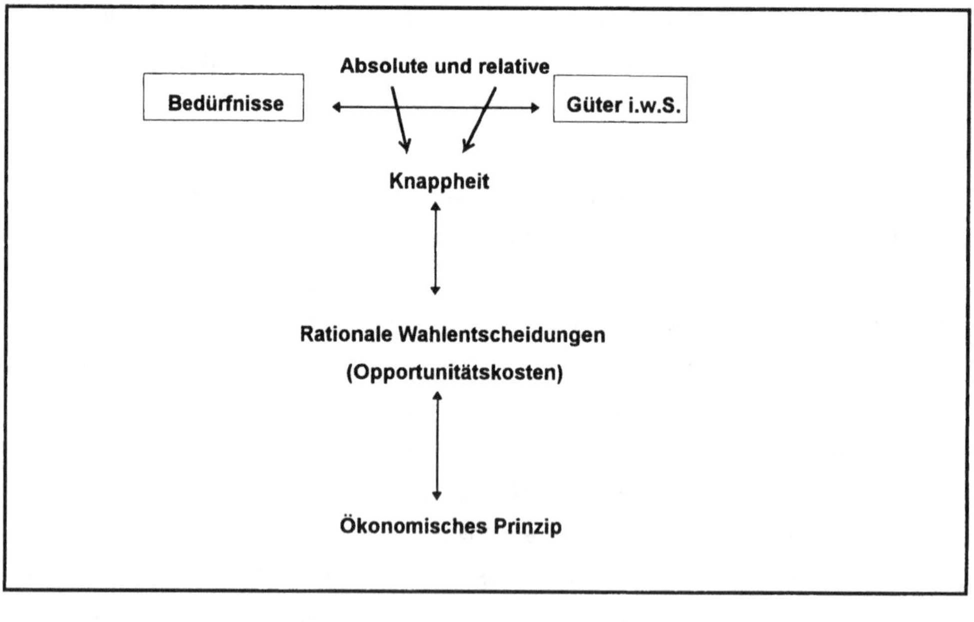

[1] Global 2000, Der Bericht an den Präsidenten, 5. Aufl., Frankfurt/Main 1981, S. 19f.

Dabei sind nicht nur die Konsummöglichkeiten begrenzt, sondern auch die **Produktionsmöglichkeiten** sind durch das jeweils vorhandene **Produktionspotential** in einer Volkswirtschaft zumindest kurzfristig beschränkt. Anhand einer **Produktionsmöglichkeitenkurve** (auch **Transformationskurve** genannt) kann man dabei theoretisch alle Gütermengenkombinationen zeigen, die in einer Volkswirtschaft bei gegebenem Produktionspotential maximal hergestellt werden können. Sollen beispielsweise Zivilgüter und Rüstungsgüter produziert werden, bedeutet dies, daß bei gegebenen Ressourcen z.B. (R_{G1}) Mengeneinheiten Rüstungsgüter und (Z_{G1}) Mengeneinheiten Zivilgüter oder alternativ (R_{G2}) Mengeneinheiten Rüstungsgüter und (Z_{G2}) Mengeneinheiten Zivilgüter hergestellt werden könnten. Eine Erhöhung der Rüstungsgüterproduktion impliziert demnach automatisch eine Schlechterversorgung der Volkswirtschaft mit Zivilgütern, also Opportunitätskosten für den Nutzenentgang, die mit dem Produktionsverzicht der Zivilgüter einhergehen. Nur durch eine Rechtsverschiebung der Produktionsmöglichkeitenkurve, entweder durch eine **Erhöhung der eingesetzten Produktionsfaktoren** und/oder eine Erhöhung des **technischen Fortschritts**, was einer **Qualitätsverbesserung** der Produktionsfaktoren entsprechen würde, ist eine gleichzeitige Ausdehnung sowohl von Rüstungsgütern als auch von Zivilgütern möglich. Bei einer wirtschaftlichen Situation mit **Unterbeschäftigung** (das Produktionspotential ist nicht voll ausgelastet, es herrscht Arbeitslosigkeit) liegt die Güterproduktion unterhalb der Transformationskurve (z.B. Punkt (x) in der Grafik).

Produktionsmöglichkeitenkurve/Transformationskurve

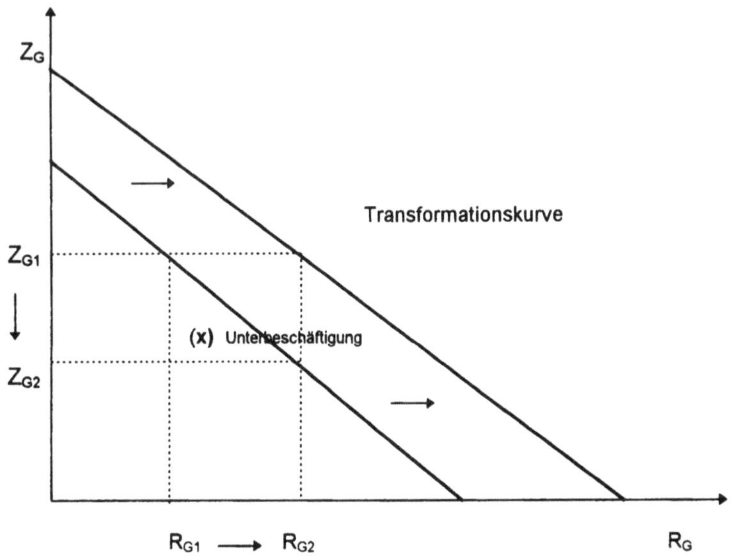

Die Volkswirtschaft „lebt" in einer solchen Situation unter ihren Produktionsmöglichkeiten, die eine Verschwendung von knappen Ressourcen bzw. einen **suboptimalen Zustand** impliziert.

Das menschliche Wirtschaften, das immer vor dem Hintergrund einer relativen oder absoluten Knappheit Wahlentscheidungen impliziert, ist nach dem **ökonomischen Prinzip,** auch **Rationalprinzip** genannt, auszurichten. Differenziert wird das ökonomische Prinzip in ein **Minimum- und ein Maximumprinzip**. Beim Minimumprinzip wird ein bestimmter festgelegter Output (Ergebnis) mit geringstmöglichem Input (Mitteleinsatz) zu realisieren versucht, während beim Maximumprinzip umgekehrt mit einem vorgegebenen Input ein größtmöglicher Output erreicht werden soll.

Ökonomisch falsch wäre dagegen eine Auslegung des ökonomischen Prinzips, indem man die Forderung aufstellt, mit dem geringstmöglichen Aufwand das bestmögliche Ergebnis zu erzielen, weil nicht gleichzeitig nach zwei Richtungen ein Extremwert bestimmt werden kann.

Ökonomisches Prinzip

	Mitteleinsatz (Input)	Ergebnis (Output)
Minimumprinzip Sparprinzip	*minimieren* Geldeinsatz	*konstant* Umsatz
Maximumprinzip Budgetprinzip	*konstant* Geldeinsatz	*maximieren* Umsatz

Neben der rein mengenmäßigen Ausprägung des ökonomischen Prinzips läßt sich auch eine wertmäßige Definition vornehmen. Diese besagt, daß ein bestimmter Umsatzbetrag (Menge x Preis) bei einem minimalen Geldeinsatz zu erwirtschaften ist (**Sparprinzip**) oder daß mit einem gegebenen Geldbetrag ein maximaler Umsatz zu erwirtschaften ist (**Budgetprinzip**).

6. Zur Abgrenzung der Produktionsfaktoren

Um wirtschaftliche Güter zur Bedürfnisbefriedigung bereitzustellen, ist zunächst ihre Herstellung bzw. Produktion erforderlich. Dazu werden Inputfaktoren oder **Produktionsfaktoren** benötigt. Da die Produktion in Unternehmen oder Betrieben erfolgt, definiert sowohl die **Betriebswirtschaftslehre (BWL)** als auch die **Volkswirtschaftslehre (VWL)** solche Faktoren. Innerhalb der Volkswirtschaftslehre werden die Produktionsfaktoren **Arbeit** und **Boden** incl. der Umwelt als sog. **originäre** (ursprüngliche) Produktionsfaktoren und **Kapital** als **derivativer** (abgeleiteter) Produktionsfaktor unterschieden. Die Betriebswirtschaftslehre differenziert den Faktor Arbeit zusätzlich in dispositive Arbeit (Leitung, Planung und Kontrolle) und in ausführende Arbeit (objektbezogene Arbeit). Für den Produktionsfaktor Kapital wird der Begriff **Betriebsmittel** (Grundstücke, Gebäude, Maschinen sowie Betriebs- und Geschäftsausstattung) und für den volkswirtschaftlichen Begriff Boden (Umwelt) wird der Begriff **Werkstoffe** (Roh-, Hilfs- und Betriebsstoffe sowie Halberzeugnisse, die in ein Endprodukt eingehen) verwendet.

Abgrenzung der Produktionsfaktoren

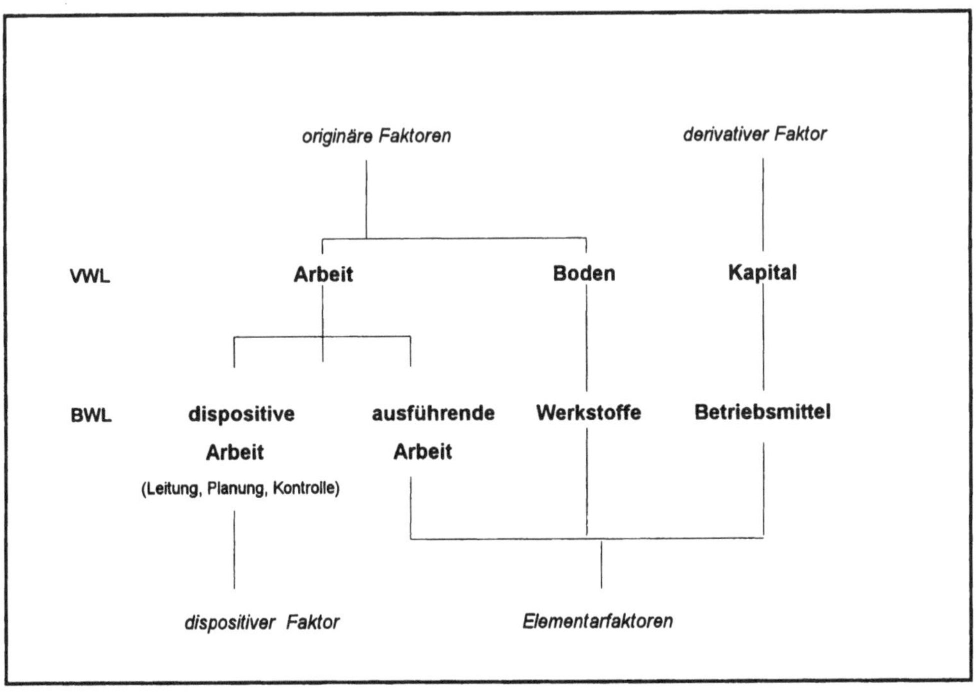

Ausführende Arbeit, Betriebsmittel und Werkstoffe subsumiert die Betriebswirtschaftslehre auch unter den Begriff der sog. betrieblichen **Elementarfaktoren**. Die folgende Übersicht zeigt die Begriffsabgrenzung der Produktionsfaktoren zwischen Volks- und Betriebswirtschaftslehre.

Der **Produktionsfaktor Arbeit** ist der einzige **wertschaffende Faktor** in einer Volkswirtschaft. **Kapital** und **Boden** (es sei denn, er ist noch in seinem ursprünglichen Zustand) geben dagegen nur Wert ab. Sie entstehen erst durch die Be- oder Verarbeitung durch den Menschen. Unter Arbeit wird volkswirtschaftlich nur die menschliche Tätigkeit verstanden, die zur Bedürfnisbefriedigung anderer Wirtschaftssubjekte gegen ein *Arbeitsentgelt* ausgeübt wird, also die sog. **Erwerbsarbeit**. Unentgeltlich ausgeübte *private Hausarbeit, Eigenarbeit* (do it jourself), *Hobbytätigkeiten* oder die Ausübung unentgeltlicher *Ehrenämter* in politischen Parteien, Kirchen, Sportvereinen u.a. zählen innerhalb der Volkswirtschaftslehre nicht zum Produktionsfaktor Arbeit, da sie nicht über den Marktprozeß von Angebot und Nachfrage ausgetauscht werden; d.h. sie haben keinen Marktpreis und gehen auch nicht in die Berechnung des Sozialprodukts ein.

Das **Einkommen aus Arbeit** ist der **Lohn** (bei Arbeitern) bzw. das **Gehalt** (bei Angestellten und Beamten). Hierbei wird im Rahmen eines individuellen **Arbeitsvertrages** oder durch **Tarifvertrag** die Höhe des Arbeitsentgeltes festgelegt. Beim Arbeitseinkommen unterscheidet man den **Zeitlohn**, der anforderungs- und leistungsunabhängig ist, sowie den **Akkord- und Prämienlohn**, der anforderungs- und leistungsabhängig gezahlt wird.

Unter dem Produktionsfaktor **Boden (Umwelt)** subsumiert die Volkswirtschaftlehre alle von der **Natur** eingebrachten Quellen, von Landflächen, Gewässern, Bodenschätzen (als Abbauboden von Rohstoffen wie Kohle und Erz z.B.) bis zum Klima bzw. den ökologischen Umweltbedingungen. Der Faktor Boden ist dabei *nicht vermehrbar*. Bei der Nutzung konkurrieren unterschiedliche *Nutzungsarten* wie die Nutzung als land- und forstwirtschaftliche Fläche, als Industriefläche, als Nutzung für den Bau von Wohnfläche etc. Durch die zunehmende **Umweltbelastung** und durch die Zunahme der ökologischen Schäden (man denke nur an das Waldsterben) werden die konkurrierenden Nutzungsinteressen des Faktors Boden immer manifester, so daß der Boden als konstitutiver **Standortfaktor** für Industrie, Handwerk, Handel und Dienstleistung heute nicht mehr ohne Berücksichtigung des Umweltschutzes verplant werden kann. Bei der Standortsuche bzw. Ansiedlung muß jedes Unternehmen sowohl gesetzliche und behördliche Auflagen als auch die öffentliche und politische Meinung in Sachen Umwelt berücksichtigen. Das **Einkommen** aus dem Produktionsfaktor Boden ist die **Grundrente oder Pacht**.

Der dritte volkswirtschaftliche Produktionsfaktor, das **Kapital**, entsteht erst durch den Einsatz der Faktoren Boden und Arbeit im Rahmen eines **Produktionsprozesses**, weshalb man beim Kapital von einem derivativen (= abgeleiteten) Produktionsfaktor spricht. Zum Kapital gehören alle im Produktionsprozeß eingesetzten Mittel wie Gebäude, Maschinen, Halbfabrikate etc. und alle noch nicht verkauften Güter; die Lagerbestände. Beim volkswirtschaftlichen Kapital spricht man auch von **Realkapital**. Das **Geldkapital** gehört dagegen nicht zum Produktionsfaktor Kapital, da es lediglich als Tauschmittel die volkswirtschaftlichen Austauschbeziehungen verringert, aber nicht als Input-Faktor im realen Produktionsprozeß eingeht bzw. eine Rolle spielt. Der Produktionsfaktor Kapital entsteht durch **Konsumverzicht (Sparen)**. Um zu investieren, d.h. Realkapital schaffen zu können, muß ein Teil der produzierten Wertschöpfung bzw. des Einkommens gespart werden. Hierdurch entsteht Geldkapital zur Finanzierung des Realkapitals. Belohnt wird das Sparen, der Konsumverzicht, mit einem Zins. Daher ist auch das **Zinseinkommen** die Einkommensart des Produktionsfaktors Kapital.

Im Gegensatz zu den Einkommen, die aus den Produktionsfaktoren entstehen, stellt der **Unternehmensgewinn**[1] keine monetäre Gegenleistung für einen Produktionsfaktor dar. Er fällt vielmehr im Leistungserstellungs- und Leistungsverwertungsprozeß als Residualgröße bzw. **Residualeinkommen** an. Nach Abzug aller kontraktbestimmten Kosten **(Kontrakteinkommen)** für die im Produktionsprozeß eingesetzten Produktionsfaktoren (Arbeit (P_A) , Boden (P_B) , Kapital (P_K)) von den am Markt realisierten Umsatzerlösen (E) ergibt sich entweder ein Gewinn oder ein Verlust.

Unternehmensgewinn /-verlust = E - (P_A, P_B, P_K)

Residualeinkommen (Unternehmensgewinn /-verlust) — **Kontrakteinkommen** (P_A, P_B, P_K)

Kontrakteinkommen: **Lohn/Gehalt**, **Grundrente/Pacht**, **Zins**

[1] Zur Abgrenzung des Begriffs „Gewinn", vgl. Norbert Zdrowomyslaw, Klaus Kairies, Gewinn - Was ist das? in: Der Betriebswirt Nr. 1 u. 2/1993

Der Gewinn zeigt dabei die richtige Verwendungsrichtung knapper Ressourcen an, während durch einen Verlust einzelwirtschaftlich der Kapitaleigentümer mit dem Verlust seines eingesetzten Kapitals sanktioniert wird. Ein Unternehmensverlust impliziert dabei aber nicht nur einen einzelwirtschaftlichen Verlust, sondern immer gleichzeitig auch eine *gesamtwirtschaftliche Verschwendung* von knappen Ressourcen.

Unternehmensgewinne sind in marktwirtschaftlichen Ordnungen die zentrale Triebkraft wirtschaftlichen Handelns. Das oberste Ziel unternehmerischer Tätigkeit stellt die maximale Gewinnrealisierung dar. Unternehmensgewinne sollen dabei gemäß marktwirtschaftlicher Theorie als **Leistungsgewinne** durch **Wettbewerb** unter den anbietenden Unternehmen immer wieder aufgezerrt werden. Eine Garantie für die ständige Realisierung von Gewinnen (obwohl häufig angenommen) gibt es in marktwirtschaftlichen Ordnungen nicht. Gewinne, die nicht im Wettbewerbsprozeß als Leistungsgewinne entstanden sind, sondern als **Machtgewinne**, weil kein Wettbewerb mehr vorhanden ist, sind mit der Theorie der Marktwirtschaft nicht in Einklang zu bringen. Machtgewinne zeigen weder eine richtige Verwendung von knappen Ressourcen an, noch können sie gesamtwirtschaftlich wegen negativer Umverteilungs- und Inflationsprozesse akzeptiert werden.

Da **Ethik und Moral**[1] in marktwirtschaftlich-kapitalistischen Wirtschaftsordungen in der Regel vom **Gewinnprinzip** überlagert werden (Gewinn, und sei er noch so hoch, ist nie ausreichend), ist es die Aufgabe der Politik (Primat der Politik über die Ökonomie) durch **Rechtsbestimmungen** und demokratisch legitimierte Institutionen dafür zu sorgen, daß die zügellose Gier von Unternehmen nach Gewinn in Grenzen gehalten wird. Dringt nämlich das Prinzip des hemmungslosen Gewinnemachens in alle gesellschaftlichen und politischen Räume ein, wird zwangsläufig eine nur erstrebens- und lebenswerte **soziale Ordnung** zerstört. Die Marktwirtschaft in der Bundesrepublik wurde deshalb nicht zuletzt als **soziale Marktwirtschaft** konzipiert.

[1] Vgl. dazu das Schwerpunktheft: Die Unternehmung im Spannungsfeld von Ökonomie und Ethik, in: Betriebswirtschaftliche Forschung und Praxis (BFuP), Heft Nr. 6/1992

7. Produktionsprozeß und gesamtwirtschaftliche Produktionsfunktion

Zur Herstellung eines volkswirtschaftlichen **Sozialproduktes** (die Summe aller Güter) werden die Produktionsfaktoren in einem arbeitsteiligen Gesamtprozeß unter Berücksichtigung des jeweils vorhandenen **technischen Fortschritts** und unter Anwendung des ökonomischen Prinzips miteinander kombiniert.

Volkswirtschaftlicher Produktionsprozeß

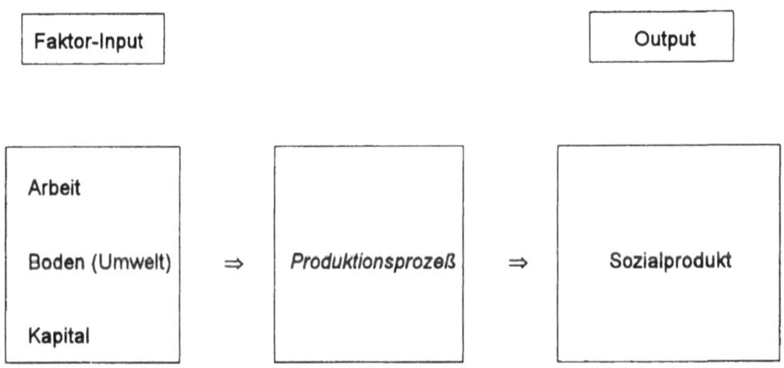

Durch eine theoretische **gesamtwirtschaftliche Produktionsfunktion** läßt sich dieser Zusammenhang von Faktor-Inputs (Produktionsfaktoren) und einem daraus resultierenden Output (Sozialprodukt) funktional beschreiben.

Die gesamtwirtschaftliche Produktionsfunktion

$$\mathbf{Y = f\ (10\ A^{0,5} \times B^{0,3} \times K^{0,5})}$$

Y = Sozialprodukt
A = Faktor Arbeit
B = Faktor Boden (Umwelt)
K = Faktor Kapital

Gesamtwirtschaftliche Produktionsfunktion

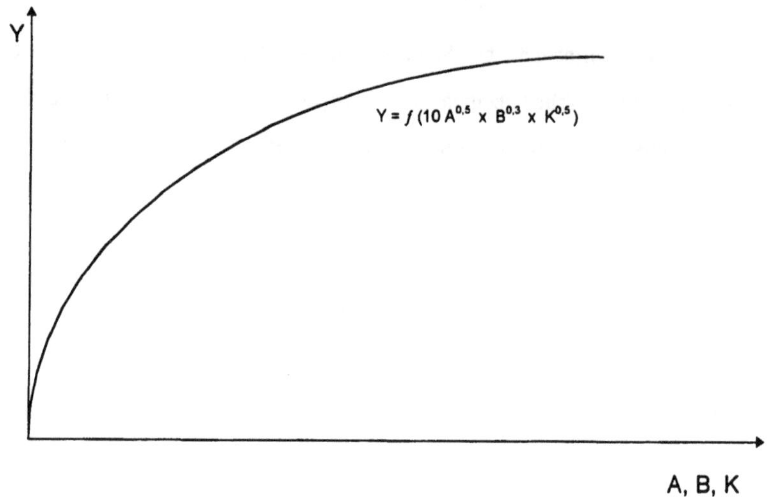

untersucht dabei, wie sich das Sozialprodukt (Y) ändert, wenn lediglich die Einsatzmenge des Produktionsfaktors Arbeit (A) geändert wird, während die Einsatzmengen der Produktionsfaktoren Boden (Umwelt) (B) und Kapital (K) unverändert bzw. konstant bleiben. Durch partielle Ableitung ∂ Y : ∂ A kann dann die **Grenzproduktivität des Faktors Arbeit** bei Konstanz der anderen Produktionsfaktoren ermittelt werden.

$$\frac{\partial Y}{\partial A} = Y' = 5\,A^{-0,5} \times B^{0,3} \times K^{0,5}$$

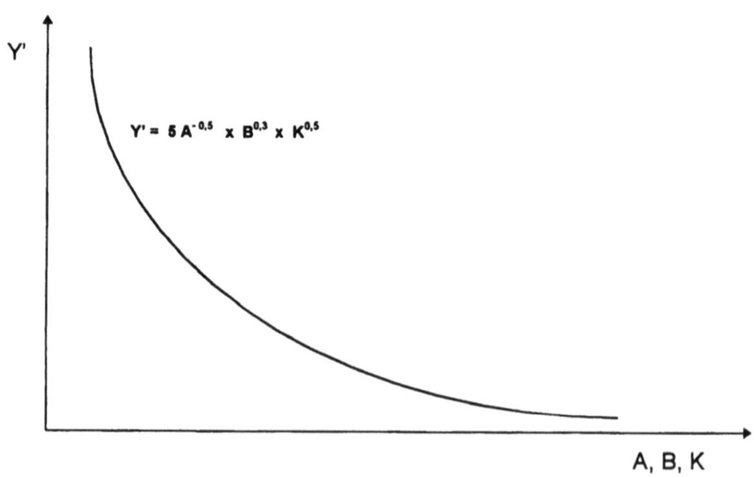

Da die gesamtwirtschaftliche Produktionsfunktion einen **degressiven Verlauf** hat, sind die Produktionszuwächse (Grenzerträge (Y')) abnehmend.

A (Arbeitseinsatz)	1	2	3	4	5	6	7	8
Y' (Grenzertrag)	5	3,5	2,9	2,5	2,2	2,0	1,9	1,8

Genauso kann die **Grenzproduktivität des Faktors Kapital**

$$\frac{\partial Y}{\partial K} = 10\,A^{0,5} \times B^{0,3} \times 0,5\,K^{-0,5}$$

und des **Faktors Boden**

$$\frac{\partial Y}{\partial B} = 10\,A^{0,5} \times 0,3\,B^{-0,7} \times K^{0,5}$$

bestimmt werden.

Gesamtwirtschaftliche Produktionsfunktion und technischer Fortschritt

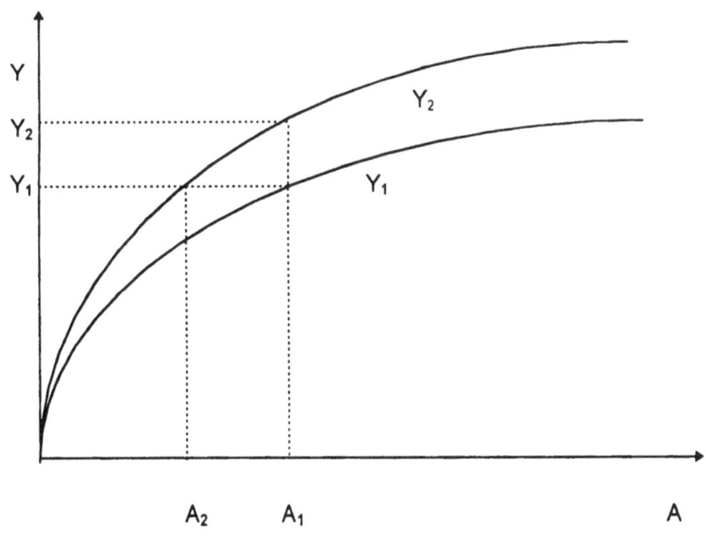

Unter Berücksichtigung des **technischen Fortschritts** kommt es zu einer Verschiebung der gesamtwirtschaftlichen Produktionsfunktion von (Y_1) nach (Y_2). Demnach kann entweder mit gleichem Arbeitseinsatz (A_1) eine größere Menge (Y_2) produziert werden, oder die gleiche Menge (Y_1) mit einem geringeren Arbeitseinsatz **(arbeitssparender technischer Fortschritt)** (A_2). Durch den technischen Fortschritt erhöht sich die **Arbeitsproduktivität** (Y : A), und zwar um die Rate (den Anstieg) des technischen Fortschritts ($Y_1 : A_2 > Y_1 : A_1$).

Die Entwicklung der Produktivität spielt insbesondere vor dem Hintergrund einer steigenen **Bevölkerung** eine wichtige Rolle. Dieser Zusammenhang läßt sich anhand der folgenden Gleichung verdeutlichen:

$$A \times P_{prod.} = B \times C + I$$

A = Zahl der Beschäftigten in einer Volkswirtschaft
$P_{prod.}$ = Produktivität pro Beschäftigten
B = Bevölkerungsgröße
C = Konsum pro Kopf (privater und öffentlicher Konsum)
I = Investitionen (privat und staatlich)

Bei konstanter Produktivität und Zahl der Beschäftigten muß bei einer steigenen Bevölkerungszahl der Pro-Kopf-Konsum (staatlich und privat) zurückgehen, weil eine größere Bevölkerung versorgt werden muß. Die Alternative wäre lediglich ein Rückgang der Investitionen. Hierdurch würde aber der zukünftige Konsum noch mehr eingeschränkt, weil die Produktivität aufgrund der veralteten Produktionsanlagen sinken würde. Liegt der Pro-Kopf-Konsum in einer Volkswirtschaft in der Ausgangslage ohnehin schon am Existenzminimum, so ist eine permanente Unterversorgung der Bevölkerung die Folge der Bevölkerungsvermehrung. Dies ist die Situation der meisten **Entwicklungsländer**, die ein überproportionales Bevölkerungswachstum zu verzeichnen haben, während die Produktivität kaum oder nur langsam wächst. Es war ***Thomas Robert Malthus*** *(1766 bis 1834)*, der als erster Ökonom auf die Zusammenhänge von Veränderungen der Bevölkerungszahl, Produktivität und Versorgung der Bevölkerung mit Konsumgütern hinwies. Die Bevölkerungszahl - so meinte Malthus - habe immer die Tendenz, gegen den Nahrungsmittelspielraum in einer Volkswirtschaft anzudrücken. Ihre natürliche Vermehrungsfähigkeit verlaufe in geometrischer Progression, während die Gewinnung von Nahrungsmitteln nur in arithmetischer Progression gesteigert werden könne. Die Gütergewinnung stünde dabei allgemein unter der „Herrschaft" des *Gesetzes vom abnehmenden Ertragszuwachs*, welches besagt, daß zusätzliche Aufwendungen an Arbeit und Kapital je Einheit der Bodenfläche von einem bestimmten Punkte, den man als das Ertragsoptimum bezeichnen kann, an zu verhältnismäßig geringeren Steigerungen der Erträgnisse, also zu abnehmenden Zuwachsquoten führen würden.[1]

In den reichen hochentwickelten **Industrieländern**, in denen eine stagnierende oder sogar schrumpfende Bevölkerungszahl zu beobachten ist, - dies gilt auch für Deutschland - liegt zwar nicht das Problem einer Unterversorgung der Bevölkerung mit Nahrungsmitteln vor, dafür aber ein anderes Problem, nämlich das der **Altersversorgung**. Immer weniger Personen, die Beiträge zur Sozialversicherung leisten, müssen immer mehr Anspruchsberechtigte finanzieren. „Ceteris paribus ist im Jahre 2040 jeder dritte Bundesbürger im Rentenalter. Die Vereinigung von Bundesrepublik und DDR hat die Gesamtbevölkerung zwar statistisch verjüngt. Dies bedeutet aber auch verstärkte Anforderungen an die öffentlichen Haushalte (Kindergärten, Schulen, Hochschulen)."[2]

8. Arbeitsteilung und Tauschprozeß

In modernen Volkswirtschaften vollzieht sich der **Leistungserstellungs- und Leistungsverwertungsprozeß** (Produktion und Absatz) zwischen und innerhalb der einzelnen Wirtschaftssektoren (Unternehmen, private Haushalte, Staat) **arbeitsteilig**. Die Arbeitsteilung, *„die so viele Vorteile mit sich bringt"*, schreibt ***Adam Smith***, „ist dabei in ihrem Ursprung nicht etwa das Ergebnis menschlicher Erkenntnis, welche den allgemeinen Wohlstand, zu dem erstere führt, voraussieht und anstrebt. Sie entsteht vielmehr zwangsläufig, wenn auch langsam und schrittweise, aus einer natürlichen Neigung des Menschen, zu handeln und Dinge gegeneinander auszutauschen."[3] Mit seinem berühmten *„Stecknadelbeispiel"* zeigt Smith die produktivitätssteigernde Wirkung der Arbeitsteilung.

Nachdem sich im Laufe der Menschheitsgeschichte die Arbeitsteilung immer mehr durchgesetzt hat, kann schließlich das einzelne Wirtschaftssubjekt nur noch einen marginalen Bruchteil seines Bedarfs mit **Gütern der eigenen Arbeit** decken. Es ist damit fast völlig von Gütern, die andere herstellen, und die es im **Tausch** gegen die überschüssigen Güter seiner Arbeit erhält, abhängig.

[1] Vgl. Robert Malthus, Principles of political economy, London 1820, sowie Fr. Oppenheimer, Das Bevölkerungsgesetz des Th. R. Malthus in der neueren Nationalökonomie, Leipzig 1901
[2] Jörn Altmann, Volkswirtschaftslehre, 4. Aufl., Stuttgart, Jena 1994, S. 32
[3] Adam Smith, Der Wohlstand der Nationen, a.a.O., S. 16

Durch die Arbeitsteilung und den daraus folgenden Tauschprozeß sind letztlich auch Märkte mit **Angebot und Nachfrage** entstanden. War das Ziel des Tauschprozesses in den Anfängen aber noch die Befriedigung der eigenen Bedürfnisse durch den **Gebrauchswert** der ertauschten Ware, so änderte sich dieses Ziel mit dem Aufkommen einer kapitalistischen Wirtschaftsordnung, in der nicht mehr der Gebrauchswert der Güter das Ziel des Tauschvorgangs ist, sondern der **Gewinn**, der durch den Produktions- und Tauschprozeß mit Gütern zu realisieren ist. Die menschliche Arbeit wurde dadurch immer mehr **fremdbestimmt**. Dies ist zum ersten Mal von ***Karl Marx*** in seinen Frühschriften erwähnt worden. Nach Marx ist in der arbeitsteiligen Welt der vom Kapital abhängige Lohnarbeiter, der die Güter mit ihm nicht gehörenden (fremden) Produktionsmittel unter Anleitung herstellt, und die nach Fertigstellung nicht in sein Eigentum übergehen, vom Produkt seiner Arbeit entfremdet.

Das Stecknadelbeispiel zur Arbeitsteilung von Adam Smith

„Wir wollen daher als Beispiel die Herstellung von Stecknadeln wählen, ein recht unscheinbares Gewerbe, das aber schon häufig zur Erklärung der Arbeitsteilung diente. Ein Arbeiter, der noch niemals Stecknadeln gemacht hat und auch nicht dazu angelernt ist (erst die Arbeitsteilung hat daraus ein selbständiges Gewerbe gemacht), so daß er auch mit den dazu eingesetzten Maschinen nicht vertraut ist (auch zu deren Erfindung hat die Arbeitsteilung vermutlich Anlaß gegeben), könnte, selbst wenn er sehr fleißig ist, täglich höchstens eine, sicherlich aber keine zwanzig Nadeln herstellen. Aber so, wie die Herstellung von Stecknadeln heute betrieben wird, ist sie nicht nur als Ganzes ein selbständiges Gewerbe. Sie zerfällt vielmehr in eine Reihe getrennter Arbeitsgänge, die zumeist zur fachlichen Spezialisierung geführt haben. Der eine Arbeiter zieht den Draht, der andere streckt ihn, ein dritter schneidet ihn, ein vierter spitzt ihn zu, ein fünfter schleift das obere Ende, damit der Kopf aufgesetzt werden kann. Auch die Herstellung des Kopfes erfordert zwei oder drei getrennte Arbeitsgänge. Das Ansetzen des Kopfes ist eine eigene Tätigkeit, ebenso das Weißglühen der Nadel, ja selbst das Verpacken der Nadeln ist eine Arbeit für sich. Um eine Stecknadel anzufertigen, sind somit etwa 18 verschiedene Arbeitsgänge notwendig, die in einigen Fabriken jeweils verschiedene Arbeiter besorgen, während in anderen ein einzelner zwei oder drei davon ausführt. Ich selbst habe eine kleine Manufraktur dieser Art gesehen, in der nur 10 Leute beschäftigt waren, so daß einige von ihnen zwei oder drei solcher Arbeiten übernehmen mußten. Obwohl sie nun sehr arm und nur recht und schlecht mit dem nötigen Werkzeug ausgerüstet waren, konnten sie zusammen am Tage doch etwa 12 Pfund Stecknadeln anfertigen, wenn sie sich einigermaßen anstrengten. Rechnet man für ein Pfund über 4.000 Stecknadeln mittlerer Größe, so waren die 10 Arbeiter imstande, täglich etwa 48.000 Nadeln herzustellen, jeder also ungefähr 4.800 Stück. Hätten sie indes alle einzeln und unabhängig voneinander gearbeitet, noch dazu ohne besondere Ausbildung, so hätte der einzelne gewiß nicht einmal 20, vielleicht sogar keine einzige Nadel am Tage zustande gebracht. Mit anderen Worten, sie hätten mit Sicherheit nicht den zweihundertvierzigsten, vielleicht nicht einmal den vierhundertachzigsten Teil von dem produziert, was sie nunmehr infolge einer sinnvollen Teilung und Verknüpfung der einzelnen Arbeitsgänge zu erzeugen imstande waren." (Adam Smith)

Marx schreibt dazu, „daß die Arbeit dem Arbeiter äußerlich ist, d.h. nicht zu seinem Wesen gehört, daß er sich daher in seiner Arbeit nicht bejaht, sondern verneint, nicht wohl, sondern unglücklich fühlt, keine freie physische und geistige Energie entwickelt, sondern seine Physis abkasteit und seinen Geist ruiniert. Der Arbeiter fühlt sich daher erst außer der Arbeit bei sich und in der Arbeit außer sich. (...) Seine Arbeit ist daher nicht freiwillig, sondern gezwungen, Zwangsarbeit. Sie ist daher nicht Befriedigung eines Bedürfnisses, sondern sie ist nur ein Mittel, um Bedürfnisse außer ihr zu befriedigen."[1]

Auch für ***Friedrich Engels (1820 bis 1895)*** resultiert die Entfremdung des Menschen wesentlich aus der Arbeitsteilung. „Indem die Arbeit geteilt wird, wird auch der Mensch geteilt. Der Ausbildung einer einzigen Tätigkeit werden alle übrigen körperlichen und geistigen Fähigkeiten zum Opfer gebracht. Diese Verkümmerung des Menschen wächst im selben Maße wie die Arbeitsteilung, die ihre höchste Entwicklung in der Manufraktur erreicht. Die Manufraktur zerlegt das Handwerk in seine einzelnen Teiloperationen, weist jede derselben einem einzelnen Arbeiter als Lebensberuf zu und kettet ihn so lebenslänglich an eine bestimmte Teilfunktion und ein bestimmtes Werkzeug (...) Und nicht nur die Arbeiter, auch die die Arbeiter direkt oder indirekt ausbeutenden Klassen werden vermittelst der Teilung der Arbeit geknechtet unter das Werkzeug ihrer Tätigkeit."[2] Marx und Engels beschreiben hier den **Preis der Arbeitsteilung**, den die Menschen für eine heute noch viel weiter fortgeschrittene **Spezialisierung und Zerlegung der Arbeits- und Produktionsprozesse** zu zahlen haben. Einseitige sowie geistlose und monotone Arbeitsrhythmen sind eher zur Regel als zur Ausnahme im tayloristisch zerlegten Produktions- und Dienstleistungsprozeß geworden. Natürlich ist dabei der Grad der Fremdbestimmung nicht homogen und die Risiken sind nicht gleichverteilt, sondern vom jeweils ausgeübten Beruf und vom Grad der Hierarchiestufe abhängig.

Dadurch, daß die hohe Arbeitsteilung in vielen Bereichen der Wirtschaft mittlerweile kontraproduktiv geworden ist, werden etwa seit Ende der 80er Jahre in den Unternehmen verstärkt **neue Arbeitsformen** wie ganzheitliche qualifizierte Arbeit, Gruppenarbeit und Teamorganisation erprobt. Damit wurde eine Abkehr von der tayloristischen Arbeitsorganisation und vom tayloristischen Menschenbild, das auf einer hochgradigen hierarchisierten Arbeitsteilung basierte, eingeleitet.

---

1 Karl Marx, Ökonomisch-philosophische Manuskripte aus dem Jahre 1844, in: MEW, Ergänzungsband, Schriften, Manuskripte, Briefe bis 1844, Erster Teil, Berlin (Ost) 1974, S. 514

2 Friedrich Engels, Herrn Eugen Dührings Umwälzung der Wissenschaft (Anti-Dühring), in: Karl Marx - Friedrich Engels -Werke (MEW), Bd. 20, Berlin (Ost) 1973, S. 272

9. Volkswirtschaftliche Gesamtrechnung

9.1 Wirtschaftlicher Kreislauf

In einer **arbeitsteiligen Volkswirtschaft** werden während einer Abrechnungsperiode Milliarden von individuellen Einzelplänen der unterschiedlichsten Wirtschaftssubjekte auf Märkten, vermittelt über Preisbildungsprozesse, miteinander verknüpft und koordiniert. Es wird produziert, investiert, konsumiert und gespart. Aus Produktion entsteht Einkommen, das zur Nachfrage wird, um die in der Produktion produzierten Waren absetzen zu können. Hierin drückt sich der einfachste aller **Wirtschaftskreisläufe** aus.

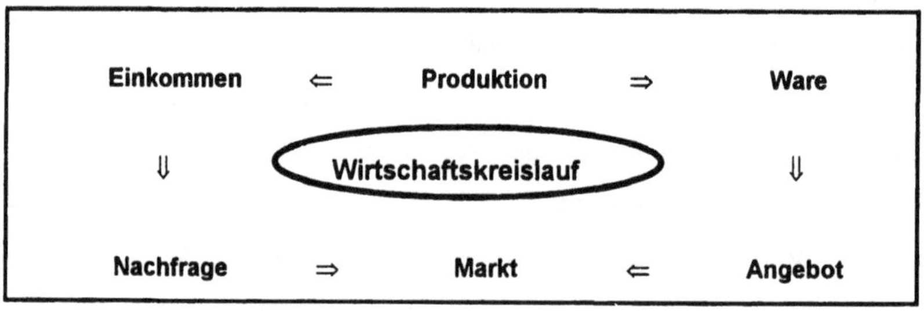

Da die Aufstellung der individuellen Wirtschaftspläne durch die einzelnen Wirtschaftssubjekte unabhängig voneinander erfolgt, ist es wenig wahrscheinlich, daß die Wirtschaftspläne in Form von Angebot und Nachfrage nicht voneinander abweichen; es also zu **Ungleichgewichtssituationen**, zu Störungen im Wirtschaftskreislauf kommt. Dies zu untersuchen, ist Aufgabe der **makroökonomischen Theorie**.

Im folgenden geht es zunächst einmal um die Beschreibung und Erfassung der aggregierten (zusammengefaßten) makroökonomischen Größen und ihre kreislauftheoretische Darstellung. Dies geschieht in Form einer ex-post-Analyse im Rahmen der **„Volkswirtschaftlichen Gesamtrechnung“ (VGR)**, die in der Bundesrepublik Deutschland durch das *„Statistische Bundesamt“* in Wiesbaden vorgenommen wird.

In ihrem Buch: „Einführung in die Volkswirtschaftslehre“ schreiben ***Wilhelm Henrichsmeyer, Oskar Gans und Ingo Evers***, daß die VGR die folgenden Aufgaben zu erfüllen hat: „Sie dient der gesamtwirtschaftlichen Situationsanalyse in bezug auf die konjunkturelle Lage, das wirtschaftliche Wachstum, den sektoralen Strukturwandel, die Einkommensverteilung, die Außenhandels- und Zahlungsbilanzsituation sowie die staatlichen Einnahmen und Ausgaben. Sie bildet die Grundlage für die Überprüfung makroökonomischer Theorien und für Prognosen. Sie ist die Voraussetzung für eine Erfolgskontrolle wirtschaftspolitischer Maßnahmen."[1]

9.1.1 Der Zusammenhang in einem einfachen Wirtschaftskreislauf

Um das makroökonomische Geschehen **kreislauftheoretisch** abbilden zu können, sind zunächst ein paar begriffliche Definitionen zu klären. Ein Wirtschaftskreislauf besteht aus zusammengefaßten (aggregierten) Größen mit gleichen oder ähnlichen Funktionen. Diese Kreislaufgrößen nennt man auch **Wirtschaftssektoren**. Dazu zählen:

- die **Unternehmen** (Produktions-, Handels-, Dienstleistungs- und Finanzunternehmen
- die **privaten Haushalte** (Selbständige, abhängig Beschäftigte, Gewerkschaften Kirchen, Vereine)
- die **öffentlichen Haushalte** (Bund, Länder, Gemeinden, Sozialversicherungen) und
- das **Ausland**.

Bei den **Unternehmen** werden, unabhängig von der **Rechtsform** und **Branchenzu- gehörigkeit**, alle Unternehmen erfaßt, die entweder Güter produzieren, Dienstleistungen bereitstellen und Güter verteilen oder als Finanzunternehmen (Banken, Versicherungen) tätig sind. Auch **öffentliche Unternehmen** wie Bundesbahn, Bundespost[2] und die Deutsche Bundesbank sowie landwirtschaftliche Unternehmen und **freie Berufe** werden unter den Sektor Unternehmen subsumiert. Um ihre Leistungen erbringen zu können, beziehen die Unternehmen Vorleistungen von anderen Unternehmen und Produktionsfaktoren von den privaten Haushalten. Das Ziel der unternehmerischen Tätigkeit besteht in einer möglichst maximalen Gewinnerzielung. Schließlich rechnet man **private Organisationen ohne Erwerbscharakter**, die ihre Leistungen vorwiegend für Unternehmen ohne spezielles Entgelt erbringen und von diesen finanziert werden (z.B. Handels- und Handwerkskammern) ebenfalls zum Sektor Unternehmen.

---

[1] Wilhelm Henrichsmeyer, Oskar Gans, Ingo Evers, Einführung in die Volkswirtschaftslehre, 10. Aufl., Stuttgart 1993, S. 326

[2] Nach der Privatisierung von Bundesbahn und Bundespost werden natürlich auch die privaten Nachfolgeunternehmen wie z.B. die Telekom AG zum Unternehmenssektor gezählt.

Die letzte *Arbeitsstättenzählung* aus dem Jahr 1987 (altes Bundesgebiet) ergab eine Anzahl von insgesamt 2.097.851 Unternehmen mit 21.916.639 Beschäftigten. Zur Branchendifferenzierung vergleiche die Tabelle. Unterteilt man die Unternehmen nach Größenklassen, so stellt man fest, daß 97% der Unternehmen weniger als 50 Mitarbeiter und Mitarbeiterinnen beschäftigen. Dafür arbeiten aber rund 52% der Gesamtbeschäftigten bei den restlichen 3% der Unternehmen.

Unternehmen und Beschäftigte 1987 nach Wirtschaftszweigen

Wirtschaftszweig	Zahl der Unternehmen	Anteil in %	Zahl der Beschäftigten	Anteil in %
1. Land- und Forstwirtschaft	28.195	1,34	137.958	0,63
2. Bergbau und Energie	3.010	0,14	485.183	2,21
3. Verarbeitendes Gewerbe	336.560	16,04	8.581.914	39,16
4. Baugewerbe	181.598	8,66	1.864.592	8,51
Summe 1 bis 4	**549.363**	**26,18**	**11.069.647**	**50,51**
5. Großhandel	108.245	5,16	1.199.091	5,47
6. Handelsvermittlung	74.543	3,55	164.793	0,75
7. Einzelhandel	402.285	19,18	2.516.283	11,48
8. Verkehr/Nachrichtenüberm.	81.039	3,86	1.513.583	6,91
9. Banken/Versicherungen	80.052	3,82	979.435	4,47
10. Sonstige Dienstleistungen und freie Berufe	802.324	38,25	4.473.807	20,41
Summe 5 bis 10	**1.548.488**	**73,82**	**10.846.992**	**49,49**
Summe 1 bis 10	**2.097.851**	**100,00**	**21.916.639**	**100,00**

Zu den **privaten Haushalten** werden alle **Selbständigen** und **abhängig Beschäftigten** gezählt. Auch dazu gehören **private Organisationen ohne Erwerbscharakter** wie Kirchen, Gewerkschaften und Vereine. Im Jahr 1991 gab es in Deutschland 35,26 Mill. Privathaushalte, davon etwa ein Drittel Einpersonenhaushalte (sog. Single-Haushalte). Die Mitglieder der Privathaushalte stellen Produktionsfaktoren (Arbeit, Boden und Kapital) zur Verfügung und erhalten dafür ein entsprechendes Faktoreinkommen (Lohn, Grundrente (Pacht) und Zins). Sie fragen wirtschaftliche Güter nach, d.h. sie konsumieren und bilden über Ersparnisse Vermögen.

Die **öffentlichen Haushalte** (Staat) erheben Steuern und Abgaben und tätigen Staatsausgaben zur Wahrnehmung ihrer hoheitlichen Aufgaben. Zum Staatssektor bzw. zu den öffentlichen

Haushalten gehören der **Bund**, die **Bundesländer** und die **Gemeinden** sowie die **Sozialversicherungsträger** (Renten-, Arbeitslosen- und Krankenversicherung). Ende 1992 gab es in Deutschland 16.632 Gebietskörperschaften. Neben dem Bund existieren 16 Bundesländer, 29 Regierungsbezirke, 117 kreisfreie Städte, 426 Landkreise und 16.043 Gemeinden davon 84 mit mehr als 100.000 Einwohnern. Mitte 1993 gab es 1.488 Sozialversicherungshaushalte, davon 1.330 Krankenkassen. Gebietskörperschaften, Sozialversicherungshaushalte und Haushalte der Arbeitsförderung unterhielten im Mai 1987, altes Bundesgebiet, rund 110.000 Arbeitsstätten mit gut 3,7 Mill. Beschäftigten. Öffentliche Haushalte üben hoheitliche (staatliche) Aufgaben aus und sind Träger der Wirtschaftspolitik mit speziellen Aufgaben der sozialen Sicherung und einer Umverteilung von am Markt zustande gekommenen Einkommen (= Primäreinkommen).

Unter dem Sektor **Ausland** werden alle internationalen Austauschbeziehungen (Exporte und Importe) erfaßt, wobei man von einer **geschlossenen Volkswirtschaft** immer dann spricht, wenn das Ausland bei einer gesamtwirtschaftlichen Untersuchung ausgeschlossen wird.

Die Transaktionen, die die Wirtschaftssektoren ausüben, und bei denen wirtschaftliche Güter und/oder Geld ausgetauscht werden, faßt man zu makroökonomischen **Stromgrößen** zusammen. Bei den Stromgrößen werden **Güterströme**, auch reale Ströme genannt, und **Geldströme** bzw. monetäre Ströme unterschieden.

In einer ersten Modellbetrachtung lassen sich die Güter- und Geldströme zwischen den Unternehmen und den privaten Haushalten in einer **geschlossenen Volkswirtschaft ohne staatliche Aktivitäten** darstellen. Dabei wird als Prämisse angenommen, daß die privaten Haushalte ihr gesamtes Einkommen konsumieren, d.h. daß sie nicht sparen, und die Unternehmen keine Ersatz- oder Erweiterungsinvestitionen bezogen auf ihre Kapazitäten tätigen. Auch finden keine Transaktionen *innerhalb* der Sektoren Unternehmen und private Haushalte statt.

Güterströme: Um ein geplantes Produktionsziel zu erreichen, benötigen die Unternehmen Produktionsfaktoren (Arbeit, Betriebsmittel und Werkstoffe). Diese Produktionsfaktoren werden über **Faktormärkte** von den privaten Haushalten zur Verfügung gestellt und von den Unternehmen nachgefragt. Nach einem durchgeführten Produktionsprozeß verkaufen die Unternehmen auf **Gütermärkten** die hergestellten Güter an die privaten Haushalte.

Einfacher Wirtschaftskreislauf

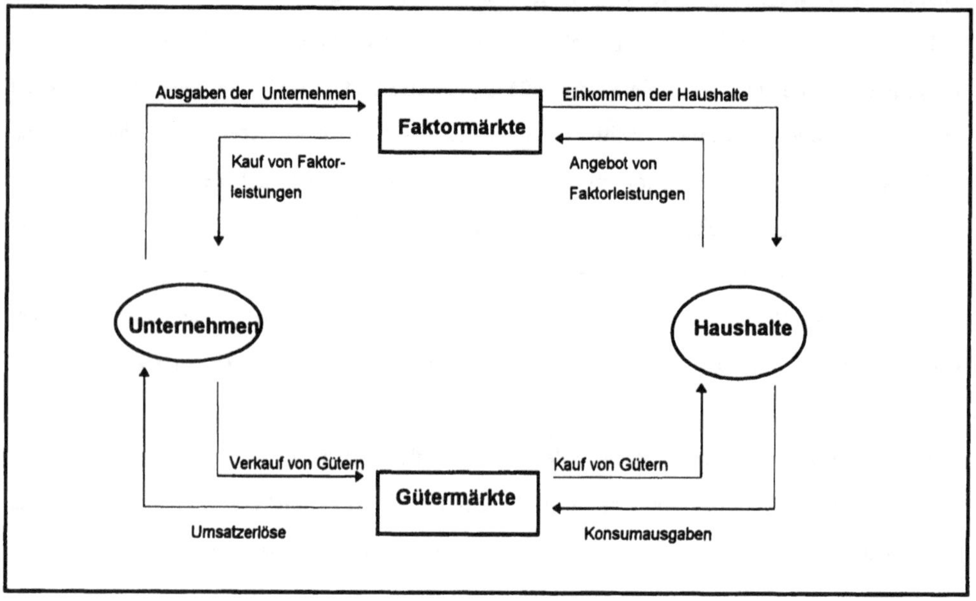

Geldströme: Die Unternehmen zahlen für die Überlassung der Produktionsfaktoren an die privaten Haushalte Löhne und Gehälter, Zinsen, Mieten und Pachten. Diese Vergütungen sind für die Unternehmen Kosten und für die privaten Haushalte Einkommen. Das Einkommen verwenden die Haushalte zum Kauf von Konsumgütern. Das Geld fließt in die Unternehmungen zurück, wo es als Umsatzerlös vereinnahmt wird.

9.1.2 Der erweiterte Wirtschaftskreislauf

In der bisherigen Modellbetrachtung wurde unterstellt, daß die Unternehmungen ihre Kapazitäten durch Investitionen nicht erweitern, die **Wirtschaft also nicht wächst**, und daß die privaten Haushalte ihre gesamten Faktoreinnahmen konsumtiv verwenden, d.h. nicht sparen. Bei dieser Betrachtungsweise bleibt das Volumen der Güter- und Geldströme natürlich konstant und ausgeglichen. Die wirtschaftliche Realität ist aber ein Stück komplexer, weshalb im folgenden der bisher zugrunde gelegte hohe Abstraktionsgrad des zuvor skizzierten einfachen Wirtschaftskreislaufes verringert und damit der Wirtschaftspraxis angepaßt wird.

Dazu soll zunächst ein Blick in das aggregierte **Produktionskonto der Unternehmen** geworfen werden. Die Unternehmen kaufen **Vorleistungen** (Vorprodukte) bei anderen Unternehmen ein, um selbst Produkte zu produzieren, die dann an die privaten und öffentlichen Haushalte oder an andere Unternehmen verkauft werden und zu **Umsatzerlösen** bei den Unternehmen führen. Werden nicht alle Produkte verkauft, erhöht sich der Lagerbestand bei den Unternehmen. Die eingekauften Maschinen und Gebäude (**Investitionen**) werden aktiviert und gemäß ihrem Werteverzehr **abgeschrieben**. Dies gilt auch für die von den Unternehmen selbst erstellten und aktivierten Investitionsgüter. Die **Umsatzerlöse** sowie die **Bruttoanlageinvestitionen**, als auch die **Lagerinvestitionen** bezeichnet man als **Bruttoproduktionswert** der Unternehmen. Zieht man vom Bruttoproduktionswert die eingekauften Vorleistungen und Abschreibungen ab, so erhält man die **Wertschöpfung** eines Unternehmens, die sich aus Löhnen und Gehältern, Zinsen, Mieten, Pachten und Gewinnen zusammensetzt.

Umsatzerlöse
+ Bruttoanlageinvestitionen
+ Lagerinvestitionen
= Bruttoproduktionswert
- Vorleistungen
= Nettoproduktionswert
- Abschreibungen
= Wertschöpfung

In Kontoschreibweise läßt sich das Produktionskonto der Unternehmen wie folgt darstellen:

Produktionskonto der Unternehmen

Einkäufe von Vorleistungen	Umsatzerlöse	
Abschreibungen		Brutto-
	Bruttoanlageinvestitionen	produktions-
Wertschöpfung	Lagerinvestitionen	wert
(Löhne, Gehälter, Zinsen, Gewinne)		

Die Wertschöpfung fließt als Einkommen (= **Volkseinkommen**) an die privaten Haushalte. Diese können das Volkseinkommen entweder konsumieren oder sparen (Volkseinkommen = Konsum +

Sparen). Dies wird durch das aggregierte **Einkommenskonto** der privaten Haushalte ausgedrückt.

Einkommenskonto der privaten Haushalte

Konsum	Volkseinkommen (Wertschöpfung)
Ersparnis	

In einem **erweiterten Wirtschaftskreislauf** konsumieren die privaten Haushalte nicht vollständig ihr Einkommen. Die Konsumausgaben sind demnach kleiner als das Volkseinkommen (Y).[1] Die privaten Haushalte üben Konsumverzicht; sie sparen. Die Ersparnis der privaten Haushalte in Form von Geldkapital wird den Unternehmen in der Regel über **Banken** zugeführt; d.h. die Unternehmen fragen Geldkapital zur Finanzierung ihrer Investitionen bei den Banken nach. Das von den Sparern dem Kreislauf entzogene Geld, wird so über Banken auf dem Wege der Investition dem Wirtschaftskreislauf wieder zugeführt. Die Unternehmen zahlen dafür an die Banken Kredit-Zinsen und die Banken wiederum für die Bereitstellung der Ersparnisse Spar-Zinsen an die privaten Haushalte.

Durch diesen in der wirtschaftlichen Realität sich vollziehenden Tatbestand kommt es zu **Vermögensänderungen**. Das sog. **Vermögensänderungskonto** in einer geschlossenen Volkswirtschaft ohne staatliche Aktivitäten erfaßt dabei auf der Aktivseite die gesamtwirtschaftliche Zunahme des Vermögens als Bruttoinvestition der Unternehmen.

Vermögensänderungskonto

Investitionsseite	**Finanzierungsseite**
Bruttoinvestitionen	Abschreibungen
	Ersparnis

[1] (Y) steht für „yield" (eng.) = Ertrag, Ergebnis.

Auf der Passivseite werden die Abschreibungen, also der Werteverzehr der Bruttoinvestitionen und die gesamtwirtschaftliche Ersparnis verbucht. Die Aktivseite des Vermögensänderungskontos kann auch als *Mittelverwendungs- oder Investitionsseite* und die Passivseite als *Mittelherkunfts- oder Finanzierungsseite* bezeichnet werden. „Die Identität des Vermögensänderungskontos ergibt sich (...) als eine notwendige Folge der **definitorischen Gleichheit** der beiden Größen von **Sparen** und **Nettoinvestitionen**: Die Nichtverwendung von produktionsbezogenen Einkommen aus der Sicht der Haushalte entspricht einem Nichtverkauf von Konsumgütern aus der Sicht der Unternehmen. Die Unternehmen müssen in Höhe der Differenz zwischen der Gesamtproduktion und dem Konsumgüterverkauf gewollt oder ungewollt ihr Sachvermögen in Höhe der Nettoinvestitionen erhöht haben. Man mag sich die Nettoinvestitionen ausschließlich als **Lagerinvestitionen** vorstellen. Soweit von Unternehmen produzierte Güter einer abgelaufenen Zeitperiode nicht an Haushalte verkauft wurden, müssen sich (ungewollt) die Lagervorräte in den Unternehmen erhöht haben. Die Erhöhung der Lagervorräte erhöht das Sachvermögen der Unternehmen (bei hinreichender Lagerfähigkeit); die Veränderung des Realvermögens wird als **Nettoinvestition** der Unternehmen definiert."[1]

Nettoinvestitionen (I_n) = Bruttoinvestitionen (I_{br}) - Abschreibungen (D)

$$I_n = I_{br} - D$$

Volkseinkommen (Y) = Konsumausgaben C + Nettoinvestitionen (I_n)

$$Y_1 = C + I_n$$

Volkseinkommen (Y) = Konsumausgaben C + Ersparnis (S)

$$Y_2 = C + S$$

Hieraus folgt die Identität:

$Y_1 \equiv Y_2$ bzw. Nettoinvestitionen ≡ Ersparnis $I_n \equiv S$

[1] Heinz-Dieter Hardes, Jürgen Mertes, Grundzüge der Volkswirtschaftslehre, 4. Aufl., München, Wien 1994, S. 218

9.1.3 Zum Wirtschaftskreislauf mit staatlicher Aktivität

Marktwirtschaftliche Ordnungen können ohne **staatliche Aktivitäten** nicht existieren. Wieviel Staat allerdings notwendig ist, darüber gibt es einen langen wirtschaftspolitischen Diskurs. Durch seine Aktivitäten entzieht der Staat (= öffentliche Haushalte) zunächst dem Wirtschaftskreislauf Geld durch Steuern und Gebühren (einschließlich Sozialversicherungsbeiträge). Diese so gewonnenen **Staatseinnahmen** werden als **Staatsausgaben** für Einkäufe bei den Unternehmen (z.B. Rüstungsgüter), für Lohn- und Gehaltszahlungen der beim Staat Beschäftigten, für Subventionen an die Unternehmen und Transferzahlungen (Kindergeld, Mietbeihilfen etc.) an die privaten Haushalte verwendet.

Übersteigen die Staatsausgaben die Staatseinnahmen, so muß sich der Staat **verschulden**. Dies tut er in der Regel über den privaten Bankenapparat, indem er die von den privaten Haushalten zur Verfügung gestellten Ersparnisse nachfragt und dafür Zinsen entrichtet oder sich im Ausland verschuldet, z.B. durch Staatsanleihen. Die **Staatsverschuldung** ist seit dem Bestehen der Bundesrepublik - bis auf den Zeitraum 1960 bis 1964 und von 1970 bis 1974 - kontinulierlich gestiegen. In den Jahren 1955 bis 1959 lag sie noch bei 18,4% des Bruttoinlandsproduktes. Nach 1974 stieg sie auf fast 30% an und erreichte in der alten Bundesrepublik Ende der 80er Jahre einen Wert von 42%. Im Zuge der Wiedervereinigung mit der DDR nahm sie weiter kräftig zu und stieg bis 1996 auf einen Wert von 60,3%. Auch die öffentlichen Haushalte üben eine **Produktionstätigkeit** aus. Sie beziehen von Unternehmen Vorleistungen in Form von Verbrauchs- und Investitionsgütern, und sie fragen Arbeitsleistungen bei den privaten Haushalten nach und erstellen damit Dienstleistungen, die unentgeltlich als **öffentliche Güter** (z.B. Dienste der öffentlichen Verwaltung, der Polizei, des Schulwesens, der Landesverteidigung etc.) abgegeben werden. Zur Bereitstellung der öffentlichen Güter entstehen Kosten, „die auf den Produktionskonten der öffentlichen Haushalte erfaßt werden. Da es keine Märkte und daher auch keine Preise für diese Dienstleistungen gibt, können sie im Unterschied zu den entsprechenden Posten auf dem Produktionskonto eines Unternehmens nicht selbständig bewertet werden. Ihr Wert wird gleich dem Gesamtbetrag der zu ihrer Herstellung erforderlichen Kosten angesetzt. Anders ausgedrückt: Die unentgeltlich abgegebenen Dienstleistungen eines öffentlichen Haushalts werden nicht wie die verkauften Erzeugnisse eines Unternehmens zu **Marktpreisen**, sondern zu **Faktorkosten** bewertet.“[1] Die folgende Tabelle zeigt dabei die absoluten Werte der

[1] Alfred Stobbe, Volkswirtschaftliches Rechnungswesen, 3. Aufl., Berlin, Heidelberg, New-York 1972, S. 111

Staatsverschuldung der einzelnen Gebietskörperschaften incl. der staatlichen Sondervermögen von 1989 bis 1996.

Stand und Entwicklung der Staatsverschuldung

- in Mrd. DM -

Jahr	1989[1)]	1994	1995[2)]	1996
Bund	491	712,5	757,0	840,0
Westdeutsche Länder	310	415,1	442,5	478,0
Ostdeutsche Länder	-	55,7	69,0	82,0
Westdeutsche Gemeinden	121	155,7	162,5	166,0
Ostdeutsche Gemeinden	-	32,5	35,5	39,0
Fonds „Deutsche Einheit"	-	89,2	87,0	84,0
Kreditabwicklungsfonds	-	102,4	-[2)]	-
ERP-Sondervermögen	7	28,0	34,0	34,0
Bundeseisenbahnvermögen	-	71,2	78,5	78,0
Erblastentilgungsfonds	-	-	329,0	332,0
Ausgleichsfonds Steinkohleneinsatz	-	-	-	3,0
Insgesamt	**929**	**1.662,3**	**1.995,0**	**2.135,0**

1) Alte Bundesländer, 2) Ab 1995 wurden die Schulden des Kreditabwicklungsfonds und die bis Ende 1994 aufgelaufenden Schulden der Treuhandanstalt in Höhe von 204,6 Mrd. DM in den „Erblastentilgungsfonds" umgebucht.
Quelle: Geschäftsbericht 1995 der Deutschen Bundesbank sowie Monatsbericht der Deutschen Bundesbank 3/1997

Die **öffentlichen Güter**, die den Unternehmen und privaten Haushalte als unentgeltliche Dienstleistungen zugute kommen, müßten hier eigentlich als unbezahlter Konsum und als unbezahlte Vorleistung verbucht werden. Da dies aber statistisch nicht möglich ist bzw. der organisatorische Aufwand zu groß ist, geht man kreislauftheoretisch davon aus, daß die öffentlichen Haushalte die unentgeltlich abgegebenen Dienstleistungen selbst verbrauchen. Man spricht deshalb von einem sog. **Eigenverbrauch** des Staates.

Produktionskonto der öffentlichen Haushalte

Käufe von Vorleistungen		Dienstleistungen (unentgeltlich) = Eigenverbrauch
Abschreibungen		
Wertschöpfung	Löhne u. Gehälter Zinsen	

Das **Einkommenskonto der öffentlichen Haushalte** besteht auf der Passivseite in erster Linie aus den Steuereinnahmen (direkte und indirekte Steuern), sowie aus Abgaben der Unternehmen und privaten Haushalte. Daneben erzielt der Staat aus Unternehmensbeteiligungen und/oder durch den Besitz von Grund und Boden sowie aus Wertpapieren ein bestimmtes Faktoreinkommen in Form von Gewinnen, Zinsen und Pachteinkommen. Auf der Aktivseite des aggregierten Einkommenskontos werden die **Transferzahlungen** an Unternehmen (Subventionen) und an die privaten Haushalte verbucht. Das **verfügbare Einkommen der öffentlichen Haushalte** bildet den Saldo, der zum größten Teil für die Finanzierung des staatlichen Eigenverbrauchs benötigt wird. Der Rest des verfügbaren Einkommens bildet die staatliche Ersparnis. Sind die Kosten für den Eigenverbrauch größer als das verfügbare Einkommen, so muß sich der Staat verschulden.

Einkommenskonto der öffentlichen Haushalte

Transfer-zahlungen	Subventionen an Unternehmen	Indirekte Steuern
	an private Haushalte	Direkte Steuern
Verfügbares Einkommen	Eigenverbrauch	Faktoreinkommen
	Ersparnis	

Aus dem Einkommenskonto der öffentlichen Haushalte läßt sich auch die **Staatsquote** bestimmen, die das Gewicht des Staates im Wirtschaftsgeschehen einer Volkswirtschaft widerspiegelt, wobei diese aufgrund unterschiedlicher Abgrenzungen in der *„Finanzstatistik"* und der *„Volkswirtschaftlichen Gesamtrechnung" (VGR)* nicht einheitlich definiert ist.[1] Faßt man die Staatsausgaben zusammen, so ergeben sie sich additiv aus den Transferausgaben und dem staatlichen Eigenverbrauch; wobei sich dieser aus dem staatlichen Personalaufwand (Faktorentgelt) für die Staatsbediensteten (auch als Staatsverbrauch bezeichnet) und aus den staatlichen Sachausgaben (= staatliche Bruttoinvestitionen) zusammensetzt. Bei der Berechnung

[1] Zur ausführlichen Definition und Abgrenzung von Staatsquoten vgl. Konrad Littmann, Definition und Entwicklung der Staatsquote, Göttingen 1975. Zur Kritik an der unterschiedlichen Anwendung von Staatsquoten vgl. Rudolf Hickel, Jan Priewe, Finanzpolitik für Arbeit und Umwelt, Köln 1989, S. 43ff.

der Staatsquote ist dabei entscheidend, ob neben den **Gebietskörperschaften** (Bund, Länder und Gemeinden) auch die **Sozialversicherungshaushalte** und die diversen staatlichen **Sondervermögen** wie Lastenausgleichsfonds, ERP-Sondervermögen und EG-Anteile in die Berechnung mit einbezogen werden. Die „Finanzstatistik“ stellt dabei auf die Gebietskörperschaften plus Sondervermögen ab, während in der „VGR“ auch die Sozialversicherungen mit einbezogen werden. Auch muß bei der Bestimmung der Staatsquote geklärt werden, auf welche gesamtwirtschaftliche Größe die Staatsausgaben bezogen werden. Allgemein wird dabei das **nominale Bruttosozialprodukt zu Marktpreisen** oder das Bruttoinlandsprodukt zu Marktpreisen verwandt. Soll auf die Entwicklung der realen Staatsquote Bezug genommen werden, so sind sowohl das Sozialprodukt als auch die Staatsausgaben zu deflationieren. Der *Sachverständigenrat (SVR)* benutzt abweichend von der „Finanzstatistik“ und der „VGR“ zur Bestimmung der Staatsquote eine potentielle Sozialproduktsgröße, das nominale **gesamtwirtschaftliche Produktionspotential**.[1]

Staatsquote i.e.S.

Ausgaben der Gebietskörperschaften (Bund, Länder, Gemeinden) und der öffentlichen Sondervermögen (Lastenausgleichsfonds, ERP-Sondervermögen, EG-Anteile) in v.H. des Bruttoinlandsprodukts zu Marktpreisen.

Staatsquote i.w.S.

Ausgaben der Gebietskörperschaften plus öffentlichen Sondervermögen plus Ausgaben der Sozialversicherungen in v.H. des Bruttoinlandsprodukts zu Marktpreisen

Staatsquote i.S.d. SVR

Ausgaben der Gebietskörperschaften plus öffentlichen Sondervermögen plus Ausgaben der Sozialversicherungen in v.H. des Bruttoproduktionspotentials.

Abgabenquote

Steuern (direkte und indirekte) plus Sozialversicherungsbeiträge und sonstige Abgaben in v.H. des Bruttoinlandsprodukts zu Marktpreisen.

Geht man im Gegensatz zur Ausgabenseite von der **Einnahmenseite des Staates** aus, so läßt sich der Einfluß des Staates auf die private Wirtschaft bzw. die Belastung der gesamtwirtschaftlichen

[1] Das **gesamtwirtschaftliche Produktionspotential** setzt sich additiv zusammen aus dem potentiellen Produktionsvolumen des Sektors Unternehmen (ohne Wohnungsvermietung) und den Beiträgen des Staates, der Wohungsvermietung und der privaten Haushalte und Organisationen ohne Erwerbscharakter zum realen Bruttoinlandsprodukt. Beim Staat und den übrigen Bereichen außerhalb des Sektors Unternehmen (ohne

Leistung mit öffentlichen Zwangsabgaben durch eine staatliche **Abgabenquote** ermitteln. Diese bezieht die staatlichen Steuereinnahmen (direkte und indirekte Steuern), Sozialbeiträge und sonstige Abgaben auf das Bruttoinlandsprodukt in jeweiligen Preisen. Zur Entwicklung der unterschiedlichen Staats- und Abgabenquoten vergleiche die folgende Tabelle:

Entwicklung der Staats- und Abgabenquoten - in v.H.

Jahr	Staatsquote i.e.S.	Staatsquote i.w.S.	Staatsquote SVR	Abgabenquote
1960	26,7	39,4	32,9	33,4
1965	27,6	40,1	36,4	34,1
1970	28,9	41,6	38,8	36,6
1975	35,1	53,8	45,9	41,0
1980	34,3	52,6	48,4	42,8
1985	32,8	51,3	46,3	42,8
1990	30,6	48,0	45,4	40,5
1991[1)]	33,7	52,8	48,7	42,1
1992	34,4	54,7	48,6	42,8
1993	35,3	56,5	47,8	43,4
1994	34,8	56,1	47,3	43,7
1995	34,5	56,3	54,3[2)]	43,6

1) Incl. Ost-Deutschland, 2) Überproportionaler Anstieg erklärt sich aus der Übernahme der Schulden der Treuhandanstalt und eines Teils der Altschulden der ostdeutschen Wohnungswirtschaft in den öffentlichen Haushalt. Quelle: Div. Monatsberichte der Deutschen Bundesbank, Jahresgutachten 96/97 des Sachverständigenrates, eigene Berechnungen

9.1.4 Zum Wirtschaftskreislauf einer offenen Volkswirtschaft

Bedingt durch die **internationale Arbeitsteilung** unterliegen Volkswirtschaften vielfältigen Beziehungen mit dem Ausland. Werden diese Auslands-Aspekte berücksichtigt, so spricht man von einer Kreislaufanalyse bei **offenen Volkswirtschaften**. Die Wirtschaft der Bundesrepublik ist in vielen Branchen stark über Exporte und Importe mit dem Ausland verbunden. In der „VGR" sind auf dem **Auslandskonto** nur die Güter- und Geldströme der **Leistungsbilanz**, wozu die Handels-, die Dienstleistungs- und die Übertragungsbilanz zählen, erfaßt. Nicht berücksichtigt

---

Wohnungsvermietung) wird dabei angenommen, daß deren Produktionspotential stets voll ausgelastet und damit mit ihren Beiträgen zum Bruttoinlandsprodukt identisch ist.

wird die **Kapitalverkehrsbilanz**, auf der die Gegenbuchungen in Form von Forderungen und Verbindlichkeiten gegenüber dem Ausland verbucht werden. Der Saldo der Erwerbs- und Vermögenseinkommen zwischen In- und Ausländern soll in der hier vorgenommenen Betrachtung außerdem gleich Null sein. „Dann reduziert sich das Auslandskonto auf die Gegenbuchung zweier Handelsströme vom Produktionskonto der Unternehmen, den **Exporten** von Waren und Dienstleistungen an das Ausland und den Importen vom Ausland. **Importe** werden dabei als Vorleistungen des Auslands für die inländische Produktion betrachtet. Ein positiver Saldo des Auslandskontos (Exporte - Importe) bedeutet eine Zunahme von leistungsbezogenen Forderungen gegenüber ausländischen Wirtschaftseinheiten (positiver **Außenbeitrag**). Das Vermögen des Inlands steigt unter diesen Annahmen in Höhe des Exportüberschusses der Inländer. Die Gegenbuchung des Saldos (Exporte - Importe) erfolgt auf dem gesamtwirtschaftlichen Vermögensänderungskonto neben den Nettoinvestitionen. Denn in Höhe eines Exportüberschusses stehen den inländischen Haushalten wie bei positiven Nettoinvestitionen Teile der Güterproduktion des Inlands nicht als Verbrauchsgüter zur Verfügung; beide Größen dienen einer güterwirtschaftlichen Vermögensbildung aus der Sicht der Volkswirtschaft des Inlandes. In einer **offenen Volkswirtschaft** ändert sich daher die oben herausgestellte Ex-post-Identität der gesamtwirtschaftlichen Vermögensänderung: Private Nettoinvestitionen plus staatliche Nettoinvestitionen plus (Exporte - Importe) gleich Sparen privater und öffentlicher Haushalte."[1]

$$I_P + I_{st} + (E_x - I_m) = S_P + S_{st}$$
$$I + E_x = S + I_m$$

Unter Berücksichtigung einer offenen Volkswirtschaft mit staatlicher Aktivität ergibt sich aus den bisherigen Beschreibungen ein **konsolidiertes gesamtwirtschaftliches Vermögensänderungskonto**. Auf der Aktivseite werden die Bruttoinvestitionen der Unternehmen und des Staates verbucht. Diese werden auf der Passivseite durch entsprechende Abschreibungen zu Nettoinvestitionen korrigiert. Ebenfalls auf der Passivseite stehen die Ersparnisse der Unternehmen, der privaten Haushalte und des Staates, die als Finanzierungsmasse für die Nettoinvestitionen bereitgestellt werden. In einer **geschlossenen Volkswirtschaft mit staatlicher Aktivität** kann dabei nicht mehr investiert werden, als vorher gespart wurde, während in einer **offenen Volkswirtschaft** zusätzlich das Ausland zur Finanzierung beitragen kann. In der VGR wird deshalb ein sog. **Außenfinanzierungsbeitrag**, der identisch dem **Saldo der Leistungsbilanz** ist, berücksichtigt. Ist der Saldo der Leistungsbilanz positiv, was eine Zunahme der Nettoforderungen gegenüber dem Ausland impliziert, so erfolgt eine Verbuchung auf der Aktivseite des gesamtwirtschaftlichen Vermögensänderungskonto. Ist der Saldo der Leistungsbilanz dagegen negativ, was bedeutet, daß die Nettoverbindlichkeiten gegenüber dem Ausland zugenommen haben, so wird der Saldo auf der Passivseite verbucht.

Konsolidiertes gesamtwirtschaftliches Vermögensänderungskonto

Bruttoinvestitionen	**Ersparnisse**
- der Unternehmen	- der Unternehmen
- des Staates	- des Staates
	- der privaten Haushalte
(- Außenfinanzierungsbeitrag)	**Abschreibungen**
(Positiver Saldo in der Leistungsbilanz)	- der Unternehmen
	- des Staates
	(+ Außenfinanzierungsbeitrag)
	(Negativer Saldo in der Leistungsbilanz)

Bezogen auf die *gesamtwirtschaftliche Vermögensänderung in der Bundesrepublik Deutschland* im Jahr 1994 schreibt die **Deutsche Bundesbank**.

> „Die Finanzierungsverhältnisse in Deutschland waren im vergangenen Jahr (1994, d.V.) vorwiegend von zwei Faktoren geprägt: Einerseits resultierte aus dem Wiederaufbau und der Angleichung der Lebensverhältnisse in den neuen Bundesländern weiterhin ein ungewöhnlich hoher Mittelbedarf, der weitgehend durch staatliche Transferleistungen aus Westdeutschland gedeckt wird. Andererseits hat sich nicht zuletzt wegen des kräftigen Wachstumsprozesses, der auch in den alten Ländern nach der Überwindung der Rezession des Jahres 1993 einsetzte, die Sachvermögensbildung in Deutschland wieder erheblich verstärkt. Insgesamt stieg die Nachfrage nach Finanzierungsmitteln 1994 deutlich; gleiches trifft für das Mittelangebot zu, dessen Wachstum jedoch mit der Nachfrage nicht Schritt hielt. Diese seit der deutschen Einigung bestehende Angebotslücke, die durch den Rückgriff auf ausländische Finanzierungsquellen geschlossen wurde, hat sich 1994 vergrößert, und zwar auf 37,1 Mrd. DM, ohne daß freilich ihr Ausmaß mit gut 1% des nominalen Bruttosozialprodukts Anlaß zur Sorge böte. Dies gilt um so mehr, als die öffentliche Hand, deren hohe Neuverschuldung als eine der wesentlichen Ursachen für den Rückgriff auf ausländische Finanzierungsquellen zu sehen ist, mittlerweile auf einen Konsolidierungskurs eingeschwenkt ist und infolgedessen ihre Kreditnachfrage deutlich eingeschränkt hat.“

[1] Heinz-Dieter Hardes, Jürgen Mertes, a.a.O., S. 225f.

Die binnenwirtschaftliche Vermögensbildung (= gesamtwirtschaftliche Ersparnis) belief sich 1994 insgesamt auf 275,8 Mrd. DM. Die Nettoinvestitionen betrugen dagegen 312,9 Mrd. DM. Dadurch waren 37,1 Mrd. DM an ausländischen Finanzierungsmitteln notwendig. Im einzelnen ergaben sich in Mrd. DM die folgenden Werte:

I_n **(312,9) = S (275,8) +** A_f **(37,1)**

Gesamtwirtschaftliche Vermögensrechnung 1994

- in Mrd. DM -

Vermögensbildung (insgesamt)	275,8
Nettoinvestitionen	**312,9**
• Unternehmen	248,3
• Produktionsunternehmen	83,8
• Wohnungswirtschaft	149,7
• Finanzunternehmen	14,7
• Öffentliche Haushalte	64,6
Ersparnis (insgesamt)	**275,8**
• Private Haushalte	220,3
• Unternehmen	73,2
• Produktionsunternehmen	33,6
• Wohnungswirtschaft	10,4
• Finanzunternehmen	29,2
• Öffentliche Haushalte	- 17,7
Außenfinanzierungsbeitrag	**- 37,1**

Saldo Handelsbilanz	**70,3 Mrd. DM**
Saldo Dienstleistungsbilanz	**- 50,7**
Saldo Übertragungsbilanz	**- 57,0**
Saldo Leistungsbilanz	**- 37,4** (Rundungsdifferenz)

Der *Außenfinanzierungsbeitrag (A_f)* in Höhe von -37,1 Mrd. DM ist identisch mit dem Saldo der **Leistungsbilanz**. (Die Abweichungen resultieren aus statistischen Ungenauigkeiten und rechnerischen Rundungen[1]):

[1] Zu den Werten vgl. den Monatsbericht Nr. 3/1995 der Deutschen Bundesbank

9.2 Entstehung, Verwendung und Verteilung des Sozialprodukts

9.2.1 Entstehung des Sozialprodukts

Das **Sozialprodukt** ist die Summe aller in einer Abrechnungsperiode erbrachten wirtschaftlichen Leistungen (Sachgüter und Dienste) innerhalb einer Volkswirtschaft. Es entsteht aus der Summe aller **Bruttowertschöpfungen** der einzelnen **Wirtschaftsbereiche**. Hinzu kommen die Leistungen des Staates bzw. der **öffentlichen Haushalte** und der **privaten Haushalte**. Die Bruttowertschöpfung ergibt sich dabei aus den jeweiligen Bruttoproduktionswerten nach Abzug der Vorleistungen.

Bruttoproduktionswert
- Vorleistungen
= Bruttowertschöpfung

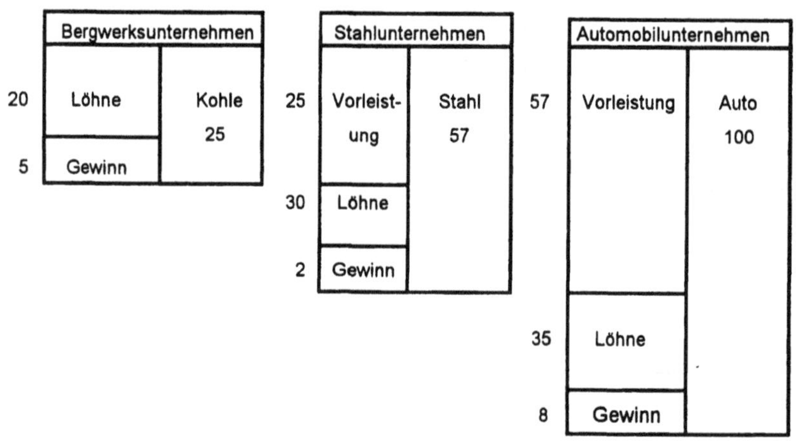

Die Vorleistungen müssen von den Bruttoproduktionswerten abgezogen werden, um Doppelzählungen aufgrund der sektoralen Wirtschaftsverflechtungen zu vermeiden. Dies wird anhand des folgenden Beispiels deutlich. Neben wir einmal an, ein Bergwerksunternehmen fördert Kohle und verkauft diese an ein Stahlunternehmen, das wiederum u.a. mit der Kohle Stahl produziert, der dann an ein Automobilunternehmen geliefert wird. Die von dem Bergwerksunternehmen gelieferte Kohle stellt dann eine Vorleistung für das Stahlunternehmen und der Stahl eine Vorleistung für das Automobilunternehmen dar. Die Unternehmen kalkulieren für ihre Produkte die Verkaufspreise so, daß sie auf den bei der Produktion entstehenden Kosten je nach Nachfrage- und Wettbewerbssituation einen Gewinnaufschlag verrechnen. Aus

Vereinfachungsgründen soll hierbei nur von Personalkosten in Form von Löhnen und Gehältern ausgegangen werden. Der Preis entspricht dann den **Faktorkosten** (incl. Gewinn) auf der jeweiligen Wirtschaftsstufe. Multipliziert mit der jeweils abgesetzten Menge ergibt sich der **Bruttoproduktionswert** der Wirtschaftsstufe.

Da der Bruttoproduktionswert der vorgelagerten Wirtschaftsstufe für die nachgelagerte Wirtschaftsstufe eine **Vorleistung** darstellt, muß diese zur Vermeidung von Doppelzählungen bei der Bestimmung des Sozialprodukts bzw. der **Bruttowertschöpfungen** der einzelnen Wirtschaftsstufen herausgerechnet werden. Die Summe der Bruttoproduktionswerte beläuft sich in der folgenden Beispielrechnung auf 182 Einheiten (25 + 57 + 100). Die Vorleistungen betragen insgesamt 82 Einheiten (25 + 57), so daß sich eine Bruttowertschöpfung bzw. ein Sozialprodukt in Höhe von 100 Einheiten ergibt.

In unserer Beispielrechnung wurde bisher stillschweigend unterstellt, daß alle Güter verkauft werden. Dies ist in der wirtschaftlichen Realität aber nicht immer der Fall, so daß unverkaufte Güter zu **Lagerinvestitionen** führen. Genauso kann aber auch vom Lager entnommen werden. Auch produzieren Unternehmen nicht selten Produktionsanlagen für den Eigenbedarf und aktivieren diese in ihren Bilanzen. Sowohl durch die **Lagerveränderungen** als auch durch die **aktivierten Eigenleistungen** kann der Umsatz von der erbrachten **Gesamtleistung** abweichen.

Umsätze
+/- **Lagerveränderungen**
\+ **Aktivierte Eigenleistungen**
= **Gesamtleistung**
\- **Vorleistungen**
= **Bruttowertschöpfung = Sozialprodukt**

In der **Entstehungsrechnung des Sozialprodukts** werden diese Werte vom „Statistischen Bundesamt" in Wiesbaden erfaßt. Die folgende Tabelle zeigt dabei nach **Wirtschaftsbereichen** die jeweiligen Bruttowertschöpfungen für das Jahr 1992 in der Abgrenzung des früheren Bundesgebietes.

Bruttowertschöpfung 1992 (in Mrd. DM)

Land- und Forstwirtschaft, Fischerei	33,0
Produzierendes Gewerbe[1]	1.041,7
Handel und Verkehr	386,3
Dienstleistungsunternehmen	881,7
Staat und private Haushalte[2]	359,6
Bruttowertschöpfung	2.702,3
Unterstellte Entgelte für Bankdienstleistungen	127,2
Bruttowertschöpfung (bereinigt)	**2.574,9**

Addiert man zur Bruttowertschöpfung die Einfuhrabgaben und das Aufkommen an Steuern vom Umsatz sowie die einbehaltene Umsatzsteuer aufgrund von gesetzlichen Sonderregelungen, so erhält man das **Bruttoinlandsprodukt zu Marktpreisen**.[3] Es entspricht dem sog. **Inlandskonzept** des Sozialprodukts und stellt die Güterproduktion des Inlands dar.

Bruttowertschöpfung	2.574,9
+ Einfuhrabgaben	30,6
+ Nichtabziehbare Umsatzsteuer	188,7
= **Bruttoinlandsprodukt zu Marktpreisen**	**2.794,2**

Das Statistische Bundesamt ermittelt das Bruttoinlandsprodukt auch bezogen auf die einzelnen **Bundesländer**. Demnach leistet Nordrhein-Westfalen mit 709,2 Mrd. DM, dies entspricht einem Anteil von 22,8%, den größen Beitrag zum Bruttoinlandsprodukt. Das „Schlußlicht" bildet das Land Bremen mit 36,1 Mrd. DM bzw. 1,2%. Die sog. **alten Bundesländer** trugen 1993 insgesamt 2.857,9 Mrd. DM oder 92% zum Bruttoinlandprodukt bei.[4] Bezogen auf die Bevölkerung lag das Bruttoinlandsprodukt in den alten Bundesländern bei 42.921 DM je Einwohner, während es in den neuen Bundesländern bei lediglich 17.345 DM je Einwohner lag.

[1] Zum Produzierenden Gewerbe zählen die folgenden Wirtschaftsbereiche: Energiewirtschaft und Wasserversorgung, Bergbau, Baugewerbe, Verarbeitendes Gewerbe (mit den Bereichen Grundstoff- und Produktionsgütergewerbe, Investitionsgüter produzierendes Gewerbe, Verbrauchsgüter produzierendes Gewerbe, Nahrungs- und Genußmittelgewerbe).

[2] Dazu zählen: Gebietskörperschaften (Bund, Länder u. Gemeinden) und die Sozialversicherungsträger, Häusliche Dienste und private Organisationen ohne Erwerbszweck.

[3] Seit 1990 wird in der amtlichen Statistik der Bundesrepublik Deutschland die Entstehung, Verwendung und Verteilung des Sozialprodukts auf das Bruttoinlandsprodukt zu Marktpreisen abgestimmt. Das Bruttosozialprodukt zu Marktpreisen wird nur noch in Summe nachrichtlich mit aufgeführt.

[4] Das Land Berlin wurde dabei aufgrund einer fehlenden statistischen Trennung zwischen Ost und West zu den alten Bundesländern gezählt.

Hieran wird bereits deutlich, welche Aufbauleistung in den neuen Bundesländern noch notwendig ist.

Bruttoinlandsprodukt nach Ländern im Jahr 1993

Land	Mrd. DM	v.H.
Baden-Württemberg	466,1	15,0
Bayern	526,6	17,0
Berlin (West u. Ost)	131,4	4,2
Brandenburg	45,1	1,5
Bremen	36,8	1,2
Hamburg	123,9	4,0
Hessen	307,0	9,9
Mecklenburg-Vorpommern	31,5	1,0
Niedersachsen	277,6	8,9
Nordrhein-Westfalen	709,2	22,8
Rheinland-Pfalz	140,5	4,5
Saarland	40,1	1,3
Sachsen	81,5	2,6
Sachsen-Anhalt	49,9	1,6
Schleswig-Holstein	98,7	3,2
Thüringen	41,7	1,3
Bruttoinlandsprodukt (gesamt)	**3.107,6**	**100,0**

Um zum **Bruttosozialprodukt zu Marktpreisen**, dem umfassendsten Indikator für die wirtschaftliche Leistung einer Volkswirtschaft, zu kommen, muß das Bruttoinlandsprodukt um die Güterproduktion von **Inländern im Ausland** (diese wird addiert) und um die Güterproduktion von **Ausländern im Inland** (diese wird subtrahiert) in Form des Saldos der Erwerbs- und Vermögenseinkommen (plus Auslandseinkommen von Inländern; minus Inlandseinkommen von Ausländern) berichtigt werden.

Bruttoinlandsprodukt zu Marktpreisen	2.794,2
Saldo Erwerbs- und Vermögenseinkommen	4,6
Bruttosozialprodukt zu Marktpreisen	**2.798,8**

Über das Bruttosozialprodukt zu Marktpreisen können die Wirtschaftssubjekte aber nicht voll verfügen, da ein Teil des Bruttosozialprodukts einem Werteverzehr in Form von **Abschreibungen** unterliegt. Zieht man vom Bruttosozialprodukt diese Abschreibungen ab, so erhält man das **Nettosozialprodukt zu Marktpreisen**. Bereinigt um den Saldo des Erwerbs- und Vermögenseinkommens ergibt sich das **Nettoinlandsprodukt zu Marktpreisen**.

Bruttoinlandsprodukt zu Marktpreisen
- Abschreibungen
= **Nettoinlandsprodukt zu Marktpreisen**

Bei der Bewertung des Sozialprodukts gehen alle Sachgüter und Dienste zu **Marktpreisen** in die Ermittlung ein. Der Marktpreis ist dabei in der Regel identisch mit den Faktorkosten.[1] Da auf viele Güter aber **indirekte Verbrauchsteuern** verrechnet werden, die in den Marktpreisen enthalten sind, ist der **Marktpreis größer als die Faktorkosten**. Will man die tatsächliche Wertschöpfung ermitteln, so muß das Nettosozialprodukt um diese indirekten Steueranteile bereinigt werden.

Auf der anderen Seite können die **Faktorkosten größer als der Marktpreis** sein. In einem solchen Fall wird der Marktpreis durch **Subventionszahlungen an Unternehmen** verfälscht. Dies gilt allerdings nicht für Transferzahlungen an private Haushalte (z.B. Kindergeld). Um auch hier die Wertschöpfung richtig zu ermitteln, müssen die Subventionszahlungen an Unternehmen zum Nettosozialprodukt addiert werden.

Nettoinlandsprodukt zu Marktpreisen
- indirekte Steuern
+ Subventionen
= **Nettosozialprodukt zu Faktorkosten (= Wertschöpfung = Volkseinkommen)**

Zieht man demnach vom Nettosozialprodukt zu Marktpreisen bzw. vom Nettoinlandsprodukt zu Marktpreisen die indirekten Steuern ab und addiert die Subventionszahlungen an die Unternehmen, dann erhält man das Nettosozialprodukt bzw. **Nettoinlandsprodukt bewertet zu Faktorkosten**, d.h. die Wertschöpfung (Volkseinkommen) einer Volkswirtschaft.

[1] Vgl. dazu das Beispiel der Bruttowertschöpfungsrechnung.

9.2.2 Verwendung des Sozialprodukts

Wozu wird nun aber das Bruttoinlandsprodukt zu Marktpreisen gesamtwirtschaftlich verwandt? Darüber gibt die gesamtwirtschaftliche **Verwendungsrechnung** Auskunft. Sie zeigt, daß das Bruttoinlandsprodukt zu Marktpreisen für den **privaten Verbrauch** (C_P), den **Staatsverbrauch** (C_{St}), dazu gehört der zivile Verbrauch und der Landesverteidigungsaufwand, für private und staatliche **Bruttoinvestitionen** (I_b), dazu gehören die Anlageinvestitionen (Bauten und Ausrüstungen) und die Vorratsinvestitionen, sowie für den **Außenbeitrag** (E_x - I_m) verwendet wird.

Die Verwendungsgleichung für das **Bruttoinlandsprodukt zu Marktpreisen** ($Y^{Mp/br}$) lautet dann:

$$Y^{Mp/br} = C_p + C_{St} + I_b + (E_x - I_m)$$

Für das Jahr 1992 weist das Statistische Bundesamt die folgenden Werte für das frühere Bundesgebiet in Mrd. DM aus:

C_P	**1.510,0**	**(54,0%)**
C_{St}	**500,6**	**(17,9%)**
Ziviler Verbrauch	**456,6**	
Verteidigungsaufwand	**44,0**	
I_b	**589,0**	**(21,1%)**
Anlageinvestitionen	**593,6**	
Ausrüstungen	**257,4**	
Bauten	**336,2**	
Vorratsveränderungen	**- 4,6**	
(E_x - I_m)	**194,6**	**(7,0%)**
$Y^{Mp/br}$	**2.794,2**	**(100,0%)**

Das größte Einzelaggregat innerhalb der Vewendung des Bruttoinlandsproduktes war demnach mit 54% der private Verbrauch. Die privaten und staatlichen Bruttoinvestitionen lagen bei 21,1%, während sich der Staatsverbrauch auf 17,9% belief. Der Außenbeitrag (Exporte - Importe) belegte am Bruttoinlandsprodukt einen prozentualen Anteil von 7%.

Um das **Nettoinlandsprodukt zu Marktpreisen** ($Y^{Mp/n}$) zu erhalten, sind die **Abschreibungen** (D) von den Bruttoinvestitionen (I_b) abzuziehen. Für 1992 ergaben sich die folgenden Werte.

$$Y^{Mp/n} = Y^{Mp/br} - D$$
$$2.435{,}2 = 2.794{,}2 - 359{,}0$$

Da das Nettoinlandsprodukt zu Marktpreisen in seiner **Aufteilung** entweder konsumiert ($C_P + C_{St}$) oder gespart (S) bzw. investiert (I_n) oder gespart werden kann, ergeben sich die folgenden Aufteilungsgleichungen:

$Y^{Mp/n} = C_P + C_{St} + S + (E_x - I_m)$; Aufteilung auf Konsum und Sparen
$Y^{Mp/n} = I_n + C + (E_x - I_m)$; Aufteilung auf Investition und Konsum

In einer offenen Volkswirtschaft (mit Auslandsbeziehungen) ist noch der **Außenfinanzierungsbeitrag** (A_f) zu berücksichtigen. Demnach gilt:

$Y^{Mp/n} = C_P + C_{St} + (E_x - I_m) + S \pm A_f$ bzw.
$Y^{Mp/n} = C_P + C_{St} + (Ex - Im) + I_n \pm A_f$

Aus diesen beiden Verwendungsgleichungen des Nettoinlandsproduktes zu Marktpreisen ergibt sich definitionsgemäß stets ein **makroökonomisches Ex-post-Gleichgewicht**. Die Summe der Nettoinvestitionen (I_n) ist hierbei immer gleich der Summe der gesamtwirtschaftlichen Ersparnis (S) und dem Außenfinanzierungsbeitrag (A_f).

Für 1992 hat das *Statistische Bundesamt* die folgenden Werte ermittelt:

S	+/-	A_f	=	In
249,7	-	19,7	=	230,0
		230,0	=	230,0

Demnach betrug die binnenwirtschaftliche Vermögensbildung durch das gesamtwirtschaftliche Sparen insgesamt 249,7 Mrd. DM. Die Nettoinvestitionen beliefen sich auf 230,0 Mrd. DM, so daß ein Vermögensüberschuß (negativer Außenfinanzierungsbeitrag) in Höhe von 19,7 Mrd. DM entstand. Er wurde als Nettokreditgewährung dem Ausland zur Verfügung gestellt. Die Ersparnis in Höhe von 249,7 Mrd. DM wurde dabei durch die folgenden Sektoren erbracht:

Private Haushalte	**194,9**
Unternehmen	**72,3**
Staat	**- 17,5**

Die Nettoinvetitionen in Höhe von 230,0 Mrd. DM verteilten sich wie folgt:

Unternehmen	**183,7**
Staat	**46,3**

9.2.3 Verteilung des Sozialprodukts

Neben der Frage der makroökonomischen Verwendung des Sozialprodukts und dem Ex-post-Gleichgewicht interessiert natürlich auch die Frage der **funktionalen Verteilung des Sozialproduktes**. Hierbei wird untersucht, welche Einkommensanteile des Sozialproduktes den Produktionsfaktoren (Arbeit, Boden und Kapital) zufließen. Die Verteilungsmasse, die in einer volkswirtschaftlichen Abrechnungsperiode zur Verfügung steht, ist die gesamtwirtschaftliche Wertschöpfung, das **Nettoinlandsprodukt zu Faktorkosten** (Y^{Fk}) bzw. das gleichbedeutende Volkseinkommen.

Um das Nettoinlandsprodukt zu Faktorkosten zu erhalten, werden vom **Nettoinlandsprodukt zu Marktpreisen** ($Y^{mp/n}$) die indirekten Steuern (T_{ind}) abgezogen und die staatlichen Subventionen an die Unternehmen (Z_v) addiert. Für 1992 ergaben sich dabei in Mrd. DM die folgenden Werte:

$$Y^{Fk} = Y^{Mp/n} - (T_{Ind} - Z_v)$$
$$2.122,3 = 2.439,7 - 317,4$$

Das Nettosozialprodukt zu Faktorkosten läßt sich nun in das **Bruttoeinkommen aus unselbständiger Arbeit** (L) und das **Bruttoeinkommen aus Unternehmertätigkeit und Vermögen** (G) aufteilen.

$$Y^{Fk} = L + G$$

$$2.122,3 = 1.508,4 + 613,9$$

In Quotenschreibweise ausgedrückt ergibt sich die **Lohnquote** ($L : Y^{Fk}$) und die **Gewinnquote** ($G : Y^{Fk}$). Für 1992 ergaben sich dabei die folgenden Werte.

Lohnquote = 71,1% **Gewinnquote = 28,9%**

Bei den Veränderungen der jährlichen Quoten ist zu berücksichtigen, daß sich das Verhältnis von **abhängig Beschäftigten** und **Selbständigen** im Laufe der Zeit verändert. Die Quoten sind deshalb um diese Veränderungen zu bereinigen, weshalb man von einer **bereinigten Lohn- und Gewinnquote** spricht. Die folgende Beispielrechnung verdeutlicht dies.

Wenn die unbereinigte Lohnquote für das Jahr 1996 75% beträgt und der Anteil der abhängig Beschäftigten von 92% auf 95% im Zeitraum von 1990 bis 1996 zugenommen hat, dann errechnet sich die bereinigte Lohnquote aus:

$$\textbf{Bereinigte Lohnquote} = \textbf{unbereinigte Lohnquote 1996} \times \frac{\textbf{Arbeitnehmeranteil 1990}}{\textbf{Arbeitnehmeranteil 1996}}$$

$$\textbf{Bereinigte Lohnquote} = 75 \times \frac{92}{95} = 72{,}6\%$$

Die funktionale Einkommensverteilung in Form der Lohn- und Gewinnquote verdeckt dabei allerdings wesentliche Elemente der **personellen Verteilung des Volkseinkommens**, die den einzelnen Wirtschaftssubjekten oder Haushalten, z.B. Arbeiter- oder Angestellten-Haushalte, Beamten-Haushalte oder Selbständigen-Haushalte, ein bestimmtes Einkommen zuordnet. Auch ist die Einteilung in Lohn- und Gewinnbezieher zu ungenau, da z.B. das Arbeitseinkommen eines Arbeiters genauso in die Berechnung der Lohnquote eingeht, wie das Gehalt eines Vorstandsmitglieds oder Geschäftsführers eines Unternehmens. Abhängig beschäftigte Arbeitnehmer können außerdem neben ihrem Lohn- oder Gehaltseinkommen auch Zins- oder Pachteinkünfte erhalten, die in der Gewinnquote verrechnet sind.

Von der funktionalen und personellen Einkommensverteilung ist noch die **Primärverteilung** und die **Sekundärverteilung** zu unterscheiden. Die Primärverteilung ist dabei das Ergebnis des Marktprozesses ohne staatliche Umverteilung, während die Sekundärverteilung die wirtschaftspolitischen Bemühungen einer staatlichen Umverteilungspolitik beschreibt. „Oberflächlich fällt damit die primäre Verteilung mit dem **Bruttoeinkommen**, die sekundäre

Verteilung hingegen mit den **Nettoeinkommen** (nach Abzug von direkten Steuern und Sozialabgaben) zusammen."[1]

Zieht man vom Bruttoeinkommen aus unselbständiger Arbeit die *Sozialbeiträge der Arbeitgeber* ab, so erhält man die **Bruttolohn- und Gehaltssumme**. Die **Nettolohn- und Gehaltssumme** ergibt sich nach *Abzug der Sozialbeiträge der Arbeitnehmer und der Steuerzahlungen*. Für 1992 weist das Statistische Bundesamt in der Abgrenzung der alten Bundesländer die folgenden Werte in Mrd. DM aus:

Bruttoeinkommen aus nichtselbständiger Arbeit	1.508,4
Sozialbeiträge der Arbeitgeber	282,8
Bruttolohn- und Gehaltssumme	1.225,6
Sozialbeiträge der Arbeitnehmer	179,1
Steuern	230,2
Nettolohn- und Gehaltssumme	**816,3**

Die **Abgabenquote**, oder man könnte auch sagen die Umverteilungsquote, betrug demnach 45,9%.

Beim Bruttoeinkommen aus Unternehmertätigkeit und Vermögen sind die *Steuern* abzuziehen und der Saldo der *laufenden staatlichen Übertragungen* an den Unternehmenssektor zu addieren oder auch in Abzug zu bringen. So erhält man das **Nettoeinkommen aus Unternehmertätigkeit und Vermögen**. Für 1992 ergeben sich hierbei die folgenden Werte:

Bruttoeinkommen aus Unternehmertätigkeit u. Vermögen	613,9
Steuern	108,1
Saldo staatliche Übertragungen[2]	- 13,8
Nettoeinkommen aus Unternehmertätigkeit u. Vermögen	**519,6**

Die **Abgabenquote** lag hier bei 15,4%.

Das Nettoeinkommen aus Unternehmertätigkeit und Vermögen verteilt sich dabei wie folgt:

Entnommene Gewinne und Vermögenseinkommen	**492,6**
Nicht entnommene Gewinne	**27,0**

[1] Bernhard Külp, Verteilung, Theorie und Politik, 3. Aufl., Stuttgart, Jena 1994

[2] Schadensversicherungstransaktionen, soziale Leistungen und Sozialbeiträge sowie übrige laufende Übertragungen

Soll das **verfügbare Einkommen** der privaten Haushalte nach staatlicher Umverteilung ermittelt werden, das sich letztlich makroökonomisch als kaufkräftige Nachfrage am Markt bzw. in Sparbeiträgen niederschlägt, so ist vom **Nettoinlandsprodukt zu Faktorkosten (Volkseinkommen)** auszugehen. Hierbei sind dann vom Volkseinkommen die nicht entnommenen Gewinne der Unternehmen, die Einkommen des Staates aus Unternehmertätigkeit und Vermögen, die direkten Steuern und die Sozialversicherungsbeiträge abzuziehen. Zu addieren sind die Transferzahlungen des Staates an den privaten Sektor.

Volkseinkommen
+ Transferzahlungen an den privaten Sektor
- Einkommen des Staates aus Unternehmertätigkeit und Vermögen
= Privates Einkommen (Bruttoeinkommen der Haushalte und Unternehmen)
- nicht entnommene Gewinne der Unternehmen
- Direkte Steuern
- Sozialversicherungsbeiträge
= Verfügbares Einkommen der privaten Haushalte

Eine andere Darstellungsform mit den dazugehörigen Werten ist der folgenden Tabelle zu entnehmen:

Jahr	Nettolohn-und Gehalts-summe	Entnommene Gewinne und Vermögens-einkommen	Empfangene laufende Übertragungen	Geleistete laufende Übertrag. u. Konsumenten-kreditzinsen	Verfügbares Einkommen
1980	506,2	245,1	251,2	42,1	960,4
1985	571,0	349,7	300,9	51,4	1.170,1
1990	743,6	470,9	380,2	61,9	1.532,7
1991[1]	899,7	562,8	473,0	69,5	1.866,0
1992	952,8	613,9	524,3	80,0	2.010,9
1993	975.4	633,9	568,3	88,0	2.089,4
1994	968,9	684,0	591,6	92,8	2.151,6
1995	973,5	735,4	624,4	104,0	2.229,3

Quelle: DIW-Wochenbericht 29/1996

Jahr	Privater Verbrauch	Ersparnisse	Verfügbares Einkommen
1980	897,0	123,4	960,4
1985	1.036,5	133,6	1.170,1
1990	1.320,7	212,0	1.532,7
1991[1]	1.629,3	236,7	1.866,0
1992	1.754,5	256,4	2.010,9
1993	1.834,4	255,0	2.089,4
1994	1.902,3	249,3	2.151,6
1995	1.972,1	257,2	2.229,3

Quelle: DIW-Wochenbericht 29/1996

9.3 Nominales und reales Sozialprodukt

Die bisherige Darstellung des Sozialprodukts zu Marktpreisen war eine **nominale** Darstellung, d.h. das Sozialprodukt wurde zu jeweiligen Marktpreisen dargestellt, oder anders ausgedrückt, das Sozialprodukt war noch nicht von **Preissteigerungen**_(inflationären Wirkungen) bereinigt. Will man aber die Entwicklung der gütermäßigen (**realen**) Versorgung der Bevölkerung zeigen, so sind die inflationären Wirkungen durch **Preisindizes** auszuschalten.

Das **Statistische Bundesamt** schreibt dazu:

„Als zusammenfassender Ausdruck für die Preisentwicklung sind die Preisindizes wichtige Instrumente der Wirtschaftsbeobachtung. Sie spiegeln die Wirklichkeit aber nur dann zutreffend wider, wenn die in den Indizes berücksichtigten Waren und Leistungen ausreichend repräsentativ sind und die Umsatz- oder Ausgabenstruktur, aus der die 'Gewichte' abgeleitet wurden, möglichst zeitnah ist. Wenn Preisindizes aussagekräftig bleiben wollen, müssen daher die Güterauswahl und die Wägungszahlen von Zeit zu Zeit überprüft und den Veränderungen angepaßt werden. Die Preisindizes sind entweder Indizes der Einkaufspreise (Index der Einfuhrpreise, Index der Einkaufspreise landwirtschaftlicher Betriebsmittel, Preisindex für den Wareneingang des Produzierenden Gewerbes, Preisindex für die Lebenshaltung) oder Indizes der Verkaufspreise (z.B. Indizes der Erzeugerpreise landwirtschaftlicher und gewerblicher Produkte, Index der Ausfuhrpreise, Index der Einzelhandelspreise."[1]

[1] Statistisches Bundesamt, Statistisches Jahrbuch für die Bundesrepublik Deutschland 1994, Wiesbaden 1994, S. 635

Um die Preissteigerungen aus dem **Sozialprodukt** zu eliminieren, kommt in der volkswirtschaftlichen Gesamtrechnung entweder ein **Paasche-Preisindex** oder ein **Laspeyres-Preisindex** zur Anwendung. Der Paasche-Preisindex zeigt an, ob und wieviel ein vom Statistischen Bundesamt definierter **Warenkorb**[1] des Berichtsjahres in jeweiligen Preisen teurer oder billiger ist als in Preisen eines Basisjahres. Der **Paasche-Index (P_{index})** wird dabei als ein gewogenes harmonisches Mittel berechnet, dessen Gewichtungsfaktoren bezogen auf den Warenkorb während der Untersuchungsperiode wechseln.

$$P_{Index} = \frac{\sum_{i=1}^{n} P_{i1} \times q_{i1}}{\sum_{i=1}^{n} P_{i0} \times q_{i1}} \times 100$$

Dies soll anhand des folgenden Beispiels verdeutlicht werden. Das Sozialprodukt soll sich aus Vereinfachungsgründen aus nur zwei Gütern zusammensetzen.

	Preise pro Stück		Menge	
	Gut A	**Gut B**	**Gut A**	**Gut B**
Basisjahr	10 DM	20 DM	80 Stück	120 Stück
Berichtsjahr	8 DM	25 DM	110 Stück	100 Stück

Unter Berücksichtigung der Tabellenwerte ergibt sich der folgende Paasche-Preisindex:

$$P_{Index} = \frac{8 \times 110 + 25 \times 100}{10 \times 110 + 20 \times 100} = 109{,}03 = 9{,}0\ \%$$

Im Unterschied zum Paasche-Preisindex ist der wegen der einfachen Anwendungsmöglichkeit am meisten verwendete Index der **Laspeyres-Preisindex (L_{index})**; ein Preisindex mit konstanter Gewichtung. Er wird durch ein gewogenes arithmetisches Mittel errechnet, dessen Gewichtungsfaktoren als anteiliger Wert der betreffenden Gütermenge am Wert des gesamten Warenkorbes in der Basisperiode bestimmt werden.

---

[1] Den Warenkorb bezeichnet man auch als ein Mengenschema, in dem ausgewählte Güter als Lebenshaltungskosten einer sog. Indexfamilie eingehen. Zum Warenkorb gehören die folgenden Gütergruppen: Nahrungs- und Genußmittel, Wohnungsmieten, übrige Waren und Dienstleistungen für die Haushaltsführung (z.B. Heiz- und Kochgeräte, Haushaltsmaschinen), Waren und Dienstleistungen für Verkehrszwecke, Nachrichtenübermittlung und sonstige Waren und Dienstleistungen zur persönlichen Ausstattung.

$$L_{Index} = \frac{\sum_{i=1}^{n} P_{i1} \times q_{i0}}{\sum_{i=1}^{n} P_{i0} \times q_{i0}} \times 100$$

Bezogen auf unser Beispiel ergibt sich der folgende Wert:

$$L_{Index} = \frac{8 \times 80 + 25 \times 120}{10 \times 80 + 20 \times 120} \times 100 = 113{,}75 = 13{,}8\%$$

Seit Beginn der Bundesrepublik hat sich beispielsweise der **Preisindex für die Lebenshaltung aller privaten Haushalte**, gemessen als Laspeyres-Preisindex, wie folgt entwickelt:

Preisindex für die Lebenshaltung in langjähriger Übersicht

- Jahresdurchschnittswerte; 1985 = 100, Früheres Bundesgebiet -

Jahr	Index	Jahr	Index	Jahr	Index	Jahr	Index
1949	35,2	1961	40,7	1973	60,4	1985	100,0
1950	33,0	1962	41,8	1974	64,5	1986	99,8
1951	35,5	1963	43,1	1975	68,4	1987	99,9
1952	36,3	1964	44,1	1976	71,5	1988	101,0
1953	35,6	1965	45,6	1977	73,9	1989	103,9
1954	35,7	1966	47,2	1978	75,8	1990	106,7
1955	36,3	1967	47,9	1979	78,7	1991	110,5
1956	37,2	1968	48,5	1980	82,8	1992	114,9
1957	38,0	1969	49,5	1981	88,1	1993	119,3
1958	38,8	1970	51,1	1982	92,7		
1959	39,1	1971	53,7	1983	95,8		
1960	39,7	1972	56,6	1984	98,0		

Quelle: Statistisches Bundesamt, Statistisches Jahrbuch der Bundesrepublik Deutschland 1994, S. 662

Dadurch daß der Paasche-Preisindex im Verhältnis zum Laspeyres-Preisindex die aktuellen Werte des zugrunde gelegten Warenkorbes höher bewertet, liegt die Inflationsrate des Paasche-Index unter der gemessenen Inflationsrate des Laspeyres-Index. ***Franz Haslinger*** schreibt dazu:

„Der Paasche-Preisindex geht vom 'aktuellen' Güterbündel ($q_{1l}, \ldots, q_{nl}$) aus. Das hat gegenüber dem Laspeyres-Preisindex den wesentlichen Vorzug, daß bei Änderungen der Bedürfnisstruktur die aktuellen Bedürfnisse bei der Wahl des Güterbündels berücksichtigt werden, während beim Laspeyres-Index ein Güterbündel basierend auf einer Wahl nach veralteten Bedürfnissen dem Vergleich zugrundegelegt wird. Sieht man von Bedürfnisänderungen einmal ab, so kann man sagen, daß ein individueller Paasche-Preisindex im Vergleich zu einem eindeutig bestimmten theoretischen Preisindex die Preisveränderung im allgemeinen unterschätzt. Denn Güter, deren relative Preise im Verhältnis zur Basisperiode gestiegen sind, gehen in die Indexformel für die Basisperiode bloß mit den verringerten Mengen der Vergleichsperiode, multipliziert mit den Preisen der Basisperiode, ein. Umgekehrtes gilt für Güter, deren relative Preise gesunken sind. Damit wird insgesamt der Nenner zu hoch angesetzt, wodurch sich der Gesamtausdruck verringert."[1]

Irving Fisher schlägt daher als **„Ideale Indexformel"** das geometrische Mittel aus dem Laspeyres- und dem Paasche-Preisindex zur Inflationsbestimmung vor:

$$\text{Ideale Preisindexformel} = \sqrt{P_{Index} \times L_{Index}}$$

$$\text{Ideale Preisindexformel} = \sqrt{9 \times 13{,}8} = 11{,}1\%$$

9.4 Wachstumsraten und Sozialprodukts

Will man die nominalen oder realen Änderungen des Sozialprodukts im **zeitlichen Verlauf** messen, um festzustellen, welches Wachstum das Sozialprodukt genommen hat, so geschieht dies mit der **Wachtumsrate** (w_r), die sowohl in der Konjunktur- als auch in der Wachstumstheorie als Meßgröße von zentraler Bedeutung ist.

$$w_r = \frac{BSP_{(t)} - BSP_{(t-1)}}{BSP_{(t-1)}} \times 100$$

$$w_r = \frac{3.027{,}6 - 2.815{,}9}{2.815{,}9} \times 100 = 7{,}5\%$$

Zur Berechnung des jahresdurchschnittlichen prozentualen Wachstums des Sozialprodukts über einen längeren Zeithorizont von n-Jahren wird das geometrische Mittel (G) verwandt:

$$G = \sqrt[n]{a_1 \times a_2 \ldots a_n}$$

[1] Franz Haslinger, Volkswirtschaftliche Gesamtrechnung, 7. Aufl., München, Wien 1995, S. 167f.

Beispiel: Reale Wachstumsraten des BIP von 1983 bis 1993

G = 10 √ 2,8 x 2,0 x 2,3 x 1,5 x 3,7 x 3,6 x 5,7 x 4,5 x 2,1 x - 1,3
G = 10 √ 102,8 x 102,0 x 102,3 x 101,5 x 103,7 x 103,6 x 105,7 x 104,5 x 102,1 x 98,7
G = 102,67

Das jahresdurchschnittliche reale Wachstum des BIP zwischen 1983 und 1993 betrug demnach 2,7 %.

Entwicklung Bruttoinlandsprodukt für Gesamtdeutschland in Mrd. DM

- Nominale und reale Wachstumsraten in Preisen von 1983 -

Jahr	BSP (Nominal)	w_r	BSP (Real)	w_r
1983	1.669	-	1.669	-
1984	1.751	4,9 %	1.715	2,8 %
1985	1.823	4,1 %	1.750	2,0 %
1986	1.925	5,6 %	1.791	2,3 %
1987	1.990	3,4 %	1.818	1,5 %
1988	2.096	5,3 %	1.886	3,7 %
1989	2.224	6,1 %	1.954	3,6 %
1990	2.425	9,0 %	2.065	5,7 %
1991[1)]	2.816	16,1 %	2.307	11,7% 4,5 %[2)]
1992	3.028	7,5 %	2.355	2,1 %
1993	3.107	2,6 %	2.325	- 1,3 %

Quelle: Statistische Jahrbücher der Bundesrepublik Deutschland 1) Ab 1991 Gesamtdeutschland, 2) Nur Anstieg Westdeutschland

9.5 Absolutes und relatives Sozialprodukt

Beim Wachstum des Sozialprodukts muß auch zwischen dem **absoluten** und dem **relativen** Sozialprodukt unterschieden werden. Nominale oder reale absolute Sozialproduktgrößen werden dabei dadurch relativiert, daß sie in Beziehung z.B. zur **Bevölkerungszahl** oder zur Zahl der **Erwerbstätigen** in einer Volkswirtschaft gesetzt werden. Diese durchschnittlichen Pro-Kopf-Zahlen erlauben zwar einen allgemeinen Vergleich *zwischen* Volkswirtschaften, sie sagen aber nichts über die **Verteilung des Sozialprodukts** bzw. Volkseinkommens *innerhalb* einer Volkswirtschaft aus. Dies gilt besonders für Länder mit einer extrem ungleichen Einkommens- und Vermögensverteilung, in denen eine reiche Oberschicht der Masse der armen Unterschicht gegenübersteht. Auch müssen Verschiebungen zwischen der **Arbeits- und Freizeit** in die relative Betrachtung des Sozialprodukts einfließen. Wie lange mußte in einer Volkswirtschaft für ein bestimmtes reales Pro-Kopf-Sozialprodukt im Vergleich zu einer anderen Volkswirtschaft gearbeitet werden? Hierbei wird die Arbeitsproduktivität angesprochen.

9.6 Das Sozialprodukt als Wohlfahrtsmaß?

Das Wachstum des realen (preisbereinigten Sozialprodukts) oder die Zunahme des realen Pro-Kopf-Sozialprodukts wird vielfach als eine Indikation für eine gestiegene **gesamtwirtschaftliche Wohlfahrt** interpretiert. Diese Betrachtung ist aber aufgrund von mehreren Faktoren nur bedingt richtig, weil

- im Sozialprodukt nicht alle volkswirtschaftlichen Leistungen erfaßt werden,
- Umweltschäden und Reparaturen positiv in die Rechnung des Sozialprodukts eingehen,
- negative externe Effekte in Form von gesellschaftlichen Sozialkosten im Sozialprodukt nicht berücksichtigt und
- staatliche Leistungen nicht zu Marktpreisen, sondern zu Faktorkosten bewertet werden.

Im Sozialprodukt nicht erfaßt sind sämtliche **Arbeiten in einem privaten Haushalt**. Dazu gehören die Tätigkeiten der Hausfrauen oder Hausmänner genauso wie Do-it-yourself-Arbeiten in der Wohnung am Haus oder am Auto. Diese Leistungen, die nicht über Märkte vermittelt und bewertet sind, erhöhen zwar die gesellschaftliche Wohlfahrt, gehen aber nicht in die Berechnung des Sozialprodukts ein. Auch keine Berücksichtigung findet die nicht unbeträchtliche **Schwarzarbeit**, insbesondere im Handwerksbereich. Diese führt neben der Nichterfassung zusätzlich noch zu staatlichen Steuerausfällen. Alle nichterfaßten produktiven Tätigkeiten in einer Volkswirtschaft bezeichnet man auch als **Schattenwirtschaft**. „Der Internationale Währungsfonds schätzt die Schattenwirtschaft der Bundesrepublik auf rund 10% des offiziell ermittelten Sozialprodukts, für Italien und Kanada auf rund 20% und für die USA sogar auf 25%; andere Länder wie z.B. Indien werden mit fast 50% des erfaßten Sozialprodukts angegeben.“[1]

Der Ausweis des Sozialprodukts als Wohlfahrtsindikator ist auch deshalb problematisch, weil z.B. die **Beseitigung von Umweltschäden** oder die Reparatur eines Autos nach einem Verkehrsunfall incl. einer vielleicht notwendigen Heilbehandlung verletzter Personen zu einer

[1] Jörn Altmann, Volkswirtschaftslehre, 4. Aufl., Stuttgart, Jena 1994, S. 112

Erhöhung des Sozialprodukts führen, obwohl lediglich der alte Zustand wiederhergestellt wird. Eine Wohlfahrtssteigerung hat demnach effektiv nicht stattgefunden. Auch die Beseitigung von Kriegsschäden (heute müssen noch Bomben aus dem 2. Weltkrieg beseitigt werden) und Krankheiten durch Alkohol- und Nikotinmißbrauch gehen positiv in die Berechnung des Sozialprodukts ein.

Ein weiteres Problem sind **Markt-Externalitäten**, die in den Marktpreisen keine Berücksichtigung finden, weil die Umwelt als freies Gut betrachtet wird. Dazu gehören sowohl die bei der Produktion als auch die bei der Konsumtion von Gütern entstehenden sozialen Kosten, die nicht in den einzelwirtschaftlichen Kalkulationen und damit in den Marktpreisen internalisiert werden. Die bei der Bewertung der Güter zugrunde gelegten Marktpreise sind demnach zu niedrig, wodurch dann auch das Sozialprodukt mit einem zu geringen Wert ausgewiesen wird. Würden die sozialen Kosten dagegen in den Marktpreisen über eine Internalisierung erfaßt, wäre der Wert des Sozialprodukts entsprechend höher.

Es finden aber auch **Falschbewertungen** im Sozialprodukt statt. So werden sämtliche unentgeltlichen Leistungen des Staates nicht zu Marktpreisen, sondern zu Faktorkosten als Eigenverbrauch des Staates gewertet, obwohl diese Leistungen sowohl für die Unternehmen als auch für die privaten Haushalte Vorleistungen darstellen. Soweit diese Vorleistungen aber als Staatsverbrauch zur volkswirtschaftlichen Endproduktion zählen, kommt es quasi zur Doppelzählung von Outputwerten.

Hieran wird bereits deutlich, daß der quantitative Ausweis des Sozialprodukts kein hinreichender Maßstab für die Indikation einer volkswirtschaftlichen Wohfahrt sein kann. Die Kritik am Sozialprodukt als Wohlfahrtsindikator hat dazu geführt, daß durch ergänzende Berechnungen zum Sozialprodukt ein besserer Ausweis der gesellschaftlichen Wohlfahrt möglich ist. So hat z.B. der amerikanische Ökonom und Nobelpreisträger ***Paul A. Samuelson*** zur Wohlfahrtsmessung ein Konzept namens „**Net Economic Welfare (NEW)**" entwickelt. Dieses Konzept geht vom realen Bruttoinlandsprodukt aus und zieht alle sozialen Kosten ab, während die nicht über Marktpreise bewerteten Größen (wie z.B. die Hausarbeit) addiert werden, um so den Net Economic Welfare, den wirtschaftlichen Nettowohlstand zu erhalten. Andere Autoren, z.B. ***J.* Tobin** und ***W. D. Nordhaus***, modifizieren das Sozialprodukt durch mehrdimensionale Indikatorenkonzepte. Dazu zählt auch das von der **OECD** (Organization for Economic Co-operation and Development) entwickelte „**System sozialer Indikatoren**". Hiermit soll die **Lebensqualität** in einer Volkswirtschaft zum Ausdruck gebracht werden. Anhand von acht Hauptzielbereichen (Gesundheit, Lernen und Ausbildung, Qualität des Arbeitslebens, Freizeit und Zeiteinteilung, Wirtschaftliche Situation und Kaufkraft, Physische Umwelt, Persönliche Sicherheit und Soziale Beteiligungschancen), die noch durch Untergliederungen differenziert werden, wird durch Verhältniszahlen die Lebensqualität bestimmt. Zum Beispiel wird für den Hauptbereich „Gesundheit" die Rate der Säuglingssterblichkeit und die durchschnittliche Lebenserwartung von Frauen und Männern ermittelt.

<u>Literatur:</u>

Jörn Altmann, Volkswirtschaftslehre, 4. Aufl., Stuttgart, Jena 1994

Ulrich Baßeler, Jürgen Heinrich, Walter Koch, Grundlagen und Probleme der Volkswirtschaft, 14. Aufl., Köln 1995

Karl Brandt, Einführung in die Volkswirtschaftslehre, 3. Aufl., Freiburg 1973

Dieter Brümmerhoff, Volkswirtschaftliche Gesamtrechnungen, 5. Aufl., München 1995

Deutsche Bundesbank, Monatsberichte, Heft 3 und 5 1995

Friedrich Engels, Herrn Eugen Dührings Umwälzung der Wissenschaft (Anti-Dühring), in: Karl Marx-Friedrich Engels-Werke (MEW), Bd. 20, Berlin (Ost) 1973

Global 2000, Der Bericht an den Präsidenten, 5. Aufl., Frankfurt/M. 1981

Gilberto Granados, Erik Gurgsdies, Lern- und Arbeitsbuch Ökonomie, 4. Aufl., Bonn 1990

Wilhelm Henrichsmeyer, Oskar Gans, Ingo Evers, Einführung in die Volkswirtschaftslehre, 10. Aufl., Stuttgart 1993

Heinz-Dieter Hardes, Jürgen Mertes, Grundzüge der Volkswirtschaftslehre, 4. Aufl., München, Wien 1994, S. 218

Franz Haslinger, Volkswirtschaftliche Gesamtrechnung, 7. Aufl., München, Wien 1995

Rudolf Hickel, Jan Priewe, Finanzpolitik für Arbeit und Umwelt, Köln 1989

Lothar Hübl, Kreislauf und Volkswirtschaftliche Gesamtrechnung, in: Vahlens Kompendium der Wirtschaftstheorie und Wirtschaftspolitik, Bd. 1, München 1980

E.K. Hunt, Howard J. Sherman, Ökonomie aus traditioneller und radikaler Sicht, Bd. 1, Frankfurt/M. 1972

Robert Katzenstein, Wert und Preis, Zum Transformationsproblem und seiner Lösung, in: Sozialistische Politik, 10. Jg., Heft 2, 1978

Bernhard Külp, Verteilung, Theorie und Politik, 3. Aufl., Stuttgart, Jena 1994

Konrad Littmann, Definition und Entwicklung der Staatsquote, Göttingen 1975

Th. Robert Malthus, Principles of political economy, London 1820

Karl Marx, Ökonomisch-philosophische Manuskripte aus dem Jahre 1844, in: Karl Marx-Friedrich Engels-Werke (MEW), Ergänzungsband, Schriften, Manuskripte, Briefe bis 1844, Erster Teil, Berlin (Ost) 1974

J. Heinz Müller, Hans Peters, Einführung in die Volkswirtschaftslehre, 12. Aufl., Herne/Berlin 1991

Berhard R. Müller, Bedürfnisorientierte Unternehmenspolitik, Lohmar 1997

Fr. Oppenheimer, Das Bevölkerungsgesetz des Th. R. Malthus in der neueren Nationalökonomie, Leipzig 1901

Erich Preiser, Nationalökonomie heute, 12. Aufl., München 1975

David Ricardo, Grundsätze der Volkswirtschaft und Besteuerung, 3. Aufl., Jena 1923

Joan Violet Robinson, John Eatwell, Einführung in die Volkswirtschaftslehre, Frankfurt/M. 1974

Herbert Schaaff, Kritik der eindimensionalen Wirtschaftstheorie: Zur Begründung einer ökologischen Glücksökonomie, Frankfurt/M. 1991

Winfried Schwarz, Viel Lärm um nichts. Zum sogenannten Transformationsproblem, in: Sozialistische Politik, 10. Jg., Heft 2, 1978

Statistisches Jahrbuch der Bundesrepublik Deutschland 1994

Adam Smith, Der Wohlstand der Nationen, München 1978

Alfred Stobbe, Volkswirtschaftliches Rechnungswesen, 3. Aufl., Berlin, Heidelberg, New-York 1972, sowie 8. Aufl., Berlin, Heidelberg, New-York 1994

Uwe Taenzer, Grundlagen der Wirtschaftswissenschaften, Teil 1, Einführung, Stuttgart 1975

Artur Woll, Allgemeine Volkswirtschaftslehre, 11. Aufl., München 1993

Norbert Zdrowomyslaw, Klaus Kairies, Gewinn - Was ist das?, in: Der Betriebswirt Nr. 1 u 2/1993

3. Kapitel

Zur Ausgestaltung von möglichen Wirtschaftsordnungen

1. Zentrale oder dezentrale Ordnungen ?

Ausgehend vom Grundsachverhalt der relativen und absoluten **Güterknappheit** stellt sich für die Menschen die Frage, mit welchem wirtschaftlichen **Ordnungssystem** bzw. mit welcher **Wirtschaftsordnung** diese Güterknappheit, unter Berücksichtigung gesellschaftlich-arbeitsteiliger Gesamtprozesse und der Koordination der wirtschaftlichen Einzelpläne, am besten gelöst werden kann. Dabei treten drei grundsätzliche wirtschaftliche Probleme auf:

- das **Allokationsproblem,**
- das **Koordinierungsproblem** und
- das **Verteilungsproblem.**

Beim **Allokationsproblem** ist zu entscheiden, welche Produktivkräfte in welche Verwendungsrichtung zu bringen sind. Welche Produktionsfaktoren und -verfahren sollen bei der Produktion und Verteilung der Güter zur Anwendung kommen?

Das **Koordinierungsproblem** entsteht aus den unzähligen individuellen Einzelplänen der Wirtschaftssubjekte, die miteinander abgestimmt (koordiniert) werden müssen. Welche Güter sollen in welchen Mengen und Qualitäten für wen hergestellt werden?

Beim **Verteilungsproblem** gilt es die Frage zu beantworten, wer die Wertschöpfung aus der Produktion der hergestellten Güter erhält, bzw. wie sich die volkswirtschaftliche Wertschöpfung auf die einzelnen Wirtschaftssubjekte verteilt?

Da Knappheitsminimierung im Rahmen eines Leistungserstellungs- und Leistungsverwertungsprozesses menschliche Leistungen (Arbeit) voraussetzt, ist auch die Frage zu beantworten, was den Menschen motiviert, eine Leistung zu erbringen? Welche **Antriebskräfte** (Leistungsanreize) sind erforderlich und durch welche Wirtschaftsordnung werden sie wie konstituiert? Hierdurch entsteht in jeder Gesellschaftsordnung ein **Leistungs- und Interessenproblem**. Dabei ist zu beachten, daß menschliche Interessen divergieren. Trotz hoher Leistungsmotivation verfolgen nicht alle Wirtschaftssubjekte die gleichen Ziele. **Einzelwirtschaftliche Interessen** sind außerdem nicht gleichzeitig mit **gesamtwirtschaftlichen Interessen** kompatibel. Hierzu schreibt ***Andreas Forner***:

„Gesamtwirtschaftliche Ziele sind nicht gleichzusetzen mit der Summe einzelwirtschaftlicher Ziele. Sie können sich mit letzteren sogar partiell im Konflikt befinden. Der Grund liegt darin, daß ein Wirtschaftssubjekt sein Ziel nicht mit Blick auf die Ziele anderer Wirtschaftssubjekte verfolgt. Oft ist sogar der eigene Gewinn mit dem Verlust anderer verbunden. Zur Volkswirtschaft aber gehören alle Wirtschaftssubjekte. Potentielle Konflikte zwischen einzel- und gesamtwirtschaftlichen Zielen werden deutlich, wenn man ökonomisches Handeln eines Wirtschaftssubjektes auf die gesamtwirtschaftliche Ebene überträgt. Angenommen, ein Unternehmen reduziert durch Rationalisierung die zur Produktion erforderliche Menge des Faktors Arbeit. Können dadurch bei gegebenem Verkaufserlös die Kosten gesenkt werden, handelt die Unternehmensführung nach dem ökonomischen Prinzip, wenn sie Arbeiter entläßt. Das Unternehmen hat dann seine eingesetzten Ressourcen reduziert. Die Volkswirtschaft hingegen kann ihre Ressourcen nicht reduzieren. Sie kann sie nur nutzen oder brachliegen lassen. Freigesetzte Arbeitskräfte verlassen den Bereich des Unternehmens, was dessen Effizienz erhöht. Den Bereich der Volkswirtschaft verlassen sie in der Regel nicht. Für die Volkswirtschaft sind Arbeitskräfte in jedem Falle eine Aufwandsgröße, die bei Beschäftigung Ertrag schaffen, bei Nichtbeschäftigung aber keinen. Abgesehen von sozialen Aspekten sprechen aus volkswirtschaftlicher Sicht also auch ökonomische Gründe für eine hohe Beschäftigung."[1]

Mit den genannten Problemen ist die grundsätzliche Frage nach der **Wirtschaftsordnung** aufgeworfen, die Anworten darauf geben muß. Allgemein kann dabei unter einer Wirtschaftsordnung der gesamte wirtschaftliche sowie organisatorische Aufbau und Ablauf einer Volkswirtschaft verstanden werden. Da sich jedoch das wirtschaftliche Zusammenwirken von Menschen nicht isoliert vom politischen und gesellschaftlichen Miteinander vollzieht, sondern mit anderen Formen zwischenmenschlicher Kooperation vielfältig verwoben ist, stellt eine Wirtschaftordnung nur einen **Teil der Gesamtordnung** des gesellschaftlichen Ganzen dar; und sie ist mit den übrigen Teilordnungen wie der **politischen Ordnung** und der **Rechtsordnung** sowie einzelner bestimmter **wirtschaftlicher Faktoren**, als „morphologisches Gebilde" interdependent verflochten.

Der Ökonom und Ordnungstheoretiker ***Karl Paul Hensel*** (1907 bis 1975) bezeichnet deshalb Wirtschaftsordnungen allgemein als „sittliche, rechtliche und morphologische Gebilde. Jede konkrete Ordnung ist charakterisiert durch herrschende Sitten und Gebräuche. (...) Jede Wirtschaftsordnung besteht aber auch - und vielleicht sogar zuerst - aus rechtlichen Normen, durch die Verhaltensweisen ermöglicht, unterbunden oder be- grenzt werden. (...) Als morphologische Gebilde sind Wirtschaftsordnungen Gefüge einzelner Ordnungsformen. Hauptordnungsformen sind: Formen der **Planung**, des **Eigentums**, der **Unternehmungen**, der **unternehmensinternen Willensbildung**, der **betrieblichen Ergebnisrechnung**, der

Preisbildung, der Märkte und der **Geldversorgung**; zur äußeren Ordnung gehören ferner Organisationen, wie Gewerkschaften, Verbände u.ä."[2]

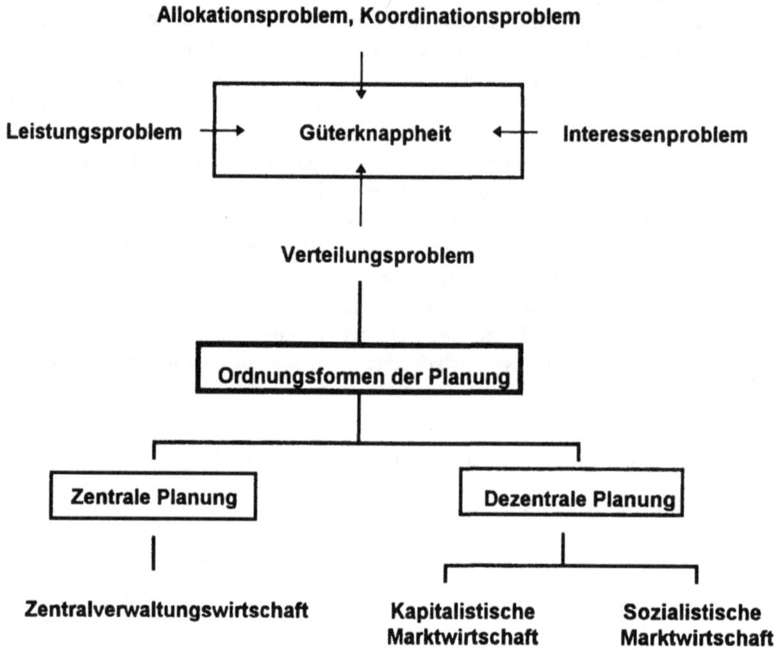

Von der Wirtschaftsordnung ist der Begriff der **Wirtschaftsverfassung**[3] zu unterscheiden, der die Wirtschaftsordnung rein juristisch durch Gesetze determiniert. Unter der Wirtschaftsverfassung versteht man deshalb alle rechtlichen Bestandteile einer Wirtschaftsordnung, welche die Wirtschaftssubjekte in ihrem wirtschaftlichen Verhalten tangieren. Dazu gehört insbesondere neben der **Eigentumsverfassung** die gesetzliche Ausgestaltung der **Markt- und Unternehmensverfassung** sowie eine gesetzliche Sozialordnung.

Hierbei kennt die Wirtschaftswissenschaft lediglich zwei idealtypische Elementarformen, nämlich solche **dezentraler** oder **zentraler Planung** arbeitsteiliger Gesamtprozesse. Die dezentralen Ordnungen gelten dabei allgemein als **Marktwirtschaften**, wobei zwischen kapitalistischen und

[1] Andreas Forner, Volkswirtschaftslehre, Einführung in die Grundlagen, Wiesbaden 1992

[2] Karl Paul Hensel, Grundformen der Wirtschaftsordnung, Marktwirtschaft - Zentralverwaltungswirtschaft, München 1972, S. 18f.

[3] Vgl. dazu ausführlich: Gernot Gutmann, Werner Klein, Spiros Paraskewopoulos, Helmut Winter, Die Wirtschaftsverfassung der Bundesrepublik Deutschland, Stuttgart, New York 1976

sozialistischen Ordnungssystemen zu unterscheiden ist. Die zentralen Ordnungen werden im Gegensatz dazu als **Zentralverwaltungswirtschaften** oder als **Zentralplanwirtschaften** bezeichnet.

In den kapitalistischen Marktwirtschaften sollen die Knappheitsrelationen durch **Marktpreise** angezeigt und zum Ausgleich gebracht werden, während dies in Zentralverwaltungswirtschaften durch **güterwirtschaftliche Planmengenbilanzen** geschehen soll; wobei die Preise staatlich festgelegt werden. An den Produktions-mitteln herrscht in kapitalistischen Ordnungen **Privateigentum**. Dies ist verknüpft mit einem einzelwirtschaftichen **Gewinnstreben**. In Zentralverwaltungswirtschaften sind dagegen die Produktionsmittel **verstaatlicht** und es herrscht das **Prinzip der Planerfüllung** in Verbindung mit einem **Prämienprinzip**.

Zentralverwaltungs-wirtschaft	Kapitalistische Marktwirtschaft	Sozialistische Marktwirtschaft
□ Staatlich fixierte Preise	□ Marktpreise	□ Staatlich fixierte Preise und Marktpreise
□ Produktionsmittel verstaatlicht	□ Privateigentum an Produktionsmitteln	□ Vergesellschaftetes Eigentum an Produktionsmitteln
□ Prinzip der Planerfüllung (Prämienprinzip)	□ Gewinnprinzip	□ Einkommensprinzip oder Gewinnprinzip

In den **sozialistischen Marktwirtschaften**, die sich nach dem 2. Weltkrieg herausgebildet haben, werden Plan- als auch Marktelemente miteinander kombiniert. Die Preise ergeben sich sowohl als Marktpreise als auch durch eine staatliche Preisfixierung. Bei den Produktionsmitteln liegt ein **vergesellschaftetes Eigentum** in Verbindung mit einem **Einkommens- oder Gewinnprinzip** vor.

Im folgenden sollen die verschiedenen zentralen und dezentralen Ordnungssysteme - auch im Hinblick auf ihre Herausbildung - konkreter aufgezeigt werden. Dabei wird auch auf den **Zerfall der Zentralverwaltungswirtschaft** und auf die Schwierigkeiten der Umwandlung des Systems in eine marktwirtschaftliche Ordnung sowie auf den wirtschaftlichen **Wiedervereinigungsprozeß** zwischen der Bundesrepublik und der ehemaligen DDR eingegangen.

2. Zur zentralen Planung der Zentralverwaltungswirtschaft

2.1 Marxismus und Zentralverwaltungswirtschaft

Nach dem Zusammenbruch der Zentralverwaltungswirtschaften in Osteuropa herrscht auf der Welt - mit Ausnahme von China, Nordkorea und Kuba - nur noch die kapitalistisch-marktwirtschaftliche Ordnungsform. Der **Wettstreit der Systeme**, der durch die russische **Oktoberrevolution** im Jahr 1917 eingeleitet wurde, scheint zugunsten der Marktwirtschaft beendet zu sein. Viele Wirtschaftstheoretiker und -politiker haben dabei in der Vergangenheit den Fehler gemacht, die real existierenden staatlichen Zentralverwaltungswirtschaften mit dem **„wissenschaftlichen Marxismus“** oder mit der „Politischen Ökonomie des Marxismus“ zu verwechseln. Bereits im Jahr 1952 wies ***Paul Tillich*** darauf hin, als er schieb:

„Es ist im Augenblick vielleicht schwieriger zu sagen, was man unter Marxismus versteht. Seit seiner Entstehung vor mehr als hundert Jahren sind mindestens drei Formen des Marxismus in Erscheinung getreten. Die erste Form ist die, die im ursprünglichen und vor allen Dingen im jüngeren Marx bis zum ‘Kommunistischen Manifest’ vorliegt. Die zweite Erscheinungsform des Marxismus ist der von Marx selbst in seinen späteren Schriften vorbereitete wissenschaftliche Marxismus. Die dritte Erscheinungsform ist die von Lenin vorbereitete und von Stalin durchgeführte Zerstörung der ursprünglichen Impulse von Marx und die Benutzung seiner Gedanken zur Fundierung eines Systems totalitärer Herrschaft. Wenn man daher heute von Marxismus spricht, muß man angeben, welche der drei Erscheinungsformen man meint.“[1]

Auch der ehemalige DDR-Ökonom ***Rudolf Bahro*** zeigt in einer kritischen Bestandsaufnahme des **„real existierenden Sozialismus“**, daß die in der DDR praktizierte Wirtschaftsordnung nichts mit den wissenschaftlichen Analysen und Lehren von ***Karl Marx*** und ***Friedrich Engels*** gemein hatte.[2] Die Aussagen von Marx zum Übergang von der kapitalistischen zur kommunistischen bzw. sozialistischen Ordnung leiten sich allgemein aus dem von ihm entwickelten **„historischen und**

[1] Paul Tillich, Der Mensch im Christentum und im Marxismus, München 1952, S. 18
[2] Vgl. Rudolf Bahro, Die Alternative, Zur Kritik des real existierenden Sozialismus, Hamburg 1980

dialektischen Materialismus“[1] ab. In der Einleitung *„Zur Kritik der Politischen Ökonomie“* schreibt Marx diesbezüglich:

„In der gesellschaftlichen Produktion ihres Lebens gehen die Menschen bestimmte, notwendige, von ihrem Willen unabhängige Verhältnisse ein, Produktionsverhältnisse, die einer bestimmten Entwicklungsstufe ihrer materiellen Produktivkräfte entsprechen. Die Gesamtheit dieser Produktionsverhältnisse bildet die ökonomische Struktur der Gesellschaft, die reale Basis, worauf sich ein juristischer und politischer Überbau erhebt, und welcher bestimmte gesellschaftliche Bewußtseinsformen entsprechen. Die Produktionsweise des materiellen Lebens bedingt den sozialen, politischen und geistigen Lebensprozeß überhaupt. Es ist nicht das Bewußtsein der Menschen, das ihr Sein, sondern umgekehrt ihr gesellschaftliches Sein, das ihr Bewußtsein bestimmt. Auf einer gewissen Stufe ihrer Entwicklung geraten die materiellen Produktivkräfte der Gesellschaft in Widerspruch mit den vorhandenen Produktionsverhältnissen oder, was nur ein juristischer Ausdruck dafür ist, mit den Eigentumsverhältnissen, innerhalb deren sie sich bisher bewegt hatten. Aus Entwicklungsformen der Produktivkräfte schlagen diese Verhältnisse in Fesseln derselben um. Es tritt dann eine Epoche sozialer Revolution ein. Mit der Veränderung der ökonomischen Grundlage wälzt sich der ganze ungeheure Überbau langsamer oder rascher um.“[2]

Wie die feudale Ordnung aufgrund der beschriebenen Dialektik durch die kapitalistische Ordnung obsolet und eliminiert wurde, so werde letztlich in Anbetracht der **systemimmanenten Antagonismen** in der kapitalistischen Ordnung auch diese durch eine höhere Ordnung, die „klassenlose kommunistische Ordnung“, abgelöst. Wie sich dies im einzelnen vollziehen würde, konnte von Marx allerdings nur in rudimentärer Form beschrieben werden.

„Zwischen der kapitalistischen und der kommunistischen Gesellschaft liegt die Periode der revolutionären Umwandlung der einen in die andere. Der entspricht auch eine politische Übergangsperiode, deren Staat nichts anderes sein kann als die revolutionäre Diktatur des Proletariats.“

So verwundert es nicht, wie ***Karl Paul Hensel*** schreibt, daß ***Wladimir Iljitsch Lenin*** *(1870 bis 1924)* noch am Vorabend der russischen Revolution darüber klagte, daß die „geistigen Väter“ des Kommunismus so gut wie nichts darüber ausgesagt hätten, wie der Kommunismus wirtschaftstheoretisch und -politisch umzusetzen bzw. zu steuern wäre. Da Marx und Engels in der Tat im wesentlichen nur eine wissenschaftliche Kritik an der kapitalistischen

[1] Vgl. dazu ausführlicher das 5. Kapitel, Punkt 2.3 „Sozialistische Lohnlehren“.
[2] Karl Marx, Zur Kritik der Politischen Ökonomie, in: Marx-Engels-Werke, Bd. 13, Berlin (Ost) 1975, S. 8f.

Wirtschaftsordnung geleistet haben, nicht aber eine **wirtschaftliche Ordnungstheorie** für eine Zentralverwaltungswirtschaft, stand Lenin vor der schwierigen Aufgabe wirtschaftlich positiv entscheiden zu müssen, was Sozialismus bzw. Kommunismus in der Realität ist. Wie sollen das Allokations-, das Koordinierungs- und das Verteilungsproblem gelöst werden und nach welchen Ordnungsprinzipien sollte das Leistungs- und Interessenproblem in einer sozialistischen Gesellschaft ausgesteuert werden?

Bei der realen Konstituierung der ersten **Zentralverwaltungswirtschaft** müssen außerdem die ökonomischen Verhältnisse berücksichtigt werden, die Lenin zu Beginn des 20. Jahrhunderts in Rußland vorfand. Diese waren noch geprägt durch eine tief verwurzelte feudale Wirtschafts- und Gesellschaftsordnung. Der Kapitalismus, der in Amerika und Europa längst seinen „Siegeszug“ angetreten und das feudale Ordnungssystem mit seiner merkantilen Wirtschaftsform ersetzt hatte, dieser Kapitalismus hat in Rußland vor dem Übergang in den realen Sozialismus niemals existiert. Deshalb konnte der Kapitalismus durch die russische Revolution auch nicht im Sinne von Marx „aufgehoben“ und durch eine qualitativ höhere sozialistische Wirtschaftsordnung abgelöst werden. Die enorme Entwicklung der Produktivkräfte, die die kapitalistische Ordnung bis dahin schon freigesetzt hatte, war in Rußland noch in keiner Weise eingeleitet, geschweige denn realisiert. Auch später ist die Produktivkraftentwicklung der sowjetischen Gesellschaft hinter der Entwicklung des westlichen Kapitalismus weit zurückgeblieben.

2.2 Zur Zentralverwaltungswirtschaft Lenins

Die zentralverwaltungswirtschaftlichen Vorstellungen von Lenin müssen im Kontext der Kriegswirtschaft bzw. vor dem Hintergrund der Auswirkungen des **1. Weltkrieges** auf Rußland sowie den enormen Belastungen durch den sich anschließenden **Bürgerkrieg** betrachtet werden. Der Historiker ***Michael Schneider*** führt dazu aus: „Nach drei Kriegswintern war die Wirtschaft des zaristischen Rußlands völlig zerrüttet, die Autorität der Zarendynastie und ihrer Administration untergraben und die Revolution nicht mehr aufzuhalten. Die enormen Kriegsausgaben hatten die Finanzen des Reichs zerstört, das Land ertrank in einer Flut von Papierrubeln, und die russische Industrie, trotz aller Entente-Hilfe, war kaum in der Lage, die Front mit Granaten und Kanonen zu versorgen. Warenknappheit und Transportkrise brachten über die Großstädte Hunger und Kälte. Die Bauernmassen waren verzweifelt und kriegsmüde, und die Stimmung des Dorfes übertrug sich auf das Millionenaufgebot der Bauern in Uniform, der Armee, die gegen die Deutschen eine Niederlage nach der anderen hatte hinnehmen müssen. Bald gab es kein regierungstreues Regiment mehr. Die breiten Volksmassen, inklusive des Bürgertums, waren zur Revolution entschlossen, um mit dem Zaren auch den Krieg zu beseitigen. (...) Mit dem Ausbruch der Februar-Revolution, ausgelöst durch den Arbeiteraufstand in Petersburg, dem sich in wenigen Tagen das ganze Land und die Frontarmeen anschlossen, schien denn auch das von Marx so oft herbeigesehnte 'russische 1789' - oder , in gesamteuropäischer Parallele, das 'russische 1848' - endlich angebrochen zu sein."[1] Für Lenin waren zur Entwicklung seiner Vorstellungen einer Wirtschaftsordnung zunächst einmal zwei Voraussetzungen wichtig: die Beendigung des Krieges durch einen sofortigen **Friedensschluß** auf der einen Seite, und die Errichtung einer **„Räterepublik"** (vgl. dazu den folgenden Kasten) auf der anderen Seite.

Unter einem **Rätesystem** kann eine Alternative zur parlamentarischen Demokratie verstanden werden, das eine unmittelbare Regierungspartizipation des Volkes erlaubt. Als Aktionsorgane haben sich Rätegremien vor allem in revolutionären Übergangsphasen herausgebildet. Von ersten Keimformen des Rätegedankens kann bereits für die englische Revolution des 17. Jahrhunderts und die französischen Revolutionen im 18. und 19. Jahrhundert gesprochen werden. Insbesondere aber in den russischen Revolutionen wurden Räteorgane zur vorherrschenden Aktionsform der Staatsumwälzung. Als Staatsorgane haben sich Rätegremien noch in keinem Falle auf Dauer zu etablieren vermocht. Wenn das Rätesystem in diesem strikten Sinne als Ersetzung des Parlamentarismus durch ein Modell der direkten Demokratie definiert wird, könnte seine Geschichte lediglich als die des Scheiterns einer politischen Utopie geschrieben werden. Entweder traten die für eine Übergangszeit konstituierten Räteorgane ihre Machtbefugnisse wieder an eine parlamentarische Körperschaft ab, oder es bildete sich nach Abschluß der revolutionären Massenmobilisierung eine diktatorische Regierungsform heraus, die mit den Grundsätzen des Rätesystems noch weniger übereinstimmte. Auch in Deutschland kam es nach dem 1. Weltkrieg kurzzeitig zur Bildung von Arbeiter- und Soldatenräten.

In den „Räten" erblickte Lenin die moderne Form der Selbstregierung des Volkes. „Daß der Rätesozialist Lenin zuletzt doch dem bolschewistischen Zentralisten und Technokraten Lenin weichen würde, sollte sich erst nach dem Oktober und im Bürgerkrieg erweisen."[2] Der mit der „zweiten Revolution", der **Oktoberrevolution von 1917**, ausgelöste **Bürgerkrieg** zwischen den Bolschewiki und den rechten Sozialrevolutionären sowie den verbündeten Menschewiki, die mit zum Bürgerkrieg rüstenden weißgardistischen Generälen der ehemaligen Zarenarmee konspirierten, beseitigte letztlich das alte Macht- und Herrschaftssystem und übergab die neue Macht den **Arbeiter- und Soldatenräten**.

[1] Michael Schneider, Das Ende eines Jahrhundertmythos, Eine Bilanz des Sozialismus, Köln 1992, S. 115
[2] Ebenda, S. 118

Wenn auch die Verschärfung des Bürgerkrieges zunächst die durchgängige Entwicklung einer Wirtschaftsordnung nach Lenins Vorstellungen stark hemmte, so war diese Entwicklung nicht mehr aufzuhalten. Dabei waren Lenin und die Bolschewiki „nicht mit einem kommunistischen, sondern mit einem radikaldemokratischen und staatskapitalistischen (Wirtschafts-)Programm in die Oktoberrevolution gegangen, deren Kernpunkte waren: **Nationalisierung der Banken, Zwangssyndizierung der Industrie, Staatsaufsicht über die Wirtschaft** und **Arbeiterkontrolle über Produktion und Verteilung**. An die Enteignung der Unternehmer war nicht gedacht. Die durch das Dekret über die Sowjets eingeführte Arbeiterkontrolle über die Produktion war im Grunde eine erweiterte Mitbestimmung; sie sollte lediglich sicherstellen, daß die Unternehmer ohne vorhergehende Zustimmung der Betriebsräte nichts vornehmen konnten. Doch waren die bewaffneten, über ihren Sieg begeisterten Arbeiter in den Schranken dieses Programms nicht zu halten. Vielerorts jagten sie die Unternehmer fort und bemächtigten sich der Betriebe. Lenin war über diese Spontan-Enteignungen keineswegs froh, denn natürlich wußte er, daß die Arbeiter nicht über die nötige Erfahrung und die nötigen Qualifikationen verfügten, um ihre Betriebe auf Anhieb selber leiten zu können. Jedenfalls haben nicht die Bolschewiki die Parole zur Enteignung der Betriebe ausgegeben; dies geschah spontan und zumeist dort, wo Unternehmer die Arbeiterkontrolle über die Produktion oder die Produktion selbst sabotierten. Nur zögernd und mit Vorbehalten hat Lenin die Aktionen der Arbeiter nachträglich legitimiert durch das Dekret vom 28. Juni 1918 über die Nationalisierung der gesamten Großindustrie. Man vergleiche damit die Tatsache, daß das Dekret über die Aufhebung des Privateigentums der Grundbesitzer schon am ersten Tag der neuen Regierung, am 26. Oktober 1917, herauskam."[1]

Aufgrund der in Rußland fehlenden geschichtlichen Etappe des Kapitalismus beim Übergang in den Sozialismus wollte Lenin einen **Staatskapitalismus** als Übergangsstadium zur sozialistischen Ordnung entwickeln. Deshalb sollte auch zunächst nur eine **Kontrolle der Wirtschaft durch die Arbeiterräte** vorgenommen werden, bevor in der sozialistischen Wirtschaftsordnung die **„Diktatur des Proletariats"** dominieren sollte. Dies wurde aber nie erreicht. Aufgrund einer zu starken Trennung der nach dem Ende des Bürgerkrieges entstandenen **Einheitspartei der Bolschewiki** von der arbeitenden Volksbasis kam es nicht zu einer „Diktatur des Proletariats", sondern zu einer **Diktatur der Einheitspartei über das Proletariat**. Die Partei hatte das absolute Entscheidungsmonopol, dem sich jedes Parteimitglied bedingungslos unterzuordnen hatte. Die Partei hatte immer Recht. Das von Marx formulierte demokratische Prinzip, daß „die

[1] Michael Schneider, a.a.O., S. 133f.

Erzieher selbst erzogen werden müssen", war für die bolschewistischen „Berufserzieher" nicht relevant. Eingeleitet durch den zentralistischen Aufbau der „Roten Armee" durch ***Leo Trotzki*** *(1879 bis 1940)* wurden letztlich alle anderen gesellschaftlichen Bereiche einem staatlichen Zentralismus unterstellt. Dazu gehörte auch die staats-zentralistische Ausrichtung der gesamten Wirtschaft. Die noch von Lenin präferierte Räterepublik als Übergang zum demokratischen Sozialismus wurde so noch zu Lebzeiten von Lenin eliminiert.

2.3 Stalins Wirtschaftsordnung

Nach der politischen Machtübernahme durch ***Jossif W. Stalin*** *(1879 bis 1953)*, vor der Lenin kurz vor seinem Tod noch gewarnt hatte, wurde in den dreißiger Jahren ein vollkommen **marktunabhängiges staatlich-zentrales Verwaltungssystem** zur Produktion und Verteilung von Gütern aufgebaut. Der Staat sollte nach einem **gesamtwirtschaftlichen Plan** direkt die Produktion und Verteilung der Güter vornehmen. Die „Anarchie des Marktes" sei mit einer planmäßigen sozialistischen Wirtschaft nicht vereinbar. Demgemäß wurde mit Beginn des ersten **Fünfjahrplans** (1928 bis 1933) unter Stalin ein System des sog. **administrativen Sozialismus** aufgebaut. Dieser bereits pervertierte Sozialismus war von einer totalen **Zentralisierung und Bürokratisierung** geprägt. Der Ordnungstheoretiker ***H. Hamel*** schreibt dazu:

„Die ordnungspolitische Formung dieses Systems war von dem Prinzip beherrscht, alle ökonomischen Entscheidungen auf zentraler Ebene zu konzentrieren. Gemäß den Zielen der politischen Führung wurden in Mehrjahres- und Jahresvolkswirtschaftsplänen zunächst die wichtigsten ökonomischen Proportionen festgelegt: die Akkumulationsrate, die Investitionsrate und ihre Aufteilung auf die verschiedenen Sektoren, der Anteil des staatlichen und individuellen Konsums und die Abstimmung der laufenden Produktion mit der Verteilung des Nationaleinkommens. Ausgehend von der Rangordnung der politischen und wirtschaftlichen Ziele ('Hauptkettenglieder') wurden sodann alle güterwirtschaftlichen und geldwirtschaftlichen Hergänge in zentralen Planbilanzen erfaßt und mittels technischer Koeffizienten in konkrete Produktionsaufgaben umgerechnet. Die zentralen Entscheidungen umfaßten das Volumen der Produktion und die Struktur ihres Sortiments, Höhe und Struktur des Aufwands an lebendiger und vergegenständlichter Arbeit (samt der detaillierten Regelung der Beschäftigung nach Arbeiterkategorien, der Zuweisung von Maschinen und Rohstoffen nach festgesetzten

Verwendungsnormen usw.), die Absatz- und die Versorgungspolitik. (...) Die von der zentralen Planungsbehörde ausgearbeiteten Pläne wurden nach dem Produktionsprinzip über fachliche und nach dem Territorialprinzip über regionale Instanzen der Wirtschaftsverwaltung aufgeschlüsselt, wobei die Entscheidungen von oben nach unten in imperativer Form vermittelt wurden. Die Mittelinstanzen hatten die Planaufgaben administrativ, mittels genauer Planvorschriften an die Betriebe weiterzugeben und mit deren Planvorschlägen, die sich im Rahmen der zentralen Direktiven halten müssen, abzustimmen. Hiernach waren die Betriebspläne verbindlich und wurden den Betrieben zur Erfüllung auferlegt (Prinzip der Planerfüllung).“[1]

Um dem gesellschaftlich notwendigen **Leistungs- und Interessenprinzip** Genüge zu tun, wurden je nach dem Grad der Planerfüllung in den Betrieben **Prämien** gezahlt, die als Leistungsanreize fungieren sollten. Planerfüllung und Prämien waren also die wesentlichen Steuerungsinstrumente. Genau hierin liegt aber ein **systemimmanenter Widerspruch** begründet, wozu ***Karl Paul Hensel*** konstatiert:

„Während das Erfolgsinteresse der politischen Führung darauf gerichtet ist, den Betrieben möglichst hohe Planauflagen zur Erfüllung aufzuerlegen, ist das Erfolgsinteresse der Betriebe auf möglichst hohe Prämien gerichtet. Problem der betrieblichen Planung ist also, wie die Pläne angelegt werden müssen, um hohe Prämien erhalten zu können. Die Logik, und zwar die diesem System immanente Logik, die sich hier offenbart, ist einfach genug. Wenn die Betriebsleitungen und mit ihnen die Beschäftigten der Betriebe daran interessiert sind, Prämien zu erhalten, und wenn Prämien nur für Planerfüllung und für Planübererfüllung gewährt werden, dann wird man dahin streben, die Pläne so anzulegen, daß sie leicht erfüllt oder übererfüllt werden können. Dieses Verhalten dürfte für viele Menschen, insbesondere für solche, die in der Wirtschafts- oder in der politischen Hierarchie gern aufsteigen möchten, auch deshalb empfehlenswert sein, weil gut erfüllte Pläne Lob, schlecht erfüllte Pläne dagegen Tadel und Ärger einbringen. (...) Die einzelwirtschaftlichen und die individuellen Interessen tendieren also dahin, möglichst solche ‘weichen’ Pläne auszuarbeiten und von den zentralen Instanzen genehmigen zu lassen. Hierbei sind sie darauf aus, die Kosten möglichst hoch anzugeben, möglichst große Reserven an Materialien, aber auch an Arbeitskräften zu haben und die Leistungsnormen nicht zu hart werden zu lassen. Die betrieblichen Interessen tendieren in dieser Wirtschaftsordnung zur Unwirtschaftlichkeit in gesamtwirtschaftlichem Sinn.“[2]

Zu einem ähnlichen Ergebnis kommt ***Michail Gorbatschow*** in seinem Buch: **„Perestroika - Eine neue Politik für Europa und die Welt“**. Auch er sieht die hauptsächlichen Mängel der Wirtschaftsmaschinerie in der UdSSR „vor allem darin, daß der innere Antrieb für eine eigene Entwicklung zu schwach ist. Der Betrieb erhält ja durch das System der Plankennziffern Auflagen

---

[1] H. Hamel, Das Stalinsche Wirtschaftssystem administrativer Planung, Leitung und Kontrolle, in: Ludwig Bress, Karl Paul Hensel, Wirtschaftssysteme des Sozialismus im Experiment - Plan oder Markt?, Frankfurt/Main 1972, S. 34

[2] Karl Paul Hensel, Grundformen der Wirtschaftsordnung, a.a.O., München 1972, S. 137

und Ressourcen. Praktisch alle Kosten werden gedeckt, und der Absatz der Produktion ist weitgehend garantiert. Und was am wichtigsten ist: Die Einkommen der Werktätigen hängen nicht von den Endresultaten der Arbeit des Kollektivs ab - weder von der Erfüllung der Vertragsverpflichtungen, der Qualität der Erzeugnisse noch vom Gewinn. Ein solcher Mechanismus erbringt mit großer Wahrscheinlichkeit Arbeit von mittelmäßiger oder schlechter Qualität. Wie kann es mit der Wirtschaft bergauf gehen, wenn sie für rückständige Unternehmen Vorzugsbedingungen schafft und die führenden benachteiligt?"[1]

Die **Allokations- und Koordinierungsfunktion** zur Minimierung der gesellschaftlichen Güterknappheit, die in marktwirtschaftlichen Ordnungen über Märkte, Preise und Gewinne vollzogen wird, konnte durch das völlig **inflexible und bürokratische System** der staatlich zentralen Steuerung nie auch nur annähernd erfüllt werden. Die unzähligen unterschiedlichen wirtschaftlichen Einzelpläne der Wirtschaftssubjekte vermochte das System zentraler Planung nicht effizient auszusteuern. Es kam zu massiven Fehlentwicklungen mit hochgradig unwirtschaftlichen Ausmaßen, also zu einer Fehlallokation der knappen Ressourcen. Auch die Einführung von **„Plankennziffern"**, mit denen die betrieblichen Leistungen kontrolliert werden sollten, konnten zu keiner Effizienzsteigerung beitragen. Selbst ein später eingeführtes hoch komplexes und aufwendiges staatliches **„Prinzip der wirtschaftlichen Rechnungsführung"** mit einer gesamtwirtschaftlichen Kosten- und Erfolgsrechnung sowie einer einzel- und gesamtwirtschaftlichen Bilanzierung konnte an dem grundsätzlich beschriebenen Widerspruch des „Prinzips der Planerfüllung" und dem „Prämienprinzip" nichts ändern. „Aufgrund der umfassenden bürokratischen Reglementierung des betrieblichen Geschehens fehlte in den Betrieben jeglicher Anreiz, mit den zur Verfügung gestellten Mitteln ökonomisch rational umzugehen, und es fehlte weiterhin die Kontrolle von Lieferungen und Leistungen durch die Abnehmer."[1]

Die herrschende Staatsbürokratie wucherte dabei während der Stalin-Ära immer mehr aus. Es kam zu einer weitgehenden **Verselbständigung einer herrschenden Klasse im Staatsapparat**, die sich als „Herren" des Produktionsprozesses und zum Verteiler des Sozialprodukts diktatorisch aufspielten. Gleichzeitig blieben die wirtschaftlichen Erfolge aber aus. Produktivitätsentwicklungen, die eine Wohlfahrtssteigerung der Bevölkerung impliziert hätten, waren in der alten Sowjetunion wesentlich schwächer ausgeprägt als in der konkurrierenden westlichen

---

[1] Michail Gorbatschow, Perestroika, Eine neue Politik für Europa und die Welt, Köln 1988, S. 106

kapitalistischen Welt. Die Versorgung der Bevölkerung mit Konsumgütern war äußerst mangelhaft. Die **Verteilung der knappen Produktivkräfte** auf die Konsumgüterproduktion oder auf die Investitionsgüterproduktion wurde in der Regel zugunsten der Investitionsgüter, mit der Folge einer schlechten Konsumgüterversorgung der Bevölkerung, entschieden. Erwähnt werden muß an dieser Stelle aber auch, daß die Sowjetunion in ihrer ökonomischen Entwicklung durch ihre schlechte Ausgangssituation, bedingt durch die zaristisch-feudale Ordnung, den Auswirkungen des 1. Weltkrieges und des Bürgerkrieges, sowie durch die katastrophalen Verluste im 2. Weltkrieg als auch durch externe außenpolitische Faktoren behindert wurde. Dazu gehört insbesondere die lange Phase des **„Kalten Krieges"** nach 1945 und die daraus erwachsende Überforderung der Volkswirtschaft zur **Hochrüstung**, die für jede Volkswirtschaft kontraproduktiv ist. Die damit einhergehenden Opportunitätskosten mußte die Bevölkerung mit einem entsprechenden hohen Wohlfahrtsverlust bezahlen.

2.4 Wohin läuft die sowjetische Wirtschaftsreform?

Am 19. Oktober 1990 wurde in der Sowjetunion dem vom Präsidenten der UdSSR, ***Michail Gorbatschow***, vorgelegten Plan mit dem Titel: **„Grundrichtungen der Stabilisierung der Volkswirtschaft und des Übergangs zur Marktwirtschaft"** vom Parlament die Zustimmung erteilt. 1990 war in der Sowjetunion auch das Jahr, in dem die Periode des 12. Fünfjahrplans endete, und wo erstmals seit dem Ende des 2. Weltkrieges eine rückläufige Wirtschaftsentwicklung verzeichnet wurde. Das Bruttoinlandsprodukt ging um - 2% zurück. Nach dem politischen und wirtschaftlichen **Spaltungsprozeß der Sowjetunion** in 15 autonome Republiken ist es zu vielfältigen komplizierten Reformprozessen in Richtung Marktwirtschaft gekommen.

Die dabei größte aus dem Prozeß hervorgegangene **„Republik Rußland"** (staatliche Bezeichnung: **„Russische Föderation"**), gegründet am 8. Dezember 1991, hat mit rund 148 Millionen Einwohnern und einer Landesfläche von 17,1 Millionen km^2 die Hauptlast der Reformprozesse zu bewältigen.

---

[1] H. Hamel, a.a.O., S. 37

Die **Russische Föderation** erstreckt sich über elf Zeitzonen in zwei Kontinenten (Europa und Asien) - von ihren an Finnland und die Baltischen Staaten Estland und Lettland grenzenden Regionen im Westen bis an den Pazifischen Ozean sowie an ihre Grenzen mit China und Nordkorea im Osten bzw. Südosten. Zudem bildet das einstige nördliche Ostpreußen eine Exklave, die an Polen und Litauen grenzt. Im Norden grenzt die Förderation an Norwegen und das Nördliche Eismeer, im Süden an die Ukraine, Georgien, Aserbaidschan, Kasachstan und die Mongolei. Von Norden nach Süden gliedert sich Rußland in folgende klimatisch bestimmte Landschaften; arktische Kältewüste, Tundra, Wald-Tundra, Waldregion Taiga, Waldsteppe, Steppe und schließlich Halbwüste. Entsprechend sind alle Klimavarianten von der arktischen bis zur subtropischen vertreten. Vorwiegend dominiert jedoch gemäßigtes Klima, kontinental beeinflußt. Die südliche Hälfte des ost-asiastischen Rußlands ist durch Monsumklima geprägt. Anfang 1995 wurde die Bevölkerung auf rund 148 Millionen Einwohner veranschlagt. Bei einer Landesfläche von 17,1 Millionen km^2 entspricht das einer Bevölkerungsdichte von knapp 9 Einwohnern je km^2. Die ethnische Zusammensetzung der Bevölkerung wird zu gut vier Fünftel von Russen dominiert. Als Minderheiten kommen hinzu: Tataren, Ukrainer, Tschuwaschen, Baschkiren, Weißrussen, Mordwinen, Tschetschenen und etwa ein halbes Prozent Deutsche. Konfessionell ist die Bevölkerung überwiegend (gut 80%) dem Christentum zugeordnet, und zwar mehrheitlich russisch-orthodox. Daneben gibt es katholische, evangelische, baptistische u.a. Minderheiten. Hinzu kommen Islam und Buddhismus. Die Amtssprache ist Russisch. Mit fast 9 Millionen Einwohnern ist die Metropole Moskau die größte Stadt. Weitere Millionenstädte sind: St. Petersburg, Nischnij Nowgorod, Jekanterinburg, Nowosibirsk, Samara, Omsk, Kasan, Perm, Ufa, Tscheljabinsk, Wolgograd und Rostow (Don).

Der Ökonom ***Rudolf Hickel*** beschreibt dabei die zu lösenden Aufgabenfelder einer wirtschaftlichen Transformation in Rußland wie folgt:

- „energische Fortsetzung der **Preisreform**, die jedoch sozial abgestützt werden muß;
- eine **Unternehmensreform**, in deren Zentrum die Herstellung unternehmerischer Dispositionsfreiheit auf der Grundlage einer Eigentumsordnung steht, d.h. Umbau der Staats- in Privatunternehmen in einem Stufenplan;
- Aufbau eines **zweistufigen Bankensystems** (Notenbank gegenüber Geschäftsbanken), und damit die Schaffung von Geld-, Kapital- und Kreditmärkten;
- Schaffung eines **Währungsverbundes** auf der Basis einer einheitlichen, frei konvertierbaren Währung bzw. eines Verbundes konvertierbarer Währungen;
- Sicherung übergreifender **Gemeinschaftsfunktionen** in den Bereichen ökonomischer Umbau, Regionalausgleich, öffentliche Infrastruktur, insbesondere des Transportwesens und ökologischerModernisierung;
- Aufbau eines übergreifenden **Systems einer föderalen Finanzverbesserung** zur Finanzierung entsprechender Funktionen der Wirtschafts- und Währungsunion."[1]

Zu den bereits eingeführten bedeutenden Reformgesetzen zählt neben der **Liberalisierung der Preisbildung** und der **Reduzierung der Staatswirtschaft** insbesondere die neue

[1] Rudolf Hickel, Sowjetunion im Umbau: Grundlinien einer Wirtschafts- und Währungsunion der bisherigen Sowjetrepubliken, in: Memo-Forum, Zirkular der „Arbeitsgruppe Alternative Wirtschaftspolitik", Heft Nr. 18, Bremen, 1991, S. 83

Eigentumsverfassung, die das Privateigentum an Grund und Boden sowie an Produktionsmitteln gewährt, als auch das Recht von ausländischen Personen, Eigentum an Unternehmen über Beteiligungen zu erwerben. Die damit verbundenen Umstellungsprozesse führten allerdings zu enormen wirtschaftlichen Problemen und daraus abgeleitet, zu politischen Spannungen und Konflikten.

Hinzu kommt, daß sich die ökonomische Lage in **Rußland** seit dem Umstellungsprozeß dramatisch verschlechtert hat. In den ersten sechs Jahren der Umstellung von 1990 bis 1995 ist es zu einem enormen wirtschaftlichen **Schrumpfungsprozeß** gekommen. Das reale Bruttoinlandsprodukt war in allen Jahren rückläufig. Alle Wirtschaftssektoren haben dazu beigetragen. Die **Investitionen** gingen ebenfalls stark zurück. Auf der anderen Seite sind die **Preise** in dreistelligen Raten angestiegen, wenn auch die Preissteigerungsraten seit 1993 rückläufig sind. Im Jahr 1992 stiegen die Verbraucherpreise gegenüber dem Vorjahr noch um 2.510%! Trotz des Produktionsrückgangs blieb die **Beschäftigungslage** bis Ende 1993 relativ stabil. Ende 1993 wurden 1,1 Millionen Arbeitslose registriert. Dies entspricht einer Arbeitslosenquote von 1,5%. Man kann aber davon ausgehen, daß hierbei nicht alle Arbeitslosen erfaßt sind. Dies gilt insbesondere für die Landbevölkerung. Alternative Rechnungen der **„Internationalen Arbeitsorganisation“ (IAO)** in Genf gehen von einer Arbeitslosenquote in Höhe von ca. 6% für 1993 aus. Dies wären dann 4,5 Millionen Arbeitslose. Bis Ende 1995 stieg die Arbeitslosenquote auf 8,2%. Durch die noch vorhandene **staatliche Subventionierung** verlustbringender Unternehmen entsprach der bisherige Beschäftigungsabbau allerdings bei weitem nicht dem realen Produktionsrückgang. Daher existiert quasi zusätzlich eine noch hohe **verdeckte Arbeitslosigkeit** und damit ein großes **sozialpolitisches Problem**, das in der Zukunft noch zu lösen sein wird.

Trotz dieser schlechten makroökonomischen Entwicklung belief sich das **staatliche Haushaltsdefizit** 1995 auf lediglich 3,2% des Bruttoinlandsprodukts. Der Handelsbilanzsaldo war aufgrund umfangreicher Energieträger- und Rohstoffexporte mit 31,1 Mrd. US-Dollar sogar positiv und der Leistungsbilanzsaldo fiel mit 12,3 Mrd. US-Dollar ebenfalls positiv aus.

Entwicklung ausgewählter Wirtschaftsindikatoren Rußlands
- Veränderungen gegenüber dem Vorjahr in % -

	1990	1991	1992	1993	1994	1995
Bruttoinlandsprodukt (real)	- 3,0	- 5,0	- 14,5	- 8,7	- 12,6	- 4,0
Industrieproduktion	- 0,1	- 8,0	- 18,0	- 14,0	- 21,0	- 3,0
Agrarproduktion	- 3,6	- 5,0	- 9,0	- 4,0	- 12,0	- 8,0
Bruttoanlageinvestitionen	0,1	-15,0	- 40,0	- 12,0	- 24,0	- 13,0
Einzelhandelsumsatz	10,0	- 3,2	- 3,5	1,9	0,1	- 7,0
Nominallöhne, - gehälter	15,0	81,0	994,0	878,0	276,0	119,0
Verbraucherpreise	6,0	160,0	2.510,0	840,0	215,0	131,0
Arbeitslosenquote[1]	?	?	4,8	5,7	7,5	8,2

Quelle: 1) Nach IAO-Methodik, DIW-Wochenbericht Nr. 47/48/1994, sowie Nr. 19/1996

Auch die **Auslandsschulden** Rußlands beliefen sich 1995 mit 120 Mrd. US-Dollar eher auf einem niedrigen Niveau. Günstig ist zudem die von längeren Fristen dominierte Laufzeitstruktur; ebenso der Schuldendienst mit 12 Prozent der Exporte.

Im Gegensatz zu diesen außenwirtschaftlichen Größen ist die **schlechte wirtschaftliche Lage und Versorgung der Bevölkerung** mehr ein Spiegelbild der allgemeinen binnenwirtschaftlichen Entwicklung. Die bisher eingeleiteten Reformen haben unter Berücksichtigung der **Privatisierungsprogramme** noch nicht gegriffen. Welche Wirtschaftsbereiche dabei uneingeschränkt privatisiert werden können, ob eine zeitlich befristete Staatsbeteiligung erforderlich ist oder eine Privatisierung generell ausgeschlossen bleibt, entscheidet die Regierung und eine dafür eingesetzte staatliche *„Vermögensverwaltung"*. Bis Ende 1995 wurden insgesamt ca. 122.000 ehemalige Staatsbetriebe privatisiert und rund 900.000 kleinere private Unternehmen gegründet. Inwieweit die bisher erfolgte Privatisierung zur makroökonomischen Entwicklung des Privatsektors beigetragen hat, ist aufgrund nur unzureichender Statistiken schwer abzuschätzen. Fest steht aber, daß die Umstrukturierung nur schleppend vorankommt. Dies wiederum ist ein Reflex häufig **ungenügender Reformwilligkeit**, verbunden mit der irrigen Vorstellung eines irgendwie eintreffenden „Wirtschaftswunders". Unterdessen halten die Betriebe ihre Belegschaften, warten auf neue Aufträge bzw. auf finanzielle Unterstützung des Staates. Der aber versucht zumindest, einen fiskalischen Konsolidierungskurs zu fahren und hart zu bleiben, wenn es um **Subventionierungen** von maroden Unternehmen geht. Dies gelingt aber nur unzureichend.

Aus einer sicher berechtigten Angst vor politischen Unruhen fließen die Subventionen weiter. Immer mehr Unternehmen geraten dennoch in Liquiditätsschwierigkeiten, so daß sie Zahlungen zurückhalten (am auffälligsten wird dies bei ausbleibenden Lohnzahlungen) und daher in zunehmendem Maße untereinander wie auch gegenüber dem Staat verschuldet sind. Diese **Zahlungskrise** ist seit Jahren eines der gravierendsten Probleme der russischen Wirtschaft. Ihre Entschärfung wagt die Regierung indessen noch nicht anzugehen. Denn das hieße letztlich Schließung von bankrotten Unternehmen, Hinnahme der tatsächlichen Arbeitslosigkeit, Finanzierung von Millionen von Umschulungen und Durchführung umfangreicher Investitionen in eine längst fällige Branchenstrukturreform.

Insgesamt bleibt abzuwarten, wie sich der weitere Prozeß in Richtung Marktwirtschaft in Rußland entwickelt. Dieser Prozeß ist ein noch völlig offener, der nicht zuletzt entscheidend davon abhängt, wie sich in Rußland die **politische Situation** entwickelt. Zur Zeit steht einer positiveren Entwicklung des zu einer Marktwirtschaft gehörenden Unternehmenssektors „allerdings noch immer die sprunghafte, unberechenbare und zum Teil inkonsistente Wirtschaftspolitik im Wege. Insbesondere den erfolgreichen kleinen und mittleren Unternehmen bürdet die von der Regierung fortgesetzte Subventionierung maroder Staatsbetriebe erhebliche Finanzierungslasten auf und behindert damit deren weitere Entwicklung.“[1]

2.5 Zum ehemaligen Wirtschaftssystem der DDR

Nach Beendigung des 2. Weltkrieges, in dem die Sowjetunion von allen Ländern die größten Verluste zu beklagen hatte, wurde die staatlich-autoritäre Wirtschaftsordnung Stalins auf die *„Sowjetische Besatzungszone Deutschlands“*, die spätere **Deutsche Demokratische Republik (DDR)**, übertragen. Die erste Maßnahme zur Einführung einer zentralistischen Planung und Wirtschaftsführung im gesamten Gebiet der Sowjetzone war die Schaffung der **„Deutschen Wirtschaftskommission“ (DWK)** aufgrund des Befehls Nr. 138 der „Sowjetischen Militäradministration in Deutschland“ (SMAD) vom 4. Juni 1947. Damit wurden die ursprünglich 11 Zentralverwaltungen von 1945 in der Sowjetzone auf fünf reduziert, und zwar für: **Industrie, Verkehr, Handel und Versorgung, Land- und Forstwirtschaft sowie für Brennstoff und Energie**.

[1] DIW-Wochenbericht Nr. 2/1995, S. 69

Nach Gründung der **SED (Sozialistische Einheitspartei Deutschlands)** wurde auf dem II. Parteitag 1947 die Forderung aufgestellt, zukünftig verbindliche **gesamtwirtschaft- liche Pläne** zur Lenkung des Wirtschaftsprozesses aufzustellen. Diese Forderung wurde mit Gründung der DDR am 7.10.1949 durch die Übernahme des staatlich-zentralen sowjetischen Grundmodells weitgehend abgeschlossen. Als zentrale Planbehörde wurde „Das zentrale Organ des Ministerrates der Deutschen Demokratischen Republik für eine einheitliche staatliche Planung" benannt. Auf dem III. Parteitag der SED 1950 wurde dann der erste **Fünfjahresplan** verabschiedet. Er sah vor:

Vergrößerung des staatlichen und genossenschaftlichen Sektors; vorrangiger Ausbau der Grundstoff- und Produktionsgüterindustrie mit den Schwerpunkten Metallurgie, Schwermaschinenbau und chemische Industrie gegenüber der Konsumgüterindustrie; Aufhebung der Lebensmittelrationierung; Ostorientierung des Außenhandels; Erfüllung sowjetischer Reparationsforderungen aus dem 2. Weltkrieg.

Dieser Fünfjahresplan sollte ähnlich dem Modell des zentralen sowjetischen Wirtschaftssystems durch die folgenden grundsätzlichen **Ordnungsformen** sichergestellt werden:

- **das System zentraler Planung der gesamtwirtschaftlichen Prozesse,**
- **vorwiegend staatliches Eigentum an den Produktionsmitteln,**
- **administrative Betriebsverfassung nach dem Direktorialprinzip,**
- **das System betrieblicher Ergebnisrechnung nach dem Planerfüllungs- und Prämienprinzip,**
- **das System staatlich festgesetzter Preise,**
- **das System staatlicher Geld- und Kreditversorgung,**
- **das Außenhandelsmonopol.**

Mit dieser ordnungspolitischen Formung war jedoch lediglich das äußere Prämissensystem für die Verhaltensweisen der Wirtschaftssubjekte und für den Ablauf der Prozesse geschaffen. Die Frage, wie die aus dieser Beschaffenheit der Ordnung sich ergebenden Probleme, insbesondere das Verhältnis von **Einzel- und Gesamtinteressen**, gelöst werden konnten, war damit noch keineswegs beantwortet. Es konnte auch aufgrund der bereits angeführten systemimmanenten Widersprüche zwischen dem „Prinzip der Planerfüllung" und dem „Prämienprinzip" nicht beantwortet werden. So war es eigentlich nur eine logische Folge, daß die reale wirtschaftliche Entwicklung in der DDR immer hinter den gesteckten Planzielen der zentralen Planbehörde hinterherhinkte. Keiner der vielen Wirtschaftspläne - ein noch provisorischer erster Zweijahrplan (1949/1950), zwei Fünfjahrpläne (1951 bis 1958) und ein aufgegebener Siebenjahrplan (1959 bis

1963) - hat sein Ziel erreicht, den Aufbau einer ausreichenden wirtschaftlichen Basis zu vollenden. Alle endeten mit Fehlschlägen und mit ungelösten Aufgaben, die der nächste Plan wieder übernehmen mußte.

Nach dem Tode Stalins, im Jahr 1953, kam es in der Sowjetunion aufgrund einer neugebildeten Parteiführung unter ***N. S. Chruschtschow*** *(1894 bis 1971)*, der zum Ersten Sekretär des ZK der KPdSU und 1958 auch zum Ministerpräsidenten ernannt wurde, zu einem **neuen Wirtschaftskurs**, dem sich die **SED-Führung** anpaßte: „Das Politbüro stellte am 9. Juni 1953 fest, 'daß seitens der SED und der Regierung der Deutschen Demokratischen Republik in der Vergangenheit eine Reihe von Fehlern begangen wurden' und beschloß im Verhältnis von Abteilung I (Investitionsgüterindustrie) und Abteilung II (Konsumgüterindustrie) eine Verschiebung zugunsten letzterer. Gleichzeitig wurden - um die Fluchtbewegung zu stoppen - Zugeständnisse an verschiedene Bevölkerungschichten gemacht. Die administrative Normenänderung - Anlaß zum Aufstand am 16. und 17. Juni 1953 in allen Teilen der DDR - wurde dagegen erst im Beschluß des Politbüros vom 16. Juni 1953 für 'falsch' erklärt."[1]

Obwohl sich der Widerspruch zwischen **betrieblichen Erfolgsinteressen** und dem **gesamtwirtschaftlichen Interesse** an der Knappheitsminderung immer mehr manifestierte, und damit das ordnungspolitische Grundproblem des administrativen Sozialismus Stalinscher Prägung offengelegt wurde, dauerte es bis zu einer wirklichen Reform des Wirtschaftssystems der DDR noch bis 1963. Diese wurde durch das **„Neue ökonomische System der Planung und Leitung der Volkswirtschaft"**, abgekürzt (NÖSPL), und ab 1965 durch das **„Neue ökonomische System"**, sowie durch das **„Ökonomische System des Sozialismus"** (ÖSS) ab 1968 eingeleitet. „So wurden z.B. reformiert: die Methoden der zentralen Planung; die Formen der Verknüpfung von betrieblichen und zentralen Plänen; die Formen der Planauflagen und Kennziffern; die Vorschriften über Bildung und Verwendung der betrieblichen Fonds, insbesondere des Prämienfonds; das Preissystem; die Regelung des Geld- und Zahlungsverkehrs; das Kreditsystem; die Ordnung des Außenhandels. Angestrebt wurde auch eine 'bewußte' Ausnutzung der Ware-Geld-Markt-Beziehungen; die indirekten zentralen Anweisungen über Lieferungen und Leistungen sollten in verstärktem Maße durch vertragliche Vereinbarungen zwischen den Wirtschaftseinheiten abgelöst werden. Schließlich sind auch Organisationen und Funktionen der

[1] A. Beyer, Die Reformpolitik der DDR in den Parteibeschlüssen, in: Ludwig Bress, Karl Paul Hensel, a.a.O., S. 117

fachlichen und regionalen Mittel- und Zentralinstanzen häufig verändert worden."[1] Die Ergebnisrechnung der **„Volkseigenen Betriebe" (VEB)** - vgl. dazu das folgende Schema - basierte nach den Reformen auf einer doppelten Rechnung in Form eines **Plan-Ist-Vergleiches**. Die Preise der ausgetauschten Güter, die zentral festgelegt wurden, die Produktionsfondszuführung, die Nettogewinnabführung und die Betriebsprämienfondszuführung sollten dazu beitragen, daß die festgelegten gesamtwirtschaftlichen Ziele im Rahmen des Wirtschaftsplanes erfüllt werden. Als **Erfolgsindikator** galt dabei die Differenz zwischen geplantem und tatsächlichem **Nettogewinn** vor Abführung der Gewinnsteuer an den Staatshaushalt. Mit diesem neuen System wurde quasi ein Übergang zu einer **dezentralen sozialistischen Marktwirtschaft** eingeleitet. Der neue Erfolgsindikator löste aber immer noch nicht das „Prinzip der Planerfüllung" ab. Die Zuführungen zum Betriebsprämienfonds waren nicht bestimmt durch einen Prozentsatz vom effektiven Gewinn, sondern von der Differenz

Ergebnisrechnung eines VEB

Erlös
- Materialkosten
- Abschreibungen
- Lohnkosten
- Sonstige Kosten
= Bruttogewinn
- Produktionsfondsabgabe an den Staatshaushalt (= Verzinsung des Kapitals)
= Nettogewinn
- Nettogewinnabführung an den Staatshaushalt (= Gewinnsteuer)
= Verbleibender Nettogewinn des Unternehmens

Betriebsprämienfonds | **Investitionsfonds** | **Sonstige Fonds**

zwischen dem „Soll des Planes" und dem „Ist der Planerfüllung". „Prämiert wurde somit auch jetzt nicht eine tatsächliche Verbesserung der betrieblichen Gesamtleistung, sondern nur eine Verbesserung der betrieblichen Leistung gegenüber dem Plansoll. Damit war das Bestreben, 'weiche' Pläne auszuarbeiten und sich genehmigen zu lassen, vielleicht etwas erschwert, aber 'weiche' Pläne waren nach wie vor möglich und aktuell."[2] Die richtungsweisenden Reformen

[1] Karl Paul Hensel, Zyklus der Reformen in der DDR, in: Ludwig Bress, Karl Paul Hensel, a.a.O., S. 151
[2] Ebenda, S. 153f.

hatten in der DDR aber nur bis 1971 Bestand. Von da an kam es zu einer **Retransformation** in das alte System einer starren zentralen staatlichen Planung, die letztlich den wirtschaftlichen Niedergang der DDR einleitete.

2.6 Der Untergang der DDR und die Probleme der Wiedervereinigung

Mit dem Zusammenbruch und dem Beginn der Transformation der Sowjetunion in eine marktwirtschaftliche Ordnung zerbrach auch das Wirtschafts- und Gesellschaftssystem der DDR. Als im Spätsommer und Frühherbst 1989 der Übersiedlerstrom aus der DDR über Ungarn immer mehr zunahm und das Volk auf die Straße ging, war klar, daß jegliche Form einer sozialistischen Planwirtschaft in der DDR der Vergangenheit angehören würde. Auch ein bei einigen für möglich gehaltener **„Dritter Weg"** einer **sozialistischen Marktwirtschaft** als Zukunftsmodell für die DDR war schnell verworfen. Mit der Vorlage eines Sondergutachtens zur DDR-Entwicklung am 22. Januar 1990 durch den *„Sachverständigenrat zur Begutachtung der gesamtwirtschaftlichen Entwicklung" (SVR)* wurde deutlich gemacht, daß die Freisetzung der marktwirtschaftlichen Kräfte die beste Therapie für die marode DDR-Wirtschaft sei. Auch das *Bundeswirtschaftsministerium* sah für die DDR im „Jahreswirtschaftsbericht 1990" die soziale Marktwirtschaft als den einzig gangbaren ordnungspolitischen „dritten Weg" zwischen Sozialismus und Kapitalismus.

Obwohl kein Politiker und Wirtschaftswissenschaftler eine in sich geschlossene Konzeption für die Transformation und Integration der DDR-Wirtschaft in die bundesdeutsche Wirtschaft vorlegen konnte, war für die politische und wissenschaftliche Mehrheit die **„Schocktherapie"** für die Einführung der Marktwirtschaft in der DDR die Lösung schlechthin. Die wenigen Kritiker, die einen behutsamen, einen **graduellen ökonomischen Vereinigungsprozeß** befürworteten, wurden nicht gehört. So gab es z.B. von Wirtschafts- und Sozialwissenschaftlern den **„Warnruf der ökonomischen Vernunft"**, daß eine schnelle Anhebung des Wohlstands der DDR-Bürger und ein hastiger Anschluß der DDR an die Bundesrepublik sich ausschließen würden.[1] Auch die Warnungen vor den enormen ökonomischen und finanziellen Belastungen einer schnellen Integration der DDR-Wirtschaft durch den damaligen SPD-Kanzlerkandidaten ***Oskar Lafontaine*** wurden 1990 nicht ernst genommen. Dabei hätte ein Blick in die Wirtschaftsstatistik genügt, um festzustellen, daß ein gesellschaftlicher und wirtschaftlicher Zusammenschluß zweier völlig unterschiedlicher Staaten bzw. wirtschaftlicher Systeme enorme Kosten und Belastungen impliziert. So betrug das **Bruttoinlandsprodukt der DDR** im Jahr 1989 vor der Wiedervereinigung rund 353 Mrd. Ost-Mark. Diese Größe entsprach umgerechnet gerade einmal, bei einem Wechselkurs Ost- Mark : D-Mark von 1 : 1, dem Bruttoinlandsprodukt von Baden-Württemberg oder etwa 16% des Bruttoinlandsprodukts der „alten" Bundesrepublik.

Schocktherapie versus Gradualismus
Bezogen auf den Koordinationsmechanismus würden Vertreter der **Schocktheorie** dafür plädieren, zu einem sehr frühen Zeitpunkt und auf allen Märkten der Volkswirtschaft eine möglichst vollständige Deregulierung, d.h. ein Inkraftsetzen des marktwirtschaftlichen Preismechanismus, vorzunehmen. Sie würden ferner fordern, die Betriebe der Volkswirtschaft möglichst rasch zu privatisieren, wobei unter marktwirtschaftlichen Bedingungen mittelfristig nicht existenzfähige Unternehmen zu liquidieren sind. **'Gradualisten'** würden zunächst nur einzelne Märkte, und diese eventuell auch nur teilweise, deregulieren wollen und die Betriebe der Volkswirtschaft (bei gewissen Entflechtungen) zwar grundsätzlich dem Gewinn- und Verlustprinzip (also der sog. harten Budgetrestriktion) unterwerfen, temporären Subventionierungen aber positiv gegenüberstehen. In Bezug auf die Eigentumsordnung würden sie dafür eintreten, die Betriebe zunächst noch weitgehend in Staatseigentum zu belassen und die Privatisierung zeitlich zu strecken."

Vgl. Ulrich Baßeler, Jürgen Heinrich, Walter Koch, a.a.O., S. 98

Insbesondere der **politische Druck**, der durch die Forderung der DDR-Bürger und Bürgerinnen in der Parole gipfelte: „Entweder die D-Mark kommt zu uns oder wir kommen zur D-Mark!", führte zu einer umgehenden politischen Verwirklichung einer **Wirtschafts- und Währungsunion** zum 1. Juli 1990. Obwohl eine schnelle D-Mark-Einführung von Seiten der *Deutschen Bundesbank* und der *Kreditwirtschaft* skeptisch, wegen der Sorge um die Stabilität der Deutschen Mark, beurteilt wurde, konnten schon 1990 die Bestandsgrößen Geldvermögen und Kredit zu einem Wechselkurs 2 Ost-Mark für eine D-Mark bzw. zu einem Kurs von 1,8 : 1 und die Stromgrößen (laufende Kosten und Preise) zu einem Kurs von 1 : 1 umgetauscht werden. Dies führte unweigerlich zu einem **Zusammenbruch der DDR-Wirtschaft**. Insbesondere der Wechselkurs von 1 : 1 für laufende Kosten und Preise implizierte, daß die Kosten und Preise der Ostdeutschen Unternehmen auf D-Mark-Basis voll übernommen wurden. Die Produkte der Ostdeutschen Unternehmen waren damit quasi über Nacht nicht mehr konkurrenzfähig. Der **Schutz des Wechselkurses** vor einer wesentlich geringeren Produktivität war nicht mehr

[1] Vgl. Warnruf der ökonomischen Vernunft, in: Blätter für deutsche und internationale Politik, Heft 3/1990, S. 341ff.

gegeben.[1] ***Hans Tietmeyer***, damals Mitglied des Direktoriums der Deutschen Bundesbank, hielt allenfalls einen Wechselkurs von 4,60 Ost-Mark zu einer D-Mark für realistisch[2], und der damalige Präsident der *Deutschen Bundesbank* ***Karl Otto Pöhl*** stellte im Frühjahr 1991 fest, daß die Währungsunion im Ergebnis eine Katastrophe sei. „Unterstützt wurde diese Kritik von führenden Vertretern der Wirtschaft. ***Tyll Necker***, der damalige Präsident des *Bundesverbandes der Deutschen Industrie (BDI)* betonte, daß Pöhl sachlich ohne Frage recht habe. 'Der Markt hätte nie eine D-Mark für eine Ost-Mark hergegeben'. Hier sei es um eine politische Entscheidung gegangen."[1] - Für die heute aber kein damals verantwortlicher Politiker die Verantwortung übernehmen will.

Der durch die Wirtschafts- und Währungsunion herbeigeführte **Produktionsrückgang** war dramatisch. Er betraf alle Branchen. Im Jahr 1990 schrumpfte gegenüber dem Vorjahr die Land- und Forstwirtschaft um - 33,6%, das Warenproduzierende Gewerbe ging um - 26,5% zurück, das Baugewerbe um - 7,2% sowie der Handel und Verkehr um - 24,1%. Lediglich die Dienstleistungen und der Staatssektor konnten noch um 6,2% zulegen. Infolge der rückläufigen Produktion stieg die **Arbeitslosigkeit** bis Januar 1991 auf 757.000 registrierte Arbeitslose und 1,856 Millionen Kurzarbeiter an. Zuzüglich der rund 500.000 Vorruheständler verzeichnete die ehemalige DDR im Januar 1991 bei einem Arbeitskräftepotential von 8,8 Millionen Menschen eine offene und verdeckte **Arbeitslosenquote** von etwa 23%.

Im Zuge der **Privatisierung** der zuvor „Volkseigenen Betriebe" durch die **Treuhandanstalt** (THA), die im März 1990 per Verordnung gegründet wurde, verschärfte sich noch das Problem der Arbeitslosigkeit, weil viele privatisierte Unternehmen massiv Personal abbauten und auch viele Unternehmen wegen einer fehlenden Sanierungsmöglichkeit sofort geschlossen wurden. Ursprünglich betrug die Gesamtzahl der zu privatisierenden Großunternehmen rund 7.900. Davon waren ca. 1.900 in Kommunal- bzw. Landeseigentum zu überführen. Die Zahl der land- und forstwirtschaftlichen Großbetriebe betrug etwa 400. Der Rest von 5.600 Betrieben betraf überwiegend den industriellen Sektor. Daneben verwaltete die THA auch noch rund 12.000

[1] 1991 lag die Erwerbstätigenproduktivität (Bruttoinlandsprodukt je Erwerbstätigen) in Ostdeutschland bei rund 37% des westdeutschen Niveaus; jeder Erwerbstätige erwirtschaftete in Ostdeutschland etwa 32.000 DM, in Westdeutschland etwa 86.000 DM. Zum hohen Produktivitätsstand kam und kommt auch heute noch hinzu, daß die Produktpalette und die Produktqualität im Osten meist nicht in die internationale Arbeitsteilung und in den internationalen Wettbewerb passen. Produktpalette und Produktqualität müssen ebenso wie die Produktivität rasch und grundlegend verändert werden, wenn Wettbewerbsfähigkeit erlangt werden soll.

[2] Vgl. Keine Stützung der DDR-Mark, in: Börsen-Zeitung vom 27.1.1990

mittlere Unternehmen, die 1972 in der letzten großen Verstaatlichungswelle in der DDR enteignet worden waren. Die Zahl der in Treuhand-Betrieben Beschäftigten wurde für Anfang Februar 1991 auf 3,65 Millionen beziffert. Erschwert wurde der Privatisierungsprozeß der Treuhandanstalt durch den im Einigungsvertrag vom 31. August 1990 festgelegten Grundsatz der **„Rückgabe vor Entschädigung"**.

Entwicklung der Verschuldung der Treuhandanstalt
- in Mio. DM, Stand am Jahresende -

Jahr	Gesamtverschuldung	davon Kreditmarktverschuldung
1990	14.058	4.330
1991	39.402	24.192
1992	106.792	54.669
1993	168.322	134.488
1994	204.619	203.504
1995[1)]	-	-

Ab 1995 sind die Schulden auf den **„Erblastentilgungsfonds"** übertragen worden. Vgl. dazu auch die Tabelle: „Stand und Entwicklung der Statsverschuldung im zweiten Kapitel ; „Volkswirtschaftliche Gesamtrechnung", Quelle: Monatsberichte der Deutschen Bundesbank

Nachdem die Treuhandanstalt im Jahr 1995 ihre Arbeit eingestellt hat, kommt die ***„Arbeitsgruppe Alternative Wirtschaftspolitik"*** rückblickend zu dem kritischen Ergebnis, daß die von der THA betriebene Privatisierung nicht geholfen hat, „die ostdeutsche Wirtschaft als eine stabile Region in den Wirtschaftskreislauf des früheren Bundesgebietes zu integrieren. Im Gegenteil, fünf Jahre genügten, um den Osten Deutschlands zu einem transferabhängigen Anhängsel der westdeutschen Wirtschaft zu entwickeln, das auch als Dependenzökonomie umschrieben wird. Wie vollzog sich dieser Prozeß? Das Zusammenspiel von Treuhandanstalt und westdeutschen Konzernen, im Verbund mit der wirtschaftpolitischen Enthaltsamkeit der Bundesregierung, ermöglichte es, daß sich in wenigen Monaten die vorhandenen ostdeutschen Vertriebswege in westdeutscher Hand befanden. Etablierte Großunternehmen der Industrie und des Handels überzogen Ostdeutschland kurzfristig mit einem Verteilernetz. Alle Kaufhäuser, alle Kaufhallen wechselten innerhalb von wenigen Monaten ihre Besitzer. Die bei Industriebetrieben aufwendigen Verhandlungsrituale beim Verkauf von volkseigenen Betrieben über Altlasten, Sanierungsaufwand, mangelhafte

[1] Herbert Schui, Die ökonomische Vereinigung Deutschlands, Bilanz und Perspektiven, Heilbronn 1991, S. 114f.

Infrastruktur wurden hier nicht praktiziert. So waren alle Schleusen geöffnet, um den ostdeutschen Markt zu erobern. Im Ergebnis der Privatisierung vollzog sich ein gewaltiger Eigentumstransfer von Ost nach West: Wertmäßig sind etwa 85% des früheren volkseigenen industriellen Sachvermögens in westdeutsche Hände gefallen."[1]

Entwicklung der öffentlichen Finanztransfers für Ostdeutschland

- in Mrd. DM -

	1991	1992	1993	1994	1995	1996[1]	1997[1]
Bund	75	88	114	114	135	133	126
Westdeutsche Länder u. Gemeinden	5	5	10	14	10	10	11
Fonds „Deutsche Einheit"	31	24	15	5	-	-	-
EG-Haushalt	4	5	5	6	7	7	7
Bundesanstalt für Arbeit	24	25	15	17	16	16	18
Gesetzliche Rentenversicherung	-	5	9	12	17	18	16
Zusammen	139	152	168	168	185	184	178
davon:							
Sozialleistungen	56	69	78	73	79	74	69
Subventionen	8	10	11	17	18	16	16
Investitionen	22	23	26	26	34	39	36
Allgemeine Finanzzuweisungen	53	50	53	52	54	55	57
Steuereinnahmen Ostdeutschland	- 31	- 35	- 37	- 41	- 43	- 48	- 46
Verwaltungseinnahmen	- 2	- 2	- 2	- 2	- 2	- 2	- 2
Zusammen	- 33	- 37	- 39	- 43	- 45	- 50	- 48
Nettoleistungen , insgesamt	106	115	129	125	140	134	130

1) Auf Grundlage des Haushaltsplans 1996 und des Haushaltsentwurfs 1997 des Bundes, Quelle: Monatsbericht der Deutschen Bundesbank 10/1996, S. 19

Auf der anderen Seite beliefen sich Ende 1994 die **Schulden der Treuhandanstalt für die Privatisierung** auf 204,6 Mrd. DM. Diese Schulden trägt der Staat bzw. die Steuerzahler. Die zwischen 1991 und 1995 insgesamt geflossenen **Transfers** waren aber noch viel größer. Als Transferleistungen werden dabei all die Leistungsströme bezeichnet, denen keine speziellen Gegenleistungen gegenüberstehen, was einer unentgeltlichen Übertragung von Ressourcen entspricht.

[1] Arbeitsgruppe Alternative Wirtschaftspolitik, Memorandum '96, Köln 1996, S. 160f.

Dabei werden von den in den Osten fließenden „Bruttozahlungen" die Einnahmen des Bundes in Ostdeutschland als „Selbstfinanzierungsanteil" abgezogen. Die verbleibenden Nettozahlungen bilden die öffentlichen Leistungen an Ostdeutschland (vgl. dazu die zuvor gezeigte Tabelle).

Hierzu schreibt die ***Deutsche Bundesbank***: „Nach der Berechnung des Bundesfinanzministeriums beliefen sich die öffentlichen Nettoleistungen an Ostdeutschland für die Jahre 1991 bis 1995 auf insgesamt 615 Mrd. DM, dies entsprach im Jahresdurchschnitt 4,25% des westdeutschen Bruttoinlandsprodukts. Der größte Teil davon, nämlich 330 Mrd. DM, wurde vom Bund aufgebracht. Von den Bruttoleistungen des Bundes in Höhe von 525 Mrd. DM entfielen mit rund 215 Mrd. DM zwei Fünftel auf Sozialausgaben, wobei vor allem die arbeitsmarktbedingten Aufwendungen zu Buche schlugen. Der Beitrag des Bundes zur allgemeinen Finanzierung der ostdeutschen Gebietskörperschaften belief sich auf gut 80 Mrd. DM. Unter den vielfältigen sonstigen Leistungen spielten insbesondere die Hilfen an die Bahn in Ostdeutschland eine wichtige Rolle (rund 55 Mrd. DM)."[1]

Nachfrage und Produktionslücke in den neuen Bundesländern
- in Mrd. DM, laufende Preise -

	1990	1991	1992	1993	1994
Bruttoinlandsprodukt (Real)	224	206	263	309	347
in % der letzten Verwendung	81	57	57	60	61
Letzte inländische Verwendung	278	361	459	516	566
Privater Verbrauch	224[1]	182	218	243	256
Staatsverbrauch	-	90	112	118	123
Investitionen	54	88	129	155	187
Außenbeitrag	- 54	- 154	- 196	- 207	- 219
- Ausfuhr	61	45	51	54	66
- Einfuhr	115	200	247	261	285

1) Incl. Staatsverbrauch, Quelle: Renate Neubäumer, Erfolge und Probleme im deutschen Vereinigungsprozeß, in: Wirtschaftsdienst 1996/XI, S. 580

Ein Ende der Zahlungen ist noch nicht in Sicht. Dies wird vor dem Hintergrund der bisherigen **wirtschaftlichen Entwicklung in den neuen Bundesländern** sofort deutlich. Das reale

[1] Monatsbericht der Deutschen Bundesbank 10/1996, S. 20

Bruttoinlandsprodukt in Ostdeutschland reicht bei weitem nicht aus, um die Ansprüche des Staates, der privaten Haushalte für Konsumzwecke und der Unternehmen für ihre steigende Investitionstätigkeit zu decken. Zwischen der inländischen Verwendung und der Entstehung des Bruttoinlandsprodukts klaffte von 1991 bis 1994 allein eine Lücke in Höhe von 830 Mrd. DM. Diese Lücke mußte durch Importe aus dem Ausland und aus Westdeutschland geschlossen werden.

Der **Arbeitsmarkt** ist nach wie vor katastrophal. Im Januar 1997 lag die statistisch ausgewiesene Arbeitslosenquote bei 15,7%. Das *„Institut für Arbeitsmarkt- und Berufsforschung der Bundesanstalt für Arbeit"* in Nürnberg hat ein Arbeitsplatzdefizit in den neuen Bundesländern von 2,3 Millionen Arbeitsplätzen errechnet. Betrachtet man diese Arbeitsmarktbilanz vor dem Hintergrund der Produktivität, die im Vergleich zu den alten Bundesländern 1995 mal gerade bei 44% lag, so wird die ganze wirtschaftliche Hoffnungslosigkeit für den Arbeitsmarkt in den neuen Bundesländern transparent. Bei Lohnstückkosten von durchschnittlich 165% gegenüber den alten Bundesländern im Jahr 1995 dürfte auch auf noch nicht absehbare Zeit hin eine Wettbewerbsfähigkeit in den neuen Bundesländern kaum gegeben sein. „Vor diesem Hintergrund gilt es sich endgültig von der Illusion zu lösen, daß die Wirtschaftskraft der neuen Bundesländer in nur wenigen Jahren an die der alten Länder angeglichen werden kann."[1]

3. Zum System der sozialistischen Marktwirtschaften

In **Jugoslawien**, der **CSSR** und in **Ungarn** erkannte man die systembedingten Widersprüche zwischen betrieblichen Erfolgsinteressen und gesamtwirtschaftlichen Interessen des administrativen Sozialismus und die daraus folgenden ökonomischen Fehlentwicklungen. In diesen Ländern setzte man deshalb auf eine sog. „sozialistische Synthese" von **Plan und Markt**, bei der die Bedingungen und Anregungen für die optimale Entfaltung der Produktion in den Unternehmen und für die tatsächliche Durchsetzung der gesellschaftlichen Interessen geschaffen werden. **Jugoslawien** ist den Weg des administrativen Sozialismus Stalinscher Prägung aufgrund heftiger politischer Divergenzen zwischen ***Josip Tito*** *(1892 bis 1980)* und Stalin von Anfang an nicht gefolgt. Tito hielt nichts von einem zentral-staatlich gelenkten Wirtschaftssystem. Er vertrat vielmehr die These von Marx, daß der Weg zur kommunistischen Gesellschaft vom „**Absterben**

des Staates" begleitet sein müsse. In der **CSSR** waren es die ökonomischen Probleme, die 1965 die Transformation des Wirtschaftssystems einleiteten. Unter der Leitung des Wirtschaftswissenschaftlers ***Ota Sik*** wurde 1968 ein „Konzeptionsentwurf der weiteren Entwicklung des ökonomischen Lenkungssystems" erarbeitet. Sik verstand seine Konzeption als einen **„Dritten Weg"** zwischen dem staatlich-autoritären administrativen Sozialismus auf der einen Seite und dem kapitalistischen System auf der anderen Seite. In seinem Buch: *„Humane Wirtschaftsdemokratie - Ein dritter Weg"* schreibt er:

„Mit diesem Buch beschreibe ich das Modell eines neuen Wirtschaftssystems. Die Arbeit an den Grundprinzipien eines solchen Modells habe ich bereits in den 60er Jahren begonnen, als ich die staatliche Wirtschaftsreformkommission der CSSR leitete. Vor allem die Erkenntnis, daß Marktbeziehungen zwischen selbständigen Unternehmen auf der gegenwärtigen Entwicklungsstufe industrieller Gesellschaften unerläßlich sind, hat damals meine Kritik am sowjetischen, auch der CSSR aufgezwungenen Wirtschaftssystem herausgefordert und mich eine grundlegende Systemreform anstreben lassen. Ich entwickelte die Vorstellung von Marktbeziehungen zwischen Kollektivbetrieben innerhalb einer makroökonomischen Rahmenplanung und staatlicher Marktregulierung, die allerdings voraussetzte, daß zentralistische, dirigistische Planung und staatsbürokratische Wirtschaftsleitung aufgehoben würden. Auch die Vorteile einer privaten Unternehmerinitiative sah ich bereits damals, wollte diese jedoch nur auf den Sektor der kleinen Unternehmen, des Handwerks und kleiner Dienstleistungen beschränken. Es ging mir darum, nach den schwerwiegenden negativen Erfahrungen mit dem sowjetischen Planungssystem wieder eine funktionsfähige, effektive Wirtschaftsordnung aufzubauen, ohne zu einem kapitalistischen Wirtschaftssystem zurückzukehren. - Wie bekannt, wurden diese Reformziele, trotz ihrer begeisterten Unterstützung durch alle Schichten der Bevölkerung, mit Hilfe der militärischen Intervention im September 1968 und der Wiederkehr der restaurativen politischen Kräfte in der CSSR unterdrückt. Das große Experiment, das die Möglichkeit einer Wirtschaftsentwicklung ohne kapitalistische Gegensätze, aber auch ohne Staatsmonopolismus und Bürokratieherrschaft beweisen sollte, wurde im Augenblick seiner Geburt abgewürgt. Mir selbst bleibt nichts anderes übrig, als außer Landes zu gehen, um wenigstens die Theorie dieses praktischen Versuches zu erhalten und weiterzuentwickeln."[2]

Auch das **politische System** wurde in der CSSR in Frage gestellt. „Das Macht- und Meinungsmonopol der Partei, die Verletzung der Rechte und Freiheiten der Bürger, staatliche Willkür, die Lähmung der schöpferischen Initiative der Menschen und die dogmatische Erstarrung des Denkens sollten einem 'neuen System der politischen Leitung der Gesellschaft' weichen, einer demokratischen Ordnung von Wirtschaft, Staat und Gesellschaft, in der 'ein breiter Spielraum der gesellschaftlichen Initiative, offener Meinungsaustausch und Demokratisierung des gesamten gesellschaftlichen und politischen Systems buchstäblich zur Voraussetzung einer dynamischen sozialistischen Gesellschaft wird."[3]

---

[1] Renate Neubäumer, Erfolge und Probleme im deutschen Vereinigungsprozeß, in: Wirtschaftsdienst 1996/XI, S. 581

[2] Ota Sik, Humane Wirtschaftsdemokratie, Ein dritter Weg, Hamburg 1979, S. 9f.

[3] H. Hamel, Die Experimente der sozialistischen Marktwirtschaften, in: Ludwig Bress, Karl Paul Hensel, a.a.O., S. 175

Im Gegensatz zur CSSR vollzog sich in **Ungarn** ab 1964 - mehr auf „leisen Sohlen" - ganz langsam und behutsam die Einführung einer sozialistischen Marktwirtschaft. Im Mai 1966 beschloß das Zentralkomitee der „Ungarischen Sozialistischen Arbeiterpartei" (USAP) offiziell **„die Reform des Wirtschaftsmechanismus"**.

3.1 Zum Einkommensprinzip sozialistischer Marktwirtschaften

In Jugoslawien wurde 1953 das sog. **„gesellschaftliche Eigentum"**, für das es keinen personifizierten Eigentümer gibt, eingeführt. Unternehmen mit bis zu fünf Beschäftigten blieben in Privatbesitz. Auch die Landwirtschaft blieb zu 85% privatisiert. In den sich selbst verwaltenden Gesellschaften (**Arbeiterselbstverwaltungen**[1]) wählten die Be- schäftigten in freier Wahl **Arbeiterräte**, die wiederum das Recht hatten, den **Unternehmensleiter** zu wählen bzw. abzuwählen, über den Einsatz der Produktions- mittel zu bestimmen sowie über die Verwendung des erwirtschafteten Unternehmens- einkommens zu verfügen. Hinsichtlich der **betrieblichen Ergebnisrechnung** entsprach das jugoslawische Modell der Arbeiterselbstverwaltung einem sog. **Einkommensprinzip**.

Das Einkommensprinzip unterscheidet sich dabei vom **Gewinnprinzip** vor allem dadurch, „daß die Arbeit zwar Kostenfaktor aber kein Aufwand ist. Die Einkommen der Beschäftigten sind abhängig von der Höhe des erwirtschafteten Unternehmenseinkommens, das sich aus dem am Markt erzielten Gesamterlös der Produktion nach Abzug der Sachkosten, der Abführungen an Staat und Banken sowie sonstiger Kosten ergibt. Auf der Basis gesetzlicher Vorschriften, z.B. über die Akkumulationsrate und die persönlichen Mindesteinkommen, entscheidet der Arbeiterrat, welche Teile des Unternehmenseinkommens als **persönliche Einkommen** an die Beschäftigten ausgezahlt und welche den betrieblichen Fonds (für Investitionen, Geschäftsmittel, Reserven, soziale Einrichtungen usw.) zugeführt werden. Die persönlichen Einkommen werden nach einer vom Arbeiterrat beschlossenen Arbeitsplatzbewertung anhand eines Punktsystems auf die Beschäftigten, einschließlich des Direktors, verteilt. Erfolgsgröße betrieblicher Gesamtleistungen ist hiernach das Einkommen des Unternehmens; Erfolgsinteressenten sind die Beschäftigten, deren materielles Erfolgsinteresse in den erzielbaren persönlichen Einkommen besteht. Die

[1] Vgl. Milojko Drulovic, Arbeiterselbstverwaltung auf dem Prüfstand - Erfahrungen in Jugoslawien, Bonn-Bad Godesberg 1977, sowie Vladimir Bonc, Jugoslawien, Hannover 1970

Beschäftigten sind somit einmal als Arbeiter ('Produzenten') an möglichst hohen persönlichen Einkommen interessiert, und sie sind zugleich, vertreten durch den Arbeiterrat, als Unternehmer an hohen Investitionen, also an einer langfristigen Geschäftspolitik ihres Unternehmens interessiert, die Verzicht auf gegenwärtig hohe zu- gunsten künftig höherer persönlicher Einkommen bedeutet. Der hierin begründete **Interessenkonflikt** kann sich gesamtwirtschaftlich positiv oder negativ auswirken, je nachdem, ob sich die individuellen Erfolgsinteressen oder die Rationalisierungsinteressen der Unternehmung durchsetzen. Da die Höhe der persönlichen Einkommen auch von der Zahl der im Unternehmen Beschäftigten abhängt, kann sich - je nach konjunktureller Lage - eine Monopolisierung der Arbeitsplätze ergeben (was durch einen rechtlich stark ausgebauten Kündigungsschutz begünstigt wird) oder auch eine Überkapitalisierung der Unternehmen, die allerdings vielfach durch konkreten Kapitalmangel und sehr hohe Kreditzinsen gebremst wird. Hiernach scheint diese historisch erstmalige Form der Unternehmensverfassung hinsichtlich der gesamtwirtschaftlichen Effizienz des Systems nicht unproblematisch zu sein. Die Beschäftigten sind, wie sich in der Praxis gezeigt hat, nicht immer gewillt oder nicht in der Lage, ihre Doppelfunktion als Werktätige und Unternehmer wahrzunehmen. Vielfach tendieren Arbeiterselbstverwaltung und Einkommensprinzip dazu, sich in das Direktorialprinzip und das Gewinnprinzip zu transformieren."[1]

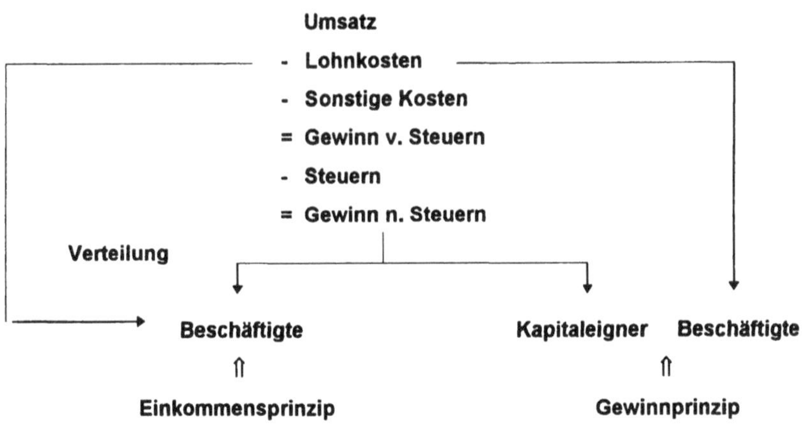

Auch in der **CSSR** sollten durch ein **Einkommensprinzip** (genauer Bruttoeinkommensprinzip) die charakteristischen Grundeigenschaften einer **kapitalistischen Wirtschaftsordnung**

[1] H. Hamel, Die Experimente der sozialistischen Marktwirtschaften, a.a.O., S. 187f.

eliminiert werden. „Das 1967 eingeführte Bruttoeinkommensprinzip entsprach im wesentlichen dem jugoslawischen Einkommensprinzip, wenn es auch in der CSSR weniger konsequent angewendet wurde. Die Einkommen der Beschäftigten waren ebenfalls keine Kosten, sondern Ergebnisgrößen. Sie ergaben sich jedoch aus tariflich fixierten Löhnen und Gehältern, die bis zu 92% garantiert waren, sowie aus einer Erfolgsbeteiligung; nur insoweit waren sie also abhängig von Markterfolgen. Das über die Tariflöhne hinaus erzielte Nettoeinkommen der Unternehmen konnte - unter Berücksichtigung gewisser Mindestzuführungen - auf den Fonds der Erfolgsbeteiligungen, den Investitionsfonds, den Reservefonds, sowie den Kultur- und Sozialfonds nach eigenem Ermessen aufgeteilt werden."[1] Die Verteilung wurde dabei von den staatlich eingesetzten Unternehmensleitern und den Beschäftigten festgelegt.

Ota Sik, als geistiger Vater des Reformmodells in der CSSR, sah als wesentliche negative Faktoren in kapitalistischen Ordnungen:

- **die sozial geteilte Gegensätzlichkeit von Gewinn- und Lohninteressen;**
- **das den arbeitenden Menschen entfremdete Eigentum des Kapitals;**
- **die den arbeitenden Menschen entfremdete Kontrolle der Wirtschaftsleitung.**

An den **kommunistischen Systemen** kritisiert er die totale Konzentration aller wesentlichen Entscheidungen über sämtliche Sphären der Gesellschaft bei den zentralen Planungsbehörden und dem Apparat der kommunistischen Einheitspartei. „In der Wirtschaft bedeutet dies die Liquidierung der Selbständigkeit der Unternehmen, des Wettbewerbs zwischen ihnen, der Marktpreise und der marktgebundenen Einkommen, der positiven Wirkung des Marktmechanismus überhaupt. Eine totale Monopolisierung und Bürokratisierung mit beispiellosen Effektivitätsverlusten und wirtschaftlicher Rückständigkeit sind die Folgen."[2]

Beide Systeme haben nach *Sik* aber auch positive Elemente, die es in Form einer sozialistischen Marktwirtschaft zu verbinden galt. Dazu gehören in erster Linie ein **marktwirtschaftliches Wettbewerbsprinzip** auf der einen Seite und ein **vergesellschaftetes Eigentum an den Produktionsmitteln** auf der anderen Seite. Damit hätte das 1967 noch vorliegende Staatseigentum an den Produktionsmitteln in der CSSR umgewandelt werden müssen, wozu es

[1] H. Hamel, a.a.O., S. 189f.
[2] Ota Sik, a.a.O., S. 14

aber aufgrund der sowjetischen **Militärintervention** im Jahr 1968 (Zerschlagung des „Prager Frühlings") nicht mehr kam.

3.2 Das Gewinnprinzip in der sozialistischen Marktwirtschaft

Neben dem Einkommensprinzip wurde in **Ungarn** 1968 für die meisten Betriebe ein **Gewinnprinzip** auf Basis von Staatseigentum an den Produktionsmitteln etabliert. Dadurch hat der Staat ein Gewinninteresse. Damit auch die Unternehmensleiter und die Beschäftigten ein solches Gewinninteresse hatten, wurden sie an den erzielten Gewinnen beteiligt. Die Unternehmensleiter erhielten lediglich ein Mindesteinkommen und die Beschäftigten tariflich festgelegte Löhne. Darüber hinaus waren deren persönliche **Einkommen ergebnisabhängig**. Der jeweilige Bruttogewinn, der sich aus dem Markterlös nach Abzug aller Kosten (einschließlich der Löhne, aber ohne Steuern) ergab, wurde auf den sog. Beteiligungsfonds der Beschäftigten und auf den Entwicklungsfonds für die Finanzierung von Investitionen aufgeteilt. Hierbei erfolgte eine unterschiedlich hohe Besteuerung. Während die Beteiligungsfonds der Beschäftigten progressiv bis zu 70% besteuert wurden, und dadurch das persönliche Einkommen staatlicherseits reguliert wurde, wurden die Entwicklungsfonds, die das Wachstum der Unternehmen determinierten, mit einer linearen Steuer, die 60% betrug, belegt. Aufgrund der hieraus resultierenden Interessen der Unternehmen, die Gewinne (und damit die Steuern) zugunsten hoher Lohnkosten (wegen der Progression besonders der niedrigen Löhne) zu schmälern, wurde 1970 das Gewinnsteuersystem geändert. Dadurch wurde den Unternehmen klar, daß der Staat von ihnen eine rationale Haltung in der Arbeitskraftbewirtschaftung fordert. (...) Die Gewinnbeteiligung betrug zunächst 80% des Jahreseinkommens für die Unternehmensleiter, 50% für die mittleren Angestellten und 15% für die Arbeiter. Diese 'Kategorisierung der Werktätigen' wurde stark kritisiert, weshalb man 1970 eine einheitliche Gewinnbeteiligung von maximal 25% des Lohnfonds einführte.

Mit diesen Reformen sollten die Interessen der arbeitenden Menschen so ausgerichtet werden, daß aus den betrieblichen bzw. einzelwirtschaftlichen Erfolgsmotivationen gleichzeitig eine gesamtwirtschaftliche Wohlfahrts- und Effizienzsteigerung hervorgeht. Dazu sollte das System staatlich-zentraler Planung durch ein System **dezentraler Planung** der Wirtschaftsprozesse abgelöst werden. An die Stelle eines Prämienprinzips zum innerbetrieblichen Leistungsanreiz für die Erfüllung zentral vorgegebener Planauflagen sollten im Marktprozeß erzielte **Gewinne oder**

Einkommen gesetzt werden, und die völlig bürokratischen Staatskontrollen sollten weitgehend durch betriebliche **Selbst- und Marktkontrollen** aufgehoben werden.

Dennoch gab es nach wie vor eine zentrale staatliche Rahmenplanung, z.B. bezogen auf das Verhältnis von Konsumtion und Investition. Innerhalb dieser staatlichen Rahmenplanung konnten die Betriebe aber dezentral ihre jeweiligen Interessen in Form von wirtschaftlichen Einzelplänen auf den Märkten koordinieren. Wichtig war die Frage nach den **Eigentumsverhältnissen** an den Produktionsmitteln und daraus abgeleitet die Frage nach der Auswahl der **Unternehmensleiter**. Auch mußte die Frage beantwortet werden, was denn als **betrieblicher Erfolgsindikator** gelten soll, und wie sich die einzelwirtschaftlich am Markt **realisierte Wertschöpfung** auf die Beschäftigten und die Investitions- und Rücklagefonds sowie auf den Staat aufteilen sollte.

Bei aller Problematik, die vor allem im Detail in diesen Fragen enthalten ist, waren die wirtschaftlichen Erfolge in Ungarn ex-post betrachtet in Relation zu den anderen sozialistischen Marktwirtschaften sicher am größten, dennoch blieben auch sie hinter der wirtschaftlichen Entwicklung in den westlichen kapitalistischen Ländern zurück.

Mit dem Zusammenbruch der Zentralverwaltungswirtschaften - ausgelöst durch den von ***Michail Gorbatschow*** 1988 eingeleiteten Prozeß der *„Perestroika" (Umgestaltung)*[1] - kam es dann auch zu einer Auflösung der sozialistischen Marktwirtschaften in Ungarn, der CSSR, die sich politisch und staatsrechtlich in die beiden Länder Tschechische Republik und Slowakei aufgeteilt hat, und in Jugoslawien, das nach einem barbarischen Krieg völlig auseinandergefallen ist. Alle ehemaligen Länder, die einen „Dritten Weg" zwischen Markt und Plan gesucht und versucht haben, sind heute auf dem Weg in eine kapitalistische Marktwirtschaft.

[1] Gorbatschow schreibt zur „Perestroika", daß sie eine unumgängliche Notwendigkeit sei, „die aus den tiefer liegenden Entwicklungsprozessen in unserer sozialistischen Gesellschaft hervorgegangen ist. Diese Gesellschaft ist reif für eine Veränderung. Sie hat sich lange danach gesehnt. Jeder Aufschub der Perestroika hätte in naher Zukunft zu einer Verschlechterung der Situation im Innern führen können und, um es unverblümt zu sagen, eine ernste soziale, wirtschaftliche und politische Krise heraufbeschworen." Michail Gorbatschow, Perestroika, Eine neue Politik für Europa und die Welt, Köln 1988, S. 17

4. Zur Ordnungsform der sozialen Marktwirtschaft

4.1 Herausbildung und Entwicklung der Marktwirtschaft

Das Gegenstück zur Zentralverwaltungswirtschaft und zur sozialistischen Marktwirtschaft bildet die kapitalistische Ordnung, die in der Bundesrepublik nach ***Alfred Müller-Armack** (1901 bis 1978)* in seinem 1947 erschienenen Buch: *„Wirtschaftslenkung und Marktwirtschaft"* als **„soziale Marktwirtschaft"** bezeichnet wird. Sprach man nach dem 2. Weltkrieg zunächst noch von „freier Marktwirtschaft", so übernahm ***Ludwig Erhard** (1897 bis 1977)*[1] nach 1949 den Begriff als wirtschaftspolitische Parole. „Das Attribut „sozial" ließ vielfältige, auch gegensätzliche Deutungen zu. Eine solch paradoxe Wortverbindung reizte zum Gebrauch: Sie war in aller Munde, aber nur wenige verstanden sie. Auf die Umfrage des *„Allenbacher Instituts für Demoskopie"*: „Wenn jemand von sozialer Marktwirtschaft spricht, wissen Sie, was damit gemeint ist?" antworteten 56 Prozent der Befragten noch 1953 mit „weiß ich nicht", 27 Prozent machten falsche Angaben, nur 12 Prozent der Anworten waren richtig."[2] ***Müller-Armack*** beschrieb die soziale Marktwirtschaft **„als eine nach den Regeln der Marktwirtschaft ablaufende, aber mit sozialen Ergänzungen und Sicherungen versehene Wirtschaft (...) eine bewußte Eingliederung sozialer Ziele durch Schaffung einer mit den Gesetzlichkeiten des Marktes verträglichen Sozialpolitik."**[3]

Diese für eine praktische Wirtschaftspolitik wenig brauchbare Definition hatte denn auch mehr ideologischen Charakter im Hinblick auf die Rolle des **Staates** in marktwirtschaftlichen Ordnungen. Gemäß dem **Neoliberalismus**, insbesondere vertreten durch die Ökonomen ***Walter Eucken** (1891 bis 1950)*[1], ***Alfred Müller-Armack** (1901 bis 1978)*, ***Wilhelm Roepke** (1899 bis 1966)*, ***Alexander Rüstow** (1885 bis 1963)* und ***Franz Böhm** (1895 bis 1977)*, soll sich nämlich der Staat lediglich auf die Schaffung von **Rahmenbedingungen** beschränken und nicht durch marktinkonforme Interventionen den Marktprozeß stören. Auf keinen Fall wird dabei eine Korrektur der durch den reinen Marktprozeß herbeigeführten Einkommens- und Verteilungsergebnisse in Form einer **staatlichen Umverteilung** der gesamtwirtschaftlichen Wertschöpfung gewünscht. Dies sei letztlich für die Effizienz des Marktprozesses kontraproduktiv.

---

[1] Von 1949 bis 1963 Bundeswirtschaftsminister und von 1963 bis 1966 Bundeskanzler

[2] Theodor Eschenberg, Geschichte der Bundesrepublik Deutschland, Bd. 1, Jahre der Besatzung 1945 - 1949, Stuttgart 1983, S. 439f.

[3] Zitiert bei Theodor Eschenberg, S. 440

Für die Durchsetzung der neoliberalen Theorien gab es allerdings in der Bevölkerung zunächst wenig Verständnis. Nach Beendigung des 2. Weltkrieges war aufgrund der Erfahrungen nationalsozialistischer Herrschaft die Glaubwürdigkeit des Kapitalismus als Wirtschafts- und Gesellschaftssystem in der Bevölkerung erschüttert.[2] Die Ökonomin und Politikwissenschaftlerin ***Marianne Welteke*** stellt dazu fest: „Bezeichnenderweise hat es nach dem Zusammenbruch keine Partei oder sonstige Gruppierung in Deutschland gegeben, die sich offen für eine Wiederherstellung kapitalistischer Verhältnisse eingesetzt hätte. Zwischen 'zügellosem Kapitalismus' und 'autoritärem Sozialismus' wurden von rechten und linken Parteien und von den Gewerkschaften 'dritte' Wege gesucht und propagiert. An einem kapitalistischen Wirtschaftssystem interessiert waren jedoch die Kapitalbesitzer sowie diejenigen, für die einzig das marktwirtschaftliche System auf dem Boden des Privateigentums an Produktionsmitteln ein politisches und gesellschaftliches Ordnungssystem darstellte, das Freiheit und Gerechtigkeit garantierte."[3]

Die Zentralverwaltungswirtschaft sowjetischer Prägung entsprach dem nicht. Mit einer undemokratischen, auf administrativen Zwangsmaßnahmen basierenden Wirtschaftsordnung hatte die Bevölkerung aufgrund der nationalsozialistischen Wirtschaftsverfassung[4] genügend schlechte Erfahrungen gemacht. „Planung war Synonym für Zwang und Unfreiheit, alles Planverdächtige Freiheit bedrohend."[5] Wer den zentralen Plan-Kollektivismus nicht wolle, der könne nur die „Freiheit des Marktes" anstreben. Hinzu kam insbesondere aus Sicht der Unternehmer und Arbeitgeberverbände die Forderung nach einer Beibehaltung des Privateigentums an den Produktionsmitteln.

Aber auch die Ausschaltung des Marktmechanismus durch **Kartellierung** und **Monopolisierung** während der Zeit des Nationalsozialismus wurden als Pervertierung der marktwirtschaftlichen Ordnung durch die Politik und Wirtschaftswissenschaft heftig kritisiert. Die Wiederherstellung des

---

[1] Walter Eucken, Grundsätze der Wirtschaftspolitik, Bern-Tübingen 1952

[2] So formulierte z.B. die CDU in ihrem „Ahlener Parteiprogramm vom 3. Februar 1947: „Das kapitalistische Wirtschaftssystem ist den staatlichen und sozialen Lebensverhältnissen des deutschen Volkes nicht gerecht geworden".

[3] Marianne Welteke, Theorie und Praxis der Sozialen Marktwirtschaft, Frankfurt/Main, New York 1976, S. 34f.

[4] Vgl. dazu ausführlich: Avraham Barkai, Das Wirtschaftssystem des Nationalsozialismus. Der historische und ideologische Hintergrund 1933 - 1936, Köln 1977

[5] Marianne Welteke, a.a.O., S. 36

Wettbewerbs, „*als das großartigste und genialste Entmachtungsmittel*"[1], galt deshalb uneingeschränkt als Prämisse einer freiheitlichen Wirtschaftsentwicklung.

Mit massiver politischer aber auch wirtschaftlicher Unterstützung der Westalliierten - insbesondere der USA - wurden dann doch letztlich die wirtschaftstheoretischen Vorstellungen des **Neoliberalismus** zur Basis für einen marktwirtschaftlichen Neuaufbau in der Bundesrepublik, nachdem es zuvor (1949) mit der Gründung der *Bundesrepublik Deutschland (BRD)* und der *Deutschen demokratischen Republik (DDR)* zu einer Teilung Deutschlands in Ost und West gekommen war.

Die Grundidee des Neoliberalismus basiert dabei auf dem „systemkonstitutiven" Element des **Wettbewerbs**. Dieser könne am besten den gesamten Wirtschaftsprozeß lenken und so zu einer optimalen Allokation der knappen Ressourcen führen. Im Unterschied zum klassischen Liberalismus gemäß ***Adam Smith***, der dem **Staat** lediglich eine „Nachtwächterrolle" (***Ferdinand Lasalle***) zugesteht, hat der Staat bei den Neoliberalen eine aktive Rolle zu spielen. Er muß nicht nur die Einhaltung bestimmter Spielregeln (Rechtsnormen) gewährleisten, sondern er muß für die Funktionsfähigkeit der Marktwirtschaft sorgen.[2]

Dazu gehört in erster Linie die Sicherstellung des Wettbewerbs durch eine **„Antikartellgesetzgebung"**, die nach dem 2. Weltkrieg durch alliierte Dekartellierungsgesetze von 1947 praktisch eingeführt wurde. Dabei wurde auf eine Bekämpfung der Monopole und marktbeherrschenden Unternehmen großer Wert gelegt. Vermachtete Märkte tendierten dazu, die Preisbildung dem Wettbewerb zu entziehen. Nach neoliberaler Lehre bilden marktmächtige Unternehmen „Fremdkörper", „Krankheitsherde" in einer sozialen Marktwirtschaft. Die Beseitigung vermachteter Marktstrukturen gehörte deshalb zu den Hauptzielen neoliberaler Wirtschaftspolitik. Deshalb sahen auch die alliierten Gesetze eine teilweise Entflechtung insbesondere während der Weimarer Republik und der Nazizeit aufgebauter wirtschaftlicher Machtzentren (Unternehmen mit mehr als 10.000 Beschäftigten) ebenso vor wie das Verbot der Beteiligung an Kartellen, Interessengemeinschaften, Syndikaten, Trusts, Verbänden und allen sonstigen Formen von Absprachen. Wegen heftiger Widerstände aus der Wirtschaft[3] gegen eine

---

[1] Franz Böhm, Demokratie und ökonomische Macht, Sonderdruck aus: Kartelle und Monopole im modernen Recht, Karlsruhe 1961, S. 22

[2] Jürgen Kromphardt, Konzeptionen und Analysen des Kapitalismus, 3. Aufl., Göttingen 1991, S. 182ff.

[3] Zur Entstehungsgeschichte des GWB vergleiche Jörg Huffschmid, Die Politik des Kapitals. Konzentration und Wirtschaftspolitik in der Bundesrepublik, 8. Aufl., Frankfurt/M. 1972

Antikartellgesetzgebung konnte aber erst zum 1.1.1958 das **„Gesetz gegen Wettbewerbsbeschränkungen" (GWB)** zur Bekämpfung wirtschaftlicher Machtausübung in der Bundesrepublik eingeführt werden, womit gleichzeitig die alliierten Gesetze abgelöst wurden.

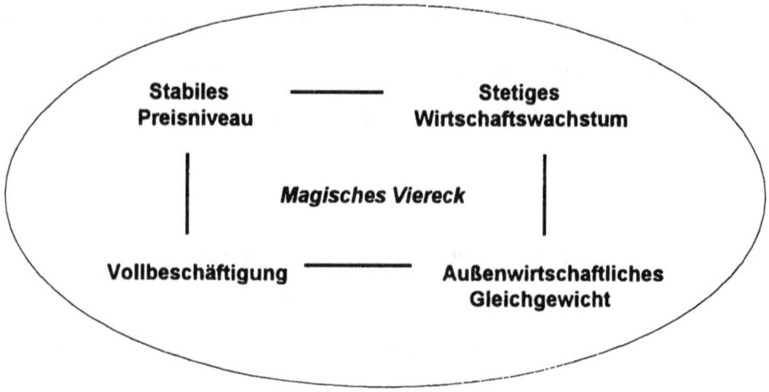

Zur Funktionsfähigkeit einer sozialen Marktwirtschaft gehört aber nicht nur ein funktionsfähiger Wettbewerb, sondern auch eine **stabile und sozial gerechte Wirtschaftsentwicklung**. Dies soll in der Bundesrepublik durch eine staatliche Ausgestaltung von konjunktur,- struktur- und sozialpolitischen Maßnahmen geschehen, wobei es im **„Gesetz zur Förderung der Stabilität und des Wachstums der Wirtschaft" (StabG)** vom 6. Juni 1967 zu einer wirtschaftspolitischen Zielkonkretisierung kam. Demnach hat der Staat (Bund und Länder) durch Maßnahmen der Wirtschafts- und Finanzpolitik für ein gesamtwirtschaftliches Gleichgewicht[1] zu sorgen. Dazu gehört gemäß § 1 (StabG) die gleichzeitige Realisierung eines **stabilen Preisniveaus**, eines hohen **Beschäftigungsgrades** (Vollbeschäftigung), eines **außenwirtschaftlichen Gleichgewichts** und eines stetigen **Wirtschaftswachstums**.

Neben den gesamtwirtschaftlichen Zielen des „magischen Vierecks"[2] - denen im Rahmen einer staatlichen Wirtschaftspolitik durch eine marktkonforme **Globalsteuerung** Priorität eingeräumt

[1] Der Begriff „Gesamtwirtschaftliches Gleichgewicht" ist auch als Rechtsbegriff im Art. 109 GG postuliert.

[2] Von einem **„magischen Viereck"** spricht man deshalb, weil die gleichzeitige Einhaltung der vier Ziele nicht unproblematisch ist. Die vier wirtschaftspolitischen Ziele stehen teilweise untereinander in Konflikt. Das Ziel der Geldwertstabilität läßt sich beispielsweise nur schwer mit den Zielen Wachstum und Vollbeschäftigung vereinbaren. Übersteigt das Wirtschaftswachstum die volkswirtschaftlichen Produktionskapazitäten incl. des Faktors Arbeit, so kommt es zu einem Ansteigen des Preisniveaus und der Geldwert sinkt. Wird umgekehrt eine gefährdete Geldwertstabilität wiederhergestellt, so geht dies zu Lasten von Wachstum und Beschäftigung.

wird - findet im **„Gesetz über die Bildung eines Sachverständigenrates zur Begutachtung der gesamtwirtschaftlichen Entwicklung“ (SVRG)** vom 26. Juni 1962 auch das Ziel des Verteilungsgleichmaßes (§ 2, 3 SVRG) und damit die **sozial verträgliche Verteilungsfrage** der jeweils realisierten gesamtwirtschaftlichen Wertschöpfungen im wirtschaftspolitischen Forderungskatalog Berücksichtigung. Die Verteilungsfrage läßt sich dabei auch aus dem **„Sozialstaatsprinzip“** des Grundgesetzes, Art. 20 GG, ableiten. Daneben wird heute die wirtschaftspolitische Forderung nach **Umweltschutz** in Form eines „qualitativen Wirtschaftswachstums“ zum gesamtwirtschaftlichen Ziel erhoben.

Durch die **Währungsreform**[1] und die Aufhebung der **Bewirtschaftungsmaßnahmen** sowie durch den amerikanischen **Marshallplan**[2] zur Unterstützung der unter den Kriegsfolgen notleidenden europäischen Länder wurden weitere wichtige Voraussetzungen für die Etablierung einer marktwirtschaftlichen Ordnung in der Bundesrepublik nach dem 2. Weltkrieg geschaffen. Der relativ schnelle Wiederaufbau der bundesdeutschen Wirtschaft zwischen 1950 und 1960 konnte sich auch deshalb fast reibungslos vollziehen, weil die apparative und produktionstechnische Basis des Leistungsverwertungsprozesses durch den Krieg nur zu einem geringen Teil zerstört worden war. Der **Kapazitätsverlust der deutschen Wirtschaft** in den drei Westzonen lag lediglich bei ca. 15,4% der Kapazität von 1936. Davon entfielen 8,1% auf Kriegszerstörungen und 7,3% auf Demontagen durch die Alliierten.[3]

---

[1] Die **Währungsreform** wurde am 20. Juni 1948 in den Westzonen Deutschlands durchgeführt. „Am Tage der Währungsreform wurden Barvermögen und Bankdepositen im Verhältnis von 100 : 6,5 abgewertet. Jeder Bewohner der drei Westzonen erhielt zugleich mit den Lebensmittelkarten und im Tausch 1 : 1 für 40 Reichsmark neue Deutsche Mark; zwei Monate später weitere 20 DM. Firmen erhielten einen Geschäftsbetrag von 60 DM für jeden Beschäftigten; Behörden und Gebietskörperschaften bekamen Deutsche Mark in Höhe der Einnahmen eines Monats, während ihre Altgeldschulden und -bestände gestrichen wurden. Sämtliche Schulden wurden im Verhältnis 10 : 1 abgewertet. Die euphorische Behauptung: ‘Einen Tag lang, am Geburtstag der neuen Währung, besaßen alle Menschen gleich viel Geld’, ist irreführend. Die Geldreform hatte die Unternehmer - ohne ihre Sachwertsubstanz anzutasten - von 90 vH ihrer Verbindlichkeiten befreit; die Lohnabhängigen aber, die den Produktionsprozeß wieder in Gang gesetzt hatten, wurden mit 40 DM Kopfgeld abgefunden. Während die Preisbindung im Juni 1948 weitgehend aufgehoben wurde, blieb der Lohnstopp bis November 1948 bestehen.“ Marianne Welteke, a.a.O., S. 23

[2] „Das **Marshallplan-Gesetz** trat am 3.4.1948 in Kraft und wurde wenig später auch auf die drei Westzonen Deutschlands angewendet. Von den Empfängerländern beantragte Dollarbeträge wurden mit der Auflage zur Verfügung gestellt, amerikanische Waren zu importieren. Den Gegenwert der eingeführten Waren mußten die Importeure in Landeswährung auf sogenannte Gegenwertkonten einzahlen; diese Gegenwertmittel (counterpart fonds) bildeten das **ERP-Sondervermögen**, das für Investitionskredite verwendet werden konnte. Weil nur in Ausnahmefällen verlorene Zuschüsse gewährt wurden, entstand aus den zurückfließenden Tilgungs- und Zinsbeträgen ein Kapitalfonds für weitere Investitionsfinanzierungen.“ Marianne Welteke, a.a.O., S. 24

[3] Vgl. Jörg Huffschmid, Herbert Schui, (Hrsg.), Gesellschaft im Konkurs?, Köln 1976, S. 51

Ein weiterer wichtiger Faktor für die Wirtschaftsentwicklung der Bundesrepublik nach dem 2. Weltkrieg war die massenhafte **Zuführung neuer Arbeitskräfte** durch Flüchtlinge und Vertriebene. 1948 hatten die westlichen Besatzungszonen rund 8,5 Millionen Menschen aufgenommen; bis 1953 waren es ca. 10 Millionen. Wenn auch dadurch zunächst zusätzliche Versorgungsprobleme und -engpässe entstanden, so war durch dieses reichliche Arbeitskräfteangebot (unter den Flüchtlingen und Vertriebenen gab es mehr Personen im arbeitsfähigen Alter als bei den Einheimischen) der wichtigste Produktionsfaktor für den Akkumulationsprozeß gegeben. Die **Wohnbevölkerung** stieg von 1950 bis 1960 von knapp 50 Millionen auf gut 55 Millionen Einwohner. Der Anteil der Männer lag dabei 1950 bei 46,4% und der der Frauen bei 53,6%. Bis 1960 kam es hierbei nur zu marginalen Verschiebungen. Die **Erwerbspersonenzahl** lag 1950 bei knapp 22 Millionen, wovon fast 1,6 Millionen als arbeitslos registriert waren, und 1960 bei 26,5 Millionen und 271.000 Arbeitslosen. Die **Arbeitslosenquote** betrug 1950 noch 7,8%. 1955 war sie aufgrund der positiven wirtschaftlichen Entwicklung bereits auf 2,7% zurückgegangen, und im Jahr 1960 konnte man bei einer Arbeitslosenquote von einem Prozent von **Vollbeschäftigung** reden.

Das nominale **Bruttosozialprodukt** stieg in der Bundesrepublik ohne Saarland und West-Berlin von 98 Mrd. DM im Jahr 1950 auf 255 Mrd. DM im Jahr 1959. Dies entsprach einer Steigerung von 160,2%; die danach bis heute in einem Zehnjahreszeitraum nicht mehr erreicht wurde. Auch die für den Akkumulationsprozeß wichtigen **Anlageinvestitionen** sowie das Nettoproduktionsvolumen und die Bruttoanlageinvestitionen der Industrie nahmen mit entsprechenden Wachstumsraten entscheidend zu. Was allerdings hinter der allgemeinen Wirtschaftsentwicklung zwischen 1950 und 1960 zurückblieb, waren die **Einkommen der abhängig Beschäftigten**. Wenn auch - verglichen mit den ersten „Hunger-Nachkriegsjahren" zwischen 1945 und 1949 - die Lebensbedingungen der abhängig Beschäftigten bis 1960 erheblich verbessert wurden, so kam es dennoch zu einer massiven **Umverteilung zu- gunsten der Selbständigen**. Das Pro-Kopf-Einkommen stieg zwischen 1950 und 1960 bei den Selbständigen um 200%, bei den abhängig Beschäftigten dagegen nur um 112%. Die **bereinigte Lohnquote** ging dadurch von 58,4% im Jahr 1950 auf 53,6% im Jahr 1960 zurück. Die **Gewinnquote** stieg dagegen spiegelbildlich von 41,6% auf 46,4%.

Entwicklung der gesamtwirtschaftlichen Akkumulation - Bundesrepublik von 1950 -1960

Jahr	Bruttosozial-produkt[1]	Veränderungen zum Vorjahr in %	Anlage-investitionen[1]	Veränderungen zum Vorjahr in %
1950	98	-	22	-
1951	120	22,3	27	21,8
1952	137	14,2	32	17,4
1953	148	7,8	32	1,3
1954	159	7,4	37	13,5
1955	181	14,4	47	28,7
1956	201	10,5	50	6,7
1957	219	9,0	54	6,3
1958	234	7,2	56	4,5
1959	255	8,8	64	13,9
1960[2]	(302)	(11,7)	(81)	(20,5)

Quelle: Jörg Huffschmid, Herbert Schui, a.a.O., S. 59; 1) Mrd. DM in laufenden Preisen, 2) einschließlich **Saarland** und **West-Berlin**

Hinzu kam noch, daß das Bruttoeinkommen aus unselbständiger Arbeit von 45 Mrd. DM 1950 auf 142,8 Mrd. DM 1960 anstieg, während das **Nettoeinkommen** 1950 bei 35,8 Mrd. DM (= 79,6%) und 1960 bei 107,3 Mrd. DM (= 75,1%) der Bruttolohn- und Gehaltssumme lag. Ursache dafür waren Steuerabzüge und überproportionale Steigerungen der staatlichen Sozialversicherungsbeiträge. Außerdem wurden mindestens ein Drittel der nominalen Einkommenserhöhungen durch **Preissteigerungen** entwertet. Die Bruttostundenverdienste der Industriearbeiter stiegen nominal von 1950 = 100 auf 209 im Jahr 1960; real wiesen sie dagegen im Jahr 1960 nur einen Index von 172,3 aus.[1]

Auch die Entwicklung in den 60er, 70er und 80er Jahren war von teilweise heftigen **Verteilungskämpfen** zwischen Kapital und Arbeit bestimmt. Dies wurde vor allem in den Krisenjahren 1967 mit einem Rückgang des realen Bruttoinlandsprodukts um - 0,2% gegenüber dem Vorjahr und 1975 mit einem Rückgang in Höhe von - 3,6% deutlich. Die Arbeitslosigkeit nahm zu und konnte seit 1975 bis heute nicht mehr beseitigt werden. In den Krisenjahren 1981 und 1982 stieg sie auf ein Niveau von 2 Millionen registrierter Arbeitslosen. Heute ist nach der **Wiedervereinigung** ein Niveau von weit über 4 Millionen erreicht. Zählt man die verdeckte

[1] Vgl. Marianne Welteke, a.a.O., S. 67ff.

Arbeitslosigkeit hinzu, fehlen in Deutschland Ende des 20. Jahrhunderts an die 6 bis 7 Millionen Arbeitsplätze.

Die hohe **Massenarbeitslosigkeit**, das herausragende Merkmal der marktwirtschaftlichen Krise, hat mittlerweile in Deutschland alle Bereiche des staatlichen und gesellschaftlichen Lebens erfaßt. Der kapitalistische auf Gewinnmaximierung orientierte Marktprozeß ist nicht in der Lage, allen Menschen die arbeiten wollen, auch eine Arbeit zu einem auskömmlichen Lohnsatz anzubieten. Die Folge ist eine immer größer werdende **relative Armut**. Das *„Deutsche Institut für Wirtschaftsforschung" (DIW)* hat dabei in einer Untersuchung festgestellt, daß die **Armutsquote** in Deutschland im Jahr 1995 bei 12,5% lag. Das bedeutet, daß 12,5% aller Menschen in Deutschland weniger als 50% des mittleren Einkommens der Gesamtbevölkerung zum Leben zur Verfügung haben.[1] Wenn damit auch noch nicht eine häufig genannte **Zweidrittel-Eindrittelgesellschaft** in Deutschland erreicht ist, so muß dennoch von einer bedenklichen Entwicklung gesprochen werden. Weit über 4 Millionen registierte Arbeitslose sind in Deutschland mittlerweile auf eine **sekundäre Einkommensverteilung**, d.h. auf eine **staatliche Umverteilung** der sich originär einstellenden Marktergebnisse angewiesen. Sie erhalten entweder Arbeitslosengeld oder Arbeitslosenhilfe, und wenn sie keine Leistungsempfänger der Arbeitsverwaltung mehr sind, Sozialhilfe. In ihrem Buch: *„Die Globalisierungsfalle - Der Angriff auf Demokratie und Wohlstand"*, beschreiben ***Hans-Peter Martin*** und ***Harald Schuman*** die Ergebnisse einer „Weltelitetagung", an der hochkarätige Politiker, Wissenschaftler und Wirtschaftsfachleute teilgenommen haben, und auf der u.a. über die **Zukunft der Arbeit** diskutiert wurde. Das Ergebnis dieser Tagung, sollte es sich in Zukunft Bewahrheiten, läßt sich durch ein Verhältnis von 20 zu 80 ausdrücken. „20 Prozent der arbeitsfähigen Bevölkerung würden im kommenden Jahrhundert ausreichen, um die Weltwirtschaft in Schwung zu halten. Mehr Arbeitskraft wird nicht gebraucht. (...) Ein Fünftel aller Arbeitssuchenden werde genügen, um alle Waren zu produzieren und die hochwertigen Dienstleistungen zu erbringen, die sich die Weltgesellschaft leisten könne. Diese 20 Prozent werden damit aktiv am Leben, Verdienen und Konsumieren teilnehmen - egal, in welchem Land. Das eine oder andere Prozent, so räumten die Diskutanten ein, mag noch hinzukommen, etwa durch wohlhabende Erben."[2]

---

[1] Vgl. DIW-Wochenbericht Nr. 50/1996

[2] Hans-Peter Martin, Harald Schuman, Die Globalisierungsfalle - Der Angriff auf Demokratie und Wohlstand, 13. Aufl., Reinbek bei Hamburg 1997, S. 12, vgl. dazu auch U. Beck, Kapitalismus ohne Arbeit - Über Mythen der Politik, Globale Wirtschaft und die Zukunft der Demokratie, in: Der Spiegel Nr. 20/1996, S. 140ff.

Der sich mit Armutsforschung beschäftigende Sozialwissenschaftler ***Ernst-Ulrich Huster*** kommt in einer Studie über **Armut und Reichtum** in Deutschland zu dem Ergebnis, daß sich die **Verteilungsschieflage** in den 80er Jahren in einem starken Maße zugespitzt hat. „Von 1980 bis 1992 hatte sich beispielsweise die Zahl der Empfänger von Hilfen zum Lebensunterhalt in der Sozialhilfe mehr als verdoppelt (Index 1980 = 100; 1992 = 238), während sich gleichzeitig die Anzahl der Haushalte mit einem monatlich verfügbaren Einkommen von 10.000 DM und mehr fast verfünffacht hatte (Index 1992 = 471). Der Anteil dieser reichen Haushalte an der Gesamtzahl aller Haushalte ist von 1980 bis 1992 von 1,5% auf 5% angestiegen. Global gilt für 1992: Das obere Drittel der privaten Haushalte hat mit einem Anteil von 58,2% der gesamten verfügbaren Haushaltseinkommen in der Bundesrepublik Deutschland mehr als die beiden unteren Drittel zusammen, auf die nur 41,8% entfallen. Eine große Differenz besteht noch einmal zwischen dem mittleren und dem unteren Drittel: Auf das untere Drittel aller Haushalte entfällt mit einem Anteil von 15,7% weniger als die Hälfte dessen, was ihm proportional eigentlich zustünde. Aber auch das mittlere Drittel bleibt mit einem Anteil von 26,1% erheblich unter seinem ihm bei gleicher Verteilung zustehenden Drittel. Und diese Entwicklung geht offensichtlich weiter."[1]

Zur Armutsdefinition

Bei Armut wird zwischen relativer und absoluter Armut unterschieden. Von absoluter Armut spricht man immer dann, wenn die Befriedigung menschlicher Grund- bzw. Existenzbedürfnisse (Nahrung, Kleidung, Wohnen) nicht gewährleistet ist. Unter relativer Armut wird ein Leben unter dem in einer Gesellschaft als normal empfundenen Niveau verstanden; die EG-Kommission geht davon aus, daß arm ist, wer über weniger als 50% des Durchschnittseinkommens in einer Volkswirtschaft verfügt. In Deutschland wird als statistischer Armutsindikator in der Regel der Bezug von Sozialhilfe herangezogen, was allerdings bedeutet, sich an einer politisch festgelegten Meßgröße zu orientieren.

Das wirtschaftspolitische Ziel einer sozial verträglichen Einkommensverteilung wurde bis heute offensichtlich nicht erreicht.[2] Durch **konjunkturelle und strukturelle Krisen** - die marktwirtschaftlichen Ordnungen immanent sind - verschärft sich zusätzlich der Verteilungskonflikt. Ungleiche Verteilung von Einkommen und Vermögen nimmt außerdem einen massiven Einfluß auf die wirtschaftliche gleichgewichtige Entwicklung bzw. löst allgemeine Marktkrisen im privaten Wirtschaftssektor aus, wodurch es gleichzeitig beim Staat zu

[1] Ernst-Ulrich Huster, Reich, schön, gut, Wieviel soziale Distanz verträgt die Gesellschaft?, in: Blätter für deutsche und internationale Politik, Heft 1/1996, S. 93, derselbe, Reichtum in Deutschland, in: WSI-Mitteilungen, Heft 10/1994, S. 635ff.

[2] Vgl. dazu Hans-Jürgen Ahrns, Hans-Dieter Feser, Wirtschaftspolitik, Problemorientierte Einführung, Kapitel V, Verteilungspolitik, 6. Aufl., München, Wien 1995

Steuerausfällen kommt, die zu einer **Krise des Steuerstaates** führen,[1] in dessen Folge der Staat die Staatsausgaben senkt und dadurch die Wirtschaftskrise noch verschärft.

Bei der Kürzung von Staatsausgaben kommt es in erster Linie zu einer Kürzung der staatlichen Sozialleistungen. Nicht zuletzt deshalb wird seit Beginn der 90er Jahre in Deutschland massiv der **„Umbau des Sozialstaates"** gefordert und sein Abbruch betrieben. Die *„Arbeitsgruppe Alternative Wirtschaftspolitik"* schreibt dazu in ihrem *Memorandum '97*: „Bundesregierung und Unternehmer wollen mehr Marktradikalität zu Lasten demokratischer und sozialer Grundrechte durchsetzen. Gleichzeitig wird die Einkommens- und Vermögensspaltung vorangetrieben. Die wirtschaftliche und politische Grundlage für diese gesellschaftliche Veränderungsstrategie ist die anhaltende Massenarbeitslosigkeit. Sie ist längst nicht mehr nur persönliches Schicksal, Ursache von permanenten Haushaltslücken und gesamtwirtschaftlicher Verschwendung. Arbeitslosigkeit ist darüber hinaus zum massiven politischen Instrument geworden, das Unternehmen, Verbände und Regierung nutzen, um die Ansprüche der auf Arbeitseinkommen angewiesenen Menschen auf ein Leben in materieller Sicherheit, sauberer Umwelt sowie sozialer Gerechtigkeit zurückzudrängen. Obwohl die Produktivität der menschlichen Arbeit und damit die Möglichkeit persönlichen und gesellschaftlichen Wohlstands Jahr für Jahr steigen, behaupten sie, schon der bisher erreichte Lebensstandard lasse sich nicht mehr halten. Mit Hinweis auf die Globalisierung der Wirtschaft fordern sie Verzicht im Namen der internationalen Wettbewerbsfähigkeit deutscher Unternehmen. Wird ein solcher Verzicht durchgesetzt, verschafft er den Unternehmen zwar zusätzliche Weltmarktanteile und Profite, aber hiervon hat die große Mehrheit der Bevölkerung nichts. Im Gegenteil, die schrumpfende Inlandsnachfrage führt zu neuer Arbeitslosigkeit, sinkenden Realeinkommen und zu weiterer Schwächung der politischen Widerstandskraft von Beschäftigten und Gewerkschaften. Die Umverteilung von Einkommen, Vermögen und politischer Macht zugunsten großer Konzerne und kleiner Eliten schreitet rapide voran."[2]

Spiegelbild für diese Entwicklung ist die in Deutschland seit Beginn der 80er Jahre geführte **ordnungstheoretische Diskussion**, die in der Forderung **„mehr Markt, weniger Staat"** gipfelt. Der Staat bzw. die **Staatsquote** (vgl. dazu das 2. Kapitel, Punkt 9.1.3) soll zugunsten des

---

[1] Zur Steuerabhängigkeit des Staates vgl. die klassischen Untersuchungen von J. Schumpeter, Die Krise des Steuerstaats, Graz/Leipzig 1918, neu ediert: R. Hickel (Hrsg.), Rudolf Goldscheid/Joseph Schumpeter, Die Finanzkrise des Steuerstaats - Beiträge zur politischen Ökonomie der Staatsfinanzen, Frankfurt/M. 1976 - Zum Versuch, diese Finanztheorie neu zu interpretieren und anzuwenden: R.R. Grauhan/R. Hickel (Hrsg.), Krise des Steuerstaats? Widersprüche, Perspektiven, Ausweichstrategien, in Levianthan (Sonderheft) 1/1978

[2] Arbeitsgruppe Alternative Wirtschaftspolitik, Memorandum '97, Köln 1997, S. 10

Marktes zurückgedrängt werden; wobei allerdings die Frage offen bleibt, wieviel Staat in einer Wirtschaftsordnung dezentraler Planung auf Basis des Gewinnprinzips notwendig ist, um dem in Deutschland in der Verfassung verbürgten **Sozialstaatsprinzip** (Art. 20 Abs. 1 GG)[1] und der dem Sozialstaatsprinzip eng verbundenen **Sozialbindung des Eigentums** (Art. 14 Abs. 2 GG) Genüge zu tun? Geht man davon aus, daß das Wichtigste für die Menschen in einer Wirtschaftsordnung nach wie vor eine durch eigene Arbeit sichergestellte Reproduktion zur Daseinsgestaltung ist, so müßte der **Staat** zumindest solange in den privaten Marktprozeß **intervenieren**, bis das auch im *„Stabilitäts- und Wachstumsgesetz"* von 1967 postulierte wirtschaftspolitische Ziel der **Vollbeschäftigung** erreicht ist. Hierbei ist zu beachten, daß eine Gesellschaft, die dieses Ziel langfristig nicht erfüllt, durch fortschreitende Polarisierung von Reichtum und Armut geprägt ist. Dieser Zusammenhang wurde im **Arbeitsförderungsgesetz (AFG)** vom 25. Juni 1969 noch erkannt. So sollte das Gesetz dazu beitragen, daß „weder Arbeitslosigkeit noch unterwertige Beschäftigung noch ein Mangel an Arbeitskräften eintreten oder fortdauern" soll. „Der gesellschaftlichen Dimension des Sozialstaatsgebots war sich dabei auch das **Bundesverfassungsgericht** in seiner (...) Judikatur immer bewußt, denn es hat die verfassungsrechtliche Pflicht des Staates ausgesprochen, 'für einen Ausgleich der sozialen Gegensätze und damit für eine gerechte Sozialordnung zu sorgen', und 'das Ideal der sozialen Demokratie in den Formen des Rechtsstaates' entwickelt. Der so verstandene Sozialstaat verfolgt nach Ansicht des Gerichts grundsätzlich die 'annähernd gleichmäßige Förderung des Wohles aller Bürger und annähernd gleichmäßige Verteilung der Lasten'."[2]

Die Reichweite der staatlichen Interventionen ist in marktwirtschaftlichen Ordnungen aber nicht unbegrenzt, da der soziale **Interventionsstaat** selbst ein Opfer der privat-ökonomischen Instabilitäten wird. Letztlich ist auch der Staat in marktwirtschaftlichen Ordnungen den strukturellen Schwächen einer auf Gewinnlogik aufbauenden marktgesteuerten Ökonomie ausgeliefert.

Trotzdem hat die kapitalistische (soziale) Marktwirtschaft als wirtschaftliche Ordnungsform heute keinen „Feind" mehr außer sich selber, stellt der Politiker ***Wolfgang Thierse*** fest und schreibt dazu: „Vieles, was wir beklagen - Egoismus, Vereinzelung, Bürokratisierung -, sind Triebkräfte

---

[1] Vgl. Roland Meister, Das Sozialstaatsprinzip des Grundgesetzes, in: Blätter für deutsche und internationale Politik, Heft 5/1997, S. 608ff.

[2] Helmut D. Fangmann, Die marktwirtschaftliche Ordnung, in: Rudolf Hickel, Harald Mattfeldt, (Hrsg.), Millionen Arbeitslose!, Reinbek 1983

oder gar Wesensmerkmale der marktwirtschaftlichen Gesellschaft. Die Kritik an diesen Symptomen müßte folgerichtig zu einer neuen Kapitalismuskritik werden. Das aber paßt (noch) nicht in die Zeit des westlichen Triumphalismus. Die Erkenntnis, daß die Marktwirtschaft den Systemwettstreit gar nicht gewonnen hat, sondern daß sie bloß übriggeblieben ist, muß sich erst noch Bahn brechen."[1] Daß der Kapitalismus als wirtschaftliche Ordnungsform „überlebt" hat, bedeutet in der Tat noch nicht, daß er keine **systemimmanenten Schwächen** oder sogar **Widersprüche** in sich trägt. Fest steht jedenfalls, daß die zu bewältigenden globalen Problemkreise innerhalb kapitalistischer Ordnungen - ob mit dem Attribut „frei" oder „sozial" versehen - nach dem Zerfall der zentralen sozialistischen Wirtschaftsordnungen nicht weniger geworden sind. Zu nennen sind hier nur: Die **Bevölkerungsexplosion** und die damit einhergehende Massenarmut mit Hunger und Elend in den Entwicklungsländern, die gerade begonnenen **Reformprozesse in den osteuropäischen Ländern**, die Problematik der **Massenarbeitslosigkeit** und nicht zuletzt die weltweite **ökologische Krise**.

4.2 Kapitalistische Krise und Staatsversagen

Die seit Beginn der 90er Jahre in der Bundesrepublik aufgrund von zunehmender Massenarbeitslosigkeit, abnehmender realer Wachstumsraten des Sozialprodukts sowie einer explodierenden Staatsverschuldung manifest gewordene Krise der „sozialen Marktwirtschaft" wird von immer größer werdenden Kreisen aus Politik, Wirtschaft und Wirtschaftswissenschaft einem angeblich **„ausgeuferten Staatssektor"** zugewiesen. Nicht die immanenten Schwächen und Widersprüche einer kapitalistischen Marktordnung werden kritisch analysiert, um die zweifelsohne vorhandenen Probleme zu therapieren, sondern es wird kurzerhand eine viel zu hohe Staatsquote für die Krise verantwortlich gemacht. Die zu hohe Staatsquote am Sozialprodukt lähme quasi auf der einen Seite die ansonsten innovative Unternehmerschaft, so daß es zu Investitionsausfällen und damit letztlich zu einem Ansteigen der Arbeitslosigkeit käme, und auf der anderen Seite führe eine zu hohe Staatsquote zu einem **Staatsversagen** (Versagen des Finanzstaates), weil die Grenzen der Steuer- und Abgabenbelastung der Wirtschaftssubjekte überschritten würden. Hierdurch käme es wiederum zu einer ausgeprägten **Schattenwirtschaft**[2],

---

[1] Wolfgang Thierse, Die Aufgaben der Politik, in: Fried. Krupp AG Hoesch-Krupp (Hrsg.), Gesellschaft im Widerspruch, Erfahrungen und Perspektiven, Essen 1994 S. 237

[2] Zum Begriff und zur empirischen Entwicklung der Schattenwirtschaft vgl. Heinz-Dieter Hardes, Jürgen Mertes, Grundzüge der Volkswirtschaftslehre, 5. Aufl., München, Wien 1997, S. 47f. In einer Untersuchung der

die als Ausdruck eines wachsenden subjektiven Widerstands von Bürgern gegenüber zu hohen Steuern und Abgaben sowie staatlicher Regulierungen in Form von Gesetzen und Verordnungen gilt.

Schattenwirtschaft
„Selbstversorgung, Nachbarschaftshilfe, alternative Ökonomie, Schwarzarbeit, kriminelle Aktivitäten. Es sind Wertschöpfungen, die bei der Berechnung des Bruttosozialproduktes statistisch nicht erfaßt werden, weil sie verheimlicht werden oder erhebnungstechnisch nicht ermittelt werden können." (Artur Woll, Wirtschaftslexikon, München, Wien 1987, S. 585)

Wirtschaftsvertreter gehen dabei beim Angriff auf den Staat bereits so weit, daß sie in blinder verfassungsfeindlicher Manier demokratische Grundstrukturen der Wirtschafts- und Gesellschaftsordnung in der Bundesrepublik in Frage stellen. Nun muß dies Demokraten nicht unbedingt beunruhigen, weil Demokratie vom Kapitalismus schon immer als eine janusköpfige Einrichtung verstanden wurde. Bereits in der ersten Hälfte des 19. Jahrhunderts - also zur Zeit der Ablösung des Absolutismus durch den Kapitalismus - hat sich ***Alexis de Tocqueville***[1] mit der Frage beschäftigt, ob es möglich ist, daß sich in Parlamentsdemokratien in Verbindung mit kapitalistischen Ordnungen die arbeitenden Massen das aneignen könnten, was ihnen aufgrund ihrer Leistung aus Sicht der Kapitalisten nicht zusteht? Die Angst der Kapitalklasse bestand nach seiner Ansicht darin, daß es durch den Stimmzettel möglich wird, den Klassenkampf in das Parlament zu tragen und dort womöglich bei Abstimmungen demokratisch zu verlieren. Erzielt die Arbeiterklasse im Parlament die Mehrheit, so geht dies zu Lasten der Profite. Dies ist die größte Sorge der Kapitalklasse, die nicht gesamtwirtschaftlich (staatlich) denkt, sondern ausschließlich den einzelwirtschaftlichen Vorteil sucht. Auf der anderen Seite kann aber auch nicht die Kapitalistenklasse die Parlamentsherrschaft zur Unterdrückung der Arbeiterklasse für sich beanspruchen.

Damit war die Frage nach dem Verhältnis eines demokratischen Staats bzw. seiner Staatsfunktionen zur Wirtschaft aufgeworfen, wobei zur Herstellung eines **sozialen Friedens** in

Universität Linz (Österreich) aus dem Jahr 1997 wurde festgestellt, daß in Italien die Schattenwirtschaft ein Ausmaß von 25% des offiziell erfaßten Sozialprodukts erreicht. Belgien kam in der Untersuchung auf einen Wert von 21%. Für Nordeuropa (Schweden, Norwegen und Dänemark) wurden 18% ermittelt. Auch in Deutschland hat die Schattenwirtschaft mit einem Wert von 15% eine bedenkliche Größenordnung erreicht. In den USA liegt der Studie zufolge der Wert bei 9%. Vgl. Hannoversche Allgemeine Zeitung vom 4.10.1997

[1] Vgl. Alexis de Tocqueville, Über die Demokratie in Amerika, Erster Teil, Stuttgart 1959, S. 299ff., erste Aufl. 1835

der Gesellschaft seit der **Bismarck-Ära** mit der Einführung der *Sozialversicherung* das Ziel darin bestand, die Loyalität der Arbeiterschaft zum Staat sicherzustellen. Die politische Geschichte der *„Sozialdemokratischen Partei Deutschland" (SPD)* ist hierdurch geprägt. Der Ökonom und Finanzwissenschaftler ***Adolf Wagner** (1835 bis 1917)* hat dagegen diese Debatte theoretisch geprägt, indem er aus der Verantwortung des Staates für „alle Kreise und Klassen des Volkes" sein **„Gesetz von der zunehmenden Staatstätigkeit"**[1] abgeleitet und damit als Gegenposition zum Laissez-Faire-Kapitalismus zum ersten Mal wissenschaftlich die Notwendigkeit einer steigenden Staatsquote begründet hat. Nach Wagner ist mit dem Fortschritt der Kultur regelmäßig eine Ausdehnung der Staatstätigkeiten verbunden, so daß folglich auch die Staatsausgaben absolut und relativ bezogen auf das Sozialprodukt zunehmen. Er unterschied dabei Staatsaufgaben nach **Rechts- und Machtzwecken** sowie **Kultur- und Wohlfahrtszwecken**. Der Finanzwissenschaftler ***Dieter Brümmerhoff*** faßt die Vorstellungen von Wagner so zusammen:

„Neue Aufgaben erwachsen dem Staat aus der immer wichtiger werdenden Garantie ungestörter Rechtssicherheit. Mit der zunehmenden Bevölkerungsdichte und immer entwickelteren Arbeitsteilung gehen stets komplizierter werdende Verkehrs-, Wirtschafts- und Rechtsverhältnisse einher. Die vermehrte Reibung führt dazu, daß die repressive und präventive Tätigkeit des Staats zur Verwirklichung des Rechtszweckes anwächst. Der Staat 'fortschreitender kulturfähiger Völker' wird immer mehr Kultur- und Wohlfahrtsstaat in dem Sinne, daß gerade seine Leistungen auf dem Gebiet des Kultur- und Wohlfahrtszweckes sich beständig ausdehnen und einen 'reicheren und mannigfaltigeren Inhalt' erfahren. Mit dem Zwang zu höheren Ausgaben als Folge des Funktionswandels des Staates ist eine zunehmende Ausdehnung des öffentlichen Finanzbedarfs verbunden. Beide Erklärungen Wagners lassen sich auch ohne Schwierigkeiten in moderne Termini übertragen: Die Bedeutung typischer öffentlicher Güter nimmt ständig zu (**allokative Funktion des Staates**), dem Staat erwachsen zunehmend Stabilisierungsaufgaben (**Stabilisierungsfunktion des Staates**) und die vorgegebene Einkommens- und Vermögensverteilung wird immer weniger als Ausfluß einer natürlichen Ordnung, sondern als korrekturbedürftig empfunden (**Verteilungsfunktion des Staates**)."[2]

---

[1] Vgl. Adolf Wagner, Grundlagen der politischen Ökonomie, 3. Aufl., 1. Teil, 2. Halbband , Leipzig 1893, sowie derselbe, Staat (in nationalökonomischer Hinsicht), Handwörterbuch der Staatswissenschaften, Bd. 7, Jena 1911, S. 727 - 739

[2] Dieter Brümmerhoff, Finanzwissenschaft, 7. Aufl., München, Wien 1996, S. 193

Diese Sicht wird allerdings heute durch eine Negativdiagnose zum gegenwärtigen Staat durch **Neoklassiker** bzw. durch den **Neo-Neoliberalismus** immer mehr in Frage gestellt. Dabei wird behauptet, daß Politik versagt, zumindest aber der Staat und seine Organisation dem Markt bzw. Marktmechanismen weit unterlegen ist. Eingeleitet wurde dieser „Staatsangriff" durch den neoklassischen Ökonomen und Nobelpreisträger für Wirtschaftswissenschaften des Jahres 1972 ***Kenneth J. Arrow** (1921)*. Mit seiner 1951 erschienenen Arbeit *„Social choice and individual values"* versucht er nachzuweisen, daß unter bestimmten Prämissen demokratisch herbeigeführte Abstimmungsergebnisse widersprüchlich und damit allgemeine und gleiche Wahlen sinnlose Aktionen sind. Die Wahlergebnisse führen zu keiner widerspruchsfreien gesellschaftlichen Wohlfahrtsfunktion, weil das Wahlergebnis bei Mehrheitsentscheidungen nach Arrow davon abhängt, welche Alternative aus einer gegebenen Menge von erstrebenswerten gesellschaftlichen Zielen vom Staat zur Abstimmung gestellt wird. Dem steht das **freie Spiel der Marktkräfte** gegenüber, das immer zu einem Marktgleichgewicht mit einem gleichzeitigen gesellschaftlichen Optimum führt. Allenfalls rechtfertigen die Fälle des **„Marktversagens"**[1] (Monopolisierung, externe Effekte u.a) eine staatliche Intervention in den Marktprozeß. Für die Neoklassik ist es daher nur konsequent, alles Politische in private Einzelverträge (Kaufverträge) aufzulösen. „Dies bedeutet: Monopole sind zu beseitigen und der freie Wettbewerb herzustellen. Hierbei werden vor allem die **Gewerkschaften** wegen ihres Angebotsmonopols auf dem Arbeitsmarkt als störend eingeschätzt. Besonders aber ist das Privateigentum, das uneingeschränkte Verfügungsrecht hierüber und die Vertragsfreiheit abzusichern. Dies impliziert eine drastische Senkung des Staatsanteils am Bruttosozialprodukt und damit die Aufgabe des **Sozialstaates** beziehungsweise allgemein ein Ende des staatlichen Eingriffs in die Einkommensverteilung mit entsprechenden Beschränkungen der Kompetenz des Parlaments. Nachdem diese grundlegenden Veränderungen vollzogen sind (in der politischen Praxis als **Marktradikalismus**, **Deregulierung** und **Privatisierung** diskutiert), soll die in dieser Weise rein am Markt ausgerichtete Wirtschaft und Gesellschaft sich durch Wettbewerb um die besten Ideen, Verfahren und institutionellen Arrangements innerhalb des kapitalistischen Rahmens frei entwickeln. Der Wettbewerb als Entdeckungsverfahren (von Hayek, d.V.) und Garant von Evolution ermöglicht - so das Argument - partielle Veränderungen und Anpassungen an neue Erfordernisse, während jedoch die Planung des Wirtschafts- und Gesellschaftsprozesses energisch als 'totalitärer Beglückungsversuch' abgelehnt wird."[2]

---

[1] Vgl. dazu ausführlich das 4. Kapitel (Einzelwirtschaftliche Marktsteuerung).

[2] Herbert Schui u.a., Wollt ihr den totalen Markt? Der Neoliberalismus und die extreme Rechte, München 1997, S. 12f.

Auch die Theorien der **„kollektiven Entscheidungen"** von ***A. Downs***[1], ***J.M. Buchanan*** und ***G. Tullock***[2] kommen zu diesem Ergebnis. Hier werden in Abwandlung zu Arrow lediglich die Wahlen als Markt für Politik aufgefaßt, wobei die Wähler die Nachfrager, die Parteien die Anbieter sind. Während Downs noch das Politikangebot als **nachfragebestimmt** interpretiert, den Wählern also eine entscheidende Bedeutung einräumt, gehen in der Folge besonders Buchanan und Tullock dazu über, diesen politischen Markt als **angebotsbestimmt** zu verstehen. Dabei versagt der Staat. Dieses **Staatsversagen** (oder oft synonym verwendet für Demokratieversagen) ergibt sich hierbei wahlweise daraus, daß die Staatsbürokratie ihre eigenen Ziele, nicht aber ein wie auch immer zu bestimmendes Ziel gesellschaftlicher Wohlfahrt verfolgt - hier wird die öffentliche Verwaltung quasi zum Diktator erklärt -, oder daß der Staat eigentlich ohnmächtig ist, sei es, weil er als Großorganisation falsch oder ineffizient handeln muß (aus Mangel an Informationen und damit der Unmöglichkeit, gesellschaftlich zu planen), sei es, weil er von mächtigen Interessengruppen in Beschlag genommen wird, die die Gesellschaft durch den Gebrauch staatlicher Machtmittel ausplündern und damit das Wirtschaftswachstum hemmen. Als Ausweg empfiehlt der Neo-Neoliberalismus Privatisierung und Deregulierung von Staatsfunktionen. Dies wird aber nicht ausreichen - wie die Beispiele USA und Großbritannien zeigen[3] - um die ökonomischen Probleme des 21. Jahrhunderts zu lösen. Im Gegenteil, es ist zu befürchten, daß der einschlagene Neo-Neoliberalismus die Probleme massiv vergrößern wird. An der Frage: Wieviel Markt hält die Demokratie aus, wird sich die Zunkunft entscheiden. Der Staat hat dabei die Aufgabe, für einen gerechten Ausgleich zwischen den Klassen zu sorgen. Eine demokratisch verfaßte Gesellschaft ist nur dann stabil, wenn die Wähler spüren und wissen, daß die Rechte und Interessen eines jeden zählen, nicht nur die der wirtschaftlich Überlegenen.

---

[1] Vgl. A. Downs, An Economic Theory of Democracy, New York 1957 (in deutsch: Ökonomische Theorie der Demokratie, Tübingen 1968)

[2] Vgl. J.M Buchanan, G. Tullock, Democracy in Deficit: The Political Legacy of Lord Keynes, New York 1977

[3] Der gesellschaftliche Verfall unter den klassischen Industrieländern wird insbesondere in den USA deutlich. Aufgrund einer immer größer werdenden Kluft zwischen Arm und Reich hat die Kriminalität hier epidemische Ausmaße angenommen. Im Bundesstaat Kalifornien, für sich genommen die siebtgrößte Wirtschaftsmacht der Erde, übersteigen die Ausgaben für die Gefängnisse mittlerweile den gesamten Bildungsetat. Schon 28 Millionen Amerikaner, mehr als zehn Prozent der Bevölkerung, haben sich in bewachten Hochhäusern und Siedlungen verschanzt. Für private, bewaffnete Wächter geben die US-Bürger doppelt soviel Geld aus wie ihr Staat für die Polizei. Auch in Großbritannien haben 18 Jahre neoliberaler Thatcherismus zu einer Marktradikalität geführt, die die eh schon großen wirtschaftlichen Unterschiede in der Bevölkerung noch weit größer gemacht haben. Immer mehr Menschen fallen durch das soziale Netz. Selbst diejenigen, die Arbeit haben, „verdienen nicht genug, um auch nur halbwegs anständig leben zu können", sagt der deutsche in England lebende Soziologe Ralf Dahrendorf. Ein Viertel der Briten verdient heute nach Berechnungen der Gewerkschaften weniger als umgerechnet zehn Mark in der Stunde. Die Obdachlosigkeit hat sich drastisch erhöht. Die Kluft zwischen Arm und Reich ist so groß wie in keinem anderen entwickelten Land, hat unlängst die OECD beklagt. Verwaiste und verfallende Stadtteile neben Glasbauten und Büropalästen sowie eine immer mehr verrottende öffentliche Infrastruktur werden mittlerweile schon von Industrieverbänden als ökonomisch kontraproduktiv beklagt.

Literatur:

Wolfgang Abendroth, (Hrsg.), Faschismus und Kapitalismus, Frankfurt/M. 1979

Hans-Jürgen Ahrns, Hans-Dieter Feser, Wirtschaftspolitik, Problemorientierte Einführung, 6. Aufl., München, Wien 1995

Arbeitsgruppe Alternative Wirtschaftspolitik, Memorandum '97, Köln 1997

Kenneth J. Arrow, Social choice and individual values, 2nd ed., New Haven 1963

J. Backhaus (Hrsg.), Systemwandel und Reform in östlichen Wirtschaften, Marburg 1991

Rudolf Bahro, Die Alternative, Zur Kritik des real existierenden Sozialismus, Hamburg 1980

Ulrich Baßeler, Jürgen Heinrich, Walter Koch, Grundlagen und Probleme der Volkswirtschaft, 14. Aufl., Köln 1996

Avraham Barkai, Das Wirtschaftssystem des Nationalsozialismus, Der historische und ideologische Hintergrund 1933 - 1936, Köln 1977

A. Beyer, Die Reformpolitik der DDR in den Parteibeschlüssen, in: Ludwig Bress, Karl Paul Hensel (Hrsg.), Wirtschaftssysteme des Sozialismus im Experiment - Plan oder Markt?, Frankfurt/M. 1972

Ludwig Bress, Karl Paul Hensel, (Hrsg.) Wirtschaftssysteme des Sozialismus im Experiment - Plan oder Markt?, Frankfurt/M. 1972

Dieter Brümmerhoff, Finanzwissenschaft, 7. Aufl., München, Wien 1996

J.M. Buchanan, G. Tullock, Democracy in Deficit: The Political Legacy of Lord Keynes, New York 1977

Vladimir Bonc, Jugoslawien, Hannover 1970

Franz Böhm, Demokratie und ökonomische Macht, Sonderdruck aus: Kartelle und Monopole im modernen Recht, Karlsruhe 1961

Bundesministerium für Wirtschaft (BMWi), 30 Jahre Marktwirtschaft, Bonn 1979

D. Cassel (Hrsg.), Wirtschaftssysteme im Umbruch, München 1990

Milojko Drulovic, Arbeiterselbstverwaltung auf dem Prüfstand - Erfahrungen in Jugoslawien, Bonn-Bad Godesberg 1977

A. Downs, An Economic Theory of Democracy, New York 1957 (in deutsch: Ökonomische Theorie der Demokratie, Tübingen 1968)

Deutsche Bundesbank, Monatsbericht 10/1996

DIW-Wochenbericht, Nr. 47/48, 1994, Nr. 2/1995 sowie Nr. 19/1996

Theodor Eschenberg, Geschichte der Bundesrepublik Deutschland, Bd. 1, Jahre der Besatzung 1945 - 1949, Stuttgart 1983

Walter Eucken, Grundsätze der Wirtschaftspolitik, Bern-Tübingen 1952

Helmut D. Fangmann, Die marktwirtschaftliche Ordnung, in: Rudolf Hickel, Harald Mattfeld, (Hrsg.), Millionen Arbeitslose!, Reinbek 1983

Andreas Forner, Volkswirtschaftslehre, Einführung in die Grundlagen, Wiesbaden 1992

Gernot Gutmann, Werner Klein, Spiros Paraskewopoulos, Helmut Winter, Die Wirtschaftsverfassung der Bundesrepublik Deutschland, Stuttgart, New York 1976

Michail Gorbatschow, Perestroika, Eine neue Politik für Europa und die Welt, Köln 1988

R.R. Grauhan, R. Hickel (Hrsg.), Krise des Steuerstaats? Widersprüche, Perspektiven, Ausweichstrategien, in: Levianthan (Sonderhelft) 1/1978

H. Hamel (Hrsg.), Bundesrepublik Deutschland - DDR, Die Wirtschaftssysteme, 4. Aufl., München 1983

H. Hamel, Die Experimente der sozialistischen Marktwirtschaften, in: Ludwig Bress, Karl Paul Hensel (Hrsg.), Wirtschaftssysteme des Sozialismus im Experiment - Plan oder Markt?, Frankfurt/M. 1972

Heinz-Dieter Hardes, Jürgen Mertes, Grundzüge der Volkswirtschaftslehre, 5. Aufl., München, Wien 1997

G. Hedtkamp, Wirtschaftssysteme. Theorie und Vergleich. München 1974

Karl Paul Hensel, Grundformen der Wirtschaftsordnung, Marktwirtschaft - Zentralverwaltungswirtschaft, München 1972

Karl Paul Hensel, Zyklus der Reformen in der DDR, in: Ludwig Bress, Karl Paul Hensel (Hrsg.), Wirtschaftssysteme des Sozialismus im Experiment - Plan oder Markt?, Frankfurt/M. 1972

Karl Paul Hensel, Kurt Wessely, Ulrich Wagner, Das Profitprinzip - seine ordnungspolitischen Alternativen in sozialistischen Wirtschaftssystemen, Stuttgart 1972

Rudolf Hickel, Sowjetunion im Umbau: Grundlinien einer Wirtschafts- und Währungsunion der bisherigen Sowjetrepubliken, in: Memo-Forum, Zirkular der „Arbeitsgruppe Alternative Wirtschaftspolitik", Heft Nr. 18, Bremen 1991

Jörg Huffschmid, Die Politik des Kapitals, Konzentration und Wirtschaftspolitik in der Bundesrepublik, 8. Aufl., Frankfurt/M. 1972

Jörg Huffschmid, Herbert Schui, (Hrsg.), Gesellschaft im Konkurs?, Köln 1976

Ernst-Ulrich Huster, Reich, schön, gut, Wieviel soziale Distanz verträgt die Gesellschaft?, in: Blätter für deutsche und internationale Politik, Heft 1/1996

Ermst-Ulrich Huster, Reichtum in Deutschland, WSI-Mitteilungen, Heft 10/1994

Jürgen Kromphardt, Konzeptionen und Analysen des Kapitalismus, 3. Aufl., Göttingen 1991

Jiri Kosta, Wirtschaftssysteme des realen Sozialismus, Probleme und Alternativen, Köln 1984

Albert Lauterbach, Kapitalismus und Sozialismus in neuer Sicht, Reinbek 1963

H. Leipold, Wirtschafts- und Gesellschaftssysteme im Vergleich, 5. Aufl., Stuttgart 1988

Hans-Peter Martin, Harald Schuman, Die Globalisierungsfalle - Der Angriff auf Demokratie und Wohlstand, 13. Aufl., Reinbek bei Hamburg 1997

Karl Marx, Zur Kritik der Politischen Ökonomie, in: Marx-Engels-Werke, Bd. 13, Berlin (Ost) 1975

Roland Meister, Das Sozialstaatsprinzip des Grundgesetzes, in: Blätter für deutsche und internationale Politik, Heft 5/1997

Renate Neubäumer, Erfolge und Probleme im deutschen Vereinigungsprozeß, in: Wirtschaftsdienst 1996/XI

Harry Nick, Marktwirtschaft, Legende und Wirklichkeit, Köln 1980

Fritz Schenk, Magie der Planwirtschaft, Köln, Berlin 1960

Herbert Schui, Die ökonomische Vereinigung Deutschlands, Bilanz und Perspektiven, Heilbronn 1991

Herbert Schui u.a., Wollt ihr den totalen Markt? Der Neoliberalismus und die extreme Rechte, München 1997

Joseph Schumpeter, Die Krise des Steuerstaats, Graz/Leipzig 1918

Michael Schneider, Das Ende eines Jahrhundertmythos, Eine Bilanz des Sozialismus, Köln 1992

Paul Sering, Jenseits des Kapitalismus, 3. Aufl., Regensburg 1948

Horst Siebert, Das Wagnis der Einheit - Eine wirtschaftspolitische Therapie, Stuttgart 1992

Ota Sik, Humane Wirtschaftsdemokratie, Ein dritter Weg, Hamburg 1979

Paul Tillich, Der Mensch im Christentum und im Marxismus, München 1952

Wolfgang Thierse, Die Aufgaben der Politik, in: Fried. Krupp AG Hoesch-Krupp (Hrsg.), Gesellschaft im Widerspruch, Erfahrungen und Perspektiven, Essen 1994

Alexis de Tocqueville, Über die Demokratie in Amerika, Erster Teil, Stuttgart 1959, erste Aufl. 1835

Adolf Wagner, Grundlagen der politischen Ökonomie, 3. Aufl., 1. Teil, 2. Halbband, Leipzig 1893

Adolf Wagner, Staat (in nationalökonomischer Hinsicht), Handwörterbuch der Staatswissenschaften, Bd. 7, Jena 1911

Marinanne Welteke, Theorie und Praxis der Sozialen Marktwirtschaft, Frankfurt/M., New York 1976

4. Kapitel
Einzelwirtschaftliche Marktsteuerung

1. Die modelltheoretischen Grundlagen der Marktwirtschaft
1.1 Der Markt koordiniert dezentrale Wirtschaftspläne

In marktwirtschaftlichen Ordnungen werden die unendlich vielen Wirtschaftspläne der einzelnen Wirtschaftssubjekte über **Märkte** gesteuert. „Auf diesen Märkten findet ein Austausch der Faktorleistungen oder Güter jeweils gegen Geld statt. Letztlich werden dabei aber Güter gegen Güter getauscht. Die Tauschvorgänge auf diesen Märkten sind freiwillig, d.h. es ist die Zustimmung beider Partner notwendig. Dadurch kommt auf den Märkten die notwendige Koordination der Entscheidungen zwischen den Unternehmungen und den Haushalten zustande.“[1] Ein freiwilliger Tausch auf Basis der subjektiven Wertlehre (vgl. dazu Kapitel 2) ist dabei für beide Tauschpartner immer dann vorteilhaft, sofern er die Güterallokation gemäß der subjektiv aufgestellten Präferenzordnungen verbessert. „Ist der bloße Tausch damit auch 'produktiv' in dem Sinne, daß er etwas hervorbringt, das es vorher nicht gab? Der ökonomische Laie verneint dies, weil er als Dritter konstatiert, daß nach dem Tausch genausoviel Äpfel und Birnen vorhanden sind wie vorher. Tatsächlich aber hat sich das Vermögen beider Partner vergrößert, da beide gemäß eigener Einschätzung etwas bekommen haben, das mehr wert ist als das, was sie dafür hergaben.“[2] Durchkreuzt wird die Vorteilsposition für beide Tauschpartner in der wirtschaftlichen Realität allerdings durch die jeweils gegebene Wettbewerbssituation. Steht z.B. ein einziger Anbieter vielen Nachfragern gegenüber, so kann der Anbieter seine **Marktmacht** ausnutzen und die Nachfrager übervorteilen bzw. ausbeuten.

Märkte beziehen sich in ihrer Abgrenzung immer auf ein bestimmtes Gut oder eine Gütergruppe. Eine **Marktabgrenzung** in Form eines **relevanten Marktes** ist aber nicht nur nach dem gehandelten Gut in sachlicher, sondern auch in **räumlicher** und **zeitlicher** Hinsicht erforderlich. Dies gilt schon alleine deshalb, weil die Produktionskosten eines Gutes an unterschiedlichen Orten zu unterschiedlichen Zeiten voneinander abweichen. Als **Anbieter** von Sachgütern und Dienstleistungen treten in marktwirtschaftlichen Ordnungen in erster Linie **Unternehmen** auf, während die **Nachfragerseite** nicht nur vom **Endverbraucher** (Konsumenten) bestimmt wird,

---
[1] Jürgen Franke, Grundzüge der Mikroökonomik, 7. Aufl., München ,Wien 1995, S. 4
[2] Alfred Stobbe, Mikroökonomik, 2. Aufl., Berlin, Heidelberg, New York u.a. 1991, S. 290

sondern auch von Unternehmen als Nachfrager von **Vorleistungen** und vom **Staat** (z.B. staatliche Nachfrage nach Rüstungsgütern).

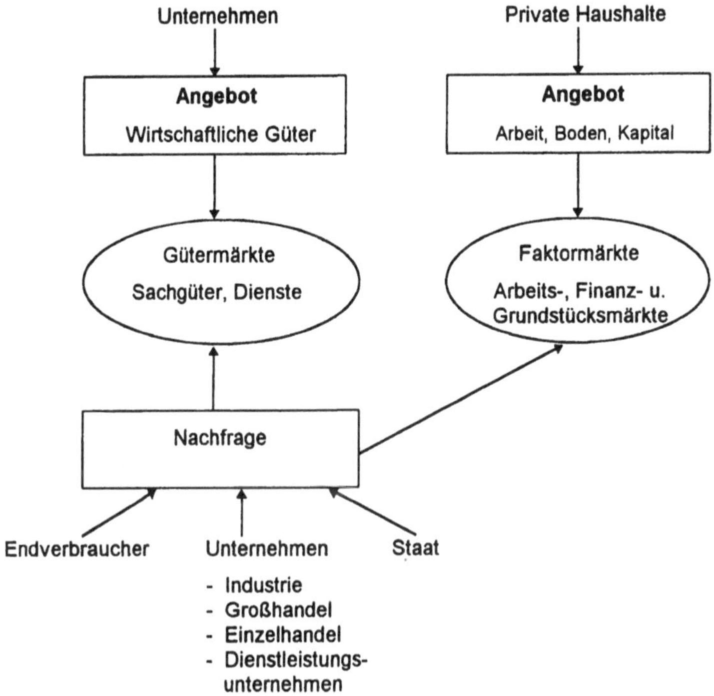

Werden wirtschaftliche Güter ausgetauscht, spricht man von **Gütermärkten**, während sich der Austausch der Produktionsfaktoren (Arbeit, Boden und Kapital) auf **Faktormärkten** vollzieht. Zu den Faktormärkten zählt man die **Arbeitsmärkte** (vgl. dazu ausführlich das Kapitel 5), die **Finanzmärkte** (Geld- und Kapitalmärkte) sowie die **Grundstücksmärkte** für den Produktionsfaktor Boden. Die Faktormärkte unterliegen im Gegensatz zu den Gütermärkten bestimmten **Besonderheiten**. So läßt sich beispielsweise die Arbeitskraft, die auf den Arbeitsmärkten gehandelt und ausgetauscht wird, nicht einfach mit einer anderen Ware vergleichen. Auch Grundstücksmärkte sind aufgrund ihrer Immobilität bestimmten Marktgesetzmäßigkeiten unterworfen und Finanzmärkte unterscheiden sich vor allem in zwei Aspekten von Gütermärkten. „Erstens sind Kreditbeziehungen unter sich weit homogener als die meisten Produkte und Faktorleistungen. Eine Aktie unterscheidet sich ökonomisch nicht von einer anderen Aktie derselben Gesellschaft, eine Dollarnote nicht von der nächsten, und auch ein

Sparguthaben ist allen anderen solcher Guthaben zum Verwechseln ähnlich. (...) Zweitens besteht zwischen Gläubiger und Schuldner einer Kreditbeziehung die genannte fortdauernde und daher sehr viel engere Bindung als zwischen Verkäufer und Käufer eines Produkts. Kreditmärkte können nach der Laufzeit (kurz-, mittel- und langfristige Kredite), nach dem Kreis der Beteiligten (Geldmarkt, Kapitalmarkt) oder nach ihrer Stellung im Wirtschaftskreislauf (Märkte für Bankkredite, für Bankeinlagen und für Direktkredite privater Haushalte an Unternehmen und öffentliche Haushalte) eingeteilt werden."[1]

1.1.1 Zum allgemeinen Marktmechanismus

Auf den **Gütermärkten** - die im folgenden ausschließlich behandelt werden - soll in marktwirtschaftlichen Ordnungen durch **Wettbewerb** und durch einen **flexiblen Preismechanismus** ein vorhandenes Angebot und eine entsprechende Nachfrage zum Ausgleich gebracht werden. Dabei ist im Rahmen eines **simultanen Gleichgewichtssystems**, daß von ***Leon Walras*** *(1834 bis 1910)* entwickelt wurde, insbesondere über die Preise von einer allgemeinen **Interdependenz der Märkte** auszugehen.

Da die Nachfrage für ein Gut - wie noch im einzelnen zu zeigen sein wird - nicht nur vom Preis dieses Gutes, sondern auch u.a. von den Preisen anderer Güter (z.B. Substitutions- und Komplementärgüter) abhängt und auch das Angebot nicht nur von den Faktorpreisen, sondern auch von anderen Preisen an Vorleistungen determiniert wird, läßt sich das **Marktgleichgewicht für einen Markt** nicht bestimmen, ohne daß die Preise (Faktorpreise) auf den anderen Märkten bekannt sind; wobei diese Aussage für alle Märkte gilt.

$$
\begin{aligned}
A_1\ (p_1, p_2, \ldots, p_n) &= N_1\ (p_1, p_2, \ldots, p_n) \\
A_2\ (p_1, p_2, \ldots, p_n) &= N_2\ (p_1, p_2, \ldots, p_n) \\
. \qquad\qquad & \qquad . \\
. \qquad\qquad & \qquad . \\
. \qquad\qquad & \qquad . \\
A_n\ (p_1, p_2, \ldots, p_n) &= N_n\ (p_1, p_2, \ldots, p_n)
\end{aligned}
$$

[1] Alfred Stobbe, Mikroökonomik, a.a.O., S. 296

„Die Konsequenz daraus ist, daß man, um das Marktgleichgewicht zu bestimmen, die Preise auf allen Märkten gleichzeitig bestimmen muß. Gesucht werden also die Preise (P_1) bis (P_n), bei denen alle Marktgleichgewichtsbedingungen erfüllt sind. (...) Wenn nun auf einzelnen Märkten andere Einflußgrößen als die Preise sich ändern, dann ergibt sich aufgrund der Interdependenz der Märkte, daß nicht nur der Preis und die Menge auf dem ursprünglich veränderten Markte sich ändern sondern, auch alle anderen Preise und Mengen."[1]

Die Theorie unterstellt dabei idealtypisch einen **vollkommenen Markt**. Dieser ist dadurch gekennzeichnet, daß zu einem bestimmten **Marktpreis** (Gleichgewichtspreis zwischen Angebot und Nachfrage) viele Anbieter mit vielen Nachfragern, die alle über nur **unbedeutende Marktanteile** verfügen, eine bestimmte Gleichgewichtsmenge austauschen. Daneben besteht für alle Marktteilnehmer **vollkommene Markttransparenz** und die ausgetauschten Güter sind **homogen.** Hinzu kommt, daß weder Nachfrager noch Anbieter persönliche, räumliche oder zeitliche **Marktpräferenzen** besitzen. Außerdem wird eine unendlich schnelle **Reaktions- bzw. Adaptionsgeschwindigkeit** aller Anbieter und Nachfrager bezogen auf Preis-Mengenveränderungen unterstellt.

Zusätzlich verfügt kein Marktteilnehmer auf der Angebots- und Nachfrageseite über wirtschaftliche **Macht**, so daß die von den Wirtschaftssubjekten nachgefragte Menge nach einem Gut (q) in einer **inversen** Relation zum Preis (p) dieses Gutes steht. Oder man könnte auch sagen, je höher der Preis eines Gutes, umso geringer ist in der Regel die Nachfrage nach diesem Gut, et vice versa.

Die gesamte potentielle Marktnachfrage wird durch zwei wirtschaftliche „Markteckpunkte" begrenzt. Zum einen durch den **Prohibitivpreis** der Nachfrage; das ist der Preis, bei dem die nachgefragte Menge aufgrund der Preishöhe Null beträgt, und zum anderen durch die **Marktsättigungsgrenze**, wo selbst zum Preis Null keine weitere Nachfrage besteht. Die folgende Grafik zeigt eine solche Marktnachfragekurve als eine lineare Funktion zwischen dem Preis (p) als unabhängige Variable und der nachgefragten Menge (q) als abhängige Variable $p_N = f\,(50 - 2\,q)$.

[1] Jürgen Franke, Grundzüge der Mikroökonomik, a.a.O., S. 15

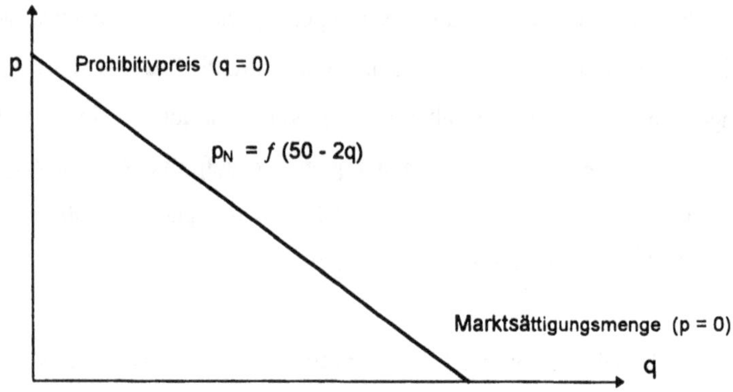

Auch das **Marktangebot** der Unternehmen wird in einer Preis-Mengenrelation dargestellt. Je höher hier der Marktpreis, umso mehr Güter bieten die Unternehmen an, et vice versa. Damit es allerdings überhaupt zu einem privatwirtschaftlichen Angebot kommt, muß der Marktpreis eine Mindesthöhe haben, die auch als **Angebotsschwelle (Mindestangebotspreis)** bezeichnet wird. Langfristig liegt eine solche Angebotsschwelle im Minimum der totalen Stückkosten, kurzfristig im Minimum der variablen Stückkosten. Die folgende Grafik zeigt eine solche potentielle Marktangebotsfunktion, bei der ebenfalls der Preis (p) als unabhängige Variable und die angebotene Menge (q) als abhängige Variable in einer linearen Angebotsfunktion $p_A = f\,(4\,q + 8)$ dargestellt wird.

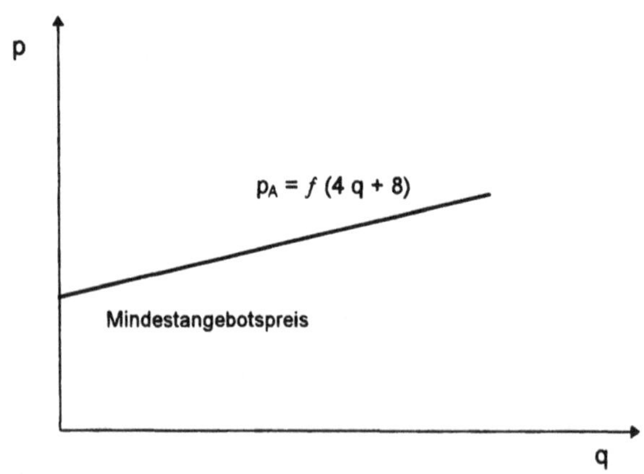

Der **Marktgleichgewichtspreis** und die **Marktgleichgewichtsmenge** lassen sich mathematisch durch Gleichsetzen der Nachfrage- und Angebotsfunktion ermitteln:

$$p_A = p_N$$
$$4q + 8 = 50 - 2q$$

Hieraus folgt ein Gleichgewichtspreis von 36 Einheiten und eine Gleichgewichtsmenge von 7 Einheiten.

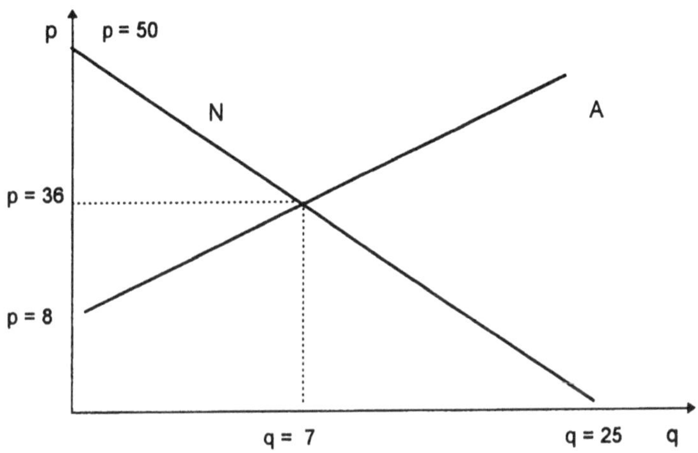

Die folgende Tabelle: „Preis-Mengenrelationen" zeigt bei alternativen Mengen die jeweiligen **Angebots- bzw. Nachfragepreise**. Bei einem Preis von 50 Geldeinheiten ist der **Prohibitivpreis** erreicht. Zu diesem Preis findet sich kein Nachfrager mehr, der das angebotene Produkt kaufen will. Die nachgefragte Menge ist gleich Null. Die **Marktsättigungsmenge** (Preis ist gleich Null) unseres Modellmarkts liegt bei 25 Mengeneinheiten, und ab einem Preis von 8 Geldeinheiten entsteht am Markt ein Angebot (**Marktangebotsschwelle** für Unternehmen).

Da oberhalb des gleichgewichtigen Marktpreises in jedem Markt noch kaufkräftige Nachfrager vorhanden sind, die bis zur Höhe des Prohibitivpreises aufgrund ihrer subjektiven Nutzeneinschätzung für ein Gut bereit wären, einen höheren als den Marktpreis zu zahlen, erzielen diese Nachfrager quasi eine **Konsumentenrente**. Die Nachfrager unterhalb des Marktpreises sind entweder aufgrund ihrer **Einkommens- und Vermögensverhältnisse** nicht in der Lage, den geforderten Marktpreis zu zahlen, oder sie sind nicht bereit, einen solchen Preis für ein Gut (wegen einer nur geringen **Nutzenerwartung**) zu entrichten.

Preis- Mengenrelationen

Menge (q)	Angebotspreise (p)	Nachfragepreise (p)
0	**8** Angebotssschwelle	**50** Prohibitivpreis
1	12	48
2	16	46
3	20	44
4	24	42
7	**36**	**36**
8	40	34
10	48	30
25 Sättigungsmenge	**108**	**0**

Für die Nachfrager, die aufgrund ihrer Einkommens- und Vermögensverhältnisse von der Nachfrage ausgeschlossen werden, wirkt der Marktpreis **diskriminierend**. Ein großes Auto z.B. würden sicher viele Konsumenten einem kleinen Auto vorziehen wollen. Der dafür geforderte Preis übersteigt aber ihre Einkommens- und Vermögensverhältnisse. Auch auf der Angebotsseite kommen nur die Unternehmen zum Zuge, die aufgrund ihrer individuellen **Kostensituation** mit den Kosten unterhalb des Marktpreises liegen. Da sie in der Lage sind, zu einem niedrigeren Preis als dem geforderten Marktpreis anzubieten, erzielen diese Unternehmen **Gewinne** oder eine sog. **Produzentenrente**.

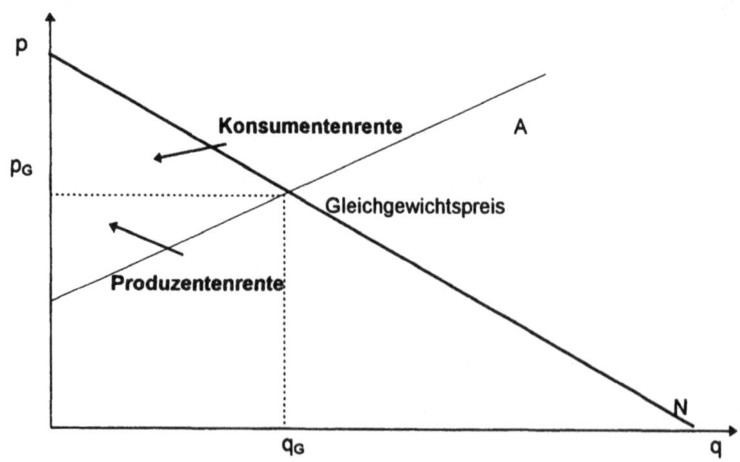

Dies trifft für den **Grenzanbieter**, dessen Kosten vom Marktpreis gerade noch gedeckt werden, nicht mehr zu. Zum Gleichgewichtspreis (p_G) wird der Markt **geräumt**, d.h. jede zum Marktpreis angebotene Menge (q_G) der Unternehmen wird abgesetzt und jeder Nachfragewunsch der Konsumenten erfüllt. Ein **Angebotsüberhang**, bei dem zu einem höheren Preis (p_1) eine geringere Menge (q_1) nachgefragt und eine größere Menge (q_2) angeboten wird,

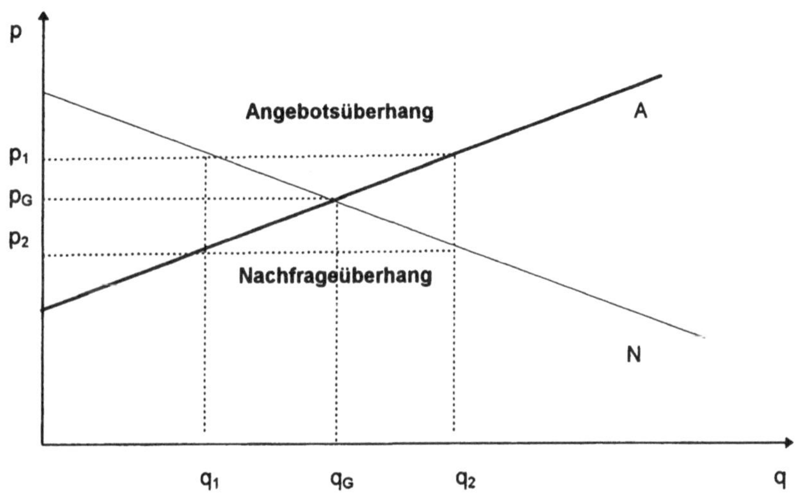

existiert nicht. Genauso liegt kein **Nachfrageüberhang** vor, bei dem zu einem niedrigeren Preis (p_2) zwar eine größere Menge (q_2) nachgefragt, dafür aber auch eine kleinere Menge (q_1) angeboten wird.

Kommt es dennoch kurzfristig zu einem **Ungleichgewicht**, so sorgt der **flexible Preismechanismus** automatisch für ein neues Marktgleichgewicht. Wollen die anbietenden Unternehmen ihr Überschußangebot in den Markt bringen, so können sie dies nur dann, wenn sie ihre Preise auf den Gleichgewichtspreis senken. Liegt dagegen ein Nachfrageüberschuß vor, so werden die Preise solange steigen, bis ein ausgleichender Angebotspreis realisiert wird.

1.1.2 Zur Preiselastizität der Nachfrage und des Angebots

Die **Preiselastizität der Nachfrage** und des **Angebots** bestimmt die **Mengenreaktionsstärke** der Nachfrage und des Angebots auf Preisveränderungen. Allgemein wird die Elastizität (η = Eta) als relative (prozentuale) Veränderung zwischen einer Mengen- und einer Preisgröße beschrieben,

$$\eta = \frac{\text{relative (prozentuale) Mengenveränderung der Nachfrage oder des Angebots}}{\text{relative (prozentuale) Preisveränderung}}$$

oder in anderer Schreibweise:

$$\eta = \frac{\frac{\Delta q}{q}}{\frac{\Delta p}{p}} \quad \text{bzw.} \quad \eta = \frac{\Delta q}{\Delta p} \times \frac{p}{q}$$

Beträgt z.B. der bisherige Preis (p) eines Gutes 3,50 DM/Stück, und wird zu diesem Preis eine Menge (q) in Höhe von 800 Stück abgesetzt, so kann mit der Preiselastizität die Frage beantwortet werden, wie groß die relative Mengenveränderung ausfällt, wenn es zu einem Prozent Preisänderung kommt. Steigt der Preis (p) des Gutes z.B. auf 3,80 DM/Stück, und die Nachfrage geht auf 750 Stück zurück, so beträgt die Preiselastizität - 0,73. Pro 1% Preisanstieg fällt die Nachfrage um durchschnittlich 0,73%.

$$\eta = \frac{-6{,}25\%}{8{,}57\%} = \frac{-0{,}73\%}{1\%} = -0{,}73$$

Ist die Elastizität größer als Eins oder kleiner als minus Eins ($\eta > 1$ oder $\eta < -1$), so liegt eine **elastische Nachfrage bzw. ein Angebot** vor. Die Reaktion der Nachfrage und des Angebots auf Preisveränderungen ist relativ stark. Die Menge ändert sich dabei stärker als der Preis. Von einer **unelastischen Nachfrage bzw. einem Angebot** spricht man immer dann, wenn die Elastizität größer als Null und kleiner als Eins ist ($0 < \eta < 1$), oder wenn die Elastizität größer als minus Eins und kleiner als Null ist ($-1 < \eta < 0$). Die Reaktion der Nachfrager auf Preisveränderungen ist hier relativ gering. Die Menge verändert sich weniger stark als der Preis. Ist die Elastizität gleich Eins oder gleich minus Eins ($\eta = 1$ oder $\eta = -1$), so impliziert eine Preisänderung von einem Prozent eine gleich starke Mengenveränderung von ebenfalls einem Prozent. Die Elastizität der **Nachfrage bzw. des Angebots ist dann proportional elastisch**. Daneben werden noch **zwei Grenzfälle** der Elastizität unterschieden. Zum einen eine **vollkommen elastische Nachfrage bzw. ein Angebot** ($\eta = \infty$ oder $\eta = -\infty$), selbst kleinste Preisveränderungen bewirken unendlich große Mengenveränderungen, und zum anderen eine **vollkommen unelastische (starre) Nachfrage bzw. ein Angebot** ($\eta = 0$), wobei die Menge unabhängig von Preisveränderungen immer konstant bleibt.

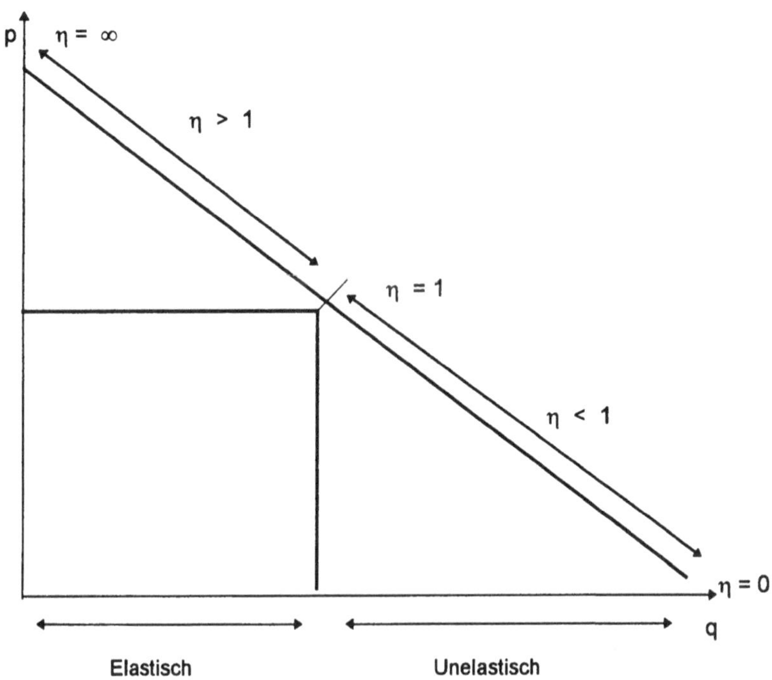

In **empirischen Untersuchungen** wurden z.B. für unterschiedliche Güter die folgenden Nachfrage-Elastizitäten ermittelt.

Kraftfahrzeugnutzung - 0,36, Kraftstoffe - 0,41, Autoreparaturen - 0,29, Autoversicherungen - 0,41, Lederwaren und Kleidung - 0,16, Nahrungsmittel - 1,3, Elektrizität, Gas und Brennstoffe -1,6, Möbel und Haushaltstextilien - 2,0, Körper- und Gesundheitspflege 0,3.[1]

[1] Vgl. Artur Woll, Allgemeine Volkswirtschaftslehre, 11. Aufl., München 1993, S. 114

Bei **substituierbaren** und **komplementären Gütern** wird die Elastizität durch eine **Kreuzpreiselastizität** (η_{xy}) gemessen. Diese gibt die relative Mengenveränderung eines Gutes (x) bei einer 1%-igen Preisveränderung eines Gutes (y) an. Die Kreuzpreiselastizität ist bei substituierbaren Gütern immer elastisch, da die Nachfrager die Möglichkeit haben, auf ein anderes Produkt auszuweichen, das von der Preiserhöhung nicht tangiert ist. Im Gegensatz dazu ist die Kreuzpreiselastizität bei komplementären Gütern immer unelastisch, da eine Preisveränderung bei Gut (x) automatisch eine Mengenveränderung beim Gut (y) nach sich zieht.

$$\eta_{xy} = \frac{\textbf{prozentuale Mengenänderung des Gutes x}}{\textbf{prozentuale Preisänderung des Gutes Y}}$$

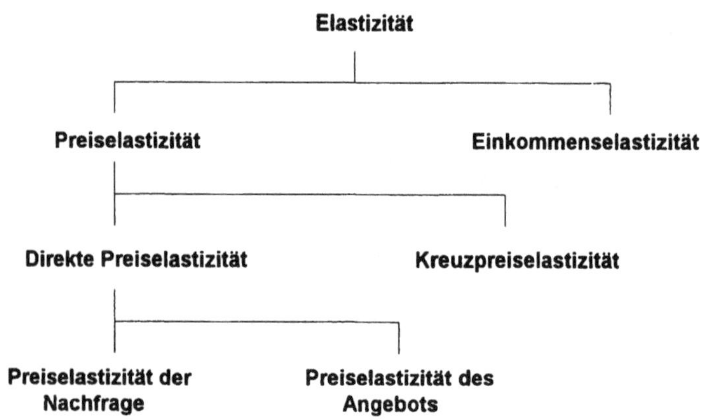

Außer der Preiselastizität der Nachfrage und des Angebots, sowie der Kreuzpreiselastizität wird auch die **Einkommenselastizität** der Nachfrage bestimmt. Steigt demnach z.B. das reale Einkommen der privaten Haushalte, so kann davon ausgegangen werden, daß auch die Nachfrage nach Konsumgütern zunimmt. Hierbei wird dann untersucht, wie groß die relative (prozentuale) Veränderung der Nachfrage auf die reale Einkommensveränderung ausfällt.

$$\eta_{E} = \frac{\textbf{prozentuale Änderung der Nachfragemenge}}{\textbf{prozentuale Änderung des Einkommens}}$$

1.1.3 Nachfrage- und Angebotsveränderungen

Neben den Preis- Mengenveränderungen, die zu einer Bewegung **auf** der Nachfrage- und Angebotskurve führen, sind noch andere Bestimmungsgründe der Nachfrage und des Angebots zu beachten, die zu einer **Verschiebung** der Angebots- und Nachfragekurve führen. So haben die **Preise anderer Güter** (Substitutions- und Komplementärgüter), die **Nutzeneinschätzung der Güter**, **Bedarfsstrukturveränderungen** und, als ein ganz wesentlicher Faktor, das reale **Einkommen** der Wirtschaftssubjekte Einfluß auf eine Verschiebung der Nachfragekurve.

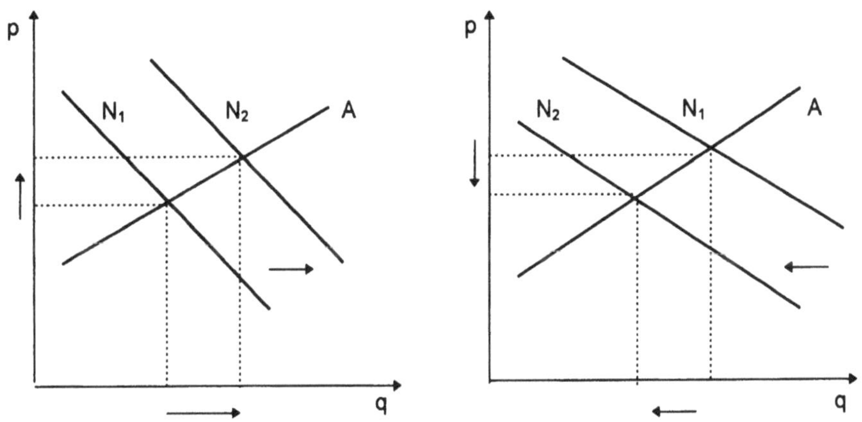

Steigt (sinkt) z.B. das reale Einkommen, und es wird eine Sparquote von Null unterstellt, so konsumiert der private Haushalt mehr (weniger). Dies führt zu einer Erhöhung (Senkung) der nachgefragten Menge. Übertragen auf den Preis-Mengen-Mechanismus impliziert dies eine Rechtsverschiebung (Linksverschiebung) der Nachfragekurve von (N_1) nach (N_2). Bei einem konstanten Angebot (A) steigt (sinkt) aufgrund der Nachfrageerhöhung (Nachfragesenkung) der Preis des nachgefragten Gutes. Ebenso kommt es auf der Angebotsseite durch eine Veränderung der **Faktorpreise** (Lohn-, Material- und Kapitalkosten), der **Produktivität** oder einer Veränderung der **Anbieterzahl** zu einer **Verschiebung** der Angebotskurve.

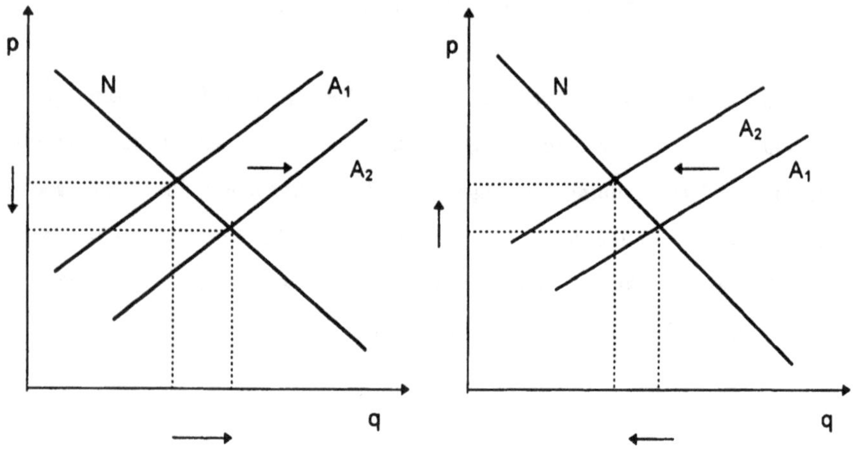

Steigt z.B. die **Produktivität** und sinken hierdurch die **Produktionskosten**, so impliziert dies eine Rechtsverschiebung der Angebotskurve von (A_1) nach (A_2). Durch das vergrößerte Angebot sinken bei konstanter Nachfrage die Preise. Umgekehrt sinkt durch eine reduzierte Anbieterzahl das Angebot von (A_1) auf (A_2) und es kommt bei gleicher Nachfrage zu einem Steigen der Preise.

Die bisher vorgestellte Analyse basierte auf einem **komparativ-statischen Ansatz**, bei dem Veränderungen im Zeitablauf ignoriert und eine unendlich große Reaktionsgeschwindigkeit der Nachfrage und des Angebots unterstellt werden. Hierzu führt ***Jörn Altmann*** aus: „In der Realität (...) werden Reaktionen auf veränderte Daten mit Verzögerung eintreten. Dies läßt sich in einem einfachen dynamischen Modell erfassen. Dabei wird deutlich werden, welchen Einfluß unterschiedliche Nachfrage- bzw. Angebotselastizitäten auf die Ergebnisse haben. Die Elastizitäten drücken sich -vereinfacht - in der Steigerung der entsprechenden Funktionen aus. In der Grafik wird dargestellt, daß sich die Nachfrage nach einem Gut erhöht (N → N '), z.B. weil ein Substitutionsgut teurer geworden ist. In der komparativ-statischen Analyse würde man sofort zu dem Ergebnis kommen, daß sich nach G nun der neue Gleichgewichtspunkt (G') ergibt, wobei sich die Angebotsmenge entsprechend von 7 auf 12 erhöht hat. In der dynamischen Betrachtung mit verzögerter Reaktion wird hingegen unterstellt, daß das Angebot kurzfristig absolut unelastisch ist (A'). Daher steigt der Marktpreis zunächst auf (P_4) (Punkt H). Dieser schöne hohe Preis verlockt nun aber doch zu höherem Angebot (Punkt K; die Unterstellung völliger Unelastizität des Angebots wird nun also aufgehoben) und führt - wie sich aus der Angebotsfunktion ergibt - zu einem Angebot in Höhe von 14; diese Menge allerdings fragen die

Nachfrager nur zu einem Preis von (P_1) nach (M); um die mit produzierten Gütern gefüllten Lager zu leeren (Angebotsüberhang HK), müssen die Anbieter diesen Preis auch akzeptieren. (P_1) wiederum verschreckt die Anbieter hinsichtlich neuer Produktion, so daß sie nur die Menge 11 anbieten (Q); dies wiederum führt zu einer Angebotslücke (QM), die den Marktpreis wieder auf (P_3) steigen läßt (R), usw. Schließlich werden die abwechselnden Anbieter-/Nachfragerreaktionen zum Gleichgewichtspreis (G') führen.

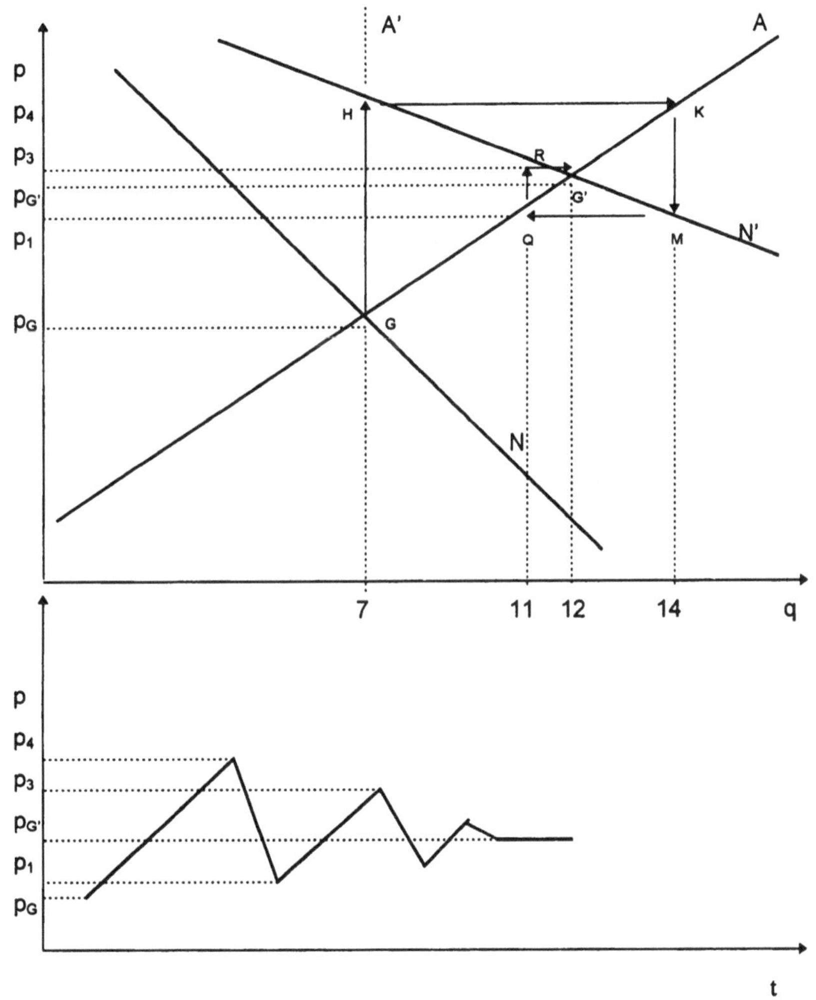

Die graphische Darstellung dieser Reaktionslinien sieht wie ein Spinnennetz aus, weshalb diese Theorie als **Spinnweb-Theorem** (oder engl.: Cobweb-Theorem) bezeichnet wird. In der Realität gibt es einige belegbare empirische Beobachtungen für derartige Reaktionen; die berühmteste ist der sog. Schweinezyklus, der das (irgendwann einmal beobachtete) Verhalten von Schweinezüchtern in der gerade ausgeführten Weise beschreibt."[1]

1.2 Zum einzelwirtschaftlichen Güterangebot

1.2.1 Von der Produktions- zur Kostenfunktion

Um das einzelwirtschaftliche Güterangebot eines Unternehmens zu bestimmen, muß die **Produktionsfunktion**, die sich ausschließlich auf die Analyse von **Mengen** bzw. Quantitäten beschränkt, durch eine Bewertung mit **Faktorpreisen** in eine **Kostenfunktion** transformiert werden. Die **Produktionstheorie** erforscht dabei das Mengengerüst und die **Kostentheorie**, die Kostenstruktur des betrieblichen Einsatzes der Produktionsfaktoren. Im Laufe der Jahrzehnte sind Produktions- und Kostentheorie seit ihren Ursprüngen ständig weiterentwickelt worden, so daß es zwischen unterschiedlichen Produktions- und Kostenfunktionen zu unterscheiden gilt. Produktionsfunktionen sind mathematische Modelle, die die reale Beziehung zwischen Produktmengen und eingesetzten Faktormengen durch eine Beziehung zwischen Zahlen abbilden. Seit Erich Gutenberg wird die traditionelle Theorie der Kostenverläufe als Theorie auf Basis der **Produktionsfunktion Typ A** (Ertragsgesetz; R. J. Turgot (1727 bis 1781)) bezeichnet. Die moderne Theorie baut auf den **Produktionsfunktionen Typ B** (Erich Gutenberg (1897 bis 1984) und **Typ C** (Edmund Heinen (1919 bis 1996)) auf.[2]

Typ A (auf der Grundlage des Ertragsgesetzes)

- Ein konstanter und ein variabler Produktionsfaktor (oder eine Gruppe variabler Faktoren) werden in der Weise kombiniert, daß die Ausbringungsmenge allein durch steigende Mengeneinheiten des variablen Faktors erhöht werden kann (Substitutionalität).
- Der variable Produktionsfaktor ist völlig homogen, d.h. alle Einheiten sind von völlig gleicher Qualität und gegenseitig austauschbar.
- Der variable Produktionsfaktor ist beliebig teilbar.
- Die Produktionstechnik ist unveränderlich.
- Es wird nur eine Produktart erzeugt (Einproduktunternehmen).

[1] Jörn Altmann, Volkswirtschaftslehre, 4. Aufl., Stuttgart, Jena 1994, S. 278f.

[2] Vgl. Norbert Zdrowomyslaw, Kosten-, Leistungs- und Erlösrechnung, München, Wien 1995, S. 80

Typ B (auf der Grundlage von Verbrauchsfunktionen)

- Limitationale statt substitutionale Produktionsfaktoren, d.h. die Produktionsfaktoren für einen bestimmten Output stehen in einem festen Verhältnis zueinander und können weder teilweise (partiell) noch vollständig (total) untereinander ausgetauscht werden; die Einsatzmengen sind nicht frei variierbar (Limitationalität).
- Wegen der Vielzahl von Einflußfaktoren werden nicht Gesamtfunktionen ganzer Betriebe betrachtet, sondern es wird versucht, für einzelne, klar abgrenzbare Produktionseinheiten (z.B. Maschinen) Produktions- und Kostenfunktionen aufzustellen.
- Es werden keine unmittelbaren Beziehungen zwischen Output und Input formuliert, sondern lediglich mittelbare, da der Verbrauch an Produktionsfaktoren nicht nur von der Ausbringungsmenge q, sondern auch von der technischen Beschaffenheit der Maschine und der von ihr abverlangten Leistung (Intensität) abhängig ist (Einführung der Verbrauchsfunktion).

Typ C (Synthese von Typ A und Typ B)

- Hier liegen gemischt limitational-substitutionale Faktorbeziehungen statt ausschließlich limitationale oder substitutionale Beziehungen vor.
- Der Typ C impliziert eine verstärkte technische Fundierung.
- Es liegt ein Mehrproduktbetrieb und eine Mehrstufigkeit des Produktionsprozesses vor.
- Es kommt zu einer Einbeziehung des Zeitablaufs.
- Ebenso ist eine Berücksichtigung weiterer produktionswirtschaftlicher Entscheidungstatbestände, wie z.B. Losgröße oder Ausschußquoten gegeben.

Um von der Produktionsfunktion zur **Kostenfunktion** zu gelangen, ist mathematisch die Umkehrfunktion oder inverse Funktion der Produktionsfunktion zu bilden.

f: y = y (q) [Funktion] ; f^{-1}: q = q (y) [Umkehrfunktion]

Produktionsfunktion: y = 0,5 q - 1 Kostenfunktion: f^{-1} : q = 2y + 2

Die Kostenfunktion zeigt die funktionale Beziehung zwischen Kosten und den jeweiligen **Kosteneinflußgrößen**. Die wesentlichen Kosteneinflußgrößen sind:

- **Ausbringung (Beschäftigung, Leistungsintensität),**
- **Losgrößen, Seriengrößen, Auftragsgrößen,**
- **Preise der Produktionsfaktoren (Faktorpreise),**

- **Qualität der Produktionsfaktoren,**
- **Unternehmensgröße, Produktionskapazitäten,**
- **Produktionsprogramm.**

Im Rahmen der Kostentheorie werden die Kosten vereinfachend nach ihrem Verhalten bei einer **Variation der Ausbringungsmenge** (bzw. bei Beschäftigungsschwankungen) differenziert in:

Fixkosten:

Eine Veränderung der Beschäftigungsmenge impliziert keine Kostenänderung. Fixkosten sind beschäftigungsunabhängige Kosten.

Intervallfixe Kosten:

Innerhalb bestimmter Beschäftigungsbereiche verhalten sich die Kosten fix. Beim Überschreiten bestimmter Ausbringungsmengen steigen die Kosten sprunghaft an, um dann bis zum nächsten Beschäftigungsintervall wieder fix, aber höher zu verlaufen.

Nutz- und Leerkosten:

Die Fixkosten werden auch in Nutz- und Leerkosten unterteilt. Nutzkosten sind dabei alle Kosten, denen eine Leistung gegenübersteht, während Leerkosten ohne Leistung sind. Wird z.B. die Kapazität eines Computers täglich von 8 Stunden nur 6 Stunden benutzt, so verursachen die 2 Stunden Leerkosten.

Remanenzkosten:

Gehen bei einem Ausbringungsrückgang die Kosten nicht im gleichen Maße zurück wie die Ausbringung, so liegen remanente Kosten vor. Dies hat häufig organisatorische oder rechtliche Gründe.

Variable Kosten:

Variable Kosten sind von der Ausbringungsmenge abhängig, wobei der Grad der Abhängigkeit variieren kann. Deshalb unterscheidet man bei den variablen Kosten:

Proportionale Kosten:

Kosten besitzen einen proportionalen Charakter, wenn sie sich im gleichen Maße wie die Beschäftigung verändern.

Unterproportionale (degressive) Kosten:
Hierbei bleibt die Kostenänderung hinter der Beschäftigungsänderung zurück.

Überproportionale (progressive) Kosten:
Übersteigt die Kostenveränderung die Beschäftigungsveränderung, so liegt ein überproportionaler Kostencharakter vor.

Gesamtkosten (semivariable Kosten):
Die Gesamtkosten setzen sich aus Fixkosten und variablen Kosten zusammen. Man bezeichnet sie deshalb auch als Mischkosten oder semivariable Kosten.

Grenzkosten:
Grenzkosten sind der Gesamtkostenzuwachs, der sich durch Erhöhung der Ausbringung um eine zusätzliche (jeweils die letzte Produktionseinheit) ergibt. Mathematisch bilden die Grenzkosten die 1. Ableitung der Gesamtkostenfunktion.

Beim Kostenverlauf werden analog zum Produktionsfunktionsverlauf **nichtlineare** und **lineare** Kostenfunktionen unterschieden. Eine nichtlineare Kostenfunktion bildet dabei die **s-förmige Kostenfunktion** als Umkehrfunktion der ertragsgesetzlichen Produktionsfunktion. Die **Gesamtkosten** (K_G) bestehen aus den **Fixkosten** (K_f) und den **variablen Kosten** (K_v). Die Gesamtkostenkurve steigt zunächst unterproportional an. Hier greift das **Gesetz der Massenproduktion**. Es kommt zu einer Degression der Fixkosten. Die **Grenzkosten** (K') fallen. Steigen die Erträge nur noch unterproportional (Ertragsgesetz), so nehmen die Kosten überproportional zu, es kommt zu einer Wende der Gesamtkostenkurve. Die Grenzkostenkurve erreicht hier ihr Minimum.

Die durchschnittlichen variablen Kosten ($K_v : q$) sinken noch weiter und erreichen im Schnittpunkt mit der Grenzkostenkurve ihr Minimum. Dieser Punkt wird auch als **Betriebsminimum** bezeichnet. Die totalen Stückkosten ($K_G : q$) gehen weiter zurück und erreichen ebenfalls im Schnittpunkt mit der Grenzkostenkurve ihr Minimum oder das **Betriebsoptimum**.

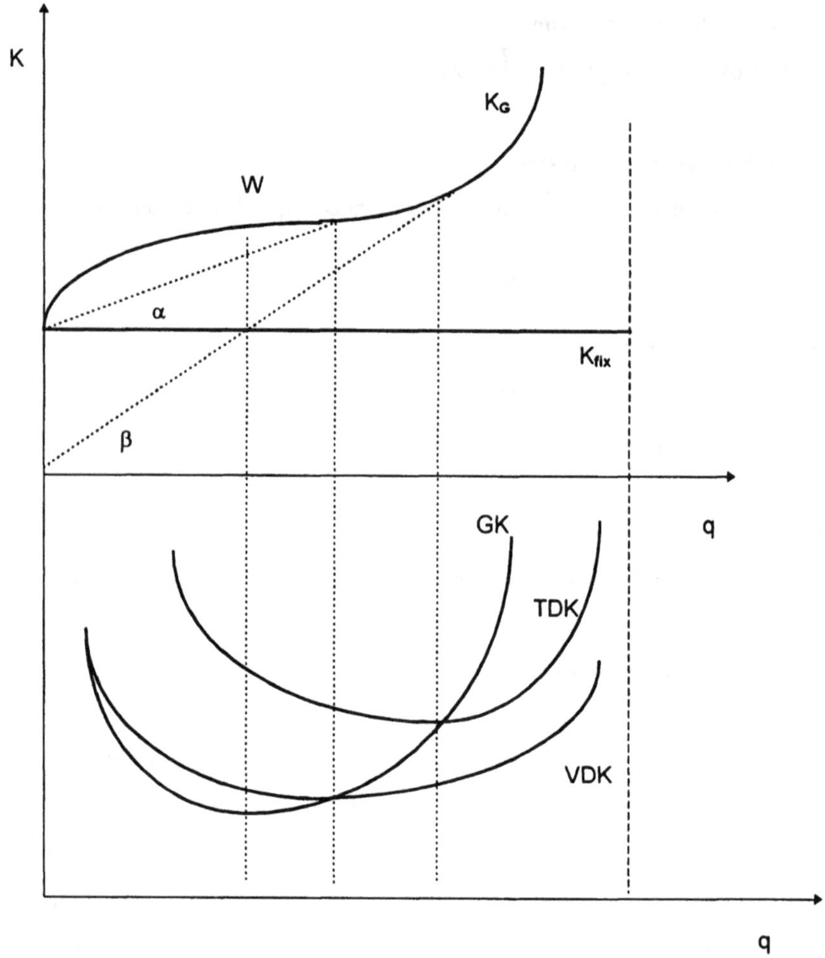

Gesamtkostenfunktion: $K_G = 0{,}01\,q^3 - q^2 + 100\,q + 1.000$

Fixkosten: $K_f = 1.000$

Variable Kosten: $K_v = 0{,}01\,q^3 - q^2 + 100\,q$

Gesamtkosten

Output (q)	Fixkosten	Variable Kosten	Gesamtkosten
10	1.000	910	1.910
20	1.000	1.680	2.680
30	1.000	2.370	3.370
40	1.000	3.040	4.040
50	1.000	3.750	4.750
60	1.000	4.560	5.560
70	1.000	5.530	6.530
80	1.000	6.720	7.720
90	1.000	8.190	9.190
100	1.000	10.000	11.000

Fixe Stückkosten (K_f : q) = 1.000 : q

Variable Stückkosten (K_v : q) = 0,01 q^2 - q + 100

Totale Stückkosten (K_G : q) = 0,01 q^2 - q + 100 + 1.000/q

Grenzkosten (K') = 0,03 q^2 - 2q + 100

<u>Stückkosten/Grenzkosten</u>

Output (q)	Fixe Stückkosten	Variable Stückkosten	Totale Stückkosten	Grenzkosten
10	100	91	191	83
20	50	84	134	72
30	33,3	79	112,3	**67**
40	25	76	101	68
50	20	**75**	95	**75 (Betriebsminimum)**
60	16,6	76	92,6	88
62,711	15,9	76,6	**92,5**	**92,5 (Betriebsoptimum)**
70	14,3	79	93,3	107
90	11,1	91	102,1	163
100	10	100	110	200

Im Gegensatz zu diesem s-förmigen Gesamtkostenverlauf steigen bei einem **linearen Gesamtkostenverlauf**, der in der betrieblichen Praxis der wesentliche ist,[1] die Gesamtkosten ebenso wie die totalen variablen Kosten linear zur Ausbringungsmenge. Die Fixkosten verhalten sich beschäftigungsunabhängig. Die totalen Stückkosten nähern sich asymptotisch den variablen Stückkosten, die mit den Grenzkosten identisch sind. Keine der Stückkostenkurven erreicht ein Minimum. Daher liegt das **Betriebsoptimum** bei einem linearen Gesamtkostenverlauf an der jeweiligen **Kapazitätsgrenze** eines Unternehmens.

Gesamtkostenfunktion: K_G = 20 q + 1.000

Fixkosten: K_f = 1.000

Variable Kosten: K_v = 20 q

[1] „Diese Tatsache ist darauf zurückzuführen, daß sich die meisten Industriebetriebe an veränderte Produktmengen durch Variation der Fertigungszeit bei unveränderten Prozeß- und Verfahrensbedingungen anpassen." Wolfgang Kilger, Einführung in die Kostenrechnung, 2. Aufl., Wiesbaden 1980, S. 37

Gesamtkosten

Output (q)	Fixkosten	Variable Kosten	Gesamtkosten
10	1.000	200	1.200
20	1.000	400	1.400
30	1.000	600	1.600
40	1.000	800	1.800
50	1.000	1.000	2.000
60	1.000	1.200	2.200
70	1.000	1.400	2.400
80	1.000	1.600	2.600
90	1.000	1.800	2.800
100	1.000	2.000	3.000

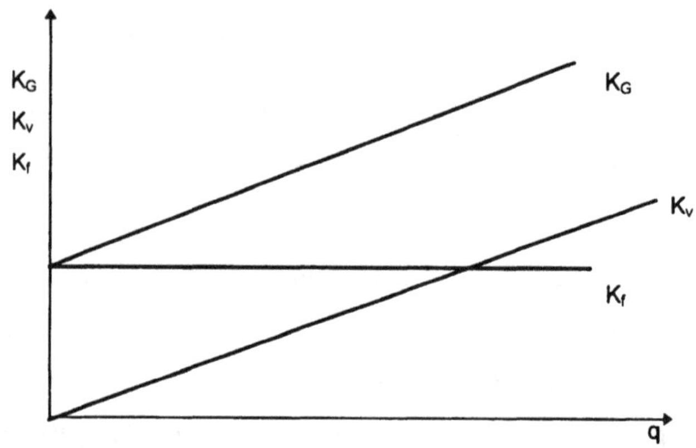

Fixe Stückkosten (K_f : q) = 1.000 : q

Variable Stückkosten (K_v : q) = 20

Totale Stückkosten (K_G : q) = 20 + 1.000/q

Grenzkosten (K') = 20

Stückkosten/Grenzkosten

Output (q)	Fixe Stückkosten	Variable Stückkosten	Totale Stückkosten	Grenzkosten
10	100	20	120	20
20	50	20	70	20
30	33,3	20	53,3	20
40	25	20	45	20
50	20	20	40	20
60	16,6	20	36,6	20
70	14,3	20	34,3	20
80	12,5	20	32,5	20
90	11,1	20	31,1	20
100	**10**	20	**30**	20

Bei Überschreiten der **wirtschaftlichen Kapazitätsgrenze (K_W)** steigen aufgrund einer Überbeanspruchung der technischen und personellen Produktionskapazitäten sowohl die variablen als auch die totalen Stückkosten sowie die Grenzkosten überproportional zur Ausbringungsmenge bis zur **technischen Kapazitätsgrenze (K_T)** an (vgl. dazu die folgende Grafik).

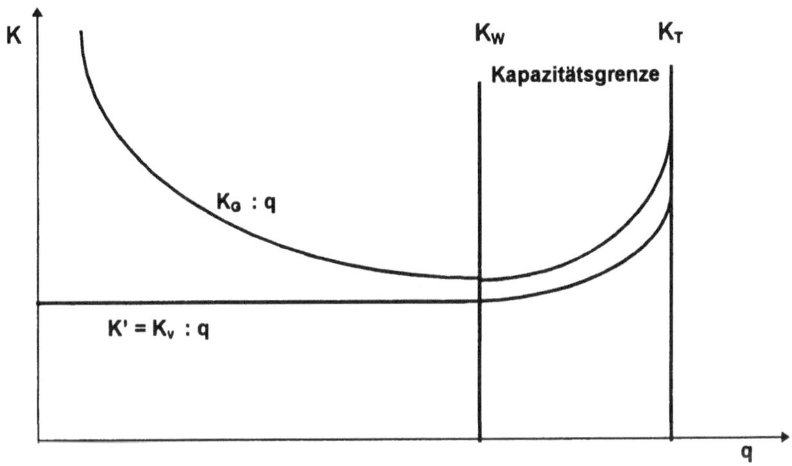

1.2.2 Erlösfunktion und Break-even-Analyse bei vollkommener Konkurrenz

Unternehmen können aufgrund ihrer individuellen Kostensituation nur dann langfristig ein Güterangebot in den Markt bringen, wenn die Gesamtkosten vom Marktpreis gedeckt werden. Unter der Prämisse der Marktform der **vollkommenen Konkurrenz** und dem Vorliegen eines **vollkommenen Marktes** ist der Marktanteil des einzelnen Anbieters auf der einen Seite so gering, daß er den Marktpreis nicht beeinflussen kann. Auf der anderen Seite kann er hierdurch aber auch jede beliebige Menge zum Marktpreis absetzen. Um sein Gewinnmaximum zu realisieren, verhält sich das Unternehmen als **Mengenanpasser**. Dabei wird es solange die Produktion erhöhen, bis der mit der letzten Mengeneinheit verbundene zusätzliche Umsatz, der wegen des angenommenen vollkommenen Konkurrenzmarktes gleich dem Preis ist, den Grenzkosten der letzten Produktionseinheit entspricht. Demnach gilt für das **Gewinnmaximum** bei vollkommener Konkurrenz:

Preis = Grenzkosten

Bei der **break-even-Analyse** (Gewinnschwellenanalyse) lassen sich unter Berücksichtigung der Gewinngleichung ein **Gesamtkosten-Modell** und ein **Deckungsbeitragsmodell** unterscheiden.

Bei einem unterstellten linearen Gesamtkostenverlauf (K_G = 20 q + 1.000) und einer Umsatz- bzw. Erlösfunktion von (E = 20 q) läßt sich das **Gesamtkosten-Modell** wie folgt beschreiben:

Gewinngleichung:

Gewinn = Umsatz - Gesamtkosten

$$G = (p \times q) - (k_v \times q) - K_f$$

p = Preis pro verkaufter Einheit 50,- DM
q = Menge der produzierten und verkauften Einheiten (keine Lagerproduktion)
k_v = Variable Kosten pro produzierter Einheit 20,- DM
K_f = Fixkosten 1.000
Kapazitätsgrenze 50 Mengeneinheiten

<u>Gesamtkostenmodell</u>

Menge q	Umsatz (p x q)	Gesamtkosten	Gewinn/Verlust
0	0	1.000	- 1.000
10	500	1.200	- 700
20	1.000	1.400	- 400
30	1.500	1.600	- 100
33,33	**1666,5**	**1.666,5**	**0 (BEP)**
40	2.000	1.800	200
50	2.500	2.000	500

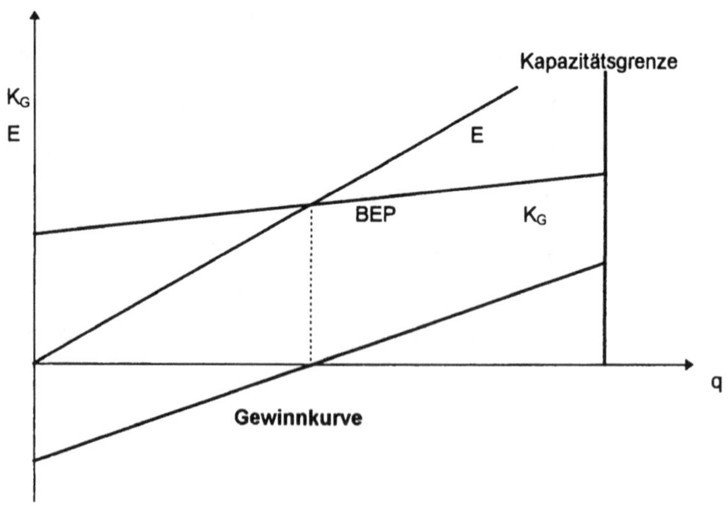

Die Umsatzkurve steigt stärker als die Gesamtkostenkurve. Dennoch übersteigen die Gesamtkosten zunächst die erzielten Erlöse bzw. Umsätze. Im Schnittpunkt der beiden Kurven liegt der **break-even-point** (Gewinnschwelle = BEP). Von da an (ab 33,33 Mengeneinheiten) arbeitet das Unternehmen mit Gewinn. Bei einem linearen Gesamtkostenverlauf liegt dabei das Gewinnmaximum an der Kapazitätsgrenze. In unserem Beispiel also bei 50 Mengeneinheiten. Der absolute Gewinn beträgt hier 500 Einheiten. Unter Berücksichtigung des **Deckungsbeitrags-Modells** läßt sich die Gewinngleichung umformulieren:

Gewinn = Deckungsbeitrag - Fixkosten

$$G = (p - k_v) \times q - K_f$$

Deckungsbeitrags-Modell

Menge q	Deckungsbeitrag (DB)	Fixkosten	Gewinn/Verlust
0	0	1.000	- 1.000
10	300	1.000	- 700
20	600	1.000	- 400
30	900	1.000	- 100
33,33	1.000	1.000	0
40	1.200	1.000	200
50	1.500	1.000	**500**

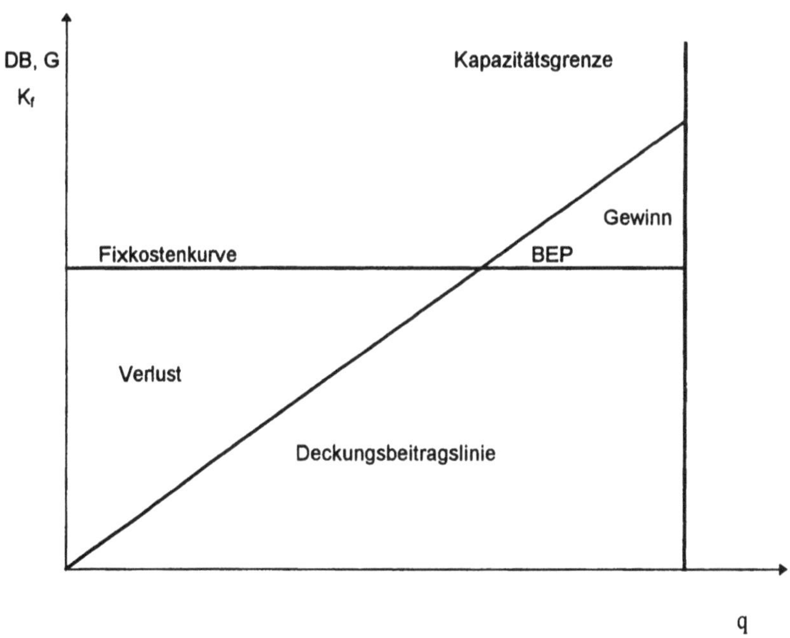

Durch die Reduzierung auf die beiden Parameter **Deckungsbeitrag** und **Fixkosten** kann der break-even-point noch leichter abgelesen und in seiner Struktur besser erkannt werden als beim Umsatz-Gesamtkosten-Modell. Bei der Preiskalkulation muß ein Unternehmen **kurzfristig** mindestens die variablen Kosten über den Marktpreis decken, also einen Deckungsbeitrag (= **Preisuntergrenze**) realisieren. Liegt der Marktpreis unter den variablen Kosten, so ist der Verlust größer als die Fixkosten. Bei einer solchen Konstellation unterbleibt ein Angebot. Das Unternehmen scheidet als **submarginaler Anbieter** aus dem Markt aus.

In der wirtschaftlichen Realität verfügen die einzelnen Anbieter - wie bisher unterstellt - aber nicht über die gleichen **Produktivitäts-** und damit **Kostenstrukturen**. Unterstellt, eine Branche besteht aus sechs Unternehmen, wobei die Unternehmen jeweils über eine gleich große Produktionskapazität verfügen und deren Veränderung kurzfristig nicht möglich ist, dann bildet die Summe der **Teilangebote** dieser Unternehmen das **Branchenangebot**. Geht man weiter von einem linearen Gesamtkostenverlauf und damit konstanten Grenzkosten bei den einzelnen Anbietern aus, die allerdings aufgrund unterschiedlicher Produktivitäten unterschiedlich hoch sind, dann ergibt sich insgesamt eine „treppenförmige“ Grenzkostenkurve bzw. eine ansteigende Angebotskurve (vgl. dazu die folgende Grafik).

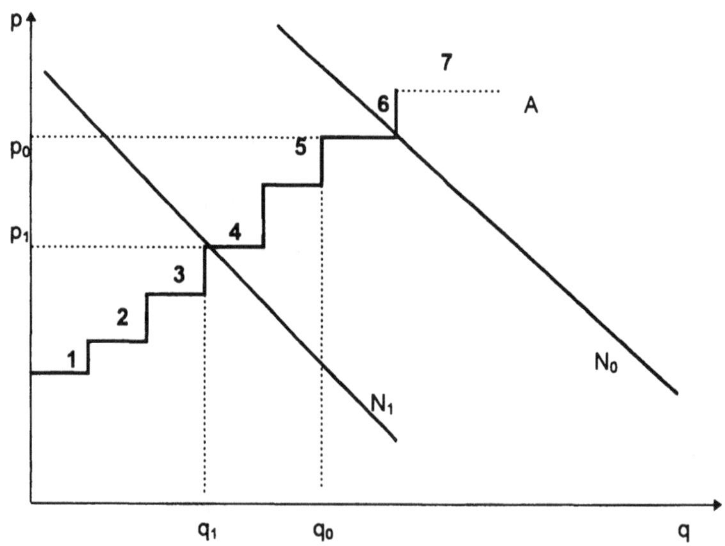

Das kurzfristige **Marktgleichgewicht** (p_0 /q_0) liegt im Schnittpunkt der Nachfrage- und Angebotskurve, wobei letztlich die Marktnachfrage darüber entscheidet, wieviele Anbieter zum Zuge kommen. In unserem Modell sind es sechs Anbieter. Der siebte Anbieter - **submarginaler Anbieter** - wird nicht mehr benötigt, um die Marktnachfrage zu befriedigen. Der sechste Anbieter, der gerade noch zur Deckung der Nachfrage gebraucht wird, ist **Grenzanbieter**.

Da der Marktpreis (p) für alle Anbieter gilt (Preis = Datum), erzielen, bis auf den Grenzanbieter, die anderen Anbieter aufgrund ihrer niedrigeren Kostenstrukturen **Gewinne**; wobei der Gewinn von Anbieter eins am größten ist. Da es sich in unserem Modell aber nur um eine **kurzfristige statische Momentaufnahme** eines Marktes handelt, können sich unter Berücksichtigung der Zeit die einzelnen Marktpositionen der Anbieter verändern. Die unterschiedlichen Gewinne implizieren, daß die Unternehmen positive Signale vom Markt erhalten und deshalb ihre individuellen Kapazitäten ausweiten und damit die Unternehmen mit den höheren Kosten bei gleicher Nachfrage aus dem Markt gedrängt werden. Dieser **Verdrängungswettbewerb** geht in der Regel mit Preissenkungen einher. Veränderungen auf der Angebotseite können aber auch durch neue (potentielle) Anbieter, die in den Markt eindringen, herbeigeführt werden. Eine Verdrängung von Anbietern ist außerdem durch eine verringerte Marktnachfrage möglich. Geht diese beispielsweise wie in der Grafik unterstellt von (N_0) auf (N_1) zurück, werden die Anbieter sechs und fünf unter sonst gleichen Bedingungen submarginal. Anbieter vier ist jetzt Grenzanbieter.

2. Wettbewerb als systemkonstitutives Element

2.1 Allgemeine Wettbewerbsfunktionen

Der zuvor bereits angedeutete Wettbewerb wird in marktwirtschaftlichen Ordnungen grundsätzlich als ein **systemkonstitutives Element** betrachtet. Durch Wettbewerb sollen auf der einen Seite die unendlich vielen Wirtschaftspläne der Anbieter und Nachfrager aufeinander abgestimmt und zum anderen eine optimale Allokation der knappen Ressourcen ermöglicht werden. Dem Wettbewerb obliegen dabei die folgenden allgemeinen **einzel- und gesamtwirtschaftlichen Funktionen**:

- **Koordinierungsfunktion**

Über einen Konkurrenz-Preismechanismus sollen die einzelnen Wirtschaftspläne ausgesteuert (koordiniert) werden. Die Lenkungsfunktion der Preise informiert dabei über die jeweilige Marktsituation bei Nachfrage- und Angebotsüberschüssen und zeigt den Knappheitsgrad der Güter an.

- **Allokationsfunktion**

Ebenfalls durch den Konkurrenz-Preismechanismus sollen die knappen Ressourcen in die wirtschaftlichste Verwendungsrichtung gebracht werden. Sind Ressourcen knapp, so lenkt der hohe Wettbewerbspreis automatisch die Ressourcen dorthin, wo sie am dringlichsten benötigt werden.

- **Anreizfunktion**

Um die knappen Ressourcen wirtschaftlich einzusetzen, benötigen die Wirtschaftssubjekte Anreize. Der Gewinn zeigt die richtige Verwendung an und bietet gleichzeitig eine Anreizfunktion, wobei der Wettbewerbsmechanismus die einzelnen Anbieter zu einer permanenten Kostenminimierung zwingt und den technischen Fortschritt anregt.

- **Verteilungsfunktion**

Unter den Bedingungen eines Wettbewerbsprozesses werden die zum Einsatz kommenden Produktionsfaktoren entsprechend ihrer marktbewerteten Leistung funktional entlohnt (funktionale Einkommensverteilung). Wird Wettbewerb dagegen eliminiert, kommt es zu einer nicht gewünschten Verteilung der gesamtwirtschaftlichen Wertschöpfung aufgrund von Marktmacht.

2.2 Zur Theorie des statischen und dynamischen Wettbewerbs

Die Vorstellung vom Wettbewerb war im Laufe der ökonomischen Theorienbildung vielfältigen Veränderungen unterworfen. Die „Klassischen Ökonomen" stellten die Forderung nach **freier Konkurrenz** auf, sozusagen als Gegenbewegung zum Merkantilismus. ***Adam Smith*** sah in der Theorie der freien Konkurrenz das Werkzeug, wodurch eine „natürliche Ordnung" realisiert werden kann. Diese Ordnungsvorstellung leitete sich aus dem **„Naturrecht"** ab, das sich im 16.

Jahrhundert zu einer wissenschaftlichen Disziplin entwickelt hatte. Es beinhaltet eine auf dem **Egoismusprinzip** basierende individualistische Philosophie. Durch Wettbewerb sollen dabei die einzelnen natürlichen egoistischen menschlichen Ziele umgelenkt werden können, so daß sie letztlich dem volkswirtschaftlichen Gesamtinteresse dienlich werden. „Erst angesichts dieser Umlenkung des Selbstinteresses auf das Gesamtinteresse - gleichsam durch eine 'invisible hand' - erhält der Egoismus als Antriebsmotor der wettbewerblichen Selbststeuerung seine moralische Legitimation."[1] Smith verstand dabei die freie Konkurrenz als einen **dynamischen Wettbewerbsprozeß**, in dem durch **Aktion** und **Reaktion** der Marktteilnehmer permanente Gewinnerosionen herbeigeführt werden. Wettbewerb bedeutet hier **Wettkampfrivalität**, wodurch zwischen den Marktteilnehmern ein Anreiz und Zwang zur Leistung geschaffen werden sollte. Die Preisbildung auf den Märkten muß sich nach den Vorstellungen der Klassiker ohne staatlichen Einfluß zwischen Angebot und Nachfrage bei unbeschränktem Marktzutritt, also potentiellem Wettbewerb, vollziehen.

Diese klassische wettbewerbstheoretische Vorstellung wurde mit der Entwicklung der ökonomischen Theorie auf Basis der **subjektiven Wertlehre** von der neoklassischen Vorstellung der **vollkommenen Konkurrenz** abgelöst. ***Walter Eucken***, einer der führenden neoklassischen Ökonomen, schrieb dazu:

„Die Kernfrage (welche Wirtschaftsordnung zu verwirklichen sei, d.V.) sollte (...) immer als Kernfrage behandelt werden. Es geschieht, indem die Herstellung eines funktionsfähigen Preissystems vollständiger Konkurrenz zum wesentlichen Kriterium jeder wirtschaftspolitischen Maßnahme gemacht wird."[2]

Mit dieser Vorstellung verengte sich die bei den Klassikern noch definierte dynamische Wettbewerbstheorie zu einer **statischen Preistheorie**. Der Wettbewerb wird hier idealisiert, d.h. es wird a priori eine **„Vollkommenheit von Wettbewerb"** unterstellt, die in der wirtschaftlichen Realität nicht vorzufinden ist. Bei vollkommener Konkurrenz, d.h. in einer Situation, in der kein Anbieter Einfluß auf den Preis nehmen kann, gibt es keine Gewinne mehr, keine Macht mehr, aber auch keinen Wettbewerb mehr. Weil der Marktpreis für den einzelnen Anbieter ein Datum ist, kann es innerhalb der vollkommenen Konkurrenz **keinen Preiswettbewerb** oder Preisdiskriminierungen geben. Auch daß Wettbewerber andere Wettbewerber im Preis unter Selbstkosten (**ruinöse Konkurrenz**) unterbieten, ist im Modell nicht möglich. Da auch andere

[1] Hartwig Bartling, Leitbilder der Wettbewerbspolitik, München 1980, S. 9
[2] Walter Eucken, Wettbewerb, Monopol und Unternehmer, Bad Nauheim 1953, S. 11f.

Wettbewerbsparameter, wie **Produktqualität**, **Produktinnovationen**, **Serviceleistungen**, **Werbung** etc. als auch **technischer Fortschritt** in Form von Prozeßinnovationen ex-definitione ausgeschlossen sind, hängt die Marktstellung des Grenzproduzenten letztlich von einer Nachfrageveränderung ab. Sie entscheidet darüber, ob ein Grenzanbieter zu einem submarginalen Anbieter wird oder nicht. Der Wettbewerbstheoretiker und Konzentrationsforscher ***Helmut Arndt*** schreibt dazu:

„In der neoklassischen Konkurrenz (vollkommene Konkurrenz, d.V.) hat der Grenzproduzent eine Dauerstellung erlangt, die grundsätzlich nur durch exogene Gewalten, welche die Vollkommenheit aufheben würde, erschüttert werden kann."[1]

Wettbewerbliche Eigeninitiative ist im Modell der vollkommenen Konkurrenz ausgeschlossen, weshalb man auch von einer **„Schlafmützenkonkurrenz"** spricht, einer Konkurrenz, die aufgrund ihrer Vollkommenheit einen rein **statischen Charakter** besitzt und deshalb bei der Beschreibung einer evolutorischen, dynamischen Wirtschaft versagt.

Trotz dieser Mängel wurde in Deutschland das Modell der vollkommenen Konkurrenz in den 50er Jahren zum **Leitbild der Wettbewerbspolitik** erhoben. Auch das deutsche **„Gesetz gegen Wettbewerbsbeschränkungen" (GWB)** orientierte sich 1958 noch am Begriff der vollkommenen Konkurrenz. In der Begründung zum Entwurf des GWB hieß es:

„Es darf als sichere wissenschaftliche Erkenntnis angesehen werden, daß die Marktverfassung des freien Wettbewerbs das Vorhandensein der Marktform des vollkommenen Wettbewerbs als wirtschaftliche Gegebenheit zur Voraussetzung hat, d.h. die Zahl der Marktteilnehmer auf beiden Marktseiten muß so groß sein, daß der Marktpreis für den Unternehmer eine von seinem Verhalten im wesentlichen unabhängige Größe ist."[2]

Die wettbewerbsrechtliche Ausrichtung am wenig realistischen Modell der vollkommenen Konkurrenz muß dabei umso mehr verwundern, als daß in England und den USA bereits in den 30er und 40er Jahren wesentlich realistischere Wettbewerbskonzepte entwickelt worden waren. Zu nennen sind hier die Theorien der **„imperfect competition"** von ***Joan Violet Robinson*** *(1903*

[1] Helmut Arndt, Schöpferischer Wettbewerb und klassenlose Gesellschaft, Berlin 1952, S. 54

[2] H. Müller-Henneberg, G. Schwarz, (Hrsg.), Gesetz gegen Wettbewerbsbeschränkungen, Kommentar, Köln-Berlin 1958, S. 1.059.

bis 1983)[1], der **„monopolistic competition“** von ***Edward Hastings Chamberlin*** *(1899 bis 1967)*[2] und von ***John Maurice Clark*** *(1884 bis 1963)* das Konzept eines **„funktionsfähigen Wettbewerbs“** („workable competition“)[3]. Auch der deutsche Ökonom ***Heinrich von Stackelberg*** *(1905 bis 1946)*[4] hatte bereits in den 30er Jahren ein dynamisches Wettbewerbskonzept entworfen. Alle diese Theorien gehen im Gegensatz zur Theorie der vollkommenen Konkurrenz von einem **unvollkommenen Markt** aus, der sowohl durch dynamische Elemente wie den technischen Fortschritt als auch andere Wettbewerbsparameter, außer Preis und Menge, wie die Qualität der Produkte, Werbung und bestimmte Käuferpräferenzen und Marktintransparenzen gekennzeichnet ist. Vor allem wird hierbei der **Wettbewerb als ein dynamischer Prozeß** betrachtet. Die dabei idealtypisch unterstellte Vorstellung eines wettbewerblichen Entwicklungsprozesses läßt sich mit ***Helmut Arndt*** folgendermaßen charakterisieren:

„Entwicklungsprozesse entstehen, weil Unternehmer durch schöpferische Leistungen ihre Wettbewerbsposition zu verbessern suchen. Sie führen neue Waren ein, um mehr Kundenpräferenzen an sich zu ziehen, oder sie wenden neue Produktionsverfahren an, um sich durch Kostensenkungen die Möglichkeit für Preissenkungen zu verschaffen.“[5]

Der Wettbewerb soll dadurch - wie es ***Joseph A. Schumpeter*** *(1883 bis 1950)* nannte - zu einem **Prozeß der „schöpferischen Zerstörung“** werden.[1] Im Parallelwettbewerb der Anbieter kommt es durch einen Prozeß der „Bahnbrecher“ oder einen „vorstoßenden Wettbewerb“ zu einem **prozessualen Monopol** mit Vorsprungsgewinnen. Dadurch werden die übrigen Unternehmen des Marktes, deren Wettbewerbsposition sich infolge der besonderen Leistungen der Konkurrenten verschlechtert hat, gezwungen, diese Leistungen nachzuahmen resp. durch ähnliche Leistungen die Gunst ihrer Nachfrager zurückzugewinnen. Im Wettbewerb der „Nachahmer“ bzw. im imitatorischen oder „verfolgenden Wettbewerb“ erfolgt ein Abbau der prozessualen Monopolstellung in Richtung eines **prozessualen Isopols**. Hierbei werden die Vorsprungsgewinne durch die Konkurrenz absorbiert. Diese den Wettbewerbsprozeß auszeichnenden prozessualen Monopole und Isopole bedingen einander. Gelingt es keinem Unternehmen, sich vom Status der Gleichheit im Isopol abzuheben und einen Vorsprung zu erringen, so können sich weder

---

[1] Vgl. Joan Violet Robinson, The Economics of Imperfect Competition, 2. e., London 1969
[2] Vgl. Edward Hastings Chamberlin, The Theory of Monopolistic Competition, 7. e., Cambridge 1956
[3] Vgl. John Maurice Clark, Toward a Concept of Workable Competition, The American Economic Review, (1940)
[4] Vgl. Heinrich von Stackelberg, Marktform und Gleichgewicht, Wien-Berlin 1934
[5] Helmut Arndt, Mikroökonomische Theorie, Bd. II, Tübingen 1966, S. 9

vorstoßender noch nachahmender Wettbewerb entwickeln. Das prozessuale Isopol würde hier zum langfristigen Gleichgewichtsisopol, in dem es keine endogene Marktentwicklung gibt. Ist andererseits der Wettbewerb der Nachahmer nicht kräftig genug oder erst gar nicht vorhanden, so wird das prozessuale Monopol zu einem **statischen Monopol**, wobei die dynamische Entwicklung durch einen reaktiven Wettbewerb nicht mehr gegeben ist.

Der time-lag zwischen Aktion des vorstoßenden Unternehmens und der Reaktion der Nachahmer darf dabei weder zu lang noch zu kurz sein. Ist er zu kurz, dann ist der Vorstoß zur Erzielung von Vorsprungsgewinnen ökonomisch nicht reizvoll und wird daher nicht stattfinden. Bei zu langem zeitlichen Abstand zwischen Vorstoßphase und Verfolgungsphase fehlt der nachahmende Wettbewerb oder er ist nicht effektiv genug, wobei in beiden Fällen kein optimaler Wettbewerb besteht.

Dynamischer Wettbewerbsprozeß

Vorstoßender Wettbewerb
Aktion, Vorstoß, Produkt- oder Prozeßinnovation

↓

Prozessuale Monopolstellung
Vorsprungsgewinne, Vergrößerung der Marktanteile

↙ ↘

Nachahmender Wettbewerb **Reaktion und Imitation**	**Kein nachahmender Wettbewerb** **Keine Reaktion und Imitation**
↓	↓
Prozessuale Isopolstellung **Absorption der Vorsprungsgewinne und Marktanteile**	**Statisches Monopol** **Machtgewinne**

[1] Johann A. Schumpeter, Kapitalismus, Sozialismus und Demokratie, 4. Aufl., München 1975, S. 77

Darüber hinaus darf nicht vergessen werden, daß Wettbewerb nicht nur in Form von aktueller, sondern auch von **potentieller Konkurrenz** vorliegen kann. Von potentieller Konkurrenz spricht die Wettbewerbstheorie immer dann, wenn es Anbieter gibt, die sich zum Beobachtungszeitpunkt eines Marktes nicht im Markt befinden, deren Marktzutritt jedoch jederzeit möglich ist. Ein wesentliches Kriterium für die Intensität des potentiellen Wettbewerbs sind demnach die Marktschranken, die sog. **Marktzutrittsbarrieren**, die das Ausmaß der Zutrittsschwierigkeiten in den Markt determinieren. Wenn beispielsweise eine bestimmte Betriebsgröße für einen Marktzutritt notwendig ist, die mit enormen Investitionen und einem damit einhergegenden Finanzbedarf verbunden ist, dann wird mit hoher Wahrscheinlichkeit kein potentieller Wettbewerb gegeben sein. Dies gilt für viele Märkte auf denen eine hohe Kapitalintensität herrscht. Man denke z.B. an die Automobilindustrie, die Luft- und Raumfahrtindustrie, die Stahlindustrie u.a.

Der dynamische Wettbewerbsprozeß von „Innovation“ und „Imitation“ läßt sich auch durch die unterschiedlichen **Marktphasen eines Produktzyklus** verdeutlichen. In der ersten Phase, der **Produkteinführungsphase**, steht die technische innovative Entwicklung durch einen Anbieter im Vordergrund. Der Anbieter macht das Produkt „marktreif“. Die Nachfrage ist bei der Markteinführung zunächst noch gering, die Stückkosten sind, aufgrund kleiner Produktionsmengen und hoher Forschungs- und Entwicklungskosten, entsprechend hoch, so daß in der Einführungsphase der kreative vorstoßende Anbieter in der Regel hohe Verluste verzeichnet. In der zweiten Phase, der **Expansions- oder Wachstumsphase**, ändert sich das Bild. Das Produkt ist im Markt bekannt (penetriert) und die Nachfrage nimmt entsprechend zu, wodurch der Umsatz überproportional steigt und der break-even-point erreicht wird. Die aufgebauten Produktionskapazitäten werden immer besser ausgelastet bzw. werden bei Vollauslastung noch ausgebaut. Dadurch kommt es zu einem starken Sinken der Stückkosten. Das Produkt wirft nun Gewinn ab, und das vorstoßende Unternehmen erzielt entsprechende Vorsprungsgewinne. Nun muß spätestens der nachahmende Wettbewerb einsetzen. Unterbleibt dieser, so wird aus dem prozessualen Monopol ein statisches Monopol.

In der dritten Phase, der **Marktreifephase**, kommen durch den nachahmenden Wettbewerb neue Anbieter für das Produkt auf den Markt. Meistens ist dies mit zusätzlichen Produktdifferenzierungen und marginalen Weiterentwicklungen am Produkt verbunden. Stückkostensenkungen müssen nun durch die aufkommende Konkurrenz auch in den Preisen an die Nachfrager weitergegeben werden. Die Preise verfallen, und die Gewinne geraten unter

Druck. In der vierten Phase, der **Sättigungs- bzw. Stagnationsphase**, stagniert die Nachfrage, da das Marktpotential ausgeschöpft ist. Umsatzsteigerungen sind nicht mehr möglich und, da die Produktivitätsreserven ausgeschöpft sind, gehen die Gewinne stark zurück. Kommt es zu temporären (konjunkturellen) Nachfrageeinbrüchen, realisieren die Unternehmen nicht selten sogar aufgrund unterauslastungsbedingter Stückkostensteigerungen enorme Verluste. Innovative Unternehmen versuchen in dieser Phase neue Produkte zu entwickeln, um sich von der negativen Marktentwicklung abzusetzen. Unterbleibt oder gelingt dies nicht, und die Unternehmen befinden sich mit ihrem Produkt in der fünften und letzten Phase eines Produktzyklus, der **Schrumpfungs- oder Degenerationsphase**, so sind sie permanent vom Ausscheiden aus dem Markt bedroht. Durch das Ausscheiden von Grenzanbietern geht das Gesamtangebot zurück und paßt sich der schrumpfenden Nachfrage an. Da die Umsätze stark rückläufig sind, zeichnen sich die Unternehmen in der Schrumpfungsphase in erster Linie durch ein intensives Kostenmanagement aus. Sie versuchen dadurch, drohende Verluste zu verhindern oder zumindest zu minimieren. Kommt es in dieser Phase zu keinem Ausscheiden von Grenzanbietern, was aus wirtschaftspolitischen Gründen nicht selten der Fall ist (siehe Stahlindustrie oder Bergbau u.a.), so müssen die auftretenden Verluste durch staatliche Subventionen aufgefangen werden.

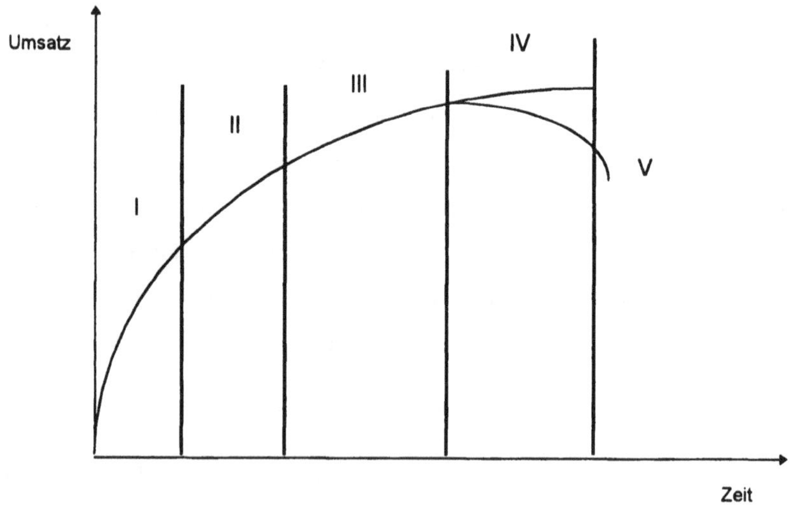

I = Produkteinführungsphase, II = Expansions- oder Wachstumsphase, III = Marktreifephase, IV = Sättigungs- oder Stagnationsphase, V = Schrumpfungs- oder Degenerationsphase

Analog zu der Beschreibung des Angebotswettbewerbs läßt sich auch der **Nachfragewettbewerb der Unternehmen** an den jeweiligen Beschaffungsmärkten für wirtschaftliche Güter als ein dynamischer Prozeß erklären, indem die Nachfrager durch „Vorstoß" und „Verfolgung" bzw. „Innovation" und „Imitation" um **Vorsprungsgewinne im Einkauf** gegeneinander konkurrieren, und dies sowohl im aktuellen- als auch im potentiellen Nachfragewettbewerbsprozeß. Auch hier vollzieht sich der idealtypische Wettbewerbsprozeß der Nachfrager zwischen einem permanenten Ablösen von prozessualen Nachfragemonopolstellungen und prozessualen Nachfrageisopolstellungen, wobei jede nachfragende Unternehmung die Möglichkeit besitzt, durch Geschick und höhere Leistung vorübergehend zu günstigeren Preisen einzukaufen als die jeweiligen Nachfragekonkurrenten. Diese werden jedoch - so die idealtypische Wettbewerbsvorstellung - stets dafür sorgen, daß der prozessuale Vorteil bzw. Vorsprung nicht zu groß wird und vor allen Dingen nicht von permanenter Dauer ist; es also zu keinen **statischen Nachfragemonopolstellungen** kommt.[1] Hierbei muß allerdings konstatiert werden, daß bei der Analyse des Wettbewerbsprozesses der Nachfragewettbewerb - zumindest bis Mitte der 70er Jahre - nur unzureichend berücksichtigt wurde, da die Wettbewerbstheorie bis dahin in erster Linie die Anbieterseite eines Marktes untersuchte und die **Nachfrage der Unternehmen** kaum Beachtung fand. „Wettbewerb ist Rivalität beim Verkauf von Gütern", schrieb ***John Maurice Clark***[2], oder ***Helmut Köhler*** konstatiert gleich zu Beginn seiner bahnbrechenden Schrift über „Wettbewerbsbeschränkungen durch Nachfrager":

„Wer von Wettbewerb spricht, meint im allgemeinen: Wettbewerb unter Anbietern. Was Nachfragewettbewerb ist, wie er sich vollzieht und welche wirtschafts- und gesellschaftspolitische Bedeutung ihm zukommt, davon ist selten die Rede."[3]

Diese Feststellung war dabei nicht nur für die Wettbewerbstheorie symptomatisch, sondern auch bei der **wettbewerbspolitischen** und **wettbewerbsrechtlichen** Diskussion um ein neues dynamisches Wettbewerbsleitbild dachte man nicht über einen Wettbewerbsprozeß auf der Nachfrageseite eines Marktes und die sich daraus ergebenen Folgen nach. So schreibt ***Erhard Kantzenbach***, dessen wettbewerbstheoretische Vorstellungen „**weiter Oligopole**" weitgehend

[1] Vgl. Olga Wilde, Wettbewerbsverzerrungen und Wettbewerbsbeschränkungen durch Nachfragemacht, Freiburg i.Br. 1979, S. 38ff.
[2] John Maurice Clark, Zum Begriff eines funktionsfähigen Wettbewerbs, in: Klaus Herdzina (Hrsg.), Wettbewerbstheorie, Köln 1975, S. 145
[3] Helmut Köhler, Wettbewerbsbeschränkungen durch Nachfrager, München 1977, S. 1

wettbewerbspolitisch und -rechtlich in Deutschland umgesetzt worden sind und dessen Theorie gegen Ende der 60er Jahre das zunächst gültige Leitbild der vollkommenen Konkurrenz ablöste:

„An Markteinflüssen anderer Gruppen kommt in erster Linie derjenige der Marktpartner in Frage. Auch diesen habe ich in den meisten Teilen meiner Arbeit ausgeschlossen, indem ich mich vorwiegend auf die Untersuchung der Anbieterseite beschränkte und dabei auf der Nachfrageseite ein Polypson unterstellte.“[1]

Aus wettbewerbsrechtlicher Sicht wird heute der Nachfragewettbewerb bzw. das Problem der **Nachfragemachtausübung** neben der Problematik der **Angebotsmachtausübung** im **Gesetz gegen Wettbewerbsbeschränkungen (GWB)** berücksichtigt.

2.3 Kritik am Modell des Wettbewerbsprozesses

Das bisher beschriebene Bild eines dynamischen Wettbewerbs sowohl auf der Anbieter- als auch auf der Nachfrageseite impliziert für alle anbietenden und nachfragenden Unternehmen - sowohl im aktuellen und potentiellen Wettbewerbsprozeß - gleich gute oder gleich schlechte Chancen. Diese **idealtypische Form des Wettbewerbsprozesses** ist in der wirtschaftlichen Realität aber genauso wenig vorhanden wie die Marktform der vollkommenen Konkurrenz. In der Realität sind die Märkte durch Unterschiede in der Leistungsfähigkeit und der wirtschaftlichen Macht der Wettbewerber gekennzeichnet. Dies manifestiert sich durch eine **Strukturdifferenzierung innerhalb des Gesamtkapitals** auf den unterschiedlichen Märkten. Einigen Großunternehmen steht die Masse der kleinen und mittleren Unternehmen gegenüber, und der Abstand zwischen diesen beiden Polen wird mit fortschreitender Konzentration immer größer. Die Ausdehnung der individuellen Kapitale (Unternehmen) durch Akkumulation, d.h. durch die Kapitalisierung der erzielten Gewinne, beschreibt dabei den Prozeß des **internen Unternehmenswachstums** und die Verschmelzung von zuvor selbständigen Unternehmen das **externe Unternehmenswachstum**, d.h. die Konzentration in der Wirtschaft. Internes und externes Unternehmenswachstum sind daher auf das engste miteinander verbunden, da internes Wachstum die Voraussetzung für externes Wachstum ist.

[1] Erhard Kantzenbach, Das Konzept der optimalen Wettbewerbsintensität, in: Jahrbücher für Nationalökonomie und Statistik (JfNuSt)., Bd. 181, (1967/68), S. 193

Dieses Unternehmenswachstum ist aber nicht wettbewerbsneutral oder wettbewerbserhaltend, wie dies von der Wettbewerbstheorie gefolgert wird. Der nachahmende Wettbewerb, der den Vorsprungsgewinn der prozessualen Monopolisten und Monopsonisten wieder zum Verschwinden bzw. den einmal kassierten Gewinn wieder auf Null bringen soll, existiert in der wirtschaftlichen Realität so nicht. Im Gegenteil, der erzielte Vorsprungsgewinn (Extragewinn) wird eingesetzt, um den bereits realisierten Vorsprung noch weiter auszubauen. Dieser Vorsprung bringt wieder einen höheren Gewinn, der wiederum zum Ausbau des Vorsprungs, z.B. für Diversifizierung verwendet wird. Hierdurch entsteht letztlich in der Wirtschaft eine immer größere Differenzierung und Polarisierung innerhalb des Unternehmenssektors, woraus sich weitere Folgen für den ungleichen Wettbewerbsprozeß ableiten. Zu nennen sind hier die unterschiedlichen Bedingungen zwischen **Großunternehmen** und **kleinen sowie mittleren Unternehmen** bezüglich

- Größenvorteilen in der Produktion und Vermarktung,
- der Risikominimierung durch Diversifikation,
- des besseren Zugangs zu den nationalen und internationalen Beschaffungsmärkten,
- der besseren Möglichkeiten der Finanzierung des Produktions- und Absatzprozesses (z.B. durch Selbstfinanzierung aus dem Cash-Flow und günstigere Kreditkonditionen),
- der wesentlich größeren Möglichkeiten für Forschung und Entwicklung und damit für Produkt- und Prozeßinnovationen.

Das Ergebnis der gesamten unterschiedlichen Bedingungen zwischen Großunternehmen und kleinen sowie mittleren Unternehmen ist letztlich für **Konzentrationsprozesse und Marktvermachtung** auf der Angebots- und Nachfrageseite verantwortlich.

Die zunehmende Konzentration bereitet dabei allerdings den Markt- und Wettbewerbsideologen keine Probleme. Wettbewerb wird kurzerhand nicht mehr volkswirtschaftlich, sondern **international** im Weltmaßstab gesehen. Der allgemeine Welt-Wettbewerb wirkt als der große Gleichmacher. Um in diesem „internationalen Wettkampf" zu überleben, müßten die Unternehmen eine bestimmte Betriebsgröße **(optimale Betriebsgröße)** vorweisen, um daraus Kostenvorteile **(Gesetz der Massenproduktion bzw. economies of scale)** ziehen zu können. Sind die Unternehmen zu klein, läge demnach eine suboptimale Betriebsgröße vor, so käme es auch nur zu suboptimalen Marktergebnissen. **Konzentrationsprozesse** seien deshalb hinzunehmen, wobei implizit in dieser Argumentation die Größe der Unternehmen zum rein sachlichen Erfordernis wird und dadurch scheinbar einen objektiven Charakter gewinnt. Der amerikanische Ökonom ***Walter Adams*** von der Michigan State University, bezeichnet die Behauptung, Großunternehmen seien aufgrund der economies of scale effizienter als kleinere als den „wesentlichen Mythos unserer Zeit", als einen Mythos, der vom „Big Business" und seinen Apologeten verbreitet werde.[1] Nun kann sicherlich nicht abgestritten werden, daß es keinerlei produktionstechnische Zwänge für steigende Betriebsgrößen zur Ausnutzung von economies of scale gibt. Die ***Monopolkommission*** hat dazu die Bedeutung der Betriebsgrößenersparnisse für die Konzentration in einem Gutachten 1985/86 untersucht und hierbei sehr differenzierte Ergebnisse festgestellt, wobei das Argument des Betriebsgrößenwachstums in seiner Absolutheit, mit der es in der Regel vorgetragen wird, nicht zutreffend ist.[2] Außerdem geht der Hinweis auf die economies of scale als Rechtfertigung ständig wachsender Unternehmensgrößen und -fusionen völlig an der Tatsache vorbei, daß die Mehrzahl der Großunternehmen, selbst wenn es sich nicht um ausgesprochene Mischkonzerne handelt, diversifiziert ist und neben einem Kernbereich auch andere, ökonomisch getrennte Unternehmensteile umfaßt. Dies belegen eindeutig die Untersuchungen der 100 größten Unternehmen, von denen 41 mehr als einem Wirtschaftszweig angehören. „Träfe das Argument der economies of scale in vollem Umfang zu, würde auch gelten, daß die durchschnittliche Größe eines Unternehmens im wesentlichen Ergebnis der überdurchschnittlichen Größe der ihm angeschlossenen Betriebe ist, während deren Anzahl nur durchschnittliche Werte aufwiese. Tatsächlich scheint es aber so zu sein, daß mit der Größe der Unternehmen zwar die Anzahl der angeschlossenen Betriebe steigt, aber nicht deren Größe."[3]

Mit der Behauptung einer zunehmenden **„Globalisierung"** der Weltmärkte[4] und einer daraus abgeleiteten erhöhten **internationalen Wettbewerbsintensität** werden im Rahmen eines „Überlebens-Ansatzes" (survivor approach) in jüngster Zeit immer marktradikalere Thesen vertreten, die in der allgemeinen Öffentlichkeit und in der Politik zu einer fatalen Wettbewerbsgläubigkeit geführt haben. Wettbewerb wird hierbei förmlich zu einem **Selbstzweck**

---

[1] Vgl. Walter Adams, Ecomomic Power and the Constitution, in: Challenge, New York, 7. u. 8/1987, S. 23

[2] Vgl. Monopolkommission, 6. Hauptgutachten, Bundestagsdrucksache 10/5860, Bonn 1986

[3] Arbeitsgruppe Alternative Wirtschaftspolitik, Wirtschaftsmacht in der Marktwirtschaft. Zur ökonomischen Konzentration in der Bundesrepublik, Köln 1988, S. 164

[4] Vgl. Hans-Peter Martin, Harald Schumann, Die Globalisierungsfalle. Der Angriff auf Demokratie und Wohlstand, 13. Aufl., Reinbek 1997. Das „Deutsche Institut für Wirtschaftsforschung" (DIW) stellt dagegen in einer Untersuchung fest, daß diese viel zitierte „Globalisierung" auf Güter- und Arbeitsmärkten nicht festzustellen

hochstilisiert. Die „Gruppe von Lissabon“[1], neunzehn Wissenschaftler aus Europa, USA und Japan stehen dabei fassungslos vor der Frage: „Wie ist es möglich, daß ein Mittel, eine Verfahrensweise (Wettbewerb zwischen Firmen und Wirtschaftenden) zum obersten Ziel für alle ökonomischen Akteure und die gesamte Gesellschaft geworden ist?“[2] Die Auswirkungen dieser Wettbewerbshysterie werden von immer mehr Menschen am eigenen Leib erfahren. Bei Massenentlassungen wird auf den internationalen Wettbewerb verwiesen, der Abbau des Sozialstaats wird mit dem Zwang zur Konkurrenzfähigkeit begründet. Die Aktien- und Finanzmärkte haben sich unterdessen vom Wohlergehen der Volkswirtschaften weitgehend abgekoppelt: Je weiter die Arbeitslosigkeit steigt, desto höher klettern die Aktienkurse. Und die immer aufgeregtere Debatte um den „Standort Deutschland“ belegt beinahe täglich das Versagen der Politik, die in ihrer konservativen Variante einseitig das Unternehmerlager im Globalisierungprozeß meint unterstützen zu müssen.

Trotz alledem ist der Welt-Wettbewerb nicht in der Lage, die weltweit wachsenden sozialen, ökologischen, demographischen und beschäftigungspolitischen Probleme zu lösen. Im Gegenteil stellt ***Ernst Ulrich von Weizsäcker*** fest: „Die globalisierte Wirtschaft führt zwangsläufig zur Forderung nach einer ‘Spreizung’ des Einkommensgefälles. Im Klartext: Die Ärmeren müssen mit ihren Ansprüchen zurückstehen, damit die Reicheren sich im Lande wohl fühlen und damit sie vor allem ihr Kapital nicht abziehen. Der dauernde Sieg der Starken und Schnellen über die Schwächeren und Langsameren kann das System destabilisieren. Schnelligkeit ist kein Wert an sich. Langsamkeit steht auch für Selbststabilisierung. Die modernen Devisenmärkte, das hat man an der Mexiko-Krise Anfang 1995 überdeutlich gesehen, stabilisieren sich nicht mehr von selbst. Der Zwang zur hohen Rendite bewirkt auch einen Herdentrieb, der zu Lawineneffekten führen kann. Die Globalisierung schaltet das angestammte demokratische Korrektiv der Marktwirtschaft weitgehend aus. Die Demokratie bietet in der Form von freien Wahlen die Möglichkeit, daß sich die Schwächeren gegen eine zu unverschämte ‘Spreizung’ seitens der Stärkeren zur Wehr setzen. So müssen sich die Firmen eine soziale Politik gefallen lassen. Das ging so lange gut, wie das Kapital nicht allzu mobil war, weil es an Produktionsstätten im Inland gebunden war und im Ausland hohe Risiken in Kauf nehmen mußte. Der Niedergang des Sozialismus hat diese Risiken dramatisch vermindert. Enteignungsgefahr und sozialistische Experimente gehöhen der

---

ist, sondern ausschließlich für Finanzmärkte zutreffend ist. Vgl. dazu ausführlich den DIW-Wochenbericht Nr. 23/1997, S. 413ff.

[1] Die Gruppe von Lissabon (Hrsg.), Grenzen des Wettbewerbs. Die Globalisierung der Wirtschaft und die Zukunft der Menschheit, München 1997

[2] Ebenda, S. 132

Vergangenheit an. Jetzt, da das Kapital fast unbeschränkt mobil geworden ist, braucht es auch vor der Rache des Wählers in einem Land keine Angst mehr zu haben. Es wandert einfach aus, wenn ihm ein Land nicht mehr gefällt."[1]

2.4 Marktvermachtung und ihre modelltheoretischen Marktformen

Ist innerhalb des **dynamischen Wettbewerbsprozesses** erst einmal die Konzentration so weit fortgeschritten, daß nur noch wenige oder einer auf der Angebots- und Nachfrageseite übriggeblieben ist, so hat dies weitreichende Folgen für die Preisbildung. ***Heinrich von Stackelberg*** entwickelte vor dem Hintergrund der jeweiligen **Anzahl der Teilnehmer** auf der Angebots- und Nachfrageseite ein **Marktformenschema** zur besseren Einordnung der Markttypologie, aus der sich u.a. die Marktformen ableiten lassen, die von Marktmacht involviert sind. Bei seiner Analyse unterstellt von Stackelberg gleichzeitig die Prämissen eines **vollkommenen Marktes**. Sind dabei z.B. auf der Angebotsseite viele Anbieter und auf der Nachfrageseite ebenfalls viele Nachfrager vorhanden, so liegt die Marktform des vollkommenen Polypols oder der **vollkommenen Konkurrenz** vor. Existiert, um eine andere Marktform mit Marktmacht herauszugreifen, auf der Nachfrage- und Angebotsseite nur noch ein Anbieter, so spricht man von einem **bilateralen Monopol**. Das folgende Marktformenschema zeigt die insgesamt neun nach von Stackelberg möglichen Marktformen.

Marktformenschema

Anbieter / Nachfrager	viele	wenige	einer
viele	Polypol (vollkommene Konk.)	Angebotsoligopol	Angebotsmonopol
wenige	Nachfrageoligopol	Zweiseitiges Oligopol	Beschränktes Angebotsmonopol
einer	Nachfragemonopol	Beschränktes Nachfragemonopol	Bilaterales Monopol

[1] Ernst Ulrich von Weizäcker im Vorwort zu: „Die Gruppe von Lissabon, a.a.O., S. 11f

Im folgenden soll daher die Preisbildung unter Berücksichtigung der Ausübung von **Angebots- und Nachfragemacht** dargestellt werden. Hierbei wird zunächst auf die Ergebnisse der **statischen Preistheorie**, aber auch auf die Ergebnisse einer **dynamischen Wettbewerbstheorie** eingegangen. Daneben erfolgt im Anschluß eine realistischere Bewertung von Machtausübung im Rahmen einer Beschreibung von **praxisrelevanten Preisbildungsprozessen**.

2.4.1 Angebotsmacht

2.4.1.1 Vollkommenes Angebotsmonopol

Ein **vollkommenes Angebotsmonopol** ist immer dann gegeben, wenn nur noch ein Anbieter das Marktangebot stellt. Es kann auch als ein statisches oder vollkommenes Monopol bezeichnet werden. Der Wettbewerb ist völlig zum Erliegen gekommen. Eine im Wettbewerbsprozeß realisierte prozessuale Monopolstellung wurde durch einen nachahmenden Wettbewerb nicht mehr in ein prozessuales Isopol verwandelt. Ein Angebotsmonopol kann aber auch staatlich fixiert sein. Dies gilt z.B. für den Elektrizitätsmarkt in Deutschland. Der Angebotsmonopolist muß sein Angebotsverhalten nicht vom Verhalten anderer Anbieter abhängig machen. Da er aber noch von der Nachfrage abhängig ist, kann er nicht den Preis und die Absatzmenge bestimmen. Jedoch gehört ihm die gesamte Nachfrage, d.h. die Nachfrage bildet seine Preis-Absatz-Funktion (PAF), und damit liegt es völlig im Ermessen eines Monopolisten, welche Preis-Mengen-Kombination er wählt.

Unterstellt die **Preisabsatzfunktion** (PAF) lautet **($p = -10\,q + 200$)**, dann ergibt sich die **Erlösfunktion** (Erlös = p x q) aus der Multiplikation der Preisabsatzfunktion mit der Menge (q):

$$\mathbf{E = (-10\,q + 200)\,q}$$
$$\mathbf{E = -10\,q^2 + 200\,q}$$

Der **Grenzerlös (E')** ergibt sich aus der ersten mathematischen Ableitung der Erlösfunktion.

$$\mathbf{E' = -20\,q + 200}$$

Wird die Grenzerlösfunktion gleich Null gesetzt, erhält man die erlösmaximale Absatzmenge:

$$E' = 0$$
$$-20\,q + 200 = 0$$
$$q = 10$$

Bei einer Absatzmenge von 10 Einheiten ist demnach das **Erlösmaximum** erreicht.
Bei einem unterstellten linearen **Gesamtkostenverlauf** von

$$K_G = 40\,q + 200$$

und **Grenzkosten** von

$$K' = 40$$

ergibt sich das **Gewinnmaximum** bei der Gleichheit von Grenzerlös (E') und Grenzkosten (K'), wenn also gilt:

$$E' - K' = 0 \quad \text{bzw.} \quad E' = K'$$

$$E' = -20\,q + 200 = K' = 40$$

Hieraus errechnet sich eine gewinnmaximale Absatzmenge von 8 Einheiten. Wird die Absatzmenge in die Preis-Absatz-Funktion eingesetzt, ergibt sich der gewinnmaximale Preis in Höhe von 120 Einheiten.

$$p = -10\,q + 200$$
$$p = -10\,(8) + 200$$
$$p = 120$$

Das gewinnmaximale Preis-Mengen-Verhältnis eines Angebotsmonopolisten bezeichnet man auch nach dem französischen Mathematiker und Ökonomen ***Antoine Augustin Cournot*** *(1801 bis 1877)* als **Cournot'schen Punkt (C)**.

Die folgende Tabelle zeigt für die oben angeführten Funktionen die entsprechenden Werte. Man erkennt, daß bei einem Preis von 120 Einheiten insgesamt 8 Einheiten abgesetzt werden und daß der Gewinn bei dieser Preis-Mengen-Kombination mit 440 Einheiten sein Maximum erreicht. Das **Erlös- bzw. Umsatzmaximum** wird erst bei einem Preis von 100 Einheiten und einer Menge von

10 Einheiten realisiert. Erlösmaximum und Gewinnmaximum fallen demnach bei einem vollkommenen Monopol auseinander. Will ein Monopolist sein Gewinnmaximum realisieren, kann er nicht gleichzeitig eine Marktpolitik der **Umsatzmaximierung** betreiben.

Menge (q)	Preis (p)	E	E'	K_G	K'	G/V
0	200	0	200	200	40	- 200
1	190	190	180	240	40	- 50
2	180	360	160	280	40	80
3	170	510	140	320	40	190
4	160	640	120	360	40	280
5	150	750	100	400	40	350
6	140	840	80	440	40	400
7	130	910	60	480	40	430
8	**120**	960	**40**	520	**40**	**440**
9	110	990	20	560	40	430
10	**100**	**1.000**	**0**	600	40	400
11	**90**	990	**- 20**	640	40	350

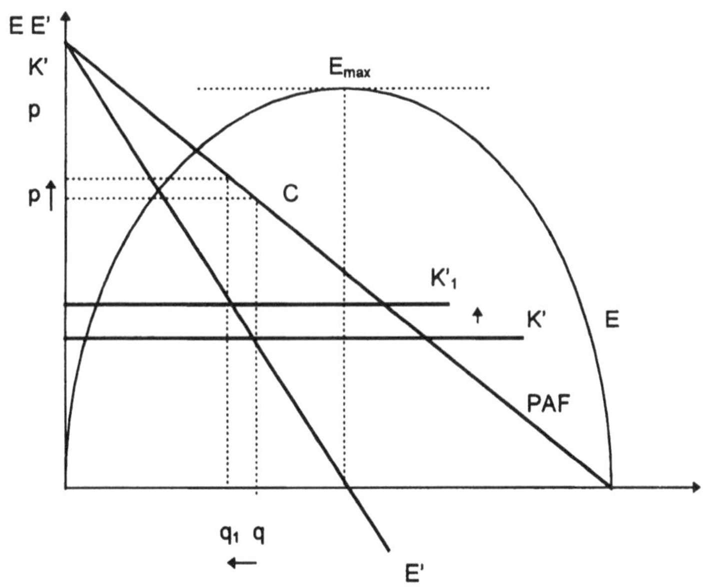

Kostenerhöhungen (incl. Kostensteuern) wälzt der Monopolist an seine Nachfrager weiter, wobei allerdings die nachgefragte Menge auf q_1 zurückgeht (vgl. dazu in der Grafik die Erhöhung der Grenzkosten auf K'_1). Kommt es zu **Nachfragesteigerungen** erhöht sich sowohl der Preis als auch die Angebotsmenge. Die Veränderung der Preis-Mengen-Relation ist dabei abhängig von der **Preiselastizität** der Nachfrage.

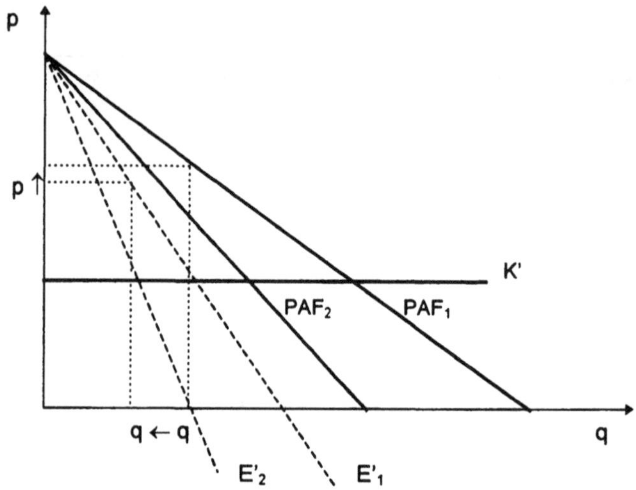

Diese hat auch der Monopolist unter der Prämisse einer Gewinnmaximierung bei einer Absatzausweitung zu beachten (vgl. dazu die zuvor gezeigten Tabellen). Die Preiselastizität der Nachfrage bestimmt - wie bereits gezeigt - die Relation aus prozentualer Mengenänderung zu prozentualer Preisänderung. Zwischen dem Grenzerlös (E'), dem Preis (p) und der Preiselastizität der Nachfrage (η) eines Monopolisten besteht dabei die folgende Beziehung, die auch als **„Amoroso-Robinson-Relation"** bezeichnet wird:

$$E' = P\left(1 - \frac{1}{\eta}\right)$$

Ist demnach die Preiselastizität der Nachfrage gleich Eins ($\eta = 1$), so ist der Grenzerlös gleich Null, d.h. eine zusätzliche Absatzmengeneinheit vergrößert den Gesamterlös nicht mehr.

$$E' = P\left(1 - \frac{1}{1}\right) = 0$$

Ist $\eta < 1$, wird der Grenzerlös negativ, d.h. der Gesamterlös nimmt mit zusätzlicher Ausbringung ab. Nur wenn $\eta > 1$ ist, ist der Grenzerlös positiv und der Gesamterlös steigt bei einer zusätzlichen Ausbringung.

Hieraus ergibt sich, daß ein Monopolist eine Preis-Mengen-Kombination im Bereich einer Preiselastizität von größer als eins anstreben muß. Nur in diesem Bereich liegt sein Gewinnmaximum.

Bei einer **stückbezogenen Betrachtung** verschiebt sich ceteris paribus das gewinnmaximale Ergebnis eines Monopolisten aufgrund der Fixkosten bzw. stückfixen Kosten. Der höchste Stückgewinn wird hier, wie man der folgenden Tabelle (vgl. dazu auch die Grafik) entnehmen kann, bei einem Preis von 160 und einer Absatzmenge von 4 erzielt. Das absolute Gewinnmaximum in Höhe von 440 Einheiten liegt aber nach wie vor bei einem Preis von 120 Einheiten und einer abgesetzten Menge von 8 Einheiten.

Menge	Preis	$K_G : q$	Gesamtgewinn	Stückgewinn
1	190	240	- 50	- 50
2	180	140	80	40
3	170	106,7	190	63,3
4	**160**	**90**	**280**	**70**
6	140	73,3	400	66,7
8	**120**	**65**	**440**	**55**
9	110	62,2	430	47,8
10	100	58,2	400	40

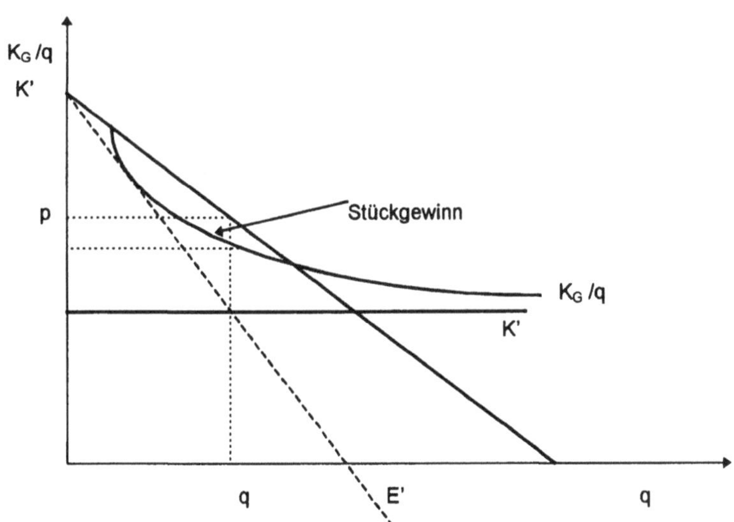

Vergleicht man das Ergebnis eines **statischen Monopols** mit dem langfristigen Marktergebnis der **vollkommenen Konkurrenz**, so ergibt sich unter Konkurrenzbedingungen (Preis = Grenzkosten)

ein niedrigerer Preis (p_K) und eine größere Marktversorgung aufgrund einer insgesamt größeren Absatzmenge (q_K), als dies im Cournot'schen Punkt des Monopolisten (p_M) zu (q_M) (Grenzerlös = Grenzkosten) der Fall ist. Die folgende Grafik verdeutlicht dies.

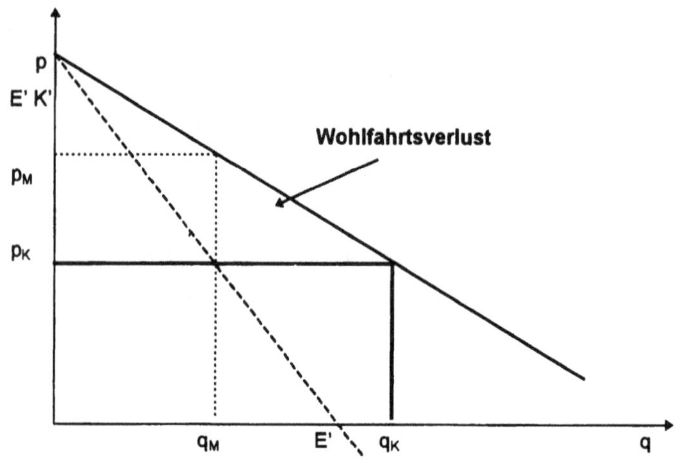

Hierdurch wird der **Wohlfahrtsverlust** (höhere Preise ($p_M > p_K$) und kleinere Mengen ($q_M < q_K$) in einer Volkswirtschaft durch das Vorhandensein von Monopolen im Gegensatz zum Wettbewerb deutlich. „Somit liefert der Cournot'sche Punkt einen theoretischen Rechtfertigungsgrund zur Kartell- und Fusionskontrolle."[1]

2.4.1.2 Monopolistische Preisdiskriminierung

Zur Abschöpfung der auch im Monopolfall vorhandenen **Konsumentenrente** (Dreieck aus Cournot'schen Punkt, Prohibitivpreis und Monopolpreis) setzt der Angebotsmonopolist das Instrument der **Preisdiskriminierung** (auch häufig als Preisdifferenzierung bezeichnet) ein. Er fordert nicht nur einen Preis für sein angebotenes Produkt, sondern er setzt verschiedene Preise fest und vergrößert damit seinen Gewinn im Vergleich zu einer einheitlichen Preissetzung. Unter monopolistischer Preisdiskriminierung versteht man daher den Verkauf eines homogenen Gutes zu unterschiedlichen Preisen oder den Verkauf von zwar qualitativ besseren Gütern zu

[1] Jörn Altmann, Volkswirtschaftslehre, a.a.O., S. 262

unterschiedlich hohen Preisen, wobei die Preisdifferenz aber höher ist als die Kostensteigerung der Qualitätsverbesserung.

Preisdiskriminierung tritt in der wirtschaftlichen Praxis in unterschiedlichen Formen auf. Als **räumliche Preisdiskriminierung** (in Hamburg zahlen Nachfrager mehr als in Bochum, oder im Ausland wird von ein und demselben Anbieter ein Produkt günstiger angeboten als im Inland), als **zeitliche Preisdiskriminierung** (z.B. Tag- und Nachttarife bei Strom- und Telefonpreisen), als **sachliche Preisdiskriminierung** (z.B. Strompreise für Haushaltskunden und Strompreise für Industriekunden) und als **persönliche Preisdiskriminierung** oder **Preisdiskriminierung nach Käuferschichten** (z.B. durch eine bestimmte Gruppenzugehörigkeit in Form von niedrigeren Eintrittspreisen für Schüler, Studenten und Soldaten). Immer häufiger kommt es auch zu einer **Preisdiskriminierung nach Abnahmemengen** in Form von Mengenrabatten. Der Großabnehmerrabatt, der insbesondere im Austauschprozeß zwischen Industrie- und Handelsbetrieben eine große Rolle spielt, ist zu einem Großteil für den Konzentrationsprozeß und die daraus entstandende Nachfragemacht im Handel mitverantwortlich, da im Preiswettbewerb des Handels das nicht über den Großeinkauf verfügende Kleinunternehmen einfach unterlegen sein muß.

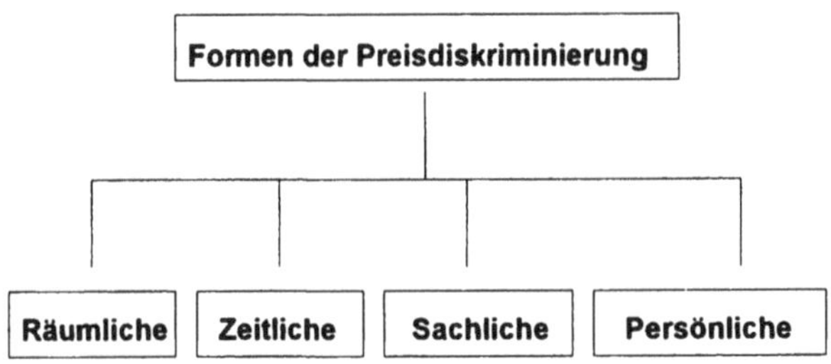

Die Ausübung der Preisdiskriminierung ist an die grundsätzliche **Voraussetzung** von Marktmacht gebunden. Dies impliziert zunächst einmal, daß der einzelne Anbieter den Preis als Aktionsparameter einsetzen bzw. ihn bestimmen kann, also über eine **autonome Preissetzungsmacht** verfügt. Der Preis darf nicht - wie bei der Marktform der vollkommenen Konkurrenz - für den einzelnen Anbieter ein Datum sein. Da der Monopolist zwischen dem Preis und der Absatzmenge frei wählen kann, erfüllt er die wesentliche Prämisse für eine Preisdiskriminierung. Daneben muß der Anbieter den **Markt aufteilen** (segmentieren) können, weil sonst das Produkt zwischen den Nachfragern gehandelt werden könnte, - stehen die

Nachfrager in Verbindung, könnten die Nachfrager, die die niedrigeren Preise zahlen sollen, für die anderen Nachfrager das Produkt mitkaufen und zu dem günstigeren Preis weitergeben. ***Artur Woll*** schreibt dazu: „Bedingung für die Preisdifferenzierung ist also, daß Personen, die der Anbieter auswählt, das Gut auch zu dem von ihm bestimmten Preis kaufen. Dabei können Eigenschaften eines Gutes der Marktteilung entgegenstehen oder dienlich sein. Generell eignen sich Dienstleistungen eher zur Preisdifferenzierung als physische Güter, schwer substituierbare physische Güter eher als leicht ersetzbare. Die Preisdifferenzierung ist um so leichter möglich, je geringer die Transparenz (Typenvielfalt, fehlende Fachkenntnisse) und je größer die räumliche (große Entfernungen, schlechte Verkehrsverbindungen) wie zeitliche (unterschiedliche Ladenöffnungszeiten) Differenziertheit des Marktes ist."[1] Neben der autonomen Preissetzungsmacht und der Marktsegmentierung ist an die Ausübung der vertikalen Preisdiskriminierung auch noch eine unterschiedliche **Preiselastizität der Nachfrage** auf den jeweils geschaffenen (segmentierten) Einzelmärkten geknüpft. Wie sich der Gewinn durch das Instrument der Preisdiskriminierung erhöht, soll an den folgenden Beispielen einer horizontalen und vertikalen Preisdiskriminierung gezeigt werden. Bei einer **horizontalen Preisdiskriminierung** werden diejenigen Nachfrager eines Gesamtmarktes, die auf bestimmte Preisforderungen für ein Produkt ähnlich reagieren, zu einem Marktsegment (z.B. in einem oberen Preissegment) zusammengefaßt. Der Begriff der horizontalen Preisdiskriminierung kommt daher, daß die Konsumentenrente gedanklich durch horizontale Linien (Ebenen) in mehrere Teilmärkte differenziert wird. Ausgehend von dem bisher vorgestellten Monopolmodell mit einer Preis-Absatz-Funktion ($p = -10q + 200$) und einer linearen Gesamtkostenfunktion ($K_G = 40q + 200$) ergibt sich ein gewinnoptimaler Preis in Höhe von 120 Einheiten und eine Absatzmenge von 8 Einheiten. Nach Abzug der Kosten vom Erlös beträgt der maximale Gewinn 440 Einheiten.

Erlös	**8 Stück zu 120 Preiseinheiten**	**=**	**960 Einheiten**
- Kosten	**8 Stück zu 65 Preiseinheiten**	**=**	**520 Einheiten**
= Gewinn			**440 Einheiten**

Durch den gewinnoptimalen Preis von 120 Einheiten wird die Konsumentenrente nicht ausgeschöpft. Gelingt es dagegen dem Anbieter, durch eine horizontale Marktsegmentierung in drei Preisklassen den Gesamtmarkt aufzuspalten, erhöht sich der Gesamtgewinn bei gleichen Gesamtkosten um 54,5 % auf insgesamt 680 Einheiten.

[1] Artur Woll, Allgemeine Volkswirtschaftslehre, a.a.O., S. 200

Erlös	**2 Stück zu 120 Preiseinheiten**	**=**	**240 Einheiten**
	2 Stück zu 200 Preiseinheiten	**=**	**400 Einheiten**
	4 Stück zu 140 Preiseinheiten	**=**	**560 Einheiten**
Gesamterlös			**1.200 Einheiten**
- Kosten	**8 Stück zu 65 Einheiten**	**=**	**520 Einheiten**
= Gewinn			**680 Einheiten**

Selbst wenn die Gesamtkosten aufgrund von Zusatzkosten für die Marktsegmentierung steigen sollten, erhöht sich der Gesamtgewinn bei horizontaler Preisdiskriminierung beträchtlich.

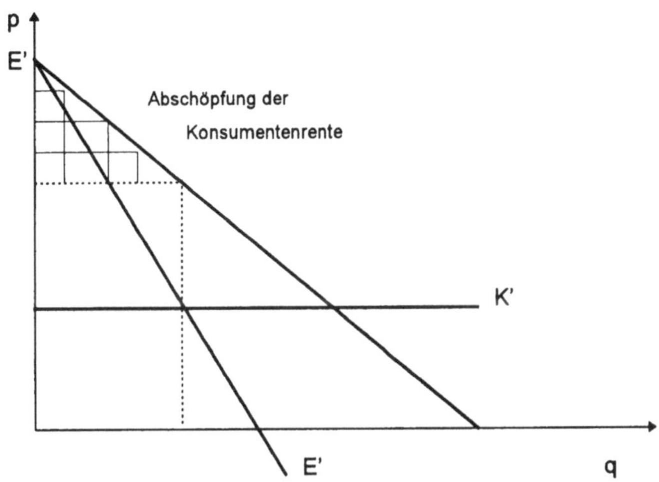

Bei der **vertikalen Preisdiskriminierung** liegen unterschiedliche Elastizitäten der Nachfrage auf den einzelnen Teilmärkten vor. Hierdurch kann der mit Marktmacht ausgestattete Anbieter unterschiedliche Preise setzen und dadurch seinen Gesamtgewinn steigern. Zur Illustration seien in dem folgenden Marktmodell die beiden Teilmärkte mit den Preis-Absatz-Funktionen unterstellt:

Teilmarkt 1: $p_1 = 50 - q_1$ $(p_1 \leq 50 ; q_1 \leq 50)$

Teilmarkt 2: $p_2 = 30 - 0{,}4q_2$ $(p_2 \leq 30 ; q_2 \leq 75)$

Die anbietende Unternehmung produziert für beide Märkte mit der linearen Gesamtkostenfunktion

$K_G = 8\,q + 150,$

wobei Transportkosten zu den räumlich getrennten Teilmärkten entscheidungsirrelevant sind. Ohne Preisdiskriminierung gibt es für beide Märkte nur einen einheitlichen Preis. Um den Gesamtgewinn zu bestimmen, ist es zunächst erforderlich, die Nachfragefunktionen beider Teilmärkte zu aggregieren. Dazu sind die Umkehrfunktionen der Preis-Absatz-Funktionen zu bilden. Sie lauten:

$q_1 = 50 - p_1$

$q_2 = 75 - 2{,}5\,p_2$

Demnach gilt:

$q_1 + q_2 = 125 - 3{,}5\,p$

$q_1 = 50 - p$

bzw. nach erneuter Bildung der Umkehrfunktionen:

$p = 50 - q$

$p = 35{,}7 - 0{,}29q$

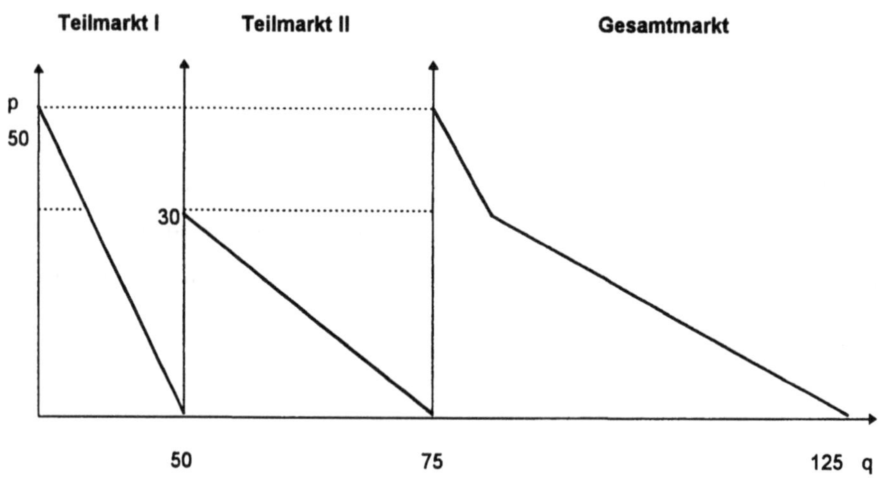

Hieraus ergeben sich die folgenden Erlös- und Grenzerlösfunktionen:

$E = 50q - q^2$; $E' = 50 - 2q$

$E = 35{,}7q - 0{,}29q^2$; $E' = 35{,}7 - 0{,}58q$

Das Gewinnmaximum ist realisiert beim Ausgleich von Grenzerlös und Grenzkosten:

$$E' = K'$$

$$50 - 2q = 8$$
$$q = 21$$
$$35{,}7 - 0{,}58q = 8$$
$$q = 47{,}8$$

Eingesetzt in die aggregierte Preis-Absatz-Funktion ergibt sich der einheitliche gewinnmaximale Preis:

$$q_1 + q_2 = 125 - 3{,}5\,p$$
$$p = 22{,}1$$

Zu diesem einheitlichen Preis werden auf dem **Teilmarkt I** 27,9 Einheiten abgesetzt und auf dem **Teilmarkt II** insgesamt 19,8 Einheiten.

$q_1 = 50 - p$	$q_2 = 75 - 2{,}5\,p$
$q_1 = 50 - 22{,}1$	$q_2 = 75 - 2{,}5\,(22{,}1)$
$q_1 = 27{,}9$ **Einheiten**	$q_2 = 19{,}8$ **Einheiten**

Das Gewinnmaximum ergibt sich demnach aus der Gewinngleichung:

$$G_{max} = p \times q_{1+2} - K_G$$
$$G_{max} = 22{,}1 \times 47{,}8 - (8 \times (47{,}8) - 150)$$
$$G_{max} = 524 \text{ Einheiten}$$

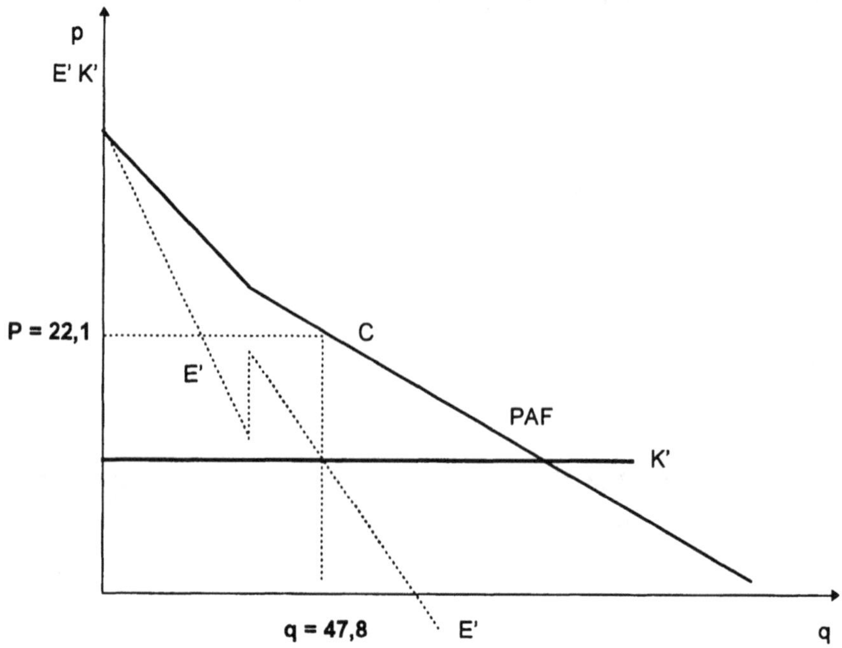

Bei getrennter Preissetzung auf den Teilmärkten I und II, also bei Preisdiskriminierung, lautet die Gewinnfunktion:

$$G_{max} = E_1(q_1) + E_2(q_2) - K_G$$

$$G_{max} = p_1(q_1) \times q_1 + p_2(q_2) \times q_2 - K_G$$

$$G_{max} = (50 - q_1)q_1 + (30 - 0{,}4q_2)q_2 - (8q - 150)$$

Aus den notwendigen Maximalbedingungen folgt:

$$\frac{\partial G}{\partial q_1} = 50q - q^2 - (8q - 150) = 42 - 2q \quad \Rightarrow q_1 = 21$$

$$\frac{\partial G}{\partial q_1} = 30q - 0{,}4q^2 - (8q - 150) = 22 - 0{,}8q \quad \Rightarrow q_2 = 27{,}5$$

Damit lauten die gewinnmaximalen Angebotspreise auf den Teilmärkten:

$p_1 = 29$; $50 - q = p$

$p_2 = 19$; $30 - 0,4q = p$

Der maximale Gesamtgewinn beträgt damit:

$G_{max} = p_1 \times q_1 + p_2 \times q_2 - K_G$

$G_{max} = 29 \times 21 + 19 \times 27,5 - (8\ (48,5) - 150)$

$G_{max} = 609 + 522,5 - 538$

$G_{max} = 593,5$

Der Gesamtgewinn ist also bei angewandter Preisdiskriminierung um 69,5 Einheiten (593,5 - 524 Einheiten) oder 13,3% höher als bei einer einheitlichen Preissetzung ohne Preisdiskriminierung.

2.4.1.3 Monopolistische Konkurrenz - heterogenes Polypol

Die Marktform der monopolistischen Konkurrenz - auch als **heterogene Konkurrenz** (heterogenes Poypol) bezeichnet - orientiert sich nicht an der Anzahl der Anbieter, sondern am Kriterium des zu verkaufenden Produkts. Durch die objektive oder aus Sicht des Nachfragers auch nur subjektiv empfundenen Unterschiede der Produkte entstehen weitgehende **Produktpräferenzen**, die zu einer monopolähnlichen Marktsituation führen. Die Unterschiede sind dabei in der wirtschaftlichen Realität häufig nur marginal. Sie können aber für eine monopolartige Stellung eines Produktes in gewissen Preisgrenzen ausreichend sein. Innerhalb dieser **Preisgrenzen** (monopolistischer Bereich) ist die Preis-Absatz-Funktion durch eine geringe Preiselastizität gekennzeichnet. Werden diese Preisgrenzen dagegen verlassen, erfolgt eine deutlich stärkere Mengenreaktion. Übersteigt der Preis die **Preisobergrenze** des monopolistischen Bereichs, wandert Nachfrage ab. Setzt der Anbieter dagegen den Preis unterhalb der **Preisuntergrenze** fest, steigt die Nachfrage überproportional an. Außerhalb des monopolistischen Bereichs ist demnach die Preiselastizität der Nachfrage um ein Vielfaches größer.

Begründet wurde die Theorie der monopolistischen Konkurrenz in den 30er Jahren u.a. von ***Edward Hastings Chamberlin*** und ***Joan Violet Robinson***. Sie sollte vor allem zeigen, daß nicht nur - wie in der Theorie des vollkommenen Monopols unterstellt - die Wettbewerbsaktionsparameter Preis und Menge gegeben sind, sondern daß auch die

Produktgestaltung, Werbung und Kommunikationsmaßnahmen sowie die Distributionspolitik von Anbietern wichtige Instrumente zur Herausbildung einer produktbezogenen monopolähnlichen Marktform sein können.

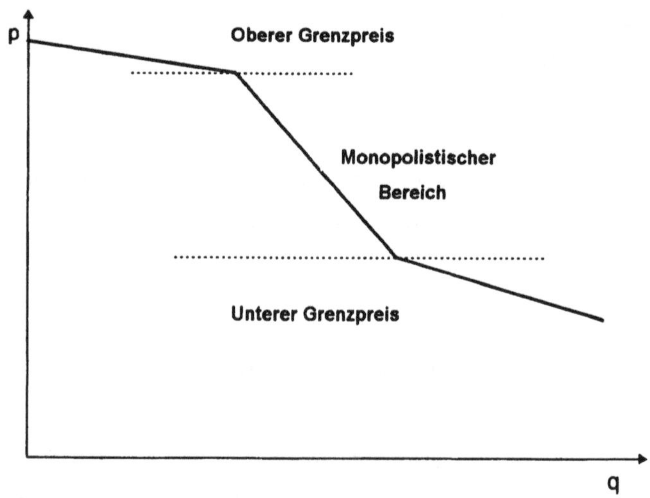

2.4.1.4 Oligopolistische Konkurrenz

Die oligopolistische Konkurrenz wird heute auf den meisten Märkten als die dominierende Marktform vorgefunden. Auf der Angebotsseite sind nur noch wenige Anbieter oder wenige Großunternehmen und ein paar kleinere Unternehmen vorhanden, während auf der Nachfrageseite viele Käufer existieren. Ob in der Automobilindustrie, Elektroindustrie, Chemieindustrie, Stahlindustrie oder in weiten Bereichen des Handelssektors, um nur einige Wirtschaftssektoren zu nennen, sind die Märkte von einer derartigen Marktform geprägt. Dabei unterscheidet man ein **vollkommenes** oder **homogenes Oligopol** ohne Produktdifferenzierungen und ein **unvollkommenes** oder **heterogenes Oligopol** mit Produktdifferenzierungen.

Im Gegensatz zum Monopol oder zur vollkommenen Konkurrenz muß der Oligopolist nicht nur die Nachfrageseite des Marktes beachten, sondern zusätzlich das Preissetzungsverhalten seiner Konkurrenten. Der Monopolist kann entweder den Preis oder die Menge ohne Rücksicht auf die Konkurrenz bei der Festlegung seines Gewinnmaximums lediglich in Abhängigkeit von der

Preiselastizität der Nachfrage festlegen. Der Polypolist muß in der Marktform der vollkommenen Konkurrenz seine Absatzmenge an den von ihm nicht zu beeinflußenden Marktpreis (Preis = Datum) anpassen. Ändert dagegen der Oligopolist bei Vorliegen eines **homogenen Oligopols** den Preis oder die Absatzmenge, muß er mit einer entsprechenden Preis-Mengen-Reaktion seiner mächtigen Konkurrenten rechnen. Aus diesem Grund spricht man bei dem Vorliegen einer oligopolistischen Konkurrenz auch von einer **oligopolistischen Reaktionsverbundenheit**. Liegt ein homogenes Oligopol ohne Produktdifferenzierungen vor, so bestimmt der Oligopolist den Marktpreis, der die geringsten Kosten verbucht. Dies läßt sich anhand des **Dyopols** (zwei Anbieter und viele Nachfrager) zeigen. Oligopolist A und Oligopolist B teilen sich einen Markt zu gleichen Anteilen. Die Preiselastizität der Nachfrage ist damit für beide gleich. Unterschiede bestehen nur in der Höhe der Grenzkosten (vgl. dazu die folgende Grafik).

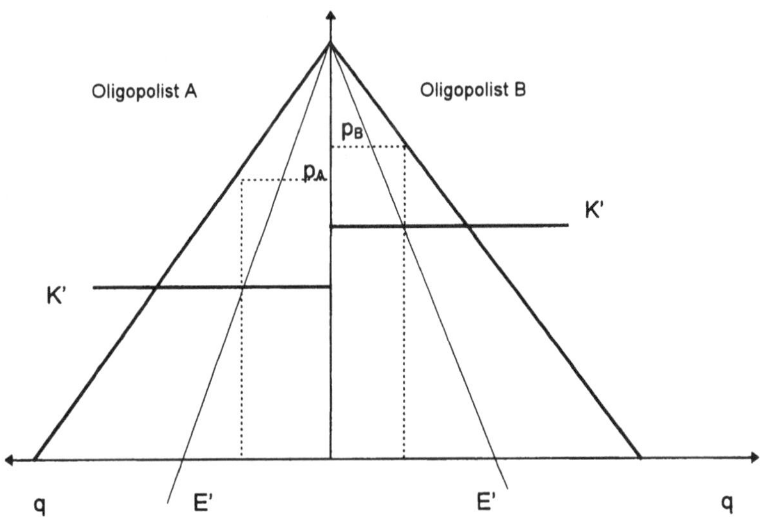

Bestimmt jeder Oligopolist sein individuelles Gewinnmaximum, so wählt Oligopolist A aufgrund der niedrigeren Grenzkosten auch einen niedrigeren Optimalpreis (p_A) als Oligopolist B, der den Optimalpreis (p_B) zur Realisierung seines Gewinnmaximums fordern müßte. Damit ist jeder der beiden Oligopolisten aus Gründen der Gewinnmaximierung an einem anderen Marktpreis interessiert. Da in der Marktform des homogenen Oligopols keine Produktdifferenzierungen existieren, läßt die Konkurrenzsituation aber keine Preisunterschiede zu. Würde Oligopolist B seinen höheren gewinnmaximalen Preis (p_B) fordern, würde er sämtliche Nachfrage verlieren und müßte aus dem Markt ausscheiden. Oligopolist A wird diesen gewinnmaximalen Preis von Oligopolist B nämlich nicht akzeptieren, da er zu diesem Preis sein Gewinnmaximum nicht realisiert. Seine Grenzerlöskurve liegt hier noch beträchtlich über seiner Grenzkostenkurve. Deshalb wird er seinen gewinnmaximalen niedrigeren Preis am Markt durchsetzen und Oligopolist B wird sich diesem Preis anpassen und gleichzeitig auf Gewinnanteile verzichten müssen. Er könnte zwar den Preis noch weiter senken - dies würde aber eine Gegenreaktion von Oligopolist A implizieren. Da er sich in der schlechteren Kostensituation befindet, kann er letztlich nur verlieren. Ein Preiswettbewerb wird aus diesen Gründen nicht stattfinden, deshalb ist auf oligopolistischen Märkten auch eine relativ hohe **Preisstarrheit** zu beobachten. Selbst bei Nachfragerückgängen reagieren Oligopolisten nicht mit Preissenkungen, weil sie die Reaktion der Konkurrenz fürchten. Oligopolist B kann seinen Gewinn nur dadurch erhöhen, indem er seine Kosten senkt.

Die wirtschaftliche Realität ist aber in der Regel nicht durch ein homogenes Oligopol gekennzeichnet, sondern durch ein **heterogenes Oligopol**. Die Märkte sind nicht vollkommen, sondern unvollkommen oder werden z.B. durch Produktdifferenzierungen bewußt unvollkommen gemacht. Auch unterschiedliche Präferenzen, herbeigeführt durch bestimmte Marketingmaßnahmen (Werbung) und eine bei den Nachfragern vorliegende unterschiedliche Markttransparenz, sorgen für Unvollkommenheiten auf oligopolistischen Märkten. Dies führt dazu, daß in einem heterogenen Oligopol die Preisreaktionsverbundenheit nicht so stark ausgeprägt ist wie beim homogenen Oligopol. „Erhöht ein Anbieter im heterogenen Oligopol seinen Preis, so verliert er - bei unverändertem Preis seines Konkurrenten - aufgrund der bestehenden Präferenzstruktur lediglich einen Teil seiner Nachfrage. Für die ihm verbleibende Nachfrage kann die Differenz zwischen den beiden Marktpreisen als Ausdruck der Präferenzstärke seiner Käufer verstanden werden.“[1] Ähnlich wie bei der monopolistischen Konkurrenz im heterogenen Polypol gibt es auch im heterogenen Oligopol einen produkt- und präferenzbezogenen Preisspielraum der weitgehend nachfrage- bzw. mengenunabhängig ist. Daß aber in der wirtschaftlichen Realität - abweichend von der Theorie - bei oligopolistischer Konkurrenz durchaus ein harter Preis- und Vernichtungswettbewerb möglich ist, zeigt der Wettbewerbskampf in der Luftfahrtindustrie (vgl. dazu die Ausführungen in dem folgenden Kasten).[2]

[1] Artur Woll, Allgemeine Volkswirtschaftslehre, a.a.O., S. 213

[2] Vgl. Alfred Haid, Kurt Hornschild, Nach der Boing/Mc Douglas-Fusion: Wird die Luft für den Airbus dünner?, in: DIW-Wochenbericht Nr. 37/1997, S. 663ff.

Nach der Fusion des drittgrößten Anbieters **McDonnell Douglas** in der Luftfahrtindustrie mit dem größten Anbieter **Boeing** gibt es neben der **Airbus-Industrie**, die ein Konsortium aus den Firmen Aerospatiale (Frankreich), British Aerospace (England), Casa (Spanien) und Dasa-Daimler-Benz (Deutschland) bildet, weltweit nur noch zwei Anbieter in der Luftfahrtindustrie, Boeing und Airbus. Diese Marktsituation kann mit der eines **heterogenen Dyopols** verglichen werden. Im Wettbewerb entscheidet in einer solchen Marktstruktur - wie oben gezeigt - zunächst die Preissetzung des kostengünstigsten Anbieters. Der Wettbewerb erfolgt aber auch über das Produkt bzw. die Produktpalette. Wichtig im Wettbewerb sind außerdem die aktuellen und zukünftigen Marktanteile, da sie die Kostendegression und damit die Preissetzungsmöglichkeiten determinieren. Geht man davon aus, daß der Marktanteil von Boeing nach der Megafusion bei etwa 65 % liegt, dann dürfte die Airbus-Industrie zukünftig aufgrund einer wesentlich schlechteren Kostensituation in größte Schwierigkeiten kommen. Zumal Boeing über eine Querfinanzierung aus den Bereichen Rüstung und Raumfahrt zusätzliche Möglichkeiten besitzt, einen Preiskampf zur Eroberung weiterer Marktanteile zu führen, und Airbus-Industrie aufgrund seiner Organisationsstruktur über vier Länder und Unternehmen (mit der Steuerung des Tagesgeschäfts sind 66 Komitees befaßt) zusätzliche komparative Kostennachteile wird kaum kompensieren können. Da Boeing dies weiß, lohnt sich ein Preiskampf. Boeing wird die Preise deshalb so setzen, daß sie bei Airbus-Industrie nicht kostendeckend sind und die nachfragenden Airlines ihre produkt- und präferenzbezogene Preisschwelle erreichen. Die Folge sind Verluste bei Airbus-Industrie, die mittelfristig selbst durch staatliche Subventionierung nicht mehr kompensiert werden können. Boeing würde gegen eine solche staatliche Subventionierung außerdem Klage erheben. Als Gegenmaßnahme könnte Airbus-Industrie versuchen, die Preise mit Boeing abzusprechen. Dies würden die Airlines aufgrund der hohen Markttransparenz aber schnell bemerken und ebenfalls dagegen klagen. Boeing wird sich aufgrund der konkreten Marktsituation darauf auch nicht einlassen. Am Ende dieses Wettbewerbsprozesses wird daher mit hoher Wahrscheinlichkeit ein **statisches vollkommenes Monopol** stehen.

Vergleicht man die **Marktergebnisse** der jeweiligen Marktstruktur im homogenen Oligopol und im heterogenen Oligopol, so ist offensichtlich die Wettbewerbsintensität in Form eines Preiswettbewerbs im homogenen Oligopol, und hier im Dyopol: mit zwei Anbietern und vielen Nachfragern, am größten. Es herrscht zwar Preisstarrheit - diese ist aber nur das Ergebnis einer hohen Konkurrenz-Preisreaktionsverbundenheit, wobei die Wettbewerbsintensität abnimmt, je unvollkommener der Markt sich durch Produktdifferenzierungen und Marktintransparenzen gestaltet; sich also in Richtung eines heterogenen Oligopols verwandelt.

Hieraus läßt sich die Frage nach einer optimalen Wettbewerbsintensität ableiten. Für ***Erhard Kantzenbach***, der versucht hat, ein Konzept einer solchen **„optimalen Wettbewerbsintensität“**[1] zu entwickeln, ist dabei das Optimum im Bereich **„weiter Oligopole“** bei **„mäßiger Marktunvollkommenheit“** (d.h. mäßiger Produktdifferenzierung und mäßig beschränkter Markttransparenz) gegeben. Diese Marktstruktur erfülle gleichzeitig am besten die folgenden statischen und dynamischen Funktionen des Wettbewerbs.

[1] Vgl. Erhard Kantzenbach, Die Funktionsfähigkeit des Wettbewerbs, 2. Aufl., Göttingen 1968

Gesamtwirtschaftliche Wettbewerbsfunktionen nach Kantzenbach

<table>
<tr><th>Funktionsinhalte</th><th>Art der Funktion</th><th>Funktionswirkung</th><th>Funktionsresultate</th></tr>
<tr><td>Einkommensverteilung</td><td rowspan="3">statische Funktionen</td><td>Verteilungsfunktion</td><td>Verteilung des Sozialprodukts</td></tr>
<tr><td>Angebotszusammensetzung</td><td rowspan="3">Steuerungsfunktion</td><td>Zusammensetzung des Sozialprodukts</td></tr>
<tr><td>Produktionssteuerung</td><td rowspan="3">Maximierung des Sozialprodukts</td></tr>
<tr><td>Anpassungsflexibilität</td><td rowspan="2">dynamische Funktionen</td></tr>
<tr><td>Technischer Fortschritt</td><td>Antriebsfunktion</td></tr>
</table>

Das Wettbewerbskonzept von Kantzenbach ist heftig kritisiert worden. Zum einen deshalb, weil es das bis Ende der 60er Jahren vorherrschende wettbewerbstheoretische Leitbild der vollkommenen Konkurrenz als nicht tauglich zur Erklärung von Wettbewerb in der wirtschaftlichen Realität kritisierte und zum anderen deshalb, weil die Konzeption von Kantzenbach das neoklassische Konzept der **„Wettbewerbsfreiheit"**[1] ad absurdum führte.

Grundlegend für die Konzeption der Wettbewerbsfreiheit ist die Behauptung, daß Wettbewerbsfreiheit verbunden mit einem „spirit of competition" initiativer, dynamischer Unternehmer (***Joseph A. Schumpeter***) stets zu vorteilhaften ökonomischen Ergebnissen führt. Zwischen dem Ziel „Wettbewerbsfreiheit" und dem Ziel „gute Marktergebnisse" besteht nach dieser Auffassung grundsätzlich eine harmonische Beziehung. Auf der **Angebotsseite** drückt sich Freiheit in der Fähigkeit aus, Initiativen zu ergreifen, technische, organisatorische und ökonomische Neuerungen einzuführen, sowie in der Möglichkeit zur Imitation. Auf der **Nachfrageseite** bedeutet Wettbewerbsfreiheit, zwischen verschiedenen Alternativen auswählen zu können. Die **Wettbewerbspolitik** hat dabei nur dafür Sorge zu tragen, daß der Wettbewerb nicht durch Wettbewerbsbeschränkung ausgeschaltet wird. Im Gegensatz dazu rückt Kantzenbach nicht

[1] In Deutschland kann Erich Hoppmann als Hauptvertreter dieser Wettbewerbskonzeption angesehen werden. Vgl. dazu Erich Hoppmann, Das Konzept der optimalen Wettbewerbsintensität. Rivalität oder Freiheit des Wettbewerbs: Zum Problem eines wettbewerbspolitisch adäquaten Ansatzes der Wettbewerbstheorie, in: JfNSt, Band 179, S. 286 - 323

die Freiheit des einzelnen Individuums in den Wettbewerbsmittelpunkt, sondern die Realisierung von bestimmten **Wettbewerbsfunktionen**, womit der Wettbewerb instrumentalisiert wird. Aber mit dem Konzept von Kantzenbach wurde der Wettbewerb nicht nur instrumentalisiert, sondern darüber hinaus modifiziert, um diese Funktionen auch zu erreichen. Es sollte nämlich nicht eine atomistische Marktstruktur angestrebt werden, sondern ganz konkret die Marktform **„weiter Oligopole"**, weil hier die Wettbewerbsintensität am größten sei. Dies implizierte eine veränderte Wettbewerbspolitik und ein Überdenken des bisher praktizierten **Kartellrechts** durch das 1958 eingeführte „Gesetz gegen Wettbewerbsbeschränkungen" (GWB).

Im **Bereich polypolistischer Marktstrukturen** müßte - so Kantzenbach - die Anbieterzahl verringert werden, was durch eine Förderung von **Unternehmenszusammenschlüssen** realisiert werden könnte. Dem schloß sich das ***Bundeskartellamt*** an. So enthält der Tätigkeitsbericht des Amtes von 1966 die Überzeugung, daß die Erfahrung die wissenschaftliche Erkenntnis bestätigt, „daß gewisse Konzentrationserscheinungen und Kooperationsformen (...) den Wettbewerb vielfach nicht abschwächen, sondern ihn eher im Hinblick auf die Erfüllung seiner dynamischen Funktionen intensivieren können."[1] **Marktmacht** wurde nun für Wettbewerbsprozesse in einem dezentralen Ordnungssystem als konstitutiv angesehen, ja sogar als notwendige Bedingung für die Erfüllung der dynamischen Wettbewerbsfunktionen. Von daher ging mit diesem **Leitbildwechsel** - weg von der Marktform der vollkommenen Konkurrenz - auch ein Abrücken von der Dominanz des **Marktstrukturdenkens** zugunsten einer mehr am **Marktergebnis** orientierten Denkweise einher. Diese Sichtweise erlaubte von einer polypolistischen Marktstruktur und den Marktvollkommenheitsprämissen zugunsten effizienterer optimaler Betriebsgrößen und einem aus der Sicht der Nachfrage vorteilhaften Maß an Produktdifferenzierung abzusehen. In dem „magischen Dreieck" zwischen einer Marktstruktur auf Basis weiter Oligopole, Massenproduktionsvorteilen (economies of scale) und Produktdifferenzierungen sah man die Bedingungen als gegeben an, die die Funktionsfähigkeit des Wettbewerbs am besten gewährleisten würden.

Im Bereich überoptimaler **enger Oligopole** sollte die Marktstruktur durch eine **Entflechtung** marktmächtiger Unternehmen in Richtung einer vergrößerten Anbieterzahl verändert werden. Einschränkend stellt Kantzenbach hier allerdings fest: „Eine generelle Dekonzentration aller Konzerne, die in engen Oligopolen untereinander in überoptimaler Interdependenz stehen, kommt

[1] Bundestags-Drucksache VI 1966, S. 8

als wettbewerbspolitisches Mittel nicht in Betracht. Sie wäre undurchführbar, weil sie eine Umstrukturierung der Wirtschaft in einem solchen Ausmaß verlangen würde, daß die reibungslose Aufrechterhaltung der Produktion infrage gestellt wäre, und sie wäre wirtschaftlich unerwünscht, weil sie den Verzicht auf überwiegende Kostenvorteile (economies of scale, d.V.) erfordern würde."[1] Deshalb sollten marktbeherrschende Unternehmen rechtlich durch eine strikte **Mißbrauchskontrolle** permanent überprüft werden. Im Bereich der **weiten Oligopole** müßte zum Erhalt dieser Marktstruktur durch eine **Fusionskontrolle** verhindert werden, daß sich durch eine fortschreitende Konzentration das weite Oligopol zu einem engen Oligopol entwickelt und sich damit eine unerwünschte Marktmacht herausbildet.

Zur empirischen Beurteilung eines **funktionsfähigen Wettbewerbs** im Rahmen einer Abgrenzung zwischen weiten und engen Oligopolen sowie einer polypolistisch strukturierten Marktform werden bestimmte Merkmalsgruppen innerhalb von Marktstruktur-, Marktverhaltens- und Marktergebnis-Kriterien unterschieden. Dazu zählt man:

Marktstruktur-Kriterien (market structure)

- Zahl und relative Größe der Anbieter/Nachfrager,
- Ausmaß der Produktdifferenzierung,
- Grad der Markttransparenz,
- Vorhandensein von Marktzutrittsbeschränkungen,
- Umfang der Verflechtungen zwischen Anbietern (Nachfragern),
- Alter der Branche (Marktphase).

Marktverhaltens-Kriterien (market conduct, behavior)

- Preis- und sonstige Verkaufsstrategien,
- Neigung zu wettbewerbsbeschränkenden Handlungen,
- Innovationsaktivitäten,
- Risikoneigung.

Marktergebnis-Kriterien (market performance)

- Preisniveau,
- Kostenniveau,
- Gewinniveau,
- Produktqualitäten,
- Marktversorgung,
- Tempo des technischen Fortschritts (Produkt- und Prozeßinnovationen),
- Werbeaufwand,
- Kapazitätsauslastung.

[1] Erhard Kantzenbach, Die Funktionsfähigkeit des Wettbewerbs, a.a.O., S. 139

Bis heute ist es dabei allerdings nicht gelungen, für die **wettbewerbsrechtliche Praxis** eine wirklich operationale Kriterienableitung bereitzustellen. „Selbst wenn man in der Lage wäre, für die einzelnen Kriterien und Kriterienkombinationen objektive Normen zu ermitteln, müßte darüber hinaus die Wettbewerbspolitik über Verfahren verfügen, mit denen man die konkreten Marktsituationen im Hinblick auf die aufgestellten Normen überprüfen kann, um zu 'richtigen' wettbewerbspolitischen Entscheidungen zu kommen."[1] Trotz dieser Problematik mangelt es an Marktkonzepten nicht, die sich dadurch unterscheiden, „für welche und für wie viele Merkmale sie welche Normen vorschlagen. Einige Autoren berücksichtigen nur Marktergebnisnormen (...), nur Marktverhaltensnormen (...), nur Marktstrukturnormen oder Kombinationen von Struktur-, und Verhaltensnormen (...) oder Kombinationen von Struktur- und Ergebnisnormen (...) oder Kombinationen von Verhaltens- und Ergebnisnormen (...) oder Kombinationen von Struktur-, Verhaltens- und Ergebnisnormen (...). Diese allgemeine Übersicht zeigt schon, wie sehr die Ansichten darüber auseinandergehen, welcher der Testkategorien Vorrang einzuräumen ist, und das Bild wird noch verwirrender, wenn bis auf die Ebene der Einzelkriterien zurückgegangen wird. Das auszubreiten, erübrigt sich indessen hier, da nach inzwischen rund vierzigjährigem Bemühen kaum Aussicht besteht, über eine Gruppe relativ genau definierter 'Workability'-Kriterien, die als kategorische Normen zur Beurteilung der Marktprozesse dienen könnten, zu einem wettbewerbspolitisch geeigneten Leitbild zu kommen. Dieser Weg hat sich als Sackgasse erwiesen."[2]

2.4.1.5 Kartellbildung

Da grundsätzlich bei oligopolistischer Konkurrenz die Preisveränderung eines Anbieters die Konkurrenten zu Gegenmaßnahmen herausfordert und es statt zu Marktanteilsgewinnen zu einem **Preiskampf** kommt, bei dem letztlich alle verlieren, liegt es nahe, die Preise im Oligopol zum Vorteil aller Anbieter abzusprechen.[3] Dies kann durch einen Zusammenschluß im **Kartell** erfolgen, wobei der Zusammenschluß durch folgende Faktoren erleichtert wird:

- **ein hoher Grad an Produkthomogenität,**

[1] Rainer Otten, Wettbewerbstheorie und Wettbewerbspolitik, München, Wien 1995, S. 85f.

[2] Hartwig Bartling, Leitbilder der Wettbewerbspolitik, a.a.O., S. 22

[3] Vgl. Egon Tuchtfeldt, Kartelle, in. Handwörterbuch der Wirtschaftswissenschaft (HdWW), Bd. 4, Stuttgart, Tübingen, Göttimngen 1988, S. 445, sowie Rudolf Mirow, Die Diktatur der Kartelle, Reinbek 1978

- **eine Kostenstruktur mit hohen Fixkostenanteilen,**
- **ein geringer Auslastungsgrad der Produktionskapazitäten über alle Anbieter,**
- **hohe Markteintritts- und Marktaustrittsschranken,**
- **Produkte in der Stagnations- bzw. Degenerationsphase,**
- **eine hohe Preiselastizität des Angebots und**
- **eine geringe Preis- und Einkommenselastizität der Nachfrage.**

Kommt es bei einem Kartellzusammenschluß nur zu losen Absprachen, ohne daß diese vertraglich unter den Kartellmitgliedern vereinbart werden, spricht man von sog. **Quasi- oder Frühstückskartellen**. In der Regel werden die Absprachen aber schriftlich in **Kartellverträgen** fixiert - nicht selten sogar von einem Notar beurkundet. Durch einen solchen Kartellvertrag schließen sich gleichartige Unternehmen **(horizontale Absprachen)** zwecks bestimmter wettbewerbsbeschränkender Vereinbarungen zusammen. Die rechtliche Selbständigkeit der zum Kartell gehörenden Unternehmen wird durch den Zusammenschluß nicht tangiert. Die zum Kartell gehörenden Unternehmen geben allerdings ihre wirtschaftliche Selbständigkeit auf.

In der deutschsprachigen Literatur hat 1895 zum ersten Mal ***Karl Bücher*** die Kartellabsprache kritisiert, da sie nur den Zweck verfolge, durch dauerhafte monopolistische Marktbeherrschung die Preise zu erhöhen, um maximale Gewinne zu realisieren.[1] Trotzdem legalisierte 1897 das **Deutsche Reichsgericht** die damals rund 350 bestehenden Kartelle und erklärte sie mit der Gewerbeordnung für vereinbar. Bis zum ersten Weltkrieg kam es aufgrund dieser rechtlichen Entscheidung zu einem weiteren Ausbau der Kartellverbindungen in der Wirtschaft. Auch in der Weimarer Republik - in der mit der Kartellverordnung von 1923 die Kartelle einer staatlichen Mißbrauchsaufsicht unterstellt wurden - konnte nicht verhindert werden, daß die Anzahl der Kartelle auf ungefähr 2.500 anstieg und dadurch der Wettbewerb in vielen Bereichen der Wirtschaft zum Erliegen kam. „Am 15. Juli 1933 erließ das nationalsozialistische Regime ein Gesetz zur Bildung von Zwangskartellen, mit dessen Hilfe die letzten Kartellaußenseiter gezwungen wurden, den bestehenden Kartellen beizutreten. Es entstanden sehr bald weitere 133 Kartelle; der letzte noch bestehende Restwettbewerb war beseitigt und die Privatautonomie sowie die freie Bedürfnisbefriedigung ausgeschaltet. Schrittweise konnte die korporatistische Wirtschaft den nationalsozialistischen politischen Zielen untergeordnet werden, bis sie 1936 schließlich offen in die Kriegsvorbereitung einbezogen wurde."[2]

---

[1] Vgl. Karl Bücher, Die wirtschaftlichen Kartelle, Leipzig 1895

[2] Wolfgang Kartte, Kartelle, in: Handwörterbuch der Betriebswirtschaft, Teilb. 2, 5. Aufl., Stuttgart 1993, S. 2.135

Um den Wettbewerb als systemkonstitutives Element einer marktwirtschaftlichen Ordnung in der Bundesrepublik nach dem zweiten Weltkrieg Genüge zu tun, wurde 1958 im **„Gesetz gegen Wettbewerbsbeschränkungen“ (GWB)** ein grundsätzliches Kartellverbot ausgesprochen. §1 GWB verbietet Kartellverträge, wozu **Preis-, Quoten- und Gebietskartelle** gehören. Eine besondere Kartellform bildet das **Submissionskartell**, bei dem es zu Absprachen über die kalkulatorische Gestaltung von Preisangeboten bei öffentlichen Ausschreibungen kommt.

Ausgenommen vom Kartellverbot sind solche Kartelle, bei denen die gesamtwirtschaftlichen Vorteile die Nachteile der Wettbewerbsbeschränkung überkompensieren. Hierzu gehören gemäß § 101 GWB die Geschäftsbereiche der *Deutschen Bundesbank*, der *Gemeinschaft für Kohle und Stahl* sowie das *Branntweinmonopol* des Staates. Auch nicht unter das Kartellverbot fallen nach § 102 GWB alle *Kreditinstitute*, *Versicherungsunternehmen* und die *Bausparkassen* sowie gemäß § 103 GWB alle *Energieversorgungsunternehmen (EVU)* für Elektrizität, Gas und Wasser, die Gebietskartelle errichten können.

Daneben werden sog. **genehmigungspflichtige Kartelle**, z.B. Rationalisierungkartelle (Absprachen über Maßnahmen zur Rationalisierung) oder Strukturkrisenkartelle (planmäßige Anpassung an nachhaltige Bedarfs- bzw. Nachfragestrukturverschiebungen), und **anmeldepflichtige Kartelle**, z.B. Konditionenkartelle (Vereinbarung einheitlicher Geschäftsbedingungen) oder Normungskartelle (Festlegung einheitlicher Abmessungsnormen für Güter), unterschieden. Legalisierte Kartelle unterliegen dabei nach § 11 f. GWB der Mißbrauchsaufsicht. Zur Stimulierung des Wettbewerbs wird darüber hinaus kleinen und mittleren Unternehmen zum Ausgleich ihrer strukturellen (größenbedingten) Nachteile im Wettbewerb mit marktstarken Großunternehmen gemäß der §§ 5b, 5c GWB erlaubt, **Kooperationen** und **Arbeitsgemeinschaften** zu bilden. Danach sind nahezu alle Formen der zwischenbetrieblichen Zusammenarbeit erlaubt, soweit sie zur Stärkung der Leistungsfähigkeit kleiner und mittlerer Unternehmen geeignet sind und den Wettbewerb nicht wesentlich beeinträchtigen. Zusätzlich stellt § 5c GWB ausdrücklich Einkaufskooperationen vom Kartellverbot frei, wenn sie der Verbesserung der Wettbewerbsfähigkeit kleinerer und mittlerer Unternehmen, die anders als Großunternehmen über keine **Nachfragemacht im Einkauf** verfügen, dienlich sind.

Kartelle können sowohl auf der Angebots- als auch auf der Nachfrageseite des Marktes auftreten. Obwohl Kartelle gemäß § 1 GWB grundsätzlich verboten sind, dies gilt auch für

Kartellabsprachen gemäß Artikel 85 EWGV (EWG-Vertrag) in der **Europäischen Union,** kommt es immer wieder zu verbotenen Vereinbarungen und Kartellbildungen. Das **Bundeskartellamt** schreibt dazu in seinem Tätigkeitsbericht des Jahres 1989/90:

„Die in der Vergangenheit in einzelnen Wirtschaftszweigen verhängten Bußgelder haben nicht verhindert, daß, wie z.B. in der Bauwirtschaft, weiterhin branchenweite Kartellabsprachen praktiziert werden. Das Bundeskartellamt hat sich daher veranlaßt gesehen, auch im Hinblick auf Wiederholungstäter, in einigen Fällen sehr hohe Bußgelder zu verhängen. Im übrigen fallen nationale Kartelle, selbst wenn sie sich nur auf das Inland beziehen, auch in den Anwendungsbereich des Artikels 85 Abs. 1 EWGV, sofern sie geeignet sind, den zwischenstaatlichen Handel zu beeinträchtigen. In vielen Fällen sind nationale Absprachen ohne eine entsprechende Absicherung nach außen nicht wirksam durchzuführen. Das Bundeskartellamt begrüßt daher, daß die Kommission der Europäischen Gemeinschaften in den letzten Jahren verstärkt gegen europaweit praktizierte Preis-, Gebiets- und Quotenabsprachen in verschiedenen Wirtschaftszweigen (Chemie, Flachglas, Baustahlmatten) vorgegangen ist und sie mit hohen Geldbußen beahndet hat. Das im Frühjahr 1988 gegen die süddeutsche Zementindustrie wegen Quotenabsprachen eingeleitete Bußgeldverfahren wurde mit der Verhängung von Geldbußen gegen 13 Unternehmen und 18 verantwortliche Personen in Höhe von insgesamt 228,5 Mio. DM rechtskräftig abgeschlossen. Hierbei belief sich die höchste gegen ein Unternehmen erlassene Geldbuße auf 111 Mio. DM, die höchste gegen eine Person auf 600.000 DM. Es handelt sich damit um die bei weitem höchsten jemals vom Bundeskartellamt verhängten Geldbußen. Sie waren in dieser Höhe wegen der Dauer und Schwere der Kartellrechtsverstöße und der erzielten beträchtlichen Mehrerlöse erforderlich. Zudem hatten sich die vom Bundeskartellamt bereits 1972 wegen gleichartiger Verstöße verhängten wesentlich niedrigeren Geldbußen offensichtlich als wirkungslos erwiesen.“[1]

Der Funktionsmechanismus in einem Kartell ist relativ komplex. Durch die in einem **Preiskartell** abgesprochenen Preise muß sichergestellt sein, daß alle Kartellmitglieder auskömmliche Gewinne realisieren. Deshalb ist davon auszugehen, daß der Kartellpreis (p_K) über dem Wettbewerbspreis (p_W) liegt. Er hat quasi eine **Mindestpreiswirkung** und zwingt deshalb Nachfrager zum Ausscheiden (vgl. die stärker gezeichnete Nachfragekurve in der folgenden Grafik), die nicht mehr in der Lage sind, den höheren Kartellpreis zu zahlen. Weigern sich Unternehmen, dem Kartell beizutreten, zwingt das Kartell häufig durch Kartellpreise, die weit unter dem Wettbewerbspreis liegen, diese Unternehmen in das Kartell, weil sie sonst aus dem Markt

[1] Bericht des Bundeskartellamtes über seine Tätigkeit in den Jahren 1989/90, in: Bundestagsdrucksache 12/847 vom 26.6.1991, S. 29f.

ausscheiden müßten (vgl. die stärker gezeichnete Angebotskurve), da der gesetzte Kartellpreis ihre Kosten nicht deckt.

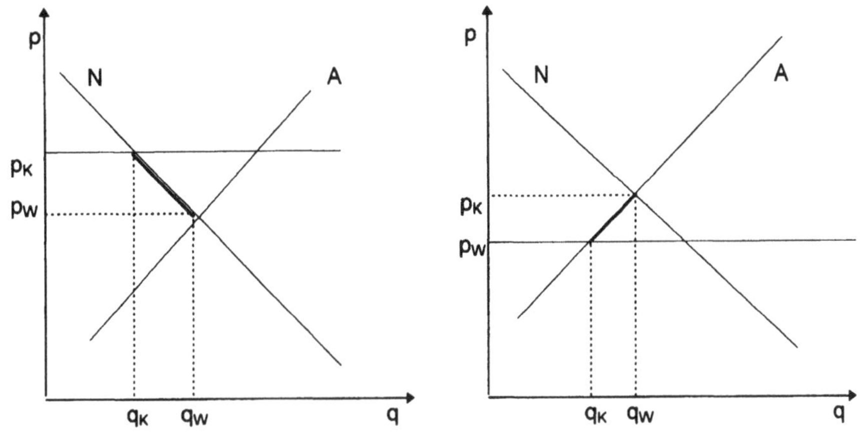

Ein reines Preiskartell wird allerdings ohne zusätzliche Absprache der jeweiligen Produktionsmengen in Form eines **Quotenkartells** nicht lange existieren. Fixiert das Kartell nur den Preis, dann werden sich alle Kartellmitglieder aufgrund ihrer individuellen Kostensituation gewinnmaximierend mit einer entsprechenden Produktionsmenge diesem Kartellpreis anpassen. Dies führt aber zu einem vergrößerten Angebot bzw. Angebotsüberschuß, der wiederum zu Preissenkungen unter den festgesetzten Kartellpreis zwingt, womit das reine Preiskartell instabil wird. Außerdem verlangt der über dem Wettbewerbspreis liegende Kartellpreis bereits eine Produktionsdrosselung aufgrund des mit der Preiserhöhung verbundenen Nachfragerückgangs. Ohne zusätzliche Produktionsmengenabsprachen funktioniert deshalb ein Preiskartell nicht. Dies hat u.a das in den 70er Jahren entstandene **OPEC-Preiskartell** zur Fixierung der Rohölpreise bewiesen. Wenn das Preiskartell zunächst auch funktionierte, so ist es dann doch letztlich in den 80er Jahren daran gescheitert, daß es den Kartellmitgliedern nicht gelang, sich auf bestimmte Produktionsmengen bzw. -quoten zu einigen. Aber auch die Absprache von Preisen und Mengen bietet noch keine zuverläßliche Garantie für ein stabiles Kartell. Halten sich nämlich nicht alle Mitglieder des Kartells an die Zuteilung der Produktionsquoten, weil die Mengen zu gering sind, um eine vertretbare Stückkostensituation bei den Mitgliedern des Kartells zu realisieren, entstehen auch Angebotsüberschüsse, die zu einem Preisverfall führen. Hinzu kommen - ohne erkennbare

Not der Kartellmitglieder - nicht selten **egoistische Preis- und Mengenstrategien**. Hierdurch sollen individuelle Erhöhungen der Umsätze und Gewinne zu Lasten der anderen Kartellmitglieder durchgesetzt werden. Wird dies bekannt, zerbricht in der Regel das Kartell.

2.4.2 Nachfragemacht

Das Phänomen der Nachfragemacht ist erst verstärkt in den letzten zwanzig Jahren in das Bewußtsein wettbewerbspolitischer und -rechtlicher Debatten aufgenommen worden. Dieses Interesse an der Nachfragemacht rührte immer mehr aus der Erkenntnis, daß nicht nur die vielzitierte Angebotsmacht von Unternehmen zu einer Beschränkung und Aufhebung des Wettbewerbs führt, sondern daß auch in einem erheblichen Umfang die Nachfragemacht der Unternehmen dafür verantwortlich ist. Nachfragemacht tritt dabei grundsätzlich als **Nachfragemacht der öffentlichen Hand** im staatlichen Beschaffungswesen, als **Nachfragemacht industrieller Abnehmer gegenüber ihren Zulieferern** und als **Nachfragemacht des Handels gegenüber der Industrie** in Erscheinung. In den letzten Jahren wird dabei verstärkt auf den Nachfragemachtmißbrauch des Handels gegenüber der Industrie hingewiesen. Bedingt durch einen enormen **Konzentrationsprozeß im Handel**, in Verbindung mit einer Ablösung industrieller Verkäufermärkte durch vom Handel beherrschter Käufermärkte, werden insbesondere mittelständische industrielle Anbieter unter Preis- und Konditionendruck gesetzt.[1] Aber auch mittelständische Industriezulieferer leiden unter den diskriminierenden, teilweise kriminellen Praktiken ihrer Großabnehmer.

2.4.2.1 Vollkommenes Monopson

Die theoretische Modellanalyse der Marktmacht von Unternehmen auf der Nachfrageseite wird in Abhängigkeit von der Anzahl der nachfragenden Unternehmen und der Anzahl der anbietenden Unternehmen untersucht. Auch gelten hier die Bedingungen des vollkommenen Marktes. Analog zum vollkommenen Monopol auf der Angebotsseite eines Marktes wird das **vollkommene Nachfragemonopol** oder **Monopson** beschrieben.[2] Hierbei besteht der Markt aus einem

[1] Vgl. Heinz-J. Bontrup, Kartellrechtsnovelle und Nachfragemacht des Handels, in: WSI-Mitteilungen, Heft 7/1989, S. 390ff.

[2] Vgl. dazu auch Alfred Stobbe, Mikroökonomik, 2.Aufl., a.a.O., S. 404ff.

Nachfrager und vielen Anbietern, so daß der Monopsonist das von den verschiedenen Anbietern bereitgestellte Angebot als sein an ihn gerichtetes Angebot betrachten kann, wobei die sich daraus ergebende aggregierte Angebotsfunktion seiner **Preisbezugsfunktion** entspricht. Diese sei durch die folgende Funktion gegeben:

$$p = 5 - 0{,}5\ q$$

Durch Multiplikation der Preisbezugsfunktion mit der nachgefragten Menge des Monopsonisten ergibt sich die **Gesamtausgabenfunktion**.

$$GA = (5 - 0{,}5q)\ q$$
$$GA = 5q - 0{,}5\ q^2$$

Aus dieser läßt sich durch Differentiation die **Grenzausgabenfunktion** ableiten:

$$GA' = 5 - q$$

Die Grenzausgabenfunktion ist dabei positiv steigend und liegt oberhalb der Preisbezugsfunktion. Der Monopsonist versucht, einen möglichst großen Gesamtvorteil (Gesamtvorteilsfunktion) aus der Nutzung der eingekauften Gütern zu ziehen. Der Gesamtvorteil verhält sich dabei konträr zu den Gesamtausgaben. Aus der Gesamtvorteilsfunktion

$$GV = 15\ q - 2\ q^2$$

leitet sich die **Grenzvorteilsfunktion** ab:

$$GV' = 15 - 4\ q$$

Dann ergibt sich das **Vorteilsmaximum eines Monopsonisten** aus der Regel:

Grenzvorteil = Grenzausgabe

$$GV' = 15 - 4\ q = GA' = 5 - q$$

$$q = 3{,}33;$$

eingesetzt in die Preisbezugsfunktion (5 - 0,5 q) ergibt sich ein Einkaufspreis von **p= 3,33.**

Menge	Einkaufspreis	GA	GA'	GV	GV'	Gewinn
1	4,5	4,5	4	13	11	8,5
2	4,0	8	3	22	7	14
3	3,5	10,5	2	27	3	16,5
3,33	**3,33**	**11,1**	**1,67**	**27,8**	**1,67**	**16,7**
4	3,0	12	1	28	- 1	16
5	2,5	12,5	0	25	- 5	12,5
6	2,0	12	- 1	18	- 9	6

Wie man der folgenden Grafik entnehmen kann, ist die Differenz zwischen der Gesamtausgabenfunktion und der Gesamtvorteilsfunktion dort grafisch am größten, wo die Grenzausgaben den Grenzvorteil kompensieren bzw. wo sich beide Funktionen schneiden.

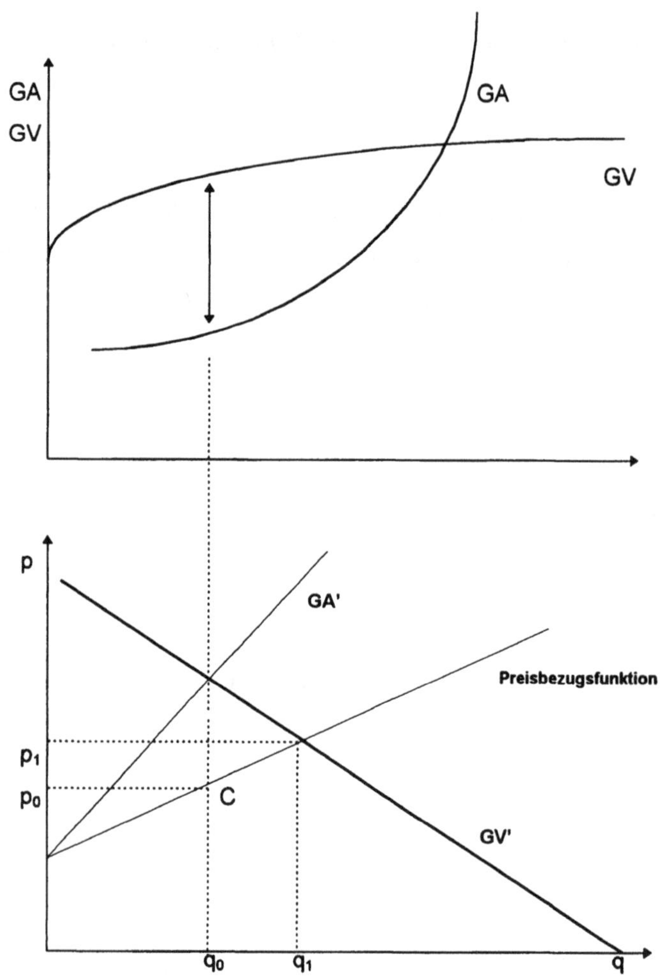

D.h. der Monopsonist wird die im Cournot'schen Monopsonpunkt C determinierte Einkaufspreis-Mengenrelation (p_0/q_0) wählen, um sein Vorteilsmaximum zu realisieren. Die **Nachfragemacht** des Monopsonisten zeigt sich demnach in der Weise, daß die Wirkung der monopsonistischen Verhaltensweise im Vergleich zum Mengenanpasserverhalten homogener polypsonistischer Konkurrenz einen niedrigeren Beschaffungspreis ($p_0 < p_1$) impliziert, für den der Monopsonist allerdings eine geringere Menge ($q_0 < q_0$) als bei Vorliegen von Beschaffungswettbewerb erhält. Hieraus läßt sich schlußfolgern, daß ein Monopsonist größere Beschaffungsmengen nur zu höheren Einkaufspreisen erhält.

Auch bei der Umwandlung der Prämissen des vollkommenen Marktes in die eines **unvollkommenen Marktes** kann ein nachfragemächtiges Unternehmen eine größere Nachfragemenge nur zu höheren Preisen beziehen. Dies zeigt in der folgenden Grafik die doppelt geknickte Preisbezugsfunktion eines Unternehmens bei heterogener **monopsonistischer Konkurrenz,** die bei Unvollkommenheit des Marktes einen relativ unelastischen monopsonistischen Bereich, der durch besondere Präferenzbildung der Lieferanten gekennzeichnet ist, aufweist. In diesem monopsonistischen Beschaffungsbereich kann sich der einzelne Nachfrager als „Quasi-Monopsonist" verhalten; d.h. er ist in diesem Bereich der Preisbezugsfunktion in der Lage, eine autonome Beschaffungspreispolitik wie ein Monopsonist zu betreiben, obwohl er nicht der einzige Nachfrager ist, der am Gesamtmarkt der einzelnen Anbieter partizipiert. Diese für ihn immer latent vorhandenen Mitnachfrager bekommt der „Quasi-Monopsonist" aber erst dann zu spüren, wenn er mit seiner Beschaffungspreispolitik den monopsonistischen Beschaffungsbereich verläßt, d.h., wenn er den unteren Grenzpreis (p_0) unterbietet oder den oberen Grenzpreis (p_1) überbietet.

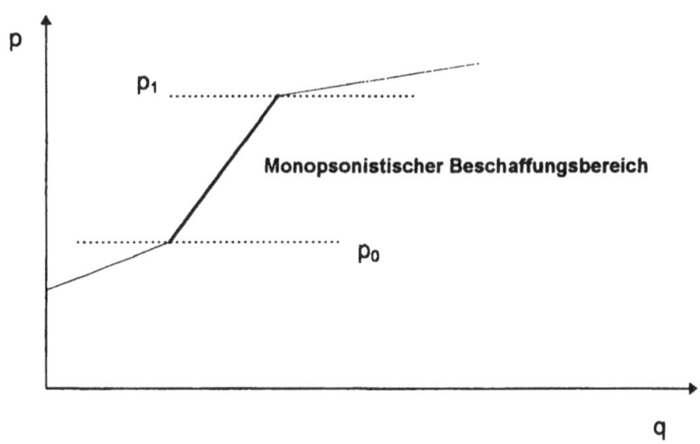

Entscheidend für die Nachfragemachtausübung ist aber auch hier die Tatsache, daß ein Nachfrager im monopsonistischen Beschaffungsbereich größere Mengen nur zu höheren Preisen erhält, womit sich innerhalb der Preistheorie, sowohl auf vollkommenen als auch auf unvollkommenen Märkten, ein für die wirtschaftliche Realität unzureichendes Marktergebnis einstellt. Dies konstatiert auch ***Helmut Arndt***, wenn er schreibt:

„Das Ergebnis dieser Monopsontheorie kontrastiert mit der Wirklichkeit (...) Daß ein Konsument eine geringere Menge von Brot und Wein verzehrt, wenn er diese Güter bei einer Verringerung seiner Nachfrage billiger erhält, ist bereits wenig wahrscheinlich. Daß jedoch ein Handelsunternehmen, das die Waren, die es kauft, mit Gewinn weiterverkaufen will, seine Nachfrage und seinen eigenen Umsatz reduziert, um niedrigere Einkaufspreise zu erzielen, ist schlechthin unrealistisch. Aus zwei Gründen: Erstens werden verbilligte Preise nur bei Abnahme größerer (und nicht kleinerer) Mengen gewährt. Zweitens schneidet sich eine Handelsfirma, die bei billigeren Preisen weniger einkauft, ins eigene Fleisch. Je billiger ein Kaufhaus ist, um so mehr kann es absetzen und um so größer ist sein Gewinn."[1]

Erst der von dem Nobelpreisträger für Ökonomie des Jahres 1969, ***Ragna Frisch*** *(1895 bis 1973)*, entwickelte **„monopsonistische Optionsfixier"** ist in der Lage, den zuvor beschriebenen Zusammenhang zu überwinden, weil bei einer monopsonistischen Optionsfixierung, bei der ein Monopsonist den Einkaufspreis **und** die Beschaffungsmenge festsetzt, ein größerer Mengenbezug mit niedrigeren Einkaufspreisen kompatibel ist.

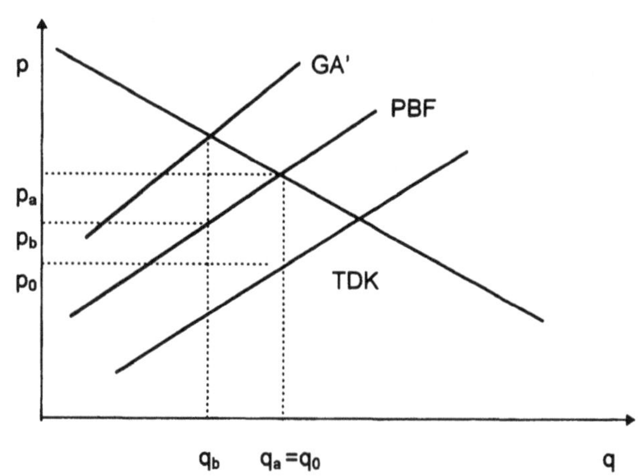

[1] Helmut Arndt, Markt und Macht, Tübingen 1973, S. 111

Hierbei wird angenommen, daß der sich als Optionsfixierer verhaltende Alleineinkäufer die Kostensituation bei seinen Lieferanten kennt und Preis und Menge immer so festsetzt, daß die Anbieter gerade die Deckung ihrer totalen durchschnittlichen Stückkosten (TDK) erreichen. Dabei wird die schwache Position der Anbieter (Optionsempfänger) deutlich, die sich einem mächtigen Nachfrager gegenübersehen. „Dieser 'Marktpartner' könnte den Optionsempfänger sozusagen auf der ganzen Durchschnittskostenkurve entlangjagen und so dessen Gewinn an jedem Punkt auf Null reduzieren."[1] Dies gilt deshalb, weil es dem optionsfixierenden Monopsonisten gelingt, seine Anbieter von der Grenzkostenkurve auf die Stückkostenkurve zu zwingen. Die folgende Abbildung macht dies deutlich. Der sich als Optionsfixierer verhaltende Alleinnachfrager erhält ceteris paribus die Konkurrenznachfragemenge q_0 zu dem niedrigeren Preis p_0. Die gekaufte Menge wird also größer ($q_a = q_0 > q_b$) und der fixierte Preis ($p_0 < p_b$) noch niedriger als bei monopsonistischem Verhalten. Durch den Machteinfluß auf den Markt seiner nachgefragten Güter beschafft sich der Optionsfixierer die gleiche Menge, die bei polypsonistischer Konkurrenz gekauft wird ($q_a = q_0$), zu einem wesentlich niedrigeren Preis ($p_0 < p_a$). Er eliminiert so die Gewinne seiner Lieferanten und erzielt dadurch beträchtliche Vorteile am Beschaffungsmarkt.

2.4.2.2 Nachfragemacht und Preisdiskriminierung

Unter monopsonistischer Preisdiskriminierung wird der Kauf einer homogenen Ware von verschiedenen Anbietern zu differenzierten Preisen verstanden. Der marktbeherrschende Nachfrager diskriminiert damit seine verschiedenen Anbieter, indem er von ihnen unterschiedliche Beschaffungspreise für eine homogene Ware fordert. Preisdiskriminierung am Beschaffungsmarkt ist dabei, wie Preisdiskriminierung auf der Angebotsseite eines Marktes, an verschiedene Marktunvollkommenheiten oder an theoretisch bestimmte Marktkonstellationen geknüpft. Um die **Produzentenrente** abzuschöpfen, muß auch hier der Gesamtmarkt in Teilmärkte aufgespalten werden. Genau wie beim Monopson muß auch hier der diskriminierende Monopsonist die Grenzausgaben (GA') mit dem Grenzvorteil (GV') zur Deckung bringen, wobei das Gewinnmaximum bei monopsonistischer Preisdiskriminierung dann realisiert wird, wenn sich die Grenzausgaben der Teilmärkte mit dem Grenzvorteil ausgleichen - wenn also gilt:

[1] Ragna Frisch, Monopol-Polypol - der Begriff der Kraft in der Wirtschaft, in: Alfred E. Ott, Preistheorie, 3. Aufl., Köln-Berlin 1968, S. 22

$GA'_1 = GA'_2 = GV'$

Unterstellt man dabei im Fall einer monopsonistischen Preisdiskriminierung die folgenden Preisbezugsfunktionen (PBF) der Teilmärkte I und II, nämlich

$PBF_1 = q + 2$
$PBF_2 = 3\,q + 3,$

so ergibt sich nach der Aggregation der Teilmärkte zum Gesamtmarkt die **Gesamtpreisbezugsfunktion** mit den Teilfunktionen:

$PBF_1 = q + 2$
$PBF_2 = \frac{3}{4}\,q + 9/4$

Aus diesen Funktionen läßt sich durch Multiplikation mit der nachgefragten Menge (q) die **Gesamtausgabenfunktion (GA)** herleiten:

$GA = \frac{3}{4}\,q^2 + 9/4\,q$

Wird die Gesamtausgabenfunktion nach (q) differenziert, erhält man die **Grenzausgabenfunktion (GV')**:

$GA' = 6/4\,q + 9/4$

Bei einer unterstellten **Grenzvorteilsfunktion (GV')** von

$GV' = 10 - q$

ergibt sich auf dem Gesamtmarkt eine vorteilmaximale Einkaufs-Mengen-Relation von

p = 4,6 Einheiten und **q = 3,1 Einheiten**.

Wie man analog auch der folgenden Grafik entnehmen kann, liegt der vorteilmaximale Einkaufspreis des Monopsonisten ohne Preisdiskriminierung unter den Einkaufspreisen der **Teilmärkte I und II** mit monopsonistischer Preisdiskriminierung. Sowohl der Einkaufspreis des

Teilmarktes I als auch der des Teilmarktes II liegen über dem Einkaufspreis des Gesamtmarktes, da gilt: $\mathbf{p_1, p_2 > p_{GM}}$.

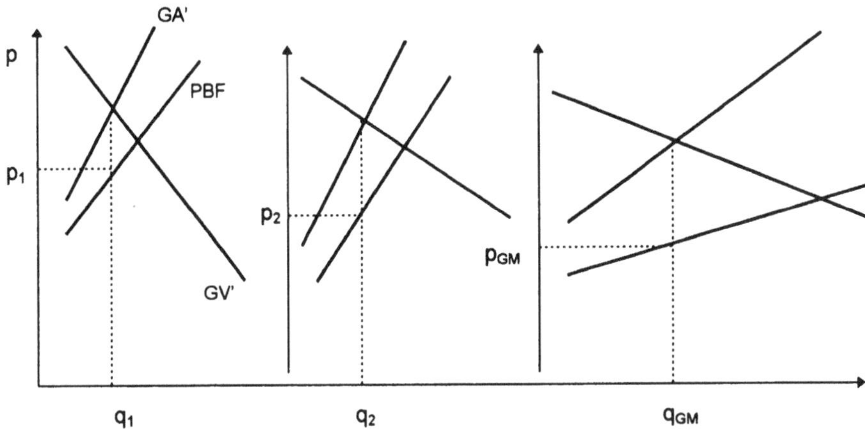

Hieraus ergibt sich kein wirtschaftlicher Vorteil einer monopsonistischen Preisdiskriminierung. Bezieht man neben den **Einkaufspreisen** aber die **Beschaffungsmengen** in die Betrachtung ein, so stellt man fest, daß der Monopsonist insgesamt eine größere Menge erhält, wenn er monopsonistische Preisdiskriminierung betreibt: denn hier gilt: $\mathbf{q_1 + q_2 > q_{GM}}$. So muß die Frage gestellt werden, ob die Beschaffungsmengenerhöhung die Preisschlechterstellung überkompensiert. Dazu ist es erforderlich, die gewinnmaximalen Einkaufs-Mengen-Relationen miteinander zu vergleichen. Sie ergeben, wie die nachfolgenden Berechnungen zeigen, im Teilmarkt I einen Einkaufsvorteil von 10,7 Einheiten und im Teilmarkt II einen Vorteil von 3,5 Einheiten, während sich der maximale Gewinn im Gesamtmarkt auf 12,1 Einheiten beläuft, also kleiner ist. Damit stellt sich heraus, daß sich für ein nachfragemächtiges Unternehmen Preisdiskriminierung lohnt, auch wenn sich dabei kein Vorteil bei den Einkaufspreisen ergibt.

Gesamtmarkt:

$\mathbf{PBF_{GM} = 3/4\,q + 9/4}$

$\mathbf{GA = 3/4\,q^2 + 9/4\,q}$

$\mathbf{GA' = 6/4\,q + 9/4}$

$\mathbf{GV = 10\,q - 0{,}5\,q^2}$

$\mathbf{GV' = 10 - q}$

Gewinnvorteilfunktion = GV - GA = 10 q - 0,5 q² - (3/4 q² - 9/4 q)

Vorteilmaximum = GA' = GV' = 6/4 q + 9/4 = 10 - q

p = 3,1 Einheiten

q = 4,6 Einheiten

Menge	Einkaufspreis	GA	GA'	GV	GV'	Gewinn
1	3	3,0	3,75	9,5	9,0	6,5
2	3,75	7,5	5,25	18,0	8,0	10,5
3	4,50	13,5	6,75	25,5	7,0	12,0
3,1	**4,60**	**14,2**	**6,90**	**26,2**	**6,9**	**12,1**
3,3	4,70	15,6	7,20	27,6	6,7	12,0
4,0	5,25	21,0	8,25	32,0	6,0	11,0

Teilmarkt I:

PBF_1 = 2 + q

GA = q^2 + 2 q

GA' = 2 q + 2

GV = 10 q - 0,5 q^2

GV' = 10 - q

Gewinnfunktion

GV - GA = 10 q - 0,5 q^2 - (2 q - q^2)

Vorteilgewinnmaximum

GA' = GV' = 2 + 2 q = 10 - q

p = 4,7 Einheiten

q = 2,7 Einheiten

Menge	Einkaufspreis	GA	GA'	GV	GV'	Gewinn
1	3,0	3,0	4,0	9,50	9,0	6,5
2	4,0	8,0	6,0	18,00	8,0	10,0
2,5	4,5	11,25	7,0	21,86	7,5	10,63
2,7	**4,7**	**12,69**	**7,4**	**23,36**	**7,3**	**10,67**
2,8	4,8	13,44	7,6	24,08	7,2	10,64
3,0	5,0	15,00	8,0	25,50	7,0	10,50

Teilmarkt II:

PBF_2 = 3 + 3 q

GA = 3 q + 3 q^2

GA' = 3 + 6 q

GV = 10 q - 0,5 q^2

GV' = 10 - q

Gewinnfunktion = GV - GA = 10 q - 0,5 q^2 - (3 q - 3 q^2)

Vorteilgewinnmaximum = GA' = GV' = 3 + 6 q = 10 - q

p = 6 Einheiten

q = 1 Einheit

Menge	Einkaufspreis	GA	GA'	GV	GV'	Gewinn
1	**6,0**	**6,0**	**9,0**	**9,50**	**9,0**	**3,5**
1,5	7,5	11,25	12,0	13,875	8,5	2,625
2,0	9,0	18,0	15,0	18,0	8,0	0
3,0	12,0	36,0	21,0	25,5	7,0	- 10,5

Vergleicht man allerdings diese theoretische Modellkonstruktion mit der wirtschaftlichen Realität, so muß man auch hier letztlich ein **irreales Ergebnis** konstatieren, da sich ein nachfragemächtiges Unternehmen wohl kaum auf eine derartige monopsonistische Preisdiskriminierung einlassen und eine Schlechterstellung im Einkaufspreis - selbst bei einer größeren Bezugsmenge - hinnehmen würde. Nachfragemächtige Unternehmen, die ihre Anbieter im Preis oder auch in sonstigen Wettbewerbsparametern diskriminieren, diktieren ihren Anbietern vielmehr sowohl den Einkaufspreis als auch die nach ihren Vorstellungen in Qualität und Quantität dazugehörende Beschaffungsmenge.

3. Praxisrelevante Preisbildungsprozesse

Seitdem man in wirtschaftswissenschaftlichen Begrifflichkeiten denkt, werden zur Erklärung von Preisen und deren Veränderungen die Gesetzmäßigkeiten von Angebot und Nachfrage als die beiden bestimmenden Größen eines wettbewerblichen Marktpreises analysiert. Bei den „Klassischen Ökonomen" war der Preis in erster Linie ein **Kostenpreis** (natürlicher Preis), um den der von Angebot und Nachfrage bestimmte Marktpreis oszillierte. Die neoklassische Preistheorie war es dann, die den Kostenpreis aufgab und sich auf Basis der subjektiven Wertlehre (Grenznutzenschule) auf eine statische Durchdringung der Marktbeziehungen zwischen Preis und Menge in Form von Rechenexempeln beschränkte. Der zweckadäquate Preis lag an einem genau definierbaren Punkt (z.B. Cournotscher Punkt).

Alle hierbei abgeleiteten **Modelltheorien** - insbesondere die der vollkommenen Konkurrenz - sind aber im Rahmen einer praxisrelevanten Preisbildung wenig brauchbar. Dies ergibt sich einmal aus den gesetzten **Prämissen** (vollkommene Märkte, Gewinnmaximierung) und zum anderen aus einer mechanisch festgelegten Preis-Mengen-Bildung von Grenzerlösen und Grenzkosten, die sich in der wirtschaftlichen Realität kaum hinreichend exakt ermitteln lassen, weil hier eine genaue Kenntnis sowohl über den Verlauf der unterstellten Preisabsatzfunktion als auch über den Verlauf der Kostenfunktion nicht gegeben ist. Auch realitätsnähere Preis- und Wettbewerbstheorien, die auf den Prämissen von **unvollkommenen Märkten** und **dynamisierten Marktmodellen** aufbauen, verlassen letztlich nicht das enge formale mathematische Denken der Neoklassik.

Um zu einer möglichst realitätsnahen und praxisrelevanten Preisbildung zu kommen, sind deshalb - mehr von der Betriebswirtschafts- als von der Volkswirtschaftslehre - unter anderem zunächst einmal die jeweiligen **preispolitischen Ziele** von Unternehmen in die Betrachtung aufgenommen worden. Diese variieren nicht nur nach Inhalt, Umfang und Zeit mit den **unternehmerischen Gesamtzielen**, sondern sind auch abhängig von den jeweiligen **Marktzielen**. Soll beispielsweise als unternehmerisches Gesamtziel eine möglichst maximale Verzinsung des Gesamtkapitals realisiert werden, oder soll über eine bestimmte Preispolitik der Marktanteil vergrößert werden? Ist die Gewinnmaximierung oberstes Unternehmensziel, so sieht die Preispolitik anders aus, als wenn nur bewußt (zeitlich) begrenzte Gewinne und Zielverzinsungen des eingesetzten Kapitals erreicht werden sollen, weil die Veränderung des Marktanteils als oberstes Unternehmensziel zur Maxime erhoben wurde. Natürlich ist dabei die jeweils angewandte Preisbildung auch abhängig von der gegebenen Wettbewerbssituation. Müssen Marktanteile in Form eines **Verdrängungswettbewerbs** erobert werden, sind die in den Preisen kalkulierten Gewinne entsprechend gering oder sogar überhaupt nicht vorhanden. Liegt dagegen **Marktmacht** vor, sind die Gewinnaufschläge höher. Eine realistische Preisbildungstheorie muß dies berücksichtigen. Empirische Untersuchungen[1] haben bereits in den 50er Jahren gezeigt, daß im Gegensatz zu neoklassischen Preisbildungsmodellen in erster Linie die Preisbildung mit dem Ziel erfolgt, der Unternehmung eine angemessene und keine maximale **Rentabilität** des eingesetzten Gesamtkapitals zu sichern. Weiter wird von Unternehmen mit hoher Priorität eine **Stabilisierung von Preisen** und Gewinnaufschlägen angestrebt, wobei die Preissetzung in Form eines **„target-pricing"** in Anpassung an die jeweilige Wettbewerbslage bzw. als Reaktion auf das Preisverhalten der Wettbewerber erfolgt. Außerdem soll die Preissetzung dazu beitragen, die vorhandenen **Marktanteile zu erhalten** oder zu erhöhen.

Vor diesem Hintergrund abstrahiert heute ein praxisrelevanter Preisbildungsprozeß von der modelltheoretischen Vorstellung einer wettbewerblichen Gewinnerosion durch „Vorstoß" und „Verfolgung" innerhalb eines Wettbewerbsprozesses oder gar in Form einer statischen Preis-Mengen-Betrachtung, in der der Gewinn nur als Residualgröße aus der Bedingung Preis = Grenzkosten (vollkommene Konkurrenz) oder Grenzerlös = Grenzkosten (vollkommenes Monopol) abgeleitet ist. Gewinn ist vielmehr im Rahmen der Preisbildung eine genau definierte **Zielgröße** zur Realisierung der Unternehmensziele, wobei die konkreten Preissetzungen von der Kosten-(Angebots-)Seite ausgehen.

3.1 Zum target cost pricing

Ausgehend von der Forderung, daß **langfristig** alle in einem Unternehmen anfallenden Kosten gedeckt sein müssen, werden bei der Preisbildung die Vollkosten (variable und fixe Kosten) herangezogen. Daneben erfolgt eine Gewinnbeaufschlagung auf diese Vollkosten, denen eine bestimmte Planbeschäftigung (Kapazitätsauslastung) zugrunde liegt, die den notwendigen **Akkumulationsprozeß** (Wachstumsprozeß) des Unternehmens in Form von Investitionen

[1] Vgl. Abraham D. H. Kaplan, Joel B. Dirlam, Robert F. Lanzillotti, Pricing in Big Business, Washington D. C. 1958

finanzieren und eine geplante Zielverzinsung des eingesetzten Kapitals realisieren soll. Der jeweilige Stückpreis (p) ergibt sich dabei aus der Preisformel:

$$p = k\left(1 + \frac{g}{100}\right)$$

p = Stückpreis, k = Stückkosten, g = Gewinnaufschlag

Eine solche Preisbildung impliziert allerdings noch nicht, daß der Preis völlig losgelöst von den Marktbedingungen (Nachfrage) festgelegt wird, sondern nur, daß er nicht vom **„Markt"** (genau dies behauptet aber die neoklassische Preis- und Wettbewerbstheorie) determiniert ist.

Berücksichtigt man im Rahmen einer **Deckungsbeitragsrechnung** nur die variablen Stückkosten (k_v) und versieht diese mit einem prozentualen Gewinnaufschlagssatz, so ergibt sich analog die folgende Preisformel:

$$p = k_v\left(1 + \frac{g}{100}\right) + k_{fix}\left(1 + \frac{g}{100}\right)$$

p = Stückpreis, k_v = variable Stückkosten, g = Gewinnaufschlag, k_{fix} = stückfixe Kosten

Die damit verbundene **kostenorientierte Preisbildung** geht auf empirische Untersuchungen in den 30er Jahren der USA zurück. Insbesondere Analysen von ***G. C. Means***[1], ***R. C. Hall*** und ***C. J. Hitch***[2] ergaben, daß trotz eines enormen Nachfragerückgangs aufgrund der Weltwirtschaftskrise von 1929 bis 1933 bei extrem unterausgelasteten Produktionskapazitäten, kein Preisverfall auf vielen Märkten eintrat; d.h. die Preise waren nach unten **inflexibel**. Dieses, der neoklassischen Preistheorie widersprechende Preisverhalten wurde insbesondere auf **vermachteten Märkten** mit einem hohen Konzentrationsgrad angetroffen.

---

[1] G. C. Means, Industrial prices and their relative inflexibility, U.S. Senate Document 13, 74th. Congress, 1st. Session, Washington D.C. 1935, sowie derselbe, The Administered Price, The Thesis Reconfirmed, American Economic Journal June 1972, S. 292ff.

[2] Vgl. R.C. Hall, C. J. Hitch, Price Theory and Business Behavior, in: T. Andrews Wilson (Ed.), Oxford Studies in the Price Mechanism, 2. ed., Oxford 1952

3.2 Zum target return pricing

Das Preissetzungsverhalten des „target return pricing“ entwickelt sich aus der zuvor beschriebenen allgemeinen Formel der kostenorientierten Preisbildung und basiert auf der schon angedeuteten Verbindung von **Preis,- Gewinn- und Akkumulationsentscheidungen** der jeweils anbietenden Unternehmen. Um eine profitable Verzinsung des eingesetzten Kapitals bzw. der geplanten Investitionsausgaben zu realisieren, wird von den Unternehmen ein festgelegter Gewinnaufschlag, der sich aus einer gewünschten Zielverzinsung des Kapitals ergibt, in die Preiskalkulation eingebaut. Hierdurch soll eine **interne Selbstfinanzierung** des Akkumulationsprozesses sichergestellt werden. „Empirische Untersuchungen zeigen, daß zwischen 75 und 90 v.H. der Bruttoinvestitionen in der verarbeitenden Industrie der USA aus einbehaltenen Profiten finanziert werden. Post-Keynesianer ziehen daraus die Schlußfolgerung, daß oligopolistische Unternehmen, die über ein gewisses Maß an Entscheidungsfreiheit verfügen, ihre Marge über den normalen Produktionskosten ansetzen, so daß sie genügend Bruttogewinne schaffen können, um durch interne Finanzierung einen großen Teil der beabsichtigten Investitionsausgaben finanzieren zu können. Das heißt, daß Preisbewegungen von den Bedürfnissen der Unternehmen nach intern finanzierten Investitionen und von Bewegungen der normalen Produktionskosten abhängen. Der Aufschlag ist somit unmittelbar mit dem Bedürfnis verknüpft, geplante Investitionsausgaben zu finanzieren.“[1] Nimmt man den Cash-Flow[2] als Indikator für die Innenfinanzierungsquote, so kommt ***Werner Meißner*** für die Bundesrepublik bis Ende der 70er Jahre zu demselben Ergebnis, wenn er schreibt: „Das Verhältnis zwischen Anlageinvestitionen und Cash-Flow beträgt im langjährigen Durchschnitt ca. 80 v.H,“[3] und nach Berechnungen der ***Deutschen Bundesbank*** lag die Innenfinanzierungsquote[4] aller westdeutschen Unternehmen (Baugewerbe, Verarbeitendes Gewerbe, Groß- und Einzelhandel) in den 80er Jahren im Durchschnitt sogar um 90%. Von 1990 bis 1995 wurden von der Bundesbank die folgenden Werte für die Unternehmen in Westdeutschland ermittelt:

---

[1] Peter Kenyon, Bestimmung der Preise, in: Alfred Eichner (Hrsg.), Über Keynes hinaus, (Hrsg.), Köln 1982, S. 57

[2] Der Cash-Flow ist definiert als realisierter Gewinn plus Abschreibungen auf Sach- und Finanzanlagen plus den Zuführungen zu den Rückstellungen.

[3] Werner Meißner, Zur These von der Investitionslücke, in: WSI-Studien, Krise der ökonomischen Theorie - Krise der Wirtschaftspolitik, Bd. 38, Köln 1978, S. 70. Zu ähnlichen Ergebnissen kommt auch Gerd Herbst, Investitionen, Bonn 1974, S. 31ff., sowie Rudolf Hickel, Ökonomische Ursachen- und Politikprobleme der Massenarbeitslosigkeit, in: Jürgen Hoffmann (Hrsg.), Überproduktion, Unterkonsumtion, Depression, Hamburg 1983, S. 74ff.

[4] Diese ist wie folgt definiert: Kapitalerhöhung aus Gewinnen sowie Einlagen bei Nichtkapitalgesellschaften plus Abschreibungen plus Zuführung zu Rückstellungen dividiert durch die Bruttoinvestitionen

Jahr	1990	1991	1992	1993	1994	1995
Innenfinanzierung in % der Bruttoinvestitionen	87,7	94,1	115,1	126,9	128,2	122,5

Quelle: Monatsberichte der Deutschen Bundesbank

Um diese Innen- bzw. Selbstfinanzierung über den Preis zu realisieren, wird von den Unternehmen in einem ersten Schritt die **Zielverzinsung des eingesetzten Kapitals**, und zwar des Gesamtkapitals (Eigen- und Fremdkapital), festgelegt. Die Höhe der Zielverszinsung richtet sich dabei nach dem **Wettbewerbs- bzw. Machtgrad** der Unternehmung am Markt sowie nach der Höhe der **Markteintrittsschranken** für potentielle Konkurrenten. Je höher der Machtgrad (der sich in der Regel in Marktanteilen ausdrücken läßt) bzw. je niedriger der Wettbewerbsgrad, und je höher die Marktzutrittshindernisse für potentielle Wettbewerber dabei sind, um so größer kann die geplante Zielverzinsung des eingesetzten Gesamtkapitals als Gewinnaufschlag ausfallen.

Die gewünschte Planzielverzinsung (z) für das eingesetzte Gesamtkapital (Ka) bestimmt somit auch die gesamte Zielgewinngröße (G) aus

$$G = \frac{z}{100} \times Ka$$

Unterstellt man beispielsweise ein Gesamtkapital von 1.800 und eine geplante Verzinsung von (z) = 10%, so ergibt sich die Zielgewinnmasse von

$$G = \frac{10}{100} \times 1.800 = 180$$

In einem zweiten Schritt fällt dann die Entscheidung für eine bestimmte **Standard- oder Normalauslastung** der vorhandenen Produktionskapazität. Unter normaler Produktionskapazität versteht man dabei die im Konjunkturverlauf durchschnittlich zu erwartende Kapazitätsauslastung, die aus Vergangenheitswerten der Auslastungsgrade ermittelt wird. Hierbei wird in der Regel noch eine **Reservekapazität** berücksichtigt, die sich als Differenz aus einer technisch machbaren und wirtschaftlich sinnvollen Kapazität ergibt. Gleichzeitig können sich die Unternehmen mit dieser Reservekapazität schnell an Nachfragespitzen anpassen. Die technische Kapazität soll dabei in unserem Beispiel 500 Einheiten betragen und die wirtschaftliche Kapazität soll bei 400 Einheiten liegen.

Technische Kapazität	**500**
Wirtschaftliche Kapazität	**400**
Reservekapazität	**100**

In einem dritten Schritt der Preisdeterminierung werden dann anhand der festgelegten Normalauslastung (Planbeschäftigung bei wirtschaftlicher Kapazität) die **Normalkosten** des Produktionsprozesses geplant. Ausgehend von einem für Industriebetriebe typischen linearen Gesamtkostenverlauf von

$$K_G = K_v \times q + K_{fix} \quad \text{bzw.} \quad K_G = 4\,q + 25,$$

ergeben sich die folgenden gesamten (totalen) Stückkosten (k) bei Normalauslastung (wirtschaftliche Kapazität) aus

$$k = \frac{K_{fix}}{q} + k \quad \text{bzw.} \quad k = \frac{25}{400} + 4 = 4{,}06$$

und die variablen Stückkosten (k_v) liegen entsprechend bei

$$k_v = 4$$

Dabei wird unterstellt, daß die Stückkosten (k) im Bereich der Reservekapazität zunächst noch fallen, bevor sie kurz vor dem Erreichen der Kapazitätsgrenze überproportional ansteigen.

In einem vierten Schritt kann nun unter Anwendung der Preisformel des „target cost pricing" [p = k (1 + g/100)] der zu setzende **(geplante) Stückpreis** ermittelt werden. Dazu ist zunächst unter Berücksichtigung der Zielverzinsung des eingesetzten Gesamtkapitals (z) und der geplanten Normalkosten (K) der zu verrechnende prozentuale Gewinnaufschlagssatz (g) zu berechnen. Dieser ergibt sich aus

$$z \times Ka = K \times g$$

$$g = z \times \frac{Ka}{K} \quad \text{bzw.} \quad g = 0{,}10 \times \frac{1.800}{1.625^{1}} = 11\%$$

Eingesetzt in die Preisformel ergibt sich der **Stückpreis** in Höhe von:

$$p = k\,(1 + g/100)\ ;\ p = 4{,}06\,(1 + 0{,}11) = 4{,}51$$

Der so kalkulierte **Planstückpreis** (p) garantiert den Zielgewinn (G). Dieser läßt sich auch unter Berücksichtigung der allgemeinen **Gewinngleichung** (G = Umsatz (p x q) - Gesamtkosten (k x q)) ableiten.

$$G = p \times q - k \times q$$
$$G = 4{,}51 \times 400 - 4{,}06 \times 400$$
$$G = 1.804 - 1.624 = 180$$

Der **„Return on Investment"** (ROI) bestätigt das Ergebnis durch die Multiplikation von Umsatzrentabilität (G : U) und der Umschlagshäufigkeit des Gesamtkapitals (U : Ka)

$$ROI = 180 : 1.804 \quad \times \quad 1.804 : 1.800$$
$$ROI = 0{,}09978 \quad \times \quad 1{,}0022$$
$$ROI = 10\%$$

Somit stellt das **„target return pricing"** ein in sich geschlossenes Preis-Gewinn-Bestimmungssystem dar.

Da innerhalb der kostenorientierten Preisbildung mit der unternehmerischen Festlegung der Normalauslastung auch die normale Produktionsmenge (Nachfragemenge) determiniert ist, sind die Produkte, bevor das „Spiel von Angebot und Nachfrage" beginnt, längst mit einem Preis versehen. ***Rudolf Welzmüller*** stellt dazu treffend fest: „Das preisführende Unternehmen setzt mit dem Preis gleichzeitig die normale Produktionsmenge fest. Nachfrageschwankungen führen zwar zu Schwankungen der effektiven Produktionsmenge um die normale Kapazitätsauslastung, berühren jedoch nicht die Preise. Die Angebotskurve ist kurzfristig völlig elastisch."[2] Eine Preisbildung, die, wie die **neoklassische Preisbildung**, kurzfristig eine maximale Verzinsung des

[1] Die Gesamtkosten (K = 1.625) ergeben sich aus K = 4 q + 25 bzw. K = 4 (400) + 25 = 1.625

[2] Rudolf Welzmüller, Preispolitik und Akkumulation, Köln 1982, S. 93

eingesetzten Gesamtkapitals realisieren will, „würde dagegen verlangen, auf jede kurzfristige Nachfrageänderung preispolitisch zu reagieren."[1] Da aber das beschriebene Preissetzungsverhalten des „target return pricing" eine angestrebte Verzinsung des Gesamtkapitals über eine **längerfristige Planungsperiode** hindurch anstrebt, geht von kurzfristigen Schwankungen des Auslastungsgrades noch kein Einfluß auf die Preisbildung aus. Wie der folgenden Grafik zu entnehmen ist, stellt sich aufgrund einer als optimal angesehenen Normalauslastung von 80% einer technisch möglichen Gesamtkapazität ein Preis (p_1) ein, der eine geplante Stückgewinnspanne von (A-B) garantiert, wobei ein bestimmter Stückkostenverlauf (k) und eine realisierte Nachfrage (D) impliziert ist. Sinkt nun die Nachfrage von (D) nach (D_1), so würde sich, aufgrund des Steigens der Stückkosten bei einer effektiven Auslastung von 70% durch ein weiteres Fordern des Preises (p_1), die Gewinnspanne auf (C-D) verringern. Trotzdem erfolgt erst ab einem bestimmten Kapazitätsauslastungsgrad eine entsprechende Preiserhöhung. So wird z.B. in unserer Grafik das Unternehmen bei einem Absacken der Nachfrage unter eine Auslastung von 70% mit einer Preiserhöhung auf (p_2) reagieren. Dies ist natürlich abhängig vom Wettbewerbs- bzw. Machtgrad des Unternehmens. Je vermachteter ein Markt dabei ist, um so größer ist die Möglichkeit für den einzelnen Anbieter, bei einer allgemeinen Nachfrageschwäche die Preise zu erhöhen.

Steigt dagegen die Nachfrage von (D) nach (D_2), so reagiert ein Unternehmen auch nicht sofort mit einer Preissteigerung, da wegen der Degression der Stückkostenkurve im Bereich der Reservekapazität die Stückgewinnspanne eh schon auf (E-F) steigt und damit die geplante Gewinnmarge bereits übererfüllt wird. Erst wenn die gesamte Branche aufgrund der starken Nachfrage kurz vor der technischen Kapazitätsgrenze arbeitet, erfolgt bei steigender Nachfrage eine Preiserhöhung, weil kurz vor dem Erreichen der technischen Kapazität die Stückkosten überproportional ansteigen. Will das Unternehmen die alte Stückgewinnspanne halten, so müssen die Kostensteigerungen im Bereich der Maximalkapazität über den Preis abgewälzt werden.

[1] Rainer Volkmann, Preisverhalten und Beschäftigungsentwicklung unter monopolisierten Konkurrenzverhältnissen, (Diss.), Bremen 1982, S. 39

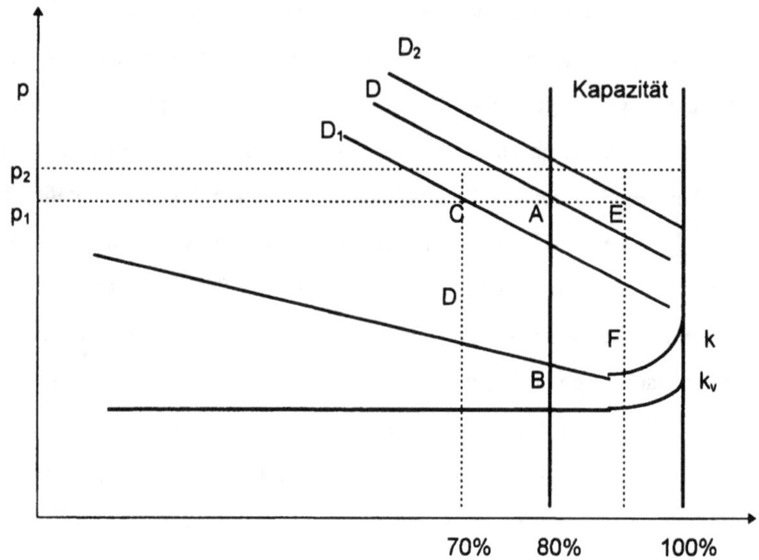

Damit wird deutlich, daß sich die Reaktionen auf **Nachfrageveränderungen** bei einer machtorientierten Preisbildung grundsätzlich von den Reaktionen einer neoklassischen Wettbewerbspreisbildung unterscheiden. Wettbewerblich determinierte Preise schwanken mit steigender oder fallender Nachfrage **prozyklisch**, während die in der wirtschaftlichen Realität dominierende kosten- (macht-)orientierte Preissetzung sich fast vollständig vom Verlauf des Nachfragezyklus absetzt. Sie zeigt eine **„perverse flexibility"**. Kostenorientierte Preise sind im Bereich der festgelegten Normalauslastung völlig rigide und reagieren bei Unter- bzw. Überschreiten der Normalauslastung sowohl auf Nachfrageerhöhungen als auch auf Nachfragereduzierungen mit Preissteigerungen.

3.3 Besonderheiten der Preisbildung

3.3.1 Preisbildung in Mehrproduktunternehmen

Bisher wurde bei der Preisbildungs- und Wettbewerbsanalyse stillschweigend unterstellt, daß es sich bei den Unternehmen um **Einproduktunternehmen** handelt. Dies ist in der wirtschaftlichen Realität aber nur in Ausnahmefällen so. Überwiegend liegen hier - schon aus Gründen einer Risikominimierung - **Mehrproduktunternehmen** vor. Handelt demnach ein Unternehmen mit mehreren Produkten („Diversifiziertes Unternehmen"), so liegen in ein und demselben

Unternehmen mehrere **Teilmärkte** mit in der Regel völlig unterschiedlichen Nachfrageelastizitäten und unterschiedlichen Wettbewerbsverhältnissen bei den einzelnen Produkten vor. Dieser Tatbestand wirkt sich auf die strategische Preisbildung der Unternehmen aus. Durch **interne Subventionen** können z.B. bestimmte Teilmärkte bewußt im Preis nach unten kalkuliert werden, um durch „Kampfpreise" zusätzliche Marktanteile zu erobern oder es können Produkte - obwohl sie Verluste erzielen - zur notwendigen Ergänzung einer Produktpalette im Produktprogramm beibehalten werden, weil andere Produkte die notwendigen Gewinne erbringen. Diese **Flexibilität** bei der Preisgestaltung wird gerade von **Handelsunternehmen** mit Zehntausenden von Produkten („Könige der Diversifikation") als absatzpolitisches Instrumentarium vielfältig ausgenutzt.

In **Industrieunternehmen**, in denen aufgrund der Produktionsprozesse nur eine eingeschränkte Flexibilität vorliegt, ist es dagegen wichtig, ob es sich um eine **„verbundene"** oder **„unverbundene"** Produktion handelt. „Unverbundene Produktion liegt stets dann vor, wenn die Produktionsbedingungen des einen Produkts unabhängig von denen des (der) anderen sind. Die Unabhängigkeit der Produktionsbedingungen ist notwendigerweise immer dann gegeben, wenn zur Herstellung der einzelnen Produkte jeweils qualitativ unterschiedliche Produktionsfaktoren eingesetzt werden. (...) Produktionstheoretisch ist die Parallelproduktion wie mehrere Einproduktprozesse zu sehen. Praktisch ist sie dann gegeben, wenn der Betrieb über mehrere Produktionsanlagen verfügt, die jeweils der Herstellung eines anderen Erzeugnisses dienen."[1] In der wirtschaftlichen Realität ist dabei von dem Normalfall eines **„verbundenen Produktionsprozesses"** auszugehen, von dem man immer dann spricht, wenn die Produkte gleichzeitig oder nacheinander derart hergestellt werden, daß den verschiedenen Prozessen ein Produktionsfaktor oder mehrere Faktoren gemeinsam sind. Diese Gemeinsamkeit der Produktion impliziert aber nicht nur den Tatbestand eines rein technischen Zusammenhangs, d.h., daß in fast jeder Kostenstelle des Mehrproduktunternehmens sowohl Arbeitsprozesse für das eine und andere Produkt vollzogen werden können, sondern auch, und dies ist die wesentliche Erkenntnis für die Preisbildung in Mehrproduktunternehmen, daß dies zu einem engen Zusammenhang bei der **Kostenrechnung** und damit Preiskalkulation führt.

Dies soll anhand der folgenden Beispielrechnung gezeigt werden. Dieser liegt eine in der Industrie übliche **Zuschlagskalkulation** im Rahmen einer **kostenorientierten Preisbildung** für drei

[1] H. Schlögl, Mehrproduktunternehmung, Marktentwicklung, Wettbewerb, Frankfurt/M. 1972, S. 4f.

Produkte A, B und C zugrunde. Die Absatzmenge ist dabei gleich der Produktionsmenge. Es wird demnach keine Lagerproduktion unterstellt. Aufgrund der unterschiedlichen Wettbewerbs- und Nachfragesituationen in den für die Produkte maßgebenden **Teilmärkten** werden jeweils **differenzierte Gewinnaufschläge** verrechnet. Hieraus ergeben sich letztlich unter Berücksichtigung der Absatzmengen die **Nettostückpreise** (Produkt A: 816 DM; Produkt B: 3.218 DM; Produkt C: 2.820 DM).

Kostenträgerrechnung in Mehrproduktunternehmen - alle Zahlenangaben in TDM -

Bezeichnung	Produkt A	Produkt B	Produkt C	Gesamt
Materialeinzelkosten	24.000	35.000	46.000	105.000
Materialgemeinkosten 15%	3.600	5.250	6.900	15.750
Materialkosten	27.600	40.250	52.900	120.750
Fertigungslöhne	26.000	37.000	57.000	120.000
Fertigungsgemeinkosten 135%	35.100	49.950	76.950	162.000
Fertigungskosten	61.100	86.950	133.950	282.000
Herstellungskosten des Umsatzes	88.700	127.200	186.850	402.750
Verwaltungsgemeinkosten 10%	8.870	12.720	18.685	40.275
Vertriebsgemeinkosten 5%	4.435	6.360	9.343	20.138
Selbstkosten des Umsatzes	102.005	146.280	214.878	463.163
Stückkosten	**680,- DM**	**2.926,- DM**	**2.686,-DM**	
Gewinnaufschlag	20.401 (20%)	14.628 (10%)	10.744 (5%)	45.773
Nettoverkaufserlöse	122.406	160.908	225.622	508.936
Absatzmenge	150.000 St.	50.000 St.	80.000 St.	
Nettostückpreis	**816,- DM**	**3.218,- DM**	**2.820,- DM**	

Aus dieser zugrundegelegten Marktsituation als Ausgangspunkt lassen sich nun die bereits erwähnten unterschiedlichen **Wettbewerbs- bzw. Preisstrategien** eines Mehrproduktunternehmens ableiten. Dabei wird unterstellt, daß genügend freie Produktionskapazitäten für benötigte Absatz- und damit Produktionssteigerungen zur Verfügung stehen. Will das Unternehmen z.B. den Marktanteil des Produktes C ausweiten, so kann der Preis - ohne Verluste zu erleiden - bis auf Höhe der Stückkosten (2.686,- DM) gesenkt werden. Sind weitere Preissenkungen zur **Marktanteilserhöhung** aufgrund einer hohen Wettbewerbsintensität in diesem Teilmarkt notwendig, so wäre auch eine **interne Subventionierung** des Produktes C durch die Gewinne der Produkte A und B kurz- und mittelfristig möglich. Die hierbei realisierten Verluste werden anschließend nach einer entsprechenden Marktanteilseroberung in der Regel überkompensiert.

Kommt es dagegen bei Produkt C zu einem **Nachfrageeinbruch** und die Absatzmenge geht hierdurch von 80.000 auf 60.000 Stück zurück, so sinken zwar die gesamten Selbstkosten des Umsatzes von 214.878 TDM auf 189.138 TDM (unterstellt wurde ein zur Produktion proportionaler Abbau der variablen Einzelkosten), die Stückkosten steigen aber aufgrund der weitgehend kurzfristig fixen Gemeinkosten von 2.668 DM auf 3.152 DM. Hierdurch entsteht bei einem weiter gültigen Verkaufspreis von 2.820 DM (das Unternehmen reagiert aufgrund eines „target return pricing" auf den Absatzrückgang nicht mit einer Preissenkung) ein Stückverlust in Höhe von - 332 DM.

Kostenträgerrechnung in Mehrproduktunternehmen ohne Produkt C - alle Zahlenangaben in TDM -

Bezeichnung	Produkt A	Produkt B	Gesamt
Materialeinzelkosten	24.000	35.000	59.000
Materialgemeinkosten 26,7%	6.408	9.345	15.750
Materialkosten	30.408	44.345	74.753
Fertigungslöhne	26.000	37.000	63.000
Fertigungsgemeinkosten 257,1%	66.846	95.127	162.000
Fertigungskosten	92.846	132.127	225.000
Herstellungskosten des Umsatzes	123.254	176.472	299.753
Verwaltungsgemeinkosten 13,4%	16.516	23.647	40.275
Vertriebsgemeinkosten 6,7%	8.258	11.824	20.138
Selbstkosten des Umsatzes	148.028	211.943	360.166
Stückkosten	**987,- DM**	**4.239,- DM**	
Gewinnaufschlag	20.401 (20%)	14.628 (10%)	45.773
Nettoverkaufserlöse	122.406	160.908	508.936
Absatzmenge	150.000 St.	50.000 St.	
Nettostückpreis	**816,- DM**	**3.218,- DM**	

Abweichungen in der Berechnung durch Rundungsfehler

Ist dieser Nachfrageeinbruch nicht nur **konjunktureller**, sondern **struktureller Natur**, so wird das Mehrproduktunternehmen überlegen, ob es nicht den Verlustbringer aus dem

Produktionsprogramm herausnimmt. Diese Entscheidung hat allerdings weitreichende Konsequenzen. Durch die **Verbundproduktion** mit den Produkten A und B impliziert die Aufgabe des Produktes C - zumindest kurzfristig - nur einen Abbau der variablen Einzelkosten, nicht aber der fixen Gemeinkosten. Hierdurch steigen die Stückkosten bei Produkt A auf 987 DM und bei Produkt B auf 4.239 DM. Die Nettostückpreise decken dadurch bei beiden Produkten die Stückkosten nicht mehr ab. Bei Produkt A entsteht ein Stückverlust in Höhe von -171 DM und bei Produkt B in Höhe von - 1.021 DM. Gelingt es dem Unternehmen nicht, die nach Aufgabe des Produkts C verbliebenen fixen Gemeinkosten kurzfristig abzubauen, ist der Bestand des gesamten Unternehmens gefährdet. Deshalb ist es notwendig, die Produktionskapazitäten entsprechend anzupassen. Dies gelingt aber in der Praxis häufig aufgrund von **remanenten Kosten** (nicht abbaubaren fixen Gemeinkosten) nicht hundertprozentig, so daß auf jeden Fall die verbleibenden Produkte - wenn auch nicht wie dargestellt die vollen fixen Gemeinkosten - den remanenten Kostenblock zu tragen haben, wodurch bei gleichbleibenden Verkaufspreisen die Stückgewinne zurückgehen.

3.3.2 Preisbildung durch Verbundmonopolisten

Ein ganz besonderer Markt in jeder Volkswirtschaft ist der **Strommarkt**. Die Strom anbietende **Elektrizitätswirtschaft** ist dabei für die Erzeugung, den Transport und die Verteilung von Strom zuständig, wobei eine quantitative und qualitative **Versorgungssicherheit** gewährleistet sein muß. Daneben besteht für die Strom anbietenden Energieversorgungsunternehmen (EVUs) gegenüber den Nachfragern (Unternehmen, private und öffentliche Haushalte) eine **Anschluß- und Versorgungspflicht** und daraus abgeleitet eine zur Aufrechterhaltung der Produktionskapazitäten notwendige **Investitionspflicht.**

Der Elektrizitätsmarkt in der Bundesrepublik ist durch **drei Marktstufen** gekennzeichnet.[1] Durch eine überregionale Verbundstufe, zu der die acht größten EVUs zählen, eine Regionalverteilerstufe mit ca. 40 regional agierenden EVUs und über 750 kommunalen EVUs auf lokaler Ebene. Mit ihren in sog. **Demarkations- bzw. Versorgungsgebieten** aufgeteilten

[1] Vgl. dazu das Hauptgutachten 1992/93 der Monopolkommission, Konzentration und Wettbewerb in der leitungsgebundenen Energiewirtschaft, Baden-Baden 1994, S. 324ff.

Kapazitäten beherrschen die acht in der *„Deutschen Verbund-Gesellschaft“ (DVG)* zusammengeschlossenen EVUs den Strommarkt in der Bundesrepublik völlig.

Die acht Verbund-EVUs
Rheinisch-Westfälisches Elektrizitätswerk AG (RWE)
Preußische Elektrizitäts AG (PREAG)
Bayernwerk AG
Vereinigte Elektrizitätswerke Westfalen AG (VEW)
Energieversorgung Schwaben AG (EVS)
Badenwerk AG
Hamburgische Elektrizitätswerke AG (HEW)
Berliner Kraft und Licht AG (BEWAG)

Die Demarkationsgebiete wirken wie **Gebietskartelle bzw. Gebietsmonopole**, weshalb der Gesetzgeber durch die §§ 103 und 103a GWB für die EVUs eine sog. **„kartellrechtliche Bereichsausnahme“** geschaffen hat. Bezogen auf die Demarkationsgebiete verpflichten sich die EVUs, nicht in fremde festumrissene **Absatzgebiete** Strom zu liefern. Die Konkurrenz wird hierdurch total ausgeschaltet. Da die EVUs bei der Stromverteilung in ihren jeweiligen Versorgungsgebieten auf die Benutzungsrechte der den Kommunen gehörenden öffentlichen Wege angewiesen sind (Wegemonopol), zahlen sie für die Nutzung sog. **Konzessionsabgaben** an die Gemeinden. In seinem Kommentar zum Kartellrecht stellt der Rechtswissenschaftler ***Volker Emmerich*** zu diesen zwischen der Gemeinde und dem EVU abgeschlossenen Konzessionsverträgen fest: „Die damit ausgesprochene Erlaubnis der Konzessionsverträge ist von fundamentaler Bedeutung für die heutige Struktur namentlich der Elektrizitätsmärkte. Denn die Konzessionsverträge sind die eigentliche Basis der in der Versorgungswirtschaft üblichen Gebietsmonopole. Ihre Grundlage ist das Wegemonopol der Gemeinden, d.h. die Tatsache, daß die öffentlichen Wege ganz oder überwiegend im Eigentum der Gemeinden stehen. Die Gemeinden haben dieses Wegemonopol seit Jahrzehnten dazu verwandt, die Elektrizitäts- oder Gasversorgung in ihrem Gebiet zu monopolisieren, indem sie immer nur einem einzigen Unternehmen die Leitungsverlegung erlaubt haben. Die Gegenleistung der begünstigten EVU für die Einräumung des Monopols stellen die sog. Konzessionsabgaben dar, die daher der Sache nach nichts anderes als eine Beteiligung der Gemeinden an der Monopolrente der EVU sind.“[1]

[1] Volker Emmerich, Kartellrecht, 3. Aufl., München 1979, S. 296

Um aufgrund des **fehlenden Wettbewerbs** den Mißbrauch von Marktmacht am Elektrizitätsmarkt zu verhindern, existiert ein umfangreiches Rechtsinstrumentarium in Form einer **preis- und kartellrechtlichen Gesetzgebung**. Hierbei wurde ein „gespaltener" Normenkomplex geschaffen. So können im **Sonderabnehmerbereich** (Unternehmen, Großkunden) Strompreise zwischen dem EVU und seinen Nachfragern **frei** ausgehandelt werden. Sie unterliegen keiner preisrechtlichen Aufsicht oder Genehmigung des jeweils zuständigen *Landeswirtschaftsministeriums* und sind auch nicht von den jeweiligen EVUs öffentlich bekanntzugeben. Ihre Kontrolle soll ausschließlich durch das „Gesetz gegen Wettbewerbsbeschränkungen" (GWB) im Rahmen einer vom GWB speziell im § 104 GWB geschaffenen **Mißbrauchsaufsicht** gewährleistet werden.

Im Unterschied zum **Preisrecht** orientiert sich die spezielle Mißbrauchsaufsicht aber nicht an den Kosten oder dem Gewinn des einzelnen EVUs, sondern an den Preisen des einzelnen EVUs im Vergleich zu den Preisen anderer EVUs. „Ein Mißbrauch der Monopolstellung eines EVUs liegt danach dann vor, wenn a) dieses Unternehmen für vergleichbare Leistungen höhere Preise fordert als andere EVUs, mit denen es auf vertraglichem Wege den Wettbewerb ausgeschlossen hat, und b) eines dieser anderen Unternehmen in der Lage ist, die Versorgung in dem betreffenden Gebiet zu Bedingungen durchzuführen, die für den Verbraucher günstiger sind. Ein Anspruch auf kostendeckende Preise wird ausdrücklich abgelehnt."[1] Mit dem Urteil des ***Bundesgerichtshofs***, BGH-Urteil[2], von 1972 wurde die Preiskontrolle der Kartellbehörden aber praktisch zum Erliegen gebracht. Das Gericht legte damals fest, daß eine mißbräuchliche Überhöhung von Preisen nur dann angenommen werden kann, wenn die von dem fraglichen EVU geforderten Preise die Vergleichspreise anderer EVUs **erheblich** übersteigen, so daß vom Gericht eine Preisbandbreite genehmigt wurde, innerhalb derer die EVUs in ihren Strompreisen voneinander abweichen dürfen. Dieser Gerichtsbeschluß hat für Emmerich dazu geführt, „daß eine Mißbrauchsaufsicht über die Preise der EVUs heute praktisch - von ganz wenigen, extremen Ausnahmefällen abgesehen - nicht mehr stattfindet. Denn es hat sich inzwischen herausgestellt, daß der vom BGH verlangte Strukturvergleich zwischen verschiedenen Versorgungsgebieten mit zumutbarem Aufwand gar nicht möglich ist. Abgesehen davon liegen die Preisunterschiede zwischen den EVUs ohnehin meistens innerhalb der vom BGH den Unternehmen konzedierten Bandbreite, so daß schon

---

[1] Walter Mönig, Determinanten des Elektrizitätsangebots und volkswirtschaftliche Kriterien zu seiner Beurteilung, München 1975, S. 127f.

[2] Vgl. BGH-Urteil 1972, Drucksache 68/23, S. 36f.

deshalb in aller Regel die Annahme einer mißbräuchlichen Preisüberhöhung ausscheidet."[1] Hinzu kommt, daß bei einem Preisvergleich zwischen den EVUs ein Vergleich unter Monopolisten stattfindet. Hier werden demnach keine Wettbewerbspreise mit Monopolpreisen verglichen, sondern Monopolpreise mit Monopolpreisen. Für ***R. Knöpfle*** ist daher eine kartellrechtliche Preismißbrauchsaufsicht im Bereich der Elektrizitätswirtschaft ohne eine EVU-individuelle Kosten- und Gewinnkontrolle undurchführbar.[2] Diese findet allerdings aufgrund der „gespaltenen" kartell- und preisrechtlichen Prüfungsvorschriften bei den Strompreisen nur für die sog. **Tarifkunden** (private Haushalte) statt.

Basis für das Preisprüfrecht bildet dabei das *„Gesetz zur Förderung der Energiewirtschaft"* (kurz: **Energiewirtschaftsgesetz**, EnWG) vom 13. Dezember 1935. Das heute noch gültige Gesetz wurde gemäß § 7 EnWG zur Gestaltung der allgemeinen Tarifpreise durch die *„Verordnung über allgemeine Tarife für die Versorgung mit Elektrizität"* (kurz: **Bundestarifordnung Elektrizität, BTO Elt**, in der Änderungsfassung vom 30. Jan. 1980) ergänzt. Im § 12 der BTO Elt ist festgelegt, daß bei einem EVU, das eine Strompreiserhöhung bei den zuständigen Preisüberwachungsstellen der einzelnen Bundesländer (*Landeswirtschaftsministerien*) beantragt, auf dessen „gesamte Kosten- und Erlöslage bei elektrizitätswirtschaftlich rationeller Betriebsführung" abzustellen ist. Weiter wird im § 1 der BTO Elt festgelegt, daß die Strompreise **„kostenorientiert"** zu gestalten sind.

Im Schutz der kartellrechtlichen Bereichsausnahmen sowie der Bundestarifordnung Elektrizität (BTO Elt) können Elektrizitätsunternehmen ihre Strompreise gemäß einer weiter eingeführten sog. **„Arbeitsanleitung"** des *„Bund-Länder-Arbeitsausschusses Energiepreise"* in der Fassung vom 19. Mai 1981 festlegen. „Die Arbeitsanleitung geht davon aus, daß für den durch § 12a BTO Elt erforderten Nachweis, daß die beantragte Erlösverbesserung notwendig ist, neben dem **handels- und steuerrechtlichen Jahresabschluß** eine **kalkulatorische Rechnung** geboten ist, von der eine kostenverursachungsgerechte, perioden- und betriebsbezogene Ermittlung der Kosten- und Erlöslage erwartet werden kann. Hinsichtlich der Kosten seien die Vorschriften der *'Leitsätze für die Preisermittlung auf Grund von Selbstkosten'* (LSP - Anlage zur VOPR Nr. 30/53 vom 21. Nov. 1953) entsprechend anzuwenden."[3]

---

[1] Volker Emmerich, a.a.O., S. 300

[2] R. Knöpfle, Zur Berücksichtigung der Kosten, insbesondere der Gemeinkosten bei der kartellrechtlichen Mißbrauchsaufsicht, in: Der Betriebs-Berater 1975, S. 1.609ff.

[3] P. Badura, W. Kern, Maßstab und Grenzen der Preisaufsicht nach § 12a der Bundestarifordnung Elektrizität (BTO Elt), Heidelberg 1983

Bei dieser **LSP-Anlage zur VOPR** handelt es sich um preisrechtliche Kalkulationsvorschriften, die im Rahmen von **öffentlichen Aufträgen** zur Anwendung kommen.[1] Neben kalkulatorischen Zusatzkosten, denen keine aufwandsgleichen Kosten entsprechen, sondern als Kosten verrechnete Gewinne, können zusätzlich in den Strompreisen Gewinnaufschläge kalkuliert werden, so daß es bei den Gewinnen der EVUs zu Zinses-Zinseffekten kommt. Dies belegen die in Relation zur übrigen Wirtschaft überproportionalen Rentabilitäten.[2] Die großen **Verbund-Monopolisten** - allen voran die Rheinisch-Westfälischen Elektrizitätswerke AG (RWE) - benutzen diese Gewinne zur **Diversifizierung**, weil die Gewinne bei einer Wiederanlage im Stromgeschäft zu einer Überakkumulation mit entsprechenden Verlusten führen würde. Der Aufkauf des gesamten Tankstellennetzes der „Deutschen Texaco“, heute „DEA-Tankstellen“, durch das RWE im Jahr 1988 für rund zwei Milliarden DM ! - die aus den liquiden Mitteln der Gesellschaft bezahlt werden konnten - hat dabei nicht zum ersten Mal die **Finanzkraft der Stromgiganten** unter Beweis gestellt.

Kostenrechnung, Kalkulation und Bilanzierung (hier insbesondere die Rückstellungspolitik für Atomkraftanlagen) der EVUs sind seit langem in der Kritik. Die Preissetzungspolitik, die eine **diskriminierende** ist, weil Sonderabnehmer (industrielle Kunden und Großabnehmer) mit den EVUs über sog. **Sonderverträge** wesentlich niedrigere Strompreise aushandeln können als die privaten Haushalte (Tarifkunden), wurde bereits 1976 von der ***Monopolkommssion*** als „undurchsichtlich“ angemahnt. Bis heute hat sich daran nichts geändert.[3]

Ist es für sich im Wettbewerb befindende Unternehmen keine Selbstverständlichkeit, daß alle anfallenden Kosten - selbst bei einer wirtschaftlichen Betriebsführung - von den Marktpreisen gedeckt werden, so können EVUs ohne jeglichen Druck alle Kosten (aufwandsgleiche und kalkulatorische Zusatzkosten) incl. eines Gewinnaufschlages über die Strompreise erlösen. Und dies in einem so gut wie **konjunkturunabhängigen** Geschäft. Eine solche „Schlaraffenlandsituation“ führt in der Regel zum **Kostenmachen**, zum „Kostenschlendrian“. Der Leistungsanreiz durch Wettbewerb fehlt.

---

[1] Vgl. dazu ausführlich den Punkt: „Preisbildung bei öffentlichen Aufträgen“

[2] Vgl. Heinz-J. Bontrup, Axel Troost, Preisbildung in der Elektrizitätswirtschaft. Ein Beitrag zur Diskussion um die Novellierung der Stromtarife, PIW-Studie, Bremen 1988

[3] Vgl. Franz Garnreiter, Kleinverbraucher subventionieren die Strompreise für die Großabnehmer, in: WSI-Mitteilungen, Heft 11/1992, S. 744ff.

Daneben sind auch an den energierechtlichen Bestimmungen die Gestaltungsmöglichkeiten für die EVUs bei den **Stromtarifen** zu kritisieren. Trotz aller Energiesparappelle belohnen die Stromtarife nach wie vor den **Vielverbrauch** von Strom. Wer einen hohen Verbrauch an Kilowattstunden hat, zahlt für die einzelne Stunde weniger. Dies liegt daran, daß sich die Stromtarife aus zwei Preiskomponenten zusammensetzen: dem **Grundpreis** und dem **Arbeitspreis**. Der Arbeitspreis bezieht sich jeweils auf den verbrauchten Strom je bezogener Kilowattstunde, und ist damit verbrauchsunabhängig, während der Grundpreis für die Bereitstellung der Kraftwerke und der Leitungsnetze auch dann berechnet wird, wenn der Kunde keine Kilowattstunde vom EVU bezogen hat. Diese **Verbrauchsunabhängigkeit** macht etwa 30 bis 40 Prozent der Stromrechnung aus. Gegen eine Veränderung dieses „zweigliedrigen" Tarifs wehren sich die EVUs mit allen ihnen zur Verfügung stehenden Machtmitteln. Und die sind nicht gerade gering. Dies mußte 1976 der damalige Bundeskanzler ***Helmut Schmidt*** feststellen, als er in seiner Regierungserklärung versprach, er werde das Energiewirtschaftsgesetz (EnWG), dessen Paragraphenwerk noch aus der Zeit des Nationalsozialismus stammt, ändern. Auch der Wirtschaftsminister von Nordrhein-Westfalen, ***Reimut Jochimsen*** bekam, nachdem er vier Jahre später Novellierungsvorschläge unterbreitete, die Macht der EVUs zu spüren: „Es wäre müßig, jetzt einzusteigen in die Grundsatzdebatte über Leitungsmonopole, Demarkationen und Konzessionen. Wir würden uns nur verkämpfen an einer Front, die allein aufzubrechen selbst das Land Nordrhein-Westfalen nicht stark genug ist."[1]

Wenn auch einige kommunale Stadtwerke einen **„linearen zeitvariablen Stromtarif"** eingeführt haben, so ist die überwiegende Mehrheit der Stromkonzerne, wie auch die Vertreter im Branchenverband, der ***„Vereinigung Deutscher Elektrizitätswerke" (VDEW)***, gegen eine Linearisierung der Tarife. Ein solcher Tarif verzichtet auf den fixen Grundpreis, so daß die Stromrechnung (die Helmut Schmidt aufgrund „ihrer Intransparenz" nicht mehr versteht) allein von der Zahl der wirklich verbrauchten Kilowattstunden abhängt. Dadurch erzielt der vielverbrauchende Stromkunde keinen Degressionseffekt mehr. Jede Kilowattstunde - die erste als auch die letzte - wird mit dem gleichen Preis bezahlt.

Um die tagesunterschiedlichen Lastspitzen eines Kraftwerkes zusätzlich besser auslasten zu können, müßte der Strompreis zudem „zeitvariabel" ausgerichtet sein. Dadurch, so rechnen z.B.

[1] Reimut Jochimsen, hier zitiert bei: Nikolaus Eckardt, Margitta Meinerzhagen, Ulrich Jochimsen, Die Stromdiktatur, Hamburg, Zürich 1985, S. 20

die ***Saarbrücker Stadtwerke*** vor, ist es zur Zeit der größten Stromnachfrage zwischen 9 und 13 Uhr am teuersten, elektrische Geräte zu nutzen, da um diese Zeit die kostenintensiven Öl- und Gaskraftwerke für den Spitzenbedarf am Netz sind. Verlegen die Verbraucher ihren Strombedarf in die Lasttäler, wo der Stromverbrauch insgesamt nur sehr gering ist, so verringert sich für die Kunden die Stromrechnung, und die EVUs können teure Kraftwerkskapazitäten einsparen.

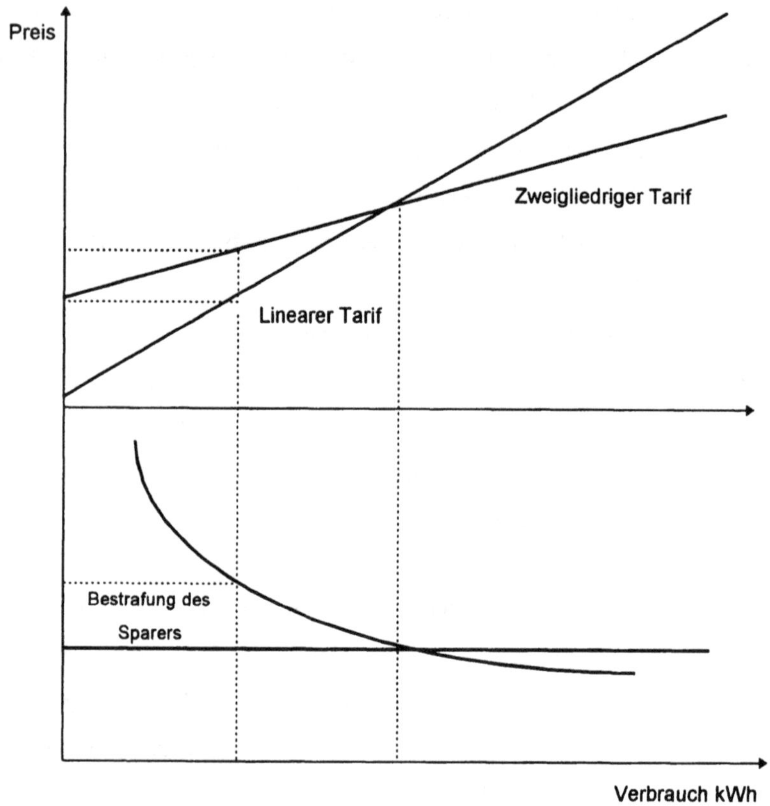

Daß dennoch entgegen einer solchen **rationellen Energiepolitik** die EVUs eine Preispolitik der nichtlinearisierten Tarife, der Preisdiskriminierung und der risikolosen Kosten- und Gewinnabwälzung über die Strompreise bis heute praktizieren können, liegt an der immensen **Marktmacht** der in der Bundesrepublik herrschenden EVUs. Nach der **Wiedervereinigung** wurde das „unheilvolle" System auf die neuen Bundesländer übertragen. Will man aber eine rationelle Strompolitik staatlicherseits umsetzen - und dafür wird es höchste Zeit -, so ist der

Gesetzgeber zu einer massiven Neuordnung der Elektrizitätsbranche aufgerufen. Ganz oben auf der Tagesordnung müßte eine Änderung des Energiewirtschaftsgesetzes, aber auch preis- und kartellrechtlicher Vorschriften stehen.

Mit der **Liberalisierung des EU-Strommarktes**, die ab 1999 geplant ist, wird dies allein nicht möglich sein. Zwar sollen dann die Demarkationsgrenzen aufgehoben werden, um auch anderen EVUs die Durchleitung und Benutzung der Stromnetze zu ermöglichen (damit Wegfall der Gebietsmonopole); die anderen negativen preisrechtlichen und tarifären Tatbestände bleiben dagegen unverändert bestehen. Die Umsetzung der Forderung **„Mehr Markt"** bzw. **„Mehr Wettbewerb"** in der Elektrizitätswirtschaft auf der Grundlage bestehender Kapitalkonzentration und Machtstrukturen wird den Wettbewerb nicht fördern. Im Gegenteil, ohne zuvor durch entschiedene **Entflechtungs- und Dekonzentrationsmaßnahmen** zumindest annähernd gleiche Startbedingungen für die am Wettbewerb beteiligten EVUs zu schaffen, würde bei unverändert hoher Machtkonzentration und vertikaler Marktintegration auf der Anbieterseite den Konzentrationsprozeß enorm beschleunigen, noch einseitiger als bisher die industriellen Großverbraucher begünstigen („Rosinen picken") und die historisch immer wieder angestrebte „Flurbereinigung" kommunaler EVUs - also die Entkommunalisierung - weiter vorantreiben.

Wirtschaftlich werden mit der sog. Liberalisierung des Strommarktes die ca. 750 kommunalen EVUs in große Schwierigkeiten kommen. Verlieren sie im Wettbewerb die in der Regel nur wenigen Großkunden, so sind sie quasi gezwungen, die kaum abbaubaren Fixkosten ihrer Kraftwerke und Leitungsnetze auf die übrigen, meist privaten Tarifkunden, verteilen zu müssen, was höhere Strompreise impliziert. Können diese dann noch höheren Strompreise an die Verbraucher aus politischen Gründen nicht weitergegeben werden, so ist im Extremfall sogar die Existenz kommunaler Stadtwerke bedroht. Es sei denn, die Stadtwerke werden von den weiter marktmächtigen regionalen EVUs oder gar von einem der acht Verbund-Giganten aufgekauft, was dann zu einer enormen **Konzentrationswelle** ausarten würde. Hier hat allerdings der ***Bundesgerichtshof (BGH)*** mit seiner Entscheidung von 1997, daß Verbundkonzerne und Regionalversorger durch eine Beteiligung keinen beherrschenden Einfluß auf kommunale Stadtwerke ausüben dürfen, wenn die Stadtwerke bereits Strom von den Verbundkonzernen und Regionalversorgern beziehen, richtigerweise einen Riegel vorgeschoben.

Uneingeschränkter Wettbewerb eignet sich daher grundsätzlich nicht als vorrangiges Koordinierungsinstrument für eine rationelle Energienutzung;[1] planwirtschaftliche Elemente, z.B. Gewinn- und Preisregulierung, kommunale Energiekonzepte und eine überregionale Standortplanung sind unabdingbar. Wettbewerb ist kein Selbstzweck, sondern kann nur Mittel zum Zweck einer rationelleren Energienutzung sein. Die grundsätzliche „Vorteilhaftigkeitsvermutung" vieler Wettbewerbstheoretiker zugunsten von „Mehr Wettbewerb in der Elektrizitätswirtschaft" ist sowohl angesichts bestehender ökonomisch-juristischer Monopole in der Energiewirtschaft als auch angesichts der tatsächlichen Besonderheiten der Elektrizitätsversorgung (z.B. Leitungsgebundenheit, Nichtspeicherbarkeit, Gleichzeitigkeit von Angebot und Nachfrage) pure Ideologie. Es muß im Einzelfall nachgewiesen werden, welche konkreten Vorteile mit der Einführung von Wettbewerbselementen erzielbar sind.

3.3.3 Verrechnungspreise in Konzernunternehmen

Preisbildung spielt nicht nur eine Rolle im Austauschverhältnis zwischen Unternehmen oder Unternehmen und Endverbrauchern (private Haushalte) sowie öffentlichen Haushalten, sondern auch **innerhalb** von Unternehmen und hier speziell bei dem Vorliegen von **Konzernen**, die ihre Rechtsgrundlage im § 18 Aktiengesetz haben. Der Konzern ist dabei ein Zusammenschluß mehrerer **rechtlich selbständig** bleibender Unternehmen unter einer **einheitlichen Leitung**. Hierdurch verlieren die zum Konzern zusammengeschlossenen Unternehmen faktisch ihre **wirtschaftliche Selbständigkeit**. Durch Anordnung „von oben" im Rahmen einer konzernbezogenen Interessenpolitik (übergeordnetes Konzerninteresse) kann die einzelne Unternehmung in ihren betriebswirtschaftlichen Grundfunktionen manipuliert werden. Dazu gehört ganz wesentlich die Bildung von **konzerninternen Verrechnungspreisen**, die gerade bei international operierenden Konzernen zur **Verlagerung von Gewinnen** in Niedrigsteuerländer eine bedeutende Rolle spielen. Hierbei werden die zwischen zwei Konzernunternehmen mit Sitz in verschiedenen Ländern ausgetauschten Güter so im Preis manipuliert, daß das Unternehmen in dem Land mit den niedrigsten Steuersätzen Verrechnungspreise in Rechnung gestellt bekommt, die weit unter den tatsächlichen Kosten des liefernden Unternehmens liegen. Dem dadurch

[1] Vgl. dazu ausführlich, Peter Hennicke, Least Cost Planning: Methode, Erfahrungen und Übertragbarkeit auf die Bundesrepublik, in: Zeitschrift für Energiewirtschaft, Heft 2/1989, sowie Peter Hennicke, Helmut Spitzley, Stadtwerke der Zukunft, in: Zirkular der Arbeitsgruppe Alternative Wirtschaftspolitik, Memo-Forum Nr. 16, Bremen 1990

überhöhten Gewinn beim die Güter abnehmenden Unternehmen steht ein entsprechender niedrigerer Gewinn bei dem liefernden Unternehmen gegenüber. Insgesamt zahlt der Konzern dadurch weniger an Steuern. Hierbei ist allerdings zu beachten, daß der Spielraum zu derartigen Manipulationen durch **rechtliche Regelungen** eingeengt ist. „So beinhaltet § 1 AStG das 'dealing at arm's length principle', das besagt, daß Verrechnungspreise innerhalb eines Konzerns mit Preisen gegenüber Konzernfremden vergleichbar sein müssen."[1] Ein ***OECD-Bericht*** von 1987 und bundesdeutsche Verwaltungsanweisungen schlagen bei der Bestimmung von Verrechnungspreisen entweder eine **Preisvergleichs-, Wiederverkaufs- oder Kostenaufschlagsmethode** vor,[1] wobei allerdings letztlich alle Methoden keine ausreichende Gewähr für eine verursachungsgerechte Kosten- und Gewinnverteilung zwischen den Konzernunternehmen bieten.

3.3.4 Preisbildung und Preisgleitklauseln

Eine weitere Besonderheit der Preisbildung sind Preisgleitklauseln, die bei **langfristigen Verträgen** (z.B. bei einer langfristigen Auftragsfertigung, wie sie im Schiffbau, Maschinenbau, der Luft- und Raumfahrtindustrie oder der Bauwirtschaft u.a üblich ist) im Rahmen der betrieblichen Preispolitik zur Anwendung kommen. Mit diesen Preisgleitklauseln soll das **Inflationsrisiko** der liefernden Unternehmung auf den Auftraggeber abgewälzt werden. Preisgleitklauseln unterliegen dabei einer angebots-(kosten)orientierten Preisbildung; ohne daß die Nachfrageseite bei der Preisgestaltung berücksichtigt wird. Dies gilt insbesondere für die totalen Preisgleitklauseln oder **Vollgleitklauseln**, bei denen man alle Kostenarten eines Auftrages in die Preisgestaltung einbezieht. Verändern sich die unterschiedlichen Kostenbestandteile (K_{on}) eines Preises (p_o), so verändert sich auch der endgültige Preis (p) um die Summe der gesamten Kostenveränderungen (K_n).

$$p = p_o \times \frac{K_n}{K_{on}}$$

Steigen die Kosten eines Auftrages während der Vertragszeit von 100 Einheiten auf 120 Einheiten, also um 20%, so erhöht sich auch der ursprünglich vereinbarte Kostenpreis von 100 auf 120 Einheiten.

[1] Adolf G. Coenenberg, Kostenrechnung und Kostenrechnungsanalyse, 2. Aufl., Landsberg am Lech 1993, S. 467

$$p = 100 \times \frac{120}{100} = 120$$

Sämtliche Kostenveränderungen gehen damit in die Preisgleitung ein. Neben der Steigerung von Kostengüterpreisen (Löhne, Material) werden die Kosten (Stückkosten) eines Auftrages während der Auftragszeit aber auch durch **Auslastungsveränderungen** beeinflußt. Für den außenstehenden Nachfrager (er besitzt in der Regel keine Möglichkeit einer Preis- oder Kostenprüfung beim Anbieter) ist es bei Vollgleitklauseln nicht möglich, die wahre Ursache für Kostenveränderungen zu erkennen. Hat sich während der Vertragszeit eines Auftrages die Auslastung in der anbietenden Unternehmung insgesamt verschlechtert, wodurch die auftragsunabhängigen fixen Gemeinkosten gestiegen sind, was ein Ansteigen aller Auftragskosten impliziert, so würde es bei Anwendung einer Vollgleitklausel zu einer ungerechtfertigten Preissteigerung kommen. Das Gleiche gilt et vice versa für eine Preissenkung bei einer Besserauslastung der Kapazitäten. Kostenveränderungen, die nicht auf Kostengüterpreisveränderungen bei den Kostenarten Löhnen und Material auf den Beschaffungsmärkten zurückzuführen sind, sondern auf eine Veränderung in der Kapazitätsauslastung dürfen keine Preisveränderungen über Preisgleitklauseln nach sich ziehen. Auch muß bei Preisgleitklauseln der **technische Fortschritt** berücksichtigt werden. Kommt es während der Vertragszeit durch technischen Fortschritt zu Produktivitätssteigerungen, wodurch ceteris paribus beim Anbieter die Kosten sinken, so müssen diese Kostenvorteile in den Preisen weitergegeben werden. Dieser produktivitätsorientierte Kostenvorteil würde bei einer nicht vorgenommenen Berichtigung des Preisindizes zu ungerechtfertigten Gewinnaneignungen beim Auftragnehmer führen.

Um den genannten Möglichkeiten einer Kostenveränderung, die nicht auf einer Kostengüterpreisveränderung beruht, entgegenzuwirken, sollte bei der Vereinbarung von Preisgleitklauseln immer ein entsprechender **Festpreisanteil** festgelegt werden. Dieser Festpreisanteil muß vom Auftragnehmer offengelegt bzw. nachgewiesen werden, da er den Anteil der nicht veränderbaren Kostenarten an den Gesamtkosten bestimmt. Die nicht einzubeziehenden Kostenarten werden als konstanter Fixanteil (a) betrachtet, so daß nur noch der Anteil der preissteigerungsbedingten Kostenveränderungen (b) in die Preisbestimmungsgleichung einfließt.

[1] Vgl. Adolf G. Coenenberg, S. 468

$$p = p_0 \left(a + b \frac{K_n}{K_{on}}\right)$$

Dadurch steigt der Preis nicht - wie in der Vollgleitklausel dargestellt - von 100 auf 120 Einheiten, sondern lediglich auf 112 Einheiten.

$$p = 100 \left(0{,}4 + 0{,}6 \frac{120}{100}\right) = 112$$

Neben diesem Festpreisanteil werden bei **Teilgleitklauseln** auch nur bestimmte Kostenarten in der Preisgleitformel berücksichtigt. Dies sind in der Regel die Kostenarten Lohn/Gehalt und Material. Ein besonderes Gewicht bei Preisgleitklauseln muß abschließend auf der Überprüfung des **Gewinnansatzes** liegen, da alle Preisgleitklauseln von einer preisimmanenten Gewinnverrechnung ausgehen. Wird die bisher dargestellte Preisgleitformel, die von einem reinen Kostenpreis ausgeht, um einen Gewinnaufschlag ($1 + g_o/100$) erweitert, so stellt sich die Frage, wie sich der absolute Gewinn bei Preisveränderungen unter Anwendung einer Preisgleitklausel verändert. Unter Berücksichtigung der allgemeinen kostenorientierten Preisgleichung ($p_o = K_{on}(1 + g_o/100)$) wird der Nenner der Preisgleitformel (K_{on}) zum Ausgangspreis (p_0). Durch Umformen der Preisgleichung nach (K_{on}) ergibt sich der folgende Ausdruck:

$$K_{on} = \frac{p_o}{1 + g_o/100}$$

Eingesetzt in die Teilpreisgleitformel

$$p = p_o \left(a + b \frac{K_n}{K_{on}}\right)$$

ergibt sich die Preisbestimmungsgleichung mit Gewinnaufschlag

$$p = p_o \left(a + b \frac{K_n}{\dfrac{p_0}{\left(\dfrac{1 + g_o}{100}\right)}}\right)$$

$$p = p_o \left(a + b \frac{K_n (1 + g_o/100)}{p_o} \right)$$

Unterstellt man dabei einen 10%igen Gewinnsatz, so erhöht sich der Kostenpreis von 112 Einheiten auf 119,2 Einheiten.

$$p = 100 \left(0{,}4 + 0{,}6 \frac{120\,(1{,}1)}{100} \right)$$

$$p = 119{,}2$$

Der absolute Gewinn beträgt demnach (119,2 - 112 Einheiten) = 7,2 Einheiten. Durch die Beaufschlagung der preissteigerungsbedingten Kostenveränderung mit Gewinn - bei Vollgleitklauseln bezieht sich die Beaufschlagung sogar auf sämtliche Kostenveränderungen - hat der Gewinn **proportional** zu den Kostensteigerungen zugenommen. Der anteilige Gewinn betrug vor der Kosteneskalation 6 Einheiten.

$$p = 100 \left(0{,}4 + 0{,}6 \frac{100\,(1{,}1)}{100} \right) = 106$$

Die absolute Gewinnzunahme von (7,2 - 6 Einheiten) = 1,2 Einheiten entspricht damit genau der Höhe der Kostensteigerung von 20%. Diese gewinnsteigernde Wirkung von Preisgleitklauseln läßt sich betriebswirtschaftlich nicht rechtfertigen. Bedeutet sie doch letztlich nichts anderes als die Tatsache, daß bei kostenbedingten Preissteigerungen automatisch auch der absolute Gewinn zunimmt oder mit anderen Worten: Je höher die Kostensteigerung während der Vertragszeit in einer Preisgleitklausel ausfällt, umso größer ist auch der absolute Gewinn. ***Wolfgang Kilger*** schlägt daher vor, die Preisgleitklauseln so zu gestalten, „daß der ursprünglich festgelegte Stückgewinn (oder der Deckungsbeitag pro Stück) unverändert bleibt.“[1]

Bei allem einzelwirtschaftlichen Verständnis für das Bestreben eines Auftragnehmers, sich durch Preisgleitklauseln bei langfristigen Aufträgen gegen eine nach Vertragsabschluß eintretende Verschlechterung seiner originären Kalkulationsbasis abzusichern, ist die Anwendung von Preisgleitklauseln gesamtwirtschaftlich gesehen jedoch äußerst problematisch. Dies stellte bereits

[1] Wolfgang Kilger, a.a.O., S. 387f.

1955 der damalige Bundeswirtschaftsminister ***Ludwig Erhard*** fest. Preisgleitklauseln fördern inflationäre Prozesse, weil Unternehmen dazu neigen, die sich aus der Preisentwicklung ergebenen Unsicherheiten zu überschätzen. Ein Unternehmen, das noch nach einem Vertragsabschluß Kosten- und Preissteigerungen am Beschaffungsmarkt über seine Absatzpreise in Preisgleitklauseln weiterwälzen und erlösen kann, wird außerdem nicht unbedingt zur Wirtschaftlichkeit und Kostenminimierung gezwungen. Durch die fehlende Kontrolle der nachfragenden Marktgegenseite, die durch Preisgleitklauseln ausgeschlossen wird, schleicht sich ein inflationstreibender „Kostenschlendrian" ein. Da Preisgleitklauseln nichts anderes als **nachkalkulatorische Erstattungspreise** sind, wird letztlich eine wettbewerbliche Preisbildung pervertiert. Im dynamischen Leistungswettbewerbsprozeß, in dem es weder eine Kosten- noch eine Gewinngarantie gibt, entscheidet der Markt über die Realisierung der in die Kalkulation eingestellten Plankosten bzw. Preise. Am Ende des Prozesses verbleibt als Residuum entweder ein Gewinn oder ein Verlust. Nur auf vermachteten und konzentrierten Märkten ist es möglich, jedes sich einstellende Kosten- und Preisniveau an den Nachfrager weiterzuwälzen. Hier macht es auch keine Schwierigkeiten, Preisgleitelemente in die garantierten machtorientierten Erstattungspreise einzubauen, um letztlich die eigene Gewinnposition auf Kosten der anderen Marktteilnehmer ausbeuterisch zu verbessern.[1]

3.4 Preisbildung im Handel

Bei der Preisbildung im Handel (Groß- und Einzelhandel) muß das Lieferantenverhältnis zur Industrie auf der einen Seite und das Verhältnis zu den Handelsstufen und Endverbrauchern auf der anderen Seite berücksichtigt werden. Die Aufgabe von Handelsunternehmen im Austauschprozeß zwischen Industrie und Handel besteht dabei darin, „Waren von einer Vor- zur Nachstufe weiterzuleiten und sie durch Kombination mit Leistungen konsumreifer zu machen."[2] Der Handel erfüllt demnach eine reine **Distributionsfunktion** zwischen Produktion und Konsumtion, wobei man den Handel nach Art der Abnehmer in **Groß- und Einzelhandel** unterteilt. Der Einzelhandel kennzeichnet dabei die wirtschaftliche Tätigkeit des Umsatzes von Gütern an Endverbraucher (private Haushalte), wohingegen der Großhandel die wirtschaftliche

[1] Vgl. Heinz-J. Bontrup, Norbert Zdrowomyslaw, Zur Anwendungsproblematik von Preisgleitklauseln, in: Kostenrechnungspraxis, Zeitschrift für Controlling, Heft Nr. 4/1995

[2] Ursula Hansen, Joachim Algermissen, Handelsbetriebslehre, Bd. 1, Göttingen 1979, S. 157

Tätigkeit des Umsatzes von Gütern an Wiederverkäufer (Einzelhandel), Weiterverarbeiter (z.B. Hotels, Gaststätten) und gewerbliche Verwender (z.B. Handwerksbetriebe) beinhaltet.

Mehrstufige Absatzmärkte im Handel

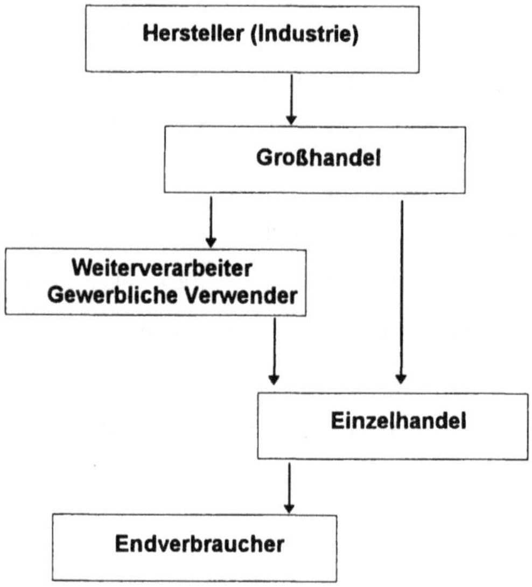

Märkte, in denen **Absatzmittler** zwischen den industriellen Herstellern und den Endverbrauchern geschaltet sind (vgl. die Grafik), bezeichnet man als **mehrstufige Märkte**, d.h. es findet kein direkter Absatz der industriellen Hersteller statt. Die **Endverkaufspreise** gegenüber den Endverbrauchern werden auf solchen mehrstufigen Absatzmärkten nicht alleine von den Herstellern festgelegt. Ihre Preispolitik wird mehr oder weniger stark von den preispolitischen Zielen, Maßnahmen und Strategien des Handels beeinflußt. Zwischen Herstellerpreis und Endabnehmerpreis (Verkaufspreis des Handels) ist die **Handelsspanne** zu berücksichtigen, die dem Handel zur Deckung der eigenen **Distributionskosten** und einem **geplanten Gewinnaufschlag** zur Realisierung einer Zielverzinsung des eingesetzten Kapitals dient. Vergleiche dazu die folgende Grafik.

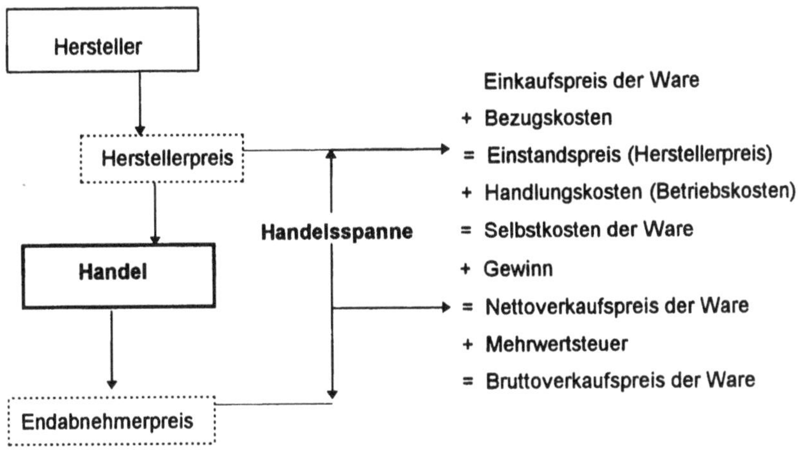

Bei der **Preisbestimmung** zwischen Industrie und Handel bestehen starke Interessenkonflikte, die einen **vertikalen Preiswettbewerb** implizieren. Erstens wollen Handelsunternehmen zu möglichst niedrigen Einstandspreisen bei hoher Produktqualität und hohem Service einkaufen und Industrieunternehmen wollen im Gegensatz dazu zu möglichst hohen Herstellerpreisen bei niedriger Qualität und einem möglichst reduzierten Service verkaufen. Zusätzlich haben industrielle Hersteller bei **Markenartikeln** - um das Qualitätsimage der Waren zu festigen - ein großes Interesse an **einheitlichen Endabnehmerpreisen**, während der Handel diese Waren als Sonderangebote ganz bewußt einsetzt, um sog. Verbundverkäufe zu initiieren bzw. um das Image einer preisgünstigen Einkaufsstätte bei hoher Produktqualität und gutem Service zu unterstützen. Seit der Aufhebung der **„vertikalen Preisbindung“**[1] im Jahr 1973 versuchen deshalb industrielle Hersteller durch „unverbindliche Preisempfehlungen“, die nicht der Kontrolle des ***Bundeskartellamtes*** unterliegen, weiter einen gewissen Einfluß auf die Preisgestaltung bis zum Endverbraucher auszuüben.

Grundsätzlich lassen sich mit ***H. Simon*** bei der preispolitischen Durchsetzung der unterschiedlichen Interessenpositionen zwischen Industrie und Handel vier Positionen ausmachen, die insbesondere durch die jeweils vorhandene **Angebots- oder Nachfragemacht** beeinflußt sind.

[1] Mit der „vertikalen Preisbindung“ konnte der Hersteller dem Handel den Endverbraucherpreis diktieren. Da hierdurch der Wettbewerb unter den Händlern ausgeschaltet wurde, hat der Gesetzgeber diese Preisbindung (mit Ausnahme von Verlagserzeugnissen wie Büchern, Zeitschriften u.a) im Jahr 1973 durch §15 in Verbindung mit § 17 GWB abgeschafft.

Händlerposition	**Herstellerposition** schwach	stark
schwach	**Bilaterale Unabhängigkeit** Hersteller bestimmt Einstandspreis, Händler legt Endpreis fest	**Herstellerdominanz** Hersteller bestimmt Endabnehmerpreis und damit auch die Handelsspanne (Angebotsmacht)
stark	**Handelsdominanz** Händler bestimmt Einstandspreis und Endpreis (Nachfragemacht)	**Aushandlung** Einstandspreis wird durch retrograde Kalkulation vom Endverbraucherpreis abgeleitet

Quelle: H. Simon, Macht und Preis im Absatzkanal, in: Markenartikel, Heft 6/1982

Liegt eine **„bilaterale Unabhängigkeit"** vor, so besitzt weder der Hersteller noch der Händler eine marktmächtige Position. Der Hersteller bestimmt hierbei den Einstandspreis und der Händler legt nach Beaufschlagung seiner Handelsspanne (Kosten-Plus-Methode) den Endverkaufspreis fest. Im Falle der **Herstellerdominanz (Angebotsmacht)** diktiert dagegen der Hersteller dem Handel nicht nur seinen Herstellerpreis (Einstandspreis), sondern legt gleichzeitig auch den für den Handel maßgeblichen Endverkaufspreis und damit die Handelsspanne fest. Obwohl eine derartige „vertikale Preisbindung" - wie bereits erwähnt - seit dem 1.1.1974 verboten ist, bestimmen dominante Hersteller auch heute noch die von den Verbrauchern zu fordernden Endabnehmerpreise. Hält sich ein Händler nicht an diese industriellen Preisvorgaben, wird er nicht selten von dem Hersteller mit einer **Liefersperre** bedroht. Ist die Macht zwischen Handel und Industrie relativ gleich verteilt (großes Handelsunternehmen steht großem Industrieunternehmen gegenüber), versuchen die Geschäftspartner durch **„Aushandlung eine gemeinsame Gewinnoptimierung"** zu realisieren. Hierbei wird in der Regel durch eine vom Endverbraucherpreis ausgehende retrograde Kalkulation (was gibt der Markt her) der Herstellerabgabepreis definiert. Beide Parteien sind dabei darauf bedacht, daß ihre jeweiligen Preise einen adäquaten Gewinnaufschlag enthalten. Vorherrschend im Austauschverhältnis zwischen Industrie und Handel ist heute allerdings eindeutig eine **„Dominanz des Handels"**. Die enorm gestiegene **Konzentration im Handel** und das Entstehen von **Käufermärkten** aufgrund eines Überangebots an Gütern, sowie die Entwicklung der **Betriebsformen des Handels** zu immer größeren Einheiten, haben zu einer **Nachfragemacht des Handels** geführt, die mittlerweile nicht nur industrielle Anbieter ausbeutet und hier auf vorgelagerten Märkten den Wettbewerb verfälscht, sondern auch im Absatzwettbewerb des Handels zu extremen Wettbewerbsverzerrungen beiträgt und den eh schon hohen Konzentrationsgrad im Handel weiter erhöht.

Marktanteile der Handelsvertriebsformen

	1980	**1995**	**2010** (Prognose)
Kleine u. mittlere Fachgeschäfte	55%	35%	25%
Filial-Fachgeschäfte	18%	22%	26%
Verbrauchermärkte SB-Warenhäuser	12%	18%	16%
Fachmärkte	2%	14%	21%
Versandhandel	6%	6%	8%
Warenhäuser	7%	5%	4%

Quelle: Ifo-Institut

Als Beispiel für diese Konzentration im Handel sei nur der **Lebensmittelsektor** angeführt. Die zehn führenden Unternehmen haben hier in Deutschland nach einem Bericht des ***„Hauptverbandes des Deutschen Einzelhandels, Köln"*** im Jahr 1996 einen Gesamtumsatz von 283 Mrd. DM und damit einen Marktanteil von 81,4% (Vorjahr 79,4%) erzielt. Mit rund 62 Mrd. DM Umsatz und einem Lebensmittelanteil von 40% blieb die **Metro AG** unangefochten Spitzenreiter im deutschen Handel.

Die folgende Grafik des „Metro-Imperiums" zeigt dabei den Einfluß der Metro-Gruppe.

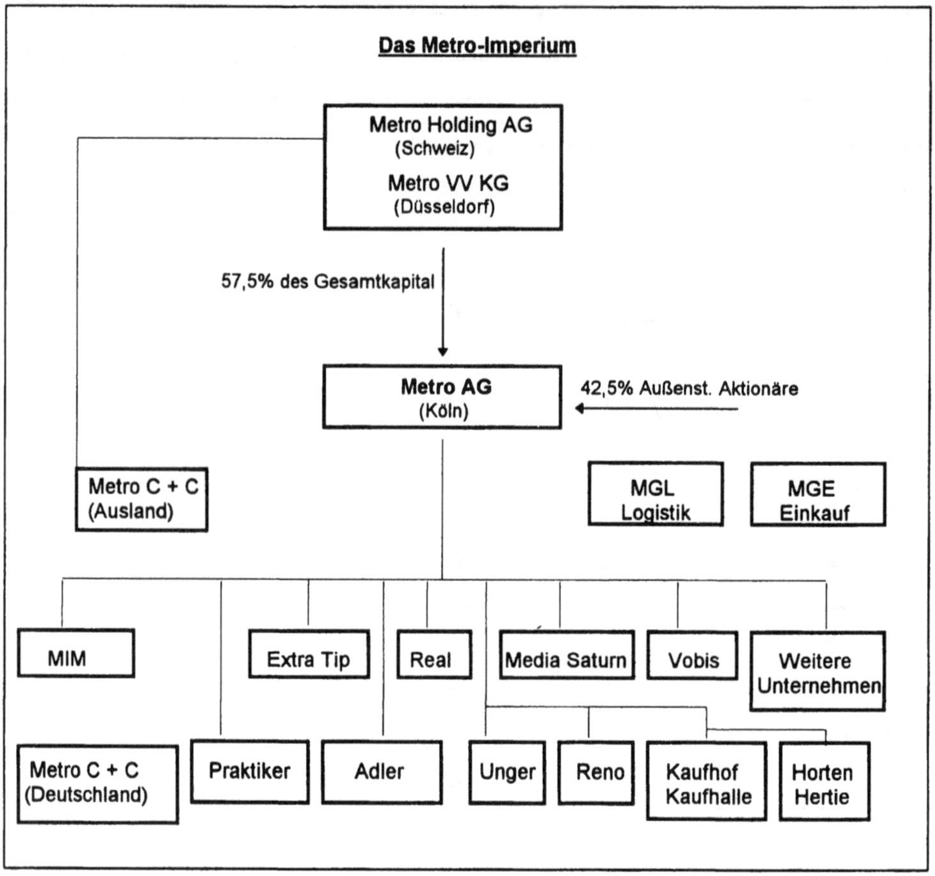

Aufgrund einer derartigen **Machtfülle** können die Händler im „Absatzkanal" den Herstellern die Einkaufspreise diktieren, wobei der Hersteller - je kleiner sein Marktanteil ist - nur die Wahl hat, den Preis anzunehmen oder auf den Vertragsabschluß zu verzichten. „Diese Situation ist der Regelfall bei Transaktionen zwischen kleinen Herstellern und großen Handelsunternehmen. Eine eigenständige Preispolitik des Herstellers ist hier nicht möglich, er kann seinen Gewinn nur über die Absatzmenge und die Kosten beeinflussen."[1] Im folgenden sollen dabei nicht nur die Preisbeeinflußungsmöglichkeiten, sondern insgesamt die Praktiken der Nachfragemachtausübung näher beschrieben und die Wirkungen des mißbräuchlichen Einsatzes von Nachfragemacht auf den Wettbewerb untersucht werden.

[1] Andreas Scharf, Bernd Schubert, Marketing, Stuttgart 1995, S. 189. Nachfragemachtmißbrauch findet dabei nicht nur im Austauschverhältnis zwischen Industrie- und Handelsunternehmen statt, sondern auch im Austauschverhältnis zwischen Industrieunternehmen. Die Praktiken sind hier weitgehend identisch.

3.4.1 Nachfragemachtausübung des Handels

3.4.1.1 Praktiken der Nachfragemachtausübung

Die Nachfragemachtausübung gegenüber industriellen Anbietern hat den Konzentrationsprozeß im Handel in den letzten Jahren stark verstärkt. Die dadurch für die Nachfrager verbesserte Marktposition am **Beschaffungsmarkt** bekommen die Anbieter besonders dann zu spüren, wenn sie es sich nicht leisten können, auf einen Nachfrager zu verzichten, so daß für ***Helmut Arndt*** Nachfragemacht schon dann gegeben ist, „wenn ein Anbieter (...) auf einen seiner Kunden derart angewiesen ist, daß er seine Aufträge nicht verlieren kann, ohne seine wirtschaftliche Existenz zu gefährden. Läßt ihn der Abnehmer diese Macht spüren, so wird er daher bereit sein, im Preis, in der Qualität, in den Zahlungsbedingungen, (...) gegebenenfalls auch noch auf andere Weise entgegenzukommen."[1] Ähnlich äußert sich auch die ***Monopolkommission***, wenn sie feststellt: „Nachfragemacht entsteht dadurch, daß einzelne Anbieter beim Absatz ihrer Produkte auf die Nachfrage eines einzelnen Kunden oder derjenigen einer Gruppe gemeinsam handelnder Kunden nicht verzichten können. Der auf diese mächtigen Kunden entfallende Umsatzanteil muß für Rentabilität, die Sicherheit oder sogar die Existenz des betreffenden Anbieters entscheidende Bedeutung haben. Es ist mithin ausgeschlossen, daß Unternehmen Nachfragemacht besitzen, wenn die von ihnen nachgefragte Menge für den Anbieter unerheblich ist oder aber, wenn die von ihnen nachgefragte Produktqualität und die Nachfragestruktur so geartet sind, daß jederzeit ein anderer Nachfrager an seine Stelle treten könnte."[2]

Bei der konkreten Anwendung und Ausübung der Nachfragemacht benutzen die mächtigen Nachfrager ein **einkaufspolitisches Instrumentarium**, dessen vollständige Aufzählung schon an der Vielfalt von Strategien und einzelnen Verhaltensweisen, die dabei zur Anwendung kommen, scheitern muß. Ein sehr wichtiges Instrument ist die vom Handel angewandte **Rabattpolitik**, wobei unter Rabatt die systematische Gewährung von Nachlässen auf formell einheitlich festgelegte und veröffentlichte Preise verstanden wird. Grundsätzlich werden Funktionsrabatte, Zeit- und Mengenrabatte unterschieden.

Funktionsrabatte, auch Stufenrabatte genannt, sind ein Entgelt des Herstellers an den Handel dafür, daß vom Groß- und Einzelhandel bestimmte Absatzfunktionen für den Hersteller

[1] Helmut Arndt, Marktmacht auf der Nachfrageseite, in: Wirtschaft und Wettbewerb, 1972, S. 84f.
[2] Monopolkommission, Sondergutachten 7, Mißbräuche der Nachfragemacht und Möglichkeiten zu ihrer Kontrolle im Rahmen des Gesetzes gegen Wettbewerbsbeschränkungen, Baden - Baden 1977, S. 29

wahrgenommen werden. Mit der Gewährung des Funktionsrabatts will der Hersteller sicherstellen, daß der Handel auch zukünftig diese Funktionen wahrnimmt.

Zeitrabatte sind Preisnachlässe, die der Handel für bestimmte Bestellzeitpunkte oder -perioden verlangt. Hier werden Einführungs-, Vordispositions-, Saison- und Auslaufrabatte unterschieden.

Mengenrabatte werden als Preisnachlaß (Barrabatt) oder in Form unentgeltlicher Warenabgaben (Naturalrabatt) bei der Abnahme von großen Mengen gewährt.

Bei den unterschiedlichen Rabattarten haben insbesondere die Mengenrabatte erheblich dazu beigetragen, „daß sich die Handelsunternehmen zu immer größeren Gruppen zusammenschlossen, um in den Genuß günstigerer Einkaufspreise zu gelangen. Die Nachfragemacht des Einzelhandels treibt die Hersteller immer stärker in die Abhängigkeit von einigen wenigen Großabnehmern, so daß die Bemessung der Mengenrabatte zunehmend losgelöst ist von den Kostenvorteilen, vielmehr entscheiden Macht- und Konkurrenzaspekte über die Rabatthöhe."[1]

Begründet wird der Mengenrabatt mit dem **Degressionseffekt der Fixkosten**. Dies erscheint bei einer oberflächlichen Betrachtung zunächst einleuchtend, da in der Tat die Stückkosten mit Zunahme der Produktionsmenge (Ausbringung) bis zur Kapazitätsgrenze bei einem unterstellten linearen Gesamtkostenverlauf fallen. Außerdem senken große Auftragsmengen die Vertriebsabwicklungskosten je Stück und der Abnehmer übernimmt bei der Bestellung größerer Mengen ein höheres Absatzrisiko. Bei unterstelltem Wettbewerb unter den Herstellern werden demnach die Kostenvorteile (zumindest teilweise) an die Nachfrager über den Preis weitergegeben. Da aber die Grenzkosten bei einem linearen Gesamtkostenverlauf konstant bzw. für jede Ausbringungseinheit gleich hoch sind (das Gleiche gilt auch für die Vertriebsgemeinkosten), gibt es in Wirklichkeit kein ökonomisches Argument für den Mengenrabatt.

Aber nicht nur die angewandte Rabattpolitik ist bei der Ausübung von Nachfragemacht anzuführen, sondern mit ***Ernst Weiß*** lassen sich die am häufigsten auftretenden Praktiken der Nachfragemachtausübung wie folgt bestimmen:[2]

[1] Andreas Scharf, Bernd Schubert, Marketing, a.a.O., S. 194f.
[2] Ernst Weiß, Preisdifferenzierung und funktionsfähiger Wettbewerb, Hamburg 1972, S.131ff.

- **„Ausspielen der Kostenanalyse-Unterlagen**

Großnachfrager kennen die Herstellkosten der von ihnen eingekauften Güter ziemlich genau und benutzen ihre Kenntnisse zum Herabdrücken der Einkaufspreise, oft mit dem Hinweis, daß andernfalls eine Eigenproduktion lohnend sei.

- **Ausspielen des Fixkosten-Arguments**

Die Lieferanten werden auf die Kostenersparnisse der kontinuierlichen und großen Nachfrage (gleichmäßigere Kapazitätsauslastung, Degression der fixen Kosten) hingewiesen.

- **Ausspielen der finanziellen Kraft des Nachfragers**

Großnachfrager betonen ihren Lieferanten gegenüber, daß sie besonders solvent sind und prompt zahlen, was Lieferanten besondere und bedeutende Kostenersparnisse bringe.

- **Ausspielen von Konkurrenzangeboten**

Häufig wird die aufgrund intensiver Beschaffungsmarktforschung erlangte Kenntnis attraktiver Angebote, besonders aus dem Ausland, zum Preisdruck benutzt. Unter Umständen wird dem Lieferanten aber auch nur ein fiktives niedrigeres Konkurrenzangebot entgegengehalten.

- **Androhung einer Sortimentsbeschränkung**

Der Handel ist bemüht, durch Sortimentsbeschränkung seine Kosten-Erlös-Situation zu verbessern. Kleine Markenartikelhersteller können sich im Sortiment der großen Nachfrager häufig nur halten, wenn sie diesen besonders hohe Spannen einräumen.

- **Verhandlungen bei Preiserhöhungsabsichten des Lieferanten**

Oft akzeptieren große Nachfrager Preiserhöhungen ihrer Lieferanten erst dann, wenn diese ihnen zwingende Gründe dafür nachweisen.

- **Mengenrabatte**

Großnachfrager setzen oftmals durch, daß ihr Gesamtbezug rabattiert wird, obwohl der Hersteller an ihre einzelnen Filialen direkt liefert. Trotz unter Umständen niedrigerer Einzelbezugsmengen erhalten sie so höhere Rabatte als kleine Nachfrager. Auch werden häufig weit über die Kostenersparnisse hinausgehende Mengenrabatte erzielt.

- **Vorsaison- und Sonderrabatte**

Große Nachfrager versuchen oft, Vorsaisonrabatte auch in der Saison und Sonderrabatte (z.B. Einführungsrabatte) auch nach Beendigung der Sonderaktion weiterzuerhalten. Nur sehr marktstarke Anbieter können sich diesem Druck entziehen."

Neben diesen Praktiken der Nachfragemachtausübung gibt es noch eine Reihe von Verhaltensweisen, die bei nachfragemächtigen Handelsunternehmen zur Anwendung kommen. So wird in einem sog. **„Sündenregister"**[1], das 1974 vom *Bundesministerium für Wirtschaft* veröffentlicht worden ist, u.a. folgender Forderungskatalog mächtiger Handelsunternehmen beklagt:

- das Fordern von Werbekostenzuschüssen,
- das Fordern von Regal-, Schaufenster- oder sonstiger Platzmieten,
- die Anforderung von Arbeitskräften des Lieferanten oder der für ihn tätigen Handelsvertreter ohne Entgelt für die Mitwirkung im Geschäftsbetrieb des Abnehmers,
- die Einsichtnahme in die Bilanzen der Hersteller,
- die nachträgliche einseitige Festsetzung oder Durchsetzung günstigerer Vertragsbedingungen,
- die Forderung des Nachfragers nach Qualitätskontrollen im Produktionsbereich des Herstellers,
- das Fordern von Investitionszuschüssen.

Alle diese Forderungen, die selbstverständlich neben niedrigen Einkaufspreisen und hohen Produktqualitäten von den Handelsunternehmen gefordert werden, führen zu massiven **Umverteilungsprozessen** vom Herstellerbereich zum Handelssektor, ja sogar zu einer Aufgabenrückverlagerung des Handels zum Hersteller, so daß ***Werner Hans Engelhardt*** konstatiert: „Er (der Hersteller, d.V.) kommt nicht nur unter einen zunehmenden Druck hinsichtlich Preis und Konditionen bei den Einkaufsverhandlungen des Handels, sondern hat auch mit Funktions(rück-)verlagerungen aus dem Distributionsbereich zu rechnen."[2] Welche **Wirkungen** dabei auf den **Wettbewerbsprozeß** zu beobachten sind, soll im folgenden näher untersucht werden.

---

[1] Vgl. „Sündenregister", Wettbewerbsverzerrungen-Beispielkatalog des Bundeswirtschaftsministeriums, in: Wirtschaft, Recht und Praxis, (1975), S. 3

[2] Werner Hans Engelhardt, Wandel der Marketing-Strategien im Bereich der Distribution, in: Markenartikel (1980), S. 74ff.

3.4.1.2 Wirkungen der Nachfragemachtausübung

Nachfragemachtausübung fördert den Konzentrationsprozeß, indem sie mit dazu beiträgt, kleinere und mittlere Handelsunternehmen existenziell zu bedrohen und zum Ausscheiden aus dem Markt oder zur Fusionierung bzw. zum Anschluß an eine Einkaufsvereinigung zu zwingen. Die Wirkungen der Nachfragemachtausübung sind dabei grundsätzlich nicht anders zu werten als die der Angebotsmachtausübung. Die Gefahr der Existenzbedrohung auf breiter Front dürfte aber bei mißbräuchlicher Ausübung von Nachfragemacht in stärkerem Umfang gegeben sein als bei Angebotsmachtmißbrauch, weil negative Effekte sowohl in vertikaler als auch horizontaler Richtung erfolgen.

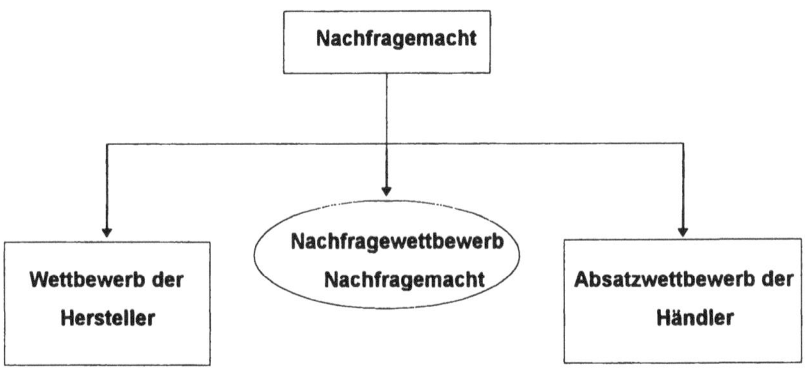

Um die Wirkungen der Nachfragemacht zu bestimmen, ist deshalb sowohl der **eigentliche Nachfragewettbewerb** (in horizontaler Richtung) als auch der Wettbewerb auf **vor- und nachgelagerten Märkten** (in vertikaler Richtung) zu untersuchen. Relevant ist somit der Parallelprozeß der Nachfrager im Beschaffungswettbewerb sowie der Austauschprozeß dieser Nachfrager mit ihren Lieferanten und, da dieser Austauschprozeß wiederum den Parallelprozeß der betroffenen Lieferanten mit ihren Mitwettbewerbern beeinflußt, auch der Parallelprozeß der Lieferanten. Überdies stellt sich die Frage nach der Bedeutung derjenigen Wettbewerbsprozesse, an denen die Nachfrager in ihrem **Absatzwettbewerb** beteiligt sind.

3.4.1.2.1 Wirkungen auf den Parallelwettbewerb der Nachfrager

Die Wirkungen der Nachfragemacht auf den Parallelwettbewerb der Nachfrager müssen anhand der Prozeßdynamik des Wettbewerbs analog zum Anbieterwettbewerbsprozeß betrachtet werden; d.h. es muß untersucht werden, ob durch Nachfragemachtausübung der aktuelle und potentielle Nachfragewettbewerbsprozeß von 'Vorstoß' und 'Verfolgung' beschränkt wird. Das Konkurrieren verschiedener Nachfrager um günstige Einkaufsmöglichkeiten dürfte demnach nicht durch Anwendung von Nachfragemacht der einzelnen Nachfrager gestört werden. Prozessuale Nachfragemonopolstellungen müssen sich durch einen permanenten Prozeß wieder in prozessuale Nachfrageisopole verwandeln, um die Stellung von stationären Nachfragemonopolen zu verhindern, in denen sich Nachfragemacht konstituiert.

„Im Idealfall (. . .) hätte jeder Nachfrager die Möglichkeit, durch Geschick vorübergehend zu günstigeren Preisen einkaufen zu können als seine Konkurrenten. Mal wird der eine, mal ein anderer Käufer einen Einkaufsvorteil erlangen können. Die Konkurrenten werden jedoch stets dafür sorgen, daß dieser Vorsprung nicht zu groß wird und nicht von Dauer ist." [1]

Ist dieser Prozeß aber durch eine zunehmende Konzentration gestört, so wird die Wettbewerbsautonomie der Nachfrager zum Wettbewerbsparametereinsatz im Parallelprozeß letztlich durch Abhängigkeitsverhältnisse verdrängt; nicht mehr Leistung entscheidet über das Abschneiden im Wettbewerbsprozeß, sondern Macht dominiert und pervertiert den Wettbewerb. So stellt auch ***Helmut Köhler*** fest:

„Es liegt auf der Hand, daß die zunehmende Konzentration im Handel, sei es durch überproportionales Unternehmenswachstum, sei es durch Fusionierung, sei es durch Bildung und verstärkte Inanspruchnahme von Einkaufsgemeinschaften durch die Mitglieder, den Nachfragewettbewerb für sich gesehen weiter schwächt und der Druck auf die Industrie zunimmt."[2] Die Wirkung dieser Konzentration ist die starke Reduzierung „kleinerer Handelsbetriebe und die Einbuße an Selbständigkeit bei den im Markt verbleibenden Händlern."[1] Ebenso schreibt die **Monopolkommission**: „Kennzeichnend für diese Entwicklung ist der Schrumpfungsprozeß bei kleinen und mittleren Großhandelsunternehmen bei gleichzeitig beschleunigtem Wachstum der Großunternehmen. (. . .) Von der Abnahme der Zahl der Unternehmen im Einzelhandel waren insbesondere die Klein- und Kleinsbetriebe mit

---

[1] Ernst Weiß, Preisdifferenzierung und funktionsfähiger Wettbewerb, a.a.O., S. 126
[2] Helmut Köhler, Wettbewerbs- und kartellrechtliche Kontrolle der Nachfragemacht, Heidelberg 1979 , S. 11

Jahresumsätzen unter 250 000 DM betroffen."[2] Aufgrund dieses Prozesses impliziert die Ausübung von Nachfragemacht einen weiteren Ausbau der mächtigen Nachfragerpositionen und damit ein weiteres Ausschalten des Nachfragewettbewerbs, da ein noch günstigerer Einkauf mehr Absatz im nachgelagerten Markt nach sich zieht, was wiederum eine Steigerung des Nachfragevolumens und damit noch mehr Nachfragemacht heraufbeschwört. „So entsteht ein kumulativer Konzentrationsprozeß. Die Konzentration führt zur Nachfragemacht und die Nachfragemacht beschleunigt ihrerseits den Konzentrationsprozeß."[3] Es entsteht ein „systematischer Teufelskreis".

Aber auch bei einer Nichtweitergabe der durch Nachfragemacht erpreßten Einkaufsvorteile, „im Einkauf liegt der Gewinn", kommt es zu einem Verdrängungsprozeß, der in erster Linie wiederum die kleinen und mittleren Handelsbetriebe trifft, da dadurch „die finanziellen Ressourcen des Nachfragers wachsen und ihm zusätzliche Operationsmöglichkeiten bieten, insbesondere internes und externes Wachstum ermöglichen."[4] Diese Art der Selbstfinanzierung durch Ausübung von Nachfragemacht, schafft neben der schon vorhandenen Finanzierungsschwierigkeit kleiner und mittlerer Handelsunternehmen[5] eine zusätzliche Benachteiligung im Wettbewerbsprozeß, so daß auch das **Bundeswirtschaftsministerium** feststellt: „Durch Anwendung solcher Praktiken werden direkt kleine und mittlere Unternehmen auf der Marktgegenseite betroffen, indirekt aber auch kleine und mittlere Wettbewerber, die sich bei ihren Lieferanten oder Abnehmern entsprechende Vorteile nicht verschaffen können."[6]

Neben dieser Nachfragemachtausübung von einzelnen Nachfragern kann es auch zu einer Koordination im Nachfragerverhalten durch **Einkaufsabsprachen** kommen, die sich auf alle möglichen Wettbewerbsparameter wie Beschaffungspreis, Menge, Qualität, Konditionen ect. erstrecken können. ***Olga Wilde*** stellt dazu fest: „Derartige Absprachen sind dann

[1] Helmut Köhler, a.a.O., S. 11
[2] Monopolkommission, Sondergutachten, a.a.O., S. 46f.
[3] Erhard Kantzenbach, Wirtschaftliche Ursachen und Auswirkungen der Nachfragemacht, in: Freiheit und Fairneß im Wettbewerb - Chance für einen leistungsfähigen Mittelstand, Wettbewerbskongreß München 1977 (Tagungsband), S. 135
[4] Helmut Köhler, Wettbewerbs- und kartellrechtliche Kontrolle, a.a.O., S. 11
[5] So stellt auch Barrenstein fest: „In vielen Fällen führte der zu geringe Eigenkapitalanteil meist zum Zusammenbruch des Betriebes. (...) Die Verbesserung der Eigenkapitalsituation über das Instrument der Selbstfinanzierung war somit in vielen Fällen nicht oder nur in zu geringem Maße möglich." Peter F. Barrenstein, Der mittelständische Einzelhandel in der Bundesrepublik Deutschland, Frankfurt/M. 1980
[6] Bundeswirtschaftsministerium, „Sündenregister", a.a.O., S. 25

wettbewerbsbeschränkend, wenn sie die Freiheit der Nachfrager zum Einsatz ihrer Aktionsparameter oder zu vorstoßendem bzw. nachfoldendem Wettbewerb beschränken."[1]

Dies geschieht dadurch, daß der Beschaffungsmarkt unter den aktuellen Nachfragern sachlich, räumlich und zeitlich aufgeteilt wird. Die wettbewerbsbeschränkenden Wirkungen sind für den Nachfragewettbewerb gravierend. ***Helmut Köhler*** schreibt dazu:

„Allen Marktaufteilungsabsprachen ist eines gemeinsam: sie verschaffen dem einzelnen Nachfrager auf dem für ihn ‚reservierten Teilmarkt' eine mehr oder weniger beherrschende Stellung. Dies enthebt ihn nicht nur der Notwendigkeit, seine Konkurrenten im Preis zu Überbieten oder in deren Preis einzutreten, weit mehr: er kann die Einkaufspreise drücken. Da der einzelne Nachfrager vom Wettbewerbsdruck befreit wird, liegt eine gravierende Beschränkung des Nachfragewettbewerbs vor."[2]

Preisabsprachen, der Einkaufspreis wird aufgrund einer Vereinbarung aller Nachfrager fixiert, führen zu einem Ausschalten des Anpassungsmechanismus im Nachfragewettbewerb, da der einzelne Nachfrager gehindert wird, „bei einem Anstieg der Nachfrage oder Rückgang des Angebots durch Bieten oder Akzeptieren höherer Preise sich die gewünschte Warenmenge zu beschaffen. (...) Die Koordination des Preises kann dazu benutzt werden, um von bestimmten Anbietern Preiszugeständnisse zu erzwingen, die der einzelne Nachfrager aufgrund seiner beschränkten Abnahmemenge für sich allein niemals durchsetzen könnte, da die Lieferer auf andere Abnehmer ausweichen bzw. sich mit den sonstigen Abnehmern begnügen würden."[3]

Im Verhältnis zu diesen horizontalen Wettbewerbsbeschränkungen, bei denen miteinander konkurrierende Nachfrager den Wettbewerb beeinträchtigen oder ausschalten, sind die nun zu zeigenden **vertikalen Beschränkungen des Wettbewerbs** dadurch charakterisiert, daß die daran beteiligten Unternehmen verschiedenen Märkten bzw. Wirtschaftsstufen angehören und miteinander nicht im Wettbewerb stehen.

---

[1] Olga Wilde, a.a.O., 1979, S. 77
[2] Helmut Köhler, Wettbewerbs- und kartellrechtliche Kontrolle, a.a.O., S. 70f.
[3] Ebenda, S. 81f.

3.4.1.2.2 Wirkungen auf vorgelagerte Märkte der Nachfrager

Durch Nachfragemachtausübung werden auch die vorgelagerten Märkte der Nachfrager, also die Wettbewerbsprozesse der Anbieter bzw. der Lieferanten im Parallelprozeß tangiert. Abhängigen Anbietern wird die Planung und Durchführung ihrer Unternehmerfunktionen im Wettbewerb beschnitten oder sogar ihre Selbständigkeit am Markt völlig aufgehoben, was zu einer Behinderung in Auswahl und Einsatz der Parameter im Wettbewerbsprozeß führt. ***Klaus-Peter Martens*** stellt dazu fest: „Das abhängige Unternehmen wird durch die Übermachtstellung des anderen Unternehmens nicht mehr nur in der Ausübung einzelner Unternehmensfunktionen, sondern generell im gesamten Bereich seiner Planungsautonomie, wenn auch nicht notwendig aktuell, so doch zumindest potentiell betroffen."[1] Zum anderen wird mit der Ausbeutung von abhängigen Unternehmen der Wettbewerbsprozeß derart zerstört, daß nicht mehr wirtschaftliche Leistung, sondern wirtschaftliche Macht das Abschneiden im Wettbewerbsprozeß zwischen ‚Vorstoß' und ‚Verfolgung' determiniert. ***Helmut Arndt*** bemerkt dazu: „Ausbeutungswettbewerb ist ein Prozeß der Zerstörung. Er vernichtet zunehmend die kleinen und mittleren Unternehmen oder zumindest deren Unabhängigkeit und beseitigt damit zugleich eine der entscheidenden Voraussetzungen auf der die Funktionsfähigkeit der Marktwirtschaft beruht."[1]

Die Wirkungen dieses Ausbeutungsprozesses können dabei durch eine direkte oder durch eine indirekte Nachfragemachtausübung beschrieben werden. - Im Falle direkter Ausbeutung durch einen beherrschenden Nachfrager besteht für das abhängige anbietende Unternehmen die Gefahr des Konkurses und damit des Ausscheidens aus dem vorgelagerten Markt der Nachfrager. Die Auswirkungen auf den Parallelwettbewerbsprozeß der Lieferanten sind die gleichen die sich aus einem allgemeinen Wettbewerbsprozeß ergeben, wenn ein Grenzproduzent im Wettbwerb zum submarginalen Anbieter wird. Die Tatsache allerdings, daß ein abhängiges Unternehmen nur in den seltensten Fällen auch gleichseitig der Grenzproduzent am Markt ist, läßt den Verdrängungsprozeß in einem anderen Licht erscheinen. Das Ausscheiden aus dem Markt wird hier nämlich von einem ganz anderen Markt, nämlich dem Markt, an dem das nachfragemächtige Unternehmen agiert, bestimmt; d.h. durch eine vertikale Abhängigkeit wird ein durchaus leistungsfähiger Anbieter aufgrund eines subjektiven Willens des beherrschenden Nachfragers vom Markt verdrängt. Quasi durch einen Eingriff von ‚außen' wird der Wettbewerbsprozeß, an dem das abhängige Unternehmen als Anbieter partizipierte, verzerrt, womit die eigentliche

[1] Klaus-Peter Martens, Die existentielle Wirtschaftsabhängigkeit, Köln, Berlin u.a. 1979, S. 10

Auslesefunktion des Wettbewerbs außer Kraft gesetzt wird. Ein derartiger Eingriff eines nachfragemächtigen Unternehmens erhöht den Konzentrationsprozeß auf der Anbieterseite, indem die Anzahl der Lieferanten des Marktes reduziert wird. ***Werner Hans Engelhardt*** führt dazu aus:

„Der Druck des Handels auf die Hersteller führt zu einem extremen Konzentrationsprozeß auf der Herstellerseite, indem nur noch diversifizierte Großunternehmen in der Lage sind, die notwendige existenzerhaltende **Marktgegenmacht** aufzubringen. Der Verdrängungsprozeß richtet sich insbesondere gegen kleinere Unternehmen die dem Nachfragedruck des Handels zu weit nachgeben müssen bzw. gar nicht mehr für diesen als Lieferanten in Betracht kommen."[2]

Dadurch wird die wirtschaftliche Entwicklung des Marktes gehemmt, da bei einer zunehmenden Vermachtung der Märkte die Gefahr einer Oligopolisierung in Richtung enges Oligopol mit einem 'Parallelverhalten' der Unternehmen möglich wird oder sogar die Gefahr von Monopolstellungen gegeben ist. Denn so konstatiert ***Ingo Schmidt***:

„Je lockerer die Oligopolstruktur und je größer die Zahl der Unternehmen ist, desto größer ist die Wahrscheinlichkeit einer Interessenasymmetrie zwischen den verschiedenen Unternehmen im Hinblick auf die einzelnen Aktionsparameter. Eine solche Interessenasymmetrie erhöht die Wahrscheinlichkeit, daß einzelne Unternehmen in einer Oligopolgruppe eine individuelle Marktstrategie für vorteilhafter halten, als eine kollektive Verhaltensweise im Sinne einer tentenziellen gemeinsamen Gewinnmaximierung. Doch ist eine Erhöhung der Zahl der Anbieter bzw. eine Verringerung des Konzentrationsgrades der sicherste und langfristig dauerhaftste Weg einer Reduzierung von Marktmacht."[3]

Da aber alle Maßnahmen von Seiten der Nachfrager, die auf eine höhere Konzentrierung der Anbieterseite abzielen, letztlich der Nachfrageseite nicht zugute kommen, sondern den Aufbau von Gegenmacht, also von **Angebotsmacht**, implizieren, werden sich die nachfragemächtigen Handelsunternehmen auf eine indirekte Ausbeutung ihrer Anbieter beschränken; d.h. langfristig werden die geforderten Beschaffungspreise die Grenzkosten der Anbieter nicht unterschreiten. Besteht allerdings für das nachfragende Unternehmen ein hinreichendes Substitutionsangebot, so kann auch eine direkte nachfragemachtinduzierte Ausbeutung von abhängigen anbietenden Unternehmen nicht ausgeschlossen werden. So stellt auch die ***Monopolkommission*** fest:

---

[1] Helmut Arndt, Markt und Macht, a.a.O., S. 149

[2] Hans Werner Engelhardt, a.a.O., S. 55

[3] Ingo Schmidt, US-amerikanische und deutsche Wettbewerbspolitik gegenüber Marktmacht, Berlin 1973, S. 83

„Das Eigeninteresse marktmächtiger Nachfrager geht typischerweise nicht dahin, den Wettbewerb zwischen seinen Anbietern zu beschränken, sondern ihn so zu steuern, daß er selbst die günstigsten Einkaufsbedingungen erzielt."[1]

Wobei dies auch für die nachfragemachtinduzierte Beschränkung des potentiellen Wettbewerbs gilt. Bei der indirekten Ausbeutung wird das abhängige anbietende Unternehmen nicht zum Austritt aus dem Markt oder zur Fusion genötigt, sondern es dient nur mit seinen Wettbewerbsparametern dem beherrschenden Nachfrager zur eigenen Gewinnmaximierung. Durch die Umverteilung von Gewinnanteilen werden dabei besonders die Preis- und Investitionspolitik, die sich unmittelbar auf die Wettbewerbspolitik des abhängigen Anbieters auswirken, vom beherrschenden Nachfrager determiniert. Nicht die Interessen des abhängigen Unternehmens sind maßgebend für die unternehmens-politischen Entscheidungen in diesen Bereichen, sondern die Interessen des mächtigen Nachfragers. Dies gilt auch dann, wenn sich der nachfragemachtausübende Kunde mit einer partiellen Beherrschung begnügt; auch hier wird die Verhaltens- und Handlungsweise des abhängigen Anbieters aufgrund von Umwertungen stark beeinflußt - werden Wirtschaftssubjekte zu Wirtschaftsobjekten, indem sie ihre "ökonomische Unabhängigkeit verlieren. Diese erzwungenen Umwertungen zeigen dann bei dem abhängigen Anbieter häufig folgende Wirkungen:

- „den Verzicht (...) auf die Differentialrente,
- die Neubewertung seiner eigenen Leistung,
- die Weiterwälzung des auf ihn ausgeübten Kostendrucks auf Mitarbeiter,
- die Weiterwälzung von Fixkosten auf Drittfirmen,
- die Erhöhung seiner Stückkosten zwecks Lieferung besserer und gleichmäßigerer Produktqualitäten,
- sonstige - nicht immer in Geld meßbare - Vergünstigungen." [2]

Von ganz besonderer Bedeutung ist die Einflußnahme der mächtigen Nachfrager auf die Preispolitik der Anbieter durch veranlaßte Preisdiskriminierung. Nachfragemacht wird dabei durch das Instrument der Preisdiskriminierung zur Gewinnumverteilung zugunsten des Nachfragers eingesetzt, indem der Nachfrager im getrennten ‚bargaining' die Preise je Anbieter differenziert. Das marktmächtige Unternehmen der Nachfrageseite fordert von verschiedenen Anbietern günstigere Preise, Rabatte und Konditionen, so daß die nicht so stark betroffenen Anbieter hierdurch in die Lage versetzt werden, ihre mitanbietenden Konkurrenten aufgrund einer besseren Preis-Kosten-Marge im Angebotspreis zu unter-bieten, wodurch der Wettbewerbsprozeß auf der

[1] Monopolkommission, Sondergutachten, a.a.O., S. 114
[2] Helmut Arndt, Markt und Macht, a.a.O., S. 141

Anbieterseite verfälscht wird. In letzter Konsequenz kommt es sogar durch nachfragemachtinduzierte Preisdiskriminierungen zu einer faktischen Beschränkung des Wettbewerbs durch das Ausscheiden von nicht durch Nachfragemacht tangierten Anbietern. Daneben wird die Autonomie der Anbieter beim Einsatz der Wettbewerbsparameter beschränkt. „Derartige Beschränkungen der Freiheit des Anbieters liegen insbesondere dann vor, wenn ein nachfragemächtiges Unternehmen - z.B. durch Bestimmungen in Austauschverträgen - einen Anbieter in der Freiheit des Aktionsparametereinsatzes bezüglich Dritter beschränkt. Diese Beschränkung der Freiheit des Anbieters kann sich entweder auf den Aktionsparametereinsatz im Austauschprozeß oder im Parallelprozeß beziehen. Derartige Freiheitsbeschränkungen des Anbieters beinhalten oftmals gleichzeitig eine Diskriminierung anderer Nachfrager."[1]

Die dabei vom beherrschenden Unternehmensbereich absorbierten Nachfragemachtgewinne berühren auch in zweierlei Hinsicht den Investitionsprozeß; d.h. sie verändern sowohl das Investitionsverhalten der abhängigen Anbieter, als auch das Investitionsverhalten der beherrschenden Nachfrager, so daß ***Helmut Köhler*** feststellt: „Die aufgrund des Einsatzes von Nachfragemacht verminderten Erlöse beeinträchtigen gerade bei den kleineren und mittleren Herstellerbetrieben die Investitionstätigkeit und -bereitschaft." [2] Diese veränderte Gewinnsituation hat zugleich Auswirkungen auf das Investitionsverhalten der abhängigen Anbieter, „weil Verlagerung der Gewinne von der Industrie zum Handel zu einem Rückgang der industriellen Investitionen bei den betroffenen Fabrikanten führt. Je niedriger die Gewinne sind, die von Industrieunternehmen erzielt werden, um so geringer ist auch ihre Bereitschaft zu Investieren. Auch ***Otto Angehrn*** konstatiert:

„Die einseitige Beherrschung des Marktes durch Handelsunternehmen hat dabei zur Folge, daß sich die industrielle Investition in wachsendem Maße auf Objekte konzentriert, die nicht im Schatten von Nachfragemacht stehen, wozu als weiteres Moment hinzukommt, daß dadurch der Marktzugang für neue Anbieter wesentlich erschwert wird." [3]

Durch nachfragemachtausübung des beherrschenden Nachfragers wird also das abhängige Lieferunternehmen in seiner Wettbewerbsposition eingeschränkt und geschwächt, ja es kann sogar zur völligen Aufgabe und damit zum Ausscheiden aus dem Markt gzwungen werden. Grundsätzlich wird das abhängige Lieferunternehmen nicht in der Lage sein, eine seiner

[1] Olga Wilde, a.a.O., S. 79
[2] Helmut Köhler, Wettbewerbsbeschränkungen durch Nachfrager, a.a.O., S. 13
[3] Otto Angehrn, Nachfragemacht von Handelsunternehmen als Problem der Wettbewerbsgestaltung, in: Markenartikel (1974); S. 355

wirtschaftlichen Leistungskraft entsprechende Marktstellung aufrechtzuerhalten und eine autonome Wettbewerbspolitik zu betreiben, da es dem abhängigen Anbieter nicht möglich ist, eigene neue Wettbewerbsziele zu setzen, um seine Wettbewerbsposition zu stärken oder um in andere Märkte vorzustoßen. „Ein ausgebeutetes Unternehmen ist weder bereit noch finanziell in der Lage, das Risiko einzugehen, neue oder verbesserte Produkte auf den Markt zu bringen."[1]

Dadurch, daß dem abhängigen Unternehmen der Antrieb einer möglichen eigenen Gewinnmaximierung genommen wird, ist darüber hinaus auch die für ein selbständiges Unternehmen charakterisierte ‚bahnbrechende resp. schöpferische Leistungskraft' gefährdet und damit natürlich der gesamte Wettbewerbsprozeß aus ‚Vorstoß' und ‚Verfolgung'. Selbst wenn es aber trotz Abhängigkeit und Ausbeutung zu einer besonderen bahnbrechenden Leistung kommen sollte, kann das anbietende abhängige Unternehmen seine prozessuale Monopolstellung nicht so ausschöpfen, wie es im idealtypischen Wettbewerbsprozeß beschrieben wird, weil der beherrschende Nachfrager, durch Ausübung von Nachfragemacht, an dieser Stelle mit partizipiert.

3.4.1.2.3 Wirkungen auf den Absatzwettbewerb der Nachfrager

Neben den aufgezeigten Wirkungen der Ausübung von Nachfragemacht auf den Nachfragewettbewerb, als auch auf den Wettbewerbsprozeß im vorgelagerten Markt der Nachfrager, dokumentiert sich Nachfragemachtausübung auch im Absatzwettbewerbsprozeß der Nachfrager.

Die Wirkungen der Nachfragemacht auf den Absatzwettbewerb können dabei „einerseits als Auswirkung einer Beschränkung des Absatzwettbewerbs entstehen, andererseits als Ursache zu einer Beschränkung des Absatzwettbewerbs führen. Die Beschränkung des Absatzwettbewerbs kann also entweder Ursache einer Nachfragemachtentstehung oder Wirkung einer Nachfragemachtausübung sein."[2] Ist sie Ursache einer Nachfragemachtausübung, so entsteht sie durch eine Beschränkung des Absatzwettbewerbs, aus der dann Folgen für den Beschaffungswettbewerb resultieren. Ist die Beschränkung des Absatzwettbewerbs jedoch die Wirkung einer Nachfragemachtausübung, „so handelt es sich um Auswirkungen wettbewerbsbe-

[1] Helmut Arndt, Das Phänomen der Nachfragemacht, in: Markenartikel (1973), S. 28
[2] Olga Wilde, a.a.O., S. 71

schränkender Praktiken auf einer vorgelagerten Marktstufe. Die wettbewerbsbeschränkende Verhaltensweise selbst wird nicht im Absatzwettbewerb, sondern im Beschaffungswettbewerb ausgeübt."[1]

Grundsätzlich läßt sich demnach feststellen, daß die durch Nachfragemachtausübung erpreßten Vorteile am Beschaffungsmarkt zu einer Besserstellung des nachfragemächtigen Unternehmens im Absatzwettbewerb führen. Die durch Nachfragemacht erzielten Vorteile implizieren dabei eine Erweiterung und Stärkung seiner Wettbewerbsparameter auf Kosten des jeweils abhängigen Unternehmens am Beschaffungsmarkt. Der Absatzwettbewerb des mit Nachfragemacht ausgestatteten Unternehmens wird demnach zumindest partiell zu Lasten des Marktes erfolgen, an dem das durch Nachfragemacht ausgebeutete Unternehmen agiert. Die dabei entsprechenden Disparitäten im Leistungsgefüge der einzelnen Märkte untereinander gefährden die Funktionsfähigkeit des Wettbewerbs erheblich. So schreibt auch ***Ernst Weiß***:

„Verfügen nämlich einige Anbieter mehr, andere weniger oder gar nicht über abhängige Lieferanten oder machen sie wenigstens von den Möglichkeiten der Beherrschung einen unterschiedlichen Gebrauch, so kann an diesem Markt der unterschiedliche Rückgriff auf die Lieferanten die Auslese bestimmen, weil die unterschiedlichen Einkaufspreise als Kosten die relative Wettbewerbslage der einzelnen Abnehmer beim Angebot ihrer Leistungen auf der nächsten Wirtschaftsstufe bestimmen. Dank ihrer Ausbeutungsgewinne können sich unter Umständen leistungsschwache Unternehmen am Markt behaupten. Außerdem verbessern diese Erlösverbesserungen tendenziell die Möglichkeiten zu Kapazitätserweiterungen oder zu Wettbewerbsmaßnahmen gegen Konkurrenten."[2]

Es kommt auch hier zu einer Wettbewerbsverfälschung, da das Verbleiben oder Ausscheiden eines Grenzanbieters im Absatzwettbewerb nicht aus dem eigentlichen Parallelprozeß resultiert, sondern aus Nachfragemachtgewinnen, die von nachfragemächtigen Konkurrenten am Beschaffungsmarkt erzielt wurden. Auch hier wird dadurch die Antriebs- und Anpassungsfunktion im Absatzwettbewerb negativ tangiert, da die erzielten Nachfragemachtgewinne kein verläßlicher Indikator für die richtige Verwendung knapper Ressourcen sind. Anstatt sich an den erzielten resp. erzielbaren Gewinnen im Ansatzmarkt zu orientieren, gehen beherrschende nachfragemächtige Unternehmen dazu über, sich in ihrem Handeln maßgeblich von den Ausbeutungsgewinnen leiten zu lassen, die sie an ihren Beschaffungsmärkten durch Nachfragemacht erzielt haben.

---

[1] Ebenda, S. 71

[2] Ernst Weiß, a.a.O., S. 129

Die dabei häufig durch Einkaufspreisdiskriminierung erzielten Ausbeutungsgewinne schaffen dann für die nachfragemachtausübenden Unternehmen einen an ihren Absatzmärkten nicht zu unterschätzenden Wettbewerbsvorteil, der weitere Konzentration impliziert. So stellt auch die **„Hauptgemeinschaft des deutschen Einzelhandels“** fest:

„Die (. ..) Diskriminierung führt zu strukturpolitisch bedenklichen Auswirkungen für kleine und mittlere Unternehmen. Wenn marktstarken Nachfragern ohne sachlich gerechtfertigten Grund günstigere Preise, Rabatte und sonstige Konditionen eingeräumt werden als anderen Nachfragern, dann ist das eine besonders auch in den Erträgen sich niederschlagende Beeinträchtigung der auf diese Weise benachteiligten Wettbewerber. Außerdem wird hierdurch die Konzentration gefördert: zunächst die Konzentration auf der Abnehmerseite, dann infolge der zunehmenden Einkaufskraft die Konzentration auf der Anbieterseite."[1]

Ebenso konstatiert die **Monopolkommission**:

„Der Zusammenhang zwischen Preisdiskriminierung und Wettbewerbssituation wird (also) nicht auf den Nachfragewettbewerb, sondern auf den Wettbewerb der nachgelagerten Märkte bezogen. (...) In der Tat zeigt die Mehrzahl der Diskriminierungen, welche von Nachfragern veranlaßt werden, daß diese nicht auf die Wettbewerbssituation der Anbieter bezogen sind, sondern daß dabei die Beziehung zu Wettbewerbern des Nachfragers auf seinen Verkaufsmärkten im Vordergrund steht."[2]

Bei der nachfragemachtinduzierten Preisdiskriminierung, die sich dann allerdings in einer Angebotspreisdiskriminierung dokumentiert, fordert das nachfragemächtige Unternehmen vom Anbieter günstigere Preise, Rabatte und Konditionen, als sie den übrigen marktschwächeren Nachfragern gewährt werden. „Ein Teil der Kunden wird also zugunsten eines anderen Teils diskriminiert mit der Folge, daß dadurch Großabnehmern von ihren Lieferanten geholfen wird, den Wettbewerb auf der Handelsstufe gegen kleinere Unternehmungen zu verstärken, die aber von den gleichen Lieferanten beziehen."[3] Hierdurch wird der bevorzugte Nachfrager in die Lage versetzt, die erzielten Vorteile entweder

- in Form von Preissenkungen voll an die Endverbraucher weiterzugeben,
- die Leistungsfähigkeit der Unternehmung auszubauen oder
- die erzielten Ausbeutungsgewinne zur Finanzierung von Investitionen zu verwenden.

---

[1] Hauptgemeinschaft des Deutschen Einzelhandels, Strukturpolitisches Sofortprogramm für den Einzelhandel, Hannover 1974, S. 31

[2] Monopolkommission, Sondergutachten, a.a.O., S. 113

[3] Robert Nieschlag, Nachfragemacht des Handels, in: Marketing-Enzyklopädie, Bd. 2, München 1974, S. 965

Demnach kann das nachfragemächtige Unternehmen seine Konkurrenten im Preis unterbieten, sie schwächen oder ganz aus dem Markt drängen oder es wird in die Lage versetzt, bei Investitionsvorhaben einen erheblichen Wettbewerbsvorsprung zu erzielen, wodurch insgesamt der idealtypische Wettbewerbsprozeß zerstört wird.

4. Staatliche Preisbeeinflussung

4.1 Preisbildung bei öffentlichen Aufträgen

Die staatliche Preisbeeinflussung in Form von **Höchst- und Mindestpreisen** sowohl durch **Preissubventionen** als auch durch die **Preisbildung bei öffentlichen Aufträgen** stellen in marktwirtschaftlichen Ordnungen besondere Preisbildungsprozesse dar. Sie bilden quasi einen Ausnahmebereich von der grundsätzlichen unternehmerischen Freiheit, bestimmte Preise zu kalkulieren und diese in den Markt zu bringen. Tritt der Staat (Bund, Länder, Gemeinden und juristische Personen des öffentlichen Rechts) als **öffentlicher Auftraggeber** am Markt in Erscheinung, so gilt zunächst einmal das staatliche **Submissionswesen**, das den Staat gemäß § 55 Abs.2 *Bundeshaushaltsordnung* verpflichtet, beim Abschluß von Verträgen über die Lieferung von Sachleistungen nach einheitlichen Richtlinien zu verfahren. Demnach wird die staatliche Auftragsvergabe durch verschiedene Vergabeverfahren determiniert. Grundsätzlich soll die **öffentliche Ausschreibung** als ein Verfahren der „organisierten Konkurrenz" eine wettbewerbliche Einkaufsgarantie schaffen, da eine unbegrenzte Zahl von Unternehmen in einschlägigen Zeitungen zur Angebotsabgabe aufgefordert wird. Damit es unter den Anbietern nicht zu einem ruinösen Preiswettbewerb kommt, sind **Preisnachverhandlungen** von einmal abgegebenen Angeboten ausgeschlossen. Der Anbieter mit dem preisgünstigsten Angebot erhält den Zuschlag, wobei der Anbieter als seriös und leistungsfähig eingestuft werden muß. Kommt es dagegen zu einer **beschränkten Ausschreibung**, richtet sich der öffentliche Auftraggeber nur an eine beschränkte Zahl von Unternehmen und fordert diese zu einer Angebotsabgabe auf. Ein solches Verfahren wird insbesondere immer dann angewandt, wenn eine besonders hohe Fachkompetenz und Zuverlässigkeit des Anbieters gefordet ist. Die **freihändige Vergabe**, als dritte Verfahrensart, erfolgt dagegen ohne jegliche Ausschreibung nach freiem Ermessen der staatlichen Stelle.

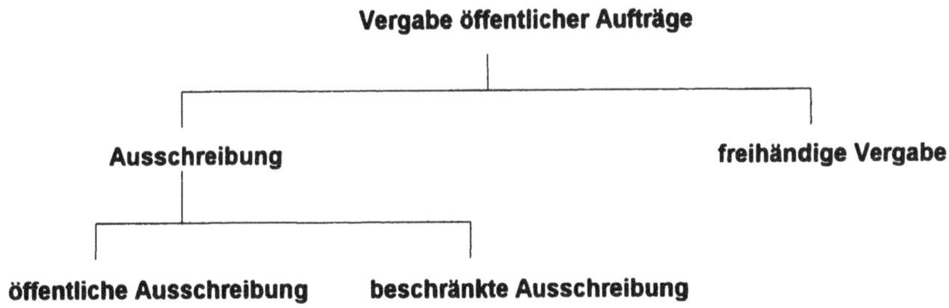

Da für viele Güter und Dienste, die der öffentliche Auftraggeber nachfragt, kein echter Wettbewerbsmarkt gegeben ist, weil der Wettbewerb eingeschränkt bzw. der Markt vermachtet ist oder die nachgefragten Güter und Dienste nur von einem oder wenigen Anbietern erbracht werden können (z.B. bestimmte Rüstungsgüter), werden anstatt von Marktpreisen hilfsweise **Selbstkostenpreise** zuzüglich eines Gewinnaufschlags festgelegt. Bei der Bestimmung dieser „Selbstkosten-Plus-Preise" gelten bestimmte **Preis-Verordnungen** mit speziellen Kalkulationsrichtlinien. Unterschieden werden hierbei die Verordnung PR 30/53 des Bundesministers für Wirtschaft über die Preise bei öffentlichen Aufträgen **(VOPR)**, und als Anlage dazu die „Leitsätze für die Preisermittlung aufgrund von Selbstkosten" **(LSP)**, sowie die Verordnung 1/72 über die Preise für Bauleistungen bei öffentlichen oder mit öffentlichen Mitteln finanzierten Aufträgen vom 6.3.1972 **(VO PR-Bau)** und als Anlage hierzu die „Leitsätze für die Ermittlung von Preisen für Bauleistungen aufgrund von Selbstkosten" **(LSP-Bau)**. Bevor es allerdings zu einer „Selbstkosten-Plus-Preis-Vereinbarung" kommt, ist noch zu prüfen, ob nicht **annähernde Marktpreise** gefunden werden können. Nur wenn dies nicht möglich ist, und keine anderen staatlichen Preisfestsetzungen bestehen, sind zwischen dem öffentlichen Auftraggeber und den privaten Auftragnehmern Selbstkostenpreise zu vereinbaren. In der Präambel der Preisverordnung (VOPR) wird dazu ausgeführt, daß es darum geht, „der marktwirtschaftlichen Preisbildung bei Beschaffungen der öffentlichen Hand nicht nur unbedingte Anerkennung, sondern auch einen weitgehenden Vorrang vor den nur ausnahmsweise zulässigen Selbstkostenpreisen (...)zu verschaffen."[1] Weiter verlangt § 1 VOPR, bei der Vereinbarung von Preisen grundsätzlich Marktpreisen (...) vor Selbstkostenpreisen (...) den Vorzug zu geben.

Bei der Abgrenzung zwischen Marktpreisen und annährenden Marktpreisen werden ursprüngliche, abgeleitete und modifizierte Marktpreise unterscheiden. Bei dem Vorliegen eines

[1] H. Ebisch, J. Gottschalk, Preise und Preisprüfungen, Kommentar, 4. Aufl., München 1979, S. 2

ursprünglichen oder **allgemeinen Marktpreises** nach § 4 Abs. 1 VOPR müssen drei Faktoren als Voraussetzung erfüllt sein: Die „Marktgängigkeit der Leistung", die „Verkehrsüblichkeit der Preise" (z.B. nachgewiesen durch Listenpreise) und die preisrechtliche „Zulässigkeit" der geforderten Preise, die sich auf § 3 VOPR bezieht, wonach sich die Preisbildung bei staatlicher Nachfrage an die besonderen Preisvorschriften des Staates in Form von Höchst-, Mindest- oder Stopppreisen - vgl. dazu die späteren Punkte - zu orientieren hat. Besteht also für irgendeine vom Staat nachgefragte Leistung z.B. ein Höchstpreis, so muß sich der öffentliche Auftraggeber nach dieser Höchstpreisfestlegung richten, womit gleichzeitig derartig staatlich gebundene Preise den Vorrang vor Markt- und Selbstkostenpreisen besitzen. Um zwischen den anderen beiden Komponenten, der „Marktgängigkeit" und „Verkehrsüblichkeit", unterscheiden zu können, differenziert die VOPR die Marktpreisbildung in eine Preisbildung auf **besonderen** und **allgemeinen Märkten**. Ein „besonderer Markt" liegt dabei immer dann vor, wenn die Preise durch ein Ausschreibungsverfahren ermittelt werden, da die Güter oder Dienste am Markt in der verlangten spezifischen Form noch nicht vorhanden sind, während die VOPR immer dann von einem „allgemeinen Markt" spricht, wenn die Güter bereits am Markt gehandelt werden.

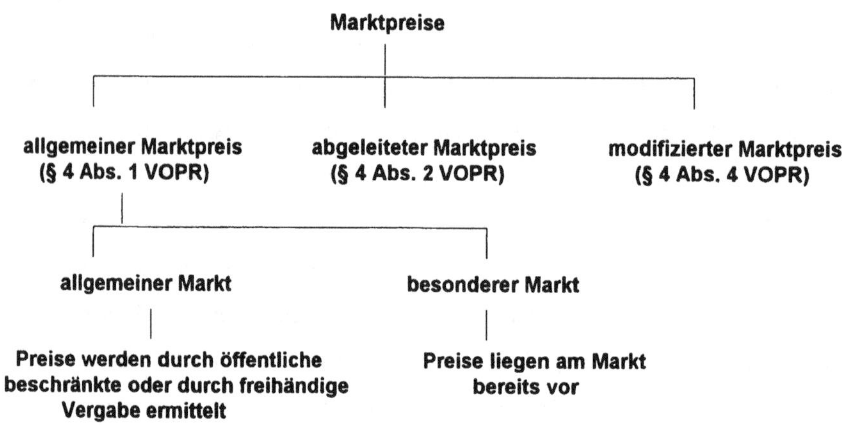

Da, dem Primat einer wettbewerblichen Preisbildung folgend, ein möglichst großer Rahmen der staatlichen Nachfrage nach marktwirtschaftlichen Kriterien ausgerichtet werden soll, gilt die Orientierung am Marktpreis auch für die sog. „vergleichbaren Leistungen" des Preisrechts. Während man die Preise nach § 4 Abs. 1 VOPR, die unmittelbar für marktgängige Leistungen bestehen, als „ursprüngliche Marktpreise" bezeichnet, werden die nach § 4 Abs. 2 VOPR ermittelten Preise **„abgeleitete Marktpreise“** genannt. Grund für diese Erweiterung bilden solche Fälle, in denen die vom Staat benötigten Güter und Leistungen zwar einerseits allgemein am Markt als marktgängig im Sinne des Preisrechts gelten, aber andererseits wegen der besonderen Anforderungen des Staates an die entsprechenden Güter und Dienste auch wiederum nicht so ohne weiteres unter eine „marktgängige Leistung“ eingestuft werden können. Als klassisches Beispiel einer solchen „abgeleiteten Marktpreisbildung“ können die von bestimmten Automobilunternehmen an die Bundeswehr gelieferten Kraftfahrzeuge genannt werden, die durch Einbau von besonderen bundeswehrtauglichen Einrichtungen oder durch eine spezielle Bepanzerung zwar nicht mehr als solche „marktgängig“, aber doch unter gleichartigen Voraussetzungen mit marktgängigen Leistungen vergleichbar sind. Bei der Ermittlung der notwendigen Zu- und Abschläge vom ursprünglichen Marktpreis existieren dabei allerdings in der wirtschaftlichen Praxis nicht unbeträchtliche kostenrechnerische Schwierigkeiten und damit auch gewisse Manipulationsmöglichkeiten.

Um die Schwelle einer Selbstkostenpreisvereinbarung weiter hinauszuschieben, definiert die VOPR in § 4 Abs. 4 noch den sog. **„modifizierten Marktpreis“**. Der Unterschied zum „abgeleiteten Marktpreis“ liegt dabei in besonderen Auftragsverhältnissen und nicht im Produkt selbst begründet. Die Besonderheit des öffentlichen Auftrages kann beispielsweise dadurch gegeben sein, daß - abweichend von der beim Auftragnehmer üblichen Handhabung - ein öffentlicher Auftraggeber Arbeitskräfte, Material, Betriebsanlagen oder Entwicklungsleistungen bereitstellt, die zu Kostensenkungen führen, die nicht als rein leistungsbedingte Kostenersparnisse des Unternehmens interpretiert werden können. Aber auch eine durch staatliche Nachfrage bedingte Veränderung der Kapazitätsauslastung, die mit Stückkostenänderungen verbunden ist, kann modifizierte Marktpreise implizieren, wobei die Abänderung des Marktpreises davon abhängt, in welchem Maße bei der Durchführung des öffentlichen Auftrags die Kosten des Auftragnehmers sinken oder steigen. Einerseits kann eine bessere Kapazitätsauslastung zu sinkenden Stückkosten führen, die in den modifizierten Marktpreis einzurechnen sind, andererseits impliziert eine schlechtere Auslastung - z.B. durch fehlende Anschlußaufträge - höhere Stückkosten, die ganz über den modifizierten Marktpreis abgewälzt werden können.

Neben der Preisbildung bei staatlicher Nachfrage zu ursprünglichen, abgeleiteten oder modifizierten Marktpreisen ist in der VOPR - wie bereits erwähnt - die Möglichkeit einer **Selbstkostenpreisvereinbarung** vorgesehen. Hierbei bestehen zwingende Kalkulationsvorschriften, die einer staatlichen Höchstpreisfestlegung unterliegen. So bestimmt der Höchstpreischarakter der VOPR, welche einzelnen Kalkulationselemente vom Preis- bzw. Kostenansatz her nicht überschritten werden dürfen. Im Unterschied zu dem vom Preisrecht definierten Marktpreisen wird der Selbstkostenpreis als ein **betriebsindividueller Kostenpreis,** der mit einem **kalkulatorischen Gewinnaufschlag** versehen wird, verstanden. Anhand dieser allgemeinen Definition wird bereits der „geformelte Charakter“ des Selbstkostenpreises deutlich. Gemäß dem beschriebenen **„target cost pricing“** läßt sich der Selbstkostenpreis auch durch die Preisformel [p = k (1 + g/100)] zum Ausdruck bringen. Auch hier erfolgt eine geplante prozentuale Gewinnbeaufschlagung (g/100) auf eine vorgegebene Stückkostensumme (k).

Die preisrechtliche Selbstkostenpreisbildung differenziert den Selbstkostenpreis in einen Selbstkostenfest-, Selbstkostenricht- und einen Selbstkostenerstattungspreis auf einer sogenannten „Preistreppe“. Dabei soll dem **Selbstkostenfestpreis** der Vorrang gegenüber dem **Selbstkostenrichtpreis** und dem **Selbstkostenerstattungspreis** eingeräumt werden. Ebenfalls nur in Ausnahmefällen zulässig sind **Preisvorbehalts- und Preisgleitklauseln**.

1. Bestehende Preisvorschriften (z.B. Höchstpreise) § 3 VOPR
2. Marktpreise (ursprüngliche, abgeleitete oder modifizierte) § 4 VOPR
3. Selbstkostenfestpreis § 6 Abs. 1 u. 2 VOPR
4. Selbstkostenrichtpreis § 6 Abs. 3 VOPR
5. Selbstkostenerstattungspreis § 7 VOPR

Das Besondere am **Selbstkostenfestpreis** (§ 6 Abs. 1 u. 2 VOPR) wird dadurch hervorgerufen, daß er vor Beginn der Produktions- oder Entwicklungsleistung aus den zu erwartenden und zulässigen Selbstkosten einer Leistung sowie dem kalkulatorischen Gewinn errechnet und zwischen dem öffentlichen Auftraggeber und dem privaten Auftragnehmer fest vereinbart werden muß. Die Ermittlung des Selbstkostenfestpreises kann deshalb auch nur anhand einer **Vorkalkulation** stattfinden, die verlangt, daß die in Auftrag gegebene Leistung nach Art und Umfang genau bestimmt ist und sich folglich die Grundlagen der Kalkulation bereits vor Produktionsbeginn hinreichend übersehen lassen. **Selbstkostenrichtpreise** (§ 6 Abs. 3 VOPR) basieren dagegen auf einer im einzelnen noch **unbestimmten Vorkalkulation**, wobei die „der

Ermittlung des Selbstkostenrichtpreises dienende Vorkalkulation ihrem Wesen nach keineswegs identisch mit der Vorkalkulation zu einem Selbstkostenfestpreis ist, obschon (...) beide Selbstkostenpreistypen durch eine 'Vorkalkulation' zu ermitteln sind. Während aber beim Selbstkostenfestpreis im Sinne des § 6 Abs. 1 u. 2 die Grundlagen der Kalkulation übersehbar sein müssen, trifft gerade dies beim Selbstkostenrichtpreis nicht zu. (...) Die Vorkalkulation zum Selbstkostenrichtpreis beruht dagegen auf Grundlagen, die lediglich eine annähernde Vorstellung über den endgültigen Preis vermitteln können. Bezüglich ihres Genauigkeitsgrads könnte sie in etwa zwischen der Vorkalkulation zu einem Selbstkostenfestpreis und der groben Kostenschätzung eingeordnet werden, wie sie bei Selbstkostenerstattungspreisen zur Bestimmung einer vertraglichen Preisobergrenze verwendet wird."[1] Der **Selbstkostenerstattungspreis** (§ 7 VOPR) darf laut preisrechtlicher Bestimmungen nur dann vereinbart werden, wenn selbst bis kurz vor dem Ende einer Leistungserstellung das entsprechende Kostenvolumen nicht ermittelt werden kann. Die Ermittlung eines Selbstkostenerstattungspreises erfolgt ausschließlich anhand einer **Nachkalkulation**, wobei ein Anbieter eines öffentlichen Auftrags alle während eines vertraglich bestimmten Leistungszeitraumes anfallenden Kosten plus einem Gewinnaufschlag vom Staat erstattet bekommt. Der Selbstkostenerstattungspreis verleitet beim Auftragnehmer zum „Kostenschlendrian". Mit einer garantierten Kosten- und Gewinnzusage, für die es unter Wettbewerbsbedingungen in marktwirtschaftlichen Ordnungen keine Gewähr gibt, wird das Leistungsprinzip auf den „Kopf" gestellt. ***Helmut Diederich*** stellt dazu fest: „Der Leistungsanreiz fehlt besonders dann, wenn dem Auftragnehmer die Erstattung aller entstehenden Kosten zugesagt wird. Mit dieser Zusage entfällt für den Auftragnehmer jeder Antrieb, sich um eine wirtschaftliche Leistungserstellung zu bemühen; Kosten die er durch günstigere Verfahren, bessere Organisation, erhöhte Arbeitsleistungen oder auf anderem Wege in der Herstellung, der Verwaltung oder dem Vertrieb einspart, ermäßigen in gleichem Umfang seinen Preis, kommen also ausschließlich dem Auftraggeber zugute."[2] Hinzu kommt bei einer **prozentualen Gewinnbeaufschlagung** auf alle in einem Selbstkostenerstattungspreis verrechneten Kosten der Tatbestand, daß bei überhöhten und steigenden Kosten automatisch auch der **absolute Gewinn** ansteigt. Sowohl Kosten als auch die Gewinnbeaufschlagung stellen bei den Selbstkostenpreisen die beiden entscheidenden Preisgrößen dar. Nach den „Leitsätzen für die Preisermittlung aufgrund von Selbstkosten" (LSP) dürfen nach Nr. 4 Satz 1 der LSP nur diejenigen Kosten berücksichtigt werden, „die bei wirtschaftlicher Betriebsführung zur Erstellung der Leistungen entstehen."

---

[1] H. Ebisch, J. Gottschalk, a.a.O., S. 139
[2] Helmut Diederich, Der Kostenpreis bei öffentlichen Aufträgen, Heidelberg 1961, S. 40

Nach ***H. Ebisch*** und ***J. Gottschalk*** liegt unwirtschaftliche Betriebsführung dann vor, „wenn der Auftragnehmer auf irgendeinem für die Selbstkostenpreisermittlung des öffentlichen Auftrages wesentlichen Gebiet es versäumt, in seinem Betrieb dem wirtschaftlichen Prinzip im Rahmen der technischen und wirtschaftlichen Gegebenheiten Geltung zu verschaffen."[1] Hierbei ist aber nicht von einem **Idealbetrieb**, sondern von den individuellen Verhältnissen im Unternehmen des Auftragnehmers auszugehen. In der Praxis treten bei der Beurteilung einer solchen „wirtschaftlichen Betriebsführung" nicht unerhebliche Probleme auf. Nach ***U. Möllhoff*** werden deshalb Abschläge aufgrund unwirtschaftlicher Betriebsführung auch nur selten vorgenommen.[2]

Ein anderes Problem der unwirtschaftlichen Betriebsführung ist die **Auslastung der Produktionskapazitäten** bzw. der Beschäftigungsgrad. ***Adolf G. Coenenberg*** stellt dazu fest: „Da die LSP im Ergebnis eine Vollkostenkalkulation vorgeben, die z.B. bei Erstattungspreisen gänzlich auf Ist-Kosten basiert, schlagen Veränderungen der Beschäftigung voll auf die Gemeinkosten-Zuschlagssätze durch."[3] Hierdurch steigen die Preise. Das Preisrecht erlaubt dabei ein Ansteigen der Stückkosten und Abwälzen über die Selbstkostenerstattungspreise bis zu einem Beschäftigungsgrad von 60%. Eine derartige Kosten- und Preisabwälzungsmöglichkeit steht im Einklang mit der beschriebenen **Preissetzungsmacht** von marktbeherrschenden Unternehmen gemäß dem „target return pricing". Im **Wettbewerb** stehende Unternehmen können kaum auslastungsbedingte Stückkostensteigerungen bis zu einem Beschäftigungsgrad von 60% über ihre Preise an die Nachfrager weitergeben.

Auch die **Kostenbewertung des Preisrechts** ist im Rahmen der Preisbildung bei öffentlichen Aufträgen nicht unproblematisch, weil in den Preisen nicht nur aufwandsgleiche Kosten, sondern auch **kalkulatorische Zusatzkosten** verrechnet werden können, die keine Kosten, sondern als Kosten verrechnete Gewinne darstellen. Das Preisrecht orientiert sich dabei am wertmäßigen und nicht am pagatorischen **Kostenbegriff** der Betriebswirtschaftlehre.[4] Als kalkulatorische Kosten

---

[1] H. Ebisch, J. Gottschalk, a.a.O., S. 173f.

[2] Vgl. U, Möllhoff, Gewinnbemessung in öffentlichen Aufträgen zu Selbstkostenpreisen, in: Der Betrieb, 39. Jg., Heft 5/1986, S. 259

[3] Adolf G. Coenenberg, Kostenrechnung und Kostenanalyse, 2. Aufl., Landsberg am Lech 1993, S. 139

[4] Zur Diskussion um den betriebswirtschaftlichen Kostenbegriff vergleiche: Helmut Koch, Zur Diskussion über den Kostenbegriff, in: ZfhF 1958, S. 355ff., derselbe, Zur Kontroverse: Wertmäßiger - pagatorischer Kostenbegriff, in: Grundprobleme der Kostenrechnung, Köln, Opladen 1966, S. 48ff., W. Rieger, Einführung in die Privatwirtschaftslehre, Nürnberg 1928, H. Seischab, Demontage des Gewinns durch unzulässige Ausweitung des Kostenbegriffs, in: ZfB, 1952, S. 19ff., J. Fettel, Ein Beitrag zur Diskussion über den Kostenbegriff, in: ZfB, 1959, S. 567ff., sowie Adolf G. Coenenberg, a.a.O., S. 59ff.

können kalkulatorische Abschreibungen, Zinsen und Wagnisse sowie bei Einzelunternehmen und Personengesellschaften auch ein kalkulatorischer Unternehmerlohn in Ansatz gebracht werden.

In diesen kalkulatorischen Kosten sind neben den aufwandsgleichen (bilanziellen) Kosten auch kalkulatorische Zusatzkosten enthalten. Bei den **Abschreibungen** konnten so gemäß Nr. 38 Abs. 2 LSP anstelle der steuer- und handelsrechtlich erlaubten Bewertung zu **Anschaffungs- oder Herstellungskosten** auch **Wiederbeschaffungswerte** zugrunde gelegt werden. Die „Verordnung zur Änderung preisrechtlicher Vorschriften" Nr. 1/89 hat allerdings seit 1989 diese Bewertung abgeschafft und verlangt heute eine Bewertung der Abschreibungen zu Anschaffungs- oder Herstellungskosten. Damit ist der Gesetzgeber zumindest bei den Abschreibungen vom wertmäßigen Kostenbegriff abgerückt. ***Peter Swoboda*** stellt dazu fest, daß sich hier - spät aber doch - bessere betriebswirtschaftliche Einsicht durchgesetzt hat.[1] Dies gilt aber nicht für die Kostenart der **kalkulatorischen Zinsen**. Hier wird zwar auch das Anlagevermögen, als immanenter Bestandteil des zur Beaufschlagung der kalkulatorischen Zinsen als Bemessungsgrundlage benutzten betriebsnotwendigen Kapitals, zu Anschaffungs- oder Herstellungskosten bewertet, trotzdem wird aber hier auch das im betriebsnotwendigen Kapital enthaltene **Eigenkapital** neben einer nachfolgenden Gewinnbeaufschlagung zusätzlich verzinst.

betriebsnotwendiges Vermögen
(Anlage- und Umlaufvermögen)
- Abzugskapital[2]
= betriebsnotwendiges Kapital x 6,5% kalk. Zinssatz
= verrechnete kalkulatorische Zinsen

Als kalkulatorischer Zinssatz können dabei höchstens 6,5%, regelmäßig 6% (sog. „Anstandsabstand") in Ansatz gebracht werden. Durch diese Verrechnung werden Gewinne als **kalkulatorische Zusatzkosten** in den Selbstkostenpreisen dem Staat (als sog. **Opportunitätskosten**, Kosten des Nutzenentgangs für eine alternative Verwendungsrichtung) über die öffentlichen Aufträge in Rechnung gestellt. Da - wie noch zu zeigen sein wird - auf alle

[1] Vgl. Peter Swoboda, Zur Anschaffungswertrechnung administrierter Preise, in: BFuP, Heft 4/1996, S. 367

[2] Um für die kalkulatorische Verzinsung des Vermögens die Bemessungsgrundlage des betriebsnotwendigen Kapitals zu ermitteln, wird vom betriebsnotwendigen Vermögen, das zuvor um alle Vermögenswerte, die noch nicht oder nicht mehr dem Betriebszweck dienen, bereinigt wurde, das Abzugskapital subtrahiert. Die Bestandteile des Abzugskapital sind in Nr. 44 Abs. 1 LSP abschließend aufgezählt. Danach setzt sich das Abzugskapital zusammen aus den dem Unternehmen zinslos zur Verfügung gestellten Vorauszahlungen und Anzahlungen durch öffentliche Auftraggeber und solchen Schuldbeträgen, die dem Unternehmen im Rahmen des gewährten Zahlungsziels von Lieferanten zinsfrei zur Verfügung gestellt werden.

Kosten (incl. der kalkulatorischen Zusatzkosten) eine **Gewinnbeaufschlagung** stattfindet, werden quasi Gewinne auf Gewinne beaufschlagt (Zinses-Zinseffekt). **W. Körner** stellt bereits 1961 dazu fest: „Durch die Deklarierung eindeutiger Bestandteile des Unternehmergewinns als Kosten wird die wahre Kostenstruktur der Betriebe verschleiert und die Möglichkeit erhöht, dem Betrieb zusätzliche Gewinne zuzuführen. (...) Hinzu kommt, daß die Möglichkeit des Unternehmens, gegenüber den Arbeitnehmern ein ungleich größeres Vermögen zu bilden, durch die unternehmerische Leistung nicht gerechtfertigt wäre. Sogesehen ist die Ausweitung des Kostenbegriffs, wie sie von der Betriebswirtschaftslehre vorgenommen wurde und in den LSP zum Ausdruck kommt, abzulehnen.“[1]

Nachdem im Rahmen der Preisbildung bei öffentlichen Aufträgen alle Kosten kalkuliert worden sind, wird als letztes Kalkulationselement der **kalkulatorische Gewinnaufschlag** definiert. Laut preisrechtlicher Bestimmungen (geregelt in Nr. 51 LSP (Begriff und Inhalt) und Nr. 52 LSP (Höhe und Zurechnung)) wird der Gewinnaufschlag gewährt für

- das **allgemeine Unternehmerwagnis** und
- für einen **Leistungsgewinn** bei Vorliegen einer besonderen Leistung.

Neben der Höhe des Gewinnzuschlagssatzes, der grundsätzlich absolut oder prozentual vereinbart werden kann, spielt die Zuschlagsbasis eine wesentliche Rolle bei der Gewinnbemessung. Hier kann der Gewinnzuschlagssatz entweder

- **in einem Prozentsatz des betriebsnotwendigen Vermögens,**
- **in einem Prozentsatz des Umsatzes (Selbstkosten),**
- **als Summe von zwei der genannten Prozentsätze (in der Praxis der häufigste Fall),**
- **in einem festen Betrag verrechnet werden.**

Nach einer Gewinnzuschlagsformel des ***Bundesrechnungshofes*** (BRH) kann bis zu einer jährlichen Umschlagshäufigkeit des betriebsnotwendigen Vermögens von Eins ein Gewinnsatz von 5% auf die Nettoselbstkosten (Selbstkosten ohne Sonderkosten des Vertriebs und ohne Umsatzsteuer) verrechnet werden. Die 5% Gewinnaufschlag werden zu 3,5% auf das betriebsnotwendige Vermögen und zu 1,5% auf die Nettoselbstkosten (Umsatz) beaufschlagt. Liegt der Vermögensumschlag unter Eins, so erhöht sich entsprechend die Summe des

[1] W. Körner, Abschreibung von Wiederbeschaffungswerten. Eine Nominalrechnung mit inflatorischer Wirkung, in: Steuer und Wirtschaft, 1961, S. 444f.

kombinierten Zuschlagssatzes (vgl. dazu die folgende Beispielrechnung mit einem Vermögensumschlag von 0,8). Bei einer Erhöhung der jährlichen Umschlagshäufigkeit des betriebsnotwendigen Vermögens über Eins um jeweils 0,05 vermindert sich der Gewinnsatz um 0,14 Prozentpunkte, höchstens jedoch bis auf 2,5% der Nettoselbstkosten.

$$\textbf{Kombinierter Zuschlagssatz} = g_s + \left(g_v : \frac{\textbf{Selbstkostenumsatz}}{\textbf{BNV}} \right)$$

g_s = prozentualer Gewinnzuschlag auf Selbstkosten
g_v = prozentualer Gewinnzuschlag auf BNV
Die Relation von (Selbstkostenumsatz : BNV) kennzeichnet den Vermögensumschlag.

Beispiel: Gewinnverrechnung nach der BRH-Formel

Betriebsnotwendiges Vermögen (BNV): 25 Mio. DM

Gesamte Nettoselbstkosten des Bezugszeitraums: 20 Mio. DM

Kalk. Gewinn: 3,5% vom betriebsnotwendigen Vermögen
1,5% vom Umsatz (Nettoselbstkosten)

Vermögensumschlag (Selbstkostenumsatz : BNV) = 20 Mio. DM : 25 Mio. DM = 0,8

Nettoselbstkosten des Auftrags	800.000 DM
Anteiliger kalk. Gewinn auf BNV 3,5% x (25 Mio. : 20 Mio.) = 4,375%	35.000 DM
Summe I	835.000 DM
Kalk. Gewinn auf Umsatz 1,5%	12.525 DM
Preis ohne Umsatzsteuer	847.525 DM

Da die Gewinnformel des BRH lediglich das allgemeine Unternehmenswagnis, nicht aber auch einen möglichen **Leistungsgewinn** abdeckt, hat das ***Bundesverteidigungsministerium (BMVg)*** seit dem 1.7.1989 eine sog. *„Bonner Formel“* für den Gewinnaufschlag bei **Rüstungsaufträgen** eingeführt.

G = 0,05 (Q + 1,5 BNAV : BNV) E + 0,01 F

G = kalkulatorischer Gewinn

Q = Qualifikationsfaktor, gewichtet in Abhängigkeit von unternehmerischer Leistung bzw Innovationsgrad, so daß:

Q = 0,70 für Instandsetzungsverträge

Q = 1,05 für Beschaffungsverträge

Q = 1,10 für Studien-, Forschungs- und Entwicklungsverträge

E = Eigenleistung = Nettoselbstkosten - F

F = Fertigungsmaterial + Fremdleistungen

$$\frac{BNAV}{BNV} = \frac{\text{betriebsnotwendiges Anlagevermögen}}{\text{betriebsnotwendiges Vermögen}} = \text{Anlagenintensität}$$

Wesentlicher Maßstab im Gegensatz zu der *„BRH-Formel"* ist in der *„Bonner-Formel"* die Vermögensbindung, gemessen als Anlagenintensität, und die Eigenleistung, gemessen als Wertschöpfung. Für Fremdleistungen und Zulieferungen wird nur noch ein Gewinnzuschlag von einem Prozent erlaubt. Außerdem wird ein Leistungsgewinnfaktor über die unterschiedlichen Arten der Aufträge (Qualifikationsfaktor) als Innovationsleistung in der Formel berücksichtigt.

Neben den weitreichenden rechtlichen Kalkulationsbestimmungen bei der Preisfestsetzung von öffentlichen Aufträgen besitzt der Staat die Möglichkeit **Preisprüfungen** durchzuführen, um damit die anbietenden Unternehmen auf Einhaltung der preisrechtlichen Vorschriften zu kontrollieren.

4.2 Politische (administrierte) Preisbildung

Neben der staatlichen Preisbeeinflussung bei öffentlichen Aufträgen greift der Staat außerdem vielfältig in das private marktwirtschaftliche Preisgeschehen ein. Dies geschieht deshalb, weil die reinen Marktergebnisse aus gesamtwirtschaftlicher Sicht zu keinen befriedigenden Ergebnissen führen, weil z.B. bestimmte Anbieter oder Nachfrager zu sehr benachteiligt werden oder weil die Marktpreisergebnisse sogar bestimmte Anbieter und Nachfrager völlig vom Marktgeschehen ausschließen würden. Durch eine **staatliche Preisfixierung**, man spricht auch von einer „politischen" oder „administrierten" Preisbildung, soll deshalb in Form von **indirekten und**

direkten staatlichen Eingriffen in den Marktpreismechanismus bewußt ein anderes Ergebnis zum Vorteil der Anbieter oder Nachfrager herbeigeführt werden. Bei den indirekten Eingriffen (marktkonforme Eingriffe) geschieht dies durch die Erhebung von **Zöllen und Steuern**, durch die Zahlung von **Subventionen** an Unternehmen und **Transferzahlungen** an private Haushalte. Mit diesen indirekten Eingriffen versucht der Staat lediglich, Angebot und Nachfrage zu beeinflussen, ohne den Marktpreismechanismus völlig auszuschalten. Aufschluß über die Höhe dieser indirekten staatlichen Eingriffe gibt der gemäß § 12 des *„Gesetzes zur Förderung der Stabilität und des Wachstums der Wirtschaft"* (StWG) vom 8. Juni 1967 alle zwei Jahre vorzulegende *„Bericht der Bundesregierung über die Entwicklung der Finanzhilfen des Bundes und der Steuervergünstigungen"*, kurz: **„Subventionsbericht"**. Im zuletzt vorgelegten **fünfzehnten Subventionsbericht** ist für das Jahr 1996 nachzulesen, daß diese indirekten staatlichen Eingriffe in Form von Finanzhilfen und Steuervergünstigungen insgesamt ein Volumen in Höhe von 42,7 Mrd. DM ausmachten. Davon entfielen auf die alten Bundesländer 27,4 Mrd. DM und auf die neuen Bundesländer 15,3 Mrd. DM. Differenziert nach den wesentlichen Wirtschaftsbereichen flossen die in der folgenden Tabelle aufgeführten staatlichen Gelder:

Entwicklung der Finanzhilfen und Steuervergünstigen des Bundes in Mio. DM

Wirtschaftsbereich	1970 (absolut)	1970 (in v.H.)	1996 (absolut)	1996 (in v.H.)
Ernährung, Landwirtschaft Forsten	4.755	34,0	4.591	10,7
Gewerbliche Wirtschaft	3.702	26,5	23.452	54,9
davon u.a.				
Bergbau	532	3,8	2.500	5,9
Verstromungshilfen	-	-	7.500	17,6
Technologie- und Innovationsförderung	150	1,1	674	1,6
Schiffbau	23	0,2	442	1,0
Luft- und Raumfahrt	150	1,1	239	0,6
Regionale Strukturmaßnahmen	2.051	14,7	8.319	19,5
Verkehr	906	6,5	1.459	3,4
Wohnungswesen	1.310	9,4	10.268	24,0
Insgesamt	**13.972**	**100,0**	**42.726**	**100,0**

Quelle: Fünfzehnter Subventionsbericht für die Jahre 1993 bis 1996, Bundesministerium für Finanzen (Hrsg.), Bonn 1995

So erhielt z.B. allein im Jahr 1996 der **Schiffbau** zur Preisstützung der dort tätigen Schiffbauunternehmen 442 Mio. DM. Ohne diese Preissubventionen hätte der deutsche Schiffbau aufgrund der großen internationalen Konkurrenz bestimmte Aufträge nicht annehmen und durchführen können. Das gleiche gilt für die **Luft- und Raumfahrtindustrie**. Das „Airbus-Programm" hätte ohne die Subventionen keine realistische Marktchance. Auch die **Landwirtschaft** und der **Bergbau** wären ohne die Subventionen mit ihren Herstellungskosten, die weit über den Marktpreisen liegen, nicht wettbewerbsfähig. Aber auch staatliche Wohngeldzahlungen an private Haushalte stellen eine Preissubventionierung der Marktpreismiete dar. ***Horst Seidel*** und ***Rudolf Temmen*** führen dazu aus:

„Menschenwürdiges Wohnen ist ein Grundbedürfnis. Der Staat zahlt daher an einkommensschwache Haushalte ein **Wohngeld**, das von der Größe des Haushalts (Raumbedarf), der Höhe der tatsächlichen Mietbelastung und dem Familieneinkommen abhängt. Das Wohngeld ist eine Transferzahlung (Subvention), die die Mietlast der begünstigten Haushalte senkt. Der Vermieter erhält den Marktpreis als Miete. Der Anreiz, Wohnungen zu bauen, bleibt erhalten."[1]

Die folgende Grafik verdeutlicht dabei den grundsätzlichen Preis-Subventionsmechanismus.

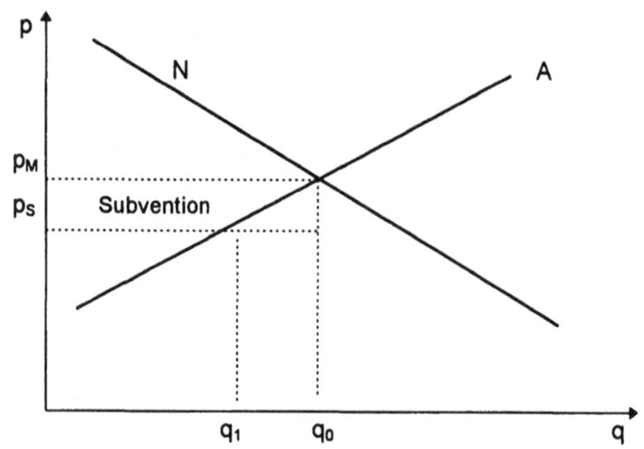

Ohne staatliche Subvention würde sich unter den gegebenen Angebots- und Nachfragebedingungen ein Marktpreis in Höhe von (p_M) ergeben. Dieser Marktpreis liegt oberhalb des subventionierten Preises (p_s) wodurch die Kostenlast der Unternehmen oder die Ausgabenlast der privaten Haushalte gesenkt wird. Da ohne die staatliche Preissubvention aber

[1] Horst Seidel , Rudolf Temmen, Grundlagen der Volkswirtschaftslehre, 13 Aufl., Bad Homburg 1995, S. 200

nur das Angebot (q_1) von den Unternehmen angeboten werden würde (könnte), schafft die Subvention gleichzeitig die Möglichkeit und den Anreiz ein weiter marktpreisadäquates Mengenangebot (q_0) bereitzustellen.

Im Gegensatz zu den indirekten staatlichen Marktinterventionen führen die **direkten Preisinterventionen** (marktinkonforme Eingriffe) durch Höchst-, Mindest-, Richt- und Festpreise zu einem **Ausschalten** des Marktpreismechanismus. Die beiden wichtigsten Instrumente sind hierbei der **Höchst- und Mindestpreis**. „Die Festlegung von Höchstpreisen bedeutet, daß der Preis für das betrachtete Gut einen bestimmten Betrag nicht über-, wohl aber unterschreiten darf. Sofern der festgelegte Höchstpreis über dem Preis liegt, der sich frei am Markt bildet (p_{max} in der folgenden Grafik), hat der Höchstpreis keinerlei Auswirkungen. Er wird erst dann bedeutsam, wenn sich durch Nachfrageausweitung oder Angebotsverknappung ein Gleichgewichtspreis bilden würde, der über dem Höchstpreis läge. Dann ergibt sich eine Angebotslücke bzw. ein Nachfrageüberhang (Punkte R und S in der Grafik).“[1]

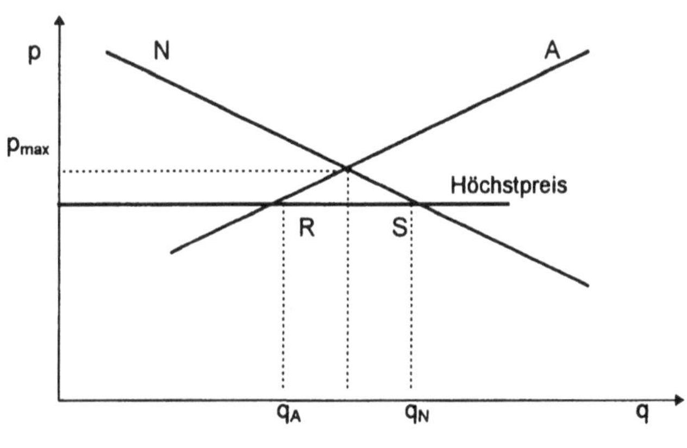

Der durch den **Nachfrageüberhang** entstehende **Verkäufermarkt** (das relativ preisgünstige Angebot (q_A) ist kleiner als die zu diesem Preis nachgefragte Menge (q_N)), führt zu einer Unterversorgung und zwingt den Staat zu **Rationierungsmaßnahmen**, z.B. in Form eines Bezugscheinsystems. Außerdem entstehen bei staatlicher Höchstpreisbildung in der Regel **„schwarze Märkte“**, weil viele Nachfrager bereit sind einen höheren Preis als den Höchstpreis zu bezahlen, und auch der Schwarzmarktpreis für die Anbieter attraktiver ist als der zulässige

[1] Jörn Altmann, Volkswirtschaftlehre, 4. Aufl., Stuttgart, Jena 1994, S. 282

Höchstpreis, „führen Preisstopps in der Praxis häufig dazu, daß die Angebotsmenge auf den offiziellen Märkten noch geringer wird, da sich das Angebot auf den Schwarzmarkt verlagert oder auch durch Schmuggel ins Ausland geschafft wird, wo bessere Preise zu erzielen sind. Besonders tragisch haben sich derartige Maßnahmen in einigen Entwicklungsländern ausgewirkt, wo wichtige Grundnahrungsmittel aus sozialen Überlegungen mit Höchstpreisen belegt wurden, mit dem Erfolg, daß landwirtschaftliche Erzeuger sich vom Markt zurückzogen und nur noch für den eigenen Bedarf produzierten (Subsistenzwirtschaft), so daß sich die Angebotslücken teilweise dramatisch verschärften und Hungersnöte ausbrachen."[1]

Höchstpreise bzw. **Preisstopps**, die die Nachfrager vor übermäßig hohen Preisen schützen sollen (Eindämmung inflationärer Entwicklungen), hat es zu fast jeder Zeit in vielen Ländern der Erde gegeben und es gibt sie auch heute noch. Preisstopps werden dabei in der Regel mit **Lohnstopps** verbunden, weil sonst die Produktionskosten die „eingefrorenen Preise" überholen und so die Anbieter Verluste erzielen würden. Die Tauglichkeit von Preis- und Lohnstopps zur **Inflationseindämmung** wird allgemein bestritten. Empirisch war es in den meisten Fällen so, daß nur eine vorübergehende Unterbrechung des Preisauftriebs erreicht werden konnte. „Nach Aufhebung der preisbegrenzenden Verordnungen holten die Preise nach, was vorübergehend nicht möglich war. Man könnte dies mit einer Spiralfeder vergleichen, die man oben festhält und von unten zusammendrückt. Hebt man nach einiger Zeit die Begrenzung auf, schnellt die Spirale sprunghaft nach oben."[2]

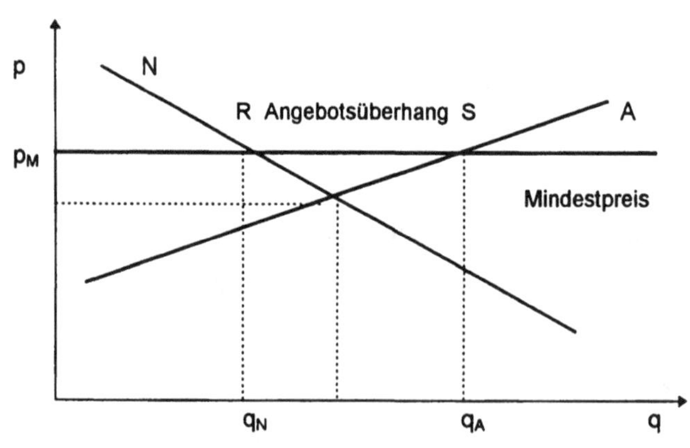

[1] Jörn Altmann, Volkswirtschaftslehre, a.a.O. , S. 283
[2] Ebenda, S. 286

Im Gegensatz zum Höchstpreis soll der **Mindestpreis**, der über dem Marktgleichgewichtspreis liegt, den Anbieter schützen. Hierdurch entsteht allerdings eine Diskrepanz zwischen der nachgefragten und der angebotenen Menge. In der Grafik wird zum Mindestpreis (p_M) die Menge (q_A) angeboten, aber nur die Menge (q_N) nachgefragt. Es entsteht also ein **Angebotsüberhang** (Käufermarkt). Der Staat wird durch diesen Angebotsüberschuß gezwungen, **mengenregulierende Maßnahmen** zu ergreifen, um **„graue Märkte"** zu verhindern. Diese entstehen deshalb, weil die durch die Mindestpreise überteuerten Güter hier billiger angeboten werden. Der Staat kann dazu, wie z.B. in der Landwirtschaft, die Produktionsüberschüsse aufkaufen und sie einlagern oder vernichten. Auf der anderen Seite kann er versuchen, das Angebot zu verringern, indem er Kapazitätsstillegeprämien an die einzelnen Produzenten zahlt (z.B. Schlachtprämien zur Senkung der Milchproduktion oder Stillegeprämien zur Einschränkung von landwirtschaftlichen Anbauflächen oder gewerblichen Produktionskapazitäten). Eine dritte Möglichkeit der Mengenregulierung besteht in einer Nachfrageerhöhung, die durch eine Preissubventionierung der privaten Haushalte realisiert werden kann (z.B. verbilligte Butter- und Milchpreise für einkommensschwache Haushalte).

5. Zum Marktversagen in marktwirtschaftlichen Ordnungen

Die bisher aufgezeigten privatwirtschaftlichen **Marktmechanismen** werden nicht nur durch staatliche Preisinterventionen beeinflußt, sondern es gibt eine Reihe an weiteren „Faktoren", die letztlich sogar zu einem **Marktversagen** in marktwirtschaftlichen Ordnungen führen bzw. zumindest den Marktfunktionsmechanismus bedrohen. Hier ist zunächst einmal der bereits angedeutete und sich real vollziehende **Konzentrationsprozeß** in der Wirtschaft zu nennen. Daneben wurde bisher die Nachfrageseite des Marktes, insbesondere die Endverbrauchernachfrage, unter äußerst idealtypisch-theoretischen Bedingungen, die eine sog. **Konsumentensouveränität** impliziert, wenig realistisch dargestellt. Hinzu kommt, daß in allen bisherigen Marktbetrachtungen keine sozialen Kosten bzw. Nutzen als **externe Markteffekte** berücksichtigt worden sind, und daß keine **öffentlichen oder meritorischen Güter** bei der einzelwirtschaftlichen Marktsteuerung in die Betrachtung aufgenommen wurden. Dies soll deshalb im folgenden Gegenstand der weiteren einzelwirtschaftlichen Marktüberlegungen sein.

5.1 Theoretische und empirische Befunde zur Marktvermachtung

5.1.1 Auswirkungen der Konzentration auf den Wettbewerb

Aus Wettbewerb folgt, wenn keine wettbewerbspolitischen Maßnahmen dagegen ergriffen werden, immanent Absprache und letztlich Konzentration. Das schrieb, ***Adam Smith***, der „geistige Vater" der marktwirtschaftlichen Ordnung, schon 1776:

„Geschäftsleute des gleichen Gewerbes kommen selten, selbst zu Festen und zur Zerstreuung, zusammen, ohne daß das Gespräch in einer Verschwörung gegen die Öffentlichkeit endet oder irgendein Plan ausgeheckt wird, wie man die Preise erhöhen kann."[1]

Auch ***Karl Marx***, der wie kein anderer den **Konzentrationsprozeß** der Wirtschaft prognostiziert hat, schreibt in Anspielung auf die sich im Kapitalismus vollziehende Ausbeutung (Expropriation):

„Diese Expropriation vollzieht sich durch das Spiel der immanenten Gesetze der kapitalistischen Produktion selbst, durch die Zentralisation der Kapitale. Je ein Kapitalist schlägt viele tot."[2]

Hiervon wollten die **neoklassischen Ökonomen** nichts wissen. Sie trennten kurzerhand unternehmerisches Handeln von der wirtschaftlichen Macht. Für ***Eugen von Böhm-Bawerk** (1851 bis 1914)* stehen sich Macht und ökonomisches Gesetz gegenüber, wie er es in seiner Schrift **„Macht oder ökonomisches Gesetz"** 1914 formulierte.[3] Demnach ist der Unternehmer in marktwirtschaftlichen Ordnungen vollständig dem „ökonomischen Gesetz von Angebot und Nachfrage" und den sich daraus ergebenen Preis-Mengen-Relationen ausgeliefert. Der Unternehmer hat in dieser neoklassischen Sicht der Wirtschaft keine Macht und keinen Gestaltungsspielraum.

Auch nach dem zweiten Weltkrieg galt bei den **neoliberalen Wirtschaftstheoretikern** der Wettbewerb als das entscheidende Selbststeuerungsinstrument des marktwirtschaft- lichen Systems, das die **Funktionsfähigkeit der Privatrechtsordnung** garantiere und gleichzeitig den Staatsapparat von obrigkeitlichen Lenkungsfunktionen und freiheitsbeschränkenden Eingriffen entlaste. „Der Wettbewerb ist das großartigste und genialste Entmachtungsmittel der Geschichte.

---

[1] Adam Smith, Der Wohlstand der Nationen, München 1974, S. 112

[2] Karl Marx, Das Kapital, Bd. 1, Berlin (Ost) 1974, S. 790

[3] Vgl. Eugen v. Böhm-Bawerk, Macht oder ökonomisches Gesetz, in: Zeitschrift für Volkswirtschaft, Sozialpolitik und Verwaltung, Leipzig, Wien 1914

Man braucht es nur zu beschwören, alle andere Arbeit leistet es allein."[1] So der neoliberale Theoretiker ***Franz Böhm** (1895 bis 1977)*. Dort, wo ein Machtmißbrauch drohe, müsse nur durch eine radikale staatliche **„Antimonopolpolitik"** der Wettbewerb geschützt werden, um dadurch das Abrutschen einer „echten Marktwirtschaft" in eine „kapitalistische Marktwirtschaft" zu verhindern, befand ***Wilhelm Röpke** (1899 bis 1966)* im Jahr 1948.

„Indem wir uns nämlich im Namen der echten Marktwirtschaft gegen Monopolismus, Konzentration und Kolossalkapitalismus gewandt und im Namen einer von Vernunft und Menschlichkeit geleiteten positiven Wirtschaftspolitik für eine Milderung der Härten und Reibungen zugunsten der Schwachen ausgesprochen haben, haben wir bereits unsere Wahl getroffen zugunsten des Klein- und Mittelbetriebes in allen Wirtschaftszweigen, zugunsten alles Maßvollen, in sich selbst Ruhenden, Übersehbaren und den menschlichen Dimensionen Angepaßten, zugunsten der Mittelschichten, zugunsten der Wiederherstellung des Eigentums breitester Kreise, zugunsten jener Politik, die man unter den Schlagworten der Entpoletarisierung und der Dezentralisation in der Volkswirtschaft zusammenfassen kann."[2]

Die **wirtschaftliche Realität** sieht allerdings anders aus. Der viel zitierte wettbewerbliche Marktmechanismus ist längst durch vollzogene **Konzentrationsprozesse** auf den meisten Märkten ausgehebelt. Die Konzentration wirtschaftlicher Macht bei immer weniger industriellen Großunternehmen, Handelsgiganten und Großbanken hat nach Feststellungen der Monopolkommission in der Bundesrepublik mittlerweile besorgniserregende Ausmaße angenommen. Das **„Gesetz gegen Wettbewerbsbeschränkungen" (GWB)** von 1958, das erst nach langwierigen politischen Auseinandersetzungen[3] verabschiedet und bis heute mehrmals novelliert wurde[4], als auch das **„Gesetz gegen den unlauteren Wettbewerb" (UWG)** von 1909, hat den Konzentrationsprozeß nicht aufhalten können. Die Ausübung von **Angebots-** als auch von **Nachfragemacht** ist längst gängige Praxis geworden. Unternehmen sind dadurch sowohl auf

[1] Franz Böhm, Demokratie und ökonomische Macht, Sonderdruck aus: Kartelle und Monopole im modernen Recht, Karlsruhe 1961, S. 22

[2] Wilhelm Röpke, Die Gesellschaftskrisis der Gegenwart, Erlangen-Zürich 1948, S. 80

[3] Vgl. dazu Karl-Heinz Stanzick, Die Verkündung der Sozialen Marktwirtschaft. Konzentration in der Wirtschaft, in: Carl Nedelmann, Gert Schäfer (Hrsg.), Politik ohne Vernunft oder die Folgen sind absehbar, Reinbek 1965, S.75ff.

[4] Die **erste Novelle** erfolgte 1965 (das Kartellamt konnte demnach selbst Geldbußen festlegen), die **zweite Novelle** war 1973, mit der die Mißbrauchsaufsicht über marktbeherrschende Unternehmen verschärft und die Preisbindung der zweiten Hand verboten wurde. Daneben wurden Kooperationserleichterungen für kleine und mittlere Unternehmen erlassen. Die **dritte Novelle** im Jahr 1976 erschwerte in erster Linie die Pressefusionen. Die **vierte Novelle** 1980 und die **fünfte Novelle** 1989 hatten im wesentlichen die Konzentrationskontrolle im Handel und hier insbesondere den Mißbrauch von Nachfragemacht zum Gegenstand. Zur Zeit wird im Bundeswirtschaftsministerium an einer **sechsten Novelle** des GWB gearbeitet. Sie beschäftigt sich in erster Linie mit der zunehmenden Konzentration in der Europäischen Gemeinschaft und mit der Abgrenzung des deutschen zum europäischen Kartellrecht.

ihren Bezugs- als auch auf ihren Absatzmärkten weitgehend in der Lage, die Preise zu ihren Gunsten zu bestimmen und damit ihre Gewinne (Machtgewinne) in ungerechtfertigter Weise zu vergrößern. Eine großangelegte Mittelstandsstudie kommt zu dem Ergebnis, daß 80% des Jahresumsatzes in Höhe von 400 Mrd. DM deutscher, mittelständischer Industriezulieferer unter diskriminierenden, teilweise kriminellen Praktiken ihrer Großabnehmer litten. Ähnliches wird aus dem Handelsbereich berichtet. Hier erpresssen die nachfragemächtigen Handelsgiganten von ihren meist kleinen und mittleren industriellen Anbietern Preis- und sonstige -vorteile, die in der Wettbewerbstheorie nicht vorkommen. Dies führt zu **Umverteilungen**, die wiederum eine optimale Allokation von knappen Ressourcen unmöglich macht, weil da, wo die Ausnutzung von wirtschaftlicher Macht gegeben ist, sich Wirtschaftssubjekte Vorteile verschaffen können, ohne einen Beitrag zum Sozialprodukt zu leisten.

Auch führt die Konzentration zu einer **Konservierung unwirtschaftlicher Unternehmensstrukturen**, die letztlich in Volkswirtschaften aufgrund eines fehlenden Wettbewerbs zu Innovationsausfällen führen. Konzentration impliziert ebenso eine **„schleichende Inflation“**, die durch Machtpreisbildung auf konzentrierten Märkten ermöglicht wird; und dies trotz gleichzeitiger beträchtlicher Steigerung der Produktivität durch Rationalisierungsmaßnahmen. Auch nimmt der Konzentrationsprozeß Einfluß auf **Konjunktur und Beschäftigung**. Kommt es unter wirklichen Wettbewerbsbedingungen, wie in unserem idealtypischen Marktmodell gezeigt, zu Mengenveränderungen, so muß notwendigerweise zur Räumung der Märkte eine entsprechende Preisanpassung folgen. Unter den Bedingungen einer vermachteten Wirtschaft reagieren aber marktstarke Anbieter auf ein Nachlassen der Konjunktur weniger durch eine Preissenkung, als vielmehr durch eine Kürzung der Produktion, was weitreichende Auswirkungen auf die Beschäftigung bzw. **Arbeitslosigkeit** und damit, kreislauftheoretisch durch eine reduzierte Lohnsumme, wiederum auf die gesamtwirtschaftliche Nachfrage hat. Dies hat nicht unbeträchtliche Folgen für eine **staatliche Konjunkturpolitik**. Denn, erweisen sich Preise gegenüber der Anwendung des traditionellen konjunkturpolitischen Instrumentariums als resistent und bereiten dem Übergang von der **Inflation** zur **Stagnation** den Weg, wobei die Produktion und Beschäftigung entweder stagniert oder sogar abnimmt bei gleichzeitiger Steigerung des Preisniveaus **(Stagflation)**, wird jede staatliche Konjunkturpolitik zur Ankurbelung von Wachstum und Beschäftigung unterlaufen. Auf diese Weise wurde in den USA und England in den Jahren 1970/71 die staatliche Konjunkturpolitik konterkariert, mit der Folge, daß die amerikanische Regierung am 15. August 1971 und die britische Regierung am 7. November 1972

Lohn- und Preisstopps verkündeten. Die gleiche **stagflationäre Entwicklung** bestimmte den **Krisenverlauf 1974/75** in der Bundesrepublik. „Branchen, in denen einige Großunternehmen einen sehr hohen Anteil des Umsatzes auf sich vereinigen, haben 1974/75 ihre Preise wesentlich mehr erhöht als Branchen, in denen die größten Unternehmen keinen überdurchschnittlichen Marktanteil haben. Spiegelbildlich hierzu sinkt die Produktion in den hochkonzentrierten Branchen wesentlich stärker als in den kaum konzentrierten Branchen. Dieser Sachverhalt läßt sich mit einigen Zahlen leicht belegen: Die niedrigstkonzentrierte Gruppe (Textilien, Bekleidung, Ernährung) zeichnet sich durch eine jährliche Inflationsrate von 6,9% aus, wobei die Produktion um jährlich 4,3% fällt. Die Inflationsrate der zweiten, höher konzentrierten Gruppe beträgt 9,4%, der Produktionsrückgang 8,6%, und in der dritten Gruppe, der höchstkonzentrierten Gruppe, beläuft sich die Inflationsrate auf 11,4% bei einem Produktionsrückgang von 9,5%. Dazu gehören (auch) der Bergbau (Preise + 33,3%, Menge - 5,8%) und die Autoindustrie (Preise +9,8%, Menge -5,4%)."[1]

Auch nimmt durch Unternehmenskonzentration die Möglichkeit eines mißbräuchlichen Einsatzes ökonomischer Macht auf **politischer Ebene** zur Durchsetzung der eigenen Interessen zu. Die ***Arbeitsgruppe Alternative Wirtschaftspolitik*** stellt dazu kritisch fest:

„Das politische Engagement großer Konzerne ist seit 100 Jahren bekannt: es war die deutsche Schwerindustrie, die Ende des vorigen Jahrhunderts das gigantische Flottenbauprogramm forderte und politisch durchsetzte. Der Generaldirektor der AEG, Walther Rathenau, organisierte im 1. Weltkrieg die Rohstoffbewirtschaftung des Deutschen Reiches. Viele Konzerne haben Hitler schon vor der Machtergreifung aktiv unterstützt - die Vereinigten Stahlwerke und Thyssen an vorderster Front -, alle haben sie sich an der faschistischen Aufrüstung beteiligt und daran verdient. Die Eigentümer oder Manager der größten Konzerne waren vielfach Wehrwirtschaftsführer; Krupp, Flick und 13 Direktoren der IG Farben wurden 1947 bzw. 1948 als Kriegsverbrecher verurteilt - allerdings schon wenig später wieder freigelassen. Das Engagement der Deutschen und der Dresdner Bank ist in kürzlich veröffentlichten Untersuchungen der amerikanischen Militäradministration aus den Jahren 1946/47 noch einmal eindringlich deutlich geworden. Alle diese Konzerne hatten große ökonomische und politische Macht. Sie waren nicht Opfer der Verhältnisse, sondern haben diese aktiv mitgestaltet. (...) Auch die Umsetzung ökonomischer in politischer Macht spielt in der BRD von Anfang an eine wesentliche Rolle: Bei der erfolgreichen Durchlöcherung des 'Gesetzes gegen Wettbewerbsbeschränkungen' (GWB) - ebenso wie bei der Entwicklung und Durchsetzung von Rüstungsprogrammen, der Umstrukturierung der Energieversorgung zugunsten der Kernenergie und der Verkabelung der Bundesrepublik. (...) Flick-Affäre und Spenden-Skandal, Subventionsabpressung und Verhinderung eines wirksamen Umweltschutzes: überall ist der Mechanismus wirksam, der die Gestaltung wirtschaftlicher, politischer und gesellschaftlicher Strukturen und Prozesse den Interessen und dem Einfluß des großen Kapitals unterwirft."[2]

---

[1] Rainer Eisfeld, Wirtschaftskonzentration und die Lähmung des Staatsinterventionismus, in: Vorgänge, Zeitschrift für Gesellschaftspolitik, 16. Jg., Heft 4, 1977, S. 75

[2] Arbeitsgruppe Alternative Wirtschaftspolitik, Wirtschaftsmacht in der Marktwirtschaft, Zur ökonomischen Konzentration in der Bundesrepublik, Köln 1988, S. 11ff.

5.1.2 Begriff, Formen, Messung und Stand der Unternehmenskonzentration

In Deutschland wird gemäß § 24 b GWB durch die ***Monopolkommission*** der jeweilige Stand der Unternehmenskonzentration sowie deren absehbare Entwicklung unter wirtschafts-, insbesondere wettbewerbspolitischen Gesichtspunkten beurteilt. Die Kommission, die ihr erstes Hauptgutachten für den Zeitraum 1973/75 im Jahr 1976 veröffentlichte, besteht aus fünf Mitgliedern, die über besondere volkswirtschaftliche, betriebswirtschaftliche, sozialpolitische, technologische oder wirtschaftsrechtliche Kenntnisse und Erfahrungen verfügen müssen. Seit ihrem Bestehen hat die Kommission insgesamt bis 1994 zehn Hauptgutachten und dreiundzwanzig Sondergutachten zur Konzentrationsentwicklung veröffentlicht.

Neben der Monopolkommission obliegt dem ***Bundeskartellamt***, mit Sitz in Berlin,[1] anhand des „Gesetzes gegen Wettbewerbsbeschränkungen" (GWB) die Mißbrauchsaufsicht über marktbeherrschende Unternehmen sowie die Fusionskontrolle. Seit 1958 veröffentlicht das Kartellamt sog. „Tätigkeitsberichte" nach § 50 GWB. Bis zum Jahr 1978 wurden diese Berichte jährlich erstellt. Seit 1979 erfolgt die Berichterstattung nur noch alle zwei Jahre. Die Bundesregierung ist nach § 50 Abs. 2 GWB - mit Federführung des **Bundesministers für Wirtschaft** - verpflichtet, eine Stellungnahme zu dem Bericht des Kartellamtes abzugeben und den Bericht dem ***Deutschen Bundestag*** zuzuleiten.

Die insgesamt zu beurteilende Unternehmenskonzentration[2] kann grundsätzlich auf verschiedene Weise zustande kommen. So wachsen einige Unternehmen in einer Branche aufgrund der Umwandlung von Gewinn in Realkapital schneller als ihre Wettbewerber (**internes Wachstum**) oder Unternehmen schließen sich durch Fusion zusammen (**externes Wachstum**). Scheiden Unternehmen (Grenzanbieter) endgültig aus dem Markt aus, liegen **Marktverdrängungsprozesse** vor. Teilt man die Unternehmenskonzentration nach **Produktionsstufen** ein, spricht man von horizontaler, vertikaler oder diagonaler (konglomerater) Konzentration. **Horizontale Konzentration** entsteht durch den Zusammenschluß von Unternehmen der gleichen Produktionsstufe bzw. Branche. Beispielsweise schließen sich mehrere Automobilhersteller zusammen. **Vertikale Unternehmenskonzentration** liegt dagegen vor, wenn sich Unternehmen

[1] Zusätzlich unterhält das Bundeskartellamt in den einzelnen Bundesländern jeweilige Landeskartellbehörden.

[2] Wenn hier von Unternehmenskonzentration die Rede ist, so ist damit nicht die **Einkommens- und Vermögenskonzentration** der privaten Haushalte gemeint, sondern ausschließlich die wirtschaftliche Konzentration im Unternehmenssektor.

vor- und/oder nachgelagerter Produktionsstufen zusammenfinden. Beispiel: Zusammenschluß von Stahl- und Automobilunternehmen. Bei der **diagonalen Konzentration** kommt es zur Fusion von Unternehmen, die sowohl verschiedenen Produktionsstufen als auch Branchen angehören. Unternehmen der Nahrungsmittelindustrie schließen sich z.B. mit Banken und Reedereien zusammmen.

Unternehmenszusammenschlüsse kommen dabei entweder sehr lose in Form von **Kooperationen** oder **Arbeitsgemeinschaften** zustande, wobei die einzelnen Unternehmen sowohl ihre wirtschaftliche als auch rechtliche Selbständigkeit beibehalten, oder durch vertragliche und kapitalmäßige Bindungen. Hierbei wird die wirtschaftliche und/oder rechtliche Selbständigkeit aufgehoben. Schließen sich Unternehmen zu einem **Kartell** oder **Syndikat** zusammen, bleiben sie zwar rechtlich selbständig, geben aber einen Großteil ihrer wirtschaftlichen Unabhängigkeit auf. Kommt es zu einer **Konzernbildung**, so bleiben die Unternehmen auch hier rechtlich selbständig, verlieren aber ihre wirtschaftliche Selbständigkeit, während bei einer Verschmelzung zu einem **Trust** sowohl die rechtliche als auch die wirtschaftliche Unabhängigkeit der einzelnen Unternehmen verlorengeht.

Die statistische Erfassung und **Messung der Unternehmenskonzentration** „hat die Aufgabe, die Größe und die Größenstruktur einer bestimmten Anzahl von Unternehmen zu charakterisieren."[1] Dabei entstehen nicht unbeträchtliche **Meßprobleme**. Soll die Struktur eines Marktes durch bestimmte Konzentrationsmaße abgebildet werden, ist zunächst einmal die **Abgrenzung des relevanten Marktes** zu klären. Dabei muß festgelegt werden, „welche Produkte und welche Anbieter zum Markte gehören sollen und auch, welche räumlichen Gebiete dazuzurechnen sind. Werden z.B. die Anbieter auf einem Markte betrachtet, dann ist (...) der nächste Schritt der, daß die Anbieter nach ihrer Größe geordnet werden. Als Maß für die Größe kommt dabei der Marktanteil in Betracht."[2] Wichtig ist bei der Erfassung der Konzentration die **Datenbasis**, die sowohl dem Bundeskartellamt als auch der Monopolkommission zur Durchführung ihrer Aufträge zur Verfügung steht. Diesbezüglich schreibt die Monopolkommission in ihrem 10. Hauptgutachten: „Die Konzentrationsberichterstattung der Monopolkommission leidet weiterhin an zahlreichen Lücken der Datenbasis. Sie beruhen auf der strengen Auslegung und Anwendung der statistischen Geheimhaltungsvorschriften durch das Statistische Bundesamt. Die Vorschriften

[1] Rainer Feuerstack, Unternehmenskonzentration, Theoretische Grundbegriffe und empirische Ergebnisse für die Bundesrepublik Deutschland 1960 - 1970, Neuwied 1975, S. 7

[2] Wolfgang Cezanne, Jürgen Franke, Volkswirtschaftslehre, 7. Aufl., München, Wien 1997, S. 149f.

gelten grundsätzlich auch gegenüber der Monopolkommission und stehen im Spannungsfeld der Forderung nach einer hinreichenden Transparenz von Wirtschaftsdaten, die inzwischen im europäischen Rahmen durch weitreichende Publizitätsvorschriften geregelt ist, und der Akzeptanz der amtlichen Statistik bei den befragten Unternehmen, die durch das Gebot zur statistischen Geheimhaltung der zahlreich und detailliert erhobenen Einzelangaben erreicht werden soll. Darüber hinaus können, insbesondere bei Einzelunternehmen und Personengesellschaften, grundsätzliche Positionen des Datenschutzes berührt sein."[1]

Das **Bundeskartellamt** erfaßt seit 1973 im Rahmen der kartellrechtlichen **Fusionskontrolle** bzw. **Zusammenschlußkontrolle** gemäß § 24 GWB die vollzogenen Unternehmenszusammenschlüsse (vgl. dazu die folgende Tabelle: „Vollzogene Unternehmenszusammenschlüsse"), wobei die gemachten Erfahrungen mit der sog. *„vorbeugenden Fusionskontrolle"* zur Verhinderung der Entstehung oder Verstärkung einer marktbeherrschenden Stellung als ein brauchbares wettbewerbspolitisches Instrument zur Vermeidung von Konzentration aufgrund der seit 1973 erheblich gestiegenen Zusammenschlüsse bezweifelt werden muß. Dies gilt insbesondere seit dem Beschluß des ***Ministerrates der EG*** vom Februar 1986, bis Ende 1992 einen gemeinsamen **„Europäischen Binnenmarkt"** herzustellen; da es seitdem zu einer verstärkten Fusionswelle gekommen ist. Dies stellte das Bundeskartellamt bereits in seinem Tätigkeitsbericht 1988 fest. Zusätzlich sorgte die **deutsche Wiedervereinigung** in den Chefetagen deutscher Unternehmen für ein „Fusionsfieber", wobei sich immer größere Unternehmensblöcke herausbilden. Der Grund ist in fast allen Fällen der gleiche: Es geht um externes Größenwachstum, um die Steigerung der Marktanteile zur Eliminierung des Wettbewerbs. Im Zeitraum von 1973 bis 1985, also vor Verkündung des Binnenmarktes und der Wiedervereinigung, gab es insgesamt 6.586 Zusammenschlüsse, jahresdurchschnittlich sind das gut 506 Fälle, während sich im Zeitraum von 1986 bis 1996 insgesamt 15.602 Unternehmen oder jahresdurchschnittlich gut 1.418 Unternehmen zusammengeschlossen haben. Dies entspricht einer Steigerungsrate von 180,2 %! Die Zahl der abgelehnten Fusionen lag zwischen 1973 und 1996 bei insgesamt 115 Fällen. Dies sind mal gerade gut 0,5 % der gesamten genehmigten Fusionen.

[1] Monopolkommission, 10. Hauptgutachten, Mehr Wettbewerb auf allen Märkten, Baden-Baden 1994, S. 67

Vollzogene und untersagte Unternehmenszusammenschlüsse

Jahr	Fusionen	horizontal	vertikal	diagonal	Untersagte Fusionen
1973 - 1980	3.575	2.408	681	486	35 (1,0%)
1981	618	387	124	107	13
1982	603	376	73	154	-
1983	506	335	53	118	14
1984	575	377	64	134	-
1985	709	449	77	183	9
1986	802	571	74	157	-
1987	887	635	102	150	8
1988	1.159	765	136	258	-
1989	1.414	1.021	166	227	18
1990	1.548	1.146	148	254	-
1991	2.007	1.754	48	205	4
1992	1.743	1.463	70	210	-
1993	1.514	1.298	42	174	7
1994	1.564	1.301	46	217	-
1995	1.530	1.331	55	144	7
1996	1.434	1.235	78	121	-

Quelle: Diverse Tätigkeitsberichte des Bundeskartellamtes

Seit 1990 ist die Berliner Kartellbehörde aufgrund einer eingeführten **EU-Fusionskontrolle** für grenzüberschreitende Unternehmenszusammenschlüsse ab einer bestimmten Größenordung (sog. „Aufgriffsschwellen") nicht mehr zuständig.[1] Demnach müssen Unternehmensfusionen bei der *„Europäischen Kommission"* zur Überprüfung angemeldet werden, wenn die beteiligten Unternehmen erstens insgesamt einen weltweiten Gesamtumsatz von mehr als 5 Mrd. ECU (fast 10 Mrd. DM) und wenn zwei Unternehmen einen Gesamtumsatz innerhalb der EU von jeweils mehr als 250 Mio. ECU (fast 500 Mio. DM) haben, außer, wenn jedes Unternehmen mehr als zwei Drittel seines Gesamtumsatzes in jeweils nur einem Mitgliedstaat erzielt. Ein Zusammenschluß darf dabei nicht vor der Anmeldung und danach nicht ohne Genehmigung der Kommission vollzogen werden. Mittlerweile gibt es eine heftige Diskussion um die nationalen und europäischen Zuständigkeiten bei der Überprüfung von Fusionen. Die Wirtschaft fordert eine

[1] Vgl. Astrid Block, Die europäische Fusionskontrolle - Versuch einer rechtlichen und wettbewerbspolitischen Einordnung, in: WSI-Mitteilungen, Heft 1/1992, S. 24ff.

Absenkung der Umsatzschwellen, um dadurch eine grenzüberschreitende Fusion nicht mehr bei vielen verschiedenen nationalen Kartellbehörden anmelden zu müssen. Hierdurch würde für die deutsche Wirtschaft bei vielen Fusionen das strenger als die Brüsseler Kommission urteiltende Bundeskartell ausgeschaltet. Das *Bundeswirtschaftsministerium* hat dagegen eine größere Zuständigkeit der EU bisher an die Bedingung geknüpft, dann müsse ein unabhängiges **„Europäisches Kartellamt"** nach deutschem Vorbild geschaffen werden, das die Fusionen prüfe. Dies gilt allerdings auf der politischen Ebene nach Auffassung des für Wettbewerbsfragen in Europa zuständigen Kommissar ***Karel van Miert*** für wenig realistisch.

Bis heute scheint jedenfalls auch das auf europäischer Ebene zur Verfügung stehende Instrumentarium der Fusionskontrolle kein brauchbares Instrument zu sein, um den fortschreitenden Konzentrationsprozeß in den Griff zu bekommen. Von den seit 1990 gut 300 bis Ende 1995 in Brüssel gemeldeten Fusionen sich mal gerade einmal zwei untersagt worden. Allein im Jahr 1996 dürften - nach der sich auf internationale Beteiligungen spezialisierten *Beratungsgesellschaft M & A International* mit Sitz in Königstein bei Frankfurt/M. - die Gesamtkaufpreise aller Unternehmensübernahmen mit deutscher Beteiligung als Erwerber oder Erworbenem bei etwa 60 Milliarden DM gelegen haben. Die geplante **Euro-Einführung** wirft auch hier ihre Schatten voraus. Viele Unternehmen in Europa versuchen durch Übernahmen, ihre Position im neuen Währungsraum vom Start weg zu verbessern. Frankreich als wichtigster Euro-Partner ist folgerichtig erstmals zum bevorzugten Investitionsstandort für deutsche Unternehmen geworden und hat die USA von dieser Position abgelöst.[1]

Neben der Fusionskontrolle beschäftigt sich das Bundeskartellamt im Rahmen einer nationalen **Mißbrauchsaufsicht** auch mit wettbewerbsbeschränkenden Verhaltensweisen von marktbeherrschenden Unternehmen. Dazu wird im GWB sowohl die **Marktbeherrschung** als auch der **Mißbrauch der Marktmacht** auf der Angebots- und Nachfrageseite eines Marktes definiert. Marktbeherrschung liegt demnach gemäß § 22 GWB immer dann vor, wenn

- ein Unternehmen als Anbieter oder Nachfrager ohne Wettbewerber ist oder keinem wesentlichen Wettbewerb ausgesetzt ist **(Monopolfall)** oder

[1] Vgl. FAZ vom 20.12.1996, S. 18

- eine im Verhältnis zu seinen Wettbewerbern überragende Marktstellung hat; hierbei sind insbesondere sein **Marktanteil**, seine **Finanzkraft**, sein Zugang zu den Beschaffungs- oder Absatzmärkten, **Verflechtungen** mit anderen Unternehmen, rechtliche oder tatsächliche Schranken für den **Marktzutritt** anderer Unternehmen, die Fähigkeit, sein Angebot oder seine Nachfrage auf andere Waren oder gewerbliche Leistungen umzustellen, sowie die Möglichkeit der Marktgegenseite, auf andere Unternehmen **auszuweichen**, zu berücksichtigen.

- Marktbeherrschung liegt auch immer dann zwischen zwei oder mehr Unternehmen vor, wenn zwischen ihnen für eine bestimmte Art von Waren oder gewerblichen Leistungen allgemein oder auf bestimmten Märkten aus tatsächlichen Gründen ein wesentlicher Wettbewerb nicht besteht und soweit sie in ihrer Gesamtheit die Voraussetzungen des § 22 Absatz 1 GWB erfüllen **(marktbeherrschendes Oligopol)**.

„Um den schwierigen Nachweis der Existenz einer marktbeherrschenden Stellung durch das Kartellamt und die Gerichte zu erleichtern, besteht nach dem GWB die **Vermutung** einer solchen Marktbeherrschung, wenn von dem oder den Unternehmen ein bestimmter Marktanteil sowie bestimmte Jahresumsätze erreicht werden. Diese Marktanteile, die die Vermutung einer marktbeherrschenden Stellung begründen, sind:

1 Unternehmen $\subseteq$ ein Drittel
3 Unternehmen $\subseteq$ die Hälfte
5 Unternehmen $\subseteq$ zwei Drittel

Dabei müssen die Jahresumsätze 100 bzw. 250 Mio. DM übersteigen."[1] Damit das Kartellamt rechtlich einschreiten kann, muß neben der Marktbeherrschung zusätzlich ein **Mißbrauch der Angebots-** oder **Nachfragemacht** vorliegen. Beim Mißbrauch dieser Marktmacht wird allgemein zwischen **Behinderungs-** und **Ausbeutungsmißbrauch** unterschieden. Hierunter werden wiederum bestimmte **Marktmachtstrategien** wie Diskriminierungs-, Verdrängungs- oder Bindungsstrategien subsumiert. Ausbeutungsmißbrauch liegt demnach immer dann vor, wenn ein marktbeherrschendes Unternehmen die Leistungen seiner Lieferanten (Nachfragemacht) nicht „angemessen" vergütet oder für seine eigenen Leistungen (Angebotsmacht) „unangemessene" Gegenleistungen verlangt. Behinderungsmißbrauch liegt vor, wenn ein marktbeherrschendes

[1] Ulrich Baßeler, Jürgen Heinrich, Walter Koch, Grundlagen und Probleme der Volkswirtschaft, 13. Aufl., Köln 1992, S. 205

Unternehmen als Anbieter oder Nachfrager die Absatz- und Beschaffungsmöglichkeiten seiner Konkurrenten in nicht gerechtfertigter Weise beeinträchtigt. Da der Nachweis von Ausbeutungs- und Behinderungsmißbrauch in der wirtschaftlichen Realität nicht immer einfach ist, und die hierfür zur Verfügung stehenden Instrumente wie das **„Als-ob-Wettbewerbskonzept"** oder das **„Vergleichsmarktkonzept"**, als auch eine **„Kosten- und Gewinnkontrolle"**, allesamt nicht überzeugen und letztlich nicht brauchbar sind, ist es kaum verwunderlich, daß die Mißbrauchsaufsicht gegenüber marktbeherrschenden Unternehmen im wesentlichen als gescheitert angesehen werden muß. „Das Bundeskartellamt konnte sich in keinem der wichtigen Verfahren, z.B. gegen die Mineralölunternehmen, gegen die Automobilindustrie, gegen Unternehmen der Pharmaindustrie (...) durchsetzen. Die Verfahren wurden entweder vor einer gerichtlichen Entscheidung abgebrochen (...) oder durch höchstrichterlichen Beschluß zuungunsten des BKartA entschieden."[1] Da die fortschreitende Unternehmenskonzentration weder durch eine vorbeugende Fusionskontrolle noch durch eine Mißbrauchsaufsicht aufgehalten werden kann, ist darüber nachzudenken, was die Monopolkommission in zwei Sondergutachten in den Jahren 1975 und 1979 bereits gemacht hat, ob nicht durch eine nachträgliche Auflösung von vollzogenen Fusionen durch **Unternehmensentflechtungen** dem Konzentrationsprozeß begegnet werden kann. Bereits die geltende rechtliche Regelung des GWB (§ 24) würde hierfür einen Ansatzpunkt bieten. Im Gegensatz zum Bundeskartellamt basiert die statistische Erfassung der Unternehmenskonzentration durch die **Monopolkommission** auf die Messung der **absoluten und der relativen Konzentration**. Hierbei wird allerdings nur die horizontale Konzentration analysiert. Als Maßzahlen werden dabei verwandt:

- **Messung absoluter Konzentration**
  - Konzentrationsraten bezogen auf die jeweils 3, 6, 10, 25 und 50 größten Unternehmen
  - Hirschman-Herfindahl-Index

- **Messung relativer Konzentration**
  - Disparitätsraten bezogen auf die den Konzentrationsraten entsprechenden jeweils größten Unternehmen
  - Variationskoeffizient

[1] Hans-Jürgen Ahrms, Hans-Dieter Feser, Wirtschaftspolitik, 6. Aufl., München, Wien 1995, S. 74

Die absolute Konzentration ist auf die Ungleichverteilung der Größe einer bestimmten Anzahl der Unternehmen bezogen, die relative Konzentration auf entsprechende Anteile an deren Gesamtzahl. Auf den absoluten Konzentrationsgrad wirken danach analytisch die Anzahl der Unternehmen und die Ungleichverteilung ihrer Marktanteile und bei der Messung der relativen Konzentration ist der erste Faktor normiert, sie wird allein durch die Ungleichverteilung determiniert.

Unternehmenskonzentration im Bergbau und Verarbeitenden Gewerbe 1991 - Konzentrationsraten für den Umsatz

Wirtschaftszweig	Gesamtumsatz des Wirtschaftszweigs - in Mrd. DM -	Anzahl der Unternehmen im Wirtschaftszweig	Anteil der drei, sechs (zehn) umsatzgrößten Unternehmen am Umsatz des jeweiligen Wirtschaftszweiges in %		
			drei	sechs	zehn
Bergbau	29,1	79	x[2]	x	88,4
Mineralölverarbeitung	107,4	50	53,8	83,1	94,2
Eisenschaffende Indu.	49,1	102	33,9	53,2	69,9
Gießerei	16,3	442	-	26,7	34,9
Maschinenbau	216,9	5.486	4,7	7,8	10,7
Straßenfahrzeugbau[1]	288,9	1.849	49,6	68,6	73,7
Schiffbau	7,8	90	42,3	59,9	74,3
Luft- u. Raumfahrtindu.	17,1	53	70,2	86,4	93,6
Elektrotechnik	225,4	3.065	x	35,1	40,1
Chemische Industrie	198,6	1.216	28,5	37,9	43,6
Feinkeramik	5,3	145	x	47,3	56,5
Holzverarbeitung	42,7	2.152	x	6,7	9,8
Druckerei, Vervielf.	31,5	2.067	7,1	11,9	15,2
Gummiverarbeitung	20,6	222	35,6	48,6	60,5
Ledererzeugung	1,2	42	29,8	45,8	66,3
Textilgewerbe	40,7	1.153	6,1	10,2	14,4
Bekleidungsgewerbe	27,8	1.621	8,4	11,9	15,3
Ernährungsgewerbe	194,9	3.759	x	8,1	11,5

1) Incl. Reparatur von Kraftfahrzeugen u.a., 2) (x) aus Geheimhaltungsgründen keine Veröffentlichung, Quelle: Monpolkommission, 10. Hauptgutachten 1992/93, Anlageband, Baden-Baden 1994

Das einfachste Konzentrationsmaß sind die absoluten **Konzentrationsraten**. Dabei werden z.B. die Umsätze der größten drei Anbieter addiert und auf den gesamten Umsatz aller Anbieter bezogen. Wenn z.B. die größten drei Anbieter einen Marktanteil von mehr als 50% haben, so wird nach § 22 Abs. 3 des Gesetzes gegen Wettbewerbsbeschränkungen (GWB) vermutet, daß Marktbeherrschung vorliegt. Solche Konzentrationsraten können für jede beliebige Anbieterzahl angegeben werden. Die zuvor gezeigte Tabelle: „*Unternehmenskonzentration im Bergbau und Verarbeitenden Gewerbe*" zeigt für ausgesuchte Wirtschaftszweige solche Konzentrationsraten für die jeweils drei, sechs und zehn umsatzgrößten Unternehmen.

Die Information, daß z.B. die sechs größten Unternehmen im gesamten Bekleidungsgewerbe einen Marktanteil von 11,9% haben, besagt aber noch nichts über das relevante **Marktmachtpotential** dieser Anbieter. Auch wird die Anzahl und Struktur der jeweils kleineren Unternehmen nicht berücksichtigt. Deshalb hat die Monopolkommission die einzelnen Branchen in 323 vierstellige Güterklassen differenziert und nach der Meßmethode des **Hirschmann-Herfindahl-Index**[1] weiter differenziert. Der Hirschmann-Herfindahl-Index ist ein absolutes summarisches Konzentrationsmaß, da alle Unternehmen einer Branche bei der Messung berücksichtigt werden. Der Wert des Index kann als Summe der quadrierten Anteilswerte berechnet werden.

$$H = \Sigma a_i^2 \quad (i = 1, 2, \ldots, n)$$

Der Wertebereich des Hirschmann-Herfindahl-Index ist normiert mit

$$1/n \subseteq H \subseteq 1$$

Im Falle gleich großer Marktanteile $a_i = 1/n$ ergibt sich $H = n/n^2 = 1/n$ und im Falle des Monopols $H = 1$. Da der Index für stark besetzte Wirtschaftsbereiche sehr kleine Werte annehmen kann, multipliziert ihn die Monopolkommission mit dem Faktor 1.000. Werden für a_i die Prozentsätze eingesetzt, dann ist der Maximalwert 1.000.

Für das Bekleidungsgewerbe weist die Monopolkommission - differenziert nach Güterklassen - die folgenden Hirschman-Herfindahl-Indizes aus:

---

[1] Vgl. dazu Rainer Feuerstack, a.a.0., S. 109ff. Der Herfindahl-Index ist gleich der Summe der quadrierten Marktanteile.

64 Bekleidungsgewerbe **(5,383)**
6413 Herstellung von Herrenoberbekleidung **(34,239)**
6414 Herstellung von Damen- und Kinderoberbekleidung **(13,712)**
6421 Herstellung von Herren-, Damen- und Kinderwäsche **(43,092)**
6425 Herstellung von Haus-, Bett- und Tischwäsche **(66,642)**
6430 Serienfertigung von genähter Arbeits-, Sport-, Leder- und Regenschutzbekleidung, Uniformen **(19,123)**
6440 Herstellung von Miederwaren **(412,710)**
6450 Herstellung von Kopfbedeckungen, Bekleidungszubehör **(50,312)**
6460 Verarbeitung von Fellen, Pelzen **(108,828)**
6470 Herstellung von Bettwaren (ohne Matratzen) **(23,444)**
6481 Herstellung von konfektionierten Artikeln für die Innenausstattung **(132,967)**
6489 Herstellung von sonstigen konfektionierten textilen Artikeln **(34,404)**
6499 Mit dem Bekleidungsgewerbe verbundene Tätigkeiten **(11,296)**

Da bei den absoluten Konzentrationsraten nicht unmittelbar die Größenverteilung der Unternehmen zum Ausdruck kommt, berücksichtigt die Monopolkommission seit dem 6. Hauptgutachten zusätzlich Maßzahlen zur relativen Konzentration. „Dies folgt aus der Einsicht, daß zwei gleich hohe Konzentrationsgrade wettbewerbspolitisch unterschiedlich zu beurteilen sind, wenn die Anzahl der Anbieter und unter den gegebenen Bedingungen auch die Ungleichverteilung der Marktanteile in einem Fall höher sind als in einem anderen Fall. Diese Information ist auf einfache Weise durch den relativen Konzentrationsgrad zu gewinnen. Es wäre in Querschnitt- und Längsschnittanalysen ein Fehler, Güterklassen in bezug auf ihre Angebotsstruktur und die hieraus resultierenden wettbewerblichen Verhaltensspielräume der Anbieter als äquivalent zu betrachten, nur weil sie den gleichen Wert des Herfindahl-Index aufweisen. Richtig ist es, den absoluten Konzentrationsgrad in Hinblick auf die Anzahl der Anbieter und die Streuung der Produktionsanteile differenziert zu betrachten. Eine Disparitätsrate ist der Anteil, mit dem der Wert einer Konzentrationsrate auf der Ungleichverteilung der Merkmalsbeträge beruht:

$$\mathbf{DR_j = (Cr_j - j/n)/CR_j \quad ; \quad Dr_j = 1 - j/(n \times CR_j)}$$

Beispielsweise betrage die Konzentrationsrate der größten drei von insgesamt hundert Anbietern 10%. Wären alle Anbieter gleich groß, betrüge die Konzentrationsrate CR_3 = 3%. Der Wert der Konzentrationsrate beruht danach zu 70% - der Disparitätsrate DR_3 - auf der ungleichen

Größenverteilung. Mit Hilfe der ihr zugeordneten Disparitätsrate kann die Höhe der Konzentrationsrate für die (j) größten Anbieter auf deren Gesamtzahl (n) und die ungleiche Größenverteilung (DR_j) zurückgeführt werden:

$$Cr_j = j/(n \times (1 - DR_j))$$

Aufgrund des gleichen Zusammenhangs wie für Konzentrationsraten besteht auch für summarische absolute Konzentrationsmaße (K^a) ein zugeordnetes relatives Konzentrationsmaß (K^r).

$$K^r = 1 - (1/(n \times K^a))$$

Die dem Herfindahl-Index zugeordnete Maßzahl der relativen Ungleichverteilung wird nach einer einfachen Umformung in Gestalt des Variationskoeffizienten (V) verwendet. Er ist das Verhältnis der Standardabweichung der Merkmalswerte zu ihrem arithmetrischen Mittelwert. Bezogen auf Anteilswerte gilt:

$$V^2 = n \times \Sigma (a_i - 1/n)^2 \qquad (i = 1,2,...,n)$$

(V) ist der Variationskoeffizient; es gelten die bisherigen Bezeichnungen. Aufgrund des dargestellten Zusammenhangs bestimmen der Variationskoeffizient (V) und die Zahl der Anbieter (n) den Wert des Herfindahl-Index (H):

$$H = (1 + V^2)/n.$$“[1]

Für die als Beispiel gewählte Bekleidungsindustrie lassen sich damit abschließend die folgenden von der Monopolkommission ermittelten absoluten und relativen Konzentrationsmaße für das Jahr 1991aufzeigen.

---

[1] Monopolkommission, 10. Hauptgutachten, a.a.O., S. 70f.

Absolute und relative Konzentrationsmaße für das Bekleidungsgewerbe im Jahr 1991

Bezeichnung	Anzahl/ Mio. DM	Herfindahl-Index	Variations-Koeff.	Anteil der 3 umsatzgrößten	Anteil der 6 umsatzgrößten	Anteil der 10 umsatzgrößten	Anteil der 25 umsatzgrößten
Unternehmen	1.621	5,383	278,0				
Umsatz	27 874			8,4%	11,9%	15,3%	25,3%
Beschäftigte	156.339			-[1)]	8,4%	10,0%	16,2%
Investitionen	509			-[1)]	6,5%	8,3%	21,1%

1) Aus Geheimhaltungsgründen keine Angaben. Quelle: Monopolkommission, 10. Hauptgutachten, Anlagenband, S. 34

Mit den aufgezeigten absoluten und relativen Maßzahlen zur Messung der Konzentration sind dennoch Rückschlüsse auf die **tatsächliche Marktmacht** bzw. mißbräuchliche Ausnutzung von Marktmacht nur bedingt möglich, „weil Unternehmen als rechtliche Einheiten, nicht aber als wirtschaftliche Einheiten erfaßt werden, und zum anderen, weil Wirtschaftsbereiche und Güterklassen nicht notwendigerweise den sogenannten relevanten Markt definieren; den Bereich wirksamer Konkurrenz."[1] Hinzu kommt, daß die ausgewiesenen Konzentrationsdaten lediglich den **Grad der horizontalen Unternehmenskonzentration** beschreiben, nicht aber die vertikale und diagonale Konzentration. Auch die von der Monopolkommission angewandte relative Meßmethode kommt aufgrund der verwendeten Klassifikation, bei der eher produktionstechnische Gesichtspunkte im Vordergrund stehen, nicht jedoch die Frage, welche Güter - unter Berücksichtigung ihrer gegenseitigen Austauschbarkeit - jeweils zu einem Markt zusammenzufassen wären, zu keinem befriedigenden Ergebnis. Trotzdem ist festzustellen, daß hierbei dem für die Beurteilung von Wettbewerbsfragen bzw. Fragen von Marktmacht geeigneten Konzept des relevanten Marktes näher entsprochen wird, als dies die Angabe von Konzentrationsraten für Wirtschaftszweige erlaubt. Problematisch beim Meßkonzept der Monopolkommission ist auch die Zuordnung der Unternehmen zu den Wirtschaftszweigen nach dem **Schwerpunktprinzip** (d.h., die Unternehmen werden danach zugeordnet, in welchem Wirtschaftszweig der Schwerpunkt ihrer wirtschaftlichen Aktivität liegt); bei **Mehrproduktunternehmen** führt das zu Zuordnungsschwierigkeiten. Hinzu kommt, daß die in der Realität vorliegenden **Unternehmensverflechtungen** durch **Kapitalbeteiligungen** und **Konzernstrukturen** nicht erfaßt werden. Bereits 1978 hat die Monopolkommission 5.700 derartiger Kapitalbeteiligungen im Inland festgestellt, gegenüber 1976 bedeutete das eine

Zunahme um 18,8%.[2] Die ***„Arbeitsgruppe Alternative Wirtschaftspolitik"*** hat nach Auswertung von Geschäftsberichten der nur zehn größten Unternehmen in der Bundesrepublik für das Jahr 1985 allein 2.782 Beteiligungen festgestellt, davon 1.088 im Inland und 1.539 im Ausland.[3] Auch **personelle Verflechtungen** zwischen Unternehmen werden nicht berücksichtigt. „1984 haben 50 der hundert größten Unternehmen Mitglieder ihrer Geschäftsführung in die Kontrollorgane (in der Regel den Aufsichtsrat) von 29 Unternehmen aus dem gleichen Kreis entsandt. Insgesamt wurden 233 Kontrollmandate von Mitgliedern der Geschäftsführung und 1.200 von Mitgliedern der Aufsichtsräte der hundert größten Unternehmen ausgeübt, 106 davon (= 45,5%) durch Banken und Versicherungen. (...) Diese Verflechtungen insgesamt bilden ein dichtes Netz von Gewicht, Einfluß und Macht des Großkapitals, das über der Gesamtwirtschaft liegt."[4]

Neben den Konzentrationsraten ermittelt die Monopolkommission den Stand und die Entwicklung der Konzentration auch anhand einer **Großunternehmensanalyse**, „weil Großunternehmen, insbesondere durch ihre Finanzkraft, marktübergreifende wirtschaftliche Macht ausüben können".[5] Diese Analyse bezieht sich auf

- **die 100 größten Industrieunternehmen,**
- **die 20 größten Handelsunternehmen,**
- **die 4 größten Einkaufszusammenschlüsse,**
- **die 10 größten Kreditinstitute,**
- **die 10 größten Versicherungsunternehmen,**
- **die 10 größten Verkehrs- und Dienstleistungsunternehmen.**

Die Bedeutung und Entwicklung der **hundert Großunternehmen** wird im gesamtwirtschaftlichen Zusammenhang anhand der Kriterien Umsatz, Wertschöpfung, Cash-Flow, Anzahl der Beschäftigten und Sachanlagen betrachtet. Für das Jahr 1992 ergaben sich dabei für die jeweils 10 größten Unternehmen die in den folgenden Tabellen gezeigten Werte.

---

[1] Ulrich Baßeler, Jürgen Heinrich, Walter Koch, a.a.O., S. 187
[2] Vgl. Monopolkommission, 3. Hauptgutachten, Fusionskontrolle bleibt vorrangig, Baden-Baden 1980
[3] Vgl. Arbeitsgruppe Alternative Wirtschaftspolitik, Wirtschaftsmacht in der Marktwirtschaf, a.a.O., S. 52f.
[4] Ebenda, S. 54f.
[5] Monopolkommission 9. Hauptgutachten, Wettbewerbspolitik oder Industriepolitik, Baden-Baden 1992, S. 161

Die nach Umsatz, Wertschöpfung und Cash-Flow zehn größten Unternehmen 1992

Umsatz (in Mrd. DM)		Wertschöpfung (in Mrd. DM)		Cash-Flow (in Mrd. DM)	
Daimler-Benz AG	80.965	Daimler-Benz AG	29.614	Telekom AG	14.782
Volkswagen AG	73.381	Siemens AG	23.668	Volkswagen AG	7.813
Siemens AG	56.319	Volkswagen AG	15.199	RWE AG	5.738
VEBA AG	55.080	RWE AG	9.948	VEBA AG	5.011
Telekom AG	53.937	VEBA AG	9.657	Bayer AG	3.000
RWE AG	47.053	Robert Bosch GmbH	9.628	Bosch GmbH	2.708
BASF AG	32.674	Bayer AG	9.618	BMW AG	2.123
Adam Opel AG	29.222	Ruhrkohle AG	9.559	Adam Opel AG	2.061
Robert Bosch GmbH	28.543	Thyssen AG	9.408	IBM GmbH	1.627
BMW AG	27.109	Hoechst AG	8.667	VEW AG	1.607

Quelle: Monopolkommission, 10. Hauptgutachten 1992/93, Baden-Baden 1994, S. 193ff.

Die nach Beschäftigten und Sachanlagen zehn größten Unternehmen 1992

Beschäftigte		Sachanlagen (in Mrd. DM)	
Daimler-Benz AG	302.464	VEBA AG	22.408
Siemens AG	253.000	Volkswagen AG	19.724
Volkswagen AG	163.669	RWE AG	19.713
Thyssen AG	119.630	Daimler-Benz AG	16.800
Ruhrkohle AG	113.115	Siemens AG	10.792
Bosch GmbH	112.942	Ruhrkohle AG	10.613
VEBA AG	108.077	Lufthansa AG	9.573
Mannesmann AG	97.703	Krupp/Hoesch AG	8.469
RWE AG	96.357	VEW AG	7.793
Hoechst AG	87.168	Bewag AG	6.563

Quelle: Monopolkommission, 10. Hauptgutachten 1992/93, Baden-Baden 1994, S. 193ff.

Der Wertschöpfungsanteil der **zehn größten Unternehmen** betrug demnach 7,1% der Wertschöpfung aller Unternehmen im Jahr 1992. Beim Umsatz lag der Anteil bei 9,1% und bei den Beschäftigten bei 6,7%, während er bei den Sachanlagen mit 16,7% am Größten ausfiel.

Ein weiterer Bereich der Konzentrationsbeobachtung durch die Monopolkommission ist die **Macht der Banken und Versicherungen**. In ihrem 10. Hauptgutachten von 1992/93 untersucht die Monopolkommission dabei speziell den Bereich der **Versicherungswirtschaft**, wobei sie die Auffassung vertritt, „daß die Konzentration in der Versicherungswirtschaft trotz der in letzter Zeit vollzogenen bedeutenden Zusammenschlüsse nicht bedenklich ist. Sie verkennt aber nicht die Gefahren für die Wirksamkeit des Wettbewerbs, die aus Kooperationen und anderen Formen der Zusammenarbeit entstehen können. Auch berücksichtigt sie, daß Versicherungsunternehmen durch ihre zum Teil erhebliche Finanzkraft bereits Macht ausüben können, ohne daß die Marktanteile auf das Vorliegen einer marktbeherrschenden Stellung hindeuten. Es ist nach Ansicht der Kommission daher geboten, die Konzentrationsentwicklung in der Versicherungswirtschaft aufmerksam zu verfolgen und zu einem späteren Zeitpunkt gegebenenfalls erneut zu beurteilen."[1]

Eine besondere Problematik besteht in der **Macht der Banken** aufgrund der Finanzierungsfunktion der Banken gegenüber dem Industrie- und Handelskapital sowie in der Verzinsung der Spareinlagen für die privaten Haushalte. Die Macht der Banken hat sich im Laufe der Herausbildung einer komplexen Geldwirtschaft und einer hohen Konzentration des Industrie- und Handelskapitals immer mehr verfestigt. Schon ***Karl Marx*** beschrieb diese Problematik: „Abgesehen hiervor bildet sich mit der kapitalistischen Produktion eine ganz neue Macht, das Kreditwesen, das in seinen Anfängen verstohlen, als bescheidene Beihilfe der Akkumulation, sich einschleicht, durch unsichtbare Fäden die über die Oberfläche der Gesellschaft in größeren oder kleineren Massen zersplitterten Geldmittel in die Hände individueller oder assoziierter Kapitalisten zieht, aber bald eine neue und furchtbare Waffe im Konkurrenzkampf wird, und sich schließlich in einen ungeheuren sozialen Mechanismus zur Zentralisation des Kapitals verwandelt..."[2] Der Ökonom und Politiker ***Rudolf Hilferding*** (1877 bis 1941) hat diesen „Faden" aufgenommen und ihn theoretisch weiterentwickelt. In seinem Buch: „Das Finanzkapital" beschreibt er den Prozeß der Machtergreifung durch den Bankenapparat. „Er zeigt an Hand eines gewaltigen Tatsachenmaterials, wie die Mobilbanken den Umbau der Personengesellschaft in Aktiengesellschaften durch die Zuführung von neuem Kapital vorantreiben; wie sie durch die Übernahme von Positionen im Aufsichtsrat der neuen Gesellschaft eine Ära der innigen Verflechtung zwischen Industrie- und Bankkapital in die Wege leiten; wie sie schließlich durch die Gründung von Kartellen und Syndikaten an die Stelle der Konkurrenz die 'friedliche'

---

[1] Monopolkommission, 10. Hauptgutachten 1992/93, a.a.O., S. 245

[2] Karl Marx, Das Kapital, Bd. 1, Berlin (Ost) 1974, S. 591

Zusammenarbeit zwischen den einzelnen Unternehmen setzen."[1] Und die Ökonomin ***Angelina Sörgel*** schreibt zur Macht der Banken:

„Prinzipiell schließt schon die **klassische Bankfunktion**, Kapital zu sammeln, Kredite zu vergeben und damit den Umschlag des industriellen Kapitals zu beschleunigen, ökonomische Macht der Banken gegenüber der übrigen Wirtschaft ein. Drei Viertel der Passiva aller Unternehmen der Bundesrepublik bildet nach einer Hochrechnung der Bundesbank das Fremdkapital, d.h. die Lieferanten- und Bankkredite. Die Hälfte ihrer Kapitalerträge zahlen die Unternehmen allein als Fremdkapitalzinsen an ihre Gläubiger weiter. Dabei liegt der Anteil der Verbindlichkeiten in den Branchen mit niedrigem Konzentrationsgrad im Durchschnitt höher als in denen mit einer höheren. D.h., je größer die Unternehmen, desto kleiner, je kleiner die Unternehmen, desto größer die Abhängigkeit vom Bankkredit. Die ökonomisch gegebene Abhängigkeit wird durch das Kreditwesengesetz noch rechtlich zementiert: § 18 KWG konstituiert ein **einseitiges Informationsrecht** zugunsten der Banken, das bis zu 'Negativerklärungen' des Kreditnehmers reichen kann, in denen er sich verpflichten muß, keine anderweitigen Kreditverpflichtungen einzugehen, oder Pfandklauseln, die die Bank im Falle des Konkurses vor anderen Gläubigern bevorzugen. Selbst Eingriffe in die Unternehmensführung sind zur Sicherung von Forderungen rechtlich zulässig. Die Praxis der IWF-Auflagen gegenüber den Hauptschuldnerländern, in denen den Regierungen Preis- und Einkommenspolitik vorgeschrieben werden, zeigt, daß die Macht der Banken nicht einmal vor der Länderhoheit haltmacht. Diese ungleiche Verteilung wirtschaftlicher Macht wird in der Bundesrepublik durch das Universalbanksystem - das sonst nur noch in der Schweiz und Österreich besteht - vervielfacht. Außer den Krediten sind auch das Einlagen- und Wertpapiergeschäft in einer Hand vereint. Dadurch kann die Kenntnis der Ertragslage des Unternehmens aus den Kreditbeziehungen bei der **Beteiligungspolitik**, dem Handel mit Wertpapieren an der Börse und der Wahrnehmung von Aufsichtsratsmandaten benutzt werden. Umgekehrt besteht die Gefahr, daß bei der Anlagenberatung von Kunden das Eigeninteresse der Bank überwiegt. Die darin liegenden Möglichkeiten der Einflußnahme können um so mehr genutzt werden, je höher der Konzentrationsgrad innerhalb des Bankensektors ist."[2]

Neben der direkten Beteiligung der Geschäftsbanken am Industrie- und Handelskapital besitzen die Banken auch über die Ausübung des **Depotstimmrechts** auf Hauptversammlungen der Kapitalgesellschaften eine beträchtliche Machtfülle.[3] Alle diese Faktoren beeinflussen in der Regel positiv die **Ertragslage der deutschen Kreditinstitute**. Allein die **fünf größten**

---

[1] Eduard März im Vorwort zu: Rudolf Hilferding, Das Finanzkapital, Bd. 1, 3. Aufl., Frankfurt/M., Köln 1974

[2] Angelina Sörgel, Die eigentlichen Hausherren der Republik? Macht und Einfluß der Großbanken, in: Blätter für deutsche und internationale Politik, Heft 1/1986, S. 19f.

[3] Vgl. Arno Gottschalk, Stimmrechtseinfluß der Banken, in: WSI-Mitteilungen, Heft 5/1988, Hermannus Pfeiffer, Großbanken und Finanzgruppen, in: WSI-Mitteilungen, Heft 7/1986, derselbe, Das Imperium der Deutschen Bank, Frankfurt/M., New York 1987

Geschäftsbanken (vgl. die folgende Tabelle) erzielten im Geschäftsjahr 1995 einen Gewinn nach Steuern in Höhe von 5.706 Mio. DM. Auf die Deutsche Bank als Marktführer entfiel dabei ein Anteil von 38,3%.

Die fünf größten Bankkonzerne in Zahlen für das Jahr 1995
- in Mio. DM -

	Deusche Bank	Dresdner Bank	Commerzbank	Bayernverein	Bayernhypo
Bilanzsumme	689.800	484.500	404.200	356.500	298.600
Kreditvolumen	366.800	289.900	260.300	281.000	231.400
Zinsüberschuß	11.189	6.321	5.216	4.433	4.106
Provisionsüberschuß	5.987	3.047	1.922	1.064	818
Finanzgeschäft	949	593	455	270	192
Verwaltungsaufwand	13.445	7.264	5.329	3.664	3.182
Risikovorsorge	895	681	886	721	833
Betriebsergebnis	4.442	1.992	1.446	1.382	1.305
Jahresüberschuß vor Steuern	3.294	2.001	1.193	1.337	1.357
Steuern	1.109	792	214	680	681
Jahresüberschuß	2.185	1.209	979	657	676

Anmerkung: Bei der Deutschen Bank kommen noch 604 Mio. DM Überschuß aus dem Versicherungsgeschäft hinzu.
Quelle: Handelsblatt vom 9.4.1996, S. 17

Der Beteiligungswert lag damit Ende 1995 bei insgesamt 23.271 Mio. DM.

Die ***Deutsche Bundesbank*** beobachtet im Bankgewerbe einen anhaltenden Konzentrationsprozeß. Mehr als 100 deutsche Banken haben allein im Jahr 1996 ihre Selbständigkeit verloren oder schließen müssen. Seit der deutschen Wiedervereinigung 1990 sind mehr als 1.000 Banken fusioniert oder geschlossen worden. Dieser Trend, so ist zu befürchten, wird aufgrund des europäischen Binnenmarktes in den nächsten Jahren noch rapide zunehmen.[1]

An welchen börsennotierten Unternehmen im Nichtbankenbereich allein die ***Deutsche Bank*** mit mindestens 5% am Grundkapital beteiligt ist, zeigt die folgende Aufstellung:

[1] Vgl. Monatsbericht der Deutschen Bundesbank, Heft 8/1997

Wo die Deutsche Bank AG mitmischt

Unternehmen	Marktwert der Beteiligung in Mio. DM	Anteil am Grundkapital in %
Daimler-Benz AG	9.063	24,4
Allianz AG Holding	6.379	10,0
Münchner Rückversicherung AG	2.530	10,0
Linde AG	719	10,1
Metallgesellschaft AG	706	16,6
Vereinigte Elektrizitätswerke AG	662	6,3
Philipp Holzmann AG	595	25,8
Karstadt AG	494	10,0
Südzucker AG	444	12,8
Heidelberger Zement AG	386	10,1
Nürnberger Beteiligungs-AG	349	75,9
Hapag Lloyd AG	262	10,0
Aachener und Münchener Beteiligungs-AG		5,0
Klöckner-Humboldt-Deutz AG	232	45,0
Continental AG	195	10,1

Die ***Deutsche Bundesbank*** beobachtet im Bankgewerbe einen anhaltenden Konzentrationsprozeß. Mehr als 100 deutsche Banken haben allein im Jahr 1996 ihre Selbständigkeit verloren oder schließen müssen. Seit der deutschen Wiedervereinigung 1990 sind mehr als 1.000 Banken fusioniert oder geschlossen worden. Dieser Trend, so ist zu befürchten, wird aufgrund des europäischen Binnenmarktes in den nächsten Jahren noch rapide zunehmen.[1]

5.2 Fehlende Konsumentensouveränität auf der Nachfrageseite

In marktwirtschaftlichen Ordnungen soll der Konsument, der Verbraucher, eine **Gegenmacht** zu den Produzenten, den Anbietern von Gütern bilden. Er soll über eine sog. **Konsumentensouveränität** verfügen. „Der Kunde ist König". So sah es auch Adam Smith. Für ihn ist das Ziel allen Wirtschaftens die Bedürfnisbefriedigung der Konsumenten. Produzenteninteressen sollten nur soweit berücksichtigt werden, wie es zur Förderung der Verbraucherinteressen notwendig ist. In ihrem Buch „ Marktmacht und Manipulation" schreiben ***Anke Martiny und Otfried Klein***: „In der

Praxis ist diese Forderung nicht verwirklicht worden. Im Gegenteil: Verbraucherinteressen werden heute nur soweit berücksichtigt, wie es zur Förderung der Erzeugerinteressen notwendig ist."[2] Der Konsument ist in der Regel den Absatzstrategien der Unternehmen ausgeliefert. Die **Werbung** manipuliert ihn derartig, daß sie ihm sagt, was er kaufen soll bzw. was er alles haben muß.

Werbung wofür?
- in Mio. DM, 1995 -

Autos	**2.418**
TV, Zeitschriften, Zeitungen	**1.965**
Handelsorganisationen	**1.575**
Pharmazie	**1.046**
Schokolade, Süßwaren	**972**
EDV und EDV-Dienste	**789**
Banken und Sparkassen	**783**
Bier	**707**
Spezial-Versand	**654**
Alkoholfreie Getränke	**468**
Kaffee, Tee, Kakao	**448**
Waschmittel	**430**
Versicherungen	**425**
Milchprodukte	**421**
Körperschaften	**416**

Dabei informiert die Werbung den Kunden allenfalls über die guten Produkteigenschaften, die schlechten werden natürlich verschwiegen, da sie der Absatzförderung zuwiderlaufen. Die Betriebswirtschaftslehre definiert Werbung „als unpersönliche Form der Massenkommunikation, bei der durch den Einsatz von Werbemitteln in bezahlten Werbeträgern versucht wird, unternehmensspezifische Zielgruppen anzusprechen und zu beeinflussen."[3] Durch Produkt-, Sortiments- und Firmenwerbung wird „Jagd" auf den Kunden gemacht. Im Jahr 1995 wurden in Deutschland ca. 13.5 Mrd. DM für Werbung ausgegeben.

---

[1] Vgl. Monatsbericht der Deutschen Bundesbank, Heft 8/1997
[2] Anke Martiny, Otfried Klein, Marktmacht und Manipulation, Sind die Verbraucher Objekt oder Subjekt unserer Wirtschaftsordnung? Frankfurt/Köln 1977, S. 35
[3] Andreas Scharf, Bernd Schubert, Marketing, Stuttgart 1995, S. 214

Die Chancen der Verbraucher, ihre Interessen am Markt auch nur einigermaßen durchzusetzen, sind um so geringer, je weniger Unternehmen auf der Angebotsseite gegeneinander konkurrieren. Die seit dem Bestehen der sozialen Marktwirtschaft stark zugenommene **Konzentration und Vermachtung der Märkte** in fast allen Wirtschaftsbereichen der Bundesrepublik schränkt damit die viel zitierte Konsumentensouveränität von vornherein ein. Selbst wenn die Anbieterseite des Marktes noch durch einen Wettbewerbsprozeß gekennzeichnet ist, hat häufig der Konsument durch ein sog. Parallelverhalten der Anbieter trotzdem das Nachsehen. Aber auch eine **fehlende Markttransparenz** benachteiligt den Verbraucher gegenüber dem Anbieter. „Die Verbraucher können die Fülle der verschiedenen oder auch nur verschieden verpackten Waren nicht mehr übersehen. Allein die große Zahl der angebotenen Produkte, die zur Deckung eines bestimmten Bedarfs in Frage kommen, führt dazu, daß die Verbraucher den Überblick verlieren und sich durch völlig nebensächliche, unkontrollierte, gefühlsmäßige Aspekte zum Kauf eines bestimmten Produkts verführen lassen. (...) Aber nicht nur die große Zahl der Produkte erschwert den Verbrauchern den notwendigen Überblick. Die Produkte sind für den Laien in ihrer Qualität, Zusammensetzung oder Funktionsweise nicht mehr durchschaubar und verstehbar. Bei hochkomplizierten technischen Geräten wie etwa Autos, Fernsehgeräten, Waschautomaten, Fotoapparaten fehlen den Käufern und nicht selten auch den Verkäufern die Fachkenntnisse, um die Qualitätsunterschiede oder den für den einzelnen Verbraucher unterschiedlichen Nutzen beurteilen zu können. Die äußere Aufmachung, die Marke oder der hohe, Qualität versprechende Preis werden zu Entscheidungskriterien für den Kauf. Bei kosmetischen Mitteln, Lebensmitteln, Arzneimitteln ist die chemische Zusammensetzung oft nur den Herstellern und Fachspezialisten bekannt. Die Wirkungen, Nebenwirkungen und Qualitätsunterschiede sind nicht nur für die Verbraucher schwer einschätzbar; auch die Hersteller selbst wissen oft nicht genau, welche positiven bzw. negativen Wirkungen ihre Produkte haben und können Qualitätsunterschiede nicht angeben. So sind der Manipulation kaum Grenzen gesetzt.“[1]

Auch die **Preisgestaltung** der Anbieter benachteiligt nicht selten die Verbraucher. Zur Gewinnerhöhung wird das Instrument der Preisdifferenzierung, genauer der **Preisdiskriminierung**, gezielt zur **Abschöpfung der Konsumentenrente** eingesetzt. Durch eine preisbezogene Marktsegmentierung in zeitlicher, räumlicher Sicht oder nach Käuferschichten werden für gleichartige Produkte bzw. Dienstleistungen mit nur marginalen Kostenunterschieden bei der Herstellung unterschiedliche Preise verlangt. Die auftretenden Mehrkosten stehen dabei

[1] Anke Martiny, Otfried Klein, a.a.O., S. 49f.

absolut in keiner vertretbaren Relation zu den höheren Preisen, die von den Anbietern verlangt werden. Am Ende siegt nur einer, der Produzent. Durch die Preisdiskriminierung steigert er seinen Gewinn.

Um wenigstens ein Teil des **Machtungleichgewichtes** zwischen Anbietern von Gütern und den nachfragenden Verbrauchern zu kompensieren, ist eine **staatliche Verbraucherpolitik** entstanden, die in Form eines Verbraucherschutzes durch Gesetze und Verordnungen den Verbraucher vor allem vor der Unübersichtlichkeit des Marktes, vor der Täuschung durch die Anbieter und vor Nebenwirkungen des Konsums schützen soll. Hierbei soll durch das Instrument des **Verbraucherschutzes und -beistands** im Rahmen einer rechtlichen Kontrolle des Anbieterverhaltens (Mieterschutz, Preisaufsicht, Qualitätskennzeichnungen u.a.) als auch durch einen Schutz der individuellen Rechtsgüter (Gewährleistungshaftung, Produzentenhaftung u.a.) im Sinne des Verbrauchers vorgegangen werden. Daneben ist eine gezielte **Gegenmachtförderung** in Form einer staatlichen finanziellen Unterstützung von **Verbraucherorganisationen** (siehe dazu den Kasten nächste Seite) vorgesehen. Außerdem soll durch **Verbraucherbildung** und **Verbraucherinformation** eine Gegenmacht des Verbrauchers zur Herrschaft der Anbieter geschaffen werden.

Den Verbraucherverbänden stehen allerdings ca. 5.000 Verbände der Wirtschaft gegenüber. Kraft Gesetz gehören schon alle Gewerbetreibenden der *„Industrie- und Handelskammer"* des jeweiligen Bezirks an. Auf Landesebene sind die Industrie- und Handelskammern in *„Arbeitsgemeinschaften bzw. Kammervereinigungen"* und auf Bundesebene im *„Deutschen Industrie- und Handelstag" (DIHT)* zusammengeschlossen. Die *„Handwerkskammern"* stellen daneben die bezirklichen Zusammenschlüsse aller selbständigen Handwerker dar. Die Handwerkskammern sind wiederum Mitglieder des *„Zentralverbandes des Deutschen Handwerks"*, in dem auch die Handwerksinnungen durch 65 Zentralfachverände vertreten sind. Weiter werden die Interessen der Hersteller

<u>Verbraucherorganisationen</u>

Arbeitsgemeinschaft der Verbraucher (AVG) e.V. Die AVG ist ein Zusammenschluß der **Verbraucherzentralen** der Bundesländer.

Stiftung Warentest. Die Stiftung wurde von der Bundesregierung als ein Institut zur Durchführung von vergleichenden Warentest- und Dienstleistungsuntersuchungen 1965 gegründet.

Arbeitsgemeinschaft Hauswirtschaft e.V. (AGH). Die AGH ist ein Zusammenschluß von 15 Frauenverbänden und Frauengruppen anderer Verbände.

Arbeitsgemeinschaft Wohnberatung e.V. (AGW). Die ADW ist ein Zusammenschluß von öffentlich geförderten Wohnberatungsstellen.

Bundesausschuß für volkswirtschaftliche Aufklärung e.V. (BAVA). Mitglieder des BAVA sind 24 verbraucherorientierte Organisationen und Verbände. Seine Aufgabe ist die Verbreitung von volkswirtschaftlichem Grundwissen durch Herausgabe und Verteilung von Informationsmaterial im Auftrag einzelner Bundesministerien.

Deutsche Gesellschaft für Ernährung e.V. (DGE). Die DGE beschäftigt sich in erster Linie mit der Auswertung und Verbreitung nationaler und internationaler Ernährungsforschung.

Institut für angewandte Verbraucherforschung e.V., Köln. Das Institut hat die Aufgabe, im Auftrag der Verbraucherorganisationen Untersuchungen durchzuführen (z.B. Preisvergleiche, Durchsetzung der Preisangabenverordnung), Forschungsvorhaben anzuregen und Grundlagenmaterial zu erarbeiten.

Deutscher Mieterbund e.V.. Der Mieterbund ist ein Zusammenschluß der Landesorganisationen der Mietervereine. Er vertritt die Interessen seiner Mitglieder gegenüber der Bau-, Wohnungs- und Bodenwirtschaft.

Allgemeiner Deutscher Automobil-Club e.V. (ADAC) sowie **Automobilclub von Deutschland e.V. (AvD), Auto Club Europa e.V., (ACE)** und **Deutscher Touring Automobil Club e.V. (DTC)**. Die Automobilclubs vertreten die Interessen der Autofahrer geben Staat und Automobilindustrie und bieten ihren Mitgliedern Informationen und eine Reihe von Einzelleistungen, wie z.B. Pannenhilfe, Hilfe im Ausland. Sie erhalten keine staatlichen Zuschüsse.

Verein zum Schutz der Verbraucher gegen unlauteren Wettbewerb e.V. - Verbraucherschutzverein. Mitglieder des Verbraucherschutzvereins sind die AGV, die Verbraucherzentralen, die AGH, der BAVA, der Deutsche Hausfrauenbund und die Stiftung Warentest.

Deutscher Gewerkschaftsbund (DGB). Der DGB vertritt als Spitzenverband der Einzelgewerkschaften ebenfalls die Interessen der Verbraucher. In seiner Satzung ist die Vertretung der Arbeitnehmerinteressen in der Preis-, Wettbewerbs- und Verbraucherpolitik als Aufgabe festgelegt.

und Anbieter durch den *„Bundesverband der Deutschen Industrie" (BDI)* mit insgesamt 370 Fach- und 188 Landesverbänden und rund 100.000 Mitgliedsunternehmen vertreten. Hinzu kommt der Spitzenverband der Unternehmer für alle Wirtschaftszweige, die *„Bundesvereinigung der Deutschen Arbeitgeberverände" (BDA)*, mit 44 Fachverbänden und 373 Mitgliedsverbänden. Zu nennen sind auch die *„Hauptgemeinschaft des Deutschen Einzelhandels" (HDEH)*, der *„Deutsche Bauernverband" (DBV)*, der *„Gemeinschaftsausschuß der Deutschen Gewerblichen Wirtschaft"*, und der *„Zentralausschuß der Werbewirtschaft" (ZAW)*.

Dieser geballten Macht der Interessenvertretung der Hersteller und Anbieter, die straff in Zwangszusammenschlüssen organisiert sind, stehen die Verbraucherorganisationen, in denen die Verbraucher kraft Gesetzes keine Mitglieder sind, fast ohnmächtig gegenüber. „Auch in der Politik, in den Medien sowie bei Forschung und Bildung gelingt es den Herstellern und Anbietern besser, ihren Machteinfluß geltend zu machen. Während die einzelnen Verbraucher und die bestehenden Verbraucherorganisationen bisher kaum Einfluß auf die politischen Entscheidungen, auf die Auswahl und Gestaltung von Informationen in den Medien oder auf die Forschungs- und Bildungsinhalte nehmen können, gelingt es den Unternehmen und ihren starken Interessenverbänden aufgrund ihrer wirtschaftlichen und politischen Macht, in diesen wichtigen Bereichen ihre Interessen zu vertreten und in großem Ausmaß auch durchzusetzen. (...) Es zeigt sich in dem Übergewicht von Werbesendungen und Wirtschaftsmagazinen im Fernsehen, die an Unternehmensinteressen ausgerichtet sind. Kritische Verbrauchersendungen gibt es viel seltener im Programm." [1]

5.3 Unzureichende Internalisierung sozialer Kosten

In marktwirtschaftlichen Ordnungen soll der Preis als Knappheitsindikator eine optimale Allokation der Produktionsfaktoren gewährleisten. Nur die wirtschaftlichste Verwendungsrichtung von knappen Ressourcen soll, vermittelt über dynamische Wettbewerbsprozesse, eine Berücksichtigung finden. Überall, wo dies nicht funktioniert, ist durch staatliche Gesetze ein Wettbewerbssurrogat zu schaffen. Aber selbst bei der theoretischen Fiktion eines **vollständigen Wettbewerbs** kann nicht gewährleistet werden, daß neben der ökonomischsten Verwendungsrichtung von knappen Ressourcen auch gleichzeitig die **ökologischste**

[1] Anke Martiny, Otfried Klein, a.a.O., S. 61

Verwendungsrichtung a priori sichergestellt ist. Solange die **Umwelt als freies Gut** ohne einen Preis benutzt werden kann, d.h. Umweltschutz-Produktionskosten externalisiert und nicht internalisiert werden, gibt der Marktpreis nur einen verfälschten Knappheitsindikator wieder. Dadurch erfolgt eine nicht ökologische Verwendung von Ressourcen und damit eine gesamtwirtschaftliche Fehlallokation, die letztlich mit erhöhtem gesellschaftlichen Aufwand reguliert werden muß.

Spätestens seit der bahnbrechenden Veröffentlichung durch ***K. William Kapp*** *(1910 bis 1976)*, über die **„Sozialen Kosten der Marktwirtschaft“**[1], ist dies bekannt. In seinem Buch schreibt er: „Für die Zwecke unserer Untersuchung verstehen wir unter dem Begriff der **Sozialkosten** alle direkten und indirekten Verluste, die Drittpersonen oder die Allgemeinheit als Folge einer uneingeschränkten wirtschaftlichen Tätigkeit zu tragen haben. Die Sozialkosten können in Schädigungen der menschlichen **Gesundheit**, in der **Vernichtung oder Verminderung von Eigentumswerten** und der vorzeitigen **Erschöpfung von Naturschätzen** zum Aúsdruck kommen. Sie können als Beeinträchtigung weniger greifbarer Werte auftreten. Sozialkosten entstehen auf verschiedene Weise. So haben einige ihren Ursprung in bestimmten Industrien und können bis in einzelne Produktionsprozesse und Geschäftspraktiken verfolgt werden. Andere sind die Folge der Wechselwirkung einer ganzen Reihe von Faktoren, die den Kausalprozeß komplex und häufig kumulativ gestalten. In einigen Fällen werden Sozialkosten der Produktion sofort wahrgenommen. In anderen Fällen bleiben sie für lange Zeit verborgen, so daß die Betroffenen ihre Schäden nicht gleich erkennen. Einige Sozialkosten treffen nur eine beschränkte Anzahl von Personen, andere verteilen sich auf die gesamte Gesellschaft.“[2] Und er fährt fort: „Die grundsätzlichen **Ursachen der Sozialkosten** liegen im **Profitstreben** mit der Minimierung der privaten Produktions- kosten. Je größer die Bedeutung des Unternehmertums ist, um so größer ist die Wahrscheinlichkeit von Sozialkosten. Je mehr ein Wirtschaftssystem auf private Anreize und auf die Verfolgung von privatem Gewinn abzielt, desto größer die Gefahr, daß ‘unbezahlte’ Sozialkosten entstehen, wenn nicht entsprechende Maßnahmen ergriffen werden.“[3]

Aber nicht nur bei der Produktion von Gütern entstehen externe Effekte in Form von Sozialkosten, die nicht in den privat- bzw. einzelwirtschaftlichen Kalkulationen internalisiert

[1] Vgl. K. William Kapp, Soziale Kosten der Marktwirtschaft, Frankfurt/Main 1979, Der Titel der ursprünglichen in Bombay erschienen englischen Ausgabe von 1963 lautete: Social Costs of Business Enterprise,

[2] K. William Kapp, a.a.O., S. 10

[3] Ebenda, S. 11

werden, sondern auch bei der **Konsumtion der Güter** fallen derartige Sozialkosten an. Durch die private Benutzung eines PKW entstehen z.B. Emissionen, die andere Wirtschaftssubjekte mit Sozialkosten belasten.

Auf der anderen Seite gibt es neben den negativen externen Effekten auch **positive externe Effekte**. Deshalb kann man allgemein sagen, daß die Existenz von positiven und negativen externen Effekten zu einem **allokativen Marktversagen** führt, weil die sich aus der Produktion oder aus der Konsumtion von Gütern durch Wirtschaftssubjekte ergebenden Externalitäten (positiv und negativ) bei anderen Wirtschaftssubjekten zu Vor- oder Nachteilen führen, die nicht durch den Markt-Preis-Mechanismus gesteuert werden. So werden die Verursacher externer Vorteile über den Marktpreis nicht entschädigt und die Verursacher externer Nachteile über den Marktpreis nicht belastet. Das **Verursacherprinzip** wird ausgeschaltet.

Will der Staat z.B. nicht nur eine ökonomische Allokation von knappen Ressourcen durch den wettbewerblichen Marktmechanismus sicherstellen, sondern eine **ökologisch-ökonomische Allokation**, so ist er als Wohlfahrtsstaat, der für alle Bürger verantwortlich ist, gezwungen, das **ökologische Marktversagen in Form negativer externer Effekte durch Umweltverschmutzung** durch Interventionen zu beheben. Nicht Deregulierung, sondern Regulierung ist im Sinne einer optimalen Allokation wirtschaftspolitisch gefordert. Dabei besteht aufgrund des Marktversagens eindeutig die Notwendigkeit einer ökologisch-ökonomischen Strukturpolitik. Als staatliche Instrumente zur Realisierung des **Verursacherprinzips** („Jeder, der die Umwelt belastet oder sie schädigt, soll für die Kosten dieser Belastung oder Schädigung aufkommen", so die Bundesregierung in ihrem ersten Umweltprogramm von 1971) reichen allerdings Appelle an die Vernunft der Wirtschaftssubjekte nicht aus. Auch die bisher in der Bundesrepublik verabschiedeten **Umweltschutzgesetze** sind noch keine hinreichenden Maßnahmen zur vollständigen Internalisierung von Sozialkosten.

Wie eine solche Internalisierung auf den Marktmechanismus wirkt, soll anhand einer Umweltschutz-(Öko-)steuer exemplarisch aufgezeigt werden. Die folgende Grafik stellt einen Markt dar, auf dem die Produktion eines Gutes (x) mit einer Schädigung der Umwelt einhergeht. Beispielsweise werden Industrieabwässer ungeklärt entsorgt, indem sie in einen See eingeleitet werden. Die vom Preis (p) abhängige Nachfrage (D) nach dem Gut (x) spiegelt die privaten Nutzenvorstellungen der Konsumenten wider. Die Angebotskurve (S_1) zeigt die privaten

Grenzkosten in der Industrie, die bei der Produktion einer zusätzlichen Einheit des Gutes (x) anfallen. Diese privaten Grenzkosten implizieren allerdings nicht die Sozialkosten der Produktion aufgrund der Nicht-Internalisierung in die private Kostenrechnung der industriellen Anbieter. Addiert man die Sozialkosten zu den privaten Grenzkosten, so verschiebt sich die Angebotskurve nach (S_2). Bei einem unter Wettbewerbsbedingungen herbeigeführten Marktausgleich fragen die Nachfrager zum Preis (p_0) die Menge (q_0) nach. Im Marktgleichgewicht (A) werden die privaten Grenzkosten und der Preis ausgeglichen. Die Sozialkosten liegen allerdings um den Betrag (AB) über den privaten Grenzkosten, so daß die Gesellschaft bzw. die Allgemeinheit bei der privaten Produktion des Gutes (x), und einer entsprechenden privaten Gewinnaneignung, die Sozialkosten in Form von ungeklärten Abwässern zu tragen hat. Indem so ein Teil der Produktionskosten auf dritte Personen oder die Allgemeinheit abgewälzt wird, sind die Unternehmen in der Lage, sich einen größeren Teil des volkswirtschaftlichen Gesamteinkommens anzueignen, als sie sonst erhalten würden. Sozialkosten implizieren demnach immer einen **Verteilungsaspekt**.

Internalisierung sozialer Kosten

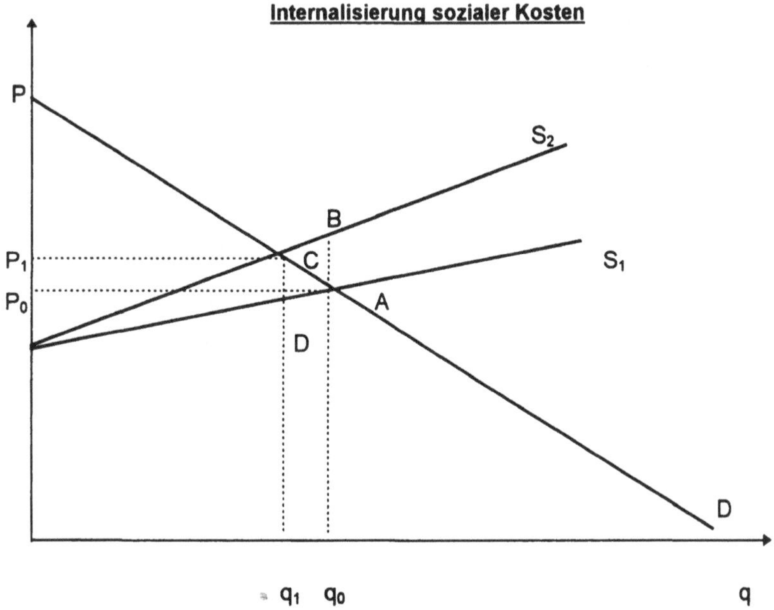

Bei einer Internalisierung der Sozialkosten, z.B. durch eine **Umweltsteuer**, die eine ökologische Allokation von knappen Ressourcen impliziert, verschiebt sich das Marktgleichgewicht von Punkt (A) nach Punkt C. Nur in diesem Punkt ist ein Gleichgewicht unter ökologischen Gesichtspunkten realisiert, weil durch den gestiegenden Marktpreis (p_1) auch die Sozialkosten der Produktion gedeckt werden und gleichzeitig durch die Preiserhöhung eine Mengenreduzierung von (q_0) nach (q_1) im Markt realisiert wird.

Die immer weiter fortschreitende Zerstörung der Umwelt kann nur durch eine radikale **staatliche Umweltschutzpolitik** zum Stoppen gebracht werden. Der auf Gewinnmaximierung und Kostenminimierung ausgerichtete privatwirtschaftliche Produktionsprozeß versagt hierbei. Überläßt man ihn dem „freien Spiel der Marktkräfte", so kommt es zu einer zerstörten Umwelt. ***Lutz Wicke*** hat in seinem Buch „Die ökologischen Milliarden"[1] vorgerechnet, daß allein in der alten Bundesrepublik mindestens 103,5 Mrd. DM jährlich an Umweltschäden entstehen. Andere Berechnungen gehen sogar von Kosten in Höhe von 600 Mrd. DM aus.[2] Deshalb muß sowohl eine staatlich **nachsorgende** (für bisher entstandene ökologische Schäden) als auch eine **präventive Umweltschutzpolitik** staatlich initiiert werden.

Bei der nachsorgenden Umweltschutzpolitik kommt es auf eine Beseitigung von **„Altlasten"** an, die nicht mehr nach dem Verursacherprinzip zurechenbar sind. Hier sollte eine über Steuern finanzierte öffentliche Regelung gefunden werden. Dies stellt auch der „Sachverständigenrat zur Begutachtung der gesamtwirtschaftlichen Entwicklung" (SVR) in seinem Jahresgutachten 1986/87 fest. Durch ein **öffentliches Beschäftigungsprogramm** zur Beseitigung der Altlasten könnte so gleichzeitig die bestehende Massenarbeitslosigkeit gemindert werden. „Eine zügige Altlastsanierung verlangt eine finanzielle Absicherung auf bundesstaatlicher Ebene. (...) Zu empfehlen wäre deshalb ein nationaler Fonds zur Altlastsanierung, der vergleichbar dem 'Zukunftsinvestitionsprogramm' von 1978 per Antrag der betroffenen Kommunen bzw. Regionen in Anspruch genommen werden kann. In den USA ist beispielsweise zur Lösung der Altlastenprobleme ein 'Superfonds' zwischen 1981 und 1985 mit 1,6 Mrd Dollar gespeist worden."[3]

---

[1] Vgl. Lutz Wicke, Die ökologischen Milliarden - Das kostet die zerstörte Umwelt - so können wir sie retten, München 1986

[2] Vgl. Dieter Teufel u.a., Ökologische und soziale Kosten in der Bundesrepublik Deutschland im Jahr 1989, UPI-Bericht Nr. 20, Heidelberg 1991

[3] Rudolf Hickel, Ökonomische Dimension ökologischer Schäden: Positive Kosten-Nutzen-Analysen zur Umweltpolitik, in: Memo-Forum, Heft Nr. 11/1987, S. 59

Die **präventive Umweltschutzpolitik** muß streng nach dem **Verursacherprinzip** dafür Sorge tragen, daß alle anfallenden Sozialkosten in den privatwirtschaftlichen Kostenkalkulationen internalisiert werden. Dabei stehen die folgenden **Instrumente** zur Verfügung:

Appelle:
Die schwächste aller umweltpolitischen Maßnahmen bildet der staatliche Appell an die Wirtschaftsubjekte, sich doch beim Ge- und Verbrauch der Umwelt rational zu verhalten, d.h. die Umwelt zu schützen.

Boykottaufruf:
Durch einen Boykottaufruf gegen umwelt- und gesundheitsgefährdende Produkte oder Verhaltensweisen von Unternehmen kann eine Politisierung der Nachfrage nach den Erzeugnissen dieser Unternehmen erreicht werden, die die Hersteller zu einem Umdenken zwingen. Der sicher erfolgreichste und bekannteste Fall ist hier der Boykottaufruf gegen die Firma Shell AG, die eine Ölplattform in der Nordsee versenken wollte, also nicht bereit war, Sozialkosten zu internalisieren. Durch den starken Nachfrageeinbruch beim Benzin und den daraus resultierenden Verlusten, wurde die Ölplattform nach einem langen Kampf mit der Umweltschutzorganisation Greenpeace dann doch noch ordnungsgemäß entsorgt.

Auflagen:
Durch eine strenge Auflagenpolitik des Staates können sowohl für Produktionsanlagen als auch für Anlagen in privaten Haushalten Grenzwerte für Schadstoffemissionen festgelegt werden (vgl. z.B. dazu die TA-Luft). Diese Grenzwerte müssen an dem jeweils neusten Stand der Technik ausgerichtet und entsprechend einer verbesserten Technik dynamisiert werden. Die häufig von der Praxis vorgebrachten Umstellungsprobleme sind durch zeitliche Anpassungen zu kanalisieren.

Abgaben:
Im Gegensatz zu den Auflagen überlassen die Abgaben durch „umweltpolitische Festpreise“ dem Umweltverschmutzer die Entscheidung darüber, in welchem Ausmaß er die Umwelt beanspruchen will. Belastet er sie, so zahlt er dafür eine Abgabe, wie sie z.B. im „Abwasserabgabengesetz“ festgelegt ist. Die an den Staat fallenden Einnahmen sind im Gegensatz zum steuerlichen Nonaffektationsprinzip zur Finanzierung umweltschutzpolitischer Programme zu verwenden.

Umweltsteuer (Öko-Steuer):

Durch die Umwelt- bzw. Öko-Steuer auf bestimmte Produkte sollen die Wirtschaftssubjekte veranlaßt werden, mit diesen Produkten sparsam umzugehen bzw. sie sogar vollständig zu substituieren, wenn dies durch andere Produkte möglich ist. Die Mineralölsteuer und die Steuerbevorteilung bei Nutzung von Kraftfahrzeugen mit Katalysatoren zeigen erste Ansätze einer möglichen Umweltsteuer. Das „Deutsche Institut für Wirtschaftsforschung" (DIW) hat 1994 in einer Studie festgestellt, daß die verschärfte Einführung von Energiesteuern gesamtwirtschaftlich die Schadstoffbelast- ung reduziert und insgesamt positive Wachstums- und Beschäftigungseffekte impliziert.[1]

Temporäre und dauerhafte Produktionsverbote:

Durch Produktionsverbote, das einschneidenste staatliche Eingriffsinstrumentarium in den Marktprozeß, werden die privaten Eigentumsrechte entweder temporär oder dauerhaft eliminiert. Werden z.B. bei einem Smog-Alarm die Produktionsanlagen zeitlich befristet abgestellt und/oder der private Autoverkehr verboten, so wird der private Produktionsmittelbesitz und die daraus abgeleitete Unternehmensautonomie genauso tangiert, wie die freie private Nutzung bzw. Konsumierung eines privaten Gutes. Dies gilt natürlich um so mehr bei einem dauerhaften Produktionsverbot, wie z.B. der mittlerweile verbotenen Asbestproduktion oder der Querschnittchemikalie „Formaldehyd".

Börsenmodelle:

Umweltpolitische Börsenmodelle wollen die Umweltproblematik über marktkonforme Modelle entgegen der beschriebenen staatlich politischen Interventionsregeln lösen. Durch die Ausgabe von Zertifikaten (Aktien), die Umweltnutzungs- bzw. Verschmutzungsrechte verbriefen, wird die Umwelt an einer Börse gehandelt. Unternehmen können so im Rahmen einer maximal festgelegten Umweltverschmutzung Aktien kaufen und verkaufen, je nachdem, wie sie die Umwelt in Anspruch nehmen wollen. Das zentrale Problem dieser Börsenmodelle liegt allerdings in der Schaffung von privaten Eigentumsrechten an der Umweltverschmutzung. Private Aktienbesitzer an dem öffentlichen Gut Umwelt können dadurch für andere Marktteilnehmer Markteintrittsbarrieren aufbauen und so die Produktion blockieren. Finanzkräftige Großunternehmen haben außerdem beim Kauf der Umweltzertifikate eine Vorteilsposition, die zu Wettbewerbsverzerrungen führt und letztlich konzentrationsfördernd wird.

---

[1] Vgl. DIW-Wochenbericht Nr. 24/1994

Die Internalisierung von Sozialkosten durch Steuern, Abgaben und Auflagen schaffen aber auch ein gesamtwirtschaftliches **Inzidenzproblem**. Es entsteht nämlich die Frage, wer letztlich die Sozialkosten zu tragen hat. Können die Unternehmen die Kosten des Umweltschutzes voll auf die Endverbraucher abwälzen, so steigen die Preise. Wie in dem Marktmodell zuvor gezeigt, führt eine Internalisierung der Sozialkosten zu höheren Preisen und einer geringeren produzierten Menge. Dadurch werden einkommensschwache Nachfrager womöglich von der Nachfrage ausgeschlossen. „Realistischerweise ist von einer vollen Überwälzung jedoch nicht auszugehen. Das finanzwissenschaftlich-empirische Wissen reicht momentan jedoch nicht aus, um hier dringend erforderliche, eindeutige Anworten zu geben. Bei der **Mineralölsteuer** läßt sich jedenfalls für die Nutzung von Kraftfahrzeugen durch die privaten Haushalte deutlich sehen: Die relative Belastung der Arbeitnehmerhaushalte fällt durch deren ökologische Gestaltung stärker aus als bei einkommensstarken Gruppen. Hier müßte ein Ausgleich über die Erhöhung des steuerlich geltend zu machenden Kilometergeldes für Fahrten zwischen Wohnung und Arbeitsstätte vorgesehen werden. Insgesamt wäre zu überlegen, ob nicht für umweltverträgliche Produkte die Mehrwertsteuer gesenkt wird, um deren Verbreitung zu beschleunigen. Zusammenfassend wird deutlich, beim Ausbau des ökologischen Regulierungsinstrumentariums müssen sozialökonomisch unterschiedliche Belastungsprofile berücksichtigt werden, weil sonst ökologisch-rationale Politik zusätzlich soziale Probleme schaffen könnte. Hier ist Phantasie gefragt, um zu vermeiden, daß mit der Lösung ökologischer Probleme soziale Differenzierungen vertieft werden, wie umgekehrt die Lösung sozialer und beschäftigungsspezifischer Aufgaben nicht zu Lasten der Umwelt gehen kann.“[1]

5.4 Zum Problem der öffentlichen und meritorischen Güter

Ein weiteres marktwirtschaftliches Problem sind die **öffentlichen Güter**, die eine hohe Affinität zu den externen Effekten haben. Sie verbinden quasi private und öffentliche Güter. Im Unterschied zu den privaten Gütern sind die öffentlichen Güter nach ***Paul A. Samuelson*** durch **Nicht-Rivalität im Verbrauch** und durch eine **Nicht-Ausschließbarkeit beim Konsum** gekennzeichnet. Bei privaten Gütern kommt es durch den Tauschakt zu einer **Übertragung von Eigentumsrechten**, also den rechtlichen Ansprüchen auf die Nutzung der Güter, womit

[1] Rudolf Hickel, Ökonomische Dimensionen, a.a.O., S. 63f.

gleichzeitig ein Wirtschaftssubjekt das Recht erhält, andere von der Konsumtion dieser Güter auszuschließen. Es besteht bei privaten Gütern demnach eine **Rivalität** im Konsum.

Ein öffentliches Gut ist dagegen **gemeinschaftlich nutzbar**, d.h. die Nutzung durch die Wirtschaftssubjekte erlaubt die gleichzeitige Nutzung durch andere Wirtschaftssubjekte. Zusätzlich kann von der Nutzung des öffentlichen Gutes aus **ökonomischen oder technischen Gründen** kein Wirtschaftssubjekt ausgeschlossen werden. Obwohl öffentliche Güter „so günstige Eigenschaften haben, ist ihre Bereitstellung durch die Privatwirtschaft doch nicht sichergestellt. Das ist durch das **Trittbrettfahrerphänomen** (Free Rider Problem) bedingt. Ein privatwirtschaftlicher Anbieter müßte, um Einnahmen zu erzielen, Nichtzahler vom Konsum ausschließen. Da er dies nicht kann, wird jeder Konsument die Zahlung vermeiden, und der Anbieter bleibt ohne Einnahmen, kann also langfristig das Gut nicht anbieten. Die Konsequenz ist, daß der **Staat das Angebot herstellen muß**, da er über die Möglichkeit verfügt, zwangsweise Einnahmen zu erzielen."[1]

Die **Präferenzenbestimmung bei öffentlichen Gütern** durch die Wirtschaftssubjekte gestaltet sich in der Praxis äußerst schwierig. Dies liegt zum einen an der „unentgeltlichen" Bereitstellung und zum anderen an einem weitgehend passiven Konsum; häufig sogar mit einem präventiven Charakter. Wie hoch ist z.B. die Präferenz - von welchen Wirtschaftssubjekten - im Rahmen des öffentlichen Gutes der Landesverteidigung noch weitere Kampfflugzeuge bereitzustellen? Ein Preis-Mechanismus wie bei privaten Gütern, der unter Berücksichtigung der individuellen Nutzen-Präferenzen darüber entscheidet, ob eine Nachfrage bzw. weitere Nachfrage stattfindet, existiert eben bei öffentlichen Gütern nicht. Dieser Tatbestand wirkt sich in der Politik aus. Hier entscheiden über die Präferenzen der öffentlichen Güter die Politiker. Sie bestimmen in parlamentarischen Demokratien über die Notwendigkeit und Nutzenstiftung von öffentlichen Gütern durch eine **kollektive Präferenzordnung**.

Hierbei müßten sie sich **Pareto-optimal** (benannt nach ***Alfredo Pareto** (1848 bis 1923)*, „Pareto-Kriterium) verhalten. Danach wäre eine Präferenz (X) einer Präferenz (Y) dann vorzuziehen, wenn es in (X) wenigstens einem Beteiligten besser geht als in (Y), ohne daß es irgendeinem anderen schlechter geht. Oder anders formuliert: Eine kollektive Präferenzordnung ist dann

[1] Jürgen Franke, Grundzüge der Mikroökonomik, a.a.O., S. 79

Pareto-optimal, wenn es nicht möglich ist, eine Person besser zu stellen, ohne eine andere schlechter zu stellen.[1]

Neben den öffentlichen Gütern hat der Staat aufgrund des Marktversagens nach ***R. A. Musgrave*** auch **meritorische Güter** bereitzustellen.[2] Hier wäre zwar eine Marktlösung möglich, der Staat akzeptiert die Marktlösungen aus politischen Erwägungen aber nicht. Dies z.B. deshalb nicht, weil eine reine Marktlösung bestimmte Bevölkerungskreise über die am Markt zustandekommenden Preise von der Nachfrage ausschließen würde. Deshalb finanziert der Staat solche meritorischen Güter entweder vollständig (z.B. Schulbücher) oder subventioniert zumindest einen Teil der Preise (z.B. Theaterkarte).

Zu den meritorischen Gütern werden auch die **Gesundheitsgüter** gezählt. Für die Verteilung bzw. den Konsum von Gesundheitsgütern gilt gesellschaftlich vorrangig das **Bedarfs- und Solidaritätsprinzip**, d.h. im Bedarfsfall hat jeder Mensch Anspruch auf die notwendige Versorgung mit Gesundheitsleistungen unabhängig von seiner Zahlungsfähigkeit bzw. Einkommen und Vermögen. Rechtlich verankert ist dieser Grundsatz im *Sozialgesetzbuch V (SGB)* und im Dritten Buch der *Reichsversicherungsordnung (RVO)*. Das **Einkommensprinzip**, das in der Ökonomie bei privaten Gütern gilt, hat im Gesundheitsmarkt nur eine untergeordnete Rolle. Eine Realisierung des Einkommensprinzips, oder man könnte auch sagen, eine **einkommensabhängige Absicherung des Krankheitsrisikos**, würde alle diejenigen, die aufgrund ihres Einkommens nicht in der Lage wären, die sich am Markt herausbildenden Marktpreise für Gesundheitsgüter zu zahlen, von der Nachfrage ausschliessen. Dies würde eine Rationierung bzw. eine Selektierung von Nachfragern implizieren. Eine **einkommensabhängige Klassenmedizin** wäre die Folge.[3]

---

[1] Zur ausführlichen Darstellung der Paretooptimalität vgl. Jürgen Franke, Grundzüge der Mikroökonomik, a.a.O., S. 268ff.

[2] Vgl. R. A. Musgrave, Finanztheorie, 2. Aufl., Tübingen 1969

[3] Vgl. Heinz-J. Bontrup, Chronisches Leiden. Die Krise des Gesundheitsmarktes, in: Blätter für deutsche und internationale Politik, Heft 7/1996

Literatur:

Walter Adams, Economic Power and the Constitution, in: Challenge, Heft 7. u. 8, New York 1987

Jörn Altmann, Volkswirtschaftslehre, 4. Aufl., Stuttgart, Jena 1994

Hans-Jürgen Ahrms, Hans-Dieter Feser, Wirtschaftspolitik, 6. Aufl., München, Wien 1995

Otto Angehrn, Nachfragemacht von Handelsunternehmen als Problem der Wettbewerbsgestaltung, in: Markenartikel, (1974)

Arbeitsgruppe Alternative Wirtschaftspolitik, Wirtschaftsmacht in der Marktwirtschaft. Zur ökonomischen Konzentration in der Bundesrepublik, Köln 1988

Arbeitsgruppe Alternative Wirtschaftspolitik, Gegen konservative Formierung, Alternativen der Wirtschaftspolitik, Memorandum '80, Köln 1980

Helmut Arndt, Schöpferischer Wettbewerb und klassenlose Gesellschaft, Berlin 1952

Helmut Arndt, Mikroökonomische Theorie, Bd. II, Tübingen 1966

Helmut Arndt, Markt und Macht, Tübingen 1973

Helmut Arndt, Marktmacht auf der Nachfrageseite, in: Wirtschaft und Wettbewerb, 1972

Helmut Arndt, Das Phänomen der Nachfragemacht, in: Markenartikel, (1973)

Badura, W. Kern, Maßstab und Grenzen der Preisaufsicht nach § 12a der Bundestarifordnung Elektrizität (BTO Elt), Heidelberg 1983

Ulrich Baßeler, Jürgen Heinrich, Walter Koch, Grundlagen und Probleme der Volkswirtschaft, 13. Aufl., Köln 1992

Peter F. Barrenstein, Der mittelständische Einzelhandel in der Bundesrepublik Deutschland, Frankfurt/M. 1980

Hartwig Bartling, Leitbilder der Wettbewerbspolitik, München 1980

Astrid Block, Die europäische Fusionskontrolle - Versuch einer rechtlichen und wettbewerbspolitischen Einordnung, in: WSI-Mitteilungen, Heft 1/1992

Bericht des Bundeskartellamtes über seine Tätigkeit in den Jahren 1989/90, in: Bundestagsdrucksache 12/847, (1991)

Franz Böhm, Demokratie und ökonomische Macht, Sonderdruck aus: Kartelle und Monopole im modernen Recht, Karlsruhe 1961

Eugen v. Böhm-Bawerk, Macht oder ökonomisches Gesetz, in: Zeitschrift für Volkswirtschaft, Sozialpolitik und Verwaltung, Leipzig, Wien 1914

Heinz-J. Bontrup, Kartellrechtsnovelle und Nachfragemacht des Handels, in: WSI-Mitteilungen, Heft 7/1989

Heinz-J. Bontrup, Axel Troost, Preisbildung in der Elektrizitätswirtschaft. Ein Beitrag zur Diskussion um die Novellierung der Stromtarife, PIW-Studie, Bremen 1988

Heinz-J. Bontrup, Norbert Zdrowomyslaw, Zur Anwendungsproblematik von Preisgleitklauseln, in: Kostenrechnungspraxis, Zeitschrift für Controlling, Heft 4/1995

Heinz-J. Bontrup, Chronisches Leiden. Die Krise des Gesundheitsmarktes, in: Blätter für deutsche und internationale Politik, Heft 7/1996

Heinz-J. Bontrup, Preisbildung bei Rüstungsgütern, Köln 1986

Bundeswirtschaftsministerium (Hrsg.), „Sündenregister", Wettbewerbsverzerrungen-Beispielkatalog, in: Wirtschaft, Recht und Praxis, (1975)

Bundesministerium für Finanzen (Hrsg.), Fünfzehnter Subventionsbericht für die Jahre 1993 bis 1996, Bonn 1995

Karl Bücher, Die wirtschaftlichen Kartelle, Leipzig 1895

Wolfgang Cezanne, Jürgen Franke, Volkswirtschaftslehre, 7. Aufl., München, Wien 1997

John Maurice Clark, Toward a Concept of Workable Competition, The American Economic Review, (1940)

John Maurice Clark, Zum Begriff eines funktionsfähigen Wettbewerbs, in: Klaus Herzina (Hrsg.), Wettbewerbstheorie, Köln 1975

Edward Hastings Chamberlin, The Theory of Monopolistic Competition, 7.e., Cambridge 1956

Adolf G. Coenenberg, Kostenrechnung und Kostenrechnungsanalyse, 2. Aufl., Landsberg am Lech 1993

Deutsche Bundesbank (Hrsg.), Monatsbericht 8/1997

Deutsches Institut für Wirtschaftsforschung (DIW), DIW-Wochenbericht Nr. 24/1994 und Nr. 23/1997

Die Gruppe von Lissabon (Hrsg.), Grenzen des Wettbewerbs. Die Globalisierung der Wirtschaft und die Zukunft der Menschheit, München 1997

Helmut Diederich, Der Kostenpreis bei öffentlichen Aufträgen, Heidelberg 1961

H. Ebisch, J. Gottschalk, Preise und Preisprüfungen, Kommentar, 4. Aufl., München 1979

Nikolaus Eckardt, Margitta Meinerzhagen, Ulrich Jochimsen, Die Stromdiktatur, Hamburg, Zürich 1985

Rainer Eisfeld, Wirtschaftskonzentration und die Lähmung des Staatsinterventionismus, in: Vorgänge - Zeitschrift für Gesellschaftspolitik, 16. Jg., Heft 4/1977

Volker Emmerich, Kartellrecht, 3. Aufl., München 1979

Werner Hans Engelhardt, Wandel der Marketing-Strategien im Bereich der Distribution, in: Markenartikel, (1980)

Walter Eucken, Wettbewerb, Monopol und Unternehmer, Bad Nauheim 1953

Fettel, Ein Beitrag zur Diskussion über den Kostenbegriff, in: Zeitschrift für Betriebswirtschaft, (1959)

Ulrich Fehl, Peter Oberender, Grundlagen der Mikroökonomie, 2. Aufl., München 1985

Rainer Feuerstack, Unternehmenskonzentration, Theoretische Grundbegriffe und empirische Ergebnisse für die Bundesrepublik Deutschland 1960 - 1970, Neuwied 1975

Jürgen Franke, Grundzüge der Mikroökonomik, 7. Aufl., München, Wien 1995

Ragna Frisch, Monopol-Poypol - der Begriff der Kraft in der Wirtschaft, in: Alfred E. Ott, Preistheorie, 3. Aufl., Köln-Berlin 1968

Arno Gottschalk, Stimmrechtseinfluß der Banken, in: WSI-Mitteilungen, Heft 5/1988

Franz Granreiter, Kleinverbraucher subventionieren die Strompreise für die Großabnehmer, in: WSI-Mitteilungen, Heft 11/1992

Dieter Grosser (Hrsg.), Konzentration ohne Kontrolle, 3. Aufl., Opladen 1974

Ursula Hansen, Joachim Algermissen, Handelsbetriebslehre, Bd. 1, Göttingen 1979

Hauptgemeinschaft des Deutschen Einzelhandels (Hrsg.), Strukturpolitisches Sofortprogramm für den Einzelhandel, Hannover 1974

R.C. Hall, C.J. Hitch, Price Theory and Business Behavior, in: T. Andrews Wlson (ed.), Oxford Studies in the Price Mechanism, 2. ed., Oxford 1952

Ernst Heuss, Grundelemente der Wirtschaftstheorie, Göttingen 1970

Ernst Heuss, Allgemeine Markttheorie, 2. Aufl., Tübingen/Zürich 1976

Rudolf Hickel, Ökonomische Ursachen- und Politikprobleme der Massenarbeitslosigkeit, in: Jürgen Hoffmann (Hrsg.), Überproduktion, Unterkonsumtion, Depression, Hamburg 1983

Rudolf Hickel, Ökonomische Dimension ökologischer Schäden: Positive Kosten-Nutzen-Analysen zur Umweltpolitik, in: Memo-Forum, Heft Nr. 11/1987

Rudolf Hilferding, Das Finanzkapital, Bd.1, 3. Aufl., Frankfurt/M., Köln 1974

Erich Hoppmann, Das Konzept der optimalen Wettbewerbsintensität. Rivalität oder Freiheit des Wettbewerbs: Zum Problem eines wettbewerbspolitisch adäquaten Ansatzes der Wettbewerbstheorie, in: Jahrbücher für Nationalökonomie und Statistik, Bd. 179, (1967)

Jörg Huffschmid, Die Politik des Kapitals. Konzentration und Wirtschaftspolitik in der Bundesrepublik, 8. Aufl., Frankfurt/M. 1972

Erhard Kantzenbach, Das Konzept der optimalen Wettbewerbsintensität, in: Jahrbücher für Nationalökonomie und Statistik, Bd. 181, (1967/68)

Erhard Kantzenbach, Die Funktionsfähigkeit des Wettbewerbs, 2. Aufl., Göttingen 1968

Erhard Kantzenbach, Wirtschaftliche Ursachen und Auswirkungen der Nachfragemacht, in: Freiheit und Fairneß im Wettbewerb - Chance für einen leistungsfähigen Mittelstand, Tagungsband-Wettbewerbskongreß, München 1977

Abraham D. H. Kaplan, Joel B. Dirlam, Robert F. Lanzillotti, Pricing in Big Business, Washington D.C. 1958

K. William Kapp, Soziale Kosten der Marktwirtschaft, Frankfurt/M. 1979

Wolfgang Kartte, Kartelle, in: Handwörterbuch der Betriebswirtschaft, Teilband 2, 5. Aufl., Stuttgart 1993

Peter Kenyon, Bestimmung der Preise, in: Alfred Eichner (Hrsg.), Über Keynes hinaus, Köln 1982

Wolfgang Kilger, Einführung in die Kostenrechnung, 2. Aufl., Wiesbaden 1980

R. Knöpfle, Zur Berücksichtigung der Kosten, insbesondere der Gemeinkosten bei der kartellrechtlichen Mißbrauchsaufsicht, in: Der Betriebs-Berater 1975

Helmut Koch, Zur Diskussion über den Kostenbegriff, in: Zeitschrift für handelswissenschaftliche Forschung, (1958)

Helmut Koch, Zur Kontroverse: Wertmäßiger - pagatorischer Kostenbegriff, in: Grundprobleme der Kostenrechnung, Köln, Opladen 1966

W. Körner, Abschreibung von Wiederbeschaffungswerten. Eine Nominalrechnung mit inflatorischer Wirkung, in: Steuer und Wirtschaft, (1961)

Helmut Köhler, Wettbewerbsbeschränkungen durch Nachfrager, München 1977

Helmut Köhler, Wettbewerbs- und kartellrechtliche Kontrolle der Nachfragemacht, Heidelberg 1979

W. Krelle, Preistheorie, Band 1, 2. Aufl., Tübingen 1976

Klaus-Peter Martens, Die existentielle Wirtschaftsabhängigkeit, Köln, Berlin u.a. 1979

Hans-Peter Martin, Harald Schumann, Die Globalisierungsfalle. Der Angriff auf Demokratie und Wohlstand, 13. Aufl., Reinbek 1997

Anke Martiny, Otfried Klein, Marktmacht und Manipulation, Sind die Verbraucher Objekt oder Subjekt unserer Wirtschaftsordnung? Frankfurt/M./Köln 1977

Karl Marx, Das Kapital, Bd. 1, Berlin (Ost) 1974

G.C. Means, Industrial prices and their relative inflexibility, U.S. Senate Document 13, 74t[h.] Congress, 1tst. Session, Washington D.C. 1935

G.C. Means, The Administered Price. The Thesis Reconfirmed, American Economic Journal June 19972

Werner Meißner, Zur These von der Investitionslücke, in: WSI-Studien, Krise der ökonomischen Theorie - Krise der Wirtschaftspolitik, Bd. 38, Köln 1978

Kurt Rudolf Mirow, Die Diktatur der Kartelle, Reinbek 1978

U. Möllhoff, Gewinnbemessung in öffentlichen Aufträgen zu Selbstkostenpreisen, in: Der Betrieb, 39. Jg., Heft 5/1986

Walter Mönig, Determinaten des Elektrizitätsangebots und volkswirtschaftliche Kriterien zu seiner Beurteilung, München 1975

Müller-Henneberg, G. Schwarz (Hrsg.), Gesetz gegen Wettbewerbsbeschränkungen, Kommentar, Köln-Berlin 1958

Monopolkommission (Hrsg.), 6. Hauptgutachten, Gesamtwirtschaftliche Chancen und Risiken wachsender Unternehmensgrößen, Baden-Baden 1986

Monopolkommission (Hrsg.), Sondergutachten 7, Mißbräuche der Nachfragemacht und

Möglichkeiten zu ihrer Kontrolle im Rahmen des Gesetzes gegen Wettbewerbsbeschränkungen, Baden-Baden 1977

Monopolkommission (Hrsg.), 10. Hauptgutachten, Mehr Wettbewerb auf allen Märkten, Baden-Baden 1994

Monopolkommission (Hrsg.), 3. Hauptgutachten, Fusionskontrolle bleibt vorrangig, Baden-Baden 1980

Monopolkommission (Hrsg.), 9. Hauptgutachten, Wettbewerbspolitik oder Industriepolitik, Baden-Baden 1992

R. A. Musgrave, Finanztheorie, 2. Aufl., Tübingen 1969

Bernhard Nagel, Hildegard Kaluza, Eigentum und Markt im Maschinenbau, Baden-Baden 1988

Robert Nieschlag, Nachfragemacht des Handels, in: Marketing-Enzyklopädie, Bd. 2, München 1974

Rainer Otten, Wettbewerbstheorie und Wettbewerbspolitik, München, Wien 1995

Alfred E. Ott, Preistheorie, 3. Aufl., Köln-Berlin 1968

Alfred E. Ott, Monopoltheorie, in: Das Wirtschaftsstudium (WISU), 1978

Alfred E. Ott, Monopolistische Konkurrenz, in: Das Wirtschaftsstudium (WISU), 1990

Hermannus Pfeiffer, Großbanken und Finanzgruppen, in: WSI-Mitteilungen, Heft 7/1986

Hermannus Pfeiffer, Das Imperium der Deutschen Bank, Fankfurt/M., New York 1987

Norbert Reich, Markt und Recht. Theorie und Praxis des Wirtschaftsrechts in der Bundesrepublik Deutschland, Neuwied, Darmstadt 1977

W. Reiß, Mikroökonomische Theorie. Historisch fundierte Einführung, München, Wien 1990

R. Richter, Preistheorie, Wiesbaden 1970

W. Rieger, Einführung in die Privatwirtschaftslehre, Nürnberg 1928

Joan Violet Robinson, The Economics of Imperfect Competition, 2.e., London 1969

Wilhelm Röpke, Die Gesellschaftskrisis der Gegenwart, Erlangen-Zürich 1948

Andreas Scharf, Bernd Schubert, Marketing, Stuttgart 1995

A. Schlögl, Mehrproduktunternehmung, Marktentwicklung, Wettbewerb, Frankfurt/M. 1972

Ingo Schmidt, US-amerikanische und deutsche Wettbewerbspolitik gegenüber Marktmacht, Berlin 1973

Johann A. Schumpeter, Kapitalismus, Sozialismus und Demokratie, 4. Aufl., München 1975

J. Schumann, Grundzüge der mikroökonomischen Theorie, 5. Aufl., Berlin, Heidelberg, New York 1987

Horst Seidel, Rudolf Temmen, Grundlagen der Volkswirtschaftslehre, 13. Aufl., Bad Homburg 1995

Seischab, Demontage des Gewinns durch unzulässige Ausweitung des Kostenbegriffs, in: Zeitschrift für Betriebswirtschaft, (1952)

Diethard B. Simmert, Banken - Reform oder Verstaatlichen? In: Aus Politik und Zeitgeschichte, Beilage zur Wochenzeitung das Parlament, 6. Juni 1975

Adam Smith, Der Wohlstand der Nationen, München 1974

Angelina Sörgel, Die eigentlichen Hausherren der Republik? Macht und Einfluß der Großbanken, in: Blätter für deutsche und internationale Politik, Heft 1/1986

Heinrich von Stackelberg, Marktform und Gleichgewicht, Wien-Berlin 1934

Karl-Heinz Stanzick, Die Verkündung der Sozialen Marktwirtschaft. Konzentration in der Wirtschaft, in: Carl Nedelmann, Gert Schäfer (Hrsg.), Politik ohne Vernunft oder die Folgen sind absehbar, Reinbek 1965

Alfred Stobbe, Mikroökonomik, 2. Aufl, Berlin, Heidelberg, New York u.a. 1991

Peter Swoboda, Zur Anschaffungswertrechnung administrierter Preise, in: Betriebswirtschaftliche Forschung und Praxis (BFuP), (4/1996)

Dieter Teufel u.a., Ökologische und soziale Kosten in der Bundesrepublik Deutschland im Jahr 1989, UPI-Bericht Nr. 20, Heidelberg 1991

Jean Tirole, Industrieökonomik, München, Wien 1995

Egon Tuchtfeldt, Kartelle, in: Handwörterbuch der Wirtschaftswissenschaft (HdWW), Bd. 4, Stuttgart, Tübingen, Göttingen 1988

Rainer Volkmann, Preisverhalten und Beschäftigungsentwicklung unter monopolisierten Konkurrenzverhältnissen, Bremen 1982

Ernst Weiß, Preisdifferenzierung und funktionsfähiger Wettbewerb, Hamburg 1972

Rudolf Welzmüller, Preispolitik und Akkumulation, Köln 1982

Lutz Wicke, Die ökologischen Milliraden - Das kostet die zerstörte Umwelt - so können wir sie retten, München 1986

Olga Wilde, Wettbewerbsverzerrungen und Wettbewerbsbeschränkungen durch Nachfragemacht, Freiburg i.Br. 1979

Artur Woll, Allgemeine Volkswirtschaftslehre, 11. Aufl., München 1993

Norbert Zdrowomyslaw, Kosten-, Leistungs- und Erlösrechnung, München, Wien 1995

5. Kapitel
Zum Faktor Arbeit in einer Volkswirtschaft

1. Zur geschichtlichen Herausbildung der menschlichen Arbeit

Spätestens mit der bahnbrechenden Buchveröffentlichung (An Inquiry into the Nature and Causes of the Wealth of Nations) von ***Adam Smith*** *(1723 bis 1790)* im Jahre 1776 wurde wissenschaftlich der Beweis erbracht, daß es nur einen **wertschaffenden Produktionsfaktor** gibt, nämlich die **menschliche Arbeit**. Nur die Arbeit der Menschen war und ist es letztlich, worauf sich Wohlstand gründet. Der Faktor **Boden (Natur)** gibt dagegen nur Wert ab. Er mußte im Laufe der Menschheitsgeschichte durch Arbeit erst zu einem Produktivfaktor gemacht werden. Dies gilt noch mehr für den dritten volkswirtschaftlichen Produktionsfaktor, das **Kapital**, das ausschließlich als derivativer Faktor durch den Einsatz der menschlichen Arbeitskraft hervorgebracht wird.

Arbeit war im Laufe der Menschheitsgeschichte vielfältigen Veränderungen unterworfen. Dies bezieht sich sowohl auf den **Arbeitsprozeß** selbst, d.h. auf die Frage, wie wurde unter welchen Bedingungen mit welchen Produktionsmitteln gearbeitet, als auch auf die Frage der **Aneignung der Arbeitsergebnisse**, d.h. wer erhält das Produkt, die Mühen der Arbeit bzw. wer eignet es sich an. Im folgenden soll deshalb zunächst ein kurzer Abriß über die Epochen der Arbeit in den einzelnen **Wirtschafts- und Gesellschaftsordnungen** gegeben werden, wodurch gleichzeitig in groben Zügen gezeigt wird, wie es zur Herausbildung der heutigen **Erwerbsarbeit** in kapitalistischen Ordnungen gekommen ist. Dabei sollen auch die **Besonderheiten der „Ware" Arbeitskraft** unter kapitalistischen Verwertungsbedingungen vermittelt werden. Wichtig für den Faktor Arbeit war die Herausbildung der Gewerkschaften, deren Geschichte deshalb in den wichtigsten Etappen nachgezeichnet werden soll. Anschließend wird der Frage nach der Wertbestimmung der Arbeit anhand eines dogmenhistorischen Abrisses zur **Lohntheorie** nachgegangen, wobei insbesondere auch die produktivitätsorientierte Lohnpolitik in ihren unterschiedlichen Facetten erläutert wird.

1.1 Arbeit in der Urgesellschaft

Wissenschaftliche Untersuchungen belegen, daß die Menschheit länger als eine Million Jahre existiert. In der **Urgesellschaft**, die etwa bis zum 5. und 4. Jahrtausend vor unserer Zeitrechnung herrschte, war sowohl die Arbeit als auch die Verteilung der Arbeitsergebnisse kollektiv organisiert, die Arbeitsmittel- und Arbeitsinstrumente waren primitiv und es herrschte kein **Privateigentum** an Grund und Boden. Die Urgesellschaft war eine klassenlose Gesellschaft. Der Arbeitsprozeß, mit dem der Mensch aktiv auf die Natur einwirkte, war noch nicht von einer gesellschaftlichen Arbeitsteilung und Entwicklung der Produktivkräfte gekennzeichnet. Dies lag zum einen an der Arbeitskraft selbst, deren Wissen noch beschränkt war, und zum anderen an den nur primitiven Arbeitsmitteln.

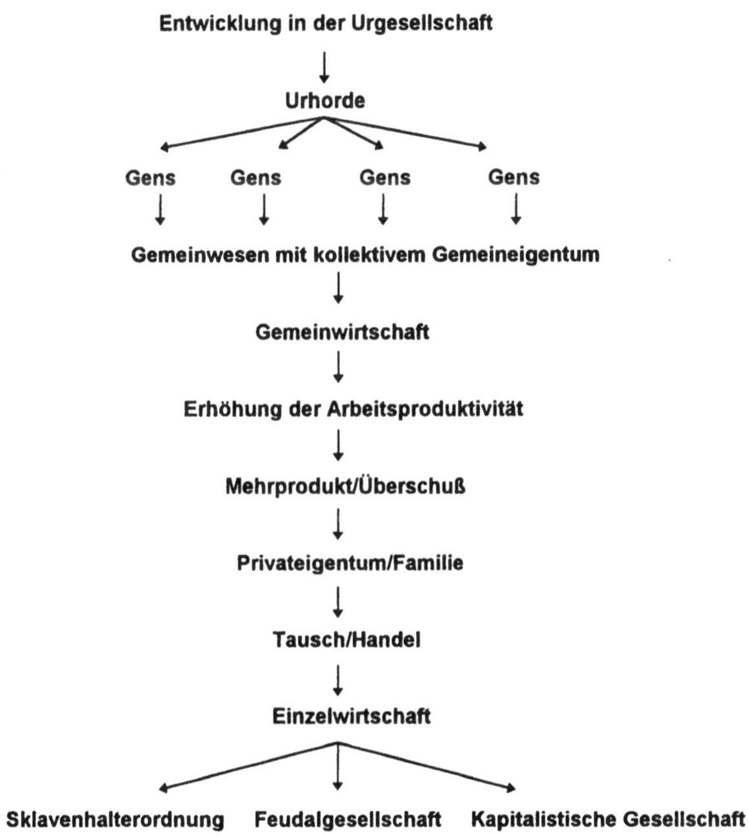

Erste sozio-ökonomische Arbeitsbeziehungen entstanden in der **Urhorde**, einem Zusammenschluß einer kleinen Gruppe von Menschen in einem abgegrenzten Territorium. Solche Urhorden bildeten ein homogenes Kollektiv, das keinerlei soziale oder berufliche Unterschiede kannte. Auch die Geschlechterbeziehungen untereinander waren noch ungeregelt. Mit der Entwicklung des Menschen in solchen Urhorden vom Sammler zum Jäger und mit der Beherrschung des **Feuers** entwickelten sich auch die Arbeitsmittel und damit die Produktivkräfte. Der Ackerbau entstand und mit der Zähmung von Tieren kam es zur Herausbildung einer Viehhaltung. Dieser Entwicklungsprozeß mündete schließlich in der **Gentilordnung**, in der sich blutsverwandte Menschen zu Gens zusammenschlossen, und mehrere Gens einen Stamm und schließlich mehrere Stämme ein **Gemeinwesen** bildeten.

Auch in diesen Gemeinwesen wurde die Arbeit kollektiv verteilt. Es dominierte zunächst das Matriarchat und später das Patriarchat. An den Produktionsmitteln herrschte kollektives Gemeineigentum. Welche Arbeiten zu welcher Zeit durch wen zu leisten waren, wurde im Kollektiv festgelegt. Aufgrund der geringen Arbeitsproduktivität war die kollektive Produktion aber noch nicht in der Lage, einen **Überschuß, ein Mehrprodukt**, zu erzielen. Die erwirtschafteten Subsistenzmittel reichten gerade zur Reproduktion der Gemeinde- und Stammesmitglieder aus. Dadurch war auch kein **Handel** zwischen einzelnen Gemeinden möglich. Jede Gemeinde lebte nur von dem, was sie selbst erwirtschaftete. Dies änderte sich erst nachdem die Produktivkräfte eine Entwicklungsstufe erreicht hatten, die ein Mehrprodukt, einen Überschuß an Subsistenzmitteln, ermöglichten. Das Entstehen eines solchen Mehrprodukts wurde zum entscheidenden Wachstumsmotor zur Weiterentwicklung des Menschen. Hierdurch entstand aber auch zum ersten Mal die Möglichkeit, daß sich Menschen das Mehrprodukt aneigneten, ohne selbst an der Produktion teilgenommen zu haben, also die Möglichkeit der **Ausbeutung** des Menschen durch den Menschen. „Die Anthropologie (Lehre von der Entstehung des Menschen, d.V.) zeigt, daß in Gemeinschaften, in denen die Notwendigkeit, für den Lebensunterhalt tätig zu sein, auf alle Mitglieder gleichmäßig verteilt ist, das Phänomen Arbeit und die Bezeichnung Arbeit nicht auftauchen. ***Arne Eggebrecht*** weist darauf hin, daß in der Zeit des Alten und Mittleren Reiches in Ägypten (2.660 bis 1.785 v. Chr.) der Begriff Arbeiter nicht existierte, weil alle gleichermaßen zu den zu verrichtenden Tätigkeiten herangezogen wurden. Privilegien, die von manuellen Tätigkeiten befreiten, scheinen nicht bestanden zu haben, so daß keinem und keiner Gruppe die besonders schweren und belastenden Verrichtungen aufgezwungen werden konnten. Erst mit der Ausbildung von **Machtstrukturen** und der Schaffung des **individuellen Eigentums**, das Inhalt und Ausdruck von Macht ist, wurden Teile der Bevölkerung von der Notwendigkeit und Pflicht, für die Sicherung des unmittelbaren Lebensunterhalts tätig zu sein, befreit. Für die Nichtprivilegierten ergaben sich Abhängigkeit und Hörigkeit. Die niedrigen und gemeinen Dienste waren von ihnen zu verrichten; der Stand der 'Arbeiter' wurde geboren. In der ägyptischen Sprache steht für Arbeit und Arbeiter das Wort 'meru', was soviel bedeutet wie tragen oder Träger. Die Arbeiter konnte man aufgrund des Zwanges, für ihre Existenzerhaltung ihre Kraft einsetzen zu müssen, so niedrig entlohnen, daß sie nie Eigentum bilden konnten und dadurch chancenlos in der Rolle der Nichtprivilegierten, der Eigentumslosen, der Recht- und Machtlosen verharren mußten. Der Unterschied zwischen dem Wert ihrer Arbeitsleistung und dem für ihre Existenzerhaltung und die Aufzucht ihrer Nachkommenschaft notwendigerweise bezahlten Lohn floß den Privilegierten zu, von deren Prachtentfaltung seit Jahrtausenden monumentale Zeugen künden."[1] Mit der Schaffung eines Mehrprodukts und dem Privateigentum kam es auch zum ersten Mal zu **Austauschbeziehungen** zwischen den einzelnen Gemeinden. Dadurch wurde gleichzeitig Wissen über die Produktion der Waren weitergegeben, wodurch die Produktivität gesteigert wurde. In dem Maße, wie die Arbeit produktiver wurde und die einzelnen Gemeinde- und Stammesmitglieder die Möglichkeit erhielten, die Produkte, die sie brauchten, ohne das Kollektiv, mit eigenen Kräften herzustellen, kam die Tendenz zur **Individualisierung der Arbeit** auf. Die Kollektivität der ursprünglichen Produktionsverhältnisse war zum Hemmnis für die weitere Entwicklung der Produktion geworden, weil sie die Initiative des Einzelnen einengte. Die Art der Arbeitsorganisation kann damit gleichzeitig als „Geburtshelfer" für die Schaffung von **Privateigentum** an Arbeits-(Produktions)mitteln betrachtet werden. Diese Entwicklung wurde in der Gentilordnung der Urgesellschaft durch die **Einzelfamilie** wie durch einen Katalysator verstärkt. Die Familie, d.h. die aus Eltern und Kindern bestehende Gruppe, war nicht mehr auf das Kollektiv zur Subsistenzsicherung angewiesen. Die Kollektivwirtschaft verwandelte sich in eine **Einzelwirtschaft**. Dadurch gehörten die erwirtschafteten Produkte auch nicht mehr der Gemeinschaft der Gentilgesellschaft und wurden infolgedessen auch nicht mehr kollektiv aufgeteilt, sondern sie wurden mehr und mehr zum Privateigentum der Familien. Auch das zunächst noch bestehende kollektive Eigentum an Grund und Boden ging im Laufe der Menschheitsgeschichte immer mehr in Privateigentum über.

---

[1] Norbert Harlander, Clemens Heidack, Friedrich Köpfler, Klaus-Dieter Müller, Personalwirtschaft, 3. Aufl., Landsberg/Lech 1994, S. 22

1. 2 Arbeit in der Sklavenhaltergesellschaft

Mit der Schaffung eines Mehrprodukts in der Produktion durch die Entwicklung der Produktivkräfte und dem Aufkommen der Einzelwirtschaft sowie dem Privateigentum an Produktionsmitteln entstanden zunehmend ungleiche Besitzverhältnisse, die den Übergang von der Urgesellschaft zur **Sklavenhaltergesellschaft** einleiteten. Sklavenhalterstaaten entstanden insbesondere in Ägypten, Babylonien, Persien, Indien und China. Die sog. antike Form der Sklaverei herrschte überwiegend in Griechenland mit dem Schwerpunkt Athen und im alten Rom. Hier wurden Menschen durch gewaltsamen Zwang von anderen Menschen **ohne Lohn** zur Arbeit gezwungen und ihrer Freiheit beraubt. Die ersten Sklaven entstammten noch **kriegerischen Auseinandersetzungen** zwischen einzelnen Stämmen oder Gemeinden. Dies war aber nicht der wesentliche Grund für die Herausbildung und Entwicklung der Sklaverei. Sie konnte nur entstehen, weil die Entwicklung der Produktivkräfte in der Urgesellschaft es ermöglicht hatte, daß der Mensch mit seiner Arbeit mittlerweile mehr Produkte herstellen konnte, als er für seinen eigenen Lebensunterhalt brauchte.

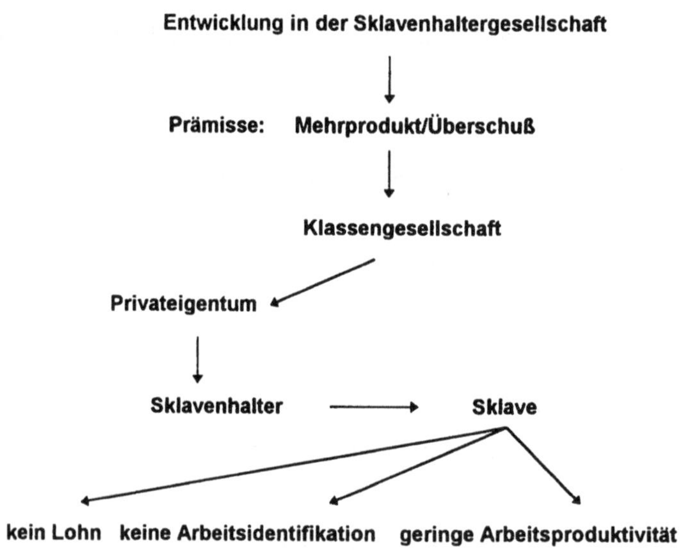

Dadurch wurden Menschen in die Lage versetzt, sich dieses Mehrprodukt anzueignen und andere für sich arbeiten zu lassen sowie mit dieser Ausbeutung und dem Eigentum an Produktionsmitteln Herrschaft über andere auszuüben. Die Geschichte dieser Ausbeutung, schrieb ***Karl Marx*** *(1818 bis 1883)*, „ist in die Annalen der Menschheit eingeschrieben mit Zügen von Blut und Feuer."

Hätte ein Sklave kein Mehrprodukt über seine eigenen Subsistenzmittel hervorgebracht, hätte es eine Sklavenhaltergesellschaft, die ihre Blütezeit im 5. Jahrhundert unserer Zeitrechnung hatte und noch im 19. Jahrhundert in den **Südstaaten der USA** bestand, nie gegeben.

Die Sklaverei war in der bisherigen Menschheitsgeschichte die schärfste Form der Ausbeutung des Menschen durch den Menschen. Der Arbeits- und Produktionsprozeß beruhte nicht nur auf dem Eigentum der Sklavenhalter an allen Produktionsmitteln einschließlich Grund und Boden, sondern zusätzlich am Eigentum der Produzenten selbst, am Sklaven. Das von den Sklaven erwirtschaftete Mehrprodukt der Arbeit wurde von den Sklavenhaltern vollständig angeeignet. Dadurch, daß der einzelne Sklave aber keinen Nutzen aus seiner Arbeit zog, war er auch an den Arbeitsergebnissen, die er hervorbrachte, wenig interessiert. Auch waren die Arbeitsmittel noch nicht weit genug entwickelt, daß die Arbeit eines einzelnen Sklaven größere Produktionsergebnisse ermöglicht hätten. Entsprechend gering war die **Arbeitsproduktivität** eines einzelnen Sklaven. Deshalb bedurfte es der massenhaften Sklavenarbeit und grausamer, barbarischer Ausbeutungsmethoden, um die ständig wachsenden Bedürfnisse der Sklavenhalter zu befriedigen. Diese Ausbeutungsmethoden führten letztlich zu einer derartigen Verschlechterung der Existenzbedingungen der Sklaven, daß ihre massenweise Ausrottung die Folge war. Zusätzliche **Sklavenaufstände** (wie z.B. der Spartacusaufstand in Italien 73 bis 71 vor unserer Zeitrechnung) legten immer mehr die ökonomischen Widersprüche, d.h. die Klassenwidersprüche zwischen Sklaven und Sklavenhaltern offen, so daß es letztlich zu einer Ablösung der Sklavenhaltergesellschaft durch die Produktionsweise der Feudalgesellschaft kam.

1.3 Arbeit in der Feudalgesellschaft

Die Arbeit der Menschen in der **Feudalgesellschaft**, die die Sklavenhalterordnung ablöste[1], basierte auf dem Eigentum der herrschenden Feudalherrenklasse am Grund und Boden und der Ausbeutung der unmittelbaren Produzenten, der Bauern, die von den Feudalherren persönlich anhängig und an deren Land gebunden waren. Wieder standen zwei Klassen einander gegenüber, die Feudalherren und die Bauern. Die Feudalherren sind die Eigentümer des Produktionsmittels Boden. Man unterschied dabei **weltliche** und **geistliche Grundherren**. Die weltlichen

[1] Dies war allerdings nicht überall so. Dort, wo es aufgrund von Besonderheiten in der geschichtlichen Entwicklung keine auf Sklaverei beruhende Arbeits- und Produktionsverhältnisse gegeben hat, löste der Feudalismus die Urgesellschaft ab.

Grundherren sind großenteils aus den Grafen, den sog. königlichen Beamten, hervorgegangen. Sie verdankten ihren Besitz der Gunst des Herrschers (Königs). Die geistlichen Grundherren entstammten dem hohen Klerus; Bischöfe und Äbte der reichen Stifte gehörten ihnen an.

Im Feudalismus überwog noch die **Landwirtschaft** dem **Handwerk**, wobei die landwirtschaftliche Produktion in zwei Grundformen geführt wurde: in Form der **Fronwirtschaft** und der **Zinswirtschaft**. In der Fronwirtschaft zerfiel das gesamte Land des Feudalgutes in zwei Teile. Ein Teil war das Herrenland, auf dem die landwirtschaftlichen Produkte mit der Arbeit und dem Inventar der Bauern erzeugt und in vollem Umfang von den feudalen Gutsbesitzern angeeignet wurden. Somit leisteten die Bauern auf dem Herrenland Mehrarbeit und erzeugten ein **Mehrprodukt**. Der andere Teil, das Bauernland, wurde als Anteilland bezeichnet. Auf diesem Land arbeiteten die Bauern für sich und schufen das notwendige Produkt, das Produkt also, das für sie und ihre Familien die Existenz sicherte sowie für die Wiederherstellung des verschlissenen lebenden und toten Inventars notwendig war. Bei der Zinswirtschaft war alles Land auf die Bauern aufgeteilt. Die gesamte landwirtschaftliche Produktion wurde in den Wirtschaften der Zinsbauern geleistet. Einen Teil des dort erzeugten Produktes übergaben die Bauern dem Feudalherrn als Zins, während der andere Teil dem Bauern zur Reproduktion seiner Arbeitskraft und zum Unterhalt seiner Familie sowie zur Reproduktion seines lebenden und toten Inventars verblieb. Da sich die Erzeugung des Mehrprodukts im Fronsystem kaum von der der Sklavenhalterordnung unterschied - der Gutsherr eignete sich das Produkt der gesamten Fronarbeit an - waren die Arbeitsergebnisse in der Regel schlecht. Deshalb machte der Gutsherr seine fronpflichtigen Bauern bald zu Zinsbauern, wobei der Zins zuerst als **Naturalzins**, dann gekoppelt mit einem **Geldzins** und schließlich nur noch durch Geldabgaben ersetzt wurde.

In den immer mehr aufkommenden **Städten** des feudalen Mittelalters bildete sich schließlich im Gegensatz zum Land die feudale Arbeitsorganisation des Handwerks heraus. Die Handwerker, die neben den **Kaufleuten** den größten Teil der Stadtbevölkerung ausmachten, rekrutierten sich hauptsächlich aus ehemaligen leibeigenen Bauern, die ihren Grundherrn in die Stadt entflohen oder von ihm selbst in die Stadt umgesiedelt worden waren. Da die handwerkliche Produktion noch stark zergliedert war und die Märkte meist weit auseinander lagen, konnten die Handwerker ihre erzeugten Produkte oft nicht selbst auf die Märkte bringen. So übernahmen Kaufleute die Rolle des Vermittlers und eigneten sich dabei einen Teil des Wertes der Produkte der unmittelbaren Handwerksproduzenten an. Die handwerkliche Arbeit war anfangs durch **Zünfte**, durch Zusammenschlüsse von Handwerkern einer bestimmten Branche, geregelt. Die Zunftmeister waren Werkstatteigentümer und beschäftigten abhängige Gesellen und Lehrlinge. Während die Gesellen für ihre Arbeit einen Lohn erhielten, gingen die Lehrlinge leer aus. Der Anreiz in der Arbeit lag sowohl beim Gesellen als auch beim Lehrling darin, selbst einmal innerhalb der damaligen zünftlerischen Tradition selbständiger Handwerksmeister zu werden.

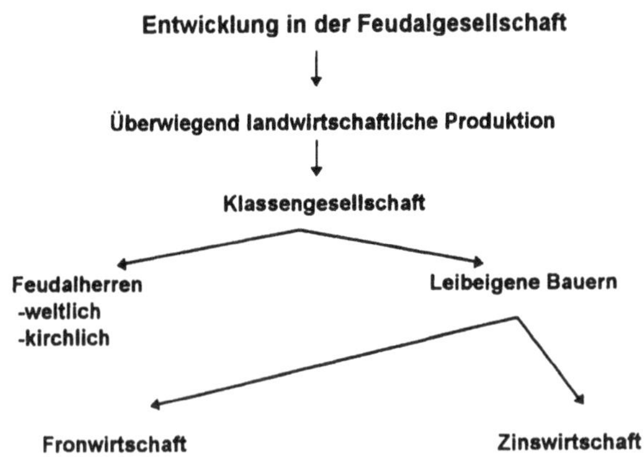

Mit dem **Bevölkerungswachstum** im 19. Jahrhundert[1] stieg der Bedarf an Verbrauchsgütern nichtagrarischer Art kontinuierlich an. Die einfache handwerkliche Produktions- und Arbeitsweise in den Zünften war aber zu **unproduktiv**, um diesen gestiegenen Bedarf zu befriedigen. Durch eine Steigerung der gesellschaftlichen **Arbeitsteilung** in Form eines **Verlags- und Manufraktursystems** wurde die Brücke zur industriellen Massenproduktion geschlagen. Die erhöhte Arbeitsteilung der Produktion und die damit einhergehende Produktivitätssteigerung schaffte aber auch ein immer größer werdendes Heer von **abhängig Beschäftigten**. Das sich mehr und mehr etablierende Manufraktursystem „gebar" letztlich den vollkommen abhängigen Arbeiter. Auf der einen Seite stand auf einmal der selbständige **Unternehmer (Kapitalist)**, der Arbeitskräfte gegen Lohn beschäftigte, und auf der anderen Seite der **abhängige Arbeiter (Prolet)**, der seine Arbeitskraft gegen Lohn anbieten mußte, um seine Reproduktion zu sichern. Hatten in der mittelalterlichen Zunftordnung noch Geselle und Meister „gemeinsame Interessen in den Auseinandersetzungen mit den Oberschichten der damaligen Gesellschaftsordnung - etwa Handwerk gegen Kaufmannschaft in der Stadt, alle zusammen gegen die Feudalklassen - und

[1] Allein zwischen 1800 und 1850 stieg die Bevölkerungszahl in Deutschland von 24,5 Millionen auf 35,4 Millionen, also um 42 Prozent.

standen diese Interessengegensätze im Vordergrund der Auseinandersetzung, so wird jetzt (schon im 18. Jahrhundert) der Gegensatz zwischen den gemeinsamen Interessen der abhängig arbeitenden Bevölkerung und den Interessen der Kapitalistenklasse, der Unternehmer, die sie ausbeuten, zum entscheidenden Problem der gesamten gesellschaftlichen Auseinandersetzungen."[1]

Mit der Befreiung der Bauern aus der Leibeigenschaft durch die **Stein-Hardenberg'schen Reformen** des Jahres 1807 und der Einführung der **Gewerbefreiheit**, sowie durch die **Weiterentwicklung der Produktivkräfte** in der Landwirtschaft (Dreifelderwirtschaft, Mineraldünger), wurden immer mehr Arbeitskräfte bei den Feudalherren freigesetzt. Es kam zu einer regelrechten **Landflucht**. Die Arbeitskräfte wanderten in die **Städte** und **Fabriken** der Manufrakturen ab, bis ein derartiges Überangebot an Arbeit bestand, daß die Löhne ins Bodenlose fielen. Gleichzeitig verlangten die zunehmenden Konkurrenzverhältnisse vom Unternehmer ein strenges Gewinndenken. So waren die Unternehmer ständig bemüht, die Löhne der abhängig beschäftigten Arbeiter und damit den Lebensstandard ihrer Arbeiter zugunsten ihrer Gewinne zu senken. Um zu überleben, mußten die Arbeiter ihr **Arbeitsangebot** auf täglich 14 bis 16 Stunden ausweiten. Zusätzlich waren Frauen und Kinder zur Erwerbsarbeit gezwungen, sonst hätten die Familien nicht existieren können. Je weiter sich dieses System entwickelte, „je mehr sich Markt- und Konkurrenzverhältnisse in der immer weniger durch rechtliche Regelungen (wie sie im Feudalsystem bestanden) erfaßten Gesamtproduktion entwickeln, je stärker also das **Marktdenken** durchbricht und sich auch praktisch ökonomisch durchsetzt (wenn auch zunächst erst in lokalem Maßstab und in einigen Gewerben, nur in Einzelfällen weltmarktmäßig), desto stärker wächst jetzt die Extremausbeutung all derjenigen, die lediglich in abhängiger Arbeit produzieren. (...) Das geht natürlich nur so lange, wie der Bevölkerungsstrom aus dem Bereich der Landwirtschaft anhält, der in die gewerbliche Produktion fließt. Denn sonst reproduziert sich ja die Ware Arbeitskraft nicht mehr."[2] Dieser Zustrom hält jedoch bis weit in die Phase der sog. **„industriellen Revolution"** an.

Ausgehend von **England** entwickelte sich im 19. Jahrhundert diese „industrielle Revolution", die den Übergang von der Feudalordnung in die **kapitalistische Gesellschaft** endgültig vollzog. Das Fabriksystem war mittlerweile auf industrielle Massenproduktion ausgerichtet, die u.a. mit der Erfindung der Dampfmaschine im Jahr 1765 durch ***James Watt*** (*1736 bis 1819*) ermöglicht

---

[1] Wolfgang Abendroth, Einführung in die Geschichte der Arbeiterbewegung, Bd. 1, Von den Anfängen bis 1933, Heilbronn 1985, S. 17

[2] Ebenda, a.a.O., S. 18

wurde. Der schon im „Schoß“ des Feudalismus durch das Manufraktursystem entstandene Lohnarbeiter wurde jetzt endgültig zum abhängig Beschäftigten und seine Arbeitskraft zur „Ware“, die er jeden Tag zur Reproduktion zu „Markte tragen muß“.

1.4 Erwerbsarbeit in kapitalistischen Ordnungen

Mit der vollständigen Ablösung der Feudalordnung setzt sich die **kapitalistische Ordnung** in allen Bereichen der Wirtschaft durch. Voraussetzung dafür war ein liberales Wirtschaftssystem, das theoretisch u.a. von ***Adam Smith*** und ***David Ricardo*** im 19. Jahrhundert entwickelt und durch politische Revolutionen, insbesondere durch den **amerikanischen Unabhängigkeitskrieg** (1775 bis 1783) und die **französische Revolution** (1789), eingeleitet wurde. Der **Wirtschaftsliberalismus** war die theoretische Anwort auf das bestehende staatlich-absolutistische Herrschaftssystem und das dazugehörige ökonomische System des **Merkantilismus**. Adam Smith kritisierte das merkantile ökonomische System, indem er schrieb: „Es hemmt den Fortschritt der Nation zu wirklichem Reichtum und wirklicher Größe, statt ihn zu beschleunigen, und vermindert den wirklichen Wert des jährlichen Produkts seines Bodens und seiner Arbeit, statt ihn zu vermehren.“[1]

In der Wirtschaft sollten deshalb zukünftig die alten **Zunft- und Standesvorrechte** beseitigt werden. Es sollte **Vertragsfreiheit**, auch auf den Arbeitsmärkten, herrschen. Jeder sollte in völliger Freiheit seine persönlichen Interessen, seinen Eigennutz verfolgen können. Jeder habe die Chance, wenn er nur tüchtig und sparsam sei, sein Glück zu machen und damit gleichzeitig zum Wohlstand der Allgemeinheit beizutragen. Der **freie Wettbewerb** (als „unsichtbare Hand“, Adam Smith) sollte als Steuerungsinstrument für eine optimale Allokation der knappen gesellschaftlichen Ressourcen sorgen. Dem **Staat** wurde die Aufgabe zuteil, das Privateigentum der Bürger zu schützen und die Vertragsfreiheit zu sichern. Daneben sollte dem Staat die äußere **Sicherheit (Landesverteidigung)** sowie die Bereitstellung von **öffentlichen Gütern**, die der private Sektor aus Mangel an Gewinnmöglichkeiten über den Markt nicht bereitstellt, als Aufgabe zugewiesen werden. Der Staat sollte aber nicht durch **Interventionen** in den privaten Wirtschaftsablauf lenkend eingreifen. Ironisch bezeichnete ***Ferdinand Lassalle*** *(1825 bis 1864)* einen solchen Staat als „Nachtwächterstaat“.

[1] Adam Smith, Der Reichtum der Nationen, 2 Bd., übersetzt v. M. Stirner, Leipzig 1913, S. 160

Die Arbeiter, die **„neue Klasse"**, die zu Beginn der kapitalistischen Wirtschaftsordnung unter schlimmsten **Arbeitsbedingungen** in den Fabriken zu **Hungerlöhnen** schuften mußten, bekamen von den Segnungen des liberalen Wirtschaftssystems aber nur die Schattenseiten zu spüren. Ihre Lage war so schlecht, daß es sogar zu **„Maschinenstürmereien"** kam, weil die Arbeiter davon ausgingen, daß die Maschinen ihre Arbeits- und Lebensbedingungen zerstört hätten. ***Friedrich Engels** (1820 bis 1895)*, selbst Unternehmer, hat die Bedingungen der englischen Arbeiterschaft in seinem Buch: „Die Lage der arbeitenden Klasse in England"[1] (1845) eindrucksvoll beschrieben.

Entwicklung in der kapitalistischen Gesellschaft

↓

Zunftordnung

↓

Manufraktur

↓

Fabrikorganisation/Massenproduktion

↓

Klassengesellschaft

↙

Privateigentum an Produktionsmitteln

↓

Unternehmer (Kapitalist) → ***Vertragsfreiheit*** ← **Arbeiter (Prolet)**

In Deutschland, das der industriellen Entwicklung Englands etwa ein halbes Jahrhundert hinterherhinkte, waren die Arbeits- und Lebensbedingungen der arbeitenden Klasse nicht besser. Im Erzgebirge z.B. brach 1844 unter den **Webern** der Hungertyphus aus. Arbeitszeiten von 15 bis 17 Stunden täglich auch für Kinder und Frauen waren bei mangelhafter Ernährung und primitiven Wohnverhältnissen die Regel. Hinzu kamen **wirtschaftliche Krisen** mit hohen Arbeitslosenzahlen. So waren 1847 z.B. in Pforzheim mehr als 70% der Arbeiter ohne Beschäftigung; in einer ganzen Reihe bayerischer Städte mußte 1847/48 nahezu die Hälfte der Bevölkerung aus Mitteln der **Armenpflege** unterstützt werden.

[1] Vgl. Friedrich Engels, Die Lage der arbeitenden Klasse in England, Leipzig 1845

Für ***Marx*** und ***Engels*** waren dies die Ergebnisse einer kapitalistischen Ordnung. Der vom Unternehmer abhängige Lohnarbeiter wird durch die im Kapitalismus permanent vorhandene **„industrielle Reservearmee"** an Arbeitern, die durch Unterbeschäftigung aufgrund der technischen Entwicklung und Freisetzung der Produktivkräfte zustande kommt und besonders in Krisenzeiten deutlich wird, immer mehr verelenden (**Verelendungstheorie**). Die Unterbeschäftigung drückt die vom Unternehmer diktierten Löhne auf ein Existenzminimum. ***Lassalle*** entwickelte daraus sein **„ehernes Lohngesetz"**.

Leiteten die Klassischen Ökonomen wie ***Smith*** und ***Ricardo*** ihre **Existenzminimum-theorie** bezogen auf die Lohnarbeiter noch aus einem zu großen Bevölkerungswachstum in Relation zum Wachstum des Bodenertrags und den Wachstumsmöglichkeiten des Kapitalstocks ab (der Lohn wird dadurch auf das physische Existenzminimum gedrückt), so spielen bei ***Marx*** mehr die ökonomischen **Machtverhältnisse** am Arbeitsmarkt die entscheidende Rolle. Der Unternehmer, der diese Macht aufgrund der Eigentumsverhältnisse an den Produktionsmitteln ausnutzt, wird dabei von Marx aber nicht verurteilt, da er selbst, aufgrund der kapitalistischen Konkurrenzverhältnisse, ein „Gefangener" des Systems ist. Im Vorwort zum ersten Band des „Kapitals" schreibt er:

> „Zur Vermeidung möglicher Mißverständnisse ein Wort. Die Gestalten von Kapitalist und Grundeigentümer zeichne ich keineswegs in rosigem Licht. Aber es handelt sich hier um die Personen nur, soweit sie die Personifikation ökonomischer Kategorien sind, Träger von bestimmten Klassenverhältnissen und Interessen. Weniger als jeder andere kann mein Standpunkt, der die Entwicklung der ökonomischen Gesellschaftsformation als einen naturgeschichtlichen Prozeß auffaßt, den einzelnen verantwortlich machen für Verhältnisse, deren Geschöpf er sozial bleibt, sosehr er sich auch subjektiv über sie erheben mag."[1]

Die Unternehmer wurden bei der Ausbeutung der neu entstandenen Arbeiterklasse im 19. Jahrhundert vom **Staat** weitgehend unterstützt. Ähnlich wie in Frankreich und England gab es auch in Deutschland ein Bündnis zwischen staatlicher Obrigkeit und aufstrebendem Unternehmertum zur Niederhaltung der Arbeiterklasse. Die ökonomischen Forderungen der Arbeiter sollten im neuen liberalen System möglichst auf niedrigstem Niveau gehalten werden. Da die Arbeiterklasse kein **Wahlrecht** besaß, und damit politisch rechtlos war, gelang dies zunächst auch. Um ihre schlechte ökonomische Lage zu verbessern, benötigte die Arbeiterklasse eine Interessenvertretung im Parlament; da hier die Gesetze gemacht wurden. Diese wiederum konnte

[1] Karl Marx, Das Kapital, Bd. 1, Berlin (Ost) 1974, S. 16

aber nur durch die Einräumung des Wahlrechts realisiert werden. Deshalb nahmen die Arbeiter durch **Streiks** den Kampf um die Einführung des allgemeinen, gleichen und freien Wahlrechts auf. In Frankreich wurde dies mit der Revolution von 1848 zuerst realisiert. In Preußen, im größten deutschen Teilstaat, galt von 1849 bis 1918 noch das **Drei-Klassen-Wahlrecht**, an dem nur Männer teilnehmen konnten.[1] Den Frauen wurde in Deutschland erst nach dem Ende des 1. Weltkriegs ab 1918 das allgemeine Wahlrecht gewährt.

Ökonomisch versuchte die Allianz aus Staat und Unternehmertum Koalitionen und Zusammenschlüsse unter den Arbeitern (die Bildung von **Gewerkschaften**), zur Aushandlung von höheren Löhnen und besseren Arbeitsbedingungen, zu unterbinden. Die **Koalitionsverbote** fielen zuerst 1824 nach vielen Arbeitskämpfen in England. Der Zusammenschluß zu Arbeitervereinigungen war dagegen 1845 in Preußen durch die **„Allgemeine Gewerbeordnung"** noch verboten. Auch nach der kurzen freiheitlichen Periode während der **Revolutionszeit von 1848/49** wurden Zusammenschlüsse der Arbeiter wieder verboten und verfolgt. In den Grenzen des späteren Deutschlands mußten die Arbeiter noch bis 1861 (Aufhebung des Koalitionsverbotes in Sachsen) bzw. 1865 (Aufhebung für den gesamten „Norddeutschen Bund") warten. Aber auch nach Einführung der Koalitionsfreiheit waren die Arbeiter noch bis 1918 permanent staatlichen Restriktionen unterworfen. So mußten sie z.B. ihre Versammlungen vor Beginn der Polizei anzeigen. Erst das **Reichsvereinsgesetz** vom 19. April 1908 hob diese Anzeigepflicht für Versammlungen der Gewerkschaften offiziell auf.

Der durch das Koalitionsverbot im 19. Jahrhundert isolierte einzelne Arbeiter konnte sich nicht wehren, wenn ihm Lohn und Arbeitszeit vom Arbeitgeber diktiert wurden. Der Arbeiter war in diesem Fall in der abhängigen und das Unternehmen in der marktbeherrschenden Position. Die **Macht** war ungleich verteilt, so daß der einzelne Arbeiter nicht an den Erträgen steigender Produktivität beteiligt wurde. Der Nationalökonom ***Helmut Arndt*** bemerkt dazu:

„Er (der Arbeiter, d.V.) erhält unverändert nur die zur Reproduktion seiner Arbeitskraft nötigen Subsistenzmittel. Auch in der Zeit der industriellen Revolution im 18. Jahrhundert stieg dank des Einsatzes von mit Dampf- oder Wasserkraft betriebenen Maschinen die Arbeitsproduktivität. Der Lohn des unqualifizierten Arbeiters aber sank oder verharrte auf dem physiologischen Existenzminimum. Stehen sich jedoch am Arbeitsmarkt gleich mächtige Sozialpartner in den Tarifauseinandersetzungen gegenüber, so ist das Ergebnis ein anderes. Dank der gleichgewichtigen Machtverteilung steigt jetzt der Reallohn mit der

[1] Das Drei-Klassen-Wahlrecht wurde 1849/1850 in Preußen eingeführt. Es war ein indirektes Wahlrecht, bei der die Urwähler zunächst die Wahlmänner, diese die Abgeordneten wählten. Die Urwähler jeder Gemeinde wurden in drei Abteilungen geteilt, je nach den von ihnen aufgebrachten Steuern.

Arbeitsproduktivität. Dies ist in allen Volkswirtschaften, in denen die Arbeiter den Schutz starker und selbständiger Gewerkschaften genießen, zu beobachten. Damit zeigt sich zugleich, daß die von K. Marx begründete 'Verelendungstheorie' nur unter bestimmten Bedingungen gilt. Ist der Arbeiter ohnmächtig, so trifft sie zu. Ist die Macht am Arbeitsmarkt hingegen gleich verteilt, so nimmt der Arbeiter an der Wohlstandssteigerung teil."[1]

Unter dem Zwang der sich verändernden ökonomischen Verhältnisse (die Ausbeutung der Arbeiterklasse stieß an ihre Grenze bzw. wurde sogar kontraproduktiv) und der fortwährenden Entwicklung der Produktivkräfte werden in Preußen im Jahr 1839 mit dem „Regulativ zum Schutze von Kindern und jugendlichen Arbeitern" erste Ansätze einer **staatlichen Sozialpolitik** eingeleitet. 1853 wurden fakultative Fabrikinspektionen zur Überwachung der in der Gewerbeordnung festgelegten ersten Arbeitsschutzbestimmun- gen geschaffen und 1883 führte ***Otto Fürst von Bismarck*** *(1815 bis 1898)* ein **Sozialversicherungssystem** durch die Einführung der Krankenversicherung (1883), der Unfallversicherung (1884) und der Invaliden- und Alterssicherung (1889) ein.

Mit der Verbreiterung und Entwicklung der Produktivkräfte seit Beginn des 20. Jahrhunderts haben sich die Arbeitsbedingungen der abhängig Beschäftigten permanent verbessert. Dies gilt auch für die Beschäftigten in der Bundesrepublik nach dem **2. Weltkrieg**. Das sog. **„Wirtschaftswunder"**, das kein Wunder war, sondern auf harter Arbeit der Menschen basierte, die es schufen, ermöglichte auch für die abhängig Beschäftigten einen relativen Wohlstand. Mit dazu beigetragen hat ein **sozialer Konsens** zwischen den Interessengruppen von Kapital und Arbeit. Gleichzeitig haben politisch starke Gewerkschaften unter Bedingungen der **Vollbeschäftigung** bis Mitte der 70er Jahre für ein ausgeglichenes Machtverhältnis am Arbeitsmarkt gesorgt. Diese Situation hat sich in den letzten zwanzig Jahren unter den Verhältnissen der Massenarbeitslosigkeit und aufgrund einer verstärkten Wertschöpfungsverschiebung zwischen den einzelnen Wirtschaftssektoren verändert. Unter anderem ist es zu einem Rückgang der klassischen **Industriearbeit** gekommen, die seit der „industriellen Revolution" die Wirtschaft dominierte. Dies vollzog sich durch verstärkte Rationalisierungen in der Industrie auf der einen Seite und durch die Entwicklung sowie Implementierung von neuen **Kommunikations- und Informationstechniken** auf der anderen Seite. Insbesondere die neuen Informationstechniken haben bereits und werden in der Zukunft die Arbeitswelt zunehmend verändern. Das „virtuelle Unternehmen" ist keine Utopie mehr, sondern wird den Übergang von der Industrie- zur Informationsgesellschaft weiter vorantreiben. Was dennoch bleibt, sind die kapitalistischen

[1] Helmut Arndt, Markt und Macht, Tübingen 1973, S. 173

Produktions- und Verwertungsverhältnisse. Hier werden sich nach wie vor Gewinnbezieher und Lohn- und Gehaltsempfänger gegenüberstehen. Die Last der zu erwartenden Veränderungen in der Arbeitswelt wird daher von den abhängig Beschäftigten zu tragen sein. Das sog. **„Normalarbeitsverhältnis“**, das eine auf Vollzeit abgestellte abhängige Beschäftigung unter kollektivvertraglichen Bedingungen des Arbeits- und Sozialrechts definierte, wird immer mehr abgelöst durch Teilzeit- und Leiharbeit, befristete Arbeit, Telearbeit und Arbeitsformen der Scheinselbständigkeit. ***Johann Welsch*** sieht dabei für die abhängig Beschäftigten in der Zukunft das folgende Szenarium: „Die Beschäftigten müssen sich in einem Prozeß der Klassenbildung behaupten. Auf der einen Seite bilden sich die Kern- bzw. Stammbelegschaften. Sie sind relativ klein, auf Dauer beschäftigt und verfügen über herausragende Qualifikationen bzw. Mehrfachqualifikationen, welche für das jeweils beschäftigende Unternehmen zentral sind. Von dieser Belegschaftsgruppe, in zunehmendem Umfang 'Wissensarbeiter' (knowledge workers), die die anspruchsvollen Informationstätigkeiten übernehmen, werden permanente und intensive Weiterbildungsanstrengungen sowie eine hohe Unternehmensloyalität abgefordert, welche durch entsprechende Weiterbildungsangebote, gute Entlohnung und günstige Entwicklungsperspektiven gratifiziert werden. Auf der anderen Seite entstehen *Randbelegschaften*. Sie lassen sich schnell vergrößern und verkleinern und dienen als Puffer, um die Leistungserstellung und die Personalkosten flexibel an die Schwankungen der Güter- und Dienstleistungsmärkte anzupassen. Zur Randbelegschaft zählen jedoch nicht nur Menschen, die weniger anspruchsvolle 'Lückenbüßerfunktionen' und Aushilfstätigkeiten bei schlechter Bezahlung und ohne soziale Absicherung durch das Unternehmen übernehmen, sondern zum Beispiel auch all jene hochqualifizierten, selbständigen Dienstleister, deren Kompetenzen das Unternehmen je nach Bedarf für eine gewisse Zeit nutzt und einkauft.“[1] Durch diese drastischen Veränderungen in der **Arbeitswelt** werden auch die Interessenvertretungsmöglichkeiten der Beschäftigten durch die Gewerkschaften gegenüber den Unternehmern nicht mehr in der heute noch weitgehend kollektiven Form möglich sein, weil die zunehmende „Atomisierung und Individualisierung“ der Arbeitsverhältnisse dies weitgehend ausschließen wird.

---

[1] Johann Welsch, Die Arbeitswelt der Informationsgesellschaft, in: Blätter für deutsche und internationale Politik, Heft 3/1997, S.353

1.4.1 Zur Besonderheit der „Ware“ Arbeitskraft

In dem über den Markt und der Konkurrenz vermittelten Prozeß der Kapitalverwertung und Akkumulation ist der **Produktionsfaktor Arbeit** bzw. die fremdbestimmte **Erwerbsarbeit** der abhängig Beschäftigten fast ohnmächtig eingebunden. Dies ergibt sich bereits aus der Besonderheit der „Ware“ Arbeitskraft bzw. aus der Unterschiedlichkeit des Arbeitsmarktes im Verhältnis zum Güter- oder Kapital- bzw. Geldmarkt.[1] Der Nationalökonom ***Erich Preiser*** stellt dazu fest: „Die Ware 'unselbständiger Dienst' ist zwar eine Ware, weil sie auf dem Markte gekauft und verkauft wird. In jeder anderen Beziehung aber unterscheidet sie sich grundsätzlich von anderen Waren. Vor allem wird sie nicht 'produziert'; ihre Erzeugung richtet sich nicht nach der Nachfrage bzw. dem zu erwartenden Preis, das Angebot ist starr. Es läßt sich bei steigendem Preis nicht beliebig vermehren, bei sinkendem nicht vermindern.[2] Wenn es im allgemeinen gilt, daß bei Überangebot und dementsprechender Preissenkung einer Ware ihre Erzeugung eingeschränkt und das Angebot so lange verringert wird, bis der Preis wieder auf seinen Normalstand kommt, ist das bei einem Überangebot der 'Ware' Arbeitskraft infolge der Unelastizität des Angebots eben nicht der Fall.“[1]

Die Ursache der **Unelastizität** des Angebots der „Ware“ Arbeitskraft (vgl. dazu auch die Punkte in dem folgenden Kasten) liegt im wesentlichen darin begründet, daß die abhängig Beschäftigten - da sie keine Eigentümer der Produktionsmittel sind bzw. keine Verfügungsgewalt wie Manager darüber besitzen - permanent darauf angewiesen sind, ihre Arbeitskraft täglich zu verkaufen, um sich selbst reproduzieren zu können (die Arbeitsleistungen sind untrennbar an Menschen gebunden), was wiederum nur möglich ist, wenn sie am Arbeitsmarkt nachgefragt werden, wobei die Arbeitsnachfrage abhängig ist von der Kapitalakkumulation bzw. den erwarteten Gewinnaussichten (Rentabilitäten) der Unternehmen. Der Lohn als Preis für die Erwerbsarbeit hat dabei einen „Doppelcharakter“. Er ist auf der einen Seite die wichtigste **Einkommensquelle** für den größten Teil der Bevölkerung und bildet damit kaufkräftige Nachfrage und auf der anderen Seite ist der Lohn ein **Kostenfaktor** für die Unternehmen, der Gewinne drückt. Dies ist ein Widerspruch vor dem Hintergrund des Rentabilitätsdenkens der Unternehmen.

---

[1] Vgl. K. Offe, K. Hinrichs, Sozialökonomie des Arbeitsmarktes und die Lage „benachteiligter“ Gruppen von Arbeitnehmern, in: K. Offe, (Hrsg.), Opfer des Arbeitsmarktes, Neuwied und Darmstadt 1977.

[2] Eher ist, wenigstens bei sinkendem Preis, das Gegenteil der Fall; denn dann wird die Verminderung des Familieneinkommens bisher nicht erwerbstätige Familienmitglieder auf den Arbeitsmarkt bringen oder es kommt zu Mehrarbeit, so daß das Angebot, statt sich zu vermindern, größer wird. Man nennt dies auch **die anomale Reaktion am Arbeitsmarkt**.

Besonderheiten der „Ware" Arbeitskraft
Arbeitsleistungen sind untrennbar an den Menschen gebunden bzw. Arbeitsleistungen können nicht losgelöst von der Person des Anbieters erbracht werden. Dadurch ist der Faktor Arbeit weitgehend immobil.   **Die Ausübung eines Berufes erfordert Fähigkeiten und Kenntnisse, die in der Regel durch mehr oder weniger lange Ausbildungszeiten und erst bei ihrer praktischen Anwendung am Arbeitsplatz voll erworben, vertieft und abgerundet werden. Dadurch entsteht das Problem der interberuflichen Mobilität. Ein Wechsel von einem Teilarbeitsmarkt in den anderen erfordert in der Regel eine Umschulung, die mit Aufwendungen an Geld, Zeit und Lernbereitschaft sowie Lernfähigkeit verbunden ist.**   **Auf einem gegebenen Teilarbeitsmarkt stehen sich im Einzelfall ein Unternehmen als Nachfrager nach einer spezialisierten Arbeitsleistung und Hunderte an Anbietern gegenüber. Da der Arbeitsplatz-Nachfrager regelmäßig dringender auf das Zustandekommen des Vertrages angewiesen ist als der Anbieter, entsteht eine ökonomische Ungleichheit. Der Arbeitsanbieter braucht lebensnotwendig ein Einkommen aus Arbeit und kann weniger lange warten als der Unternehmer mit seinem laufenden Geschäftsbetrieb.**   **Durch einen Arbeitsvertrag verpflichten sich Anbieter und Nachfrager zur Einhaltung bestimmter Regeln. Der Arbeitnehmer muß im wesentlichen die ihm zugewiesenen Tätigkeiten ausführen und sich einer bestimmten Betriebshierarchie unterordnen. Hierdurch unterliegt der Arbeitnehmer einer weitgehenden Fremdbestimmung. Der Arbeitgeber verpflichtet sich in erster Linie zur Zahlung des Lohns bzw. Gehalts und zur Einhaltung bestimmter gesetzlicher Arbeitsschutzbestimmungen.**

Quelle: Vgl. Alfred Stobbe, Volkswirtschaftslehre III, Makroökonomik, 2. Auflage, Berlin, Heidelberg, New York 1987

Das Kapital versucht aus dem Einsatz der Produktions- bzw. **Investitionsmittel** eine möglichst hohe **Verzinsung (Rentabilität)** zu erzielen, wodurch die Investitionsentscheidungen von den Gewinn- bzw. Rentabilitätserwartungen abhängen. Dabei kommt es zu einer ständigen Kapitalakkumulation. **Geldkapital** wird vorgeschossen und in **Produktivkapital** in Form von Sachmitteln (Gebäude, Maschinen, Rohstoffe u.a.) und Arbeitskräften umgewandelt. Durch die Kombination der betrieblichen Produktionsfaktoren (Arbeit, Betriebsmittel und Werkstoffe) im Produktionsprozeß entsteht ein **neuer Wert** bzw. Kapital von höherem Wert als das Ausgangskapital. Dieser neue Wert besteht zunächst in **Gestalt unverkaufter Waren und Dienste**. Nach deren Verkauf vollzieht sich die Verwandlung in die Ausgangsgestalt des vorgeschossenen Geldkapitals. Ist der gesamte Kapitalakkumulationsprozeß am Markt erfolgreich, so realisiert der Kapitaleigentümer einen **Gewinn**, ist er nicht erfolgreich, verliert er sein Kapital durch **Verluste**.

[1] E. Preiser, Grundzüge der Konjunkturtheorie, Tübingen 1933, S. 87

Der Nationalökonom und Soziologe ***Werner Hofmann** (1922 bis 1969)* schreibt dazu: „In die Form des Kapitalumschlags kleidet sich das, was das Denken und Trachten aller Kapitalverwerter ausmacht: die ständige Rückverwandlung von Gewinn in das vergrößerte Ausgangskapital einer neuen Verwertungsperiode zum Zwecke neuerlicher Gewinnerzielung, der ständige Wechsel von Erzeugung, Realisierung und Neuverwendung von Gewinneinkommen aller Art; ohne einen anderen Zweck als die unaufhörliche Wiederholung dieses Vorgangs selbst, worin sich der jeweilige Zweck: die Erzielung möglichst hohen Gewinns, ständig in ein bloßes Mittel, nämlich der weiteren Kapitalverwertung, der Kapitalakkumulation, zurückverwandelt. Was diese unaufhörliche Wiederholung und Erweiterung des Kapitalprozesses erzwingt, ist der Stachel der Konkurrenz; einer Konkurrenz, die selbstverständlich auch da, in veränderter Form, am Werke bleibt, wo mächtige Unternehmen oder Wirtschaftsgruppen einen Teilmarkt beherrschen."[1]

Die Betriebswirtschaftslehre drückt diesen **Kapitalakkumulationsprozeß** mit der Kennzahl des **Return on Investment (ROI)** aus, die eine spezifische Schreibweise der **Kapitalrentabilität** darstellt. Die Relation (Gewinn : Umsatz) bezeichnet die **Umsatzrentabilität**. Ergibt sich dafür z.B. ein Wert von 0,3, so bedeutet dies, daß pro 1 DM Umsatz 0,30 DM Gewinn realisiert wurden. Die Relation (Umsatz : Kapital) gibt dagegen den **Kapitalumschlag** an, d.h. wie oft der Kapitaleinsatz im Umsatz enthalten ist bzw. umgeschlagen wurde.

ROI = Umsatzrentabilität x Kapitalumschlagshäufigkeit

$$\text{ROI} = \frac{\text{Gewinn}}{\text{Umsatz}} \times \frac{\text{Umsatz}}{\text{Kapital}} \times 100$$

$$\text{Kapitalrentabilität} = \frac{\text{Gewinn}}{\text{Kapital}} \times 100$$

Bei einem Wert von vier würde dies bedeuten, daß das eingesetzte Kapital viermal durch den Umsatz umgeschlagen wurde, und daß eine Kapitalrentabilität (Gewinn : Kapital) von 20 % erzielt wurde. Durch die Kombination von Umsatzgewinnraten und Kapitalumschlagszahlen lassen sich bestimmte Rentabilitäten erreichen, wobei niedrigere Umsatzgewinnraten durch höhere Kapitalumschläge bzw. umgekehrt niedrige Kapitalumschläge durch höhere Umsatzgewinnraten kompensiert werden können.

[1] Werner Hofmann, Industriesoziologie für Arbeiter, Heilbronn 1988, S. 21

Der Arbeitsmarkt in gewinnorientierten marktwirtschaftlichen Ordnungen wird damit von der Entwicklung der Kapitalverwertung auf den Güter- und Kapital- bzw. Geldmärkten determiniert. Da in der komplexen arbeitsteilig organisierten Wirtschaft Arbeit eine hochgradig spezialisierte Faktorleistung impliziert, gibt es allerdings „den" Arbeitsmarkt nicht. Der gesamtwirtschaftliche Arbeitsmarkt besteht aus einer großen Zahl von **Teilarbeitsmärkten** mit einer Fülle an **Segmentierungen**. Die Einkommen der abhängig Beschäftigten sind nach Berufen, Qualifikationen, Wirtschaftssektoren, Regionen, Lebensalter und immer noch diskriminierend nach dem Geschlecht differenziert. Dadurch ist es durchaus möglich, daß auf bestimmten Teilmärkten die Arbeitsnachfrage das Arbeitsangebot übersteigt und gleichzeitig auf anderen Teilmärkten ein Angebotsüberschuß, d.h. Arbeitslosigkeit vorliegt. Trotzdem werden alle Arbeitsmärkte von der Kapitalverwertung determiniert. Dies ist auch der Grund, warum sich auf den Arbeitsmärkten die **Arbeitslosigkeit** immanent nicht erklären läßt, „weil sie dort nicht entsteht, sondern sich als Resultat von Real- und Finanzinvestitionsentscheidungen lediglich niederschlägt. (...) Mit anderen Worten, Arbeitslosigkeit ist die unfreiwillige Folge der hierarchisierten Verkettung von Geld-, Güter- und Arbeitsmärkten: Kapitalistische Unternehmen entscheiden unter Abschätzung von Renditeerwartungen, ob sie Real- oder Finanzinvestitionen vornehmen. Aus diesen Primärentscheidungen bestimmt sich die Nachfrage nach Arbeitskräften. Das heißt, die Arbeitslosigkeit stellt sich heute als die Folge von nachfrageorientierten Investitionsentscheidungen dar; sie ergibt sich als Mengenproblem und nicht als Resultat falscher, d.h. vollbeschäftigungsinkonformer Löhne."[1] Der wahre Grund für das immer wieder vorgebrachte Argument zu hoher Löhne und Gehälter („Mindestlohnarbeitslosigkeit") ist vielmehr ein **Verteilungsproblem**, das sich daraus ergibt, daß das Einkommen aus der Kapitalverwertung (Gewinneinkommen) bei gleich hoher Produktivität und realisierter Umsatzerlösmasse sowie sonstiger Kosten nur zu Lasten des Arbeitseinkommen erhöht werden kann, weshalb die Kapitaleigentümer permanent bemüht sind, die Personalkosten und damit das Arbeitseinkommen zu minimieren. Insbesondere in Zeiten hoher **Arbeitslosigkeit** entsteht dabei ein Druck auf die Arbeitseinkommen.

[1] R. Hickel, (Hrsg.), Radikale Neoklassik, Opladen 1986, S. 52

1.4.2 Die Determinanten des Arbeitsmarktes

Arbeit wird auf Arbeitsmärkten angeboten und nachgefragt. Das **Arbeitsangebot** wird dabei bestimmt durch

- **die Entwicklung bzw. das Wachstum der Bevölkerung,**
- **die Qualifikationsstruktur der Bevölkerung sowie durch**
- **die Arbeitszeit.**

Auf die Bevölkerungsentwicklung hat maßgeblich die **Sterbe- und Geburtenrate** in einer Volkswirtschaft Einfluß. Hierdurch wird gleichzeitig die **Struktur der Bevölkerung** (Altersaufbau und Geschlechterstruktur) geprägt. Unter Berücksichtigung von **Wanderbewegungen** ergibt sich jeweils ein jährlicher Bevölkerungsstand. Von 1990 bis 1995 ist dieser Bevölkerungsstand vereinigungsbedingt in Deutschland von 63,3 Mio. auf 81,6 Mio. gestiegen. Das *„Deutsche Institut für Wirtschaftsforschung" (DIW)* hat in einer Untersuchung ermittelt, daß die Zahl der Einwohner in Deutschland bis zum Jahr 2000 noch auf 83,0 Mio. ansteigen wird. Bis zum Jahr 2010 wird die Bevölkerung dann auf 82,5 Mio. leicht rückläufig sein. In den folgenden Jahren **sinkt die Bevölkerungszahl** bis zum Jahr 2040 kontinuierlich bis auf 69,4 Mio. ab. Ohne Zuwanderungen aus anderen Ländern wäre der Bevölkerungsverlust im Jahr 2010 um 4,8 Mio. und im Jahr 2040 um 9,3 Mio. noch größer. „Angesichts der niedrigen Geburtenraten wird sich trotz der (...) unterstellten Zuwanderungen junger ausländischer Erwerbspersonen das Durchschnittsalter der Bevölkerung erhöhen. Im Jahr 1993 betrug das Durchschnittsalter 40 Jahre, im Jahr 2010 wird es auf 44 Jahre gestiegen sein, im Jahr 2030 über 48 Jahre liegen und im Jahr 2040 rund 50 Jahre betragen. Ohne Zuwanderungen würde sich die Alterung der Bevölkerung etwas schneller vollziehen. Das Durchschnittsalter läge im Jahr 2010 bei 45 Jahren und würde bis zum Jahr 2030 auf 49 Jahre steigen. Im Jahr 2040 läge das Durchschnittsalter bei etwa über 50 Jahren."[1] In den Bevölkerungszahlen wurden jeweils mehr oder weniger starke **Wanderbewegungen** (Zugang und Abgang von Ausländern und Aussiedlern sowie von Asylbewerbern) berücksichtigt.[2] Durch diese Wanderbewegungen konnte in Deutschland der **negative Geburtenüberschuß** (Sterberate größer als Geburtenrate) in den letzten Jahren weit überkompensiert werden. Die **Frauenquote** (Anteil der weiblichen Bevölkerung an der Gesamtbevölkerung) war mit gut 51% zwischen 1990 und 1995 konstant.

[1] DIW-Wochenbericht Nr. 33/1995, S. 587

[2] Zur Bedeutung von Zuwanderungen für die Altersstruktur der Bevölkerung in Deutschland vgl. DIW-Wochenbericht Nr. 33/1995, S. 579ff.

Dagegen ist die **Erwerbstätigkeit der Frauen** (Anteil der Frauen an der Anzahl der gesamten Erwerbstätigen) von 1990 bis 1995 von 40,3% auf 42,6% gestiegen.

Um den jeweiligen Stand der Beteiligung der Bevölkerung am **Erwerbsleben** zu ermitteln und damit das **Arbeitsangebot** aufzuzeigen, wird durch *Volks- und Berufszählungen* in Verbindung mit einem *jährlichen Mikrozensus* der Anteil der **Erwerbspersonen** und der **Erwerbstätigen** an der Bevölkerung aufgezeigt. Das *„Statistische Bundesamt"* in Wiesbaden definiert die Beteiligung am Erwerbsleben gemäß dem sog. **„Erwerbskonzept"** wie folgt: „Erwerbstätige sind Personen, die in einem Arbeitsverhältnis stehen (einschließlich Soldaten und mithelfender Familienangehöriger) oder selbständig ein Gewerbe oder eine Landwirtschaft betreiben oder einen freien Beruf ausüben. Erwerbslose sind Personen ohne Arbeitsverhältnis, die sich jedoch um eine Arbeitsstelle bemühen, unabhängig davon, ob sie beim Arbeitsamt als Arbeitslose gemeldet sind. Insofern ist der Begriff der Erwerbslosen umfassender als der Begriff der Arbeitslosen. Andererseits zählen Arbeitslose, die vorübergehend geringfügige Tätigkeiten ausüben, nach dem Erwerbskonzept (Volkszählung, Mikrozensus) nicht zu den Erwerbslosen, sondern zu den Erwerbstätigen."[1] Der **Anteil der Erwerbspersonen** an der Bevölkerung ist von 1980 bis 1995 von 45,4% auf 47,1% gestiegen. Die **Erwerbstätigenzahl** ist dagegen aufgrund einer starken Zunahme der Arbeitslosigkeit von 44,0% auf 42,7% geschrumpft. Der Anteil der Männer an den Erwerbstätigen ging von 61,6% im Jahr 1980 auf 57,4% im Jahr 1995 zurück; entsprechend stieg der Frauenanteil von 38,4% auf 42,6%. Differenziert man die **Erwerbstätigen nach der Stellung im Beruf** und nach **Wirtschaftszweigen**, so zeigt sich, daß der Anteil der **Arbeiter und Angestellten** von 79,7% im Jahr 1980 auf 82,3% im Jahr 1995 zugenommen hat. Der Anteil der **Beamten** war von 8,7% auf 7,2% rückläufig, während sich der Anteil der **Selbständigen** an den Erwerbstätigen von 11,7% auf 10,4% verringerte. Da das Arbeitsangebot in der Bundesrepublik ab Mitte der 50er Jahre nicht mehr die Arbeitsnachfrage deckte, mußten verstärkt **ausländische Arbeitskräfte** angeworben werden. Ihr Anteil an den beschäftigten Arbeitnehmern betrug im Jahr 1980 9,5%. Absolut waren dies 2 Mio. Arbeitnehmer. Im Jahr 1995 ist der Anteil leicht auf 9,3% gesunken.

Betrachtet man die Entwicklung der Erwerbstätigen nach **Wirtschaftszweigen**, so bestätigt sich wie in vielen anderen hochentwickelten Industrieländern auch für die Bundesrepublik der von *C.J.*

[1] Statistisches Bundesamt, (Hrsg.), Statistisches Jahrbuch 1994 für die Bundesrepublik Deutschland, Wiesbaden 1994, S. 108

Fourastie vorgezeichnete Weg in die „Dienstleistungsgesellschaft". Der Erwerbstätigenanteil im **primären Wirtschaftsbereich,** der Landwirtschaft, ist allein von 1980 bis 1995 von 5,2% auf 2,8% zurückgegangen. Der **sekundäre Bereich**, das produzierende Gewerbe, war ebenfalls von 42,9% auf 34,9% stark rückläufig, während der **tertiäre Bereich** (Handel, Verkehr, Dienstleistungen, Staat, sowie die sonstigen dienstleistenden Wirtschaftsbereiche) entsprechend von 51,9% auf 62,3% zugenommen hat.[1]

Neben dem quantitativen Arbeitsangebot inländischer und ausländischer Arbeitnehmer ist für die Entwicklung einer Volkswirtschaft das **qualitative Arbeitsangebot**, das sich in der **Qualifikationsstruktur** der Erwerbspersonen widerspiegelt, von hoher Relevanz. „Für die jüngere Vergangenheit gilt, daß sich die Qualifikationsstruktur im Sinn eines Trends zur höheren Qualifikation verschoben hat."[2] So ist der Anteil der **Hauptschulabsolventen** im früheren Bundesgebiet von 49,9% im Jahr 1975 auf 31,2% im Jahr 1990 zurückgegangen, während der Anteil der Schulabgänger mit **Hochschul- oder Fachhochschulreife** von 18,4% auf 33,8% gestiegen ist. Im Wintersemester 1991/92 wurden seit Bestehen der Bundesrepublik zum ersten Mal mehr Studenten gezählt als Auszubildende. Diese Entwicklung geht weitgehend kompatibel mit den technologischen und strukturellen Veränderungen und den daraus folgenden Anforderungen in der Wirtschaft. Einfache Tätigkeiten, wie Hilfstätigkeiten in der Produktion, Reinigung, Bewirtung, Lagerhaltung, Transport, einfache Bürotätigkeiten u.ä., deren Anteil an allen Tätigkeiten in der Wirtschaft 1985 noch bei 27% lag, wird bis zum Jahr 2010 auf 17% schrumpfen. Die höherqualifizierten Tätigkeiten wie die Wahrnehmung von Führungsaufgaben, Organisation und Management, qualifizierte Forschung und Entwicklung, Betreuung, Beratung, Lehre u.ä. wird dagegen von 28% auf 40% steigen.[3]

Das Arbeitsangebot wird auch von der **Arbeitszeit** je Erwerbstätigen bestimmt. Mußten die Menschen um die Jahrhundertwende noch über 10 Stunden am Tag und bis zu 63 Stunden wöchentlich arbeiten, so betrug 1995 die Arbeitszeit durchschnittlich 7,6 Stunden pro Tag bzw. 37,98 Stunden die Woche. Die jeweilige durchschnittliche effektive Jahresarbeitszeit wird dabei neben den Arbeitstagen von der Höhe des **Jahresurlaubs** sowie der **Kranken- und sonstigen Ausfallzeiten** (Absentismuszeiten) als auch durch die geleisteten **Mehrarbeitsstunden**

[1] Zum Strukturwandel in der Wirtschaft vgl. K. Neumann, Strukturwandel und Strukturpolitik, Köln, Frankfurt/M. 1976,

[2] G. Schanz, Personalwirtschaftslehre, 2. Aufl., München 1993, S. 146

[3] Vgl. Christian Scholz, Personalmanagement, 4. Aufl., München 1994, S. 12f.

determiniert. Unter Berücksichtigung dieser Zeiten ging von 1960 bis 1993 die effektive durchschnittliche jährliche Arbeitszeit für alle Arbeitnehmer in der früheren Bundesrepublik um fast 26% zurück. Zur Entwicklung der einzelnen Komponenten der Arbeitszeit vergleiche die folgende Tabelle.

Durchschnittliche jährliche Arbeitszeitentwicklung je Erwerbstätigem

Jahr	1960	1970	1980	1990	1993 a)
Arbeitstage	251,2	250,1	250,3	248,3	253,1
Wochenarbeitstage	5,5	5,0	5,0	5,0	5,0
Wochenarbeitszeit in Std.	44,56	41,46	40,13	38,50	37,98
Tägl. Arbeitszeit in Std.	8,10	8,29	8,03	7,70	7,60
Tarifl. Jahresurlaub in Tage	15,5	21,2	27,3	30,7	30,9
Tarifl. jährliche Arbeitszeit	2.123,8	1.898,1	1.789,4	1.675,5	1.687,8
Krankenstand in Std.	112,7	108,6	109,3	92,9	88,6
Sonstige Ausfallzeiten in Std.	25,3	61,8	71,9	88,0	115,7
Mehrarbeitsstunden	95,0	157,3	80,2	71,0	56,9
Effektive jährliche Arbeitszeit	**2.080,8**	**1.885,0**	**1.688,3**	**1.566,0**	**1.540,4**

Quelle: U. Engelen-Kefer, u.a., Beschäftigungspolitik, 3., völlig neu bearbeitete Aufl., Köln 1995, S. 108f., a) Vorläufig, b) Durch Kurzarbeit, Schlechtwetter, Arbeitskampf, Erziehungsurlaub und Teilzeitarbeit

1.4.3 Das Problem der Arbeitslosigkeit

Obwohl im *„Gesetz zur Förderung der Stabilität und des Wachstums der Wirtschaft" (StabG)* die Erreichung und der Erhalt eines **„hohen Beschäftigungsstandes"** zu den wichtigsten wirtschaftspolitischen Zielen erhoben wird, waren die Phasen der Vollbeschäftigung nach dem 2. Weltkrieg in der Bundesrepublik nicht die Regel, sondern eher die Ausnahme. Wurde in den 60er Jahren bei einer Arbeitslosenquote von 0,8% von Vollbeschäftigung gesprochen, so liegt heute der Zielwert bei 4% bis 5% und darüber.

Die Arbeitslosigkeit startete 1950 auf einem hohen Niveau von 1,6 Mio. und erreichte im Jahr 1970 mit 149.000 registrierten Arbeitslosen ihr Minimum. Danach stieg in der alten Bundesrepublik die Arbeitslosigkeit in zwei großen Schüben. Zunächst mit der Wirtschaftskrise 1974/75 auf ein Niveau von 1 Mio. und dann mit der Krise 1982/83 auf ein Niveau von 2 Mio. Damit herrscht quasi seit 1975 kontinuierlich Massenarbeitslosigkeit, wenn auch in den 80er Jahren die Beschäftigung angestiegen ist und 1990 mit 1,890 Mio. Arbeitslosen die 2 Millionen-Marke zum ersten Mal wieder unterschritten wurde. Das dramatische an der Arbeitslosigkeit ist neben ihren Folgen, daß sich eine **überzyklische Sockelarbeitslosigkeit** herausgebildet hat. D.h. die während des konjunkturellen Abschwungs sich erhöhende Arbeitslosigkeit baut sich in der Aufschwungphase nicht mehr in gleicher Höhe wieder ab. Seit der *Wiedervereinigung* hat es einen neuen Schub an zusätzlicher (vereinigungsbedingter) Arbeitslosigkeit insbesondere in den neuen Bundesländern gegeben. Mit dem wirtschaftlichen Krisenjahr 1993 stieg in Gesamtdeutschland die Arbeitslosigkeit auf eine neue Rekordhöhe von fast 3,5 Mio. Bis Anfang 1997 verlor mehr als eine weitere Million Menschen ihre Arbeit. Die Arbeitslosenzahl lag bei gut 4,7 Mio.

Die **Folgen der Massenarbeitslosigkeit** implizieren für die Volkswirtschaft eine Nichtnutzung von Produktionsmöglichkeiten und damit eine gesellschaftliche **Verschwendung von Ressourcen** und für die von Arbeitslosigkeit Betroffenen eine Einschränkung in ihren **Lebensverhältnissen**.[1] Dauerarbeitslose werden sogar vom Arbeitsmarkt ausgegrenzt und verlieren damit die Chance, ihr Arbeitsvermögen so einzusetzen, daß sie von eigener bezahlter Leistung leben können. Die **Kosten der Arbeitslosigkeit** in Form öffentlicher Ausgaben und Einnahmenverluste haben mittlerweile eine Höhe von ca. 160 Milliarden DM jährlich erreicht. Arbeitslosigkeit kann darüber hinaus bestehende demokratisch legitimierte Politikverhältnisse in Frage stellen und beseitigen, wie es die Geschichte in Deutschland während der Zeit der Weimarer Republik mit katastrophalen Folgen gezeigt hat.

Um Arbeitslosigkeit zu definieren, sollen im folgenden die wichtigsten Begriffe der **Arbeitsmarktstatistik** erläutert werden. Zunächst einmal wird Arbeitslosigkeit im **Arbeitsförderungsgesetz (AFG)** definiert. Demnach ist jemand arbeitslos, wenn er/sie

- **über das Arbeitsamt eine Stelle sucht und sich im Alter von 15 bis unter 65 Jahre befindet;**

[1] Das „eigentliche Unrecht" der Arbeitslosigkeit, formuliert Johannes Schwartländer, „besteht darin, daß sie die Menschen entsozialisiert. (...) Solche Entsozialisierung ist der tiefere Grund für die Gefährdung des sozialen Friedens." Johannes Schwartländer, Das Recht auf Arbeit - Leitidee der modernen Gesellschaft?, in: Hans Ryffel, Johannes Schwartländer, (Hrsg.), Das Recht des Menschen auf Arbeit, Kehl/Straßburg 1983

- **in der Hauptsache (d.h. mindestens 19 Stunden wöchentlich) als Arbeitnehmer tätig sein will;**
- **bereit ist, eine zumutbare Beschäftigung[1] anzunehmen und für das Arbeitsamt jederzeit erreichbar ist;**
- **zur Berufstätigkeit in der Lage ist, d.h. nicht durch Krankheit arbeitsunfähig ist oder sich in der Ausbildung befindet.**

Diese gesetzliche **Legaldefinition** ist allerdings zur exakten Erfassung der Arbeitslosigkeit unbrauchbar, weil sie alle die Personen in der Arbeitslosenstatistik nicht erfaßt,

- **die sich ohne Einschaltung des Arbeitsamtes um eine Stelle bemühen;**
- **die als ausländische Arbeitnehmer in ihr Heimatland zurückkehren (exportierte Arbeitslosigkeit);**
- **die am Arbeitsmarkt derzeit keine Chance sehen und deshalb eine Weiterbildung absolvieren;**
- **die als Folge einer staatlichen Arbeitsbeschaffungsmaßnahme (ABM) beschäftigt sind;**
- **die vorzeitig in den Ruhestand (Rente) überwechseln;**
- **die sich mangels anderer Chancen in eine „Scheinselbständigkeit" flüchten.**

Andererseits werden Personen als arbeitslos geführt,

- **die einer illegalen Schwarzarbeit nachgehen;**
- **die eine vom Arbeitsamt zugewiesene Stelle als nicht zumutbar abgelehnt haben; was heute zur Streichung des Arbeitslosengeldes führt;**
- **die bei einem vom Arbeitsamt vermittelten Vorstellungsgespräch durch eine bewußt vom Bewerber herbeigeführte Negativsituation die Nichteinstellung geradezu provozieren.**

Daneben werden in der Arbeitslosenstatistik die **Kurzarbeit** und die **stille Reserve** nicht erfaßt. In der stillen Reserve befinden sich alle die Personen, die es aufgrund der schlechten Arbeitsmarktsituation aufgegeben haben (resigniert haben), sich um eine Stelle zu bewerben, die aber bei einer verbesserten Lage am Arbeitsmarkt als Arbeitsanbieter wieder in Erscheinung treten. Die stille Reserve, die in der Größe der „Nichterwerbspersonen" enthalten ist, baut sich in der Rezession und Depression auf und wird im Konjunkturaufschwung kleiner. Ihre genaue Erfassung ist statistisch nur durch eine grobe Schätzung möglich.

Trotz Massenarbeitslosigkeit gibt es das Phänomen, daß gleichzeitig **offene Stellen**, also unbesetzte Arbeitsplätze, vorhanden sind, die die Unternehmen den Arbeitsämtern gemeldet haben. Der Grund liegt in der Besonderheit der „Ware" Arbeitskraft begründet, als auch in der

[1] Der eingeschränkte Berufs- und Statusschutz bei der Definition einer **zumutbaren Beschäftigung** wurde 1997 mit der Novellierung des AFG aufgehoben. Seitdem sind in den ersten drei (weiteren drei) Monaten der Arbeitslosigkeit alle Beschäftigungen zumutbar, deren Bruttoentgelt mindestens 80% (70%) des der Bemessung der Lohnersatzleistung zugrundeliegenden Entgelts entspricht. Ab dem siebten Monat der Arbeitslosigkeit sind - unter Androhung einer 12-wöchigen Sperrzeit - alle Arbeiten zumutbar, deren Nettoentgelt abzüglich anfallender Werbungskosten mindestens die Höhe des Arbeitslosengeldes bzw. der Arbeitslosenhilfe erreicht.

Tatsache, daß es „den“ Arbeitsmarkt nicht gibt. Auch bei den offenen Stellen sind statistische Verwerfungen möglich. Nicht alle offenen Stellen werden von den Unternehmen den Arbeitsämtern gemeldet, weil ihnen die Besetzung der Stelle mit Hilfe des Arbeitsamtes nicht erfolgversprechend erscheint. Andererseits werden auch von den Unternehmen präventiv Stellen gemeldet, die z.Z. in Wirklichkeit gar nicht besetzt werden sollen, weil die Unternehmen zunächst noch den weiteren konjunkturellen Verlauf abwarten.

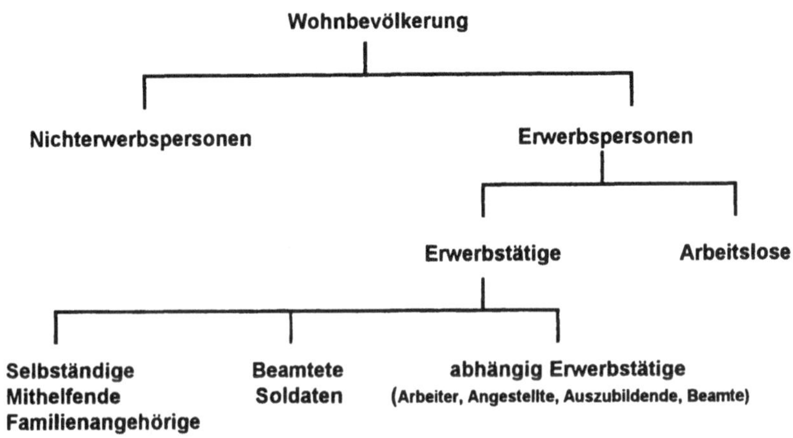

Auch bei den **Arbeitslosenquoten**, die die Arbeitslosenzahlen in Beziehung zu unterschiedlichen Basisgrößen setzen, gibt es statistisch unterschiedliche Ergebnisse, die interpretationsbedürftig sind. Ausgangsbasis für die Arbeitsmarktstatistik ist zunächst einmal die **Wohnbevölkerung**, die in **Nichterwerbspersonen**, die keinerlei auf einen Erwerb ausgerichtete Tätigkeit ausüben oder suchen, und in **Erwerbspersonen** differenziert wird. Die Erwerbspersonen umfassen alle **Erwerbstätigen** und die bei den Arbeitsämtern registrierten **Arbeitslosen**. Bei den Erwerbstätigen erfolgt eine weitere Differenzierung in Selbständige und mithelfende Familienangehörige, beamtete Soldaten und abhängig Erwerbstätige, zu denen Arbeiter, Angestellte, Auszubildende und Beamte zählen.

Bis 1990 wurde von der *Bundesanstalt für Arbeit* und auch vom *Sachverständigenrat zur Begutachtung der gesamtwirtschaftlichen Entwicklung (SVR)* die Arbeitslosenquote (AQ) wie folgt definiert:

$$\text{AQ I} = \frac{\text{Arbeitslose}}{\text{abhängig Beschäftigte + Arbeitslose}} \times 100$$

Ab 1990 wurde die Quote von der *Bundesanstalt für Arbeit* in Anlehnung an die in der *Europäischen Union (EU)* verwandten EU-Erwerbslosenquote wie folgt verändert:

$$\text{AQ II} = \frac{\text{Arbeitslose}}{\text{Erwerbspersonen}} \times 100$$

Demnach gehen in die Nennergröße nicht nur die abhängig Erwerbstätigen ein, sondern zusätzlich die Selbständigen und die mithelfenden Familienangehörigen. Dadurch wird die Arbeitslosenquote „künstlich" gedrückt bzw. „geschönt", weil Selbständige in der Regel nicht arbeitslos werden können. Die errechneten **Arbeitslosenquoten I und II** in der folgenden Tabelle: „Erwerbstätigkeit und Arbeitslosigkeit" belegen dies. Betrug die **AQ II** im Jahr 1995 9,4%, so lag die **AQ I** 1995 bei 11,6%. Da aber auch Beamte und beamtete Soldaten aufgrund ihres arbeitsrechtlichen Status nicht arbeitslos werden können, wäre vom Grad der potentiellen und realen Betroffenheit von Arbeitslosigkeit die **AQ III** zu bilden, die als abhängig Erwerbstätige lediglich die Arbeiter und Angestellten definiert. Hierdurch erhöht sich die Arbeitslosenquote 1995 auf 12,6%.

$$\text{AQ III} = \frac{\text{Arbeitslose}}{\text{Arbeiter und Angestellte}} \times 100$$

Neben der empirischen Beobachtung von Arbeitslosenquoten muß auch die **Struktur der Arbeitslosigkeit** berücksichtigt werden. Hierbei stehen Fragen nach der Häufigkeit und Dauer der Arbeitslosigkeit sowie Fragen nach dem Risiko, arbeitslos zu werden (Risikogruppen am Arbeitsmarkt) im Mittelpunkt. So kann z.B. in einem Jahr einund- dieselbe Person mehrfach arbeitslos werden und eine andere ist vielleicht mal gerade einmal 2 bis 3 Wochen arbeitslos. Hieraus ist bereits zu erkennen, daß sich die **Lasten der Arbeitslosigkeit** nicht gleichmäßig unter den Arbeitslosen verteilen.

Erwerbstätigkeit und Arbeitslosigkeit
- Jahresdurchschnittswerte in 1.000 -

Jahr	1990	1991[2]	1992	1993	1994	1995
(1) Wohnbevölkerung	63.254	79.984	80.594	81.179	81.422	81.642
Anteil in v.H.	100,0	100,0	100,0	100,0	100,0	100,0
(2) Nichterwerbspersonen	32.885	40.819	41.758	42.547	42.771	43.194
Anteil in v.H. von (1)	52,0	51,0	51,8	52,4	52,5	52,9
(3) Erwerbspersonen	30.369	39.165	38.837	38.632	38.651	38.448
Anteil in v.H. von (1)	48,0	49,0	48,2	47,6	47,5	47,1
(4) Erwerbstätige	28.486	36.563	35.858	35.213	34.953	34.836
Anteil in v.H. von (3)	93,8	93,4	92,3	91,1	90,4	90,6
(5) Selbständige plus Mithelfende Familienang.	3.026	3.424	3.485	3.533	3.588	3.639
Anteil in v.H. von (4)	10,6	9,4	9,7	10,0	10,3	10,4
(6) Arbeiter u.Angestellte[1]	22.990	30.632	29.840	29.139	28.835	28.681
Anteil in v.H. von (4)	80,7	83,8	83,2	82,8	82,5	82,3
(7) Beamte[3]	2.470	2.507	2.533	2.541	2.530	2.516
Anteil in v.H. von (4)	8,7	6,9	7,1	7,2	7,2	7,2
(7) Arbeitslose	1.883	2.602	2.979	3.419	3.698	3.612
Anteil in v.H. von (1)	3,0	3,3	3,7	4,2	4,5	4,4
(8) Arbeitslosenquote I	7,4%	7,9%	9,2%	10,8%	11,8%	11,6%
(9) Arbeitslosenquote II	6,2%	6,6%	7,7%	8,9%	9,6%	9,4%
(10) Arbeitslosenquote III	8,2%	8,5%	10,0%	11,7%	12,8%	12,6%
Kurzarbeiter	55,8	1.761,2	653,0	947,8	372,3	198,6
Offene Stellen	313,6	362,8	356,2	279,5	284,7	321,3

1) Incl. Auszubildender, 2) Ab 1991 Gesamtdeutschland, 3) incl. Soldaten, Quelle: Wirtschaft in Zahlen '93 und '96, (Hrsg.), Bundesministerium für Wirtschaft

Das größte Strukturproblem in der Bestandsgröße der Arbeitslosigkeit ist die länger als ein Jahr anhaltende **Dauerarbeitslosigkeit**, die in den letzten Jahren stark angestiegen ist. Je länger nämlich die Arbeitslosigkeit dauert, um so geringer werden aufgrund von Dequalifizierung der Arbeitskraft und Entwöhnung vom Arbeitsleben die Vermittlungschancen auf eine neue Stelle. Von dieser Dauerarbeitslosigkeit sind insbesondere die **Risikogruppen** des Arbeitsmarktes, wobei einige Arbeitslose gleich mehrere Risikofaktoren auf sich vereinen, betroffen. Zu den Risikogruppen zählen die Personen

- **ohne abgeschlossene Berufsausbildung,**
- **mit höherem Alter,**

- **mit gesundheitlichen Einschränkungen,**
- **in bestimmten Berufen und Regionen.**

Ein weiteres Problem bei der Erfassung und Analyse von Arbeitslosigkeit bilden die unterschiedlichen **Formen der Arbeitslosigkeit**.

Formen der Arbeitslosigkeit

Saisonale Arbeitslosigkeit

Bei dem Auftreten von saisonaler Arbeitslosigkeit kommt es im Verlauf eines Jahres zu jahreszeitlich bedingten Produktions- und damit Auslastungsschwankungen, vor allem in Branchen, die starken Klimaeinflüssen (Bauwirtschaft, Landwirtschaft u.a.) unterliegen.

Friktionelle Arbeitslosigkeit

Die friktionelle Arbeitslosigkeit, auch als Sucharbeitslosigkeit bezeichnet, hat ihre Ursachen in der freiwilligen oder auch unfreiwilligen Fluktuation der Arbeitnehmer zwischen zwei Arbeitsplätzen und der daraus resultierenden kurzfristigen bzw. vorübergehenden Suche nach einem Arbeitsplatz.

Konjunkturelle Arbeitslosigkeit

Bei der konjunkturellen Arbeitslosigkeit - die bei allen strukturellen Problemen noch als die typische Form der Arbeitslosigkeit bezeichnet werden muß - handelt es sich um eine kurz- bis mittelfristig auftretende Arbeitslosigkeit, die durch gesamtwirtschaftliche Nachfrageschwankungen sowie daraus resultierende unterschiedlich starke Kapazitätsauslastungen verursacht wird. Sie entspricht dem typischen Ablauf eines Konjunkturzyklus. Im Abschwung steigt sie an, während sie sich im Aufschwung wieder zurückbildet.

Strukturelle Arbeitslosigkeit

Die strukturelle Arbeitslosigkeit ist eine Begleiterscheinung des sich strukturell verändernden Wachstumsprozesses; und damit wirtschaftpolitisch ein langfristiges Problem. Durch eine sich strukturell verändernde Güternachfrage, durch demographisch veränderte Faktoren oder durch Neuerungen in der Produktionstechnologie (**technologische Arbeitslosigkeit**) ergeben sich Freisetzungen, die an anderer Stelle nicht mehr kompensiert werden.

1.5 Die Bedeutung der Gewerkschaften für den Faktor Arbeit

1.5.1 Von den Anfängen bis zum Ersten Weltkrieg

In Deutschland, in dem aufgrund des **Vielstaatensystems** länger als in England und Frankreich das Feudalsystem vorherrschte, vollzog sich die „industrielle Revolution“ etwa ab den 50er Jahren des 19. Jahrhunderts. Die Entwicklung war dabei so stürmisch, daß schon bald die Produktionswerte von Frankreich weit übertroffen wurden. Mit der „industriellen Revolution“ in

Deutschland entwickelte sich auch die **deutsche Arbeiterbewegung**. Die Arbeiter erkannten bald, daß sie individuell kaum eine Chance hatten, ihre desolate wirtschaftliche Lage zu verändern. Die ökonomischen Bedingungen, unter denen sich Arbeiter und Unternehmer am Arbeitsmarkt gegenüberstanden, waren zu ungleich. Der Unternehmer besaß aufgrund des **Privateigentums an den Produktionsmitteln** einen zu großen Vorteil. „Auch wenn der Arbeiter einen **Arbeitsvertrag** abschließen konnte, wurden die Bedingungen nicht gleichberechtigt ausgehandelt; er mußte, wollte er den Arbeitsplatz bekommen, sich den vom Unternehmer diktierten Lohn- und Arbeitsbedingungen fügen. Der Unternehmer erwarb nicht nur die Arbeitskraft, sondern auch eine weitgehende Herrschaft über die Person des Arbeiters selbst.“[1] Kein geringerer als der „geistige Vater“ des Wirtschaftsliberalismus selbst, ***Adam Smith***, hat dies in seinem Buch „Der Wohlstand der Nationen“ (1776) herausgearbeitet, wenn er schreibt:

„Was üblicherweise Arbeitslohn ist, hängt überall von dem Vertrag ab, den beide Parteien gewöhnlich miteinander vereinbaren, wobei die Interessen der beiden keineswegs die gleichen sind. Der Arbeiter möchte soviel wie möglich bekommen, der Unternehmer so wenig wie möglich geben. Die Arbeiter neigen dazu, sich zusammenzuschließen, um einen höheren Lohn durchzusetzen, die Unternehmer, um ihn zu drücken. Es läßt sich indes leicht vorhersehen, welche der beiden Parteien unter normalen Umständen einen Vorteil in dem Konflikt haben muß und die andere zur Einwilligung in ihre Bedingungen zwingen wird. Die Unternehmer, der Zahl nach weniger, können sich viel leichter zusammenschließen. Außerdem billigt das Gesetz ihre Vereinigungen, zumindest verbietet es sie nicht wie die der Arbeiter. Wir haben keine Parlamentsbeschlüsse gegen Vereinigungen, die das Ziel verfolgen, den Lohn zu senken, wohl aber zahlreiche gegen Zusammenschlüsse, die ihn erhöhen wollen. In allen Lohnkonflikten können zudem die Unternehmer viel länger durchhalten. Ein Grundbesitzer, ein Pächter, ein Handwerksmeister, ein Fabrikant oder ein Kaufmann, ein jeder von ihnen könnte, selbst wenn er keinen einzigen Arbeiter beschäftigt, ohne weiteres ein oder zwei Jahre vom bereits ersparten Vermögen leben. Dagegen könnten viele Arbeiter ohne Beschäftigung nicht einmal eine Woche, wenige einen Monat und kaum einer ein ganzes Jahr überstehen. Für längere Zeit mag zwar der Unternehmer genauso auf den Arbeiter angewiesen sein wie umgekehrt dieser auf ihn, für kurze Zeit ist er es aber nicht. Nur selten, so wurde behauptet, war von Zusammenschlüssen der Unternehmer, häufig dagegen von solchen der Arbeiter zu hören. Wer aber daraus den Schluß zieht, Unternehmer würden sich selten untereinander absprechen, kennt weder die Welt, noch versteht er etwas von den Dingen, um die es hier geht. Unter Unternehmern besteht immer und überall eine Art stillschweigendes, aber dauerhaftes und gleichbleibendes Einvernehmen, den Lohn nicht über den jeweils geltenden Satz zu erhöhen.“[2]

Während in England die Gewerkschaften auf die ausschließliche Regelung von **Lohn- und Arbeitsbedingungen** bedacht waren, ging der Kampf der ersten deutschen Gewerkschaften bzw. Gewerkvereine zusätzlich um **politische Rechte** - um mehr Demokratie. Schon vor der Revolution von 1848 gründeten Arbeiter erste Selbsthilfeorganisationen. Dazu gehörten z.B. 1840 die Leipziger Buchdrucker, die einen kollektiven Tarifvertrag und bessere

[1] Hans Limmer, Die deutsche Gewerkschaftsbewegung, 7. überarbeitete Auflage, München 1976

[2] Adam Smith, Wohlstand der Nationen, Eine Untersuchung seiner Natur und seiner Ursachen, übersetzt v. Horst Claus Recktenwald, München 1974, S. 58

Arbeitsbedingungen forderten. Aber erst nach der Aufhebung des Koalitionsverbots in den Ländern des „Norddeutschen Bundes“ im Jahr 1865 und dem ersten **„Allgemeinen deutschen Arbeiterkongreß“** am 27. September 1868 in Berlin kam es zu einer wirklichen Entwicklung der deutschen Gewerkschaftsbewegung. Der Kongreß beschloß die Bildung von zehn „Arbeiterschaften“, die sich zentral gliedern sollten. Außerdem gründeten diese „Arbeiterschaften“ eine gemeinsame zentrale Stelle, den **„Allgemeinen deutschen Gewerkschaftsverband“**.

Parallel zu den Gewerkschaftsgründungen entstanden unter starkem Einfluß von ***August Bebel*** *(1840 bis 1913)* sog. **„Arbeiterbildungsvereine“**. In diesen liberal geprägten Vereinen wurde eine **Interessenharmonie** zwischen Kapital und Arbeit gelehrt. Durch Schulung und bessere Bildung sollten die Arbeiter ihre soziale Stellung heben und zum politischen Kampf für ihre Rechte innerhalb der bestehenden kapitalistischen Verhältnisse befähigt werden. Es dauerte aber nicht lange, bis die Mitglieder der Arbeiterbildungsvereine erkannten, daß die Theorie von der Interessengemeinschaft zwischen Kapital und Arbeit problematisch ist. Unterstützt wurde ihre Kritik dabei von sozialistischen Theoretikern wie **Ferdinand Lassalle**. Die Vorschläge einer **„Sozialpartnerschaft“** zwischen Unternehmern und Arbeitern hielt Lassalle für völlig untauglich, um die schlechte soziale und ökonomische Lage der Arbeiterschaft zu beseitigen. Er betrachtete sogar grundsätzlich gewerkschaftliche Vereinigungen und deren Erfolgsaussichten im Kampf gegen das Kapital als problematisch, was er in dem von ihm formulierten **„ehernen Lohngesetz“** beschrieb:

> „Das eherne ökonomische Gesetz, welches unter den heutigen Verhältnissen, unter der Herrschaft von Angebot und Nachfrage von Arbeit, den Arbeitslohn bestimmt, ist dieses: daß der durchschnittliche Arbeitslohn immer auf den notwendigsten Lebensunterhalt reduziert bleibt, der in einem Volke gewohnheitsmäßig zur Fristung der Existenz und zur Fortpflanzung erforderlich ist.“[1]

Für Lassalle war es viel wichtiger, daß die Arbeiter die **politische Macht** anstrebten, um dann den Staat als Instrument zur Überwindung der kapitalistischen Wirtschaftsordnung und des „ehernen Lohngesetzes“ durch die Gründung von **Produktionsgenossenschaften** zu benutzen. Hierdurch würden die Arbeiter zu Besitzern der Produktionsmittel, so daß die Teilung des Wirtschaftsertrages in **Arbeitslohn** und **Unternehmergewinn** aufheben würde.

Karl Marx und ***Friedrich Engels*** schrieben den aufkommenden Gewerkschaften sowohl eine ökonomische, als auch eine politische Rolle zu. Ökonomisch sollten sie versuchen, die schlechten

[1] Zitiert bei H. Herkner, Die Arbeiterfrage, Berlin und Leipzig 1922, Bd. II, S. 332

Lohn- und Arbeitsbedingungen zu verbessern, obwohl sie in ihrer grundsätzlichen ökonomischen Kritik an der kapitalistischen Wirtschaftsordnung dies nur in engen Grenzen für machbar und umsetzbar hielten. Politisch waren die Gewerkschaften für Marx und Engels dagegen die „Schulen für den Sozialismus“. In einem Vortrag vor dem „Generalrat der Internationalen Arbeiterassoziation“ im Jahr 1865 weist Marx den Gewerkschaften ihre politisch-revolutionäre Rolle zu:

„Gleichzeitig, und ganz unabhängig von der allgemeinen Fron, die das Lohnsystem einschließt, sollte die Arbeiterklasse die endgültige Wirksamkeit dieser tagtäglichen Kämpfe nicht überschätzen. Sie sollte nicht vergessen, daß sie gegen Wirkungen kämpft, nicht aber gegen die Ursachen dieser Wirkungen; daß sie zwar die Abwärtsbewegung verlangsamt, nicht aber ihre Richtung ändert; daß sie Palliativmittel anwendet, die das Übel nicht kurieren. Sie sollte daher nicht ausschließlich in diesem unvermeidlichen Kleinkrieg aufgehen, der aus den nie enden wollenden Gewalttaten des Kapitals oder aus den Marktschwankungen unaufhörlich hervorgeht. Sie sollte begreifen, daß das gegenwärtige System bei all dem Elend, das es über sie verhängt, zugleich schwanger geht mit den materiellen Bedingungen und den gesellschaftlichen Formen, die für eine ökonomische Umgestaltung der Gesellschaft notwendig sind. Statt des konservativen Mottos: ‘Ein gerechter Tagelohn für ein gerechtes Tagewerk!’ sollte sie auf ihr Banner die revolutionäre Losung schreiben: ‘Nieder mit dem Lohnsystem!’“[1]

Nach Gründung der **„Sozialdemokratischen Partei Deutschlands“ (SPD)** in Gotha im Jahr 1875 und dem vom Reichstag 1878 verhängten „Gesetz gegen die gemeingefährlichen Bestrebungen der Sozialdemokratie“ (dem sogenannten **Sozialistengesetz**[2]) wurden die Gewerkschaften stärker getroffen als die SPD. Bis zur Aufhebung des „Sozialistengesetzes“ im Jahr 1890 mußten 17 Zentralverbände und 120 lokale Berufsorganisationen der vereinigten Arbeiterschaft aufgelöst werden. Trotzdem wuchs der **Mitgliederbestand** in der Illegalität von gut 49.000 Mitgliedern im Jahr 1878 auf 320.000 Mitglieder im Jahr 1890.[3] Nach Aufhebung des Sozialistengesetzes beschlossen die Gewerkschaften, ihre bis dahin große organisatorische Zersplitterung durch einen „Zusammenschluß der Kräfte“ zu beseitigen. Dies geschah durch die Gründung der **„Generalkommission der freien Gewerkschaften Deutschlands“**. Zum ersten Vorsitzenden wurde ***Carl Legien*** *(1861 bis 1920)*[1] gewählt. „Bis zur Jahrhundertwende war der Aufbau der freien Gewerkschaftsbewegung in Deutschland so weit vorangeschritten, daß diese nunmehr an der Spitze aller Gewerkschaften der Welt stand; 1899 waren etwa 600.000 Arbeiter - 1904 bereits über 1 Million - 1913 2,5 Millionen Arbeiter in den deutschen freien Gewerkschaften

---

[1] Karl Marx, Lohn, Preis, Profit, in: Marx-Engels ausgewählte Schriften, Berlin (Ost) 1960, Bd. 1, S. 420

[2] Das Gesetz wurde wegen zwei Attentatsversuchen auf Kaiser Wilhelm I. vom Reichstag verhängt. Diese Attentatversuche wurden, obwohl nicht dafür verantwortlich, den Sozialdemokraten zugeschrieben.

[3] Vgl. v. J. Kurth, Geschichte der Gewerkschaften, Hannover und Frankfurt/M. 1957, S. 57

organisiert. 1901 kam es zu einer engeren internationalen Zusammenarbeit der Gewerkschaftsführer, die 1903 zur Errichtung eines internationalen Sekretariats unter Legien führte. 1913 folgte die Bildung des **'Internationalen Gewerkschaftsbundes'** mit Sitz in Berlin."[2]

Neben den **Freien Gewerkschaften** („frei", in Unterscheidung zu den konfessionellen Gewerkschaften) entwickelten sich die **„Christlichen Gewerkschaften"** und die **„Hirsch-Dunckerschen Gewerkvereine"** als sog. zentralistische (zentral über das ganze damalige Deutsche Reich einheitlich organisiert und verwaltet), nach Berufsgruppen gegliederte Gewerkschaften. Die „Christlichen Gewerkschaften" haben ihren Ursprung im Christentum, daß die Pflicht hat, den Armen und Schwachen beiseite zu stehen. Der katholische Mainzer Bischof ***Wilhelm E. v. Ketteler** (1811 bis 1877)* warf 1864 mit einer Schrift **„Die Arbeiterfrage und das Christentum"** die Problematik der kapitalistischen Ordnung auf und bei den Protestanten waren es ***A. Wagner*** und ***A. Stöcker*** im Jahr 1877, die den *„Zentralverein für Sozialreform auf religiöser und konstitioneller-monarchischer Grundlage"* ins Leben riefen. Im Jahr 1894 entstand durch den Zusammenschluß von Bergarbeitern ein erster größerer Verband der Christlichen Gewerkschaften.

Auf der Grundlage der **katholischen Soziallehre**[3] erfolgte eine Weiterentwicklung. „Zwischen den christlichen Gewerkschaftsbewegungen und den freien Gewerkschaften bestanden theoretische Gegensätze, die z.T. in unterschiedlichen Auffassungen über die Mittel zur Überwindung der jetzigen und der Ordnungsvorstellung der zukünftigen Gesellschaft (katholischerseits: 'Berufsständische Ordnung') begründet waren, mehr aber noch im rein weltanschaulichen Gegeneinander, das durch die anfängliche Verquickung der Arbeiterbewegung mit atheistischem Gedankengut und andererseits durch die anfängliche Verbindung der hohen Kirchenstellen mit den damaligen - feudalen - gesellschaftlichen Machthabern bedingt war. Diese theoretischen Gegensätze traten jedoch in der gewerkschaftlichen Praxis wenig deutlich zutage und verloren z.T. mehr und mehr an Grund und Bedeutung."[4] Die **Hirsch-Dunckerschen Gewerkschaften** hatten dagegen ihre Wurzeln im Wirtschaftliberalismus. Sie waren 1868 von

---

[1] Zur Person und zum Werk von Carl Legien vgl. das Buch von Theodor Leipart, Carl Legien, Erstauflage 1929, wiederverlegt im Bund-Verlag, Köln 1981

[2] Ebenda, S. 58

[3] Vgl. O. v. Nell-Breuning, Kapitalismus und gerechter Lohn, Freiburg i. Br. 1960

[4] v. J. Kurth, a.a.O., S. 62

***Max Hirsch** (1832 bis 1905)* und ***Franz Duncker** (1822 bis 1888)* auf Initiative der **„Deutschen Fortschrittspartei“** gegründet worden. Sie setzten auf Harmonie zwischen Kapital und Arbeit.

Die folgende Tabelle zeigt bis zum Ausbruch des 1. Weltkriegs die Mitgliedsentwicklung der drei Gewerkschaften.

Gewerkschaftliche Mitgliederentwicklung zwischen 1891 und 1914

Jahr	1891	1900	1910	1912	1913	1914
(1)	277.659	680.427	2.017.298	2.559.781	2.525.042	1.502.811
(2)	55.661	76.744	316.115	350.930	341.735	218.197
(3)	62.643	91.661	122.571	109.225	106.618	77.749

(1) = Freie Gewerkschaften, (2) = Christliche Gewerkschaften, (3) = Hirsch-Dunckersche Gewerkvereine, Quelle: Michael Schneider, a.a.O., S. 494, sowie von J. Kurth, Geschichte der Gewerkschaften in Deutschland, Frankfurt/Main 1957

1.5.2 Die Gewerkschaften im Ersten Weltkrieg und während der Weimarer Republik

Mit dem Sieg des Imperialismus, der 1914 zum **1. Weltkrieg**, zum großen Krieg um die Aufteilung der Welt, führte, begann auch eine Zeit verschärfter politischer Konflikte. Nach der Ermordung des Thronfolgers der österreichisch-ungarischen Doppelmonarchie am 28. Juni 1914 in Sarajewo, der nur den Anlaß für den Krieg zwischen dem Deutschen Reich und Österreich-Ungarn auf der einen Seite und Frankreich, England und dem zaristischen Rußland auf der anderen Seite, denen sich im April 1917 noch die USA anschlossen, bot, wurde zunächst noch ein **„Burgfrieden“** zwischen allen politischen Parteien einschließlich der Gewerkschaften zur „Verteidigung des Vaterlandes“ geschlossen. Zwar veröffentlichte die **„Generalkommission der freien Gewerkschaften Deutschlands“** am 1. August 1914, am Tag der deutschen Mobilmachung, noch einen Friedensappell, der aber, ähnlich wie ein Parteivorstandsaufruf der **SPD** im „Vorwärts“: „Nieder mit dem Kriege! Hoch die internationale Völkerverbrüderung!“, nur noch einen deklamatorischen Charakter besaß. „Spätestens im August 1914 zeigte sich, daß beide - **Freie Gewerkschaften und SPD** - gleichermaßen Bestandteile des Wilhelminischen Kaiserreichs geworden waren. Beide blickten stolz auf die organisatorischen und politischen Erfolge, die sie auf dem Boden des gegebenen Systems errungen hatten; beide identifizierten sich mit dem Deutschen Reich, mit der aufstrebenden Wirtschaft und der zum Teil wegweisenden

Sozialpolitik; und beide verstanden ihre Bereitschaft zur Mitwirkung bei den deutschen Kriegsanstrengungen nicht nur als Beweis der eigenen patriotischen Rechtschaffenheit, sondern zudem als Vorleistung für die überfällige weitere soziale und demokratische Ausgestaltung des Reiches. Für die Gewerkschaften mag zudem eine Rolle gespielt haben, daß sie meinten, mit ihrem indirekten Burgfriedens-Beschluß vom 2. August, der am 17. August 1914 durch den 'offiziellen' Verzicht auf jegliche Lohnkämpfe bestärkt wurde, ihre Organisation über die Kriegszeit retten zu können."[1]

Der Verlauf des Krieges war durch große Enttäuschung über die **Dauer des Krieges**, unter dem die Arbeiterschaft zu leiden hatte, gekennzeichnet. Außerdem erwies sich der anfängliche Glaube der Arbeiter, daß man einen **Verteidigungskrieg** führe, als Illusion. In dieser Situation wuchs innerhalb von SPD und Gewerkschaften der Widerstand gegen ihre zunächst beschlossene „Burgfriedenspolitik". Es kam zu **spontanen Streiks und Demonstrationen** gegen die Kriegspolitik und die Verschlechterung der wirtschaftlichen Lage.[2] Die enormen Belastungen durch **Kriegsausgaben** - sie lagen zwischen 1914 und 1918 jährlich durchschnittlich bei ca. 21 Mrd. Mark in Preisen von 1913 gerechnet - führten dazu, daß der Staat so gut wie nicht mehr in der Lage war, zivile Staatsausgaben zu tätigen. Das gewaltige gesamtwirtschaftliche Gewicht der Kriegsausgaben jener Jahre zeigt sich auch daran, daß während der Kriegsjahre der Anteil der Militärausgaben am Volkseinkommen im Jahre 1918 auf 69,6% anstieg.[3]

Auf politischem Gebiet führte die Frage der **„Burgfriedenspolitik"** zur Spaltung der SPD. Im April 1917 gründeten die Gegner der Gewährung von Kriegskrediten und der „Burgfriedenspolitik" die **USPD**. „In ihr bildete die Gruppe Spartakus um ***Rosa Luxemburg*** *(1870 bis 1919)* und **Karl Liebknecht** (1871 bis 1919) eine geschlossene revolutionäre Gemeinschaft, aus der 1918 die **Kommunistische Partei Deutschlands (KPD)** hervorging."[4] Als Rumpf der sozialdemokratischen Bewegung verblieb nach dieser Abspaltung die Mehrheitssozialdemokratie **(MSPD)**. Die Gewerkschaften versuchten, sich von dieser politischen Entwicklung während des 1. Weltkrieges fernzuhalten. Ihnen ging es mehr um die rein

[1] Jochen Langkau, Hans Matthöfer, Michael Schneider (Hrsg.) SPD und Gewerkschaften, Bd. 1: Zur Geschichte eines Bündnisses, Bonn 1994, S. 33

[2] Vgl. Hans Limmer, Die deutsche Gewerkschaftsbewegung, München 1966, S. 42ff.

[3] Vgl. Heinz-J. Bontrup, Norbert Zdrowomyslaw, Die deutsche Rüstungsindustrie, Vom Kaiserreich bis zur Bundesrepublik, Ein Handbuch, Heilbronn 1988, S.29f.

[4] Cordula Koepcke, Sozialismus in Deutschland, München 1970, S. 51

wirtschaftlich-soziale Interessenvertretung ihrer Mitglieder. Außerdem fürchteten sie eine politische Spaltung ihrer Organisationen.[1]

Mit der militärischen Niederlage im Jahr 1918 brach das Kaiserreich zusammen und hinterließ der ersten deutschen Republik (**Weimarer Republik**) schwere Hypotheken auf allen staatspolitischen Gebieten. Die Bevölkerung mußte Hunger und Elend erleiden. Die Wirtschaft war völlig desorganisiert. Deutschland wurde einschneidenden politischen und wirtschaftlichen Sanktionen der Siegermächte unterworfen. Politisch kam es im November 1918 zu **revolutionären Bewegungen**. Am 4. November 1918 eroberten aufständische Matrosen die Stadt Kiel und bildeten hier zusammen mit Werftarbeitern einen Arbeiter- und Soldatenrat. Bis zum 7. November schloß sich fast die gesamte Deutsche Flotte der **Rätebewegung** an, die sich auch im Land ausbreitete. Die Erhebung der Soldaten und Arbeiter richtete sich in erster Linie gegen die Herrschaft der alten politischen und militärischen Gewalten. Das Ziel der revolutiönären Bewegung war die gesellschaftliche Etablierung eines **demokratischen Sozialismus**. Die bürgerlich und sozialdemokratisch gesonnene Mehrheit wollte dagegen eine **parlamentarisch-demokratische Republik**.

Am 9. November 1918 ruft ***Philipp Scheidemann (1865 bis 1939)***, der nach ***Friedrich Ebert (1871 bis 1924)*** zweite führende Mann der MSPD, vom Balkon des Reichstages die Republik aus. Auf dem Reichskongreß der Arbeiter- und Soldatenräte, der vom 16. bis 20. Dezember 1918 in Berlin tagte, setzte sich die MSPD mit ihrer Forderung nach der **Wahl einer Nationalversammlung und Verfassung**, die über Gestalt und Charakter der neuen parlamentarischen Republik bestimmen sollte, gegen die Anhänger der Räterepublik um Luxemburg und Liebknecht durch.[2] Am 19.1.1919 fanden diese Wahlen zur Nationalversammlung statt. Die MSPD erhielt 163 Sitze, die USPD 22, die bürgerlich-konservativen Parteien (Zentrum, Deutsche Demokratische Partei, Deutschnationale Volkspartei, Deutsche Volkspartei und kleinere Splitterparteien) 233 Sitze. Die im Dezember 1918 gegründete KPD boykottierte die Wahlen. Die MSPD ging aus der Wahl als die stärkste Partei hervor. Zur Regierungsbildung mußte sie aber mit nichtsozialistischen Parteien eine Koalition bilden. Der Historiker **Walter Tormin** bemerkt zu dem Wahlausgang: „Es war jedoch ein Irrtum, wenn man glaubte, daß damit die revolutionäre Übergangsphase abgeschlossen war und der friedliche

[1] Vgl. Peter von Oertzen, Die Probleme der wirtschaftlichen Neuordnung und der Mitbestimmung in der Revolution von 1918, S. 27

[2] Vgl. Helga Grebing, Geschichte der deutschen Arbeiterbewegung, München 1966, S. 148ff.

Aufbau der Republik beginnen konnte. (...) Die Absicht der Regierung, die Arbeiter- und Soldatenräte aufzulösen, traf auf Widerstand in breiten Schichten der Arbeiterschaft."[1] Die gewählte Regierung setzte deshalb den Abgeordneten der MSPD, ***Gustav Noske (1868 bis 1946)***, ein, den Widerstand und damit die Rätebewegung militärisch zu zerschlagen. Mit Unterstützung rechtsradikaler **Freikorps** gelang dies auch. „Aber um welchen Preis? Die Linke erklärte die Mehrheitssozialisten zu Verrätern an der Revolution. Die Leipziger Volkszeitung, das Sprachrohr des linken Flügels der USPD, nannte sie nur noch 'Blutsozialisten'. Die SPD hatte die Krise mit Hilfe gegenrevolutionärer und antidemokratischer Kräfte, der Freikorps, gemeistert, die bald ihre Rechnung präsentieren sollten."[2] Die Zerstörung der Weimarer Republik war hier bereits angelegt.[3] Ein Vorspiel war der **Kapp-Putsch** am 13. März 1920. Nur durch das Ausrufen der Gewerkschaften zum **Generalstreik** konnte der antidemokratische Spuk nach 4 Tagen noch einmal beendet werden.

Durch die Staatsumwälzung von 1918 und 1919, die letztlich zur Konstituierung der Weimarer Republik führte, wurden die **Gewerkschaften** zu einem großen Machtfaktor im politischen und wirtschaftlichen Leben. Die **Unternehmer** dagegen waren durch den Ausgang des Krieges und die revolutionären Novemberereignisse in der Defensive und eingeschüchtert. Viele glaubten das Ende des Privateigentums an den Produktionsmitteln sei gekommen. Unter diesen Bedingungen waren sie froh, daß am 15. November 1918 die **„Zentralarbeitsgemeinschaft der gewerblichen Arbeitgeber und Arbeitnehmer"** zustande kam. Im wesentlichen einigte man sich auf die folgenden Punkte:

- Anerkennung der Gewerkschaften als Vertreter der Arbeiterschaft,
- Koalitionsfreiheit,

[1] Walter Tormin, Die Weimarer Republik, 11. Aufl., Hannover 1973, S. 81f.

[2] Ebenda, S. 82f.

[3] „Die politischen und sozialen Kräfte, die die Zerstörung vorangetrieben und mit der Errichtung der Diktatur 1933 vollendet haben, können namhaft gemacht werden. Sie waren nicht von oben oder von außen gekommen, als Mächte des Schicksals oder als Infiltration, sondern aus der kapitalistischen Gesellschaftsstruktur Deutschlands selbst entstanden. Ihr Verhalten und ihre Ziele waren nicht zufällig, sondern entsprangen ihrer sozialen Lage und ihren Interessen. (...) Dies waren einmal die Kräfte aus dem Industrie- und Bankkapital, die mit der militärischen Niederlage und der Revolution von 1918 ihre Expansionspolitik gescheitert und ihre innenpolitische Machtstellung geschmälert und bedroht sahen. Dies waren zweitens die Kräfte des Staatsapparates, besonders des Militärs, die den Zusammenbruch von Monarchie und Expansionspolitik und die Errichtung der parlamentarischen Demokratie in der gleichen Weise erfuhren wie das Industrie- und Bankkapital und aus den gleichen Gründen auf eine Revision der politischen Struktur und eine Beseitigung der inneren und äußeren Schranken für eine neue Machtentfaltung hinausarbeiteten. Und dies waren drittens die kleinbürgerlich-mittelständischen Schichten, die - durch verlorene Kriegsanleihen, Inflation und Wirtschaftskrise ruiniert oder vom Ruin bedroht und von der Sozialdemokratie wie von den bürgerlichen Parteien enttäuscht - nach 1930 der NSDAP die Massenbasis lieferten." Reinhard Kühnl, Gerd Hardach, (Hrsg.), Die Zerstörung der Weimarer Republik, 2. Auf., Köln 1977, S. 7f.

- Festsetzung der Arbeitsbedingungen durch Kollektivvereinbarungen,
- Einrichtung von Arbeiterausschüssen in Betrieben von mindestens 50 Beschäftigten, um zu gewährleisten, daß die Arbeitsbedingungen im Rahmen der Kollektivvereinbarungen geregelt werden,
- Einrichtung von paritätisch besetzten Schlichtungsausschüssen und Einigungsämtern,
- 8-Stunden-Tag und 48-Stunden-Woche.[1]

Die „Zentralarbeitsgemeinschaft" war weder in den Parteien noch innerhalb der Gewerkschaften unumstritten. Viele Gewerkschaftler sahen in ihr lediglich ein Instrument der Arbeitgeber, eine **Sozialisierung** oder zumindest eine **Demokratisierung der Wirtschaft** mit Mitbestimmungsmöglichkeiten der Arbeitnehmer zu verhindern. Mit dem Wiedererstarken der Unternehmer zeigte sich dann auch recht bald, daß die Hoffnungen auf eine **Mitbestimmung** der Beschäftigten in den Unternehmen völlige Illusion war. Man konnte lediglich 1920 noch ein **Betriebsrätegesetz** durchsetzen, „indem sich bereits die inzwischen veränderten politischen Machtverhältnisse widerspiegelten. Die Mitbestimmung auf breiter Ebene, von der in Art. 165 (der **Weimarer Verfassung**, d.V.) die Rede war, schrumpfte auf eine solche in Fragen der Lohn- und Arbeitsbedingungen im Betrieb zusammen."[2] Zuvor war es auf dem 10. Kongreß der Freien Gewerkschaften in Nürnberg 1919 zur Gründung des **Allgemeinen Deutschen Gewerkschaftsbundes (ADGB)** gekommen, der die bisherige „Generalkommission der freien Gewerkschaften Deutschlands" ablöste. Zum Vorsitzenden wurde Carl Legien berufen, der 1920 von ***Theodor Leipart*** abgelöst wurde.

Die wirtschaftliche Situation war nach dem 1. Weltkrieg angespannt. Durch die **Reparationszahlungen** an die Siegermächte - gegen die ***John Maynard Keynes*** wegen ihrer negativen wirtschaftlichen Folgen heftig aber erfolglos protestierte[3] - kommt es Anfang der 20er Jahre zur **Hyperinflation**. Im April 1923 beginnt die Mark ins Bodenlose zu sinken. Die Folge ist eine ungeheure Notlage der Massen. Für ein Pfund Margarine sind 9 Arbeitsstunden nötig. Für einen US-Dollar waren schließlich 4,2 Billionen Mark zu zahlen. Die Löhne und Gehälter konnten sich nicht mehr schnell genug der Währung anpassen. Alle Geldfunktionen gingen schließlich verloren. Die Ersparnisse der Mittelschichten wurden durch die Inflation völlig entwertet. Durch diese wirtschaftliche Situation waren die Gewerkschaften politisch geschwächt. Die Unternehmer versuchten dies auszunutzen. Das Recht auf einen Acht-Stunden-Tag bei einer 48-Stunden-Woche wurde trotz Streikmaßnahmen genauso wieder aberkannt wie viele soziale Leistungen.

[1] Vgl. DGB: Die deutsche Gewerkschaftsbewegung, Düsseldorf 1973, S. 50
[2] von J. Kurth, a.a.O., S. 80
[3] John Maynard Keynes, Die wirtschaftlichen Folgen des Friedensvertrages, London 1919

Auch die betriebliche Mitbestimmung in Form des Betriebsrätegesetzes wurde von den Unternehmern in Frage gestellt und heftigst bekämpft.

Etwa ab 1924 besserte sich die wirtschaftliche Lage Deutschlands. „Die Beendigung der Inflation (durch Einführung der Rentenmark , d.V.), der Regelung der Reparationsfrage mit dem **Dawes-Plan** und das Hereinströmen ausländischer Kredite ermöglichten ab 1924 einen Wirtschaftsaufschwung, dessen deutlichstes Zeichen die **Verdoppelung der Industrieproduktion** von 1923 bis 1928/29 war; erreichte sie damit auch nicht den Vorkriegsstand, so konnten doch die chemische, die elektrotechnische und die optische Industrie, zum Teil auch die Textilindustrie und der Maschinenbau ihre Weltgeltung zurückgewinnen, was sich in der deutschen Exportentwicklung und Außenhandelsbilanz niederschlug. Zum Wirtschaftsaufschwung trugen gewiß nicht unbeträchtlich die Produktivitätsfortschritte infolge der beschleunigten Rationalisierung bei. Die **Arbeitsproduktivität** stieg z.B. in der deutschen Maschinenindustrie zwischen 1924 und 1927 um 45%, in der Eisenindustrie zwischen 1925 und 1927 um 41%. Mit **Konzentration und Kartellierung** einerseits, mit Steigerung der Produktivität durch wissenschaftliche Bestimmung der Arbeitsvorgänge und durch neue technische Vorrichtungen andererseits versuchte die deutsche Wirtschaft, gegenüber der internationalen Konkurrenz bestehen zu können. Die Kehrseite der Rationalisierungsbestrebungen und -erfolge waren eine Intensivierung der Arbeit und eine auch in Zeiten verhältnismäßig guter Konjunktur hohe **Arbeitslosenquote**. Von über 10% (1924) ging sie zwar zunächst auf 7 bis 8% (1925) zurück, schnellte im konjunkturellen Zwischentief 1926 auf über 15% hoch und betrug 1927 und 1928 dann 8 bis 9%; bereits 1929 stieg sie - ein Zeichen der beginnenden Weltwirtschaftskrise - auf 13 bis 14% an.“[1]

Die Gewerkschaften versuchten zu dieser Zeit insbesondere durch eine aktive **Lohnpolitik** an dem wirtschaftlichen Aufschwung zu partizipieren, was zumindest teilweise auch gelang. „Zwar stieg die Lohnquote, also der Anteil von Lohn und Gehalt sowie Arbeitgeberbeiträgen zur Sozialversicherung am Volkseinkommen, gegenüber 46,4% im Jahre 1913 enorm an auf 57,6% 1927 bzw. 59,8% 1929; doch zu berücksichtigen sind nicht nur die Bevölkerungsentwicklung, sondern auch die Verarmung des Mittelstands im Gefolge der Inflation: Die Quote des ‘Renteneinkommens’ wurde gedrückt, und die Zahl der lohnabhängigen Arbeiter stieg an. Schon in den damaligen Debatten war die Lohnhöhe überaus umstritten. Während die Gewerkschaften mit der Verbesserung der Einkommenssituation der Arbeitnehmer zugleich die Kaufkraft

[1] Michael Schneider, a.a.O., S. 167f.

insgesamt und damit die Wirtschaftstätigkeit zu stärken meinten, beharrten die Arbeitgeber auf der Ansicht, die Löhne hätten eine Höhe erreicht, die sich als schwere Belastung der Investitionsentscheidungen auswirke; das führe zur Lähmung der Wirtschaft und damit zur Verstärkung der Arbeitslosigkeit. Schuld an der Lohnhöhe seien die Gewerkschaften."[1]

In der **Sozialpolitik** konnten die Gewerkschaften die Etablierung des **„Gesetzes für Arbeitsvermittlung und Arbeitslosenversicherung" (AVAVG)**, das am 1. Oktober 1927 in Kraft trat, durchsetzen. Das Gesetz war vom ADGB in Zusammenarbeit mit den Christlichen Gewerkschaften entworfen und schließlich vom Zentrum im Reichstag eingebracht worden. Die Beitragszahlung sah eine Aufteilung von je 50% auf Arbeitgeber und Arbeitnehmer vor. Neben der Lohn- und Sozialpolitik versuchte der ADGB zwischen 1925 und 1928, unter der theoretischen Federführung von ***Fritz Naphtalis***, Leiter der „Wirtschaftspolitischen Forschungsstelle" von SPD, ADGB und Genossenschaften, auch die Diskussion um eine **Wirtschaftsdemokratisierung** voranzutreiben. Wirtschaftliche Machtzusammenballungen, so sah das Programm vor, sollten unter demokratische und öffentliche Kontrolle gestellt werden, an der die Gewerkschaften mitzuwirken hätten. Eine Umsetzung scheiterte aber an den politischen Machtverhältnissen.

Die **Mitgliederentwicklung** in den Gewerkschaften, die nach dem 1. Weltkrieg bis zum Jahr 1920 enorm anstieg, und organisatorisch kaum bewältigt werden konnte, ging danach fast kontinuierlich bis 1932 wieder zurück. Dennoch lag 1932 das Niveau über dem des Jahres 1918. Vergleiche dazu die folgende Tabelle.

Gewerkschaftliche Mitgliederentwicklung zwischen 1915 und 1932

Jahr	1915	1918	1920	1923	1929	1932
(1)	994.853	2.866.012	8.032.057	5.817.258	4.948.267	3.532.947
(2)	162.425	538.559	1.105.894	806.992	673.127	?
(3)	61.086	113.792	225.998	216.497	168.726	?

(1) = Freie Gewerkschaften, (2) = Christliche Gewerkschaften, (3) = Hirsch-Dunckersche Gewerkvereine,
Quelle: Michael Schneider, a.a.O., S. 494f.

[1] Michael Schneider, S. 168f.

1.5.3 Die Gewerkschaftsbewegung und das Ende der Weimarer Republik

Mit der **Weltwirtschaftskrise** von 1929 bis 1933 begann die letzte Phase der Weimarer Republik. Sichtbares Anfangszeichen war der Zusammenbruch der New Yorker Börse am sog. **„schwarzen Freitag“** (29. Oktober 1929). Die Krise ergriff ausnahmslos alle kapitalistischen Länder. In Deutschland sank die Industriegüterproduktion (1928 = 100) bis 1930 auf 85,5%, 1931 auf 61,0%. In der Konsumgüterproduktion fiel der Index 1930 auf 94,9%, 1931 auf 89,5%. Auf dem Höhepunkt der Krise, Mitte 1932, ging in Deutschland die industrielle Produktion auf 58% des Standes von 1928 zurück. Die **Arbeitslosigkeit** stieg dabei sprunghaft an. Ihren Höhepunkt erreichte sie im Februar 1932 mit 6,13 Millionen. Die Zahl der Beschäftigten sank von 18 Millionen (1928) auf 12,69 Millionen.[1] „Über die sozialen Folgen der Krise für die Arbeiter gibt auch die Entwicklung der Löhne Aufschluß. Die Tariflöhne in der Industrie sanken bis 1932 fast um die Hälfte unter das nach amtlichen Angaben errechnete Existenzminimum. Gleichzeitig wurden durch Notverordnungen der verschiedenen Reichsregierungen die Beitragszahlungen an die **Arbeitslosenversicherung** von 3 auf schließlich 6% erhöht, die Unterstützungsleistungen aber reduziert und der Kreis der Anspruchsberechtigten eingeengt. So betrug z.B. nach einer **Notverordnung** der Regierung Papen vom Juni 1932 die Dauer der Arbeitslosenunterstützung nur noch 6 Wochen (ursprünglich 26). Durch diese Regelung erhielten im Herbst 1932 von 5,2 Millionen registrierten Arbeitslosen nur 0,6 Millionen Arbeitslosenunterstützung; 1,5 Millionen wurden überhaupt nicht mehr unterstützt, während 3,3 Millionen von den geringen Sätzen der Krisen- und Wohlfahrtsunterstützung der Gemeinden leben mußten. Auch für die **Mittelschichten** hatte die Krise verheerende Folgen. Zehntausende kleine Kaufleute, Handwerker und Bauern wurden ruiniert, Gehaltskürzungen bedrohten staatliche Angestellte und Beamte.“[2] Wie konnte es zu dieser katastrophalen Krise kommen? Ausgangspunkt war eine **Überproduktionskrise** in den USA. Das amerikanische Kapital fand im eigenen Land keine Anlagemöglichkeiten und vergab Anleihen an andere Nationen. Die Zinsen für diese Anleihen konnten aufgrund einer schlechten Wirtschaftslage aber nicht bezahlt werden, woraufhin die Kredite aufgekündigt wurden. Da diese aber kurzfristig nicht zurückgezahlt werden konnten, kam es zu Bankkonkursen, die wiederum Industrie- und Handelskonkurse nach sich zogen. Die damit verbundenen Massenentlassungen implizierten negative multiplikative und akzelerative ökonomische Wirkungen, die letztlich zum totalen Zusammenbruch der Wirtschaft führten.

[1] Vgl. Christfried Seifert, Die deutsche Gewerkschaftsbewegung in der Weimarer Republik, in: Frank Deppe, Georg Fülberth, Jürgen Harrer (Hrsg.), S. 193

[2] Ebenda, S. 194

Hiervon war auch Deutschland betroffen. Die wirtschaftspolitische Reaktion auf die Krise war dabei genauso katastrophal wie die Krise selber. Um dies zu verstehen, sei kurz auf die zur damaligen Zeit herrschende **neoklassische Wirtschaftstheorie** und die daraus abgeleitete **Wirtschaftspolitik** hingewiesen; ohne allerdings an dieser Stelle bereits die neoklassische Theorie näher zu beschreiben.

Zusammenfassend kann hier folgendes festgestellt werden: Gemäß Neoklassik sorgen ein **funktionsfähiger Wettbewerb** und daraus abgeleitete **flexible Preise** für ein wirtschaftliches Gleichgewicht zwischen Angebot und Nachfrage. Auf den Märkten, wo ein Überangebot in Relation zu den Kaufwünschen der Nachfrager besteht, werden die Unternehmen die ursprünglich gesetzten Preise nicht realisieren können und infolgedessen die Preise senken müssen. Umgekehrt wird bei dem Vorliegen eines Nachfrageüberhanges die Tendenz zu Preissteigerungen bestehen. Dadurch kommt es immer wieder zu einem neuen wirtschaftlichen Gleichgewicht, wobei dies nicht nur für Gütermärkte, sondern auch für Geld- und Arbeitsmärkte gilt. Auf den **Geldmärkten** führt ein sinkender Zinssatz zu einer Mehrnachfrage nach Investitionskrediten, die wiederum die Nachfrage nach Investitionsgütern und damit die Produktion beleben, und auf den **Arbeitsmärkten** sorgen flexible Löhne für Vollbeschäftigung. Die zirkulierende Geldmenge verhält sich neutral, d.h. es besteht lediglich ein Kausalzusammenhang zwischen dem Preisniveau und der Geldmenge. Eine Veränderung, z.B. eine Erhöhung der Geldmenge, muß folglich ohne Einfluß auf die realen Wirtschaftsvorgänge bleiben. Sie führt allenfalls zu Preissteigerungen bzw. Inflation.

In Zeiten des **konjunkturellen Abschwungs** ist es demnach nur eine Frage, ob die Preismechanismen auf den gesamtwirtschaftlichen Teilmärkten funktionieren. Ist dies der Fall - wovon die Neoklassik ausgeht - dann kommt es auch ohne staatliche Interventionen in den Marktprozeß automatisch zu einem neuen konjunkturellen Aufschwung mit Vollbeschäftigung. Laut neoklassischem Credo sind in der Abschwungphase der Konjunktur Preis- und Lohndeflation hinzunehmen, schaffen sie doch durch zusätzliche Zinssenkungen die notwendigen Voraussetzungen für den Wiederaufschwung und für die Beseitigung der Wirtschaftskrise. Die Produktion werde durch Kostenentlastungen wieder rentabler, und außerdem werde die eingetretene Überproduktion zurechtgestutzt. Die damit von der Neoklassik als wirtschaftspolitische Therapievorschläge postulierten Lohn-, Preis- und Zinssenkungen werden allerdings nur als Kosteneffekt auf der Angebotsseite gesehen, weshalb man bei der Neoklassik auch von einer **angebotsorientierten Wirtschaftspolitik** spricht, und nicht kreislauftheoretisch auch als Nachfrageeffekt ins Kalkül miteinbezogen. Hier liegt eine nicht-interdependente Marktbetrachtung vor, da die Neoklassik entsprechend dem „**Sayschen Theorem**" (jedes Angebot schafft sich automatisch seine Nachfrage) eine - ausschließlich mikroökonomisch fundierte - Angebotsbetrachtung unternimmt und dabei die gesamte Nachfrageseite vernachlässigt. Basierend auf dieser Theorie können im folgenden die beiden Grundlinien der damals vorgenommenen wirtschaftspolitischen Maßnahmen (Deflations- und Parallelpolitik) auf die Weltwirtschaftskrise beurteilt werden.

- **Deflationspolitik**

Die Regierung unter Reichskanzler ***Heinrich Brüning** (1885 bis 1970)* von der Zentrumspartei, die ab Ende März 1930 im Amt war, versuchte in Anbetracht der damals herrschenden neoklassischen Theorie die inländischen Preise an die weltweite Deflation anzugleichen; zunächst mit politischen Appellen und später mit einer zwangsweisen Preissenkung der Güter in kartellierten Branchen sowie der Preise für Markenartikel, die einer Preisbindung unterlagen. Überdies erwirkte der 1931 eingesetzte Reichskommissar für Preisüberwachung zahlreiche weitere Preissenkungen nicht preisgebundener Güter. Außerdem wurden die Zinssätze sowie die Mieten, als auch die Tariflöhne und -gehälter zwangsweise reduziert. Entsprechend verprach man sich von derartigen preissenkenden Maßnahmen eine konjunkturell belebende Wirkung.[1]

- **Parallelpolitik**

Parallel zum Konjunkurverlauf wurde das Budget der öffentlichen Haushalte rapide gekürzt. Ziel war hierbei, staatliche Einnahmen und Ausgaben im Gleichgewicht zu halten. Dies geschah infolge der krisenbedingten rückläufigen Einnahmen einerseits durch Kürzung der Ausgaben, insbesondere der Sozialausgaben, sowie andererseits durch die Erhöhung der Zölle und der Einkommen-, Umsatz- und anderer Verbrauchsteuern.

Das Kennzeichnende dieser wirtschaftspolitischen Therapiemaßnahmen war demnach einerseits, eine den - über die Marktmechanismen sich einstellenden - wirtschaftlichen „Selbstheilungsprozeß" fördernde staatliche Preissenkung durchzusetzen, und andererseits, eine staatliche Finanzpolitik zu betreiben, die das freie Wirken der Marktkräfte nicht behindern sollte. Im Gegensatz zu diesen Zielsetzungen der praktizierten Wirtschaftspolitik sanken allerdings die

Preise völlig ungleichmäßig, was u.a. auch auf einen unterschiedlichen **Monopolisierungsgrad** in den einzelnen Branchen zurückzuführen war. „Bei den kartellierten Preisen fiel dabei der Preissturz von 1929 bis 1932 mit 20 v.H. gegenüber 55 v.H. bei den freien Preisen noch relativ harmlos aus."[2] Das Fallen der Preise führte aber zu großen Problemen. Obwohl auch die Löhne und Gehälter drastisch zurückgingen, deckten die Erlöse die Kosten nicht ab. Die durch die Preissenkungen erhofften Nachfragesteigerungen blieben nämlich aus. Erstens, weil keine Kaufkraft aufgrund der hohen Arbeitslosigkeit und der gesunkenen Löhne und Gehälter vorhanden war, und zweitens, weil sich die Käufer in Erwartung weiterer Preissenkungen mit Käufen zurückhielten. Hinzu kam ein Nachfrageausfall aufgrund der gesenkten Staatsausgaben. Das neoklassiche Dogmar der **„Selbstheilungskräfte der Wirtschaft"** funktionierte nicht. Die außerdem erhofften Wirkungen einer Steigerung des Exports - ein Außenhandelsüberschuß sollte u.a. auch die Rückzahlungen der Reparationen aus dem 1. Weltkrieg ermöglichen - blieben ebenfalls aus, weil alle Länder über eine Deflationspolitik versuchten, ihre Produktion auf Kosten anderer Länder zu steigern. Es sollte möglichst nur noch exportiert, aber nicht mehr importiert werden. Diese **„beggar my neighbour - Wirtschaftspolitik"** konnte natürlich nicht funktionieren bzw. mußte sogar zu gegenteiligen Wirkungen führen. So ging dann auch der Import von 13,7 Mrd. RM (1929) auf 4,8 Mrd. RM (1932) zurück, und gleichzeitig der Export von 13,6 Mrd. RM (1929) auf 5,8 Mrd. RM (1932). Damit fiel zur Konjunkturbelebung neben der Binnennachfrage auch noch die Auslandsnachfrage aus.

Beide wirtschaftspolitischen Maßnahmen (Deflations- und Parallelpolitik) führten so nicht zu einer Behebung der Wirtschaftskrise, sondern im Gegenteil, sie verschlimmerten das Ausmaß der Krise. „Während die **Unternehmerverbände** im Jahr 1931 Lohnabbau, Abbau der Sozialpolitik und Unverbindlichkeit der Tarifverträge als Auswege aus der Krise progagierten, forderten die **Gewerkschaften** Verkürzung der Arbeitszeit, 40-Stunden-Woche, verstärkte Einflußnahme der öffentlichen Hand auf die Wirtschaft und intensivere wirtschaftliche Außenpolitik. Anfang 1932 bekam die Diskussion um den wirtschaftspolitischen Kurs der Gewerkschaften noch einen neuen Akzent. Bis dahin hatte man auch in den Gewerkschaftsführungen eine Art wirtschaftlichen Optimismus vertreten, d.h. man nahm eine Selbstregelung und Selbstheilung der Wirtschaftskrise an und hielt infolgedessen eine abwartende Haltung unter Verteidigung sozial- und lohnpolitischer

[1] Vgl. Hildegrad Caspar, Die Deflationspolitik der Regierung Brüning, in: Staat und Monopole II, Das Argument, Berlin 1978

[2] A. Korsch, Der Stand der beschäftigungspolitischen Diskussion zur Zeit der Weltwirtschaftskrise in Deutschland, in: G. Bombach, (Hrsg.), Der Keynesianismus I, Theorie und Praxis keynesianischer Wirtschaftspolitik, Berlin, Heidelberg, New York 1976, S. 182

Positionen für die richtige Politik seitens der Gewerkschaften. Ab 1932 hingegen ging man zu einer aktiven Wirtschaftsprogrammatik über: ein außerordentlicher Bundeskongreß des ADGB im April 1932 legte ein großangelegtes **Arbeitsbeschaffungsprogramm** vor; auch Forderungen auf **Verstaatlichung** der Schlüsselindustrien und der Großbanken und Gedanken der **Wirtschaftsplanung** wurden nun stärker als in den Jahren seit 1920 vorgetragen."[1] Dieser Gewerkschaftsplan „stieß innerhalb der sozialdemokratischen Parteiführung auf entschiedenen Widerstand und konnte erst nach langwierigen Auseinandersetzungen in verwässerter Form am 13. April vom Kongreß des ADGB angenommen werden. Besonders widersetzte sich ***Rudolf Hilferding*** *(1877 bis 1941)*[2] den Vorschlägen, der die Brüningsche Deflationspolitik voll unterstützte und von diesem des öfteren zu Beratungen hinzugezogen wurde. Hilferding entwickelte in den zwanziger Jahren seine Theorie des 'Organisierten Kapitalismus' als notwendige, antidemokratische Phase in der Entwicklung des Kapitalismus, die unter gewissen Bedingungen als Übergangsphase zum Sozialismus auftreten könne. Einer solchen Auffassung mußten die Ansätze (...) als vergeblicher und entwicklungshemmender Versuch erscheinen, die Gebrechen des kapitalistischen Systems im Rahmen der bestehenden Gesellschaftsordnung zu heilen. In den Augen der marxistischen Orthodoxie waren zyklische Überproduktionskrisen unvermeidliche Erscheinungen des Kapitalismus und beschleunigten dessen Untergang. Versuche aktiver Konjunkturregelung konnten diesen Prozeß auf die Dauer nicht verhindern und würden kurzfristig nur die Währung gefährden und durch die Inflation die Lage der Arbeiter verschlimmern. Aus dieser Grundstellung verketzerte Hilferding, mit Unterstützung von Fritz Naphtali und Paul Hertz, vor dem Parteivorstand der SPD den Arbeitsbeschaffungsplan der Gewerkschaften als 'unmarxistisch' und mobilisierte die sozialdemokratische Reichstagsfraktion im stillen gegen den Plan."[1]

Die Forderungen der Gewerkschaften blieben so ohne Gehör. Weder die herrschende Politik noch die Unternehmerverbände waren dafür zu begeistern. Die **Grenzen des gewerkschaftlichen Einflusses** wurden hier, zum Ende der Weimarer Republik, bereits deutlich. Selbst unter der letzten frei gewählten parlamentarischen Regierung, dem Kabinett des SPD-Reichskanzlers ***Hermann Müller*** *(1876 bis 1931)*, das wegen des Streites um die Finanzierung der Arbeitslosenversicherung - letztlich aber wegen der Frage, wem die Hauptlast der

---

[1] von J. Kurth, a.a.O., S. 85

[2] SPD-Politiker. Vom 29.6.1928 bis zum 23.12.1929 im Kabinett von Hermann Müller Finanzminister. Im Jahr 1941 von den Faschisten ermordet. Seine bekannteste Schrift, häufig als der vierte Band des Marxschen Kapitals bezeichnet, war „Das Finanzkapitel". Es erschien 1909.

Wirtschaftskrise aufgebürdet werden sollte - am 27. März 1930 zurücktrat, war der Einfluß der Gewerkschaften kaum noch vorhanden. Unter den folgenden **„Präsidialkabinetten"** (Brüning, von Papen, Schleicher) bis zur Machtübernahme durch die Nationalsozialisten ging er schließlich völlig verloren.

1.5.4 Die Zerschlagung der Gewerkschaften durch die Nationalsozialisten

Durch die Unfähigkeit des Kapitals und der herrschenden Politik, die Wirtschaftskrise zu beheben, aber auch durch die rechtsradikalen reaktionären Kräfte, die kein Interesse an einer demokratischen Republik hatten, konnten die Nationalsozialisten schließlich immer mehr an Macht gewinnen. Von der Wirtschaft finanziell kräftig unterstützt realisierte die NSDAP bei den Reichstagswahlen am 14. September 1930 bereits 107 Abgeordneten-Mandate. Das entsprach einem Stimmanteil von 18,3%. Die NSDAP wurde damit die zweitgrößte Fraktion im Reichstag. Um der immer mehr drohenden Gefahr des Faschismus begegnen zu können, wurde im Dezember 1931 auf Initiative des ADGB, der Kampfbund die **„Eiserne Front"** gegründet, ein Zusammenschluß von SPD, ADGB, Reichsbanner und Arbeitersportverbänden. Die sog. „Hammerschaften", als spezielle Organisationen der „Eisernen Front", arbeiteten in den einzelnen Unternehmen. Im Frühjahr 1932 schlossen sich auch die **Christlichen Gewerkschaften** unter dem Namen **„Volksfront"** zusammmen. Beide gewerkschaftlich orientierte Organisationen hatten die gleiche Zielrichtung, gegen Diktatur und bürgerliche Reaktion und für die Erhaltung demokratischer Rechte. Ein Zusammenschluß der Links-Parteien **KPD und SPD** zur Abwendung des drohenden Faschismus kam dagegen nicht zustande. Zu groß waren hier die politischen Divergenzen. Die KPD bezeichnete die SPD sogar als „Sozialfaschisten".

Wenn ***Adolf Hitler** (1889 bis 1945)* auch anfänglich bei vielen Großindustriellen auf Gleichgültigkeit und Ablehnung stieß, so konnte er ab 1931 mit wachsender Unterstützung rechnen. Der damalige Reichsbankpräsident **Hjalmar Schacht** (1877 bis 1970) sprach in einem wirtschaftspolitischen Grundsatzreferat vor Industriellen in Bad Harzburg offen aus, was führende Industrielle in Deutschland damals dachten: „In der Tat hat die deutsche Wirtschaft an dem Enderfolg der nationalen Bewegung das brennendste Interesse." [1] Nach der Rede von Hitler Anfang 1932 in Düsseldorf vor der im Industrie-Club versammelten Führungsschicht der

[1] Avraham Barkai, Das Wirtschaftssystem des Nationalsozialismus, Köln 1977, S. 45

Wirtschaft erhielt er nun auch die offene Unterstützung führender Industrieller. „Im November 1932 richteten diese einen Brief an den Reichspräsidenten Hindenburg mit der unmißverständlichen Aufforderung, Hitler zum Reichskanzler zu ernennen."[1]

Mit der Machtübertragung auf Hitler und der Ernennung zum Reichskanzler am 30. Januar 1933 begann dann der systematische Abbau demokratischer und damit auch gewerkschaftlicher Grundrechte. Parteien und Gewerkschaften waren von nun an dem ständigen Terror der Nationalsozialisten ausgesetzt. Mit dem **„Ermächtigungsgesetz"** vom 23. März 1933 beschaffte sich Hitler diktatorische Vollmachten. Bis Mitte des Jahres wurden alle politischen Parteien verboten.

Es ist zu fragen, warum die Gewerkschaften in dieser Situation nicht ebenso wie 1920 beim Kapp-Putsch mit einem **Generalstreik** auf die Machtübernahme durch die Nationalsozialisten reagiert haben? Die Antwort liegt zum einen in der politischen Zerstrittenheit der Links-Kräfte, aber auch in der Tatsache begründet, daß sich die entscheidenden Machtmittel von der reaktionären Reichswehr bis zur Polizei bereits in den Händen des nationalsozialistischen Terrorregiems befanden. Man hatte quasi Angst, gegen diese Kräfte den äußersten Widerstand des Generalstreiks anzuwenden. Außerdem war die Kampfbereitschaft der Gewerkschaften geschwächt. Nur noch ein Drittel der Gewerkschaftsmitglieder war in Beschäftigung. Statt zu kämpfen, klammerte man sich bei der Gewerkschaftsführung an die Illusion, ein **Vergleich mit den Nationalsozialisten** könne die Gewerkschaften retten. Nach dem Verbot der „Eisernen Front" am 7. März 1933 nahmen deshalb Führer aller Gewerkschaftsrichtungen Kontakt mit den Nationalsozialisten auf. Um ihre Organisation zu erhalten, erklärten sich zuerst die Christlichen Gewerkschaften für unpolitisch und versuchten zusammen mit den Hirsch-Dunckerschen Gewerkschaften eine Teilnahme am „neuen Staat" auszuhandeln. Ähnlich opportunistisch reagierte der ADGB unter **Theodor Leipart**, der sich bereit erklärte, die politischen Verbindungen zur SPD aufzulösen und mit den Unternehmern zusammenzuarbeiten. „Diesem ersten Schritt der Anpassung folgten immer neue Beschwichtigungsangebote des ADGB an das NS-Regime: Führung der Gewerkschaften durch einen Reichskommissar; Entlassung von Funktionären, die die Nationalsozialisten aus rassischen oder politischen Gründen nicht mehr dulden wollten; am 19. April 1933 die Aufforderung an seine Mitglieder, 'für die Ehrung der schaffenden Arbeit und für die vollberechtigte Eingliederung der Arbeiterschaft in den Staat' an

[1] Hjalmar Schacht, Harzburger Rede vom 11.10.1931, in: Nationale Kreditwirtschaft, Berlin 1934, S. 5

den Feierlichkeiten des von den Nationalsozialisten zum 'Tag der nationalen Arbeit' verfälschten 1. Mai teilzunehmen."[2]

Trotz dieser Anbiederungsversuche der Gewerkschaftsführer zerschlug Hitler am 2. Mai 1933, einen Tag nach dem noch gemeinsam am 1. Mai durchgeführten „Tag der nationalen Arbeit", die Gewerkschaften. Die Sturmabteilung (SA) und die Schutzstaffel (SS) der NSDAP besetzten im gesamten deutschen Reich die Gewerkschaftshäuser; viele Funktionäre wurden verhaftet. Die Gewerkschaftsorganisationen wurden zerschlagen und ihre Mitglieder in der **„Deutschen Arbeitsfront"** zwangsorganisiert.

1.5.5 Die Gewerkschaften nach dem Zweiten Weltkrieg

Mit dem Ende des 2. Weltkrieges am 8. Mai 1945 endete auch die totalitäre Gewaltherrschaft der Nationalsozialisten. Das deutsche Volk, das unfähig war, sich selbst von einem Verbrecherregime zu befreien, mußte durch den militärischen Sieg der Alliierten Truppen der USA, der Sowjetunion, Großbritanniens und Frankreichs befreit werden. Die Bilanz des 2. Weltkrieges ist grausam. Etwa 50 Millionen Tote, 35 Millionen Versehrte und 20 Millionen verwaiste Menschen waren 1945 zu beklagen.[3]

Auf der **Potsdamer Konferenz** im Juli/August 1945 beschlossen die Alliierten eine völlige Abrüstung und Entmilitarisierung Deutschlands, die Vernichtung der nationalsozialistischen Organisationen und die Bestrafung der Kriegsverbrecher, sowie die Umgestaltung des politischen Lebens in Deutschland auf einer demokratischen Grundlage. Die vier Siegermächte, die bis zur **Gründung der Bundesrepublik** im Jahr 1949 die Regierungsgewalt in vier eingerichteten Militärzonen übernahmen, hatten ein großes Interesse an der schnellen Etablierung von freien Gewerkschaften, die sie als „ein wesentliches Element für eine demokratische Ordnung in Deutschland" ansahen. „Bis zur Gründung des **Deutschen Gewerkschaftsbundes (DGB)** im Oktober 1949 diskutierte man die Organisationsform der konzipierten **Einheitsgewerkschaft**. Von einigen Großbetrieben abgesehen, war vor 1933 der Berufsverband üblich und die eigenen Organisationen der Angestellten und Beamten mit ihrer arbeits- und sozialversicherungsrechtlich-

---

[1] Hans Limmer, a.a.O., S. 64
[2] Ebenda, S. 67f.
[3] Heinz Bergschicker, Deutsche Chronik 1933 bis 1945, Bilder, Daten, Dokumente, Berlin 1981, S. 534

en Sonderstellung, ihrem traditionsgebundenen Standesbewußtsein. Jetzt standen zur Diskussion: 1. Die 'Allgemeine Gewerkschaft'; nach ihrem Organisationsprinzip waren in Niedersachsen die Gewerkschaften aufgebaut worden, auch im Rheinland hatte sie viele Anhänger. Sie sollte nur regional und nach Fachabteilungen für Arbeiter, Angestellte und Beamte gegliedert werden. 2. Die Industriegewerkschaft mit ihrem Grundsatz ein Betrieb - eine Gewerkschaft. Bis 1949 hatten sich schon zahlreiche gewerkschaftliche Industrieverbände konstituiert und erfolgreich gearbeitet, auch bevorzugten nun die Besatzungsmächte, insbesondere die Briten, das Industriegewerkschaftsprinzip, so daß sich dieses schließlich durchsetzte. Diese Organisationsform gestattete keine Sonderorganisation für Angestellte, und so kam es 1949, im Gründungsjahr des DGB, zur Abspaltung der **Deutschen Angestelltengewerkschaft (DAG)**. Sie war 1947 in der britischen Zone entstanden und bis 1949 Teil des vorläufigen Zusammenschlusses der Gewerkschaften. Die DAG beharrte auf dem Anspruch, die spezifischen **Interessen der Angestellten** in einer eigenen Gewerkschaft zu vertreten, obwohl die Industrieverbände auch schon viele Angestellte neben den Arbeitern zu ihren Mitgliedern zählten. Die organisationspolitischen Auseinandersetzungen zwischen DGB-Gewerkschaften und DAG sind noch heute heftig, dabei sind ihre wirtschafts- und sozialpolitischen Ziele weitgehend identisch."[1]

Im **DGB** als Dachorganisation schlossen sich die folgenden **Einzelgewerkschaften** nach dem **Industriegewerkschaftsprinzip** nach 1949 unter dem Grundsatz der **Einheitsgewerkschaft**[2] zusammen:

IG Bau, Steine, Erden
IG Berbau und Energie
IG Chemie, Papier, Keramik
IG Druck und Papier (Medien)
Gew. der Eisenbahner Deutschlands
Gew. Erziehung und Wissenschaft
Gew. Handel, Banken und Versicherungen
Gew. Holz und Kunststoff
Gew. Kunst
Gew. Leder
IG Metall
Gew. Nahrung, Genuß, Gaststätten
Gew. Öffentl. Dienste, Transport u. Verkehr
Deutsche Postgewerkschaft
Gew. Textil-Bekleidung
Gartenbaugewerkschaft

[1] Hans Limmer, a.a.O., S. 72f.
[2] Jeder Arbeitnehmer kann ohne Berücksichtigung seines Alters, Geschlechts, seiner Konfession, Rasse oder Parteizugehörigkeit der zuständigen Einzelgewerkschaft beitreten, wenn er deren Satzung und Beschlüsse anerkennt.

Die neugegründeten Gewerkschaften verstanden sich in ihrer programmatischen Ausrichtung als antifaschistische Kraft. Aus den Erfahrungen der faschistischen Gewaltherrschaft wurden die konsequente Entnazifizierung, die Zerstörung der Grundlagen faschistischer Herrschaft, d.h. vor allem ihrer wirtschaftlichen Grundlagen durch Überführung wichtiger Industrien in Gemeineigentum, Mitbestimmung ihrer Arbeiterschaft und ihrer Organisationen in Betrieb und Gesellschaft sowie eine planmäßige Wirtschaftspolitik, die sich an den Bedürfnissen der Bevölkerung orientieren sollte, gefordert.

Auf dem Gründungskongreß des DGB vom 12. bis 14. Oktober 1949 in München wurde das **„Münchener Programm“** verabschiedet. Zum Vorsitzenden wurde ***Hans Böckler*** *(1875 bis 1951)* gewählt. Das Grundsatzprogramm erhob die folgenden **wirtschaftspolitischen Forderungen**:

- „Eine Wirtschaftspolitik, die unter Wahrung der Würde freier Menschen, die volle Beschäftigung aller Arbeitswilligen, den zweckmäßigen Einsatz aller volkswirtschaftlichen Produktivkräfte und die Deckung des volkswirtschaftlichen Bedarfs sichert.
- Mitbestimmung der organisierten Arbeitnehmer in allen personellen, wirtschaftlichen und sozialen Fragen, in der Wirtschaftsführung und Wirtschaftsgestaltung.
- Überführung der Schlüsselindustrien in Gemeineigentum, insbesondere des Bergbaus, der Eisen- und Stahlindustrie, der Großchemie, der Energiewirtschaft, der wichtigsten Verkehrseinrichtungen und der Kreditinstitute.
- Soziale Gerechtigkeit durch angemessene Beteiligung aller Werktätigen am volkswirtschaftlichen Gesamtertrag und Gewährung eines ausreichenden Lebensunterhaltes für die infolge Alter, Invalidität oder Krankheit nicht Arbeitsfähigen. Eine solche wirtschaftpolitische Willensbildung und Wirtschaftsführung verlangt eine zentrale volkswirtschaftliche Planung, damit nicht private Selbstsucht über die Notwendigkeit der Gesamtwirtschaft triumphiert.“[1]

Die Möglichkeit, das gewerkschaftliche Konzept einer **gesamtwirtschaftlichen Planung, Gemeineigentum und Mitbestimmung** auf betrieblicher und überbetrieblicher Ebene umzusetzen, war allerdings aufgrund der Wahlergebnisse der zuvor durchgeführten ersten **Bundestagswahl**[2] am 14. August 1949, die von der Koalition aus CDU/CSU, FDP und der Deutschen Partei (DP) gewonnen wurde, nicht mehr vorhanden. Zu stark waren bereits 1949 die

---

[1] Protokoll München, S. 318f.

[2] Bei der Wahl erzielten die einzelnen Parteien die folgenden Ergebnisse: CDU/CSU 31,0% (139 Mandate), SPD 29,2% (131), FDP/DVP/BDV 11,9% (52), KPD 5,7% (15), BP 4,2% (17), DP 4,0% (17), Z 3,1% (10), WAV 2,9% (12), DReP/DKP 1,8% (5), NG 1,0% (1), SSW 0,3% (1), Unabhängige 3,8% (2)

rechten bürgerlichen politischen Kräfte und der Einfluß der privaten Wirtschaft; die insbesondere aus einer Ablehnung des Gewerkschaftsprogramms keinen Hehl machte.

Nachdem die Gewerkschaften dies erkannt hatten, wollten sie wenigstens die **Mitbestimmung** in den Unternehmen retten. Aber auch hier mußten sie gravierende Abstriche von ihren „Münchener-Forderungen" hinnehmen. Die paritätische Mitbestimmung konnte lediglich für Unternehmen mit mehr als 1.000 Arbeitnehmern für den Bereich Kohle und Stahl, mit dem am 10. April 1951 vom Bundestag verabschiedeten „Gesetz über die Mitbestimmung der Arbeitnehmer in den Aufsichtsräten und Vorständen der Unternehmen des Bergbaus und der Eisen und Stahl erzeugenden Industrie", kurz **„Montanmitbestimmungsgesetz"**, durchgesetzt werden.[1] Paritätisch bedeutet hier, daß auf der Arbeitnehmer- und Arbeitgeberseite des Aufsichtsrates eine gleich große Anzahl von Mitgliedern vertreten ist. Daneben fungiert als ein weiteres Mitglied des Aufsichtsrates ein sog. „neutraler Mann", der bei Pattabstimmungen zwischen Kapital und Arbeit zum „Zünglein an der Waage" wird. Außerdem haben die Gewerkschaft und die Betriebsräte Einfluß bei der Bestellung eines Vorstandsmitglieds, dem sog. Arbeitsdirektor, der gemäß Montanmitbestimmungsgesetz nicht gegen die Stimmen der Mehrheit der Arbeitnehmervertreter im Aufsichtsrat bestellt oder abberufen werden kann. Zum 31. Dezember 1995 unterlagen noch 46 Unternehmen des Bergbaus und der Eisen- und Stahlindustrie einschließlich der neuen Bundesländer dem Montanmitbestimmungsgesetz.

Bei der Verabschiedung des **„Betriebsverfassungsgesetzes"** vom 11. Oktober 1952, das die Mitbestimmung in den anderen Wirtschaftszweigen regeln sollte, erlitten die Gewerkschaften eine weitere bittere Niederlage. Das Gesetz blieb weit hinter den aufgestellten Forderungen zurück. Statt der auch hier geforderten paritätischen Besetzung der Aufsichtsräte in Kapitalgesellschaften wurde den Arbeitnehmern nur ein Drittel der Sitze zugesprochen (sog. **Drittel-Parität**). Außerdem wurden die Gewerkschaften durch das Betriebsverfassungsgesetz quasi aus den Unternehmen ausgeschlossen. Die nach dem Gesetz zu wählenden Betriebsräte standen auf einmal zwischen den Unternehmensleitungen und den Gewerkschaften. Darüber hinaus bietet das Betriebsverfassungsgesetz, das 1972 ohne grundlegende Verbesserungen für die abhängig Beschäftigten novelliert wurde, den Betriebsräten kaum wirkliche Mitbestimmungsrechte. Letztlich gilt das Primat der Eigentumsverfassung und damit die freie Verfügung der Arbeitgeber über ihre Produktionsmittel. Eine Partizipation im Sinne einer **Wirtschaftsdemokratie**, die die gewählten Vertreter der Arbeitnehmer am wirtschaftlichen Entscheidungsprozeß der Unternehmen beteiligt, sah und sieht bis heute das Betriebsverfassungsgesetz nicht vor.

Auch das im Mai 1976 vom Bundestag nach langen politischen Auseinandersetzungen verabschiedete **Mitbestimmungsgesetz**, dessen Geltungsbereich damals ca. 650 Unternehmen und Konzerne mit mehr als 2.000 Beschäftigten unterlagen, entsprach nicht den gewerkschaftlichen Forderungen. Gegenüber dem Montanmitbestimmungsgesetz wurde quasi die paritätische Mitbestimmung dadurch beseitigt, daß bei einer Pattabstimmung im Aufsichtsrat der von der Kapitalseite kommende Aufsichtsratsvorsitzende ein doppeltes Stimmrecht besitzt. Auch die Regelungen bei der Bestellung und Abberufung des Arbeitsdirektors wurden nicht übernommen. Zusätzlich erhielten die leitenden Angestellten auf der Arbeitnehmerbank eine Sondervertretung. Zum 31. Dezember 1995 unterlagen 717 Unternehmen, davon 107 aus den neuen Bundesländern, dem Gesetz.

In den 60er Jahren kam es in den Gewerkschaften zu **politischen Richtungskämpfen** zwischen den sogenannten „Traditionalisten", die im wesentlichen an den Forderungen des „Münchener Programms" festhielten, und den „Reformisten", die nicht als Gegenmacht zum Kapital auftreten wollten, sondern allenfalls als Gestaltungsmacht, um im Einklang mit den Arbeitgebern soziale Verbesserungen für die Beschäftigten innerhalb der sozialen Marktwirtschaft zu realisieren. Dieser grundsätzliche wirtschafts- und gesellschaftspolitische Konflikt ist in den Gewerkschaften bis heute vorhanden. Nach wie vor gibt es die Gruppe der Kritiker, die auch innerhalb der sozialen Marktwirtschaft einen **„Interessengegensatz zwischen Kapital und Arbeit"** sehen, und auf der anderen Seite die Gruppe der Gewerkschaftler, die sich gegen scharfe Auseinandersetzungen mit den Arbeitgebern wenden. Sie bejahen uneingeschränkt das System der sozialen Marktwirtschaft und setzen auf ein **sozialpartnerschaftliches Verhältnis** zu den Arbeitgebern. Die Leistungen der Gewerkschaften im **Verteilungskampf** um die gesamtwirtschaftliche Wertschöpfung bzw. um das Volkseinkommen sind seit Gründung der Bundesrepublik eher mäßig. In den 50er Jahren sank die **bereinigte Lohnquote** zugunsten der Gewinnquote. In den 60er und 70er Jahren konnte dagegen ein Anstieg der Lohnquote und damit eine Umverteilung der Wertschöpfung zugunsten der abhängig Beschäftigten realisiert werden. Dies änderte sich allerdings ab der **Wirtschaftskrise 1974/75**, die mit einem drastischen Anstieg der Arbeitslosigkeit verbunden war. Die Gewerkschaften gerieten vor dem Hintergrund der Krise und enger werdender

---

[1] Vgl. Gloria Müller, Strukturwandel und Arbeitnehmerrechte, Die wirtschaftliche Mitbestimmung in der Eisen-

Verteilungsspielräume unter Druck. In den 80er Jahren konnten die Gewerkschaften eine massive Umverteilung von den Lohn- und Gehaltseinkommen zu den Gewinneinkommen nicht verhindern. Die bereinigte Lohnquote ging ständig zurück. Ende der 80er Jahre hatte sie wieder das Niveau von Ende der 50er/Anfang der 60er Jahre erreicht.[1] Auch bei der Bekämpfung der **Massenarbeitslosigkeit** konnten die Gewerkschaften, trotz der ab Anfang der 80er Jahre - gegen große politische Widerstände - durchgesetzten **Arbeitszeitverkürzungen** (das Ziel war die Einführung der **35-Stunden-Woche**), keine Erfolge erzielen. Die durch die Wiedervereinigung mit der DDR noch stark gestiegene Arbeitslosigkeit (zählt man die verdeckte Arbeitslosigkeit hinzu, so fehlen seit Anfang der 90er Jahre in Deutschland ca. 6 Millionen Arbeitsplätze) hat die Gewerkschaften weiter geschwächt. Der Druck der arbeitslosen „Reservearmee" und die Angst der Beschäftigten um ihre Arbeitsplätze sind hierfür die wesentlichen Faktoren. Die Arbeitslosigkeit hat ab 1993 bei allen Einzelgewerkschaften auch zu Mitgliederverlusten geführt (vgl. dazu die folgende Tabelle).

Mitgliederentwicklung im DGB und DAG von 1951 bis 1995

Jahr	DGB insgesamt	davon weiblich	DAG insgesamt	davon weiblich
1951	5.912.125	1.011.436	343.500	107.700
1955	6.104.872	1.047.805	420.540	146.132
1960	6.378.820	1.093.607	450.417	155.554
1965	6.574.491	1.030.185	475.561	159.311
1970	6.712.547	1.027.150	461.291	147.820
1975	7.364.912	1.313.021	470.446	163.537
1980	7.882.527	1.596.274	494.847	188.604
1985	7.719.468	1.705.131	500.922	205.271
1989	7.861.120	1.882.556	503.528	227.317
1990	7.937.923	1.939.600	573.398	281.094
1991	11.800.412	3.890.151	584.775	294.170
1992	11.015.612	3.535.626	578.352	290.876
1993	10.290.152	3.235.596	527.888	282.638
1994	9.768.373	3.019.049	520.709	277.917
1995	9.354.670	2.861.454	507.478	273.478

Quelle: Statistische Jahrbücher der Bundesrepublik Deutschland ab Jahrgang 1952. Bis 1990 Bundesrepublik Deutschland, ab 1991 Gesamtdeutschland

und Stahlindustrie 1945 - 1975, Essen 1991

[1] Vgl. Rudolf Welzmüller, Differenzierung und Polarisierung, Einkommensentwicklung in den 80er Jahren, in: Blätter für deutsche und internationale Politik, Heft 12/1990, S. 1.479ff.

Geschwächt wurden die Gewerkschaften seit Beginn der 90er Jahre neben der Massenarbeitslosigkeit durch eine zunehmende **„Globalisierung der Märkte“** und eine damit verbundene **„Standortdebatte Deutschland“**, die schwerpunktmäßig auf zu hohe Lohn- und Sozialkosten fokussiert wurde. Überlagert durch eine allgemeine strukturelle und konjunkturelle Krise, einhergehend mit leeren Staatskassen und einer hohen Massenarbeitslosigkeit, stehen die Gewerkschaften seit Mitte der 90er Jahre - zum ersten Mal in der Geschichte der Bundesrepublik - mit dem „Rücken zur Wand“. Unternehmer und konservativ-liberale Politiker nutzen dabei die Krise zu einem „sozialpolitischen Rollback“ und einer weiteren Schwächung der Gewerkschaften. Die Abschaffung der Flächentarifverträge, Lohnsenkungen, Arbeitszeiterhöhungen statt weiterer Arbeitszeitverkürzungen und Arbeitsflexibilisierungskonzepte sowie die Einschränkung der Lohnfortzahlung im Krankheitsfall und Aufweichungen des Kündigungsschutzes in Verbindung mit einem staatlichen Programm des Sozialabbaus sind nur einige Punkte, gegen die die Gewerkschaften zu kämpfen haben. Wie schwach ihre politische Situation dabei Mitte der 90er Jahre ist, zeigt auch die Ablehnung eines von der IG Metall vorgeschlagenen **„Bündnis für Arbeit“** durch die Arbeitgeber. Der seit fast 50 Jahre gültige **soziale Konsens** zwischen Wirtschaft, Politik und Gewerkschaften scheint aufgekündigt zu sein.

Zur Ausnutzung von Synergieeffekten und zur Reduzierung der Verwaltungskosten, aber natürlich auch zur politischen Machtausweitung gegenüber den Arbeitgeberverbänden und innerhalb der Dachorganisation des DGB schließen sich die Einzelgewerkschaften seit Mitte der 90er Jahre zusammen. So fusionierten bereits die IG Chemie mit der IG Bergbau und Energie sowie der kleineren Gewerkschaft Leder. Die IG Bau, Steine, Erden schloß sich mit der Gartenbaugewerkschaft zusammen und die IG Metall wird mit der Gewerkschaft Textil und Bekleidung zusammengehen. Außerdem haben die IG Medien, die Gewerkschaft Handel, Banken und Versicherungen sowie die Postgewerkschaft einen „Verbund“ gegründet, der zur Keimzelle einer modernen Dienstleistungsorganisation werden soll. Am Ende dieses Fusionsprozesses könnten nur noch drei Industriegewerkschaften sowie je eine für öffentliche und für private Dienstleistungen stehen.

2. Zum Wert der Arbeit - ein Dogmenhistorischer Abriß zur Lohntheorie

Arbeit ist für jede Volkswirtschaft, für jedes Unternehmen aber auch für den einzelnen Menschen die **Quelle der Daseinsgestaltung**. Ohne Arbeit sind Wohlfahrt und Entwicklung nicht möglich. Arbeit ist in kapitalistischen Wirtschaftsordnungen aber auch von **Interessen** bestimmt. Der Unternehmer bewertet Arbeit anders als der abhängig Beschäftigte. Arbeit verursacht für den Unternehmer **Kosten**, obwohl hinter diesen Kosten eine von den Beschäftigten erbrachte Leistung steht, und für den Beschäftigten ist die Arbeit die Quelle des **Einkommens**, das der abhängig Beschäftigte zu seiner Reproduktion benötigt.

Was bestimmt aber den Wert der Arbeit?

Wie bildet sich der Lohn bzw. die Lohnhöhe für geleistete Arbeit? Gibt es einen gerechten oder objektiven Lohn? Oder ist die Höhe des Lohnes ausschließlich durch Subjektivität oder Macht determiniert? Diese Fragen wurden und werden von der Wirtschaftswissenschaft unterschiedlich beantwortet. Sie sind teilweise ein Spiegelbild ihrer jeweiligen Wirtschaftsepoche und nicht frei von Werturteilen. Zunächst war es die **Politische Ökonomie**, die sich mit dem Wert der menschlichen Arbeitskraft und der daraus folgenden Lohnfrage beschäftigte. Schon bei den **merkantilistischen Ökonomen** spielte der Lohn im wirtschaftspolitischen Diskurs eine wichtige Rolle. Über die **Klassiker** einschließlich der **Marxisten** und **Neoklassiker** bis zu den **Keynesianern** und **Monetaristen** war die Frage der Determinierung des Lohns und seine Auswirkungen auf die Höhe der Beschäftigung von zentraler Bedeutung. Dies ist verständlich, entscheidet doch die Lohnhöhe über die Verteilung der erwirtschafteten Wertschöpfung bzw. des Volkseinkommens. Härteste Klassen- und Tarifauseinandersetzungen zwischen Arbeitgebern und Gewerkschaften belegen dies in der Geschichte des Kapitalismus eindrucksvoll.

2.1 Der Lohn bei den Merkantilisten und Physiokraten

Schon die vorklassische Lehre der Nationalökonomie, der **Merkantilismus**, beschäftigte sich während des 17. Jahrhunderts mit Lohnfragen. Dabei ging es aber noch nicht um die Erstellung eines geschlossenen Theoriengebäudes, sondern mehr um ökonomische Handlungsanweisungen - man würde heute sagen - um Wirtschaftspolitik. Die Freisetzung der bis dahin meist eigenwirtschaftenden Produzenten von ihren Wirtschaftsmitteln und ihre Verwandlung in "**freie Lohnarbeiter**", d.h. in Personen, die nicht nur rechtlich in der Lage, sondern auch wirtschaftlich genötigt sind, ihre Arbeitskraft auf dem Arbeitsmarkt zu verkaufen, war die notwendige Voraussetzung zur Schaffung des Kapitalismus mit seiner Trennung des Kapitalisten vom Lohnarbeiter. Noch im merkantilen System wuchsen die lokalen und territorialen Märkte zu nationalen Märkten zusammen, das Wirtschaftsgebiet wurde schrittweise vereinheitlicht durch die Beseitigung von Binnenzöllen, von Straßen- und Brückengebühren, der planvollen Ausbauung der Verkehrswege; ferner der Schutz der heimischen Märkte vor ausländischer Konkurrenz, bei gleichzeitiger aggressiver **Politik einer positiven Handelsbilanz** gegenüber anderen Ländern.

Wie den Ökonomen seiner Zeit allgemein, so war es auch ***Pillipp Wilhelm v. Hornigk*** *(1638 bis 1712)*, einem der bedeutensten Vertreter der merkantilen Wirtschaftspolitik, bewußt, daß die bewegende Kraft der Landesökonomie die **produktive Arbeit** ist. Auf alle Art, so seine Botschaft, ist daher das Volk zur Arbeitsamkeit zu erziehen. Dabei redet Hornigk einer **rigorosen Lohnpolitik** das Wort; denn nur ein niedriger Lohn halte die Arbeiter in Fleiß. Nur der ständige Sporn der Not, und daher ein **Lohn nahe dem Existenzminimum** der Arbeiter, wird die Beschäftigten in Fleiß halten und ständig neue Kräfte (die Frauen und Kinder der Beschäftigten) den Manufrakturen zuführen. Es ist nicht verwunderlich, daß man bei einer derartigen lohnpolitischen Auffassung fast zwei Jahrhunderte in England von den arbeitenden Schichten als "the labouring poor" sprach. Arbeit und Armut waren synonyme Begriffe.

Die barbarischen Arbeitsverhältnisse der damaligen Zeit werden von der überwiegenden Mehrheit der Merkantilisten nicht nur als notwendig, sondern sogar als günstig zur Vermehrung jenes Volkswohlstandes angesehen, von dem die überwiegende Zahl des Volkes ausgeschlossen blieb. Der englische Arzt und Sozialphilosoph ***Bernard de Mandeville*** *(1670 bis 1733)* war einer der härtesten Verfechter von niedrigen Löhnen und Ausbeutung. In seinem Buch: *"The Fable of the Bees"*, das aus einem satirischen Gedicht besteht und den bezeichnenden Untertitel: *"Private Vices, Public Benefits"* trägt, erklärt er den persönlichen Eigennutz der Menschen zur Triebfeder des ganzen sozialen Lebens, der Sittlichkeit und der Kultur. Das Buch wurde bis 1806 in dreizehn Auflagen verlegt. Wenn er dabei auf die Tagelöhner in den Werkstätten und Manufrakturen zu sprechen kommt, schreibt er:

> "Wenn die Menschen einen so außerordentlichen Hang zum Müßigang und zum Vergnügen haben, aus welchem Grunde sollen wir dann glauben, daß sie arbeiten würden, wären sie nicht durch unmittelbare Notwendigkeit dazu gezwungen? Wenn wir einen Handwerker sehen, der nicht zu bewegen ist, vor Dienstag etwas zu tun, weil er Montag früh noch zwei Shilling von seinem letzten Wochenlohn übrig hat, warum sollten wir dann meinen, er wäre überhaupt dazu zu bringen, falls er fünfzehn oder zwanzig Pfund in der Tasche hat? Was würde bei diesem Lauf der Dinge aus unseren Manufakturen werden." (Mandeville)

Mandeville bringt hier sehr klar die Beziehung zum Ausdruck, die zwischen niedrigen Löhnen und den Interessen der Merkantilpolitik besteht:

"Nichts ist offenkundiger, als daß keine Nation in irgendeiner Handelsware ihre Nachbarn unterbieten kann, mit denen sie bestenfalls im Geschick, in der Schnelligkeit und den Arbeitsbedingungen die gleiche Lage aufweist, und erst recht nicht, wenn die Einstandspreise der Waren, die zu bearbeiten sind, für sie ungünstig liegen, - es sei denn - ihre Nahrungsmittel und alle Lebensbedürfnisse sind billiger oder ihre Arbeiter sind fleißiger oder arbeiten länger oder begnügen sich mit einer roheren Lebensführung als ihre Nachbarn." (Mandeville)

Hieraus leitet Mandeville entsprechende **wirtschaftpolitische Lohnkonsequenzen** ab:

Erstens muß der Arbeitslohn für den Arbeiter die einzige Quelle seiner Subsistenzmöglichkeit darstellen. Armenhäuser sind, um Druck auf die Arbeiter auszuüben, abzuschaffen und das Betteln muß verboten werden.

Zweitens sollen die Löhne durch öffentliche Taxen niedrig gehalten werden. Die Arbeitsdisziplin ist behördlich zu überwachen und jede Aufsässigkeit der Arbeiter ist zu ahnden. Mit Entrüstung gibt Mandeville Berichte von einem **gewerkschaftsähnlichen Zusammenschluß** von Hausbediensteten wieder:

"Mir ist glaubhaft versichert worden, daß ein Pack Bediensteter sich zu solcher Unverschämtheit verstiegen hat, einen Verband zu gründen und Vereinbarungen zu treffen, wonach sie sich verpflichten, nicht für weniger als die und die Summe zu dienen, noch irgendwelche Lasten, Bündel oder Pakete über ein gewisses Gewicht hinaus zu tragen - und was der Bestimmungen mehr sind, die den Interessen ihrer Dienstherren gerade ins Gesicht schlagen und die Zwecke untergraben, denen sie dienen sollen." (Mandeville)

Um die Arbeitenden in Demut und Respekt zu halten, sollen sie nach Mandeville nicht mehr lernen, als sie unbedingt zur Arbeit brauchen.

"Lesen, Schreiben und Rechnen sind sehr wichtig für diejenigen, deren Beruf solche Fertigkeiten verlangt; wo aber die Menschen nicht auf jene Künste angewiesen sind, wie bei den Armen, die ihr tägliches Brot durch ihrer Hände Arbeit verdienen, da sind sie höchst verderblich (...) Zur Schule gehen ist im Vergleich zum Arbeiten Müßiggang..." (Mandeville)

Schließlich folgt aus der Einsicht, daß die Entwicklung der Gesellschaft auf der Arbeit der Arbeiter beruht, eine bevölkerungspolitische Handlungsanweisung für den Staat: Die Zahl der Arbeitenden sollte auf jede nur erdenkliche Art und Weise vermehrt werden.

An diesen Forderungen wird deutlich, daß die Merkantilisten - zwar noch keine geschlossene Theorie der Lohnbildung (Löhne sollten nur niedrig sein) entwickelt haben - wohl aber die Meinung vertraten, daß die **Arbeit der wesentlichste Produktivfaktor** für die Wohlfahrt einer Volkswirtschaft darstellt. Dies unterstrich auch der merkantilistische englische Ökonom und Statistiker ***Sir William Petty** (1623 bis 1687)*, der zum ersten Mal die Bedeutung der Arbeit in

Verbindung mit der **Verteilung und Aneignung des Sozialprodukts** - zumindest in Ansätzen - herausgearbeitet hat. Auf der Suche nach den Regeln des Austausches zwischen Ware und Geld entdeckte er die Bestimmung des Wertes der Waren und des Geldes durch die zu ihrer Produktion notwendige Arbeitszeit. "Die Arbeit ist der Vater und das aktive Prinzip des Wohlstandes, so wie der Boden seine Mutter ist." Die Meßgröße, in der sich beide ausdrücken lassen, erblickt Petty in der Größe des Nahrungsbedarfs eines erwachsenen Durchschnittsmenschen. "Die Einheit einer Tagesnahrung dient ihm dabei ebenso zur Bemessung des notwendigen Verbrauchs des Arbeitenden (der Gedanke des **Existenzlohnes** zeichnet sich hier ab), wie zur Bemessung seines Arbeitsertrages. Petty sieht hier ganz recht, daß die Frage der Wertentstehung nicht zu trennen ist von derjenigen der gesellschaftlichen Wertverteilung..."[1]

Die von Frankreich ausgehende Schule der **Physiokraten** - deren Lehre im wesentlichen mit ***Francois Quesnay*** *(1694 bis 1774)*, dem Leibarzt Ludwig des XV in Verbindung steht, sah im Gegensatz zu den Merkantilisten nicht in der Arbeit den wertschaffenden Produktivfaktor einer Volkswirtschaft. Für die Physiokraten ist der **Produktionsfaktor Boden**, d.h. der Ackerbau die einzige Quelle allen volkswirtschaftlichen Wohlstandes, da in der gesamten gesellschaftlichen Produktion nur der Ackerbau imstande ist, einen Überschuß über die aufgewendeten Kosten abzuwerfen. Hinsichtlich des Lohnes für die Arbeit vertritt Quesnay die Auffassung, daß sich die Löhne nach den Preisen der zum Unterhalt des Arbeiters notwendigen Lebensmittel zu richten haben, "da (...) der Arbeiter selbst keinen neuen Wert schafft, sondern dem Gute, das er bearbeitet, nur den Wert der von ihm konsumierten Lebensmittel hinzufügt und infolge der Konkurrenz dieses Existenzminimum niemals überschreiten kann. Hohe Lebensmittelpreise haben dabei nach Ansicht der Physiokraten für die Lage der Arbeiter keine ungünstigen Folgen, weil sie infolge erhöhter Nachfrage der Landwirte nach Arbeit ein Steigen der Nominallöhne bedingen, während niedrige Kornpreise die entgegengesetzte Wirkung hervorrufen, weil die Nachfrage der Landwirte nach Arbeit zurückgeht, was eine Abnahme der Beschäftigung und einen Rückgang der Einkommen der gesamten Volkswirtschaft mit sich bringt."[2] Interessant ist hierbei, daß die Physiokraten den Lohn der Arbeitskraft nicht immanent am Arbeitsmarkt erklärten, sondern *abgeleitet* aus den Verwertungsbedingungen der Landwirte an ihren Absatz- bzw. Gütermärkten. Sie unterschieden dabei auch zwischen **Nominal- und Reallöhnen**.

2.2 Zur Lohntheorie der Klassiker

Mit dem Aufkommen des neuen Fabriksystems gegen Ende des 18. Jahrhunderts - überwiegend in England - manifestiert sich immer mehr ein bis dahin nicht gekanntes Ausmaß an Lohnarbeit. Immer mehr Fabriken entstehen in den Städten und lösen die Manufrakturen des merkantilen

[1]Zitiert bei Werner Hofmann, Wert- und Preislehre, Berlin 1971, S.32
[2]Gerhard Stavenhagen, Geschichte der Wirtschaftstheorie, Göttingen 1969, S. 40f.

Systems ab. Menschen drängen dabei vom Land in die Städte. Gleichzeitig bricht sich der **ökonomische Liberalismus** seine Bahn und wendet sich scharf gegen die bisherige staatlich ausgerichtete Wirtschaftspolitik des Merkantilismus. Der vehementeste Vertreter gegen den Merkantilismus war dabei ***Adam Smith***. Die liberalen Ökonomen wollten den Nachweis liefern, "daß die neue Marktgesellschaft, sich selbst überlassen, keineswegs in die Anarchie einander widerstreitender Einzelinteressen zerfallen wird. Vielmehr wird das Verhältnis der privaten Konkurrenz selbst von einer objektiven Vernunft durchwaltet: Die individuelle Interessenverfolgung vermittelt zugleich die gesellschaftliche Wohlfahrt; gerade vermöge der privaten Vorteilssuche verwirklicht sich das gemeine Beste."[1] **Adam Smith** schreibt dazu:

"Nicht durch das Wohlwollen des Schlachters, Brauers oder Bäckers erhalten wir unser Abendbrot, sondern weil sie ihre eigenen Interessen verfolgen. Wir wenden uns nicht an ihre Menschlichkeit, sondern an ihre Eigenliebe und sprechen niemals zu ihnen über das, was wir selbst benötigen, sondern über ihre Vorteile."

Die geheimnisvolle Kraft, die diesen **ökonomischen Interessenstreit** schlichtet und die Marktwelt vermittels des Gleichgewichts disparater Elemente im Lote hält, ist nach Smith das sog. **Wertgesetz**. Dabei unterscheidet er bei der Bestimmung des Wertes zwischen **Tauschwert und Gebrauchswert** einer Ware, wobei für ihn der Tauschwert im Mittelpunkt der Betrachtung stand, weil der Gebrauchswert einer rein subjektiven Wertschätzung unterliegt. Hierin unterscheidet sich Smith von jenen am Gebrauchswert oder Nutzen als Wert- bzw- Preisbestimmungsgrund orientierten Ökonomen zu seiner Zeit, auf die sich später die neoklassischen Ökonomen mit ihrer **Theorie des Grenznutzens** berufen sollten. Der französische Ökonom ***Anne Robert J. Turgot*** *(1727 bis 1781)*, Begründer des **Ertragsgesetzes**, leitete dagegen den Wert einer Ware noch aus dem Wunsch ab, sie zu besitzen. Dabei war der Gebrauchswert der Maßstab für den Tauschwert, d.h. für den Preis der Ware. Dies war für Smith nicht logisch, denn: Diamanten haben einen geringen Gebrauchs(nutz-)wert, aber einen extrem hohen Tauschwert. Wasser hingegen hat einen hohen Gebrauchswert, aber nur einen geringen Tauschwert. Für **Smith** drückt sich der Preis vielmehr im Tauschwert einer Ware aus. Diesen Tauschwert nannte er den **"natürlichen Preis"** einer Ware, um den herum die **Marktpreise** in Abhängigkeit von Angebot und Nachfrage schwanken. Den Bestimmungsgrund für den "natürlichen Preis" einer Ware sah er dabei in der **Menge Arbeit**, verknüpft mit dem **Arbeitsleid**, das in dieser Ware steckt.

"Der wirkliche Preis jedes Dinges, das, was ein Ding den wirklich kostet, der es erlangen will, ist die erforderliche Mühe und Beschwerde, es zu beschaffen. Was eine jede Sache dem wirklich wert ist, der sie erworben hat und darüber verfügen oder sie gegen irgend etwas anderes vertauschen will, ist die Mühe und Beschwerde, die sie ihm zu ersparen und dafür anderen Leuten zu verursachen vermag. Was für Geld oder Güter gekauft wird, ist ebenso durch Arbeit erworben, wie das, was wir uns durch die Anstrengung unseres eigenen Körpers verschaffen." (Smith)

[1] Werner Hofmann, a.a.O., S.38

Der gesamte **Wert einer Ware** wird nach Smith demnach an dem ihr **inhärenten Arbeitswert** gemessen, wobei der Arbeiter allerdings nur über einen geringen Teil in Form seines Lohnes verfügt. Der Rest des Wertes entfällt auf

- den **Produktionsfaktor Kapital**, als Zins, Gewinn für den Unternehmer und auf
- den **Produktionsfaktor Boden**, als Rente für die Bodeneigentümer.

Die Lohnwertbestimmung bei Adam Smith

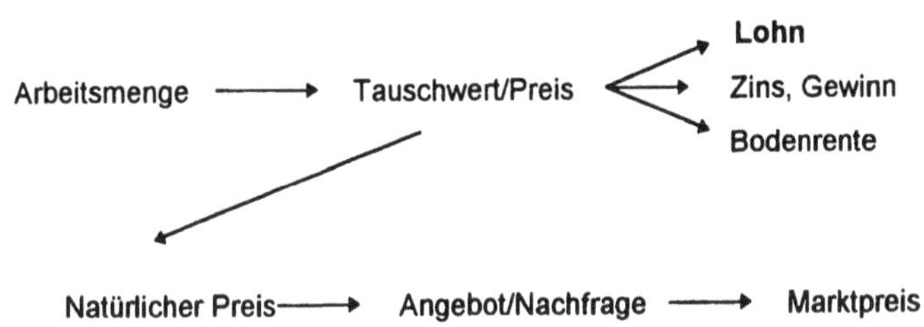

Hieraus kann abgeleitet werden, daß die Arbeiter den Wert einer Ware allein schaffen und ihnen Zins, Gewinn und Bodenrente vom Lohn abgezogen werden, d.h., daß sie ausgebeutet werden. Für ***Joseph A. Schumpeter** (1883 bis 1950)* deutet sich hier bei Smith die von Marx vollendete **Ausbeutungstheorie** an. Der Lohn bestimmt sich nach Smith dann als "natürlicher" unabänderlicher Lohn gemäß dem **Existenzminimum** des Arbeiters, das er zur eigenen Reproduktion, und um sein Geschlecht fortzupflanzen, benötigt. Für Smith kommen die Arbeiter dabei allerdings viel zu kurz:

"Der bedauernswerte Arbeiter, der gewissermaßen das ganze Gebäude der menschlichen Gesellschaft auf seinen Schultern trägt, steht in der untersten Schicht dieser Gesellschaft. Er wird von ihrer ganzen Last erdrückt und versinkt gleichsam in den Boden, so daß man ihn auf der Oberfläche gar nicht wahrnimmt." (Smith)

Aus der werttheoretischen Ableitung von Smith, daß der Lohn der Arbeiter als "natürlicher Lohn" durch das Existenzminimum bestimmt ist, hat ***Johann Heinrich v. Thünen** (1783 bis 1850)* versucht einen **"gerechten Lohn"** zu ermitteln. Zur Erklärung hat er auf das folgende Modell zurückgegriffen:

In einem noch nicht unter Anbau gestellten Grenzgebiet, das herrenlos ist, "ist es in das freie Ermessen der Arbeiter gestellt, sich entweder als Lohnarbeiter zu betätigen oder mit Hilfe der von ihnen erarbeiteten Ersparnisse das Land urbar zu machen. Entscheiden sich die Arbeiter für die Anlage eines neuen Gutes, so erfordert diese nur Arbeit. Die Rente, die dieses neue Gut erbringt, fällt den kapitalerzeugenden Arbeitern, die das Gut geschaffen haben, zu. Die Rente ist in diesem Fall der Lohn der Arbeiter. Wenn nun diese Gesellschaft von kapitalerzeugenden Arbeitern Lohnarbeiter zwecks Bestellung und Bewirtschaftung des

Gutes beschäftigen, so kann dieser Lohn nicht willkürlich festgesetzt werden. Vielmehr muß er so hoch sein, daß der Überschuß des Arbeiters auf Zinsen gelegt ... gleich der Rente des kapitalerzeugenden Arbeiters wird. Würde der Lohn diese Bedingungen nicht erfüllen, so würden die Lohnarbeiter unter der angenommenen Voraussetzung jederzeit in der Lage sein, zur Kapitalerzeugung überzugehen. Für diese so bedingte Höhe des Arbeitslohnes hat Thünen die Formel $L = \sqrt{a} \times \sqrt{p}$ errechnet, wobei unter L der Lohn, unter (a) der notwendige Lebensunterhalt der Arbeiter, unter (p) der Wert der Erzeugnisse der Arbeit verstanden wird."[1]

Da die von Thünen gesetzten Prämissen die Grundvoraussetzung einer kapitalistischen Wirtschaft verletzen, der Arbeiter ist Arbeiter und kann nicht gleichzeitig landokkupierender Kapitalist sein hält seine Lehre vom "gerechten Lohn" einer kritischen Überprüfung nicht stand. Seine Lehre kann aber als Vorläufer der **neoklassischen Schule** betrachtet werden, die den Wert der Arbeit und damit den Arbeitslohn dem Produkt des zuletzt eingestellten Arbeiters zuordnet.

Auch für ***David Ricardo*** ist Arbeit der einzige wertschaffende Produktionsfaktor. Das Wertgesetz regelt wie bei Smith die Aufteilung des durch Arbeit entstandenen Wertes, indem der Arbeiter einen Lohn erhält, der dem "Wert der Arbeit", d.h. dem Arbeitsaufwand für die Herstellung seiner Subsistenzmittel, entspricht, während der diesen Anteil übersteigende Rest des (Neu-) Wertes dem Kapitaleigentümer als Zins und Gewinn sowie dem Grundbesitzer als Bodenrente zufließt. Ricardo ist hierbei völlig klar, daß somit die Arbeit des Lohnarbeiters die Quelle des Kapitalgewinns und der Bodenrente darstellt, da der Gesamtwert einzig und allein der "lebendigen Arbeit" geschuldet ist.

Zur Ableitung des Tauschwertes der Arbeit präzisiert Ricardo den Arbeitswertbegriff von Smith, der noch einer **Arbeitsleidtheorie** entsprach, durch eine **Arbeitszeittheorie** unter gleichzeitiger Berücksichtigung der Arbeitsqualität. Für Ricardo stellt Arbeit demnach kein homogenes Gut dar.

"Die Wertschätzung, in der verschiedene Qualitäten von Arbeit stehen, wird auf dem Markte bald mit genügender Genauigkeit für alle praktischen Zwecke bestimmt und hängt viel ab von der verhältnismäßigen Geschicklichkeit des Arbeiters und der Intensität der geleisteten Arbeit." (Ricardo)

Damit ist die Lohnbildung bei Ricardo "nicht nur durch Unterschiede in den Leistungsanforderungen, sondern auch durch die Verhältnisse wechselnder Dringlichkeit von Angebot und Nachfrage auf den Märkten bestimmt, also durch Umstände, die mit der Wertigkeit der Arbeit nichts zu tun haben."[2] Genauso wie Smith unterscheidet Ricardo hierbei zwischen den kurzfristig schwankenden Marktpreisen und dem wertbildenden "natürlichen Preis" einer Ware, der durch die **Produktionskosten** bestimmt wird; d.h. bezogen auf den Faktor Arbeit, auf die **notwendigen existenzsichernden Reproduktionskosten** zur Erhaltung der "Ware Arbeitskraft". Im Gegensatz zu Smith sind diese Lohnkosten aber nicht "unabänderlich", sondern sie werden

[1] Stavenhagen, a.a.O., S. 109f.
[2] Werner Hofmann, a.a.O., S. 60

mit determiniert durch die jeweilige **Arbeitsproduktivität**, wodurch sie einen relativen Charakter annehmen.

"Wenn die in Waren sich darstellende Arbeitsmenge deren Tauschwert bestimmt, so muß jede Vermehrung des Arbeitsquantums den Wert der Ware, auf die sie verwendet wird, erhöhen, wie jede Verminderung ihn erniedrigen muß." (Ricardo)

Faßt man die **Arbeitswertlehre** und die daraus abgeleitete **Lohnbildung der klassischen Ökonomen** zusammen, so kann festgestellt werden, daß für alle Arbeit der einzige wertschaffende und produktive Faktor war. Nur die menschliche Arbeit ist für sie in der Lage, volkswirtschaftlichen Wohlstand und Wert zu erzeugen. Die Lohnhöhe erklärten sie anhand einer **Existenzminimumtheorie**. Demnach wird der Wert bzw. Preis der Arbeit, der Lohn, durch das Existenzminimum bestimmt, das der Arbeiter benötigt, um seine Arbeitskraft zu erhalten und sich fortzupflanzen. Der gesamte Wert einer Ware, die durch Arbeit geschaffen wird und von der Wertschöpfung her auf Lohn, Bodenrente sowie Zins- und Gewinneinkommen entfällt, fließt aber nur in Höhe des langfristigen Existenzlohnes dem Arbeiter zu. Um diesen Lohn schwankt kurzfristig in Abhängigkeit von Angebot und Nachfrage ein abweichender Marktlohn, der letztlich aber immer wieder auf das Existenzminimum (das von der jeweiligen Entwicklungsstufe des Kapitalismus geprägt wird) zurückgeworfen wird.

2.3 Sozialistische Lohnlehren

Merkantilisten, Physiokraten und Klassiker haben die Lehre der Nationalökonomie konstituiert. Ihre Theorien basierten auf Privateigentum und wirtschaftlicher Freiheit, wobei eine naturnotwendige Entwicklung zu einer harmonischen und stabilisierten Wirtschaftsordnung unterstellt wurde. Aber viele Zukunftshoffnungen wurden von den Begleiterscheinungen der **„industriellen Revolution“** arg enttäuscht. Vor allem der Gegensatz zwischen Lohnempfängern einerseits, und Kapitalbesitzern andererseits, wurde immer größer. Die Verelendung der Arbeiter war zu einer Massenerscheinung geworden. "Man warf daher die Frage auf, wie diese Zustände mit der von der hauptsächlich klassischen Lehre behaupteten wohltätigen Wirkung eines sich selbständig und harmonisch entwickelten Wirtschaftslebens in Einklang zu bringen seien, und zweifelte damit die grundlegenden Prinzipien der klassischen Theorie an."[1]

Es konnte deshalb nicht ausbleiben, daß man das **Konkurrenzsystem** und die Institution des **Privateigentums an Produktionsmitteln** genau prüfte, scharf kritisierte und deren Beseitigung verlangte. So schrieb bereits der Moralphilosoph ***Jean Jacques Rousseau** (1712 bis 1778)*:

"Der erste, der, nachdem er ein Stück Land eingezäumt hatte, sich erdreistete auszurufen: 'Das gehört mir' und einfältige Leute fand, die es ihm glaubten, war der erste wahre Gründer der bürgerlichen Gesellschaft.

[1] Gerhard Stavenhagen, a.a.O. , S. 123

Wieviele Verbrechen, Kriege, Morde, Elend und Schrecken hätte der dem Menschengeschlecht erspart, der die Pfähle niedergerissen, den Graben ausgefüllt und seinen Nächsten zugerufen hätte: 'Hütet Euch, auf diesen Betrüger zu hören; ihr seid verloren, wenn ihr vergeßt, daß die Früchte allen und die Erde niemand gehört."

Über die Möglichkeiten, das Privateigentum an Produktionsmitteln zu beseitigen, bestanden jedoch unterschiedliche Ansichten. Die ältere Richtung der sozialistischen Lehren, der **„utopische Sozialismus“** (nicht wissenschaftlicher Sozialismus), steht für verschiedene Theorien zwischen 1789 und 1848. So glaubte ***Robert Owen** (1771 bis 1858)*, daß man nur die Menschen überzeugen müßte, um sie für den Sozialismus zu begeistern. Im **Genossenschaftswesen** erblickte er dazu den Hebel. Aus den Genossenschaften würde ein ganz neues, vollkommenes Geschlecht hervorgehen, das den sozialistischen Geist in der Gesellschaft verbreiten werde, bis die gesamte Gesellschaft von diesem Geist des Sozialismus erfaßt sei. Eine Änderung des Milieus kann allerdings nach Owen nur erreicht werden, wenn der Unternehmergewinn abgeschafft wird, da dieser den Arbeiter daran hindere, das Erzeugnis seiner Arbeit zurückzukaufen, was eine ständige **Unterkonsumtion (Verelendung)** der Arbeiter zur Folge habe. Auch ***Pierre Joseph Proudhon** (1809 bis 1865)* kritisierte die kapitalistischen Verhältnisse, wobei er hauptsächlich den Vorwurf erhob, daß der Kapitalismus ein Einkommen zuläßt, ohne daß dafür bestimmte gesellschaftliche Schichten zu arbeiten hätten. Die Arbeit allein sei produktiv, während alle übrigen Einkommen (Gewinn- und Renteneinkommen) als **„arbeitlose Einkommen“** ihren Beziehern nur infolge der bestehenden Eigentumsordnung zufielen. Dennoch wollte Proudhon das Privateigentum erhalten, aber Ware und Wert durch den Naturaltausch aufheben. Alle Arbeitenden sollten Eigentümer sein. Konkurrenz und Geld waren für ihn die Hauptübel der kapitalistischen Ordnung, die er deshalb abschaffen wollte. Er wollte den Wert zu einem allgemein gültigen, absoluten und gerechten Wert machen. Dazu erfand er den **„konstituierten Wert“**, eine von den austauschenden Eigentümern festgelegte Bestätigung der in jedem Produkt enthaltenen Arbeit. Diese "Arbeitszertifikate" würden als "Arbeitsgeld" das Geld ersetzen, Preisschwankungen beseitigen und allen Produzenten durch die Organisierung entsprechender Einrichtungen (wie eine Tauschbank und zinslose Kredite) Existenzsicherheit gewährleisten. Auch ***Lassalle*** gehörte zu den utopischen Sozialisten, die die Fehlerhaftigkeit der klassischen Wertlehre in eine Sozialkritik am Kapitalismus lenkten. "Wenn alle Produkte nur durch die menschliche Arbeit Wert erhalten und daher nichts als Arbeit kosten, so sind Gewinn und Rente ein *Abzug* vom natürlichen Arbeitslohn; sie sind ein Raub an dem aus der Alleinproduktivität der Arbeit entspringenden unverkürzten Arbeitsertrag, der den Arbeitenden zusteht."[1] Seine politische Folgerung war demnach, eine Wirtschaftsordnung zu schaffen, in der die Möglichkeit eines Nichtarbeitseinkommen verhindert wird. Bedingt durch das **„eherne Lohngesetz“**, nach dem in einer kapitalistischen Wirtschaft der Durchschnittslohn des Arbeiters niemals über das notwendige Existenzminimum steigen könne, forderte er zur Verbesserung der wirtschaftlichen Lage der Arbeiter eine Okkupation des kapitalistisch handelnden bürgerlichen Staates durch die Arbeiter. Dieser veränderte Staat könne dann auch eine

---

[1] Werner Hofmann, a.a.O. , S. 81

Abschaffung der kapitalistischen Ausbeutungsverhältnisse durch die Bildung von Produktivgenossenschaften herbeiführen. Alle utopischen Sozialismusvorstellungen blieben, auch die von ***Jean Ch. L. Simonde de Sismondi** (1773 bis 1842)*, **W. Thompson** (1785 bis 1833), **J. Gray** (1790 bis 1850) **und L. Blanc** (1811 bis 1882), sozialreformerische Versatzstücke einer Kapitalismuskritik. Ihre wissenschaftliche Basis bildete quasi die Theorie der klassischen Ökonomen, nach der sich der Lohn der Arbeiter als Abzug vom Gewinneinkommen und Bodenrenteneinkommen darstellt.

Erst mit dem „**wissenschaftlichen Sozialismus**", von ***Karl Marx*** und ***Friedrich Engels*** begründet, wurde eine geschlossene Analyse und Kritik der kapitalistischen Wirtschaftsordnung geleistet. Sie zielt nicht auf Einzelheiten der bestehenden Gesellschaft, sondern auf diese als ganze, in allen ihren Lebensäußerungen, ab. Nehmen die „**utopischen Sozialisten**" an einer ungerechten Verteilung des durch Arbeit erwirtschafteten Mehrprodukts Anstoß, so beschäftigt Marx und Engels das in der kapitalistischen Produktion angelegte Grundverhältnis der ausgebeuteten Arbeit. Sprachen die „utopischen Sozialisten" ein moralisches Urteil aus, so fragen Marx und Engels nach den immanenten Gesetzen, die in der Produktionsweise der kapitalistischen Ordnung selbst begründet sind. Was für jene ein heilbarer Mißstand der Gesellschaft bedeutet, ist für Marx und Engels ihr eigentlicher Zustand. Wollen die Utopisten Einrichtungen der Gesellschaft ändern - siehe Proudhons Tauschbank -, so ergibt sich bei Marx und Engels die Veränderung der Gesellschaft aufgrund ihrer **systemimmanenten Widersprüche** von selbst. Dabei hat die wissenschaftliche marxistische Gesellschaftskritik geschichts-philosophische Dimensionen; sie geschieht aus dem Geiste einer neuen Weltsicht, die Marx und Engels als „**historischen- und dialektischen Materialismus**" bezeichnen. Für Marx und Engels ist die Welt nicht ein Komplex von fertigen Dingen, sondern ein Komplex von Prozessen, eine permanente Veränderung des Werdens und Vergehens. Vor der Dialektik, schreibt Engels, „besteht nichts Endgültiges, Absolutes, Heiliges; sie weist in allen die Vergänglichkeit auf, und nichts besteht vor ihr als der ununterbrochene Prozeß des Werdens und Vergehens." Die Dialektik ist daher "die Wissenschaft von den allgemeinen Bewegungs- und Entwicklungsgesetzen der Natur, der Menschengesellschaft und des Denkens". Dabei stehen **drei Gesetze** im Vordergrund:

Erstens: Das Umschlagen von Quantität in Qualität, d.h. ein Prozeß, in dem durch langsame quantitative Veränderungen sich in der weiteren Entwicklung ein Umschlag durch einen dialektischen Sprung in eine neue Qualität vollzieht.

Zweitens: Das Gesetz von den Widersprüchen, wonach der Widerspruch die treibende Kraft jeder Entwicklung ist.

Drittens: Das Gesetz von der Negation der Negation, wonach jede langfristige Entwicklung dadurch gekennzeichnet ist, daß an einem bestimmten Punkt ein bestehender Zustand aufgehoben und negiert wird, die anschließende Entwicklung, die sich in der neuen veränderten Richtung vollzieht, bis es erneut zu einer Aufhebung (Negation) kommt, einer Negation der Negation. Diese bedeutet nicht die Wiederherstellung des früheren Zustandes, sondern vielmehr eine teilweise Rückführung - allerdings auf einer bedeutend höheren Entwicklungsstufe.

Die gesellschaftliche Entwicklung folgt gemäß dieser drei Gesetze durch eine "**These**" einer anschließenden "**Antithese**", die sich schließlich in einer "**Synthese**" vereinigt.

Dialektischer Denkansatz

These	**Antithese**	**Synthese**
Mensch	**Kapitalismus**	**Sozialismus**
Ursprünglich ist der Mensch eins mit der Gesellschaft, er ist „die gedachte Gesellschaft für sich."	Die bürgerlich-kapitalistische Ordnung ist die Negation des Menschen.	Der Mensch kann sich nur in einer Gesellschaft verwirklichen, die den Kapitalismus vollständig negiert.
Position	**Negation**	**Negation der Negation**

Im Zentrum der Betrachtung stand für Marx die **kapitalistische Produktionsweise**. Der Kapitalismus ist dadurch charakterisiert, daß die Produktionsmittel sich in den Händen einer kleinen privilegierten Schicht (der Kapitalisten, der Bourgeoisie) befinden, während die Arbeiter keine Produktionsmittel besitzen und daher genötigt sind, ihre Arbeitskraft zu verkaufen. Die kapitalistische Produktionsweise beruht so auf Lohnarbeit und damit auf der Ausbeutung der Arbeiterschaft durch den Kapitalisten. Um dies wissenschaftlich zu beweisen, erklärt Marx das Verhältnis zwischen Arbeit und Wert, indem er die **Arbeitswerttheorie der Klassiker** selbst vertieft und sie zur Lehre vom "**Mehrwert**" ausbaut.

Das unbewältigte Problem der klassischen Ökonomen, wie unter der Voraussetzung der Wertbildung durch Arbeit widerspruchsfrei die Tatsache zu erklären ist, daß der "Wert der Arbeit", den der Arbeiter in der Produktion herstellt, größer als jener ist, den er in Gestalt des Lohnes erhält, löst Marx anhand seiner "**Mehrwerttheorie**".

Der Mehrwert entsteht nach Marx als Differenz aus dem höheren Gebrauchswert der vom Kapitalisten in Dienst genommenen menschlichen Arbeitskraft, d.h. aus deren Fähigkeit, einen Surplus über ihren eigenen notwendigen Unterhalt hinaus hervorzubringen, und dem Tauschwert der „Ware" Arbeitskraft, der, wie der Tauschwert jeder anderen Ware, den notwendigen Reproduktionskosten entspricht. Diese werden am Markt in Lohn entgolten. Dabei unterscheidet Marx - im Gegensatz zur Klassik - strikt zwischen dem Wert der Arbeit (= Wert des Arbeitsproduktes) und dem Wert der Arbeitskraft.

Der **Wert der Arbeitskraft** gleicht dem jeder anderen Ware, er wird bestimmt durch die zur Reproduktion gesellschaftlich notwendige Arbeitszeit. Wie jede andere Ware hat auch die

Arbeitskraft nach Marx nicht nur Wert, sondern auch einen **Gebrauchswert**. Aufgrund dieser Unterscheidung - zwischen Wert und Gebrauchswert - gelingt Marx, das, was er den "Mehrwert" nennt - und was die Klassiker unter den Titeln des **Gewinns und der Bodenrente** abhandelten - an dem allgemeinen Prinzip des **Äquivalententausches**, auf der Grundlage des Arbeitswertes und nicht aus einer Verletzung desselben zu erklären.

Da der Mehrwert, der Wert des Produkts der Arbeitskraft größer ist als der Wert der Arbeitskraft selber; der Gebrauchswert demnach größer ist als der Tauschwert der Ware Arbeitskraft; und daher auch der Gewinn nach Marx weder vorenthaltener Lohn noch einen Aufschlag auf den eigentlichen Wert der Ware darstellt, zumal er ohne Verletzung des sowohl auf dem Arbeitsmarkt als auch auf dem Produktmarkt geltenden Äquivalenzprinzips entsteht, so ist über ihn auch nicht zu moralisieren. Weder den Arbeitern noch den Käufern geschieht Unrecht. - Gerade hierdurch vertieft sich die Kritik: Nicht eine Verletzung des ökonomischen Gesetzes, sondern vielmehr dieses selbst, nicht ein Unrecht, sondern vielmehr das Recht des Marktes und der Verwertung, nicht die Höhe des Arbeitslohnes, sondern das Grundverhältnis der Lohnarbeit im Kapitalismus wird zum Fluch. Mehrwert bezeichnet also nicht ein Mehr über den Wert des Produkts, sondern ein Mehr über den Wert der Arbeitskraft, die den Neuwert des Produkts schafft. Dabei lautet die vollständige Formel des Kapitalkreislaufes, als Einheit von **Produktion** (Mehrwertentstehung) und **Zirkulation** (Mehrwertrealisierung) verstanden:

$$G \longrightarrow W \genfrac{}{}{0pt}{}{\nearrow A_k}{\searrow P_m} \ldots P \ldots \quad W' \; (c + v + m) \longrightarrow G'$$

Geldkapital (G) wird in einen vergegenständlichten Wert, in **Produktivkapital** verwandelt, indem die Ware Arbeitskraft (A_k) und Produktionsmittel (P_m), Maschinen, Gebäude, Rohstoffe in Dienst genommen werden. Durch die Produktion (P) bringt die menschliche Arbeitskraft neuen **Warenwert W'** (c + v + m), unter Einschluß eines Mehrwerts (m), hervor, der sich beim Verkauf der Waren in der Zirkulation am Absatzmarkt realisiert: Durch Rückverwandlung von Warenkapital (W') in die Form des **Geldkapitals (G')** werden die Ausgangsbedingungen erweiterter Reproduktion des Kapitals hergestellt, und der Kapitalprozeß kann erneut vonstatten gehen.[1] Die Marxsche Mehrwertlehre behauptet also, daß der gesamte in der kapitalistischen Wirtschaft produzierte Mehrwert ausschließlich vom Lohnarbeiter erzeugt wird, aber ohne Gegenleistung der Klasse der Kapitalisten zufällt, wobei der Lohnarbeiter trotzdem den Gegenwert für seine dem Kapitalisten verkaufte Arbeitskraft in Form des Lohnes erhält. Die Mehrwertmasse wird daher in der kapitalistischen Wirtschaft an die Kapitalisten ausschließlich

[1]Hier wird deutlich, daß der in der Produktionsphäre entstehende Mehrwert erst in der Zirkulationsphäre realisiert bzw. erlöst wird. Dabei ist es nach Marx durchaus kapitalismusimmanent möglich, daß der Mehrwert aufgrund der Konkurrenzsituation am Absatzmarkt über den Preis der Ware nicht verdient wird, so daß der Kapitalist Verluste hinnehmen muß.

Kraft des Marktmechanismus übertragen, ohne daß der Arbeiter dabei durch Lohndruck, Betrug oder andere unlautere Machenschaften um den von ihm zu beanspruchenden Gegenwert gebracht wird. Der Gesamtwert oder die **Elemente des Warenwertes** bilden dabei die Größen (c + v + m). Das gesamte eingesetzte Kapital besteht aus dem variablen Kapital (v), das zur Lohnzahlung der Arbeiter verwandt wird (v = bezahlte Arbeit) und Mehrwert (m) abwirft (m = unbezahlte Arbeit), und aus dem konstanten Kapital (c), das zwar keinen (Mehr)wert schafft, aber trotzdem in der Produktion Wert abgibt. Denn konstantes Kapital, also Maschinen, Gebäude, Werkzeuge, Rohstoffe usw. ist nichts anderes als vergegenständlichte lebendige Arbeitskraft auf einer vorgelagerten Wirtschaftsstufe. Die Größe (c + v + m) bildet demnach den Produktionswert. Von ihm ist das Wertprodukt (v + m), der eigentliche Neuwert, den die Arbeitskraft hervorgebracht hat, zu unterscheiden. Die Mehrwertmasse (m) in Relation zum Lohnkapital (Lohnaufwand (v)) bezeichnet nach Marx die **Mehrwertrate (m : v)**. Dabei verhält sich der Mehrwert zum variablen Kapital, wie die Mehrarbeit zur gesellschaftlich notwendigen Arbeit, also wie:

$$\text{Mehrwertrate} = \frac{m \quad (= \text{Mehrarbeit} = \text{unbezahlte Arbeit})}{v \quad (= \text{notwendige Arbeit} = \text{bezahlte Arbeit})}$$

Die Rate des Mehrwerts ist daher der exakte Ausdruck für den **Exploitationsgrad** der Arbeitskraft durch das Kapital oder des Arbeiters durch den Kapitalisten. Da aufgrund gesellschaftlich notwendiger Arbeit und Mehrarbeit der Arbeitstag des Arbeiters in zwei Teile zerfällt, nämlich in notwendige Arbeit und Mehrarbeit, kommt es zu dieser Exploitation. In der folgenden **Skizze 1** bezeichnet die Linie (a) bis (c) einen achtstündigen Arbeitstag, unterteilt in notwendige Arbeit und Mehrarbeit. Bei der Steigerung des **"absoluten Mehrwerts"** wird von Marx unterstellt, daß (a) bis (b) (die bezahlte notwendige Arbeit) konstant bleibt, und (b) bis (c) (die unbezahlte Mehrarbeit) soweit wie möglich verlängert wird, wobei dieser maßlosen Ausdehnung des Arbeitstages natürliche und soziale Grenzen gesetzt sind.

Skizze 1

a	notwendige Arbeit	b	Mehrarbeit	c
0	6 Std.	6 Std.	2 Std.	8 Std.
0	6 Std.	6 Std.	4 Std.	10 Std.

So war im 19. Jahrhundert das rein physische Weiterbestehen der Arbeiterklasse durch Kinderarbeit, Überarbeitung und durch die im Produktionsprozeß zugezogenen Verletzungen und Krankheiten ernsthaft gefährdet. Es war jedoch erst der **Druck der Arbeiterklasse**, die sich nach der Aufhebung des Koalitionsverbotes 1865, zu Gewerkschaften zusammenschließen konnte, der allmählich die gesetzliche Beschränkung des Arbeitstages erzwang. Im Jahr 1918 wurde nach langen und harten Kämpfen der Arbeiterklasse der Acht-Stunden-Tag eingeführt.[1] Damit diese Verkürzung der Arbeitszeit zu keinem Sinken der Mehrwertrate führt, wird - so Marx - von den Kapitalisten versucht, durch Erhöhung der **Arbeitsproduktivität** den Wert der Arbeitskraft zu senken. Wenn wir erneut die Linie a bis c in der **Skizze 2** betrachten, nun aber voraussetzen, daß (a) bis (c) konstant bleibt, weil (c) als Grenze des Arbeitstages gesetzlich festgelegt ist und nur vereinzelt überschritten werden kann (Überstunden), kann eine Vergrößerung der Mehrarbeit nur auf Kosten von (a) bis (b) (der bezahlten notwendigen Arbeit) geschehen. Nicht die Länge des gesamten Arbeitstages wird verändert, sondern nur seine Aufteilung in notwendige Arbeit und Mehrarbeit. Dies kann dadurch geschehen, daß der Kapitalist die Arbeitskraft unter ihrem Wert bezahlt, d.h. er bereichert sich auf Kosten der notwendigen Lebensmittel des Arbeiters. Wenn wir aber vom **äquivalenten Tausch** ausgehen, daß die Arbeitskraft zu ihrem Wert verkauft wird, muß die Lohndrückerei als Mittel zur Steigerung des Mehrwerts ausscheiden. Es bleibt somit nur die Möglichkeit, daß die notwendige Arbeitszeit tatsächlich vermindert wird. Das kann aber nur geschehen, wenn der Wert der notwendigen Lebensmittel zur Reproduktion der Arbeitskraft sinkt, während die Masse an Lebensmitteln dieselbe bleibt. Die Lohndrückerei dagegen ist ein Versuch, die Masse der Lebensmittel zu senken, die der Arbeiter braucht.

Skizze 2

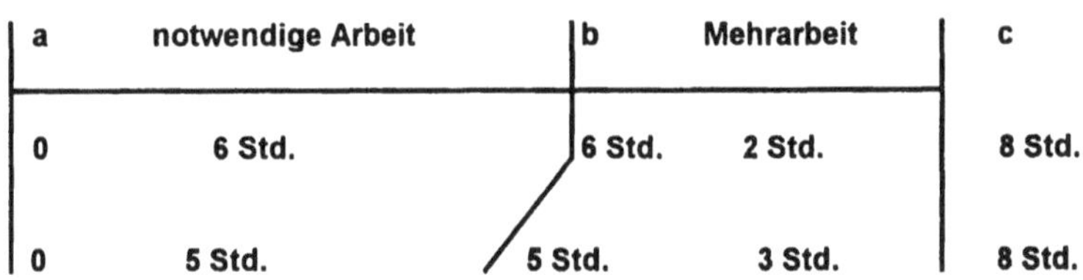

Der Arbeitstag, bei dem die notwendige Arbeitszeit z.B. um eine Stunde vermindert wäre, sieht dann so aus wie in der Skizze 2. Die bezahlte notwendige Arbeit ist auf 5 Std. gesunken und gleichzeitig die unbezahlte Mehrarbeit auf 3 Std. gestiegen. Insgesamt hat sich die Arbeitszeit mit 8 Std. nicht verändert. Wird die Produktivkraft der Arbeit durch Verbesserung der Produktionsweise gesteigert, dann sinkt die notwendige Arbeit im Verhältnis zur Mehrarbeit und die Mehrwertrate steigt. Der Kapitalist könnte die Arbeitszeit senken, ohne einen Verlust zu haben. Er senkt sie aber natürlich nicht, weil es ihm nicht auf die Schonung der Arbeitskraft, sondern auf den Mehrwert ankommt. Die Theorie des **"relativen Mehrwerts"** sorgt also für ein Ausgleichen von Arbeitszeitverkürzung und Arbeitsproduktivität.

[1]Vgl. DGB, (Hrsg.), Das halbe Leben, Geschichte und Gegenwart des arbeitenden Berlins, Berlin 1987

Die Theorie des Mehrwerts ist aber noch nicht hinreichend - wenn sie auch notwendige Voraussetzung ist - um den Niedergang (die Negation der Negation) der kapitalistischen Ordnung theoretisch abzuleiten. Entsteht der Mehrwert in der **Produktionssphäre**, so gilt es ihn noch in der **Zirkulationssphäre als Gewinn** zu realisieren. Aus dem Wesen des Gewinns als verwandelte Form des Mehrwerts ergibt sich dabei, daß sich sein quantitativer Ausdruck von den quantitativen Ausdrücken des Mehrwerts unterscheiden muß. Dies äußert sich vor allem in Unterschieden zwischen der Profitrate und der Mehrwertrate. Da der Gewinn ein Abkömmling des Gesamtkapitals ist, also (c + v), wird seine Rate durch das Verhältnis zum gesamten vorgeschossenen Kapital bestimmt, während die Mehrwertrate sich aus dem Verhältnis des Mehrwerts zum variablen Kapital bildet. Während die Mehrwertrate m' = m : v den Wachstumsgrad des variablen Kapitals kennzeichnet, zeigt die Profitrate g' = m : (c + v) den Wachstumsgrad des Gesamtkapitals. Die Profitrate eines gegebenen Kapitals ist deshalb stets kleiner als dessen Mehrwertrate, da das Kapital nicht nur aus einem variablen, sondern auch aus einem konstanten Teil besteht. Angenommen, ein Kapital von 500 Einheiten mit einer **„organischen Zusammensetzung des Kapitals“**[1] von 400 c + 100 v erzeugt einen Mehrwert (m) von 100. In diesem Fall beträgt die Profitrate 20% (g' = 100 m : (400 c + 100 v)), während die Mehrwertrate 100% ausmacht, denn es gilt (m' = 100 m : 100 v).

Der Unterschied zwischen (g') und (m') ist um so größer, je mehr das Gesamtkapital von seinem variablen Teil differiert, d.h. je größer der Anteil des konstanten Kapitals am Gesamtkapital ist, je höher also die „organische Zusammensetzung des Kapitals“ ist. Bei verschiedener Arbeitsintensität, bei verschiedenem Verhältnis von (c : v), ergäben sich demnach auch entsprechend verschiedene Gewinnraten. Dabei war für Marx die Triebkraft der wirtschaftlichen Entwicklung die **fortschreitende Technik**, das Ersetzen von variablem Kapital durch konstantes Kapital. Wenn das konstante Kapital relativ stärker wächst als das variable, so kann zwar der Mehrwert steigen, aber die Gewinnrate muß sinken. Das nachfolgende Beispiel verdeutlicht bei einer gleichbleibenden Mehrwertrate (m : v), nach Marx eine günstige Annahme für das System, den **„tendenziellen Fall der Profitrate“** infolge permanenter technischer Änderungen.

Stufe 1 g' = m : (c + v) = 100 (100 + 100) = 50%
Stufe 2 g' = m : (c + v) = 200 (300 + 200) = 40%
Stufe 3 g' = m : (c + v) = 300 (600 + 300) = 33,3%

[1]Die organische Zusammensetzung des Kapitals gibt das Verhältnis von konstantem Kapital zu variablem Kapital an, also von c/v. Steigt die organische Zusammensetzung des Kapitals, so muß die Profitrate sinken, da immer mehr vergegenständlichte Arbeit zum Einsatz kommt. Diese vergegenständlichte Arbeit schafft aber keinen Mehrwert, sondern gibt nur Wert ab.

Die Profitrate sinkt dabei soweit, bis es sich für den Kapitalisten nicht mehr lohnt, in gleichem Maße weiterzuproduzieren. Geht man nun noch von den Ergebnissen der **Konkurrenz** zwischen den Kapitalisten aus, d.h. von der Tatsache, daß sich die Gewinnraten der Kapitalisten durch die Konkurrenz zu einer **Durchschnittsgewinnrate** ausgleichen, so ist der einzelne Kapitalist ständig bemüht, einen Überschuß über den Durchschnittsgewinn zu erzielen. Durch Einführung neuer Technik und Innovationen in seinem Unternehmen und durch bessere Organisation der Produktion steigt die **Arbeitsproduktivität** und sinkt der individuelle einzelwirtschaftliche Produktionspreis des vorstoßenden Unternehmens gegenüber dem Durchschnittsproduktionspreis. Die Differenz stellt für den Kapitalisten einen Extragewinn dar. Die Erhöhung der Arbeitsproduktivität ist dabei direkt von der Größe des akkumulierten Kapitals abhängig, das die Vervollkommnung des Produktionsprozesses ermöglicht. Steigerung der Arbeitsproduktivität und Senkung des Kostenpreises (c + v) verstärken die Akkumulation und schaffen die Voraussetzungen für erweiterte Kapitalinvestitionen bei gleichzeitiger Kapitalkonzentration. Denn wenn der einzelne Kapitalist in einer Branche seinen Kostenpreis senkt, bei gleichzeitiger Erhöhung der Arbeitsproduktivität und Einführung neuer Technik und Innovationen und damit zu einer **Erhöhung der organischen Zusammensetzung des Kapitals** beiträgt, bedeutet dies nichts anderes, als daß ein und dieselbe Masse lebendiger Arbeit eine zunehmende Masse vergegenständlichter Arbeit in Bewegung setzt.

Aufgrund dieser Gesetzmäßigkeit, des tendenziellen Falls der Profitrate, sieht Marx den **Verfall der kapitalistischen Wirtschaftsordnung** als unausweichliches Faktum. Sinnfälligster Ausdruck hierfür sind die Konjunkturschwankungen mit ihren periodisch wiederkehrenden Wirtschaftskrisen. Deren allgemeines Kennzeichen sieht Marx in einer **Überakkumulation** von Kapital, die sich in einem mehr oder minder heftigen Zusammenbruch der Profitrate niederschlägt. Die Marxsche Konjunkturtheorie, obwohl nicht geschlossen entwickelt, ragt aus dem 19. Jahrhundert einsam empor; sie ist bis heute, obwohl vielfach versucht, nicht schlüssig widerlegt worden. Die fortgesetzte Akkumulation des Kapitals verändert technisch-wirtschaftlich und soziologisch den Aufbau der kapitalistischen Wirtschaft. Zwei „Gesetze“ bestimmen nach Marx diese Veränderungen. Das **Konzentrationsgesetz** besagt, daß sich die Produktion in immer größeren Betrieben vollzieht, die die kleineren Betriebe in sich aufnehmen. Das Eigentum am Kapital ballt sich im Zuge dieser Entwicklung in immer weniger Händen zusammen. Auf der anderen Seite führt die ständig zunehmende Akkumulation des Kapitals dazu, immer wieder Arbeitskräfte freizusetzen. So wird die Entstehung einer **"industriellen Reservearmee"** zum Ausdruck einer Verelendung breiter Massen. Dabei ist für Marx die Verelendung aber nicht das Ergebnis einer allgemeinen Überbevölkerung im Malthusischen Sinne, - Marx ist ein radikaler Gegner der **Bevölkerungslehre von *Robert Malthus (1766 bis 1834)*** - sondern Ausdruck der beschriebenen kapitalistischen Wirtschaftsweise. Akkumulation des Kapitals, Konzentration der Unternehmen und Verelendung der arbeitenden Massen führen letztlich zum tendenziellen Fall der Profitrate und hebeln das System aus.

Der Theorie von Marx ist von vielen Seiten **Kritik** entgegengebracht worden.[1] Seine Kritiker greifen hauptsächlich die Entwicklungstendenzen an, ohne aber in der Lage zu sein, sie schlüssig widerlegen zu können. Sicherlich muß sich die Lehre von der fortgesetzten Verdrängung der gesellschaftlichen Klassen Modifikationen gefallen lassen, während die Antizipation einer **zunehmenden Konzentration** des Kapitals heute für jedermann manifest ist. Auch die viel kritisierte **Verelendungstheorie** ist nicht so eilfertig abzutun, wie dies gemeinhin geschieht: Wächst die Intensität der Arbeit und wachsen darüber hinaus die allgemein-gesellschaftlichen Belastungen des arbeitenden Menschen, so muß auch der Lohn steigen, um den höheren Wert der Arbeitskraft abzudecken. Die eigentlichen Belastungen des arbeitenden Menschen entspringen heute mehr mannigfachen psychischen Nöten. Was sich zur Zeit von Marx als materielles Elend nachweisen ließ, hat heute andere immaterielle Formen angenommen; insbesondere die Selbstentfremdung des arbeitenden Menschen. Außerdem läßt sich für viele kapitalistische Länder die Marxsche Verelendungstheorie empirisch verifizieren. Selbst in der reichen Bundesrepublik gibt es heute Massenarbeitslosigkeit und Sozialhilfeempfänger. Und trotzdem ist der Kapitalismus stabil, weil die langfristige **Entwicklung der Kapitalrentabilität** (der tendenzielle Fall der Profitrate) nicht, wie Marx antizipierte, allgemein nach unten gerichtet ist, sondern durch Krisen (Arbeitslosigkeit und Inflation) immer wieder aufgehalten wird.[2] Außerdem unterstellte Marx bei dem Steigen der organischen Zusammensetzung des Kapitals ausschließlich einen arbeitssparenden technischen Fortschritt. Er konnte noch nicht vorhersehen, daß die Entwicklungsgesetze der kapitalistischen Produktionsweise auch einen **kapitalsparenden technischen Fortschritt**, der zu einem Steigen der Kapitalproduktivität führt, hervorbringen werden, wodurch das Steigen der organischen Zusammensetzung des Kapitals abgeschwächt wird.[3]

2.4. Das Erklärungsmuster der Neoklassik

2.4.1 Die Grenzproduktivitätstheorie

Mit der Ablösung der klassischen Nationalökonomie durch die neoklassische Lehrmeinung wurde die Lohntheorie durch die **subjektive Wertlehre** untermauert. Versuchten die klassischen Ökonomen den Wert noch aus ihrem objektiven Tauschwert und nicht aus ihrem Gebrauchswert zu erklären, so beziehen sich die Neoklassiker auf den Gebrauchswert einer Ware, die einen subjektiven Nutzen stiftet. Die Wertschätzung einer Ware schwankt dabei von Person zu Person,

[1] Vgl. Hans-Rudolf Peters, Politische Ökonomie des Marxismus, Anspruch und Wirklichkeit, Göttingen 1980

[2] Vgl. Karl Georg Zinn, Der Niedergang des Profits, Köln 1978, S. 134ff., Rudolf Hickel, Ein neuer Typ der Akkumulation?; Hamburg 1987, S. 101ff., Altvater, Hoffmann und Semmler haben anhand einer branchenbezogenen empirischen Überprüfung der Kapitalrentabilität für die Bundesrepublik im Zeitraum von 1950 bis 1977 festgestellt, "daß der Verlauf der Kapitalrentabilität in der gesamten Industrie erst eine steigende, dann eine fallende Tendenz aufweist." Elmar Altvater, Jürgen Hoffmann, Willi Semmler, Vom Wirtschaftswunder zur Wirtschaftskrise, Berlin 1979, S. 117.

[3] Vgl. Jörg Goldberg, Von Krise zu Krise, Köln 1988, S. 147ff.

d.h. sie ist intersubjektiv nicht vergleichbar. ***Heinrich H. Gossen*** *(1810 bis 1858)* formulierte dazu die beiden „*Gossenschen Gesetze*" vom **„abnehmenden Grenznutzen"** und das **„Grenznutzenausgleichsgesetz"**.[1]

"Ein wirtschaftliches Gut ist hiernach seinem Erwerber um so wichtiger, je nützlicher oder notwendiger es ist und je knapper es zugleich ist. Das Arbeiten mit dem Begriff des 'Grenznutzens' war notwendig, um das schon von den Klassikern vermerkte 'Wert-Paradoxon' zu lösen: 'Dinge, die den größten Gebrauchswert haben, besitzen oft wenig oder keinen Tauschwert; und umgekehrt: die, welche den größten Tauschwert haben, besitzen oft wenig oder gar keinen Gebrauchswert'. Die Lehre vom Grenznutzen erklärt diesen Widerspruch damit, daß der Gesamtnutzen eines Gutes zwar mit dessen wachsender Verfügbarkeit zunimmt, aber der Zuwachs an Nutzen, d.h. der Nutzen der 'letzten' neu dem Vorrat hinzugefügten Gütereinheit, bestimmt nun den Tauschwert jeder einzelnen Partikel des Gesamtvorrats."[2]

Dieser subjektive Gebrauchswertansatz mündete in die zentrale Aussage der **Grenzproduktivitätstheorie** von ***John Bates Clark*** *(1847 bis 1938)*. Die Grenzproduktivität der Arbeit wird dabei aus dem von **Anne *Robert J. Turgot*** aufgestellten **"Ertragsgesetz"**, d.h. genauer aus dem "Gesetz des abnehmenden Ertragszuwachses" abgeleitet. Der sich hierbei ergebene **S-förmige Gesamtkostenverlauf** tritt im industriellen Produktionsprozeß allerdings nur selten auf. Hier besteht mehr ein linearer Zuammenhang von Kosten und Ausbringungsmenge, so daß man von einer **linearen Gesamtkostenfunktion** sprechen kann. "Diese Tatsache ist darauf zurückzuführen, daß sich die meisten Industriebetriebe an veränderte Produktmengen durch Variation der Fertigungszeit bei unveränderten Prozeß- und Verfahrensbedingungen anpassen. Diese Art der Beschäftigungsorganisation bezeichnet Erich Gutenberg als zeitliche Anpassung. Erfolgt die zeitliche Anpassung ohne den Einsatz von Überstunden, so verursacht jede zusätzliche Ausbringungs- oder Bezugsgrößeneinheit die gleichen Kosten, so daß der Gesamtkostenverlauf linear sein muß."[3]

Unter Berücksichtigung einer solchen linearen Gesamtkostenfunktion und der Prämisse der **vollkommenen Konkurrenz** auf dem Arbeitsmarkt[4] leitet die neoklassische Theorie den Wert bzw. Preis der Arbeit aus dem **Grenzprodukt der Arbeit** ab. D.h., daß bei substitutionaler Faktorkombination ein Unternehmen so viele Arbeitsstunden nachfragen wird, bis der Beitrag einer Grenzeinheit zum erzeugten Gut (Grenzprodukt der Arbeit, Grenzertrag der Arbeit) gleich dem Lohnsatz (hier den Grenzkosten der Arbeit) wird. Der zuletzt eingestellte Arbeiter, oder die Lohnkosten für die letzte zusätzliche Arbeitsstunde, determinieren dabei gleichzeitig den Lohn für alle anderen Arbeiter.

---

[1] Vgl. dazu das 2. Kapitel

[2] Werner Hofmann, a.a.O., S. 117

[3] Wolfgang Kilger, a.a.O., S. 37

[4] Die vollkommene Konkurrenz auf dem Arbeitsmarkt unterstellt, daß unendlich vielen Anbietern einer homogenen Arbeitsleistung mit konstanter Arbeitsintensität unendlich viele Nachfrager (Unternehmen) gegenüberstehen. Der Markt ist für alle Marktteilnehmer völlig transparent und es herrscht eine unendlich schnelle Reaktionsfähigkeit und Flexibilität aller Marktakteure. Aus diesen Bedingungen folgt, daß sich sowohl Anbieter als auch Nachfrager nur als Mengenanpasser verhalten können, d.h. der einzelne Nachfrager und Anbieter kann keine autonome Lohnsatzveränderung am Markt bewirken.

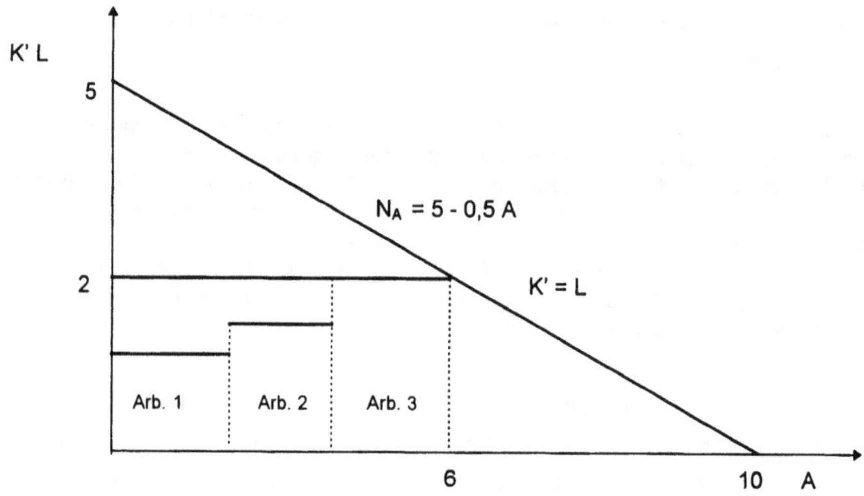

Mit der Erklärung des Wertes (Preises) der Arbeit durch die Grenzproduktivitätstheorie ist die Neoklassik der Auffassung, die **sozialistische Ausbeutungstheorie** von Marx widerlegt zu haben. ***Werner Hofmann*** schreibt dazu: "Hatten die Ausbeutungstheorien in der Kategorie des Gewinns einen Abzug vom Arbeitsertrag, also eine Verletzung des Äquivalententausches gesehen, so stellt die Umformulierung des Äquivalententausches selbst (jeder erhält, was seine Ware 'wert' ist) wieder das gute soziale Gewissen her."[1] Da aber nur der **Grenzanbieter von Arbeit** gemäß seiner Grenzproduktivität entlohnt wird - und damit Äquivalente austauscht -, er aber gleichzeitig den Lohn aller anderen Arbeiter determiniert, die eine **höhere Produktivität** haben als der Grenzanbieter, kann letztlich auch oder sogar mit der neoklassischen Theorie des Arbeitsmarktes eine **Ausbeutung der Arbeiter** erklärt werden. Der Grenzertrag des Arbeiters 1 - dargestellt in der vorherigen Grafik - ist größer als der Grenzertrag des Arbeiters 2. Im Umkehrschluß gilt für die Lohnkosten, daß die Grenzkosten des Arbeiters 1 geringer sind als die Grenzkosten des Arbeiters 2. Der Grenzanbieter von Arbeit - in der Grafik der Arbeiter 3 - determiniert mit seinen Grenzlohnkosten gleichzeitig den Lohn von Arbeiter 1 und 2, wodurch aufgrund der höheren Produktivität und geringeren Kosten bei diesen Arbeitern die Ausbeutung manifest wird.

2.4.2 Die neoklassische Arbeitsnachfrage

Die unternehmerische Entscheidungsregel am neoklassischen Arbeitsmarkt unterliegt dem **Grenzproduktivitätsprinzip**. Die Unternehmen streben nach Gewinnmaximierung, so daß die

[1] Werner Hofmann, Einkommenstheorie, 2. Aufl., Berlin, Darmstadt 1971, S.164

zusätzlichen Kosten pro zusätzlicher Arbeitseinheit (=Grenzkosten der Arbeit) dK/dA dem zusätzlichen Umsatz pro zusätzlicher Arbeitseinheit (Grenzumsatz) dU/dA entsprechen: Demnach gilt für die Arbeitsnachfrage die Gewinnmaximierungsregel:

$$\frac{dK}{dA} = \frac{dU}{dA}$$

Die Grenzkosten der Arbeit lassen sich aus der folgenden Produktions- bzw. Ertragsfunktion ableiten:

$$x = \sqrt{A} \times \sqrt{K}$$

x = Ertrag (Ausbringung)
A = Faktor Arbeit
K = Faktor Kapital

$$x = A^{0,5} \times K^{0,5}$$

Für K = konstant = 100 gilt:

$$x = A^{0,5} \times 100^{0,5}$$

weil $\sqrt{100} = 10$

$$x = 10 A^{0,5}$$

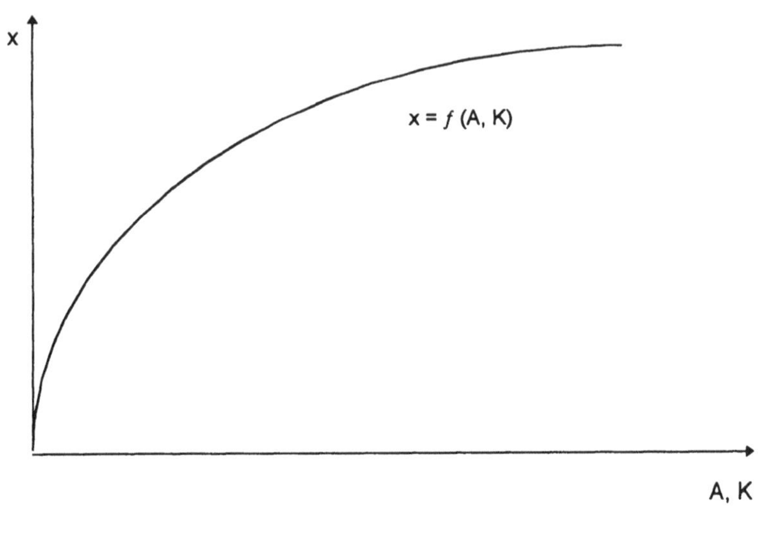

Die Produktionsfunktion zeigt **abnehmende Grenzerträge**.

$x' = 5 A^{-0,5}$ oder $x' = 5 / \sqrt{A}$

A	1	2	3	5
x'	5	3,5	2,9	2,2

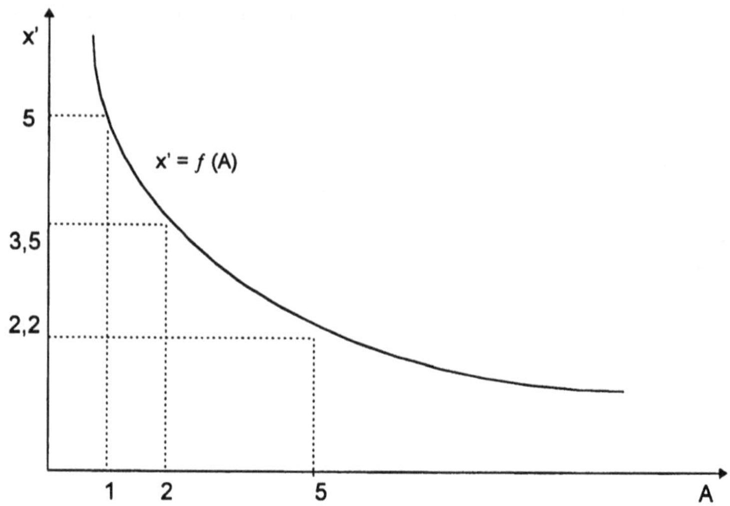

Die **Umkehrfunktion** der Produktionsfunktion wird zur Aufwandsfunktion, die den Arbeitsaufwand (gemessen in Stunden) in Abhängigkeit von der Ausbringung x anzeigt. Dazu wird die Produktionsfunktion nach A (zum Arbeitsaufwand) aufgelöst, also

$x = 10 A^{0,5}$

$x = 10 \sqrt{A}$ oder

$x^2 = 100 A$

Dann gilt:

$A = x^2 / 100$ oder $A = 1/100\, x^2$

Diese aus der Produktionsfunktion abgeleitete Aufwandsfunktion der Arbeit läßt sich weiter spezifizieren, wenn die Prämisse gilt, daß die Unternehmen am Arbeitsmarkt als Mengenanpasser auftreten und damit den jeweiligen Lohnsatz (L) nicht beeinflussen können (Lohnsatz = Datum).

Durch die Multiplikation des Lohnsatzes (L) mit dem Arbeitsaufwand (A) ergeben sich die gesamten Lohnkosten (K_L).

$K_L = A \times L$ (Arbeitsnachfrage x Lohnkosten)

Für L = 12 gilt die Gesamtkostenfunktion der Arbeit:

$$K_L = 1/100\ x^2\ (12)\ ; \qquad K_L = 0{,}12\ x^2$$

Aus der Gesamtkostenfunktion lassen sich unter Berücksichtigung des Kapitaleinsatzes (K = 100) die folgenden Kostenfunktionen ableiten:

Gesamtkostenfunktion mit Kapitaleinsatz:

$$K_G = f\,(A, K)$$
$$K_G = 0{,}12\ x^2 + 100$$

Stückkostenfunktion:

$$\frac{K_G}{x} = 0{,}12\ x + \frac{100}{x}$$

Variable Stückkosten:

$$\frac{K_v}{x} = 0{,}12\ x$$

Fixe Stückkosten:

$$\frac{K_f}{x} = \frac{100}{x}$$

Die **Grenzkosten der Arbeit** ergeben sich aus der ersten Ableitung der Gesamtkostenfunktion der Arbeit: **$K'_L = 0{,}24\ x \ = \ K'_G = 0{,}24\ x$**

Der **Umsatz der Arbeit (U_A)** ergibt sich aus der Multiplikation der Ausbringungsmenge (x) mit dem als gegeben angenommenen Produktpreis (p = 15). Nach Abzug der Lohnkosten ergibt sich der Gewinn der Arbeit (G_A). Das Gewinnmaximum ist dann erreicht, wenn die **Grenzkosten der Arbeit** dem **Grenzumsatz der Arbeit** entsprechen, wenn gilt:

$$U'_A = K'_L$$

In unserem Beispiel:

$$U'_A = 15 = K'_L = 0{,}24\ x$$

x = 62,5 (Ausbringung, Ertrag)

Eingesetzt in die Produktionsfunktion $x = 10 \sqrt{A}$ ergibt den Arbeitseinsatz in Arbeitsstunden

$$62{,}5 = 10 \sqrt{A}$$
$$6{,}25 = \sqrt{A}$$

$$A = 39{,}06$$

Bei einem Arbeitseinsatz von 39,06 Std., der eine Ausbringung in Höhe von 62,5 Einheiten impliziert, realisiert demnach das Unternehmen mit 468,7 Einheiten den größten Gewinn. Vergleiche dazu die folgende Tabelle und Grafik:

A (in Std)	$x = 10 \sqrt{A}$	$U_A = p\ x$	$K_L = A \times L$ $K_L = 0{,}12\ x^2$	$G_A = U_A - K_L$
1	1o	150	12	138
3	17,3	259,5	35,9	223,6
5	22,4	336,0	60,2	275,8
9	30	450	108	342
15	38,7	580,5	179,7	400,8
20	44,7	670,5	239,8	430,7
30	54,8	822	360,4	461,6
35	59,2	888	420,6	467,4
39,06	**62,5**	**937,5**	**468,8**	**468,7**
38	61,6	924	455,3	468,7
42	64,8	972	503,9	468,1

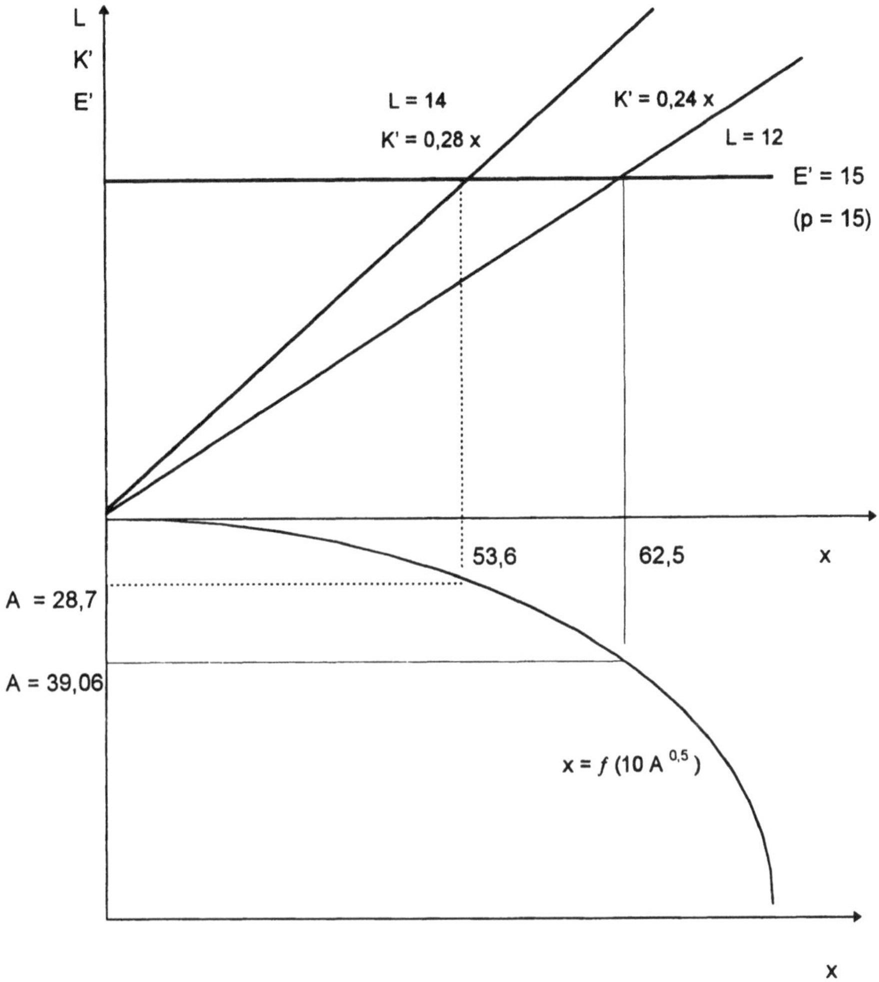

Ableitung für eine **Lohnerhöhung** von L = 12 auf L = 14:

$K_L = A \times L$

$K_L = 1/100\, x^2$ (14)

$K_L = 0{,}14\, x^2$

$K'_L = 0{,}28\, x$

$U'_A = 15$

$K'_L = U'_A$

$0{,}28\, x = 15$

$x = 53{,}6$ (Ausbringung (Ertrag))

Eingesetzt in die Produktionsfunktion

$x = 10 \sqrt{A}$

$53{,}6 = 10 \sqrt{A}$

$5{,}36 = \sqrt{A}$

$A = 28{,}7$ (Arbeitsnachfrage)

Eine Lohnerhöhung von L = 12 auf L = 14 führt demnach zu einem Rückgang der Arbeitsnachfrage von 39,06 Einheiten auf 28,7 Einheiten. Eine Lohnsenkung impliziert dagegen im Umkehrschluß eine Erhöhung der Arbeitsnachfrage

2.4.3 Das Arbeitsangebot

Das Arbeitsangebot am neoklassischen Arbeitsmarkt wird aus dem Angebotsverhalten der privaten Haushalte als Anbieter von Arbeit anhand einer **Nutzenfunktion** abgeleitet. Der einzelne Arbeitskraftanbieter hat genauso wie das einzelne Unternehmen dabei keinen Einfluß auf die Güter- und Faktorpreise, die sich am Gesamtmarkt bilden (Prämisse der vollkommenen Konkurrenz). So wie das Unternehmen versucht, seinen **Gewinn zu maximieren**, versucht der private Haushalt seinen **Nutzen zu maximieren**, wobei die beiden *"Gossenschen Gesetze"* Berücksichtigung finden. Der private Haushalt weitet sein Arbeitsangebot (A) demnach so lange aus, wie eine Gesamtnutzensteigerung zu verzeichnen ist, bzw. der Grenznutzen dem vorgegebenen Marktlohnsatz (L) entspricht. Je höher dieser Marktlohnsatz ausfällt, umso größer ist bei gegebener Nutzenfunktion das Angebot an Arbeit; d.h. die **Arbeitsangebotsfunktion ist positiv steigend**. Analog zur Hypothese über die gesamtwirtschaftliche Arbeitsnachfrage geht die Neoklassik davon aus, daß auch das Arbeitsangebot der privaten Haushalte von der **Reallohnhöhe** abhängig ist. Hier gilt:

Je höher der Reallohn, desto größer das Arbeitsangebot.

Da in den kollektiven Tarifverhandlungen zwischen Arbeitgebern und Arbeitnehmern aber nur die **Nominallöhne** ausgehandelt werden, muß das Preisniveau, das neoklassisch am Geldmarkt bestimmt wird, zur Determinierung des Reallohns berücksichtigt werden. Hierbei unterstellt die

Neoklassik, daß eine geldmengeninduzierte Veränderung des Preisniveaus zu keinen realwirtschaftlichen Veränderungen bei der Beschäftigungsmenge am Arbeitsmarkt führt. Dies ist zunächst deshalb nicht einleuchtend, weil durch eine Erhöhung des Preisniveaus (P) bei konstantem Nominallohn der Reallohn sinkt und die Unternehmen deshalb mehr Arbeitskräfte nachfragen müßten ($N_1 > N_0$). Da aber aufgrund des gesunkenen Reallohns auch die angebotene Arbeitsmenge zurückgeht ($A_0 > A_1$), bleibt in der Tat die Arbeitsgleichgewichtsmenge (A_G) unverändert. Lediglich das Preisniveau ist von (P_0) nach (P_1) gestiegen.

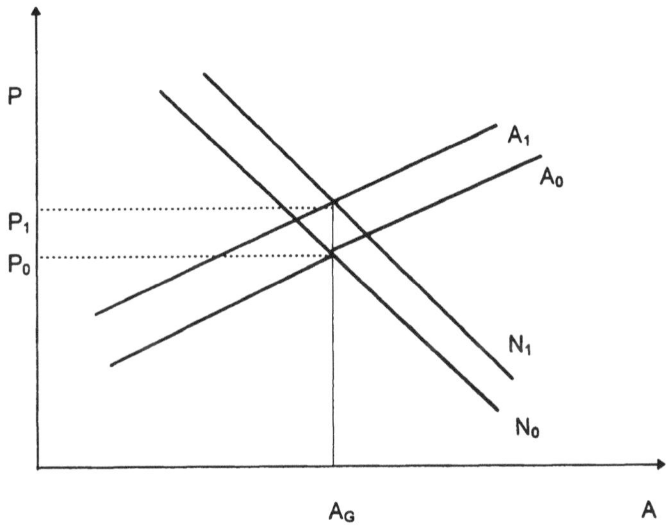

Für die einzelne Arbeitskraft bestimmt sich dabei der Reallohn durch das mit einem Preisindex deflationierte nominale Arbeitseinkommen. Über die Höhe des zukünftigen Preisindex besteht aber bei den Arbeitnehmern Unsicherheit, so daß die Beschäftigten bzw. die Gewerkschaften bei der Bestimmung des Reallohns von Erwartungen bezüglich einer Inflationsrate ausgehen. Einzelwirtschaftlich ergibt sich der Reallohn ($L_r = L/P$) aus dem Verhältnis von Nominallohn (L) zum Produktpreis (P). Da der Arbeitgeber am Absatzmarkt nach der Festlegung des Nominallohns über den Preis für seine Produkte diesen ökonomisch entwerten kann, kennt nur er den Reallohn, der für ihn deshalb gleich dem Nominallohn deflationiert mit seinem Produktpreis ist. Der Reallohn gibt gleichzeitig als relativer Preis das Tauschverhältnis zwischen Arbeit und neuproduzierten Gütern (Wertschöpfung) an. Dabei zeigt das Verhältnis die **Verteilung der Wertschöpfung** auf **Lohn** und **Gewinn**, bzw. welchen Teil der Produktionsmenge der Unternehmer den Arbeitern überlassen muß, damit sie bereit sind, ihre Arbeitskraft zu verkaufen.

Beträgt z.B. das **Tauschverhältnis** von Nominallohn (L = 12) und Verkaufspreis oder Güterpreis (P = 15), also 12 : 15 = 0,8, dann erhält der Unternehmer unter Berücksichtigung von 62,5 Arbeitseinheiten (vgl. dazu das Arbeitsangebot unter Punkt 2.4.2) 187,5 Einheiten = 20% und die Arbeiter 750 Einheiten = 80% der Summe des Arbeitsertrages in Höhe von 937,5 Einheiten - wobei sich der Arbeitsertrag aus dem Produkt von Verkaufspreis und geleisteten Arbeitseinheiten ergibt.

Arbeitsertrag = Verkaufspreis x Arbeitseinheiten
937,5 = 15 x 62,5

Wertprodukt der Arbeiter = Nominallohn x Arbeitseinheiten
750 = 12 x 62,5

Die **Lohnquote** beträgt demnach 80% und die **Gewinnquote** 20%.

Dieser allgemeine neoklassische Ansatz wird durch die Lehre vom **"atypischen Verlauf der Arbeitsangebotskurve"** erweitert.[1] Auch hier wird das Arbeitsangebot anhand einer Nutzenfunktion abgeleitet. Bei der Bestimmung des optimalen Arbeitsangebots wird angenommen, daß der individuelle Nutzen des Arbeiters eine Funktion der Freizeit sowie des erreichbaren Einkommens durch das Angebot an Arbeitszeit ist. Der Arbeiter entscheidet sich dabei nutzenoptimal zwischen **Arbeitszeit und Freizeit**. Sowohl die Entscheidung für Freizeit als auch die Entscheidung für Arbeitszeit - und damit für Einkommen und die Möglichkeit des Erwerbes von Konsumgütern - stiftet ihm einen subjektiv determinierten Nutzen. Die Aufteilung des 24-Stunden-Tages in Arbeitszeit und Freizeit (incl. Schlafenszeit) hängt dabei zunächst von dem Lohnsatz ab, durch den das Existenzminimum des Arbeiters bestimmt wird. Bei gegebenem Marktlohnsatz paßt er sich mit seiner Arbeitszeit so an, daß er die notwendigen Subsistenzmittel sicherstellen kann. Bei einem steigenden Lohnsatz kommt es zu einer Ausweitung der Arbeitszeit zu Lasten der Freizeit bis ein Einkommen realisiert wird, bei dem noch höhere Lohnsätze den Nutzenentgang (Opportunitätskosten) der Freizeit nicht mehr kompensieren. Ab diesem Punkt (in der folgenden Grafik Punkt A) nimmt das Arbeitsangebot mit steigendem Lohnsatz ab, d.h. die Arbeitsangebotskurve nimmt einen atypischen Verlauf.

[1] Vgl. Erich Schneider, Einführung in die Wirtschaftstheorie, 2.Bd., 13. Aufl., Tübingen 1972, S.391ff.

Normale und anormale Arbeitsangebotsfunktion

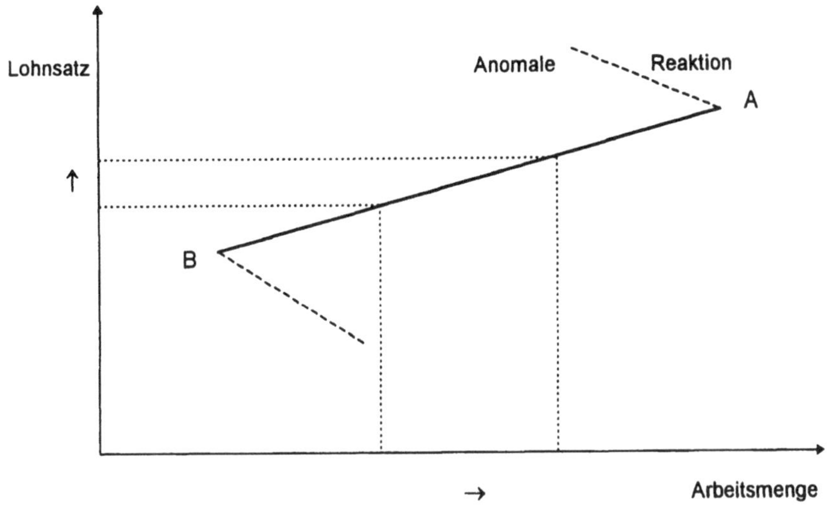

Umgekehrt kann sich bei einem zu niedrigen Lohn das Arbeitsangebot aus Gründen der Existenzsicherung bei fallenden Löhnen weiter erhöhen (vgl. Punkt B in der Grafik).

2.4.4 Das Arbeitsmarktgleichgewicht

Durch den von der Neoklassik unterstellten **flexiblen Lohnmechanismus** am Arbeitsmarkt kommt es bei einem Reallohnsatz (L/P) oberhalb des Gleichgewichtslohnsatzes **(Arbeitsangebot > Arbeitsnachfrage)** durch die Konkurrenz der Arbeitnehmer um die knappen Arbeitsplätze solange zu einer **Reallohnsenkung**, bis der Reallohnsatz das Gleichgewichtsniveau erreicht hat. Bei einem Reallohnsatz unterhalb des Gleichgewichts am Arbeitsmarkt **(Arbeitsangebot < Arbeitsnachfrage)** übertrifft die nachgefragte Arbeitsmenge die angebotene, was bei der Konkurrenz der Unternehmer um die knappen Arbeitskräfte zu einem Steigen des Reallohns führt, bis auch hier das gleichgewichtige Reallohnniveau realisiert ist.

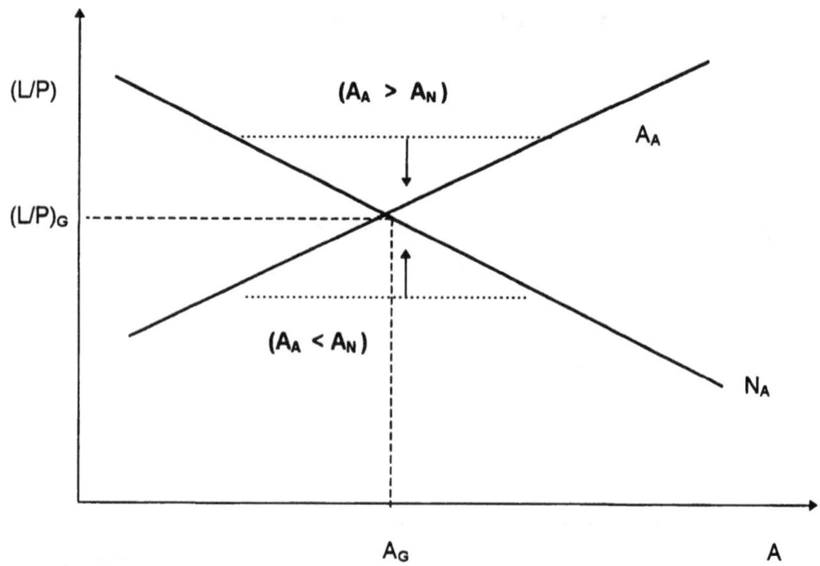

Im neoklassischen Arbeitsmarktgleichgewicht gilt deshalb:

Alle, die zu dem Gleichgewichtslohn $(L/P)_G$ arbeiten wollen, finden auch Beschäftigung. Es herrscht somit immer Vollbeschäftigung. Die, die nicht beschäftigt sind, sind zu dem herrschenden Gleichgewichtslohnsatz nicht bereit zu arbeiten und daher freiwillig arbeitslos (sog. **neoklassische freiwillige Arbeitslosigkeit**).

2.4.5 Wirtschaftspolitische Implikationen der Neoklassik

Aus der neoklassischen Theorie zum Arbeitsmarkt sind im wesentlichen vier wirtschaftspolitische bzw. interessenorientierte Forderungen aus dem rechts-liberalen Politiklager sowie aus den Arbeitgeberverbänden[1] abgeleitet worden. Unterstützung erhalten diese Interessengruppen dabei vom neoklassisch ausgerichteten *„Sachverständigenrat"* (SVR) durch mehrere Gutachten[2], aber auch von der *„Monopolkommission"* in ihrem Hauptgutachten 1992/93.

Erstens müsse der Preis für die „Ware" Arbeitskraft, der Lohn, bei einem Ungleichgewicht am Arbeitsmarkt entsprechend flexibel reagieren. Dies gilt insbesondere für ein Überangebot, also bei dem Vorliegen von Arbeitslosigkeit. Die Löhne müßten hier sinken, bis ein neues Gleichgewicht am Arbeitsmarkt realisiert ist.

[1] Bundesvereinigung der deutschen Arbeitgeber (BDA) sowie Bundesverband der deutschen Industrie (BDI).
[2] Vgl. insbesondere das Jahresgutachten 1977/78

Zweitens wären die Lohnzuwächse an dem neoklassischen Postulat der Arbeits-(grenz)produktivität als Obermaß auszurichten (sog. „Produktivitätsorientierte Lohnpolitik“, vgl. dazu das Kapitel 2.7).

Drittens müßten beim Vorliegen von Arbeitslosigkeit die Lohnzuwächse hinter dem Produktivitätsfortschritt zurückbleiben, was einen Abschlag von der Produktivitätsrate impliziert. Gleichzeitig müsse eine stärkere Lohnstrukturdifferenzierung incl. von individuellen Lohnabschlüssen unter Tarif möglich sein und durchgesetzt werden. Nur so käme es zu einer nachhaltigen Integration von Arbeitslosen in den Arbeitsmarkt.

Viertens soll der Arbeitsmarkt massiv rechtlich dereguliert werden. Das „Tarifkartell“ von Arbeitgeberverbänden und Gewerkschaften (so die Monopolkommission)[1] verhindert über das Festlegen von Mindestlöhnen ein vollbeschäftigungsadäquates Sinken der Löhne und verursacht darüber eine „Mindestlohnarbeitslosigkeit“ (Sachverständigenrat). Abschaffung des traditionell überholten Flächentarifvertrages, Aufweichung des Betriebsverfassungsgesetzes sowie arbeits- und sozialrechtlicher Schutzbestimmungen für die abhängig Beschäftigten, wie z.B. beim Kündigungsschutz oder bei der Entgeltfortzahlung im Krankheitsfall, bilden hier die Stoßrichtung.

2.5 Machttheoretische Ansätze in der Lohntheorie

Da die neoklassische Erklärung der Lohnbildung auf Basis der völlig unrealistischen Prämisse der vollkommenen Konkurrenz am Arbeitsmarkt stattfindet, die jeglichen **Machteinfluß**, sowohl auf der Angebots- als auch auf der Nachfrageseite des Arbeitsmarktes negiert, haben sich sowohl eine **monopolistische** als auch eine **monopsonistische Lohnbildung** herausgebildet. Aufgrund der realen Bedingungen am Arbeitsmarkt (Tarifautonomie) wurden hieraus letztlich über den Weg des bilateralen Monopols machttheoretische „Collective - Bargaining - Models“ abgeleitet.

2.5.1 Die monopolistische Theorie des Arbeitsmarktes

Die monopolistische oder **angebotsmachtorientierte Lohnbildung** am Arbeitsmarkt geht davon aus, daß sich die einzelnen Anbieter von Arbeitsleistungen kollektiv in **Gewerkschaften** zusammenschließen, um den Lohnsatz gegenüber den vielen „ohnmächtigen“ Unternehmen zu maximieren. In diesem Modell wird - im Gegensatz zur vollkommenen Konkurrenz - unterstellt, daß die Arbeiter einen Einfluß auf den Lohn oder die angebotene Arbeitsmenge über ihre Gewerkschaft nehmen können. Sie verhalten sich demnach nicht als Mengenanpasser, sondern als Lohn- bzw. Mengenfixierer. Bei einer unterstellten Nachfragefunktion von ($\mathbf{N_A = 5 - 0{,}5\,A}$) und einer Produktionsfunktion von ($\mathbf{E = 0{,}5\,A}$) sowie der daraus folgenden Umkehrfunk-

[1] Vgl. dazu im folgenden die „machttheoretischen Ansätze“ zum Arbeitsmarkt.

tion, der linearen Kostenfunktion von (**K = 2 A**), mit Grenzkosten der Arbeit von (**K' = 2**) entfällt im Gegensatz zur vollkommenen Konkurrenz die gesamte Nachfrage dem einen Anbieter von Arbeitsleistungen als **Angebotsmonopolist** zu.

Durch Multiplikation des Lohnsatzes ($L_A = 5 - 0{,}5A$) mit den geleisteten Arbeitsstunden (A) ergibt sich die **Lohnsumme des Angebotsmonopolisten** am Arbeitsmarkt aus:

$$L_A = (5 - 0{,}5\,A) \times (A) = 5\,A - 0{,}5\,A^2$$

Die Grenzlohnsumme beträgt dann:

$$L'_A = 5 - A$$

Verglichen mit den Grenzkosten der Arbeit K' = 2 bietet der Angebotsmonopolist am Arbeitsmarkt 3 Arbeitseinheiten zum Lohnsatz von 3,5 Einheiten an.

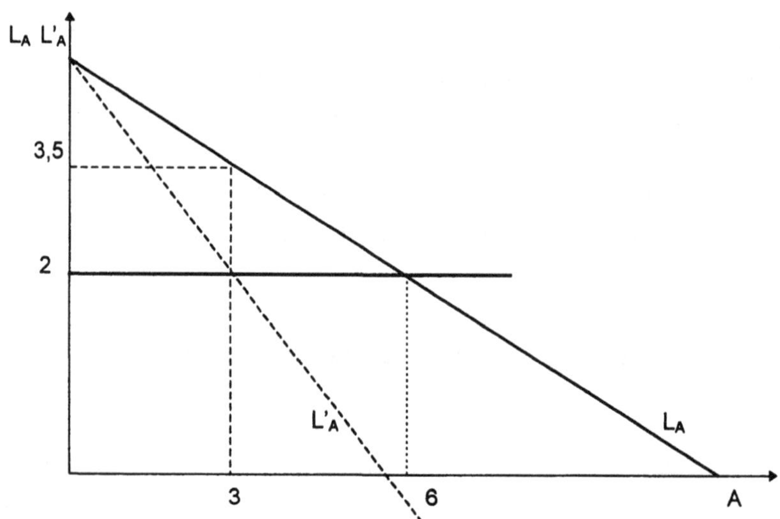

Bei **vollkommener Konkurrenz** würde der Marktgleichgewichtslohnsatz dagegen nur bei 2 Einheiten und die nachgefragte Arbeitsmenge bei 6 Einheiten liegen. Die **Angebotsmacht** führt demnach zu einem **höheren Lohn** bei einem **geringeren Angebot** an Arbeitsleistung. Das Ergebnis ist allerdings, abgebildet vor dem Hintergrund der Realität des Arbeitsmarktes, wenig überzeugend. Sicher kann ein Angebotsmonopolist bei konstanter Nachfrage den Preis seiner

Waren durch eine Angebotsverknappung über den Wettbewerbspreis anheben und festsetzen. Dies gilt allerdings aufgrund der Besonderheit der „Ware“ Arbeitskraft auf Arbeitsmärkten nicht. Der Arbeiter bzw. abhängig Beschäftigte muß sich jeden Tag durch sein Arbeitsangebot die monetären Mittel für seine Reproduktion beschaffen. Daran ändert auch die Tatsache des gewerkschaftlichen Zusammenschlusses nichts. Zwar kann die Gewerkschaft durch **Streik** eine kurzfristige Verknappung der „Ware“ Arbeitskraft herbeiführen; mittelfristig wird dies aufgrund nur begrenzter finanzieller Mittel der Gewerkschaften aber schon nicht mehr gelingen.

2.5.2 Die monopsonistische Theorie des Arbeitsmarktes

Bei der **Nachfragemacht** induzierten monopsonistischen Theorie am Arbeitsmarkt wird unterstellt, daß das Angebot an Arbeit durch unendlich viele Anbieter geprägt ist, während die Nachfrage durch lediglich einen Nachfrager besetzt wird. Dieser eine Nachfrager wird dabei als der **kollektive Arbeitgeberzusammenschluß** in Form des Arbeitgeberverbandes definiert. Er fragt das gesamte von unendlich vielen Anbietern angebotene Arbeitskräftepotential nach. Der Monopsonist will dabei seine Ausgaben für Arbeitskräfte gemäß der Forderung

Grenzvorteil = Grenzausgabe minimieren.

Die Angebotsfunktion an Arbeit entspricht ihrer **Preisbezugsfunktion** $P_F = A$.

Diese Funktion ist ihrem Charakter nach eine Durchschnittsausgabenfunktion, aus der sich durch Multiplikation mit der eingekauften Arbeitsmenge die **Gesamtausgabenfunktion** für Arbeit $A_F = A^2$ des Monopsonisten ergibt. Die Grenzausgabe oder **Grenzausgabenfunktion**

$$A'_F = 2\,A$$

bildet die erste Ableitung der Gesamtausgabenfunktion. Sie ist positiv steigend und liegt überhalb der Preisbezugsfunktion. Der Monopsonist wird nun versuchen, aus der **Gesamtvorteilsfunktion**

$$V_F = -0{,}5\,A^2 + 10\,A$$

einen möglichst großen Nutzen aus der nachgefragten Arbeitsmenge zu erzielen. Die **Grenzvorteilsfunktion** lautet dabei

$V'_F = -A + 10.$

Wie man der folgenden Tabelle und Abbildung entnehmen kann, wählt der Monopsonist die Lohn-Arbeitsmengen-Relation (3,34 : 3,34), wo die Differenz zwischen Gesamtausgabe und Gesamtvorteil am größten ist. Hier erreicht sein Gewinn mit 16,66 Einheiten das Maximum.

Preisbezugs-funktion	Gesamt-ausgaben	Grenzaus-gaben	Gesamt-vorteil	Grenz-vorteil	Gewinn
1	1	2	9,5	9	8,5
2	4	4	18	8	14
3	9	6	25,5	7	16,5
3,34	**11,16**	**6,68**	**27,82**	**6,66**	**16,66**
4	16	8	32	6	16
5	**25**	**10**	**37,5**	**5**	**12,5**
6	36	12	42	4	6,0
7	49	14	45,5	3	- 3,5
8	64	16	48	2	- 16

Verglichen mit der Arbeitsmarktsituation bei vollkommener Konkurrenz, bei der sich in unserem Beispiel das Marktgleichgewicht in der Lohn-Arbeitsmengen-Relation von 5 : 5 einstellen würde, ist demnach der Monopsonist in der Lage, den Lohn der Arbeiter zu drücken und gleichzeitig weniger Arbeitskräfte nachzufragen.

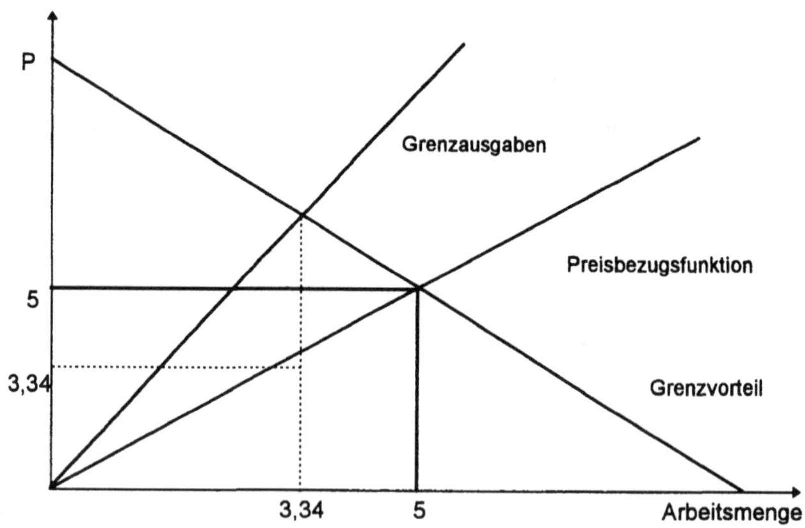

Dieses theoretische Modellergebnis steht allerdings - wie bei der Theorie der Angebotsmacht am Arbeitsmarkt - im krassen Widerspruch zur wirtschaftlichen Realität. Ein Unternehmen wird wohl kaum in der Lage sein, auf Arbeitsnachfrage zu verzichten, nur um den monopsonistischen Lohnsatz zu erzielen. Weitet ein Unternehmen z.B. seine personellen Kapazitäten aus, weil es die Absatzsituation erfordert, so bliebe selbst dem Monopsonisten nichts anderes übrig, als seine Vorteilsposition zu verlassen und zu einem höheren Lohnsatz Arbeitskräfte einzustellen.

2.5.3 Das bilaterale Monopol am Arbeitsmarkt

Da in der wirtschaftlichen Realität weder der Arbeitsmarkt auf der Angebotsseite von den Gewerkschaften, noch auf der Nachfrageseite von den Arbeitgeberverbänden beherrscht wird, sondern beide Machtblöcke beim kollektiven Aushandeln von Löhnen und Gehältern in Tarifrunden aufeinanderstoßen, lag es für die Neoklassik nahe, den Arbeitsmarkt mit der Marktform des **bilateralen Monopols** zu identifizieren. In dieser Marktform sind allgemein fünf verschiedene Extrempositionen der realisierten Lohn-Mengen-Kombinationen möglich.[1] Die Lohnhöhe, so die Theorie des bilateralen Monopols, bestimmt sich dabei durch die Höhe der Macht auf der einen Seite und durch die Höhe der Gegenmacht auf der anderen Seite. Damit kommt man der Realität der Arbeitsmärkte zwar näher, eine genaue Bestimmung der Lohnhöhe ist aber nicht möglich, weil es das Charakteristikum des bilateralen Monopols ist, "daß der Lohn (...) indeterminiert ist, d.h. mit den Mitteln der ökonomischen Analyse nicht bestimmt werden kann, da die relativen Machtpositionen entscheiden."[2] Man kann nur sagen, daß sich der Lohn irgendwo zwischen den beiden Extrempunkten des Monopol- und Monopsonfalls bewegt. "Die eigentliche Frage der Lohntheorie, von welchen Faktoren es abhängt, wo sich der Lohn innerhalb dieses weiten Spielraumes einstellt, bleibt damit im Rahmen der Theorie des bilateralen Monopols unbeantwortet."[3]

Eine Weiterentwicklung erfuhr die Theorie des bilateralen Monopols durch **Collective-Bargaining-Models**, die Gleichgewichtslösungen am Arbeitsmarkt nicht durch Marktmechanismen, sondern durch **Verhandlungsstrategien** zu erklären versuchen, indem berücksichtigt wird, daß auf das Ergebnis der Lohnverhandlungen in besonderem Maße die aktuelle Beschäftigungslage aber auch die Verhandlungsstärke und das Geschick der Verhandlungsparteien (Gewerkschaften und Arbeitgeberverbände) einwirken. Der Begründer dieser Theorie war ***John Richard Hicks***.[4] Hicks hat eine einfache Erklärung für den Ausgang der Lohnverhandlungen gegeben. Diese läßt sich wie folgt zusammenfassen:

---

[1]Vgl. Richard Gerster, Ausbeutung, (Diss.), Zürich 1973, S. 149ff.
[2]Richard Gerster, a.a.O., S. 153
[3]Bernhard Külp, Lohntheorien, in: Handwörterbuch des Personalwesens, 2. Aufl., Stuttgart 1992, S. 1.308
[4]Vgl. John Richard Hicks, The Theory of Wages, 2. Aufl., London 1963

Es ist (L_u) **die Lohnangebotskurve (Konzessionskurve)** der Unternehmen in Abhängigkeit von der Streikdauer, mit der sie im Falle eines Zusammenbruchs der Verhandlung rechnen. „Je länger die erwartete Streikdauer ist, desto konzessionsbereiter sind die Unternehmer. Hierbei ist (L_{uo}) der Lohn, den sie ohne weiteres zu zahlen bereit sind, der allerdings weit unter dem Lohn (L_{Go}) liegt, den die Gewerkschaften sofort akzeptieren würden. Auch die Gewerkschaften sind umso kompromißbereiter, je länger ihrer Vorstellung nach der zu erwartende Arbeitskampf dauern würde, wenn die Verhandlungen abgebrochen würden. Die Lohnforderungskurve (L_G) der Gewerkschaften ist daher nach unten geneigt. Im Schnittpunkt von (L_u) und (L_G) ergibt sich schließlich der von beiden Seiten vertretbare Kompromiß-Nominallohnsatz (L_o)."[1]

Collective-Bargaining-Modell

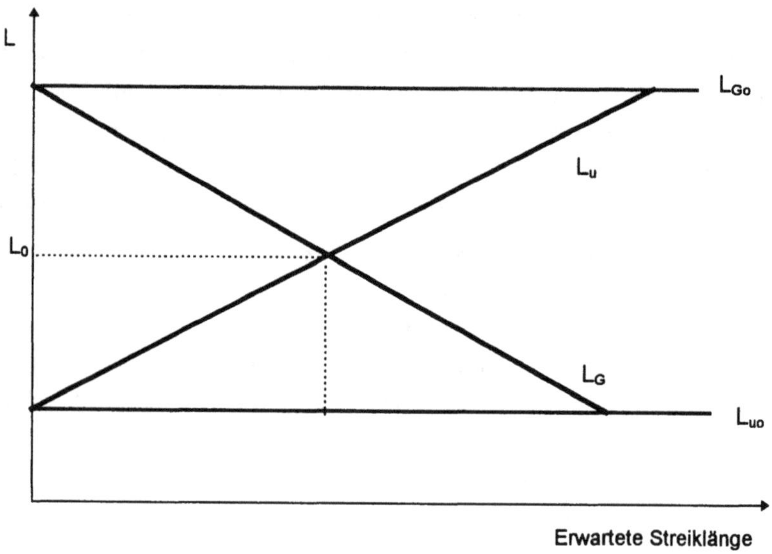

Auch die neoklassischen **machttheoretischen Ansätze** zur Erklärung der Lohnhöhe, und der Veränderungen der Löhne, sind nicht in der Lage, die sich in der Realität vollziehende Lohnbildung zu erklären. Letztlich unterliegen auch sie der unrealistischen Prämisse der **Grenzproduktivitätstheorie** und verhaften in einem mechanischen Lohn-Arbeitsmengen-Marktmechanismus, der - wie gezeigt - nicht in der Lage ist, die Realität des Arbeitsmarktes abzubilden. Auch die Theorie des bilateralen Monopols - inklusive des Bargaining-Ansatzes - sind von einem realistischen Arbeitsmarktansatz zur Erklärung der Lohnbildung und -veränderung weit entfernt.

[1] Walter Frerichs, Einkommens- und Beschäftigungstheorie, Neuwied 1974, S. 114

2.5.4 Der machttheoretische Ansatz von Arndt

Anders als die Neoklassiker versucht ***Helmut Arndt***, Macht nicht aus der Marktform des Monopols, Monopsons oder des bilateralen Monopols abzuleiten, sondern mit **jeglicher Art von Abhängigkeiten** zu erklären. Macht und deren Auswirkungen sind ohne weiteres auch bei Vorliegen eines Gleichgewichts denkbar. Wirtschaftliche Macht ist dabei für Arndt "die Fähigkeit, objektive ökonomische Größen zu ändern, Geschäftspartner zu Umwertungen zu zwingen, Konkurrenten zu unterwerfen, die eigene Information gegen die Unwissenheit anderer Wirtschaftler auszuspielen und die vom Staat gesetzten Rahmenbedingungen des Wirtschaftens zu beeinflussen, - um sich hierdurch wirtschaftliche Vorteile ohne entsprechenden Beitrag zum Sozialprodukt auf Kosten anderer Wirtschaftler zu verschaffen."[1] Der **Machtmißbrauch** impliziert für Arndt gleichzeitig Ausbeutung, wobei er für den Arbeitsmarkt feststellt:

"Sowohl die sozialistischen wie die 'bürgerlichen' Ökonomen sind an der Analyse der Ausbeutung gescheitert. Sie berücksichtigen die Umwertungen nicht, die eintreten, wenn ein vom Staat erlassenes Koalitionsverbot die Verteilung der Macht am Arbeitsmarkt verändert. Sie übersehen, daß der von Gewerkschaften geschützte Arbeiter im Gegensatz zum ausgebeuteten Arbeiter an der Produktivitätsentwicklung beteiligt wird und daß selbst bei steigender Arbeitsproduktivität der Reallohn sinkt, wenn der Arbeiter seine Unabhängigkeit und damit seine Verhandlungsfreiheit verliert. Sie begründeten keine allgemeine Theorie der Macht, weil sie ihre Analyse auf das Monopol oder den Optionsfixierer beschränken oder weil sie in dem Privateigentum resp. dem Privateigentum an den produzierten Produktionsmitteln die einzige Ursache von Macht erblicken."[1]

Arndt versucht deshalb, die Lohnhöhe und die Veränderungen der Löhne am Arbeitsmarkt durch **machtinduzierte Umwertungsprozesse** anhand von drei verschiedenen Gleichgewichtslagen zu erklären.

Erstens: Die Nachfrager und Anbieter am Arbeitsmarkt stehen sich mit **gleichen Chancen** gegenüber: Gleichgewicht: L_b/M_b

Zweitens: Die **Anbieter**, die Arbeitskräfte oder die Gewerkschaften, sind in einer **abhängigen Position**: Gleichgewicht: L_c/M_c

Drittens: Die **Nachfrager** sind umgekehrt die **abhängigen Wirtschaftssubjekte**: Für das Gleichgewicht gilt: L_a/M_a

Die Wertvorstellungen der Anbieter und Nachfrager am Arbeitsmarkt sind in jeder dieser Situationen unterschiedlich. Die Umwertungen, die sich zwischen diesen Gleichgewichtslagen vollziehen, werden (...) teils erzwungen (nämlich bei den jeweils Benachteiligten) und teils

[1]Helmut Arndt, Markt und Macht, Tübingen 1973, S. 101

freiwillig vorgenommen (nämlich bei den jeweils Bevorzugten). Je nach der Verteilung der Macht ergeben sich die drei in der Grafik dargestellten Kurvenlagen.

- **Gleichgewichtslagen bei freiem Angebot und bei freier Nachfrage.**

Da beide Seiten die gleichen Chancen haben, gelten die in der Mitte der Abbildung zu findende Arbeitsangebotskurve A_b und die Arbeitsnachfragekuve N_b. Es kommt zu einem Lohn- Arbeitsmengenverhältnis von L_b zu M_b.

Machttheoretischer Ansatz von Arndt

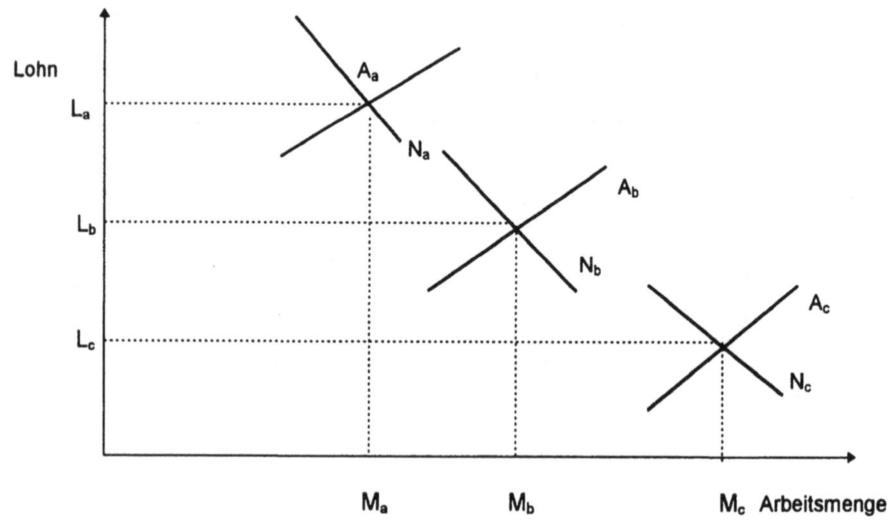

- **Gleichsgewichtslagen bei (völlig) abhängigen Arbeitskräften.**

Der Gleichgewichtslohn reicht hier bei gegebener Bewertung und variierender Beschäftigung gerade aus, um langfristig die (bloße) Reproduktion der Arbeitskraft zu ermöglichen. (Durchschnittsleid und durchschnittliche Reproduktionskosten fallen in diesem Fall zusammen.) Die Angebotskurve und die Nachfragekurve für Arbeit haben sich nach rechts unten verschoben. Statt A_b gilt jetzt die Angebotskurve A_c und statt N_b nun die Nachfragekurve N_c : Große Mengen von Arbeit werden zu niedrigen Löhnen umgesetzt. Wird der Arbeiter ausgebeutet, so muß er sein eigenes Arbeitsangebot erhöhen und Frau und Kinder mitarbeiten lassen. Er ist in des Wortes ursprünglicher Bedeutung zum 'Prolet' geworden: Da er keinerlei Geld besitzt, aus dem er Zins zieht, kann er (außer seiner Frau) nur seine Kinder, seine 'proles', zum Mitverdienen einsetzen. Der Verelendungsprozeß der Arbeiter hat - wie zur Zeit von Marx und Engels - seinen Kulminationspunkt erreicht.- Unter diesen Umständen ist es nicht notwendig, daß die angebotene Arbeit in vollem Umfange nachgefragt wird. Unter der - für die erste Hälfte des vorigen Jahrhunderts grausamerweise zutreffenden - Annahme, daß es auch für Arbeitslose 'Ersatzmänner' gibt (d.h. also für jeden Arbeitslosen, der verhungert oder auswandert, ein anderer an die Stelle tritt) wird die von Marx beschriebene 'industrielle Reservearmee' zu einem Dauerphänomen.

[1] Helmut Arndt, a.a.O., S. 168

- **Gleichgewichtslagen bei abhängiger Arbeitsnachfrage.**

Die Nachfragekurve für Arbeit hat sich (infolge erzwungener Umwertung) nach N_a und die Arbeitsangebotskurve (infolge freiwilliger Umwertung) nach A_a verschoben (vgl. die Grafik oberer Teil). Der Gleichgewichtslohn ist jetzt so hoch, daß im Grenzfall die Unternehmen nur ihre Kosten (einschließlich der Kosten für Reinvestitionen, d.h. die durch die Erhaltung ihrer Produktionsanlagen entstehenden Kosten) verdienen. Erweiterungs- und Rationalisierungsinvestitionen sind im Grenzfall nicht mehr möglich: Die Arbeitsproduktivität bleibt gleich.[1]

2.6 Zur Theorie des keynesianischen Arbeitsmarktes

Der keynesianische Arbeitsmarkt unterscheidet sich vom neoklassischen Arbeitsmarkt nur auf der **Angebotsseite**. Die Nachfrage nach Arbeitskräften ist auch bei Keynes über das Grenzprodukt der Arbeit und dem Reallohn determiniert. Dagegen unterstellt Keynes auf der Angebotsseite des Arbeitsmarktes eine **„Geldillusion"** der Arbeitnehmer, womit er meint, daß das Arbeitsangebot nicht vom Reallohn abhängig ist, sondern vom **Nominallohn** und dieser selbst bei einer Unterbeschäftigungssituation aufgrund der Verhandlungsmacht der Gewerkschaften, zumindest kurz- bis mittelfristig, nach unten **inflexibel**, d.h. fix ist.[2] Grafisch läßt sich dies durch eine Parallelzeichnung der Nominallohnkurve (L) zur Arbeitsmenge (A) zeigen. Zu dem Nominallohn (L), der über- aber nicht unterschritten werden kann, wird demnach die Arbeitsmenge (A*) angeboten. Darüber hinaus erfolgt ein weiteres Angebot (z.B. Überstunden) nur zu einem höheren Nominallohnsatz (Opportunitätskosten von Freizeit). Vergleiche dazu den gekrümmten Verlauf der Arbeitsangebotskurve in der folgenden Grafik. Hier liegt demnach im Gegensatz zum neoklassischen Arbeitsmarktangebot, das einen völlig flexiblen Reallohnsatz nach oben und unten impliziert, eine gravierende Abweichung zur keynesianischen Theorie des Arbeitsmarktes vor.

[1] Helmut Arndt, a.a.O., S. 170ff.

[2] Eine Preisniveausenkung, die bei einem konstanten Nominallohnsatz eine Reallohnerhöhung implizieren würde, schließt er wegen des hohen Monopolisierungsgrades der Wirtschaft weitgehend aus.

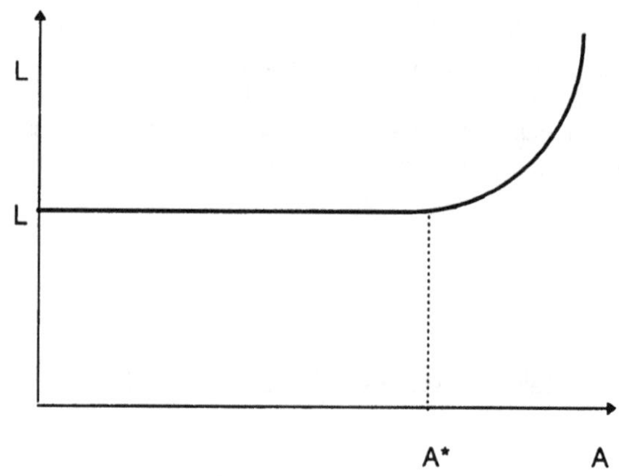

Berücksichtigt man die **Arbeitsnachfrage** der Unternehmen, die sich auch bei Keynes am Reallohn und an dem Grenzproduktivitätskalkül orientiert, so ist nicht sichergestellt, daß der Arbeitsmarkt „geräumt“ wird und automatisch über den flexiblen Lohnmechanismus, wie dies die Neoklassik realitätsfremd behauptet, Vollbeschäftigung entsteht. Beträgt die Nachfrage nach Arbeit (N_A) zu dem in Tarifverhandlungen zwischen Arbeitgeberverbänden und Gewerkschaften vereinbarten Mindest-Nominallohnsatz (L) nämlich nur (A_1), so liegt eine Unterbeschäftigung bzw. **unfreiwillige Arbeitslosigkeit** in Höhe von (A_1) zu (A_{VB}) vor (vgl. die folgende Grafik).

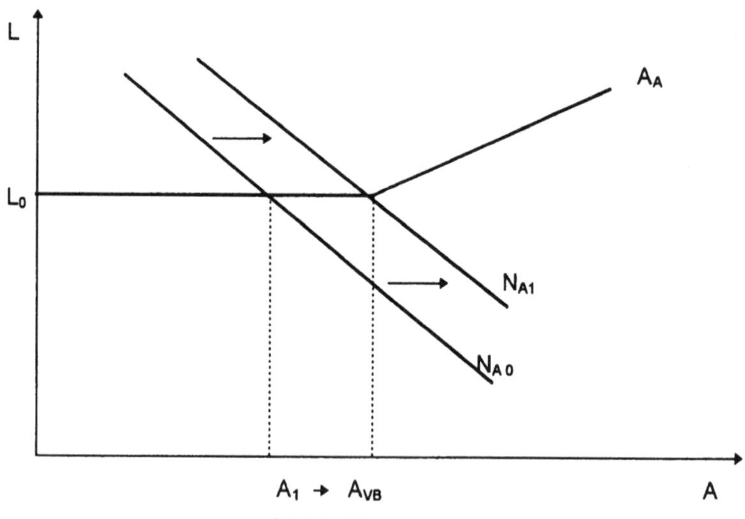

Bei einer konstanten Arbeitsnachfrage und einem nach unten nicht flexiblen Nominallohnsatz kann für Keynes **immanent** am Arbeitsmarkt **Vollbeschäftigung** nur durch ein *Steigen des Preisniveaus* (dadurch sinkt der Reallohn, zu dem die Unternehmer mehr Arbeitskräfte nachfragen) oder durch eine *Erhöhung der Arbeitsproduktivität* (dadurch steigt das Grenzprodukt der Arbeit) erreicht werden. In der oberen Grafik wird dies durch die Rechtsverschiebung der Arbeitsnachfragekurve von (N_{A0}) nach (N_{A1}) gezeigt.

Von den Neoklassikern ist eingewandt worden, daß es im keynesianischen Modell nur deshalb nicht zu einem Vollbeschäftigungsgleichgewicht kommt, weil der Nominallohnsatz nach unten keine Flexibilität zeigt. Wäre dies aber der Fall, so könne, wie von der Neoklassik abgeleitet, durch eine Senkung des Nominallohnsatzes durchaus ein Vollbeschäftigungsgleichgewicht herbeigeführt werden (sog. **„Neoklassische Synthese"** des Arbeitsmarktes). Bei Keynes selbst und bei Keynesianern ist die Wirksamkeit des Lohnmechanismus aber stets aus mehreren Gründen auf große Skepsis gestoßen. Dies wird zunächst einmal damit begründet, daß Vollbeschäftigung nicht durch **arbeitsmarktimmanente** Veränderungen realisiert wird, sondern durch eine Erhöhung der gesamtwirtschaftlichen Produktion und Nachfrage. Der Arbeitsmarkt ist ein **abgeleiteter Markt**. Damit bestimmt nicht der Lohn, ob Real- oder Nominallohn, die Arbeitsnachfrage, sondern die abgeleitete Nachfrage auf den Gütermärkten, die wiederum das Produktionsniveau in den Unternehmen determiniert. Die Arbeitsnachfrage ist dabei um so größer, je höher die Nachfrage nach Gütern ist. Dies ist unabhängig von der Höhe des Lohnniveaus. Zu jedem ausgehandelten Lohn steigt die Nachfrage nach Arbeit bei entsprechend ausreichenden Aufträgen. Liegt Unterbeschäftigung vor, so kann diese nur durch eine **Anregung der gesamtwirtschaftlichen Nachfrage** (Konsum, Investitionen, Staatsverbrauch und Auslandsnachfrage) behoben werden und nicht durch Lohnsenkungen, die eher kontraproduktiv sind, weil Löhne und Gehälter aufgrund ihres „Doppelcharakters" nicht nur Kosten, sondern auch **Kaufkraft (Kaufkrafttheorie des Lohnes)** zur Erhöhung der Nachfrage und damit Produktion implizieren. Außerdem versagen Nominallohnsenkungen zur Behebung einer Unterbeschäftigungssituation sowohl im keynesianischen Fall der „Liquiditätsfalle" als auch bei dem Vorliegen von „zinsunelastischen Investitionen".[1]

Zur Behebung von **struktureller Arbeitslosigkeit**, also Arbeitslosigkeit, die sich z.B. aus Veränderungen der Nachfragestruktur oder technischer Prozeßinnovationen ergibt, versagen

[1] Vgl. dazu das 6. Kapitel

darüber hinaus Lohnsenkungen völlig. Dies wird von der Neoklassik wegdefiniert, weil strukturelle Arbeitslosigkeit nicht in das neoklassische Konzept der „Dauerschelte" gegenüber gewerkschaftlicher Lohnpolitik paßt. Anders therapiert der Keynesianismus strukturelle Arbeitslosigkeit mit einer gezielten Arbeitsangebotsverknappung durch Arbeitszeitverkürzungen.

2.7 Zur produktivitätsorientierten Lohntheorie

Aus den Bedingungen des Kapitalverwertungsprozesses und der Besonderheit der „Ware" Arbeitskraft resultiert ein kapitalistisch **immanenter Interessenwiderspruch**, der sich in einem **Verteilungsproblem** der jeweils im Leistungserstellungs- und verwertungsprozeß realisierten **Wertschöpfungen** manifestiert. Dies zeigt sich einzelwirtschaftlich in der Bestimmung der Lohn- und Gehaltshöhe der abhängig Beschäftigten und gesamtwirtschaftlich in der Verteilung des Volkseinkommens auf das „Bruttoeinkommen aus Unternehmertätigkeit und Vermögen" sowie auf das „Bruttoeinkommen aus unselbständiger Arbeit". Richtschnur für die Verteilung der Wertschöpfung ist dabei die **Produktivität** eines Unternehmens, einer Branche oder der gesamten Volkswirtschaft. Dies soll im folgenden anhand eines Verteilungsmodells gezeigt werden.

2.7.1 Verteilungsspielraum der Wertschöpfung bei Produktivitätssteigerungen

In einer Unternehmung (Branche, Volkswirtschaft) wird die Wochenproduktion eines Gutes (x) in Höhe von 5.000 Einheiten mit 500 **Beschäftigten** bewältigt. Die durchschnittliche **Wochenarbeitszeit** pro Mitarbeiter beträgt 40 Std./Woche. Dies ergibt ein wöchentliches **Arbeitsvolumen (A_v)** von 20.000 Std. In dem Modell soll aus Vereinfachungsgründen nur der Produktionsfaktor Arbeit zum Einsatz kommen. Die **Arbeitsproduktivität (A_{prod})** beträgt dann 0,25. Bei einem **Nominallohnsatz (L)** von 20 DM/Std. entsteht eine **Lohnsumme (L_S)** in Höhe von 400.000 DM. Die **Lohnstückkosten** betragen 80 DM/Stück. Verkauft das Unternehmen die gesamte Produktion zu einem Verkaufspreis von 100 DM/Stück, so werden insgesamt 500.000 DM Umsatz realisiert. Die **Gewinnsumme** beträgt dann 100.000 DM. Die Verteilung der Wertschöpfung ergibt eine **Gewinnquote** in Höhe von 20% und eine **Lohnquote** von 80%.

Kommt es in der nächsten Wirtschaftsperiode zu einer **Produktivitätssteigerung**, indem statt 5.000 Stück mit 500 Beschäftigten jetzt 5.200 Stück gefertigt werden, dann erhöht sich die Arbeitsproduktivität von 0,25 auf 0,26, also um 4%. Ebenso könnte die Arbeitsproduktivitätssteigerung natürlich auch durch die **Entlassung von Beschäftigten** herbeigeführt werden, indem mit entsprechend weniger Personal (Substitution von Arbeit durch Kapital) die gleiche Stückzahl von 5.000 Einheiten hergestellt wird. Wie wirkt sich nun aber eine **Veränderung der Produktivität** auf die Verteilung zwischen Gewinn- und Arbeitseinkommen aus?

$$A_{prod} = \frac{\text{Leistung (Produktion)}}{\text{Arbeitsvolumen}} = \frac{5.000}{20.000} = 0{,}25$$

$$L_S = A_V \times L$$

$$L_S = 20.000 \text{ Std.} \times 20 \text{ DM} = 400.000$$

$$\text{Lohnstückkosten} = \frac{\text{Lohnsatz}}{A_{prod}} = \frac{20}{0{,}25} = 80 \text{ DM/Stück.}$$

$$G_S = U - L_S \text{, wobei gilt: } U = \text{Menge (Leistung)} \times \text{Absatzpreis}$$

$$G_S = 500.000 - 400.000 = 100.000$$

$$q_G = \frac{G_S}{U} \times 100 = \frac{100.000}{500.000} = 20\%$$

$$q_L = \frac{L_S}{U} \times 100 = \frac{400.000}{500.000} = 80\%$$

Hierbei sind drei Fälle zu unterscheiden:

- **Der Lohnsatz steigt in gleicher Höhe wie die Produktivität.**
- **Die Lohnsatzsteigerung ist geringer als die Produktivität.**
- **Die Lohnsatzsteigerung liegt über der Produktivität.**

Exemplarisch soll hier der **Fall a)** dargestellt werden:

Produktion	5.200 Stück
Beschäftigte	500
Arbeitsvolumen	20.000 Std.

Steigt der Nominallohnsatz durch eine Tariferhöhung in der gleichen Höhe wie die Produktivität, so steigt ceteris paribus auch der Gewinn um den gleichen Satz. Es kommt folglich zu **keiner Verteilungsänderung** zwischen Kapital und Arbeit. Die Gewinnquote von 20% und die Lohnquote von 80% ändern sich nicht (vgl. dazu die Ausgangssituation).

$$A_{prod} = \frac{\text{Leistung (Produktion)}}{\text{Arbeitsvolumen}} = \frac{5.200}{20.000} = 0{,}26$$

Produktivitätssteigerung 4%

$L_S = A_V$ x L Lohnsatzsteigerung 4%

L_S = 20.000 Std. x 20,80 DM = 416.000

$$\text{Lohnstückkosten} = \frac{\text{Lohnsatz}}{A_{prod}} = \frac{20{,}80}{0{,}26} = 80 \text{ DM/Stück}$$

$G_S = U - L_S$, wobei gilt: U = Menge (Leistung) x Absatzpreis

G_S = 520.000 - 416.000 = 104.000

$$q_G = \frac{G_S}{U} \times 100 = \frac{104.000}{520.000} = 20\%$$

$$q_L = \frac{L_S}{U} \times 100 = \frac{416.000}{520.000} = 80\%$$

Steigt der Nominallohnsatz durch eine Tariferhöhung in der gleichen Höhe wie die Produktivität, so steigt ceteris paribus auch der Gewinn um den gleichen Satz. Es kommt folglich zu **keiner Verteilungsänderung** zwischen Kapital und Arbeit. Die Gewinnquote von 20% und die Lohnquote von 80% ändern sich nicht (vgl. dazu die Ausgangssituation).

2.7.2 Produktivitätssteigerung mit ex-post Preissteigerungen

Der innerhalb der Kapitalakkumulation stattfindende Produktivitätsprozeß orientiert sich, vermittelt über den Arbeitsmarkt, am **Nominallohn**. Dieser wird zwischen den

Arbeitgeberverbänden und den **Einzelgewerkschaften** ausgehandelt. Der Nominallohn determiniert aber nicht die Reproduktion der abhängig Beschäftigten. Neben den **staatlichen Abgaben** (Steuern, Sozialversicherungsbeiträge) entscheidet letztlich die **Inflationsrate** über die Kaufkraft des Lohnes. Der von den Gewerkschaften ausgehandelte Tarifabschluß (nominaler Bruttolohn) wird nämlich, neben den staatlichen Abgaben, durch inflationäre Prozesse entwertet. Nur die reale Kaufkraft in Form des jeweiligen **Reallohns** entscheidet über die Reproduktionsmöglichkeiten der abhängig Beschäftigten.

Nominaler Bruttolohn
- Steuern
- Sozialversicherungsbeiträge
= Nominaler Nettolohn
- Preissteigerungen
= Reallohn

Dieser Reallohn bildet sich aber nicht am Arbeitsmarkt heraus, sondern unter Berücksichtigung der **Preisbildung** auf den Güter- und Kapitalmärkten. Er ist damit kein Ergebnis des Arbeitsmarktes. Jeder von der Gewerkschaft ausgehandelte nominale Tarifabschluß kann deshalb über anschließende **(ex-post) Preissteigerungen** auf den Gütermärkten durch die Arbeitsgeber wieder entwertet werden. **Werner Hofmann** schreibt dazu: „An den Märkten der Konsumgüter, wo den geschlossen operierenden taktischen Einheiten des verbündeten Kapitals nichts gegenübersteht als eine zersplitterte, unkundige und ohnmächtige Verbraucherschaft, kann jeder Erfolg der Lohnfront ohne viel Lärm zunichte gemacht werden. - Ohne daß es nötig wäre, mit den Gewerkschaften aufzuräumen, ohne spektakuläre Schritte gelangt das Kapital heute an sein Ziel."[1] Das Ergebnis einer solchen **nachträglichen Preissteigerung** auf die Verteilung zwischen **Lohn- und Gewinnquote** zeigt die folgende Modellrechnung. In der Beispielrechnung kommt es aufgrund der **Preissteigerung** von 5 DM/Stück auf 105 DM/Stück zu einer Gewinnerhöhung von 5%, die zu einem **Ansteigen der Gewinnquote** von 20% auf 23,8% und zu einem **Sinken der Lohnquote** von 80% auf 76,2% führt. Eine solche **nachträgliche Umverteilung über Preissteigerungen** an den Gütermärkten kann letztlich auch nicht durch den Versuch der Gewerkschaften verhindert werden, in den Tarifverhandlungen eine **antizipierte Inflationsrate** (sog. Meinhold-Formel[2]) zu berücksichtigen.

[1] Werner Hofmann, Industriesoziologie für Arbeiter, a.a.O., S. 110
[2] Benannt nach Prof. Meinhold, der als Schlichter in einer Tarifrunde eine vorweggenommene Inflationsrate in den Tarifabschluß einbaute.

$$A_{prod} = \frac{\text{Leistung (Produktion)}}{\text{Arbeitsvolumen}} = \frac{5.200}{20.000} = 0{,}26$$

Produktivitätssteigerung 4%

$L_S = A_V \times L$ **Lohnsatzsteigerung 4%**

$L_S = 20.000 \text{ Std.} \times 20{,}80 \text{ DM} = 416.000$

$$\text{Lohnstückkosten} = \frac{\text{Lohnsatz}}{A_{prod}} = \frac{20{,}80}{0{,}26} = 80 \text{ DM/Stück}$$

Absatzpreissteigerung von 100 DM/Stück auf 105 DM/Stück

Absatzpreissteigerung um 5%

$G_S = U - L_S$, **wobei gilt: U = Menge (Leistung) x Absatzpreis**

$G_S = 546.000 - 416.000 = 130.000$

$$q_G = \frac{G_S}{U} \times 100 = \frac{130.000}{546.000} = 23{,}8\%$$

$$q_L = \frac{L_S}{U} \times 100 = \frac{416.000}{546.000} = 76{,}2\%$$

Gänzlich verhindert werden könnte die Entwertung des Nominallohnabschlusses durch Preissteigerungen nur dann, wenn die Tarifparteien eine **vertragliche Lohngleitklausel bzw. einen Indexlohn** vereinbaren würden, die wie allgemeine Preisgleitklauseln auf den Gütermärkten[1] bei Preissteigerungen eine nachträgliche Lohn- und Gehaltsanpassung vornimmt. Hierdurch besteht aber die Gefahr von inflationären Effekten.

Neben der produktivitätsorientierten Lohnpolitik wurde vom *„Sachverständigenrat" (SVR)* eine **kostenniveauneutrale Lohnpolitik** entwickelt. Der Hindergrund ist dabei der folgende: Da in den Unternehmen die Personalkosten nicht die einzigen Kosten sind, soll nach Auffassung des „Sachverständigenrates" der produktivitätsorientierte Lohnerhöhungsspielraum durch Zu- oder Abschläge korrigiert werden. Sinken andere Kosten der Unternehmen, z.B. die Materialkosten, wird die Rate des Produktivitätsfortschritts mit einem Zuschlag versehen, so daß die Löhne und Gehälter stärker steigen dürfen als die Produktivität. Im umgekehrten Fall wird die

Produktivitätssteigerung dagegen mit einem entsprechenden Abschlag versehen, so daß der Lohnzuwachs kleiner ausfallen muß als der Produktivitätszuwachs.

Sowohl die produktivitätsorientierte als auch die kostenniveauneutrale Lohnpolitik incl. eines nachträglich oder antizipierten Inflationsausgleiches implizieren ein Festhalten an der **jeweiligen Einkommensverteilung** zwischen Kapital und Arbeit. Die entsprechenden Lohn- und Gewinnquoten verändern sich nicht. In der Realität bemühen sich jedoch die gegenüberstehenden Lager der Arbeitgeber und Gewerkschaften um eine **Umverteilung**. Die Gewerkschaften versuchen dies durch eine sog. **„expansive Lohnpolitik"** und die Arbeitgeber durch eine **„Politik der niedrigen Löhne und Gehälter"**. Wie sich diese **Umverteilung** seit 1980 in der Industrie vollzogen hat, zeigt die folgende Tabelle. Nur in den Jahren 1980, 1986 und 1987 war der reale Lohnzuwachs größer als der Produktivitätszuwachs. Die **bereinigte Lohnquote** geht deshalb seit 1980 zurück. Es hat also eine massive Umverteilung von den Löhnen und Gehältern zu den Gewinnen stattgefunden.

Arbeitsproduktivität und Reallohnentwicklung in Westdeutschland
- Veränderungen gegenüber dem Vorjahr in v.H. -

Jahr	Realer Bruttostundenlohn in der Industrie	Arbeitsproduktivität in der Industrie
1980	2,0	0,8
1981	- 0,9	1,1
1982	- 0,5	1,1
1983	0,0	4,4
1984	0,0	4,2
1985	1,8	4,7
1986	3,7	2,1
1987	4,3	2,1
1988	3,0	4,3
1989	1,1	3,7
1990	2,5	3,7
1991	2,5	3,3
1992	1,9	0,9
1993	1,4	2,4
1994	0,4	8,2

Quelle: Arbeitsgruppe Alternative Wirtschaftspolitik, Memorandum '96, Köln 1996, S. 63

[1] Vgl. dazu das 4. Kapitel: Punkt 3.3.4 „Preisbildung und Preisgleitklauseln"

Diese Umverteilung ist nicht zuletzt Ausdruck von geschwächten Gewerkschaften, die sich in Zeiten hoher **Massenarbeitslosigkeit** eindeutig in der Defensive befinden, wodurch ein Druck auf die Arbeitseinkommen mit Umverteilungswirkungen entsteht. Der Ökonom ***Elmar Altvater*** beschreibt dabei die Symthome wie folgt: „Arbeitslosigkeit führt eben dazu, daß der Lohnentwicklung Grenzen auferlegt werden, daß die **Arbeitsintensität** ansteigt, daß die **Fluktuationsrate** sich verringert, daß **Dequalifizierungsprozesse** 'reibungsloser' vollzogen werden können, daß die **'Krankheitsrate'** zurückgeht. Das Millionenheer der **'industriellen Reservearmee'** tut also nach wie vor seine Wirkung, nämlich auf Kosten der Lohnarbeiterklasse die Krise des Kapitals zu beheben. Der Druck der Reservearmee als Anbieter von Arbeitskraft auf dem Arbeitsmarkt ist die Bedingung dafür, daß auch die Ausbeutung der noch beschäftigten Arbeitskräfte gesteigert werden kann."[1]

2.7.3 Produktivitätsentwicklung und Arbeitszeitverkürzung

Seit ***Fritz Vilmar***[2] im Jahr 1975 das Konzept systematischer **Arbeitszeitverkürzungen** als Strategie gegen die **Arbeitslosigkeit** in die wissenschaftliche Diskussion brachte, hat es bis heute in allen Wirtschaftszweigen eine mehr oder weniger schnelle und große Arbeitszeitverkürzung gegeben. Die **Gewerkschaften**, die sich bis Ende der 70er Jahre im wesentlichen in den Tarifauseinandersetzungen auf Lohnsteigerungen konzentriert hatten, haben seit Beginn der 80er Jahre verstärkt diese Arbeitszeitverkürzungen unter Verzicht auf Lohn- und Gehaltspunkte im Rahmen der Produktivitätsentwicklung, teilweise unter heftiger Gegenwehr des Unternehmerlagers und konservativ-liberaler Politik- und Wissenschaftsbereiche, durchgesetzt. Man hatte erkannt, daß durch keine wie auch immer gesteuerte **Wachstumspolitik**, selbst mit irreparablen **ökologischen Schäden** erkauft, das insbesondere seit der **Wirtschaftskrise 1974/75** wachsende Millionenheer der Arbeitslosen nicht aus der Welt zu schaffen ist. Heute ist in vielen Wirtschaftszweigen die 35 Stunden Woche realisiert.

[1] Elmar Altvater, Arbeitsmarkt und Krise, in: Michael Bolle, Arbeitsmarkttheorie und Arbeitsmarktpolitik, Opladen 1976, S. 53

[2] Fritz Vilmar, Notwendig: Systematische Arbeitszeitverkürzung, in: Michael Bolle (Hrsg.), Arbeitsmarkttheorie und Arbeitsmarktpolitik, Opladen 1976, S. 186ff

Entwicklung der durchschnittlichen wöchentlichen Arbeitszeit in der Industrie von 1830 bis 1995

Jahr	Arbeitszeit in Stunden	Jahr	Arbeitszeit in Stunden
um 1830 - 1860	80 - 85	1930	44,2
um 1861 - 1870	78	1935	44,5
1871	72	1940	50,1
1880	68,3	1944	48,3
1885	68,8	1946	39,5
1890	68,8	1949	46,5
1895	66,3	1955	48,6
1900	65	1960	45,3
1905	60,8	1965	44,3
1910	59,5	1970	44,0
1914	57,3	1975	40,5
1920	55,5	1980	41,6
1920	48	1985	40,0
1929	46	1995	38,6

Quelle: Michael Schneider, Kleine Geschichte der Gewerkschaften, Bonn 1989, sowie Statistisches Jahrbuch der Bundesrepublik Deutschland 1994.

Wie wichtig die Verkürzung der Arbeitszeit gesamtwirtschaftlich ist[1], zeigt die immer mehr auseinanderfallende Schere zwischen **Wirtschaftswachstum** und **Produktivitätsentwicklung** bzw. der daraus folgenden **Beschäftigung**. Seit 1960 hat sich die Wirtschaftsleistung in der Bundesrepublik, das reale Bruttoinlandsprodukt, um 174,8% erhöht. Im selben Zeitraum lag der Anstieg der Produktivität bei 201,5%, wobei ab etwa 1975 das Produktivitätswachstum größer war als das Wirtschaftswachstum. Das Arbeitsvolumen konnte deshalb um insgesamt rund 3,7 Milliarden Arbeitsstunden abnehmen. Da aber das Erwerbspersonenpotential gleichzeitig zunahm, kam es, trotz einer Arbeitszeitverkürzung pro Beschäftigten von durchschnittlich 2.152 Stunden auf 1.559 Stunden im Jahr, zu einer dramatischen Zunahme der **Arbeitslosigkeit**.

Das Arbeitsvolumen (AV) setzt sich dabei aus dem mathematischen Produkt der **Erwerbstätigen (EWT)**[1] und der **Arbeitszeit je Erwerbstätigen (AZ/EWT)** zusammen. Dividiert man das **Arbeitsvolumen** durch das reale Bruttoinlandsprodukt zu Marktpreisen (Y_r), so erhält man die Produktivität je Erwerbstätigenstunde (π).

[1] Vgl. dazu Herbert Schaaff, Vollbeschäftigung und Arbeitszeit, Anmerkungen zur Arbeitszeitdebatte, in: Zeitschrift für Sozialistische Politik und Wirtschaft, Heft 75, 1994, S. 40ff.

$$AV = EWT \times AZ/EWT$$

$$(\pi) = \frac{Y_r}{AV}$$

Weniger Arbeit - Mehr Leistung

Jahr	Arbeitsvolumen - in Mrd. Std. -	Reales Bruttoinlandsprodukt - in Mrd. DM -	Index	Produktivität 1960 = 100
1960	41,8	1.000	100	100
1965	42,7	1.265	126,5	123,8
1970	41,7	1.543	154,3	154,7
1975	38,8	1.719	171,9	185,2
1980	40,2	2.018	201,8	209,8
1985	38,4	2.136	213,6	232,5
1991	40,4	2.648	264,8	274,0
1995	38,1	2.748	274,8	301,5

Quelle: Statistisches Jahrbuch der Bundesrepublik Deutschland, div. Jahrgänge

Hieraus lassen sich die folgenden Wirkungsmechanismen ableiten:

Erstens: Steigt das reale Bruttoinlandsprodukt (Y_r) in gleichem Maß wie die Produktivität (π), dann bleibt die Beschäftigung bzw. das Arbeitsvolumen (AV) konstant.

Zweitens: Steigt die Produktivität (π) stärker als das Bruttoinlandsprodukt (Y_r), dann muß zur Vermeidung von Arbeitslosigkeit das Arbeitsvolumen (AV) zurückgehen.

Entweder sinkt dabei bei konstanter durchschnittlicher Arbeitszeit je Erwerbstätigen (AZ/EWT) die Zahl der Beschäftigten (EWT), was zur Arbeitslosigkeit führt - es sei denn die Lebensarbeitszeit wird durch eine Reduzierung des Rentenalters (vorzeitiger Ruhestand) angepaßt -, oder die Arbeitszeit je Erwerbstätigen wird bei Erhalt der Arbeitsplätze verringert. Hierbei sind alle Formen der Arbeitszeitverkürzung (Abbau von Überstunden, Senkung der Wochenarbeitszeit, Ausweitung der Teilzeitarbeit) denkbar.

[1] Erwerbstätige = Erwerbspersonen - Arbeitslose

Da die **Beschäftigungsschwelle** (Abbau der Arbeitslosigkeit) heute etwa bei einem realen Wirtschaftswachstum von 2,5% bis 3% liegt, wird eine Reduzierung der bestehenden Massenarbeitslosigkeit ohne weitere Arbeitszeitverkürzungen nicht umsetzbar sein.[1] Bereits 1983 schrieb ***Fritz Vilmar*** dazu: „Wenn schwerwiegende Gefährdungen unserer Gesellschaft vermieden werden sollen, muß (...) in Zukunft Arbeitszeitverkürzung das wesentliche Mittel sein, um den jetzt und künftig Arbeitslosen die Möglichkeit zu geben, sich wieder in den Arbeitsprozeß eingliedern zu können. (...) Denn angesichts weltweit abnehmender Absatzchancen wird meist nicht mehr in die Entwicklung der vorhandenen Produktionsanlagen investiert, sondern in den Ersatz dieser Anlagen durch moderne Maschinen, bei denen ein neuer mehrere alte Arbeitsplätze überflüssig macht. Ersatzinvestitionen (...), die die Arbeitsproduktivität steigern, vergrößern oft zugleich die vorhandenen Produktionskapazitäten und machen dadurch zusätzliche Erweiterungsinvestitionen und die Schaffung neuer Arbeitsplätze überflüssig. (...) Um die gleiche Produktionsmenge zu erzeugen, sind also heute sowohl weniger Arbeitsplätze als auch weniger Nettoinvestitionen erforderlich, d.h., daß die Investitionen nicht nur arbeitssparend, sondern auch kapitalsparend sind."[2]

An der Frage der **Arbeitszeitverkürzung** entlädt sich genauso wie bei der Frage der monetären Lohn- und Gehaltserhöhungen der **Verteilungskonflikt** zwischen Kapital und Arbeit. Auch hier wird die Verteilungsgrenze durch die Entwicklung der Produktivität determiniert. Arbeitszeitverkürzungen mit **vollem Lohnausgleich** sind nämlich nur in vier Fällen denkbar:

- **Durch eine Erhöhung der Lohnquote und eine Senkung der Gewinnquote.**
- **Durch Überwälzung des zusätzlichen Kostenvolumens auf die Verbraucher durch Preissteigerungen (Inflation).**
- **Durch eine Arbeitszeitverkürzung bei vollem Lohnausgleich in Höhe des Produktivitätszuwachses.**
- **Durch eine Kombination aus Arbeitszeitverkürzung und Lohnerhöhung im Rahmen des Produktivitätszuwachses.**

Scheidet die Umverteilung (Erhöhung der Lohnquote - Senkung der Gewinnquote) aus **machtpolitischen Gründen** aus und soll auch ein **Preisanstieg** (Inflation) ausgeschlossen werden, so kann eine **Arbeitszeitverkürzung mit vollem Lohnausgleich**, oder eine Kombination aus Arbeitszeitverkürzung und Lohnerhöhung, nur im Rahmen des Produktivitätszuwachses

[1] Vgl. Arbeitsgruppe Alternative Wirtschaftspolitik, Memorandum '96, S. 138ff.

[2] Fritz Vilmar, Eine gemeinsame Aktion für Arbeitszeitverkürzung, in: Thomas Kutsch, Fritz Vilmar, (Hrsg.), Arbeitszeitverkürzung, Ein Weg zur Vollbeschäftigung?, Opladen 1983, S. 28ff.

erfolgen. Das folgende Rechenbeispiel soll dies verdeutlichen. Dazu gehen wir von unserem bereits bekannten Modell aus: Die Produktivitätssteigerung beläuft sich insgesamt auf 4%. Diese 4% können entweder auf **Nominallohnsteigerungen** und/oder auf **Arbeitszeitverkürzungen** kosten- und verteilungsneutral aufgeteilt werden. Das wöchentliche Arbeitsvolumen vor einer Arbeitszeitverkürzung beträgt bei 500 Beschäftigten und einer Wochenarbeitszeit von 40 Std./Woche insgesamt 20.000 Std. Wird die **Produktivitätssteigerung** von 4% voll für eine Nominallohnerhöhung verbraucht, so kann der Wochenverdienst eines Beschäftigten verteilungsneutral von 800,- DM/Woche auf 832,- DM/Woche steigen.

40 Wochenstunden x 20 DM/Std. = 800 DM/Woche
4% Produktivitätssteigerung auf 20 DM/Std., also + 0,80 DM/Std. = 20,80 DM/Std.
40 Wochenstunden x 20,80 DM/Std. = 832 DM/Woche

Die **Lohnsummen** steigen ebenfalls verteilungsneutral entsprechend der Produktivitätserhöhung.

500 Mitarbeiter x 800 DM/Woche = 400.000 DM Lohnsumme
500 Mitarbeiter x 832 DM/Woche = 416.000 DM Lohnsumme

Soll nun aber die Produktivitätssteigerung für eine **Arbeitszeitverkürzung bei vollem Lohnausgleich** verwandt werden (statt 40 Wochenstunden soll der einzelne Mitarbeiter nur noch 38,5 Wochenstunden arbeiten), so kann der Nominallohnsatz zwar in Höhe der Produktivitätssteigerung um 4% auf 20,80 DM/Std. steigen, der Wochenverdienst des einzelnen Beschäftigten bleibt aber mit 800 DM/Woche konstant.

38,5 Wochenstunden x 20,80 DM/Std. = 800 DM/Woche (Rundungsdifferenz)

Um das gleiche Arbeitsvolumen wie vor der Arbeitszeitverkürzung zu bewältigen (20.000 Std.); (die Produktivität wurde für eine Mehrproduktion von 2.000 Stück verbraucht) bewirkt die Arbeitszeitverkürzung auf 38,5 Std./Woche bei vollem Lohnausgleich eine **Neueinstellung** von 20 Mitarbeitern.

Beschäftigte 500
Arbeitsvolumen 20.000 Std. (500 x 40)
Arbeitszeitverkürzung um 1,5 Std./Woche
Arbeitsvolumen 19.250 Std. (500 x 38,5)
Neueinstellung von 20 Mitarbeitern
Arbeitsvolumen 770 Std. (20 x 38,5) (Rundungsdifferenzen)
20.000 Std. (520 x 38,5)

Die Lohnsumme liegt dann bei 416.000 DM (520 Beschäftigte x 800 DM/Woche = 416.000 Lohnsumme). Damit ergibt sich keine Veränderung der gesamtwirtschaftlichen Lohn- und Gewinnquote. Die Arbeitszeitverkürzung ist unter Berücksichtigung einer zusätzlichen Beschäftigung von 20 Mitarbeitern **kosten- und verteilungsneutral**.

$$A_{prod} = \frac{\text{Leistung (Produktion)}}{\text{Arbeitsvolumen}} = \frac{5.200}{20.000} = 0{,}26$$

Produktivitätssteigerung 4%

$L_S = A_v \times L$ **Lohnsatzsteigerung 4%**

$$L_S = 19.250 \text{ Std.} \times 20{,}80 \text{ DM} = 400.400$$

$$L_S = 750 \text{ Std.} \times 20{,}80 \text{ DM} = 15.600$$

$$\text{Lohnstückkosten} = \frac{\text{Lohnsatz}}{A_{prod}} = \frac{20{,}80}{0{,}26} = 80 \text{ DM/Stück}$$

$G_S = U - L_S$, wobei gilt: U = Menge (Leistung) x Absatzpreis

$$G_S = 520.000 - 416.000 = 104.000$$

$$q_G = \frac{G_S}{U} \times 100 = \frac{104.000}{520.000} = 20\%$$

$$q_L = \frac{L_S}{U} \times 100 = \frac{416.000}{520.000} = 80\%$$

2.7.4 Produktivität und wirtschaftlicher Ertrag

Da die durch die Produktivitätssteigerung sich ergebende **Mehrproduktion** auch verkauft werden muß, kann es auf stagnierenden oder gar schrumpfenden Märkten zu **Absatzproblemen** kommen. Hierdurch geraten die Unternehmen - trotz einer Produktivitätssteigerung - unter **Ertragsdruck** bzw. sie erleiden sogar Verluste. Produktivitätssteigerungen sind demnach strikt von der Ertragssituation eines Unternehmens zu trennen. Dies ist deshalb so, weil die Produktivität nur die Produktionsseite tangiert, nicht aber die genauso wichtige Absatzmarktseite. Ein Unternehmen kann eine noch so gute Produktivität haben und dennoch tief „rote Zahlen" in den Bilanzen schreiben. Ist der Absatzmarkt, aus welchen Gründen auch immer, nicht vorhanden, nützt auch die beste Produktivität nicht mehr viel. Betriebswirtschaftlich wird daher in der Regel versucht, Produktivitätssteigerungen nicht durch Produktionserhöhungen zu realisieren, sondern durch **Rationalisierungsinvestitionen**, die einen entsprechenden **Personalabbau** implizieren und das Unternehmen von Kosten entlasten.

Literatur:

Wolfgang Abendroth, Einführung in die Geschichte der Arbeiterbewegung, Bd. 1, Von den Anfängen bis 1933, Heilbronn 1985

Horst Afheldt, Wohlstand für Niemand? Die Marktwirtschaft entläßt ihre Kinder, Frankfurt/M., Wien 1994

Elmar Altvater, Jürgen Hoffmann, Willi Semmler, Vom Wirtschaftswunder zur Wirtschaftskrise, Berlin 1979

Elmar Altvater, Arbeitsmarkt und Krise, in: Michael Bolle, Arbeitsmarkttheorie und Arbeitsmarktpolitik, Opladen 1976

Arbeitsgruppe Alternative Wirtschaftspolitik, Memorandum '96

Helmut Arndt, Markt und Macht, Tübingen 1973

Avraham Barkai, Das Wirtschaftssystem des Nationalsozialismus, Köln 1977

Heinz Bergschicker, Deutsche Chronik 1933 bis 1945, Bilder, Daten, Dokumente, Berlin 1981

Heinz-J. Bontrup, Norbert Zdrowomyslaw, Die deutsche Rüstungsindustrie, Vom Kaiserreich bis zur Bundesrepublik, Ein Handbuch, Heilbronn 1988

Hildegard Caspar, Die Deflationspolitik der Regierung Brüning, in: Staat und Monopole II, Das Argument, Berlin 1978

DIW-Wochenbericht, Nr. 33/1995

Friedrich Engels, Die Lage der arbeitenden Klasse in England, Leipzig 1845

Walter Frerichs, Einkommens- und Beschäftigungstheorie, Neuwied 1974

Richard Gerster, Ausbeutung, (Diss.), Zürich 1973

Jörg Goldberg, Von Krise zu Krise, Köln 1988

Helga Grebing, Geschichte der deutschen Arbeiterbewegung, München 1966

Norbert Harlander, Clemens Heidack, Friedrich Köpfler, Klaus-Dieter Müller, Personalwirtschaft, 3. Aufl., Landsberg/Lech 1994

H. Herkner, Die Arbeiterfrage, Bd. II, Berlin und Leipzig 1922

Werner Hofmann, Industriesoziologie für Arbeiter, Heilbronn 1988

Werner Hofmann, Wert- und Preislehre, Berlin 1971

Werner Hofmann, Einkommenstheorie, 2. Aufl., Berlin, Darmstadt 1971

Rudolf Hickel, Radikale Neoklassik, Opladen 1986

Rudolf Hickel, Ein neuer Typ der Akkumulation?, Hamburg 1987

John Richard Hicks, The Theory of Wages, 2. Aufl., London 1963

John Maynard Keynes, Die wirtschaftlichen Folgen des Friedensvertrages, London 1919

A. Korsch, Der Stand der beschäftigungspolitischen Diskussion zur Zeit der Weltwirtschaftskrise in Deutschland, in: G. Bombach, (Hrsg.), Der Keynesianismus I, Theorie und Praxis keynesianischer Wirtschaftspolitik, Berlin, Heidelberg, New York 1976

Cordula Koepcke, Sozialismus in Deutschland, München 1970

J. v. Kurth, Geschichte der Gewerkschaften, Hannover und Frankfurt/M. 1957

Reinhard Kühnl, Gerd Hardach, (Hrsg.) Die Zerstörung der Weimarer Republik, 2. Aufl., Köln 1977

Bernhard Külp, Lohntheorien, in: Handwörterbuch des Personalwesens, 2. Aufl., Stuttgart 1992

Theodor Leipart, Carl Legien, Köln 1981

Jochen Langkau, Hans Matthöfer, Michael Schneider, (Hrsg.), SPD und Gewerkschaften, Bd. 1: Zur Geschichte eines Bündnisses, Bonn 1994

Hans Limmer, Die deutsche Gewerkschaftsbewegung, 7. Aufl., München 1976

Karl Marx, Das Kapital, Bd. 1, Berlin (Ost) 1974

Karl Marx, Lohn, Preis, Profit, in: Marx-Engels ausgewählte Schriften, Bd. 1, Berlin (Ost) 1960

Gloria Müller, Strukturwandel und Arbeitnehmerrechte, Die wirtschaftliche Mitbestimmung in der Eisen- und Stahlindustrie 1945 - 1975, Essen 1991

Klaus Neumann, Strukturwandel und Strukturpolitik, Köln, Frankfurt/M. 1976

O. v. Nell-Breuning, Kapitalismus und gerechter Lohn, Freiburg i. Br. 1960

Klaus Offe, K. Hinrichs, Sozialökonomie des Arbeitsmarktes und die Lage benachteiligter Gruppen von Arbeitnehmern, in: Klaus Offe, (Hrsg.), Opfer des Arbeitsmarktes, Neuwied und Darmstadt 1977

Peter von Oertzen, Die Probleme der wirtschaftlichen Neuordnung und der Mitbestimmung in der Revolution von 1918

Hans-Rudolf Peters, Politische Ökonomie des Marxismus, Anspruch und Wirklichkeit, Göttingen 1980

Erich Preiser, Grundzüge der Konjunkturtheorie, Tübingen 1933

Hans Ryffel, Johannes Schwartländer, (Hrsg.), Das Recht des Menschen auf Arbeit, Kehl/Straßburg 1983

Christfried Seifert, Die deutsche Gewerkschaftsbewegung in der Weimarer Republik, in: Frank Deppe, Georg Fülberth, Jürgen Harrer, (Hrsg.), Geschichte der deutschen Gewerkschaftsbewegung, 2. Aufl., Köln 1978

G. Schanz, Personalwirtschaftslehre, 2. Aufl., München 1993

Herbert Schaaff, Vollbeschäftigung und Arbeitszeit, Anmerkungen zur Arbeitszeitdebatte, in: Zeitschrift für Sozialistische Politik und Wirtschaft, Heft 75/1994

Erich Schneider, Einführung in die Wirtschaftstheorie, 2. Bd., 13. Aufl., Tübingen 1972

Ch. Scholz, Personalmanagement, 4. Aufl., München 1994

Adam Smith, Wohlstand der Nationen, München 1974

Gerhard Stavenhagen, Geschichte der Wirtschaftstheorie, Göttingen 1969

Alfred Stobbe, Volkswirtschaftlehre III, Makroökonomik, 2. Aufl., Heidelberg, New York 1987

Walter Tormin, Die Weimarer Republik, 11. Aufl., Hannover 1973

Fritz Vilmar, Notwendig: Systematische Arbeitszeitverkürzung, in: Michael Bolle, (Hrsg.), Arbeitsmarkttheorie und Arbeitsmarktpolitik, Opladen 1976

Fritz Vilmar, Eine gemeinsame Aktion für Arbeitszeitverkürzung, in: Thomas Kutsch, Fritz Vilmar, (Hrsg.), Arbeitszeitverkürzung, Ein Weg zur Vollbeschäftigung?, Opladen 1983

Johann Welsch, Die Arbeitswelt der Informationsgesellschaft, in: Blätter für deutsche und internationale Politik, Heft 3/1997

Rudolf Welzmüller, Differenzierung und Polarisierung, Einkommensentwicklung in den 80er Jahren, in: Blätter für deutsche und internationale Politik, Heft 12/1990

Karl Georg Zinn, Der Niedergang des Profits, Köln 1978

6. Kapitel
Zur Bedeutung des Geldes

1. Arbeitsteilige Naturaltausch- und Geldwirtschaft

1.1 Zum Naturaltausch

In der **Urgesellschaft**[1], dem Elementarzustand des menschlichen Wirtschaftens, gab es noch so gut wie keine Arbeitsteilung unter den Wirtschaftssubjekten. Die Menschen wirtschafteten zur Existenzsicherung noch autark für ihren eigenen Bedarf. Die Produktivität der Güterherstellung war dabei so gering, daß ein **Mehrprodukt**, ein Überschuß über die eigenen Reproduktionskosten, nicht erwirtschaftet wurde. Ein Austausch von Gütern (Tauschhandel) konnte deshalb nicht stattfinden. Erst im Laufe der Menschheitsgeschichte, durch die Entwicklung der **Produktivkräfte**, wurde ein Mehrprodukt hergestellt, das den Austauschprozeß, den Handel unter den Wirtschaftssubjekten ermöglichte.

Die erste arbeitsteilige Tauschwirtschaft war dabei noch eine **Naturaltauschwirtschaft**, in der ein sog. **Realtausch** von Gütern **(Ware gegen Ware)** stattfand.[2] Ein solcher Tauschprozeß impliziert eine doppelte Koinzidenz (= doppeltes Zusammenfallen). Beide Tauschpartner müssen genau das Gut produzieren und anbieten, welches der andere zur Bedürfnisbefriedigung benötigt. Da ein solcher Fall in der wirtschaftlichen Realität nur selten vorkommt bzw. dem Zufall unterliegt, sind eine Fülle an Umwegtauschakten nötig. Die Zahl der **Austauschbeziehungen (T_B)** wächst dabei exponentiell mit der Zahl der gehandelten Güter (x).

$$T_B = x(x-1)$$

Bei Ausschluß reziproker Tauschnotierungen (z.B. 10 Kg Rindfleisch = 1 Fl. Rum ist dasselbe wie 1 Kg Rindfleisch = 1/10 Fl. Rum) kann die Zahl an möglichen Austauschbeziehungen anhand der folgenden Formel ermittelt werden:

[1] Vgl. dazu das 5. Kapitel

[2] Ein solcher **Naturaltausch** findet z.B. auch heute noch teilweise im **internationalen Handel** statt. Länder, die über keine ausreichenden Devisen verfügen, bieten als „Bezahlung" für benötigte Importgüter ihre eigenen Exportgüter an. Oder im Konsumgüterbereich bieten private Haushalte Güter gegen Güter im Austausch an. Auch Arbeitsleistungen werden manchmal ohne das Medium Geld direkt gegen Güter ausgetauscht.

$$T_B = \frac{x(x-1)}{2} \quad \text{bzw.} \quad T_B = \frac{x^2 - x}{2}$$

Würden beispielsweise in einer Naturaltauschwirtschaft nur 500 Güter vorhanden sein, so gäbe es 124.750 mögliche Austauschbeziehungen. Hieran läßt sich bereits erkennen, daß eine Naturaltauschwirtschaft - trotz Arbeitsteilung - durch die vielen Tauschakte wenig produktiv ist und zu hohe Tauschkosten verursacht.[1] Durch die Einführung von **Geld** verändert sich dieser Zustand entscheidend. Die doppelte Koinzidenz wird durch das Geld in eine einfache Koinzidenz **(Ware gegen Geld gegen Ware)** umgewandelt. Hierdurch verringern sich die möglichen Austauschbeziehungen (T_B) und damit die Kosten des arbeitsteiligen Tauschprozesses bei 500 Gütern durch die Formel

$$T_B = x - 1$$

auf nur noch 499 Austauschbeziehungen. Gesamtwirtschaftliches, arbeitsteiliges wirtschaftliches Geschehen in hoch entwickelten Volkswirtschaften basiert daher heute auf einer **Geldwirtschaft**.

1.2 Zum Geldtausch

Was ist aber Geld? ***Kurt Tucholsky (1890 bis 1935)*** schrieb dazu in einem sarkastisch-kritischen Beitrag zur kapitalistischen Wirtschaftsordnung: „Das Prinzip des Wirtschaftens besteht in der Verwendung von Geld für knappe Güter. Für Geld kann man Waren kaufen, weil es Geld ist, und es ist Geld, weil man dafür Waren kaufen kann (...). Woher das Geld kommt, ist unbekannt. Es ist eben da bzw. nicht da - meist nicht da..." (Kurt Tucholsky, Kurzer Abriß der Nationalökonomie)

Der Nationalökonom ***Gustav Schmölders***[2] bezeichnet als Geld alles das, was **Geldfunktionen** erfüllt. Diese Funktionen werden heute von der Geldtheorie durch drei Funktionen beschrieben:

[1] Die **Tauschkosten** verringern sich auch im Rahmen der europäischen Währungsunion bei Einführung des **„Euro"**. Das „Grünbuch über praktische Fragen des Übergangs zur einheitlichen Währung" weist darauf hin, daß nach einem Umtausch von 1.000 DM durch alle Währungen der EU wegen der Umtauschgebühren nur noch 500 DM übrigbleiben.

[2] Vgl. Gustav Schmölders, Geldpolitik, München 1962

- **Zahlungsmittelfunktion**

Geld muß als allgemeines Zahlungs- und Tauschmittel von allen Wirtschaftssubjekten quasi als ökonomische Konvention akzeptiert werden. Nur so ist es möglich, daß Geld in alle Güter eintauschbar ist.

- **Rechenmittelfunktion**

Geld muß als Rechenmittel in der Lage sein, heterogene Güter rechnerisch vergleichbar, homogen, zu machen. Der Wert von einzelnen Wirtschaftsgütern muß dabei durch Geld in einem einzigen Wertmaßstab (nämlich in Geldeinheiten) ausgedrückt werden können. Damit ist eine Geldeinheit die Bezugsgröße der Preise für alle Güter (n-Güter haben n -1 Preise). Wird dagegen der Preis eines Gutes, wie in der Naturaltauschwirtschaft, in Mengeneinheiten eines anderen Gutes ausgedrückt (ein Paar Schuhe kosten 10 Kg Rindfleisch oder 5 Fl. Rum usw.), so besitzt jedes Wirtschaftsgut unendlich viele Preise.

- **Wertaufbewahrungsfunktion**

Da innerhalb einer Tauschwirtschaft die Kauf- und Verkaufshandlung temporär auseinanderfallen können, muß Geld in der Lage sein, die im Geld immanent enthaltene Kaufkraft zu speichern (aufzubewahren), um diese Kaufkraft zu einem beliebigen vom Wirtschaftssubjekt gewünschten Zeitpunkt einzusetzen. Geld muß demnach zumindest relativ wertbeständig sein. Es muß die Funktion der Geldwertstabilität erfüllen. Absolut wird dies allerdings wegen inflationärer Prozesse, nicht möglich sein.

Bis zur **Herausbildung des heutigen Geldes**[1], das die genannten Funktionen im ökonomischen Prozeß garantiert, war es ein langer Weg. Dabei ist nicht sicher, wann das Geld erfunden wurde. Zunächst existierte als Geld das sog. **Warengeld** (z.B. Vieh bei den Griechen und Römern, Pelze in Kanada, Tee in Tibet, Glasperlen in Afrika, Nägel in Schottland). Dieses Warengeld hatte aber im Austauschprozeß enorme Nachteile. Es wurde nicht von jedem Wirtschaftssubjekt anerkannt (die Zahlungsmittelfunktion wurde dadurch verletzt). Ebenso war die Haltbarkeit (Wertaufbewahrungsfunktion) nicht immer gegeben, oder es war in gleichwertige homogene Einzelteile nicht teilbar (Rechenmittelfunktion). Auch verursachte das Warengeld meist hohe Aufbewahrungs- und Transportkosten und es war durch den Eigentümer manipulierbar. Die

[1] Das **Wort „Geld“** ist abgeleitet von „gelt“ = Vergeltung, Vergütung. Die Goten verwendeten für Steuern und Abgaben das Wort „gilt“.

Nachteile des Warengeldes wurden zumindest teilweise mit der Einführung von **Gold und Silber** als Zahlungs- und Tauschmittel beseitigt. Die meisten Staaten hatten dabei wegen der Goldknappheit zunächst eine **Silberwährung**. Als erstes Land führte Ägypten die **Goldwährung** ein. In Europa war es England, das im Jahr 1774 eine reine **Goldumlaufwährung**, bei der Gold als ausschließliches Zahlungsmittel fungierte, etablierte. Ende des 19. Jahrhunderts folgten zahlreiche europäische Länder. Im Deutschen Reich (1871) gab es von 1871 bis 1907 eine sog. **„hinkende Goldumlaufwährung"**, bei der Gold frei prägbar war, Silber aber nicht.

Zur Mitte des 19. Jahrhunderts wurde die Goldumlaufwährung in den europäischen Ländern durch eine sog. **Goldkernwährung**, ausgehend von England im Jahr 1833, ersetzt. Hierbei zirkulierte direkt kein Gold mehr als Zahlungsmittel, sondern **Banknoten und Scheidemünzen** (bei Scheidemünzen ist der aufgeprägte Wert größer als der Metallwert).[1] Der Goldbestand (Goldkern) selbst lagerte als Gegenwert bei den jeweiligen volkswirtschaftlichen **Zentralbanken**. Hierbei wurde im Deutschen Reich im Münzgesetz von 1873 die Währungseinheit Mark (M) auf den 1/2790sten Teil von 1 Kg Feingold (Goldparität) festgelegt. Umlaufende Goldmünzen (Kurantmünzen) dienten dabei genauso als gesetzliche Zahlungsmittel wie Banknoten, die von der **Deutschen Reichsbank** jederzeit in Gold umgetauscht werden mußten. Die Deckung der zirkulierenden Banknotenmenge mußte zu 1/3 durch Gold gegeben sein.

Zusammenfassend kann gesagt werden, daß bis zum 1. Weltkrieg das **Weltwährungssystem** durch eine Goldkernwährung mit einer Goldeinlösepflicht der Zentralbanken geprägt war. „Somit waren die nationalen Geldmengen an den Goldbestand der jeweiligen Zentralbank gebunden. Sank (stieg) der Goldbestand einer Zentralbank, so mußte dafür gesorgt werden, daß die Geldmenge entsprechend abnahm (zunahm), da sonst die gesetzlichen Golddeckungsvorschriften verletzt wurden. Eine aktive Geldpolitik der Zentralbanken war somit nicht möglich; ihre Aufgabe beschränkte sich vielmehr darauf, passiv auf Goldbestandsveränderungen durch **Variation der Geldmenge** zu reagieren. Zwischen den nationalen Zentralbanken bestand eine Goldankaufs- bzw. Goldverkaufspflicht. War beispielsweise die Zentralbank des Landes A in Besitz von Banknoten des Landes B geraten, so präsentierte sie diese der Zentralbank B, die verpflichtet war, ihre eigenen Banknoten gegen Abgabe von Gold entsprechend der definierten Parität aufzukaufen. Dadurch nahm der Goldbestand des Landes B ab, was eine Geldmengenverminderung in B zur

[1] Scheidemünzen sind in Deutschland nur in einem begrenzten Umfang gesetzliches Zahlungsmittel; die Annahmepflicht für auf Pfennig lautende Münzen ist auf 5 DM und für die auf Mark lautenden Münzen auf 20 DM beschränkt.

Folge hatte, während der Goldbestand des Landes A zunahm, was eine Geldmengenerhöhung in A zur Folge hatte. Die Wechselkurse zwischen den einzelnen Ländern waren innerhalb einer bestimmten Bandbreite, die vom oberen und unteren Goldpunkt[1] bestimmt wurde, fest, da alle Währungen in Gold definiert waren. Es bestand ein ständiger Zwang zum **Zahlungsbilanzausgleich** zwischen den einzelnen Ländern, da ein Defizit in der Zahlungsbilanz bedeutete, daß die Zentralbank ständig Gold abgeben mußte, um ihre eigene Währung zurückzukaufen. Dadurch mußte jedoch die Geldmenge im Inland verringert werden, was einen restriktiven Einfluß auf die inländische Wirtschaft ausübte, der schließlich über Preissenkungstendenzen das Zahlungsbilanzdefizit abbaute. Falls dadurch nicht der gewünschte Erfolg eintrat (z.B. weil die Preise nach unten nicht flexibel waren), so mußten schließlich dirigistische Eingriffe vorgenommen werden, da der Goldbestand jeder Zentralbank begrenzt war und somit ständige Goldabflüsse nicht möglich waren. In einem derartigen Goldwährungssystem waren die Goldbestände der Zentralbanken und somit die internationale Liquidität von dem für monetäre Zwecke zur Verfügung stehenden Anteil an der Weltgoldproduktion bestimmt. Wurden neue Goldvorkommen entdeckt, so führte das zu einer Erhöhung der Währungsreserven und von daher zu einer Ausweitung der nationalen Geldmengen, was weltweit einen entsprechenden expansiven Impuls auf die nationalen Volkswirtschaften hervorrufen mußte. Umgekehrt führte die Erschöpfung bekannter Goldminen zu einer Verringerung der Währungsreserven bzw. der nationalen Geldmengen, was einen entsprechenden restriktiven Impuls hervorrief. Eine aktive Steuerung des Wirtschaftsablaufs war also nicht möglich; man war vielmehr abhängig von den Zufälligkeiten der Goldproduktion."[2]

In Deutschland wurde das starre System der Goldwährung per Gesetz zum 31. Juli 1914 aufgehoben. Nach dem 1. Weltkrieg mußte das in Folge der Kriegslasten zerrüttete Weltwährungssystem neu organisiert werden. Auf der **Weltwährungskonferenz in Genua** empfahl man 1922 einen **Golddevisenstandard** einzuführen. Dieser sah vor, nicht nur Gold als Währungs-

---

[1] Dem oberen und unteren Goldpunkt liegt ein Goldautomatismus bei festen Wechselkursen zugrunde. Übersteigt der Kurs der ausländischen Währung den Paritätskurs zur inländischen Währung, so lohnt es sich, die inländische Währung in Gold einzulösen, das Gold einzuschmelzen und zur ausländischen Zentralbank zu bringen, damit diese daraus ausländische Münzen prägt. Das bewirkt jedoch eine Verringerung des Angebots der inländischen Währung bzw. eine Erhöhung des Angebots der ausländischen Währung, wodurch der Kurs der ausländischen Währung wieder sinkt. Die gleiche Argumentation läßt sich entsprechend nach unten durchführen. Da jedoch diese Transaktion Kosten verursacht (z.B. Transportkosten, Versicherungskosten, usw.), lohnt sie sich nur, wenn der Kurs der ausländischen Währung den Paritätskurs entsprechend weit übersteigt. Die Punkte, ab denen sich die Umprägung lohnt, nennt man die oberen bzw. unteren Goldpunkte. Der Wechselkurs zwischen Goldwährungen kann also maximal zwischen diesen Goldpunkten schwanken.

[2] Wolfgang Schricker, Eberhard Rubin, Geld, Kredit & Währung, 3. Aufl., München 1981, S. 137f.

reserve zu halten, sondern auch Devisen von sog. **Leitwährungsländern**. Diese Leitwährungsländer waren damals *Großbritannien* und die *USA*, die sich bereit erklärten, ihre nationalen Währungen jederzeit in Gold umzutauschen, falls sie ihnen von fremden Währungsbehörden präsentiert werden. Man wollte sich durch den Golddevisenstandard von der Entwicklung der nur beschränkt möglichen Goldproduktion entkoppeln, um genügend Geldmittel für den gestiegenen Welthandel zur Verfügung zu stellen.

Die so geschaffene neue Weltwährungsordnung brach aber mit der **Weltwirtschaftskrise** (1929 bis 1933) zusammen. Bedingt durch den 2. Weltkrieg konnte erst nach 1945 eine neue Währungsordnung geschaffen werden. In der Zwischenzeit war die Entwicklung durch **flexible Wechselkurse**[1] geprägt, „wobei viele Länder versuchten, ihre Währung abzuwerten, um dadurch die Exporte zu fördern und Importe zu behindern. Man erhoffte sich dadurch die Schaffung neuer Arbeitsplätze, wodurch die hohe Arbeitslosigkeit bekämpft werden sollte. Da jedoch alle Länder dies versuchten, konnten diese **Abwertungswettläufe** zu keinem Ergebnis führen."[2]

Nach dem 2. Weltkrieg wurde mit dem **Abkommen von Bretton Woods** (genannt nach dem Tagungsort der amerikanischen Stadt Bretton Woods) im Jahr 1944 zur Wiederherstellung geordneter Weltwährungsverhältnisse eine **Dollar-Gold-Konvertibilität** eingeführt. Diese sah vor, daß neben Gold als Währungsreserve der Dollar der USA als Leitwährungsland zur Deckung der Geldmenge fungieren sollte. Die USA erklärten sich dabei bereit, jederzeit Dollarguthaben, die ihnen von anderen Zentralbanken präsentiert werden, in Gold umzutauschen. Der Wert des Dollars wurde dazu fest in Gold definiert, und zwar 35 Dollar = 1 Unze Feingold. Für die D-Mark wurde die folgende Parität festgelegt: 1 DM = 0,211588 Gramm Feingold bzw. 1 DM = 0,238095 Dollar bzw. 1 Dollar = 4,20 DM.

Daneben wurden **feste Wechselkurse** zwischen den einzelnen Währungen vereinbart, wobei leichte Schwankungen in Höhe von +/- 1% um die festgelegte Dollarparität erlaubt waren.[3] Waren die Schwankungen größer, war die jeweilige Zentralbank verpflichtet, auf dem Devisenmarkt zu intervenieren, um dadurch den Wechselkurs innerhalb der erlaubten Bandbreite zu stabilisieren. Wollte ein Land seinen festgesetzten Wechselkurs ändern, so mußte dies beim **Internationalen Währungsfond (IWF)** (vgl. dazu die Ausführungen in dem folgenden Kasten),

[1] Zum Wechselkursmechanismus vergleiche ausführlich das 10. Kapitel (Außenwirtschaft).
[2] Wolfgang Schricker, Eberhard Rubin, a.a.O., S. 138f.
[3] Später wurden die Bandbreiten auf +/- 2,25% erweitert.

der zur Durchführung des Abkommens von Bretton Woods neben der „Internationalen Bank für Wiederaufbau und Entwicklung" (kurz: **Weltbank**) im Jahr 1946 gegründet wurde, beantragt werden. Eine Genehmigung konnte aber nur erteilt werden, wenn damit ein „fundamentales Zahlungsbilanzungleichgewicht" beseitigt werden sollte, wobei allerdings nicht definiert wurde, was ein fundamentales Zahlungsbilanzungleichgewicht ist.

Internationaler Währungsfonds und Weltbank

Konzipiert als monetäres Teilstück eines umfassenden Gebäudes zur Wiederherstellung der zwischenstaatlichen Beziehungen nach dem letzten Weltkrieg, nahm der 'Internationale Währungsfonds' (IWF) in Washington 1946 seine Tätigkeit auf. Die Gründerländer hatten sich 1944 in Bretton Woods (USA) auf bestimmte währungspolitsiche Spielregeln geeinigt. Wesentlicher Bestandteil waren feste, aber anpassungsfähige Wechselkurse, die sich zunächst und über den US-Dollar auf einen festen Goldgehalt bezogen. Aufgabe des Fonds ist es, die Mitglieder im Falle vorübergehender Zahlungsbilanzprobleme durch Währungskredite zu unterstützen, um ihnen die wirtschaftliche Anpassung zu erleichtern. Das seit 1973 praktizierte System der flexiblen Wechselkurse (Floating) wurde 1978 legalisiert. Danach wird den einzelnen Ländern die Wahl des Währungssystems überlassen. Dem Fonds kommt eine Überwachungsfunktion zu. Die Mitgliedsländer sollen Wechselkursmanipulationen unterlassen. Daneben wurde die Rolle des Goldes abgebaut; sie wird mehr und mehr von einem künstlichen 'Weltgeld', den Sonderziehungsrechten, übernommen. Seine Mittel erhält der Fonds durch Pflichteinlagen (Quoten) der über 150 Mitgliedsstaaten sowie Beiträge einzelner Länder, so aufgrund der 'Allgemeinen Kreditvereinbarungen' des 'Zehner Clubs' (dazu gehören die USA, Japan, Kanada, Großbritannien, Belgien, Frankreich, Italien, die Niederlande, Schweden, die Schweiz (seit 1984) und Deutschland). Bei Zahlungsbilanzschwierigkeiten kann jedes Mitglied automatisch einen Kredit bis zu 25% seiner Quote in Anspruch nehmen. Darüber hinaus stehen ihm unter bestimmten Voraussetzungen und bei Erfüllung teilweise harter Auflagen weitere 'Kredit-Tranchen' zu. Daneben besteht die Möglichkeit der Finanzierung von Exporterlös-Ausfällen und von Getreideimporten sowie von internationalen Rohstoff-Ausgleichslagern.

Die 'Internationale Bank für Wiederaufbau und Entwicklung' - allgemein 'Weltbank' genannt - ist auf Beschluß der UNO-Währungskonferenz von Bretton Woods (1944) gegründet worden und hat ihre Tätigkeit 1946 in Washington aufgenommen. Die Bundesrepublik trat 1952 als Mitglied bei. Inzwischen gehören der Weltbank über 150 Staaten an. Aufgabe der Bank war es zunächst, bei der Bereitstellung langfristigen Kapitals für den Wiederaufbau der vom Weltkrieg geschädigten Länder mitzuwirken. Bald rückten jedoch Investitionskredite an Entwicklungsländer - und neuerdings Osteuropas - in den Mittelpunkt. Die Darlehen haben meist Laufzeiten zwischen 15 und 20 Jahren; der Zins entspricht in der Regel dem jeweiligen Kapitalmarktsatz. Die Weltbank refinanziert sich neben den eingezahlten Anteilen der Mitglieder über Anleihen oder anderwertige Schuldtitel. Am deutschen Kapitalmarkt gehört sie zu den bedeutendsten ausländischen Emittenten. Zur Ergänzung ihrer Tätigkeit wurden 1956 die 'International Finance Corporation' (IFC) und 1960 die 'Internationale Entwicklungs-Organisation' (IDA) gegründet. Erstere widmet sich speziell der Förderung produktiver privater Unternehmen in den Entwicklungsländern. Die IDA dagegen gewährt langfristige Kredite (50 Jahre Laufzeit) zu besonders günstigen Konditionen für solche Vorhaben in ärmeren Entwicklungsländern, die zwar allgemein als förderungswürdig angesehen werden, aus deren Ertrag jedoch die sonst üblichen Zinsen und Tilgungsraten nicht aufgebracht werden können.

Der IWF und die Weltbank werden heute aufgrund ihrer Interventionen bzw. Auflagen bei der Vergabe von Krediten an **Entwicklungsländer** immer häufiger kritisiert.[1] Dies gilt insbesondere vor dem Hintergrund der seit 1979 stark gestiegenen Schulden der Entwicklungsländer, die allein zwischen 1979 und 1985 von 570,4 Mrd. US-Dollar auf 890,0 Mrd. US-Dollar um 56% gestiegen sind.[2] ***Herbert Schui*** stellt dazu fest: „Von Bedeutung sind hier zunächst die Effekte der US-Hochzinspolitik auf den Schuldendienst und die Deviseneinnahmen der Schuldnerländer aus Exporten, als Folge hiervon die Austeritätsauflagen des IWF und schließlich die längerfristig konzipierte Strategie der Gläubiger, so wie sie im wesentlichen in der Baker-Initiative zusammengefaßt ist."[3] Die Austeritätsauflagen und die Baker-Initiative des IWF/Weltbank orientieren sich dabei im wesentlichen an den **Handelsbilanzdefiziten**, die, so der Ausgangspunkt des IWF, ein Zeichen dafür sind, daß das betreffende Land über seinen Verhältnissen lebt. Folglich ist die interne Ersparnis zu erhöhen, der Konsum zu senken. Insbesondere fordert der IWF die Staatsausgaben im konsumtiven Bereich zu senken, und damit gleichzeitig die staatliche Kreditaufnahme - vor allem bei der Zentralbank - zu mindern. Sinkt die staatliche Nachfrage nach Krediten, so könnten die privaten Unternehmen vermehrt mit Krediten versorgt werden („crowding out" These), ohne daß die Zentralbank Kredite vergibt und damit die Geldmenge steigt. Hierdurch würden gleichzeitig die hohen Inflationsraten in den Entwicklungsländern bekämpft. Diese theoretische Sicht erweist sich allerdings als unrealistisch, da das wirtschaftliche Wachstum im Ergebnis zurückgeht und die eh schon hohe Arbeitslosigkeit in den Entwicklungsländern noch weiter steigt.

Das nach dem 2. Weltkrieg neu geschaffene weltweite Währungssystem war aber letztlich nicht nur bezogen auf die Situation in den Entwicklungsländern instabil. Bis 1973, dem Jahr der Aufhebung des Bretton Woods Systems, kam es zu zahlreichen **Währungskrisen**. Dies lag an den **Defiziten in den Leistungsbilanzen** verschiedenster Länder. Kritisch äußert sich dazu der Geldtheoretiker ***Klaus Rose***:

„Wenn die neuesten Außenhandelszahlen veröffentlicht wurden, registrierte die Öffentlichkeit mit Bestürzung ein wachsendes Defizit der Leistungsbilanz. Das damit verletzte Vertrauen in die Stabilität des betreffenden Landes führte regelmäßig zu massiven Geldexporten, so daß das Defizit der Leistungsbilanz durch ein wachsendes Defizit der Kapitalbilanz ergänzt wurde. Die Regierung des betreffenden Landes versuchte dann regelmäßig, der Zahlungsbilanzdefizite zunächst durch Einschränkung der

[1] Vgl. Winfried Roth, Der Internationale Währungsfonds und die Verschuldungskrise der Dritten Welt, in: Blätter für deutsche und internatioanle Politik, Heft 8/1987, S. 1.043
[2] Vgl. Herbert Schui, Die Schuldenfalle. Schuldenkrise und Dritte-Welt-Politik der USA, Köln 1988, S. 95
[3] Ebenda, S. 95

Konvertierbarkeit vor allem durch massive Behinderung der Kapitalexporte Herr zu werden. Gelegentlich gab es auch mehr oder weniger intensive Versuche, im Rahmen einer Politik der Nachfragedämpfung - also durch Steuererhöhung, restriktive Geldpolitik, usw. - Druck auf die Preise auszuüben, um die Konkurrenzfähigkeit auf den Weltmärkten zu erhöhen und damit die Zahlungsbilanz zu verbessern. Da solche Maßnahmen - weil halbherzig durchgeführt - normalerweise nicht zum Erfolg führten, wucherten die Abwertungsgerüchte, und dies um so mehr, je häufiger die offiziellen Stellen dementierten. Eine Massierung spekulativer Geldexporte war Folge des mangelnden Vertrauens in die regierungsamtlichen Ankündigungen, den Wechselkurs um jeden Preis zu verteidigen. Zugleich dokumentierten solche Geldabflüsse die mangelnde Wirksamkeit von Konvertierbarkeitsbeschränkungen. Derart unter Druck gesetzt, stand dann am Ende dieses Währungsdramas regelmäßig eine Abwertung der eigenen Währung, die aber bestenfalls nur temporäre Erfolge zeitigte, da sich erfahrungsgemäß auf neuem Niveau die geschilderte Konfliktsituation von neuem entwickelte."[1]

Auf der anderen Seite kam es in Ländern mit **Leistungsbilanzüberschüssen** (dazu zählte auch die Bundesrepublik Deutschland), die durch Exportrekorde zustande kamen, zu massiven **Aufwertungen**. Eine dagegen eingeleitete restriktive Geldpolitik führte zu einer Erhöhung des Zinsniveaus, wodurch Kapitalimporte angeregt wurden. Dadurch vergrößerte sich letztlich noch der Leistungsbilanzüberschuß. Die Zentralbank des Überschußlandes mußte deshalb auf dem Devisenmarkt - um den Wechselkurs in der vorgeschriebenen Bandbreite zu halten - intervenieren, wodurch es zu einer Erhöhung der inländischen Geldmenge kam. Diese erhöhte Geldmenge stand aber konträr zur restriktiven Geldpolitik, wodurch die Überschußländer schließlich nicht mehr bereit waren, dem Aufwertungsdruck zu widerstehen.

Im Jahr 1971 setzte eine **weltweite Währungskrise** ein. Die USA konnten die Gold-Dollar-Konvertibilität nicht mehr aufrechterhalten. Bereits 1968 hatte man die Dollar-Interventionen auf dem Londoner Goldmarkt eingestellt, mit denen der offizielle Goldpreis von 35 Dollar für eine Unze Feingold bis dahin verteidigt worden war. Der Goldmarkt hatte sich dadurch in einen freien Goldmarkt und einen offiziellen Goldmarkt für den Zentralbankverkehr gespalten. Die USA waren jedoch noch bereit, Dollarguthaben, die ihnen von anderen Zentralbanken präsentiert wurden, gegen Gold zurückzunehmen. Faktisch verzichteten aber die meisten Zentralbanken darauf. Bis Ende 1970 hatte sich der Goldbestand der USA auf 11 Mrd. Dollar reduziert, denen jedoch 46 Mrd. Dollar kurzfristiger Verbindlichkeiten aufgrund der ständigen Zahlungsbilanzdefizite der USA gegenüberstanden. Die USA stellten darauf am 15. August 1971 die Gold-Dollar-Konvertibilität für Zentralbanken ein."[2]

---

[1] Klaus Rose, Stabilitätspolitik bei beweglichen Wechselkursen. Die Erfahrungen der BRD seit dem März 1973, in: Wirtschaftswissenschaftliches Studium (WiSt), Heft 6/1976, S. 259
[2] Wolfgang Schricker, Eberhard Rubin, a.a.O., S. 146

Da auch die anderen Länder nicht mehr bereit waren, sich dem **„Diktat ihrer Zahlungsbilanz"** zu beugen, d.h. ihre interne Wirtschaftspolitik der Stabilität des Wechselkurses zu unterwerfen, entschlossen sich die Mitgliedsländer des IWF im März 1973, die Zentralbanken von ihrer Interventionspflicht zu befreien, was die **Einführung flexibler Wechselkurse** implizierte. „Nach einer Periode, in der faktisch keine Regeln bestanden, hat der IWF in der 2. Änderung seines Abkommens 1976 eine Neufassung der Bestimmungen über das Wechselkurssystem beschlossen. Danach ist den Mitgliedern ab April 1978 die Art der Wechselkursregelung grundsätzlich freigestellt, ausgeschlossen ist nur eine Bindung an das Gold. Eine Manipulation der Wechselkurse, die einem Land unfaire Wettbewerbsvorteile verschafft, ist zu vermeiden. Daraus haben die Länder unterschiedliche Konsequenzen gezogen. 36 Länder haben ihre Währung an den US-Dollar gebunden, 14 Länder der Franc-Zone in Afrika an den französischen Franc, etwa ebenso viele an die SZR (**Sonderziehungsrechte** = international geschaffenes Buchgeld durch die Mitglieder des IWF, d.V., vgl. dazu den folgenden Kasten), und die Länder der Europäischen Gemeinschaft haben untereinander feste Wechselkurse, gegenüber dem Rest der Welt flexible Wechselkurse vereinbart."[1]

Sonderziehungsrechte

Sonderziehungsrechte (SZR) sind vom 'Internationalen Währungsfonds' (IWF) geschaffene Währungsreserven, die allen beteiligten Mitgliedsländern bei einem langfristigen weltweiten Bedarf zur Ergänzung bestehender Währungsreserven in inflationsneutralem Umfang zugeteilt werden können. SZR können nur vom IWF, den Währungsbehörden der Teilnehmerstaaten und anderen eigens zugelassenen offiziellen Stellen gehalten und für Zahlungen und andere finanzielle Transaktionen untereinander verwendet werden. Davon zu unterscheiden ist die Recheneinheit SZR, in der der IWF seine Bücher führt und seine Geschäfte mit den Mitgliedsländern denominiert. Der Wert eines SZR entspricht dem Marktwert eines Korbs, der feste Beträge der fünf wichtigsten Weltwährungen enthält (US-Dollar, D-Mark, Yen, französischer Franc und britisches Pfund). Durch Bewertung dieser Währungsbeträge zum jeweiligen Wechselkurs kann der Tageswert des SZR in einer bestimmten Währung errechnet werden.

Durch den Beschluß der **Aufrechterhaltung von festen Wechselkursen** zwischen den Ländern Belgien, Bundesrepublik Deutschland, Frankreich, Luxemburg, Niederlande, Dänemark, Schweden und Norwegen im Jahr 1973 mußte die Stabilisierung des Wechselkurses in einer festgelegten Bandbreite von +/- 2,25% durch Intervention der Länder des **Europäischen Währungsblocks** sichergestellt werden. Da sich hierdurch die Zentralbanken untereinander

[1] Ulrich Baßeler, Jürgen Heinrich, Walter Koch, Grundlagen und Probleme der Volkswirtschaft, 13. Aufl., Köln 1992, S. 569

verschulden und die Notwendigkeit eines periodischen Saldenausgleichs entsteht, wurde am 2. April 1973 der *„Europäische Fonds für währungspolitische Zusammenarbeit"* **(Europäischer Währungsfonds)** mit Sitz in Luxemburg gegründet. Die technische Abwicklung des Saldenausgleichs im Verhältnis der Währungsreserven des Schuldnerlandes wurde an die **„Bank für internationalen Zahlungsausgleich" (BIZ)** in Basel übertragen.

Im Jahr 1979 konstituierte sich dann der Europäische Währungsfonds durch neue erweiterte Regeln zu einem **Europäischen Währungssystem (EWS)**.[1]

1.3 Zur heutigen Geldwirtschaft

Eine Deckung der zirkulierenden Geldmenge in einer Volkswirtschaft durch Gold existiert nicht mehr. Auch die Gold-Dollar-Konvertibilität ist abgeschafft. Heute orientieren sich die Zentralbanken der einzelnen Länder mit der Ausgabe ihrer Banknoten bzw. Steuerung der **Geldmenge** ausschließlich an der volkswirtschaftlichen Entwicklung, am **Wachstum des Sozialprodukts**, obwohl ihre Geldschaffungsmöglichkeiten theoretisch unbegrenzt sind, da sie mit Geld zahlen, das sie selbst schaffen; sie zahlen mit ihren Verbindlichkeiten, und zwar mit Verbindlichkeiten, die nie eingefordert werden können, da sie keinerlei Umtauschpflicht (etwa in Gold) unterliegen.

Die **Ausgabe der Banknoten** erfolgt dabei in Deutschland durch die ***Deutsche Bundesbank***, die als Zentralbank (Monopolstellung) an der Spitze des Banksystems steht. Das **Recht zur Münzprägung** (das sog. Münzregal) und das Ausgaberecht der Scheidemünzen (bis die durch das *„Münzgesetz"* festgelegten Grenzen erreicht sind) liegt in Deutschland dagegen bei der jeweiligen **Bundesregierung**. Da die Herstellung der Scheidemünzen geringere Herstellungskosten verursacht, als der aufgedruckte Wert impliziert, wird die Differenz (in der Regel pro Jahr eine dreistellige Millionensumme) als sog. **Münzeinnahme** (auch „Schlagschatz" genannt) im **Bundeshaushalt** vereinnahmt.

---

[1] Vgl. dazu das 10. Kapitel „Außenwirtschaft".

1.3.1 Die Deutsche Bundesbank und die Rolle der Geschäftsbanken

1.3.1.1 Zur Entstehungsgeschichte und zum Aufbau der Deutschen Bundesbank

Vorläuferin der **Deutschen Bundesbank** war die **Deutsche Reichsbank**, die mit der Schaffung einer einheitlichen deutschen Währung am 1. Januar 1876 konstituiert wurde. Die Reichsbank hatte den Gesetzesauftrag, den „Geldumlauf im gesamten Reichsgebiet zu regeln, die Zahlungsausgleichungen zu erleichtern und für die Nutzbarmachung verfügbaren Kapitals zu sorgen.“[1] Das Eigenkapital der Reichsbank befand sich in privaten Händen, wobei allerdings die Befugnisse der Anteilseigner gering waren. Operativ geleitet wurde die Reichsbank durch ein **Reichsbankdirektorium**. Die politische Leitung unterlag aber dem **Reichskanzler**. Damit hatte der Gesetzgeber bzw. die **Politik eine direkte Einflußnahmemöglichkeit auf die Geldpolitik**. Während des 1. Weltkrieges wurde so die Reichsbank zur Kriegsfinanzierung von der Politik mißbraucht. Dies führte im Jahr 1923 zu einer **Hyperinflation**. Um diese verhängnisvolle Entwicklung nicht noch einmal zu ermöglichen, wurde 1924 per Gesetz ausdrücklich die **Unabhängigkeit der Reichsbank** von der Reichsregierung festgelegt. Die Leitung der Bank und die Verantwortung für die Geldpolitik lagen nun allein beim Reichsbankdirektorium; und die zuvor praktizierte Reichsaufsicht entfiel.

Mit der Machtübernahme der Nationalsozialisten 1933 wurde die Unabhängigkeit der Reichsbank Schritt für Schritt wieder aufgehoben. Durch das *„Reichsbankgesetz“* von 1939 erfolgte letztlich die endgültige Aufhebung der Autonomie. Der Zusammenbruch der deutschen Währung, herbeigeführt durch eine hemmungslose Rüstungs- und Kriegsfinanzierung durch die Nationalsozialisten, machte 1948 eine **Währungsreform** erforderlich. Die Reichsmark wurde durch die Deutsche Mark ersetzt. Gleichzeitig wurde ein neues **zweistufiges Zentralbanksystem** aufgebaut. Es bestand aus rechtlich selbständigen **Landeszentralbanken** in den einzelnen Ländern der westlichen Besatzungszonen und der am 1. März 1948 gegründeten **Bank deutscher Länder** - eine gemeinsame Tochter der Landeszentralbanken.

Mit der Gründung der Bundesrepublik Deutschland im Jahr 1949 erhielt die Bundesregierung den Auftrag, eine Währungs- und Notenbank als Bundesbank zu errichten. Dies geschah im Jahr 1957 mit dem **„Gesetz über die Deutsche Bundesbank“ (BBankG)**. Das zweistufige Zentralbanksystem wurde beseitigt und durch eine Einheitszentralbank, die **Deutsche**

[1] Deutsche Bundesbank, (Hrsg.), Die Geldpolitik der Bundesbank, 7. Aufl., Frankfurt/M. 1995, S. 10

Bundesbank, ersetzt. Die **Landeszentralbanken** sind seitdem nicht mehr selbständig, sondern als „Hauptverwaltungen" Teil der Bundesbank. In der Geld- und Währungspolitik ist die Deutsche Bundesbank **unabhängig** von Weisungen des Gesetzgebers. Sie ist die oberste Währungsbehörde der Bundesrepublik Deutschland mit Sitz in Frankfurt am Main. Der Gesetzgeber hat der Deutschen Bundesbank die Aufgabe übertragen, den Geldumlauf und die Kreditversorgung der Wirtschaft mit dem Ziel zu regeln, die **Währung zu sichern**, und für die bankmäßige Abwicklung des Zahlungsverkehrs im Inland und mit dem Ausland zu sorgen.

Funktionen der Deutschen Bundesbank

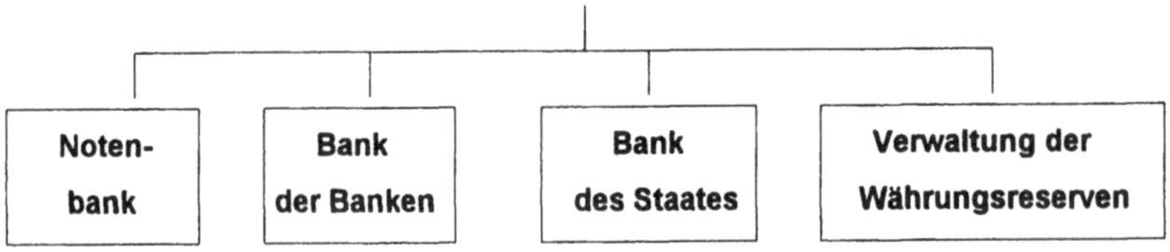

Organe der Deutschen Bundesbank sind der **Zentralbankrat**, das **Direktorium** und die **Vorstände der Landeszentralbanken**. Der Zentralbankrat, das oberste Organ der Bundesbank, besteht aus dem Präsidenten und Vizepräsidenten der Bundesbank, den weiteren Mitgliedern des Direktoriums und den Präsidenten der neun Landeszentralbanken. Präsident, Vizepräsident und die Direktoriumsmitglieder werden auf Vorschlag der Bundesregierung durch den Bundespräsidenten für acht Jahre bestellt. Die Präsidenten der Landeszentralbanken erhalten ihre Berufung auf Empfehlung der Länder und Vorschlag des Bundesrates durch den Bundespräsidenten ebenfalls für acht Jahre.

Der **Zentralbankrat** tagt unter dem Vorsitz des Präsidenten der Deutschen Bundesbank alle zwei Wochen. Er bestimmt die Geld- und Währungspolitik für die Bundesrepublik Deutschland. Das **Direktorium der Bundesbank**, es besteht aus acht Mitgliedern, ist verantwortlich für die Durchführung der Beschlüsse des Zentralbankrates, Geschäfte am offenen Markt, Devisen- und Auslandsgeschäfte, Geschäfte mit dem Bund und seinen Sondervermögen sowie mit Kreditinstituten mit zentralen Aufgaben. Für alle anderen Bundesbankgeschäfte sind die **neun Landeszentralbanken** (siehe den folgenden Kasten) verantwortlich. Dazu gehören die flächendeckende Geldversorgung der Länder mit Banknoten und Münzen, Serviceleistungen im Abrechnungs- und Zahlungsverkehr, Aufgaben im Rahmen der Bankenaufsicht und des Handlings der Mindestreserven sowie die Durchführung von Offenmarktgeschäften und der Vertrieb und die

Marktpflege von Bundeswertpapieren. Die Landeszentralbanken verfügen zur Wahrnehmung ihrer Aufgaben über ein weitgegliedertes Netz an sog. **Haupt- und Zweigstellen**. Die Landeszentralbank von Nordrhein- Westfalen besteht so z.B. aus 15 Haupt- und weiteren 30 Zweiganstalten in den verschiedenen Städten des Landes.

Die neun Landeszentralbanken (LZB)
LZB in Baden- Württemberg; Sitz in Stuttgart
LZB in Bayern; München
LZB in Berlin-Brandenburg; Berlin
LZB in Bremen- Niedersachsen - Sachsen-Anhalt; Hannover
LZB in Hamburg- Mecklenburg-Vorpommern- Schleswig-Holstein; Hamburg
LZB in Hessen; Frankfurt
LZB in Nordrhein-Westfalen; Düsseldorf
LZB in Rheinland-Pfalz- Saarland; Mainz
LZB in Sachsen-Thüringen; Leipzig

Anfang 1996 waren bei der Deutschen Bundesbank incl. der Landeszentralbanken insgesamt **16.373 MitarbeiterInnen** beschäftigt, davon 9.988 Männer (61%) und 6.385 Frauen (39%). Auf die neun Landeszentralbanken entfielen 13.758 (84%) und auf die Dienststelle des Direktoriums 2.615 (16%) Beschäftigte. Von den 16.373 MitarbeiterInnen waren 6.798 Beamte (41,5%), 8.580 Angestellte (52,4%) und 995 Arbeiter (6,1%).

1.3.1.2 Zur Bilanz der Deutschen Bundesbank

Im Rahmen ihrer Geschäftstätigkeit ist die Deutsche Bundesbank - unabhängig von ihrer öffentlich-rechtlichen Stellung - im Sinne von § 1 Absatz 2 Nr. 4 Handelsgesetzbuch (HGB) als Kaufmann einzustufen, da sie Bankgeschäfte betreibt. Daher ist sie auch verpflichtet, jährlich einen **Jahresabschluß mit Bilanz und Gewinn- und Verlustrechnung** (geregelt in den §§ 26 und 27 des *„Gesetzes über die Deutsche Bundesbank“ (BBanKG)* zu erstellen. Wie alle großen Kapitalgesellschaften unterliegt sie dabei den Bewertungs- und Prüfungsbedingungen des HGB.

Vereinfachte Bilanz der Deutschen Bundesbank

AKTIVA	PASSIVA
(1) Gold und Nettoauslandsforderungen	(1) Banknotenumlauf
(2) Forderungen (= Kredite an Geschäftsbanken)	(2) Einlagen von (= Verbindlichkeiten gegenüber) Geschäftsbanken
(3) Forderungen (= Kredite an den Staat)	(3) Einlagen vom (= Verbindlichkeiten gegenüber dem) Staat
(4) Sonstige Vermögensteile (einschließlich Realvermögen)	(4) Sonstige Verbindlichkeiten (einschließl. Reinvermögen)

In der **Bilanz** werden im Detail auf der **Aktivseite** die folgenden Werte aufgeführt:

Gold

Der erste Aktivposten sind die gesamten Goldreserven der Deutschen Bundesbank. In der Position Gold werden allerdings seit der Errichtung des Europäischen Währungssystems (EWS) im Jahre 1979 nur 80% des Goldbestandes ausgewiesen, da 20% der Gold- und Dollarreserven in Form von Drei-Monats-Swapgeschäften auf das Europäische Währungsinstitut (EWI) revolvierend übertragen werden. Das Gold wird zu Anschaffungskosten in der Bilanz bewertet.

Reserveposition im Internationalen Währungsfonds und Sonderziehungsrechte

In dieser Position werden die von der Bank finanzierten und von ihr gehaltenen Forderungen an den Internationalen Währungsfonds (IWF) ausgewiesen, die aus der Mitgliedschaft der Bundesrepublik Deutschland im IWF resultieren.

Forderungen an das Europäische Währungsinstitut

Hier werden die ECU-Guthaben der Bank und die auf ECU lautenden Forderungen, die bei Inanspruchnahme der sehr kurzfristigen Finanzierung durch andere Notenbanken entstehen, ausgewiesen. Die ECU-Guthaben resultieren vorwiegend aus den auf das EWI vorläufig übertragenen 20% der Gold- und Dollarreserven der Bundesbank. Außerdem enthalten diese übertragenen 20% der Gold- und Dollarreserven der Bundesbank. Außerdem enthalten diese Guthaben die von anderen am EWS teilnehmenden Notenbanken auf die Bundesbank übertragenen Reserve-ECU.

Guthaben bei ausländischen Banken und Geldmarktanlagen im Ausland

Hier werden die zinsbringenden Guthaben bei ausländischen Banken und die Geldmarktanlagen im Ausland, zum größten Teil auf US-Dollar Basis, ausgewiesen.

Sorten

In dieser Position werden die Geldbestände ausländischer Währungen aufgeführt.

Kredite und sonstige Forderungen an das Ausland

In dieser Aktivposition werden überwiegend Kredite an die Weltbank verbucht, die gegen auf D-Mark lautende Schuldscheine gewährt wurden. Die sonstigen Forderungen an das Ausland betreffen begrenzte Anlagen bei ausländischen Institutionen. Wegen ihrer geringeren Liquidität zählen die Kredite und sonstigen Forderungen an das Ausland nicht zu den Währungsreserven.

Kredite an inländische Kreditinstitute

Diese Position zeigt das Volumen und die Struktur der Refinanzierung der inländischen Kreditinstitute. Der größte Anteil entfällt auf die im Rahmen der flexiblen Geldmarktsteuerung eingesetzten Wertpapierpensionsgeschäfte. Dabei erwirbt die Bank lombardfähige Wertpapiere unter der Bedingung, daß die Verkäufer die Wertpapiere per Termin zurückkaufen. Hier wird auch der Bestand an In- und Auslandswechseln, die von der Bank innerhalb der Rediskontkontingente zum Diskontsatz angekauft werden, ausgewiesen. Daneben zeigt die Position die Lombardforderungen, bei der die Bank gegen Verpfändung von bestimmten Wertpapieren und Schuldbuchforderungen Zentralbankgeld zur Verfügung stellt, um den kurzfristigen Liquiditätsbedarf der Kreditinstitute zu befriedigen.

Ausgleichsforderungen an den Bund und unverzinsliche Schuldverschreibung Berlin

Die Ausgleichsforderungen an den Bund und die unverzinsliche Schuldverschreibung wegen Berlin gehen auf die Währungsreform im Jahre 1948 zurück. Sie bilden den bilanziellen Gegenposten für die Erstausstattung der Kreditinstitute und öffentlichen Körperschaften mit Zentralbankgeld.

Wertpapiere

Hier wird der Wertpapierbestand, im wesentlichen Bundesschuldverschreibungen, aufgeführt.

Deutsche Scheidemünzen

Die Bank hält einen Eigenbestand an Scheidemünzen als Reserve für den Zahlungsverkehr. Neue Münzen werden von den staatlichen Münzstätten zum Nennwert für Rechnung des Bundes übernommen, dem das Münzregal zusteht. Ende 1995 entsprachen die im Bestand der Bundesbank befindlichen Münzen 13,8% des Münzumlaufs; nach den ergänzenden Vorschriften zu Artikel 104 des Maastricht-Vertrages besteht hierfür eine Obergrenze von 10%, übergangsweise gilt bis Ende 1996 (wie im Münzgesetz) ein Satz von 15%.

Grundstücke und Gebäude

Hier ist der Bestandswert an Grundstücken und Gebäuden bilanziert. Er betrug Ende 1995 über 3,5 Mrd. DM.

Betriebs- und Geschäftsausstattung

Der Wert der Betriebs- und Geschäftsausstattung belief sich Ende 1995 auf gut 202 Mio. DM.

Sonstige Vermögensgegenstände

Hierbei handelt es sich im wesentlichen um die erst im folgenden Jahr fälligen, aber der Erfolgsrechnung des Bilanzjahres zuzurechnenden Zinserträge aus Auslandsanlagen und Wertpapierpensionsgeschäften. Zu den sonstigen Vermögensgegenständen zählen außerdem Beteiligungen an dem Europäischen Währungsinstitut, Frankfurt am Main, der Bank für Internationalen Zahlungsausgleich, Basel, der Genossenschaft SWIFT, La Hulpe (Belgien), und der Liquiditäts-Konsortialbank GmbH, Frankfurt am Main.

Aktive Rechnungsabgrenzungsposten

Bei den aktiven Rechnungsabgrenzungsposten handelt es sich um im Berichtsjahr gebuchte, aber das Jahr darauf betreffende Dienst- und Versorgungsbezüge sowie Zinsaufwendungen aus abgegebenen Liquiditätspapieren.

Die **Passivseite der Bilanz** der Deutschen Bundesbank enthält die folgenden Positionen:

Banknotenumlauf

Hier wird die zirkulierende Banknotengeldmenge aufgeführt.

Einlagen von Kreditinstituten

Diese Position enthält die aufgrund der Mindestreservesätze vorgeschriebenen Einlagen der Kreditinstitute bei der Bundesbank. Der Wert lag Ende 1995 bei fast 50 Mrd. DM.

Einlagen von öffentlichen Haushalten

In dieser Position werden die Guthaben des Bundes, seiner Sondervermögen, der Länder und anderer öffentlicher Einleger erfaßt. Bei den Sondervermögen handelt es sich um den Lastenausgleichsfonds, das ERP-Sondervermögen, den Erblastentilgungsfonds und den Fonds „Deutsche Einheit". Auch die Guthaben der Sozialversicherungsträger und der Gemeinden werden hier verbucht.

Einlagen von anderen inländischen Einlegern

Zu diesem Bilanzposten gehören Einlagen von Unternehmen und Privatpersonen.

Verbindlichkeiten aus abgegebenen Liquiditätspapieren

Zum Zwecke der Liquiditätssteuerung werden hier die Mobilisierungs- und Liquiditätspapiere gemäß §§ 42 und 42a BBankG, die in Form kurzfristiger Schatzwechsel (Laufzeit in der Regel 3 Tage) an inländische Banken abgegeben werden, ausgewiesen.

Verbindlichkeiten aus dem Auslandsgeschäft

Bei dieser passiven Bilanzposition handelt es sich in erster Linie um DM-Einlagen ausländischer Währungsbehörden.

Ausgleichsposten für zugeteilte Sonderziehungsrechte

Der Ausgleichsposten zu den vom IWF unentgeltlich zugeteilten und auf der Aktivseite in der Position 2 enthaltenen Sonderziehungsrechten entspricht den Zuteilungen an die Bundesrepublik Deutschland in den Jahren 1970 bis 1972 sowie 1979 bis 1981.

Rückstellungen

Hier werden die Rückstellungen für Pensionsverpflichtungen und die sonstigen Rückstellungen zur Deckung allgemeiner Risiken im In- und Auslandsgeschäft sowie für ungewisse Verbindlichkeiten verbucht. Das Rückstellungsvolumen lag Ende 1995 bei gut 10 Mrd. DM. Der Anteil an der Bilanzsumme lag bei lediglich 2,8%.

Schwebende Verrechnungen

Die schwebenden Verrechnungen, deren Höhe besonders von Stichtagseffekten im Zahlungsverkehr beeinflußt wird, enthalten vor allem die am Jahresende innerhalb der Bank unterwegs befindlichen Überweisungen, Schecks und Lastschriften.

Sonstige Verbindlichkeiten

Die sonstigen Verbindlichkeiten betreffen noch nicht weitergeleitete Beträge und auf das jeweilige Vorjahr entfallende, aber ein Jahr später fällige Zinsaufwendungen.

Passive Rechnungsabgrenzungsposten

Die passiven Rechnungsabgrenzungsposten enthalten die im Berichtsjahr vereinnahmten, aber auf das nächste Jahr entfallenden Zinserträge aus In- und Auslandswechseln sowie aus US-Schatzwechseln.

Grundkapital

Das Grundkapital der Bundesbank beläuft sich gemäß § 2 BBankG auf 290 Mio. DM und gehört dem Bund.

Rücklagen

Die Rücklagen zählen wie das Grundkapital zu den aus den Gewinnen eingestellten Eigenmitteln der Bundesbank. Die vorgeschriebene Höhe der gesetzlichen Rücklage (als Höchstgrenze) liegt bei 5% des Banknotenumlaufs.

Bilanzgewinn

Der Bilanzgewinn ergibt sich aus der jährlichen Gewinn- und Verlustrechnung. Nach der Zuführung zu den gesetzlichen Rücklagen gemäß § 27 BBankG wird er an den Bund abgeführt und im Bundeshaushalt vereinnahmt. Von 1991 bis 1995 betrug der abgeführte Bilanzgewinn über 66,3 Mrd. DM (vgl. dazu die folgende Tabelle).

Bilanzgewinn und -verwendung der Deutschen Bundesbank
- in Mio. DM -

Jahr	1991	1992	1993	1994	1995
Bilanzgewinn	15.214	14.725	18.834	10.858	10.928
Gesetzl. Rückl.	720	1.603	549	591	610
Ank. v. Ausl. F.	30	30	30	30	-
Abführ.an Bund	14.464	13.092	18.255	10.237	10.318

Quelle: Geschäftsberichte der Deutschen Bundesbank

Neben der Bilanz erstellt die Deutsche Bundesbank zur Ermittlung des Jahresüberschusses eine **Gewinn- und Verlustrechnung**. Hier werden die **Aufwendungen**, wie Zinsaufwand, Personalaufwand, Sachaufwand, Abschreibungen, Aufwendungen für den Notendruck und sonstige Aufwendungen, erfaßt und mit den **Zinserträgen**, den **Gebühren** und **sonstigen Erträgen** verglichen, um den Jahresüberschuss zu ermitteln. Für das Geschäftsjahr 1995 ergaben sich dabei die folgenden Werte

Gewinn- und Verlustrechnung der Deutschen Bundesbank 1995
- in Mio. DM -

Zinsaufwand	796,3
Personalaufwand	1.780,1
Sachaufwand	368,4
Notendruck	163,0
Abschreibungen 1	361,4
Abschreibungen 2	1.149,2
Sonstige Aufwendungen	56,4
Zinsertrag	15.084,2
Gebühren	110,0
Sonstige Aufwendungen	408,5
Jahresüberschuß	10.927,9

Quelle: Geschäftsbericht 1995 der Deutschen Bundesbank, **Abschreibungen 1**: auf Grundstücke und Gebäude sowie auf Betriebs- und Geschäftsausstattung und sonstige Vermögensgegenstände, **Abschreibungen 2**: auf Währungsreserven und sonstige Fremdwährungspositionen.

1.3.1.3 Zur Rolle der Geschäftsbanken

Zur Organisation und Durchführung des Geldverkehrs existiert neben der staatlichen Zentralbank (Deutsche Bundesbank) und einem Aufsichtssystem für das Kreditwesen und das Versicherungswesen, geregelt im *„Kreditwesengesetz" (KWG)*, ein **privater, öffentlich-rechtlicher und genossenschaftlicher Geschäftsbankensektor**. Hierzu gehören alle Wirtschaftsunternehmen, die Bankgeschäfte mit dem Ziel einer Gewinnerzielung bzw. Gewinnmaximierung betreiben, ohne das Recht der Notenausgabe zu besitzen. Der Geschäftsbankensektor wird dabei eingeteilt in einen **Universalbankensektor**, in **Spezialbanken** und **sonstige Institute des Bankenbereichs** (vgl. dazu die folgende Grafik).

Abgrenzung Geschäftsbankensektor

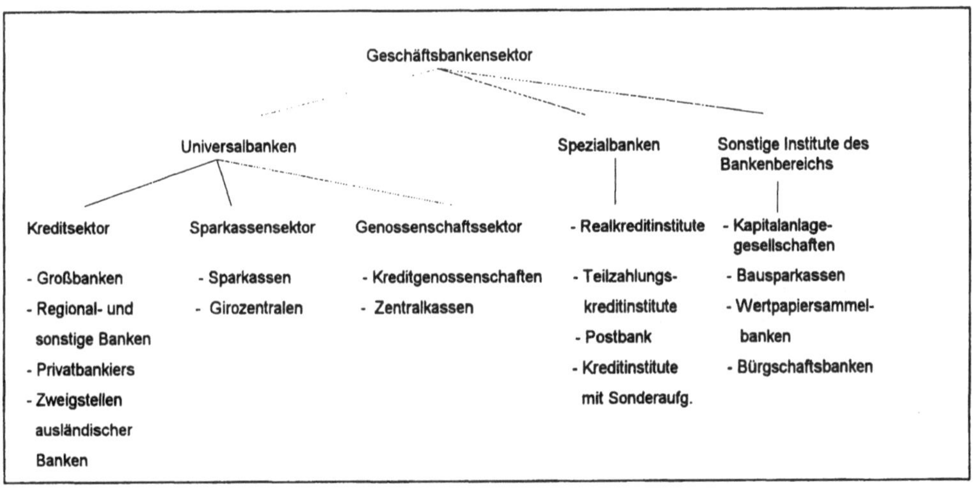

Quelle: Karl Scheidl, Die Geschäftsbanken, in: Norbert Kloten, Johann Heinrich von Stein, (Hrsg.), Geld-, Bank- und Börsenwesen, Ein Handbuch, 37. Aufl., Stuttgart 1980

Universalbanken (Großbanken, Sparkassen- und Genossenschaftsbanken) betreiben das gesamte Einlagen- und Kreditgeschäft sowie das gesamte Wertpapier-(Effekten)geschäft, während **Spezialbanken** sich auf besondere Aufgaben spezialisiert haben. Dazu gehören z.B. die Realkreditinstitute (Hypothekenbanken), die langfristige Kredite, abgesichert gegen Realwerte (Gründstücke, Gebäude, etc.), vergeben und diese u.a. durch die Ausgabe von festverzinslichen

Wertpapieren finanzieren. Teilzahlungskreditinstitute haben sich auf die Vergabe von Ratenkrediten spezialisiert. Das dazu benötigte Geld beschaffen sie sich überwiegend durch Kreditaufnahme im Universalbankensektor. Zu den sonstigen Instituten des Bankenbereichs zählen z.B. die **Bausparkassen,** die ihren Schwerpunkt in der Finanzierung von Wohneigentum haben.

Ende 1996 gab es in Deutschland 3.675 rechtlich selbständige Kreditinstitute (incl. Deutsche Postbank AG) mit insgesamt 66.663 Zweigstellen und Filialen. Das Geschäftsvolumen (Bilanzsumme zuzüglich Indossamentsverbindlichkeiten aus weitergegebenen Wechseln) aller Banken zusammen betrug dabei 8.545,9 Mrd. DM.[1]

Vereinfachte Bilanz einer Geschäftsbank

AKTIVSEITE	PASSIVSEITE
(1) Banknoten (einschl. Münzen)	(1) Einlagen von Nichtbanken
(2) Guthaben bei der Bundesbank	- Sichteinlagen
(3) Guthaben bei Geschäftsbanken	- Termineinlagen
(4) Nettoauslandsforderungen	- Spareinlagen
(5) Wertpapiere	(2) Verbindlichkeiten gegenüber anderen Geschäftsbanken
(6) Kundenkredite	(3) Verbindlichkeiten gegenüber der Deutschen Bundesbank
(7) Sonstige Vermögenswerte	(4) Sonstige Verbindlichkeiten
(8) Realvermögen (Sachanlagen)	(5) Rückstellungen
	(6) Eigenkapital

Die Unternehmenspolitik der Geschäftsbanken ist auf eine möglichst hohe **Gewinnerzielung** ausgerichtet. Dabei spielt die **Macht der Banken** (vgl. dazu das Kapitel 4) eine nicht unwesentliche Rolle. „Handelt es sich um eine Universalbank (...), lassen sich ihre Transaktionen mit Nichtbanken zu vier Tätigkeitsbereichen und damit Ertragsquellen zusammenfassen:

[1] Zur weiteren Differenzierung nach Rechtsform und Größe (Geschäftsvolumen) der Kreditinstitute vgl. Deutsche Bundesbank (Hrsg.), Bankenstatistik, Heft 9/1997, S. 104ff.

- Die Bank nimmt und gewährt Kredite, wobei sie auf die genommenen Kredite im Durchschnitt niedrigere Zinsen (Habenzinsen) zahlt, als sie auf die gewährten Kredite erhält (Sollzinsen). Die Differenz, ihre Zinsspanne, ist das Entgelt dafür, daß sie die genommenen Kredite in bezug auf Fristen, Liquiditätsgrad, Stückelung und Risiken in die gewährten transformiert;

- Die Bank verkauft gegen Entgelt ('Gebühren') Dienstleistungen an ihre Kunden, indem sie unter anderem deren Zahlungsverkehr abwickelt, für sie Wertpapiere kauft, verkauft, verwahrt und verwaltet sowie Bürgschaften und Garantien übernimmt;

- Die Bank handelt für eigene Rechnung mit Vermögensobjekten wie Devisen, Wertpapieren, Edelmetallen;

- Die Bank beteiligt sich in anderen Banken oder an Unternehmen anderer Wirtschaftsbereiche."[1]

Zur Darstellung der Ertragslage unterscheidet die **Gesamtbetriebskalkulation** (vgl. den folgenden Kasten) einer Geschäftsbank verschiedene Zwischenergebnisse, wie den **Zinsüberschuß**, **Provisionsüberschuß**, das **Teilbetriebsergebnis**, das **Betriebsergebnis** und den **Jahresüberschuß** *vor* und *nach* Steuern.[2]

Seit 1982 zeigt der **Jahresüberschuß vor Steuern** der deutschen Kreditinstitute einen positiven Trend. Das gleiche gilt für die Entwicklung der **Eigenkapitalquote**, während die **Eigenkapitalrentabilität** aufgrund der starken Zunahme der Eigenmittel trendmäßig rückläufig ist. 1996 betrug der Jahresüberschuß vor Steuern 39,6 Mrd. DM. Gemessen am durchschnittlichen Geschäftsvolumen ist dies ein Prozentsatz von 0,46%. Die Eigenkapitalquote, die Relation Eigenkapital zum Geschäftsvolumen, lag 1996 bei 3,85%. Die Eigenkapitalrentabilität, die den Jahresüberschuß vor Steuern auf das Eigenkapital bezieht, betrug im Jahr 1996 für alle Kreditinstitute durchschnittlich 12,04%.[3]

---

[1] Alfred Stobbe, Volkswirtschaftlehre III, Makroökonomik, 2. Aufl., Berlin, Heidelberg, New York 1987, S. 173f.

[2] Ausführlich zum Informationswesen (internes und externes Rechnungswesen) und der Kontrolle sowie der Preispolitik im Bankbetrieb vgl. Dietrich Köllhofer, Informationswesen und Kontrolle im Bankbetrieb, in: Norbert Kloten, Johann Heinrich von Stein, Geld-, Bank- und Börsenwesen, Ein Handbuch, 37. Aufl., Stuttgart 1980, S. 616ff.

[3] Vgl. Deutsche Bundesbank (Hrsg.), Monatsbericht 8/1997, S. 48

Definitionen der Bank-Gesamtbetriebskalkulation

1. Zinsüberschuß = Zinserträge - Zinsaufwendungen

2. Zinsspanne = Zinsüberschuß : Durchschnittliches Geschäftsvolumen

3. Provisionsüberschuß = Provisionserträge - Provisionsaufwendungen

4. Teilbetriebsergebnis = Zinsüberschuß + Provisionsüberschuß - Allgemeine Verwaltungsaufwendungen incl. Personalaufwand

5. Betriebsergebnis = Teilbetriebsergebnis + Ergebnis aus Finanzgeschäften + Saldo aus sonstigen betrieblichen Erträgen und Aufwendungen + Bewertungsergebnis (ohne Sach- und Finanzanlagengeschäft)

6. Jahresüberschuß vor Steuern = Betriebsergebnis + Saldo aus außerordentlichen Erträgen und Aufwendungen

7. Jahresüberschuß nach Steuern = Jahresüberschuß vor Steuern - Steuern vom Einkommen und vom Ertrag

8. Durchschnittliches Geschäftsvolumen = Bilanzsumme plus Bürgschaften, Avalkredite und weitergegebene Wechsel

Gewinn- und Verlustrechnungen der Kreditinstitute

- in Mrd. DM -

Jahr	1	2	3	4	5	6	7	8
1986	70,5	2,02%	12,1	29,5	29,5	21,3	8,6	3.483,0
1987	70,5	1,89%	11,8	26,5	26,5	19,4	7,9	3.722,6
1988	72,5	1,83%	12,9	27,2	27,2	21,9	8,8	3.965,0
1989	73,2	1,73%	15,0	27,4	27,4	19,1	8,6	4.234,1
1990[1]	80,5	1,72%	18,0	29,3	29,3	20,5	9,7	4.675,2
1991	91,6	1,79%	19,6	34,8	34,8	27,3	12,1	5.129,5
1992	101,0	1,81%	22,4	39,6	39,6	28,4	11,5	5.571,9
1993[2]	118,8	1,87%	26,6	50,6	35,5	34,1	15,9	6.354,1
1994	133,7	1,89%	27,3	62,2	33,3	32,8	17,3	7.085,3
1995	133,6	1,76%	27,1	55,5	40,8	38,6	19,5	7.592,9
1996	140,9	1,65%	29,2	60,1	43,9	39,6	19,0	8.545,9

1) Incl. Deutsche Bundespost (Postbank), 2) Incl. ostdeutscher Kreditinstitute, Quelle: Monatsberichte der Deutschen Bundesbank

1.3.2 Zum Geldangebot

Um ein entsprechendes **Wirtschaftswachstum** sicherzustellen, ist der Wirtschaftskreislauf mit Geld auszustatten. Neben dem alleinigen Recht zur Ausgabe von **Banknoten** und **Scheidemünzen** durch die Zentralbank, die man zusammen als die umlaufende **Bargeldmenge**

(BG) in den Händen von Nichtbanken bezeichnet, gehört zum sog. **Zentralbankgeld** (ZG) auch das Zentralbankguthaben der Banken (D^B) und der öffentlichen Haushalte ($D^{ÖH}$). Hierbei handelt es sich um auf Sicht fällige, jederzeit in Banknoten einlösbare Guthaben bei der Zentralbank (**Zentralbankbuchgeld**).

$$ZG = BG + D^B + D^{ÖH}$$

Daneben findet durch Aktivgeschäfte der Zentralbank eine **Zentralbankgeldschöpfung** bzw. die Schaffung von Zentralbankbuchgeld statt. Diese vollzieht sich durch die Vergabe von **Zentralbankkrediten an Geschäftsbanken** (Refinanzierungskredite) und **öffentliche Haushalte** (Staatsverschuldung) sowie durch **Devisen- oder Wertpapierankäufe**. Hierdurch erhöht sich die zirkulierende Geldmenge.

Die Zentralbank (Deutsche Bundesbank) kauft z.B. ein Wertpapier von einer Geschäftsbank in Höhe von 100.000 DM und die Geschäftsbank läßt sich den Betrag bei der Zentralbank gutschreiben, so ergeben sich die folgenden Änderungen in der Bilanz der Zentralbank und der Geschäftsbank.

Bilanz der Zentralbank

Wertpapier	+ 100.000 DM	Verbindlichkeit	+ 100.000 DM

Es kommt zu einer Bilanzverlängerung bei der Zentralbank, wodurch sich die Geldmenge in Form der Verbindlichkeit gegenüber der Geschäftsbank um 100.000 DM erhöht. Bei der Geschäftsbank findet dagegen lediglich ein Aktivtausch statt.

Bilanz der Geschäftsbank

Forderung	+ 100.000 DM		
Wertpapier	- 100.000 DM		

Kauft die Geschäftsbank von der Zentralbank das Wertpapier zurück, dann wird das betreffende Aktivum aus dem Bestand der Zentralbank an die Geschäftsbank zurückgegeben. Zum Ausgleich der dafür fälligen D-Mark Beträge werden die Guthaben der Geschäftsbank bei der Zentralbank (Verbindlichkeiten der Zentralbank) entsprechend gekürzt; es wird also Buchgeld in der jeweils fälligen Höhe vernichtet. Im Gegensatz zur Geldschöpfung hat eine **Geldvernichtung** stattgefunden.

Entwicklung der Bargeldmenge

- in Mio. DM -

Jahresende	Bargeldumlauf[1)]	Banknotenumlauf	Münzumlauf
1991	194.615	181.300	13.315
1992	227.285	213.355	13.930
1993	238.641	224.341	14.300
1994	250.907	236.165	14.742
1995	263.510	248.363	15.147

1) Incl. Kassenbestände der Kreditinstitute, Quelle: Deutsche Bundesbank, Geschäftsbericht 1995

Das Buchgeld bei der Zentralbank (Buchgeldschöpfung) ist Voraussetzung für die Entstehung von Bargeld (Banknoten und Münzen). „Benötigt beispielsweise eine Geschäftsbank, die eine Buchgeldforderung gegen die Zentralbank besitzt, für ihre laufenden Zahlungsverpflichtungen Bargeld, das nach unserem Recht nur die Bundesbank ausgeben darf, wird sie sich gegen eine entsprechende Belastung ihres Buchgeldkontos den erforderlichen Bargeldbetrag aushändigen lassen. Dieser Vorgang stellt lediglich eine Änderung der Geldform dar: An die Stelle von Bundesbankbuchgeld tritt Bargeld. Neues Geld wird dabei nicht geschaffen. In der Bilanz der Bundesbank schlägt sich dieser Vorgang in Form eines Tausches auf der Passivseite nieder. An die Stelle einer Buchgeldforderung gegen sie tritt eine Forderung in Form der Note, eine Forderung, gegen die der Rückerwerb eines an die Bundesbank übertragenen Aktivums in der gleichen Weise möglich ist wie beim Bundesbankbuchgeld. Infolgedessen erscheint die in Umlauf befindliche Bargeldmenge als Passivposten in der Bilanz der Bundesbank wie die Buchgeldverpflichtungen der Bundesbank gegenüber den Geschäftsbanken und dem Staat."[1]

[1] J. Heinz Müller, Hans Peters, Einführung in die Volkswirtschaftslehre, 12. Aufl., Herne/Berlin 1991, S. 141

Neben dem Bundesbankbuchgeld entsteht zusätzlich **Buch- bzw. Giralgeld im Geschäftsbankensektor** durch Sichtguthaben der Nichtbanken bei den Geschäftsbanken. Das Geschäftsbankengeld entsteht analog zum Zentralbankbuchgeld durch Sichtverbindlichkeiten der Geschäftsbanken gegenüber Nichtbanken (z.B. Nichtbanken zahlen Bargeld bei Banken ein, lassen ihr Gehalt auf Girokonten überweisen u.a.). Dieser Vorgang wird auch als **passive Geldschöpfung** bezeichnet. Bei der passiven Geldschöpfung geht der Anstoß zu der Geldschöpfung ausschließlich vom Kunden der Bank aus. „Der Kunde zahlt Bargeld auf sein Konto ein. Geldtheoretisch bedeutet das, daß die Geschäftsbank Geld der Bundesbank als Aktivum erwirbt und dafür in entsprechender Höhe bisher nicht existierendes Geschäftsbankbuchgeld in Form von Sichtguthaben des Kunden bei ihr neu schöpft. Der Bankkunde, der das Bargeld eingezahlt hat, besitzt nun anstelle von Bundesbankgeld einen Betrag in Geschäftsbankbuchgeld in derselben Höhe. Weil die Geschäftsbank bei der geschilderten passiven Geldschöpfung Bargeld erhält, ist diese Art der Buchgeldschöpfung für sie besonders wertvoll. Denn zum einen kann sie auf der Grundlage des hereingenommenen Bargeldes zusätzliche Kredite an andere Kunden gewähren und damit wiederum aktiv Buchgeld schöpfen (**aktive Geldschöpfung**). Zum anderen kann sie jetzt Bargeldauszahlungen leichter erfüllen. Denn die Geschäftsbank muß stets damit rechnen, daß von ihr gewährte Kredite oder Sichtguthaben aus dem Kreis ihrer Kunden in Bargeld abgerufen werden, in Form von Geld also, das sie selbst nicht schöpfen kann. Reichen die Bargeldbestände einer Geschäftsbank nicht aus, um die Forderungen nach Bargeld zu erfüllen, ist sie gezwungen, sich zusätzliches Bargeld bei der Bundesbank zu beschaffen."[1]

Im Gegensatz zur passiven Geldschöpfung erwirbt die Geschäftsbank bei der **aktiven Geldschöpfung** kein zusätzliches Bundesbankgeld. Die Geschäftsbanken vergeben hierbei lediglich im Rahmen ihres Aktivgeschäftes in der Hauptsache **Kredite an Nichtbanken** (private und öffentliche Haushalte, Unternehmen). Dabei muß jede Geschäftsbank einen bestimmten Prozentsatz ihrer **Einlagen** aus dem Passivgeschäft in Form von Bargeld, Überweisungen, Schecks bei der Deutschen Bundesbank als **nichtverzinsliche Mindestreserve** hinterlegen. Die Differenz zwischen der Mindestreserve und der Einlage wird als **Überschußreserve** (freie Liquidität) bezeichnet, also:

[1] J. Heinz Müller, Hans Peters, Einführung in die Volkswirtschaftslehre, a.a.O., S. 143

Einlage bei Geschäftsbanken (durch Nichtbanken)
- Mindestreserve
= Überschußreserve (Rahmen der Kreditvergabemöglichkeit)

Nur diese Überschußreserve aus der Einlage steht den **Geschäftsbanken** für eine Kreditvergabe an Nichtbanken zur Verfügung. Der Mindestreservesatz wird dabei im Rahmen der **Geldpolitik** durch die Deutsche Bundesbank festgelegt.

Die angeführte aktive Geldschöpfung für eine **einzelne** Geschäftsbank multipliziert sich im **Geschäftsbankensystem** als Ganzes. Dieses ist in der Lage, eine Menge an Buch- bzw. Giralgeld zu schaffen, die den Umfang der Überschußreserve einer einzelnen Geschäftsbank um ein Vielfaches übertrifft. Dieser Tatbestand wird auch als **multiple Giralgeldschöpfung** bezeichnet. Sie läßt sich nach der Summenformel für eine unendliche geometrische Reihe bestimmen.

$$M = Ü \times \frac{1 - q^n}{1 - q}$$

M = Maximale Geldschöpfung (zusätzliche Geldmenge an Giralgeld)
Ü = Erste Überschußreserve (Kreditsumme - Kreditsumme x Mindestreservesatz)
n = Jahre
q = 1 - Mindestreservesatz (= r)

Da bei einer unendlichen geometrischen Reihe der Ausdruck (q^n) mathematisch gegen Null geht, läßt sich die Formel verkürzen auf:

$$\Delta M = \frac{Ü}{1 - q}$$

Beträgt beispielsweise die Mindestreserve 10%, so führt die ursprüngliche Sichteinlage in dem oben genannten Beispiel in Höhe von 100.000 DM zu einer **maximalen (multiplen)** Giralgeldschöpfung in Höhe von 900.000 DM.

$$\Delta M = \frac{90.000}{1- 0{,}9} = 900.000 \text{ DM}$$

Diese maximale multiple Giralgeldschöpfung reduziert sich allerdings um einen sog. **Barabhebungssatz (c)**. Dieser gibt an, in welcher Höhe die Nichtbanken bei einer Kreditgewährung den Kredit in bar ausgezahlt haben wollen und in welcher Höhe sie bargeldlos (z.B. durch Überweisungen) verfügen wollen.

$$\Delta M = \frac{Ü}{r + c - r \times c} = \frac{90.000}{0{,}1 + 0{,}3 - 0{,}1 \times 0{,}3} = \frac{90.000}{0{,}37} = 243.243 \text{ DM}$$

Bei einem in unserem Beispiel unterstellten Barabhebungssatz von 30% reduziert sich demnach die maximale multiple Giralgeldschöpfung des gesamten Geschäftsbankensektors von 900.000 DM auf gut 243.000 DM.

Diese mögliche (potentielle) maximale Giralgeldschöpfung muß aber nicht tatsächlich von den Nichtbanken auch voll ausgenutzt werden.

„Eine volle Ausnutzung ist unwahrscheinlich, da z.B. die Geschäftsbanken ihren Kunden nicht gegen ihren Willen Kredite einräumen können. Ferner stehen den Kreditaufnahmen ständig Rückzahlungen von Krediten gegenüber, die Geldvernichtung darstellen. Bei einem hohen unausgenutzten Geldschöpfungspotential werden die Banken zur Steigerung ihres Kreditabsatzes tendenziell Zinssenkungen zur Steigerung der Kreditnachfrage vornehmen.“[1]

Die Giralgeldschöpfung darf letztlich aber nicht so interpretiert werden, daß der Geldschöpfungsspielraum der Geschäftsbanken ausschließlich durch die Überschußreserven und die Barabhebungsquote restringiert ist. In der Realität verfügen die Geschäftsbanken jederzeit über die Möglichkeit, sich bei der Deutschen Bundesbank über eine Kreditgewährung zusätzliches Geld und damit Liquidität zu beschaffen. Geschäftsbanken sind bei ihrer Kreditvergabe nicht nur auf die **Spareinlagen der Nichtbanken** angewiesen. Die Deutsche Bundesbank wird bei der Kreditvergabe an den Geschäftsbankensektor allerdings durch eine entsprechende Zinspolitik nicht das Ziel der **Geldwertstabilität** aus den Augen verlieren.

Durch die Giralgeldschöpfung des Geschäftsbankensektors wird die **direkte Einflußnahme** der Deutschen Bundesbank auf das **Geldangebot**, d.h. auf die Veränderung der Bargeldumlaufmenge plus der Bargeldschöpfung beschränkt. Auf das Geldangebot, das sich durch Geldschöpfung und Geldvernichtung im Geschäftsbankenbereich ergibt, hat die Deutsche Bundesbank über ihre **Mindestreservenpolitik** nur einen **indirekten Einfluß**, indem sie durch die Variation der Mindestreservesätze die Überschußreserven der Geschäftsbanken und damit die Möglichkeiten der Kreditgewährung und Giralgeldschöpfung verändert. Auch ist der Einfluß auf den Barabhebungssatz, der die Präferenz der Nichtbanken für Bargeld zum Ausdruck bringt, äußerst gering.

Das **gesamtwirtschaftliche Geldangebot**, die Geldmenge (M_1), besteht demnach aus der **Bargeldmenge** und den **Sichtguthaben bei der Zentralbank**, die zusammen das **Zentralbankgeld** bilden, sowie den **Sichtguthaben bei den Geschäftsbanken**.

Gesamtwirtschaftliches Geldangebot

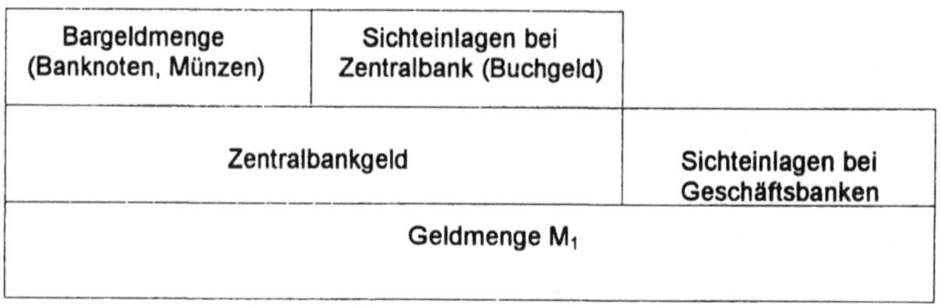

Neben der Geldmenge (M_1) werden weiter die Geldmengen (M_2) und (M_3) unterschieden.

Zur Geldmenge (M_1) zählt, wie gezeigt, der Bargeldumlauf und die Sichteinlagen inländischer Nichtbanken bei der Zentralbank und den Geschäftsbanken.

Die Geldmenge (M_2) umfaßt zusätzlich zu (M_1) noch die Termineinlagen mit einer Laufzeit bis zu vier Jahren (auch als „Quasigeld" bezeichnet).

Die Geldmenge (M_3) enthält neben der Geldmenge (M_2) noch die Sparguthaben mit gesetzlicher (dreimonatiger) Kündigungsfrist.

[1] Wilhelm Henrichsmeyer, Oskar Gans, Ingo Evers, Einführung in die Volkswirtschaftslehre, 10. Aufl., Stuttgart 1993, S. 493

Die folgende Tabelle zeigt die Entwicklung der unterschiedlichen Geldmengen in Deutschland in den Abgrenzungen von (M_1) bis (M_3):

Geldmengenentwicklung
- Stand am Jahresende in Mrd. DM -

Jahr	**1989**	**1990**	**1991**	**1992**	**1993**	**1994**	**1995**
Bargeldumlauf[1)]	146,9	158,6	171,8	200,5	212,0	225,9	237,5
Sichteinlagen	303,7	425,6	432,3	469,1	514,3	538,2	578,6
M_1	**450,6**	**584,2**	**604,1**	**669,6**	**726,3**	**764,1**	**816,1**
M_2	**776,4**	**987,3**	**1.084,5**	**1.196,5**	**1.319,2**	**1.282,7**	**1.257,7**
M_3	**1.255,5**	**1.503,0**	**1.597,7**	**1.718,7**	**1.906,7**	**1.937,0**	**2.007,4**

1) Ohne Kassenbestände der Kreditinstitute, Quelle: Monatsberichte der Deutschen Bundesbank

Anhand der Zahlen wird deutlich, daß die umlaufende **Bargeldmenge** nur gut 10% der Geldmenge (M_3) ausmacht. Die enorme Erhöhung der Geldmenge im Jahr 1990 um 19,7% ist auf die **Wiedervereinigung mit der DDR** bzw. auf die Ausweitung des Währungsgebietes der D-Mark auf die DDR zurückzuführen (Stichwort: *Deutsche Währungsunion*, (vgl. dazu das 3. Kapitel, Punkt 2.6)). Statistisch ergibt sich die Geldmenge (M_3) aus der konsolidierten Bilanz des gesamten Bankensystems, also der Deutschen Bundesbank und der inländischen Geschäftsbanken.

M_3 = Bankkredite an inländische Nichtbanken
+ Netto-Forderungen der Kreditinstitute und der Bundesbank an das Ausland
- Geldkapitalbildung bei den Kreditinstituten aus inländischen Quellen
- Einlagen des Bundes im Bankensystem
- Sonstige Einflüsse
= Veränderung der Geldmenge (M_3)

1.3.3 Geldmengensteuerung

Die jeweils in einer Volkswirtschaft **„notwendige" Geldmenge** ist abhängig von den Anforderungen des nominalen **Sozialprodukts** (Y_r), d.h. von der Anzahl der in einem Zeitraum umgesetzten Güter (q) und den **Preisen der einzelnen Güter** (p). Dividiert man dabei das nominale Sozialprodukt (Y_r x P) durch das Preisniveau (P), die Summe aller Preise der einzelnen Güter, so erhält man das reale Sozialprodukt (Y_r).

Bei der Bedienung des Sozialprodukts mit der **Geldmenge** (M) - unter Einschluß der Geldschöpfung - ist die **Umlaufgeschwindigkeit der Geldmenge** (V) zu beachten. Daraus ergibt sich die **Quantitätsgleichung des Geldes** oder die nach dem amerikanischen Ökonomen ***Irving Fisher*** *(1867 bis 1947)* benannte Fisher'sche **Verkehrsgleichung**:

$$Y_r \times P = M \times V$$

Kauft beispielsweise ein Privathaushalt in einem Handelsgeschäft für 200 DM Waren ein und bezahlt diese mit 2 Hundertmarkscheinen, woraufhin der Händler die ihm in Rechnung gestellten Werbekosten für sein Unternehmen an eine Zeitung ebenfalls mit diesen 2 Hundertmarkscheinen bezahlt und der Zeitungsverlag noch einmal die 2 Hundertmarkscheine für eine Rechnung verausgabt, dann betrug der Wert der umgesetzten Güter insgesamt 600 DM (3 x 200 DM). Da die Geldmenge, hier 200 DM aber dreimal umgeschlagen wurde, die Umlaufgeschwindigkeit des Geldes also bei 3 lag, war die geringere Geldmenge in Höhe von 200 DM ausreichend, um die höhere Gütermenge zu bedienen.

Die **Quantitätsgleichung** hätte demnach folgendes Aussehen:

$$\begin{aligned} Y_r \times P &= M \times V \\ 600 &= 200 \times 3 \end{aligned}$$

Mehr als eine illustrative Bedeutung kommt der Verkehrsgleichung nicht zu. Sie bildet keine Richtschnur für die öffentliche Geldmengenpolitik. Insbesondere bietet sie keinerlei Kausalerklärung etwa für Inflations- und Deflationsprozesse oder gar für Konjunkturbewegungen.

Neben den Geldmengen (M_1) bis (M_3) wurde ab 1973 die **Zentralbankgeldmenge** zur Abgrenzung der zirkulierenden Geldmenge verwandt. Die Zentralbankgeldmenge galt dabei für die *Deutsche Bundesbank* als wichtigster geldpolitischer Indikator zur Steuerung des Geldvolumens. Da aber die Geldmenge (M_3) wegen des geringeren Bargeldanteils auf Zins- und Wechselkursausschläge sowie Zufallsschwankungen der Nachfrage nach DM-Banknoten im In-

und Ausland wesentlich weniger ausgeprägt reagiert als die Zentralbankgeldmenge, ging man 1988 von der Zentralbankgeldmenge als Zielgröße ab und benutzt seither die umfassendere **Geldmenge (M_3)** als wichtigsten Indikator. Hinzu kam, daß sich die aktuellen Mindestreservesätze zunehmend von denen des Jahres 1974, die der Definition der Zentralbankgeldmenge zugrunde lagen, entfernt haben. Die weit abgegrenzte Geldmenge (M_3) eignet sich auch deshalb am besten zur Steuerung der Geldmenge, weil sie zinsbedingte Verlagerungen zwischen Termineinlagen und den anderen Geldkomponenten, die die Geldmenge (M_1) und (M_2) berühren, ausschaltet. Sie spielen für (M_3) keine Rolle. Die folgende Tabelle zeigt die entsprechenden Werte von (M_3) bezogen auf die Quantitäts- Verkehrsgleichung für Deutschland von 1990 bis 1995.

Jahr	Nominales Sozialprodukt - Mrd. DM -	Geldmenge M 3 - Mrd. DM -	Umschlagsgeschwindigkeit
1990	2.545	1.503,0	1,69
1991	2.853	1.597,7	1,79
1992	3.076	1.718,7	1,79
1993	3.155	1.906,7	1,65
1994	3.320	1.937,0	1.71
1995	3.459	2.007,4	1,72

Jedes Jahr im Dezember beschließt deshalb der **Zentralbankrat der Deutschen Bundesbank** anhand der Geldmenge (M_3) das **Geldmengenziel in Form eines Zielkorridors** für das folgende Jahr. In einem Rückblick auf das Jahr 1995 schreibt dazu die Deutsche Bundesbank :

„Maßgeblich für die Herabsetzung der Notenbankzinsen (Lombardsatz und Diskontsatz) war im vergangenen Jahr die schwache Geldmengenentwicklung. Die Geldmenge (M_3) ging Anfang 1995 zunächst weiter zurück und unterschritt auch im weiteren Jahresverlauf den für 1995 beschlossenen Zielkorridor von 4% bis 6%. Die Zinssenkungen sollten dazu beitragen, das Geldmengenwachstum näher an den Zielkorridor heranzuführen und auf einen potentialgerechten Pfad einschwenken zu lassen.“ (Geschäftsbericht 1995)

Zur konkreten Bestimmung der benötigten Geldmenge (**Geldmengenwachstum**) geht die Deutsche Bundesbank in der Praxis von einer leicht erweiterten bzw. modifizierten Verkehrsgleichung aus:

$$PP \times \frac{BIP}{PP} \times P \times \frac{1}{V} = \text{Benötigte Geldmenge } (M_3)$$

PP = Produktionspotential, BIP = reales Bruttoinlandsprodukt, P = Preisniveau, V = Umlaufgeschwindigkeit

Für die **Wachstumsraten** gilt dann der folgende additive Zusammenhang:

$$w_{PP} + w_{BIP/PP} + w_P - w_V = w_M$$

„Anknüpfungspunkt ist das Produktionspotential. Dieses wächst mit einer ziemlich stetigen Rate, die vergleichsweise sicher zu prognostizieren ist. Das Produktionspotential zeigt, welches Angebot an Gütern und Dienstleistungen bei Vollauslastung der in der Volkswirtschaft vorhandenen Kapazitäten und bei Preisniveaustabilität erstellt werden kann. Das heißt zunächst, daß eine monetäre Politik, die ein möglichst stabiles Preisniveau zu gewährleisten versucht, dem Grundsatz nach so geführt werden sollte, daß die Zuwachsrate der monetären Gesamtnachfrage im Einklang mit dem Wachstum des Produktionspotentials steht. Dies wäre dann auch der **Zustand der gesamtwirtschaftlichen Verstetigung**. Im Idealfall sollte also die Zuwachsrate der Geldmenge der Wachstumsrate des Produktionspotentials entsprechen. Nun ist aber zu berücksichtigen, daß dieser Zustand erst der Endpunkt einer auf Verstetigung angelegten monetären Politik sein kann, der Ausgangspunkt ist die Situation eines Ungleichgewichts - die Wirtschaft befindet sich an irgendeinem Punkt des Konjunkturzyklus, die Inflationsrate ist von Null verschieden. In Deutschland war es so, daß der Übergang zu einer monetären Politik der tendenziellen Verstetigung in ein Jahr einer starken Rezession fiel, nämlich ins Jahr 1975. Dies war durch eine starke Unterauslastung der vorhandenen Kapazitäten gekennzeichnet. Da dies kein mittelfristig wünschenswerter Zustand sein konnte, mußte die anzustrebende Zuwachsrate der Geldmenge - in einer Phase der Unterauslastung - **höher** sein als die Wachstumsrate des Produktionspotentials; also war für die gewünschte Zunahme im Auslastungsgrad des Produktionspotentials ein Zuschlag vorzusehen. Der **Auslastungsgrad** bemißt sich als reales Bruttoinlandsprodukt in Prozent des Produktionspotentials, die erwünschte Zunahme zeigt die Größe $w_{BIP/PP}$. Wachstumsrate des Produktionspotentials und die Veränderung der Auslastung addiert ergeben die Rate des realen Wachstums. Ist die Wirtschaft näherungsweise auf dem Pfad der Verstetigung angelangt, so bedeutet dies, daß der Auslastungsgrad des Produktionspotentials in etwa **konstant** bleibt - der Konjunkturzyklus drückt sich ja primär in zyklischen Schwankungen der Auslastung der Kapazitäten aus. Bei der Bemessung der Zuwachsrate der Geldmenge darf also nur so lange ein Zuschlag auf die Wachstumsrate des Produktionspotentials gemacht werden, bis die Normalauslastung erreicht ist. Ab diesem Zeitpunkt sind dann **keine Zuschläge oder Abschläge** für erwartete Änderungen der Auslastung mehr zu machen. Würde z.B. dann, wenn für das kommende Jahr ein schwächeres reales Wachstum erwartet wird, als es dem Wachstum des Produktionspotentials entspricht, die Bundesbank bei der Bemessung der Geldmenge einen entsprechenden Abschlag für die geringere Auslastung machen, dann würde sie eine unerwünschte Entwicklung - einen Konjunkturabschwung - nicht nur konstatieren, sondern auch noch aktiv mit herbeiführen. Dies kann nicht der Sinn einer auf Verstetigung gerichteten monetären Politik sein. Ein ähnliches Argument gilt für die jeweils einzubeziehende Änderung der **Umlaufgeschwindigkeit**. Die Umlaufgeschwindigkeit ändert sich ebenfalls entsprechend dem Konjunkturzyklus, ihre Schwankungen sind also Ausdruck zyklischer Veränderungen der allgemeinen ökonomischen Aktivität. Zum Zustand der Verstetigung gehören solche zyklischen Ausschläge der Umlaufgeschwindigkeit nicht. Im Idealfall sollte also bei der Bemessung der Geldmenge eine zyklische Veränderung der Umlaufgeschwindigkeit nicht einbezogen werden; allenfalls darf ein Zuschlag oder Abschlag für eine sich abzeichnende trendmäßige Änderung gemacht werden. Vor Erreichen des Zustands der Verstetigung wird man allerdings nicht umhin können, **kurzfristige Änderungen der Umlaufgeschwindigkeit** bei der Bemessung der Zuwachsrate der Geldmenge zu berücksichtigen. Für die bei der Bemessung der Geldmenge einzubeziehende Änderung des Preisniveaus gilt, daß im Idealfall die Preissteigerungsrate Null oder nahe Null sein sollte, es wäre dann also auch kein Zuschlag für die Inflation zu machen. Kurzfristig gilt aber, daß ein inflationärer Prozeß nicht von heute auf morgen gestoppt werden kann, es sei denn, man bürdet der Wirtschaft unzumutbare Anpassungslasten auf. Kurzfristig ist also die sogenannte **unvermeidbare Preissteigerungsrate** zu berücksichtigen. Dies gilt vor allem auch dann, wenn inflationäre Einflüsse von außen kommen, etwa durch starke Verteuerung importierter Rohstoffe. Diese können im Inland nicht voll durch entsprechende Preissenkungen kompensiert werden. Bei dem einzubeziehenden unvermeidbaren Preisanstieg sollte es sich aber nicht um die erwartete Inflationsrate handeln, wie sie status quo-Prognosen ausweisen. Die monetäre Politik hat etwas ehrgeiziger zu sein und einem Stabilitätserfolg dadurch vorzugreifen, daß sie bei der Bemessung der Zuwachsrate der Geldmenge eine (etwas) niedrigere Inflationsrate einsetzt, als sie im Zeitpunkt der Zielvorgabe für wahrscheinlich gehalten hat."[1]

[1] Norbert Kloten, Karl-Heinz Ketterer, Geldversorgung und Notenbankpolitik, in: Norbert Kloten, Johann Heinrich von Stein, Geld-, Bank- und Börsenwesen. Ein Handbuch, 37. Aufl., Stuttgart 1980, S. 25f.

Geldmengenziele und ihre Realisierung
- in v.H. -

Jahr	Ziel: Wachstum der Zentralbankgeldmenge bzw. der Geldmenge M 3[1] im Verlauf des Jahres 2)	im Jahresdurchschnitt	Konkretisierung im Verlauf des Jahres	Tatsächliche Entwicklung (gerundete Werte) im Verlauf des Jahres[2]	im Jahresdurchschnitt	Ziel erreicht
1975	etwa 8	-	-	10	-	nein
1976	-	8	-	-	9	nein
1977	-	8	-	-	9	nein
1978	-	8	-	-	11	nein
1979	6 - 9	-	Untergrenze	6	-	ja
1980	5 - 8	-	Untergrenze	5	-	ja
1981	4 - 7	-	untere Hälfte	4	-	ja
1982	4 - 7	-	obere Hälfte	6	-	ja
1983	4 - 7	-	obere Hälfte	7	-	ja
1984	4 - 6	-	-	5	-	ja
1985	3 - 5	-	-	5	-	ja
1986	3,5 - 5,5	-	-	8	-	nein
1987	3 - 6	-	-	8	-	nein
1988	3 - 6	-	-	7	-	nein
1989	etwa 5	-	-	5	-	ja
1990	4 - 6	-	-	6	-	ja
1991	3 - 5[3]	-	-	5	-	ja
1992	3,5 - 5,5	-	-	9	-	nein
1993	4,5 - 6,5	-	-	7	-	nein
1994	4 - 6	-	-	6	-	ja

Ab 1988: Geldmenge M 3. 2) Jeweils vom vierten Quartal des Vorjahres bis zum vierten Quartal des laufenden Jahres; 1975: Dezember 1974 bis Dezember 1975. 3) Gemäß der Adjustierung des Geldmengenziels im Juli 1991. Quelle: Deutsche Bundesbank (Hrsg.), Die Geldpolitik der Bundesbank, Frankfurt/M. 1995, S. 82

Um ein **potentialgerechtes Wachstum** der Geldmenge (M_3) sicherzustellen, ist die Bundesbank seit 1984 von der „unvermeidlichen" Preissteigerungsrate abgegangen. Statt dessen berücksichtigt sie seither bei der Ableitung des Geldmengenziels einen „normativen" Preisanstieg von 2%. Mit Hilfe dieser Preisnorm innerhalb der Verkehrsgleichung, die als in der mittleren Frist maximal zu tolerierende Inflationsrate aufzufassen ist, wird das Stabilitätsziel für die geldpolitische Praxis operationalisiert.

Für das Jahr 1995 ergaben sich dabei die folgenden Wachstumsraten:

w_{PP}	+	w_P	+/-	w_V	=	w_G
2,75%	**+**	**2%**	**+**	**1%**	**=**	**5,75%**

w_{PP} = Wachstum des (realen) Produktionspotentials
w_P = Normativer Preisanstieg
w_V = Zu-/Abschlag für die Veränderung der Umlaufgeschwindigkeit des Geldes
w_G = Veränderung der Geldmenge (M_3)

1.3.4 Geld und Kredit

In einer heute entwickelten Volkswirtschaft spielt neben dem Geld gleichermaßen auch der **Kredit** eine bedeutende Rolle, um Güter-, Dienstleistungs- und Finanztransaktionen finanziell abwickeln zu können. Verschulden sich die Banken und öffentlichen Haushalte bei der Zentralbank, so steigen ihre Zentralbankguthaben. Nehmen die Nichtbanken Kredite bei den Geschäftsbanken auf, so erhöhen sich ihre Bargeldbestände und/oder ihre Sichtguthaben bei den Banken. In beiden Fällen hat sich durch Kreditgewährung der Geldbestand einer Volkswirtschaft unter sonst gleichen Bedingungen erhöht; Kredit wurde in Geld transformiert.

Der **Kreditgeber** (Gläubiger) verlangt vom Kreditnehmer (Schuldner) für den Verzicht auf Liquidität, für die Übernahme der mit der Kreditgewährung verbundenen Risiken und für den Ausgleich von Inflation eine Entschädigung, einen Preis für den Kredit, der als **Zins** bezeichnet wird. Die Zinskonditionen sind dabei unterschiedlich hoch, hängen aber im wesentlichen von der **Laufzeit des Kredits** ab. Je länger dabei die vereinbarte Laufzeit ist, um so höher ist der Preis des Kredits, der Zinssatz. Hierin kommt vor allem die längere Bindung der Geldmittel und das damit verbundene Risiko zum Ausdruck. In Phasen mit einem hohen Zinsniveau kann es jedoch genau umgekehrt sein: Dann sind die Zinsen für kürzere Laufzeiten höher als für längere. Diese **inverse Zinsstruktur** stellt sich ein, wenn auf längere Sicht mit spürbar rückläufigen Zinsen gerechnet wird.

Die **Kreditnehmer**, denen es momentan an Geld fehlt, verwenden den Kredit entweder dafür, um die aufgenommenen Mittel ihrerseits als Kredite zu höheren Zinssätzen weiterzugeben - in diese Kategorie fällt die Haupttätigkeit von Banken - oder um damit Sachinvestitionen zu finanzieren sowie Konsumgüter zu kaufen.

Eine systematische Aufzeichnung der Schuldner-Gläubiger-Beziehungen erfolgt dabei in der **gesamtwirtschaftlichen Finanzierungsrechnung**; auch als gesamtwirtschaftliche Vermögensrechnung bezeichnet. Hierbei geht es im Grunde darum, welche Wirtschaftssubjekte - als Wirtschaftssektoren aggregiert - ihre **Nettoinvestitionen (I_n)**, d.h. Bruttoinvestitionen minus Abschreibungen, aus eigener **Ersparnis (S)** finanzieren können.

$$I_n = S$$

Zu den Wirtschaftssektoren zählen die privaten Haushalte, die öffentlichen Haushalte einschließlich der Sozialversicherungen, die Unternehmen unterteilt in Produktionsunternehmen, Unternehmen der Wohnungswirtschaft und Finanzunternehmen (Deutsche Bundesbank, Geschäftsbanken, Versicherungen) sowie das Ausland.

Gegenübergestellt werden in der Finanzierungsrechnung die **Herkunft und Verwendung der Finanzierungsmittel** bei den einzelnen Sektoren. Als Mittel stehen zur Verfügung die eigenen Ersparnisse (S) und die Kreditaufnahme (Δ K). Verwendet werden diese Mittel zur Finanzierung der Nettoinvestitionen (I_n) und zur Geldvermögensbildung (Δ GV).

$$S + (\Delta K) = (I_n) + (\Delta GV)$$

Aus der Gleichung folgt für die Bestimmung der Ersparnis (S) der einzelnen Sektoren:

$$S = (I_n) + (\Delta GV) - (\Delta K)$$

Für die privaten Haushalte, die keine Nettoinvestitionen tätigen, ergibt sich dabei die Ersparnis (S) aus der Differenz zwischen der Geldvermögensbildung und der Kreditaufnahme für Konsumzwecke.

Der Finanzierungssaldo (FS) läßt sich sowohl für die gesamte Volkswirtschaft als auch für jeden einzelnen Wirtschaftssektor wie folgt alternativ bestimmen:

$$S - (I_n) = (\Delta GV) - (\Delta K) \text{ ; d.h. für FS}$$
$$FS = S - (I_n) \text{ oder } FS = (\Delta GV) - (\Delta K)$$

Für das Jahr 1994 weist die gesamtwirtschaftliche Finanzierungsrechnung für die Bundesrepublik Deutschland insgesamt Nettoinvestitionen (I_n) aller Wirtschaftssektoren in Höhe von 312,9 Mrd. DM aus. Dem stand insgesamt eine binnenwirtschaftliche Ersparnis (S) in Höhe von 275,8 Mrd. DM gegenüber. Die Ersparnisse reichten demnach nicht aus, um alle Nettoinvestitionen binnenwirtschaftlich zu finanzieren. Die Differenz in Höhe von 37,1 Mrd. DM wurde aus dem Ausland (A) finanziert (Finanzierungssaldo als Außenfinanzierungsbeitrag).

S (275,8 Mrd. DM) + A (37,1 Mrd. DM) = (I_n) (312,9 Mrd. DM)

Für die einzelnen Sektoren ergaben sich dabei die folgenden differenzierten Finanzierungssalden:

Private Haushalte FS = S - (I_n) = 220,3 Mrd. DM = 220,3 Mrd. DM - Null Mrd. DM

Produktionsunternehmen FS = S - (I_n) = - 50,2 Mrd. DM = 33,6 Mrd. DM - 83,8 Mrd. DM

Wohnungswirtschaft FS = S - (I_n) = - 139,3 Mrd. DM = 10,4 Mrd. DM - 149,7 Mrd. DM

Finanzunternehmen FS = S - (I_n) = + 14,5 Mrd. DM = 29,2 Mrd. DM - 14,7 Mrd. DM

Öffentliche Haushalte FS = S - (I_n) = - 82,3 Mrd. DM = - 17,7 Mrd. DM - 64,6 Mrd. DM

Hierbei zeigt sich, daß die **privaten Haushalte** einen positiven Finanzierungssaldo in Höhe von 220,3 Mrd. DM aufweisen, der den anderen Sektoren in Form von Sicht-, Termin- und Spareinlagen, durch Geldanlage bei Bausparkassen und Versicherungen sowie durch Wertpapiererwerb zur Verfügung gestellt wurde. Auch die Finanzunternehmen erzielten in Höhe von 14,5 Mrd. DM einen Finanzierungsüberschuß, während die Unternehmen und die öffentlichen Haushalte auf Kredite zur Finanzierung ihrer getätigten Nettoinvestitionen angewiesen waren. Bei den öffentlichen Haushalten war die Ersparnis sogar negativ, d.h. es mußten die 17,7 Mrd. DM über den Nettoinvestitionen in Höhe von 64,6 Mrd. DM hinaus finanziert werden.

1.4 Geld in der Geldtheorie

Nachdem bisher kurz die Entstehungsgeschichte des Geldes von der Naturaltauschwirtschaft bis zur heutigen Geldwirtschaft und die Bestimmungsfaktoren des Geldangebots bzw. der Geldmenge hergeleitet wurden, soll in einem nächsten Schritt die Rolle des Geldes in der Geldtheorie dargestellt werden. Das dringendste Problem, mit dem sich dabei die Geldtheorie seit dem 16. Jahrhundert immer wieder beschäftigt hat, war und ist auch heute die **Erklärung des Geldwertes und dessen Schwankungen**. Hinzugetreten sind Fragen des **Transmissionsmechanismus** zwischen dem monetären und realen Sektor einer Volkswirtschaft; d.h. welche Wirkungen hat eine veränderte Geldmenge auf Wachstum und Beschäftigung. Bezogen auf die bisherigen Forschungsergebnisse der Geldtheorie stellt ***Rudolf Hickel*** Ende der 70er Jahre kritisch fest: „Trotz intensiver Forschungsanstrengungen ähnelt das Gebiet der Geldtheorie bis auf den heutigen Tag eher einem Schlachtfeld, auf dem wirtschaftswissenschaftliche Glaubenskriege ausgetragen werden. Dies bestätigt gerade auch wieder die jüngste Kontroverse um die Frage: Spielt Geld für die wirtschaftliche Entwicklung eine Rolle?, die die akademische Zunft aber auch die Geld- und Wirtschaftspolitiker nahezu unversöhnlich fraktioniert. Den sogenannten **'Monetaristen'**, die, wie schon ihre Etikettierung zum Ausdruck bringt, auf die aktive ('kausale') Rolle des Geldes setzen und dementsprechend eine regelgebundene Steuerung der Geldversorgung verlangen, stehen die (post-) keynesianischen **'Fiskalisten'** gegenüber, die dem privat-dezentralen System inhärente Instabilitätstendenzen nachzuweisen versuchen, die im Prinzip nur durch ein staatliches Management der gesamtwirtschaftlichen Nachfrage ('antizyklische Fiskal- und Geldpolitik') ausgleichbar sein sollen.“[1] An diesem grundlegenden Streit zwischen Monetaristen und Fiskalisten - nicht nur bezogen auf die Geldtheorie - hat sich bis heute - gegen Ende der 90er Jahre - nichts geändert. Daran konnten auch neuere geldtheoretische Ansätze, wie die vielfältigen **Theorien der Portfoliowahl**, die **Theorie der relativen Preise** oder **makroökonomische Portfoliotheorien** bis zu **Geldinformationskosten und -nutzenansätzen** nichts ändern.

Im folgenden soll deshalb auch nur - um den grundlegenden geldtheoretischen Diskurs zwischen Monetaristen und Fiskalisten zu dokumentieren - die neoklassisch-monetaristische Geldtheorie der keynesianischen Theorie gegenübergestellt werden. Soweit notwendig wird dabei auf realwirtschaftliche Bezüge, sprich den Gütermarkt eingegangen.

[1] Rudolf Hickel, Die Lehre vom Geld - neu betrachtet, in: K. Diehl/P. Mombert (Hrsg.), Vom Gelde, Frankfurt/M, Berlin, Wien 1979

1.4.1 Die Geldansichten der neoklassisch-monetaristischen Ökonomen

1.4.1.1 Zum neoklassisch-monetaristischen Geldmarkt

Bei den klassischen Ökonomen (***Adam Smith, David Ricardo, John St. Mill*** u.a) stand der Wert des Geldes bzw. die Kaufkraft des (Gold-) Geldes noch in Abhängigkeit zum Goldangebot und der Goldnachfrage, wobei die Kosten der Goldproduktion langfristig den Wert des Geldes bestimmten. Das Geld wurde als Gold, als Ware betrachtet, sein Wert nach den allgemeinen Preisgesetzen erklärt. Kam es, wie im 16. Jahrhundert als Folge einer verstärkten Ausbeutung der Goldminen, zu einer erhöhten Goldproduktion, so stieg damit gleichzeitig die Geldmenge, weil Geld als sog. „Stoffgeld" aus Gold oder Silber geprägten Münzen bestand, bei denen der Metallwert dem aufgeprägten Nominalwert entsprach (sog. *Kurantmünzen*). Gleichzeitig war mit der Vermehrung der (Gold-) Geldmenge ein allgemeines Ansteigen der Preise zu beobachten. So lag es für ***Jean Bodin*** *(1530 bis 1596)*, dem Begründer der neoklassischen **Quantitätstheorie** des Geldes, nahe, die beiden Erscheinungen miteinander zu verknüpfen, also den Wert des Geldes mit dessen Menge in Verbindung zu bringen. Dazu stellte er die vorhandene Geldmenge der Gütermenge gegenüber; das Verhältnis der beiden zueinander drückte dann das Preisniveau aus. Die Wirkung der Umlaufgeschwindigkeit des Geldes auf die Geldmenge erkannte Bodin dabei allerdings noch nicht. Diese bezogen dann aber sowohl die neoklassisch-monetaristisch als auch die keynesianisch geprägten Ökonomen explizit in ihre geldtheoretischen Überlegungen mit ein, indem sie darauf hinwiesen, daß z.B. eine Zunahme der Umlaufgeschwindigkeit dieselben Wirkungen hervorrufen könnte wie eine Vermehrung der Geldmenge.

Dem Geld wird dabei in der Theorie der Neoklassiker und Monetaristen ausschließlich die **Funktion als Tauschmittel und Recheneinheit** zugewiesen. Geld wird benutzt, um die mit den wirtschaftlichen Transaktionen verbundenen Zahlungen zu leisten. Die Vermögensanlage von Geld, und damit die **Wertaufbewahrungsfunktion** des Geldes, spielt noch keine Rolle. Geld liegt lediglich wie ein „Schleier" über den realwirtschaftlichen Vorgängen. Durch Änderungen der Geldmenge oder der Umlaufgeschwindigkeit des Geldes werden nur **alle Preise**, also das Preisniveau, entsprechend verändert (Theorie der relativen Preise), ohne daß dies einen Einfluß auf die Produktion oder die Beschäftigung hätte. Das Geld ist somit **neutral**, d.h. vom neoklassischen Geldmarkt gehen **keine Einflüsse auf den Realsektor der Wirtschaft aus**. Es besteht quasi eine *Dichotomie* zwischen monetärem und realwirtschaftlichem Sektor, wobei die

Monetaristen eine an der Realität völlig vorbeigehende **Preisflexibilität** in einer **Wettbewerbswirtschaft** auf den Gütermärkten voraussetzen.

Mit der Ablösung der klassischen Arbeitswerttheorie in der Nationalökonomie durch die subjektiv orientierte Wertlehre der Neoklassik (vgl. dazu das 2. Kapitel) kleidete dann ***Irving Fisher*** *(1867 bis 1947)* die Geldauffassung der Neoklassik in eine bis heute noch populäre sog. **Verkehrsgleichung**:

$$Y_r \times P = M \times V$$

M = Geldmenge
V = Umlaufgeschwindigkeit des Geldes
P = Preisniveau
Y_r = Reales Sozialprodukt

Die Gleichung beinhaltet ausschließlich *ex-post-Größen* und stellt somit eine immer gültige Identität bzw. eine tautologische Beziehung dar. Demnach entspricht das nominale Sozialprodukt ($Y_r \times P$) in einer Volkswirtschaft der zirkulierenden Geldmenge (M) multipliziert mit der Umlaufgeschwindigkeit des Geldes (V).

Durch das Einsetzen des reziproken Werts der Umlaufgeschwindigkeit des Geldes ($1/V = k$) läßt sich die Quantitätsgleichung auch wie folgt schreiben:

$$M = k\ (Y_r \times P)$$

Dabei gibt die Größe (k) als jahresdurchschnittlicher **Geldhaltungskoeffizient** (weil von Cambridge-Ökonomen entwickelt, auch als Cambridge-k bezeichnet) den Wert an, wie lange eine im Einkommenskreislauf eingesetzte Geldeinheit im Durchschnitt zwischen zwei Einsätzen zu Konsumgüterkäufen oder Einkommenszahlungen von einem Wirtschaftssubjekt gehalten wird. Da die Verkehrsgleichung aber erst durch Annahmen über **Exogenität** und **Endogenität** einzelner Variablen[1] eine theoretisch gehaltvolle Aussage ermöglicht, wurden beim Übergang von der Quantitätsgleichung zur **Quantitätstheorie** Prämissen über die Bestimmungsgründe der einzelnen Variablen aufgestellt, so daß eine Interpretation möglich wurde. Folgende **Prämissen** werden dabei gemacht:

- Die Geldmenge (M) ist eine exogen bestimmte Größe.
- Die Umlaufgeschwindigkeit (V) ist konstant.
- Das reale Sozialprodukt (Y_r), das entsprechend der Annahmen der Neoklassiker immer ein Vollbeschäftigungseinkommen impliziert, ist von den monetären Größen unabhängig und wird **angebotsorientiert** durch die vorhandenen Ressourcen und die technischen Bedingungen der Produktion bestimmt.

Als einzige abhängige Variable verbleibt somit in der Verkehrsgleichung das Preisniveau (P), das seinen Wert von der manipulierbaren Größe der Gleichung, nämlich der exogen bestimmten Geldmenge (M), ableitet.

Die Geldmenge (M) wird dabei ausschließlich als **Geldnachfrage für Transaktionszwecke (L_T)** interpretiert, wobei diese dann automatisch von der Höhe des nominalen Sozialprodukts (Y_r x P) und der Umlaufgeschwindigkeit des Geldes (V) abhängt.

$$L_T = \frac{Y_r \times P}{V} \quad \text{oder}$$

$$L_T = \frac{1}{V}(Y_r \times P) \quad \text{bzw.} \quad L_T = k\,(Y_r \times P)$$

Für ein gegebenes Geldangebot (Geldmenge) (M) und eine gegebene Umlaufgeschwindigkeit des Geldes (V) bzw. einen Geldhaltungskoeffizienten (k) besteht dann ein inverser Zusammenhang zwischen Preisen und Gütermengen, die das reale Sozialprodukt bilden ($Y_r = p \times q$); d.h. das reale Sozialprodukt ist gleich der Summe der Werte ($p_i \times q_i$) der n Güter q_i ($i = 1 \ldots n$), aus denen es sich zusammensetzt. Deshalb gilt unter Berücksichtigung eines **Geldmarktgleichgewichtes:** $M = L_T$

$$M = k \sum_{i=1}^{n} p_i \times q_i$$

Je höher das Preisniveau, um so niedriger ist das reale Sozialprodukt, das unter Benutzung der gegebenen Geldmenge bei konstanter Umlaufgeschwindigkeit erzeugt und verteilt werden kann,

[1] **Endogene Variablen** sind dabei solche Größen, die durch das System, also den monetären Sektor, bestimmt werden. **Exogene Variablen** sind solche Größen, die dem System von außen eingegeben werden, die also von der

et vice versa. Dies hat nicht unbeträchtliche wirtschaftliche Folgen. Steigt nämlich beispielsweise aufgrund einer erhöhten Arbeitsproduktivität die produzierte Gütermenge, so müssen bei konstanter Geldmenge und Umlaufgeschwindigkeit die Güterpreise sinken. Geschieht dies nicht, ist die erhöhte Gütermenge unter Berücksichtigung der gegebenen Geldmenge nicht absetzbar mit der Folge, daß **Arbeitslosigkeit** entsteht. Wird dies wirtschaftspolitisch nicht gewünscht, muß die Zentralbank eine entsprechende Erhöhung der Geldmenge vornehmen. Auf der anderen Seite führt eine Senkung der Geldmenge bei konstanter Umlaufgeschwindigkeit und nicht abgesenkten Preisen bereits dann zu Absatzproblemen der produzierten Gütermenge, wenn diese selbst nur konstant bleibt.

Nach der Kritik von ***John Maynard Keynes*** *(1883 bis 1946)* an der neoklassischen Quantitätstheorie (vgl. dazu den Punkt 1.4.2), die sich sowohl auf die Dichotomie zwischen monetärem und realem Sektor als auch auf die ausschließliche Betrachtung des Geldes als Transaktionsmittel bezog, war es insbesondere ***Milton Friedman*** *(1912)*, der im Jahr 1956 mit seinem Artikel „The Quantity Theory of Money - A Restatement“[1] eine Neukonzeption der neoklassischen Quantitätstheorie (Neoquantitätstheorie) vorlegte. Zuvor hatten bereits ***Arthur C. Pigou*** *(1877 bis 1959)*[2] *und* ***Alfred Marshall*** *(1842 bis 1924)*[3] (der Lehrer von Keynes) den von Fisher geprägten Ansatz durch einen sog. **„Kassenhaltungsansatz“** modifiziert. Hierbei wurde über die reine Betrachtung des Geldes als Transaktionsmittel hinaus die weiterführende Frage nach den **Motiven** der Geldhaltung gestellt, wobei die **Geldnachfrage** als eine Form der Vermögenshaltung unter vielen gesehen wird, die von Bestimmungsfaktoren wie dem Einkommen, dem Gesamtvermögen eines Wirtschaftssubjektes, den Opportunitätskosten (entgangene Zinsen) der Geldhaltung sowie den Erwartungen über die zukünftige Wirtschaftsentwicklung (insbesondere des Preisniveaus) abhängt. Die Geldnachfrage ist hierbei nicht nur eine Funktion der Transaktion, sondern enthält auch die Geldfunktion der **Wertaufbewahrung**. Formal ging dieser Ansatz über den Geldhaltungskoeffizienten (k) in die neoklassische Quantitätstheorie ein.

---

monetären Politik gesetzt werden oder aber gleichsam als Datum oder als Konstante anzusehen sind.

[1] Vgl. Milton Friedman, The Quantity Theory of Money - A Restatement, in: Milton Friedman (Hrsg.), Studies in the Quantity Theory of Money, Chicago 1956, deutsche Übersetzung: Die Quantitätstheorie des Geldes: eine Neuformulierung, in: Milton Friedman, Die optimale Geldmenge und andere Essays, München 1970

[2] Arthur C. Pigou, The Value of Money, in: The Quarterly Yournal of Economics, Vol. 32 (1917/18)

[3] Alfred Marshall, Credit and Commerce, London 1923

Die Geldnachfrage bei ***Friedman*** orientiert sich dagegen nicht an den Motiven der Geldhaltung, sondern an der allgemeinen Nachfragetheorie, wobei das Geld lediglich als eine von mehreren **Vermögensarten** betrachtet wird, die Wirtschaftssubjekte gemäß ihren individuellen Nutzenvorstellungen und Ertragserwartungen halten. Eine Differenzierung der Geldnachfrage - wie sie Keynes vornimmt - für **Transaktions- und Spekulationszwecke** wird dabei von Friedman abgelehnt. An Vermögensarten unterscheidet Friedman

- **das Geld (einschließlich Termineinlagen),**
- **festverzinsliche Wertpapiere (bonds),**
- **Aktien (equities),**
- **Sachkapital (physical nonhuman goods),**
- **Arbeitsvermögen (human capital)[1].**

Die Wirtschaftssubjekte, deren Gesamtvermögen aus diesen fünf Vermögensarten besteht, stellen anhand von **Ertragserwartungen** und **Risiken** entsprechend ihrer individuellen Präferenzen und Nutzenvorstellungen die Struktur ihres Gesamtvermögens zu einem **Portfolio** zusammen, wobei es für jede dieser Vermögensarten eine bestimmte Ertragsrate und ein Risiko gibt. Ändert sich das verfügbare Gesamtvermögen und/oder die Ertragsraten und/oder die Risiken einer oder mehrerer Vermögensarten, so wird das bestehende Portfolio durch Vermögensumschichtungen in ein neues Portfolio umgewandelt.

Friedman geht bei seinem Portfolioansatz von **realen (preisbereinigten) Werten** aus, weshalb von ihm bei den die Geldnachfrage beeinflussenden Variablen zunächst das Preisniveau analysiert wird. Hierbei bestimmt die Höhe des absoluten Preisniveaus den Realwert des Geldes. „Ein hohes Preisniveau bedeutet bei gegebener nominaler Geldmenge einen niedrigen **Realwert des Geldes** et vice versa. Friedman geht davon aus, daß die Geldnachfrage in bezug auf das Preisniveau - bei Konstanz aller übrigen Variablen - **proportional** reagiert. Dies impliziert, daß z.B. eine Verdoppelung des Preisniveaus zu einer Verdoppelung der nominal nachgefragten Geldmenge führt. Außer von der absoluten Höhe des Preisniveaus hängt die Geldnachfrage von der **Veränderungsrate des Preisniveaus** ab. Die Veränderungsrate des Preisniveaus ist als Ertragssatz auf die Geldhaltung anzusehen. Ein steigendes Preisniveau bedeutet eine Verringerung des Geldwertes und ein fallendes Preisniveau eine Erhöhung desselben. Eine **Inflationsrate** führt

[1] Beim Arbeitsvermögen handelt es sich um das in die Ausbildung investierte Kapital, das als Quelle des Arbeitseinkommens angesehen wird.

daher zu einer Reduzierung der Geldnachfrage und eine **Deflationsrate** zu einer Erhöhung der Geldnachfrage."[1]

M_L = nominelle Geldnachfrage

P = Preisniveau

$$\frac{M_L}{P} = \text{reale Geldnachfrage}$$

$$\frac{1}{P}\frac{dP}{dt} = \text{Veränderungsrate des Preisniveaus}$$

V = Umlaufgeschwindigkeit des Geldes

$$\frac{M_L}{P} = f\left(\frac{1}{P}\frac{dP}{dt}, i, w\right)V$$

Weiter geht in die Geldnachfragefunktion von Friedman der **Zinssatz (i)** für die Erträge der festverzinslichen Wertpapiere und der Aktien ein. Für das **Sachkapital und Arbeitsvermögen** wird aufgrund einer kurzfristig konstanten Relation zwischen diesen beiden Größen ein Quotient (w) gebildet, der das Verhältnis von Kapitaleinkommen und Arbeitseinkommen ausdrückt. Sowohl das Arbeits- als auch das Kapitaleinkommen sieht Friedman als ein sog. **permanentes Einkommen**, das unabhängig von kurzfristigen Schwankungen, die beispielsweise durch die konjunkturelle Situation bedingt sind, langfristig anfällt. Für die näherungsweise Ermittlung des permanenten Einkommens schlägt Friedman die Berücksichtigung des vergangenen und zukünftigen Einkommens vor, wobei ein Durchschnittswert zu bilden ist, der Einkommen um so stärker gewichtet, je näher sie der laufenden Periode, also dem Gegenwartseinkommen, sind. Für Friedman ist dabei allerdings aufgrund empirischer Untersuchungen nicht der Zinsertrag aus Geldanlagen oder das permanente Einkommen der entscheidende Bestimmungsgrund für die Geldnachfrage, sondern das **Preisniveau**. Das bedeutet, die Wirtschaftssubjekte richten ihr Portfolio so ein, daß sie immer ein gleich großes Güterbündel damit kaufen können. Steigen die Güterpreise um x Prozent, so fragen die Wirtschaftssubjekte auch x Prozent mehr Nominalkasse nach, um damit die Realkasse (die preisbereinigte Nominalkasse) konstant zu halten. Mathematisch bildet damit die Geldnachfrage eine linear-homogene Funktion in bezug auf das Preisniveau. Eine Veränderung der Geldmenge schlägt proportional auf das Preisniveau durch und

[1] Jürgen Siebke, Manfred Willms, Theorie der Geldpolitik, Berlin, Heidelberg, New York 1974, S. 92f.

impliziert dadurch Anpassungsprozesse in der Struktur der von den Wirtschaftssubjekten gehaltenen Portfolios. Geht Keynes - wie noch zu zeigen sein wird - bei der Bestimmung des Gleichgewichts am Geldmarkt von Anpassungsprozessen über das Sozialprodukt und den Zinssatz aus, unterstellt Friedman ausschließlich eine Anpassung über das Preisniveau. „Damit verwirft Friedman die Keynes'sche Analyse der Spekulationskasse und kehrt zurück zur älteren Quantitätstheorie, indem er annimmt, daß Geld letztendlich doch nur zu **Transaktionszwecken**, also zum Kauf von Gütern und Dienstleistungen, gehalten wird. Insofern wird der analytische Wert einer expliziten Einbeziehung von Zinssätzen in die Geldnachfragefunktion zum Teil wieder aufgehoben."[1]

1.4.1.2 Neoklassisch-monetaristische Stabilitätstheorie und ihre wirtschaftspolitischen Implikationen

In der neoklassisch-monetaristischen Theorie werden neben dem Geldmarkt auch der makroökonomische **Güter- und Arbeitsmarkt** im Rahmen einer **geschlossenen gesamtwirtschaftlichen Gleichgewichtstheorie** dargestellt und untersucht. Aus den Theorieergebnissen, die unter bestimmten Prämissen gewonnen werden, sind vielfältige wirtschaftspolitische Implikationen abgeleitet worden. Um diese Zusammenhänge - neben der im Ergebnis deduzierten Dichotomie zwischen Geld- und Gütermarkt - aufzuzeigen, soll im folgenden zum besseren Verständnis der neoklassische **Gütermarkt** und danach ein makroökonomisches **Totalgleichgewicht** aller drei Teilmärkte (incl. des Arbeitsmarktes, der bereits ausführlich im 5. Kapitel dargestellt wurde) herausgearbeitet werden, um im Anschluß auf die wesentlichen **wirtschaftspolitischen Implikationen** der neoklassisch-monetaristischen Theorie einzugehen.

1.4.1.2.1 Zum neoklassischen Gütermarkt

1.4.1.2.1.1 Das Angebot auf dem Gütermarkt

Der neoklassische Gütermarkt ist ein **Wettbewerbsmarkt**. Die anbietenden Unternehmen unterliegen der Marktform der *vollkommenen Konkurrenz*. Sie können aufgrund ihrer

[1] Norbert Kloten, Karl-Heinz Ketterer, Geldversorgung und Notenbankpolitik, in: Norbert Kloten, Johann Heinrich

Machtlosigkeit keinen Einfluß auf den Marktpreis ausüben. Sie verhalten sich als reine Mengenanpasser. Auf **Preissteigerungen** reagieren die Unternehmen mit **Mengenausweitungen** (Angebotserhöhungen). Die erzielten **Gewinne** werden durch den Wettbewerb immer wieder gegen Null konkurriert. Die Unternehmen sind deshalb, wollen sie über Erweiterungsinvestitionen expandieren, auf eine 100%ige **Kreditfinanzierung** angewiesen.

Das *Angebot der Unternehmen* wird durch die folgenden Faktoren determiniert:

- **die Gütermarktpreise,**
- **die Menge der Produktionsfaktoren,**
- **die Faktorpreise,**
- **den Stand der Technik (technischer Fortschritt).**

Bei einem unterstellten Arbeitsmarktgleichgewicht (vgl. dazu die Ausführungen im 5. Kapitel) läßt sich das **Gesamtangebot der Unternehmen** mit Hilfe der gesamtwirtschaftlichen *Produktionsfunktion* $Y = f(A, K)$ bestimmen (vgl. dazu auch das 2. Kapitel). Da der Reallohn (L/P) unter Berücksichtigung des am Geldmarkt determinierten Preisniveaus endogen am Arbeitmarkt mit der gesamtwirtschaftlichen Produktionsfunktion bestimmt wird, spricht man beim neoklassischen Modell auch von einem **angebotsorientierten Makromodell**. Dabei ergibt sich durch die Produktionsfunktion und aufgrund der Annahme eines konstanten Reallohns ein völlig **preisunelastisches Güterangebot**.

Das **makroökonomische Gesamtangebot (Y)** bildet das Nettoinlandsprodukt zu Marktpreisen ($Y^{mp/n}$)[1] - im folgenden wird lediglich der Begriff „Sozialprodukt“ verwandt - das durch die gegebene konstante Kapitalmenge (K), auch als Kapitalstock bezeichnet, sowie durch die Beschäftigungsmenge (A), bei der auf dem Arbeitsmarkt ein Gleichgewicht von Angebot und Nachfrage (Vollbeschäftigung) gegeben ist, bestimmt wird. Da (A) die Arbeitsmenge (bewertet zu gegebenen Faktorpreisen) ist, die die Unternehmen bei den vorhandenen Güterpreisen und bei gegebener Technik einsetzen wollen, planen sie ein Sozialprodukt in Höhe von (Y_G). Dem Gleichgewicht auf dem Arbeitsmarkt entspricht somit bei den Neoklassikern ein bestimmtes preisunelastisches Güterangebot.

---

von Stein, Geld-, Bank- und Börsenwesen, a.a.O., S. 85

[1] Das Nettoinlandsprodukt zu Marktpreisen ergibt sich aus dem Bruttoinlandsprodukt zu Marktpreisen minus der Summe der gesamtwirtschaftlichen Abschreibungen.

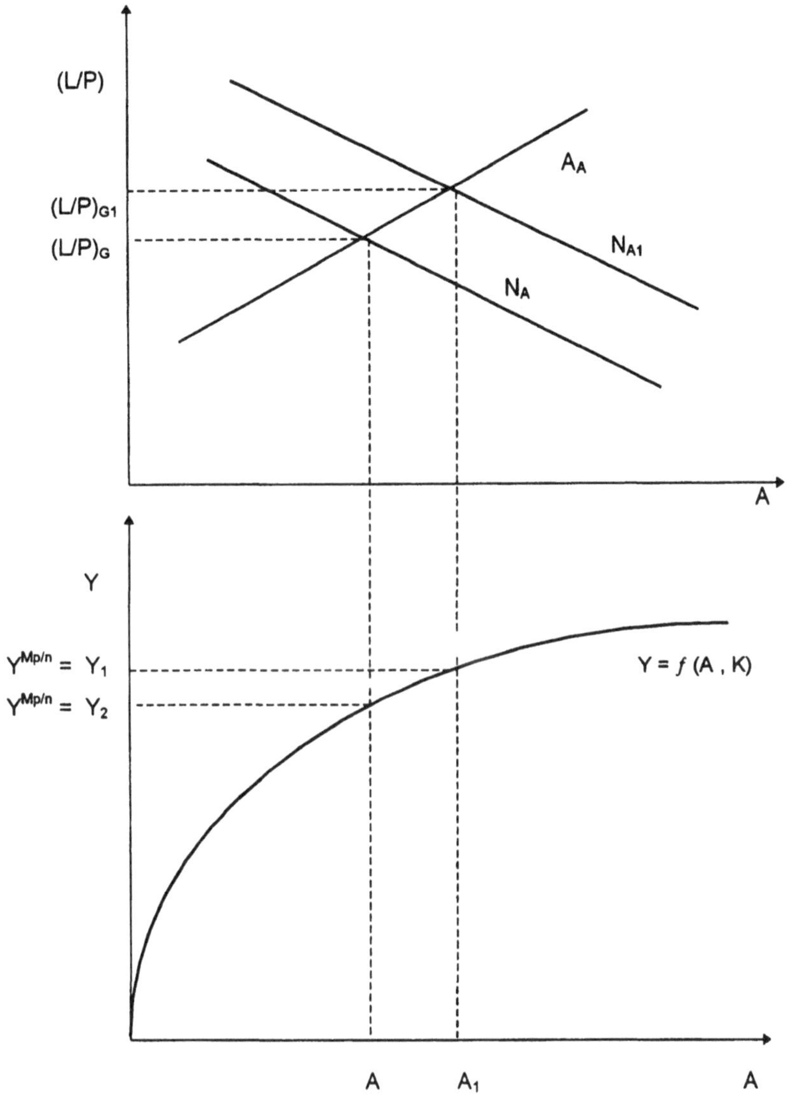

Y = YG

Wollen die Unternehmen ein größeres Güterangebot bereitstellen (Y_1), so fragen sie mehr Arbeitskräfte nach, wodurch der Reallohn von $(L/P)_G$ nach $(L/P)_{G1}$ steigt. Zu dem gestiegenen Reallohn bieten die privaten Haushalte auch mehr Arbeitsmenge an. Dadurch kommt es am Arbeitsmarkt zu einem neuen höheren Gleichgewichtsreallohnsatz bei einem erhöhten Nettosozialprodukt ($Y_1 > Y_2$).

1.4.1.2.1.2 Zur Nachfrage auf dem Gütermarkt

Das von den Unternehmen hergestellte und angebotene Sozialprodukt umfaßt in einer geschlossenen Volkswirtschaft ohne staatlicher Aktivität die **Konsumgüternachfrage (C)** und die **Investitionsgüternachfrage (I_n)**. Für die Investitionsgüternachfrage (I_n) gilt der Nettowert; nach Abzug der *Abschreibungen (D)*.

Bruttoinvestitionen (I_{br}) - Abschreibungen (D) = Nettoinvestitionen (I_n).

$Y = C + I_n$

Die **Konsumgüternachfrage** der privaten Haushalte hängt dabei vom jeweiligen **Spar- und Konsumverhalten** der Haushalte ab.

Ein Teil des Sozialprodukts (Y) der privaten Haushalte wird gespart (S); d.h. die Haushalte üben Konsumverzicht. Demnach gilt:

$S = Y - C$

Die Neoklassik unterstellt dabei, daß die Höhe des Sparens abhängig ist von der Höhe des **Zinssatzes**, der sich am Geldmarkt einstellt.

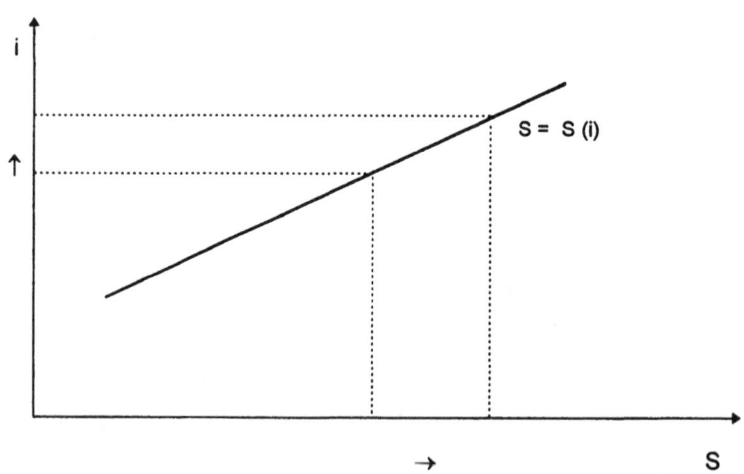

Die gesamtwirtschaftliche Sparfunktion (S) wird als *positive* Funktion des Zinssatzes (i) gesehen:

$S = S(i)$; $S' >$ Null

Mit steigendem Zins nimmt demnach die Ersparnis zu und der Konsum der privaten Haushalte ab.

Durch den Rückgang des Konsums (C) geht auch die gesamtwirtschaftliche Nachfrage, das Sozialprodukt, zurück.

Die **Investitionsgüternachfrage (I_n) der Unternehmen** wird ebenfalls durch den Zins für aufgenommenes Fremdkapital zur Finanzierung der Investitionen bestimmt. Die Unternehmen fragen zusätzliche Investitionsgüter nach, wenn der Zinssatz bzw. die Kreditkosten der Investitionen sinken. Für die gesamtwirtschaftliche Investitionsnachfrage (I_n) unterstellt die Neoklassik deshalb eine *negative* Abhängigkeit vom Zins.

$I_n = I_n(i)$; $I' <$ Null

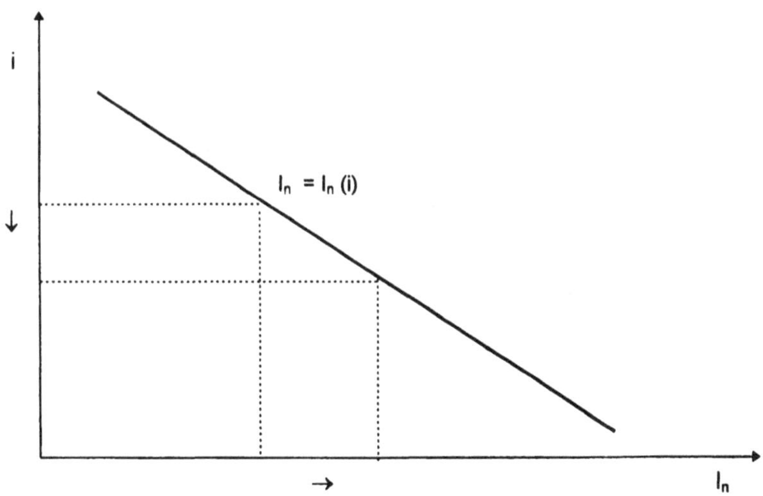

1.4.1.2.1.3 Gleichgewicht am neoklassischen Gütermarkt

Am neoklassischen Gütermarkt herrscht Gleichgewicht, wenn das geplante und produzierte Güterangebot der geplanten und nachgefragten Gütermenge entspricht. Oder unter Berücksichtigung der **Zinsabhängigkeit** von [S = S (i)] und [I_n = I_n (i)] läßt sich das **Marktgleichgewicht** [S(i) = I_n (i)] auch wie folgt herleiten und formulieren:

$$Y = C + I_n(i)$$
$$Y = C + S(i)$$

$$S(i) = I_n(i)$$

Demnach ist ein neoklassisches **Gleichgewicht an den Gütermärkten** immer dann gegeben, wenn die geplante gesamtwirtschaftliche Ersparnis in *Abhängigkeit vom Kreditzins* gleich den geplanten gesamtwirtschaftlichen Nettoinvestitionen, ebenfalls abhängig vom Kreditzins, ist. Kommt es hierbei zu einer Ungleichgewichtssituation zwischen (I_n) und (S), sorgt ein *flexibler Zinsmechanismus* automatisch für ein neues Gleichgewicht. Dies vollzieht sich folgendermaßen.

Das Sozialprodukt (Y), das nicht konsumiert (C), sondern gespart (S) wird, stellen die privaten Haushalte den Banken als **Kreditangebot** zur Verfügung , welches dann von den Unternehmen bei den Banken als **Kredit** zur Finanzierung von Investitionen nachgefragt und verwandt wird. Die Banken stellen damit den Unternehmen **Geldkapital** zur Verfügung, das die Unternehmen im Rahmen ihres Leistungserstellungsprozesses in **Realkapital (Investitionen)** und letztlich mit Hilfe der eingesetzten Produktionsfaktoren in Güter und Dienste umwandeln und diese am Absatzmarkt in Form eines Leistungsverwertungsprozesses in ein größeres Geldkapital zurückverwandeln. Da am **Güter- und Faktormarkt** für die Unternehmen die Prämisse des Wettbewerbs gilt, werden alle Gewinne durch die Konkurrenz ständig gegen Null konkurriert. Gewinne treten demnach nur temporär auf. Dadurch sind die Unternehmen gezwungen, ihre Investitionsmaßnahmen vollständig durch **Fremdfinanzierung** zu bewerkstelligen. Innenfinanzierung scheidet aus.

Die gesamte Ersparnis wird deshalb durch die Kreditnachfrage der Unternehmen am Geldmarkt absorbiert.

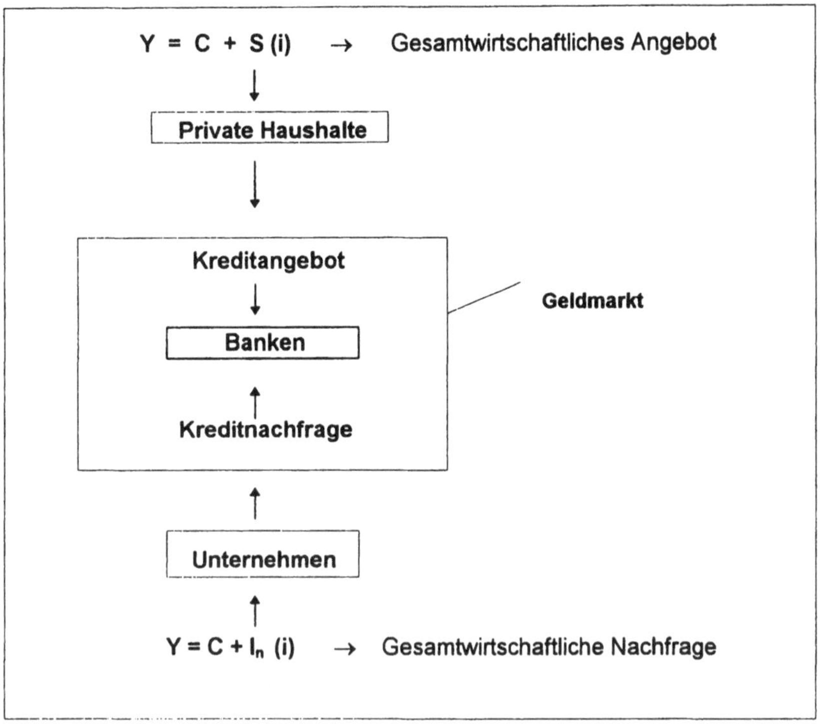

Übersteigt die **Ersparnis (S)** die **Investition (I_n)**, gilt also **($S > I_n$)**, dann ist auch das gesamtwirtschaftliche Güterangebot größer als die gesamtwirtschaftliche Güternachfrage, also:

$$C + S(i) > C + I_n(i) \quad \text{bzw.} \quad (S > I_n)$$

Die Unternehmen können bei den herrschenden Güter- und Faktorpreisen ihre Produktion nicht vollständig absetzen (temporäres Ungleichgewicht am Gütermarkt).

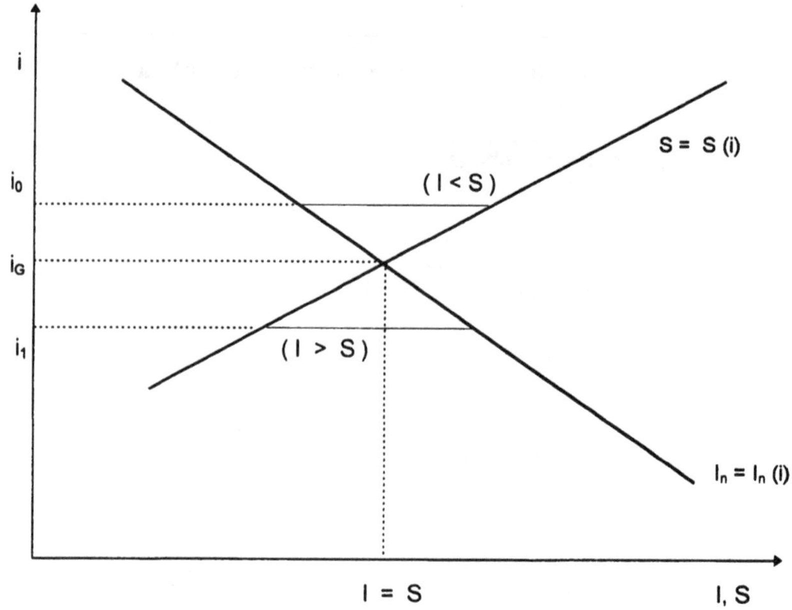

Da die Ersparnis der privaten Haushalte die Investitionskäufe der Unternehmen übersteigt, ist auf dem Geldmarkt das Kreditangebot größer als die Kreditnachfrage, so daß der Zinssatz sinken wird.

Der sinkende Zinssatz (i) impliziert eine steigende Kreditnachfrage und damit eine steigende Investitionsgüternachfrage, während der sinkende Zinssatz gleichzeitig ein sinkendes Kreditangebot impliziert und damit eine sinkende Ersparnis, die zu einer steigenden Konsumgüternachfrage führt. Der Zinssatz (i) wird dabei solange sinken, bis Kreditnachfrage und Kreditangebot ausgeglichen sind, bis ($I_n = S$) realisiert ist, bzw. ein gleich großes Angebot ($Y = C + S(i)$) und eine gleich große Nachfrage ($Y = C + I_n$) vorliegen.

1.4.1.2.2 Neoklassisches Totalgleichgewicht am Güter-, Geld- und Arbeitsmarkt

Das neoklassische Totalgleichgewicht für den Güter,- Geld- und Arbeitsmarkt läßt sich nun aus den bisher erläuterten Einzelmarktgleichgewichten ableiten. Zunächst wird auf dem Arbeitsmarkt unter Berücksichtigung der gesamtwirtschaftlichen Produktionsfunktion der Reallohn - bei

Annahme eines konstanten Preisniveaus auf dem Geldmarkt - festgelegt (vgl. dazu die Quadranten III und IV). Der Reallohn und die Produktionsfunktion determinieren dabei gleichzeitig das neoklassische Vollbeschäftigungsgleichgewicht am Arbeitsmarkt. Die Produktionsfunktion legt wiederum das dazu gehörige Sozialprodukt (Y_{VB}) und damit die preisunelastische Gesamtangebotsfunktion (S) im ersten Quadranten fest. Hierdurch wird auch das Vollbeschäftigungspreisniveau (P_{VB}) determiniert, welches das Nominallohnniveau (L/P x P) im zweiten Quadranten bestimmt. Alle drei Teilmärkte befinden sich in einem Vollbeschäftigungsgleichgewicht.

Das so hergeleitete neoklassische **Vollbeschäftigungsgleichgewicht** impliziert aber durchaus **temporäre Ungleichgewichtssituationen**. Das Total-Gleichgewicht sowie die partiellen Gleichgewichte auf dem Arbeits-, Güter- oder Geldmarkt sind dann gestört. Unternehmen bleiben auf ihren hergestellten Produkten sitzen, so daß es zu einem Absatzstau mit einer entsprechenden Lagerbildung kommt. Laut neoklassischer Doktrin sorgt aber der **flexible Preismechanismus (Lohn, Preis, und Zins)** immer wieder für ein neues Gleichgewicht auf den Märkten. Geht die Nachfrage zurück, reagieren die Unternehmen unverzüglich mit Preissenkungen und bei langfristigen Nachfragerückgängen sogar mit einer Angebotsreduzierung, wodurch sich ein neues Gleichgewicht einpendelt. Unter Berücksichtigung der **relativen Preise** (dem Nachfragerückgang bei einem Gut (a) mit entsprechender Preissenkung steht eine gleich große Nachfrageerhöhung bei einem Gut (b) mit entsprechender Preiserhöhung gegenüber) führen Nachfrageverschiebungen zwar zu Änderungen der **Güter-Preis-Relationen** und zu Änderungen in der Zusammensetzung des Güterangebots, die gesamtwirtschaftliche Gleichheit des monetären Angebots und der monetären Nachfrage bleibt aber stets erhalten.

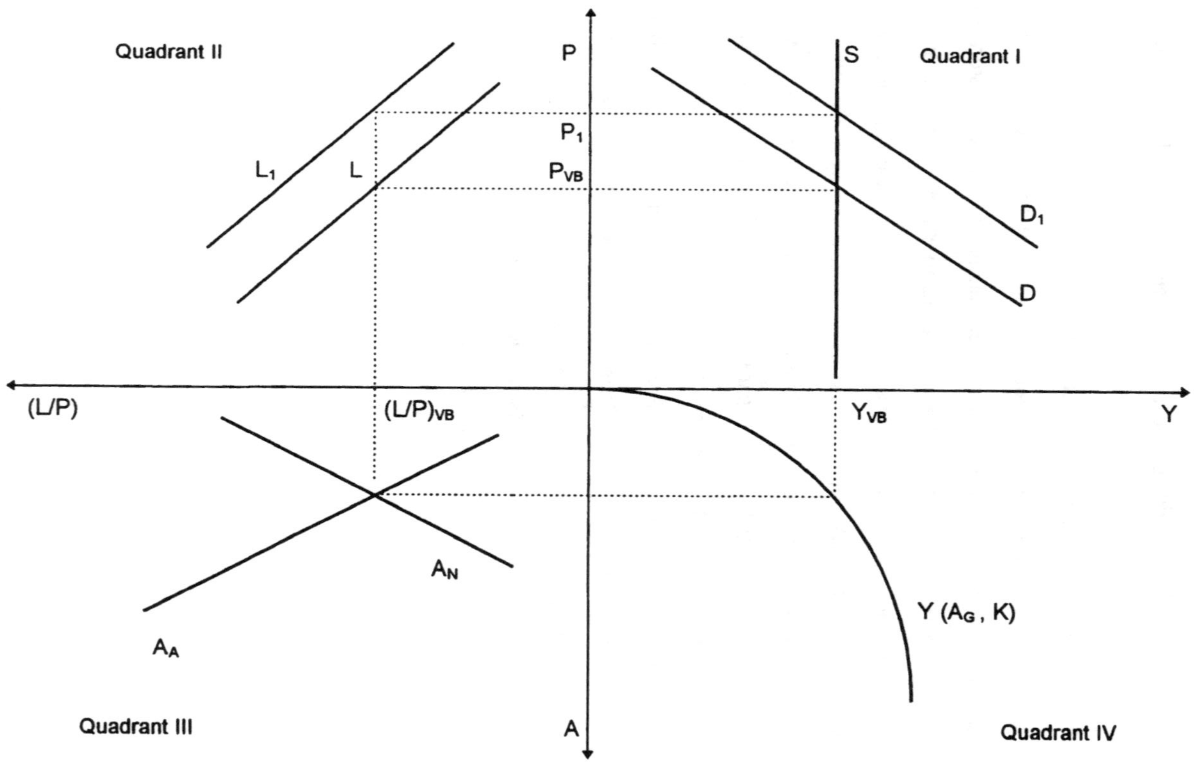
Quadrant II
P
S
Quadrant I
L1
L
P1
PVB
D1
D
(L/P)
(L/P)VB
YVB
Y
AN
AA
Y (AG , K)
Quadrant III
A
Quadrant IV

Die flexiblen Preise sorgen dafür, daß sich jedes Angebot gewissermaßen seinen eigenen Absatz (Nachfrage) schafft. Dies wurde zum ersten Mal von dem französischen Nationalökonom ***Jean Baptiste Say** (1767 bis 1832)* formuliert.

Hiernach erübrigt sich jede **staatliche Intervention** in den Marktmechanismus zur Behebung von partiellen Ungleichgewichtssituationen. Ja, die Neoklassik kommt sogar zu dem Ergebnis, daß staatliche Interventionen in Form einer **Fiskal- und/oder Geldpolitik** letztlich kontraproduktiv sind, da sie nichts bewirken, außer das Preisniveau in die Höhe zu treiben.

Durch eine **Erhöhung der Staatsausgaben** kommt es zu einer Überschußnachfrage, die die gesamtwirtschaftliche Nachfragefunktion von (D_{VB}) nach (D_1) verschiebt. Dies führt bei einem preisunelastischen Gesamtangebot (S) zu einer Erhöhung des Preisniveaus auf (P_1), wodurch gleichzeitig das reale Geldangebot (M/P) sinkt und bei konstanter Geldnachfrage die realen Zinsen steigen und hierdurch die Investitionen zurückgehen. „Der Zinsanstieg hält so lange an, bis der Investitionsrückgang die Erhöhung der Staatsausgaben gerade kompensiert und damit die Gesamtnachfrage (D) mit dem gegebenen Angebot (S) wieder übereinstimmt. Die Fiskalpolitik löst mithin einen Anstieg des Realzinsniveaus und damit Allokationseffekte aus, weil die privaten Investitionen um den jeweiligen Betrag einer Erhöhung der Staatsausgaben zurückgedrängt werden (**Crowding-Out-Effekt**, d. V.).“[1] Durch die Erhöhung des Preisniveaus auf (P_1) steigt auch das Nominallohnniveau, während der Reallohn - bedingt durch die Veränderung des Preisniveaus auf der Angebots- und Nachfrageseite des Arbeitsmarktes - und die Beschäftigungsmenge unverändert bleiben. Dies gilt analog für eine kontraktive Fiskalpolitik, die entsprechende Senkungen des Preis- und Nominallohnniveaus auslösen würde.

Auch eine **Erhöhung der nominalen Geldmenge** (M) bewirkt zwar über Zinssatzsenkungen eine Zunahme der Investitionen, wobei aber letztlich nur das Preisniveau erhöht wird. „Der Preisniveauanstieg hält so lange an, bis die reale Geldmenge auf ihr Ausgangsniveau gefallen ist, bei dem auch das Zinsniveau und die Investitionsnachfrage ihre ursprüngliche Höhe wieder erreicht haben. Nach Abschluß des Anpassungsprozesses befindet sich der Gütermarkt im

[1] Jürgen Siebke, H. Jörg Thieme, Einkommen, Beschäftigung, Preisniveau, in: Vahlens Kompendium der Wirtschaftstheorie und Wirtschaftspolitik, Bd. 1, München 1980, S. 136

Ausgangsgleichgewicht."[1] Es ist zu keinen **realwirtschaftlichen** Veränderungen insbesondere im Hinblick auf eine **Beschäftigungsveränderung** gekommen. Geldpolitische Maßnahmen implizieren eben gemäß Neoklassik keine Veränderungen im realen Sektor einer Volkswirtschaft.

1.4.1.2.3 Wirtschaftspolitische Implikationen der Neoklassik

Basiselement des angebotsorientierten Paradigmas der Neoklassik ist das **freie Spiel der Marktkräfte**. Der flexible Preismechanismus sorgt demnach auf allen Märkten stetig für einen Ausgleich von Angebot und Nachfrage. Die dabei von der Neoklassik unterstellte Wettbewerbsfunktion mit einer entsprechend hohen Wettbewerbsintensität auf Gütermärkten ist in der wirtschaftlichen Realität allerdings nicht vorzufinden. Hier sind die Märkte weitgehend vermachtet und nicht preisflexibel (vgl. dazu das 4. Kapitel). Im Gegenteil, nicht selten erfolgen sogar bei Nachfragerückgängen Preiserhöhungen und nicht wie die Neoklassik unterstellt Preissenkungen zur Aufwertung der realen Kaufkraft. Auch auf den Arbeitsmärkten existiert kein flexibler Lohnmechanismus. Die Löhne und Gehälter sind selbst bei dem Vorliegen von Massenarbeitslosigkeit, also einem entsprechend hohen Angebotsüberschuß an Arbeit, nach unten nicht absenkbar. Dies ist insbesondere deshalb so, weil Löhne und Gehälter nicht nur Kosten, sondern gleichzeitig für die Anbieter der Arbeitskraft Einkommen zu ihrer Reproduktion darstellen. Außerdem ist dies Einkommen kreislauftheoretisch zur Stabilisierung der gesamtwirtschaftlichen Nachfrage nicht beliebig reduzierbar.

Dem **Staat** kommt in der neoklassischen Theorie lediglich die Aufgabe zu, für entsprechende **Rahmenbedingungen** zu sorgen, die in erster Linie in einer Verbesserung der Angebotsbedingungen durch Steuersenkungen und in einem Abbau von investitionshemmenden Vorschriften gesehen wird. Der **Sozialstaat** sollte auf ein absolutes Minimum beschränkt sein, weil sonst die Gefahr bestünde, daß die Unternehmen mit zu hohen Abgaben/Kosten belegt werden. Zu hohe Kosten, insbesondere **Lohn- und Lohnnebenkosten** wirkten wettbewerbsgefährdend und bedrohten so die Arbeitsplätze. Im Zuge einer international zunehmenden **Wettbewerbsintensität** (Globalisierung der Märkte) verstärke sich noch dieser Effekt. Außerdem verursache ein zu großzügiger Sozialstaat eine sog. **Anspruchsinflation**, die

[1] Ebenda, S. 136

sich leistungsmindernd bei den Wirtschaftssubjekten auswirke. Auf keinen Fall obliege in marktwirtschaftlichen Ordnungen dem Staat die Aufgabe in den Marktmechanismus zu intervenieren (sog. **staatliche Marktintervention**). Die Beseitigung von **Krisen (Arbeitslosigkeit)** sei daher auch keine staatliche Aufgabe, sondern eine Aufgabe der Wirtschaft. (Wirtschaftsminister Rexroth: „Wirtschaft findet in der Wirtschaft statt"). Deshalb soll gerade in Krisenzeiten der Staat durch eine **Senkung der Staatsausgaben**, möglichst gekoppelt mit Steuersenkungen, zur Stabilisierung des privaten Sektors beitragen.

1.4.2 Keynesianische Geldtheorie

John Maynard Keynes *(1883 bis 1946)* veränderte mit seinem 1936 veröffentlichten Buch: **„Allgemeine Theorie der Beschäftigung, des Zinses und des Geldes"**[1] grundlegend die bis dahin herrschende Makroökonomik der Klassiker und Neoklassiker. Keynes, der mit der Weltwirtschaftskrise (1929 bis 1933) und der daraus erwachsenen Massenarbeitslosigkeit konfrontiert wurde, erkannte, daß die wirtschaftstheoretischen Aussagen der Klassik und Neoklassik nicht in der Lage waren, die ökonomische Realität zu erklären und vor allem Lösungsansätze zur Behebung der Krise aufzuzeigen. Dies veranlaßte ihn zur Behauptung, daß die herrschende Theorie, die die Tendenz zur Vollbeschäftigung immer wieder unterstreicht und die sich deshalb zu wenig Gedanken darüber macht, was denn die tatsächliche Beschäftigung zu einem gegebenen Zeitpunkt determiniert, nur für Spezialfälle anwendbar ist. Deshalb erscheint es ihm notwendig, eine **allgemeine Beschäftigungstheorie** zu entwickeln, die es ermöglicht, daß aus einem konsistenten gesamtwirtschaftlichen theoretischen Ansatz insbesondere in der Realität auftretende Situationen der **Unterbeschäftigung (Arbeitslosigkeit)** erklärt werden können.

Im Vordergrund der Überlegungen von Keynes steht das Ziel, die gesamtwirtschaftliche Beschäftigung nicht nur als Resultat der immanenten Arbeitsmarktgegebenheiten und der auf diesem Markt wirkenden **flexiblen Reallöhne** zu sehen, die automatisch für Vollbeschäftigung sorgen, sondern gerade jenen Prozeß zu analysieren, der jederzeit eine längerdauernde Abweichung von der Vollbeschäftigung zustande bringen und zum Phänomen der **„unfreiwilligen Arbeitslosigkeit"** führen kann, das die neoklassische Theorie nicht kennt.

[1] Auf englisch: „The General Theory of Employment, Interest and Money"

Nach Keynes Tod wurde seine Theorie insbesondere von ***John Richard Hicks*** *(1904 bis 1989)* und ***Alvin Harvey Hansen*** *(1887 bis 1975)* in ein *komparativ-statisches Makromodell* für den gesamtwirtschaftlichen **Güter- und Geldmarkt** übertragen und später um den **Arbeitsmarkt (neoklassische Synthese)** ergänzt. Im folgenden sollen deshalb der keynesianische Geld- und Gütermarkt mit Hilfe eines von Hicks und Hansen formulierten **IS-LM-Modells** erläutert werden. Hierbei zeigt sich der von Keynes postulierte Zusammenhang zwischen realem und monetärem Sektor. Gleichzeitig wird das **keynesianische fiskal- und geldpolitische Instrumentarium** zur Behebung eines Unterbeschäftigungsgleichgewichts vorgestellt.

1.4.2.1 Zum Keynesianischen Geld- und Gütermarkt

1.4.2.1.1 Zum Geldmarkt

Der Geldmarkt spielt bei ***Keynes*** - anders als bei den Neoklassikern - für die Realwirtschaft eine wesentliche Rolle. Außerdem kritisierte Keynes die Neoklassik bezüglich ihrer „Geldsicht“, die sich ausschließlich auf Geldhaltung für Transaktionszwecke beschränkte. Geld dient für ihn auch als **Wertaufbewahrungsmittel**.

Das Zustandekommen des **Geldangebots (M)**, das von Keynes nicht weiter explizit untersucht wurde, wird in der folgenden Analyse als *autonome Größe* darstellt:

$$M = M_a$$

Zunächst unterscheidet Keynes bei der **Geldnachfrage** unterschiedliche Motive der Geldhaltung („Kassenhaltung“), die sich bereits bei ***Arthur C. Pigou*** *und* ***Alfred Marshall*** andeuteten. Wirtschaftssubjekte fragen dabei aus drei Gründen Geld nach: Erstens, um **Transaktionen**, d.h. bestimmte Güterkäufe, tätigen zu können, zweitens aus **Vorsichtsgründen**, um kurzfristig Kaufkraft zu speichern, bzw. liquide zu sein und drittens aus **Spekulationsgründen**, um längerfristig verzinsliches Geldvermögen zu bilden, z.B. durch Spareinlagen.

Aus diesen Motiven der Kassenhaltung leitet Keynes

- **die Transaktionskasse,**
- **die Vorsichtskasse** und

- **die Spekulationskasse** ab.

Das kurzfristige Halten von Geld aus Vorsichtsgründen, um für zukünftige Zahlungsverpflichtungen liquide zu sein, findet in der Regel in Form von **Sichteinlagen** auf Girokonten statt. Diese Geldhaltung bringt allerdings keine Verzinsung. Daher hat sie Keynes neben der Bargeldhaltung mit unter dem Aspekt der Transaktionskasse gefaßt. Grundlegend hiervon unterscheidet sich das Geldhaltungsmotiv aus **Spekulationsgründen** in Form von Wertpapieren, Aktien u.a. Hierbei erfolgt eine Ausrichtung der Geldanlage am **Zinssatz**, der in einer inversen Beziehung zum Kurs von spekulativen Anlageformen steht.

Die Höhe der **Transaktionskasse (L_T)** ist sowohl bei den Neoklassikern als auch bei Keynes vom Umfang der *Gütertransaktionen der Wirtschaftssubjekte* und damit quasi vom nominalen Sozialprodukt ($Y = Y_r \times P$) abhängig. Auch spielt hierbei die Umlaufgeschwindigkeit des Geldes (V) eine entsprechende Rolle, die Keynes in der kurzen und mittleren Sicht allerdings als konstant unterstellt.

$$L_T = \frac{1}{V} Y_r \times P \quad \text{bzw.} \quad L_T = k\ Y_r \times P$$

So verbleibt als dominierende Einflußgröße das Sozialprodukt. Steigt das Sozialprodukt, so wird vermehrt Geld nachgefragt, um die gestiegenen Umsätze von Gütern abwickeln zu können.

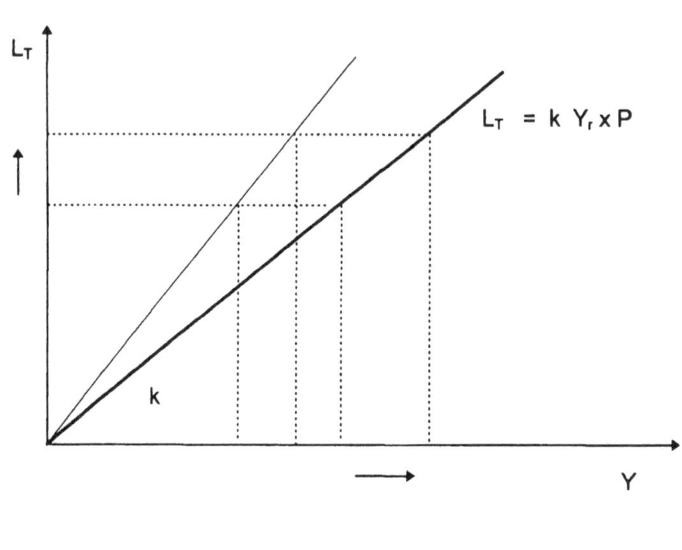

Das Volumen der **Spekulationskasse (L_S)** ist dagegen von der Höhe des *Kapitalmarktzinses* abhängig.

$$L_S = L_S(i)$$

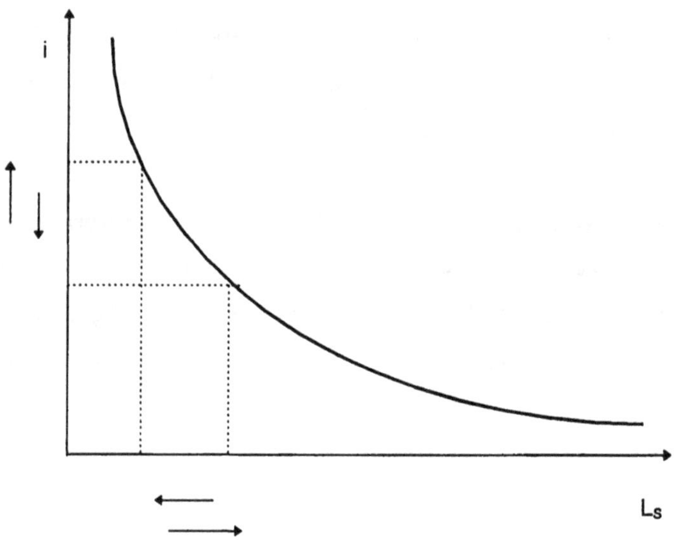

Steigt der Kapitalmarktzins (bei sinkenden Kurserwartungen von Wertpapieren und Aktien), so wird von den Wirtschaftssubjekten weniger Spekulationskasse und dafür in Ergänzung mehr Transaktionskasse gehalten. Sinkt der Zinssatz, so wird aufgrund steigender Kurserwartungen mehr Spekulations- und weniger Transaktionskasse gewünscht. Dahinter steht der Tatbestand, daß sich die **Rendite** eines festverzinslichen Wertpapiers aus der Relation von Zins zum Kaufkurs ergibt:

$$\text{Rendite} = \frac{\text{Nominalzins}}{\text{Kaufkurs}} \times 100$$

Beträgt der gleichbleibende feste Zins z.B. 10 DM und der Wertpapierkurs beläuft sich zum Zeitpunkt des Kaufs des Wertpapiers auf 200 DM, dann liegt die Rendite bei 5%. Steigt der Kurs auf 250 DM, dann sinkt die Rendite auf 4%. Zwischen Kurs und Zins eines festverzinslichen

Wertpapieres besteht demnach eine **inverse Beziehung**. Steigt der Zins, sinkt der Kurs, et vice versa.

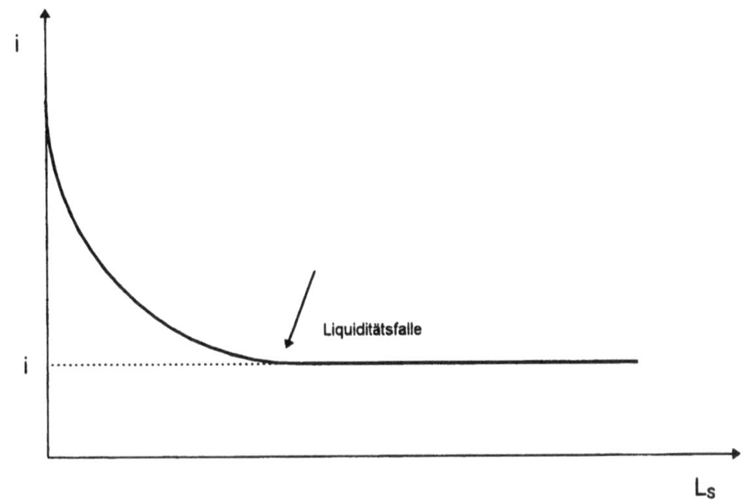

Die **Zinsabhängigkeit der Spekulationskasse** wird nach Keynes allerdings bei sehr niedrigen Zinsen aufgehoben, da quasi alle Wirtschaftssubjekte aufgrund der extrem hohen Kurse nur noch mit Kursverlusten rechnen und es deshalb vorziehen, ihr Geldvermögen in Form von Transaktionskasse zu halten. Diese *Baisse-Spekulation* macht einen weiteren Kursanstieg der Wertpapiere und damit eine weitere Zinssenkung in der Volkswirtschaft unmöglich. Eine solche Situation wurde von Keynes als **„Liquiditätsfalle"** bezeichnet. Der Zinssatz verhält sich in dieser Situation gegenüber der **spekulativen Geldnachfrage unendlich elastisch**.

In Summe ergibt sich damit die keynesianische **Gesamtgeldnachfragefunktion (L_G)**, auch als **Liquiditätspräferenzfunktion** bezeichnet, wie folgt:

$$L_G = L_T\ (k\,Y_r \times P) + L_S\,(i) \qquad 1 > k > 0$$

Die gesamte Geldnachfragefunktion (L_G) in Abhängigkeit vom Zins erhält man dabei, indem man die entsprechenden Funktionen für die beiden Teilkomponenten der Transaktion und der Spekulation horizontal addiert. Die Geldnachfragefunktion für **Transaktionszwecke** ist entsprechend der oben begründeten Annahme völlig zinsunelastisch. Sie ist für eine gegebene Höhe des Sozialprodukts (Y_0) eingetragen.

Gesamtnachfrage nach Geld

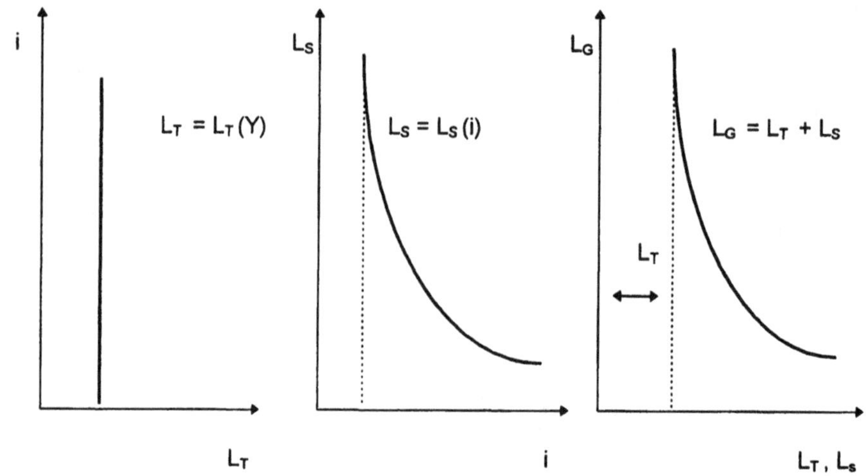

Bei der Erhöhung des Sozialprodukts verschiebt sich die L_T - Funktion und damit auch die Gesamtfunktion ($L_T + L_S$) nach rechts und umgekehrt, wobei im folgenden stets zu beachten ist, daß eine bestimmte Geldnachfragefunktion (L_G) nur jeweils für eine ganz bestimmte Höhe des Sozialprodukts gilt ($L_G = L(i, Y_0)$).[1]

Unter Berücksichtigung eines vorgegebenen Geldangebots (M_a) läßt sich nun das **Gleichgewicht am Geldmarkt** bestimmen. Die Geldnachfrage besteht aus der zinssatzunabhängigen Nachfrage nach Transaktionskasse (L_T) bei einem gegebenen Sozialprodukt (Y) und der zinssatzabhängigen Nachfrage nach Spekulationskasse (L_S). Im Schnittpunkt zwischen dem Geldangebot (M_a) und der Geldnachfrage ($L_G = L_T + L_S$) liegt ein Gleichgewicht am Geldmarkt vor. Der sich dabei einstellende **Gleichgewichtszinssatz (i_0)** befriedigt sowohl die Nachfrage nach Transaktionskassenbedarf als auch die Nachfrage nach Spekulationskassenbedarf.

[1] Vgl. Wilhelm Henrichsmeyer, Oskar Gans, Ingo Evers, Einführung in die Volkswirtschaftslehre, a.a.O., S. 426

LM-Gleichgewicht

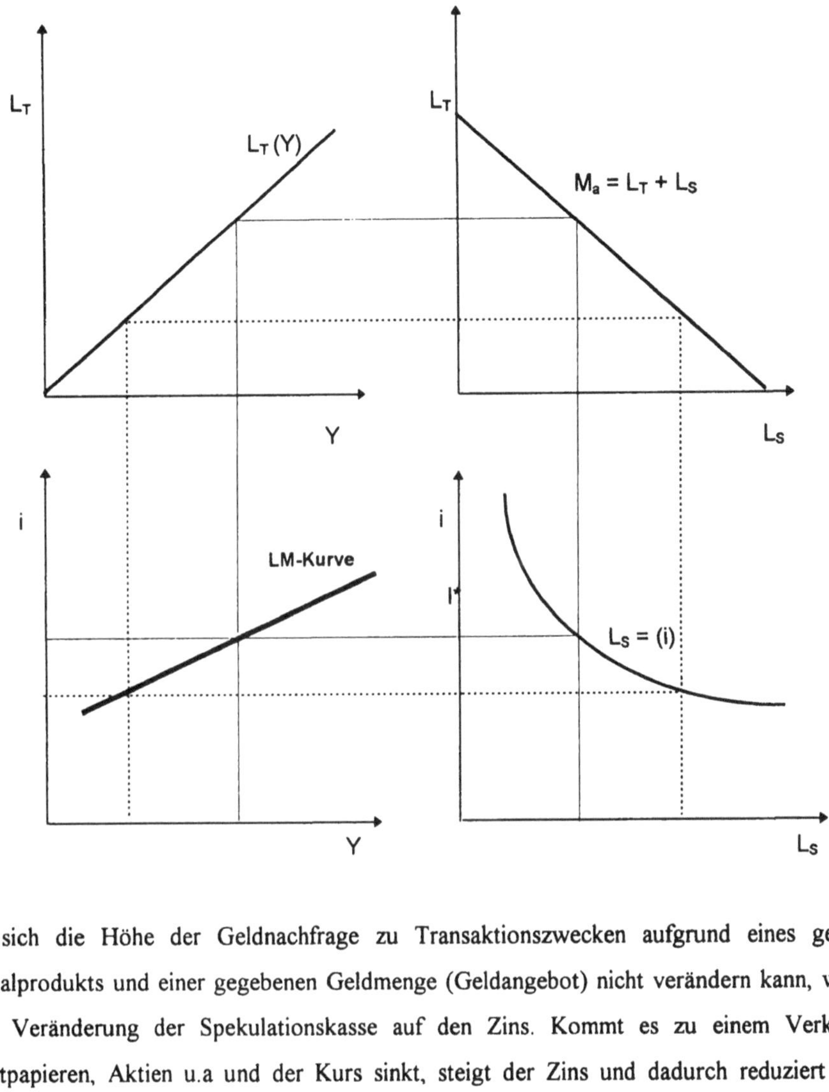

Da sich die Höhe der Geldnachfrage zu Transaktionszwecken aufgrund eines gegebenen Sozialprodukts und einer gegebenen Geldmenge (Geldangebot) nicht verändern kann, wirkt nur eine Veränderung der Spekulationskasse auf den Zins. Kommt es zu einem Verkauf von Wertpapieren, Aktien u.a und der Kurs sinkt, steigt der Zins und dadurch reduziert sich die Geldnachfrage für Spekulationszwecke zugunsten der Geldnachfrage nach Transaktionskasse, bis ein neuer Gleichgewichtszinssatz (i) realisiert ist.

Die Gleichheit von (L_T) plus (L_S) und (M_a) wird als **LM - Kurve** bezeichnet. Die LM -Kurve ist dabei die Kurve aller **Zins-Sozialproduktkombinationen**, bei denen bei gegebener Geldmenge (M_a) und gegebenem Preisniveau (P) ein Gleichgewicht auf dem Geldmarkt besteht.

Da bei einem sehr hohen Zins (i*) (= niedrige Kurswerte für Wertpapiere, Aktien u.a.) die Geldnachfrage nach Spekulationskasse (L_S) gering ist, muß im Gleichgewicht ein relativ großer Teil der Geldmenge als Transaktionskasse nachgefragt werden, was wiederum nur bei einem hohen Sozialprodukt der Fall ist. Umgekehrt ist bei einem kleinen Sozialprodukt die Nachfrage nach Transaktionskasse gering. Der für Spekulationszwecke verbleibende Teil der Geldmenge ist dann relativ groß und wird von den Wirtschaftssubjekten nur bei einem niedrigen Zins nachgefragt.

Mithin geht im Geldmarktgleichgewicht ein hoher (niedriger) Zins mit einem hohen (niedrigen) Sozialprodukt einher.

Die folgende Grafik zeigt eine solche **Geldmarktgleichgewichtskurve (LM - Kurve)** in einem Zins-Sozialprodukt-Diagramm. Dabei ist die Besonderheit im Verlauf der LM-Kurve, im zinsabhängigen Teil der Spekulationskasse zwischen (i_0) und (i_1) mit der *Liquiditätsfalle* zu beachten, sowie der zinsunabhängige Teil der Transaktionskasse.

Eine **Veränderung der LM-Kurve** ist abhängig von Veränderungen der Spekulations- und der Transaktionskasse und/oder des Geldangebots. Steigt z.B. das Geldangebot, so kommt es zu einer Rechtsverschiebung der LM-Kurve et vice versa.

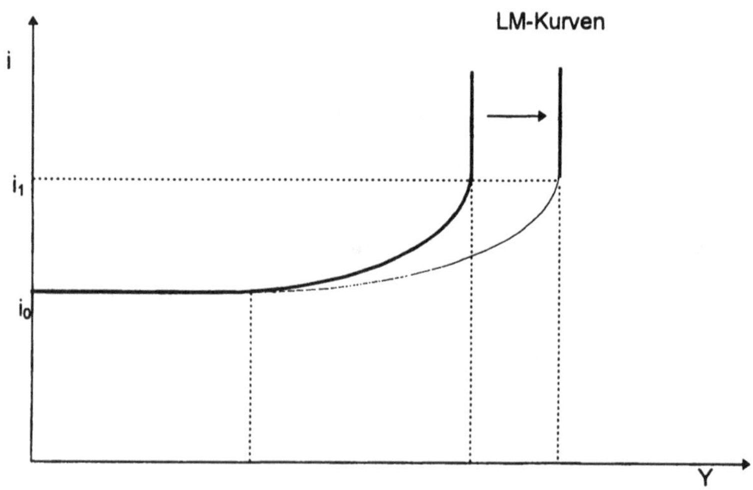

1.4.2.1.2 Zum keynesianischen Gütermarkt

Besteht für die neoklassischen Ökonomen zwischen dem monetären und dem realen Sektor einer Volkswirtschaft eine Dichotomie, so gilt dies für die keynesianische Theorie nicht. Für Keynes ist das verbindende Element, der sog. **Transmissionsmechanismus** zwischen **Güter- und Geldmarkt**, der **Zinssatz**, der sich wie gezeigt am Geldmarkt herausbildet. Der Zinssatz wirkt dabei am Gütermarkt auf das Nachfrageaggregat der Investitionen, die wiederum über Multiplikatoreffekte (Investitionsmultiplikator) Einfluß auf die Höhe des Sozialprodukts (Einkommenseffekt) nehmen und damit die Beschäftigung am Arbeitsmarkt beeinflußen. Durch das gestiegene Sozialprodukt wird gleichzeitig wieder Einfluß auf die Geldnachfrage für Transaktionszwecke ausgeübt.

Der Zusammenhang (Transmissionsmechanismus) zwischen monetärem und realem Sektor läßt sich dabei durch ein simultanes keynesianisches **Gleichgewicht auf dem Geld- und Gütermarkt** darstellen. Das keynesianische **IS-Gleichgewicht am Gütermarkt**, also die gesamtwirtschaftliche Identität von geplanter **Nettoinvestition (I_n)** und geplanter **Ersparnis (S)**, wird über den **Zinssatz**, als Bindeglied zwischen Güter- und Geldmarkt, herbeigeführt.[1] Dies impliziert, daß die Investitionsnachfrage eine Funktion des Zinssatzes ist ($I = - a\, i + I_a$). Ein steigender Zinssatz führt demnach ceteris paribus zu sinkenden Investitionen und damit zu einem niedrigeren Gleichgewichtssozialprodukt. Dies läßt sich wie folgt zeigen.

In einer **geschlossenen Volkswirtschaft** ohne **staatliche Aktivität** gilt für den Gütermarkt:

Konsumfunktion: $C = C(Y)$; C = Konsum, Y = Sozialprodukt

$C = C_a + c\,(Y)$; c = marginale Konsumquote

Definition der Ersparnis (S): $S = Y - C$

$S = - C_a + s\,(Y)$; s = marginale Sparquote

[1] Im Modell der Neoklassiker besteht dagegen ein völlig anderer Zusammenhang: Die Höhe des Sozialprodukts wird hier durch den Arbeitseinsatz und den Verlauf der Produktionsfunktion bestimmt. Die Höhe des Zinssatzes entscheidet allein über die Aufteilung des Volkseinkommens auf Konsum und Ersparnis bzw. der erstellten Güter auf Konsum- und Investitionsgüter.

Investitionsfunktion: $I_n = - a\ i + I_a$

(ai = Zinssatz, I_a = autonome Investitionen, I_n = Nettoinvestition)

Gesamtwirtschaftliche Endnachfrage: $Y = C + I_n$

Gleichgewichtsbedingung: $I_n = S$

Aus $Y = C + I_n$ und $S = Y - C$ folgt durch Einsetzen von (Y) in $S = Y - C \rightarrow S = C + I_n - C$

$$I_n = - a\ i + I_a = S = - C_a + s\ Y$$
$$I_n = - 5\ i + 150 = S = - 250 + 0{,}3\ Y$$

Wird die Gleichgewichtsbedingung zum Sozialprodukt (Y) aufgelöst, erhält man:

$$- a\ i + I_a = - C_a + s\ Y$$
$$- a\ i + I_a + C_a = s\ Y$$

$$Y = \frac{1}{s} (- a\ i + I_a + C_a)$$

Bei einem Zinssatz (i) von 5% ergibt sich ein Gleichgewichtssozialprodukt in Höhe von 1.250 Einheiten.

$$Y_1 = \frac{- 5\ i + 150 + 250}{0{,}3}$$

$$Y_1 = \frac{- 25 + 150 + 250}{0{,}3} = 1.250$$

Steigt der Zinssatz auf 6%, so sinkt das Gleichgewichtssozialprodukt auf 1.233 Einheiten.

$$Y_0 = \frac{- 5\ i + 150 + 250}{0{,}3}$$

$$Y_0 = \frac{- 30 + 150 + 250}{0{,}3} = 1.233$$

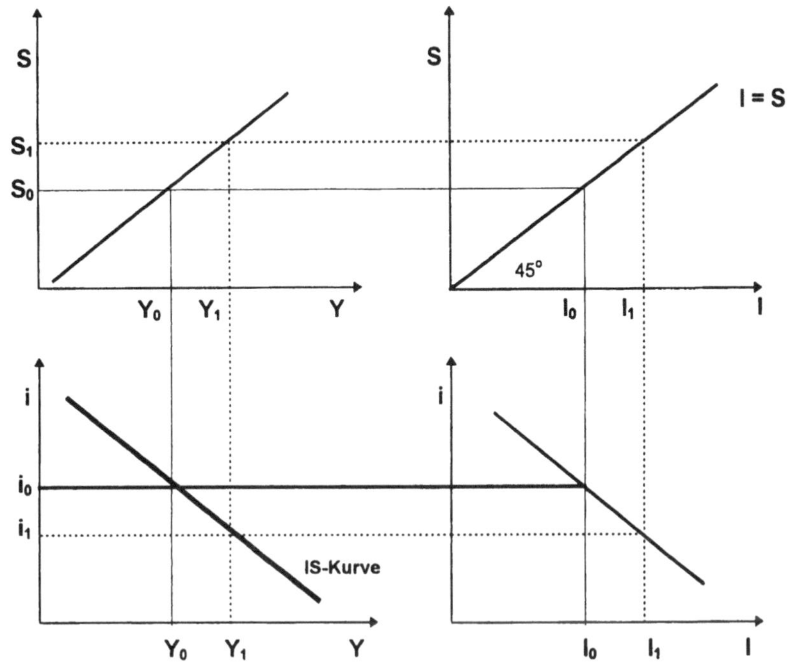

Die IS-Kurve bildet geometrisch alle Zinssatz - Sozialproduktkombinationen ab, bei denen ein Gleichgewicht zwischen der gesamtwirtschaftlichen Ersparnis und den Nettoinvestitionen besteht.

Erweitert man das Modell um **Auslandsbeziehungen** und **Staatsaktivitäten**, ergibt sich die folgende IS-Identität bzw. das folgende Gleichgewichtsvolkseinkommen:

Multiplikator x Nachfragekomponenten

$$Y = \frac{1}{s + ct + m} (C_a + I_a - a\,i + G_a + c\,Z_a + E_{xa} - I_{ma})$$

Die **Veränderung der IS-Kurve** ist damit abhängig von den Veränderungen der gesamtwirtschaftlichen **Nachfragekomponenten** (Konsum (C), Investitionen (I_n), Staatsausgaben (G_a) und staatliche Transferausgaben (Z_a), Außenbeitrag (E_{xa} - I_{ma})) sowie von der Höhe des

Multiplikators und seiner immanenten Größen, der marginalen Spar- bzw. Konsumquote ((s) und (c)), der Zinselastizität der Investitionsnachfrage (=Steigungsmaß (a) der Investitionskurve), der absoluten Zinshöhe (i) selbst, der marginalen Steuerquote (Grenzsteuersatz (t)) und der marginalen Importquote (m).

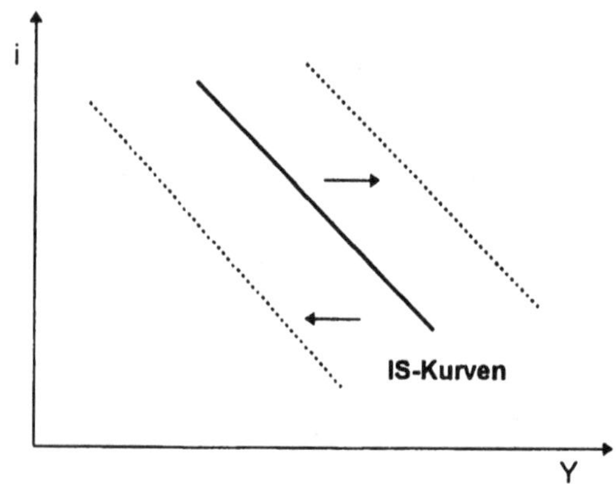

Allgemein kann hierbei festgestellt werden:

Kommt es zu einer Erhöhung der einzelnen Nachfragekomponenten, verschiebt sich die IS-Kurve nach rechts, während eine Senkung der Nachfragekomponenten die IS-Kurve nach links verschiebt. Das Ausmaß der Verschiebung hängt dabei maßgeblich von der Höhe des Multiplikators ab.

Bisher wurde bei der Betrachtung der IS-Kurve als Prämisse ein **konstantes Preisniveau** unterstellt. Kommt es aber zu Preisniveauveränderungen, ergibt sich nach ***Arthur C. Pigou*** *(1877 bis 1959)* ein **„Realkasseneffekt"**, auch als „Pigou-Effekt" bezeichnet. Gehen die Preise (sinkendes Preisniveau) zurück, steigt der reale Wert des Geldkassenbestandes, d.h. seine Kaufkraft bzw. der Geldwert. Dies führt gemäß Pigou dazu, daß bei gleichem nominalen Einkommen weniger gespart wird, da der Grenznutzen zusätzlicher (realer) Geldwerte sinkt. Die Senkung der Sparquote wiederum impliziert eine Rechtsverschiebung der IS-Kurve. Zu den Wirkungen vergleiche die zuvor gezeigte Grafik.

„Das Vorhandensein eines Realkasseneffekts wurde von Keynes nicht bestritten. Er war jedoch der Meinung, daß es völlig ungewiß sei, **wann** der Effekt auftrete und sich dann das

Volkseinkommen erhöhe. Man könne aus sozialen Gründen nicht darauf warten, sondern müsse mit anderen Maßnahmen das Volkseinkommen zu steigern versuchen."[1] Außerdem sind für Keynes beim Realkasseneffekt zwei Fälle zu unterscheiden, und zwar der Fall der Unterbeschäftigung und der Fall der Vollbeschäftigung. Im Fall der **Unterbeschäftigung** kommt es aufgrund des Wettbewerbsdruckes zu keiner Erhöhung des Preisniveaus. Bei **Vollbeschäftigung** führt dagegen das Keynes'sche Modell bei einem Anstieg der Geldmenge auch zu einer proportionalen Erhöhung des Preisniveaus, was vom Ergebnis her der neoklassischen Quantitätstheorie entspricht.

1.4.2.2 IS-LM-Gleichgewicht auf Güter- und Geldmarkt bei konstantem Preisniveau

Die jeweiligen Gleichgewichtszustände auf dem Güter- und Geldmarkt werden durch *unendlich viele Kombinationen* von (i) und (Y) hergestellt. Zu einem gleichzeitigen (simultanen) Gleichgewicht auf dem Güter- und Geldmarkt führt aber nur **eine** i - Y- Kombination: Diese liegt im Schnittpunkt der IS- und LM-Kurve (Zinssatz (i*) und Sozialprodukt (Y*)).

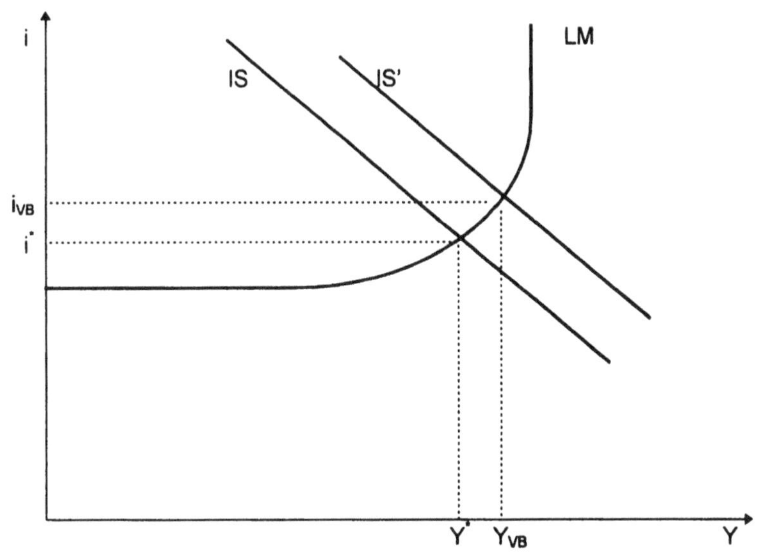

[1] Vgl. Rudolf Peto, Grundlagen der Makroökonomik, München 1976, S. 216

Sind Gleichgewichtssozialprodukt (z.B. Y = 2.000) und Gleichgewichtszins (z.B. i = 5%) bestimmt, so ergeben sich auch die Gleichgewichtswerte für den Konsum bzw. die Ersparnis und die Nettoinvestition. Man braucht nur (Y*) in die Konsumfunktion ($C_P = C_a + cY$) bzw. Sparfunktion ($S_p = - C_a + sY$) und (i*) in die Nettoinvestitionsfunktion ($I_n = - ai + I_a$) einzusetzen.

Beispiel:

$Y = 2.000$; $i = 5\%$; $C_a = 250$; $c = 0{,}8$; $I_a = 175$; $a = 5$

$C = 250 + 0{,}8\, Y$

$C = 1.850$

$S = - 250 + 0{,}2\, Y$

$S = 150$

$I_n = - 25 + 175$

$\mathbf{S = 150 = I_n = 150}$

Da implizit vorausgesetzt wird, daß sich das Güterangebot allein an der Güternachfrage orientiert und sich dieses vollständig anpaßt, kann man das **IS-LM-Gleichgewicht** auch als ein **nachfrageorientiertes Gleichgewicht** bezeichnen. Nach Keynes muß diese güterwirtschaftliche und monetäre Gleichgewichtssituation aber nicht gleichzeitig auch ein **Vollbeschäftigungs-Gleichgewicht (Y_{VB})** nach sich ziehen.

Dies war die entscheidende Botschaft von Keynes. Empirisch verifiziert durch die Weltwirtschaftskrise (1929 bis 1933) treten in marktwirtschaftlichen Ordnungen immer wieder Situationen auf, in denen ein **Unterbeschäftigungsgleichgewicht** IS-Gleichgewicht mit Arbeitslosigkeit ($Y_G < Y_{VB}$) vorliegt. Hierbei besteht ein monetärer Angebotsüberhang in Form einer **deflatorischen Lücke ($I_n < S$)**. Die gesamtwirtschaftliche Ersparnis ist größer als die gesamtwirtschaftliche Summe der Nettoinvestitionen. Die Beseitigung der Arbeitslosigkeit kann nach Keynes durch **fiskalische staatliche Interventionen** in Form einer Erhöhung der Staatsausgaben und/oder durch Steuersenkungen multiplikativ realisiert werden (deficit spending).

Monetäre (geldpolitische Maßnahmen) werden dabei - wie noch zu zeigen ist - nur unter bestimmten Bedingungen wirksam.

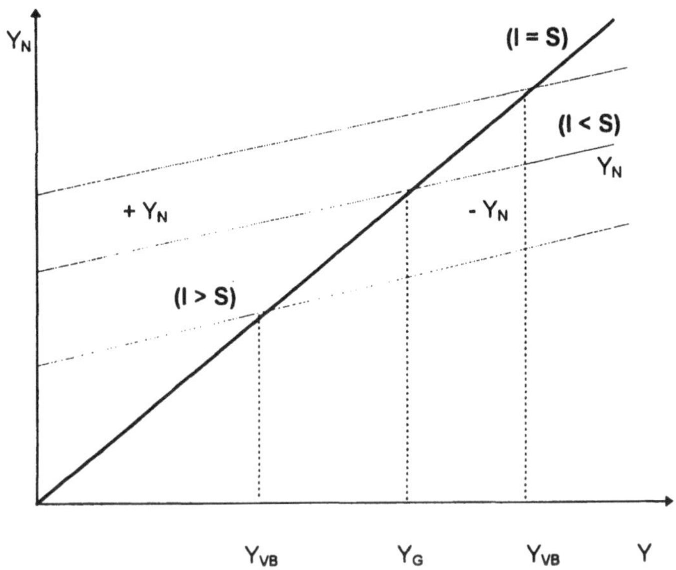

Weniger häufig tritt die Situation einer **„überhitzten" Konjunktur** (Boomphase) auf, bei der die gesamtwirtschaftliche Nachfrage größer ist als das gesamtwirtschaftliche Angebot ($Y_G > Y_{VB}$). Hierbei ist auch auf den Arbeitsmärkten die Nachfrage größer als das Angebot. Es kommt zu inflationären Prozessen, weshalb man von einer **inflatorischen Lücke ($I_n > S$)** spricht. Dabei ist die Summe der gesamtwirtschaftlichen Nettoinvestitionen größer als die Summe der Ersparnis. Soll diese behoben werden, muß durch staatlich dämpfende Maßnahmen auf die gesamtwirtschaftliche Nachfrage zur Realisierung eines Vollbeschäftigungsgleichgewichtes eingewirkt werden.

Um das Vollbeschäftigungs-Gleichgewicht (Y_{VB}) im Fall einer deflatorischen Lücke zu erreichen, muß die IS-Kurve von (Y^*) nach (Y_{VB}) verschoben werden. Dazu gehen wir von **zusätzlichen Staatsausgaben** (G_a) aus. Das Preisniveau wird als konstant unterstellt, d.h. von einer Veränderung der Staatsausgaben sollen keine Preiswirkungen auf das Sozialprodukt ausgehen.

Die **Auswirkungen auf die LM-Kurve** sind dabei anhand von drei Bereichen zu untersuchen:

- **Im Bereich der keynesianischen Liquiditätsfalle**

Durch die multiplikative Erhöhung des Sozialprodukts nimmt die Geldnachfrage für Transaktionszwecke zu und die Spekulationskasse entsprechend ab. Dennoch bleibt der Zinssatz konstant, weil sich die Veränderung der IS-Kurve bzw. die Erhöhung des Sozialprodukts im Bereich der Liquiditätsfalle mit einem entsprechenden völlig unelastischen Zinssatz vollzieht.

- **Im keynesianischen Normalbereich**

Im zinssatzabhängigen Bereich der LM-Kurve kommt es auch zu einer multiplikativen Erhöhung des Sozialprodukts, diese fällt aber kleiner aus als im Fall a). Dies liegt daran, daß hier die Spekulationskasse durch die Abnahme zu Gunsten der Transaktionskasse mit einer entsprechenden Zinssatzsteigerung von (i_2) nach (i'_2) reagiert.

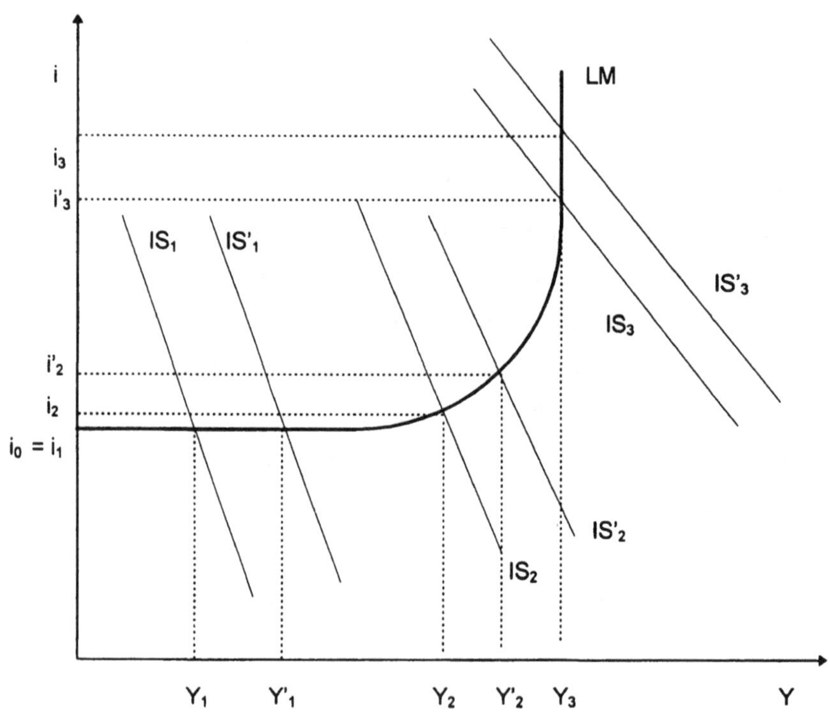

- **Im geldmarktunabhängigen Bereich (neoklassischer Bereich)**

Im neoklassischen Bereich der LM-Kurve steigt dagegen das Sozialprodukt aufgrund der zusätzlichen Staatsausgaben nicht. Hier kommt es lediglich zu einer Zinsatzsteigerung von (i_3) nach ($i'_{3'}$). Dadurch, daß der Zinssatz steigt, gehen die privaten zinsabhängigen Investitionen mit einem entsprechenden Negativ-Effekt auf das Sozialprodukt zurück. Beide Effekte (Staatsausgabensteigerung und Investitionsreduzierung) heben sich dadurch letztlich auf. Die Neoklassik spricht hier auch von einem **Verdrängungseffekt (Crowding-Out-Effekt)** privater Investoren durch staatliche Investoren. Wie schon angeführt geht Keynes in einer Unterbeschäftigungssituation nur unter bestimmten Bedingungen von der Möglichkeit einer Konjunkturbelebung durch monetäre Maßnahmen aus. Zur theoretischen Überprüfung soll im folgenden die LM-Kurve durch eine **Erhöhung des Geldangebots (M)** nach rechts verschoben werden. Im **Bereich der Liquiditätsfalle** hat die Erhöhung des Geldangebots keinen Einfluß auf das Vollbeschäftigungs-Sozialprodukt. Im **zinselastischen Bereich** dagegen wird durch die Geldmengenerhöhung die Spekulationskasse erhöht, was zu einer Zinssatzsenkung mit entsprechenden Investitionssteigerungen und damit zu einer Erhöhung des Sozialprodukts führt. Im **neoklassischen Bereich** kommt es ebenfalls durch die Geldmengenausweitung zu einer starken Zinssenkung mit einer entsprechenden Erhöhung des Sozialprodukts.

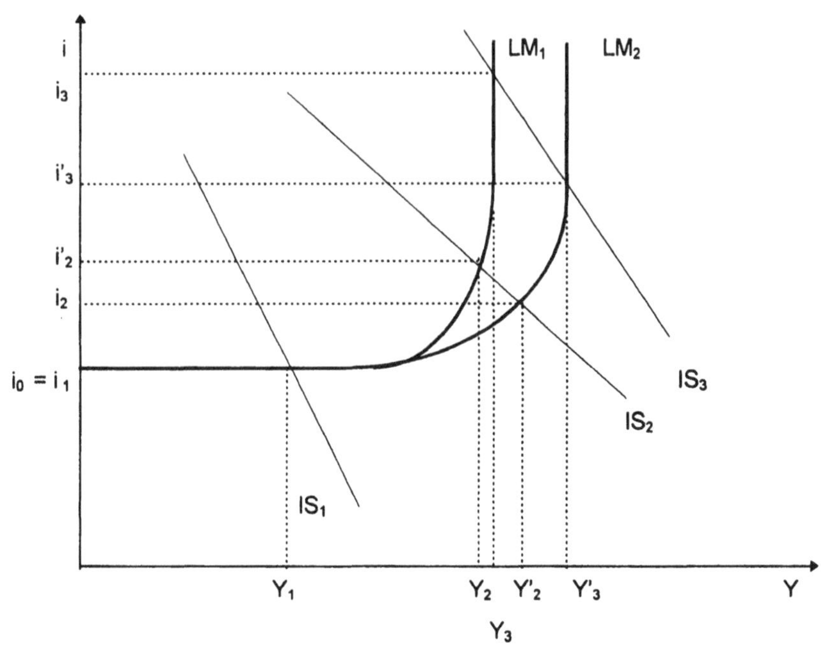

Für Keynes wirken damit geldpolitische Maßnahmen nur dann positiv auf das Sozialprodukt, wenn die Investitionsnachfrage zinselastisch ist.

1.4.2.3 Keynesianisches Gleichgewicht auf Güter- und Geldmarkt bei variablem Preisniveau

Bisher wurde ein konstantes Preisniveau unterstellt. Fällt diese Prämisse weg, so ändern sich auch die bisherigen Lösungen für (Y*) und (i*) mit den Änderungen des Preisniveaus (P). Die Gleichgewichtsbedingungen für den **Gütermarkt** **[$Y = C(Y) + I_n(i)$]** und für den **Geldmarkt** **[$M \times P = L_T(v\,Y) + L_S(i)$]** zeigen aber, daß das Preisniveau (P) nur den Geldmarkt tangiert, da nur hier die Variable auftaucht bzw. das Preisniveau am Geldmarkt bestimmt wird.

Verändert sich das Preisniveau (P), so verändert sich c.p. auch die **reale Geldmenge (M:P)** bzw. der Geldwert, die Kaufkraft. Hierdurch kommt es zu Zinswirkungen, nämlich zu Zinssenkungen mit Wirkungen auf die Investitionen (sie nehmen zu) und damit auf die Höhe der gesamtwirtschaftlichen Nachfrage bzw. des Sozialprodukts. Diese Wirkungen bezeichnet man auch als **Keynes-Effekt**.

$$(P)\downarrow \;\rightarrow\; (M:P)\uparrow \;\rightarrow\; (i_r)\downarrow \;\rightarrow\; (I_n)\uparrow \;\rightarrow\; (Y_r)\uparrow$$

Schlägt allerdings die preisbedingte Veränderung der realen Geldmenge nicht auf das Sozialprodukt durch, weil

- die Zunahme der realen Geldmenge aufgrund der Liquiditätsfalle keine Wirkung auf den Zinssatz ausübt und/oder
- vollkommen zinsunelastische Investitionen gegeben sind,

so wird die oben gezeigte Kausalkette durchbrochen und es kommt zu keinen Veränderungen des Gleichgewichtssozialprodukts. Die gesamtwirtschaftliche Nachfragekurve verläuft dann parallel zur Preisachse, d.h. es liegt eine für Keynes völlig **preisunelastische Güternachfrage** vor.

1.5 Zur Geldpolitik der Deutschen Bundesbank

Zur Beeinflussung des Geldangebots und der Geldnachfrage betreiben die einzelnen Zentralbanken der Volkswirtschaften eine bestimmte **Geldpolitik**. In der Bundesrepublik ist dafür die **Deutsche Bundesbank** verantwortlich. Gemäß § 3 BBankG ist sie verpflichtet unter Wahrung ihrer Aufgaben, nämlich „die Währung zu sichern", die **allgemeine Wirtschaftspolitik der Bundesregierung** zu unterstützen. Diese hat sich wiederum gemäß § 1 Stabilitäts- und Wachstumsgesetz an der **Stabilität des Preisniveaus**, einem **hohen Beschäftigungsstand** (Vollbeschäftigung), einem **außenwirtschaftlichen Gleichgewicht** und einem **stetigen und angemessenen Wirtschaftswachstum (sog. magisches Viereck)** auszurichten. Daher wird die Bundesbank „in Zeiten von Unterbeschäftigung bestrebt sein, die Liquiditätsreserven der Geschäftsbanken und dadurch das Geldschöpfungspotential zu erhöhen. Vor allem wenn diese Politik von fallenden Kreditzinsen begleitet ist, erwartet die Bundesbank eine Steigerung der Kreditnachfrage zur Finanzierung zusätzlicher Güterkäufe. Die von Geldmengenausdehnung begleitete Steigerung der Güternachfrage läßt dann einen Abbau der Arbeitslosigkeit erwarten. Man spricht in einer solchen Situation von einer **expansiven Geldpolitik** (Politik des leichten Geldes), da sie auf eine Erhöhung des kurz- und mittelfristigen wirtschaftlichen Wachstums gerichtet ist. Umgekehrt versucht die Zentralbank in Zeiten der Hochkonjunktur durch eine **restriktive** oder **kontraktive Geldpolitik**, d.h. durch Geldmengen- und Kreditreduzierung sowie Zinserhöhungen, die gesamtwirtschaftliche Güternachfrage zu dämpfen und an den längerfristigen Wachstumstrend heranzuführen. Durch Einschränkung der freien Liquiditätsreserven wird versucht, die Geschäftsbanken zu einer Verminderung ihres Kreditangebots zu bewegen, um auf diese Weise ein neues Gleichgewicht in der Liquiditätsstruktur ihrer Vermögensanlagen zu finden."[1]

Zur Umsetzung der Geldpolitik steht der Deutschen Bundesbank ein **binnenwirtschaftlich** orientiertes Geld-Instrumentarium in Form

- **einer Mindestreservenpolitik,**
- **einer Refinanzierungspolitik über den Diskont- und Lombardsatz und**
- **einer Offenmarktpolitik**

[1] Wilhelm Henrichsmeyer, Oskar Gans, Ingo Evers, a.a.O., S. 494

zur Verfügung. Die **Mindestreservenpolitik** der Bundesbank ist im § 16 BBankG geregelt. Demnach kann die Bundesbank zur Beeinflußung des Geldumlaufs und der Kreditgewährung verlangen, daß die Geschäftsbanken auf ihre Einlagen einen bestimmten Vom-Hundert-Satz zinslos als Mindestreserve auf einem Konto bei der Deutschen Bundesbank hinterlegen. Das Mindestreserve-Soll der einzelnen Bank, auf das auch die Bargeldbestände des Kreditinstituts angerechnet werden - wird nach der Höhe der Einlagen bemessen. Die Höchstsätze für täglich fällige Einlagen (Sichteinlagen) betragen 30%, für Termineinlagen 20% und für Spareinlagen 10%. Die effektiven Sätze liegen allerdings deutlich unter diesen Höchstgrenzen, wobei nach der Höhe der Einlagensummen differenziert wird.[1] In besonderen Situationen kann die Deutsche Bundesbank für **Auslandseinlagen** eine höhere Mindestreservehaltung (bis zu 100%) verlangen, um unerwünschte Devisenzuflüsse abzuwehren.

Instrumente der Geld- und Kreditpolitik

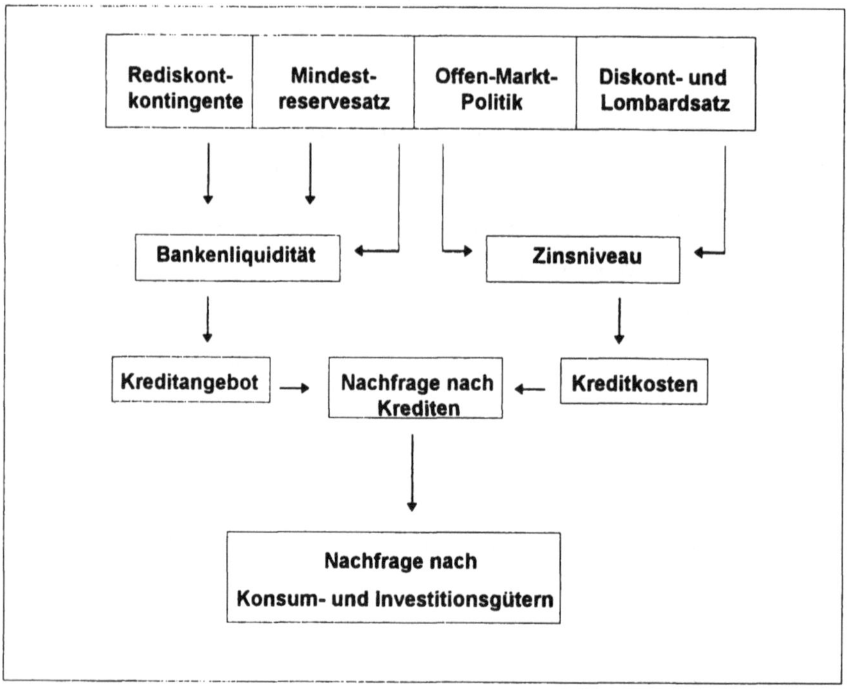

Quelle: Hermann Adam, Bausteine der Volkswirtschaftslehre, 9. Aufl., Köln 1985; S. 41

[1] Zur Entwicklung der differenzierten Mindestreservesätze vgl. Deutsche Bundesbank (Hrsg.), Die Geldpolitik der Bundesbank, a.a.O., S. 125

Durch die Mindestreservenpolitik wird die **multiple Giralgeldschöpfung** gesteuert. Werden die Mindestreservesätze durch die Bundesbank erhöht, so verringert sich dadurch die Überschußreserve der Geschäftsbanken und damit der Rahmen ihrer Möglichkeit einer Kreditvergabe. Umgekehrt erhöht sich die Möglichkeit einer Kreditvergabe bei einer Senkung der Mindestreservesätze. Hierdurch wird Einfluß auf die **Bankenliquidität** ausgeübt. Die Kontraktion bzw. Expansion der Möglichkeit einer Kreditvergabe durch die Geschäftsbanken erlaubt aber noch keinen direkten Rückschluß auf deren tatsächliches Angebotsverhalten.

Das Angebotsverhalten der Geschäftsbanken soll auch durch die **Refinanzierungspolitik** der Deutschen Bundesbank beeinflußt werden. Unter Refinanzierung wird dabei allgemein die Kreditaufnahme der Geschäftsbanken bei der Deutschen Bundesbank verstanden. Gemäß §§ 15 und 19 BBankG sind hierbei zwei Formen üblich. Entweder über den **Verkauf eines Wechsels an die Bundesbank**, wobei der **Diskontsatz** der Zinssatz ist, mit dem die Bundesbank die eingereichten Wechsel diskontiert (abzinst), oder aber durch die **Beleihung bzw. Verpfändung von Wertpapieren**, wobei ein von der Bundesbank festgelegter **Lombardsatz** zur Anwendung kommt. Bei der Diskontpolitik refinanziert sich die Geschäftsbank, indem sie sog. „gute Handelswechsel"[1] von ihren Geschäftspartnern, im Rahmen eines von der Bundesbank festgelegten **Rediskontkontingents**, bei der Bundesbank einreicht. Die Geschäftsbanken erhalten dann Zentralbankgeld nach Abzug des Diskontsatzes zur Ausweitung ihres Kreditvolumens. Im Rahmen der Lombardpolitik[2] beschafft sich die Geschäftsbank gegen die Beleihung oder Verpfändung von Wertpapieren entsprechendes Zentralbankgeld.

Entwicklung von Diskont- und Lombardsatz

\- in % -

Gültig ab	Lombardsatz	Diskontsatz
Mai 1994	6	4,5
März 1995	6	4,0
August 1995	5,5	3,5
Dezember 1995	5,0	3,0
April 1996	4,5	2,5

[1] „Gute Handelswechsel" sind Wechsel, denen ein Handels- oder Warengeschäft zugrunde liegt, deren Restlaufzeit höchstens drei Monate beträgt, die mindestens drei gute Unterschriften tragen und die an einem Bankplatz (= Ort, an dem die Deutsche Bundesbank eine Zweiganstalt unterhält) zahlbar sind.

[2] Der Lombardkredit ist ein Kredit, den eine Bank einem Kreditnehmer gegen Beleihung bzw. Verpfändung von Wertpapieren, Wechseln, Forderungen, Maschinen etc. gewährt, wobei die verpfändeten Güter nicht in voller Höhe ihres Wertes beliehen werden. Die Beleihungsgrenze schwankt zwischen 50% und 80%. Der Vorteil des Lombardkredits liegt in der temporären Überwindung von Liquiditätsproblemen, ohne daß Vermögenswerte verkauft werden müssen.

Da der Lombardsatz über dem Diskontsatz liegt, nehmen die Geschäftsbanken ihn immer nur dann in Anspruch, wenn ihre Rediskontkontingente ausgeschöpft sind.

Durch eine **Erhöhung des Diskont- und Lombardsatzes** steigen die Refinanzierungskosten der Geschäftsbanken. Diese werden die Kostensteigerung am Markt über steigende Kreditzinssätze an ihre Kunden weitergeben, wodurch wiederum die Kreditaufnahme der privaten Haushalte für Konsumkäufe und der Unternehmen für Investitionen negativ tangiert wird. Gleichzeitig steigt die Zinsbelastung der öffentlichen Haushalte. Bei einer **Senkung der Diskont- und Lombardsätze** durch die Deutsche Bundesbank kommt es häufig aus Gründen der Gewinnmitnahme durch die Geschäftsbanken zu **verzögerten Senkungen** der Kreditsätze. Ansonsten impliziert die Senkung einen Anreiz zur Ausdehnung der Kreditnachfrage durch private und öffentliche Haushalte sowie durch Unternehmen.

Bei der **Offenmarktpolitik**, die im § 21 BBankG geregelt ist, kauft bzw. verkauft die Deutsche Bundesbank für eigene Rechnung am „offenen Markt“ festverzinsliche Wertpapiere, wobei es sich bei den Wertpapieren um Geldmarktpapiere oder um Kapitalmarktpapiere handeln kann. Im Zuge einer expansiven Geldpolitik wird die Bundesbank Wertpapiere kaufen, um den Kurs der Papiere in die Höhe zu treiben bzw. um dadurch Zinssenkungen auszulösen. Bei einer restriktiven Geldpolitik verkauft die Bundesbank dagegen Wertpapiere, um Kurssenkungen und Zinserhöhungen zu realisieren.

Eine wichtige Rolle spielen im Rahmen der Refinanzierung auch die sog. **Wertpapierpensionsgeschäfte**. Neben dem Lombard- und Diskontzins wird der Zins für diese Wertpapierpensionsgeschäfte als sog. **„Dritter Leitzins“** der Bundesbank zur Geldmengensteuerung bezeichnet. „Dabei geben die Geschäftsbanken Wechsel oder lombardfähige Wertpapiere zum vorübergehenden Aufenthalt (= zur Pension) an die Bundesbank, erhalten dafür einen entsprechenden Kredit und vereinbaren gleichzeitig den Termin des Rückkaufs. Die Verzinsung erfolgt dadurch, daß die Bundesbank den Rückkaufsbetrag höher ansetzt als den Ankaufsbetrag.“[1] Banktechnisch werden dabei der **Mengen- und Zinstender**[2] unterschieden. Beim **Mengentender** nennt die Bundesbank einen festen Zinssatz (dieser lag z.B. am 20. August 1997 bei 3%), zu dem sie Wertpapierpensionsgeschäfte abschließen will. Die

[1] Hermann Adam, Wirtschaftssystem und Regierungssystem der Bundesrepublik Deutschland, 3. Aufl., Opladen 1995, S. 107

[2] Englisch „tender“ = Lieferungsangebot, Offerte

Banken geben danach mit der Summe ihrer Einzelangebote ihre Gesamtnachfrage nach Zentralbankgeld bekannt. Übersteigt diese den von der Bundesbank beabsichtigten Gesamtumfang des Pensionsgeschäfts, teilt sie den Banken Liquidität im Verhältnis ihrer Gebote zu. Beim **Zinstender** nennt die Bundesbank dagegen einen Mindestzins, der von den Banken je nach Dringlichkeit ihres Bedarfs an Zentralbankgeld überboten werden kann. Die Summe der Gebote bildet eine Nachfragekurve mit normalem Verlauf. Die Bundesbank teilt dann den von ihr gewollten Gesamtbetrag zu einem einheitlichen Zinssatz zu, der von dem gerade geltenden Marktzinssatz abweichen kann.

Zu erwähnen im Rahmen der Geldpolitik ist auch die **Einlagen-Schulden-Politik**, unter der die Transaktionen der Deutschen Bundesbank mit der **öffentlichen Hand** zusammengefaßt werden. Gemeint ist dabei die geldpolitische Steuerung der Kreditgewährung der Bundesbank an die öffentliche Hand und der Einlagen der öffentlichen Hand bei der Bundesbank, wobei die Kreditgewährung der Bundesbank an die öffentliche Hand (§ 20 BBankG) sehr restriktiv geregelt ist. „Ein Überschuß der Kredite der Bundesbank an die öffentliche Hand über deren Bundesbankeinlagen schafft zusätzliches Zentralbankgeld; bleiben die Kredite hinter den Einlagen zurück, wird den Banken Zentralbankgeld entzogen. Für die Zentralbankgeldschaffung und -vernichtung ist also der Saldo entscheidend.

Der Umfang des Zentralbankgeldes bei den Banken vergrößert (verringert) sich, wenn

- bei gleichbleibenden Zentralbankkrediten die öffentliche Hand ihre Einlagen bei der Bundesbank abbaut (aufbaut) oder
- bei gleichbleibenden Zentralbankeinlagen die öffentliche Hand Kredite bei der Bundesbank aufnimmt (tilgt).

Die Nutzbarkeit dieses Mechanismus für die Steuerung jener Zentralbankgeldbestände, die für die monetäre Expansion relevant sind, ist allerdings begrenzt. Ein gezielter Einsatz der Einlagen-Schulden-Politik bedürfte eines sehr hohen Maßes an Abstimmung zwischen Bundesbank und Gebietskörperschaften auf Bundes- und Länderebene, was naturgemäß nicht ohne weiteres zu bewerkstelligen ist. Die öffentliche Hand wird ja normalerweise ihre Kassentransaktionen nach anderen Gesichtspunkten ausrichten müssen als nach geldpolitischen Erfordernissen."[1]

[1] Norbert Kloten, Karl-Heinz Ketterer, Geldversorgung und Notenbankpolitik, in: Norbert Kloten, Johann Heinrich von Stein, a.a.O., S. 20.

Neben den **nationalen Geldmärkten**, die von den jeweiligen Zentralbanken kontrolliert werden, besteht auch ein **Euromarkt**, auf dem es keinerlei institutionelle Kontrollen gibt und der insbesondere auch keine **Mindestreservepflicht** kennt. Dieser Euromarkt hat sich Ende der fünfziger Jahre zunächst in Europa (Schwerpunkte: London und Luxemburg), dann aber auch an außereuropäischen Plätzen - insbesondere in Südostasien herausgebildet. Auf den jeweiligen Teilmärkten, dem Euro-Geld, dem Euro-Kredit und dem Euro-Kapitalmarkt werden heute Finanzmittel in dritten Währungen gehandelt; neben dem US-Dollar auch europäische Währungen wie D-Mark, Schweizer Franken und die „Europäische Währungseinheit" ECU. Die Teilnahme am Euromarkt ist allerdings nur größeren Banken, Unternehmen und Institutionen mit einem entsprechenden internationalen „Standing" möglich. Als Kreditnehmer treten Regierungen, Banken und Unternehmen solcher Länder auf, in denen das Geld knapper und teurer ist und rechtliche Hemmnisse (z.B. die Mindestreserve) umgangen werden sollen. Am **Euro-Geldmarkt**, dem ältesten Teil des Euromarktes, nehmen insgesamt mehrere hundert Geschäftsbanken teil. Getragen wird der Markt jedoch nur von wenigen Dutzend großer Banken, die in der Lage sind, die Rolle des Regulators zwischen den nationalen Geldmärkten zu übernehmen. Kredite von Banken an Nichtbanken werden über eine Vielzahl von verschiedenen Instrumentarien über den **Euro-Kreditmarkt** abgewickelt. Im Gegensatz zum Euro-Geldmarkt werden formelle Kredite in oft sehr ausführlichen Verträgen und auf der Grundlage von Sicherheiten vereinbart. Die Laufzeit liegt dabei im allgemeinen zwischen einem und zehn Jahren. Wichtigste Kreditform ist der **„Roll-over-Kredit"** geworden, der es durch seine Konstruktion erlaubt, die im Markt vorhandene kurzfristige Liquidität längerfristig einzusetzen. Die geldgebende Bank sagt den Kredit dabei grundsätzlich für die gesamte Laufzeit zu, der Zinssatz wird allerdings nur für bestimmte kurze Zeiträume festgelegt, meist für sechs Monate. **Der Euro-Kapitalmarkt** stellt die langfristige Komponente dar; entstanden war dieser Teilmarkt erst 1963. Euroanleihen werden im Gegensatz zu klassischen Auslandsanleihen, die an nationalen Märkten aufgelegt werden von einem internationalen Konsortium weltweit plaziert. Das Risiko für die beteiligten Institute ist dadurch wesentlich geringer als am Euro-Geld und -Kreditmarkt, da sie hier nicht als Kreditgeber, sondern nur als Vermittler zwischen Gläubiger und Schuldner aufreten. 1992 lag das **monetäre Gesamtvolumen des Euromarktes** bei knapp 5.000 Mrd. US-Dollar.

1.6 Der Binnenwert des Geldes

1.6.1 Kaufkraft des Geldes

Auf dem Geldmarkt wird das „Gut" Geld angeboten und nachgefragt. Es besitzt keinen Eigenwert, um damit materielle Bedürfnisse befriedigen zu können. Der Geldwert bzw. die **Kaufkraft des Geldes** ergibt sich vielmehr aus dem reziproken Wert des jeweils in einer Volkswirtschaft vorliegenden Preisniveaus (P):

$$\text{Geldwert (Kaufkraft)} = \frac{1}{\text{Preisniveau (P)}} \times 100$$

Das Preisniveau wird dabei in der Regel durch den **Preisindex für die Lebenshaltung aller privaten Haushalte**[1] gemessen. Von 1985 bis 1994 ist dieser Preisindex im früheren Bundesgebiet von 100 auf 122,8 gestiegen. Hieraus ergibt sich der folgende Geldwert:

$$\text{Geldwert} = 1 / 1{,}228 \approx 0{,}814$$

Betrug demnach 1985 die Kaufkraft noch 100 DM, so lag sie 1994 nur noch bei 81,40 DM. Soll zwischen der nominalen und realen, also zwischen der inflationären Entwicklung des gesamten Bruttosozialprodukts unterschieden werden, so ist der **Preisindex für das Bruttosozialprodukt** die entsprechende Messgröße. Hierbei wird das nominelle Sozialprodukt, z.B. des Jahres 1994 (gemessen in jeweiligen Preisen) in Beziehung zu dem Geldwert gesetzt, den die Gütermengen des Jahres 1994 bezogen auf ein Basisjahr, z.B. 1991 (bei den damals herrschenden Preisen), gehabt hätten.

1.6.2 Inflationsprobleme

Inflation kann allgemein als **Geldentwertung** bzw. als Kaufkraftverlust definiert werden. Makroökonomisch spricht man aber dann erst von Inflation, wenn das allgemeine Preisniveau in einer Volkswirtschaft steigt. Nicht jede einzelwirtschaftliche Preiserhöhung für ein bestimmtes Gut impliziert gleichzeitig einen Anstieg des allgemeinen Preisniveaus. Preissteigerungen bei

[1] Dem liegt ein 4-Personen-Arbeitnehmerhaushalt mit mittlerem Einkommen zugrunde.

einzelnen Gütern stehen in einer Volkswirtschaft in der Regel auch Preissenkungen bei anderen Gütern gegenüber.

Nur wenn die Summe der Preissteigerungen für Güter größer als die der Summe der Preissenkungen für Güter ist, steigt das allgemeine Preisniveau in einer Volkswirtschaft und es kommt zu einer Inflation.

In der wirtschaftlichen Realität lassen sich verschiedene Inflationsformen nach den Kriterien der **Sichtbarkeit von Inflation**, der **Geschwindigkeit (Stärke und Dauer) von Inflation** und nach **Inflationsursachen** unterscheiden.

Ist eine Inflation für jedermann durch eine Erhöhung des allgemeinen Preisniveaus offen erkennbar, spricht man von einer **offenen Inflation**, während eine **verdeckte (zurückgestaute) Inflation** nicht zu einer offiziellen Preiserhöhung führt. In der Regel werden dabei die Preise durch einen staatlich verordneten **Preisstopp** in Verbindung mit bestimmten Gütermengenkontingentierungen auf einem konstanten Preisniveau gehalten. Ist die Nachfrage dabei größer als das Angebot, bilden sich schwarze Märkte heraus, auf denen zu hohen Schwarzmarktpreisen die inflationäre Wirkung, die am offiziellen Markt nur zurückgehalten (zurückgestaut) wird, offen zutage tritt. Legt man die Stärke der Geschwindigkeit von Inflation zugrunde, spricht man von **schleichender** oder von **galoppierender (Hyper-) Inflation**. Bei der Dauer von Inflation werden **temporäre** und **permanente (säkulare)** Kriterien zur Inflationsdifferenzierung unterschieden. Die hier verwandten Kriterien sind in der Abgrenzung nicht unproblematisch. Wie lange kann man z.B. von einer schleichenden Inflation sprechen, und wann liegt eine Hyperinflation vor? Dennoch haben sich heute allgemeine Richtwerte herausgebildet. So wird von einer Hyperinflation in Abgrenzung zur schleichenden Inflation immer dann gesprochen, wenn die monatlichen Preissteigerungen über 50% liegen. Eine solche Hyperinflation hat es aufgrund der Kriegsausgaben und Kriegsfolgelasten nach den beiden Weltkriegen auch in Deutschland gegeben. Als schleichende Inflation sind Werte bis zu 10% erlaubt. Von permanenter oder säkularer Inflation im Gegensatz zur temporären Inflation kann dann gesprochen werden, „wenn das allgemeine Preisniveau eines Landes sich, aus welchen Gründen immer, langfristig von dem Preistrend entfernt, welchen die allgemeine Zunahme der Arbeitsproduktivität erwarten ließe.“[1]

[1] Werner Hofmann, Die säkulare Inflation, Berlin 1962

Wann allerdings von **Preisniveaustabilität** gesprochen werden kann, ist äußerst widersprüchlich. Gemäß § 1 Stabilitäts- und Wachstumsgesetz hat die jeweilige Bundesregierung für ein stabiles Preisniveau zu sorgen. Dem *Bundestag* und *Bundesrat* hat die *Bundesregierung* in Form eines *„Jahreswirtschaftsberichtes"* eine Zielprojektion für die Preisniveaustabilität jährlich vorzulegen. In dem erstmals im Jahr 1967 vorgelegten Bericht galt das Preisniveau als stabil bei einer Inflationsrate des Bruttosozialprodukts in Höhe von 1%. Im Jahr 1973 sprach man von einem stabilen Preisniveau bei einer Inflationsrate des privaten Verbrauchs von 5,5% bis 6%. Diese Werte wurden 1976 auf 4% bis 5% geändert und im Jahr 1991 wurde eine Inflationsrate von rund 3,5% des privaten Verbrauchs als Preisniveaustabilität bezeichnet.

Bei den **Inflationsursachen** werden neben einer **geldmengeninduzierten Inflation** die **Nachfrage- und Angebotsinflation** unterschieden.

1.6.2.1 Geldmengeninduzierte Inflation

Die geldmengeninduzierte Inflation geht auf die klassische Quantitätstheorie zurück, die auf der Quantitätsgleichung aufbaut. Demnach kommt es zu Änderungen des Preisniveaus (P) bei Konstanz der Umlaufgeschwindigkeit des Geldes (V) und des realen Sozialprodukts (Y_r) nur durch eine Veränderung der Geldmenge (M). Steigt die Geldmenge, muß automatisch auch das Preisniveau steigen, die gesamte monetäre Nachfrage ist im Vergleich zum gesamten Güterangebot größer.

Beträgt die zirkulierende Geldmenge (M) 120 Einheiten, die Umlaufgeschwindigkeit des Geldes (V) 1,8, das Preisniveau (P) 1 und das reale Sozialprodukt (Y_r) 216 Einheiten, so ergibt sich die folgende gesamtwirtschaftliche Ausgangssituation:

M x V (monetäre Nachfrage) ≡ Y_r x P (Güterangebot)

$$120 \times 1{,}8 \equiv 216 \times 1$$

Steigt nun die Geldmenge um Δ M = 10, so erhöht sich durch die unterstellte konstante Umlaufgeschwindigkeit die monetäre Nachfrage um 18 Einheiten. Das nominale Sozialprodukt (Y_r x P) beträgt demnach 234 Einheiten. Da das Güterangebot konstant ist, muß das Preisniveau auf einen Wert von 1,08 (Rundungsergebnis), also um 8% steigen.

$$P \equiv \frac{M}{Y_r} \times V \quad ; \quad 1{,}0833 \equiv \frac{130}{216} \times 1{,}8$$

Kritisiert wird dieser geldmengeninduzierte Inflationsansatz vor allem wegen der unterstellten Prämissen einer Konstanz des realen Sozialprodukts und der Umlaufgeschwindigkeit des Geldes. Es ist in der Tat wenig realistisch, daß das Sozialprodukt immer konstant und nicht auch rückläufig oder steigend ist. Außerdem muß in einer wirtschaftlichen Krisensituation mit unterausgelasteten Kapazitäten und Arbeitslosigkeit bei einer Zunahme der Geldmenge, die zu einer Erhöhung der Nachfrage und damit zu einer vermehrten Güterproduktion führt, nicht auch das Preisniveau automatisch steigen. Laut marktwirtschaftlicher Theorie bleibt das Preisniveau unter der Prämisse eines Wettbewerbsmarktes bis zur Wiederrealisierung einer Vollauslastungssituation der Produktionskapazitäten konstant. Erst danach übersteigt die Nachfrage das gesamtwirtschaftliche Angebot, so daß es zu Preiseffekten kommen kann.

Aber auch die unterstellte Konstanz der Umlaufgeschwindigkeit des Geldes ist nur begrenzt richtig. Geld dient den Wirtschaftssubjekten nämlich nicht nur als Tauschmittel für Transaktionszwecke, sondern Geld wird auch als Wertaufbewahrungsmittel gehalten und damit nicht nachfragewirksam. Es ist inaktives Geld. Je nachdem, ob Wirtschaftssubjekte ihr Geld für Transaktionszwecke oder zur Wertaufbewahrung halten, ändert sich die Umlaufgeschwindigheit des Geldes. Diese wird zusätzlich durch veränderte Zahlungsgewohnheiten und Zahlungsperioden beeinflußt.

Von der geldmengeninduzierten Inflation ist die **Deflation** zu unterscheiden. Sie ist immer dann gegeben, wenn das Wachstum der Geldmenge (M) bei unterstellter konstanter Umlaufgeschwindigkeit des Geldes (V) kleiner ist als das Wachstum des realen Sozialprodukts (Y_r). Die hierbei auftretenden Nachfrageausfälle führen zu Produktionseinschränkungen und Arbeitslosigkeit.

1.6.2.2 Nachfrageinflation

Die Nachfrageinflation bzw. die Überschußnachfrageinflation (**demand-pull-inflation**) basiert auf der rein geldmengeninduzierten Inflationserklärung. Zentraler Bestandteil der Nachfrageinflation ist die These, daß das Steigen des Preisniveaus immer die Folge einer Überschußnachfrage nach Gütern ist. Dabei wird auf den Gütermärkten die neoklassische flexible Preisbildung in Form einer polypolistischen Konkurrenz unterstellt. Der einzelne Anbieter wird zum gegebenen Marktpreis sein Angebot soweit erhöhen, bis seine Grenzkosten dem Marktpreis entsprechen. Ungleichgewichte werden unendlich schnell durch eine flexible Preisanpassung kompensiert. Inflation kommt dabei immer dann zustande, wenn in einer Situation der Vollauslastung der Kapazitäten aller Anbieter die Gesamtnachfrage größer ist als das Gesamtangebot.

Der inflationäre Impuls geht dabei stets von der rechten Seite der gesamtwirtschaftlichen Einkommensgleichung, von der Nachfrage aus:

Angebot = Nachfrage

$$Y_r \times P = C + I + A_{st} + E_x - I_m$$

Ursache der Inflation ist also eine Erhöhung des privaten Konsums (C), der Investitionen (I), der Staatsausgaben (A_{st}) und/oder des Außenbeitrags ($E_x - I_m$).

Übersteigt z.B. die Konsumgüternachfrage (C_N) die Angebotskapazität für den privaten Konsum (C_A), so steigt das Preisniveau von (P_1) auf (P_2)

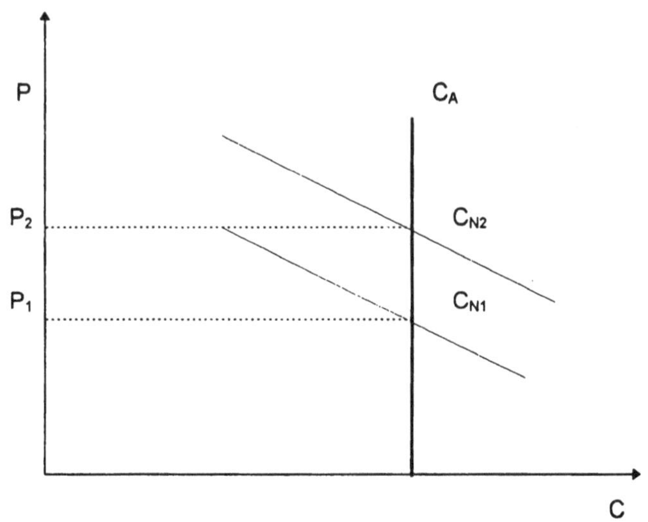

Die Konsumgüternachfrage kann aber nur dann dauerhaft ansteigen, wenn die Löhne entsprechend dem Preisniveau steigen. Dazu müssen die **Gewerkschaften** in den Tarifverhandlungen einen Inflationsausgleich erkämpfen. Kommt es dazu, so resultiert daraus ein erneuter Preisanstieg, der wiederum zu steigenden Löhnen führt usw. Es kommt also zu einer **Preis-Lohnspirale**.

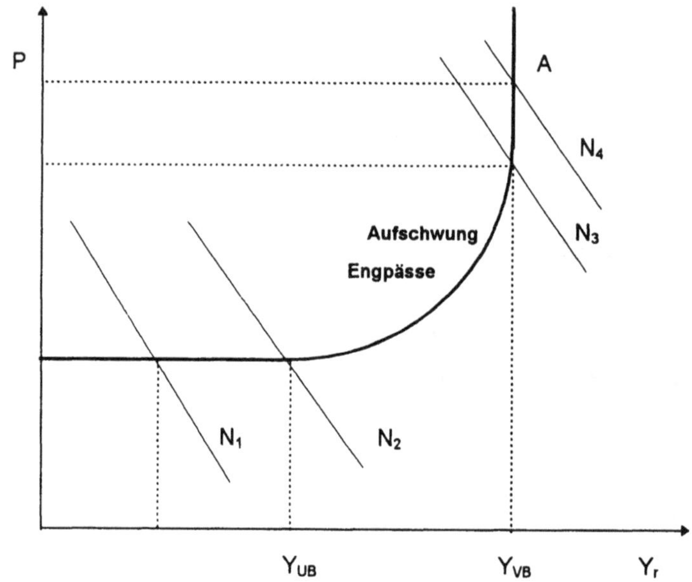

Phase I : $N_1 \rightarrow N_2$	Phase II : Aufschwung	Phase III : $N_3 \rightarrow N_4$
Unterauslastung Arbeitslosigkeit	Kapazitätsauslastung steigt Arbeitslosigkeit nimmt ab	Kapazitäten ausgelastet Vollbeschäftigung
Sozialprodukt steigt real	Sozialprodukt steigt real	Sozialprodukt steigt nominal
nur Produktionseffekte keine Preiseffekte	Produktions- und Preis- effekte	nur Preiseffekte keine Produktionseffekte

Liegen dagegen unterausgelastete Kapazitäten vor, muß bei einem Steigen der gesamtwirtschaftlichen Nachfrage nicht unbedingt das Preisniveau steigen, sondern zunächst werde sich - darauf hat insbesondere ***John Maynard Keynes*** hingewiesen - nur das Güterangebot erhöhen. Dies veranschaulicht die folgende Grafik: Das gesamtwirtschaftliche Angebot entspricht dabei dem realen Sozialprodukt (Y_r). Bis zum Sozialprodukt (Y_{UB}) liegt Unterbeschäftigung mit hoher Arbeitslosigkeit vor. Kommt es bis zu diesem Punkt zu Nachfrageerhöhungen von (N_1) zu (N_2) , so steigt das Preisniveau (P) nicht. Erst danach führen Nachfrageerhöhungen auch zu Preisniveauerhöhungen, bis das Vollbeschäftigungsgleichgewicht (Y_{VB}) erreicht ist. Von hier an steigt das reale Sozialprodukt überhaupt nicht mehr. Es kommt nur noch zu einer Erhöhung des Preisniveaus, d.h. zu einer Zunahme des nominellen Sozialprodukts.

Daß das Preisniveau in Krisenzeiten (Phase I) bei einer Ausdehnung der gesamtwirtschaftlichen Nachfrage überhaupt nicht zunimmt, läßt sich empirisch allerdings nicht verifizieren. Die Zuwachsraten bewegen sich aber auf einem niedrigen Niveau. Erst wenn die Konjunktur wieder anzieht (Phase II), kommt es zu stärkeren inflationären Wirkungen.

Nach der Rezession von 1966/67 in der Bundesrepublik stieg das Preisniveau zunächst nur langsam an, 1968 um 1,6% und 1969 um 1,9% gegenüber dem Vorjahr. Die Arbeitslosenquote betrug 1968 1,5% und 1969 0,9%. Je mehr sich die Volkswirtschaft dem Vollbeschäftigungszustand näherte, desto stärker nahm die Geldentwertung zu. 1970 gab es nur noch 149.000 Arbeitslose, denen 795.000 offene Stellen gegenüberstanden. Die Arbeitslosenquote betrug 0,7% und erreichte damit die Vollbeschäftigungsmarke. Das Preisniveau stieg 1970 gegenüber dem Vorjahr um 3,4%. Die Zuwachsrate der Preisniveausteigerung verdoppelte sich also fast gegenüber 1969.

1.6.2.3 Angebotsinflation

Bis zum Ende des 2. Weltkrieges war die Theorie der Nachfrageinflation die dominierende Inflationserklärung. Als es aber in den USA trotz einer rückläufigen Nachfrage und unterausgelasteten Kapazitäten in Verbindung mit Arbeitslosigkeit zu steigenden Preisen kam, reichte die Erklärung der Nachfrageinflation nicht mehr aus. Es lag auf der Hand, daß auch von der **Angebotsseite** inflationäre Impulse ausgehen müssen. Deshalb unterscheidet man heute zwischen einer **kosteninduzierten Inflation** (cost-push inflation) und einer **gewinninduzierten Inflation** (profit-push inflation).

Steigen die Kosten der Unternehmen infolge einer Erhöhung der Faktorpreise, ohne daß eine Überschußnachfrage vorliegt, und reagieren die Unternehmen auf diese Kostensteigerungen mit Preiserhöhungen, so liegt eine **cost-push Inflation (Kosteninflation)** vor. Ein gesamtwirtschaftlicher Kostenanstieg kann dabei durch verschiedene Kostenarten herbeigeführt werden. Zu nennen sind hier:

- **Lohnstückkostensteigerungen,**
- **steigende Kapitalkosten,**
- **steigende Materialkosten,**
- **steigende Kosten für Importgüter,**
- **steigende Kostensteuern.**

In erster Linie werden Lohnstückkostensteigerungen für eine cost-push Inflation verantwortlich gemacht. Durch die Verhandlungsmacht der Gewerkschaften - nicht durch eine Überschußnachfrage am Arbeitsmarkt - kommt es zu nominalen Lohnsteigerungen, die über dem Produktivitätszuwachs liegen.

$$\text{Lohnstückkosten} = \frac{\text{Nominaler Lohnsatz}}{\text{Produktivität}} = L_{stk} = \frac{l_n}{A_{prod}}$$

$$L_{stk}\uparrow, \text{ wenn gilt: } \Delta l_n > \Delta A_{prod}$$

Dadurch steigen die Lohnstückkosten und die Lohnquote steigt zu Lasten der Gewinnquote. Es kommt demnach zu einer Umverteilung von den Gewinnen zu den Löhnen. Wollen die Unternehmen diese Umverteilung und die damit verbundene Gewinneinbuße nicht hinnehmen, so müssen sie die gestiegenen Lohnstückkosten über ihre Absatzpreise weiterwälzen.

Preis = Lohnstückkosten (1 + absolut konstanter Gewinnaufschlagsatz)

Dadurch steigt dann das allgemeine Preisniveau. Da durch die Preissteigerungen die nominalen Lohnabschlüsse der Gewerkschaften real wieder entwertet werden, fordern die Gewerkschaften in der nächsten Tarifrunde eine weitere Steigerung der Nominallöhne, worauf die Unternehmen mit weiteren Preissteigerungen reagieren. Es kommt zu einer **Lohn-Preis-Spirale**. In dieser Lohn-Preis-Spirale drückt sich der Verteilungskonflikt um das Volkseinkommen zwischen Kapital und Arbeit aus.

Die Theorie der **profit-push Inflation (Gewinninflation)** geht davon aus, daß auf der Angebotsseite der Gütermärkte monopolistische oder oligopolistische Markt- und Machtstrukturen dominieren, die es den Unternehmen erlauben, die Preise so zu fixieren, daß sie einen angestrebten (geplanten) Gewinn realisieren. Der Gewinn wird dabei zum Bestimmungsgrund ihrer Preise, wobei die Preissteigerungen daraus resultieren, daß die Unternehmen auf vermachteten Märkten ihre Gewinne bei konstanten Stückkosten autonom erhöhen können.

Preis = konstante Stückkosten (1 + Prozentualer Gewinnaufschlag)

Der Gewinn- und damit der Preiserhöhungsspielraum ist eine Funktion des Marktmachtgrades. Je höher die Marktmacht, umso höher der prozentuale Gewinnaufschlag. Hierdurch kommt es zu einer Umverteilung des Volkseinkommens von den Löhnen zu den Gewinnen. Die Gewerkschaften werden aber versuchen, diese Umverteilung über Lohnsteigerungen wieder rückgängig zu machen, so daß es zu einer **Preis-Lohn-Spirale** kommt.

Aber auch in Krisenzeiten mit einem entsprechenden **Nachfragerückgang** können marktmächtige Unternehmen die auftretenden Stückkostensteigerungen (bedingt durch das Steigen der fixen Kosten pro Stück) ebenfalls über die Preise abwälzen, weil sie nicht bereit sind, Gewinneinbußen hinzunehmen. Die folgende Grafik verdeutlicht dies. Sinkt die Auslastung, kommt es zu einem Ansteigen der Stückkosten von K/q_0 nach K/q_1. Bei einem bisher festgesetzten Gewinn wurde ein Preis in Höhe von P_0 verlangt. Soll der Gewinn bei steigenden Stückkosten nicht sinken, muß der Preis auf P_1 erhöht werden.

So steigen selbst bei unterausgelasteten Kapazitäten mit entsprechend hoher Arbeitslosigkeit die Preise und es kommt zu inflationären Effekten. Dies Phänomen wird auch als **Stagflation** (Stagnation plus Inflation) bezeichnet.[1]

[1] Vgl. Udo Müller, Hartmut Bock, Peter Stahlecker, Stagflation, Ansätze in Theorie, Empirie und Therapie, Königsstein/Ts. 1980

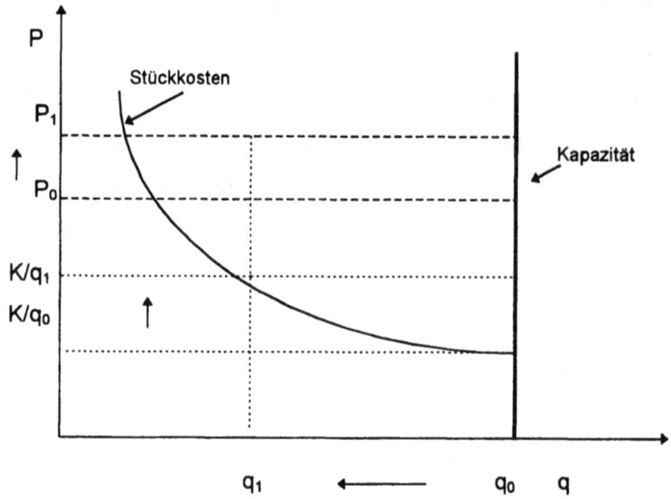

Die allgemein in der Wirtschaft gestiegenen Fixkostenanteile (bedingt durch eine permanente Substitution von Arbeit durch Kapital) stellen insbesondere auf **Wettbewerbsmärkten** ein Problem dar. Hier sinkt nicht nur die mengenmäßige Nachfrage, sondern mit dem Nachfragerückgang kommt es gleichzeitig zu einem Preisrückgang. Aufgrund der Unterauslastung steigen die Stückkosten und die Unternehmen erleiden Verluste. Versuchen die Unternehmen die Stückkostendegression weiter auszunutzen, indem sie die Produktion nicht einschränken, drückt die zu große Produktion die Preise noch mehr nach unten und die Verluste vergrößern sich. Auf diese Problematik wies ***Eugen Schmalenbach*** bereits 1934 hin: „Ja so gestalten sich die Dinge in einer freien Wirtschaft. (...) Man wirkt den Folgen der Überkapazität durch Steigerung der Überkapazität entgegen."[1] Als Ausweg sah Schmalenbach nur eine Ausschaltung der Konkurrenz durch Preiskartelle.

„Wenn unter dem Druck der fixen Kosten die Preise längere Zeit unter den durchschnittlichen Kosten liegen und fortgesetzt rote Zahlen in den Ausweisen erscheinen, dann kommt erst bei den gescheiten, schließlich auch den wenig gescheiten Vertretern der Branche die Einsicht, daß man gut daran tut, auf die freie Konkurrenz zu verzichten."[2]

Dies impliziert dann auch auf wettbewerblich organisierten Märkten ebenso wie auf vermachteten Märkten eine Tendenz zu Preiserhöhungen bei unterausgelasteten Kapazitäten. Also auch hier kommt es zum Phänomen der **Stagflation**.

[1] Eugen Schmalenbach, Selbstkostenrechnung und Preispolitik, 6. Aufl., Leipzig 1934, S. 65
[2] Ebenda, S. 99

1.6.3 Inflationswirkungen

Inflationäre Prozesse haben gesamtwirtschaftlich negative Wirkungen. Sie nehmen Einfluß auf die Einkommens- und Vermögensverteilung, auf das Wirtschaftswachstum und die Beschäftigung. Alle **Einkommensbezieher** mit einem festen kontraktbestimmten Einkommen (Lohn- und Gehaltsempfänger, Rentner) erleiden bei Inflation für die Vertragsdauer Kaufkraftverluste. Ebenso werden alle **Geldvermögensbesitzer** durch inflationäre Prozesse benachteiligt. Zum einen wird der Geldvermögensbestand entwertet und zum anderen sind auch die Zinseinkünfte aus Geldvermögen, wenn die Inflationsrate bei den Zinserträgen nicht als Zuschlag berücksichtigt wurde, in Mitleidenschaft gezogen. **Schuldner** festverzinslicher Kredite erzielen dagegen Vorteile. Da für Geldschulden der Grundsatz „Mark gleich Mark" gilt, muß ein in der Vergangenheit aufgenommener Kredit von z.B. 100.000 DM auch in der Zukunft nur mit 100.000 DM zurückgezahlt werden. **Sachvermögeneigentümer** (z.B. Grundstücke, Häuser, Sachvermögen in den Unternehmen) werden dagegen von der Inflation nicht benachteiligt. Mit der Inflation steigt in der Regel auch der Wert der entsprechenden Sachanlage. Daher kommt es in Zeiten starker Geldentwertung häufig zu Umschichtungen von Geldvermögen in Sachvermögen. Diese Umschichtung können allerdings nur wirtschaftlich Starke mit entsprechenden Einkommens- und Vermögenswerten vornehmen, während sich wirtschaftlich Schwache gegen Inflationsverluste kaum schützen können.

Häufig wird der **Staat** als Inflationsgewinner genannt. Durch das Steigen der gesamtwirtschaftlichen Nominaleinkommen nimmt der Staat bei einem progressiven Steuertarif über die Einkommensteuer mehr ein. Gleichzeitig steigen bei einem erhöhten Preisniveau auch die Einnahmen aus der Mehrwertsteuer und den Verbrauchsteuern. Da der Staat aber auch auf der Ausgabenseite höhere Ausgaben verbuchen muß, für die Beschäftigten höhere Löhne und Gehälter, für die nachgefragten Güter und Dienste höhere Preise, ohne einen entsprechenden höheren realen Gegenwert zu erhalten, ist der Staat nur dann wirklich Inflationsgewinner, wenn die höheren Steuereinnahmen die durch die Inflation erhöhten Staatsausgaben überkompensieren. Nur dann wächst der Staatsanteil am Sozialprodukt auf Kosten des privaten Sektors.

Umstritten ist die Wirkung von Inflation auf die **Beschäftigung**. Es war zunächst der englische Ökonom ***Alban William H. Phillips (1914 bis 1975)***, der 1958 mit einer Untersuchung über die Beziehung zwischen Arbeitslosenquote und Lohnsteigerungen in Großbritannien über einen

Zeitraum von 1862 bis 1957 feststellte, daß bei Vollbeschäftigung stärkere Lohnerhöhungen durchgesetzt wurden als bei Arbeitslosigkeit.[1] Daraus wurde die sog. **Phillips-Kurve** abgeleitet, die einen funktionalen Zusammenhang zwischen der Arbeitslosenquote (AQ) und veränderter Geldlohnsätze (l_n) beschreibt:

Phillips-Kurve $l_n^* = l_n^*(AQ)$

Zusammenhang zwischen Arbeitslosenquote (AQ) in % und Änderung des Geldlohns (l_n^*) in %,

d.h. $l_n^* = \frac{\Delta l_n}{l_n}$

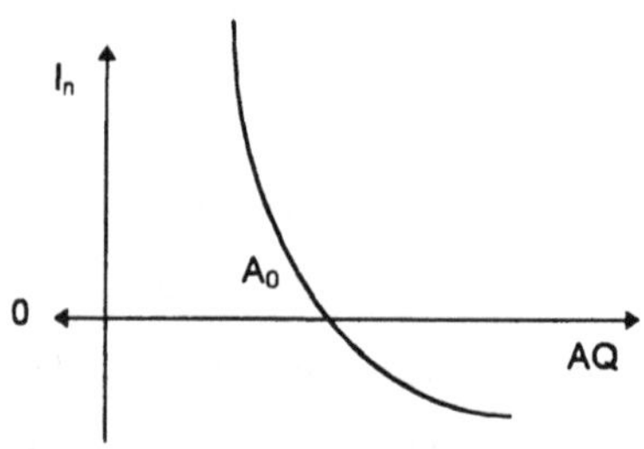

A_0: Arbeitslosigkeit bei vollkommener Lohnstabilität:

Die amerikanischen Ökonomen ***Paul A. Samuelson*** und ***Robert Solow*** haben aufbauend auf der Untersuchung von Phillips im Jahr 1960 für die USA den Nachweis erbringen können, daß steigende Löhne mit einem steigenden Preisniveau einhergehen und, da hohe Lohnsteigerungen mit Vollbeschäftigung positiv korrelierten, konnte auch ein Zusammenhang zwischen Vollbeschäftigung und steigendem Preisniveau hergestellt werden. Theoretisch wird der Rückgang der Arbeitslosigkeit bei einer höheren Inflationsrate durch die inflationsbedingte Reallohnsenkung erklärt. Sinken nämlich die Reallöhne (L/P), steigt bei einem konstanten Arbeitsangebot die Arbeitsnachfrage (A_N) und damit auch die Produktion (P_{rod}).

$$\frac{l_n}{P} \downarrow \; \rightarrow \; A_N \uparrow \; \rightarrow P_{rod} \uparrow$$

Hieraus entstand die sog. **modifizierte Phillips-Kurve**, die den Zusammenhang zwischen Vollbeschäftigung, Arbeitslosenquote (AQ), Nominallohnsteigerungen (l_n) und Preisniveau (P) verdeutlicht.

[1] Vgl. Alban William H. Phillips, The Relation between Unemployment and the Rate of Change of Money Wage

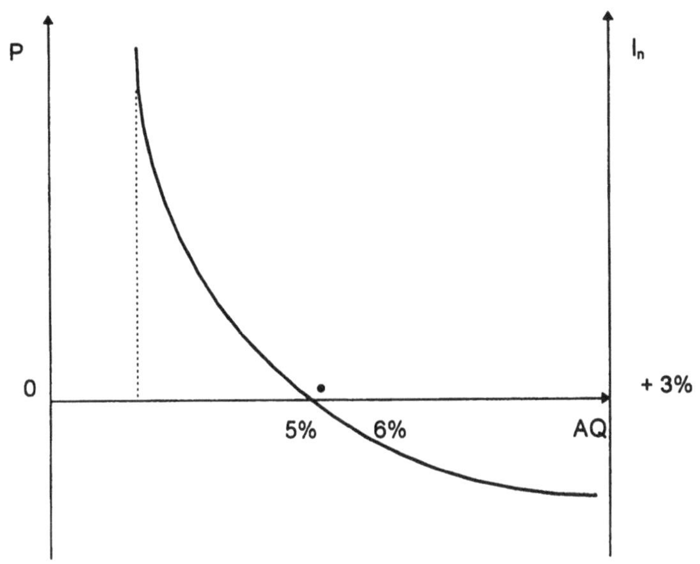

Eine absolute Geldwertstabilität war demnach in den USA nur bei einer Arbeitslosenquote von 5% bis 6% erreichbar. Gleichzeitig stiegen die Nominallöhne um 3%. Stiegen die Nominallöhne über 3%, kam es zu Preisniveauerhöhungen, die eine Reallohnsenkung implizierten, und damit zu einer Abnahme der Arbeitslosenquote führten. Aus diesen Ergebnissen wurde wirtschaftspolitisch ein **Trade-off**, eine Wahlmöglichkeit zwischen **Arbeitslosigkeit** und **Geldwertstabilität** abgeleitet, so daß der Wirtschaftspolitiker bestimmte Kombinationen von Inflation und Arbeitslosigkeit zur Auswahl hat. Er könne wohlfahrtstheoretische Überlegungen anstellen, um eine optimale Kombination von Arbeitslosenquote und Preisniveausteigerungsrate mit Hilfe einer konjunkturellen Globalsteuerung zu realisieren. Der ehemalige Bundeskanzler ***Helmut Schmidt*** formulierte dies 1972 so: Für die Deutschen sei eine Inflationsrate von 5% zuträglicher als eine Arbeitslosenquote von 5%.

Mit dem Aufkommen von **Stagflation**, also dem gleichzeitigen Auftreten von Inflation und Stagnation (Arbeitslosigkeit), die seit Mitte der 70er Jahre in fast allen westlichen Industrieländern zu beobachten war, wurde die Diskussion um die Phillips-Kurve dahingehend modifiziert, daß man heute zwischen einer **kurz- und langfristigen Phillips-Kurve** unterscheidet. Demnach ist die kurzfristige Phillips-Kurve instabil, weil sie durch Inflationserwartungen der Gewerkschaften

Rates in the United Kingdom 1862 - 1957, in: Economica, Vol 25, 1958, S. 283ff.

in den Tarifverhandlungen nach rechts oben verschoben wird. Die Gewerkschaften unterliegen - wie Keynes es annahm - **keiner Geldillusion**, d.h. sie setzen nicht nur auf Nominallohnerhöhungen, sondern auf Reallohnsteigerungen. Dazu antizipieren sie in den Tarifverhandlungen eine bestimmte Inflationsrate, wodurch der Reallohnvorteil für die Unternehmen aufgehoben wird. Steigt der Reallohn nach einer Tarifrunde wieder auf das alte Niveau vor der Inflationserhöhung, ist der Anreiz für die Unternehmen, mehr Arbeitskräfte nachzufragen, entfallen. Die vorübergehende Mehrbeschäftigung wird wieder abgebaut, wodurch die **langfristige Phillips-Kurve** einen senkrechten Verlauf annimmt (vgl. die folgende Grafik).

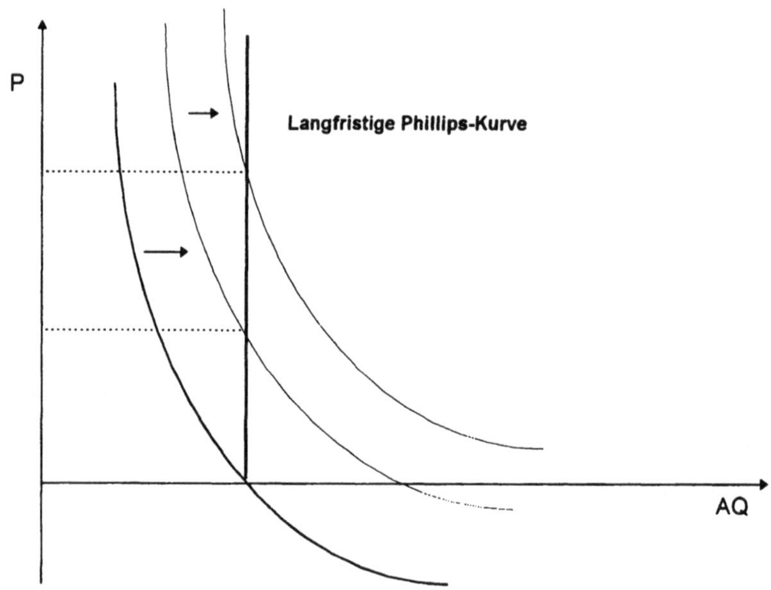

Problematisch bei der Erklärung der Phillips-Kurve ist der Grund für die Inflation. Primär werden nur die Nominallöhne für die Preisniveaudetermination verantwortlich gemacht und nicht auch die **Preissetzungsmacht der Unternehmen**. Steigen die Nominallöhne mit der gleichen Rate wie die Arbeitsproduktivität, gibt es außerdem überhaupt keinen Grund für Preiserhöhungen bzw. Inflation. Es sei denn, die Unternehmen wollen die Gewinnquote zu Lasten der Lohnquote erhöhen. Auch spielen **außenwirtschaftlich induzierte Preissteigerungen** (durch steigende Importpreise) bei der Erklärung der Phillips-Kurve keine Rolle.

Auch die Frage, ob Inflation das **Wirtschaftswachstum** fördere oder mehr einen negativen Einfluß auf das Wachstum hat, ist in der Ökonomie sehr umstritten und noch wenig erforscht. **Ulrich Baßeler** u.a. faßt die wenigen Erkenntnisse darüber wie folgt zusammen: „Positive Wachstumswirkungen können sich aus Verteilungswirkungen der Inflation ergeben, wenn etwa als Folge einer Erhöhung der Gewinne im Inflationsprozeß die Investitionen zunehmen oder die Unternehmensverschuldung real abnimmt. Andererseits verzerrt die Inflation die knappheitsbedingten Preisrelationen einer Volkswirtschaft, da nicht sämtliche Preise um denselben Prozentsatz steigen. Insbesondere bei hohen und stark schwankenden Inflationsraten ergibt sich damit eine steigende Unsicherheit von Erwartungen, und die vom Preismechanismus gelieferten Informationen veralten schnell. Beides verursacht höhere Transaktionskosten - Kosten der Risikominimierung und der Informationsbeschaffung. Ferner ergibt sich insbesondere bei zunehmenden Inflationsraten häufig eine **Flucht in die Sachwerte**: Grundstücke und Häuser („Betongold") werden gekauft, um dem Wertverlust der Geldhaltung zu entgehen. Kurz: die Preisstruktur wird erneut verzerrt (Grundstücke und Häuser werden unnötig knapp und teuer), und knappe Produktionsfaktoren der Volkswirtschaft werden fehlgeleitet, weil das Geld seine Wertaufbewahrungsfunktion verliert. Daher neigen die meisten Ökonomen zur Ansicht, eine Inflation mit hohen oder stark schwankenden Preissteigerungsraten beeinflusse das Wachstum überwiegend negativ."[1]

Literatur

Hermann Adam, Wirtschaftssystem und Regierungssystem der Bundesrepublik Deutschland, 3. Aufl., Opladen 1995

Ulrich Baßeler, Jürgen Heinrich, Walter Koch, Grundlagen und Probleme der Volkswirtschaft, hier speziell die Kapitel 17 bis 19, 13. Aufl., Köln 1992

Deutsche Bundesbank (Hrsg.), Die Geldpolitik der Bundesbank, 7. Aufl., Frankfurt/M. 1995

Commerzbank (Hrsg.), Rund um die Börse, Frankfurt/M. 1996

Dieter Duwendag, Karl-Heinz Ketterer, Wim Kösters, Rüdiger Pohl, Diethard B. Simmert, Geldtheorie und Geldpolitik, 3. Aufl., Köln 1985

Milton Friedman, The Quantity Theory of Money - A Restatement, in: Milton Friedman (Hrsg.), Studies in the Quantity Theory of Money, Chicago 1956, deutsche Übersetzung: Die Quantitätstheorie des Geldes: eine Neuformulierung, in: Milton Friedman, Die optimale Geldmenge und andere Essays, München 1970

[1] Ulrich Baßeler, Jürgen Heinrich, Walter Koch, Grundlagen und Probleme der Volkswirtschaft, a.a.O., S. 625

Arne Heise, Neuorientierungen in der Geldpolitik - Einige zusammenfassende Bemerkungen, in: Wirtschaftswissenschaftliches Studium (WiSt), Heft 11/1994

Wilhelm Henrichsmeyer, Oskar Gans, Ingo Evers, Einführung in die Volkswirtschaftslehre, 10. Aufl., Stuttgart 1993

Rudolf Hickel, Die Lehre vom Geld - neu betrachtet, in: K. Diehl/P. Mobert (Hrsg.), Vom Gelde, Frankfurt/M., Berlin, Wien 1979

Werner Hofmann, Die säkulare Inflation, Berlin 1962

Ottmar Issing, Einführung in die Geldpolitik, 5. Aufl., München 1993

Ottmar Issing, Einführung in die Geldtheorie, 10. Aufl., München 1995

Ottmar Issing, Theoretische und empirische Grundlagen der Geldmengenpolitik der Deutschen Bundesbank, in: Wirtschaftsdienst, 1992

Hans-Joachim Jarchow, Theorie und Politik des Geldes, Band I: Geldtheorie, 9. Aufl., Göttingen 1993

Hans-Joachim Jarchow, Theorie und Politik des Geldes, Band II: Geldmarkt, Bundesbank und geldpolitisches Instrumentarium, 6. Aufl., Göttingen 1992

Peter Kalmbach (Hrsg.), Der neue Monetarismus, München 1973

John Maynard Keynes, The General Theory of Employment Interest and Money, London, New York 1936

John Maynard Keynes, A Treatise on Money, 2. Bände, London, New York 1930

John Maynard Keynes, A Tract on Monetary Reform, London 1923

John Maynard Keynes, The End of Laissez-Faire, London 1926

Norbert Kloten, Karl-Heinz Ketterer, Geldversorgung und Notenbankpolitik, in: Norbert Kloten, Johann Heinrich von Stein, Geld-, Bank- und Börsenwesen, Ein Handbuch, 37. Aufl., Stuttgart 1980

Dietrich Köllhofer, Informationswesen und Kontrolle im Bankbetrieb, in: Norbert Kloten, Johann Heinrich von Stein, Geld-, Bank- und Börsenwesen, Ein Handbuch, 37. Aufl., Stuttgart 1980

Harald Mattfeld, Das Geldmengenproblem. Empirische Untersuchungen in der BRD, Berlin 1973

Alfred Marshall, Credit and Commerce, London 1923

J. Heinz Müller, Hans Peters, Einführung in die Volkswirtschaftslehre, 12. Aufl., Herne/Berlin 1991

Udo Müller, Hartmut Bock, Peter Stahlecker, Stagflation, Ansätze in Theorie, Empirie und Therapie, Königsstein/Ts. 1980

Rudolf Peto, Grundlagen der Makroökonomik, München 1976

Arthur C. Pigou, The Value of Money, in: The Quarterly Yournal of Economics, Vol. 32 (1917/18)

Alban William H. Phillips, The Relation between Unemployment and the Rate of Change of Money Wage Rates in the United Kingdom 1862 - 1957, in: Economica, Vo 25, 1958

Rüdiger Pohl, Geldpolitik in der Krise: 1974 - 1978, in: Diethard B. Simmert, Wirtschaftspolitik - kontrovers, Bonn 1979

Winfried Roth, Der Internationale Währungsfonds und die Verschuldungskrise der Dritten Welt, in: Blätter für deutsche und internationale Politik, Heft 8/1987

Klaus Rose, Stabilitätspolitik bei beweglichen Wechselkursen. Die Erfahrungen der BRD seit dem März 1973, in: Wirtschaftswissenschaftliches Studium (WiSt), Heft 6/1976

Helmut Schlesinger, Die Geldpolitik der Deutschen Bundesbank 1967 - 1977, in: Diethard B. Simmert, Wirtschaftspolitik - kontrovers, Bonn 1979

Karl Scheidl, Die Geschäftsbanken, in: Norbert Kloten, Johann Heinrich von Stein, (Hrsg.), Geld-, Bank- und Börsenwesen, Ein Handbuch, 37. Aufl., Stuttgart 1980

Gustav Schmölders, Geldpolitik, München 1962

Wolfgang Schricker, Eberhard Rubin, Geld, Kredit & Währung, 3. Aufl., München 1981

Herbert Schui, Die Schuldenfalle. Schuldenkrise und Dritte-Welt-Politik der USA, Köln 1988

Jürgen Siebke, Manfred Willms, Theorie der Geldpolitik, Berlin, Heidelberg, New York 1974

Jürgen Siebke, H. Jörg Thieme, Einkommen, Beschäftigung, Preisniveau, in: Vahlens Kompendium der Wirtschaftstheorie und Wirtschaftspolitik, Bd. 1, München 1980

Alfred Stobbe, Volkswirtschaftslehre III, Makroökonomik, 2. Aufl., Berlin, Heidelberg, New York 1987

7. Kapitel
Wachstumsprobleme

1. Zum Unterschied zwischen Wachstum und Konjunktur

Um in einer Volkswirtschaft einen bestimmten Output (Sozialprodukt) zu realisieren, ist ein bestimmtes **Produktionspotential** an sächlichen und menschlichen Produktionsfaktoren notwendig. Dabei wird das Produktionspotential nachhaltig vom **technischen Fortschritt** und der damit verbundenen Produktivität beeinflußt. Das jeweils in einer Volkswirtschaft vorliegende Produktionspotential bestimmt demnach die maximal mögliche (potentielle) Menge an produzierbaren wirtschaftlichen Gütern, die bei Vollauslastung der Produktionsfaktoren und gegebenen Stand der Technik (Produktivität) möglich ist. Die Untersuchung der Veränderungen dieses Produktionspotentials sind Gegenstand der **Wachstumstheorie**, während zeitliche Veränderungen in der Zusammensetzung des Produktionspotentials den **Strukturwandel** in einer Volkswirtschaft beschreiben.

Die Wachstumstheorie geht bei ihren Untersuchungen von einer **Vollbeschäftigungssituation** auf einer maximalen volkswirtschaftlichen **Produktionsmöglichkeitenkurve (PMK)** (vgl. die folgende Grafik) aus und fragt danach, unter welchen Bedingungen es zu einer Verlagerung bzw. Verschiebung der Kurve nach links (positives Wachstum) bzw. nach rechts (negatives Wachstum) kommt.

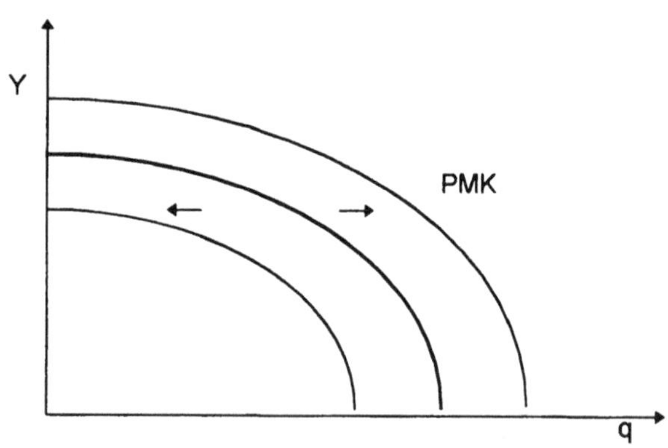

Da die Bestimmung des Produktionspotentials in der Praxis mit erheblichen statistischen Schwierigkeiten verbunden ist, benutzt man die zeitliche **Entwicklung des realen Bruttosozialprodukts** oder Bruttoinlandsprodukts bei Vollauslastung der eingesetzten Produktionsfaktoren als Messgröße. „Ausgehend von einem Basisjahr mit hoher Auslastung der Produktionskapazitäten wird eine Trendentwicklung eines potentiellen Bruttoinlandsprodukts aus der aggregierten Entwicklung des Produktionskapitals abgeleitet. Die Auslastungsquoten des Produktionspotentials lassen sich dann aus der Relation der realisierten Ist-Werte und der potentiellen Werte des Bruttoinlandsprodukts bei Annahme einer hohen Auslastung der Produktionskapazitäten wie im Basisjahr bestimmen."[1]

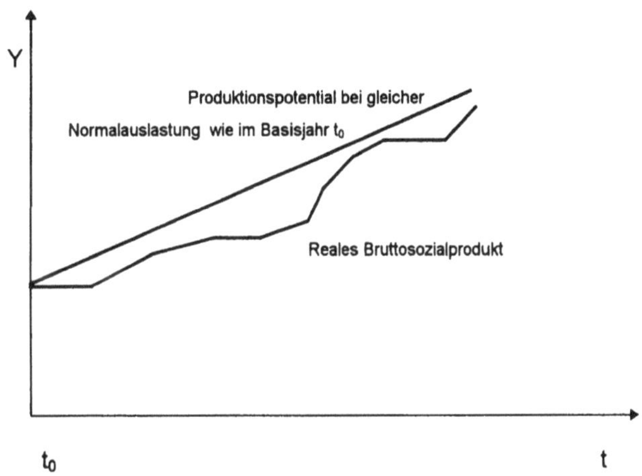

Von der Wachstumsentwicklung zu unterscheiden sind **Konjunkturschwankungen**, die den zeitlich unterschiedlichen **Auslastungsgrad des Produktionspotentials** dokumentieren und von der **Konjunkturtheorie** untersucht werden.

Hierbei stehen die **kurzfristigen Veränderungen** des realen Sozialprodukts anhand eines **Konjunkturzyklus** im Vordergrund oder man könnte auch sagen, unter **Konjunktur** wird allgemein die **wellenförmige Schwankung** in der Entwicklung des realen Sozialprodukts um einen langfristigen Wachstumstrend verstanden.

[1] Heinz-Dieter Hardes, Jürgen Mertes, Grundzüge der Volkswirtschaftslehre, 5. Aufl., München, Wien 1997, S. 259

Das absolute **reale Bruttosozialprodukt zu Marktpreisen** weist in der Bundesrepublik (alte Bundesländer) in der langfristigen Entwicklung einen ansteigenden Trend auf. Im Jahr 1950 betrug das reale Bruttosozialprodukt gut 98 Mrd. DM. Heute liegt es bei über 3.000 Mrd. DM. Auch das reale Pro-Kopf-Sozialprodukt stieg absolut betrachtet an.

Wachstumsraten des realen Bruttosozialprodukts

(Durchschnittliche jährliche Veränderung in v.H. in den alten Bundesländern)

1950 - 1960	1960 - 1970	1970 - 1980	1980 - 1990	1990 - 1994
7,9	4,6	2,8	2,2	1,8

Der langfristige Trend der **realen Wachstumsraten** ist aber negativ (vgl. die Tabelle), d.h., die Wachstumszyklen der Wirtschaft in der Bundesrepublik waren seit 1950 immer schwächer ausgeprägt. Von Zyklus zu Zyklus sanken die Wachstumsraten ab, und die Aufschwungphasen wurden träger. Dies ist ein Merkmal aller entwickelten Industriegegesellschaften.

2. Zur Wachstumstheorie

2.1 Wachstumsdeterminaten

In der Wachstumstheorie werden unterschiedliche direkte und indirekte **Wachstumsdeterminanten** (Bestimmungsgründe) unterschieden. Zu den **indirekten** Wachstumsdeterminanten können alle mittelbar den Wachstumsprozeß fördernden Faktoren gezählt werden. „Es sind demnach Sachverhalte, die lediglich am Rande des Wachstumsprozesses stehen und deshalb oft auch als Rahmenbedingungen für ein Wirtschaftswachstum bezeichnet werden. Da die Rahmenbedingungen den Wachstumsprozeß nicht direkt bestimmen, können sie ihre Wachstumswirkungen auch nur langfristig entfalten. Von ihrer Beeinflußung dürfen deshalb keine kurzfristigen wachstumspolitischen Erfolge erwartet werden.“[1] Indirekte Wachstumsdeterminanten sind dabei:

- **die allgemeine Wirtschaftsordnung und ihre entsprechenden Teilordnungen**
- **die Wirtschaftsstruktur**

[1] F. Hösch, P. R. Szigeti, Volkswirtschaftslehre, 5. Aufl., Herne/Berlin 1988, S. 309

Das Wirtschaftswachstum wird durch die Rahmenbedingung der **Wirtschaftsordnung** und ihrer Teilordnungen wie das Rechtswesen incl. der Eigentums- und Unternehmensverfassung sowie der Geld- und Sozialordnung einer Volkswirtschaft bestimmt. Dabei gilt als herrschende Lehre, daß die Ordnungen dezentraler Planung den der zentralen Planung überlegen sind. Stellt die Marktverfassung auf eine **Wettbewerbsordnung mit Gewinnprinzip** ab, wird dies allgemein als eine positive Wirkung auf den Wachstumsprozeß interpretiert. Der Wettbewerb, das Kernstück des ordnungspolitischen Gesamtkonzeptes marktwirtschaftlicher Ordnungen, wird dabei primär als eine Form begriffen, den technischen und ökonomischen Fortschritt möglichst unbehindert zu verwirklichen, weil er über den **Gewinn-Verlust-Mechanismus** bzw. durch Belohnung und Sanktion in der Lage ist, ein Handeln im gesamtwirtschaftlichen Interesse zu erzwingen und damit für Wachstum zu sorgen. Aufgabe des Staates sei es, den Wettbewerb institutionell zu sichern und die Bildung von Konzentration und daraus folgenden wettbewerbsmindernden Marktmachtstellungen zu verhindern, weil diese eine negative Wirkung auf Wachstumsprozesse ausüben.

Neben der Wirtschaftsordnung hat auch die jeweilige **Wirtschaftsstruktur** einen indirekten Einfluß auf das Wirtschaftswachstum. „Denn die gesamtwirtschaftliche Wachstumsrate einer Volkswirtschaft setzt sich ja aus den gewichteten Wachstumsraten der verschiedenen Sektoren oder Branchen zusammen. Eine Volkswirtschaft mit zahlreichen Wachstumsindustrien, d.h. Branchen mit überdurchschnittlichen Absatz- und damit Produktionschancen, dürfte stärker wachsen als eine Volkswirtschaft mit einer überholten Produktpalette bzw. Produktionsstruktur.“[1] Hier sind aber auch **negative Wachstumsfaktoren** zu beachten. Ist beispielsweise eine Volkswirtschaft durch einen großen **Rüstungssektor** geprägt, so sind bedingt durch die Rüstungsproduktion zwar Wachstums- und Beschäftigungseffekte zu erwarten, diese sind aber um ein Vielfaches geringer als mögliche Wachstumseffekte aus einer Zivilgüterproduktion. Dies liegt an den Preissetzungsmöglichkeiten der Rüstungsunternehmen und dem damit einhergehenden hohen Gewinnanteil an Rüstungsprodukten. Da besonders in Zeiten der konjunkturellen Flaute die Gewinne kaum reinvestiert werden - Zweck der Rüstungsprogramme ist ja zumeist nur, bereits vorhandene Kapazitäten auszulasten -, wird ein recht großer Teil der in der Rüstungsindustrie verdienten Einkommen (d.h. der Summe aus Lohn und Gehalt, ausgeschüttetem und unverteiltem Gewinn) nicht weiter nachfragewirksam. Dies aber mindert die gesamtwirtschaftlichen Nachfragewirkungen eines staatlichen Rüstungsausgabenprogramms. Bedeutend ist für solche Ausgabenprogramme ebenfalls (neben ihren relativ geringen Wachstums-

[1] F. Hösch, P. R. Szigeti, a.a.O., S. 309f.

und Beschäftigungseffekten), daß staatliche Ausgaben dieser Art die Möglichkeit für Ausgaben zur Verbesserung der Infrastruktur, der Bildung und Weiterbildung, Ausgaben im Bereich der Forschung und Entwicklung, Ausgaben zur ökologischen Sanierung und Vorsorge sowie Ausgaben zur allgemeinen sozialen Vorsorge einschränken. Rüstungsausgaben haben damit hohe **volkswirtschaftliche Opportunitätskosten** und sind, von einem rein ökonomischen Standpunkt her beurteilt, wertlos. Sie haben nicht die reproduktiven Eigenschaften von zivilen Investitionen. Hieran ändert auch die aufwendige Rüstungsforschung nichts, von der behauptet wird, daß sie auch in der zivilen Produktion die technische Entwicklung begünstige. Auf diese sogenannten **Spin-off-Effekte** kann aber nicht gesetzt werden, da Waffensysteme ungleich forschungsintensiver sind als zivile Produkte und dadurch einen wesentlichen Teil des Forschungspotentials einer Volkswirtschaft absorbieren. Da der zivile Spin-off militärischer Forschung und Entwicklung gering ist, führt eine derartige Belastung zu einem Rückstand in der allgemeinen Produktivitätsentwicklung.[1]

Zu den **direkten Wachstumsdeterminanten** werden gezählt:

- **Bevölkerungswachstum** (Wachstum der Arbeitsmenge)
- **Wachstum des Kapitalbestandes** (Real-Kapitalbildung)
- **Technischer Fortschritt** (Produktivitätswachstum)

Zunächst einmal werden die Produktionsmöglichkeiten (Produktionspotential) in einer Volkswirtschaft vom **Bevölkerungswachstum** positiv beeinflußt, weil hierdurch eine größere Arbeitsmenge (Produktionsfaktor Arbeit) zur Verfügung steht. Steigt dabei gleichzeitig die **Qualität der eingesetzten Arbeit** durch Aus- und Weiterbildung, so sind dies positive qualitative Wachstumsfaktoren bezogen auf den Arbeitseinsatz. Der Vergleich der Pro-Kopf-Sozialprodukte („echtes Wachstum") einer Volkswirtschaft zweier oder mehrerer Perioden eliminiert dabei das Bevölkerungswachstum als Teil des Wirtschaftswachstums.

Neben dem Bevölkerungswachstum spielt die Entwicklung der **Real-Kapitalbildung** eine wesentliche Rolle; d.h. wie wächst das in einer Volkswirtschaft zum Einsatz kommende Sachkapital (Gebäude, Maschinen ect.). Auch bei der Real-Kapitalbildung sind qualitative Veränderungen durch **Produktinnovationen** (neue Konsumgüter) und **Prozeßinnovationen**

[1] Vgl. Jörg Huffschmid (Hrsg.), Rüstungs- oder Sozialstaat?, Köln 1981

(produktivitätssteigernde Neuerungen in den Produktionsverfahren) wachstumsfördernd. Hierbei ist aber eine differenzierte Betrachtung notwendig. Zunächst einmal zeigt die Innovationstätigkeit in der Bundesrepublik eine immer größer werdende Diskrepanz bzw. Divergenz zwischen Prozeß- und Produktinnovationen. Die Erweiterungsinvestitionen, ein Indikator für Produktinnovationen, sind seit Jahren in Relation zu den Rationalisierungs- und Ersatzinvestitionen rückläufig. Unternehmensbefragungen ergaben zudem, daß die Unternehmen relativ wenig Produktinnovationen vorgenommen haben. Auch läßt sich die Divergenz zwischen Produkt- und Prozeßinnovationen daran erkennen, „daß die Konsumgüterindustrie nur mit Hilfe hoher Werbebudgets und häufig dubiosen 'Produktneuerungen' bis hin zu Praktiken der modischen Veralterung und des geplanten Verschleißes den Absatz sicherstellen kann, den sie zur Auslastung ihrer Kapazitäten braucht."[1]

Im Gegensatz zu Produktinnovationen im Konsumgüterbereich implizieren Prozeßinnovationen überwiegend einen **Produktivitätseffekt**, der zwar auch wachstumsfördernd ist, weil für die Hersteller der Prozeßinnovationen (modernere Maschinen und Anlagen, Industrieroboter u.a.) diese gleichzeitig eine Produktinnovation bezogen auf Industriegüter bedeuten, gleichzeitig aber auch einen Beschäftigungsrückgang durch Rationalisierung nach sich ziehen und damit ein nur verringertes Wachstum ermöglichen, als es durch reine Konsumgüter-Produktinnovationen der Fall wäre. Hinzu kommt, daß die durch die Produktivitätssteigerung gesunkenen Stückkosten, aufgrund einer hohen Konzentration in vielen Wirtschaftszweigen, nicht über Preissenkungen an die Konsumenten weitergegeben werden. Der potentiell mögliche **Nachfrageausweitungseffekt** fällt hierdurch zusätzlich - zumindest in den vermachteten Märkten - aus. Diese Entwicklung wird sich aufgrund fortschreitender Konzentrationsprozesse noch verschärfen. Auch wird in Zukunft die Divergenz zwischen Produktinnovationen im Konsumgüterbereich und Prozeßinnovationen mit Rationalisierungseffekten eher noch größer als kleiner. Die neuen Techniken in den Bereichen Telekommunikation, Gentechnik und Biotechnologie sowie der Mikroelektronik sind primär Prozeß- und keine „Endverbraucherorientierte Produktinnovationen". Sie führen in erster Linie zu einer **weiteren Rationalisierung** und damit zu einem weiteren **Beschäftigungsabbau**. Hierdurch wird die schon seit Jahren bestehende Entkopplung zwischen abnehmenden Wachstumsraten auf den Gütermärkten und den Arbeitsmärkten weiter voranschreiten.

[1] Werner Meißner, Karl Georg Zinn, Der neue Wohlstand. Qualitatives Wachstum und Vollbeschäftigung, München 1984, S. 105

2.2 Allgemeine wachstumstheoretische Begriffe

Das Realkapital einer Volkswirtschaft wird auch als **Kapitalstock** bezeichnet. Zur Messung der **Kapitalproduktivität (ν)** wird zunächst der **durchschnittliche Kapitalkoeffizient (ε)** gebildet. Dieser ergibt sich aus dem Verhältnis zwischen Kapitalstock (K) und potentieller Produktion (Y):

$$\textbf{durchschnittlicher Kapitalkoeffizient} = \varepsilon = \frac{K}{Y} = \text{tg}\,\alpha$$

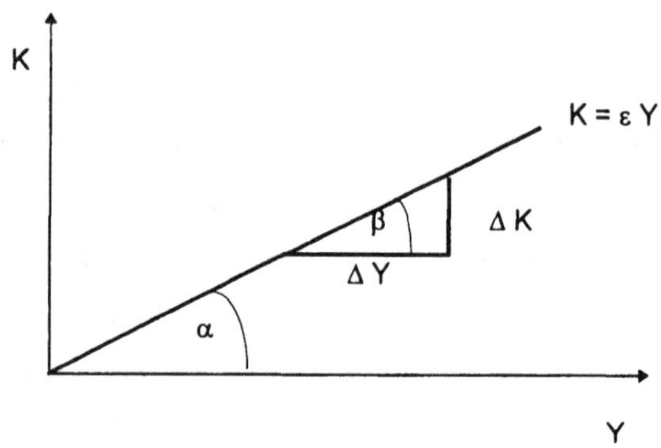

Der **marginale Kapitalkoeffizient** gibt die für eine potentielle Produktionserhöhung (Y) erforderliche Nettoinvestition (I) an:

$$\textbf{marginaler Kapitalkoeffizient} = \varepsilon = \frac{I}{\Delta Y} = \text{tg}\,\beta$$

Eine andere Bezeichnung für den marginalen Kapitalkoeffizient (ε) stellt der Begriff des **Akzelerators** dar. Angenommen in der Vergangenheit erhöhte sich die gesamtwirtschaftliche Nachfrage (Y) von Periode zur Periode um 100 Einheiten. Bei einem Akzelerator von ε = 3 bedeutet dies, daß die Investitionen (I) konstant 300 Einheiten betrugen.

$$I = \varepsilon\,\Delta Y$$
$$300 = 3 \times 100$$

Erhöht sich die Nachfrage (Y) in einer Periode nur noch um 80 Einheiten, so betragen die Investitionen (I) bei einem konstanten Akzelerator $\varepsilon = 3$ noch 240 Einheiten. D.h., die Investitionen sind um 60 Einheiten zurückgegangen, obwohl die Nachfrage nur um 20 Einheiten abnahm. Umgekehrt steigen bei einer Zunahme der gesamtwirtschaftlichen Nachfrage um 20 Einheiten und einem konstanten Akzelerator von 3 die Investitionen auf 360 Einheiten. Der Akzelerator drückt damit positiv und negativ durch gesamtwirtschaftliche Nachfrageveränderungen *induzierte Investitionsveränderungen* aus.

Die **Kapitalproduktivität (v)** ergibt sich aus dem Kehrwert des Kapitalkoeffizienten:

$$\textbf{Kapitalproduktivität} = v = \frac{1}{\varepsilon} = \frac{Y}{K} \quad \text{oder}$$

$$\textbf{Kapitalproduktivität} = v = \frac{1}{\varepsilon} = \frac{\Delta Y}{I}$$

Die Kapitalproduktivität (v) drückt demnach den Anteil aus, den eine Einheit des Kapitalstocks (K) an der Herstellung einer produzierten Einheit Sozialprodukt (Y) hat. Beläuft sich beispielsweise bei einem Kapitalstock (K) von 1.000 Einheiten die Kapitalproduktivität auf $v = 0{,}2$, so beträgt der Kapitalkoeffizient $\varepsilon = 5$ und das Sozialprodukt $Y = 200$ Einheiten.

$$v = \frac{1}{\varepsilon} = \frac{Y}{K} = Y = v\ K = \frac{1}{5} = 0{,}2 \times K\ (1.000) = Y = 200$$

Ein hoher Kapitalkoeffizient (niedrigere Kapitalproduktivität) sagt aus, daß man einen relativ hohen Kapitaleinsatz braucht, um ein bestimmtes Sozialprodukt zu erzeugen.

*Das **Statistische Bundesamt*** weist die Werte des **Kapitalkoeffizienten** für bestimmte Wirtschaftssektoren aus (vgl. dazu die folgende Tabelle). So hat z.B. in der Bauindustrie (Zeile 5 in der folgenden Tabelle) von 1960 bis 1991 der Kapitalkoeffizient von 0,3 auf 0,6 um 100% zugenommen. Dies bedeutet gleichzeitig, daß die Kapitalproduktivität um 100% abgenommen hat.

Entwicklung des Kapitalkoeffizienten in den alten Bundesländern

	1960	1970	1980	1989	1990	1991
(1)	10,8	13,1	12,6	10,4	10,0	10,8
(2)	9,6	8,7	8,0	9,1	9,1	8,7
(3)	1,8	2,1	3,5	5,2	5,7	5,1
(4)	1,5	1,8	2,0	2,0	1,9	1,9
(5)	0,3	0,7	0,7	0,7	0,6	0,6
(6)	1,4	1,8	2,0	2,1	2,0	2,0
(7)	5,6	5,5	5,8	5,6	5,3	5,2
(8)	2,0	1,6	1,6	1,7	1,7	1,7
(9)	1,0	1,6	2,3	2,7	2,6	2,6
(10)	1,9	2,2	2,6	2,7	2,6	2,6
(11)	3,8	4,2	4,7	4,9	4,8	4,7
(12)	3,7	4,2	4,8	5,1	4,9	4,8

(1) Land- und Forstwirtschaft, Fischerei, (2) Elektrizitäts-, Gas-, Fernwärme- und Wasserversorgung, (3) Bergbau, (4) Verarbeitendes Gewerbe, (5) Baugewerbe, (6) Handel, (7) Verkehr, Nachrichtenübermittlung, (8) Kreditinstitute, Versicherungsunternehmen, (9) Sonstige Dienstleistungsunternehmen, (10) Unternehmen ohne Wohnungsvermietung, (11) Unternehmen zusammen, (12) Alle Wirtschaftsbereiche

Sowohl das **Bevölkerungswachstum** als auch die **Real-Kapitalbildung** werden vom **technischen Fortschritt** in einer Volkswirtschaft interdependent beeinflußt. Steigt durch den technischen Fortschritt die Produktivität, so läßt sich entweder ein gleich großes Sozialprodukt mit weniger Arbeits- und/oder Kapitaleinsatz erzielen oder ein größeres Sozialprodukt mit dem gleichen Arbeits- und Kapitaleinsatz. Zur Feststellung der **Produktivität** wird das Sozialprodukt in Relation zur Anzahl der Erwerbspersonen gesetzt.

Von einem **arbeitssparendem technischen Fortschritt** spricht man dabei immer dann, wenn bei gleichem Realkapitaleinsatz weniger Arbeitskräfte zur Erstellung eines bestimmten realen Sozialprodukts (Y) erforderlich sind. Hiermit einher geht in der Regel eine Substitution des Produktionsfaktors Arbeit (A) durch Kapital (K). Die **Kapitalintensität (π)**, das Verhältnis aus Kapital- zu Arbeitseinsatz in einer Volkswirtschaft, nimmt zu und die **Arbeitsintensität (σ)**, der Kehrwert der Kapitalintensität, nimmt ab.

$$\textbf{Kapitalintensität} = \pi = \frac{K}{A}$$

$$\textbf{Arbeitsintensität} = \sigma = \frac{1}{\pi}$$

Finden die dabei in bestimmten Wirtschaftssektoren freigesetzten Arbeitskräfte in anderen Wirtschaftssektoren keine neue Beschäftigung, kann man von einer **technologischen Arbeitslosigkeit** sprechen, die nur durch eine Verringerung der gesamtwirtschaftlichen Angebotsmenge an Arbeit durch Arbeitszeitverkürzungen bekämpft werden könnte.

Dagegen liegt ein sogenannter **kapitalsparender technischer Fortschritt** vor, wenn die Bereitstellung eines gleich großen realen Sozialprodukts bei konstantem Arbeitskräfteeinsatz mit einem verringerten Realkapitaleinsatz möglich ist. Von einem **neutralen technischen Fortschritt** spricht man, wenn zur Aufrechterhaltung eines bestimmten realen Sozialprodukts sowohl der Faktor Arbeit als auch der Faktor Kapital freigesetzt werden.

2.3 Wachstumsmodelle

In der Makroökonomie werden verschiedene Wachstumsmodelle unterschieden. Sie lassen sich in eine von ***J. Maynard Keynes*** im Jahre 1936 vorgestellte **Multiplikatoranalyse (Keynesianisches Wachstumsmodell)** und daraus von ***E. David Domar*** *(1914)* und ***Roy F. Harrod*** *(1900 bis 1978)* sowie von ***Nicholas Kaldor*** *(1908 bis 1986)* weiterentwickelte **postkeynesianische Wachstumsmodelle** sowie in einem von ***Robert M. Solow*** *(1924)* entwickleten **neoklassischen Wachstumsmodell** unterscheiden. Daneben gibt es heute insbesondere auf mathematischem Weg verfeinerte neoklassische Modellvarianten, auf die allerdings im Rahmen eines allgemeinen Lehrbuches nicht eingegangen werden kann.[1] Im folgenden werden daher auch nur die Grundmodelle der Wachstumstheorie vorgestellt.

2.3.1 Das Keynessche Wachstumsgrundmodell - Der Multiplikatorprozeß

Die einfache Multiplikatoranalyse von ***J. M. Keynes*** untersucht die Auswirkungen von Investitions- und Konsumveränderungen in einer *geschlossenen Volkswirtschaft ohne staatliche*

Aktivität auf das Sozialprodukt bzw. auf das Volkseinkommen. Dabei wird ein Vergleich unterschiedlicher Gleichgewichtsvolkseinkommen vorgenommen. Dieser Vergleich ist für Keynes insofern wichtig, als daß ein güterwirtschaftliches Gleichgewicht nicht auch automatisch ein Gleichgewicht auf dem Arbeitsmarkt mit Vollbeschäftigung nach sich zieht. Keynes wies nach, daß es durchaus möglich ist, daß auf den *Güter- und Geldmärkten* ein Gleichgewicht zwischen Angebot und Nachfrage besteht und gleichzeitig auf dem *Arbeitsmarkt* ein Ungleichgewicht mit entsprechender Arbeitslosigkeit vorliegen kann. Dies nannte Keynes ein **Unterbeschäftigungsgleichgewicht**.

Ist das bestehende Sozialprodukt (Volkseinkommen) zu niedrig, um gleichzeitig ein Vollbeschäftigungsgleichgewicht sicherzustellen, so muß nach Keynes versucht werden, durch ein höheres Volkseinkommen, also durch mehr **Wachstum**, dies zu erreichen. So kann beispielsweise durch zusätzliche Investitionen oder zusätzlichen Konsum ein **multiplikativer Effekt** auf das Volkseinkommen und damit auf das Wachstum zur Beseitigung der Arbeitslosigkeit ausgelöst werden. In einem theoretischen Modell mit einem **Investitions- und Konsummultiplikator** kann dies gezeigt werden. Dazu wird anhand einer Definitionsgleichung von einem gesamtwirtschaftlichen Gleichgewicht in einer geschlossenen Volkswirtschaft ohne staatliche Aktivitäten ausgegangen:

$$Y^{Mp/n} = C + I_n$$

Ein solches Gleichgewicht herrscht, wenn das gesamte geplante Güterangebot ($Y^{Mp/n}$), das Nettosozialprodukt zu Marktpreisen (= Bruttosozialprodukt zu Marktpreisen minus Abschreibungen), dem Wert nach der Summe der von den Nachfragern geplanten gesamtwirtschaftlichen Endnachfrage für Konsum- und Investitionsgüter ($C + I_n$) entspricht. Da auf staatliche Aktivitäten in diesem Modell verzichtet wird, und somit auch keine Steuerzahlungen oder Transferzahlungen (Subventionen) anfallen, ist das Nettosozialprodukt zu Marktpreisen ($Y^{Mp/n}$) identisch dem *Volkseinkommen* oder dem verfügbaren Einkommen in einer geschlossenen Volkswirtschaft. Implizit wird dabei auch unterstellt, daß das gesamtwirtschaftliche Angebot in bezug auf Preise völlig elastisch ist, was bedeutet, daß genügend Produktionsfaktoren zur Verfügung stehen und es dadurch aufgrund der Faktornachfrage zu keinen Preissteigerungen kommt. Auch durch die Nachfrage nach Konsumgütern werden keinerlei Preiseffekte ausgelöst. Nominales und reales

[1] Vgl. dazu Monika Ruschinski, Neuere Entwicklungen in der Wachstumstheorie, Wiesbaden 1996, Alfred Maußner, Rainer Klump, Wachstumstheorie, Berlin, Heidelberg, New York 1996

Sozialprodukt bzw. Volkseinkommen sind deshalb identische Größen. Unter Berücksichtigung einer **gesamtwirtschaftlichen Konsumfunktion**, in der der Konsum abhängig von der Höhe des Volkseinkommens (bzw. des Nettosozialprodukts zu Marktpreisen) ist,

$$C = C(Y)$$

nimmt mit steigendem Volkseinkommen der Konsum zu, wobei der Zuwachs des Konsums allerdings kleiner ist als der Zuwachs des Volkseinkommens (**Keynes** nannte dies das **„psychologische Gesetz des Konsums"**). Man nennt den unterstellten Zusammenhang zwischen Sozialprodukt und Konsum auch die keynesianische **„absolute Einkommenshypothese des Konsums"**.

Hppothesen über die Beziehung von Konsum und Einkommen

Hypothesen	Mathem. Formulierung	Aussage und Besonderheit
1. Absolute Einkommens-hypothese (J. M. Keynes)	C1 C(Y1)	Kurzfristige Betrachtung. Im Gleichgewicht ist das erwartete Einkommen Y gleich dem produzierten, A (Angebot).
2. Permanente Einkommens-hypothese (M. Friedman)	$C_t = C^T + C^P$ $C^P = C(Y^P)$	Langfristige Betrachtung, die das auf die Gegenwart diskontierte Lebenseinkommen (Y^P) in den Mittelpunkt stellt. Das permanente Einkommen dominiert laufende Konsumentscheidungen. Führt gegenüber (1) Erwartungen ein. C^T ist der kurzfristige Konsum.
3. Habit-persistence-Hypothese (T. M. Brown)	$C_t = a + bY_t + cC_{t-1}$	Berücksichtigt einen Gewohnheitsfaktor, der bewirkt, daß trotz fallendem Einkommen der Konsum durch einen ‚ratchet effect' nicht zurückgeht.
4. Relative Einkommens-hypothese (J. Duesenberry)	$\frac{C_t}{Y_t} = a - b \frac{Y_t}{Y_{max}}$	Analog Y_{max} ist das maximale in der Vergangenheit erzielte Einkommen.
5. Reale Vermögenseffekte (D. Patinkin, J. Tobin)	$C = C(Y, \frac{M}{P})$	Über (1) hinausgehend wird als zusätzlicher Bestimmungsgrund die reale Kassenhaltung ($\frac{M}{P}$) bzw. das Vermögen eingeführt.

Quelle: Vgl. Helge Majer, Makroökonomik, 5. Aufl., München, Wien 1992

An dieser Stelle sei erwähnt, daß es neben der keynesianischen Konsumfunktion noch andere modifizierte Konsumfunktionen gibt, die in der zuvor gezeigten Tabelle zusammengefaßt sind. Auch spielt der einmal erreichte **Konsumstandard** eine Rolle. Ein Haushalt, der plötzlich statt 25.000 DM im Jahr 50.000 DM pro Jahr verdient, wird nicht sofort die Konsumgewohnheit (Konsumstandard) der höheren Einkommensklasse übernehmen. Und umgekehrt wird man bei Einkommensminderungen ebenfalls nicht sofort den Konsumstandard ändern. Ebenso beeinflussen **Preis- und Einkommenserwartungen** den privaten Konsum. Ganz wesentlich für den Konsum ist auch die **Einkommensverteilung**. Da Wirtschaftssubjekte mit geringem Einkommen eine höhere marginale Konsumquote haben als Wirtschaftssubjekte mit einem hohen Einkommen, wird eine Umverteilung des Volkseinkommens von den „Reichen" zu den „Armen" den Gesamtkonsum bei gegebener Höhe des Gesamtvolkseinkommens erhöhen.

Weitere **Bestimmungsgrößen des Konsums** können sein:

- das Vermögen der privaten Haushalte,
- die Kreditmöglichkeiten und -kosten,
- die Verzinsung angelegter Ersparnisse.

Im folgenden soll aus Vereinfachungsgründen unterstellt werden, daß der Konsum nur vom Einkommen bzw. vom verfügbaren Einkommen abhängig ist. Dies führt zu einer Bewegung **auf** der Konsumfunktion. Eine Veränderung der erwähnten übrigen Einflußfaktoren impliziert dagegen eine **Verschiebung** der Konsumfunktion (siehe die folgende Grafik).

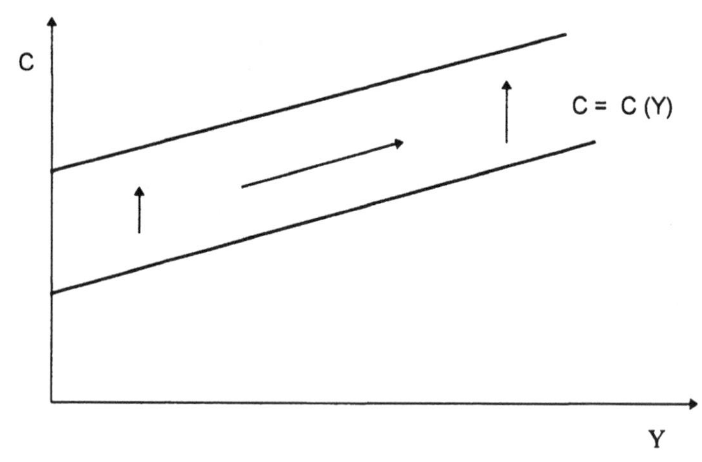

Da ein Teil des Konsums nicht vom Volkseinkommen, sondern von anderen *exogenen Einflußfaktoren* bestimmt wird (z.B. Vermögen, Zinsentwicklung, Bevölkerungsgröße Modewechsel), geht in die Konsumfunktion ein sog. **„autonomer Konsum"** ein. Er kann als „Verschiebungsparameter" der Konsumfunktion bezeichnet werden.

$$C_p = C_a + cY$$

In der unterstellten Konsumfunktion ist (C_a) der autonome Konsum und (cY) der einkommensabhängige Konsum, wobei („c") ein Parameter ist, der die **marginale Konsumquote** (auch genannt: „marginale Konsumneigung" oder „Grenzhang zum Konsum") darstellt. Mathematisch ergibt sich die marginale Konsumquote als erste Ableitung der Konsumfunktion nach (Y):

$$C_P = C_a + cY,$$

$$\frac{dC_P}{dY} = c \quad ; c = \text{const.}$$

Die mit der Konsumfunktion korrespondierende **Sparfunktion** ergibt sich aus den Gleichungen:

$$(1)\quad S = Y - C$$
$$(2)\quad C = C_a + cY$$

(2) in (1) eingesetzt:

$$(3)\quad S = Y - (C_a + cY)$$
$$(4)\quad S = -C_a + (1 - c)\,Y$$

oder weil **(1 - c) = s** gilt

$$(5)\quad S = -C_a + sY$$

In dieser Sparfunktion ist ($-C_a$) die autonome (negative) Ersparnis und (1 - c) = s die **marginale Sparquote**. Die marginale Konsumquote und die marginale Sparquote ergänzen sich immer ex-definitione zu eins: **c + s = 1**

Die marginale Sparquote ergibt sich mathematisch aus der ersten Ableitung der Sparfunktion nach (Y):

$$S = -C_a + sY,$$

$$\frac{dS}{dY} = s \quad ; s = \text{const.}$$

Wird nun in die Ausgangsgleichung für ein gesamtwirtschaftliches Gleichgewicht in einer geschlossenen Volkswirtschaft ohne staatliche Aktivitäten die Konsumfunktion eingesetzt und wird eine autonome Investition ($I = I_a$) unterstellt, so ergibt sich folgendes Gleichgewichtsmodell:

(1) $Y = C + I$

(2) $C_P = C_a + c\,Y$

(3) $I = I_a$

(2) und (3) in (1) eingesetzt

$$Y = C_a + c\,Y + I_a$$

$$Y - c\,Y = C_a + I_a$$

$$Y(1-c) = C_a + I_a$$

$$Y = \frac{1}{(1-c)} C_a + \frac{1}{(1-c)} I_a$$

Der **Investitions-** und **Konsummultiplikator** lautet demnach:

$$\frac{1}{(1-c)} \quad \text{oder} \quad \frac{1}{s} \quad \text{weil} \quad 1-c = s$$

Investitions- und Konsummultiplikator sind gleich groß!

Beträgt die durchschnittliche marginale Sparquote in einer Volkswirtschaft s = 0,2 (marginale Konsumquote demnach 0,8) und nehmen die Unternehmen eine zusätzliche autonome Nettoinvestition von I_a = 2 Mrd. DM vor, so errechnet sich eine **Erhöhung des Volkseinkommens**, und damit ein entsprechender multiplikativer Wachstumseffekt, wie folgt:

$$\Delta Y = \frac{1}{s} \Delta I_a$$

$$\Delta Y = \frac{1}{0,2} \times 2 \text{ Mrd. DM}$$

$$\Delta Y = 5 \times 2 \text{ Mrd. DM} = 10 \text{ Mrd. DM}$$

Das Volkseinkommen steigt bei einer Erhöhung der Nettoinvestitionen um 2 Mrd. DM um insgesamt 10 Mrd. DM, da der Multiplikator in diesem Fall gleich 5 ist.

Entwicklung des Sozialprodukts als Folge einer einmaligen Investitionserhöhung

Gesamtwirtschaftliche Variable/Periode	**0**	**1**	**2**	**3**	**4**	**5**	**6**	.....
Nettoinvestition der Ausgangssituation	150	150	150	150	150	150	150	.....
Zusatzinvestition	-	**50**	-	-	-	-	-	.....
Gesamtinvestition	150	200	150	150	150	150	150	.....
Konsum der Ausgangssituation	350	350	350	350	350	350	350	......
Investitionsinduzierter Konsum	-	-	30	18	10,8	6,5	3,9	
Gesamtkonsum	350	350	380	368	360,8	356,5	353,9	......
Sozialprodukt $Y = C + I_n$	**500**	**550**	**530**	**518**	**510,8**	**506,5**	**503,9**	......

Die Auswirkung eines **einmaligen Investitionsanreizes** auf das Volkseinkommen geht allerdings im Zeitablauf zurück, weil die durch die einmalige Investition induzierte Konsumerhöhung von Periode zu Periode schwächer wird. Beträgt beispielsweise in der Periode Null das Gleichgewicht in einer Volkswirtschaft 500 Einheiten, wovon 350 Einheiten auf den Konsum und 150 Einheiten auf die Investitionen entfallen, so verändert sich unter Berücksichtigung einer marginalen Konsumquote von 0,6 und einem autonomen Konsum in Höhe von 50 Einheiten in Periode Eins das Gleichgewichtsvolkseinkommen um den vollen Betrag der zusätzlichen Investition in Höhe von 50 Einheiten; also auf 550 Einheiten. In den folgenden Perioden wächst der **investitionsinduzierte Konsum** nur noch in Höhe der marginalen Konsumquote, weil die privaten Haushalte lediglich 60% ihres zusätzlichen Einkommens für Konsumgüter verwenden und 40% sparen. Der originäre Zuwachs des Sozialprodukts von 50 Einheiten in Periode Eins schrumpft demnach in Periode Sechs auf 3,9 Einheiten (vgl. dazu die zuvor gezeigte Tabelle).

Im Keynesianischen Multiplikatormodell wird davon ausgegangen, daß die zusätzliche Investition ausschließlich einen **Einkommenseffekt** und keinen **Kapazitätseffekt** hat, d.h., daß sich der Kapitalstock durch die zusätzlichen Investitionen nicht erhöht. Keynes begründete dies damit, daß der Kapazitätseffekt von zusätzlichen Investitionen im Vergleich zur absoluten Höhe des bestehenden Kapitalstocks in einer Volkswirtschaft nur eine marginale Größe darstellt und deshalb **kurzfristig bei einer konjunkturellen Betrachtung** zu vernachlässigen sei. In der **langfristig** angelegten Wachstumstheorie ist demgegenüber eine Erhöhung des Kapitalstockes durch zusätzliche Investitionen zu berücksichtigten. Dies erfolgt im **Harrod-Domar-Modell**, worauf später eingegangen wird.

2.3.2 Das postkeynesianische Modell von Domar

M. Domar griff mit seinem Wachstumsmodell den Doppelcharakter von Investitionen, also den **Einkommens- und Kapazitätseffekt** auf, indem er unter Berücksichtigung der Keynesschen Konsum- bzw. Sparfunktion eine **konstante Kapitalproduktivität** (= konstanter Kapitalkoeffizient) als Prämisse annahm. Er beantwortet dabei die Frage, mit welcher Nachfrage die durch die Investitionen neugeschaffenen Kapazitäten zu einem neuen Gleichgewicht ausgelastet werden können. Oder anders formuliert: Mit welcher Wachstumsrate müssen die Investitionen wachsen, damit sich der Einkommenseffekt der Investitionen (= Schaffung neuer Nachfrage) mit dem Kapazitätseffekt der Investitionen (= Schaffung neuer Produktionskapazitäten) kompensiert? Zunächst gilt für den **gleichgewichtigen Einkommenseffekt** einer zusätzlichen Investition bei Vollbeschäftigung folgender Grundsachverhalt: Das gesamtwirtschaftliche Angebot bestehend aus Konsum und Ersparnis ist gleich der gesamtwirtschaftlichen Nachfrage bestehend aus Konsum und Investitionen.

Nachfrage (C + I) = Angebot (C + S)

$$I = S$$

Unter Berücksichtigung der **Einkommensentstehungsgleichung (Y = C + I)** und der **Konsumfunktion (C = c Y)** ergibt sich die Sparfunktion **(S = (1 - c) Y)** bzw. die gesamtwirtschaftliche Gleichgewichtsbedingung:

$$I = S = (1 - c)\,Y$$

Um den **Kapazitätseffekt** einer zusätzlichen Investition zu zeigen, sei eine einfache lineare Produktionsfunktion unterstellt:

$$Y = \frac{1}{\varepsilon}\,K$$

Der Kapitalkoeffizient (ε) zeigt dabei das Verhältnis des Kapitalsstocks (K) zu der mit diesem Kapitalstock erreichbaren Produktion (Sozialprodukt) Y an:

$$\varepsilon = \frac{K}{Y}$$

Der Kehrwert des Kapitalkoeffizienten (ε) ist die **Kapitalproduktivität** (ν). Sie bemißt den Produktionseffekt der Investitionen. Deshalb läßt sich die Auswirkung einer Investition (I) auf die Produktion (Sozialprodukt) auch wie folgt umschreiben:

$$Y = \nu\,K$$

Findet demnach eine zusätzliche Investition (I) statt, so erhöht sich der Kapitalstock (I = Δ K) um diese Investition und damit gleichzeitig bei Vollauslastung der Kapazitäten die Produktion bzw. das Sozialprodukt (Δ Y) um $\Delta Y = \nu\,\Delta K$.

Unter der Bedingung des gleichgewichtigen Einkommenseffektes **[I = S = (1 - c) Y]** ergibt sich

$\Delta K = I = S = (1 - c)\,Y$ bzw.

$\Delta K = I = S = s\,Y$

$\Delta K = s\,Y$ eingesetzt in $\Delta Y = \nu\,\Delta K$ ergibt

$\Delta Y = \nu\,s\,Y$

Durch Division beider Seiten mit (Y) folgt die Wachstumsrate des gleichgewichtigen Sozialprodukts:

$$\frac{\Delta Y}{Y} = \nu\ s$$

Sie besagt, daß die prozentuale Veränderung des Vollbeschäftigungseinkommens ($\Delta Y : Y$), die von der zusätzlichen Investition (I) ausgeht, immer gleich dem Produkt aus Kapitalproduktivität und marginaler Sparquote ($\nu \times s$) sein muß. Oder anders formuliert, daß das Sozialprodukt gleichgewichtig wächst, wenn die Wachstumsrate des Sozialprodukts ($\Delta Y : Y$) multipliziert mit dem Kapitalkoeffizienten (ε) gleich der gesamtwirtschaftlichen Sparquote (s) ist.

$$\frac{\Delta Y}{Y} = \frac{1}{\varepsilon}\ s$$

$$\frac{\Delta Y}{Y}\ \varepsilon = s \qquad \textbf{(Gleichgewichtige Wachstumsbedingung)}$$

Aus der gleichgewichtigen Wachstumsrate $w_r = \frac{s}{\varepsilon}$

geht hervor, daß das gesamtwirtschaftliche Wachstum ceteris paribus mit der Sparneigung wächst bzw. ceteris paribus mit steigendem Kapitalkoeffizienten (= abnehmender Kapitalproduktivität) sinkt.

Die folgende **Beispielrechnung** verdeutlicht noch einmal das Wachstumsmodell von Domar. Dabei werden die folgenden Daten in der Ausgangssituation (t) unterstellt:

Kapitalkoeffizient (ε = 5), Kapitalproduktivität (ν = 0,2) marginale Sparquote (s = 0,3), Vollbeschäftigungssozialprodukt (Y = 100), Konsum = 70, Ersparnis = 30, Investition = 30

Die gleichgewichtige Wachstumsrate $(w_r) = \frac{s}{\varepsilon} = \frac{0{,}3}{5} = 0{,}06 = 6\%$ determiniert das

Vollauslastungswachstum aller gesamtwirtschaftlichen Größen in den folgenden Wirtschaftsperioden (vgl. dazu die folgende Tabelle). „Es liegt auf der Hand, daß mit dem steigenden Sozialprodukt auch die Ersparnis zunimmt und daher jedes Jahr mehr netto investiert werden muß. Man kann einen solchen zeitlichen Ablauf ein *dynamisches Gleichgewicht* nennen, wenngleich die Investitionsentscheidungen jedes Jahr geändert werden müssen. Entscheidend ist jedoch, daß das Sparverhalten richtig vorausgesehen wird, so daß $I_t = S_t$ für alle t gilt. Im übrigen ist das Sparverhalten als einzige Verhaltenshypothese die letzte Ursache für den Wachstumsprozeß: Die Sparer entscheiden, welchen Teil ihres Einkommens sie nicht dem Konsum widmen wollen, per Gleichgewichtsannahme wird im gleichen Umfang investiert, was den Kapitalstock vergrößert und aufgrund des produktionstechnischen Zusammenhangs die Unternehmen zu einem vermehrten Angebot veranlaßt."[1]

Darstellung des gleichgewichtigen Domar-Wachstums

Periode	$Y = P_{roduktion}$	K	I	Δ I	C	S
t	100	500	30	-	70	30
t + 1	106	530	31,8	1,8	74,2	31,8
t + 2	112,4	561,8	33,7	1,9	78,7	33,7
t + 3	119,1	595,5	35,7	2,0	83,4	35,7
t + 4	126,2	631,2	37,8	2,1	88,4	37,8

An der gleichgewichtigen Wachstumsbedingung wird deutlich, daß der Gleichgewichtspfad des Wachstums sich quasi auf des **„Messers Schneide"** bewegt. Geringfügige Abweichungen zwischen den Konsum- und Sparplänen der privaten Haushalte und den Investitionsplänen der Unternehmen implizieren bedenkliche **Markt-Ungleichgewichte**.

Ersparnis größer Investition (S > I)

Betragen die Investitionen der Unternehmen in Periode (t + 1) (vgl. die obige Tabelle) nicht 1,8 Einheiten sondern nur die Hälfte 0,9 Einheiten, so beläuft sich die gesamtwirtschaftliche Nachfrage (C + I) auch nur auf (74,2 + 30,9) = 105,1 Einheiten. Sie ist damit geringer als das gesamtwirtschaftliche Angebot (C + S) = (74,2 + 31,8) = 106 Einheiten. Die Ersparnis bzw. das Angebot übersteigt die Investitionssumme bzw. die Nachfrage um 0,9 Einheiten (S > I). In Anbetracht dieser Situation werden die Unternehmen in der nächsten Periode (t + 2) ihre Investitionen noch einmal einschränken, wodurch der Angebotsüberhang mit unterausgelasteten Produktionskapazitäten noch mehr vergrößert wird und die Wirtschaftskrise sich weiter verschärft. Schränken auf der anderen Seite die privaten Haushalte in Periode (t + 1) ihren Konsum ein, wodurch die Sparquote steigt, beispielsweise auf eine absolute Sparsumme in Höhe von 33 Einheiten, und

[1] Alfred Stobbe, Volkswirtschaftslehre III, Makroökonomik, 2. Aufl., New York, Heidelberg, Berlin 1987, S. 124.

die Unternehmen fragen die zusätzliche Ersparnis nicht für eine Erhöhung ihrer Investitionen nach, liegt das gesamtwirtschaftliche Angebot (C + S) = (73 + 33) = 106 Einheiten ebenfalls über der gesamtwirtschaftlichen Nachfrage (C + I) = (73 + 31,8) = 104,8 Einheiten. Auch hieraus folgt (S > I).

Investition größer Ersparnis (I > S)

Sind dagegen die Investitionen in Periode (t + 1) größer als die Ersparnis, und übersteigt damit die gesamtwirtschaftliche Nachfrage das gesamtwirtschaftliche Angebot, so kommt es zu Preissteigerungen, d.h. zu inflationären Effekten. Da in dem Wachstumsmodell von Domar ein **konstanter Kapitalkoeffizient** und damit eine konstante Kapitalproduktivität unterstellt wird, ist gleichzeitig jegliche Form des **technischen Fortschritts** eliminiert, der eine bestimmte Steigerung der Kapitalproduktivität (= Senkung des Kapitalkoeffizienten) nach sich zieht. Wird diese Prämisse aufgehoben und man unterstellt eine steigende Kapitalproduktivität (ν = 0,25) statt bisher (ν = 0,2) durch technischen Fortschritt, dann muß die Wachstumsrate des Sozialprodukts zur Erhaltung eines Vollbeschäftigungsgleichgewichts entsprechend zunehmen.

$$\varepsilon = \frac{K}{Y} = \nu = \frac{1}{\varepsilon}$$

$$\varepsilon = \frac{500}{125} = 4 = \nu = \frac{1}{4} = 0{,}25$$

Darstellung des gleichgewichtigen Domar-Wachstums mit technischem Fortschritt

Periode	$Y = P_{roduktion}$	K	I	Δ I	C	S
t	125	500	37,5	-	87,5	37,5
t + 1	134,4	537,5	40,3	2,8	94,1	40,3
t + 2	144,5	577,8	43,3	3,0	101,2	43,3
t + 3	155,3	621,1	46,5	3,2	108,8	46,5
t + 4	166,9	667,7	50,0	3,5	117,0	50,0

$$\frac{\Delta Y}{Y} \varepsilon = s$$ **(Gleichgewichtige Wachstumsbedingung)**

Die gleichgewichtige Wachstumsrate $(w_r) = \frac{s}{\varepsilon} = \frac{0{,}3}{4}$ muß dann ceteris paribus

auf 7,5% steigen. Denn jede zusätzliche Investition erhöht jetzt die Produktion und damit das Sozialprodukt um eine höhere Wachstumsrate als zuvor. Für dieses Mehr muß auch - soll das Vollbeschäftigungsgleichgewicht erhalten bleiben - ein Mehr an gesamtwirtschaftlicher Nachfrage vorhanden sein. Ist dies nicht der Fall, entstehen unterausgelastete Produktionskapazitäten und Arbeitslosigkeit.

2.3.3 Das postkeynesianische Wachstumsmodell von Harrod

*F. **Harrod*** hat mit seinem Wachstumsmodell versucht, die Stabilität für ein gleichgewichtiges Wachstum zu beschreiben. Er wollte damit die von Domar entwickelte Bedingung für Wachstum ($w_r = s : \varepsilon$), die auf einer unterstellten *autonomen Investitionsfunktion* beruhte, durch eine **induzierte Investitionsfunktion** ersetzen. Diese induzierte Investitionsfunktion wird mit Hilfe des Akzelerators in das Wachstumsmodell von Harrod integriert, wobei der Akzelerator (ε) als Investitionskoeffizient die Reaktion der Investoren auf Änderungen des Sozialprodukts (Y) beschreibt. Anders ausgedrückt: Der Akzelerator (ε) zeigt an, um wieviel die investierenden Unternehmen bei einem Wachstum des Sozialprodukts (Volkseinkommens) (Y) um 1% zu Investitionsmaßnahmen angeregt werden. Im Gegensatz zu Domar betrachtet Harrod das Volkseinkommen als unabhängige Variable und die Investitionen als abhängige Variable, d.h. als durch Veränderungen des Volkseinkommens induzierte Größe.

$$I_n = I_n(Y)$$

Die Nettoinvestitionen (I_n) der Periode t ergeben sich nach Harrod deshalb aus der Multiplikation des Akzelerators mit der Veränderungsrate des Sozialprodukts (bzw. Volkseinkommens):

$$I_n = \varepsilon\,(Y_t - Y_{t-1}) \;;\quad \varepsilon > 0$$

Bezüglich der gesamtwirtschaftlichen Sparneigung (S) unterstellt Harrod, daß die marginale Sparquote (s) als konstante Sparquote von der Höhe des Volkseinkommens (Y) der gleichen Periode abhängt:

$$S_t = s\,(Y_t) \quad s < 1$$

Unter Berücksichtigung der Gleichgewichtsbedingung

$$I_t = S_t$$

ergibt sich demnach

$\varepsilon\,(Y_t - Y_{t-1}) = s\,(Y_t)$ und nach Division beider Seiten durch $\varepsilon\, Y_t$ ergibt sich das *Harrod-Wachstum*

$$\frac{Y_t - Y_{t-1}}{Y_t} = \frac{s}{\varepsilon} = w_H$$

Die Wachstumsrate (w_H) stellt dabei sicher, daß die gesamtwirtschaftliche Nachfrage zu einer Vollauslastung der Kapazitäten (Kapitalstock) ausreicht, wobei ein dynamisches Wachstumsgleichgewicht immer dann vorliegt, wenn die Unternehmen eine prozentuale Zunahme des Volkseinkommens gegenüber der Vorperiode genau in Höhe von ($s : \varepsilon$) prognostizieren. Sie werden dann zu Investitionen genau in der Höhe veranlaßt, zu dem in dieser Periode gespart wird. Zur Verdeutlichung des Harrod-Wachstumsmodells seien die folgenden gesamtwirtschaftlichen Werte unterstellt. In der Ausgangssituation liegt das Volkseinkommen bei 100 Einheiten und der Kapitalstock bei 200 Einheiten. Der Akzelerator also bei 2. Die marginale Sparquote ist gleich 0,2 (marginale Konsumquote gleich 0,8).

Demnach ergibt sich eine Wachstumsrate des Volkseinkommens in Höhe von

$$\frac{s}{\varepsilon} = \frac{0{,}2}{2} = 0{,}1 = 10\ \%$$

Durch einsetzen von $Y_{t-1} = 100$ und $s : \varepsilon = 0{,}1$ in die Wachstumsformel und auflösen der Gleichung nach Y_t ergibt sich in Periode t ein Volkseinkommen von $Y_t = 111{,}11$ Einheiten.

$$\frac{Y_t - Y_{t-1}}{Y_t} = \frac{s}{\varepsilon}$$

$$Y_t - Y_{t-1} = Y_t \frac{s}{\varepsilon}$$

$$Y_t - 100 = Y_t \times 0{,}1$$

$$-100 = Y_t \times 0{,}1 - Y_t$$
$$-100 = Y_t(0{,}1 - 1)$$
$$-100 = -0{,}9\, Y_t$$
$$Y_t = 111{,}11$$

Der absolute Zuwachs zum Volkseinkommen in Periode t beträgt also 11,11 Einheiten. Durch das veränderte Volkseinkommen ergibt sich eine induzierte Veränderung der Investitionen. Setzt man das veränderte Volkseinkommen ($\Delta Y_t = 11{,}11$) in die Investitionsfunktion $\mathbf{I_n = \varepsilon (Y_t - Y_{t-1})}$ ein, so erhält man die veränderte **Nettoinvestition (I_n)** in Höhe von 22,22 Einheiten.

$$I_n = \varepsilon (Y_t - Y_{t-1})$$
$$I_n = 2\,(111{,}11 - 100)$$
$$I_n = 22{,}22$$

Periode	Y = C + S	Δ Y	I_n	S	C	Y = C + I	Kapitalstock
t -1	100						200
t	111,11	11,11	22,22	22,22	88,89	111,11	222,22
t + 1	123,45	12,34	24,68	24,68	98,77	123,45	246,90
t + 2	137,17	13,72	27,44	27,44	109,73	137,17	274,34
t + 3	152,41	15,24	30,48	30,48	121,93	152,41	304,82

Dem veränderten Volkseinkommen steht unter Berücksichtigung einer marginalen Sparquote von 0,2 eine entsprechend gleich große Sparsumme (S) gegenüber, so daß die Gleichgewichtsbedingung (S = I) erfüllt ist.

$S_t = s\ (Y_t)$

$S_t = 0{,}2\ (111{,}11) = 22{,}22$

Der gesamtwirtschaftliche Konsum C ergibt sich aus der Differenz von Y und S. Er beträgt demnach 88,89 Einheiten. Damit wird die zusätzlich aufgebaute Kapazität (Δ I = 22,22 ; = Erhöhung des Kapitalstocks um 22,22 Einheiten) gerade durch die zusätzliche Nachfrage (Δ Y = 11,11) absorbiert und die Volkswirtschaft befindet sich auf einem gleichgewichtigen Wachstumspfad.

Was passiert aber in Situationen, in denen es zu Abweichungen von diesem gleichgewichtigen Wachstumspfad kommt? Ist das System dabei **stabil**, d.h. ist es selbständig in der Lage nach Abweichungen zu einer neuen gleichgewichtigen Entwicklung zurückzukehren? Diesen Fragen soll im folgenden nachgegangen werden.

Angenommen, die Unternehmen erwarten in der Periode t + 1 nicht ein Anwachsen des Volkseinkommens in Höhe von 12,34 Einheiten, sondern nur von 5,84 Einheiten, also einen Zuwachs von 5% anstatt von 10% ($- 111{,}11 = Y_t(0{,}05 - 1)$; $Y_t = 116{,}95$) auf 116,95 Einheiten. An Investitionen entstehen dann 11,68 Einheiten ($I_n = \varepsilon\ (Y_t - Y_{t-1})$; $I_n = 2\ (116{,}95 - 111{,}11)$. Bei einem Konsum von 98,77 (vgl. Tabelle) steht jetzt dem Angebot in Höhe von 123,45 Einheiten (Y = C + S ; 123,45 = 98,77 + 24,68) lediglich eine gesamtwirtschaftliche Nachfrage in Höhe von 110,45 Einheiten (Y = C + I ; 110,45 = 98,77 + 11,68) gegenüber. Die gesamtwirtschaftliche Ersparnis ist also um 13 Einheiten größer als die gesamtwirtschaftliche Investition (I < S).

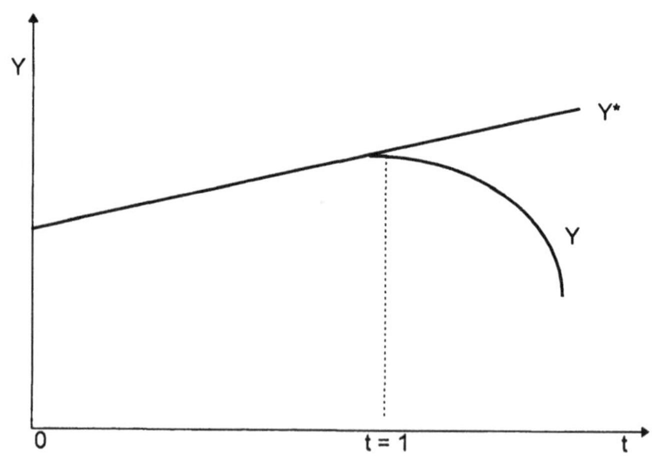

Dadurch entsteht eine **deflatorische Lücke** (deflation gap). Die gesamtwirtschaftliche Nachfrage der privaten Haushalte ist kleiner als das Gesamtangebot der Unternehmen. Die Unternehmen hatten erwartet, daß weniger gespart bzw. mehr konsumiert würde. Dadurch blieben sie auf einen Teil ihrer hergestellten Güter sitzen und es kam zu einem unfreiwilligen Lageraufbau. In der nächsten Periode werden sie ihre Produktion drosseln, wodurch es zu **unterausgelasteten Produktionskapazitäten mit Verlusten** kommt. Langfristig werden die Unternehmen mit einem Kapazitätsabbau reagieren. Eine weitere Möglichkeit der Unternehmen besteht darin, den Ausgleich zwischen Gesamtangebot und Gesamtnachfrage durch **Preissenkungen** herbeizuführen. Die folgende Grafik zeigt die gleichgewichtige Wachstumsentwicklung des Volkseinkommens (Y*) und den tatsächlichen Verlauf des Volkseinkommens (Y) als einen *kumulativen Abwärtstrend* (depressiver Sog) bei dem Vorliegen einer deflatorischen Lücke ($I < S$). Hierbei gibt es - wie gezeigt - keine Parameter, die aus dieser Kontraktion des Volkseinkommens (Depression) zu dem ursprünglichen Wachstumspfad zurückführen. Daraus folgt, daß das marktwirtschaftliche System in der Situation einer Deflation *instabil* ist und es keine immanenten Marktmechanismen gibt, die zu einer Lösung der Deflation beitragen.

Neben der deflatorischen Lücke ist auch eine **inflatorische Lücke** denkbar. Hierbei übersteigen die Investitionen die Ersparnisse ($I > S$). Bezogen auf unser Modell haben die Unternehmen mit einer größeren Steigerung des Volkseinkommens ($- 111{,}11 = Y_t (0{,}2 - 1)$; auf $Y_t = 138{,}89$ Einheiten, also mit einer größeren Wachstumsrate (statt 10% mit 20%) gerechnet und deshalb ihre Investitionen ($I_{t+1} = 2(138{,}89 - 111{,}11) = 55{,}56$ Einheiten) entsprechend hoch ausgerichtet. Da die Ersparnis aber nur bei $S_{t+1} = 0{,}2 \times 123{,}45 = 24{,}69$ Einheiten liegt, übersteigt die gesamtwirtschaftliche Investitionssumme die gesamtwirtschaftliche Ersparnissumme um 30,87 Einheiten ($I_n = 55{,}56 - S = 24{,}69$).

Die Gesamtnachfrage ($Y = C + I$; $169{,}75 = 114{,}21 + 55{,}54$) ist damit größer als das Gesamtangebot ($Y = C + S$; $138{,}89 = 114{,}21 + 24{,}68$). Die Unternehmen können hierauf in der nächsten Periode dadurch reagieren, daß sie ihre **Lagerbestände abbauen**, oder daß sie die privaten Haushalte zu einem ungewollten **Zwangssparen** durch die **Einführung von Lieferfristen** zwingen. Eine andere Alternative zum Ausgleich von Angebot und Nachfrage sind Preissteigerungen, so daß es zu inflatorischen Entwicklungen kommt. Aufgrund der komfortablen Marktsituation erzielen die Unternehmen Gewinne. Langfristig werden die Unternehmen auf die Überschußnachfrage sogar mit einer Ausweitung der Produktionskapazitäten reagieren.

Beide vom gleichgewichtigen Wachstumspfad abweichende Marktsituationen, also **Deflation (I < S)** und **Inflation (I > S)**, implizieren instabile Situationen. „Wie gezeigt wurde, kommt eine Depression dadurch zustande, daß die geplante Investition zur Aufrechterhaltung des Gleichgewichts nicht ausreicht, da die Nachfrage hinter dem Angebot zurückbleibt. Die Depression ist die Folge einer zu geringen Investitionstätigkeit. Weil zu wenig investiert wurde, entstehen Überkapazitäten und damit Leerkosten. Diese können nur durch höhere Investitionen in den Folgeperioden beseitigt werden; eine Notwendigkeit, deren Erfüllung aufgrund der hohen unfreiwilligen Läger wenig wahrscheinlich ist. Umgekehrt ist eine Inflation die Folge einer zu hohen Investitionstätigkeit. Es entstehen Engpässe, da das Angebot hinter der Nachfrage zurückbleibt. Ein ausreichendes Angebot ist nur durch geringere Investitionen zu erreichen. Aufgrund der hohen Gewinne ist ein solches Investitionsverhalten der Unternehmen aber kaum anzunehmen."[1]

In dem bisher aufgezeigten Wachstumsmodell von Harrod wurde gezeigt, daß die gleichgewichtige Wachstumsrate unter bestimmen Bedingungen einhergeht mit einer Vollauslastung der Produktionskapazitäten (= Vollauslastung des Produktionsfaktors Realkapital). Dies muß aber nicht bedeuten, daß das hieraus resultierende güterwirtschaftliche Gleichgewicht auch ein **Gleichgewicht an den Arbeitsmärkten** nach sich zieht; sprich Vollbeschäftigung des Produktionsfaktors Arbeit impliziert.

Bei einer im Harrod-Wachstumsmodell unterstellten **Leontief-Produktionsfunktion**, die eine Limitationalität zwischen den Produktionsfaktoren Arbeit (A) und Kapital (K) unterstellt, ergibt sich eine konstante Kapitalintensität ($\pi = K : A$) bzw. eine konstante Arbeitsintensität ($\sigma = 1 : \pi$). Die Produktionsfunktion erlaubt demnach keine Substitution von Arbeit durch Kapital oder umgekehrt von Kapital durch Arbeit. Zur Herstellung eines bestimmten Sozialprodukts (Volkseinkommens) mit Hilfe eines technischen Prozesses ist eine ganz bestimmte Faktoreinsatzrelation von Kapital und Arbeit erforderlich.

$$Y = \frac{1}{a} A = \frac{1}{b} K \quad ; \; a > 0 \text{ und } b > 0$$

[1] Gerhard Merk, Programmierte Einführung in die Volkswirtschaftslehre, Bd. IV, Wachstum, Staat und Verteilung, Wiesbaden 1974, S. 30

Die Koeffizienten (a) und (b) in der limitationalen Produktionsfunktion sind sogenannte Produktionskoeffizienten, die angeben, welche Faktormenge für eine Einheit Sozialprodukt (bzw. Volkseinkommen) (Y) benötigt wird. Wenn man die vorhandene Faktormenge (Arbeit und Kapital) durch den jeweiligen Produktionskoeffizieten dividiert, erhält man das mögliche Sozialprodukt.

$$Y = \frac{A}{a} = \frac{K}{b} \quad ; \quad A = \frac{a}{b} K$$

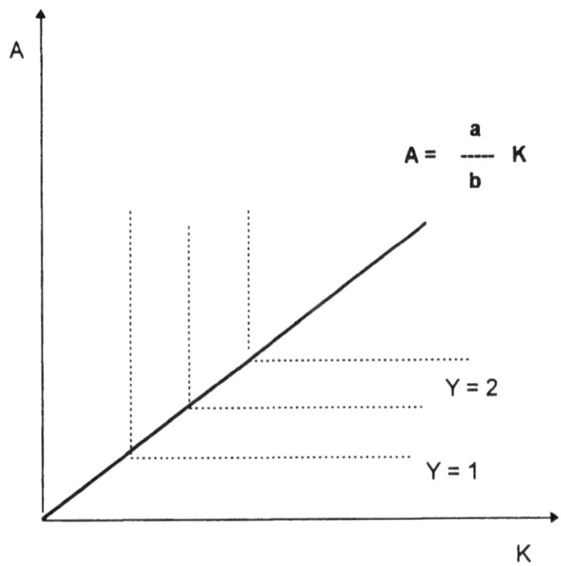

Soll demnach ein gleichgewichtiger Wachstumspfad sowohl auf den Güter- als auch auf den Arbeitsmärkten gegeben sein, so müssen die Produktionsfaktoren Arbeit und Kapital mit der gleichen Rate wachsen. In dem Harrod-Modell wird dazu unterstellt, daß das Arbeitsangebot (A_A) mit konstanter Rate (n) wächst:

$$n = \frac{\Delta A_A}{A_A} = \textbf{konstant}$$

Für das Wachstum des Kapitals gilt:

$$w_K = \frac{\Delta K}{K} = \text{konstant}$$

Weil die Wachstumsrate des Kapitals auch der des Volkseinkommens entspricht $\varepsilon\,(Y_t - Y_{t-1}) = s\,(Y_t)$, gilt im Gleichgewicht:

$$w_K = n = \frac{s}{\varepsilon}$$

Sozialprodukt (Volkseinkommen), Arbeit und Kapital wachsen mit der gleichen Rate. Es herrscht demnach nicht nur auf den Güter-, sondern auch auf den Arbeitsmärkten ein Gleichgewicht, d.h. Vollbeschäftigung.

Das folgende Beispiel verdeutlicht noch einmal diesen Zusammenhang: In der Ausgangssituation beläuft sich das Volkseinkommen auf 100 Einheiten. Dazu liegt eine Arbeitsangebotsmenge in Höhe von 50 Einheiten (Arbeitskräften, Arbeitsstunden) vor. Ansonsten gelten die bisher angenommenen Größen. Wächst nun das Arbeitsangebot, z.B. durch eine steigende Erwerbspersonenzahl um 10%, so erhöht sich das Arbeitsangebot von Periode t - 1 bis Periode t auf 55,55 Einheiten, also um 5,55 Einheiten.

$$\frac{A_t - A_{t-1}}{A_t} = 0{,}1\ (10\%)$$

$$A_t - 50 = 0{,}1\,A_t$$
$$0{,}9\,A_t = 50$$
$$A_t = 55{,}55$$

Da die Kapital- und Arbeitsintensität konstant bleiben ($\pi = \sigma = 4$), ist der Zuwachs zum Kapitalstock (Δ K) in dieser Periode gerade so hoch, daß das zusätzliche Arbeitsangebot (Δ A) voll beschäftigt ist. Dies gilt auch - wie die folgende Tabelle zeigt - in den folgenden Perioden.

Periode	Y	ΔY	$I_n = \Delta K$	K	ΔA	A	$\pi = K : A$
t - 1	100			200		50	4
t	111,11	11,11	22,22	222,22	5,55	55,55	4
t + 1	123,45	12,34	24,68	246,90	6,17	61,72	4
t + 2	137,17	13,72	27,44	274,34	6,86	68,58	4
t + 3	152,41	15,24	30,48	304,82	7,62	76,20	4

Von diesem gleichgewichtigen Wachstum auf Güter- und Arbeitsmärkten sind zwei Fälle zu unterscheiden, die zu einer jeweiligen Ungleichgewichtssituation führen.

Fall Eins: *Das Wachstum des Kapitalstocks ist größer als das Wachstum des Arbeitskräftepotentials ($w_K > n$)*

Diese Situation führt bei den Unternehmen zu technischen **Leerkapazitäten** des Kapitalstocks, weil das Arbeitskräftepotential zu gering ist, um den vorhandenen bzw. wachsenden Kapitalstock zu bedienen. Die Unternehmen reagieren hierauf mit Investitionskürzungen, die wiederum zu einer Senkung des Sozialprodukts bzw. Volkseinkommens führen und so einen gesamtwirtschaftlichen Kontraktions- und Depressionsprozeß auslösen, was eine langfristige Stagnation zur Folge hat.

Fall Zwei: *Das Wachstum des Arbeitsangebotes ist größer als das Wachstum des Kapitalstocks ($w_K < n$)*

Übersteigt das Arbeitskräfteangebot das Wachstum des Kapitalstocks, liegt **Arbeitslosigkeit** vor, weil eine vollständige Absorbtion des Produktionsfaktors Arbeit mit dem Komplementär-Faktor Kapital nicht möglich ist. Trotzdem kann auf den Gütermärkten ein gleichgewichtiges Wachstum gegeben sein. Auf den Arbeitsmärkten liegt aber Unterbeschäftigung vor. ***Keynes*** sprach in einer solchen Situation von einem *güterwirtschaftlichen Gleichgewicht bei Unterbeschäftigung*. Ohne exogene wirtschaftliche Impluse verfestigt sich eine langfristige Arbeitslosigkeit.

2.3.4 Wachstum bei variabler Sparquote

Um ein gleichgewichtiges Wachstum bei Vollbeschäftigung zu ermöglichen, hat *N.* ***Kaldor*** in einem postkeynesianischen Modell gezeigt, daß dies beim Vorliegen einer limitationalen Produktionsfunktion (auch *Leontief-Produktionsfunktion* genannt) möglich und abhängig ist von der **marginalen Sparquote (s)** innerhalb der Gleichgewichtsrate

$$w_K = n = \frac{s}{\varepsilon}$$

Da aufgrund der limitationalen Produktionsfunktion der Kapitalkoeffizient (ε) konstant ist, muß im Fall eines gleichgewichtigen Wachstums die marginale Sparquote mit der gleichen Rate zunehmen wie die Wachstumsraten der Faktoren Arbeit und Kapital. Um dies zu ermöglichen (steigende Sparquote), muß bei gegebener gesamtwirtschaftlicher Sparneigung das Volkseinkommen zwischen Lohn- und Gewinnempfängern umverteilt werden. Kaldor ging dabei davon aus, daß die Gewinnempfänger aufgrund ihres höheren Einkommens - in Relation zu den Lohnempfängern - eine höhere marginale Sparquote und damit gleichzeitig eine geringere marginale Konsumquote haben.

Da sich das Volkseinkommen (Y) in Gewinneinkommen (G) und Lohneinkommen (W) aufteilen läßt, ergibt sich:

$$Y = G + W$$

Sowohl die Gewinneinkommensempfänger als auch die Lohneinkommensempfänger sparen dabei einen bestimmten Teil ihres Einkommens. Hierbei gilt:

$S_W = s_W \times W$ **(Sparquote der Lohnempfänger)**
$S_G = s_G \times G$ **(Sparquote der Gewinnempfänger)**

Die gesamtwirtschaftliche Ersparnis (S) (S = Y - C) ergibt sich demnach aus der Summe der einzelnen Sparbeiträge

$$S = S_W + S_G$$

und die gesamtwirtschaftliche Sparfunktion beläuft sich auf:

$$S = s_W \times W + s_G \times G$$

Wird die gesamtwirtschaftliche Sparfunktion durch das Volkseinkommen (Y) dividiert, erhält man die einkommensabhängig differenzierte gesamtwirtschaftliche Sparquote:

$$s = \frac{S}{Y} = s_W \times \frac{W}{Y} + s_G \times \frac{G}{Y}$$

Durch Umformen läßt sich die gesamtwirtschaftliche Sparquote auch schreiben als:

$$s = s_W + (s_G - s_W)\,\frac{G}{Y} \quad \text{oder}$$

$$s = s_G + (s_W - s_G)\,\frac{W}{Y}$$

Unter der Bedingung eines gleichgewichtigen Wachstums

$$w_K = n = \frac{s}{\varepsilon} \quad \text{bzw.} \quad s = n \times \varepsilon$$

und Einsetzen der gesamtwirtschaftlichen Sparquote ergibt sich die Bedingung eines gleichgewichtigen Wachstums:

$$n \times \varepsilon = s_W + (s_G - s_W)\,\frac{G}{Y}$$

Um dies zu realisieren, ist eine bestimmte Einkommensverteilung zwischen Gewinn- und Lohneinkommen nötig. Dazu ist die Gewinneinkommensquote (G/Y) am Volkseinkommen herzuleiten. Diese ergibt sich durch Umformen der Gleichung für die Bedingung eines gleichgewichtigen Wachstums nach (G/Y)

$$n \times \varepsilon - s_W = (s_G - s_W) \frac{G}{Y} \qquad \text{dividiert durch } (s_G - s_W)$$

$$\frac{G}{Y} = \frac{n \times \varepsilon - s_W}{s_G - s_W}$$

Durch diese Gewinnquote wird eine gesamtwirtschaftliche Sparquote garantiert, die für ein gleichgewichtiges Wachstum notwendig ist; d. h. die Sparquote muß durch eine entsprechende Einkommensverteilung den folgenden Wert annehmen:

$$s = n \times \varepsilon = s_W + (s_G - s_W) \frac{n \times \varepsilon - s_W}{s_G - s_W}$$

Hierbei befinden sich das Wachstum des Volkseinkommens, Kapitalstocks und das Wachstum des Arbeitsangebots im Gleichgewicht. Wie stabil ist aber dieses Gleichgewicht? Hierbei sind zwei Fälle zu unterscheiden.

Fall Eins: Die realisierte Gewinnquote $(G/Y)^r$ ist > als die gleichgewichtige Gewinnquote $(G/Y)^*$

Aus der zu großen Gewinnquote am Volkseinkommen (zu niedrigen Lohnquote) folgt eine zu hohe Sparquote. Dies führt über einen zu geringen Konsum zu einer Unterauslastung der Produktionskapazitäten (Kapitalstock). Hierdurch sinkt die Rentabilität des eingesetzten Kapitals und gleichzeitig die Gewinnquote. Durch das Sinken der Gewinnquote geht die zu hohe Sparquote zurück und es kommt automatisch zu einer gleichgewichtigen Wachstumsrate, bei der ein Wachstumsgleichgewicht zwischen Volkseinkommen, Kapitalstock und Arbeitsangebot besteht.

Fall Zwei: Die realisierte Gewinnquote $(G/Y)^r$ ist < als die gleichgewichtige Gewinnquote $(G/Y)^*$

Bleibt dagegen die realisierte Gewinnquote hinter der gleichgewichtigen Gewinnquote zurück, ist die Folge eine zu niedrige Sparquote. Hierdurch kann das gesamte Arbeitsangebot nicht mit einem entsprechenden Kapitalstock ausgestattet werden. Das Überangebot des Faktors Arbeit führt zu einer wachsenden Unterbeschäftigung (Arbeitslosigkeit), wodurch es zu Lohnsenkungen kommt und hierdurch die Gewinnquote zu Lasten der Lohnquote steigt. Die erhöhte Gewinnquote impliziert eine höhere Sparquote, die notwendig ist, um eine gleichgewichtige Wachstumsrate zu realisieren.

2.3.5 Zum neoklassischen Wachstumsmodell

Die Schwäche des Wachstumsmodells von Domar und Harrod liegt im wesentlichen darin begründet, daß sie von einem *konstanten Kapitalkoeffizieneten* bzw. von einer *limitationalen Produktionsfunktion* ausgingen. Im Ergebnis begrenzte damit das Wachstum des am schwächsten wachsenden Produktionsfaktors das Wachstum des Sozialprodukts. Außerdem wurde durch die limitationale Produktionsfunktion eine in der wirtschaftlichen Realität zu beobachtende *Substitution von Arbeit durch Kapital* implizit ausgeschlossen. Diese Substitution baute 1956 zum ersten Mal ***R. M. Solow***[1] mit Hilfe einer *Cobb-Douglas-Produktionsfunktion* (= substitutionale Produktionsfunktion) in ein Wachstumsmodell ein. Die Substitution des Faktors Arbeit (A) durch eine Erhöhung des Kapitaleinsatzes (K) unter Berücksichtigung eines konstanten Sozialprodukts (Y) führt zu einer Erhöhung des Kapitalkoeffizienten (ε).

$$\varepsilon = \frac{K}{Y} = \frac{50}{20} = 2{,}5 \quad \text{(vor Substitution)}$$

$$\varepsilon = \frac{K}{Y} = \frac{60}{20} = 3 \quad \text{(nach Substitution)}$$

Durch die vollkommene Substitutionalität der Produktionsfaktoren Arbeit und Kapital ergibt sich gleichzeitig ein *variabler Kapitalkoeffizient*. Da das Modell von Solow rein *angebotsorientiert* ausgerichtet ist, und die Nachfrageseite des Marktes ausgeblendet bleibt (Domar und Harrod hatten dagegen versucht, das Wachstum nachfrageorientiert zu beschreiben), spricht man auch hier von einem **neoklassischen Wachstumsmodell**. Insgesamt enthält das „Grundmodell" die folgenden Prämissen:

- vollkommene Substitutionalität der Produktionsfaktoren;
- Variabilität der Faktorpreise gemäß der relativen Knappheitsgrade der Produktionsfaktoren;
- partielle Grenzprodukte der Produktionsfaktoren nehmen mit zunehmender Substitutionab;
- vollkommene Konkurrenz auf Güter- und Arbeitsmärkten;
- automatische Anpassung des Systems an den Vollbeschäftigungszustand.

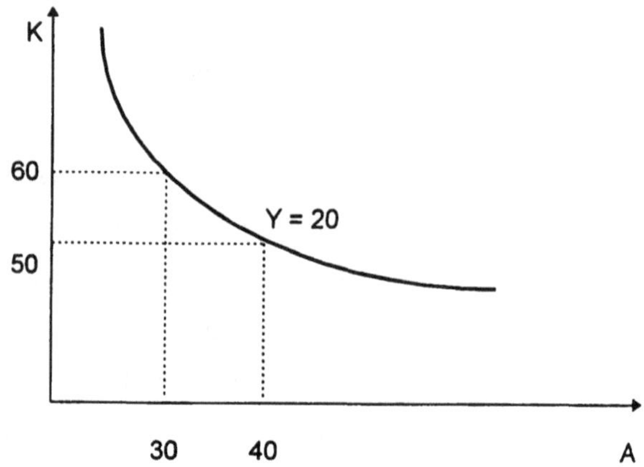

Die *substitutionale Produktionsfunktion* läßt sich durch eine linear-homogene *Cobb-Douglas-Produktionsfunktion* abbilden.

$$Y = K^{\alpha} A^{1-\alpha}$$

Sie setzt die Inputfaktoren Kapital (K) und Arbeit (A) mit dem Outputniveau (Y) in Beziehung. Da auf den Faktormärkten vollkommene Konkurrenz herrscht, sind alle Einsatz- bzw. Inputfaktoren durch flexible Faktorpreise vollbeschäftigt und werden mit dem Wert ihres Grenzprodukts entlohnt. Das Grenzprodukt eines Inputfaktors ist dabei der Outputzuwachs, der sich aus einer Erhöhung dieses Inputs um eine Einheit ergibt. Die **Grenzproduktivität des Kapitals** beträgt demnach:

$$\frac{\partial Y}{\partial K} = \alpha K^{\alpha-1} A^{1-\alpha} = \frac{\alpha}{K} K^{\alpha} A^{1-\alpha} = \frac{\alpha Y}{K}$$

und das **Grenzprodukt der Arbeit** entsprechend:

[1] Weiterentwickelt und verfeinert wurde diese Wachstumstheorie von T.H. Swan, J.E. Meade, E.S. Phelps und C.C. von Weizsäcker

$$\frac{\partial Y}{\partial A} = (1 - \alpha)\frac{Y}{A}$$

Auch drücken die Exponenten der Produktionsfaktoren in der Produktionsfunktion die Verteilungsgrößen **Lohn- bzw. Zinseinkommensquoten** am Volkseinkommen aus. Weil die Faktoren Arbeit und Kapital nach ihrem Grenzprodukt entlohnt werden, ist der Lohnsatz (L) gleich dem Grenzprodukt der Arbeit und der Zinssatz (i) gleich dem Grenzprodukt des Kapitals. Demnach gilt:

$$\frac{\alpha Y}{K} = i \quad \text{und}$$

$$(1 - \alpha)\frac{Y}{L} = L$$

Setzt man nun in die Gleichung der Kapitalproduktionselastizität für (∂ Y : ∂ K) gleich (i) und in die Gleichung der Arbeitsproduktionselastizität für (∂ Y : ∂ A) gleich (L) ein, so erhält man:

$$\alpha = i\frac{K}{Y} \quad ; \quad Z = K \times i \quad ; \quad \alpha = \frac{Z}{Y} = \textbf{Zinseinkommensquote}$$

$$(1 - \alpha) = L\frac{A}{Y} \quad ; \quad \varpi = L \times A \quad ; \quad (1 - \alpha) = \frac{\varpi}{Y} = \textbf{Lohneinkommensquote}$$

Hierbei ergänzen sich Zinseinkommens- und Lohnquote zu eins.

$$\frac{Z}{Y} + \frac{\varpi}{Y} = 1$$

Wird das Grenzprodukt des Kapitals durch die Kapitalproduktivität (ν = Y : K) und das Grenzprodukt der Arbeit durch die Arbeitsproduktivität (φ = Y : L) dividiert, erhält man die partiellen **Produktionselastizitäten** des Kapitals und der Arbeit.

$$\alpha = \frac{\partial Y}{\partial K} \frac{K}{Y} \quad \textbf{(Kapitalproduktionselastizität)}$$

$$(1 - \alpha) = \frac{\partial Y}{\partial A} \frac{A}{Y} \quad \textbf{(Arbeitsproduktionselastizität)}$$

In der Cobb-Douglas-Produktionsfunktion ist also die Produktionselastizität des Kapitals gleich dem Produkt aus Grenzprodukt(ivität) des Kapitals und dem Kapitalkoeffizient, und jene der Arbeit entspricht dem Produkt aus Grenzprodukt(ivität) der Arbeit und dem Arbeitskoeffizient.

Demnach ist die Änderung des Produktionsergebnisses gleich der Summe der Änderung der Faktoreinsätze multipliziert mit deren Grenzprodukten.

$$\frac{\Delta Y}{Y} = \frac{\partial Y}{\partial K} \times \frac{\Delta K}{K} + \frac{\partial Y}{\partial A} \times \frac{\Delta A}{A}$$

Erweitert um den jeweiligen Kapitalkoeffizienten und Arbeitskoeffizienten mit dem Kapital- bzw. Arbeitsmengenwachstum ergibt sich die folgende Wachstumsgleichung:

$$\frac{\Delta Y}{Y} = \frac{\alpha Y}{K} \times \frac{\Delta K}{K} + (1 - \alpha) \frac{Y}{A} \times \frac{\Delta A}{A} \quad \text{oder}$$

$$w_Y = \alpha\, w_K + (1 - \alpha)\, w_A$$

Hieraus kann man ablesen, daß sich die tatsächliche Wachstumsrate des Sozialprodukts (Volkseinkommens) aus den mit den partiellen Produktionselastizitäten (α) und ($1 - \alpha$) gewichteten Zuwachsraten des Kapitals ($\Delta K : K$) und der Arbeit ($\Delta A : A$) ergibt.

Das folgende Zahlenbeispiel soll dies veranschaulichen. Angenommen das Sozialprodukt (Y) beträgt in der Ausgangssituation 200 Einheiten. Der Kapitalstock (K) beläuft sich auf 400 Einheiten und der Arbeitseinsatz (A) soll 100 Einheiten betragen. Die Kapitalintensität beträgt dann 4 und der Kapitalkoeffizient 2. Bei einem unterstellten ($\alpha = 0{,}3$) und einer Zuwachsrate des Kapitals auf 420 Einheiten sowie einer Zuwachsrate des Faktors Arbeit auf 115 Einheiten ermittelt sich die tatsächliche Wachstumsrate des Sozialprodukts aus:

$$w_Y = \alpha\, w_K + (1 - \alpha)\, w_A$$

$$w_Y = 0{,}3 \times 0{,}05 + 0{,}7 \times 0{,}15$$

$$w_Y = 0{,}015 + 0{,}105$$

$$w_Y = 12\%$$

Das ursprüngliche Sozialprodukt in Höhe von 200 Einheiten (vgl. die folgende Tabelle) wächst damit bei einem Kapitalwachstum von 5% und einem Wachstum des Faktors Arbeit von 15% auf 224 Einheiten. Gleichzeitig sinkt die Kapitalintensität und der Kapitalkoeffizient, d.h. die Kapitalproduktivität nimmt zu. Beleg dafür ist die Zunahme der Grenzproduktivität des Kapitals von 0,15 auf 0,154 Einheiten. Die Grenzproduktivität der Arbeit geht dafür von 1,4 auf 1,31 Einheiten zurück.

Y	K	$(\alpha Y) : K$	A	$\pi = K : A$	$(1-\alpha)\, Y : A$	$\varepsilon = K : Y$
200	400	0,15	100	4	1,4	2
224	420	0,16	115	3,65	1,36	1,875

Beträgt die Produktionselastizität des Kapitals gleich ($\alpha = 1$), muß die der Arbeit bei $(1 - \alpha) =$ Null liegen. Die Wachstumsrate des Sozialprodukts entspricht dann der des Kapitals, während der Faktor Arbeit keinen Beitrag zum Sozialprodukt leistet. Et vice versa gilt der umgekehrte Fall.

Die tatsächliche Wachstumsrate des Sozialprodukts liegt allerdings in der wirtschaftlichen Realität zwischen den Wachstumsraten von Kapital und Arbeit. Dies ist der entscheidende Unterschied zu den Wachstumsmodellen von ***Domar*** und ***Harrod***, die von einer limitationalen Produktionsfunktion, und damit von keiner Substitution von Kapital und Arbeit, ausgingen. Dadurch wurde bei ihnen die Wachstumsrate des Sozialprodukts durch den jeweils knappen Produktionsfaktor determiniert. Im neoklassischen Wachstumsmodell ist neben der Substitution von Kapital und Arbeit die Zuwachsrate von Kapital und Arbeit im Zusammenhang mit den Grenzproduktivitäten entscheidend. Würde das Kapitalwachstum in unserem Beispiel nämlich 10% statt 5% betragen und das Wachstum des Faktors Arbeit bei 8% statt 15% liegen, so würde das Sozialprodukt mit 9,4% wachsen.

$$w_Y = \alpha\, w_K + (1 - \alpha)\, w_A$$

$w_Y = 0{,}3 \times 0{,}10 + 0{,}7 \times 0{,}08$

$w_Y = 8{,}6\%$

Unter welchen Bedingungen ergibt sich nun eine gleichgewichtige Wachstumsrate des Sozialprodukts bzw. Volkseinkommens?

Hierzu müssen die Einsatzfaktoren Kapital und Arbeit mit konstanter Rate wachsen. Da ein bestimmter Teil (S) des Volkseinkommens (Y) in jeder Periode gespart wird und der Rest (Y - S) konsumiert wird, kann der gesparte Teil (S) als investierter Kapitalstock (K) bezeichnet werden. Damit hängt die Veränderung des Kapitalstocks (K) von der Sparquote (s) und dem Volkseinkommen (Y) ab (s = S : Y). Unter Berücksichtigung der Gleichgewichtsbedingung von (I = S) ergibt sich dann:

$$w_K = \frac{\Delta K}{K} = \frac{I}{K} = \frac{S}{K} = s\,\frac{Y}{K}$$

Die Wachstumsrate des Kapitals (w_K) bleibt demnach nur dann konstant, wenn sich die Kapitalproduktivität (ν = Y : K) bzw. der Kapitalkoeffizient (ε = K : Y) nicht ändert, weil nur in diesem Fall eine Kapitalerhöhung (Δ K : K) zu einer gleich großen Erhöhung des Sozialprodukts (Δ Y : Y) führt. Kapitalstock (w_K) und Sozialprodukt (w_Y) wachsen mit der gleichen Rate. Es gilt: $\mathbf{w_K = w_Y}$

Man könnte auch mit Domar und Harrod formulieren: Das Sozialprodukt wächst gleichgewichtig, wenn die Wachstumsrate des Sozialprodukts (w_Y) multipliziert mit dem Kapitalkoeffizienten (ε) gleich der gesamtwirtschaftlichen Sparquote (s) ist.

$w_Y \times \varepsilon = s$ bzw.

$$w_Y = \frac{s}{\varepsilon}$$

Ersetzt man in der neoklassischen Wachstumsgleichung ($\mathbf{w_Y = \alpha\, w_K + (1 - \alpha)\, w_A}$) w_k durch w_Y, so ergibt sich

$w_Y = \alpha\, w_Y + (1 - \alpha)\, w_A$ bzw.

$$w_Y = \alpha \frac{s}{\varepsilon} + (1 - \alpha)\, w_A$$

Wird von beiden Seiten α (s : ε) subtrahiert, so erhält man

$$w_Y - \alpha \frac{s}{\varepsilon} = (1 - \alpha)\, w_A$$ und indem $w_Y = s : \varepsilon$ ausgeklammert wird

$$(1 - \alpha) \frac{s}{\varepsilon} = (1 - \alpha)\, w_A$$

Nach Division beider Seiten durch (1 - α) ergibt sich

$$w_Y = \frac{s}{\varepsilon} = w_A$$

Bei konstanter Sparquote (s) ändert sich im neoklassischen Wachstumsmodell der *variable Kapitalkoeffizient* (ε) unter Berücksichtigung der Prämisse der vollkommenen Konkurrenz so lange, bis die gleichgewichtige Wachstumsrate ($w_Y = s : \varepsilon$) des Sozialprodukts der Wachstumsrate des Faktors Arbeit (w_A) entspricht.

Unterstellt man zur Veranschaulichung, daß der Kapitalstock in einer Volkswirtschaft schneller wächst als das Arbeitsangebot, so ergibt sich aus der Knappheitsrelation von Kapital und Arbeit ein Anstieg der Löhne. Hierdurch steigt ceteris paribus die Lohneinkommensquote zu Lasten der Zinseinkommensquote. Diese Umverteilung veranlaßt die Unternehmen Arbeit durch Kapital zu substituieren, so daß die Kapitalintensität steigt, die Grenzproduktivität des Kapitals sinkt und dadurch der Kapitalkoeffizient solange zunimmt, bis die gleichgewichtige Wachstumsrate der Wachstumsrate des Faktors Arbeit gleich ist. Wächst auf der anderen Seite das Arbeitsangebot schneller als der Kapitalstock, nimmt der Kapitalkoeffizient solange ab, bis auch hier die gleichgewichtige Wachstumsrate der Wachstumsrate des Faktors Arbeit entspricht. Sinkt nämlich der Kapitalkoeffizient, steigt die Grenzproduktivität des Kapitals wodurch die Grenzproduktivität des Faktors Arbeit (aufgrund des vermehrten Angebots und Einsatzes) sinkt und damit gleichzeitig, bei unterstellter Gleichverteilung zwischen Lohn- und Zinsquote, die Löhne sinken müssen.

War das Wachstum im Domar-Harrod-Modell in höchstem Maße instabil, so geht das neoklassische Wachstumsmodell bei einem *variablen Kapitalkoeffizienten* von einem gleichgewichtigen Wachstumsprozeß aus. Abweichungen vom gleichgewichtigen Wachstumspfad können durch einen *flexiblen Lohn-Zinsmechanismus* kompensiert werden.

Bisher wurde ein konstanter **technischer Fortschritt** unterstellt. Hebt man diese Prämisse auf, und baut den technischen Fortschritt (TF) in die gesamtwirtschaftliche Produktionsfunktion als eigenständigen „Produktionsfaktor" ein, so ergeben sich die folgenden Beziehungen:

$$Y = K^{\alpha} A^{1-\alpha} TF$$

$$w_Y = \alpha\, w_K + (1-\alpha)\, w_A + w_{TF}$$

Um auch hier die Bedingung für ein gleichgewichtiges Wachstum zu erfüllen, wird wiederum (w_K) durch (w_Y) ersetzt. Durch Subtraktion beider Seiten mit (α x w_Y) und durch ausklammern von (w_Y) erhält man

$(1-\alpha)\; w_Y = (1-\alpha)\, w_A + w_{TF}$ und nach

Division beider Seiten durch $(1-\alpha)$ ergibt sich die folgende Gleichgewichtsbedingung unter Berücksichtigung des technischen Fortschritts:

$$w_Y = \frac{s}{\varepsilon}\, w_A + \frac{1}{(1-\alpha)}\, w_{TF}$$

Im Gleichgewicht wird demnach die Wachstumsrate des Sozialprodukts durch die Wachstumsrate des Arbeitsangebots, vermehrt um einen mit dem Multiplikator $1 : (1-\alpha)$ versehenen technischen Fortschritt, bestimmt. Hierbei ist die Gleichgewichtswachstumsrate (w_Y) um so größer, je größer die Zunahme des Arbeitskräfteangebots und je kleiner die Produktionselastizität $(1-\alpha)$ des Faktors Arbeit ist.

2.3.6 Optimales Wachstum - oder die goldene Regel der Akkumulation

Wurde bisher ein „goldener Wachstumspfad“ dadurch beschrieben, daß das Volkseinkommen, der Kapitalstock und das Arbeitsangebot mit gleicher Rate wachsen müssen, so soll jetzt die Frage beantwortet werden, bei welchem Wachstum ein **maximaler Konsum** für eine Volkswirtschaft möglich ist. Diese Wachstumsbedingung wird auch als *„optimales Wachstum“* oder mit ***Edmund S. Phelps*** als die *„goldene Regel der Akkumulation“* bezeichnet. In jeder Volkswirtschaft ergibt sich dabei der gesamtwirtschaftliche Konsum als Differenz aus Volkseinkommen und gesamtwirtschaftlicher Ersparnis sowie aus der Differenz von Volkseinkommen und geplanter Investitionen.

$$C = Y - S$$

$$C = Y - I$$

Hieraus ergibt sich gleichzeitig die gesamtwirtschaftliche Gleichgewichtsbedingung aus Investitionen und Ersparnis. ($I = S$)

Die Investitionen vergrößern den Kapitalstock.

$I = \Delta K$ und die Wachstumsrate des Kapitalstocks ist definiert als:

$$w_K = \frac{\Delta K}{K}$$

Hieraus folgt:

$C = Y - \Delta K$ bzw. weil $\Delta K = w_K \times K$

$$C = Y - w_K \times K$$

Die erste mathematische Ableitung des Konsums nach dem Kapitalstock gleich Null gesetzt ergibt:

$$\frac{\partial C}{\partial K} = \frac{\partial Y}{\partial K} - w_K = 0$$

Damit wird der Konsum bei einem gleichgewichtigen Wachstum immer dann maximiert, wenn die Grenzproduktivität des Kapitals ($\partial Y/\partial K$) gleich der Wachstumsrate des Kapitalstocks (w_K) ist.

Gleichzeitig ist dabei die optimale marginale Sparquote (s) gleich der Produktionselastizität des Kapitals. Dazu wird die Grenzproduktivität des Kapitals mit dem Kapitalkoeffizienten multipliziert. Hieraus ergibt sich die Produktionselastizität des Kapitals (α).

$$\frac{\partial Y}{\partial K} \times \frac{K}{Y} = \alpha$$

Aus (w_K) folgt

$$w_K = \Delta K/K \quad \text{und} \quad \Delta K = I = S$$

$$\frac{S}{K} : \frac{Y}{K} = \frac{S\,K}{K\,Y} = \frac{S}{Y} = s$$

Maximaler Konsum unter der Bedingung eines gleichgewichtigen Wachstums ist demnach immer dann gegeben, wenn gilt:

$\alpha = s$ = **Produktionselastizität des Kapitals ist gleich der marginalen Sparquote !**

Da gemäß neoklassischer Wachstumstheorie die Produktionsfaktoren anhand ihrer Grenzproduktivitäten **entlohnt** werden, ist die Zinseinkommensquote (Z : Y) gleich der Produktionselastizität des Kapitals:

$$\alpha = i\,\frac{K}{Y} = \frac{Z}{Y}$$

Deshalb muß die Höhe des Zinseinkommens (Z) auch der Ersparnis (S) entsprechen.

$$\frac{Z}{Y} = \frac{S}{Y} = s$$

Diese Bedingung ist aber immer nur dann erfüllt, wenn das gesamte Zinseinkommen voll gespart und der Kapitalbildung (Akkumulation) zugeführt wird und das gesamte Lohneinkommen für den Konsum verausgabt wird. Dies impliziert bei den Lohneinkommensempfängern eine marginale Konsumquote von eins und bei den Zinseinkommensempfängern eine marginale Sparquote von eins.

2.4 Wachstum und Strukturwandel

Das Wirtschaftswachstum ist sowohl über die einzelnen **Wirtschaftssektoren**, **Branchen** und **Unternehmen** als auch über die **Wirtschaftsregionen** nicht gleich verteilt. Es gibt in der Regel in einer Volkswirtschaft gleichzeitig wachsende und schrumpfende Bereiche und Regionen. Hierin drückt sich die **Wirtschaftsstruktur** und der **Strukturwandel** aus, wobei man allgemein unter einer gesamtwirtschaftlichen Struktur den Aufbau, das Gefüge einer Volkswirtschaft versteht und unter Strukturwandel die Veränderungen des inneren Aufbaus.

Ein solcher Wandel liegt beispielsweise vor, wenn sich die Relationen der Produktionsfaktoren Arbeit, Boden und Kapital bei der Erzeugung eines bestimmten Sozialprodukts in einer Volkswirtschaft verändern. Oder wenn sich das Verhältnis zwischen den drei großen Wirtschaftssektoren, Land- und Forstwirtschaft, Produzierendes Gewerbe, Handel, Verkehr und Dienstleistungen, verschiebt (sektorale Strukturverschiebungen), wobei zusätzlich innerhalb der Sektoren mehr oder weniger große Verwerfungen innerhalb der einzelnen Wirtschaftsbereiche (strukturelle Branchenverschiebungen) möglich sind und innerhalb der Wirtschaftsbereiche wiederum die Größe und Größenstreuung der Unternehmen stark unterschiedlich sein kann (strukturelle Unternehmensverschiebungen). Aber auch die Relationen der Wirtschaftsregionen zur Gesamtwirtschaft können sich verändern. Dies gilt auch für räumliche Veränderungen der Produktionsschwerpunkte im internationalen Vergleich.

Was sind die **Ursachen** solcher Strukturveränderungen? Eine allgemeine Ursache ist zunächst einmal eine mögliche **Sättigung der Nachfrage** bzw. des Bedarfs. Darüber hinaus spielt die **Entwicklung der Wissenschaft und Technologie** eine treibende Kraft bei wirtschaftlichen Strukturveränderungen. Im Konkurrenzkampf der einzelnen Unternehmen um höchstmögliche Gewinne wird der wissenschaftlich-technologische Fortschritt in die Praxis umgesetzt. Hierdurch werden wiederum **Produkt- und Prozeßinnovationen** ausgelöst, die zu Strukturveränderungen führen. Erhöht ein einzelnes Unternehmen eines bestimmten Wirtschaftszweiges seine Produktivität durch eine technische Prozeß- bzw. Produktionsinnovation, und senkt dadurch z.B. seinen spezifischen Materialverbrauch, oder führt eine Produktinnovation oder auch nur eine Produktvariation durch, so hat dies nach Anpassung durch die übrigen Unternehmen nicht nur einen Wachstumseffekt für diesen Wirtschaftszweig, sondern auch weitreichende Folgen für andere vor- und nachgelagerte Produktionszweige. Denn die Innovation des betreffenden Wirtschaftszweiges ändert einerseits die Qualität und Quantität seiner Nachfrage nach Vorleistungen und andererseits die Qualität und Quantität der Konsumentennachfrage. Aufgrund von Materialeinsparungen brauchen die Unternehmen weniger Material, weniger Vorprodukte, aufgrund der technischen Verbesserung oder Erneuerung der Fertigungsanlagen weniger Energie und weniger Beschäftigte. Vor allem brauchen die Unternehmen aufgrund der Prozeßinnovation andere qualitative Produktionsmittel, andere Investitionsgüter und anders ausgebildete Mitarbeiterinnen und Mitarbeiter. Das bedeutet, die Nachfrage dieses Wirtschaftszweiges nach Produkten einiger ihm bisher schon vorgelagerter Branchen wird zunehmen, die Nachfrage nach Gütern anderer vorgelagerter Zweige dagegen abnehmen oder sogar ganz verschwinden, und die innovativen Unternehmen weiter ihre Nachfrage gegenüber anderen Wirtschaftszweigen entwickeln, zu denen es bisher noch keine oder nur geringe Austauschbeziehungen gab.

Auch auf **nachgelagerten Märkten** ändert eine Innovation in einem betreffenden Wirtschaftszweig die Qualität und Quantität der Nachfrage. Denn die Konsumenten werden bei Erwerb dieses neuen Produktes ganz oder teilweise auf bisher nachgefragte Güter verzichten (sie substituieren ihre Nachfrage), stattdessen vielleicht ein bisher nicht benötigtes Komplementärgut nachfragen, und ebenso werden alle diejenigen Branchen, die das neue Produkt kaufen und als Vorprodukt in ihren Fertigungsprozeß eingliedern, meist auch ihre Vorleistungsstruktur und damit ihre Nachfrage nach einzelnen Vorleistungen ändern müssen. Infolge von Produkt- und Prozeßinnovationen in einem bestimmten Wirtschaftszweig werden also beträchtliche Nachfrageverschiebungen ausgelöst, die manchen anderen Produktionszweigen zugutekommen, manche hingegen in strukturelle Absatzschwierigkeiten bringen.

Dieser Prozeß der Nachfrageverschiebungen bewirkt zusätzlich **Angebotsveränderungen**, die nicht selten für **Konzentrationsprozesse** in einzelnen Wirtschaftszweigen verantwortlich sind. Im Wettbewerb der Unternehmen um Innovationen werden nicht alle Unternehmen sich adaptieren können und als Grenzanbieter aus dem Markt ausscheiden. Hierdurch kommt es zu einer Angebotsverengung (Marktbeherrschung) mit entsprechender Preissetzungsmacht auf Beschaffungs- und Absätzmärkten, wodurch ein weiteres Verdrängungspotential auf der Angebots- und Nachfrageseite entsteht. Unternehmen sind nicht mehr in der Lage, im Preiswettbewerb zu bestehen und Nachfrager scheiden am Markt für bestimmte Produkte aus, weil auch sie nicht mehr in der Lage sind, aufgrund ihres Einkommens die geforderten Marktmachtpreise zu bezahlen.

Strukturveränderungen werden aber nicht nur durch Innovationen im Inland, sondern auch durch die Zurückdrängung ganzer nationaler Produktionszweige durch **ausländische Unternehmen** mit besseren Produktions- und Absatzbedingungen bewirkt. Dies kann beispielsweise durch niedrigere Lohnstückkosten und einen günstigeren realen Wechselkurs geschehen. Aber auch durch eine inländische Subventionierung der Güter, um sie für den Export wettbewerbsfähig zu machen. Infolge der **internationalen Konkurrenz** können demnach erhebliche Nachfrageverschiebungen zuungunsten der betreffenden inländischen Wirtschaftszweige ausgelöst werden. Dabei kommt es in der Regel nicht nur zu einem strukturell schrumpfenden Absatz für die direkt betroffenen Wirtschaftsbereiche, sondern auch für die diesen vor- und nachgelagerten Zweigen.

Um den häufig mit großen **sozialen Problemen** einhergehenden Strukturwandel zu erleichtern bzw. zu beschleunigen und entwicklungsträchtige Produktionskapazitäten aufzubauen, ist eine adäquate **staatliche Strukturpolitik** notwendig.[1] Hierbei gibt es allerdings zwei völlig unterschiedliche wirtschaftspolitische Positionen. Die eine sieht in der Strukturpolitik lediglich die Aufgabe einen **funktionsfähigen Wettbewerb** aufrechtzuerhalten. Ist dieser gegeben, so sorgt er automatisch für eine optimale Allokation der knappen Ressourcen. Strukturpolitik beschränkt sich dabei auf **Wettbewerbspolitik**. Die andere Position geht von **staatlichen Interventionen** in den Markt- und Wettbewerbsmechanismus aus. Dabei soll durch Eingriffe auf der Angebotsseite in Form einer **staatlichen Industriepolitik** Einfluß auf die Entwicklung der einzelnen Wirtschaftssektoren und Wirtschaftsbereiche ausgeübt werden. Neben einer gezielten **Subventionspolitik** sollen durch staatliche **Investitionslenkung**, die insbesondere in den 70er Jahren in der Bundesrepublik kontrovers diskutiert wurde,[2] und eine staatliche **Forschungs- und Technologieförderung** bestimmte Marktergebnisse erzielt werden.

---

[1] Vgl. Karl Neumann, Strukturwandel und Strukturpolitik, Frankfurt/M. 1976

[2] Vgl. dazu Gerhard Fleische, Manfred Krüper (Hrsg.), Investitionslenkung, Überwindung oder Ergänzung der Marktwirtschaft?, Frankfurt/M./Köln 1975, sowie Wolfgang Roth (Hrsg.), Investitionslenkung, Reinbek 1976

Die Wirkung dieser staatlichen Interventionen läßt sich differenzieren in eine Konservierungs- und Strukturanpassungs- sowie Strukturlenkungspolitik. Bei der **Konservierungspolitik** soll in bestimmten Wirtschaftszweigen ein Mindesmaß an nationaler Produktion erhalten werden, um im Krisenfall nicht völlig vom Ausland abhängig zu sein. Dies gilt z.B. für die Energiemärkte aber auch für den Rüstungsbereich in einer Volkswirtschaft. Die **Strukturanpassungspolitik** soll dagegen die strukturellen Anpassungsprozesse zeitlich strecken, damit in erster Linie die sich aus dem Strukturwandel ergebenen Arbeitsplatz- und Sozialprobleme gelöst werden können. Dominiert ein Wirtschaftsbereich dabei eine bestimmte wirtschaftliche Region, wie z.B. die Schiffbauindustrie die Nord- und Ostseeküste oder der Bergbau das Ruhrgebiet und das Saarland, muß die Strukturanpassungspolitik mit einer **regionalen Strukturpolitik (Raumordnungspolitik)** kombiniert werden. Hierdurch soll die jeweilige Wirtschaftsregion aktiv gefördert werden. Dies kann durch eine Unternehmensansiedlungs- und Unternehmensgründungspolitik oder durch eine gezielte Innovationsförderung bestehender (etablierter) Unternehmen in der Region erfolgen. Eine **Strukturlenkungspolitik durch Investitionslenkung** setzt bei den Investitionen der privaten Unternehmen an. Da diese zu einem Großteil über Wachstum und Konjunktur in einer Volkswirtschaft entscheiden oder durch **externe Effekte** die Umwelt beeinträchtigen, kann durch die Einrichtung von Investitionsmeldestellen ein Einfluß auf die Stabilitäts-, Struktur- und Gesellschaftspolitik ausgeübt werden. Es besteht weitgehende Übereinstimmung darüber, daß der Versuch zur Stabilisierung des Konjunkturablaufs bei den Investitionen anzusetzen hat. Da diese aber quasi anarchisch über den Wettbewerbsprozeß ohne Abstimmung mit den staatlichen Investitionen vermittelt sind, kommt es immer wieder zu Über- und Fehlinvestitionen und damit zu Wirtschaftskrisen. Auch strukturpolitisch garantiert der Wettbewerbsprozeß automatisch keine optimale regionale und branchenmäßige Verteilung von Investitionen. Daneben ist nicht sichergestellt, daß privatwirtschaftlich initiierte Investitionen ohne weiteres eine gesellschaftlich bedarfsgerechte volkswirtschaftliche Produktionsstruktur implizieren. Bei aller Problematik der Investitionslenkung, die häufig zu Unrecht mit einer dirigistischen Staatsintervention zur Beseitigung der freiheitlichen und privatrechtlichen Unternehmensverfassung gleichgesetzt wird, muß bedacht werden, daß sie durchaus auf Märkten, wo der Wettbewerbsmechanismus aus Konzentrations- und Vermachtungsgründen versagt oder sonstiges Marktversagen vorliegt (z.B. durch negative externe Effekte) ein effizientes Struktursteuerungsinstrument darstellen kann. Investitionslenkung könnte auch ein Instrument innerhalb einer ökologisch ausgerichteten Industriepolitik sein, die zu einem Ausgleich zwischen ökonomischem und ökologischem (qualitativen) Wachstum beiträgt.

2.5 Grenzen des Wachstums

Obwohl Wirtschaftswachstum zur Beschäftigung der Produktionsfaktoren unbedingt notwendig ist, und bei dem Vorliegen von Massenarbeitslosigkeit das Wort der „Wachstumskrise" die Runde macht, gibt es auch Grenzen des Wachstums. Dies wurde spätestens mit dem 1972 von ***Dennis H. Meadows*** veröffentlichten Bericht[1] für den **„Club of Rome"** deutlich. Auch die Studie für den amerikanischen Präsidenten **„Global 2000"** beschreibt eindrucksvoll diese Grenzen. Diese lassen sich im wesentlichen zusammenfassen in:

- **begrenzter Lebensraum auf der Erde für eine permanent wachsende Bevölkerung,**
- **begrenzte natürliche Rohstoffreserven und nur eine**
- **begrenzte Möglichkeit der Absorption von Umweltverschmutzung (externer Effekte).**

Die Politik hat bei der Lösung dieser globalen Weltprobleme bis heute völlig versagt (vergleiche dazu auch den Artikel: *„Die Dritte Welt rückt näher"* am Schluß dieses Kapitels). Sollte sich das exponentielle Wirtschafts- und Bevölkerungswachstum fortsetzen, so wird bei gleicher sozio-ökonomischer Struktur auf der Erde spätestens um das Jahr 2050 die Weltwirtschaft wegen fehlender Ressourcen kollabieren. Die Nahrungsmittelproduktion und der Lebensraum für die Menschen auf dieser Erde werden nicht ausreichen. Die Einwohnerzahl auf der Erde liegt heute bereits bei weit über 5 Milliarden. Wächst sie weiter mit nur 2%, so hat sie sich in 40 Jahren verdoppelt. Es ist vor diesem Hintergrund äußerst problematisch eine entsprechende Nahrungsmittelmenge bei gleichzeitig beschleunigter Bodenerosion und dem Verlust an natürlicher Bodenfruchtbarkeit mit abnehmenden Grenzerträgen aufrechtzuerhalten. Auch der Verbrauch an Rohstoffen zeigt weltweite Wachstumsgrenzen auf. Bestimmte natürliche Rohstoffe werden gemäß der Studie „Global 2000" und aufgrund der Berechnungen des „Club of Rome" in einem überschaubaren Zeitraum von 25 bis 30 Jahren kaum noch vorhanden oder sogar völlig verbraucht sein. Daneben ist eine Wachstumsgrenze durch eine immer mehr zunehmende Umweltverschmutzung gegeben.

Das ökologische Gleichgewicht der Natur ist schon heute durch Treibhauseffekt, Radioaktivität, Energieverschwendung, Waldsterben, verschmutzte Gewässer und Luft, zunehmende Kohlendioxydbelastung und einen nicht mehr tragbaren Schädlingsbekämpfungsmitteleinsatz sowie verseuchter Nahrungsmittel nachhaltig gestört. Soll in Zukunft ein **qualitatives Wachstum**, ein Wachstum unter Berücksichtigung der Umweltaspekte, vollzogen werden, so muß der heute immer noch vorhandene **Dualismus** von Ökonomie und Ökologie überwunden werden. Es sind endlich die bei der Produktion und Konsumtion von Gütern entstehenden externen Effekte ökonomisch mit ihren Kosten zu bewerten und damit in den Wirtschaftskreislauf über Preise zu internalisieren (vgl. dazu das 4. Kapitel). Erste Schritte dazu wären sicher in den hoch entwickelten Industrieländern eine von vielen Wissenschaftlern seit Jahren geforderte **rationale Energiepolitik** in Verbindung mit einer **ökologischen Steuerreform**. Dadurch können u.a. auch technische Substitutionsprozesse ausgelöst werden, die den Verbrauch nichtregenerierbarer Ressourcen und die Umweltbelastung verringern. Gleichzeitig würde dazu eine Produktion von Umweltschutzgütern notwendig, die qualitative Wachstumsprozesse in vielen Bereichen der Wirtschaft zur Behebung der Wachstumskrise und Verringerung der Massenarbeitslosigkeit initiieren würde. In den Entwicklungsländern besteht dagegen die höchste Priorität darin, das nach wie vor unbegrenzte **Bevölkerungswachstum** zum Stoppen zu bringen.

Die Dritte Welt rückt näher

Die Politik versagt vor der Aufgabe, die soziale Bombe zu entschärfen/Von Christian Wernicke

„Die Lunten brennen. Wer will, der sieht es: wie der Bettler am Hauptbahnhof den Mülleimer nach Eßbarem durchwühlt; wie mexikanische Bauern, die Fernsehnachrichten zeigen es, mit Kalaschnikows gegen ihr Elend rebellieren, wie französische Eisenbahner gegen Sozialabbau und Weltmarkt anschreien. Sensiblen Gemütern rinnt ein Schauer über den Rücken, wenn am Amazonas der Regenwald brennt oder, an der nächsten Ecke, der Auspuff qualmt. Aber sie sind in der Minderheit. Mit Vollgas ins Treibhaus, bei Tempo 180 bleibt keine Zeit für flüchtige Gedanken über die, die am Straßenrand kauern; vergessen die Warnungen vor dem Kurs in die Katastrophe. Irgendwann trägt es uns halt aus der Kurve - na und? Es ist ein wahres Husarenstück kollektiver Verdrängung, wie gleichgültig der Republik ihre Einsichten von gestern geworden sind. Vier Millionen Arbeitslose, da muß der Schornstein erst man wieder rauchen. Die Bundesbürger bangen um den Standort Deutschland, fürchten die Konkurrenz aus allen Himmelsrichtungen. Hinter dem Schlagwort von der Globalisierung verbirgt sich wenig mehr als die Kapitulation der Politik vor dem Primat der Ökonomie. Das Versprechen, die Klima-Apokalypse durch einen ökologischen Umbau abzuwenden, die Erkenntnis, daß weltweit eine soziale Bombe tickt und einen Ausgleich zwischen Arm und Reich verlangt - all das kommt, vielleicht, später dran. Vielleicht auch zu spät. Der amerikanische Wirtschaftswissenschaftler Ethan B. Kapstein diagnostizierte in der Zeitschrift *Foreign Affairs* 'das Scheitern des globalen Kapitalismus' und warnte: 'Die Welt scheint unerbittlich auf einen dieser tragischen Momente zuzutreiben, die Historiker fragen lassen - warum wurde nichts rechtzeitig getan?' Bei 35 Millionen Arbeitslosen in den Industrieländern versage die Politik heute 'wie einst die deutsche Elite in Weimar.' Auch Bonner Zahlen dokumentieren den sozialen Flächenbrand, diesen Zündstoff für Populisten: über 7,25 Millionen Arme, 900.000 Obdachlose, 117.000 fehlende Lehrstellen. In den Vereinigten Staaten, wo die Coca-Cola-Stadt Atlanta zur Feier der Olympiade ihre Straßen von Bettlern säubern ließ, setzen Bürgermeister, zum Beispiel in Baltimore, inzwischen auf Notprogramme, die in den Slums von Bangladesch halfen. Die Dritte Welt droht überall, das Elend kennt keine Grenzen mehr. Die Armen im Norden überleben am Rande - im Süden raffen Hunger und längst heilbare Krankheiten täglich 25.000 Kinder dahin. Halbe

[1] Dennis H. Meadow u.a., Die Grenzen des Wachstums. Bericht des Club of Rome zur Lage der Menschheit, Stuttgart 1972

Kontinente, so meldete kürzlich ein UN-Bericht, durchlitten eine Krise, 'tiefgreifender als die der dreißiger Jahre'. das Gerede von der 'Einen Welt', in der wir leben, entpuppt sich als Sonntagslyrik. Wochentags spaltet die Globalisierung den Planneten: Ostasien boomt, die westlichen Industrieländer kommen ein wenig voran - aber mehr als einem Viertel der Menschheit in etwa hundert Ländern der Erde geht es schlechter als vor zehn, zwanzig, ja dreißig Jahren. Binnen einer Generation hat sich der Abstand zwischen Nord und Süd verdoppelt, was Wunder, daß inzwischen 358 Dollarmilliardäre so viel besitzen, wie die ärmsten 2,3 Milliarden Weltbürger im Jahr verdienen. Das Globale Dorf schafft sich seine Apartheid. Mehr als Konflikte zwischen Nationen drohen in Zukunft soziale Gemetzel, blutige Aufstände der Heloten sind wahrscheinlicher als irgendein 'Krieg der Sterne'. Diese Diagnose ist nicht neu - nur wagt sich niemand an die Therapie. Dabei weisen unzählige Studien und nächtelang ausgehandelte Kompromisse spektakulärer UN-Konferenzen längst die richtige Richtung. Um vor allem im Süden den Teufelskreis der Armut zu durchbrechen, braucht die Welt weiterhin Wachstum. Kein Wachstum nur der Zinsrenditen und Profitraten, sondern mehr menschliche Entwicklung: Wasser und Brot, Grundschulen und Dorfkliniken. Und Jobs. Niemand kann den Enkeln der Elenden in Afrika guten Gewissens einen

Lebensstil verheißen, der dem der Wohlhabenden in Europa oder Nordamerika auch nur nahekäme. Aber ohne humanen Fortschritt wird es niemals gelingen, das bedrohliche Bevölkerungswachstum zu bremsen - und jene Hungersmärsche zu stoppen, vor denen die Reichen auf ihren Wohlstandsinseln sich fürchten. Die Gegenleistung des Nordens, sein Beitrag zum globalen Kontrakt? Mehr Handel, mehr Entwicklungshilfe, richtig - vor allem aber das Eingeständnis der Industrieländer, daß sie ihre Fähigkeit zur Koexistenz erst noch 'entwickeln' und beweisen müssen. Auch die Deutschen blasen Unmengen des Klimakillers Kohlendioxid in den Himmel - und rauben damit den Armen im Süden heute jene ökologischen Spielräume, die sie morgen brauchen, um dem Elend zu entkommen. Die Grenzen des Wachstums weist der Horizont, die sich heißlaufende Atmosphäre des Raumschiffs Erde, die sich immer häufiger in Wirbelstürmen, Sintfluten und Verwüstung entladen wird. Die soziale Bombe auf der Erde zu entschärfen, ohne noch mehr ökologischen Sprengstoff über den Wolken anzuhäufen - das ist die Herausforderung jedweder Friedenspolitik für das 21. Jahrhundert. Doch was geschieht zum Beispiel in Bonn? Die Entwicklungshilfe wird gekürzt, und bereits heute steht fest, daß Deutschland das Versprechen, bis zum Jahr 2005 seinen Co_2-Ausstoß gegenüber 1990 um ein Viertel zu verringern, nicht erfüllen wird. Was nötig wäre, ist bekannt und längst analysiert: Eine Energiesteuer muß das Verfeuern von Öl, Gas und Kohle verteuern und gleichzeitig die Arbeitskraft des Menschen billiger machen. Doch davor scheuen die Standortwächter zurück. 'Heute nicht, vielleicht morgen', tönen nicht nur die Automänner - als ob die ökologische Entziehungskur dann leichter fiele. Es stimmt ja, im Zeitalter der Globalisierung vermag kein Land mehr ohne Blick auf den Nachbarn zu handeln. Doch ob für mehr Jobs oder für weniger Klimakiller - selbst die ökonomischen Großmächte verzichten darauf, den Märkten einen sozialen und ökologischen Rahmen zu zimmern. Kein Kartellamt überwacht den Wettbewerb und das Zusammenspiel jener 37.000 Konzerne, die schon heute ein Drittel des globalen Sozialproduktes kontrollieren. Statt dessen unterwirft sich die Politik der 'Kasino-Wirtschaft' und erteilt sich Denkverbote: Die Idee des Ökonomie-Nobelpreisträgers James Tobin, durch eine minimale internationale Devisensteuer die Spekulation an den Finanzmärkten zu bändigen, die Weltwährungsordnung wenigstens etwas zu stabilisieren und zugleich 150 Milliarden Dollar jährlich für Klimaschutz, Entwicklungshilfe und Friedensmissionen einzusammeln, darf von der Uno nicht einmal offiziell studiert werden. Dabei ist klar: je früher die Regierungen umsteuern, desto eher läßt sich der globale Crash noch abwenden. Doch sie handeln nicht. Statt dessen: schnell eine Mark vom Bürger für den Bettler, vielleicht noch eine Spende für Misereor oder Greenpeace - aber das bleiben Almosen für Mensch und Natur angesichts einer bankrotten zur Zukunft unfähigen Politik." (Die Zeit vom 26.7.1995)

<u>Literatur:</u>

Elmar Altvater, Jürgen Hoffmann, Willi Semmler, Vom Wirtschaftswunder zur Wirtschaftskrise, Berlin 1979

Johannes Berger, Der Grundgedanke der Marxschen Krisentheorie, in: Alternative Wirtschaftspolitik, Argument-Sonderband, Berlin 1979

Gottfried Bombach, Wirtschaftswachstum, in: Handwörterbuch der Sozialwissenschaften, Bd. 12 Stuttgart, Tübingen, Göttingen 1965

William H. Branson, Makroökonomie, 3. Aufl., München, Wien 1992

Lucas Bretschger, Wachstumstheorie, München, Wien 1996

Kurt Elsner, Wachstumsmodelle, lineare, in: Handwörterbuch der Wirtschaftswissenschaft (HdWW), Bd. 8, Stuttgart, Tübingen, Göttingen 1988

Gerhard Fleische, Manfred Krüper (Hrsg.), Investitionslenkung, Überwindung oder Ergänzung der Marktwirtschaft?, Frankfurt/M./Köln 1975, sowie Wolfgang Roth (Hrsg.), Investitionslenkung, Reinbek 1976

Günter Gabisch, Konjunktur und Wachstum, in: Vahlens Kompendium der Wirtschaftstheorie und Wirtschaftspolitik, Bd. 1, München 1981

Bernhard Gahlen, Alfred E. Ott (Hrsg.), Probleme der Wachstumstheorie, Tübingen 1972

Bernhard Gahlen, Einführung in die Wachstumstheorie, Bd. 1, Tübingen 1973

Werner Glastetter, Die wirtschaftliche Entwicklung der Bundesrepublik Deutschland im Zeitraum 1950 bis 1975, Berlin, Heidelberg, New York 1977

Global 2000, Der Bericht an den Präsidenten, 5. Aufl., Frankfurt/M. 1981

Jörg Goldberg, Von Krise zu Krise, Köln 1988

H. - M. Graf, Wachstumstheorie, 3. Aufl., München 1980

Heinz-Dieter Hardes, Jürgen Mertes, Grundzüge der Volkswirtschaftslehre, 5. Aufl., München, Wien 1997

Ernst Helmstädter, Wachstumstheorie, Überblick, in: Handwörterbuch der Wirtschaftswissenschaft (HdWW), Bd. 8, Stuttgart, Tübingen, Göttingen 1988

Werner Hofmann, Theorie der Wirtschaftsentwicklung - vom Merkantilismus bis zur Gegenwart, Bd. 3 Sozialökonomische Studientexte, Berlin 1971

Rudolf Hickel, Ein neuer Typ der Akkumulation?, Hamburg 1987

Carl-Ludwig Holtfrerich,Wachstum, in: Handwörterbuch der Wirtschaftswissenschaft (HdWW), Bd. 8, Stuttgart, Tübingen, Göttingen 1988

Hösch, P.R. Szigeti, Volkswirtschaftslehre, 5. Aufl., Herne/Berlin 1988

Jörg Huffschmid (Hrsg.), Rüstungs- oder Sozialstaat?, Köln 1981

Jörg Huffschmid, Herbert Schui (Hrsg.), Gesellschaft im Konkurs?, Köln 1976

Wilhelm Krelle, Theorie des wirtschaftlichen Wachstums, Berlin u.a. 1985

Wilhelm Krelle, Beeinflußbarkeit und Grenzen des Wirtschaftswachstums, in: Jahrbücher für Nationalökonomie und Statistik, Bd. 178, Stuttgart 1965

Jürgen Kromphardt, Wachstumstheorie II, postkeynesianische, in: Handwörterbuch der Wirtschaftswissenschaft (HdWW), Bd. 8, Stuttgart, Tübingen, Göttingen 1988

Jürgen Kromphardt, Wachstum und Konjunktur. Grundlagen der Erklärung und Steuerung des Wachstumsprozesses, 3. Aufl., Göttingen 1993

Jürgen Kromphardt, Konzeptionen und Analysen des Kapitalismus, 3. Aufl., Göttingen 1991

Adolf Kruppa, Wachstumspolitik, München, Wien 1986

Artur Lewis, Die Theorie des wirtschaftlichen Wachstums, Tübingen, Zürich 1956

Helge Majer, Makroökonomik, 5. Aufl., München, Wien 1992

Helge Majer, Wirtschaftswachstum, 2. Aufl., München, Wien 1994

Alfred Maußner, Rainer Klump, Wachstumstheorie, Berlin, Heidelberg, New York 1996

Dennis H. Meadow u.a., Die Grenzen des Wachstums. Bericht des Club of Rome zur Lage der Menschheit, Stuttgart 1972

Werner Meißner, Karl Georg Zinn, Der neue Wohlstand. Qualitatives Wachstum und Vollbeschäftigung, München 1984

Gerhard Merk, Programmierte Einführung in die Volkswirtschaftslehre, Bd. IV, Wachstum, Staat und Verteilung, Wiesbaden 1974

Karl-W. Müller, Wolfgang Ströbele, Wachstumstheorie, München, Wien 1985

Karl Neumann, Strukturwandel und Strukturpolitik, Frankfurt/M. 1976

Manfred Neumann, Wachstumspolitik, in: Handwörterbuch der Wirtschaftswissenschaft (HdWW), Bd. 8, Stuttgart, Tübingen, Göttingen 1988

Erich Preiser, Wirtschaftspolitik heute, 2. Aufl., München 1969

Jan Priewe, Krisenzyklen und Stagnationstendenzen in der Bundesrepublik Deutschland, Köln 1988

Horst Rinne, Wirtschafts- und Bevölkerungsstatistik, München, Wien 1994

Joan Violet Robinson, Die Akkumulation des Kapitals, Wien 1972

Klaus Rose, Grundlagen der Wachstumstheorie. Eine Einführung, 2. Aufl., Göttingen 1973

Monika Ruschinski, Neuere Entwicklungen in der Wachstumstheorie, Wiesbaden 1996

Dieter Schröder, Wachstum und Gesellschaftspolitik, Stuttgart 1971

Alfred Stobbe, Volkswirtschaftslehre III, Makroökonomik, 2. Aufl., New York, Heidelberg, Berlin 1987

Ulrich Teichmann, Grundlagen der Wachstumspolitik, München 1987

Hans-Jürgen Vosgerau, Wachstumstheorie I, neoklassische, in: Handwörterbuch der Wirtschaftswissenschaft (HdWW), Bd. 8, Stuttgart, Tübingen, Göttingen 1988

Stefan Welzk, Boom ohne Arbeitsplätze, Köln 1986

Karl Georg Zinn, Der Niedergang des Profits, Köln 1978

8. Kapitel
Konjunkturtheorie

1. Konjunkturen haben eine lange Geschichte

Jeder langfristige Wachstumsprozeß in einer Volkswirtschaft wird von Konjunkturschwankungen begleitet. Im Mittelalter verstand man noch unter „Conjunctio" die wechselseitigen Verknüpfungen der Laufbahnen der einzelnen Gestirne und die Stellung der Sternbilder zueinander, woraus nicht selten eine schicksalhafte Bedeutung für die Menschen und ihr Handeln abgeleitet wurde. So kann es auch nicht verwundern, daß als **exogene (außerökonomische) Konjunkturursachen** kosmische Störungen und Veränderungen in der Konstellation von Erde, Sonne und Venus angenommen wurden. ***Sir William Herschel*** und ***W. St. Jevons*** gingen davon aus, daß durch Änderungen der Sonnenflecken das Wetter und damit indirekt die Ernteerträge und damit die Preise beeinflußt würden und ***Henry L. Moore*** war noch 1914 fest davon überzeugt, daß in den USA ein achtjähriger Rhythmus der Regenmenge, verursacht von einem gleichgerichteten Rhythmus der Venus, die Ernteerfolge maßgeblich beeinflußt. Heute ist die Wirtschaftswissenschaft, was die Ursachenanalyse von Konjunkturen anbelangt, nicht mehr auf derartige außerökonomische Erklärungen angewiesen. Konjunkturen werden spätestens mit ***Karl Marx*** **endogen (ökonomisch)**, d.h. aus dem immanenten Wesen marktwirtschaftlicher Ordnungen erklärt. Dennoch ist bei weit über 230 unterschiedlichen Ursachentheorien die „Problematik der Konjunktur" nicht einfacher und unbedingt transparenter geworden.

Konjunkturen und Krisen scheinen die Menschen schon immer gekannt zu haben. Funde auf Papyrus aus Memphis um 3.000 v. Chr. belegen dies. Auch die Geschichte des alten Orients (Ägypten und Babylonien) berichtet über ein Auf und Ab wirtschaftlicher Entwicklung. Im alten Testament prophezeit Joseph sieben 'fette' und sieben 'magere' Jahre für das Land Ägypten und um 33 v. Chr. war Rom Opfer einer schweren Wirtschaftskrise mit hoher Arbeitslosigkeit, die nur durch die staatliche Verteilung von Getreide gemildert werden konnte. Ursachen von Krisen in der vorkapitalistischen Welt waren in der Regel Mißernten, Kriege und Seuchen. Dies änderte sich, wie ***Joseph A. Schumpeter*** feststellt,[1] mit der Herausbildung einer kapitalistischen Ordnung und der Etablierung des modernen Kreditwesens, das im 16. Jahrhundert in Italien entwickelt und

---

[1] Joseph A. Schumpeter, Business Cycles, A Theoretical, Historical, and Statistical Analysis of the Capitalist Process, New York und London 1939

insbesondere zunächst nach Holland und England gelangte. Die holländische Krise von 1565 und die sog. „Tulpenkrise" (1634 bis 1639) trugen erste Züge einer aufkommenden kapitalistischen Wirtschaftsgesellschaft mit starken Spekulationselementen. Auch der „Südseeschwindel" um 1720, von dem sowohl England als auch Frankreich heimgesucht wurden, war spekulativen Kreditgeschäften geschuldet. Insbesondere in England, dem „Mutterland" des Kapitalismus, kam es im 18. und 19. Jahrhundert zu einschneidenden Krisen bei der industriellen Entwicklung. Von dem industriellen Konjunkturrhythmus blieb die deutsche Volkswirtschaft bis zum Jahr der Revolution von 1848 noch verschont. Bis 1848 waren die deutschen Krisen reine **Agrarkrisen**. Nach der Reichsgründung 1871 kam es bis 1873 (Gründerjahre) zu einer Hochkonjunktur, die dann aber 1874 in einer lang anhaltenen Krise endete. Der Tiefpunkt wurde erst 1879 erreicht. Aufgrund der hohen Arbeitslosigkeit wanderten während dieser Zeit ca. 1,5 Millionen Menschen aus Deutschland in andere Länder - insbesondere in die USA - aus. Eine schwere Krise durchlebte Deutschland auch nach dem Ersten Weltkrieg (1914 bis 1918). Die inflationär erkaufte Kriegskonjunktur brach nach dem Ersten Weltkrieg völlig zusammen und führte zu einer Hyperinflation (1923) mit Massenarbeitslosigkeit. Die schärfste aller Wirtschaftskrisen war bisher die **Weltwirtschaftskrise** von 1929 bis 1933. Ausgelöst durch den spekulativen Börsenkrach in der Wallstreet brach die industrielle Weltkonjunktur zusammen. Die Produktion ging in allen wirtschaftlich führenden Volkswirtschaften dramatisch zurück, Unternehmen gingen in Konkurs, Preise und Löhne verfielen und auf dem Tiefpunkt der Konjunktur gab es allein in Deutschland über 6 Millionen Arbeitslose. Auch nach dem Zweiten Weltkrieg hat es bis heute weltweit und in der Bundesrepublik Krisen bzw. Konjunkturen gegeben.

2. Zum allgemeinen Konjunkturzyklus

Was zeichnet nun aber gesamtwirtschaftliche Konjunkturen im einzelnen aus, und wodurch werden sie ausgelöst? Zunächst einmal kann gesagt werden, daß allgemein unter Konjunktur die **kurz- bis mittelfristigen Schwankungen** des Wirtschaftsprozesses bzw. das wiederkehrende (zyklische) Auf und Ab der allgemeinen Wirtschaftslage verstanden werden. Dies impliziert, daß z.B. witterungs- oder ferienbedingte **saisonale** Schwankungen nicht unter dem Konjunkturbegriff subsumiert werden. Diese werden zur Bestimmung der Konjunktur als irreguläre Schwankungen in den Zeitreihen eliminiert. Teilt man die zyklischen Schwankungen des Wirtschaftsprozesses entsprechend ihrer **Periodenlänge** ein, so ist davon auszugehen, daß die mittelfristige Zykluslänge des traditionellen Konjunkturzyklus eine Länge von 5 bis 10 Jahren aufweist. Hiervon abweichend sind die jeweils nach ihrem Entdecker benannten **Kitchin-Zyklen** (durchschnittliche Länge 40 Monate), die **Juglar-Zyklen** (Länge durchschnittlich 8 Jahre), die **Kuznets-Zyklen** (die Zykluslänge beträgt hier 15 bis 25 Jahre) und die langfristigen **Kondratieff-Zyklen** mit einer Länge von 50 bis 60 Jahren. Die Kondratieff-Zyklen (vgl. dazu die folgende Grafik) überlagern aufgrund ihrer Länge die kurz- und mittelfristigen Zyklen.

Kondratieff-Zyklus

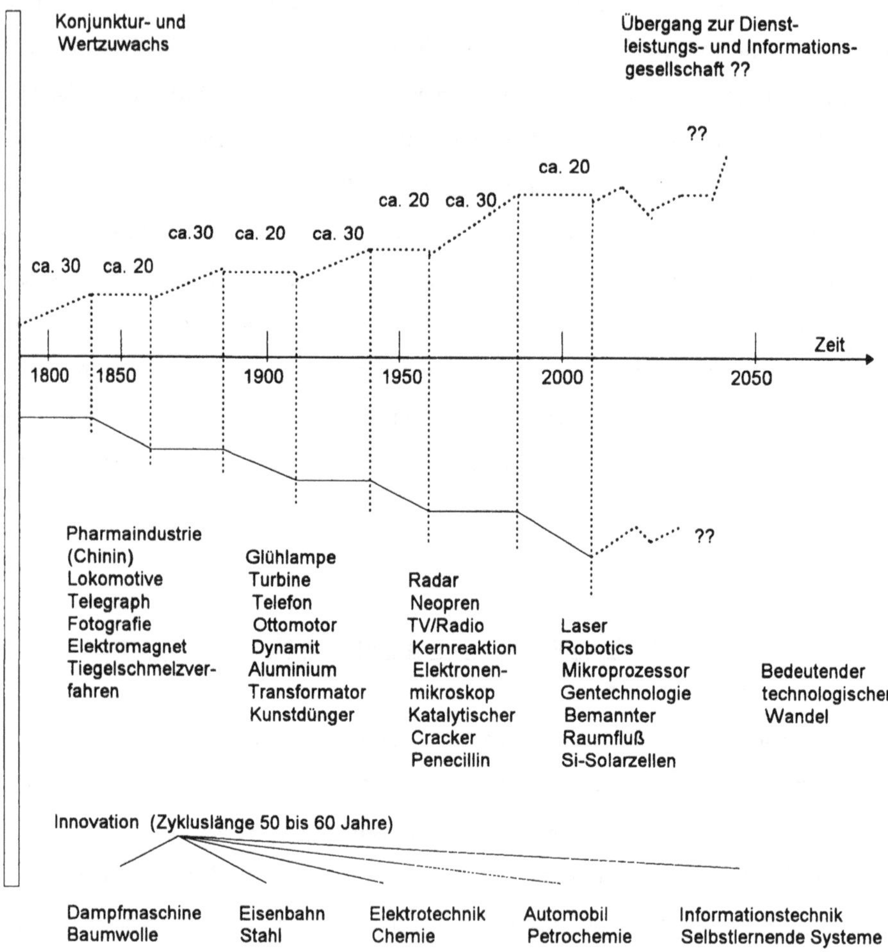

Sie haben eher den Charakter eines **langfristigen Wachstumsprozesses** und werden dementsprechend auch auf bahnbrechende Erfindungen und Innovationen (Dampfmaschine, Eisenbahn, Chemie, Elektronik, Automobil, EDV, Informations- und Kommunikationstechnik) zurückgeführt, die eine langfristige Beschleunigung des Wirtschaftsprozesses implizieren.

Zur Konjunkturerklärung wird seit 1860 von ***Clement Juglar***[1] gefordert, daß von einer **Konjunktur-Ursachentheorie** verlangt werden muß, daß sie neben einer Erklärung über das Zustandekommen der Konjunktur auch ihre periodische Wiederkehr erklären können muß. Um dem zu genügen, teilt die Wirtschaftswissenschaft heute die Konjunktur in vier **Konjunktur-Phasen** ein, wobei die vier Phasen jeweils einen **Konjunkturzyklus** bilden.

- **Boomphase (oberer Wendepunkt der Konjunktur)**
- **Rezessions- oder Abschwungphase**
- **Depressions- oder Krisenphase (unterer Wendepunkt der Konjunktur)**
- **Expansions- oder Aufschwungphase**

Diese Konjunkturphasen - gemessen als Veränderung der Wachstumsraten des realen Bruttosozial- bzw. Bruttoinlandsprodukts - sind allerdings nicht exakt periodisch abgrenzbar, sondern sie unterscheiden sich in Bezug auf Dauer und Intensität und ihre Wiederholung erfolgt in unregelmäßigen Intervallen. Hieraus folgt, daß sich Konjunkturzyklen nie einander gleichen, und

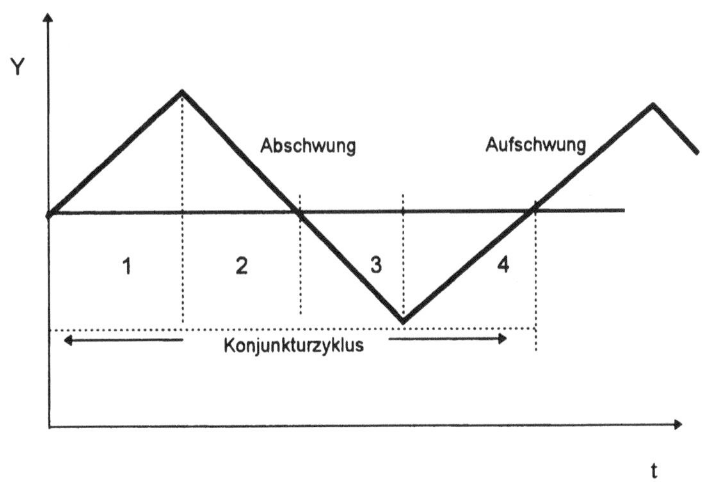

[1] Clement Juglar, Des crises commerciales et de leur retour periodique en France, en Angleterre et aux Etats-Unis, 1862

daß es keine mathematische Formel zur Berechnung vergangener oder zukünftiger Konjunkturzyklen gibt.

Trotz dieser Differenzierungen gibt es Gemeinsamkeiten zwischen den Konjunkturzyklen oder man könnte auch sagen, **allgemeine typische Elemente**. Diese sollen im folgenden kurz beschrieben werden.

Boomphase (oberer Wendepunkt der Konjunktur)

In der Boomphase der Konjunktur steigt die Nachfrage über das vorhandene Produktionspotential (Produktionskapazitäten) hinaus. Es treten massive Produktionsengpässe auf, die Produktion läuft „überhitzt". Alle Arbeitskräfte sind beschäftigt; viele Arbeitnehmer leisten Überstunden. Es herrscht Vollbeschäftigung. Die Produktionsfaktoren sind knapp. Produktionszuwächse können nur noch durch zusätzliche Erweiterungsinvestitionen erzielt werden. Durch die Knappheit der Einsatzfaktoren steigen die Faktorpreise und Einkommen. Die Gewerkschaften können aufgrund „leergefegter" Arbeitsmärkte hohe Lohnforderungen durchsetzen. Aufgrund der starken Nachfrage geben die Unternehmen die Kostensteigerungen über ihre Absatzpreise weiter. Es kommt zu inflatorischen Entwicklungen. Hierdurch steigen die Zinsen, weil die Zentralbank zur Eindämmung der Inflation einen restriktiven Geldkurs fährt. Aktienkurse, die bisher auf einem hohen Niveau lagen, fangen aufgrund der Zinssteigerungen an zu sinken. Die Gewinne haben ein maximales Niveau erreicht. Weitere Produktionszuwächse sind nur noch unter der Bedingung einer schlechteren (abnehmenden) Produktivität möglich. Die Grenzproduktivität der Einsatzfaktoren geht zurück. Dadurch kommt es zu einem Steigen der Stückkosten, weil der Grenzertrag kleiner ist als die Kosten pro zusätzlicher Produktionseinheit. Die Lohnquote nimmt zu und die Gewinnquote sinkt. Hierdurch kommt es langsam zu einem Rückgang der Investitionen. Die Nachfrage nach Konsumgütern befindet sich zwar noch auf einem hohen Niveau, jedoch reicht sie nicht mehr völlig aus, das durch die Vergrößerung der Kapazitäten geschaffene Angebot, bei gleichzeitig steigenden Preisen und damit abnehmender Kaufkraft, abzuschöpfen. Hierin drückt sich das widersprüchliche Wesensmerkmal des Booms aus. Durch die gestiegenen Investitionen haben sich immer mehr Produktionskapazitäten aufgebaut und damit das Angebot soweit erhöht, daß nun Überkapazitäten entstanden sind. Steigende Stückkosten und eine nicht mehr die Kapazitäten voll auslastende Nachfrage drücken immer mehr auf die Ertragslage der Unternehmen. Die Stimmung wird zunehmend pessimistischer, so daß es nun auf breiter Front zur Zurückhaltung bei den Investitionen kommt. Der Investitionsmultiplikator wirkt dabei verstärkt negativ in Richtung Abschwung. Dadurch geht die Nachfrage immer mehr zurück und die zuvor aufgebauten Produktionskapazitäten werden immer schlechter ausgelastet. Die Stückkosten steigen jetzt noch mehr und die ersten Unternehmen erleiden Verluste. Es kommt zu Entlassungen und es entsteht Arbeitslosigkeit. Die Kaufkraft sinkt. Dadurch werden nun auch die Konsumenten ängstlich. Sie erhöhen ihre Sparquote, wodurch der Konsum eingeschränkt wird und insgesamt über den Konsummultiplikator negativ auf die Nachfrage wirkt. Damit ist endgültig der konjunkturelle Abschwung eingeleitet und es beginnt die Phase der Rezession.

Rezessions- oder Abschwungphase

Der Punkt, an dem der Boom in die Rezession umschlägt, wird als oberer Wendepunkt der Konjunktur bezeichnet. Die in der Endphase des Booms bereits eingeleiteten Abschwungentwicklungen verstärken sich in der Rezessions- bzw. Abschwungphase immer mehr. Sowohl in der Investitionsgüter- als auch in der Konsumgüterindustrie geht die Nachfrage stark zurück und dadurch sinkt die Kapazitätsauslastung. Die dadurch bedingten Stückkostensteigerungen können die Unternehmen aufgrund der rückläufigen Nachfrage nicht mehr über die Absatzpreise weiterwälzen. Steigende Kosten und sinkende Erlöse implizieren bei den Unternehmen einen verstärkten Ertragsdruck, der noch zusätzlich dadurch erhöht wird, daß die in der Aufschwung- und Boomphase gestiegenen Löhne auf einem hohen Niveau verharren. In der Boomphase fremdfinanzierte Investitionen verlieren ihre zuvor errechnete Wirtschaftlichkeit. Hohe Zinskosten belasten zusätzlich die Ergebnisrechnung der Unternehmen. Immer mehr Unternehmen geraten mit ihren Gewinn- und Verlustrechnungen in die Verlustzone. Verstärkte Entlassungen und eine Zunahme der Arbeitslosigkeit sind die Folge. Die Gewerkschaften verlieren in den Tarifverhandlungen aufgrund der Arbeitslosigkeit an Verhandlungsstärke. Die Löhne fangen an zu sinken. Hierdurch fällt wiederum weitere Kaufkraft und damit Nachfrage aus. Der Abschwung geht in die Depressionsphase über.

Depressions- oder Krisenphase (unterer Wendepunkt der Konjunktur)

Mit der Depressionsphase innerhalb des Konjunkturzyklus beginnt die eigentliche wirtschaftliche Krise. Preise und Löhne beginnen auf weiter Front zu sinken, wodurch die Inflationsrate rückläufig ist. Die Unternehmen erleiden vielfach massive Verluste. Die Kapazitäten sind teilweise so gering ausgelastet, daß die abgenutzen Maschinen und Anlagen in Form von Ersatzinvestitionen nicht mehr ersetzt werden. Durchgreifende investive Maßnahmen der Unternehmen werden so gut wie eingestellt. Es herrscht ein allgemeiner Investitionsattentismus.

Die Kreditnachfrage geht deshalb stark zurück; dies impliziert aufgrund der hohen Liquiditätsreserven bei den Banken ein Sinken der Zinsen. Die Arbeitslosigkeit steigt immer mehr an. Sie erreicht schließlich Rekordhöhen. Die damit einhergehende Schwächung der Massenkaufkraft führt zu einer noch größer werdenden Lücke zwischen Angebot und Nachfrage, bis letztlich die wirtschaftlichen Aktivitäten bei ihrem absolut niedrigsten Niveau angekommen sind. Der Schrumpfungsprozeß kommt zum Stillstand und der untere Wendepunkt der Konjunktur ist erreicht.

Expansions- oder Aufschwungphase

In der Phase des unteren Wendepunktes der Konjunktur fangen die Unternehmen langsam an sich durch Rationalisierungsinvestitionen von dem Kostendruck zu befreien. In diesen Unternehmen sinken dadurch die Stückkosten. Die durch die Rationalisierungsinvestitionen ausgelöste Nachfrage verbessert gleichzeitig die Kapazitätsauslastung in der Investitionsgüterindustrie. Hierdurch sinken auch hier auslastungsbedingt die Stückkosten. Es macht sich wieder Optimismus breit. Durch die Produktivitätserhöhungen und durch die in der Depressionsphase gesunkenen Löhne übersteigen die Leistungen pro Arbeitsstunde bei weitem die Kosten pro Arbeitseinheit. Die Gewinnaussichten der Unternehmen scheinen sich zu verbessern; es lohnt sich offensichlich wieder zu investieren. Die Investitionsgüternachfrage steigt, auch vor dem Hintergrund der niedrigen Zinsen, die die Rentabilität der Investitionen erhöhen, während sich die Konsumgüternachfrage aufgrund der gesunkenen Löhne und vorliegenden hohen Arbeitslosigkeit noch auf einem niedrigen Niveau bewegt. Die Zunahme der Investitionen beginnt aber allmählich immer mehr multiplikativ zu wirken, so daß sich hierdurch die Produktion und das Einkommen weiter erhöht. Da sich die Preise noch auf einem niedrigen Niveau befinden, wird der höheren Nachfrage ausschließlich durch eine höhere Güterproduktion begegnet. Dies schlägt schließlich auch auf die Konsumgüterindustrie durch. Die allgemeine Kapazitätsauslastung nimmt zu und damit sinken die Stückkosten immer mehr. Einige Unternehmen haben bereits die Verlustzone verlassen und erreichen ihre Kapazitätsgrenzen. Es kommt zu Erweiterungsinvestitionen. Die Arbeitslosigkeit nimmt drastisch ab und damit steigt die Kaufkraft. Langsam können die Unternehmen auch wieder die Preise erhöhen. Durch die gesunkenen Stückkosten auf der einen Seite und der verbesserten Preisstellung auf den Absatzmärkten auf der anderen Seite erzielen die Unternehmen immer mehr Gewinne. Die Lohnsteigerungen hinken in dieser Phase hinter der Preis- und Gewinnsteigerung her. Je mehr aber die Arbeitslosigkeit abgebaut wird, und die Wirtschaft in Richtung Vollbeschäftigung tendiert, steigert sich auch wieder die

Verhandlungsmacht der Gewerkschaften und es kommt zu Lohnerhöhungen. Hierdurch wiederum steigt die allgemeine Kaufkraft und die Nachfrage nimmt begleitet von Preissteigerungen weiter zu. Die Wirtschaft befindet sich im Aufschwung.

Die nachfolgende Tabelle stellt noch einmal den allgemeinen Verlauf eines Konjunkturzyklus anhand bestimmter **Indikatoren** zusammen.

Indikatorenverlauf und Konjunkturphasen

Indikatoren Konjunktur-phasen	Auftragsein-eingänge Produktion Auslastung	Investitionen	Stückkosten	Preise	Gewinne Gewinnquote	Löhne Lohnquote Kaufkraft	Nachfrage
Boom	steigend	steigend	konstant	stark steigend	stark steigend	steigend	stark steigend
Rezession	stark fallend	stark fallend	steigend	schwach fallend	konstant fallend	konstant	fallend
Depression	schwach fallend	schwach fallend	stark steigend	fallend	stark fallend	fallend	stark fallend
Expansion	stark steigend	stark steigend	stark fallend	schwach steigend	steigend	konstant	steigend

Die angeführten Konjunkturindikatoren lassen sich in drei Gruppen einteilen:

- **Frühindikatoren**
- **Präsensindikatoren**
- **Spätindikatoren**

Die Frühindikatoren kündigen in groben Zügen den zukünftigen Konjunkturverlauf an. Sie sind die ersten Anzeichen für die Konjunkturentwicklung. Dazu zählen die Auftragseingänge und die Investitionen. Demgegenüber zeigen die Präsensindikatoren die jeweils aktuelle Konjunkturlage an. Zu den Präsensindikatoren gehört vor allem die aktuelle Produktion und die Auslastung der Produktionskapazitäten. Damit verbunden ist die Höhe der Stückkosten. Die Spätindikatoren sind mit einem time-lag den Präsensindikatoren nachgelagert. Zu ihnen gehören die Preise, Löhne und Gewinne. Auch die Arbeitslosenquote ist ein Spätindikator.

Vor dem Hintergrund der unterschiedlichen Indikatoren werden die vier Phasen der Konjunktur nicht selten unterschiedlich und teilweise sogar widersprüchlich bezeichnet. In der Regel ist es außerdem nicht möglich, die Übergänge der einzelnen Konjunkturphasen genau zu bestimmen. Wann geht beispielsweise der Aufschwung in einen Boom oder die Rezession in eine Depression über? Daher gebraucht man bei der empirischen Analyse zur Abgrenzung der Phasen lediglich nur eine Aufschwung- und eine Abschwungphase. Dazu dient die Veränderung der Wachstumsrate des realen Bruttosozialprodukts bzw. Bruttoinlandsprodukts ($\Delta w_t = w_t - w_{t-1}$). Fällt die Wachstumsrate (w_t), ist also (Δw_t) negativ, dann befindet sich die Wirtschaft im konjunkturellen Abschwung. Ist dagegen die Wachtumsrate (Δw_t) positiv, so befindet sich die Wirtschaft im Aufschwung.

Vergleicht man in dieser empirischen Abgrenzung die Aufschwung- und Abschwungphasen für die alte Bundesrepublik von 1951 bis 1993, so ergeben sich insgesamt 12 Konjunkturzyklen (vgl. dazu die folgende Tabelle). Die längsten Zyklen dauerten 5 Jahre. Die Abschwungphasen der Zyklen sind dabei wesentlich länger als die Aufschwungphasen. Geht man davon aus, daß bei einem absolut rückläufigen Sozialprodukt (= negative Wachstumsrate) eine Rezession in eine Depression übergeht, so lag eine solche im 4. Zyklus im Jahr 1967 (- 0,2), im 8. Zyklus in den Jahren 1981 (- 0,1) und 1982 (-0,9) und am Ende des 12. Zyklus im Jahr 1993 (-1,3) vor. Am stärksten war dabei in jedem Depressionsjahr innerhalb der Einzelaggregate (privater Verbrauch, Staatsverbrauch, Bruttoinvestitionen und Außenbeitrag) des realen Bruttoinlandsproduktes der Rückgang der Bruttoinvestitionen.

Konjunkturzyklen in der Bundesrepublik (alte Bundesländer)

Jahr	Wachstumsrate reales Bruttoinlandsprodukt	Abschwung	Aufschwung	Ende des Zyklus	Zykluslänge
1951	10,4	↓			
1952	8,9	↓			
1953	8,2	↓			
1954	7,4	↓		1. Zyklus	5 Jahre
1955	12,0		↑		
1956	7,3	↓			
1957	5,7	↓			
1958	3,7	↓		2. Zyklus	4 Jahre
1959	7,3		↑		
1960	9,0		↑		
1961	5,4	↓			
1962	4,0	↓			
1963	3,4	↓		3. Zyklus	5 Jahre
1964	6,7		↑		
1965	5,6	↓			
1966	2,9	↓			
1967	- 0,2	↓		4. Zyklus	4 Jahre
1968	7,3		↑		
1969	8,2		↑		
1970	5,8	↓			
1971	2,7	↓			
1972	3,0	↓		5. Zyklus	5 Jahre
1973	5,4		↑		
1974	0,4	↓			
1975	- 3,6	↓		6. Zyklus	3 Jahre
1976	5,3		↑		
1977	2,8	↓		7. Zyklus	2 Jahre
1978	3,0		↑		
1979	4,2		↑		
1980	1,0	↓			
1981	- 0,1	↓			
1982	- 0,9	↓		8. Zyklus	5 Jahre
1983	1,8		↑		
1984	2,8		↑		
1985	2,0	↓		9. Zyklus	3 Jahre
1986	2,3		↑		
1987	1,5	↓		10. Zyklus	2 Jahre
1988	3,7		↑		
1989	3,6	↓		11. Zyklus	2 Jahre
1990	5,7		↑		
1991	4,5	↓			
1992	2,1	↓			
1993	- 1,3	↓		12. Zyklus	4 Jahre

3. Unterschiedliche Konjunkturtheoretische Ansätze

Zur Erklärung des Konjunkturverlaufes gibt es eine Fülle an unterschiedlichen Theorien. Diese korrelieren stark mit den einzelnen Paradigmen innerhalb der Wirtschaftswissenschaft. Klassiker und Neoklassiker incl. der Monetaristen gehen im wesentlichen davon aus, daß konjunkturelle Krisen nur vorübergehende Randerscheinungen sind, die das marktwirtschaftliche System aus sich selbst heraus durch „Selbstheilungskräfte“ löst. Dem steht die marxistische und auch die keynesianische Position diamentral gegenüber. Hiernach basieren Krisen auf antagonistischen Distributionsverhältnissen (Marx) oder auf Unterbeschäftigungsgleichgewichten (Keynes). Bei Marx mündet die Krise langfristig in einer Aufhebung der kapitalistischen Ordnung und bei Keynes gibt es die von der Klassik und Neoklassik behaupteten Selbstheilungskräfte nicht. Ohne staatliche Intervention in den Konjunkturablauf findet die Privatwirtschaft nicht aus der Krise heraus.

Wie bereits angedeutet, werden heute die Konjunkturtheorien in **exogene**, von „außen“ auf das Wirtschaftsgeschehen einwirkende Faktoren, und in **endogene** Theorien, durch eine systemimmanente Störanfälligkeit auslösende Faktoren, differenziert. Zu den **exogenen Theorien** zählt man auch psychologische Theorienansätze. Hier wird der Konjunkturzyklus aus Erwartungsirrtümern, die psychologisch zu Optimismus- bzw. Pessimismuskumulationen führen, erklärt. Hauptvertreter sind *A.C. Pigou* und *W.A. Jöhr*. Neu hinzugekommen sind hier auch politische Konjunkturansätze, die die Konjunktur aus politischen Umständen, z.B. Regierungswechseln, erklären. Vertreten durch *J. A. Ackermann*, *M. Kalecki* und *B.S. Frey*. Die endogenen Theorien werden noch einmal in **realwirtschaftliche** und **rein monetäre** Konjunkturerklärungen zusammengefaßt. Bei den realwirtschaftlichen Theorien unterscheidet man die **Überinvestitions-** und **Unterkonsumtionstheorien** sowie die **Disproportionalitätstheorien**. Die Überinvestitionstheorien erklären den Konjunkturverlauf aus einer überproportionalen Schwankung der Investitionsgüternachfrage. Hierbei gibt es unterschiedliche Versionen. Die erste Version knüpft an die monetäre „Zinnsspannentheorie“ von *K. Wicksell* an. Sie wird deshalb auch häufig als „monetäre Überinvestitionstheorie“ (sog. „neowicksellscher Ansatz“) bezeichnet. Hauptvertreter sind hier: *F.v. Hayek*, *L.v. Mises*, *W. Röpke*, *L. Robbins*. Die zweite Version der Überinvestitionstheorien setzt am Prozeß der Durchsetzung von Innovationen an. Vertreten wird diese Richtung insbesondere von *J.A. Schumpeter*, *G. Cassel*, *A. H. Hansen* und teilweise von *A. Spiethoff*, der diese in Verbindung zur Disproportionalitätstheorie bringt. Die dritte Version beschreibt eine Investitionsakzeleration durch Konsumsteigerung vertreten durch *A. Aftalion*, *F. Bickerdike*, *R. F. Harrod*, *P. A. Samuelson* und *J. R. Hicks* sowie eine Weiterentwicklung des Akzelerationsprinzips mit Differenzierungen in den Verzögerungsstrukturen und Aufspaltung des Einkommensmultiplikators, der Wachstumstheorie (*N. Kaldor*, *R.M. Goodwin*), von monetären Faktoren (*A. W. Phillips*, *D. J. Smith*) und sektoralen Ausdifferenzierungen (*J. S. Duesenberry*, *W. Volgt*) sowie einen stochastischen Ansatz von *W. Krelle*. Die Unterkonsumtionstheorien erklären dagegen die Konjunktur aus einer beschränkten Konsummöglichkeit aufgrund ungleicher Einkommensverteilung gegenüber der Produktions- bzw. Kapazitätsausweitung. Auch hier sind mehrere Versionen zu unterscheiden. Die erste Version knüpft an eine Überproduktion in Verbindung mit dem technischen Fortschritt an. Vertreter sind hier *R. Owen*, *Jean Ch. L. Simonde de Sismondi* und *Th. R. Malthus*, der diese Argumentation auch mit einem „Übersparen" verbindet. Die zweite Version führt die Unterkonsumtion auf ein zu hohes Sparen der Gewinnbezieher zurück (*J. A. Hobson*, *W.T. Foster* und *W. Catchings*) und die dritte Version der Unterkonsumtionstheorie bezieht sich auf eine verzögerte Steigerung des Lohneinkommens im Aufschwung (*E. Lederer*) sowie auf eine Rentabilitätskrise der Investitionen, durch die die Einkommensverteilung bestimmt wird und damit „die allgemeine Spielregel der Marktwirtschaft" außer Kraft gesetzt wird (*E. Preiser*).

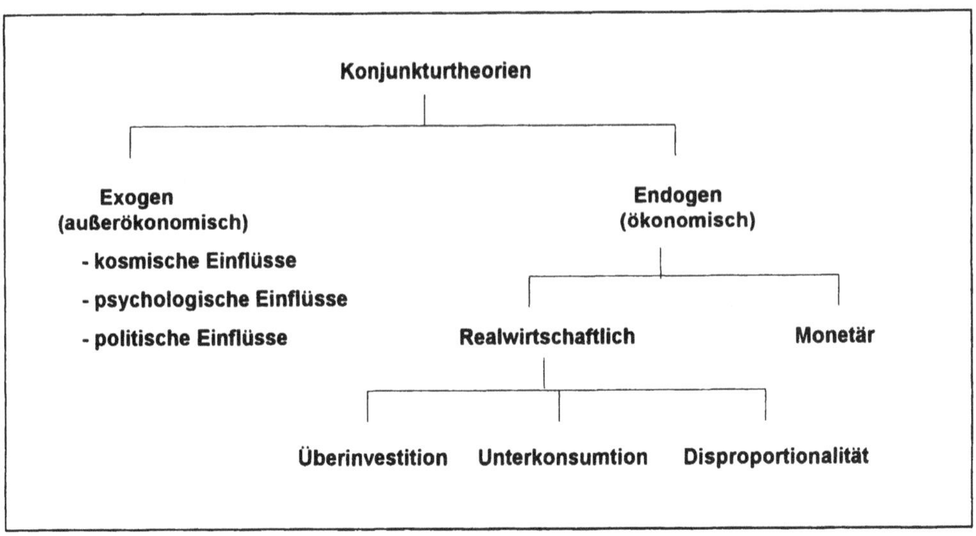

Als dritte realwirtschaftliche Erklärungsvariante der endogenen Konjunkturtheorien beschreiben die Disproportionalitätstheorien aus einer disproportionalen Entwicklung der Wirtschaftsektoren, vertreten in erster Linie durch *M. Tugan-Baranowsky*, den Konjunkturverlauf. Die rein **monetären Konjunkturtheorien** gehen im Gegensatz zu den realwirtschaftlichen Theorien ausschließlich von einer Variation der Geldmenge bzw. Kreditgewährung bei der Konjunkturerklärung aus. Hauptvertreter ist hier *R. G. Hawtrey*.

Im folgenden ist es im Rahmen eines allgemeinen Lehrbuches zur Ökonomie unmöglich auf alle genannten Konjunkturtheorien näher einzugehen. Daher sollen nur die Grundzüge der **Überinvestitions- und Unterkonsumtionstheorie** und die **monetäre Konjunkturtheorie** näher erläutert werden. Darüber hinaus wird auf die Neuorientierung der Wirtschaftstheorie von Keynes **(Multiplikator-Akzeleratorprinzip)** und auf die **Schumpetersche Konjunkturerklärung** sowie ausführlicher auf die **Marxsche Krisentheorie** eingegangen. Im Rahmen der exogenen Konjunkturerklärung wird zusätzlich das Problem der **„politischen Konjunkturzyklen“** beschrieben. Zuvor soll aber noch eine kurze allgemeine Betrachtung des Umgangs mit Konjunkturen durch die **„Klassische Nationalökonomie“** vorgenommen werden.

3.1 Konjunkturen und die Klassische Ökonomie

Die klassischen Nationalökonomen, mit Ausnahme von ***Robert Malthus*** *(1766 bis 1834)* und ***Jean Ch. L. Simonde de Sismondi*** *(1773 bis 1842)*, haben sich mit dem Problem der Konjunktur kaum auseinandergesetzt. Krisen und Störungen im Wirtschaftskreislauf waren für sie nicht systembedingt, sondern, sollten sie wirklich einmal auftreten, allenfalls kurzfristiger Natur. Sie hielten sie mehr für eine Randerscheinung. Ihre Botschaft lautete: Das marktwirtschaftliche System findet aufgrund eines flexiblen Preis-, Zins- und Lohnmechanismus auf den entsprechenden Märkten immer wieder zu einem neuen Vollbeschäftigungsgleichgewicht. Diese Vorstellung gipfelte im von ***Jean Baptiste Say*** *(1767 bis 1832)* fomulierten **„Sayschen Theorem“** bzw. in der „Theorie der Absatzwege“.[1] Demnach schafft sich jedes Angebot seine Nachfrage selbst, weshalb auch eine Überproduktionskrise nicht möglich ist. „Weil jeder von uns“ - so die Grundthese von Say - „die Erzeugnisse des Anderen nur mit seinen eigenen kaufen kann, weil die Wertmenge, die wir einkaufen können, derjenigen gleich ist, die wir

[1] Vgl. Jean Baptiste Say, Traite d economie politique, Paris 1803

hervorzubringen vermögen, so werden auch die Menschen desto mehr kaufen, je mehr sie hervorbringen". Allenfalls sind partielle und kurzfristig temporäre Überproduktionen einzelner Güter denkbar, der allerdings aufgrund seiner Grundthese eine Unterproduktion bei anderen Gütern entsprechen muß. Der Preiswettbewerb sorgt dabei über eine Knappheitsanzeige bei den einzelnen Gütern für eine Beseitigung der Gleichgewichtsstörungen. „Mit dieser Interpretation ökonomischer Prozesse hat Say eine Denkrichtung innerhalb der Wirtschaftswissenschaft inauguriert, die bis auf den heutigen Tag den Kern marktwirtschaftlichen Denkens bildet. Wenn auch mit einer ausgesprochen naiv-mechanistischen Betrachtung der Verhältnisse von Produktion und Absatz, die Geld nur als bloßes Zirkulationsmittel anerkennt, so formuliert damit Say die Basis für die prinzipielle Anschauung, daß Konkurrenzsysteme aus sich selbst heraus auf ein optimales Gleichgewicht zusteuern, d.h. krisenfrei wirken."[1] Es ist erstaunlich, daß sich der *„Sachverständigenrat zur Begutachtung der gesamtwirtschaftlichen Entwicklung" (SVR)* diese an der wirtschaftlichen Realität vorbeigehende Argumentation, bzw. diesen Rückgriff in die „Rumpelkammer" (Emil Lederer) der ökonomischen Dogmengeschichte, zu eigen macht bzw. anschließt, wenn er schreibt: *„Im Zusammenspiel der Vielen schafft so das Angebot seine Nachfrage."*[2] Damit wird die zentrale Erkenntnis, die ***John Maynard Keynes*** angesichts der Weltwirtschaftkrise Ende der zwanziger Jahre herausgefunden hatte, völlig ignoriert: gewinngesteuerte Ordnungssysteme neigen zum Verharren in einer Situation, wo nicht alle Produktionsmöglichkeiten ausgeschöpft sind, d.h. Massenarbeitslosigkeit existiert.

Auch andere Klassische Ökonomen wie ***Adam Smith***, ***David Ricardo*** oder ***John Stuart Mill*** bewegen sich im Hinblick auf Konjunkturprobleme strikt im Rahmen einer harmonischen Gleichgewichtstheorie. Für *Smith* und *Ricardo* sorgt eine kapitalistische Gewinnwirtschaft immer wieder für solche Anreize, daß langfristige Krisen ausgeschlossen sind. Überproduktionen durch nachlassende Bedürfnisse (Marktsättigung) sind hier nicht vorstellbar. Sollte es dennoch zu temporären Überproduktionen kommen, sorgt der Preis dafür, der in solchen Situationen unter die Produktionskosten sinkt und zu entsprechenden Verlusten führt, daß Produktion und Kapazitäten stillgelegt und durch gewinnbringende Neuproduktionen in anderen Wirtschaftsbereichen substituiert werden. Für *Mill* ist die Unbegrenztheit der menschlichen Bedürfnisse ein Garant für stetige Wirtschaftsentwicklung. Darüber hinaus entwickelte er das „Saysche Gesetz" durch die

[1] Rudolf Hickel, Wirtschaftskrisen, Ausgewählte Lesestücke zum Studium der politischen Ökonomie, K. Diehl/P. Mombert (Hrsg.), Frankfurt/M., Berlin, Wien 1979

[2] Jahresgutachten 1977/78 des Sachverständigenrates zur Begutachtung der gesamtwirtschaftlichen Entwicklung, Bundestagsdrucksache 8/1221 vom 21.1.1977, Textziffer 26*

explizite Berücksichtigung des Sparens weiter. Soweit nämlich das durch Produktion geschaffene Einkommen nicht für Konsumzwecke, sondern fürs Sparen verwandt wird, könne eine Absatzstockung eintreten, da nicht das in der Vorperiode geschaffene Wertprodukt zurückgekauft würde. Die Unternehmen blieben auf einen Teil ihrer produzierten Güter sitzen. Da aber aufgrund der niedrigen Löhne (vgl. Existenzminimumtheorie des Lohnes[1]) nur die Unternehmer sparen könnten, und dieses Sparen für investive Zwecke verwandt würde, käme es allenfalls durch einen „Produktionsumweg", nämlich dem Investieren, zu einem neuen Gleichgewicht. Hier deutet sich die Volkswirtschaftliche Gesamtrechung (VGR) in Form des ex-post-Gleichgewichts von Investition und Sparen (I = S) an.

Kritisiert wurde das harmonische Gleichgewichtsdenken der klassischen Ökonomen von ***Thomas Robert Malthus*** und ***Jean Ch. L. Simonde des Sismondi***.[2] Sie sehen mit ihren Theorien durchaus die Gefahr von allgemeinen und nicht nur partiellen Überproduktionskrisen in marktwirtschaftlichen Ordnungen durch ein „Übersparen" (Malthus), das zu einer zu großen Kapitalakkumulation führt, die wiederum auf eine ungleiche Einkommensverteilung zwischen Kapitalisten und Arbeitern zurückgeht. Die Sparfonds werden dabei nur von den Kapitalisten gespeist. Die dagegen für den Konsum (Verbrauch) vollständig absorbierten Löhne könnten auf Dauer nicht mit den für die Kapitalakkumulation verwandten Gewinne (Ersparnisse) Schritt halten, so daß die erweiterte Akkumulation ein ständig erweitertes Güterangebot schafft, für das aufgrund der stark ungleichen Einkommensverteilung letztlich die Kaufkraft der Arbeiter fehlt. Die hierdurch allgemein entstehende Überproduktion führe aber zu einem Preisverfall und damit zu einem Sinken der Gewinne, wodurch die Kapitalakkumulation nachlasse und die Überproduktion schließlich beseitigt würde. Malthus und Sismondi beschreiben damit einen geschlossenen Konjunkturzyklus mit Auf- und Abschwung.

3.2 Zur Marxschen Krisentheorie

Der schärfste Kritiker der „Klassischen Nationalökonomie" war ***Karl Marx*** *(1818 bis 1883)*. Vor dem Hintergrund sich massiv verändernder Wirtschaftsstrukturen im Verlauf der Industrialisierung („Industrielle Revolution"), die alles andere als harmonisch und krisenfrei ablief,

[1] Demnach wird der Wert bzw. Preis der Arbeit, der Lohn, durch das Existenzminimum bestimmt, das der Arbeiter benötigt, um seine Arbeitskraft zu erhalten und sich fortzupflanzen.
[2] Thomas Robert Malthus, Principles of Political Economy, 1820

waren die von den Klassikern der Ökonomie aufgestellten Gleichgewichtstheorien mit Vollbeschäftigung nicht mehr haltbar. Landflucht in die Städte und immer zahlreicher werdende Fabriken, technische Erfindungen (herausragend ist hier die Erfindung der Dampfmaschine durch ***James Watt** (1736 bis 1819)* im Jahr 1765, einem Freund von *Adam Smith*) und Massenelend, sowohl bei den Arbeitslosen als auch bei den beschäftigten Arbeitern, bestimmten weitgehend das Bild im 19. Jahrhundert. In die Krisentheorie von Marx gingen diese empirischen Erfahrungen der damaligen Zeit ein. Theoretisch basiert sie auf der von ihm wissenschaftlich entwickelten **Mehrwerttheorie**. Diese soll an dieser Stelle nicht wiederholt werden.[1] Zum Verständnis der im folgenden beschriebenen Krisentheorie ist sie allerdings erforderlich.

Zur **Marxschen Krisentheorie** liegt heute eine kaum noch überschaubare Literatur und Kritik vor.[2] Eine anschaulich gestraffte Form liefert ***Alfred Stobbe*** in einem Drei-Konten-Kreislaufsystem. Diese Darstellung soll deshalb hier im folgenden wiedergegeben werden. Stobbe geht dabei von einem Zahlenbeispiel aus:

„Das Sozialprodukt der Volkswirtschaft beträgt 800 Geldeinheiten (GE). Es möge real gesehen aus 400 Mengeneinheiten (ME) eines homogenen Gutes bestehen, die zum Preis von 2 GE/ME abgesetzt werden. Der Konsum der Arbeiter, die wegen ihres niedrigen Einkommens je Kopf nicht sparen können und daher die gesamte Lohnsumme für Konsumgüter ausgeben müssen, besteht dann real aus 250 ME. Die Kapitalisten konsumieren 25 ME und investieren 125 ME. Die Verteilung des Sozialprodukts bestimmt sich nach der von den beiden Gruppen ausgeübten monetären Nachfrage. Würden etwa allein die Arbeiter Nachfrage in Höhe ihrer Löhne ausüben, so würde sich bei gegebenem realem Sozialprodukt ein Preis von 1,25 GE/ME einstellen, und das Sozialprodukt würde voll an sie fallen. Die Tatsache, daß die Kapitalisten zusätzlich Nachfrage geltend machen, muß bei konstanter Gütermenge den Preis erhöhen, wodurch zweierlei bewirkt wird. Erstens wird ein Teil des realen Sozialprodukts in die Verwendungszwecke "Konsum der Kapitalisten" und "Nettoinvestition" umgelenkt, da die Arbeiter mit der umgeänderten Lohnsumme bei gestiegenem Preis nicht mehr das gesamte reale Sozialprodukt kaufen können. Zweitens schaffen die Kapitalisten durch ihre Nachfrage erst ihr Einkommen in Gestalt von Gewinnen. Würden sie etwa insgesamt statt für 300 GE für 500 GE Konsum- und

---

[1] Vgl. dazu die ausführliche Beschreibung im 5. Kapitel, Punkt: 4.3 „Sozialistische Lohnlehren“

[2] Vgl. dazu Veit-Michael Bader, Johannes Berger, Heiner Ganssmann, Thomas Hagelstange, Burghard Hoffmann, Michael Krätke, Beate Krais, Lor Kürschner, Rüdiger Strehl, Krise und Kapitalismus bei Marx, 2 Bände, Frankfurt/M. 1975, Hans-Rudolf Peters, Politische Ökonomie des Marxismus, Göttingen 1980

Investitionsgüter nachfragen, so müßte dies bei Konstanz der Lohnsumme und des realen Sozialprodukts den Preis auf 2,50 GE/ME erhöhen, den realen Konsum der Arbeiter auf 200 ME senken und die Gewinne auf 500 erhöhen. Das Problem der Kapitalisten, den Mehrwert zu realisieren, läuft also auf das Problem der monetären Nachfrage nach Konsum- und Investitionsgütern im Vergleich zum jeweiligen realen Angebot hinaus.

Konto 1: Gesamtwirtschaftliches Produktionskonto

Löhne $L = 500$	Konsum der Arbeiter $C_L = 500$
Gewinne $G = 300$	Konsum der Kapitalisten $C_G = 50$
	Nettoinvestitionen $I = 250$

Konto 2: Einkommenskonto der Arbeiter

Konsum $C_L = 500$	Löhne $L = 500$

Konto 3: Einkommens- und Vermögensänderungskonto der Kapitalisten

Konsum $C_G = 50$	Gewinne $G = 300$
Nettoinvestitionen $I = 250$	

Auf den ersten Blick scheint es, als sei nichts leichter, als dieses Problem zu lösen: Warum sorgen die Kapitalisten nicht einfach für - im Prinzip beliebig hohe - Gewinne, wenn sie nur ihre monetäre Nachfrage zu erhöhen brauchen? Die Antwort ist, daß sie nicht aus einem zentralen Willen heraus handeln, sondern in Konkurrenz miteinander stehen. Wer als einzelner Kapitalist mehr konsumiert oder investiert, kann nicht darauf vertrauen, daß die anderen Kapitalisten dies gleichzeitig ebenfalls tun. Nur dann würde auch die Nachfrage nach den von ihm produzierten Gütern und damit sein Gewinn steigen. Es gibt kein Wirtschaftssubjekt "Kapitalisten (-klasse)" ebensowenig wie ein Wirtschaftsubjekt "Arbeiterklasse".Die hieraus folgende Erkenntnis, daß die Verteilung des Volkseinkommens auf Löhne und Gewinne entscheidend von der Höhe der gesamtwirtschaftlichen Endnachfrage abhängt, die aber in einer dezentralen Marktwirtschaft von keiner Instanz gesteuert wird, ist bis heute grundlegend. Sie gilt modifiziert auch dann, wenn der Realität entsprechend angenommen wird, daß Nachfrageänderungen auch die Höhe des realen

Sozialprodukts beeinflussen. Sie ist für die Theorie der Einkommensverteilung und für die Beurteilung der gewerkschaftlichen Lohnpolitik ebenso wichtig wie für die Frage der Umverteilungswirkungen einer Inflation und das Problem des Staatsanteils am Sozialprodukt, Sie liefert aber auch den Schlüssel zum Problem der Beschäftigung im Marxschen Modell. Dazu muß untersucht werden, welches die erklärenden Variablen für die Kornponenten der Endnachfrage und damit für die Nachfrage nach Arbeitsleistungen sind, und wie sich der technische Fortschritt auf diese Nachfrage auswirkt.

Die gesamtwirtschaftliche Endnachfrage besteht im Marxschen Modell laut Konto1 aus der Konsumgüternachfrage der Arbeiter und der Kapitalisten sowie aus der Nachfrage nach Investitionsgütern; Außenhandel und staatliche Nachfrage werden vernachlässigt. Die Konsumgüternachfrage der Arbeiter ist aus dem genannten Grund ebenso hoch wie die Lohnsumme. Die Konsumgüternachfrage der Kapitalisten ist trotz ihres wesentlich höheren Lebensstandards wegen der kleinen Zahl der Angehörigen dieser Klasse unbedeutend. Der typische Kapitalist ist nach Marx zudem nicht in erster Linie darauf aus, seinen persönlichen Lebensstandard zu erhöhen. Statt dessen zwingt ihm das System "bei Strafe des Untergangs" auf, möglichst viel und möglichst gewinnbringend zu investieren: Er muß sich ständig der Konkurrenz anderer Kapitalisten erwehren, die ihre Marktanteile auszuweiten und andere Anbietet aus dem Markt zu drängen trachten. Verzicht auf die Wahrnehmung von Gewinnchancen bedeutet Verschlechterung der Wettbewerbsposition bis hin zur Aufgabe des Unternehmens. Das wichtigste Mittel, im Konkurrenzkampf nicht zu unterliegen, ist die Senkung der Produktionskosten. Dazu kann der Kapitalist versuchen, die Lohnsätze zu drücken, und zwar sowohl bei den erwachsenen männlichen Arbeitern als auch durch vermehrte Heranziehung billigerer Arbeitskräfte. Das führt zur Erscheinungen wie Kinder- und niedriger bezahlter Frauenarbeit, Akkordlohn und Versuchen, die tägliche und wöchentliche Arbeitszeit zu verlängern sowie Ansprüche auf Mindestlöhne und bezahlten Urlaub abzuwehren.[1] Der beste Weg zur Senkung der Produktionskosten ist jedoch die Erhöhung der durchschnittlichen Arbeitsproduktivität durch vermehrten Einsatz dauerhafter Produktionsmittel. Die laufende Mechanisierung von Produktionsprozessen führt dann zu "ständiger Freisetzung" von Arbeitern. Dieser Mechanismus erklärt also, warum sich die Kapitalisten nicht jederzeit um die Arbeiter

[1] Marx hütete sich ganz generell, in diesem Zusammenhang moralische Verdammungsurteile zu fällen. Er „zeichne die Gestalten von Kapitalist und Grundeigentümer (...) keineswegs in rosigem Licht", aber: „Weniger als jeder andere kann mein Standpunkt (...) den einzelnen verantwortlich machen für Verhältnisse, deren Geschöpf er sozial bleibt (...)." Karl Marx, Das Kapital, Bd. 1, Berlin (Ost) 1975, S. 16

geradezu reißen, da doch jeder von ihnen ausgebeutet wird und daher den Mehrwert erhöht: Das Problem ist immer, diesen zu realisieren, sich also am Markt gegenüber der Konkurrenz anderer Kapitalisten zu behaupten. Im Ergebnis wohnt damit dem System eine Tendenz zur Unterbeschäftigung inne, durch die auch die Lohnsätze niedrig gehalten werden. Das Heer der Arbeitslosen, die "industrielle Reservearmee", wird durch den Zustrom ehemaliger kleiner Kapitalisten verstärkt, die wie Handwerker, Einzelhändler und kleine Landwirte dem Konkurrenzdruck erliegen, ihr Kapital verlieren und sich der Arbeiterklasse anschließen müssen. Typisch für das Investitionsverhalten der Kapitalisten ist jedoch, daß sie nicht in einem gleichmäßigen Strom, sondern stoßweise investieren. Auch das liegt am System: Da es keinen Gesamtplan gibt, orientieren sich die Kapitalisten an der im großen und ganzen für alle gleichen Konjunktursituation und neigen daher dazu, in ihrer Mehrheit entweder viel oder wenig zu investieren. Werden bestehende Märkte ausgeweitet oder wie beim Eisenbahnbau im 19. Jahrhundert neue erschlossen, gibt es Investitionsstöße. Diese erhöhen die Güternachfrage auf vielen Märkten und führen damit auch zu vermehrter Nachfrage nach Arbeitsleistungen. Ermöglicht wird diese "plötzliche und ruckweise Expansion durch das Vorhandensein von Arbeitslosen, deren Zahl im weiteren Verlauf der Expansion, während die "Produktion unter Hochdruck" läuft, zurückgeht. Der Prozeß kann jedoch nicht unbegrenzt durchgehalten werden, und zwar aus zwei Gründen. Erstens wächst die Konsumgüternachfrage der Arbeiter nur in dem Ausmaß, in dem die Lohnsumme steigt. Die Kapitalisten neigen jedoch dazu, die Produktionsmöglichkeiten für Konsumgüter über die Nachfrage hinaus auszudehnen. Das liegt daran, daß jede zusätzliche Investition, die zunächst die Beschäftigung erhöht, gleichzeitig zusätzliche Produktionskapazität schafft. Kurz und mittelfristig kann man annehmen, daß die marginale Kapitalproduktivität, also die Zunahme der Produktionskapazität und damit des Güterangebots je Einheit des netto zusätzlich investierten Sachkapitals, konstant bleibt. Da die Investition jedoch arbeitsparend ist, wächst die Lohnsumme und damit die Konsumgüternachfrage nicht im gleichen, sondern in einem kleineren Verhältnis. Da auch die Kapitalisten die fehlende Nachfrage nicht ausüben, gehen die bei der Konsumgüterproduktion erzielbaren Gewinne im späteren Verlauf des Expansionsprozesses zurück. Hinzu kommt, daß die Gewinne während dieses Prozesses schneller steigen als die Löhne, eine Erscheinung, die auch heute statistisch nachweisbar ist. Die marginale Konsumquote der Bezieher von Gewinneinkommen ist jedoch gemäß einer schon von Marx verwendeten Hypothese erheblich kleiner als die der Arbeiter. Die Umverteilung der Einkommen bewirkt damit das Zurückbleiben der Konsumgüternachfrage. Der zweite Grund ist, daß im Verlauf des Expansionsprozesses die Preise der Vorleistungen und der

Investitionsgüter steigen. Dies bedeutet einerseits für deren Produzenten zunehmende Gewinne, anderseits steigen damit aber auch die Kosten bei den Abnehmern dieser Güter. Hinzu kommt, daß die zunehmende Produktion zur "Absorption" von Arbeitslosen in den Produktionsprozeß führt, wobei die Konkurrenz der Kapitalisten um die knapper werdenden Arbeitskräfte zu Lohnsteigerungen führt. jedoch werden "die Krisen jedesmal gerade vorbereitet (...) durch eine Periode, worin der Arbeitslohn allgemein steigt ...":[1] Einige Unternehmen können die gestiegenen Kosten nicht mehr tragen, die betreffenden Kapitalisten müssen aufgeben. Steigende Produktionskosten und im Vergleich zum Angebot zurückbleibende Nachfrage nach Konsumgütern lassen also allgemein die Gewinne sinken. Darauf geht auch die Nachfrage nach Investitionsgütern zurück, der Mehrwert kann nicht mehr voll realisiert werden, die Produktion wird eingeschränkt, Arbeiter werden entlassen, die Krise ist da. Im Ergebnis, hat also das Streben jedes einzelnen Kapitalisten, seinen Gewinn zu erhöhen und dazu mehr zu investieren, gesamtwirtschaftlich das Gegenteil bewirkt.

Eine andere Ursache für Krisen können Disproportionalitäten im Aufbau des Produktionsapparates Sein: Immer wieder kommt es vor, daß Anbietet in einzelnen Wirtschaftszweigen die Nachfrage zu hoch einschätzen. Die partielle Überproduktion muß zu Preissenkungen und Produktionseinschränkungen in den betreffenden Wirtschaftszweigen führe. Da es keinen Mechanismus gibt, der zwangsläufig eine gleichzeitige kompensierende Mehrnachfrage auf anderen Märkten auslöst - das Saysche Gesetz gilt im Marxschen Modell nicht[2] - kann sich der Produktionsrückgang wegen der interindustriellen Verflechtung ausbreiten, wenn der Wirtschaftszweig bedeutend genug ist, und zu einer allgemeinen Krise führen.

Das Marxsche Modell enthält damit folgende Ursachen für das periodische Auftreten von Krisen. Das Nachfragedefizit kann eintreten

- weil die Kapitalisten dazu neigen, das Konsumgüterangebot stärker zu erhöhen, als die Nachfrage zunimmt: "Der letzte Grund aller wirklichen Krisen bleibt immer die Armut und Konsumtionsbeschränkung der Massen gegenüber dem Trieb der kapitalistischen Produktion, die Produktivkräfte *so* zu entwickeln, als ob nur die absolute Konsumtionsfähigkeit der Gesellschaft ihre Grenze bilde"[3];

---

[1] Karl Marx, Das Kapital, Bd. 2, Berlin (Ost) 1975, S.409
[2] Karl Marx, Das Kapital, Bd. 1, a.a.O., S. 127
[3] Karl Marx, Das Kapital, Bd. 3, Berlin (Ost) 1975, S. 501

- weil sinkende Gewinne infolge nachlassender Nachfrage die Kapitalisten zur Einschränkung der Investitionen veranlassen, wobei es mangels gesamtwirtschaftlicher Planung zu starken Schwankungen der Investitionstätigkeit kommt;

- weil die Kapitalisten die Nachfrageentwicklung in einzelnen Wirtschaftszweigen falsch einschätzen und sich Branchenkrisen auf die Volkswirtschaft ausdehnen.

Die Krise ist durch Massenentlassungen gekennzeichnet; kleine Kapitalisten geben auf und treten in die Arbeiterklasse über; größere Unternehmen gliedern sich kleinere an, \vas eine Tendenz zur Betriebs- und Unternehmenskonzentration bedeutet; Produktionskapazitäten werden still gelegt, und die Preise gehen zurück. Das Gleichgewicht zwischen Konsumtions- und Produktionskraft der kapitalistischen Gesellschaft wird gewaltsam wiederhergestellt. Nach Abschluß der Umstellungen kommt dann wieder ein Zeitpunkt, von dem ab es den Kapitalisten lohnend erscheint zu investieren, es tritt eine Phase der "Belebung" ein, woraufhin sich der Ablauf wiederholt.

Marx hielt aus den geschilderten Gründen solche Abläufe für eine mit dem kapitalistischen Wirtschaftsprozeß zwangsläufig verbundene Erscheinung: "Der charakteristische Lebenslauf der modernen Industrie, die Form eines durch kleinere Schwankungen unterbrochnen zehnjährigen Zyklus von Perioden mittlerer Lebendigkeit, Produktion unter Hochdruck, Krise und Stagnation, beruht auf der beständigen Bildung, größern oder geringem Absorption und Wiederbildung der industriellen Reservearmee oder Übervölkerung."[1]

Er teilte damit den Konjunkturablauf unter Benutzung anderer Begriffe ebenso ein wie die heutige Konjunkturtheorie. Nach seiner Überzeugung mußten die Konjunkturschwankungen immer heftiger werden und zusammen mit der fortschreitenden "Verelendung" der Arbeiterklasse schließlich zum Zusammenbruch des kapitalistischen Systems führen. Marx ging von den gleichen tatsächlichen Verhältnissen aus wie die Klassiker, interpretierte sie jedoch anders und betonte vor allem, daß der Wirtschaftsablauf in den am weitesten industrialisierten Ländern durch ständige Ungleichgewichte mit entsprechenden Beschäftigungsschwankungen gekennzeichnet sei. Er erkannte mithin das mit der Industrialisierung entstehende soziale Problem der Arbeitslosigkeit von Arbeitern, die den Lebensunterhalt für sich und ihre Familien ohne sonstigen ökonomischen Rückhalt nur durch den laufenden Verkauf ihrer Arbeitskraft bestreiten konnten und unter dem

[1] Karl Marx, Das Kapital, Bd. 1, a.a.O., S. 661

ständigen Risiko des Arbeitsplatzverlustes leben mußten. Neben dieser Analyse besteht sein Verdienst vor allem darin, nachdrücklich auf die mit der Industrialisierung einhergehenden sozialen Mißstände aufmerksam gemacht zu haben. Mit seiner Kritik trug er zu einer Entwicklung bei, die in der zweiten Hälfte des 19. Jahrhunderts einsetzte und mit der Bildung von Gewerkschaften, dem Verbot der Kinderarbeit, der Einrichtung der Sozialversicherung, der Arbeitszeitverkürzung und anderem das marktwirtschaftlich-kapitalistische System in seine heutige Gestalt umwandelte."[1]

3.3 Überinvestitions- und Unterkonsumtionstheorien

Grundaussage der Überinvestitions- und Unterkonsumtionstheorien ist die jeweils in Relation zu der kaufkräftigen Nachfrage zu schnell anwachsende Kapitalakkumulation mit einer daraus resultierenden Überproduktion. Überinvestitions- und Unterkonsumtionstheorien bilden demnach lediglich zwei Seiten ein und derselben Medaille. Bei der Unterkonsumtion ist es die zu geringe Nachfrage in Relation zum Angebot und bei der Überinvestition ist es das zu große Angebot in Relation zur Nachfrage, das die Krise verursacht. Beide Varianten sind in der Krisentheorie von Marx immanent enthalten. Er schreibt: „Dasselbe zeigt sich in der Überproduktion von Waren, der Überfüllung der Märkte. Da nicht die Befriedigung der Bedürfnisse, sondern Profit Zweck des Kapitals und da es diesen Zweck nur durch Methoden erreicht, die die Produktionsmasse nach der Stufenleiter der Produktion einrichten, nicht umgekehrt, so muß beständig ein Zwiespalt eintreten zwischen den beschränkten Dimensionen der Konsumtion auf kapitalistischer Basis und einer Produktion, die beständig über ihre immanente Schranke hinausstrebt. Übrigens besteht das Kapital ja aus Waren, und daher schließt die Überproduktion von Kapital die von Waren ein."[1]

Die Unterkonsumtion wird aus einer fehlenden Kaufkraft der Endnachfrage in der Konsumgüterindustrie abgeleitet. Bei ständig steigender Produktivität der Arbeit sinkt der Lohn der abhängig Beschäftigten zu einer immer kleineren Quote des Volkseinkommens ab, d.h. die Lohnquote sinkt in Relation zur Gewinnquote. Durch die in Relation zu den Gewinnen gesunkenen Löhne fällt Kaufkraft und damit Nachfrage aus - auch verursacht durch Arbeitslosigkeit. Dadurch entstehen zunächst Überkapazitäten mit einer Unterauslastung in der Konsumgüterindustrie. Die Investitionstätigkeit erlahmt hier, wodurch auch mit einem time-lag -

[1] Alfred Stobbe, Volkswirtschaftslehre III, Makroökonomik, 2. Aufl., New York, Berlin, Heidelberg 1987, S. 281ff.

durch eine geringere Nachfrage nach Investitionsgütern aus der Konsumgüterindustrie -, die Investitionsgüterindustrie in Mitleidenschaft gezogen wird. Auch hier entsteht eine Unterauslastung. Das hierdurch bewirkte Steigen der Stückkosten senkt aber letztlich die Gewinne und damit auch die Gewinnquote. Hierdurch kommt es in beiden Wirtschaftszweigen solange zu einem Kapazitätsabbau, bis Angebot und Nachfrage zu einem neuen Gleichgewicht gefunden haben. Dies Gleichgewicht muß aber nicht gleichzeitig ein Vollbeschäftigungsgleichgewicht sein.

Die Unterkonsumtionstheorien gehen demnach von einer falschen *Einkommensverteilung* aus. Die ***„Arbeitsgruppe Alternative Wirtschaftspolitik"*** erklärt in ihrem Memorandum von 1978 den Zusammenhang folgendermaßen:

„Grundsätzlich sind konjunkturelle Krisen in kapitalistischen Systemen das Ergebnis eines nicht gelösten Verteilungsproblems hinsichtlich der Allokation der wirtschaftlichen Ressourcen, die ihrerseits wieder aus einer fehlgeleiteten funktionellen und personellen Einkommensverteilung und den darauf aufbauenden Verhaltensweisen der Wirtschaftssubjekte resultiert. Der Marktmechanismus nämlich, der die Aufteilung des Volkseinkommens in Löhne und Profite und seine Verwendung als Konsum oder Investition besorgt, ist nicht in der Lage, ein langfristiges stabiles Gleichgewicht zwischen Angebot und Nachfrage zu garantieren."[2]

Wurden einmal zuviel Kapazitäten in Relation zur kaufkräftigen Nachfrage aufgebaut, so ist dies Problem nachträglich nicht mehr zugunsten einer Umverteilung zu den Löhnen lösbar. Die Krise läßt sich - wie die Arbeitsgruppe schreibt - nur durch eine Kapazitätsanpassung lösen.

„Denn wird ein zu hoher Profitanteil am Volkseinkommen realisiert und planen die Unternehmen, diese Profite - vermehrt um aufgenommene Kredite - kapazitätswirksam zu investieren, so verbessert sich zunächst die Beschäftigung in der Investitionsgüterindustrie. Entsprechend steigt die in dieser Industrie gezahlte Lohnsumme, die Nachfrage nach Konsumgütern weitet sich aus, was nun für zusätzliche Unternehmen ein Anlaß ist, eine Ausweitung ihrer Kapazitäten zu planen. Der so ausgelöste, zusätzliche Bedarf an Arbeitskräften bewirkt mit zunehmender Auslastung des Arbeitsmarktes eine Steigerung der Lohnsätze. All dies vollzieht sich in einer Situation, in der die

[1] Karl Marx, Das Kapital, Bd. 3, Berlin (Ost) 1975, S. 267

[2] Arbeitsgruppe Alternative Wirtschaftspolitik, Memorandum, Alternativen der Wirtschaftspolitik, Köln 1978, S. 76

zu Kapazitätserweiterungen notwendigen Investitionsgüter hergestellt werden, allerdings noch nicht in produktive Dienste genommen worden sind. Erst nach Ausreifung der Investitionen, d.h. nach Inbetriebnahme der neuen Kapazitäten, entscheidet sich, ob das durch die Lohn/Profitrelation ausgedrückte Verteilungsverhältnis genau zu einer solchen Ausweitung geführt hat, daß damit die verbleibende Endnachfrage befriedigt werden kann. Während bei einer zu geringen Profitsumme und folglich unzureichend erweiterten Kapazitäten der dargestellte Mechanismus für weitere Investitionen sorgt, stagniert die Investitionstätigkeit abrupt, wenn seitens der Unternehmen die Erfahrung gemacht wird, daß mit den bis dahin erwirtschafteten Profiten Kapazitäten geschaffen worden sind, die aus Gründen fehlender Nachfrage nicht ausgelastet werden können... Allerdings können diese in unbrauchbaren Kapazitäten angelegten Profite nachträglich nicht in Löhne verwandelt werden. Die zuviel geschaffenen Produktionskapazitäten, das überakkumulierte Kapitel, müssen entwertet werden."[1]

Aufgrund der konjunktur- und marktbedingten Verteilungsdisproportionalitäten wird zur Krisenlösung von den **Gewerkschaften** mit der Unterkonsumtionstheorie argumentiert. Hier wird auf das Kaufkraftargument der Löhne gesetzt, die nur in der Lage sind, die Massenkaufkraft zu erhöhen und damit die Unterkonsumtion zu bekämpfen.

Erklärt die Unterkonsumtionstheorie die Konjunktur verteilungsbedingt aus einer zu hohen Gewinnquote in Relation zur Lohnquote, so kommt die **„profits-squeeze-Theorie"** zu dem gegenteiligen Ergebnis. Nicht zu hohe Gewinne, mit der Folge zu hoher Investitionen und entsprechender Kapazitätsausweitung und daraus entstehender Unterkonsumtion, sind schuld an der krisenhaften Wirtschaftsentwicklung, sondern zu niedrige Gewinne erzeugen ein Nachlassen der Investitionstätigkeit und führen in den konjunkturellen Abschwung. Die zu hohe Lohnquote „quetscht" quasi die Akkumulationsbedürfnisse des Kapitals ein. Dieser neoklassischen Argumentation folgen der **Sachverständigenrat (SVR)** und die **Arbeitgeberverbände**. Sehen sie doch im wesentlichen zwei Krisenverursacher in marktwirtschaftlichen Ordnungen. Erstens den **Staat**, der durch seine ständigen Marktinterventionen vor allem eine soziale *„Anspruchsinflation"* auslöst und den Selbstregulierungsmechanismus des Marktes nur behindert und zweitens die **Gewerkschaften**, die am Arbeitsmarkt aufgrund ihrer Verhandlungsmacht einen flexiblen Lohnmechanismus nach unten, mit der Folge einer zu hohen

[1] Arbeitsgruppe Alternative Wirtschaftspolitik, a.a.O., S. 78f.

Lohnquote, verhindern.[1] Aus der „profits-squeeze-Theorie“ wird damit das Ergebnis für SVR und Arbeitgeberverbände manifest, daß die abhängig Beschäftigten ihre Lohn- und Arbeitsinteressen nur in Abhängigkeit vom Gang der gewinninitiierten Kapitalakkumulation durchsetzen können und daher immer „Gefangene des kapitalistischen Gewinnsystems“ bleiben. Für den Finanzwissenschaftler ***Otto Roloff*** vertritt deshalb der Staat im Rahmen einer *Vollbeschäftigungspolitik* auch nicht die **Allgemeininteressen** bzw. das Allgemeinwohl, sondern das Gewinninteresse des Kapitals. Nur vordergründig erscheinen somit die konjunkturpolitischen Maßnahmen des Staates im Interesse der Bürger bzw. der Allgemeinheit zu liegen. Tatsächlich muß sich die staatliche Konjunkturpolitik dem Diktat des allgemeinen vom Konkurrenzpreissystem durchgesetzten Profitinteresses beugen. Sie muß die gesamtwirtschaftliche Entwicklung so steuern, daß sich die Verwertungsbedingungen des Kapitals verbessern. Erst wenn das geschehen ist, werden die Unternehmungen ihre Investitionsnachfrage steigern und freigesetzte Arbeitskräfte wieder einstellen.“[2]

Bei den **Überinvestitions- oder Überproduktionstheorien** wird dagegen nicht mit der Einkommensverteilung argumentiert, sondern mit dem Effekt des *technischen Fortschritts*, der jedem Investitionsprozeß immanent ist. Zur Implementierung des technischen Fortschritts entsteht in der ersten Runde mehr Nachfrage in der Investitionsgüterindustrie. Dies wirkt positiv auf die Konjunktur. Nach der Implementierung kommt es aber in der zweiten Runde bei gleichem Faktoreinsatz zu einem größeren Güterausstoß in der Konsumgüterindustrie, dem keine ausreichende Nachfrage mehr gegenübersteht, weil das erhöhte Wertprodukt in Form der Mehrproduktion kein Lohnäquivalent mehr findet. Es liegt Überproduktion vor. Dadurch sinken letztlich, wie bei den Unterkonsumtionstheorien unterstellt, die Gewinne und in der nächsten Runde werden die Produktionskapazitäten der kaufkräftigen Nachfrage angepaßt. Auch hier ist nicht gesagt, daß das neue Gleichgewicht ein Vollbeschäftigungsgleichgewicht ist. Zur Bekämpfung der privaten Überproduktion werden *keynesianisch* initiierte staatliche Nachfrageprogramme angeregt. Verbindet man beide Theorienvarianten mit einer *Marktmachtpreisbildung*, die aufgrund der hohen Konzentration der Wirtschaft realistisch ist, so kommt es zu einer Verschärfung der Realisationskrisen aufgrund der Unelastizität der Monopol- und Oligopolpreise nach unten.

---

[1] Vgl. Werner Meißner, Die Lehre der Fünf Weisen, Eine Auseinandersetzung mit den Jahresgutachten des Sachverständigenrats zur Begutachtung der gesamtwirtschaftlichen Entwicklung, Köln 1980

[2] Otto Roloff, Konjunkturpolitik für wen?, Kann dem konjunkturellen Risiko letztlich systemimmanent begegnet werden?, in: Hans-Georg Wehling, (Hrsg.), Konjunkturpolitik, Opladen 1976, S. 61

Die Überinvestitionstheorie kann auch als **Überakkumulationstheorie** im Sinne des *„tendenziellen Falls der Profitrate"* in der *Marxschen Theorie* interpretiert werden. ***Rudolf Hickel*** stellt dazu fest: „Empirische Untersuchungen scheinen zu belegen, daß die gesamtwirtschaftliche Profitrate für die BRD sinkende Tendenz aufweist. D.h., aus den Bedingungen kapitalistischer Durchsetzung von Produktivkräften resultiert eine überzyklisch sinkende, gesamtwirtschaftliche Kapitalverwertung. Im Hinblick auf das von Marx entwickelte 'Gesetz vom tendentiellen Fall der Profitrate' zeigt sich, daß ein Zuviel an Kapitalwert existiert, d.h., daß dieser Kapitalwert bei beschränkter Ausdehnungsfähigkeit der Profitmasse nicht mehr ausreichend verwertet werden kann. Oder anders ausgedrückt: Eine sich aufgrund profitrationaler Durchsetzung technischen Fortschritts entwickelnde Zunahme der organischen Zusammensetzung des Kapitals (steigender Anteil von konstantem im Vergleich zu variablem Kapital) ist aus entwicklungsimmanenten Gründen durch eine entsprechende Veränderung der Mehrwertrate nicht kompensierbar. Ohne auf die methodischen Probleme des Verhältnisses von Wert- und Preisrechnung hier einzugehen, soll dieser Zusammenhang an einer näherungsweisen Beschreibung der gesamtwirtschaftlichen Profitrate demonstriert werden. Die Auflösung der Profitrate (q = P : K) in die Strukturkoeffizienten wird durch einfache tautologische Transformationen gewonnen:

$$q = \frac{P}{K} = \left(\frac{Y}{A} - l\right) : \left(\frac{K}{A}\right) \quad \text{wobei} \quad \frac{K}{A} = \frac{Y}{A} \times \frac{K}{Y} \quad \text{gilt.}$$

P = Profite, K = Bruttoanlagevermögen, P: K = Näherungsausdruck für Profitrate, l = Reallohn, K:A = Kapitalintensität, Y: K = Kapitalproduktivität, Y: A = Arbeitsproduktivität

Vergleicht man die die Profitrate bestimmenden Strukturkoeffizienten Kapitalintensität, Kapital- und Arbeitsproduktivität sowie den Reallohn in ihrer Entwicklung, dann zeigen sich bedeutsame Verschiebungen, die auf eine sinkende Tendenz der gesamtwirtschaftlichen Profitrate in der Bundesrepublik verweisen. (...) Die Durchsetzung moderner Produktionsanlagen hat zu einer langfristigen Abnahme der durchschnittlichen Kapitalproduktivität geführt; dies resultiert formal betrachtet aus dem Zusammenhang zwischen Kapitalintensität einerseits und Kapital- bzw. Arbeitsproduktivität andererseits. Seit Ende der 50iger Jahre ist eine **überzyklische Steigerung der Kapitalintensität** (K:A) aufgrund wachsender Arbeitsproduktivität im Verhältnis zu sich abschwächender Kapitalproduktivität festzustellen. Dies ist auf die forcierte Durchsetzung von **technologischen Prozeßinnovationen** (Produktivkräfte) zurückzuführen. Selbst wenn sich die in jüngster Zeit erkennbare Tendenz kapitalsparenden technischen Fortschritts (vor allem durch Mikroprozessoren repräsentiert) durchsetzen sollte, so dominiert der Druck auf die Profitrate durch sinkende Realisierungschancen, denn kapitalsparender technischer Fortschritt führt zu einem übermäßigen Kapitalsektor im Verhältnis zur Konsumtion."[1] Bei Analyse der vom *Statistischen Bundesamt* in Wiesbaden veröffentlichten Daten zum Kapitalkoeffizienten (= Kehrwert der Kapitalproduktivität), zeigt sich bis auf wenige Branchen in der Bundesrepublik zwischen 1960 und 1991 in der Tat eine **sinkende Kapitalproduktivität** bzw. ein steigender Kapitalkoeffizient. Dies impliziert ein stärkeres Steigen der Kapitalintensität gegenüber der Arbeitsproduktivität. Bei konstanter Lohnquote muß es dann theoretisch zu einem **Sinken der Profitrate** kommen.

Empirische Beweise für den tendentiellen Fall der Profitrate liegen demnach aufgrund einer nur mangelhaften Datenlage, insbesondere was längere Zeitreihen anbelangt, bis heute mit Ausnahme von ein paar wenigen Untersuchungen kaum vor. ***Karl - Georg Zinn*** stellte dazu bereits 1978 fest: „Die Datenlage über die langfristige Entwicklung der Kapitalrentabilität(en) in den kapitalistischen Ländern ist (...) so unzureichend, daß wohl erst noch umfangreiche Forschungen in dieser Richtung unternommen werden müssen, ehe sich genauere empirische Aussagen über die Profitratenentwicklung machen lassen. Symptomatisch für diese schlechte Datensituation ist es etwa, wenn sich in dem umfangreichen Band zur historischen Wirtschaftsstatistik der europäischen Länder, (...) zur Profit- und Rentabilitätsentwicklung überhaupt keine Angaben finden. Der Profit, also der Dreh- und Angelpunkt des Kapitalismus, ist empirisch kaum wahrnehmbar."[2] Bis heute hat sich daran so gut wie nichts geändert. Die Veröffentlichungen des *Statistischen Bundesamtes* zu den Jahresabschlüssen deutscher Unternehmen sind nicht hinreichend um verläßliche Aussagen zum langfristigen Trend der Profitrate machen zu können. Auch die Daten zur Ertragslage deutscher Unternehmen, die jährlich von der *Deutschen Bundesbank* bereitgestellt werden, decken empirisch nicht die gesamte Problematik ab. Obwohl aufgrund einer EU-Richtlinie (Bilanzrichtliniengesetz) alle Kapitalgesellschaften heute ihre Bilanzen sowie Gewinn- und Verlustrechnungen veröffentlichen müssen, halten sich hieran gemäß

[1] Rudolf Hickel, Wirtschaftskrise - Fehlprodukt einer Anspruchsinflation oder Krise des Wirtschaftssystems, in: Diskurs, Bremer Beiträge zu Wissenschaft und Gesellschaft, Universität Bremen (Hrsg.), Bremen 1979, S. 22f.
[2] Karl-Georg Zinn, Der Niedergang des Profits, Köln 1978

einer Untersuchung nur etwa 5 Prozent der Unternehmen.[1] Der Grund liegt überwiegend an der Scheu des Kapitals, die jeweils realisierten Ergebnisse einer interessierten Öffentlichkeit aber auch der Konkurrenz sowie den Beschäftigten anzuzeigen. Dies trifft insbesondere für gesamten Bereich der mittelständischen Wirtschaft zu.

Aus der empirisch nur unzureichenden Datenlage zur Entwicklung der Kapitalrentabilität ist dennoch die Untersuchung von ***Karl - Georg Zinn*** für den Zeitraum von 1960 bis 1974 zu nennen. Er kommt zu dem Ergebnis, daß die Profitrate von 34,9% (1960) auf 19,1% (1974) zurückgegangen ist. Ein Beweis für den tendentiellen Fall der Profitrate erblick Zinn hierin allerdings nicht.[2] Zu nennen ist auch die Studie von ***Elmar Altvater, Jürgen Hoffmann*** und ***Willi Semmler***, die den Zeitraum von 1950 bis 1977 für das Verarbeitende Gewerbe und den Bergbau in der Bundesrepublik untersucht haben. Sie kommen zu dem Ergebnis, wenn auch nicht durchgängig, so daß doch im Trend eine fallende Kapitalrentabilität festgestellt werden könne.[3] Auch ***Hartmut Elsenhans*** berechnete 1976 für den gesamten industriellen Unternehmenssektor der Bundesrepublik eine fallende Kapitalrentabilität zwischen 1960 und 1974. Sie fiel von 20,9% im Jahr 1960 auf 12,3% im Jahr 1974.[4] Dagegen kommt ***Helmut Görgens*** in einer Untersuchung zu dem Ergebnis eines relativ konstanten Trends der Profitrate.[5] Auch ***Jan Priewe*** stellt mit Ausnahme der 50er Jahre eine relative Konstanz der Profitrate fest, die lediglich durch zyklische Renditeschwankungen unterbrochen wird.[6] Legt man die Daten der *Deutschen Bundesbank* zugrunde, die auf etwa 17.000 Jahresabschlüssen westdeutscher Unternehmen des Produzierenden Gewerbes, des Handels und des Verkehrs beruhen, so läßt sich über den Zeitraum von 1978 bis 1995 ebenfalls kein durchgängiger fallender Trend der Kapitalrentabilität feststellen. Im Gegenteil, bis zur deutschen Wiedervereinigung stieg im Trend zumindest die Eigenkapitalrentabilität an. Nach der Wiedervereinigung kommt es allerdings zu einem starken Verfall der Profitrate. Der Tiefpunkt scheint hier im Krisenjahr 1993 erreicht zu sein. Seitdem steigt die Rentabilität jedenfalls wieder.

---

[1] Vgl.Robert Nothhelfer, Die Auswirkungen der GmbH & Co.- Richtlinie auf die Praxis, in: Betriebs-Berater, Heft 32/1996, S. 1.655ff.

[2] Vgl. Karl-Georg Zinn, a.a.O., S. 142ff.

[3] Vgl. Elmar Altvater, Jürgen Hoffmann, Willi Semmler, Vom Wirtschaftswunder zur Wirtschaftskrise, Berlin (West) 1979

[4] Vgl. Hartmut Elsenhans, Lohnerhöhungen: Wachstumschance für den Kapitalismus. Eine Kritik am Gesetz vom tendenziellen Fall der Profitrate, in: Forum der Zeitschrift für Theorie und Praxis des demokratischen Sozialismus, Jg. 1, Heft 2, 1976, S. 78 - 133

[5] Vgl. Helmut Görgens, Ist die Ursache der Beschäftigungskrise eine Gewinn- und Rentabilitätskrise? in: WSI-Mitteilungen, Heft 2/1986

[6] Vgl. Jan Priewe, Krisenzyklen und Stagnationstendenzen in der Bundesrepublik Deutschland, Köln 1988.

Entwicklung der Rentabilitäten westdeutscher Unternehmen

- in Mrd. DM -

Jahr	1978	1979	1980	1981	1982	1983	1984	1985	1986
Jahresüberschuß v. St.	130,0	139,8	131,6	117,0	124,0	136,6	147,8	157,9	166,5
Zinsaufwand	30,8	35,6	48,4	61,5	64,3	50,6	50,7	51,5	48,0
Eigenkapitel	331,7	347,0	360,5	371,5	376,5	388,4	412,1	430,0	451,0
Gesamtkapital	1.466,1	1.580,1	1.691,9	1.763,5	1.863,4	1.940,5	2.063,6	2.134,7	2.182,5
Eigenkapitalrendite	39,2%	40,3%	36,5%	31,5%	32,9%	35,1%	35,9%	36,7%	36,9%
Gesamtkapitalrendite	11,0%	11,1%	10,6%	10,1%	10,1%	9,6%	9,7%	9,8%	9,8%

Jahr	1987	1988	1989	1990	1991	1992	1993	1994	1995
Jahresüberschuß v. St.	172,0	188,9	208,5	227,0	151,6	126,9	89,9	114,9	125,5
Zinsaufwand	45,8	46,7	56,5	68,6	81,8	96,7	88,5	78,5	74,5
Eigenkapitel	395,7	416,3	446,5	462,8	502,3	531,6	519,4	536,7	555,0
Gesamtkapital	2.054,5	2.186,6	2.380,0	2.546,4	2.815,3	2.936,5	2.949,4	3.005,3	3.075,5
Eigenkapitalrendite	43,5%	45,4%	46,7%	32,6%	30,2%	23,9%	17,3%	21,4%	22,6%
Gesamtkapitalrendite	10,6%	10,8%	11,1%	8,6%	8,3%	7,6%	6,0%	6,4%	6,5%

Quelle: Diverse Monatsberichte der Deutschen Bundesbank, eigene Berechnungen

Dagegen gibt es offensichtlich eine hohe statistische Signifikanz zwischen der Höhe der realisierten Gewinne und der Unternehmensgröße sowie der Konzentration. Je größer und marktmächtiger das Unternehmen, um so größer ist auch die realisierte Rentabilität des eingesetzten Kapitals.[1] Auch in bestimmten Bereichen, wie z.B. der Rüstungsindustrie, sind die Rentabilitäten größer als im Durchschnitt der gesamten Wirtschaft.[2]

[1] Vgl. dazu die ausführliche Diskussion in: Arbeitsgruppe Alternative Wirtschaftspolitik, Memorandum '80, Köln 1980, S.105ff.

[2] Vgl. Heinz-J. Bontrup, Werner Voß, Rentabilitätsuntersuchungen im Rüstungsbereich und Veränderungsanforderungen an das Preisrecht, in: WSI-Mitteilungen, Heft 9/1987, S. 543ff., sowie dieselben, Rüstungsproduktion - ein Bombengeschäft?, in: S + F Vierteljahresschrift für Sicherheit und Frieden, Heft 4/1987, S. 227ff.

3.4 Rein monetäre Konjunkturtheorien

Den realwirtschaftlich endogenen Konjunkturtheorien stehen die rein monetären Konjunkturtheorien gegenüber. Diese gehen davon aus, daß Geld - wie noch von den Klassischen Ökonomen unterstellt - nicht nur einen monetären „Schleier" im realwirtschaftlichen Güterkreislauf bildet (Neutralitätsfunktion des Geldes), sondern daß durch Schwankungen der Geldmenge und durch die Vergabe von Krediten Konjunkturverläufe beeinflußt werden. Ihr Hauptvertreter ist ***Ralph G. Hawtrey*** (1928), der den Aufschwung durch eine Senkung des Diskontsatzes und eine darauf folgende Reaktion der Kaufleute verursacht sieht: „Diese werden in Folge der Diskontsatzsenkung ihre Lagerhaltung vergrößern wollen und damit steigende Auftragseingänge und eine größere Produktion in der Industrie herbeiführen. Durch den Multiplikator bewirkt diese Produktionszunahme eine gesteigerte Nachfrage bei den Händlern, so daß diese ihre Aufträge noch vergrößern werden. Auf diese Weise entsteht ein 'vitiöser Zirkel', der durch eine Kreditexpansion ermöglicht wird, und der einen kumulativen Aufschwung bewirkt. Der obere Wendepunkt wird dadurch herbeigeführt, daß die Kreditexpansion nicht mehr aufrechterhalten werden kann. Institutionelle Hindernisse wie der Goldstandard, gewohnheitsmäßiges Verhalten, etc verhindern, daß das Bankensystem das Kreditvolumen noch weiter ausdehnen kann; es wird sogar zu einer Einschränkung des Kreditvolumens kommen. Damit beginnt die Nachfrage zu sinken, und die Preise werden fallen. Diese fallenden Preise veranlassen die Kaufleute, ihre Vorräte zu verringern, so daß sinkende Auftragseingänge und damit sinkende Produktion in der Industrie die Folge sind. Durch die Multiplikatorwirkung geht die Nachfrage beim Handel noch mehr zurück, die Lagerhaltung muß noch weiter reduziert werden - die 'Spirale' dreht sich immer schneller nach unten; die Wirtschaft gelangt über einen kumulativen Prozeß in die Depression. Der Weg aus der Depression führt über eine zunehmende Bankenliquidität. Während der Kontraktionsphase haben sich nämlich bei den Banken übermäßige Reserven angesammelt, so daß die Banken zu einem niedrigen Zinssatz neue Projekte finanzieren können und somit einen neuen Konjunkturzyklus in Gang setzen."[1]

Neben den rein monetären Konjunkturtheorien wird dem Geld auch in realwirtschaftlich orientierten Konjunkturtheorien eine nicht unbedeutende Beachtung geschenkt. Hier sind insbesondere die sog. **Zinsspannentheorien** von ***Knut Wicksell***, ***Irving Fisher*** oder ***Ludwig von Mises*** zu nennen. Immer dann, wenn die Geschäftsbanken durch die Vergabe zusätzlicher Kredite den Geldzins unter die Höhe des natürlichen Zinses drücken, kommt es im Konjunkturzyklus zu Aufschwungwirkungen. Der natürliche Zins ist dabei die Rate, bei der die Nachfrage nach Krediten dem Angebot an freiwilligen Ersparnissen entspricht, während der Geldzinssatz auch von der Kreditschöpfung der Banken abhängig ist. Er bildet quasi die Rate, mit welcher die Gesamtnachfrage nach Krediten mit dem Gesamtangebot (Ersparnisse plus Kreditschöpfung) an Geld zum Ausgleich gebracht wird. Liegt der Geldzins unter dem natürlichen Zins, steigt mit den zusätzlichen Kreditmitteln die Nachfrage nach Produktionsgütern. Hierdurch steigen letztlich die Gewinne. Da die Lohnentwicklung aber aufgrund der Kapitalakkumulation hinter der Gewinnentwicklung zurückbleibt, kommt es zu einer Einkommensumverteilung zu Lasten der abhängig Beschäftigten. Die Lohnquote sinkt. Dies impliziert einen Konsumverzicht und damit Nachfrageausfall, der den Abschwung einleitet und letzten Endes Geldzins und natürlichen Zins wieder zusammenführt. Auch ist das Geldangebot und die Geldnachfrage im **Keynesschen System** im Rahmen von nicht rein monetären Konjunkturtheorien zu beachten. Wenn auch Keynes keine geschlossene Konjunkturtheorie aufgestellt hat, so bildet seine Geldnachfragetheorie, in der er die Nachfrage nach Geld in eine *Transaktions- und Spekulationskasse* differenziert, für die Behebung einer marktimmanenten Depression eine wichtige Rolle.[2]

3.5 Zum Keynesschen kombinierten Multiplikator-Akzeleratorprozeß

Das Auf und Ab der Konjunktur läßt sich auch anhand eines kombinierten Keynesschen Multiplikator-Akzeleratorprozesses zeigen. Kommt es in der Aufschwungphase zu einem Steigen des Volkseinkommens, so erhöht sich durch den Akzeleratorprozeß die Investitionsgüternachfrage, die wiederum aufgrund des Multiplikatorprozesses zu einer Erhöhung der Konsumausgaben führt. Hierdurch ergibt sich ein selbsttragender Aufschwung. Dieser wird aber durch die kombinierte Wirkung des Multiplikators-Akzelerators nach dem Erreichen eines oberen Wendepunktes durch ein Nachlassen des Konsums letztlich in einen Abschwung übergeleitet, wodurch es zu einer zyklischen Bewegung kommt. Dies soll anhand der folgenden Modellbetrachtung gezeigt werden.

---

[1] Günter Gabisch, Konjunktur und Wachstum, in: Vahlens Kompendium der Wirtschaftstheorie und Wirtschaftspolitik, Bd. 1, München 1980, S. 284f.

[2] Vgl. dazu das 6. Kapitel: „Zur Bedeutung des Geldes“

Der Akzelerator kann, wie schon gezeigt, aus der Bestimmungsgleichung für den durchschnittlichen Kapitalkoeffizienten (β) abgeleitet werden:

$$\beta = \frac{K}{Y} \quad ; K = \text{Kapitalstock, } Y = \text{Sozialprodukt (Volkseinkommen)}$$

Daraus folgt:

$$K = \beta \times Y$$

Eine Veränderung des Kapitalstocks $\Delta K = I$ ist demnach gleich dem Produkt aus Kapitalkoeffizient und der Veränderung des Volkseinkommens (Y). Hierdurch wird der Kapitalkoeffizient zum Akzelerator oder marginalen Kapitalkoeffizienten.

$$I = \beta \times \Delta Y$$

Die Investitionen (I) richten sich nach der Änderung der Konsumgüternachfrage gegenüber der Vorperiode, ausgedrückt durch die Differenz $C_t - C_{t-1}$, so daß die Investitionsfunktion (I_t) unter Berücksichtigung des Akzelerators wie folgt geschrieben werden kann:

$$I_t = \beta\,(C_t - C_{t-1}) \quad ; \quad \beta > 0$$

Bei der Konsumfunktion wird ein autonomer und einkommensabhängiger Konsum unterstellt, wobei die Konsumenten mit einem time-lag von einer Periode auf Einkommensänderungen reagieren.

$$C_t = C_a + c\,Y_{t-1} \quad ; \quad C_a > 0 \; ; \quad 0 < c < 1$$
$$C_t = 50 + 0{,}7\,Y_{t-1}$$

Als Gleichgewichtsbedingung gilt in einer geschlossenen Volkswirtschaft mit staatlicher Aktivität:

$$Y_t = C_t + I_t + G_a$$

Hierbei gilt ($G_a = 100$) als autonome staatliche Nachfrage. Die gesamtwirtschaftliche Nachfrage besteht dann aus dem privaten Konsum (C_t), der Nettoinvestition (I_t) und der autonomen Staatsnachfrage. Da die Investitionen vom Konsum und dieser wiederum vom Volkseinkommen der Vorperiode abhängt, läßt sich die Investitionsfunktion auch als Funktion von Y_{t-1} und Y_{t-2} ausdrücken.

$$I_t = c \times \beta \, (Y_{t-1} - Y_{t-2})$$

Eingesetzt mit der Konsumfunktion in die Gleichgewichtsbedingung ergibt nach umformen:

$$Y_t = C_a + c\, Y_{t-1} + c \times \beta \, (Y_{t-1} - Y_{t-2}) + G_a$$
$$Y_t = C_a + G_a + c\,(1 + \beta)\, Y_{t-1} - c\, \beta\, Y_{t-2}$$

Das Sozialprodukt (Volkseinkommen) der Periode t ist demnach gleich dem autonomen Konsum und der autonomen staatlichen Nachfrage zuzüglich der Differenz zweier Größen, die sich aus den Verhaltensparametern der marginalen Konsumquote c und dem marginalen Kapitalkoeffizienten bzw. Akzelerator (β) sowie der Höhe des Sozialprodukts in den beiden vorangegangenen Perioden ergeben. Unterstellt man im folgenden einen marginalen Kapitalkoeffizienten von 1 und eine marginale Konsumquote von 0,7 bei einem autonomen Konsum von 50 sowie einer autonomen staatlichen Nachfrage von 100, so ergibt sich bei einem gesamtwirtschaftlichen Volkseinkommen (Y = 500) das folgende Gleichgewicht:

$$Y_t = C_a + G_a + c\,(1 + \beta)\, Y_{t-1} - c\, \beta\, Y_{t-2}$$
$$\mathbf{500 = 50 + 100 + 0{,}7\,(1 + 1)\,500 - 0{,}7\,(1)\,(500)}$$

Da im Gleichgewicht die Variablen des Modells im Zeitablauf konstant bleiben, ist in dieser Gleichung $Y_t = Y_{t-1} = Y_{t-2} = 500$ und die induzierte Investition gleich Null, weil gilt: $C_t = C_{t-1} = 400$ und $G_a = 100$.

Wird nun ein keynesianischer Aufschwungprozeß durch eine zusätzliche staatliche Nachfrage von $G_a = 50$ ausgelöst, so steigt das Sozialprodukt aufgrund des Multiplikator-Akzeleratoreffektes in der ersten und zweiten Periode auf 620 Einheiten. Die Staatsausgabenerhöhung führt zunächst zu einem multiplikativen Effekt auf den Konsum in Höhe von 35 Einheiten, wodurch bei einem marginalen Kapitalkoeffizienten von 1 danach auch die Investitionen um 35 Einheiten zunehmen. Ab Periode 4 gehen allerdings die Zuwachsraten des Konsums zurück und damit auch die konsuminduzierten Investitionsraten. Das Sozialprodukt steigt mit abnehmenden Wachstumsraten und erreicht in Periode 5 den oberen Wendepunkt der Konjunktur, bis ab Periode 6 das Wachstum negativ und der Abschwung eingeleitet wird. Der untere Wendepunkt der Konjunktur ist am Ende der Periode 10 erreicht. Ab Periode 11 steigt das Sozialprodukt wieder an. (vgl. dazu auch die folgende Tabelle).

Periode t	C_a	$C_t = c\,Y_{t-1}$	$\Delta C_t = C_t - C_{t-1}$	$I_t = \beta\,\Delta C_t$ $\beta = 1$	G_a	$Y_t = C_t + I_t + G_a$	ΔY_t
0	50	350	0	0	100	500	0
1	50	350	0	0	150	550	+ 50
2	50	385	+ 35	+ 35	150	620	+ 70
3	50	434	+ 49	+ 49	150	683	+ 63
4	50	478,1	+ 44,1	+ 44,1	150	722,2	+ 39,2
5	50	505,5	+ 27,4	+ 27,4	150	**732,9**	+ 10,7
6	50	**513,0**	+ 7,5	+ 7,5	150	720,5	- 12,4
7	50	504,4	- 8,6	- 8,6	150	695,8	- 24,7
8	50	487,1	- 17,3	- 17,3	150	669,8	- 26,0
9	50	468,9	- 18,2	- 18,2	150	650,7	- 19,1
10	50	455,5	- 13,4	- 13,4	150	**642,1**	- 8,6
11	50	**449,5**	- 6,0	- 6,0	150	643,5	+ 1,4
12	50	450,5	+ 1,0	+ 1,0	150	651,5	+ 8,0
13	50	456,1	+ 5,6	+ 5,6	150	661,7	+ 10,2
14	50	463,2	+ 7,1	+ 7,1	150	670,3	+ 8,6
15	50	469,2	+ 6,0	+ 6,0	150	675,2	+ 4,9

3.6 Zur Schumpeterschen Konjunkturtheorie

Die Konjunkturtheorie von ***Joseph A. Schumpeter*** *(1883 bis 1950)* kann den Überinvestitionstheorien zugeordnet werden, die am Prozeß der Durchsetzung von Innovationen ansetzen. Seine Gedanken zu einem Konjunkturzyklus hat Schumpeter in seinen Werken „Business Cycles, New York 1939, „Theorie der wirtschaftlichen Entwicklung“, München 1926 und in seinem Buch über „Capitalism, Socialism and Democracy, New-York 1942, übersetzt von Susanne Preiswerk „Kapitalismus, Sozialismus und Demokratie“, München 1950, abgefaßt. Schumpeter grenzt bei seiner Konjunkturerklärung zunächst einmal **Inventionen** (Erfindungen, Entdeckungen von neuen Produkten und neuen Prozeßverfahren) von **Innovationen** ab. Nicht jede Invention führt dabei zu einer Innovation. Eine Invention wird nur durch die aktive und schöpferische Rolle der Pionierunternehmer, vermittelt durch einen Gewinnanreiz und einen Gewinnzwang durch Wettbewerb, zu einer Innovation. Innovationen sind dabei die

Hauptantriebskräfte für die Kapitalakkumulation. Der Prozeß der **„schöpferischen Zerstörung"**, der durch die Implementierung immer neuer Produkte und Prozeßverfahren initiiert wird, vollzieht sich im Wettbewerb durch das Vorstoßen der Pionierunternehmer, die dafür temporär mit Monopolgewinnen belohnt werden. Es kommt zum konjunkturellen Aufschwung, der durch die **Imitation** der sich anschließenden Unternehmer und multiplikativer Investitionseffekte bis zum Boom führt. Die Imitationsphase des Prozesses ist dabei sowohl für den Abbau der temporären Monopolgewinne als auch für den Verbreitungsgrad der Innovationen wichtig. Durch die Imitation wird aber auch gleichzeitig die Abschwungphase eingeleitet. Der nachahmende Wettbewerb führt mit der Zeit letztlich zu Preissenkungen, die die Gewinne schrumpfen lassen und wodurch es zu einem Rückgang der Investitionen kommt. Die Unternehmen zahlen jetzt die am Anfang des Innovationszyklus zur Finanzierung der Innovationen aufgenommenen Kreditmittel zurück, statt neue Kredite für weitere Investitionen aufzunehmen. So sind Krise und Aufschwung nichts anderes als der Normalisierungsprozeß, der nach der hausseartigen Entwicklung im Aufschwung unweigerlich einsetzt. Schumpeter selbst schreibt zu den Konjunkturschwankungen:

„Warum geht der Zug der Entwicklung nicht stetig seinen Weg, sondern ruckweise, so, daß der Aufwärtsbewegung eine Abwärtsbewegung folgt, durch die hindurch der Weg zu einer weiteren Aufwärtsbewegung führt? ... Nicht kurz und präzis genug kann die Anwort sein: Ausschließlich deshalb, weil die Durchsetzung der neuen Kombinationen nicht, wie man nach allgemeinen Grundsätzen der Wahrscheinlichkeit erwarten sollte, in der Zeit gleichmäßig verteilt ist (...), sondern die neuen Kombinationen, wenn überhaupt, scharenweise auftreten."[1]

Langfristig ist dieser kapitalistische Konjunkturzyklus für Schumpeter nicht aufrechtzu- erhalten. Im Gegenteil, er führt sogar zu einer Beseitigung der kapitalistischen Ordnung. Schumpeter teilt damit die Auffassung von Marx, daß der Kapitalismus nur eine vorübergehende Phase in der Entwicklung der menschlichen Gesellschaft sei. Während Marx aber die Ablösung des Kapitalismus durch den Sozialismus durch die immanenten Widersprüche der kapitalistischen Ordnung erklärt, kommt es für Schumpeter aufgrund des Erfolges, der den Kapitalismus überflüssig macht, zu seiner Ablösung. Dafür sind für ihn die folgenden Entwicklungen verantwortlich:

---

[1] Joseph A. Schumpeter, Theorie der wirtschaftlichen Entwicklung, 2. Aufl., München 1926, S. 339

- Nach einer langen Phase der Produktivkraftentwicklung, die in effizienter Weise zu einer Steigerung des Sozialprodukts und Wohlstands für alle geführt hat, wird das Ziel weiterer Steigerungen immer unwichtiger und damit letztlich auch die Beibehaltung des Kapitalismus.

- Der während der kapitalistischen Entwicklung eintretende Konzentrationsprozeß führt zur Herausbildung von großen Kapitalgesellschaften. Diese werden von Managern und nicht von Unternehmern geführt. Da der Manager andere Interessen verfolgt, als der Pionierunternehmertyp als gleichzeitiger Eigentümer des Kapitals, erlahmt auf der einen Seite zwar der Innovationsdrang, auf der anderen Seite werden aber auch durch die Verwissenschaftlichung und Systematisierung der Forschung und Entwicklung die Innovationen zu „Routineangelegenheiten". Es bedarf der Pionierunternehmer nicht mehr und damit nicht mehr der Wirtschaftsordnung, die ihr Wirken ermöglicht und gefördert hat.

- Durch die Entwicklung zu immer mehr Kapitalgesellschaften verliert auch das Eigentum an Produktionsmitteln seine Funktion als Leistungsanreiz, da es immer mehr in Aktien gestückelt vom Verwertungsprozeß des Kapitals entpersonalisiert wird.

3.7 Der politische Konjunkturzyklus

Die Beschreibung eines *„politischen Konjunkturzyklus"* geht auf ***Michal Kalecki*** *(1899 bis 1970)* zurück. Diesen entwickelt er aus seiner allgemeinen Konjunkturtheorie, in der er die Produktion von Investitionsgütern und Konsumgütern für die Kapitalisten und für die Arbeiter unterscheidet. Er zog damit die kapitalistische Klassenstruktur und die Widersprüche in Betracht, die sie in der gesellschaftlichen Produktion auslöst. Die realen Einkommen der Kapitalisten sind gleich den Investitionen und der Konsumtion der Kapitalisten. Die Arbeiter geben den ganzen Lohn nur für ihre Konsumtion aus. Daraus folgt, daß die Kapitalistenklasse als Ganzes die Höhe ihres Einkommens nach der Größe der Investitionen und der Eigenkonsumtion bestimmt. Kalecki gelangte zu dem „paradoxen" Schluß, daß die Arbeiter das ausgeben, was sie erhalten, die Kapitalisten das erhalten, was sie ausgeben. Die Gesamthöhe der Produktion und Beschäftigung werde durch die Konsumtion der Kapitalisten und das Volumen der Investitionen bestimmt, die sich selbst „finanzieren", weil jedem Investitionszuwachs ein gleichgroßer Profitzuwachs entspricht. Die Gesamtproduktion muß das Niveau erreichen, bei dem die Profite, die die

Kapitalisten aus ihr ziehen, gleich ihrer Konsumtion und ihren Investitionen sind. Deshalb geben die Arbeiter ebensoviel für Konsumgüter aus, wie sie als Löhne erhalten; der Rest des Volkseinkommens gehört den Kapitalisten und ist gleich ihren Ausgaben für Konsum- und Investitionsgüter. Daher bestimmen die Kapitalisten als Klasse durch ihre Ausgaben ihren Profit und infolge dessen auch die Gesamtproduktion.[1]

Dieselbe Wirkung auf das Volumen von Gesamtproduktion und Beschäftigung haben auch die aus der zusätzlichen Kaufkraft finanzierten öffentlichen Investitionen, wobei Kalecki den Konjunkturzyklus durch Schwankungen im Volumen der Investitionen erklärt. Das Marktproblem ist das Problem der Dynamik der kapitalistischen Wirtschaft. Die Kapitalakkumulation erweitert den Markt, bis an einem bestimmten Punkt die durch die kapitalistischen Produktionsverhältnisse bedingten Grenzen des Marktes überschritten werden. Der zyklische Charakter des kapitalistischen Reproduktionsprozesses ist deshalb unvermeidlich. Er kann nach Kalecki - ebenso wie Keynes es sah - nur durch eine staatliche Intervention in den Marktprozeß abgeschwächt werden. Durch zusätzliche Staatsausgaben für öffentliche Investitionen und Transferzahlungen sei die kapitalistische Unterbeschäftigung zu beseitigen. Das private Kapital sei dazu unfähig und hätte daran auch kein großes Interesse. Insbesondere lehne das Kapital eine *staatliche Vollbeschäftigungspolitik* ab, da die Entlassung von Arbeitern in einem System der Vollbeschäftgung ihre Funktion als Disziplinierungsmaßnahme verlieren würde.

„Man kann drei Gründe für die Opposition der Industriekapitäne gegen die Vollbeschäftgung mit Hilfe von Staatsausgaben ausmachen: a) die Ablehnung einer staatlichen Intervention in den Wirtschaftsprozeß schlechthin, b) die Abneigung gegen eine Lenkung der Staatsausgaben (öffentliche Investitionen und Subventionierung des Konsums), c) eine Abneigung gegen die sozialen und politischen Veränderungen, die durch die Aufrechterhaltung der Vollbeschäftigung hervorgerufen werden."[2]

Die Profite würden zwar durch eine Vollbeschäftigungspolitik positiv beeinflußt, aber die Grundsätze der Fabrikdisziplin und der politischen Stabilität seien den Kapitalisten wichtiger. Ihr Klasseninstinkt sage ihnen, daß Vollbeschäftigung etwas Unsolides, Arbeitslosigkeit dagegen ein

[1] Vgl. Michal Kalecki, Studies in the theory of business cycles, Warschau 1964, S. 44ff.

[2] Michal Kalecki, Political Aspects of Full Employment, Political Quarterly, Vol. 14 (1943), S. 322 - 331. Ins Deutsche übertragen von Brigitte Schwab: Politische Theorie der Vollbeschäftigung, und abgedruckt in: Bruno S. Frey/Werner Meißner, Zwei Ansätze der Politischen Ökonomie, Marxismus und ökonomische Theorie der Politik, S.179

integrierender Faktor des kapitalistischen Systems sei. Nun sei aber die Problematik gegeben, daß die Arbeiter den für sie wichtigsten Zustand der Vollbeschäftigung kennen würden, und daß seit dem Vorliegen der Keynesschen Theorie auch eine wissenschaftliche Erklärung gegeben sei. Hierdurch kämen die Wirtschaftskapitäne unter politischen Druck, was dazu führt, daß sie der Notwendigkeit zustimmen, „daß in der Krise etwas geschehen muß", (...) „aber der Streit geht weiter, erstens darum, was in einer Krise geschehen muß (d.h. worauf die staatliche Intervention ausgerichtet sein soll) und zweitens darum, daß dies nur in einer Krise geschehen soll (d.h., eine Krise soll nur abgeschwächt, nicht dauernde Vollbeschäftigung gesichert werden). (...) Dieser Zustand ist wahrscheinlich symptomatisch für die Zukunft des Wirtschaftssystems in kapitalistischen Demokratien. In der Krise wird man, um ausgedehnte Arbeitslosigkeit zu verhindern, entweder mit oder auch ohne Druck der Massen öffentliche Investitionen in Angriff nehmen, die durch Anleihen finanziert werden. Versucht man aber mit diesen Maßnahmen eine hohe Beschäftigungsrate aufrechtzuerhalten, die im darauffolgenden Boom erreicht wird, stößt man wahrscheinlich auf eine starke Opposition der 'Wirtschaftsführer'. Vollbeschäftigung ist nicht nach ihrem Geschmack. Die Arbeiter würden 'außer Kontrolle geraten', und die Industriekapitäne würden ihnen nur zu gerne 'eine Lektion erteilen'. Darüber hinaus ist der Preisanstieg im Aufschwung von Nachteil für die Inhaber kleiner wie großer Vermögen, er kann sie 'Boommüde' machen. In dieser Situation wird wahrscheinlich ein Machtblock aus Großindustrie und Privatvermögensinteressen entstehen, und es werden sich sicherlich ein paar Ökonomen finden, die die Situation als äußerst ungesund bezeichnen. Der Druck all dieser Kräfte - besonders der Großindustrie -, die in der Regel starken Einfluß auf Regierungskreise hat, wird aller Wahrscheinlichkeit nach den Staat dazu bringen, zur herkömmlichen Politik der Verminderung des Haushaltsdefizits zurückzukehren. Es würde wieder eine Krise geben, in der die Staatsausgabenpolitik wieder zur Geltung kommt."[1]

Kalecki glaubte, daß der ökonomische Konjunkturzyklus mit erfolgreicher staatlicher Vollbeschäftigungspolitik auf jeden Fall geglättet werden könne. Wegen des zunehmenden Widerstands der Unternehmer und Arbeitgeberverbände gegen eine solche Fiskalpoltik würde ein *„politischer Konjunkturzyklus"* entstehen. Nicht nur die Vollbeschäftigungspoltik sei den Unternehmen ein Dorn im Auge, sondern alle Maßnahmen des Staates, die dem „freien Spiel der Marktkräfte" Schranken auferlegen, weil diese Maßnahmen eine Beschränkung ihrer gesellschaftlichen Machtposition bedeuten kann.

[1] Michal Kalecki, Politische Theorie der Vollbeschäftigung, a.a.O., S. 183f.

Neben dem von Kalecki entwickelten politischen Konjunkturzyklus ist von ***Bruno S. Frey*** ein Zyklus entworfen worden, der sich an *politische Wahlperioden* orientiert.[1] Erklärt Kalecki den politischen Konjunkturzyklus mit divergierenden Interessen zwischen Arbeiter- und Kapitalistenklasse, den sich der Staat letztlich zugunsten der Kapitalistenklasse aufgrund der marktwirtschaftlichen Gewinnlogik beugen muß, so wird der politische Konjunkturzyklus bei Frey ausschließlich aus einem Politiker- bzw. Parteieninteresse an der politischen Machterhaltung erklärt. Demnach gibt es „zwei wichtige Gründe, warum es für eine Regierung vorteilhaft sein kann, einen politischen Konjunkturzyklus zu erzeugen: Erstens haben die Wähler die Tendenz, die vergangene Politik der Regierung weitgehend zu vergessen und ihre Wahlentscheidung vorwiegend oder gar ausschließlich an der gegenwärtigen Wirtschaftslage auszurichten. Empirische Studien für die Vereinigten Staaten deuten darauf hin, daß die Wähler die Regierung nur nach der wirtschaftlichen Situation im Wahljahr selbst einschätzen. Für eine Regierung ist es deshalb vorteilhaft, die Konjunktur derart zu steuern, daß die Wirtschaftslage kurz vor den Wahlen günstig ist, auch wenn dies Arbeitslosigkeit, Inflation und geringes Wachstum am Anfang der Wahlperiode impliziert. Der zweite Grund, warum es für eine Regierung vorteilhaft sein kann, einen politischen Konjunkturzyklus herbeizuführen, liegt in den zeitlichen Verzögerungen, die für moderne Wirtschaften typisch sind. Die Preissteigerungen oder Erhöhungen der Inflationsrate setzen in der Regel erst nach einem Aufschwung der Produktion und einer Verminderung der Arbeitslosenquote ein. Falls die Regierung nicht völlig sicher ist, daß sie wiedergewählt wird (und das ist in einer Demokratie nicht der Fall), bewertet sie die in der nächsten Wahlperiode eintretenden Preissteigerungen nur gering, denn diese können der dann möglicherweise von der jetzigen Opposition gebildeten Regierung angelastet werden. In diesem Fall ist eine Belastung der künftigen Wahlperiode mit einer hohen Inflationsrate für die gegenwärtige Regierung sogar günstig, denn dadurch erhöhen sich ihre Chancen, bald wieder an die Macht zu gelangen."[2]

---

[1] Vgl. Bruno S. Frey, Das Problem der politischen Konjunkturzyklen, Konjunkturpolitik und das Interesse an der Machterhaltung, in: Hans-Georg Wehling, (Hrsg.), a.a.O., S. 52ff.
[2] Ebenda, S. 53ff.

Literatur:

Elmar Altvater, Jürgen Hoffmann, Willi Semmler, Vom Wirtschaftswunder zur Wirtschaftskrise, Berlin 1979

Arbeitsgruppe Alternative Wirtschaftspolitik, Memorandum, Alternativen der Wirtschaftspolitik, Köln 1978, sowie das Memorandum '80, Köln 1980

Walter Assenmacher, Konjunkturtheorie, 7. Aufl., München, Wien 1995

Veit-Michael Bader, Johannes Berger, Heiner Ganssmann u.a., Krise und Kapitalismus bei Marx, 2. Bände, Frankfurt/M. 1975

Hartwig Bartling, Franz Luzius, Grundzüge der Volkswirtschaftslehre, 10. Aufl., München 1993

Heinz-J. Bontrup, Werner Voß, Rentabilitätsuntersuchungen im Rüstungsbereich und Veränderungsanforderungen an das Preisrecht, in: WSI-Mitteilungen, Heft 9/1987

Heinz-J. Bontrup, Werner Voß, Rüstungsproduktion - ein Bombengeschäft? in: S + F Vierteljahresschrift für Sicherheit und Frieden, Heft 4/1987

Hansgeorg Conert, Einführung in die politische Ökonomie der Bundesrepublik II. Konjunktur und Krise - Instrumente staatlicher Wirtschaftspolitik, Frankfurt/M. 1974

Hartmut Elsenhans, Lohnerhöhungen: Wachstumschance für den Kapitalismus. Eine Kritik am Gesetz vom tendenziellen Fall der Profitrate, in: Forum der Zeitschrift für Theorie und Praxis des demokratischen Sozialismus, Jg. 1, Heft 2/1976

Walter Freyer, Konjunkturpolitik als Wahlpolitik. Zur Methode empirischer Analysen, in: Konjunkturpolitik, 26 Jg. (1980)

Bruno S. Frey, Das Problem der politischen Konjunkturzyklen, Konjunkturpolitik und das Interesse an der Machterhaltung, in: Hans-Georg Wehling (Hrsg.), Konjunkturpolitik, Opladen 1976

Bruno Frey, Theorie und Empirie politischer Konjunkturzyklen, in: Zeitschrift für Nationalökonomie, Vol. 36, (1976)

Günter Gabisch, Konjunktur und Wachstum, in: Vahlens Kompendium der Wirtschaftstheorie und Wirtschaftspolitik, Bd. 1, München 1980

Helmut Görgens, Ist die Ursache der Beschäftigungskrise eine Gewinn- und Rentabilitätskrise, in: WSI-Mitteilungen, Heft 2/1986

Jürgen Heubes, Grundzüge der Konjunkturtheorie, München 1986

Rudolf Hickel, Wirtschaftskrisen, Ausgewählte Lesestücke zum Studium der politischen Ökonomie, K. Diehl/P.Mombert (Hrsg.), Frankfurt/M., Berlin, Wien 1979

Rudolf Hickel, Wirtschaftskrise - Fehlprodukt einer Anspruchsinflation oder Krise des Wirtschaftssystems, in: Diskurs, Bremer Beiträge zu Wissenschaft und Gesellschaft, Universität Bremen (Hrsg.), Bremen 1979

Carl-Ludwig Holtfrerich, Zur Entwicklung der monetären Konjunkturtheorien: Wicksell, Schumpeter, Hahn, Mises und Hayek, in: B. Schefold (Hrsg.), Studien zur Entwicklung der ökonomischen Theorie VIII, Berlin 1989

W. A. Jöhr, Konjunkturschwankungen, Tübingen/Zürich 1952

Clement Juglar, Des crises commerciales et de leur retour periodique en France, en Angleterre et aux Etats Unis, (1862)

Michal Kalecki, Studies in the Theory of business cycles, Warschau 1964

Michal Kalecki, Political Aspects of Full Employment, Political Quarterly, Vol. 14 (1943), auf deutsch, Politische Theorie der Vollbeschäftigung, in: Brunno S. Frey/Werner Meißner, Zwei Ansätze der Politischen Ökonomie, Marxismus und ökonomische Theorie der Politik, Frankfurt/M. 1974

Paul Klemmer, Konjunkturindikatoren, in: Das Wirtschaftsstudium (WISU), Heft 2/1973

Hartmut Küchle, Theoretische und empirische Voraussetzungen quantifizierter Konjunkturprognosen, Köln 1979

Thomas Robert Malthus, Principles of Political Economy, (1820)

Ernest Mandel, Die deutsche Wirtschaftskrise. Lehren der Rezession 1966/67, 11. Aufl., Frankfurt/M. 1974

Ernest Mandel, Winfried Wolf, Weltwirtschaftsrezession und BRD-Krise 1974/75, Frankfurt/M. 1976

Karl Marx, Das Kapital, Bände 1 bis 3, Berlin (Ost) 1975

Werner Meißner, Die Lehre der Fünf Weisen, Eine Auseinandersetzung mit den Jahresgutachten des Sachverständigenrats zur Begutachtung der gesamtwirtschaftlichen Entwicklung, Köln 1980

Karl Neumann, Konjunktur und Konjunkturpolitik. Möglichkeiten und Grenzen der Konjunkturpolitik, Frankfurt/M. 1972

Karl Heinrich Oppenländer, Konjunkturindikatoren, 2. Aufl., München, Wien 1996

Hans-Rudolf Peters, Politische Ökonomie des Marxismus, Göttingen 1980

Erich Preiser, Grundzüge der Konjunkturtheroie, Tübingen 1933

Jan Priewe, Krisenzyklen und Stagnationstendenzen in der Bundesrepublik Deutschland, Köln 1988

Bernd Rohwer, Konjunktur und Wachstum. Theorie und Empirie der Produktionsentwicklung in der BRD seit 1950, Berlin 1988

Otto Roloff, Konjunkturpolitik für wen? Kann dem konjunkturellen Risiko letztlich systemimmanent begegnet werden? In: Hans-Georg Wehling (Hrsg.), Konjunkturpolitik, Opladen 1976

Sachverständigenrat, Jahresgutachten 1977/78, Bundestagsdrucksache 8/1221

Jean Baptiste Say, Traite d economie politique, Paris 1803

Günter Schmölders, Konjunkturen und Krisen, Hamburg 1955

Joseph A. Schumpeter, Business Cycles, A Theoretical, Historical, and Statistical Analysis of the Capitalist Process, New York und London 1939

Joseph A. Schumpeter, Theorie der wirtschaftlichen Entwicklung, 2. Aufl., München 1926

Ota Sik, Zur Problematik kurzfristiger Zyklen, in: Jahrbücher für Nationalökonomie und Statistik, Bd. 201, (1986)

Alfred Stobbe, Volkswirtschaftslehre III, Makroökonomik, 2. Aufl., New York, Berlin, Heidelberg 1987

Wilhelm Weber, Konjunktur- und Beschäftigungstheorie, 2. Aufl., Köln-Berlin 1969

Ulrich Teichmann, Grundriß der Konjunkturpolitik, 4. Aufl., München 1988

Hans-Georg Wehling (Hrsg.), Konjunkturpolitik, Opladen 1976

Artur Woll, Allgemeine Volkswirtschaftslehre, 11. Aufl., München 1993

Karl- Georg Zinn, Der Niedergang des Profits, Köln 1978

9. Kapitel
Stabilisierungspolitik

1. Fiskalpolitik und das Stabilitätsgesetz
1.1 Zum Stabilitätsgesetz

In der Bundesrepublik besteht durch das **„Gesetz zur Förderung der Stabilität und des Wachstums der Wirtschaft“** (StabG) vom 8.6.1967, kurz „Stabilitätsgesetz“ genannt, die gesetzliche Verpflichtung, im Rahmen einer **antizyklischen Fiskalpolitik** eine auftretende inflatorische oder deflatorische Lücke zu schließen. Dazu heißt es im § 1 StabG:

„Bund und Länder haben bei ihren wirtschafts- und finanzpolitischen Maßnahmen die Erfordernisse des gesamtwirtschaftlichen Gleichgewichts zu beachten. Die Maßnahmen sind so zu treffen, daß sie im Rahmen der marktwirtschaftlichen Ordnung gleichzeitig zur Stabilität des Preisniveaus, zu einem hohen Beschäftigungsstand und außenwirtschaftlichen Gleichgewicht bei stetigem und angemessenem Wirtschaftswachstum beitragen.“

Das **Instrumentarium der Fiskalpolitik** ist dabei im Stabilitätsgesetz durch steuer- und/oder ausgabenpolitische Maßnahmen festgelegt. Im Falle der deflatorischen Lücke mit Unterbeschäftigung müssen Maßnahmen ergriffen werden, die die gesamtwirtschaftliche Nachfrage erhöhen. Als geeignete Instrumente bieten sich hier **Steuersenkungen und/oder Staatsausgabenerhöhungen** an. Für eine inflatorische Lücke gilt entsprechend das Gegenteil. Im einzelnen sind zu nennen:

- **Steuersatzveränderungen bei Einkommen- und Körperschaftsteuer,**
- **Veränderung der Steuervorauszahlungen bei Einkommen-, Körperschaft- und Gewerbesteuer,**
- **Veränderung der Verbrauchsteuern,**
- **Einführung eines direkten Steuerabzuges für Investitionen,**
- **Veränderung der Abschreibungsmodalitäten, Einführung von Sonderabschreibungen,**
- **Erleichterung oder Erschwerung von Rückstellungsmöglichkeiten,**
- **Veränderung der investiven und konsumtiven Staatsausgaben,**
- **Veränderung der Transferausgaben an Unternehmen und private Haushalte.**

Zur Dokumentation der geplanten wirtschafts- und finanzpolitischen Maßnahmen zur Realisierung der gesamtwirtschaftlichen Ziele des § 1 StabG legt die Bundesregierung im Januar eines jeden

Jahres für die jeweilige Zieljahresprojektion einen **Jahreswirtschaftsbericht** vor. Dieser Bericht enthält gleichzeitig eine Stellungnahme zum **„Jahresgutachten des Sachverständigenrates zur Begutachtung der gesamt-wirtschaftlichen Entwicklung“** („Gutachten der fünf Weisen“), das nach § 6 StabG immer im Jahr zuvor im November vorgelegt wird. Ferner erstellt die Bundesregierung gemäß § 12 StabG alle zwei Jahre einen **Subventionsbericht** und legt nach § 9 StabG eine **mittelfristige Finanzplanung** über einen Zeithorizont von fünf Jahren mit jährlicher Fortschreibung vor. Als Koordinierungsinstrument zur Abstimmung der konjunkturpolitischen Maßnahmen und des benötigten Kreditbedarfs der Gebietskörperschaften steht der Bundesregierung ein **Konjunkturrat** zur Verfügung. Ihm gehören an: Die *Bundesminister für Wirtschaft* (Vorsitz) und der *Finanzen* sowie je ein *Vertreter eines Bundeslandes* und vier *Vertreter der Gemeinden*. Vertreter der *Deutschen Bundesbank* haben das Recht, an den Beratungen teilzunehmen. Nach § 3 StabG ist zusätzlich eine **„Konzertierte Aktion“** als Gesprächsrunde zur **freiwilligen** konjunkturpolitischen Verhaltenskoordination vorgesehen, an der der Bundeswirtschaftsminister, Vertreter der Bundesbank, der Gewerkschaften, der Arbeitgeberverbände, des Sachverständigenrates, des Bauernverbandes und des Deutschen Beamtenbundes teilnehmen können. Wegen der *Unverbindlichkeit der Gespräche* muß die Wirkung der „Konzertierten Aktion“ allerdings als gering veranschlagt werden. Da sie sich im Laufe der Zeit aus Sicht der Gewerkschaften immer mehr zu einem reinen *Lohndisziplinierungsinstrument* mit Rückwirkungen auf die Tarifautonomie entwickelte, das gemeinsam von Wirtschaftsministerium, Bundesbank, Sachverständigenrat und Arbeitgeberverbänden gegen die Gewerkschaften eingesetzt wurde, stiegen die Gewerkschaften 1977 aus diesen Gesprächsrunden aus, was letztlich zur Einstellung der „Konzertierten Aktion“ führte.

1.2 Staatseinnahmen und Staatsausgaben

Dem Staat fallen in marktwirtschaftlichen Ordnungen vielfältige Aufgaben zu. Dabei ist er **interdependent** mit der Privatwirtschaft verknüpft. Da der Markt aufgrund seines Versagens keine optimalen Ergebnisse liefert, hat der Staat im wesentlichen **drei Haupt- bzw. Budgetfunktionen** zu erfüllen:

Allokationsfunktion

Der Marktmechanismus garantiert nicht immer eine optimale Steuerung der Produktivkräfte. Marktvermachtungen durch marktbeherrschende Unternehmen und externe Effekte sind hierfür weitgehend verantwortlich. Der Staat befriedigt durch ein Angebot an öffentlichen oder meritorischen Gütern aber auch jene individuellen Bedürfnisse, die der Marktmechanismus nicht wirksam (z.B. Bildung) oder überhaupt nicht (z.B. Verteidigung, Rechtsprechung etc.) bereitstellt.

Einkommenstransfer bzw. Verteilungsfunktion

Die durch den Markt zustande kommende primäre und funktionale Einkommensverteilung auf die Produktionsfaktoren nach dem Grenzproduktivitätsprinzip muß aus sozialen Aspekten und aus wohlfahrtsökonomischen Gründen korrigiert werden. Ziel ist dabei eine interpersonelle Umverteilung zwischen den Einkommensgruppen sowie eine regionale Umverteilung innerhalb und zwischen bestimmten Wirtschaftsregionen in einer Volkswirtschaft. Begründet wird diese Umverteilung aus wohlfahrtsökonomischer Sicht damit, daß der Grenznutzen einer zusätzlichen Einkommenseinheit abnimmt und deshalb mit der Beschneidung der hohen Einkommen zugunsten einer Stärkung der niedrigen Einkommen eine gesamtwirtschaftliche Wohlfahrtssteigerung realisiert werden kann. Daneben haben sich soziale Aspekte der Umverteilung am Gerechtigkeits- und Gleichheitspostulat zu orientieren. Hierbei wird eine Leistungsgerechtigkeit nach dem Leistungstragfähigkeitsprinzip unterstellt. Da Menschen - aus welchen Gründen auch immer - von Geburt an nicht leistungsgleich oder sogar leistungsunfähig sind, und deshalb vom rein marktbezogenen Verteilungsprozeß benachteiligt bzw. ausgeschlossen sind, ist eine sozial gerechte Umverteilung erforderlich.

Stabilisierungsfunktion

Marktwirtschaftliche Ordnungen garantieren nicht automatisch ein krisenfreies Wachstum mit permanenter Vollbeschäftigung. Die wirtschaftliche Realität ist mehr durch schwankende Wachstumsraten (Konjunkturen), unausgelastete Produktionskapazitäten, Arbeitslosigkeit und inflationäre Entwicklungen geprägt. Dies alles impliziert eine gesellschaftliche Verschwendung knapper Ressourcen. Soll die wirtschaftliche Entwicklung dagegen gleichgewichtig verlaufen, muß der Staat - wie dies auch im Stabilitätsgesetz festgelegt wurde - mit einer entsprechenden Fiskalpolitik in den Marktmechanismus zur Realisierung eines stetigen Wachstums in Verbindung mit einem hohen Beschäftigungsstand, Preisniveaustabilität und einem außenwirtschaftlichen Gleichgewicht intervenieren (magisches Viereck).

Zur Bewältigung der beschriebenen Staatsfunktionen benötigt der Staat Einnahmen. Dies geschieht durch die Erhebung von **Steuern und Abgaben**, wobei die Steuererhebung auf der Einnahmenseite des Staates von größter Bedeutung ist. Im Jahr 1995 lag der Anteil der Steuern an den gesamten Einnahmen der Gebietskörperschaften ohne Sozialversicherungsträger in der Bundesrepublik bei 75%; d.h. zwei Drittel aller Staatseinnahmen waren Steuereinnahmen. Was Steuern sind, legt die *Abgabenordnung (AO)* in einer **Legaldefinition** fest. Dort heißt es:

Steuern sind „Geldleistungen, die nicht eine Gegenleistung für eine besondere Leistung darstellen und von einem öffentlich-rechtlichen Gemeinwesen zur Erzielung von Einnahmen allen auferlegt werden, bei denen der Tatbestand zutrifft, an den das Gesetz die Leistungspflicht knüpft; die Erzielung von Einnahmen kann Nebenzweck sein. Zölle und Abschöpfungen sind Steuern."

Hieraus folgt:
Steuern sind **Zwangsabgaben** und können nur durch Bund, Länder, Gemeinden und Kirche eingezogen werden. Steuern können nur aufgrund von **Gesetzen**, nicht Verordnungen, erhoben werden und sind nur dann zu zahlen, wenn der Tatbestand erfüllt ist, an den das Gesetz die Steuerpflicht knüpft. Steuern stellen **Geldleistungen** und keine Naturalleistungen dar. Mit der individuellen Steuerzahlung wird kein Anspruch auf eine spezielle **Gegenleistung** des Staates verbunden. Steuern haben nicht nur eine **fiskalische Zielsetzung** zur Finanzierung der Staatsausgaben, sondern dienen auch zur Erfüllung der Allokations-, Verteilungs- und Stabilisierungsfunktion. In der AO zählt man **Zölle** zu den Steuern nicht aber die Beiträge für die Sozialversicherungen.

Neben den Steuern besteht die Einnahmenseite des Staates aus **Abgaben**, die sich wiederum aus Gebühren und Beiträgen zusammensetzen. Staatliche **Gebühren** liegen immer dann vor, wenn eine Zahlung für eine individuelle Inanspruchnahme einer staatlichen Leistung erfolgt. Gebühren treffen daher immer den unmittelbaren Nutznießer. Hierbei werden Verwaltungs- und Benutzungsgebühren unterschieden. Verwaltungsgebühren sind ein Entgelt für bestimmte Amtshandlungen (z.B. das Erstellen von Bescheinigungen, Genehmigungen), während Benutzungsgebühren für die Inanspruchnahme bestimmter staatlicher Einrichtungen (Häfen,

Müllabfuhr, Badeanstalten etc.) anfallen. Bei den staatlich erhobenen **Beiträgen** liegt dagegen keine individuelle Inanspruchnahme staatlicher Leistungen vor. Der Ausschluß von der Nutzung staatlicher Leistungen erfolgt hier nicht individuell, sondern gruppenspezifisch, wodurch Zurechnungsprobleme von Nutzen und Aufwand entstehen. Beispiele für Beiträge sind u.a. Kurtaxen und Erschließungs- und Straßenanliegerbeiträge.

Da zum Sektor Staat nach der *„Volkswirtschaftlichen Gesamtrechnung" (VGR)* die Sozialversicherung (Renten-, Kranken-, Unfall und Arbeitslosenversicherung) zählt, bilden auch die **Sozialversicherungsbeiträge** eine staatliche Einnahmenquelle. Hinzu kommen die Einnahmen aus dem staatlichen **Münzregal (Münzgewinne)** und die seit 1981 dem Bundeshaushalt zufließenden **Bundesbankgewinne**. Obwohl die Gewinne von staatlichen Unternehmen oder aus Beteiligungen des Staates an privaten Unternehmen als staatliche Einnahmen verbucht werden, gehören diese gemäß VGR nicht zum Sektor Staat.[1] Beachtlich ist hierbei die seit etwa Mitte der 80er Jahre in Westeuropa erfolgende **Privatisierungspolitik** von staatlichen Unternehmen. „Zwischen 1985 und 1995 haben die Regierungen von 11 westeuropäischen Ländern ca. 186,2 Mrd. US-Dollar oder knapp 300 Mrd. DM an Privatisierungserlösen eingenommen. Davon entfiel gut die Hälfte auf England, ein knappes Fünftel auf Frankreich und ein knappes Zehntel auf Italien. Ein Ende oder auch nur Nachlassen des Privatisierungstempos ist nicht abzusehen."[2] Die Bundesrepublik, bislang eher ein Nachzügler in Sachen Privatisierung, (zwischen 1985 und 1995 konnten hier 2,8 Mrd. US-Dollar im Bundeshaushalt vereinnahmt werden), setzte sich 1996 mit dem spektakulären Börsengang der **Deutschen Telekom AG** an die Spitze der nicht unumstrittenen Privatisierungsbewegung.[3] ***Jörg Huffschmid*** sieht in der zur Zeit sich vollziehenden „Privatisierungswelle" auch ein von der *Bundesregierung* bewußt eingesetztes

---

[1] Verluste werden dagegen als Staatsausgaben verbucht.

[2] Jörg Huffschmid, Privatisierungen in Westeuropa - Tafelsilber für die Währungsunion, in: Blätter für deutsche und internationale Politik, Heft 8/1996, S. 1.013

[3] Insbesondere wird hierbei kritisiert, daß das Aufbrechen einer staatlichen Marktbeherrschung in der Regel nicht gelingt. Aus den meisten staatlichen Monopolen sind vielmehr private marktbeherrschende Unternehmen entweder in Form von privaten Monopolen oder engen Oligopolen geworden. Auch die Behauptung, private Unternehmen hätten eine höhere Rationalität, Effizienz und Wirtschaftlichkeit als staatliche Unternehmen, muß vor dem Hintergrund der empirischen Fakten aus der privaten Wirtschaft bezweifelt werden. Die großen Fehler bei Management und Kontrolle der letzten Jahre sind nicht in erster Linie in öffentlichen, sondern in privaten Unternehmen passiert. Auch von Entbürokratisierung nach vollzogener Privatisierung kann keine Rede sein. Einerseits zeichnen sich auch große private Unternehmen durch ausgeprägte interne Rigiditäten und Unwirtschaftlichkeiten aus und andererseits sind auch privatisierte Unternehmen weiter einer nicht unbeachtlichen öffentlichen Kontrolle hinsichtlich großer Teile ihres Geschäftsgebarens (z.B. Kontrolle der erhobenen Gebühren) zu unterziehen.

Mittel zur Absenkung der Staatsverschuldung, um hierdurch die Konvergenzkriterien für die Einführung der **Euro-Währung** zu erfüllen.[1]

Zur Wahrnehmung seiner hoheitlichen Aufgaben und zur Beeinflussung (Steuerung) der Entwicklung eines marktwirtschaftlichen Wirtschaftssystems sowie der Bereitstellung öffentlicher Güter tätigt der Staat (Gebietskörperschaften) **Staatsausgaben**. Die inhaltliche Aufgabenverteilung durch die unterschiedlichen öffentlichen Bereiche (Bund, Länder, Gemeinden und Sozialversicherungsträger), die im Grundgesetz der Bundesrepublik Art 70ff. GG festgelegt ist, determiniert dabei weitgehend auch die Verteilung der Staatsausgaben im öffentlichen Sektor. So unterliegt z.B. nach Art. 73 GG dem Bund die ausschließliche Gesetzgebungsgewalt über auswärtige Angelegenheiten, Verteidigung, Zivilschutz, Währungs- und Geldwesen sowie die Kriminalpolizei.

Die statistische Erfassung aller Staatsausgaben der Gebietskörperschaften wird nach unterschiedlichen Kriterien in der *„Finanzstatistik"* und der *„Volkswirtschaftlichen Gesamtrechnung" (VGR)* vorgenommen.[2] Gemäß der (VGR) werden der **Staatsverbrauch**, d.h. der Personalaufwand, der laufende Sachaufwand incl. der militärischen Ausgaben und die Ausgaben für Sachinvestitionen, sowie die staatlichen **Transferausgaben**, die Ausgaben für Sozialtransfers an private Haushalte, Subventionszahlungen an Unternehmen und die Zinszahlungen für die Staatsschuld, unterschieden. Hinzu kommen die Ausgaben der Sozialversicherungen. Die folgende Tabelle (weitgehend in der Abgrenzung der Finanzstatistik) zeigt seit 1970 die Entwicklung der Staatsausgaben ohne die Ausgaben für die Sozialversicherungen.

Die **Staatsquote** (Anteil der Staatsausgaben am Bruttosozialprodukt zu Marktpreisen (BSP))[3] ist - wie die folgende Tabelle zeigt - in der Bundesrepublik in den 70er Jahren von 29% auf knapp 35% gestiegen und in den 80er Jahren durch eine gezielte Politik der Staatsquotensenkung auf gut

[1] Vgl. Jörg Huffschmid, a.a.O., S 1.014

[2] Neben der „Volkswirtschaftlichen Gesamtrechnung" (VGR) erfolgt eine umfassende Ermittlung der Staatsausgaben in der Finanzstatistik. Bei der VGR geht es dabei um den Ausweis des gesamtwirtschaftlichen Nettogeldvermögens, weshalb hier der Finanzierungssaldo die Veränderungen aus Forderungen und Verbindlichkeiten zeigt. Die „Finanzstatistik" berücksichtigt dagegen jeden kassenwirksamen Vorgang, so daß der Finanzierungssaldo hier die zur Deckung der Ausgaben erforderliche zusätzliche Kreditaufnahme zeigt.

[3] Zur Definition und Abgrenzung unterschiedlicher Staatsquotenkonzepte vgl. Konrad Littmann, Definition und Entwicklung der Staatsquote, Aussagekraft und Anwendungsbereiche unterschiedlicher Typen von Staatsquoten, Göttingen 1975

30% wieder abgebaut worden. Seit der **Wiedervereinigung** ist sie auf den Stand von Anfang der 80er Jahre zurückgekehrt.

Entwicklung der Staatsausgaben der Gebietskörperschaften ohne Sozialversicherungen - in Mrd. DM -

Jahr	Personal-aufwand	Sachaus-gaben	Staatsver-brauch	Transfer-zahlungen	Zins-aufwand	Staatsaus-gaben	Anteil am BSP in %
1970	61,5	64,0	125,5	64,6	6,9	197,0	29,0
1975	119,0	99,7	218,7	127,7	14,8	361,2	34,9
1980	164,0	138,9	302,9	177,5	29,7	510,1	34,5
1985	193,6	149,3	342,9	204,9	56,0	603,8	32,7
1986	202,5	156,2	358,7	212,8	57,8	629,3	32,4
1987	211,1	160,6	371,7	222,3	58,6	652,6	32,4
1988	216,5	163,2	379,7	233,0	60,4	673,1	31,7
1989	222,8	172,7	395,5	243,7	61,2	700,4	31,1
1990	236,1	185,2	421,3	262,8	64,7	748,8	30,6
1991[1)]	294,7	234,4	529,1	366,2	77,3	972,6	33,7
1992	324,5	261,0	585,5	382,3	100,9	1.068,7	34,5
1993	339,2	260,4	599,6	418,6	102,3	1.120,5	35,4
1994	357,0	259,0	616,0	427,5	114,0	1.157,5	34,9
1995	367,0	254,0	621,0	439,5	129,0	1.189,5	34,5

1) Ab 1991 einschl. öffentliche Haushalte in Ostdeutschland, Quelle: Monatsberichte der Deutschen Bundesbank, eigene Berechnungen

Eine steigende Staatsquote wird aus **klassischer** und **neoklassischer** sowie **monetaristischer** Theoriensichtweise in marktwirtschaftlichen Ordnungen als weitgehend unproduktiv und schädlich für die Entwicklung des privaten Gewinnsektors angesehen. Der Staat wird hier als *„Kostgänger"* der Privatwirtschaft bezeichnet ohne zu sehen, wie dies bereits ***Carl Dietzel*** 1855 tat[1], daß zwischen Staatswirtschaft und Privatwirtschaft ein ökonomisch strenges Komplementaritätsverhältnis und hohe Interdependenzen bestehen. Steigende Staatsquoten wurden dabei für marktwirtschaftliche Systeme schon im vorigen Jahrhundert von ***Adolf Wagner*** *(1835 bis 1917)* vorausgesagt.[1] Aufgrund eines instabilen privatwirtschaftlichen Systems, das zur Krisenbewältigung mehr und mehr staatliche Interventionen verlangt, und einer zunehmenden

[1] Vgl. Carl Dietzel, Das System der Staatsanleihen im Zusammenhang der Volkswirtschaft betrachtet, Heidelberg 1855

Aufgabenvielfalt, die privatwirtschaftlich organisiert für Unternehmen keine Gewinnchance bietet und deshalb vom Staat übernommen werden muß, steigt zwangsläufig der Anteil des Staates am Bruttosozialprodukt.

Insbesondere obliegt dem Staat eine **nachfrageorientierte Stabilitätspolitik**. Diese geht in ihren wesentlichen Elementen auf den nach ***John Maynard Keynes*** *(1883 bis 1946)* benannten **Keynesianismus** zurück. Marktwirtschaftliche Ordnungen, so die zentrale Botschaft von Keynes, sind **immanent instabil**. Der Marktmechanismus, sich selbst überlassen, sorgt nicht automatisch für einen Ausgleich von Angebot und Nachfrage. Die Krise wird für Keynes durch eine zu **geringe gesamtwirtschaftliche Nachfrage** in Relation zum bereitgestellten gesamtwirtschaftlichen Angebot verursacht. Da die Unternehmen aufgrund von nicht ausgelasteten Kapazitäten unter Gewinndruck geraten oder sogar Verluste erleiden, entlassen sie MitarbeiterInnen, so daß es zu Arbeitslosigkeit kommt. Diese führt zu einem noch größeren Kaufkraftausfall, der die Gewinnerwartungen der Unternehmen weiter einschränkt und dadurch die Investitionstätigkeit zum Stocken bringt. Ausfallender privater Konsum und ausfallende Investitionen führen letztlich zur gesamtwirtschaftlichen Depression. In dieser Situation kann nur der Staat als wirtschaftpolitischer Akteur die ausfallende private Nachfrage durch **staatliche Nachfrage** kompensieren und so stabilisierend in den Marktprozeß intervenieren.

1.3 Staatlich fiskalische Stabilisierungspolitik auf den Gütermarkt

In der *Volkswirtschaftlichen Gesamtrechnung (VGR)*[2] wurde gezeigt, daß sich das Sozialprodukt oder die volkswirtschaftliche Endnachfrage in einer offenen Volkswirtschaft mit staatlicher Aktivität aus verschiedenen gesamtwirtschaftlichen Teilaggregaten zusammensetzt.

$$Y = C_P + C_{St} + I_P + I_{St} + Z_U - T_{Ind} + (E_x - I_m)$$

Y = Sozialprodukt
C_P = Privater Konsum (Verbrauch)
C_{St} = Staatsverbrauch
I_P = Private Bruttoinvestitionen

[1] Vgl. Adolf Wagner, Das Gesetz der zunehmenden Staatstätigkeit, in: Horst Claus Recktenwald (Hrsg.), Finanztheorie, 2. Aufl., Köln, Berlin 1970, sowie H. Timm, Das Gesetz der wachsenden Staatsausgaben, im selben Band.
[2] Vgl. dazu ausführlich den Punkt 9: „Volkswirtschaftliche Gesamtrechnung" im 2. Kapitel: „Ökonomische Grundtatbestände"

I_{st} = Staatliche Bruttoinvestitionen
Z_U = Subventionen an Unternehmen
T_{ind} = Indirekte Steuern (Verbrauchsteuern)
E_x = Exporte; I_m = Importe

Der *Staatsverbrauch* (C_{st}) und die *staatlichen Bruttoinvestitionen* (I_{st}) bilden dabei die *Staatsausgaben (G)*, so daß man zur Bestimmung des gesamtwirtschaftlichen Gleichgewichtseinkommens das Sozialprodukt (Y) von der *Einkommensentstehungsgleichung* auch wie folgt schreiben kann:

$$Y = C_P + I_P + G + Z_U - T_{ind} + (E_x - I_m)$$

Die *Einkommensverwendungsgleichung* des Sozialprodukts lautet entsprechend:

$$Y = C_p + S + T_{dir} - Z_H$$

S = Ersparnis
T_{dir} = Direkte Steuern (Einkommensteuern)
Z_H = Transferzahlungen an private Haushalte

Hieraus ergibt sich die folgende **gesamtwirtschaftliche ex-post Identität** für eine offene Volkswirtschaft mit staatlicher Aktivität:

$$I_P + G + Z_U - T_{ind} + (E_x - I_m) = S + T_{dir} - Z_H \quad \text{oder}$$

$$I_P + G + Z_U - T_{ind} + E_x = S + T_{dir} - Z_H + I_m$$

Demnach sind die Investitionen plus der Staatsausgaben minus den indirekten Steuern plus der Subventionen an Unternehmen und den Exporten gleich groß der Summe aus Ersparnis, direkten Steuern minus der Transferzahlungen an private Haushalte plus den Importen.

1.3.1 Staatliche Stabilisierungspolitik in einer geschlossenen Volkswirtschaft

Reduziert man zunächst eine Volkswirtschaft auf eine **geschlossene Volkswirtschaft** ohne Auslandsaktivitäten, so besteht die gesamtwirtschaftliche Güternachfrage aus der *Konsumnachfrage* der privaten Haushalte *(C_P)*, der *Investitionsgüternachfrage* der privaten Unternehmen (I_n), den *Staatsausgaben (G)* und den *Subventionszahlungen* (Z_U) abzüglich der vom Staat abverlangten *indirekten Steuerzahlungen* (T_{ind}).

Die **Einkommensentstehung** lautet demnach

$$Y = C_P + I_n + G + Z_U - T_{ind}$$

und die **Aufteilung des Einkommens** durch die Haushalte ergibt sich aus dem gesamtwirtschaftlichen *Konsum* (C_p), der *Ersparnis (S)* sowie aus den *direkten Steuerzahlungen* (T_{dir}) der privaten Haushalte und Unternehmen zuzüglich der *Transferzahlungen* (Z_H) an die privaten Haushalte.

$$Y = C_P + S + T_{dir} - Z_H$$

Aus der Zusammenfassung der Gleichungen folgt die ex-post-Identität bzw. Gleichung:

$$I_n + G + Z_U - T_{ind} = S + T_{dir} - Z_H$$

Abstrahiert man zunächst von den staatlichen Subventions- und Transferzahlungen, so ergibt sich die folgende Gleichgewichtsbedingung in einer geschlossenen Volkswirtschaft

$$I_n + G = S + T_{dir + ind}$$

Wie wirkt nun der **fiskalische Einfluß des Staates** durch Staatsausgaben (G) und Steuererhebungen (T) auf das Sozialprodukt bzw. auf das Gleichgewicht am Gütermarkt? Um dies zu untersuchen, ist von bestimmten *Verhaltensgleichungen* für die einzelnen gesamtwirtschaftlichen Aggregate auszugehen.

Bezüglich des **Konsums** (C_P) und der **Ersparnis** (S) der privaten Haushalte gilt dabei zunächst einmal folgendes:

$$Y = C_P + S$$

Für den Konsum ergibt sich daraus die Definitionsgleichung:

$$C_P = Y - S$$

bzw. für die Ersparnis

$$S = Y - C$$

Das bedeutet: Was vom Einkommen nicht konsumiert wird, wird gespart (Sparen = Konsumverzicht).

Ist die Höhe der Ersparnis bei den **Neoklassikern** eine *Funktion des Zinssatzes* (steigt (sinkt) der Zinssatz, wird mehr (weniger) gespart), so unterstellt der **Keynesianismus**, daß der private Konsum abhängig ist von der Höhe des *laufenden Volkseinkommens* (Sozialprodukts) und einer *autonomen Konsumgröße*:

$$C_P = C_a + cY$$

In dieser Konsumfunktion ist (C_a) der autonome Konsum und (cY) der einkommensabhängige Konsum. „c" ist ein Parameter und stellt die **marginale Konsumquote** dar.

Die mit der Konsumfunktion korrespondierende **Sparfunktion** lautet:

$$S = Y - (C_a + cY)$$
$$S = -C_a + (1 - c)Y$$

oder weil gilt: $(1 - c) = s$

$$S = -C_a + sY$$

In dieser Sparfunktion ist ($-C_a$) die autonome (negative) Ersparnis und $(1 - c) = s$ die **marginale Sparquote**. Die marginale Konsumquote und die marginale Sparquote ergänzen sich immer ex definitione zu eins: $c + s = 1$

Die folgende Grafik zeigt den Zusammenhang zwischen Konsum- und Sparfunktion:

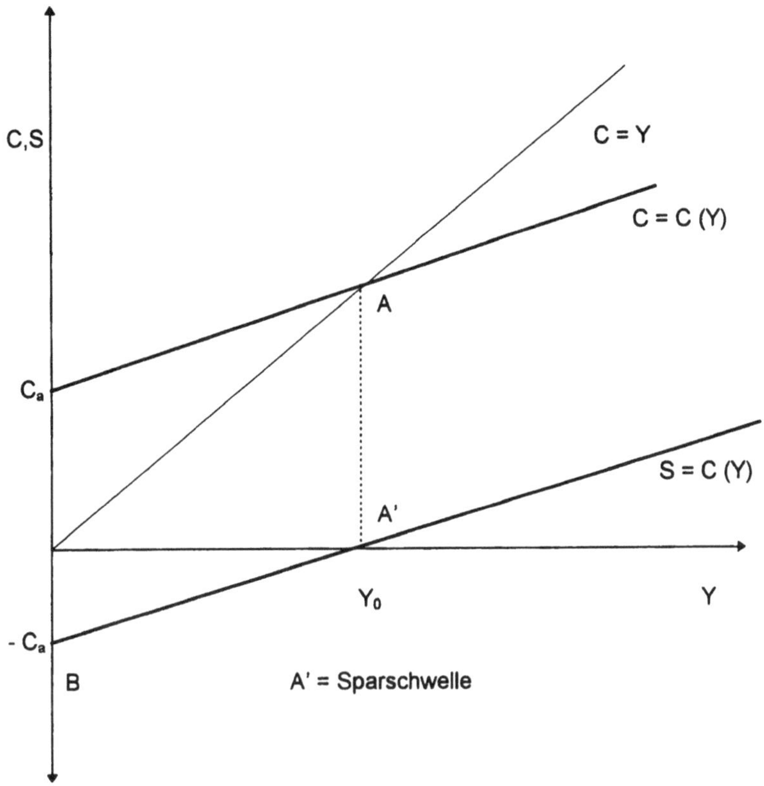

Außer den Funktionen enthält die Graphik eine **45-Grad-Linie**. Diese Linie impliziert, daß an jedem Punkt der Konsum der privaten Haushalte immer gleich ihrem Einkommen ist. Allerdings gibt es *nur einen einzigen Punkt*, bei dem C = Y ist, und zwar der Punkt (A). An dieser Stelle hat die Sparfunktion eine Nullstelle (A'), denn die Ersparnis ist bei Y_0 gleich Null. Eine weitere Nullstelle ergibt sich beim Punkt B: Y = Null.

Bei der Bestimmung der keynesianischen *Konsum- und Sparfunktion* hängt die Höhe des Konsums und der Ersparnis aber nicht nur vom im Produktionsprozeß verdienten Markteinkommen ab, sondern vom sog. makroökonomischen **verfügbaren Einkommen (Y_v)**. Das verfügbare Einkommen ergibt sich vereinfacht ausgedrückt aus dem Leistungs- bzw. Markteinkommen vermindert um **Steuerzahlungen (T)** der privaten Haushalte und vermehrt um **Transferausgaben (Z)** des Staates. Hierbei wird keine Differenzierung zwischen direkten und indirekten Steuern sowie zwischen Subventionszahlungen an private Unternehmen oder Transferzahlungen an private Haushalte vorgenommen.

$$Y_v = Y - T + Z$$

Die Steuerzahlungen implizieren eine **Pauschalsteuer**, d.h. sie gehen unabhängig von der Höhe des Einkommens in die Modellbetrachtung ein.[1]

$$T = T_a$$

Auch bei den Staatsausgaben und privaten Investitionen wird von einer autonomen Veränderung ausgegangen.

$$G = G_a \text{ und } I = I_a$$

Aus der Gleichgewichtsbedingung Y = Angebot = Nachfrage = $C(Y_v) + I_a + G_a$ und der Gleichung für das verfügbare Einkommenn $Y_v = Y - T_a + Z_a$ sowie der anderen zuvor genannten Verhaltensgleichungen ergibt sich dann der folgende Zusammenhang:

$$Y_v = Y - T_a + Z_a$$

in $C_P = C_a + c\,Y_v$ eingesetzt ergibt:

$$C_p = C_a + c\,(Y - T_a + Z_a)$$

Wird nun die Gleichung (C_p) in die Gleichgewichtsbedingung ($Y = C_P + I_a + G_a$) eingesetzt, ergibt sich das güterwirtschaftliche Gleichgewichtsvolkseinkommen:

$$Y = C_a + c\,(Y - T_a + Z_a) + I_a + G_a \text{ oder}$$
$$Y = C_a + c\,Y - c\,T_a + c\,Z_a + I_a + G_a$$

Nach (Y) aufgelöst erhält man:

$$Y - c\,Y = C_a + I_a + G_a + c\,Z_a - c\,T_a$$
$$Y\,(1 - c) = C_a + I_a + G_a + c\,Z_a - c\,T_a$$

$$Y = \frac{1}{1-c}\,[C_a + I_a + G_a] + \frac{c}{1-c}\,Z_a - \frac{c}{1-c}\,T_a$$

[1] Diese zunächst wenig realistische Bedingung wird später durch eine einkommensabhängige Steuer aufgehoben.

Der Konsum-, Investitions- und Staatsausgabenmultiplikator (1 / 1 - c) sind gleich groß. Die positive oder negative Wirkung einer Konsum-, Investitions- oder Staatsausgabenveränderung hängt von der Höhe der marginalen Konsum- bzw. Sparquote ab. Je höher die Konsumquote bzw. je niedriger die Sparquote, um so größer die multiplikative Wirkung auf das Gleichgewichtsvolkseinkommen.

$$\Delta Y = \Delta [C_a + I_a + G_a]$$

Da der Staatsausgabenmultiplikator größer ist als der Steuermultiplikator, ergibt sich trotz Steuererhöhungen bei gleich großen Staatsausgaben (= *ausgeglichener Staatshaushalt*) ein positiver Effekt auf das Gleichgewichtseinkommen.

$$\text{Staatsausgabenmultiplikator} \frac{1}{1-c} G_a > \text{Steuermultiplikator} \frac{c}{1-c} T_a$$

Dieser Tatbestand wurde 1944 von dem norwegischen Nobelpreisträger für Ökonomie ***Trygre Haavelmo*** *(geb. 1911)* entdeckt und nach ihm als ***Haavelmo-Theorem*** bezeichnet. Die multiplikative Wirkung auf das gleichgewichtige Sozialprodukt einer zusätzlichen **steuerfinanzierten Staatsausgabe** ist dabei gleich eins.

$$\frac{1}{1-c} G_a - \frac{c}{1-c} T_a = \frac{1-c}{1-c} = 1$$

Die Ursache des Haavelmo-Theorems liegt darin begründet, daß die privaten Haushalte einen Teil des durch die zusätzlichen Steuern entzogenen Einkommens gespart hätten, während der Staat die zusätzliche Steuereinnahme voll in Nachfrage über die zusätzlichen Staatsausgaben verwandelt, so daß ein positiver multiplikativer Effekt von eins ohne **Staatsverschuldung** auf das Volkseinkommen entsteht.

Dagegen ist die Wirkung von **steuerfinanzierten Transferleistungen** auf das Volkseinkommen gleich Null. Da Steuer- und Transfermultiplikator nur mit umgekehrtem Vorzeichen gleich groß sind, hebt sich der kontraktive und expansive Effekt, wie das folgende Beispiel zeigt, auf. Dies gilt aber nur unter der Prämisse, daß die marginale Sparquote bzw. Konsumquote der Steuerzahler mit derjenigen der Empfänger der Transferzahlungen identisch ist. Erfolgt die zusätzliche

Besteuerung bei den höheren Einkommen mit einer entsprechenden höheren Sparquote, so ergeben sich bei einer Umverteilung über Transferzahlungen an die Einkommensempfänger mit niedrigerem Einkommen und einer höheren Konsumquote positive Effekte auf das Volkseinkommen und umgekehrt.

$$\Delta T = \Delta Z$$

$$\Delta Y = \frac{c}{1 - c} \Delta Z - \frac{c}{1 - c} \Delta T$$

$$\Delta Y = \frac{0{,}8}{1 - 0{,}8} \Delta 20 - \frac{0{,}8}{1 - 0{,}8} \Delta 20$$

$$\Delta Y = 80 - 80 = \text{Null}$$

Bisher wurde vereinfachend von einer Pauschalsteuer - die unabhängig vom Volkseinkommen anfällt - ausgegangen. Diese Prämisse wird im folgenden durch eine realistische volkseinkommensabhängige Steuer ersetzt. Steigt demnach das Volkseinkommen, so hat dies Effekte auf die Steuereinnahmenseite des Staates. Dies gilt sowohl für die indirekten Verbrauchsteuern als auch für die direkten Einkommensteuern.

Die Steuerzahlungen (T) gehen dabei in Abhängigkeit vom Einkommen (Y) über eine **Proportionalsteuer** mit einem entsprechenden marginalen Steuersatz (t) (Grenzsteuersatz) in das Modell ein. Dieser Grenzsteuersatz gibt an, wieviel des zusätzlichen Volkseinkommens als Steuer an den Staat abgeführt werden muß.

$$T = t\,Y$$

Bei den Transferleistungen (Z) wird ein autonomer Wert (Z_a) unterstellt:

$$Z = Z_a$$

Ebenso wird bei den privaten Nettoinvestitionen ($I_n = I_a$) und bei den Staatsausgaben ($G = G_a$) vorgegangen.

Unter Berücksichtigung der einkommensabhängigen Konsumfunktion ergibt sich die folgende fiskalische multiplikative Wirkung durch Veränderungen der Proportionalsteuer auf das Sozialprodukt bzw. Volkseinkommen (Y):

$$C_P = C_a + c\,Y_v$$
$$C_P = C_a + c\,(Y - T + Z) \text{ bzw.}$$
$$C_P = C_a + c\,(Y - t\,Y + Z_a) \text{ bzw.}$$
$$C_P = C_a + c\,Y - c\,t\,Y + c\,Z_a$$

$$Y = C_a + c\,Y - c\,t\,Y + c\,Z_a + I_a + G_a$$

$$Y - c\,Y + c\,t\,Y = C_a + I_a + c\,Z_a + G_a$$
$$Y\,(1 - c + c\,t) = C_a + I_a + c\,Z_a + G_a$$

$$Y = \frac{1}{1 - c + ct}\,C_a + \frac{1}{1 - c + ct}\,I_a + \frac{1}{1 - c + ct}\,G_a + \frac{c}{1 - c + ct}\,Z_a$$

An dem Konsum-, Investitions- und Staatsausgabenmultiplikator (1 / 1 - c + ct) wird deutlich, daß er größer ist als der Transferleistungsmultiplikator (c / 1 - c + ct). Dies liegt daran, daß es bei einer Erhöhung der Transferleistungen Δ Z in der ersten Periode zu keiner multiplikativen Wirkung auf das Sozialprodukt kommt, weil der Staat als auch die privaten Haushalte und Unternehmen für die Transferleistungen keine Gegenleistung in Form von produzierten Gütern und Diensten erhalten.

Abhängig ist die multiplikative Wirkung von zusätzlichen Konsum-, Investitions-, Staatsausgaben- und Transferleistungen auf das Sozialprodukt von der **Höhe der marginalen Konsum- (Sparquote)** und der **Höhe des Steuersatzes**. Je höher die marginale Sparquote bzw. je geringer die Konsumquote und je höher der Steuersatz, umso geringer ist der Effekt auf das Sozialprodukt.

Im bisherigen Modell wurden die **Investitionen der Unternehmen** als autonom unterstellt. Diese Prämisse soll im folgenden modifiziert werden. Zunächst kann einmal festgestellt werden, daß Investitionsausgaben von Unternehmen einen bestehenden Gewinn sichern bzw. zukünftige Gewinne steigern sollen. Anstatt von Investitionen spricht man auch von **Kapitalakkumulation**

oder von Realkapitalbildung. Gesamtwirtschaftlich unterscheidet man folgende Investitionsarten:

Bruttoanlageinvestitionen = Ausrüstungsinvestitionen + Bauinvestitionen
Nettoanlageinvestitionen = Bruttoanlageinvestitionen - Abschreibungen
Lagerinvestitionen

Die Unternehmen richten sich bei ihren Investitionen in der Regel nach dem **Kapitalwert der Investition (K_w)**[1]. Hierin sind implizit die *Absatzerwartungen* enthalten.

$$K_w = -I + \sum_{t=1}^{n} (E_t - A_t) \frac{1}{(1+q)^n} \quad ; \quad q = i : 100$$

I = Investitionswert
E = Einnahmen (Absatzerwartungen)
A = Ausgaben (Kostenerwartungen)
n = Laufzeit der Investition
i = interner Zinsfuß

Eine Realinvestition ist demnach rentabel, wenn ihr abgezinster Kapitalwert positiv (im Grenzfall = Null) ist. Bei einem Vergleich zwischen Marktzins und im Kapitalwert enthaltenen internen Zinsfuß der Investition (nach ***Keynes*** die **Grenzleistungsfähigkeit des Kapitals**) ist eine Realinvestition immer dann lohnend, d.h. einer Finanzinvestition vorzuziehen, wenn der Kapitalwert größer ist als der Marktzins. Je niedriger demnach der Marktzins, umso mehr Realinvestitionen werden umgesetzt. Die Nachfrage nach privaten Investitionen sind demnach im keynesianischen System grundsätzlich eine inverse Funktion des Marktzinssatzes (vgl. die folgende Grafik):

$$I = I(i)$$

[1] Vgl. Hans Jung, Allgemeine Betriebswirtschaftslehre, 2. Aufl., München, Wien 1996, S. 798ff.

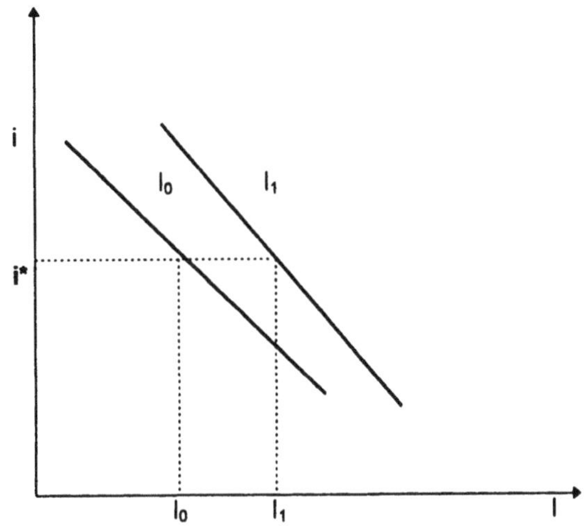

Dies ist die Nachfrage nach Investitionen im neoklassischen Sinn auch. Während aber hier mehr die rein technische Größe der Grenzleistungsfähigkeit des Kapitals eine Rolle spielt, berücksichtigt Keynes auch die **psychologischen Faktoren** von Investitionsprozessen, die durch ein allgemeines *optimistisches* oder auch durch ein *pessimistisches* Investitionsklima gegeben sind. Dies drückt sich in einer Verschiebung (siehe Grafik) der Investitionsfunktion von (I_0) nach (I_1) aus. Bei gleichem Marktzins (i*) bzw. nicht gesunkenem Zinssatz werden dennoch mehr Investitionen vorgenommen.

Immer wieder untersucht wurde dabei die Frage, wie stark eigentlich in der wirtschaftlichen Realität der Zinssatz bzw. Veränderungen des Zinssatzes einen Einfluß auf die Investitionstätigkeit ausüben; d.h., wie groß die **Zinselastizität der Investitionen** ist. Verläuft die Kurve relativ steil (= geringe Zinselastizität), was auf eine schwache Abhängigkeit schließen ließe, oder verläuft sie relativ flach (= hohe Zinselastizität), was eine eher hohe Abhängigkeit bedeuten würde? Die empirischen Untersuchungen lassen dabei eher vermuten, daß eine hohe Abhängigkeit der Investitionsnachfrage vom Zinssatz - mit Ausnahme von wenigen Branchen wie z.B. der Bauwirtschaft - wohl nicht besteht. Allerdings muß hier - wie *„Die Deutsche Bundesbank"* in einer jüngsten Untersuchung festgestellt hat - zwischen **Groß- und Kleinunternehmen** differenziert werden. Die Bundesbank schreibt dazu:

„Nach gängiger Vorstellung beruht der zinspolitische Transmissionsmechanimus darauf, daß im Gefolge höherer Notenbankzinsen die Marktzinsen steigen und damit zinsabhängige Größen, wie beispielsweise Unternehmensinvestitionen, zurückgehen oder schwächer zunehmen als bei gegebenem Zins. Seit einigen Jahren wird - insbesondere in den angelsächsischen Ländern - eine Ergänzung dieses traditionellen Transmissionsmechanismus diskutiert, die über den Zinssatz hinaus unter anderem auch auf das Kreditangebot abstellt ('Credit Channel'). In diesem Zusammenhang spielt eine wesentliche Rolle, daß zwischen Kreditgeber und -nehmer eine asymmetrische Informationsverteilung besteht. Davon betroffen sind in erster Linie kleine Unternehmen, da sie im Vergleich zu großen Firmen in der Regel eine schlechtere Bonität aufweisen und in erheblichem Maße vom Bankkredit abhängen. Aus einer schärferen Gangart der Geldpolitik resultieren für die kleinen Unternehmen - so diese Theorie - wegen des gesunkenen Firmenwertes und des damit gestiegenen Anreizes, riskantere Investitionsobjekte zu tätigen ('Moral Hazard'), höhere Fremdfinanzierungskosten als für größere Firmen oder sogar Kreditrationierung. Die Folge davon kann sein, daß diese Gruppe von Unternehmen ihre Investitionen stärker einschränkt, als aufgrund des Zinsanstiegs zu erwarten ist. (...) Die empirische Untersuchung bestätigt, daß kleine Firmen (bis 5 Mio. DM Umsatz) stärker von Bankkrediten abhängig sind als größere, und auch ihre Bonität entspricht den geschilderten theoretischen Vorstellungen: Je kleiner die Unternehmen, desto ungünstiger ihr Finanzstatus. In Deutschland läßt sich aber bei einem Anziehen des geldpolitischen Kurses, anders als beispielsweise in den USA, lediglich bei den Anlageinvestitionen das von der Theorie beschriebene größenspezifische Muster feststellen, nicht jedoch bei den Vorratsinvestitionen. Während zu Beginn der betrachteten Perioden die Sachanlagenbestände unabhängig von der Größenklasse erheblich aufgestockt wurden, war dies in der Folgezeit trotz jeweils sehr hoher Zinssätze und Rezession zumeist nur noch bei den großen Unternehmen mit über 50 Mio. DM Umsatz der Fall. Die Nettoinvestitionen erlitten ab 1981 beziehungsweise 1992 vor allem bei den kleinen Firmen einen massiven Einbruch. In den Jahren 1982 und 1993 bauten diese ihr Anlagevermögen sogar erheblich ab; bei den großen Firmen war lediglich 1993 ein Rückgang des Kapitalstocks festzustellen, der freilich wesentlich moderater ausfiel als bei den kleinen Unternehmen."[1]

Neben der beschriebenen Zins-Investitionshypothese spielt eine weitere Investitionshypthese in der keynesianischen Theorie eine Rolle: Die unternehmerische **Gewinnerwartung**. Demnach investieren Unternehmen immer dann, wenn sie sich von den getätigten Investitionen auch Gewinne versprechen. Dies kann sich sowohl auf *Rationalisierungs-* als auch auf *Erweiterungsinvestitionen* beziehen. Bei Rationalisierungsinvestitionen werden bei gleichen Absatzmöglichkeiten die Kosten gesenkt und damit die Gewinne gesteigert und bei den Erweiterungsinvestitionen versprechen mehr Aufträge höhere Gewinne. Eingang findet dieser

[1] Monatsbericht der Deutschen Bundesbank, Heft 11/1996, S. 48f.

Tatbestand in die Makroanalyse durch eine Investitionsfunktion, die die Investitionen (I) in Abhängigkeit vom Volkseinkommen (Y) betrachtet.

$$I = I(Y)$$

Man nennt diese Art von Investitionen auch **induzierte Investitionen**. Mit steigendem Volkseinkommen würden auch die Investitionen zunehmen. Begründet wird dies damit, daß die Gewinnentwicklung stark mit der Nachfrage- und Umsatzentwicklung von Unternehmen korreliert und diese wiederum eng mit der Entwicklung des Volkseinkommens (Wertschöpfung) in einer Volkswirtschaft verbunden bzw. darin enthalten ist. Unterstellt man dabei zusätzlich noch eine autonome Größe (I_a) (z.B. für Ersatzinvestitionen), so läßt sich die **einkommens- bzw. gewinnabhängige Investitionsfunktion** wie folgt formulieren:

$$I = I_a + g\,Y \; ; \quad 1 > g > 0$$

Dabei drückt (g) die marginale Investitionsquote in Bezug auf das Volkseinkommen (Y) aus.

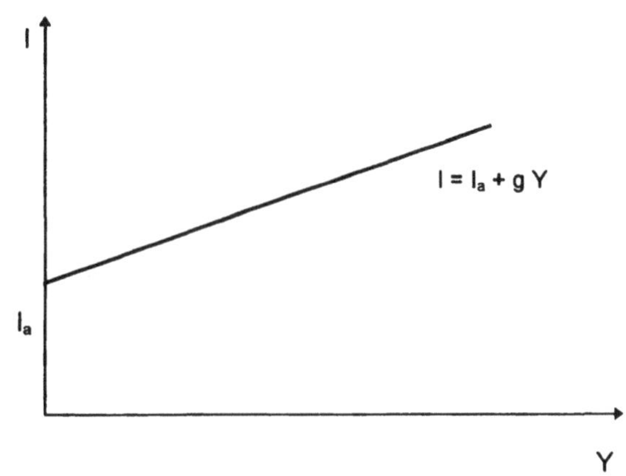

Unter Berücksichtigung einer einkommensabhängigen Investitionsfunktion muß die bisher angenommene Multiplikatorwirkung von staatlich fiskalischen Maßnahmen um die marginale Investitionsquote (g) modifiziert werden. Stellt man die **Investitionsfunktion ($I = I_a + g\,Y$)** in die **Gleichgewichtsgleichung ($Y = C_a + c\,Y - c\,t\,Y + c\,Z_a + I + G_a$)** für eine geschlossene Volkswirtschaft ein, so ergibt sich die folgende Beziehung:

$$Y = C_a + cY - ctY + cZ_a + I_a + gY + G_a$$

$$Y(1 - c + ct - g) = C_a + I_a + G_a + cZ_a$$

$$Y = \frac{1}{1 - c + ct - g}(C_a + I_a + G_a) + \frac{c}{1 - c + ct - g} Z_a$$

Der multiplikative Effekt auf das Sozialprodukt wird dabei durch die einkommensabhängige Investitionsfunktion erhöht.

1.3.2 Staatliche Stabilisierungspolitik in einer offenen Volkswirtschaft

Hebt man weiter die Prämisse einer **geschlossenen Volkswirtschaft** auf, so erweitert sich das Gleichgewichtssozialprodukt auf Gütermärkten um **Exporte (E_x)** und um **Importe (I_m)** zu:

$$Y = C_a + cY - ctY + cZ_a + I_a + gY + G_a + (E_x - I_m) \quad \text{bzw.}$$

$$Y + I_m = C_a + cY - ctY + cZ_a + I_a + gY + G_a + E_x$$

Das binnenwirtschaftlich hergestellte **Güterangebot** (Y) wird dabei um die Importe (I_m) vergrößert. Die **Importfunktion** wird sowohl durch autonome als auch durch einkommensabhängige Größen determiniert. Die marginale Importquote (m) gibt dabei die Höhe der Einkommensabhängigkeit an.

$$I_m = I_{ma} + mY \quad ; \quad 0 < m < 1$$

Die Exporte (E_x) werden, da sie abhängig von der Auslandsnachfrage sind, als konstant und vorgegeben unterstellt.

$$E_x = E_{xa}$$

Für die gleichgewichtige Gesamtnachfrage ergibt sich dann:

$$Y + I_m = C_a + cY - ctY + cZ_a + I_a + gY + G_a + E_x$$

$$Y + I_{ma} + mY = C_a + cY - ctY + cZ_a + I_a + gY + G_a + E_{xa}$$

$$Y(1 - c + ct - g + m) = C_a + I_a + G_a + cZ_a + E_{xa} - I_{ma}$$

$$Y = \frac{1}{1 - c + ct - g + m}(C_a + I_a + G_a + E_{xa} - I_{ma}) + \frac{c}{1 - c + ct - g + m} Z_a$$

Durch die erste mathematische Ableitung von dY nach dE_{xa} erhält man den **Exportmultiplikator**:

$$\frac{dY}{dE_{xa}} = \frac{1}{1 - c + ct - g + m}$$

Er ist positiv. D.h. eine Erhöhung des Exports führt zu einer Erhöhung des Volkseinkommens.

Der **Importmultiplikator** läßt sich analog ermitteln. Er ist negativ. Eine Erhöhung des Imports impliziert demnach eine Senkung des Volkseinkommens.

$$\frac{dY}{dI_{ma}} = \frac{-1}{s + ct - g + m}$$

Wie wirkt nun aber unter Berücksichtigung des Importmultiplikators eine Veränderung des Exports bzw. wie groß ist die exportinduzierte Importwirkung?

Dies läßt sich anhand des **Leistungsbilanzmultiplikators** zeigen. Dieser ergibt sich aus der Veränderung des Außenbeitrags (ΔA) = ($\Delta E_{xa} - \Delta I_m$), der als Saldo der **Leistungsbilanz** definiert ist.

$$\Delta Y = \frac{1}{1 - c + ct - g + m} \Delta E_{xa}$$

$$\Delta I_m = m \Delta Y$$

$$\Delta I_m = \frac{m}{1 - c + ct - g + m} \Delta E_{xa} \quad \text{(Exportinduzierter Import)}$$

$$\Delta A = \Delta E_{xa} - \Delta I_m$$

$$\Delta A = \Delta E_{xa} - \frac{m}{1 - c + ct - g + m} \Delta E_{xa}$$

Daraus resultiert durch mathematisches Umformen der **Leistungsbilanzmultiplikator**:

$$\Delta A = \frac{1 - c + ct - g}{1 - c + ct - g + m} \Delta E_{xa} \quad \text{(Exportmultiplikator in Bezug auf den Außenbeitrag)}$$

Kommt es demnach zu einer Exporterhöhung von beispielsweise 15 Mrd. DM bei einer marginalen Konsumquote von 0,8, einem marginalen Steuersatz in Höhe von 0,3 und einer gewinnabhängigen Investitionsquote von 0,2, sowie einer marginalen Importquote von 0,15, so erhöht sich der Außenbeitrag aufgrund des exportinduzierten Imports um lediglich 9,2 Mrd. DM (gerundetes Ergebnis).

Exporte und Importe werden dabei sowohl von den **Preisentwicklungen** im Inland und Ausland als auch vom jeweiligen **Wechselkurs**, also vom Außenwert der Währungen, beeinflußt. Hierin kommt die **Konkurrenzsituation** zwischen inländischen und ausländischen Anbietern zum Ausdruck. Angenommen ein inländischer Anbieter verlangt für ein Gut (x) einen Preis (p_i) von 150 DM/Stück. Ein ausländischer Konkurrent bietet das gleiche Gut zum Preis (p_a) für 90 \$/Stück an und der Wechselkurs (w) beträgt w = 1,55 DM/\$, so ist das Preisverhältnis unter Berücksichtigung des Wechselkurses 1 zu 1,075:

$$\frac{p_i}{p_a \times w} \quad \text{bzw.} \quad \frac{150 \text{ DM/Stück}}{90 \text{ \$/Stück} \times 1{,}55 \text{ DM/\$}} = 1{,}0752$$

Der ausländische Konkurrent bietet das Gut (x) demnach um 7,5% billiger an. Unter der Prämisse einer **preiselastischen Nachfrage** wird dadurch der Import steigen. Allgemein formuliert kann man sagen, daß der Import eines Landes zunimmt, wenn die internationalen Preisverhältnisse unter Berücksichtigung des Wechselkurses, gemessen als Quotient aus Inlands- und Auslandspreisen, steigen. Nehmen die Preise im Inland schneller zu als im Ausland, so sinkt die Wettbewerbsfähigkeit der inländischen Anbieter gegenüber den ausländischen Konkurrenten. Um den Wettbewerbsnachteil aufzuheben, müßte die **inländische Währung abgewertet**, also der

Wechselkurs (w) erhöht werden, damit das internationale Preisverhältnis sinkt. Steigt nämlich in unserem Beispiel der Wechselkurs von 1,55 DM/ $ auf 1,70 DM/ $ (damit sinkt der Außenwert der D-Mark), so ergibt sich ein gesunkendes Preisverhältnis von 0,98 zu 1:

$$\frac{p_i}{p_a \times w} \quad \text{bzw.} \quad \frac{150 \text{ DM/Stück}}{90 \text{ \$/Stück} \times 1{,}70 \text{ DM/\$}} = 0{,}980$$

Damit liegt der inländische Preis um 2% unter dem Preis des ausländischen Konkurrenten, womit die Wettbewerbsfähigkeit wieder hergestellt ist.

Berücksichtigt man die Preisdivergenzen im In- und Ausland sowie die jeweiligen Wechselkurse, so ist die bisher bekannte gesamtwirtschaftliche Importfunktion nicht nur abhängig von einem bestimmten autonomen Import (I_{ma}) und von der Entwicklung des Volkseinkommens (Sozialprodukts) (Y), sondern eben auch abhängig von den internationalen Preisverhältnissen (p_i) zu (p_a) und den Wechselkursentwicklungen (w).

$$I_m = I_m\left(Y, \frac{p_i}{p_a \times w}\right) \quad ; \quad \frac{\partial I_m}{\partial Y} > 0 \quad ; \quad \partial I_m / \partial\left(\frac{p_i}{p_a \times w}\right) \gtreqless 0$$

Steigt demnach das Sozialprodukt (Y), nimmt ceteris paribus auch der Import (I_m) zu. Kommt es zu einem Steigen der internationalen Preisrelationen, hängt es von der Entwicklung des Wechselkurses ab, ob der Import zunimmt, abnimmt oder konstant bleibt.

2. Stabilitätspolitik durch Steuererhebung

2.1 Zu den Steuerarten und zum Steueraufkommen

Steuern wirken kreislauftheoretisch isoliert betrachtet negativ auf die Entwicklung des Sozialprodukts. Andererseits sind sie zur Finanzierung der Staatsausgaben - die wiederum eine positive Wirkung auf das Sozialprodukt ausüben - notwendig. Im folgenden soll zu den einzelnen Steuerarten und zum Steueraufkommen als auch zur Steuerbelastung und Steuerverteilung in der Bundesrepublik Stellung genommen werden.

Um die verschiedenen Steuern zu gliedern, faßt das **Bundesfinanzministerium** die Steuern zu folgenden Gruppen zusammen:

Steuern auf das Einkommen und Vermögen,
Steuern auf den Vermögensverkehr und
Steuern auf die Einkommensverwendung.

Steuern vom Einkommen:
Lohnsteuer, veranlagte Einkommensteuer, nicht veranlagte Steuern vom Ertrag, Körperschaftsteuer;

Steuern vom Vermögensbesitz:
Vermögensteuer[1], Grundsteuer, Feuerschutzsteuer;

Steuern vom Gewerbebetrieb:
Gewerbesteuer;

Steuern vom Vermögensverkehr:
Erbschaftsteuer, Grunderwerbsteuer, Wechselsteuer, Kapitalverkehrsteuer;

Steuern vom Umsatz:
Umsatzsteuer, Einfuhrumsatzsteuer, Versicherungsteuer;

Steuern vom Verbrauch und Aufwand:
Tabaksteuer, Branntweinabgaben, Schaumweinsteuer, Biersteuer, Kaffeesteuer, Teesteuer, Zuckersteuer, Leuchtmittelsteuer, Salzsteuer, Rennwett- und Lotteriesteuer, sonstige Gemeindesteuern.

Nach *Artikel 106 des Grundgesetzes* erfolgt eine **Verteilung der Steuern** auf die Gebietskörperschaften **Bund**, **Länder** und **Gemeinden**. Hierbei unterscheidet man reine Bundes-, Länder- und Gemeindesteuern sowie Gemeinschaftsteuern, die sowohl dem Bund als auch den Ländern zufließen. Die Anteile von Bund und Ländern werden jeweils durch Bundesgesetz (mit Zustimmung des ***Bundesrates***) festgesetzt. Der Bund zahlt nach dem Gesetz aus seinem Anteil Ergänzungszuweisungen an finanzschwache Länder in Höhe von 2 v.H. des Umsatzsteueraufkommens. Die folgende Tabelle zeigt die **Aufteilungskriterien** nach den unterschiedlichen Steuerarten.

---

[1] Die Vermögensteuer wurde zum 1.1.1997 abgeschafft.

Steuerertragskompetenz in der Bundesrepublik Deutschland

Nach Artikel 106 des Grundgesetzes stehen zu

dem Bund

a) **Bundessteuern:**
Finanzmonopole
Zölle
Kapitalverkehrsteuern
Versicherungsteuer
Wechselsteuer
Abgaben im Rahmen der Europäischen Gemeinschaften
Verbrauchsteuern mit Ausnahme der Biersteuer (Tabak-, Kaffee-, Tee-, Zucker-, Salz-, Schaumwein-, Leuchtmittel- und Mineralölsteuer)

b) **Anteil an den Gemeinschaftssteuern:**
Lohnsteuer und veranlagte Einkommensteuer
Nicht veranlagte Steuern vom Ertrag- und Körperschaftsteuer
Umsatzsteuer - einschl. Einfuhrumsatzsteuer

c) **Anteil an der Gewerbesteuerumlage (50 vH)**

dem Bund und den Ländern gemeinsam

a) **Gemeinschaftsteuern:**
Lohnsteuer
Einkommensteuer
Körperschaftsteuer
Umsatzsteuer (einschließlich (Einfuhrumsatzsteuer)

b) **Gewerbesteuerumlage**

den Ländern

a) **Ländersteuern:**
Vermögensteuer
Erbschaftsteuer
Grunderwerbsteuer
Kraftfahrzeugsteuer
Biersteuer
Rennwett- und Lotteriesteuer
Feuerschutzsteuer
Spielbankabgabe

b) **Anteil an den Gemeinschaftsteuern:**
Lohnsteuer und veranlagte Einkommensteuer
Nicht veranlagte Steuern vom Ertrag und Körperschaftsteuer (50 vH)
Umsatzsteuer - einschl. Einfuhrumsatzsteuer

c) **Anteil an der Gewerbesteuerumlage** (50 vH)

den Gemeinden

a) **Gemeindesteuern**
Gewerbesteuer
Grundsteuer
Örtliche Verbrauch- und Aufwandsteuern (z.B. Hundesteuer, Getränkesteuer)

b) **Anteil an dem Aufkommen der Lohnsteuer und der veranlagten Einkommensteuer (15vH)**

c) **Steuerzuweisungen durch Landesgesetzgebung**

Quelle: Ulrich Baßeler, Jürgen Heinrich, Walter Koch, a.a.O., S. 365

Unter steuerpolitischen Gesichtspunkten teilt man Steuern auch in **direkte und indirekte Steuern** ein. Hierbei wird auf das **Steuerüberwälzungskriterium** abgestellt. Bei direkten Steuern, zu denen alle Steuern vom Einkommen, Steuern vom Vermögen und die Ertragsteuern zählen, wird dabei unterstellt, daß derjenige, der die Steuer an das Finanzamt abführt, auch derjenige ist, der die Steuerlast trägt. Eine Überwälzung auf andere Wirtschaftssubjekte ist demnach nicht möglich. Knüpft die Steuer dagegen an die Verwendung des Einkommens an, spricht man von Verbrauch- und Verkehrsteuern. Die wichtigsten sind hierbei die Steuern vom Umsatz und die Mineralölsteuer. Hier wird der Warenverkehr und der Verbrauch von Waren besteuert. Die steuerzahlenden Unternehmen tragen die Steuerlast aber nicht selber, sondern wälzen sie über die Preise auf die Endverbraucher ab. Bezogen auf diese Überwälzbarkeit spricht man von einer indirekten Steuer.

Da letztlich aber jede Steuer langfristig überwälzt werden kann, ist die Überwälzbarkeit eigentlich kein brauchbares Steuerabgrenzungskriterium.

Zum Aufkommen wichtiger Steuern in der Bundesrepublik in Mrd. DM

Steuerart	1950[2]	1960	1970	1980	1990	1992[3]	1994	1995
Lohnsteuer	1,8	8,1	35,1	111,6	177,6	247,3	266,5	282,7
Veranlagte Einkommensteuer	2,1	9,0	16,0	36,8	36,5	41,5	25,5	13,9
Nicht veranlagte Steuern vom Ertrag	0,0	0,8	2,0	4,2	10,8	11,3	31,5	29,7
Körperschaftsteuer	1,4	6,5	28,7	21,3	30,1	31,2	18,6	18,7
Steuern vom Umsatz[1]	5,0	16,9	38,1	93,4	154,6	197,7	222,3	218,6
Mineralölsteuer	0,1	2,7	11,5	21,4	36,6	55,2	63,8	64,9
Tabaksteuer	2,2	3,5	6,5	11,3	17,4	19,3	20,3	20,6
Kfz-Steuer	0,3	1,5	3,8	6,6	8,3	13,3	14,2	13,8
Gewerbesteuer	1,2	7,4	12,1	28,0	38,8	44,8	44,1	42,1
Grundsteuer	1,1	1,6	2,7	5,8	8,7	10,8	12,7	13,7
Vermögensteuer	0,1	1,1	2,9	4,7	6,3	6,8	6,6	7,9
Steuern gesamt	21,1	68,4	154,1	365,0	549,7	731,7	772,6	830,1

1) Mehrwertsteuer und Einfuhrumsatzsteuer, 2) ohne Saarland, 3) Ab 1992 Deutschland, Quelle: Diverse Jahrgänge „Statistisches Jahrbuch für die Bundesrepublik Deutschland"

Anteil am Gesamtsteueraufkommen in v.H.

Steuerart	1950	1960	1970	1980	1990	1992	1994	1995
Lohnsteuer	8,6	11,8	22,8	30,6	32,3	33,8	34,5	34,1
Veranlagte Einkommensteuer	9,9	13,1	10,4	10,1	6,6	5,7	3,3	1,7
Nicht veranlagte Steuern vom Ertrag	0,0	1,2	1,3	1,1	2,0	1,5	4,1	3,6
Körperschaftsteuer	6,9	9,5	5,7	5,8	5,5	4,3	2,4	2,3
Steuern vom Umsatz[1)]	23,6	24,6	25,0	25,6	25,0	27,0	28,8	26,3
Mineralölsteuer	0,3	3,9	7,5	5,8	6,3	7,5	8,3	7,8
Tabaksteuer	10,2	5,2	4,2	3,1	3,2	2,6	2,6	2,5
Kfz-Steuer	1,7	2,2	2,5	1,8	1,5	1,8	1,8	1,7
Gewerbesteuer	5,9	10,8	7,9	7,7	7,1	6,1	5,7	5,1
Grundsteuer	5,2	2,3	1,7	1,6	1,6	1,5	1,6	1,7
Vermögensteuer	0,6	1,6	1,9	1,3	1,5	0,9	0,9	1,0
Steuern gesamt	100,0	100,0	100,0	100,0	100,0	100,0	100,0	100,0

Ein anderes Steuerunterscheidungskriterium ist der **Steuergegenstand**. Hierbei teilt man die Steuern in Steuern vom **Einkommen**, **Ertrag** und vom **Vermögen** ein. Die Einkommen- und Vermögensteuer bezieht sich dabei auf die persönlichen Einkommensverhältnisse; deshalb klassifiziert man sie auch als **Personensteuern**. Besteuert werden hierbei alle natürlichen und juristischen Personen. Da im Gegensatz zu den Personensteuern bei den Ertragsteuern die persönlichen Umstände des zu Besteuernden keine Rolle spielen, bezeichnet man die Ertragsteuern auch als **Real- oder Objektsteuern**.

Bei der **Einkommensteuer** wird die Besteuerung von natürlichen Personen (dazu zählen alle abhängig Beschäftigten und alle Eigentümer von Einzelunternehmen und Personengesellschaften) und die Besteuerung von juristischen Personen (dazu zählen alle Kapitalgesellschaften) unterschieden. Die Besteuerung der juristischen Personen erfolgt dabei durch die **Körperschaftsteuer**, eine besondere Erhebungsart der Einkommensteuer.

Die Einkommensteuer geht von sieben Einkunftsarten aus. Die ersten drei stellen dabei **Gewinneinkunftsarten** dar und die anderen werden als **Überschußeinkunftsarten** bezeichnet.

1. Einkünfte aus Land- und Forstwirtschaft
2. Einkünfte aus Gewerbebetrieb
3. Einkünfte aus selbständiger Arbeit

4. Einkünfte aus unselbständiger Arbeit
5. Einkünfte aus Kapitalvermögen
6. Einkünfte aus Vermietung und Verpachtung
7. Sonstige Einkünfte

Bei den Gewinneinkunftsarten erfolgt die Steuerermittlung grundsätzlich anders als bei den Überschußeinkunftsarten. Einkünfte aus Land- und Forstwirtschaft, Gewerbebetrieb und selbständiger Arbeit werden als **Gewinn** bezeichnet, der sich als Unterschiedsbetrag zwischen dem Betriebsvermögen am Schluß des Wirtschaftsjahres und dem Betriebsvermögen am Schluß des vorangegangenen Wirtschaftsjahres, vermehrt um den Wert der Entnahmen und vermindert um den Wert der Einlagen (Betriebsvermögensvergleich), ergibt.

Eigenkapital in Periode t
- Eigenkapital in Periode t - 1
= Kapitalmehrung bzw. Kapitalminderung
- Privateinlagen
+ Privatentnahmen
= Gewinn bzw. Verlust

Probleme ergeben sich hier bei der Bewertung des Vermögens (Ansatz von Abschreibungen und Rückstellungen) und des Ansatzes der **Betriebsausgaben**. Entsprechen die Abschreibungen ihrem tatsächlichen Werteverzehr, sind die Rückstellungen in ihrer Höhe risikogerecht. Was wurde aber durch den Betriebszweck wirklich an Betriebsausgaben verursacht bzw. welche Ausgaben sind der **privaten Lebensführung** zuzurechnen? Dies sind komplizierte Fragen, die mit einer immanenten Manipulationsmasse versehen sind. Insgesamt kann dabei festgestellt werden, daß die Möglichkeiten, das zu versteuernde Einkommen durch Abzüge zu verkleinern, über die verschiedenen Einkunftsarten stark ungleich verteilt sind. Bei der Einkunftsart aus **unselbständiger Arbeit** sind sie schon aufgrund eines **Quellenabzugsverfahren** am schwächsten ausgeprägt. Hier wird die Lohn- bzw. Einkommensteuer vom Arbeitgeber direkt an der Steuerquelle einbehalten und an das zuständige Finanzamt abgeführt. Der Arbeitnehmer erhält lediglich seinen Nettolohn bzw. sein Nettogehalt. Die Möglichkeit der rechtswidrigen **Steuerhinterziehung** oder der rechtlich legalen **Steuervermeidung** durch „Steuergestaltung" sind hier im Gegensatz zu den Gewinneinkunftsarten von vornherein für den abhängig beschäftigten Steuerschuldner nicht gegeben. Auch sind die **Werbungskosten**, die zur Erwerbung, Sicherung und Erhaltung der Einnahmen aus unselbständiger Arbeit vom

Bruttoeinkommen in Abzug gebracht werden können, im Gegensatz zu den vielfältigen Betriebsausgaben exakt und sehr eng vom Einkommensteuerrecht festgelegt. Die in der wirtschaftlichen Realität bei den Gewinneinkunftsarten zu beobachtende und genutzte Manipulationsmasse zur Steuervermeidung als auch zur Steuerhinterziehung, wie immer wieder nicht nur spektakuläre Steuerhinterziehungsfälle zeigen, ist dagegen um ein Vielfaches größer. Wie groß das **Volumen der Steuerhinterziehung** und der damit verursachte volkswirtschaftliche Schaden ist, belegt ein Blick in die vom „Statistischen Bundesamt" in Wiesbaden veröffentlichte „Volkswirtschaftlichen Gesamtrechnung" (VGR). Dort wurde 1989 ein Bruttoerwerbs- und Vermögenseinkommen der privaten Haushalte in Höhe von 1.342,7 Mrd. DM ausgewiesen, während sich in der *„Steuerstatistik"* deklarierte Einkünfte der natürlichen Personen von nur rund 977,5 Mrd. DM finden lassen. Im Jahr 1989 - dies ist kein Ausnahmejahr für Steuerhinterziehung - sind also mindestens (ohne die Berücksichtigung steuerpflichtiger Transferleistungen) 365 Mrd. DM an privaten Einkünften rechtswidrig hinterzogen worden, und es ist kaum plausibel, daß dies im Rahmen des restriktiven Lohn- und Gehaltsteuereinzugs geschehen kann. Legt man nach der Einkommensteuerstatistik für das Jahr 1989 einen durchschnittlichen steuerlichen Absetzungsbetrag von rd. 20% zugrunde, so ergibt sich aus den 365 Mrd. DM an nicht deklarierten Einkünften eine steuerliche Mindereinnahme des Staates von rd. 74 Mrd. DM, also ca. 36% der für 1989 festgesetzten Einkommensteuer in Höhe von rund 204 Mrd. DM. Oder bezogen auf den Bundeshaushalt von 1989, der eine Gesamtausgabensumme von 289,8 Mrd. DM aufwies, sind dies 25,5%. Die Nettokreditaufnahme, also die zusätzliche Verschuldung, betrug 1989 19,2 Mrd. DM. Sie wäre bei korrekter Steuerzahlung der Steuerschuldner nicht nur nicht nötig gewesen, sondern gleichzeitig hätte die aufgebaute (kumulierte) Staatsverschuldung aus den vorigen Jahren noch um 54,8 Mrd. DM abgebaut werden können.

Aber auch der Tatbestand der **rechtlich legalen Steuervermeidungspolitik** ist nicht unproblematisch, wie bereits dem folgenden Beispiel entnommen werden kann:

Ein Unternehmer fährt und benutzt ein auf den Betrieb angemeldetes Auto nicht nur für betriebliche Zwecke, sondern auch privat. Schon bei der Anschaffung des Autos kann ein Unternehmer die Mehrwertsteuer als Vorsteuer in Abzug bringen. Zusätzlich kann er das Fahrzeug abschreiben und sämtliche laufenden Kosten (Benzin, Reparaturen, Wartungen und Versicherungen) als Betriebsausgaben in Ansatz bringen. Sowohl Abschreibungen als auch laufende Kosten mindern seinen zu versteuerden Betriebsgewinn und damit seine Steuerzahlungen, obwohl zumindest zu einem Teil eine private Nutzung stattfindet. Dieser Vorteil wird beim Steuerschuldner auch nicht durch eine Gegenrechnung in Form eines sog. „Geldwerten Vorteils" für die Privatnutzung voll kompensiert.

Ebenso nicht unproblematisch ist der **Verlustausgleich**. Da ein Steuerpflichtiger Einkünfte aus verschiedenen Einkunftsarten beziehen kann und diese positiv oder negativ (Verluste) sein können, erlaubt das Einkommensteuerrecht grundsätzlich, positive und negative Einkünfte desselben Kalenderjahres miteinander zu verrechnen (**innerperiodischer Verlustausgleich**). Auch ein **intertemporaler Verlustausgleich** ist sowohl bei der Einkommen-, Körperschaft- und Gewerbesteuer möglich. Der Verlustausgleich kann dabei ein **Verlustrücktrag** (für vergangene Jahre) und ein **Verlustvortrag** (auf folgende Jahre) sein. Der Verlustrücktrag beschränkt sich auf die zwei vorangegangenen Veranlagungszeiträume und der Höhe nach auf 10 Mio. DM. Der Verlustvortrag ist dagegen in Höhe und Zeit unbeschränkt. So konnte beispielsweise der Daimler-Benz-Konzern einen Verlust in Höhe von 5,7 Mrd. DM aus dem Jahr 1995 unbeschränkt vortragen, was dazu führte, daß die nicht geringen Gewinne der Folgejahre nicht versteuert wurden.

Auch haben Unternehmen über eine geschickte **Rückstellungspolitik in den Bilanzen** die Möglichkeit, Steuerzahlungen hinauszuschieben bzw. aufgrund der Dynamik von Rückstellungsbildungen und Auflösungen sogar Steuerzahlungen völlig zu verhindern. Nach einer Untersuchung der „Ertragslage und Finanzierungsverhältnisse westdeutscher Unternehmen" durch die **Deutsche Bundesbank** betrugen 1993 diese Rückstellungen knapp 640 Mrd. DM oder gut 21% bezogen auf die Bilanzsummen der westdeutschen Unternehmen des Produzierenden Gewerbes, des Handels und des Verkehrs.[1]

Werden von dem **Gesamtbetrag der Einkünfte** die **Sonderausgaben** und **Vorsorgeaufwendungen** sowie **außergewöhnliche Belastungen** abgezogen, ergibt sich das Einkommen im Sinne des Einkommensteuergesetzes. Nach Abzug von Kinder- und Haushaltsfreibeträgen erhält man die Steuerbemessungsgrundlage für das tariflich zu **versteuernde Einkommen**.

Eine besondere Erhebungsform der Einkommensteuer ist die **Kapitalertragsteuer**. Sie bezieht sich auf die Einkunftsart „Einkünfte aus Kapitalvermögen". Da sie bei der Besteuerung die persönlichen Verhältnisse des Steuerschuldners nicht berücksichtigt, ist sie eine **Real- oder Objektsteuer** und keine Personensteuer. Dividenden, Erträge aus GmbH- und Genossenschaftsanteilen u.a. unterliegen voll dem Steuerabzug in Höhe von 25%, bei bestimmten

[1] Vgl. Monatsbericht der Deutschen Bundesbank, Nr. 11/1994, S. 29

Zinsen aus Gläubigerpapieren und Kapitalforderungen wie Anleihen und Sparguthaben beträgt der Satz 30%. Die hierbei seit 1990 durchgeführte Quellenbesteuerung kann jedoch das Ziel, die Zinseinkünfte voll zu besteuern, nicht erfüllen. Dies gilt vor allem deshalb, weil der *„Bankenerlaß"* in seinem Kerngehalt dies verhindert. Laut Erlaß ist es den Finanzämtern verboten, Kontrollmitteilungen der Kreditinstitute über ihre Bankkunden anzufordern bzw. Nachforschungen vorzunehmen. Die Kapitalertragsteuer als Quellensteuer wird somit ohne Angabe von Bankkundennamen pauschal an die zuständigen Finanzämter durch die Kreditinstitute und Kapitalsammelstellen überwiesen. Zwar werden die Zins- und Kapitalerträge mit 30% an der Quelle besteuert, die volle Besteuerung bleibt jedoch dem Kapitalertragseinkommensbezieher im Rahmen seiner Steuererklärung überlassen. Liegt der Grenzsteuersatz über 30% und der Steuerschuldner gibt die Zins- und Kapitalerträge in seiner Steuererklärung nicht an, findet zumindest in dem übersteigenden Betrag eine Steuerhinterziehung statt.

Von der Einkommensteuer ist die **Körperschaftsteuer** zu unterscheiden. Sie findet bei allen **Kapitalgesellschaften** Anwendung. Hier tritt das Problem auf, daß nicht eine natürliche Person, sondern eine **juristische Person** der Besteuerung unterliegt. Besteuerungsgrundlage ist deshalb das Einkommen der Körperschaft. Dabei gilt es zu unterscheiden zwischen Gewinnen, die an die Kapitaleigner ausgeschüttet, also dem Unternehmen genommen werden (**Gewinnausschüttung**), und solchen Gewinnen, die nicht ausgeschüttet (**Gewinnthesaurierung**) werden. Der Thesaurierungssatz der Körperschaftsteuer beträgt seit 1994 grundsätzlich 45% (zuvor 50%) des zu versteuernden Einkommens und liegt damit weit unter dem Spitzensteuersatz der Einkommensteuer von 53%. Gegen dieses Auseinanderfallen der Steuersätze hat sich der *„Wissenschaftliche Beirat beim Bundesminister für Finanzen" (BMF)* u.a. wegen der nicht mehr gewährleisteten **Gewinnverwendungsneutralität** ausgesprochen. Der ausgeschüttete Gewinn wird mit 30% vor Körperschaftsteuer besteuert. Dem Kapitaleigentümer entsteht dabei ein Anspruch auf Anrechnung bzw. Erstattung bei seiner persönlichen Einkommmensteuererklärung.

Beispiel:
Eine GmbH schüttet ihren gesamten körperschaftsteuerpflichtigen Gewinn aus. Auf einen Anteilseigner entfallen 100 DM Bruttodividende. Diese sind mit 30% Körperschaftsteuer und die verbleibenden 70 DM mit 25% Kapitalertragsteuer zu versteuern. Die Nettoausschüttung beträgt dann 52,50 DM. Die sich hieraus ergebende Vorausbelastung des Anteilseigners in Höhe von 47,50 DM wird auf die persönliche Einkommensteuerschuld, die auf das Gesamteinkommen (einschl. der Bruttodividende) entfällt, angerechnet.

Nettoausschüttung	52,50 DM	
anrechenbare Kst	30,00 DM	
anrechenbare KapSt	17,50 DM	100,00 DM
Einkommensteuer des Anteilseigners bei einem unterstellten Steuersatz von 40% bezogen auf das Gesamteinkommen		40,00 DM
Darauf sind anzurechnen		
Kapitalertragsteuer	17,50 DM	
Körperschaftsteuer	30,00 DM	47,50 DM
Dem Anteilseigner sind zu erstatten		7,50 DM

Immer wenn der auf die Kapitaleinkünfte entfallende **Grenzsteuersatz** kleiner (größer) ist als die Zwischenbelastung für die Ausschüttung (47,5% Körperschaftsteuer plus Kapitalertragsteuer), findet eine Steuererstattung (-zusatzbelastung) statt. Je kleiner dabei der Grenzsteuersatz des Steuerschuldners ausfällt, desto höher ist der Betrag je Anteil, der sich aus der Nettoausschüttung und Steuerguthaben zusammensetzt.

Von der Einkommensteuer (Körperschaftsteuer) grenzen sich die **Ertragsteuern** als direkte Real- oder Objektsteuern ab. Steuergegenstand der Ertragsteuern sind ertragbringende Objekte oder aus diesen fließende Erträge. Zu den Ertragsteuern zählen in der Bundesrepublik die **Grundsteuer**, die den im Inland liegenden Grundbesitz (incl. dem Betriebsvermögen) besteuert und die **Gewerbesteuer**, unter die die **Gewerbeertragsteuer** und die **Gewerbekapitalsteuer** subsumiert wird. Grund- und Gewerbesteuern sind reine Gemeindesteuern, die unter steuerlichen Äquivalenzgesichtspunkten gerechtfertigt werden, weil gewerbliche Unternehmen **kommunale Infrastruktur** beanspruchen und nicht selten hohe Ausgaben in den Gemeinden sowie negative **externe Effekte** und damit Sozialkosten verursachen.

Eine besondere Steuer stellt die **Vermögensteuer** dar, deren Steuergegenstand das Vermögen ist, daß sich als Reinvermögensgröße nach Abzug aller Schulden ermittelt. Die Vermögensteuer ist eine **Substanzsteuer**, weil sie unabhängig von Vermögenserträgen anfällt. Sie wurde zum 1.1.1997 abgeschafft. Von der Vermögensteuer abzugrenzen ist die **Erbschaftsteuer**, die den Vermögensübergang zwischen den Generationen regeln soll. 1993 lag das Aufkommen bei 3,1 Mrd. DM. Mit Hilfe der Erbschaftsteuer soll dem Konzentrationgrad in der Verteilung des privaten Vermögens entgegengewirkt werden.

Im Gegensatz zu den direkten Einkommen-, Ertrag- und Vermögensteuern gehören die **Verkehr- und Verbrauchsteuern** zu den indirekten Steuern, die der Endverbraucher trägt. Bei der Verkehrsteuer, zu der die Steuern vom Umsatz gehören, ist die wichtigste Steuer die Umsatzsteuer mit Vorsteuerabzug. Der Umsatzsteuer unterliegen alle Lieferungen und sonstigen Leistungen, die ein Unternehmer im Inland gegen Entgelt im Rahmen seines Unternehmens ausführt. Unternehmer ist hierbei, wer eine gewerbliche oder berufliche Tätigkeit selbständig ausübt. Steuerbefreiungen und -ermäßigungen sind dabei im Umsatzsteuergesetz vorgesehen. So werden Exportumsätze von der Umsatzsteuer befreit, weil diese im Importland mit den dort gültigen Steuersätzen belastet werden. Steuerbefreit sind auch die Umsätze der Ärzte und anderer Heilberufe, der Krankenhäuser und die Kreditgewährung. Der allgemeine Steuersatz beträgt zur Zeit 15%. Auf bestimmte Leistungen (z.B. Personennahverkehr, fast alle Lebensmittel, Zeitungen, Bücher, Kunstgegenstände) wird ein ermäßigter Steuersatz in Höhe von 7% erhoben. Bei den **Verbrauchsteuern** - vom Steueraufkommen die bedeutendste ist die Mineralölsteuer; ihr Volumen lag 1995 bei 64,9 Mrd. DM oder 7,8% des gesamten Steueraufkommens - wird der jeweilige Konsum des nachgefragten Gutes besteuert. All die Güter, die einer **speziellen Verbrauchsteuer** unterliegen, werden, da sie auch der Umsatzsteuer unterliegen, doppelt besteuert.

2.2 Steuerbelastung und Steuerverteilung

Die Steuerbelastung der Wirtschaftssubjekte wird durch den **Steuertarif** und die **Steuerbemessungsgrundlage** bestimmt. Die Steuerbemessungsgrundlage ist dabei die technisch-physische oder monetäre Größe, die der Ermittlung der Steuerschuld zugrunde gelegt wird. Zum Beispiel das zu ***versteuernde Einkommen*** bei der Einkommensteuer oder der Körperschaftsteuer. Der Steuertarif ist die für eine bestimmte Einzelsteuer vorgenommene vollständige Zuordnung von Bemessungsgrundlagen und Steuerbeträgen. Gleichzeitig bildet der Steuertarif die eindeutige Zuordnung zwischen der Steuerbemessungsgrundlage (Einkommen, Gewinn, Ertrag) (Y) und dem Steuerbetrag (T).

$$\mathbf{T = T(Y)}$$

Hieraus ergibt sich der **Durchschnittsteuersatz** (t):

$$t = \frac{T(Y)}{Y}$$

und der **Grenzsteuersatz** (Spitzensteuersatz) (t'):

$$t' = \frac{dT}{dY}$$

Der an die Finanzbehörden abzuführende (zu zahlende) Durchschnittsteuersatz liegt unter dem Grenzsteuersatz, der lediglich angibt, wieviel Steuern man zusätzlich abführen muß, wenn die Steuerbemessungsgrundlage um eine Einheit steigt.

Beim Steuertarif werden drei unterschiedliche Steuerbelastungs-Typen unterschieden. Der progressive, der proportionale und der regressive Tarif. Durch die über den Tarif bestimmte Steuerbelastung soll gleichzeitig eine nach dem **Leistungsfähigkeitsprinzip** gerechte **Verteilung der Steuerlast** realisiert werden. Jedes Wirtschaftssubjekt wird demnach nach seiner individuellen Leistungsfähigkeit an der Aufbringung des staatlichen Steueraufkommens beteiligt.

Dieser grundsätzlichen steuerpolitischen Forderung kommt der **progressive Steuertarif** am nächsten. Hierbei steigt mit erhöhter Bemessungsgrundlage (z.B. das zu versteuernde Einkommen) die steuerliche Belastung stärker als die Bemessungsgrundlage selbst oder man kann auch sagen, der Durchschnittsteuersatz steigt mit zunehmender Bemessungsgrundlage (Einkommen). Beim **proportionalen Tarif** ist dagegen der Durchschnittsteuersatz bei jedem Einkommen gleich hoch und beim **regressiven Tarif** nimmt mit wachsender Bemessungsgrundlage der Durchschnittsteuersatz ab.

$$\frac{T_1}{Y_1} > \frac{T_0}{Y_0}$$

Steuerbelastung bei progressivem Steuertarif:

Einkommen	**Steuerbetrag**	**Durchschnittsteuersatz**
Y_0 = 2.500 DM	T_0 = 500	t_0 = 20%
Y_1 = 5.000 DM	T_1 = 1.500	t_1 = 30%

Beim progressiven Steuertarif spricht man auch von einer **passiven Umverteilung** (Besteuerung nach der Leistungsfähigkeit). Es werden nur die Geldeinkommen nivelliert, die **Relation der Bedürfnisbefriedigungsniveaus** bleibt dagegen konstant. Hierbei wird davon ausgegangen, daß die Bedeutung des Einkommens für die Befriedigung der Bedürfnisse berücksichtigt wird. In diesem Fall hat ein gleich hoher prozentualer Abzug vom Einkommen (proportionaler Steuertarif) für den Grad der Bedürfnisbefriedigung bei hohen und niedrigen Einkommen nicht dieselbe Bedeutung. Beim hohen Einkommen führt eine Schmälerung um 10% zu einer geringeren Reduktion des Bedürfnisbefriedigungsniveaus als beim niedrigen Einkommen, weil mit diesem Einkommensteil Bedürfnisse von geringerer Dringlichkeit befriedigt werden. Oder man könnte auch sagen, der Grenznutzen aus der Bedürfnisbefriedigung des geringen Einkommens ist wesentlich größer als der Grenznutzen aus der Befriedigung des hohen Einkommens.

Mit Hilfe eines progressiven Steuertarifs wird die sich aus dem Markt ergebene primäre funktionale Einkommensverteilung nicht verändert, es tritt noch keine Verschiebung der Relation zwischen erreichbaren Bedürfnisbefriedigungsniveaus der verschiedenen Einkommensempfänger ein. Es erfolgt lediglich eine Steuerbelastung nach der Leistungsfähigkeit der Einkommensempfänger.

Werden für das **Existenzminimum**, das keiner Besteuerung unterliegt, **Freibeträge** in den Steuertarif eingebaut, oder erfolgt eine geringere Besteuerung von Personen, die Angehörige ohne eigenes Einkommen zu unterhalten haben (Kinder, Ehefrau) in Form eines sog. **Splittingverfahrens**, spricht man von einer **indirekten Progression**. Hieraus folgt der Vorwurf, daß bei progressiver Tarifgestaltung hohe Einkommen privilegiert werden, weil ihre Steuerersparnis aufgrund der Freibeträge höher ist als diejenige von Empfängern niedriger Einkommen und dies durch die Anwendung des Splittingsverfahrens noch gesteigert wird, obwohl die Versorgungslast (Kinder, Ehefrau) für alle Einkommensempfänger gleich ist, die Steuerersparnis aber stark differiert.

Will man über Steuern zu einer **Umverteilung** (Redistribution) kommen, muß das Instrument einer **verschärften Einkommensteuerprogression** ab bestimmten Einkommensgrößen zur Anwendung kommen. Nur hierdurch werden die Bedürfnisbefriedigungsniveaus (die bei normaler Progression die jeweiligen Einkommen gleich stark kürzen) einander angenähert. Über die Höhe der verschärften Progression muß dabei **politisch entschieden** werden, weil man nicht weiß, welches Progressionsmaß das gleiche relative Opfer erfordert. Grenzen findet die verschärfte Einkommensteuerprogression allerdings in der **Leistungsbereitschaft** (Grenzbelastbarkeit), höhere Einkommen zu erzielen. Beträgt der Grenzsteuersatz 100%, so lohnt es sich finanziell nicht mehr, ein höheres Einkommen zu erzielen. „Dabei ist indes zu beachten, daß bei hohem Einkommen durchaus nicht-finanzielle Leistungsmotive (wie Macht, Prestige u.a.) in den Vordergrund treten können, die die negativen Leistungsanreize infolge hoher Grenzsteuersätze abschwächen können."[1]

Verschärfte Einkommensteuerprogressionen haben auch einen **gesamtwirtschaftlichen Stabilisierungseffekt**. Werden nämlich die höheren Einkommen steuerlich mehr belastet als die unteren Einkommen, steigt ceteris paribus das gleichgewichtige Volkseinkommen, weil die höheren Einkommensbezieher eine niedrigere marginale Konsumquote und damit eine höhere marginale Sparquote haben als die Bezieher von unteren Einkommen.

Problematisch ist der proportionale Charakter des Steuertarifs für alle **indirekten Verkehr- und Verbrauchsteuern**. Hierbei werden die Bezieher kleinerer Einkommen relativ mehr belastet als die Bezieher hoher Einkommen. Es kommt also zu einer stärkeren Differenzierung der Bedürfnisbefriedigungsniveaus zu Lasten der unteren und mittleren Einkommen. Dies könnte durch einen **regressiven Steuertarif** aufgefangen werden, in dem z.B. eine Staffelung der Steuersätze nach Güterkategorien vorgenommen wird. Güter des täglichen Bedarfs würden dabei nur gering besteuert, während **Luxusgüter** einen hohen Steuersatz erhalten. Problematisch ist hierbei allerdings die Abgrenzung in Güter des täglichen Bedarfs und Luxusgüter. Auch die im politischen Raum geforderten **Öko-Steuern** auf den Verbrauch von Energie würden bei proportionaler Steuererhebung aufgrund der bestehenden Einkommensunterschiede die Bezieher kleinerer und mittlerer Einkommen relativ mehr belasten als die Einkommensbezieher hoher Einkommen.

Aufgrund des progressiven Steuertarifs bei den direkten Einkommensteuern und des proportionalen Steuertarifs bei den indirekten Verkehr- und Verbrauchsteuern impliziert eine **Umschichtung im Steueraufkommen** von den direkten zu den indirekten Steuern, auch *„Gegenfinanzierung"* genannt, eine gesamtwirtschaftlich relativ höhere Steuerbelastung der

[1] Ulrich Baßeler, Jürgen Heinrich, Walter Koch, Grundlagen und Probleme der Volkswirtschaft, 13. Auflage, Köln 1991, S. 369

unteren und mittleren Einkommen und damit gleichzeitig eine konjunkturelle **Instabilitätswirkung**. Es kommt nämlich auch hier - wie bereits erwähnt - aufgrund unterschiedlicher marginaler Konsum- und Sparquoten zu einem **kontraktiven Effekt** auf das güterwirtschaftliche Gleichgewichtseinkommen.

Die zur Zeit in der Bundesrepublik gültige Einkommensteuertarifgestaltung ergibt sich aus dem **Einkommensteuertarif 1990**, der den Steuertarif von 1988 ablöste.[1] Der Tarif von 1988 war im Vergleich zum Tarif 1990 mit niedrigeren Steuerfreibeträgen ausgestattet. In der unteren Proportionalzone betrug der Grenzsteuersatz 22% und stieg in der direkten Progressionszone auf 56%. Der heute gültige Einkommensteuertarif 1990 setzt sich als gestaffelter Tarif dagegen wie folgt zusammen:

- Aus einem **Grundfreibetrag** (Steuerfreibetrag) von 5.616 DM (Verheiratete: 11.232 DM).
- Einer **unteren Proportionalzone**, in der das den Grundfreibetrag übersteigende zu versteuernde Einkommen bis 8.153 DM (Verheiratete: 16.307 DM) mit einem Grenzsteuersatz von 19% belastet wird.
- Einer **direkten Progressionszone** (linear ansteigende Grenzsteuersätze) von 8.154 DM (16.308 DM) bis zu 120.041 DM (240.083) DM, in der der Grenzsteuersatz von 19% auf 53% ansteigt.
- Einer **oberen Proportionalzone**, in der alle zu versteuernden Einkommen die über 120.041 DM (240.083 DM) liegen, gleichbleibend mit 53% besteuert werden.

Abschließend bleibt festzuhalten, daß Steuern im Rahmen einer Fiskalpolitik eine bedeutende Rolle spielen. Grundsätzlich gilt hierbei, daß eine Erhöhung (Senkung) der Steuern das Volkseinkommen (Sozialprodukt) und damit die Beschäftigung senkt (erhöht). Sofern zusätzliche Staatsausgaben mit Steuererhöhungen finanziert werden (ausgeglichenes Staatsbudget), hat dies sogar einen positiven multiplikativen Effekt auf das Volkseinkommen (Sozialprodukt) von eins (Haavelmo-Theorem). Jede Umverteilung bei den direkten Steuern durch einen verschärften progressiven Steuertarif wirkt ebenfalls positiv auf das Sozialprodukt und die Beschäftigung, wobei der multiplikative Steuereffekt allerdings immer geringer ist als der multiplikative Effekt von zusätzlichen Investitions-, Konsum- und Staatsausgaben. Eine Erhöhung der indirekten Steuern ist dagegen aufgrund ihrer Überwälzbarkeit an die Endnachfrager und ihres

[1] Vgl. Dieter Brümmerhoff, Finanzwissenschaft, 7. Aufl., München, Wien 1996, S. 323

proportionalen Besteuerungscharakters nicht verteilungsgerecht. Sie verletzt das Besteuerungspostulat des Leistungsfähigkeitsprinzips, da die unteren Einkommen relativ stärker belastet werden als die höheren Einkommen. Durch die Überwälzung der indirekten Steuern kommt es aufgrund von Preissteigerungen zu Realeinkommenskürzungen, die sich mit multiplikativen Wirkungen negativ auf den privaten Konsum und damit auf die gesamtwirtschaftliche Nachfrage und Beschäftigung auswirken. Gegenfinanzierungen für Senkungen der direkten Steuern durch eine Erhöhung der indirekten Steuer (insbesondere durch eine Erhöhung der Umsatzsteuer) wirken dabei insbesondere negativ auf das Sozialprodukt und die Beschäftigung. Verschäft wird dieser Negativeffekt immer dann, wenn die Steuerentlastung bei den direkten Steuern, insbesondere bei den höheren Einkommen, stattfindet.

3. Staatsausgaben und Staatsverschuldung

Die Steuereinnahmen und sonstigen Staatseinnahmen (Abgaben) werden vom Staat zur Wahrnehmung seiner Aufgaben in den Wirtschaftskreislauf durch entsprechende Staatsausgaben zurückgeführt. Halten dabei die Staatseinnahmen durch Steuern und Abgaben/Gebühren mit den Staatsausgaben nicht Schritt, muß sich der Staat verschulden. Manifest wird diese staatliche Verschuldung als **Bruttokreditaufnahme**, die nach Abzug der Tilgungszahlungen für Altschulden zur **Nettokreditaufnahme (Nettoneuverschuldung)** führt. Unter Berücksichtigung von Rücklagenveränderungen und den Einnahmen aus der *Ausgabe von Münzgeld* sowie den *Bundesbankgewinnen* ergibt sich letztlich die jährliche Zunahme der Staatsverschuldung als **Finanzierungssaldo**.

Bruttokreditaufnahme
- Tilgungen
= Nettokreditaufnahme (Nettoneuverschuldung)
+/- Rücklagenbewegung
(Entnahme bzw. Zuführung an Rücklagen)
+ Münzeinnahmen und Bundesbankgewinn
= Finanzierungssaldo (Überschuß oder Defizit)

Die Diskussion über die Notwendigkeit und Grenzen der Staatsverschuldung wird in der Wirtschaftswissenschaft äußerst kontrovers und stellenweise ideologieorientiert und polemisch geführt.[1] Schon die Klassischen Ökonomen (***Adam Smith*** und ***David Ricardo***) beschäftigten sich

[1] Vgl. dazu die umfangreiche theoriengeschichtliche Zusammenfassung zum Problem der Staatsverschuldung von Rudolf Hickel, Das Staatsschuldenproblem, K. Dietz/P. Mombert (Hrsg.), Ausgewählte Lesestücke zum Studium

mit den Wirkungen einer Staatsschuld. Für David Ricardo stand fest: *„Die öffentliche Verschuldung ist die schrecklichste Geißel, die je zur Plage der Nation erfunden wurde."* Dieses Menetekel zur Staatsverschuldung hat sich in der wirtschaftspolitischen Diskussion, durch neoklassische und monetaristische Ökonomen geschürt, bis heute hartnäckig gehalten. Der dabei als **„marktradikal"** einzustufenden Position der Neoklassiker und Monetaristen steht allerdings seit 1936 ein staatsorientiertes-krisenregulierendes keynesianisches Paradigma gegenüber. Dies betont im Rahmen einer antizyklischen Fiskalpolitik die positive Wirkung einer Staatsverschuldung.

Neoklassiker sehen bei der Staatsverschuldung insbesondere **Inflationsgefahren** und die steigende Last des **Schuldendienstes** (Zins- und Tilgungszahlungen), der als „tickende Zeitbombe" sowie als „ein Leben über den Verhältnissen" betrachtet wird und letztlich in den „Staatsbankrott" führe.[1] Die Inflationsgefahr ist dagegen bei keynesianisch orientierten Ökonomen immer nur dann gegeben, wenn der Staat die Macht besitzt, sich hemmungslos bei der **Zentralbank** (Deutschen Bundesbank) durch *Geldschöpfung* zu verschulden, wodurch die Geldmenge ohne ausreichendes Äquivalent auf der Güterseite steigt und hierdurch inflationäre Wirkungen ausgelöst werden. Nach dem 2. Weltkrieg wurde in der Bundesrepublik diese Möglichkeit durch den *autonomen Status der Deutschen Bundesbank* gegenüber der Politik und durch gesetzliche Maßnahmen bis auf kurzfristige Überbrückungskredite verbaut.[2] Außerdem wird die Staatsverschuldung im Art. 115 GG gesetzlich beschränkt. Dort heißt es:

„Die Aufnahme von Krediten sowie die Übernahme von Bürgschaften, Garantien oder sonstigen Gewährleistungen, die zu Ausgaben in künftigen Rechnungsjahren führen können, bedürfen einer der Höhe nach bestimmten oder bestimmbaren Ermächtigung durch Bundesgesetz. Die Einnahmen aus Krediten dürfen die Summe der im Haushaltsplan veranschlagten Ausgaben für Investitionen nicht überschreiten; Ausnahmen sind nur zulässig zur Abwehr einer Störung des gesamtwirtschaftlichen Gleichgewichts."

Der zweite Absatz des Art. 115 GG bezieht sich auf das **„Gesetz zur Förderung der Stabilität und des Wachstums der Wirtschaft" (StabG)** vom 18.6.1967. Hierdurch soll als

---

der politischen Ökonomie, Frankfurt/M., Berlin, Wien 1980, sowie Diethard B. Simmert, Kurt-Dieter Wagner (Hrsg.), Staaatsverschuldung kontrovers, Bonn 1981

[1] Vgl. Adrian Ottnad, Wohlstand auf Pump. Der Irrweg der Schuldenpolitik, in: Blätter für deutsche und internationale Politik, Heft 4/1997, S. 444ff.

[2] Vgl. Rudolf Hickel, Wider die Gefahren geldpolitischen Machtmißbrauchs: Autonomie und/oder Demokratisierung der Deutschen Bundesbank, in: Memo-Forum Nr. 21, Zirkular der „Arbeitsgruppe Alternative Wirtschaftspolitik, Bremen 1994, S. 19ff.

Ausnahmeregelung in einer Krisensituation mit unzureichender gesamtwirtschaftlicher Nachfrage der Einsatz des öffentlichen Kredits als wirtschaftspolitisches Instrument erlaubt sein. Zunächst ist dabei festzuhalten, daß Haushaltsdefizite gemäß StabG zur Belebung der Konjunktur durch Entnahmen aus der **Konjunkturausgleichsrücklage**, die in konjunkturellen Boomzeiten anzulegen ist (und auch in den 60er Jahren bei einer überhitzten Konjunktur angelegt wurde), gedeckt werden sollen. Reichen diese Mittel - was die Regel ist - nicht aus, müssen die Gebietskörperschaften **Kredite** in Form von **öffentlichen Anleihen** oder **Bankkredite** aufnehmen und sich verschulden.

Eine staatliche Kreditaufnahme führt allerdings auch bei den **Geschäftsbanken** über den Geldschöpfungsmechanismus (vgl. dazu das 6. Kapitel) zu einer Ausweitung der Geldmenge - hier liegt aber kein Unterschied zwischen einer privaten und einer staatlichen Verschuldung vor. Der Geldmengeneffekt könnte demnach bei einer zu starken öffentlichen Verschuldung zu inflationären Prozessen führen. Hiergegen spricht allerdings die gesamte Empirie. Weder in den Jahren 1975 bis 1978, in denen die Staatsschuld überproportional anstieg,[1] noch in der Zeit nach der Wiedervereinigung zwischen 1990 bis 1995 mit einem rapiden Anstieg der Staatsschulden in Höhe von fast 90% (vgl. die folgende Tabelle: „Verschuldung der Gebietskörperschaften ohne Sozialversicherung") ist es zu Inflationsgefahren gekommen. Außerdem soll das fiskalische Instrument der Staatverschuldung lediglich im Krisenfall mit unterausgelasteten Produktionskapazitäten und vorherrschender Arbeitslosigkeit zum Einsatz kommen. In einer solchen Situation kann es wettbewerbs- und preistheoretisch erst dann zu Inflation kommen, wenn wieder Vollbeschäftigung erreicht ist. Es sei denn, es kommt aufgrund von **Marktvermachtung** bereits dann zu Preissteigerungen, lange bevor die Produktionskapazitäten auch nur annähernd voll ausgelastet sind. Hier muß dann aber symptomtherapeutisch durch eine **Bekämpfung der Marktmacht** und nicht durch eine Beschneidung der Staatsverschuldung richtig vorgegangen werden.

Auch die *neoklassische Kritik*, daß es durch Staatsverschuldung zu einem steigenden **Schuldendienst** kommt, greift zu kurz. Hierbei bleibt in der Regel zunächst einmal völlig unreflektiert, daß eine Zunahme der Staatsschulden zur Konjunkturbelebung nicht zwangsläufig eine Bewegung in Richtung expansiver Fiskalpolitik bedeutet. Steigende Staatsschulden sind

[1] Vgl. dazu Manfred Willms, Monetäre Wirkungen der Staatsverschuldung, in: Die Bank, 10/1978, S. 471 sowie W. Leibfritz, Maßnahmen zur Überwindung der Wachstumsschwäche und ihre Grenzen - der Beitrag der Fiskalpolitik in: IFO-Schnelldienst, 8/1979, S. 8

nämlich nicht selten nur das **Ergebnis verschlechteter ökonomischer Bedingungen**, die die Steuereinnahmen aufgrund eines rückläufigen Sozialprodukts (Krise) senken und die Staatsausgaben (z.B. für die Arbeitslosenversicherung) und damit die Staatsverschuldung automatisch erhöhen. In diesem Fall kann man von einer **passiven Staatsverschuldung** sprechen, während die zielorientiert eingesetzte Verschuldung zur Konjunkturankurbelung als **aktive Staatsverschuldung** bezeichnet werden kann.

Verschuldung der Gebietskörperschaften ohne Sozialversicherung

- in Mrd. DM -

Jahr	Gesamt	Bund	Länder	Gemeinden	LAG-Fonds ERP-Sondervermögen	Fonds Deutsche Einheit	Erblastentilgungsfonds
1950	**20,6**	7,3	12,8	0,5	-	-	-
1955	**40,9**	17,9	15,5	4,7	2,8	-	-
1960	**51,2**	22,6	14,7	11,2	3,7	-	-
1965	**82,5**	33,0	17,0	25,8	6,7	-	-
1970	**125,9**	47,3	27,9	40,3	10,4	-	-
1975	**250,8**	108,5	67,0	68,8	6,5	-	-
1980	**469,1**	232,3	137,3	96,2	3,3	-	-
1985	**760,2**	390,8	247,4	113,7	8,3	-	-
1990[4]	**1.052,5**	542,2	328,5	124,9	9,5	19,8	27,6
1991	**1.173,9**	586,5	352,2	140,7	16,4	50,5	27,5
1992	**1.345,2**	611,1	389,1	154,6	24,3	74,4	91,7
1993	**1.509,2**	685,3	433,8	172,9	28,3	87,7	101,2
1994	**1.662,2**	712,6	470,8	188,1	99,1[1)]	89,2	102,4
1995	**1.995,9**	756,8	511,7	196,6	114,8[2)]	87,1	328,9[3)]

1) Ab 1994 incl. Bundeseisenbahnvermögen, 2) Ab 1995 incl. Ausgleichsfonds Steinkohleneinsatz, 3) Anfang 1995 sind die Schulden des Kreditabwicklungsfonds und der Treuhandanstalt auf den Erblastentilgungsfonds übergegangen, 4) Ab 1990 incl. Ostdeutschland, Quelle: Diverse Monatsberichte der Deutschen Bundesbank

Anteil der Staatsverschuldung am Bruttosozialprodukt

Jahr	Bruttosozial-produkt	Staatsver-schuldung	Anteil in %
1950	98,1	20,6	21,0
1955	178,3	40,9	22,9
1960	302,3	51,2	16,9
1965	460,4	82,5	17,9
1970	679,0	125,9	18,5
1975	1.029,4	250,8	24,4
1980	1.485,2	469,1	31,6
1985	1.844,3	760,2	41,2
1990	2.448,2	1.052,5	43,0
1991[1)]	2.881,8	1.173,9	40,7
1992	3.094,6	1.345,2	43,5
1993	3.164,5	1.509,2	47,7
1994	3.312,9	1.662,2	50,2
1995	3444,8	1.995,9	57,9

1) Ab 1990 incl. Ostdeutschland

Auch unreflektiert bleibt bei der neoklassischen Diskussion um die Staatsverschuldung die immer wieder fälschlicherweise aufgestellte Behauptung, daß es zwischen der Staatsschuld und der **Verschuldung eines privaten Haushalts** oder eines privaten Unternehmens keinen Unterschied gibt. Diese Gleichsetzung ist aus mehreren Gründen falsch. Erstens ist das Schuldengebaren eines einzelnen privaten Haushalts oder eines Unternehmens in der gesamtwirtschaftlichen Bedeutung in Relation zum Sektor Staat allenfalls marginal; in der Regel nicht einmal dies. Zweitens ist die Staatsverschuldung eine Schuld, die sich alle Wirtschaftssubjekte einer Volkswirtschaft *selbst schulden*. Im Gegensatz dazu sind private Schulden Forderungen *zwischen verschiedenen* Wirtschaftssubjekten, es sei denn, der Staat verschuldet sich bei anderen Volkswirtschaften. Drittens sind Staatsschulden nicht unbedingt zu tilgen, weil das Staatsvolk als Schuldner eine unendliche Lebensdauer hat und viertens implizieren Tilgungen der Staatsschuld keine gesamtwirtschaftlichen Wohlfahrts-steigerungen, weil diese nur über höhere Steuern im Zuge eines Transferprozesses (Nullsummenspiel) getilgt werden könnten. Allenfalls kommt es zu **Verteilungseffekten**, hierzu später. Besonders problematisch ist auch die neoklassisch implizit unterstellte Prämisse, daß der Staat allein selbstverantwortlich für seine Verschuldung ist. Tatsächlich kann jedoch der Staat sein Finanzierungsdefizit nur dann ohne Wachstumsverluste senken, wenn gleichzeitig der Unternehmenssektor (und/oder das Ausland) sein Defizit erhöht oder die privaten Haushalte ihre Überschüsse verringern.

Die wichtigste Frage bei der Staatsverschuldung ist allerdings eine realwirtschaftliche, nämlich die, wie ein **staatliches Budgetdefizit** zur Behebung einer krisenhaften Unterbeschäftigungssituation kreislauftheoretisch wirkt. Um dies zu zeigen, soll in der folgenden Modellbildung von unveränderten Steuersätzen (Steuereinnahmen) und dem bisher bekannten gesamtwirtschaftlichen Kreislaufmodell ausgegangen werden. Das Budgetdefizit (D) des Staates ergibt sich dann, wenn die Staatsausgaben ($G = I_{st} + C_{St} + Z$) zur Ankurbelung der Konjunktur die Steuereinnahmen (T) übersteigen. Dabei stehen (I_{st}) für alle investiven Staatsausgaben, (C_{st}) für den konsumtiven Staatsverbrauch und (Z) für alle staatlichen Transferzahlungen.

$$D = G - T \; ; \; T < G$$

Für die privaten Haushalte gilt, daß sie bei der Verwendung ihres Einkommens für Konsum und Ersparnis entsprechende Steuerzahlungen zu berücksichtigen haben. Sie können demnach nur von einem verfügbaren Einkommen ($Y_v = Y - T$) ausgehen.

$$Y_v = Y - T$$
$$Y_v = Y - T = C + S$$

Dafür vergrößert sich am Gütermarkt die gesamtwirtschaftliche Nachfrage um die Staatsausgaben (G).

$$Y = C + I + G$$

Und am Kapitalmarkt wird die Kreditnachfrage der Unternehmen zur Finanzierung ihrer Investitionen ergänzt um die Kreditnachfrage des Staates zur Finanzierung der Staatsausgaben.

$$S = I + D \; ; \; D = G - T \; ; \; G > T$$

Werden nun die Staatsausgaben weiter erhöht, so steigt auch das Budgetdefizit. Unter Berücksichtigung einer multiplikativen Wirkung der zusätzlichen Staatsausgaben nimmt aber auch das Sozialprodukt (Y) zu und mit der Zunahme des Volkseinkommens steigen die Steuereinnahmen (T). Daneben werden aus Gründen einer Beschäftigungszunahme auch die staatlichen Transferzahlungen (Z) (weniger Arbeitslose = weniger Arbeitslosengeld) zurückgehen können. Deshalb werden die Transferzahlungen (Z) im Wirtschaftskreislauf, wie bisher, nicht mehr als ausschließlich autonom angesehen, sondern zu einem Teil auch als abhängig von der Entwicklung des Volkseinkommens, wobei (z) als marginale Transferquote bezeichnet wird.

$Z = Z_a - zY \ ; \quad 0 < z < 1$

Hierdurch kommt es zu einer Veränderung des bisher bekannten multiplikativen gesamtwirtschaftlichen Gleichgewichts in einer geschlossenen Volkswirtschaft, in dem die Transferzahlungen (Z_a) als autonom unterstellt wurden:

$$Y = \frac{1}{1 - c + ct - g}(C_a + I_a + G_a) + \frac{c}{1 - c + ct - g} Z_a$$

Sind die Transferzahlungen dagegen auch abhängig von der Entwicklung des Volkseinkommens gilt:

$Y_v = Y - tY + Z_a - zY \ ; \quad T = tY$

Eingesetzt in die gesamtwirtschaftliche Konsumfunktion $C_P = C_a + c\ Y_v$ entsteht das folgende modifizierte Gleichgewicht:

$Y = C_a + c\,(Y - tY + Z_a - zY) + I_a + gY + G_a$ oder

$Y = C_a + cY - ctY + cZ_a - czY + I_a + gY + G_a$ bzw.

$$Y = \frac{1}{1 - c + ct + cz - g}(C_a + I_a + G_a + cZ_a)$$

Wie verändert sich nun unter Berücksichtigung des neuen Multiplikators (1/1 - c + ct + cz - g) das **staatliche Budgetdefizit**, wenn es zu erhöhten Staatsausgaben (+ Δ G) auf der einen Seite und auf der anderen Seite gleichzeitig zu erhöhten Steuereinnahmen (+ Δ T) bei verminderten

Transferzahlungen (- Δ Z) kommt? Dazu ist der **Staatsausgabenmultiplikator in Bezug auf das staatliche Budgetdefizit** zu bilden.[1] Er lautet:

$$\Delta D = \left(\frac{t + z}{1 - c + ct + cz - g} - 1\right) \Delta G_a$$

t = marginale Steuerquote
z = marginale Transferquote
c = marginale Konsumquote
g = marginale Investitionsquote

Hieraus ergibt sich nun die Frage, ob der Multiplikator so groß sein kann, daß zusätzliche kreditfinanzierte Staatsausgaben das staatliche Budgetdefizit unverändert lassen, daß also gilt Δ D = Null, und trotzdem ein positiver Effekt für die Konjunktur eintritt?

$$\frac{t + z}{1 - c + ct + cz - g} - 1 = 0$$

Diese Frage kann eindeutig mit ja beantwortet werden, da der **Staatsausgabenmultiplikator in Bezug auf das Budetdefizit kleiner ist als der Investitionsmultiplikator**. Hierbei wird die marginale Investitionsquote, bei der die zusätzlichen Staatsausgaben im neuen Gleichgewicht voll durch die Steuermehreinnahmen und durch die Senkung der Transferausgaben gedeckt ist (D = Null), durch die Höhe der gesamtwirtschaftlichen marginalen Konsum-, Steuer- und Transferquote determiniert. Angenommen die Konsumquote beträgt 0,75, die Steuerquote 0,3 und die Transferquote liegt bei 0,02, so erhält man eine marginale Investitionsquote (g) in Höhe von 0,17 oder 17%.

Wenn auch nur einer der angeführten Parameter größer ist als angenommen, kommt es nicht nur zu einer Konjunkturbelebung, sondern auch noch zu einem Abbau der Staatsschuld (Schuldenparadox).

Wieso, könnte nach diesen theoretischen Ergebnissen gefragt werden, steigt dann aber in der wirtschaftlichen Realität ständig die Staatsschuld bei kreditfinanzierten Staatsausgabenprogrammen? Dies hat mehrere Gründe. Der erste ist der, daß die zusätzlichen

[1] Auf eine mathematische Ableitung wird hier verzichtet.

Staatsausgaben nicht nur **realwirtschaftliche Wirkungen** haben, sondern auch in Preiserhöhungen verpuffen. Vergibt der Staat Staatsaufträge in immer mehr **vermachtete Märkte** mit einem entsprechenden Monopolgrad, so wird eben ein Großteil der zusätzlichen Staatsausgaben nicht beschäftigungs- und damit letztlich wachstumswirksam, sondern über die Preissetzungsmacht der marktbeherrschenden Unternehmen absorbiert. Genauso wird die Wirkung von Staatsausgaben immer dann eingeschränkt, wenn sie nicht in **arbeitsintensive Wirtschaftszweige** fließen, sondern in kapitalintensive Bereiche der privaten Wirtschaft oder gar für Rüstungsaufträge und nicht für grundsätzlich zivile Staatsaufträge verausgabt werden. Hierdurch kommt es zu **kontraproduktiven Wirkungen**, wodurch der Selbstfinanzierungseffekt der Staatsausgaben aufgehoben wird.

Auch darf es durch die zusätzlichen kreditfinanzierten staatlichen Ausgaben zu keinen **Verdängungseffekten (crowding-out-Effekten)** von privaten Aktivitäten auf Konsum und Investitionen kommen.

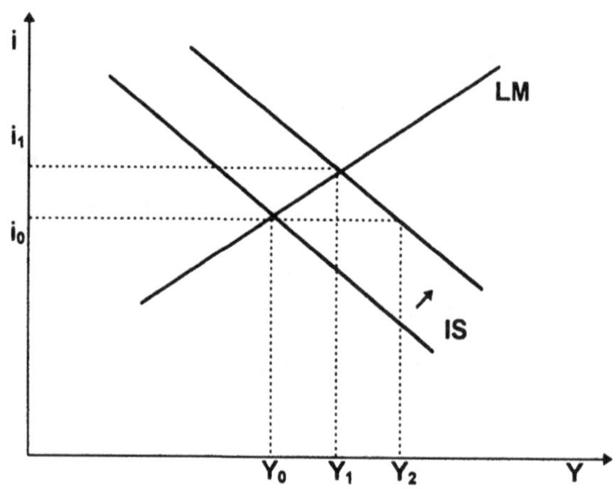

Von solchen negativen Effekten gehen aber grundsätzlich **neoklassisch** und **monetaristisch** geprägte Ökonomen aus. Sie betonen, daß Staatsaufträge private Aufträge verdrängen und eine hohe Staatsverschuldung zu Zinssatzsteigerungen und Vermögenseffekten am Kapitalmarkt führt und damit letztlich zu einem crowding-out von privaten Investitionen, die aufgrund der gestiegenen Zinssätze nicht mehr profitabel sind. Ein zunächst multiplikativ positiver Effekt von kreditfinanzierten Staatsausgaben auf das Sozialprodukt von (Y_0) auf (Y_2) (Rechtsverschiebung der IS-Kurve) würde deshalb zumindest teilweise durch einen Rückgang auf (Y_1) aufgrund der Zinssatzsteigerung von (i_0) auf (i_1) wieder aufgezehrt (vergleiche dazu die zuvor gezeigte Grafik).

Keynesianisch geprägte Ökonomen argumentieren dagegen, daß die Gefahr eines crowding-outs allenfalls **langfristig und bei Vollbeschäftigung** besteht, wobei „langfristig" mit Keynes zu verstehen ist als: *„in the long run we are all dead".* Es kommt nicht darauf an, **langfristig** eine Wirtschaftskrise durch zusätzlich kreditfinanzierte Staatsausgaben zu beheben, sondern **kurzfristig** ist der Staat gefordert. Hierbei kann ein crowding-out schon deshalb nicht entstehen, weil sich die Privatwirtschaft in einer krisenhaften Unterbeschäftigungssituation mit nicht ausgelasteten Kapazitäten befindet. Die Zinsen verharren in einer solchen Situation auf einem niedrigen Niveau in der keynesianischen **„Liquiditätsfalle"**, d.h. sie sind völlig unelastisch. Das gleiche gilt für die Investitionsnachfrage. Auch sie ist in einer Unterbeschäftigungssituation völlig zinsunelastisch (**„Investitionsfalle"**). Private Unternehmen werden sich nämlich kaum bei vorliegenden unterausgelasteten Kapazitäten für weitere Investitionen von der Höhe des Zinssatzes beeindrucken lassen. Dies ist ja gerade auch der Grund, warum die Privatwirtschaft nicht automatisch - wie die Neoklassik nicht aufhört zu behaupten - zu einem Vollbeschäftigungsgleichgewicht zurückfindet. Nur der Staat kann, weil er nicht wie die Privatwirtschaft dem **Gewinnmaximierungskalkül** bei Investitionen unterliegt, und damit zinsunempfindlich (zinsrobust) ist, dies bewirken. Außerdem ist eine allgemeine Zinsabhängigkeit von Investitionen empirisch nicht nachgewiesen. Investitionen sind vielmehr mit Gewinnerwartungen verknüpft, wobei viele Unternehmen bei der Durchführung ihrer Investitionen überhaupt nicht auf Kapitalmärkte und damit vom Zinssatz abhängig sind, sondern ihre Investitionen über einen unternehmensinternen Cash-flow in Verbindung mit einer entsprechenden Preispolitik finanzieren.

Demnach kann allgemein konstatiert werden: Kommt es, wie aufgrund des Staatsausgabenmultiplikators in Bezug auf das staatliche Budgetdefizit gezeigt, zu positiven Effekten auf die gesamtwirtschaftliche Nachfrage, ist die Gefahr eines crowding-outs weder theoretisch plausibel, noch sind bis heute empirische Beweise dafür erbracht worden. Im Gegenteil, es kommt vielmehr durch die Staatsintervention zu einem **crowding-in-effekt**, weil nicht zusätzliche private Investitionen und privater Konsum verdrängt, sondern diese durch die kreditfinanzierten Staatsausgaben multiplikativ angeregt werden.

Auch das neoklassisch-monetaristisch angeführte Argument, daß ein **permanent auftretendes Budgetdefizit**[1] letztlich durch die gestiegenen Zinsen zu einer immer größeren Belastung des Staatshaushalts führt, da weitere Verschuldungen nur zu Krediten beschafft werden können und dadurch der Zinsanteil am gesamten Haushaltsvolumen immer mehr zunimmt, wodurch der Anteil des Haushalts für eine aktive Fiskalpolitik eingeschränkt wird, ist nicht nachzuvollziehen. Und zwar deshalb nicht, weil das Staatsdefizit bei richtiger keynesianischer Anwendung in Form eines **deficit-spending** erst gar nicht auftreten kann, zumal in konjunkturellen Boomzeiten eine kontraktive Wirtschaftspolitik gefordert ist. Daß in fast allen westlichen Industrieländern trotzdem ein strukturelles Ungleichgewicht zwischen Steuereinnahmen und Staatsausgaben besteht, ist nicht keynesianischer Fiskalpolitik sondern im wesentlichen vier **strukturellen Ursachen** geschuldet:

- Antizyklische keynesianische Wirtschaftpolitik verpufft immer mehr in **Preiseffekten** aufgrund einer hoch konzentrierten und vermachteten privaten Wirtschaft mit gleichzeitig zunehmender **Kapitalintensität**. Dadurch kommt es bei Staatsausgaben mehr zu Preis- als Mengen- und damit Beschäftigungseffekten, was auch das Phänomen der Stagflation (**Stag**nation und **Inflation**) erklärt.

- Das staatliche Budgetdefizit wird nicht zuletzt einer völlig **verfehlten Steuerpolitik** geschuldet, die zu Steuerausfällen führt und notwendigerweise bei gleichen Staatsausgaben das Defizit vergrößern muß. Hierauf neoklassisch-monetaristisch mit Staatsausgabensenkungen **prozyklisch** zu reagieren, verschärft die Wirtschaftskrise und führt zu weiteren Steuerausfällen und damit zu einem noch größeren Defizit. Allein die konsequente Anwendung des **Haavelmo-Theorems** führt zu einem positiven multiplikativen Effekt in Höhe von eins auf die gesamtwirtschaftliche Nachfrage. Einkommensumverteilungen durch eine wachstumsfördernde Steuerpolitik bewirken darüber hinaus einen vielfachen Multiplikatoreffekt.

- Keynesianische Fiskalpolitik kann darüber hinaus nur dann voll zur Geltung kommen, wenn diese mit einer **rationalen Geldpolitik** abgestimmt wird. Gleichzeitig expansive Fiskalpolitik und restriktive Geldpolitik zu fahren, ist kontraproduktiv und wirkt krisenverschärfend und defiziterhöhend. Die Bundesbank als Verantwortliche für die Geldpolitik sieht ausschließlich die Sicherung einer stabilen Währung als ihre Aufgabe an und denkt an den viel wichtigeren - weil realwirtschaftlich wirkenden - Arbeitsmarkt und eine darauf zu erzielende Vollbeschäftigung allenfalls indirekt bzw. abgeleitet aus den monetären Bedingungen.

[1] Steigende Staatsverschuldung gemessen als Anteil der kumulierten Staatsschuld am Bruttosozialprodukt oder als Anteil der jährlichen Neuverschuldung am Bruttosozialprodukt.

- Staatliche Kreditaufnahme im **privaten Geschäftsbankenbereich**[1] - die hier zu enormen Zinsgewinnen und damit Umverteilungswirkungen führen[2] - müßten weitgehend durch eine direkte Verschuldung bei der Deutschen Bundesbank, entweder zinslos oder in Höhe des jeweiligen Diskontsatzes ersetzt werden. So ließen sich die Zinsbelastungen aufgrund staatlicher Kreditaufnahme völlig beseitigen oder zumindest erheblich senken. Hierauf hat nicht nur bereits 1958 der Finanzwissenschaftler ***R. A. Musgrave*** hingewiesen.[3] Die durch die Kreditaufnahme bei der Bundesbank induzierte Geldmengenerhöhung kann in einer Unterbeschäftigungssituation - zumindest auf Wettbewerbsmärkten - zu keinen Inflationswirkungen führen. Treten sie dennoch auf, kann dafür eine kreditfinanzierte antizyklische Fiskalpolitik nicht verantwortlich gemacht werden. Verursacht werden sie durch vermachtete Märkte, auf denen selbst bei rückläufiger Nachfrage die Preise erhöht werden können. Hier ist eine strikte Wettbewerbspolitik gefordert.

Problematisch bei der Staatsverschuldung könnten allerdings die interpersonellen und intertemporalen **Verteilungswirkungen** werden. **Interpersonelle Verteilungswirkungen** treten deshalb auf, weil in der Regel die kreditgebenden und damit zinsnehmenden Wirtschaftssubjekte nicht mit den Wirtschaftssubjekten identisch sind, die die Zinszahlungen über Steuern zu leisten haben. Im allgemeinen wird hierbei unterstellt, daß die Kreditgeber der Gruppe der Bezieher höherer Einkommen angehören, während die Last für die Aufbringung der Steuermittel für die Zinszahlung, da sie aus allgemeinen Steuermitteln erfolgt, keiner bestimmten Gruppe von Einkommensbeziehern zugeordnet werden kann. Dadurch ist der Aufbringungseffekt neutral und es kommt zu einem **Umverteilungseffekt der Zinszahlung zugunsten höherer Einkommensbezieher**. Eine steigende staatliche Zinslast durch Staatsverschuldung kann auch zu einer **intertemporalen Umverteilung** führen. Zukünftige Generationen werden durch steigende Steuerzahlungen und/oder Staatsausgabensenkungen immer dann relativ mehr belastet, wenn die heute kreditfinanzierten Staatsausgaben nicht auch in der Zukunft bestimmte **produktive Leistungen abgeben** (wovon a priori nicht auszugehen ist) und sich die Laufzeit des Kapitaldienstes nicht an der späteren Leistungsabgabe orientieren. Hiergegen ist außerdem einzuwenden, daß auf die spätere Generation ja nicht nur die Tilgungsverpflichtungen übergehen,

---

[1] Die größte Gläubigergruppe bei der Staatsverschuldung sind die Banken und Sparkassen. Über die Hälfte aller öffentlichen Schulden werden von ihnen gehalten.

[2] Vgl. Axel Troost, Staatsverschuldung und Kreditinstitute, Frankfurt/M., Bern, New York 1984

[3] Vgl. R.A. Musgrave, Theorie der öffentlichen Schuld, in: Handbuch der Finanzwissenschaft, Bd. 3, 2. Aufl., Tübingen 1958, vgl. auch Jörg Huffschmid, Ursachen, Funktionen und Nutznießer der Staatsverschuldung, in: Blätter für deutsche und internationale Politik, Heft 4/1997, S. 454ff., sowie Axel Troost, Der Streit um die Staatsverschuldung, in: Blätter für deutsche und internationale Politik, Heft 4/1981, S. 480ff.

sondern auch die in den Schuldtiteln **verbrieften Forderungen**. Staatsschuld ist, sofern es sich um eine Inlandsverschuldung handelt, bei makroökonomischer Betrachtung im Gegensatz zur einzelwirtschaftlichen Verschuldung immer eine **„Schuld an sich selbst"**. „Die von den Bürgern bezahlten Steuern, die zur Finanzierung der Kosten der Staatsverschuldung benutzt werden, fließen als Zinszahlungen des Staates letztlich an private Haushalte zurück (auch wenn die Zinszahlungen zunächst zu den Banken fließen) und erhöhen damit potentiell wieder das Steueraufkommen."[1] Hinzu kommt noch, daß in einer **unterausgelasteten Wirtschaft** (= heutige Verschwendung von knappen Ressourcen), in der es durch Staatsverschuldung zu einer multiplikativen Erhöhung des Sozialprodukts kommt, auch die zukünftige Generation an der heute vollzogenen Stabilisierungspolitik durch Staatsverschuldung partizipiert.

4. Stabilisierungspolitik durch Verteilungspolitik

4.1 Der Markt regelt die Verteilung

Ein wesentliches Instrument zur Stabilisierung der Wirtschaft ist die Verteilungspolitik. Basis der Verteilungspolitik ist wiederum die **Verteilungstheorie**. Diese versucht die Frage zu beantworten, „für wen" in einer Volkswirtschaft die Güter produziert werden bzw. welche der Wirtschaftssubjekte welchen Anteil an der volkswirtschaftlichen Wertschöpfung, am Volkseinkommen, erhalten. Diese Frage ist gleichzeitig eine **ordnungstheoretische** Frage, wobei in dezentralen Ordnungssystemen kapitalistischer Wirtschaften mit Gewinnprinzip grundsätzlich der **Markt** über die Verteilung entscheidet.

Da das einzelne Wirtschaftssubjekt am Markt durch die Zahlung eines Preises die Eigentumsrechte an einem Gut erwirbt, gibt auf mikroökonomischer Ebene zunächst einmal die **Preis- und Wettbewerbstheorie** Antwort auf die Verteilungsfrage. Die Ergebnisse sind hierbei allerdings im Detail viel zu kompliziert, um als Grundlage für die Lösung makroökonomischer Probleme zu dienen. „Deshalb ersetzt die Verteilungstheorie die Frage nach der Distribution der konkreten Güter durch die nach der Verteilung der allgemeinen Verfügungsmacht über Güter, also des Einkommens."[2]

---

[1] Axel Troost, Der Streit um die Staatsverschuldung, a.a.O., S. 479

[2] Erwin Scheele, Einkommensverteilung, in: Handwörterbuch der Wirtschaftswissenschaft (HdWW), Bd. 2, Stuttgart, Tübingen, Göttingen 1988, S. 258

Verteilungstheorie beschäftigt sich demnach mit der Verteilung von Einkommen in einer Volkswirtschaft.

Einkommen (Volkseinkommen) entsteht originär durch **Produktion** im Marktprozeß. Die einzelnen Produktionsfaktoren sollen dabei entsprechend ihrem Beitrag im Produktionsprozeß gemäß ihrer **Grenzproduktivität** entlohnt werden. Man spricht deshalb auch von einer **primären** (weil rein marktbezogenen) sowie einer **funktionalen** (weil eine auf die Produktionsfaktoren abstellenden) Verteilung des Volkseinkommens (vgl. dazu die folgende Grafik).

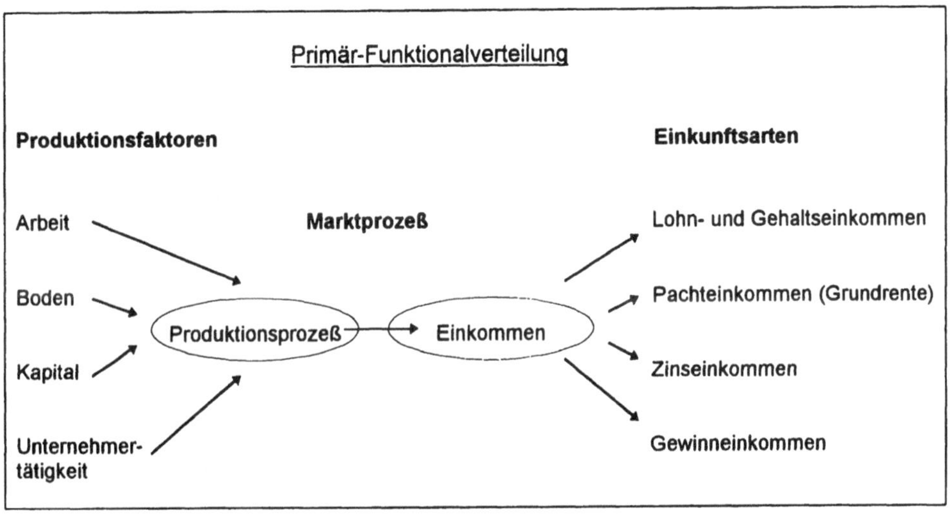

Die Einkunftsarten (Pacht-, Zins- und Gewinneinkommen) werden in der Regel im Rahmen einer sozio-ökonomischen Betrachtung der Verteilung zum **Besitzeinkommen** aggregiert, das dann dem **Lohn- und Gehaltseinkommen** gegenübergestellt wird. Die Verteilung ergibt sich hierbei anhand einer bereinigten **Gewinnquote** für das Besitzeinkommen und in einer bereinigten **Lohnquote** für das Lohn- und Gehaltseinkommen.[1]

Wird das Einkommen, die volkswirtschaftliche Wertschöpfung, in Form einer Gruppenbildung nach Wirtschaftszweigen (incl. des Staates) aggregiert, spricht man von einer **sektoralen Einkommensverteilung**.

[1] Zur Bestimmung der Lohn- und Gewinnquote vgl. das 2. Kapitel, Punkt: 9.2.3, „Verteilung des Sozialprodukts"

Wie verteilen sich nun aber die verschiedenen primären Einkunftsarten auf die privaten Haushalte, d.h. auf die einzelnen Personen (Wirtschaftssubjekte)? Hierüber gibt die **personelle Einkommensverteilung** Auskunft. Ein Privathaushalt, der beispielsweise ausschließlich über seine Arbeitskraft als Produktionsfaktor verfügt, erhält demnach auch nur ein Lohn- oder Gehaltseinkommen, während der private Haushalt, der daneben andere Produktionsfaktoren im seinem Eigentum hält, zusätzliche Einkommen realisiert, wobei zu beachten ist, daß in der Regel in Bezug auf die Höhe der Einkommen innerhalb der verschiedenen Einkunftsarten (horizontale Einkommensverteilung) erhebliche Unterschiede bestehen. Dies gilt insbesondere für Lohn- bzw. Gehaltseinkommen als auch für Gewinneinkommen aus Unternehmertätigkeit.[1]

4.2 Staatliche Redistribution

Die personelle Einkommensverteilung als Marktergebnis befriedigt gesellschaftlich nicht. Dies hat viele Gründe. Nicht alle Staatsbürger sind erwerbstätig (z.B. Arbeitslose, Rentner) und erwerbsfähig (z.B. Kranke). Aber auch sog. Leistungseinkommen, wie sie sich im marktwirtschaftlichen Prozeß herausbilden, geben Anlaß zu Korrekturen. Der **Staat** muß deshalb in den Marktprozeß durch eine **Redistributionspolitik** eingreifen (intervenieren). „Die technisch einfachste Methode, mehr Gleichheit der Einkommen herzustellen, besteht dabei darin, Haushalte mit überdurchschnittlichen Primäreinkommen durch **Steuern** und andere **Abgaben** zu belasten und das Aufkommen jenen Haushalten zur Verfügung zu stellen, die nur unterdurchschnittliche Markteinkommen erzielen."[2]

Dies wird durch die jeweils auf der **Einnahmen- und Ausgabenseite des Einkommenskonto** eines **privaten Haushalts** verbuchten Größen deutlich. Neben dem Primäreinkommen (=marktbezogenes Faktoreinkommen (Bruttoeinkommen)) erhalten die privaten Haushalte im Rahmen einer **staatlichen Umverteilung** ein bestimmtes **Transfereinkommen** (z.B. Renten, Arbeitslosengeld, Kindergeld, Wohngeld, Sozialhilfe u.a.), das auch als **Sekundäreinkommen** bezeichnet wird. Der Summe dieser Einnahmen steht die Ausgabenseite für **Steuerzahlungen** (direkte Steuern) und **Sozialabgaben** (Sozialversicherungsbeiträge) gegenüber. Die Differenz

---

[1] Zu den Gründen für diese Unterschiede vgl. Hartwig Bartling, Franz Luzius, Grundzüge der Volkswirtschaftslehre, 10. Aufl., München 1993, S. 161ff. sowie S. 170ff.

[2] Hartwig Bartling, Franz Luzius, a.a.O., S. 176

bildet das **verfügbare Einkommen** eines privaten Haushalts, daß entweder in den **Konsum** fließt oder **gespart** wird.[1]

Einkommenskonto der privaten Haushalte

Ausgaben		Einnahmen	
Umverteilung der Einkommen	Direkte Steuern	Faktoreinkommen (Brutto)	Primäreinkommen
	Sozialabgaben		
Verfügbares Einkommen	Konsum		
		Transfereinkommen	Sekundäreinkommen
	Ersparnis		

Neben diesen Maßnahmen der direkten monetären Redistribution beeinflußt der Staat auch durch **indirekte Steuern** (Verbrauchsteuern), **Subventionen** sowie **Gebote** und **Verbote** die primäre Verteilung. Indirekte Steuern werden z.B. durch Preisaufschläge von den Anbietern auf die Verbraucher überwälzt, wobei die unteren Einkommensschichten relativ größere Teile ihres Einkommens für den Einkauf von Gütern aufbringen müssen, als die reicheren Haushalte. Hinzu kommen die Verteilungswirkungen durch die Bereitstellung **öffentlicher Güter** durch den Staat, die aus allgemeinen Steuermitteln finanziert werden (für öffentliche Güter gilt nicht das Ausschlußprinzip des Marktes, sie werden ohne eine Preisforderung abgegeben), aber nur von **bestimmten Gruppen** der Gesellschaft in Anspruch genommen werden. Beispielsweise sei hier das öffentliche Gut eines Studienplatzes genannt.

[1] Zur Herleitung und Bestimmung des Volkseinkommens (= Nettosozialprodukt zu Faktorkosten) sowie des verfügbaren Einkommens im Rahmen der „Volkswirtschaftlichen Gesamtrechnung" (VGR) vgl. das 2. Kapitel, Punkt: 9.2, Entstehung, Verwendung und Verteilung des Sozialprodukts

4.3 Verteilungsziele

Aufgrund der bereits angedeuteten nicht befriedigenden Verteilungsergebnisse des Marktes, wird die staatliche Redistribution neben rein ökonomischen Zielen, wie z.B. dem Wachstums- und damit Beschäftigungsziel (dazu später) auch mit mehr **sozialpolitischen** bzw. allgemeinen **gesellschaftlichen Zielen** begründet. Diese Ziele lassen sich dabei wie folgt zusammenfassen:

- **Egalitätsprinzip,**
- **Leistungsprinzip,**
- **Bedarfsprinzip.**

Das höchste, aber auch wohl unrealistischste - Verteilungsziel ist das **Egalitätsprinzip** oder das **Gleichheitsprinzip** der Einkommensverteilung. Dieses verlangt streng danach, daß Gleiches gleich und Ungleiches ungleich behandelt wird, wobei zur gesellschaftlichen operationalen Durchsetzung dieses Ziels, unweigerlich die Frage beantwortet werden muß, was als gleich und was als ungleich angesehen werden soll. Neben dem trivialen Tatbestand, daß die Menschen bereits bei Geburt ungleich sind und der Frage, wer über Gleich und Ungleich entscheiden soll, treten hierbei eine Fülle an weiteren Problemen auf. ***Hans-Jürgen Ahrns*** und ***Hans-Dieser Feser*** fragen diesbezüglich zu Recht: „Soll Gleichverteilung ausnahmslos für alle Gesellschaftsmitglieder gelten? Unabhängig von ihrer Ausbildung, von ihrem Alter, von ihrem Familienstand? Soll sie auch für denjenigen gelten, der es - aus welchen Gründen auch immer - vorzieht, keinen Beitrag zur gemeinsamen Güterproduktion (zum Gesamteinkommen) zu leisten? Auf welchen Zeitraum bezieht sich die Forderung nach Gleichverteilung? Auf das periodische Einkommen oder auf das Lebenseinkommen? Wie kann verhindert werden, daß aus einer einmal hergestellten Gleichverteilung längerfristig eine Ungleichverteilung allein deshalb resultiert, weil die Individuen unterschiedliche Präferenzen hinsichtlich der Verwendung des Einkommens für Konsum und Sparen haben? Ist Gleichverteilung überhaupt mit individueller Freiheit vereinbar?"[1]

Auch wäre die Wirkung einer fiktiv unterstellten **absoluten Gleichverteilung des Einkommens** auf die gesellschaftliche **Wohlfahrt** zu berücksichtigen. Hierbei kommt die Wohlfahrtstheorie zu dem Schluß, „daß das Wohlfahrtsoptimum bei einer differenzierten Einkommensverteilung liegt."[1] ***Hartwig Bartling*** und ***Franz Luzius*** fragen bei einer solchen absoluten Gleichverteilung des

[1]Hans-Jürgen Ahrns, Hans-Dieter Feser, Wirtschaftspolitik. Problemorientierte Einführung, 6. Aufl., München, Wien 1995, S. 181

Einkommens nach den ökonomischen **Grenzen der Umverteilung**. Diese erblicken sie in einer „klassenlosen Gesellschaft", die vom Einkommen rechnerisch dann gegeben ist, wenn **jeder Erwerbstätige** (wobei das Problem der Arbeitslosen offen bleibt) den absolut gleichen Anteil am Volkseinkommen erhält. Für das Jahr 1988 ermitteln sie dabei anhand der Istwerte für die Bundesrepublik ein durchschnittliches Netto-Monatseinkommen in Höhe von DM 3.362. Bei Einkommensdifferenzierung in **Besitzeinkommen** und **Lohn- und Gehaltseinkommen** lag 1988 das durchschnittliche Lohn- und Gehaltseinkommen (Netto) dagegen bei DM 2.198. „Bei völliger Gleichverteilung der Einkommen hätte also der durchschnittlich verdienende Unselbständige im Jahr 1988 monatlich DM 1.164 mehr bekommen; das entspricht einer einmaligen Steigerung seines Lohnes um etwa 53 v.H."[2]

Für **1995** ergaben sich in Deutschland die folgenden Brutto-Werte der Verteilung:

Bruttoeinkommen aus unselbständiger Arbeit:	1.873,5 Mrd. DM
Unselbständige Erwerbstätige 31,197 Mio.	
Durchschnittliches Jahresbruttoeinkommen	60.054 DM
Durchschnittliches Monatsbruttoeinkommen	5.005 DM

<u>Fiktive Rechnung:</u>

Bruttoeinkommen aus unselbständiger Arbeit:	1.873,5 Mrd. DM
Bruttoeinkommen aus Unternehmertätigkeit und Vermögen[1]	742,6 Mrd. DM
Summe = Volkseinkommen	2.616,1 Mrd. DM
Erwerbstätige gesamt 34,836 Mio.	
Durchschnittliches Jahresbruttoeinkommen	75.098 DM
Durchschnittliches Monatsbruttoeinkommen	6.258 DM

Differenz 1.253 DM bzw. 25%

Gegen eine solche **Gleichverteilung des Einkommens** werden in der Regel - insbesondere von neoklassisch-monetaristisch orientierten Ökonomen - **Motivationsverluste bei den Erwerbstätigen** vorgebracht. Gleiches Einkommen würde nicht nur bezogen auf den Produktionsfaktor Arbeit den Leistungswillen stark einschränken und damit zu gefährlichen gesamtwirtschaftlichen **Produktivitätsverlusten** führen, sondern auch bzw. hier sogar ganz besonders beim Produktionsfaktor Kapital wären schwerwiegende Folgen zu erwarten. Der differenzierte Leistungsgewinn würde seine **Steuerungs- und Anreizfunktion** einbüßen, so daß es regelmäßig

---

[1] Bernhard Külp, Verteilung, Theorie und Politik, 3. Aufl., Stuttgart, Jena 1994, S. 207

[2] Hartwig Bartling, Franz Luzius, a.a.O., S. 180

zu Fehlallokationen der knappen Ressourcen kommen würde. Vorsprungsgewinne, eine wesentliche Indikation für innovative Leistungen im dynamischen Wettbewerbsprozeß, wären nicht mehr möglich. Dies würde im übrigen auch für den Produktionsfaktor Boden zutreffen. Warum sollte sich schließlich ein Landwirt durch besondere Arbeit oder einen innovativen Einsatz um Extraerträge auf seinem Land bemühen? Letztlich wären **Wachstums- und Beschäftigungsverluste** zu beklagen.

Keynesianisch orientierte Ökonomen - Keynes hat selbst darauf hingewiesen - betonen dagegen die Wichtigkeit einer zumindest nicht zu großen Einkommensdifferenzierung für den **Wachstums- und damit Beschäftigungseffekt**. Im Rahmen einer staatlichen Stabilisierungspolitik durch Umverteilung kommt deshalb der **Verteilung des verfügbaren Einkommens** auf die unterschiedlichen privaten Haushalte eine immens große Bedeutung zu. Denn: "Nicht nur das Sozialprodukt pro Kopf im rechnerischen Durchschnitt ist für den Wohlstand in einer Volkswirtschaft entscheidend, sondern dessen tatsächliche - gleichmäßige oder ungleichmäßige - Verteilung auf die einzelnen Individuen".[2] Wie die Verteilung auf die Entwicklung des Sozialprodukts (= Wachstum) wirkt, läßt sich bereits anhand einer einfachen Modellrechnung veranschaulichen. Ein unterstelltes zusätzliches Volkseinkommen (ΔY) in Höhe von 1.000 Einheiten verteilt sich zu 70% auf die Lohnquote und zu 30% auf die Gewinnquote. Weiter unterstellt, bei den Gewinneinkommensbeziehern liegt eine marginale Konsumquote (c_G) von 0,5 vor, während die Lohn- und Gehaltseinkommensbezieher (c_L) von ihrem zusätzlichen Lohn bzw. Gehalt 90% konsumieren, dann ergeben sich hieraus die folgenden unterschiedlichen Konsumfunktionen:

$$C_L = \frac{1}{1 - c_L} Y_L$$ **Konsumfunktion der Lohn- und Gehaltsempfänger**

$$C_G = \frac{1}{1 - c_G} Y_G$$ **Konsumfunktion der Gewinnempfänger**

[1] Das durchschnittliche Bruttomonatseinkommen eines Selbständigen betrug dabei DM 17.005. Es lag um fast 240% über dem Bruttomonatseinkommen eines abhängig Beschäftigten.

[2] Hartwig Bartling, Franz Luzius, a.a.O., S. 152

In Summe wird sich der Konsum (privater Verbrauch) innerhalb des Sozialprodukts ceteris paribus unter Berücksichtigung einer entsprechenden differenzierten multiplikativen Wirkung wie folgt erhöhen:

$$\Delta C = \frac{1}{1 - c_L} Y_L + \frac{1}{1 - c_G} Y_G$$

$$\Delta C = 10\,(700) + 2\,(300)$$
$$\Delta C = 7.600$$

Würde die **Verteilung des zusätzlichen Volkseinkommens (ΔY) verändert**, mit der Folge, daß die Lohnquote auf 75% steigt und die Gewinnquote auf 25% sinkt, so ergäbe sich der folgende gesamtwirtschaftliche Effekt auf das Sozialprodukt:

$$\Delta C = 10\,(750) + 2\,(250)$$
$$\Delta C = 8.000$$

Der Konsum würde um 400 Einheiten zunehmen. Der Effekt auf das Sozialprodukt bzw. Wachstum wäre demnach positiv.

Neben dem Egalitätsprinzip - das von der herrschenden Verteilungstheorie als nicht wünschenswert und praktikabel eingestuft wird - werden von der Verteilungstheorie als Zielgrößen das **Leistungsprinzip**, das bei der Verteilung auf die Rolle als Eigentümer von Produktionsfaktoren abstellt, und das **Bedarfsprinzip**, das die Rolle des Konsumenten im Marktprozeß betont, herausgestellt. Hierbei wird allgemein betont, daß ein unterschiedlicher Bedarf an Gütern und eine unterschiedliche Leistung auch zu einer Differenzierung beim Einkommen führen sollten.

Beim **Bedarfsprinzip** könnte demnach nach der „alt-sozialistischen" Forderung „jeder leiste nach seinen Möglichkeiten und erhalte entsprechend seinem Bedarf"[1] verfahren werden. Hierbei muß allerdings bezweifelt werden, ob der „allgemeine Dienst an der Gesellschaft" ein ausreichender „Stachel" bzw. hinreichender Antrieb für ein produktives individuelles Arbeiten sein kann. Die Verteilung der produzierten Güter nach dem Bedarfsprinzip stößt hier wahrscheinlich sehr schnell an die Grenze des **Leistungs- und Interessenproblems**. Deshalb wird das Bedarfsprinzip in

[1] Vgl. das sogenannte „Gothaer Programm" der „Sozialistischen Arbeiterpartei Deutschlands" von 1875

heute vorliegenden kapitalistischen Ordnungssystemen auch lediglich als **Korrekturgröße** zum Leistungsprinzip gesehen. Hierbei werden insbesondere zwei Fälle angeführt. „Auf der einen Seite sei auch bei gleicher Leistung ein höheres Einkommen gerechtfertigt, wenn die Erwerbstätigen aus ihrem Einkommen **mehrere Personen**, insbesondere den Ehegatten und die eigenen Kinder, zu ernähren hätten. Das Bedarfsprinzip verlange eine Umverteilung der Einkommen zugunsten der kinderreichen, zuungunsten der kinderlosen Familien und der Ledigen. Ein zweiter Grund für eine Korrektur des Leistungsprinzips wird darin gesehen, daß im Zusammenhang mit den **sozialen Risiken** der Krankheit, des Unfalls, der Invalidität, des Alters und der Arbeitslosigkeit ein zusätzlicher Bedarf entstehe, die einzelnen Individuen jedoch von diesen sozialen Risiken unterschiedlich betroffen würden."[1] Im ersten Fall kommt es zu einem **Familienlastenausgleich** durch staatliche Transferzahlungen (z.B. Kindergeld) und eine entsprechende Besteuerung der Einkommen. Im zweiten Fall wird nach dem **Solidaritätsprinzip** (z.B. Krankenversicherung) ein Ausgleich für mögliche soziale Risiken gemäß dem Bedarfsprinzip gesucht. Auch spielen die staatliche **Bereitstellung von öffentlichen Gütern**, deren Angebot über den Marktmechanismus nicht zu erwarten ist, bei der Befriedigung mit Gütern nach dem Bedarfsprinzip eine entscheidende Rolle. Je mehr dabei in einer Gesellschaft öffentliche Güter in Relation zu privaten Gütern angeboten werden, verschiebt sich die Entscheidung, welche und wessen Bedürfnisse vorrangig befriedigt werden sollen immer mehr von der **Ebene des Marktes** auf die **Ebene der Politik**. Zur Zeit herrscht dabei eher die Richtung einer fast totalen Marktausrichtung, die bereits „marktradikale" Züge trägt. Hiermit verbunden ist das Leistungsprinzip, das auf allen Ebenen der Gesellschaft zum dominierenden Prinzip erhoben wird bzw. erhoben werden soll.

Dem Leistungsprinzip liegt dabei die **Grenzproduktivitätstheorie** zugrunde. Demnach richtet sich die Entlohnung der Produktionsfaktoren Arbeit (Einkommen: Lohn und Gehalt), Boden (Einkommen: Grundrente) und Kapital (Einkommen: Zins) nach der jeweils zusätzlichen (marginalen) Vermehrung des Ertrages (Grenzertrag), der dann eintritt, wenn man den Einsatz einer der drei Faktoren bei Konstanz der anderen um eine Einheit erhöht. Dabei wird von der Marktform der **vollkommenen Konkurrenz** auf allen Märkten (Güter- und Faktormärkten) sowie von dem **Prinzip der Gewinnmaximierung** auf Seiten der Unternehmen und einer individuellen **Nutzenmaximierung** auf Seiten der Verbraucher ausgegangen. Außerdem sind die **Produktionsfaktoren** gegeneinander **substituierbar**. Der **Unternehmergewinn** tritt hierbei als **Residualgröße** nach Abzug aller Kosten und aller kalkulatorischer Kosten für die eigenen

[1] Bernhard Külp, a.a.O., S. 216

Produktionsfaktoren (Grundrente und Zins) auf. Unter diesen völlig **unrealistischen Marktbedingungen** ist die Höhe der Einkommen und damit die Einkommensverteilung eindeutig bestimmt. „Läßt man die Annahme vollkommener Konkurrenz fallen und unterstellt, das betrachtete Unternehmen besitzt **Monopolmacht** als Anbieter von Gütern und/oder Nachfrager von Produktionsfaktoren, so kann leicht gezeigt werden, daß sich Faktorentlohnung und Grenzprodukt nicht mehr entsprechen. Der Reallohn für Arbeitsleistungen ist dann geringer als das Grenzprodukt; die Arbeiter werden mithin 'ausgebeutet'. Unter realistischen Bedingungen (d.h. unter Berücksichtigung von **Marktunvollkommenheiten**) kann die Aussage, die Faktorentlohnung sei leistungsgerecht, keineswegs aufrechterhalten werden; die Entlohnung entspricht vielmehr der jeweils gegebenen Verteilung von **Marktmacht**."[1] Hinzu kommt, daß in der unterstellten Marktform der vollkommenen Konkurrenz keine **externen Effekte** berücksichtigt werden, die ein Markt- und Leistungsversagen implizieren. „Hier gehen bestimmte Kosten oder Erträge der Produktion nicht in die Kalkulation der Unternehmung (keine **Preisinternalisierung**, d.V.) und damit auch nicht in den Preis der Leistung ein. Derjenige, der die externen Erträge verursacht hat, oder derjenige, der mit den externen Kosten belastet wurde, erhielt für seine Leistung oder für seinen Schaden keinen leistungsgerechten Gegenwert. Externe Effekte haben somit in der Regel auch verteilungspolitische Konsequenzen. Sie behindern eine leistungsgerechte Preisbildung."[2] Außerdem läßt sich in der wirtschaftlichen Realität das Grenzprodukt eines Produktionsfaktors ebensowenig quantitativ erfassen wie die „Leistung" eines einzelnen, weil das Produktionsergebnis immer ein Resultat des Zusammenwirkens aller Produktionsfaktoren ist.

Das Leistungsprinzip, und damit die Grenzproduktivitätstheorie, wird hierbei insbesondere auf den **Arbeitsmarkt** fokussiert. Die Verteilung des Volkseinkommens in Besitz- sowie Lohn- und Gehaltseinkommen soll sich demnach makroökonomisch anhand einer **produktivitätsorientierte Lohnbildung** vollziehen, weil hierbei das **Verteilungsergebnis** immer dann neutral ist, wenn die nominale Lohnerhöhung der Produktivitätssteigerungsrate entspricht. Hierbei verändern sich weder Gewinn- noch Lohnquote. Ebenso kann das Preisniveau (P) bei unveränderter Lohnquote (q_L) konstant bleiben.[3]

---

[1] Hans-Jürgen Ahrns, Hans-Dieter Feser, a.a.O., S. 183

[2] Bernhard Külp, a.a.O., S. 212

[3] Vgl. dazu ausführlich das 5. Kapitel, Punkt 2.7, „Zur produktivitätsorientierten Lohntheorie"

$$q_L = \frac{\text{Lohnsumme}}{\text{Volkseinkommen}} = \frac{\text{Arbeitsstunden x Lohnsatz}}{\text{Reales Volkseinkommen x Preisniveau}}$$

Zum **Preisniveau** aufgelöst ergibt sich:

$$P = \frac{\text{Lohnsatz}}{\text{Arbeitsproduktivität x Lohnquote}}$$

Die produktivitätsorientierte Lohnpolitik geht demnach von einer **konstanten Lohnquote** aus, die „die Einkommensverteilung (...) als gegebene, nicht zu verändernde Größe hinnimmt. Sie zementiert den Status quo in Bezug auf die (durch die Lohnquote gemessene) Einkommensverteilung."[1] **Verteilungskämpfe** zwischen Kapital und Arbeit sind daher auch für Anhänger dieser Theorie, wie z.B. dem *„Sachverständigenrat zur Begutachtung der gesamtwirtschaftlichen Entwicklung" (SVR)* als auch den neoklassisch-monetaristisch orientierten Ökonomen, völlig sinnlos; sie stören nur eine stabile Wirtschaftsentwicklung.[1]

Hierbei wird allerdings übersehen, daß der kaufkraftrelevante **Reallohn** der abhängig Beschäftigten nicht am Arbeitsmarkt bestimmt wird (hier wird nur der **Nominallohn** festgelegt); sondern die Preisbildung der Unternehmen an den Gütermärkten darüber entscheidet wie hoch letztlich der Reallohn ausfällt. Die Unternehmer können die **nominale Einkommensverteilung** über Preissteigerungen ex post zu ihren Gunsten verändern. Dies ist immer dann gegeben, wenn das Preisniveau stärker steigt als der nominale Lohnsatz, der in Höhe der Produktivitätsrate zugenommen hat. Hierdurch nimmt die Gewinnquote zu Lasten der Lohnquote zu. Je höher dabei an den Gütermärkten der **Vermachtungs- bzw. Monopolisierungsgrad** ausfällt, und um so kleiner die Elastizität der Nachfrage ist, um so geringer ist auch der Reallohn bzw. wird der Nominallohn über Preissteigerungen entwertet bzw. kommt es zu einer **Umverteilung** zugunsten der Unternehmer.

Die extremste Version der „älteren" **Machttheorien** innerhalb der funktionalen Einkommensverteilungstheorien vertrat dabei ***Michail Tugan-Baranowski*** *(1865 bis 1919)*. Er lehnte es strikt ab, den Lohn als Ausdruck des Wertes der „Ware" Arbeitskraft, ja überhaupt als Wertphänomen zu begreifen. Der Lohn ist seiner Meinung nach keine ökonomische, sondern eine

[1] Ulrich Baßeler, Jürgen Heinrich, Walter Koch, a.a.O., S. 651

ausschließlich soziale Kategorie. Seine Höhe werde allein durch die **„soziale Macht"** der arbeitenden Klasse bestimmt, wobei die Obergrenze durch die volkswirtschaftliche **Produktivität** (darüber hinaus würde der Gewinn verschwinden) und die Untergrenze durch das **physiologische Existenzminimum** bestimmt werde. Das Verteilungsproblem wird dabei ausschließich als ein Problem der sozialen Machtverhältnisse gedeutet, die zuungunsten der Arbeiter wirken: Aus dem ungleichen Kräfteverhältnis zwischen Kapital und Arbeit ergebe sich, daß der Arbeiter bei Lohnverhandlungen regelmäßig unterlegen sei. Diese Annahme beruht auf der Beobachtung, daß der Kapitalist, wenn die Preise für seine Waren zu niedrig sind, die Produktion kürzen oder einstellen bzw. sein Kapital in einem anderen Zweig anlegen kann. Der Arbeiter kann es sich dagegen auch bei noch so niedrigem Lohn nicht leisten, den Verkauf seiner „Ware" Arbeitskraft zu unterlassen. Aus dem Kapitaleigentum und der daraus entspringenden Macht erwachse dem Kapital die Möglichkeit, sich einen Teil des vom Arbeiter produzierten Ertrags anzueignen.

Das Ausmaß der Ungleichheit dieses Machtverhältnisses bestimme dann auch das der Verteilung.

In den 30er Jahren entwickelte ***Michal Kalecki*** *(1899 bis 1970)* ein erstes kreislauftheoretisch geschlossenes Modell der Einkommensverteilung, das die funktionale Verteilung des Volkseinkommens mit Hilfe des **Monopolisierungsgrades** zu erklären versucht.[2]

Das Kalecki-Modell:

Kalecki sieht den **Monopolgrad** (k) preistheoretisch und definiert ihn als

1. $\mathbf{k} = \frac{U}{K_x}$; wobei $\frac{U}{K_x}$ das Verhältnis des Umsatzes (U) zu den variablen Kosten,

bestehend aus den Löhnen (W) und den Materialkosten (M), angibt:

2. $K_x = W + M$

Der Gewinn (G) eines Unternehmens ergibt sich aus:

---

[1] Vgl. SVR, Jahresgutachten 1969/70, Tz. 217

[2] Michal Kalecki, The Distribution of the National Income, in: Readings in the Theory of Income Distribution, London 1938

3. $G = U - K_x - K_f,$

wobei (K_f) die fixen Kosten sind (darunter versteht Kalecki die Gehälter der Angestellten).

Die Summe aus Gewinn (G) und Fixkosten (K_f) ist demnach die Differenz zwischen Umsatz (U) und variablen Kosten (K_x):

4. $G + K_f = U - K_x$ bzw. aus Gleichung (2) folgt:

4. $G + K_f = U - (W + M)$

Unter Berücksichtigung des Monopolgrades gilt:

5. $k = \frac{U}{K_x}$ bzw. $k = \frac{U}{W + M}$, dann gilt auch:

5. $U = k (W + M)$; eingesetzt in Gleichung (4) ergibt:

6. $G + K_f = k (W + M) - (W + M)$ **bzw.**

6. $G + K_f = (k - 1) (M + M)$

Da sich nach Kalecki die variablen Kosten (K_x) aus Arbeiterlöhnen (W) und Materialkosten (M) zusammensetzen, entspricht die gesamte Wertschöpfung, das heißt das Volkseinkommen (Y), der Summe aus den variablen Löhnen (W), dem Gewinn und den fixen Gehältern (K_f).

7. $Y = W + G + K_f$

Der Lohnanteil (w) an der Wertschöpfung läßt sich dann unter Berücksichtigung von Gleichung (6), die den Monopolgrad (k) explizit enthält, wie folgt bestimmen:

8. $Y = W + (k - 1) (M + M)$ bzw.

8. $w = \frac{W + (k - 1) (W + M)}{W}$

Um den Anteil der Gesamtgröße Löhne und Gehälter (V) am Volkseinkommen (Y) zu bestimmen, weil in der Lohnquote (w) die fixen Gehälter (K_f) nicht enthalten sind, nimmt Kalecki an, daß diese Gesamtgröße (V) eine lineare Funktion des Volkseinkommens sei:

7. $V = \alpha Y + B,$

wobei (B) für die fixen Gehälter steht und (α) die Zunahme der Löhne bei der Zunahme des Volkseinkommens um eine Einheit bezeichnet. Die Verteilungsformel für den Anteil der gesamten Arbeitseinkommen (V) am Volkseinkommen (Y) lautet somit:

$$8. \quad \frac{V}{Y} = \alpha + \frac{B}{Y}$$

Die Größe (α) ist dabei kleiner als Eins und soll alle die **Monopolsituation bestimmenden Faktoren** erfassen. Dazu gehört der Konzentrationsgrad der einzelnen Branchen, die abgestimmten Verhaltensweisen zur Ausschaltung des Wettbewerbs und die Bestimmung des Gewinnaufschlages sowie die Kampfkraft der Gewerkschaften um Lohnerhöhungen durchzusetzen. Je höher dabei (α) ausfällt, desto schlechter ist die Verteilung für die Arbeiter und umgekehrt. Auch ein relativ stärkeres Steigen der Materialkosten im Verhältnis zu den Lohnkosten verschlechtere unter Berücksichtigung einer Konstanz von (α) die Verteilung für die Arbeiter.

Nach Kalecki ließe sich die Verteilung für die Arbeiter nur verbessern, wenn der Monopolgrad gesenkt und möglichst niedrige Materialkosten erreicht werden.

Eine **langfristige Entwicklungstendenz** ließe sich, so Kalecki, a priori allerdings nicht präzis ermitteln, weil hinsichtlich des Verhältnisses von Materialpreisen zu Löhnen keine allgemeingültigen Prognosen gemacht werden können. Einzig der Monopolgrad - so wird von Kalecki angenommen - dürfte auf längere Sicht steigen. Damit wird eine **wachsende Konzentration** reflektiert. Der Monopolgrad, ausgedrückt durch das Verhältnis Umsatz zu den variablen Kosten, der auch mit ***A. P. Lerner*** als relative Abweichung des Preises von den Grenzkosten definiert werden kann,[1] werde daneben aber auch von steigenden Gemeinkosten (= Fixkosten) und im Lohnkampf der Gewerkschaften durchgesetzten Lohnsteigerungen erhöht, weil die Kapitalisten in dieser Situation zu „gewinnschützenden" Maßnahmen übergingen.

Hierdurch könne dann insgesamt davon ausgegangen werden, daß sich die Verteilung für die Arbeiter langfristig verschlechtert.

---

[1] Unter dem Monopolisierungsgrad wird nach ***A.P. Lerner*** der Quotient aus der Differenz zwischen dem Preis (p) und den Grenzkosten (GK) eines Gutes, dividiert durch den Preis (p - GK)/p verstanden.

Eine **Weiterentwicklung des machttheoretischen Ansatzes** der funktionalen Einkommensverteilung unter Einbeziehung **kreislauftheoretischer, wachstums- und preistheoretischer** Gesichtspunkte wurde in den 60er Jahren von ***Erich Preiser*** *(1900 bis 1967)* vorgenommen.[1] Nach seiner Ansicht bleiben die Aussagen der aus den Kreislaufmodellen abgeleiteten Erklärungsversuche einer Verteilungstheorie unbestimmt, weil die **strukturellen gesellschaftlichen Machtverhältnisse** unbeachtet bleiben oder allenfalls eine nicht näher präzisierte Strukturierung stillschweigend vorausgesetzt wird.

„Die allgemeine **Kreislauftheorie der Einkommensverteilung** behauptet dabei einen Zusammenhang zwischen der Einkommensverwendung und der Einkommensverteilung. Nach den Kreislaufbeziehungen gilt in einer Volkswirtschaft (ohne außenwirtschaftliche und ohne staatliche Aktivität) für das Unternehmereinkommen:

$$G = I + C_U - S_A$$

wobei G = Einkommen der Unternehmer, C_U = privater Konsum der Unternehmer, I = Investitionen und S_A = Ersparnis der Nichtunternehmer (Arbeiter) bedeuten.

Mit anderen Worten: Das Einkommen der Unternehmer ist um so größer und damit die Einkommensverteilung für die Arbeitnehmer um so ungünstiger, je höher der private Konsum und die Investitionen der Unternehmer und je kleiner die Ersparnis der Arbeitnehmer (= Nichtunternehmer) ist. Man kann diesen Zusammenhang vereinfachend auch so ausdrücken: je mehr die Arbeitnehmer sparen, um so weniger geben sie aus und um so weniger können die Unternehmer einnehmen.“[2]

Diese grundsätzliche kreislauftheoretische Sichtweise der Verteilung wurde durch verschiedene sog. **nachfrageorientierte Verteilungstheorien** (auch als keynesianische und postkeynesianische Verteilungstheorien bezeichnet) näher untersucht. Zu nennen sind hier insbesondere die Modelle von *N.* ***Kaldor*** und *L.L.* ***Pasinetti***.[3] Auf der anderen Seite untersuchen **neoklassische Verteilungstheorien**, mehr angebotsorientiert, die Auswirkungen der Einkommensverteilung auf das Wachstum. Hier ist insbesondere **R. Solow** zu nennen. Daneben gibt es Versuche einer **Synthese** aus keynesianischer und neoklassischer Theorie. Hierbei wird der Versuch gemacht, die

---

[1] Vgl. Erich Preiser, Wachstum und Einkommensverteilung, Heidelberg 1964

[2] Hermann Adam, Die Einkommensverteilung in der Bundesrepublik Deutschland, Köln 1976

[3] Vgl. dazu das 7. Kapitel, Punkt 2.3.4 „Wachstum bei variabler Sparquote“

nachfrageorientierten und die angebotsorientierten Theorien zu vereinen. Da die wesentlichen Ansätze bereits im 7. Kapitel: „Wachstumsprobleme" dargestellt wurden, kann an dieser Stelle auf eine Erläuterung verzichtet werden.

Um zum Ansatz von **Preiser** zurückzukehren, ist es in der Tat - wie er bemerkt - wichtig, daß die von der Verteilung des **Eigentums an Produktionsmitteln** ausgehende Beeinflussung der Einkommensverteilung nicht adäquat reflektiert werden kann, wenn die **Einkommensquoten** gemäß dem „Keynesschen Kreislaufgrundmodell" nur im Hinblick auf ihre Abhängigkeit von den Investitionsausgaben und Konsumgewohnheiten bzw. vom Sparverhalten untersucht werden. Preiser will deshalb versuchen, das „Mit- und Gegeneinander der Faktoren" zu zeigen, die von **der Sozialstruktur** und **vom Kreislauf** her auf die Verteilung wirken und nicht nur diese selbst, sondern auch den Prozeß des Wachstums beeinflussen. Trotz dieses umfassenden Anspruchs kann das Modell unter die **Monopolgradtheorien** der Verteilung eingeordnet werden, weil es nach Preisers Auffassung der Monopolgrad ist, der entscheidend seine Theorie bestimmt hat.

Die Monopolgradtheorie Preisers

Preiser legt zunächst die Kreislaufbedingungen der Einkommensverteilung dar und geht dabei von der „Keynesschen Grundbeziehung" aus (Gleichung 1 und 2). Gleichung (2) liefert die kreislaufbezogene Erklärung der Verteilung, die nach Auffassung von Preiser einseitig sei. Er schließt deshalb eine preistheoretische Erörterung und Bestimmung des **Monopolgrades** an.

1. $G = I + C_U G - S_A (Y - G)$

wobei gilt;

G = Einkommen (Gewinn) der Unternehmer
I = Autonome Investition
C_U = Anteil der konsumierten Einkommen am Gesamteinkommen der Kapitalisten
S_A = Anteil der Ersparnisse am Einkommen der Arbeiter
Y = Volkseinkommen

Aus (1.) läßt sich die Gewinnquote (G/Y) ableiten:

2. $$\frac{G}{Y} = \frac{I}{Y} \quad \frac{1}{1 - C_U - S_A} \quad \frac{S_A}{1 - C_U - S_A}$$

Die **Angebotspreise** hängen seiner Meinung nach wesentlich davon ab, welches Ergebnis bei den Auseinandersetzungen zwischen Kapital und Arbeit erzielt werden kann. Das jeweilige Machtverhältnis zwischen den beiden Klassen bezeichnet Preiser dabei als den „strukturellen Monopolgrad", er bedeutet die „Übersetzung historischer Machtverhältnisse in ökonomische Kategorien", in ihm sind „marktformbedingte" wie „quasi-monopolistische Machtpositionen" erfaßt.

Die Ableitung des Gewinns erklärt er im Sinne der **Aufschlagstheorie** (eines target return pricing[1]), wonach unter Berücksichtigung eines vorgegebenen Kapitaleinsatzes, einer vollen Auslastung der Produktionskapazitäten ein prozentualer Aufschlag auf die variablen Kosten alle anderen Kosten und den gewünschten Gewinn realisiere.

Die gewünschte Zielverzinsung für das eingesetzte Kapital (Ka) bestimmt dabei auch die gesamte Zielgewinngröße (G) aus:

$$3.\ G = \frac{z}{100} \times Ka$$

Hierbei ist die **Zielgewinngröße** gleich den Kosten (K) plus eines prozentualen Gewinnaufschlages (g) auf diese Kosten:

$$4.\ z \times Ka = K \times g \quad \text{bzw.}$$

$$g = z \times \frac{Ka}{K}$$

Unter Berücksichtigung von Stückkosten

$$K_G = K_v \times q + K_{fix}$$

$$k = k_v + \frac{K_{fix}}{q}$$

läßt sich dann auch unter Anwendung der Preisformel des target cost pricing

($p = k\,(1 + g/100)$) der **geplante Stückpreis** ermitteln:

[1] Vgl. dazu das 4. Kapitel, Punkt 3.1

5. $p = k\left(1 + z \times \frac{Ka}{K}\right)$

Der angestrebte **Stückgewinn** (z_c) ergibt sich aus:

6. $z_c = k\left(z \times \frac{Ka}{K}\right)$ bzw. $z_c = p - k$

Unter Berücksichtigung von ausschließlich Lohnkosten je Stück

7. $z_c = p - l_c$

ergibt sich der Stückpreis

8. $p = z_c + l_c$

Wenn der **Stückgewinn** (z_c) auf den **Stückpreis** (p) bezogen wird, läßt sich schreiben:

9. $\frac{z_c}{p} = \frac{z_c}{l_c + z_c} = u$

Preiser bezeichnet dabei den Ausdruck $\frac{z_c}{l_c + z_c}$ als den **Monopolgrad (u)**.

Nach Multiplikation von Zähler und Nenner mit der Ausbringung (q) erhält man das Verhältnis von Gewinn (G = Stückgewinn (z_c) x Menge (q)) und Volkseinkommen (Y).

10. $\frac{G}{Y} = \frac{\text{Stückgewinn}}{\text{Stückpreis}} = \frac{z_c \times q}{p \times q}$

10. $\frac{G}{Y} = \frac{z_c}{l_c + z_c} = u$

Durch Gleichsetzen von (2) und (10) ergibt sich:

11. $Y = I \frac{1}{u(1 - C_U - S_A) + S_A}$

Es zeigt sich, daß in Preisers Modell allein der Monopolgrad das Verteilungsergebnis bestimmt, wobei ein **verteilungstheoretisch gleichgewichtiges Einkommen** entsteht. Der sich dabei vollziehende Anpassungsprozeß wird durch die Angleichung der Gleichungen (2) und (10) modelltheoretisch erfaßt. Bei dem ermittelten Volkseinkommen (Y) (Gleichung (11)) erfüllen sich die Investitionspläne, die Konsumwünsche der Unternehmer und Arbeiter. Es liege demnach eine Gleichgewichtsverteilung vor.

Nach Preiser kommt „der Anpassungsprozeß" und das „Gegenspiel der Kräfte" erst zur Ruhe, wenn das Volkseinkommen (Y) mit einer Rate zunimmt, „die sowohl der Investition als auch dem strukturellen Monopolgrad entspricht; denn dieser bestimmt das Wachstum mit."[1]

Preisers Modell läuft letztlich auf die These hinaus, daß Variationen des Monopolgrades und eine erhöhte Spartätigkeit der Arbeiter die wichtigsten Determinanten der Einkommensverteilung seien. Danach würde ein steigender Monopolgrad keine bemerkenswerten verteilungsrelevanten Konsequenzen zeigen. Es werde aber das Wachstum gebremst, während mit Änderungen des Unternehmerkonsums und Arbeitersparens kaum gerechnet werden könne. Preiser wendet sich dagegen, aus der Definition ($G = I + C_U - S_A$) ableiten zu wollen, daß eine größere Ersparnis der Arbeiter deren Anteil am Volkseinkommen erhöht. Erst die Entwicklung des Volkseinkommens und der daraus gezahlten Löhne bestimmen, ob sich daraus eine größere Ersparnis ergeben könne. In Preisers System reduziert aber eine größere Sparneigung die effektive Nachfrage und damit das Volkseinkommen, wobei sich das Verhältnis von Gewinnen zu Löhnen, also Lohn- und Gewinnquote, aber nicht ändern wird.

Das Arbeitersparen verringere nach Preiser den Gewinn lediglich über Wachstumsverluste; möglicherweise auch das Arbeitseinkommen; es wirke depressiv und ändere außerdem am Monopolgrad und damit an der Verteilung nichts. Als eigentlicher verteilungspolitischer Ansatzpunkt erweist sich die Annahme, daß im Prozeß des wirtschaftlichen Wachstums der Monopolgrad sinke. Ausgangspunkt dabei ist die These, daß Wachstum zu einer Verknappung der Arbeitskraft führe. Damit wird (u) kleiner, weil die Löhne entsprechend der Angebot-Nachfrage-Konstellation auf dem Arbeitsmarkt steigen. Gleichzeitig falle (z), weil es den Unternehmern nicht mehr gelinge, den bisherigen Gewinnzuschlag am Markt über die Preise

[1] Erich Preiser, a.a.O., S. 21f.

durchzusetzen. Ergebnis wäre folglich auch ein höherer Reallohn. Sich daraus wiederum ergebende unerwünschte Nebenwirkungen könnten nach Preiser nur dadurch vermieden werden, daß das Mehreinkommen gespart werde.

Preisers Theorie liefert durch die Reflexion des Klassenkampfes und seiner verteilungsbestimmenden Rolle Ansatzpunkte sowohl für die adäquate Widerspiegelung des Verteilungsprozesses als auch für eine wirksame Verteilungspolitik. Lohnerhöhungen und Sparmaßnahmen zusammen können ein Mittel sein, im Rahmen des Kapitalismus die Verteilung des Volkseinkommens zugunsten der Arbeiterklasse zu verbessern. Dabei ist wichtig, daß Sparen allein an den Verteilungsproportionen nichts ändern kann, auch wenn andererseits aus einem erhöhten Sparen nicht gefolgert werden kann, daß sich das Wachstum verringern müsse. Der Einfluß auf das Wachstum hängt nach Preiser davon ab, in welcher Weise Sparbeträge verwendet werden.

Zum unterscheiden von einer makroökonomisch-kreislauftheoretisch abgeleiteten Machttheorie, und deren Auswirkungen auf die funktionale Einkommensverteilung, sind mikroökonomisch orientierte **arbeitsmarktbezogene Machtmodelle der Verteilung**. Diese leiten die Einkommensverteilung zwischen Kapital und Arbeit aus der jeweiligen Machtposition zwischen Gewerkschaften und Arbeitgeberverbänden ausschließlich (**immanent**) am Arbeitsmarkt ab. Hierbei werden mikroökonomische Lohnbildungsmodelle entwickelt. Dazu gehören die Theorien des **Angebots- und Nachfragemonopols am Arbeitsmarkt** als auch die Theorie des **bilateralen Monopols**. Eine weitere stark mathematische Formalisierung arbeitsmarktbezogener Machtmodelle der funktionalen Einkommensverteilung wurden durch **spieltheoretische Verhandlungsmodelle** (Collective-Bargaining-Theorien) entwickelt.[1]

4.4 Empirische Fakten der Verteilung

4.4.1 Unzureichende Datenlage

Das empirisch zur Verfügung stehende Datenmaterial zur funktionalen und personellen Einkommensverteilung als auch die Datenlage zur Vermögensverteilung sind in der

[1] Vgl. dazu das 5. Kapitel, Punkt: 2.5, „Machttheoretische Ansätze der Lohntheorie". Vgl. dazu auch: Bernhard Külp, Verteilung, Theorie und Politik, a.a.O., S. 38ff.

Bundesrepublik - trotz der aus den verschiedensten Wissenschaftsbereichen immer wieder vorgetragenen Kritik - völlig unzureichend. Dies gilt insbesondere für die 50er und 60er Jahre. Bis heute liegt **keine fortlaufende amtliche Statistik** über die Einkommens- und Vermögensverteilung vor. Auch der ***Sachverständigenrat (SVR)*** sieht sich trotz gesetzlichem Auftrag im „**Stabilitätsgesetz**" nicht genötigt, in seinen jährlich zu erstellenden Gutachten zur gesamtwirtschaftlichen Entwicklung über die Einkommens- und Vermögensentwicklung zu berichten. Das ist kein Zufall, sondern hat System. Aus **politischen Gründen** will man eben nicht über hochbrisante Daten der Einkommens- und Vermögensverteilung der Öffentlichkeit Bericht erstatten. Die Begründung des Gesetzgebers, eine Erstellung der Statistiken sei zu kostspielig, kann da nur als zynisch bezeichnet werden.[1]

Empirische Daten zur funktionalen Einkommensverteilung finden sich in der **Volkswirtschaftlichen Gesamtrechnung (VGR)**. Hier wird das *Volkseinkommen (Nettosozialprodukt zu Faktorkosten)* und seine Verteilung in das *„Einkommen aus unselbständiger Arbeit"* und das *„Einkommen aus Unternehmertätigkeit und Vermögen"* jährlich dargestellt. Hieraus läßt sich dann unter Berücksichtigung der Arbeitnehmerquote (= Anteil der abhängig Beschäftigten an den Erwerbstätigen) die **bereinigte Bruttolohn- und Bruttogewinnquote** berechnen. Trotz der bereits angeführten Schwächen dieser Einkommensverteilungsquoten[2] - insbesondere wegen vorliegender Querverteilungen - gilt die Lohn- und Gewinnquote als ein umfassender Ausdruck für die Verteilung des jährlichen Einkommens zwischen Kapital und Arbeit. ***U. Baßeler, J. Heinrich*** und ***W. Koch*** führen dies darauf zurück, daß die Quoten im Vergleich zu anderen Verteilungszahlen schnell und regelmäßig statistisch verfügbar sind und daß es auch ein Stück Bequemlichkeit ist, die Verteilungsdiskussion anhand nur einer einzigen und leicht verständlichen Maßgröße zu führen.[3]

Das Datenmaterial zur **personellen Einkommensverteilung** basiert im wesentlichen auf **Steuerstatistiken** (Lohnsteuerstatistik, Statistik der veranlagten Einkommensteuer) sowie auf **Lohn- und Gehaltsstrukturerhebungen**. Hinzu kommen in unregelmäßigen Abständen die

---

[1] Vgl. Hans-Dieter Feser, Hans-Jürgen Ahrns, a.a.O., S. 172f., Zur statistischen Erfassung der Einkommensverteilung vgl. den Überblicksartikel: Andreas Hansen, Einkommensverteilung III, Statistik, in: Handwörterbuch der Wirtschaftswissenschaft (HdWW), Bd. 2, a.a.O., S. 315ff.

[2] Vgl. dazu das 2. Kapitel, Punkt 9.2.3 „Verteilung des Sozialprodukts"

[3] Vgl. Ulrich Baßeler, Jürgen Heinrich, Walter Koch, a.a.O., S. 639

Einkommens- und Verbrauchsstichproben (EVS)[1] und **Haushaltsbefragungen** auf Basis einer 1 v.H. Wohnungsstichprobe sowie **Volkszählungen** und der **Mikrozensus**.

Die Steuerstatistiken haben dabei den großen Nachteil, daß der Einkommensbegriff aus steuerrechtlichen Gesichtspunkten definiert ist und nicht aus Verteilungsgesichtspunkten. Nicht alle Personen (Haushalte) sind steuerpflichtig; und nicht alle Einkommen werden steuerlich erfaßt. Der Nachteil der anderen Statistiken liegt insbesondere in der nur unregelmäßigen Erfassung sowie in den Fehlerwahrscheinlichkeiten bei Hochrechnungen. Eine Auswertung zur personellen Einkommensverteilung auf Basis der angeführten Statistiken nehmen regelmäßig das ***„Deutsche Institut für Wirtschaftsforschung" (DIW)*** und das ***„Wirtschafts- und Sozialwissenschaftliche Institut in der Hans-Böckler-Stiftung"*** **(WSI)** vor.

Bezogen auf die **personelle Vermögensverteilung** liegen mit Ausnahme der Untersuchung von ***Wilhelm Krelle*** für das Jahr 1960[2] bis Mitte der 60er Jahre überhaupt keine brauchbaren Daten vor. Aufgrund der Einkommens- und Verbrauchsstichproben (EVS) hat sich die Datenlage bis heute ein wenig verbessert. Trotzdem ist der Zustand auch hier noch absolut unbefriedigend. So wird in der EVS immer noch nicht das **Produktivvermögen**, also der Besitz von betrieblichen Maschinen, Anlagen usw., erfaßt. Das WSI hat in einer jüngsten Untersuchung - mit Ausnahme des Produktivvermögens - das Vermögen (differenziert nach Geld- und Immobilienvermögen) der privaten Haushalte nach Größenklassen in Deutschland im Jahr 1993 dargestellt. Außerdem hat das DIW versucht, das Produktivvermögen statistisch zu schätzen, um so neben dem Geld- und Immobilienvermögen das Gesamtvermögen zu bestimmen (zu den Daten siehe Punkt: 4.4.3 „Vermögensverteilung".[3]

---

[1] Die letzte Erhebung liegt hier, sowohl für die alten als auch für die neuen Bundesländer, für das Jahr 1993 vor.

[2] Krelle stellte dabei fest: „ (...) Haushalte mit einem Vermögen von mehr als 100.000 DM besitzen rund 70% des Eigentums an den gewerblichen Unternehmungen, obwohl sie nur 1,7% der Bevölkerung ausmachen." Wilhelm Krelle u.a., Überbetriebliche Ertragsbeteiligung der Arbeitnehmer, Bd. II, Tübingen 1968, S. 381

[3] Vgl. Claus Schäfer, Mit falschen Verteilungs-„Götzen" zu echten Standortproblemen, Zur Entwicklung der Verteilung in 1995 und den Vorjahren, in: WSI-Mitteilungen, Heft 10/1996, S. 597, St. Bach, B. Bartholmai, Zur Neuregelung von Vermögens- und Erbschaftsteuer, in: DIW-Wochenbericht 30/1996, S. 497ff.

4.4.2 Zur Einkommensverteilung

Die Entwicklung der **funktionalen Einkommensverteilung** anhand der bereinigten Bruttolohn- und Bruttogewinnquote zeigt im langfristigen Trend der letzten 70 Jahre eine bemerkenswerte **Steigerung der Lohnquote** um 12,5 Prozentpunkte von 59,9% im Jahr 1925 auf 72,4% im Jahr 1995.[1] Dabei sind allerdings mehr oder weniger starke Schwankungen zu beachten. In den 80er bis Mitte der 90er Jahre ist in den alten Bundesländern die Lohnquote um 7 Prozentpunkte von 72,5% im Jahr 1982 auf 65,5% im Jahr 1994 gesunken. Unter Berücksichtigung der neuen Bundesländer ist zwischen 1991 und 1995 die bereinigte Bruttolohnquote, allerdings mit Jahresabschweichungen über zwei Prozentpunkte, konstant (vgl. die folgenden Tabellen).

Bruttolohnquote und Arbeitnehmerquote 1960 bis 1994

- alte Bundesländer -

Jahr	Tatsächliche Bruttolohnquote vH	Arbeitnehmerquote vH	Arbeitnehmerquote Index	Strukturbereinigte Bruttolohnquote vH
1960	60,1	77,2	92,5	65,0
1965	65,3	80,9	97,0	67,3
1970	68,0	83,4	100,0	68,0
1975	74,1	86,0	103,2	71,9
1980	75,8	88,3	105,9	71,6
1981	76,8	88,4	106,0	72,4
1982	76,9	88,5	106,0	72,5
1983	74,6	88,4	106,0	70,4
1984	73,4	88,5	106,1	69,2
1985	73,0	88,6	106,2	68,7
1986	72,1	88,7	106,3	68,8
1987	72,6	88,9	106,6	68,1
1988	71,5	89,0	106,7	67,0
1989	70,3	89,2	106,9	65,8
1990	69,6	89,4	107,2	64,9
1991	69,6	89,5	107,3	64,9
1992	70,8	89,6	107,4	65,9
1993	71,8	89,4	107,2	67,0
1994	70,1	89,2	107,0	65,5

Quelle: Claus Schäfer, a.a.O., S. 597

[1] Vgl. Bernhard Külp, a.a.O., S. 238f, sowie Claus Schäfer, a.a.O., S. 597

Bruttolohnquote und Arbeitnehmerquote 1960 bis 1996

- alte und neue Bundesländer -

Jahr	Tatsächliche Bruttolohnquote vH	Arbeitnehmerquote vH	Arbeitnehmerquote Index	Strukturbereinigte Bruttolohnquote vH
1991	72,5	90,6	100,0	72,5
1992	73,6	90,3	99,7	73,8
1993	74,2	90,0	99,3	74,7
1994	72,8	89,7	99,0	73,5
1995	71,6	89,6	98,7	72,4

Quelle: Claus Schäfer, a.a.O., S. 597

Verläßt man die Bruttoebene der Verteilung und betrachtet die **Nettoebene** der Gewinn- und Arbeitseinkommen sowie die Verteilung der verfügbaren Einkommen auf die unterschiedlichen privaten Haushalte, so wird unter Berücksichtigung **staatlicher Umverteilungspolitik** deutlich, daß auch hier seit Beginn der 80er Jahre eine massive Umverteilung von den Arbeitseinkommen zu den Gewinn- bzw. Besitzeinkommen stattgefunden hat. Während die **„Bruttoeinkommen aus Unternehmertätigkeit und Vermögen"** von 1980 bis 1993 in den alten Bundesländern um 122,4% gestiegen sind, nahmen die **Nettoeinkommen** um 144,3% zu. Der Staat hat demnach die Besitzeinkommen steuerlich stark entlastet. Die durchschnittliche Steuerbelastung ging von 21,2% im Jahr 1980 auf 13,5% im Jahr 1993 zurück. Im Vergleich dazu nahmen die **Bruttoarbeitseinkommen** von 1980 bis 1993 lediglich um 62,9% zu. Die **Nettoarbeitseinkommen** sogar nur um 52,4%. Der Grund liegt hier in einem Zuwachs sowohl bei den Steuern als auch bei den Sozialabgaben. Die durchschnittliche Besteuerung der Arbeitseinkommen stieg von 15,8% im Jahr 1980 auf 18,3% im Jahr 1993 und die Sozialabgaben (nur Arbeitnehmeranteil) nahmen im gleichen Zeitraum von 12,8% auf 15% zu.

Entwicklung der Brutto- und Nettoeinkommen von 1980 bis 1993

- nur alte Bundesländer -

	Brutto	Netto
Besitzeinkommen	122,4%	144,3%
Arbeitseinkommen	62,9%	52,4%

Quelle: WSI-Mitteilungen, Heft 10/1996, eigene Berechnungen

Bei einem Vergleich **alte und neue Bundesländer** ergeben sich von 1991 bis 1995 die folgenden Werte:

Entwicklung der Brutto- und Nettoeinkommen von 1991 bis 1995

	Brutto	Netto
Besitzeinkommen (alte und neue Bundesländer)	27,4%	34,4%
Arbeitseinkommen (alte Bundesländer)	14,3%	7,5%
Arbeitseinkommen (neue Bundesländer)	78,7%	61,8%

Quelle: WSI-Mitteilungen, Heft 10/1996, eigene Berechnungen

Der starke **Anstieg der Arbeitseinkommen** in den **neuen Bundesländern** erklärt sich aus der niedrigen Ausgangsbasis, die nach der Wiedervereinigung zunächst gegeben war. 1995 hatte das durchschnittliche Arbeitseinkommen in den neuen Bundesländern gut 82% der alten Bundesländer erreicht.

Insgesamt muß festgestellt werden, daß sich auch nach der Wiedervereinigung der Trend der **Umverteilung von den Arbeitseinkommen zu den Besitzeinkommen** fortgesetzt hat. Die durchschnittliche Steuerentlastung der Besitzeinkommen hat dabei noch zugenommen. Im Jahr 1995 lag diese in den alten und neuen Bundesländern nur noch bei 9,7%, während die durchschnittliche Steuerbelastung der Arbeitseinkommen auf 20,4% in den alten Bundesländern (incl. der Sozialabgaben auf 36,6%) und in den neuen Bundesländern auf 13,9% bzw. auf 30,8% gestiegen ist. Die empirischen Daten zur **Verteilung des verfügbaren Einkommens**[1] nach **unterschiedlichen privaten Haushaltstypen** bzw. sozialer Gruppen liegen nur bis 1993 für die alten Bundesländer auf Basis der VGR vor. Das ***„Statistische Bundesamt"*** hat aus nicht erkennbaren Gründen diese Darstellung mit dem Jahr 1994 eingestellt, ohne etwas neues - incl. für die neuen Bundesländer - zu entwickeln. Auf Basis der Daten von 1993 hat das WSI zumindest teilweise noch eine Hochrechnung bis zum Jahr 1995 vorgenommen. Demnach haben sich die

[1] Zur Entwicklung und Zusammensetzung des verfügbaren Einkommens vgl. das 2. Kapitel, Punkt: 9.2.3 „Verteilung des Sozialprodukts". Im Jahr 1995 betrug das verfügbare Einkommen insgesamt 2.229,3 Mrd. DM. Davon wurden 1.972,0 Mrd. DM konsumiert und 257,2 Mrd. DM gespart. Dies entsprach einer gesamtwirtschaftlichen Sparquote von 11,5%.

verfügbaren monatlichen Einkommen der einzelnen Haushaltstypen von 1972 bis 1995 wie folgt entwickelt.

Veränderungen des verfügbaren monatlichen Einkommens nach Haushaltstypen:

Haushalte von Selbständigen:	
Total (SH_T)	**195,5%** (1972 - 1993)
In der Landwirtschaft (SH_L)	62,9% (1972 - 1993)
Ohne Landwirtschaft (SH_{OL})	285,9%
Arbeitnehmerhaushalte:	
Total (AH_T)	**172,5%**
Beamtenhaushalte (AH_B)	168,3%
Angestelltenhaushalte (AH_{AG})	159,6%
Arbeiterhaushalte (AH_{AR})	171,5%
Nichterwerbstätigenhaushalte:	
Total (NH_T)	**174,4%** (1972 - 1993)
Arbeitslosengeld-/hilfehaushalte (NH_{AH})	122,4% (1972 - 1993)
Rentenhaushalte (NH_R)	192,9% (1972 - 1993)
Pensionshaushalte (NH_P)	184,9% (1972 - 1993)
Sozialhilfehaushalte (NH_S)	173,3% (1972 - 1993)

Den größten Zuwachs hatten die **Selbständigenhaushalte (ohne Landwirtschaft)** mit 285,9% zu verzeichnen. Am schwächsten stieg das verfügbare Einkommen zwischen 1972 und 1993 bei den **selbständigen Landwirten** um insgesamt 62,9%. Erstaunlich ist hierbei, daß die Zunahme der Einkommen bei den Landwirten auch weit unter der Zunahme der Einkommen der Nichterwerbstätigenhaushalte lag. Vergleicht man den absoluten und relativen Abstand der verfügbaren Einkommen pro Monat der einzelnen Haushaltstypen zwischen 1972 und 1995 bezogen auf den **Durchschnitt aller privaten Haushalte**, so ergeben sich die folgenden Werte:

Haushaltstypen:

Haushalte von Selbständigen:	1972		1995 (1993)	
Total (SH_T)	2.425 DM	129,9%	7.766 DM	157,9% (1993)
In der Landwirtschaft (SH_L)	983 DM	52,7%	- 275 DM	-5,6% (1993)
Ohne Landwirtschaft (SH_{OL})	2.908 DM	155,8%	13.180 DM	251,2%

Arbeitnehmerhaushalte:	1972		1995 (1993)	
Total (AH_T)	8 DM	0,4%	- 138 DM	- 2,6%
Beamtenhaushalte (AH_B)	483 DM	29,9%	1.057 DM	20,1%
Angestelltenhaushalte (AH_{AG})	- 183 DM	9,8%	75 DM	1,4%
Arbeiterhaushalte (AH_{AR})	-184 DM	9,9%	- 677 DM	-12,9%

Nichterwerbstätigenhaushalte:	1972		1995 (1993)	
Total (NH_T)	- 633 DM	- 34,0%	- 1.534 DM	- 31,2% (1993)
Arbeitslosengeld-/hilfehaushalte (NH_{AH})	- 642 DM	- 34,4%	- 2.192 DM	- 44,5% (1993)
Rentenhaushalte (NH_R)	- 692 DM	- 37,1%	- 1.475 DM	- 30,0% (1993)
Pensionshaushalte (NH_P)	- 150 DM	- 8,0%	- 25 DM	- 0,5% (1993)
Sozialhilfehaushalte (NH_S)	- 1.059 DM	- 56,7%	- 2.709 DM	- 55,1% (1993)

Demnach lag beispielsweise das verfügbare Einkommen der Selbständigenhaushalte (ohne Landwirtschaft) im Jahr 1972 absolut mit 2.908 DM oder 155,8% pro Monat über dem durchschnittlichen verfügbaren Einkommen aller privaten Haushalte. Bis 1995 ist der Abstand noch wesentlich größer geworden. Er betrug hier absolut 13.180 DM bzw. 251,2%. Bei den Arbeitnehmerhaushalten hat sich die Einkommenssituation dagegen bei allen Teilhaushalten verschlechtert. Dies gilt insbesondere für die Arbeiterhaushalte, die 1995 mit 12,9% bzw. - 677 DM ihres Einkommens unter dem Einkommen aller privaten Haushalte lagen.

4.4.3 Zur Vermögensverteilung

Trotz der bereits geschilderten schlechten Datenlage zur Verteilung des Vermögens (incl. des Produktivvermögens) in Deutschland haben das WSI und das DIW den Versuch unternommen, das Vermögen und seine Verteilung darzustellen. Hierbei wurde für das Jahr 1993 sowohl das **Geldvermögen** als auch das **Immobilienvermögen** (incl. des Gebrauchsvermögens) oder Grundvermögen[1] in Höhe und Verteilung statistisch abgeschätzt. Daneben wurde das **Gesamtvermögen** (incl. des Produktivvermögens) dargestellt.

Beim Geld- und Immobilienvermögen konnte dabei festgestellt werden, daß knapp 5% der privaten Haushalte mehr als 40% des gesamten Netto-Geldvermögens und rund 30% des gesamten Netto-Immobilienvermögens besitzen.

[1] Vgl. dazu auch die Sonderuntersuchung „Immobilienvermögen der privaten Haushalte" des DIW, in: DIW-Wochenbericht Nr. 4/1996, S. 61ff.

Beim Gesamtvermögen (incl. Produktivvermögen) besitzen gut 5% aller privaten Haushalte ein Drittel des Gesamtvermögens, während knapp die Hälfe aller Haushalte (46%) sich nur 9,5% des privaten Gesamtvermögens teilt.

In einer weiteren Untersuchung zu den **Vermögenseinkommen** der privaten Haushalte bezogen auf das Jahr 1995 stellt das DIW fest:

„Im vergangenen Jahr (1995, d.V.) bildeten die privaten Haushalte Geldvermögen in Höhe von 234 Mrd. DM; weitere 52 Mrd. DM flossen in die Eigenheimfinanzierung. Der Geldvermögensbestand belief sich am Jahresende 1995 auf 4,6 Bill. DM; im Durchschnitt entfielen auf jeden Haushalt 128.000 DM. Die Streuung des Geldvermögens ist allerdings groß. Das Gesamtvermögen der privaten Haushalte (Geld-, Immobilien- und Gebrauchsvermögen) ist für 1995 mit 13 bis 14 Bill. DM anzusetzen; das 'Sozialvermögen' der Haushalte (Ansprüche an die gesetzliche Rentenversicherung) ist in dieser Summe nicht enthalten. Als Erträge ihres Geldvermögens erzielten die Privathaushalte im engeren Sinne (ohne private Organisationen ohne Erwerbszweck und ohne Anstaltsbevölkerung) 1995 Zinsen und Dividenden vor Steuern in Höhe von 208 Mrd. DM; durchschnittlich kamen jedem Haushalt Vermögenseinkünfte von 5.700 DM zugute. Aber die Disparität in der Verteilung der Zinsen und Dividenden ist noch größer als die 'Ungleichkeit' in der Verteilung des Geldvermögens - ein Teil der Haushalte bezieht keine Zinsen, ein Großteil solche in nur geringer Höhe."[1] Im folgenden ist die **Verteilung und Entwicklung der Vermögenseinkommen** in D-Mark je Haushalt nach **Haushaltstypen** für Deutschland seit der Wiedervereinigung dargestellt.

Vermögenseinkommen nach Haushaltstyp

- in DM je Haushalt -

Jahr	(1)	(2)	(3)	(4)	(5)	(6)	(7)	(8)	(9)	(10)
1991	17.000	8.600	4.600	5.100	2.700	1.000	4.000	6.100	8.500	4.800
1992	19.100	9.600	5.200	5.600	3.000	1.100	4.500	6.800	9.400	5.500
1993	19.700	10.000	5.400	5.700	3.100	1.200	4.700	7.100	9.700	5.700
1994	20.300	10.300	5.600	5.800	3.200	1.300	4.800	7.200	9.900	5.900
1995	19.900	10.100	5.500	5.500	3.100	1.200	4.700	7.000	9.500	5.700

(1) Selbständige außerhalb der Landwirtschaft, (2) Selbständige innerhalb der Landwirtschaft, (3) Angestellte, (4) Beamte, (5) Arbeiter, (6) Arbeitslose, (7) Rentner, (8) Pensionäre, (9) Haushalte von Nichterwerbstätigen mit überwiegendem Lebensunterhalt durch Vermögenseinkommen, Sozialhilfe, Stipendien, Übertragungen von Angehörigen oder aus sonstigen Quellen, (10) Privathaushalte insgesamt, Quelle: DIW-Wochenbericht Nr. 29/1996, S. 494

[1] DIW-Wochenbericht Nr. 29/1996, Die Vermögenseinkommen der privaten Haushalte 1995, S. 487ff.

Die Verteilung des Vermögens läßt sich grafisch anhand einer **Lorenzkurve** (genannt nach dem amerikanischen Statistiker ***Max Otto Lorenz*** (geb. 1876)) darstellen. Diese zeigt auf der Abszisse die Anzahl der privaten Haushalte, eingeteilt in Prozent von Null bis Hundert. Auf der Ordinate werden die jeweils dazugehörigen Prozentzahlen für das Gesamtvermögen abgetragen. Eine Gleichverteilung des Gesamtvermögens wird durch die 45°-Linie dargestellt. Die Krümmung der Lorenzkurve zeigt dabei die ungleichmäßige Verteilung des Vermögens, wobei die Verteilung um so ungleicher ist, je größer die Krümmung der Kurve ausfällt. Der italienische Statistiker ***Corrado Gini*** *(1884 bis 1965)* hat dazu anhand des sog. **Gini-Koeffizienten** (das Verhältnis der Flächen ABC/ABD) ein Maß für die Vermögensverteilung oder -konzentration entwickelt.[1]

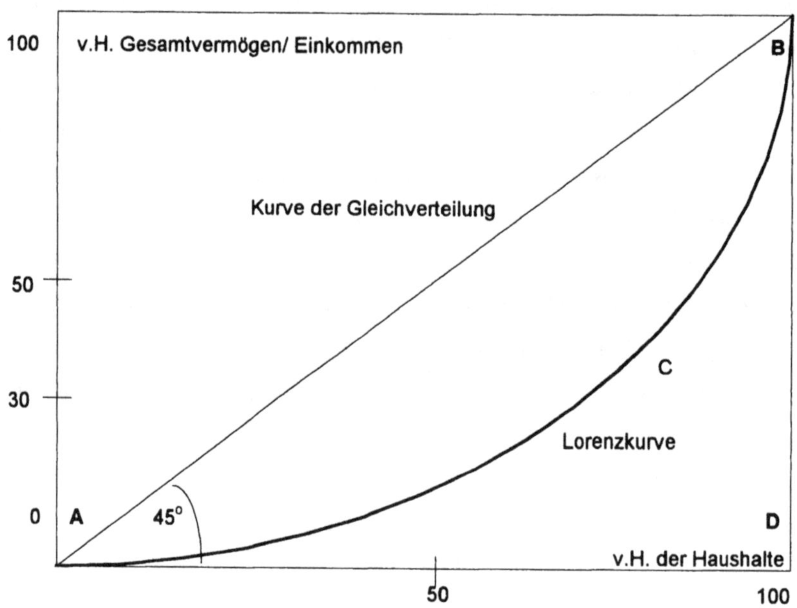

4.5 <u>Umverteilungspolitik</u>

Umverteilung in marktwirtschaftlichen Ordnungssystemen auf Basis des Gewinnprinzips ist grundsätzlich auf zwei Wegen möglich. Einmal durch den **Markt** selbst bzw. durch sich am Markt immanent ergebende Veränderungen, die sich dann in einem bestimmten (veränderten) Marktergebnis (auch Verteilungsergebnis) zeigen und zum anderen durch staatlich **redistributive**

[1] Die Lorenzkurve und der Gini-Koeffizient werden dabei natürlich auch als Messgrößen zur Bestimmung der **Einkommensverteilung und -konzentration** benutzt.

Maßnahmen der originär sich einstellenden Marktergebnisse. Greift der Staat dabei direkt in den Marktmechanismus ein, so versucht er die Verteilung der Marktergebnisse unmittelbar zu beeinflussen (**Ursachentherapie**). Beschränkt der Staat sich dagegen auf die nachträgliche Korrektur der marktbezogenen Primärverteilung, so betreibt er eine Verteilungstherapie an den **Symptomen**. Wichtig ist an dieser Stelle zu betonen, „daß schlechterdings keine staatliche Aktivität vorstellbar ist, die nicht irgendeinen Einfluß sowohl auf die Primärverteilung als auch auf die Sekundärverteilung (hat, d.V). Denn der Staat fragt im großem Umfang Güter und Dienstleistungen (vor allem Arbeitsleistungen) nach; es ist kaum vorstellbar, daß dies ohne Wirkungen auf die Güter- und Faktorpreise (Primärverteilung) bleibt. Staatliche Ausgaben begünstigen stets bestimmte Personen bzw. Personengruppen, dadurch wird die Einkommensverteilung, so wie sie sich aus dem Marktprozeß ergibt, nachhaltig verändert. Zur **Finanzierung der staatlichen Ausgaben werden Steuern und andere Abgaben** (Beiträge, Gebühren) erhoben sowie **Kredite aufgenommen**. Von diesen Finanzierungsvorgängen gehen ebenfalls vielfältige Verteilungseffekte (wiederum auf die Primär- und Sekundärverteilung) aus. Es wäre nun zweifellos von großem Interesse, empirische Informationen darüber zu gewinnen, wie der Netto-Effekt aller staatlichen Ausgabe- und Einnahme-Instrumente - also des gesamten staatlichen Haushalts (Budgets) - auf die Verteilung aussieht. Versuche zur Abschätzung dieser sogenannten **Budgetinzidenz** (unter Inzidenz versteht man ganz allgemein das endgültige Verteilungsergebnis nach erfolgter Anpassung an staatliche Einnahme- und Ausgabeentscheidungen) liegen zwar vor[1], sie sind jedoch wegen erheblicher methodischer Probleme und gravierender statistischer Informationslücken bisher nur bedingt aussagekräftig. In vielen Fällen ergeben sich redistributive Effekte der Staatstätigkeit gewissermaßen als „Nebenprodukt" einer vorrangig auf andere gesellschafts- und wirtschaftspolitischen Ziele ausgerichteten Aktivität. Diese Verteilungswirkungen können sowohl erwünscht als auch unerwünscht sein, es können sich bei der Verfolgung nicht primär redistributiver Ziele (z.B. bei der Bekämpfung von Arbeitslosigkeit und/oder allgemeinen Preissteigerungen) Konflikte mit verteilungspolitischen Absichten ergeben."[2] Um die verschiedenen Ansatzpunkte einer Umverteilungspolitik transparent zu machen, soll die im folgenden gezeigte, von ***Hans-Jürgen Ahrns*** und ***Hans-Dieter Feser*** entwickelte, Grafik verwandt werden.[3]

---

[1] Vgl. K.-D. Grüke, Die personale Budgetinzidenz - Eine Analyse für die Bundesrepublik, Göttingen 1978 sowie U. Wartenberg, Verteilungswirkungen staatlicher Aktivitäten, Berlin 1979

[2] Vgl. Hans-Dieter Feser, Hans-Jürgen Ahrns, a.a.O., S. 194.

[3] Vgl. ebenda, S. 188

Ansatzpunkte der Verteilungspolitik

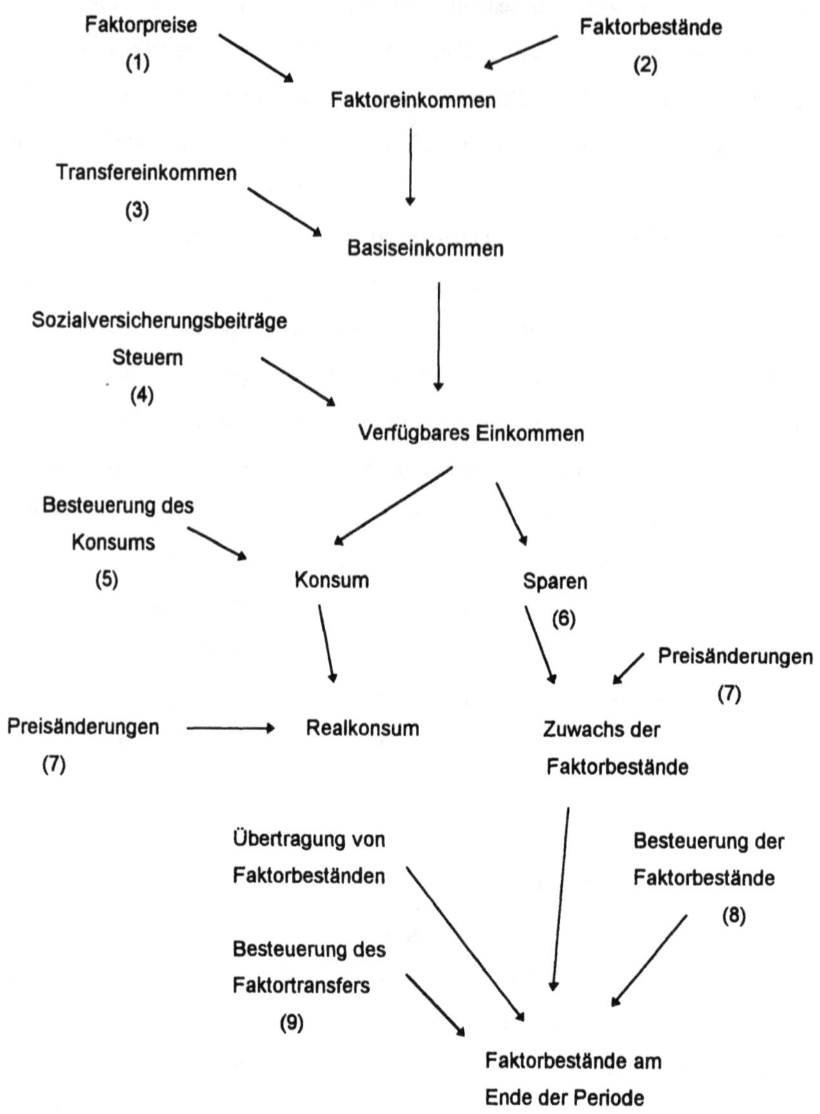

(1) Lohnpolitik, (2) Vermögenspolitik, Bildungspolitik, Technologiepolitik (3) Staatliche Transferpolitik, (4) Steuerpolitik (bzw. Sozialversicherung) (5) Steuerpoltik, (6) Vermögenspolitik (Sparförderung), (7) Wettbewerbspolitik, Industriepolitik (8) Steuerpolitik (Erbschaft- und Schenkungsteuer), (9) Steuerpolitik (Vermögensteuer)

4.5.1 Lohnpolitik

Bei den Verteilungsergebnissen des Marktes zwischen Kapital und Arbeit spielt zunächst einmal der **Arbeitsmarkt** eine besondere Rolle, weil hier die nominale Bruttolohn- und Gehaltssumme, und damit der Anteil der Arbeitseinkommen an der volkswirtschaftlichen Wertschöpfung, zwischen den Gewerkschaften und den Arbeitsgeberverbänden im Rahmen von **Tarifverträgen** festgelegt wird. Der Abschluß der Tarifverträge ist dabei frei von jeglichen staatlichen Interventionen. Dies ist durch die sog. **Tarifautonomie** gemäß Art. 9, III des Grundgesetzes geregelt. Ohne an dieser Stelle im einzelnen noch einmal auf die wesentlichen Determinanten der **Lohntheorie und -politik** einzugehen, hier sei insbesondere auf das 5. Kapitel verwiesen, werden die Verteilungsergebnisse am Arbeitsmarkt bestimmt:

- **von den vorliegenden Angebots- und Nachfragemachtverhältnissen,**
- **von der Produktivitätsentwicklung,**
- **vom Organisationsgrad der Arbeitnehmer in den Gewerkschaften sowie**
- **von der Konzessions- und Konfliktbereitschaft der Tarifpartner (Streik).**

Das **Arbeitsangebot** wird grundsätzlich - neben demographischen Faktoren - in **qualitativer Sicht** durch eine Verbesserung des staatlichen Bildungsangebots und den Abbau von Zugangsschranken zu Bildungseinrichtungen geprägt. Hierdurch erhöht sich in einer Gesellschaft - unabhängig von der „Gnade der Geburt" - für den einzelnen die Chance, in Zukunft ein höheres Einkommen zu erzielen. Der staatlichen **Bildungspolitik**[1] kommt daher bezogen auf den Arbeitsmarkt eine bedeutende Rolle zu.[2] Aber auch **Arbeitsschutzbestimmungen** (Arbeitsschutzgesetz) sowie **Mitbestimmungsregelungen** (Betriebsverfassungsgesetz, Mitbestimmungsgesetze) nehmen Einfluß auf das Arbeitsangebot. Für die **Arbeitsnachfrage** bei gegebenem Arbeitsangebot, und damit für die Bestimmung der **nominalen Lohnhöhe**, ist dagegen aufgrund der abgeleiteten Funktion des Arbeitsmarktes die Situation auf den

[1] Zur Bildungspolitik als Verteilungspolitik vgl. ausführlich Berhard Külp, a.a.O., S. 371ff.

[2] Laut einer neuesten Untersuchung durch das Deutsche Studentenwerk (DSW) gibt es in Deutschland im Vergleich zu westeuropäischen Ländern nur einen geringen Anteil an Hochschulabsolventen. Mit 2,2 Prozent Studenten in der Bevölkerung liegt Deutschland an drittletzter Stelle. Anteilig weniger Studenten haben nur noch Großbritannien und Schweden. Spanien hat sich inzwischen mit einem nahezu doppelt so hohen Studienanteil (3,9 Prozent) an die Spitze gesetzt, gefolgt von Frankreich (3,8 Prozent) und Dänemark (3,5 Prozent). Auch bei der direkten staatlichen Unterstützung von Studenten nimmt Deutschland nur noch einen mittleren Rang ein. In den alten Bundesländern werden zehn Prozent vom Staat unterstützt, in den neuen Bundesländern sind es 26,7 Prozent.

Gütermärkten wichtig. In Zeiten der Hochkonjunktur mit vollausgelasteten Produktionskapazitäten sowie Vollbeschäftigung ist die Durchsetzung von hohen Löhnen für die Gewerkschaften leichter als in Krisenzeiten mit schwacher Nachfrage, unterausgelasteten Kapazitäten und hoher Arbeitslosigkeit. Dementsprechend sind die Verteilungsergebnisse.

Über die **reale Verteilung** wird - wie bereits an anderer Stelle im einzelnen darstellt - allerdings nicht am Arbeitsmarkt, sondern erst nach der **Preissetzung** durch die Unternehmen an den Gütermärkten entschieden. Bezüglich einer „agressiven" **Lohnpolitik** durch die Gewerkschaften geht die Mehrheit der Ökonomen daher auch allenfalls von **kurzfristigen Umverteilungswirkungen** aus. Mittel- und langfristig sei eine „agressive" Lohnpolitik nicht in der Lage, die Einkommensverteilung zugunsten des Faktors Arbeit zu verbessern. „Übersteigt die Nominallohnerhöhung prozentual den Produktivitätsanstieg, so steigen die Güterpreise um die Differenz der prozentualen Anstiege der beiden Größen. Werden die Löhne beispielsweise bei einem Produktivitätsanstieg von 5% um 8% erhöht, so steigen die Preise unter sonst vergleichbaren Umständen um 3%."[1] Auch für den *„Sachverständigenrat" (SVR)* spielt die Ausübung von Marktmacht am Arbeitsmarkt zur Umverteilung weder für die Arbeitgeber noch für die Gewerkschaften eine Rolle. Verteilungskämpfe unter Ausnutzung von Marktmacht wären daher „funktionslos".[2] Diese Sichtweise läßt allerdings einen ganz entscheidenen Punkt außer Betracht. Nämlich den, daß Unternehmen trotz einer Nominallohnerhöhung in exakt der Höhe des Produktivitätszuwachses die Güterpreise erhöhen können. Hierdurch steigt die Gewinnquote zu Lasten der Lohnquote und es kommt zu einer Umverteilung. Außerdem impliziert die Position einer Nichtbeeinflußung der Arbeitsmarktergebnisse eine mittel- und langfristig konstante Lohnquote, die in der wirtschaftlichen Realität - wie gezeigt - weder mittel- noch langfristig gegeben ist.

Daher kommt dem Staat im Rahmen einer Verteilungspolitik, sozusagen als Ursachentherapie, mit dem Instrument der **Wettbewerbspolitik (incl. der Kartellgesetzgebung)** zur Stabilisierung der Güterpreise eine wesentliche Bedeutung für die arbeitsmarktbezogenen Nominallöhne und -gehälter zu. Läßt der Staat die sich am Gütermarkt immanent herausbildende Konzentration und

[1] Carl Föhl, Kreislaufanalytische Untersuchungen der Vermögensbildung, Gutachten, hergestellt im Auftrage des Bundeswirtschaftsministeriums, Tübingen 1964, S. 77

[2] Vgl. das Jahresgutachten des SVR 1972, S. 141. Trotz dieser nicht langfristigen Einflußnahme der Tarifpartner auf die Ergebnisse des Arbeitsmarktes kommt die **Monopolkommission** allerdings zu dem Ergebnis, daß das „Tarifkartell" am Arbeitsmarkt aufzulösen sei. Vgl. Monopolkommission, Hauptgutachten 1992/93, Mehr Wettbewerb auf allen Märkten, Baden-Baden 1994, S. 360ff.

Vermachtung zu, die letztlich eine **Machtpreisbildung** und keine Marktpreisbildung impliziert, so sind die Unternehmen um so leichter in der Lage, die nominalen Tarifabschlüsse über entsprechende Preissetzungen (Preiserhöhungen) real wieder zu entwerten. Dabei kommt der Wettbewerbspolitik zur Vermeidung von Monopol- und Oligopolstellungen aber auch deshalb eine wichtige Rolle zu, weil die **einkommensmäßige Besserstellung der Monopolisten und Oligopolisten** zu Lasten der Unternehmen geht, die über keine Marktmacht verfügen. Auch hier ist die Verteilungsfrage tangiert.

4.5.2 Steuer- und staatliche Ausgabenpolitik

Ganz herausragende Instrumente **staatlicher Umverteilungspolitik**, die auf die Verteilung der verfügbaren Einkommen der privaten Haushalte (sekundäre Einkommensverteilung) abzielen, sind zum einen die **Steuerpolitik** und zum anderen die **Ausgabenpolitik** in Form von **staatlichen Transferausgaben** und die Bereitstellung von staatlichen **Realleistungen**.

Staatliche Realleistungen als **öffentliche Güter** „sind ohne Gegenleistung (bzw. zu nicht-kostendeckenden „Preisen") abgegebene Leistungen des Staates (z. B. Leistungen des staatlichen Bildungs- und Gesundheitssystems). Diese Leistungen stellen für diejenigen, die sie in Anspruch nehmen, reale Einkommenserhöhungen dar. Über die redistributiven Wirkungen derartiger öffentlicher Leistungsabgaben haben wir nur geringe Kenntnis. Denn einerseits ist nicht in allen Fällen zu ermitteln, wer in welchem Umfang öffentliche Leistungen empfängt (Zurechnungsproblem). Andererseits besteht ein nicht befriedigend zu lösendes Bewertungsproblem. Die öffentlichen Leistungen müssen so bewertet werden, daß sie mit anderen in Geld ausdrückbaren Einkommenselementen kommensurabel gemacht werden können. Da aber Marktpreise als Bewertungsmaßstab i.d.R. fehlen, müssen Einkommensäquivalente in anderer Weise ermittelt werden."[1]

Die **staatlichen Transferausgaben** lassen sich in Einkommensübertragungen an Unternehmen (Subventionen) und Transferzahlungen an private Haushalte differenzieren. Bei den **Subventionen an Unternehmen** (im Jahr 1996 beliefen sich diese auf insgesamt 42,7 Mrd. DM), die entweder zur direkten Preisstützung **(Wettbewerbspolitik)** ansonsten nicht

[1] Vgl. Hans-Dieter Feser, Hans-Jürgen Ahrns, a.a.O., S. 195.

wettbewerbsfähiger Unternehmen oder sogar ganzer Branchen (siehe Bergbau, Landwirtschaft u.a.) als auch im Rahmen einer **Technologie- und Innovationsförderungspolitik** oder im Rahmen einer staatlichen **Regional- und Struktur-** sowie **Wohnungsbauförderungspolitik** eingesetzt werden, kommt es immer zu einer entsprechenden Umverteilung. Diejenigen Wirtschaftssubjekte, die eine Förderung durch Subventionen erhalten, werden bevorteilt, während die anderen unter sonst gleichen Bedingungen benachteiligt werden.

Staatliche Transferausgaben

- **Subventionen an Unternehmen**
- **Transferzahlungen an private Haushalte**

Bei den **staatlichen Transferzahlungen** an die privaten Haushalte spielen in erster Linie die **Sozialausgaben** für die Renten-, Kranken- (incl. Pflege-), Arbeitslosen- und Unfallversicherung eine bedeutende Rolle. Aber auch Kindergeldzahlungen, Sozialhilfe, Arbeitsförderungsmaßnahmen nach dem **„Arbeitsförderungsgesetz" (AFG)**, sowie Wohngeldzahlungen, Jugendhilfe und Ausbildungsförderung u.a. fließen über das sog. **staatliche „Sozialbudget"** an die privaten Haushalte. 1992 betrug dieses Sozialbudget in Deutschland insgesamt 1.017,5 Mrd. DM; das entsprach bezogen auf das Bruttosozialprodukt einer Quote von 33,7%.

Hierbei ist allerdings die **Finanzierung des Sozialbudgets** zu berücksichtigen, die nicht ausschließlich vom Staat (nur 32,8%) erbracht wird, sondern ebenso von den Versicherten (zu 28,4%) als auch von den Arbeitgebern (zu 36,5%). Der Rest (1,4%) entfiel 1992 auf sonstige Einnahmen in den Sozialkassen.[1]

Daß der Staat in Deutschland nicht allein für die soziale Sicherung der privaten Haushalte verantwortlich ist, wird durch die „**Grundprinzipien der Sozialpolitik**" bestimmt. Diese basieren sowohl auf dem Prinzip der **Eigenvorsorge (Individualprinzip)** durch Sparen oder durch den Abschluß einer privaten Versicherung als auch durch die **kollektive Vorsorge** nach dem Sozialprinzip. Dieses wird wiederum nach dem Versicherungs-, Versorgungs- und

[1] Vgl. Bundesministerium für Arbeit und Sozialordnung (Hrsg.), Statistisches Taschenbuch 1993, Punkt 7.3, Bonn 1993

Fürsorgesystem organisiert. Beim **Versicherungssystem** (z.B. Krankenversicherung) wird je nach individueller Wahrscheinlichkeit für den Eintritt des Versicherungsfalls der Beitrag des einzelnen Versicherten zum Gesamtrisiko (nach dem Äquivalenzprinzip) festgelegt. Beim **Versorgungssystem** kommt die distributive Aufgabe des Staates dadurch zum Tragen, daß die Aufwendungen nicht demjenigen angelastet werden, der sie verursacht hat, sondern sie werden über Steuern und Abgaben der Allgemeinheit aufgebürdet. Das **Fürsorgesystem** regelt in Deutschland über die **Sozialhilfe** (Existenzminimum) die notwendigste Daseinssicherung. Aufgrund der stark angestiegenen Sozialhilfe (von 1984 bis 1990 nahmen die Ausgaben nach dem *„Bundessozialhilfegesetz“* allein in den alten Bundesländern von 18,8 Mrd. DM auf über 31,5 Mrd. DM zu) wird die Forderung nach einem sozialen **Mindesteinkommen (auch als Bürgergeld bezeichnet)**, das sowohl ein physisches als auch ein kulturelles Existenzminimum abdeckt, in Wissenschaft und Politik immer lauter.[1]

Neben den staatlichen Ausgaben bilden die **Steuern** ein wichtiges Instrument der Umverteilungspolitik durch den Staat. Mit der 1920 durchgeführten Finanzreform wurde in Deutschland die **progressive Besteuerung** nach dem **Leistungsfähigkeitsprinzip** eingeführt. Hiernach „kann die proportionale Steuerlast mit wachsendem Einkommen angehoben werden, da diese Einkommensempfänger in der Lage sind, auch höhere Leistungen an die Staatskasse abzuführen. (...) Außerdem „sinkt die Höhe des Opfers, das eine bestimmte Steuerschuld dem einzelnen Steuerzahler bringt, entsprechend dem ‘Gesetz vom abnehmenden Grenznutzen des Einkommens’ mit zunehmenden Einkommen, so daß die Forderung nach gleichem Opfer für alle Steuerzahler einen überproportionalen Anstieg der Steuerschuld mit wachsendem Einkommen erfordert.“[1] Fraglich sind dabei allerdings Überwälzungsmöglichkeiten. „So bewirkt die progressive Einkommensteuer ohne Zweifel eine gleichmäßigere Verteilung der Netto- als der Bruttoeinkommen, da die Bezieher hoher Einkommen eine größere Steuerabzugsquote (höherer Durchschnittsteuersatz) aufweisen als die Bezieher niedriger Einkommen. Die entscheidende Frage ist jedoch, ob diese Verteilung der Nettoeinkommen auch effektiv gleichmäßiger ist als die, die sich ohne Existenz der progressiven Einkommensteuer einstellen würde. Das würde dann nicht der Fall sein, wenn es den Empfängern hoher Einkommen, in der Regel also den Gewinneinkommensempfängern, gelänge, die von ihnen erhobenen Einkommensteuern auf die Preise ihrer Produkte zu überwälzen, so daß die primäre Einkommensverteilung um diese

---

[1] Vgl. Werner Scharpf, Konsequenzen der Globalisierung für die nationale Politik, in: Politik und Gesellschaft, Heft 2/1997, S. 184ff. sowie DIW-Wochenbericht Nr. 32/1996, „Bürgergeld“

überwälzten Steuern 'aufgebläht' würde. Werden solche Gewinnbestandteile durch die Erhebung der Einkommensteuer abgeschöpft, so stehen sich diese Einkommensempfänger letztlich so, als ob die Steuer gar nicht erhoben worden wäre. Ob dies auch nur teilweise in Wirklichkeit der Fall ist, kann nicht mit Bestimmtheit entschieden werden, da die Untersuchungen zu diesem Fragenkomplex z.T. widersprüchlich sind."[2]

4.5.3 Vermögenspolitik

Neben der staatlichen **Einkommens-Umverteilungspolitik** versucht die **Vermögenspolitik** die **personelle Vermögensverteilung** in einer Volkswirtschaft zu beeinflussen. Dabei ist von hohem Interesse, wie sich das Gesamtvermögen auf die **verschiedenen Vermögensarten** (Netto-Geldvermögen, Netto-Immobilienvermögen und Netto-Betriebsvermögen (Produktivkapital)), auf die **gesamtwirtschaftlichen Sektoren** (private Haushalte, Staat und Ausland) sowie **innerhalb des Sektors private Haushalte** verteilt. (Vgl. dazu im wesentlichen den Punkt 4.4.3). Genauso von ökonomischem Interesse sind die **Ursachen und Gefahren** einer hohen **Vermögenskonzentration**.

In Deutschland liegen die Ursprünge der **Vermögensakkumulation und -konzentration** weit vor dem 2. Weltkrieg. Auch danach hat es mit der Gründung der Bundesrepublik nie die viel zitierte *„Stunde Null"* für die Vermögensverteilung gegeben. „Zwar brachte die Währungsreform nahezu eine **Enteignung des Geldvermögens**, aber damit wurde keineswegs Chancengleichheit hergestellt. Der ursprünglich zusammen mit der Währungsreform geplante 'Lastenausgleich', der zumindest für eine Gleichbelastung des Geld- und Sachvermögens sorgen sollte, wurde erst verspätet durchgeführt und blieb rudimentär. Die zeitliche Verteilung der Ausgleichsbelastungen des Sachvermögens bis 1979 trug dazu bei, daß ein Eingriff in die Substanz vermieden wurde, die Lastenausgleichszahlungen faktisch aus den Erträgen des Sachvermögens geleistet werden konnten und damit ein echter 'Lastenausgleich' unterblieb. Die Eigentümer von Sachvermögen und insbesondere von Produktivvermögen gingen also bereits mit erheblichem Vorsprung in den Verteilungskampf der Nachkriegszeit hinein. Hinzu kam, daß sich vor allem in den ersten Nachkriegsjahren angesichts des Nachholbedarfes der Bevölkerung an Konsum in der

---

[1] Bernhard Külp, a.a.O., S. 246
[2] Ulrich Baßeler, Jürgen Heinrich, Walter Koch, a.a.O., S. 653

Bundesrepublik ein extremer **Verkäufermarkt** herausbildete, der den Unternehmen ungeahnte Gewinnraten bescherte. Diese eine Vermögenskonzentration bei den Eigentümern von Produktivvermögen begünstigende Marktsituation wurde durch die Steuergesetzgebung noch verstärkt."[1]

Vor dem Hintergrund der **Gefahren** einer hohen volkswirtschaftlichen Vermögenskonzentration ist dies im nachhinein betrachtet völlig unverständlich. „Gerade der Liberalismus betont die **Bedeutung des Privateigentums** als Fundament persönlicher Freiheit. Eine gleichmäßigere Verteilung soll die individuellen Entfaltungsspielräume, die Lebenschancen sozial gerechter verteilen. Daneben soll die Vermögenspolitik zu einer **Dekonzentration wirtschaftlicher Macht** führen - hier spielt die Verteilung des Produktivvermögens eine hervorgehobene Rolle - und die Institution des Privateigentums in der kapitalistischen Marktwirtschaft legitimieren."[2] Die Gefahr, daß eine Vermögenskonzentration im ökonomischen System die schon vorhandene Unternehmenskonzentration noch potenziert, und dadurch den marktwirtschaftlich systemkonstituierenden **Wettbewerbsprozeß unterminiert**, ist heute leider im Bewußtsein der Politik nicht mehr vorhanden. Auch die mit Großvermögen verbundene **unkontrollierte Machtausübung** wird im ökonomischen Prozeß immer größer - als auch die Einflußnahme und damit **Manipulationsmöglichkeiten der Politik**. „Schließlich sollten auch die **gesellschaftspolitischen Auswirkungen** des von den Massenmedien breitgetretenen Playboy-Daseins einiger Erben großer Vermögen nicht unterschätzt werden. Es ist sicherlich berechtigt und nicht nur mit Neidkomplexen zu erklären, wenn nach der 'Gerechtigkeit' eines Systems gefragt wird, das derartige Auswüchse zuläßt, die Masse der Bevölkerung aber mit Kleinstvermögen abspeist. Längerfristig sind auch stärkere Rückwirkungen auf den Legitimitätsgrad des politischen und ökonomischen Systems nicht auszuschließen."[3]

Trotzdem, so muß festgestellt werden, hat es bis heute in der Bundesrepublik **keine wirkliche Vermögenspolitik** gegeben, die auch nur den Versuch unternommen hätte, die ungleiche Verteilung des Vermögens zumindest ein Stück zu nivellieren. Allein die Tatsache, daß wirtschaftspolitisch als Zielorientierung von einem *„magischen Viereck"*[4] gesprochen wird, das

---

[1] Uwe Andersen, Die Vermögenskonzentration und mögliche Gegenmaßnahmen, in: Dieter Grosser (Hrsg.), Konzentration ohne Kontrolle, 3. Aufl., Opladen 1974, S. 305

[2] Ulrich Baßeler, Jürgen Heinrich, Walter Koch, a.a.O., S. 662

[3] Uwe Andersen, a.a.O., S. 306

[4] Dazu zählen: Vollbeschäftigung, Preisniveaustabilität, stetiges Wirtschaftswachstum und ausgeglichene Zahlungs- bzw. Leistungsbilanz

eine „Verteilungsgerechtigkeit für Einkommen und Vermögen" ausschließt, ist symptomatisch für das politische, aber auch wissenschaftliche Denken in Sachen Vermögenspolitik.

Die **Instrumente der Vermögenspolitik** zur Umverteilung setzen da an, wo es Wirtschaftssubjekten möglich ist, zu Vermögen zu gelangen. Schließt man den Lottogewinn und eine **direkte staatliche Enteignung** (die durch das Grundgesetz mit wenigen Ausnahmen selbst bei voller Entschädigung nicht möglich ist) aus[1], so verbleiben - neben einer **Privatisierung von Staatsvermögen** - drei Möglichkeiten: durch vom Netto-Arbeitseinkommen abgezweigte **Ersparnisse**, durch **Erbschaft** (Vermächtnis, Schenkung) und durch **vermögenswirksame Übertragungen** von seiten des Staates. Wird hierbei nur an den **Vermögenszuwächsen** und nicht am **Vermögensbestand** mit den Instrumenten der Vermögenspolitik angesetzt, so läßt sich am Status quo der Vermögensverteilung nichts verändern. Als Instrumente im einzelnen kommen dabei in Frage:

- **Erbschaftsteuern (Schenkungsteuer),**
- **Vermögensteuer,**
- **Zinsbesteuerung,**
- **Sparförderung,**
- **Investivlohn,**
- **Erfolgs- und Kapitalbeteiligung.**

Erbschaft- und Vermögensteuern sind Substanzsteuern, die am Vermögensbestand Änderungen herbeiführen, wobei die Vermögensteuer an der Existenz von Vermögen ansetzt und die Erbschaftsteuer den Vermögensübergang besteuert. Die **Substanzbesteuerung** im Fall der Erbschaftsteuer (Schenkungsteuer) läßt sich gesellschaftlich damit begründen, daß der Erbe in der Regel keine eigenen Verdienste für den Vermögenserwerb geltend machen kann. Die Vermögensteuer und die auf spezielle Vermögen abstellende Grund- und Gewerbekapitalsteuer läßt sich sowohl mit der **Verteilungsgerechtigung**, die von den primären Marktergebnissen nicht gegeben ist, als auch mit dem **Leistungsfähigkeitsprinzip** der Besteuerung begründen, wonach jeder nach seiner Leistungsfähigkeit an der Aufbringung des Steueraufkommens zu beteiligen ist. Gegen eine Substanzbesteuerung werden dagegen verfassungsrechtliche (Eigentumsgarantie) und ökonomische (z.B. Lähmung der Anreizwirkung (Motivationsverluste) Investitionszurückhaltung, Kapitalflucht u.a.) angeführt. Auch wird der Vermögensteuer eine **Doppelbelastung bei der Besteuerung** vorgeworfen, da daß Vermögen aus bereits versteuertem Einkommen gebildet wird. Dies gilt auch für die Besteuerung von Ersparnissen (Zinseinkünften), die aus bereits versteuertem Einkommen gebildet wurden. Dem ist allerdings entgegenzuhalten, daß zwischen der Entstehung und Verwendung von Einkommen zu unterscheiden ist. Durch Sparen wird Vermögen als eine völlig neue Einkommensquelle gebildet. Deshalb gelten auch die daraus entstehenden Zinsen als Einkommen, das zu versteuern ist.

Beide Steuerarten, Erbschaft- und Vermögensteuer, haben aufgrund ihrer nur niedrigen Besteuerungssätze in der Vergangenheit zu keiner nennenswerten Umverteilung des Vermögens in Deutschland geführt. In Großbritannien, Japan, Kanada, ja selbst in den USA, beträgt das Aufkommen der Vermögen- und Erbschaftsteuer etwa viermal so viel wie in Deutschland. Nach dem Urteil des ***Bundesverfassungsgerichts*** vom Juni 1995 wurde die Vermögensteuer sogar als Instrument des Vermögensausgleichs und der Umverteilung abgeschafft, weil das Gericht ein Verbot der Substanzbesteuerung aussprach. Auch müsse die Erbschaftsteuer neu gefaßt werden, beschied das Gericht. Die Erbschaftsteuer solle normales Familienvermögen von der Besteuerung völlig freistellen; dabei sei eine Orientierung am durchschnittlichen Wert eines Einfamilienhauses angemessen. Die Bundesregierung hat daraufhin zum 1.1.1997 die Vermögensteuer (deren Volumen etwa bei 9 Mrd. DM lag) abgeschafft. Ab dem 1.1.1998 wurde mit Zustimmung der SPD auch die Gewerbekapitalsteuer, die nach der Wiedervereinigung in den neuen Bundesländern erst gar nicht eingeführt wurde, ebenfalls abgeschafft. Damit ist für die Zukunft jegliche Möglichkeit einer gerechteren Vermögensverteilung als auch die Möglichkeit einer Dekonzentration von Vermögen in Deutschland verbaut.

Die verbliebenen Instrumente, wie die Regelung der **Zinsbesteuerung aus Geldvermögen (Kapitalertragsteuer)**, sowie **Sparförderungsmaßnahmen** (sei es durch Steuernachlässe, sei es durch die staatliche Zahlung einer Sparprämie) sind kaum geeignet, die ungleiche Vermögenskonzentration auch nur ein kleines Stück in Richtung Vermögensnivellierung zu bewegen. Auch **zinsgünstige öffentliche Kredite** zur Förderung von Existenzgründungen (Schaffung von Produktivvermögen) ändern daran so gut wie nichts.

[1] Bei staatlicher Enteignung mit voller Entschädigung ändert sich an der gesamten Vermögensverteilung außerdem nichts, weil bei den „Reichen" lediglich Sachvermögen gegen Geldvermögen eingetauscht wird. Nur bei entschädigungslosen Enteignungen wäre eine Vermögensumverteilung möglich.

Auch das Instrument der **Privatisierung von Staatsvermögen**, mit dem der private Vermögensanteil zu Lasten des staatlichen Anteils erhöht werden soll, ist kein brauchbares Instrument in Richtung gerechtere Vermögensverteilung. Die sogenannte **„Volksaktie“**, mit der die Vermögensbildung in den unteren Einkommensklassen durch ein verbilligtes Angebot (Sozialkurs) gefördert werden soll, müßte dann auch wirklich den unteren Vermögensklassen vorbehalten bleiben. Dies ist jedoch in der wirtschaftlichen Realität nicht der Fall. Vielfach treten nationale oder internationale Investment- und Pensionsfonds als Käufer und damit als neue Eigentümer auf, und selbst wenn es am Anfang auch zu einer breiten Streuung unter Kleinaktionären gekommen ist, so hat es in der Regel nicht lange gedauert, bis die Aktien bei institutionellen Anlegern wie Banken, Versicherungen oder Investmentfonds gelandet sind. Hinzu kommt, daß deutsche Kleinaktionäre traditionell ihre Aktien überwiegend in den Depots der Banken lassen, womit über das Depotstimmrecht die Bankenmacht noch weiter ausgebaut wird.

In der Bundesrepublik hat es in jüngster Zeit mit der Privatisierung der *Deutschen Bundespost und -bahn* spektakuläre Privatisierungen gegeben. Weitere sind in der Planung (z.B. die Deutsche Lufthansa). Insgesamt beliefen sich zwischen 1985 und 1995 die Privatisierungserlöse auf 2,8 Mrd. DM. Die Privatisierung öffentlicher Unternehmen oder staatlicher Beteiligungen an privaten Unternehmen - Anfang der 80er Jahre von der *Regierung Thatcher* in Großbritannien eingeleitet - zielt mittlerweile in fast allen 15 EU-Staaten auf Bereiche, die früher als klassische Domäne für die Bereitstellung staatlicher Infrastruktur galt: dazu gehört der Bereich der Strom-, Gas- und Wasserversorgung, der Verkehrs- und Telekommunikation und selbst der Rüstungsbereich wird nicht mehr ausgenommen. Die erklärten Ziele dieser Privatisierung sind neben einer Dezentralisierung und breiten Streuung des Eigentums im Sinne eines **„Volkskapitalismus“** auch das Aufbrechen nationaler Marktbeherrschung durch Staatsmonopole, wobei dies allerdings schon an Zynismus grenzt. Als ob nämlich durch die Umwandlung der Deutschen Bundespost in die Deutsche Telekom AG mehr Wettbewerb entstünde. Hier wurde lediglich ein staatliches Monopol oder ein marktbeherrschendes Unternehmen (das zumindest noch einer starken gesellschaftlichen Kontrolle durch das Postgesetz unterlag) lediglich in ein privates marktbeherrschendes Unternehmen eingetauscht, wobei die Marktbeherrschung in der Preispolitik der Telekom evident wird. Zusätzlich erfolgt bei jeder Privatisierung ein nahezu beschäftigungspolitischer Kahlschlag, der gesellschaftlich-ökonomische Rückwirkungen hat. Auch ist es nicht zwingend richtig, daß die Privatisierung zu einer besseren Unternehmensrationalität und Effizienz durch Entbürokratisierung beitrage. Hierzu sei ein Blick in private deutsche

Großunternehmen und ein Blick auf Managementfehler („Nieten in Nadelstreifen", *Günter Ogger*) nur der letzten Jahre empfohlen.

Als Instrument der Vermögenspolitik verbleibt noch die sog. **„Vermögensbildung in Arbeitnehmerhand"** durch einen **Investivlohn** oder durch eine **Erfolgs-** und **Kapitalbeteiligung** an den Unternehmen. Die Wurzeln derartiger Vermögensbildungsinstrumente sind bereits weit über hundert Jahre alt. Das Aufkommen sozialistischer Ideen, die das Privateigentum an den Produktionsmitteln in Frage stellten, veranlaßte dessen Verteidiger schon frühzeitig zur Suche nach einem „dritten Weg" zwischen Kapitalismus und Sozialismus: Privates Eigentum, insbesondere an Produktionsmitteln, sollte nach der Vorstellung nicht abgeschafft, sondern jedermann zugänglich gemacht werden. Zum Wortführer dieser Bewegung wurde die *„Katholische Soziallehre"*. Mit dem Postulat eines „Rechtes auf Eigentum", auf das jeder Mensch einen naturrechtlichen Anspruch habe, lieferte die Enzyklika *„Rerum Novarum"* des **Papstes Leo XIII.** eine erste konzeptionelle Plattform.

Mit dem **Investivlohn** sollen abhängig Beschäftigte an dem Produktivvermögen beteiligt werden, wobei allerdings bereits bestehende Eigentumsverhältnisse am Produktivvermögen unangetastet bleiben. Der betriebliche Investivlohn ist dabei als Teil einer Lohnerhöhung anzusehen, der **zusätzlich** zu den üblichen Lohnerhöhungen gewährt, aber in betriebliches Produktivvermögen investiert wird. Da er nicht als zusätzliches Einkommen für Konsumzwecke zur Verfügung steht, liegt quasi ein Zwangssparen vor. Bisher realisiert wurde der Investivlohn mit dem *„5. Gesetz zur Förderung der Vermögensbildung der Arbeitnehmer"* (936-DM-Gesetz). Aufgrund der nur geringen monetären Höhe auf der einen Seite und aufgrund des Kostencharakters für Unternehmen auf der anderen Seite wird allerdings bezweifelt, ob der Investivlohn zu einer veränderten Vermögensverteilung beitragen kann. Für ***Ulrich Baßeler, Jürgen Heinrich und Walter Koch*** ist dies für die Arbeitnehmer nur auf Kosten von Unterbeschäftigung, zumindest aber auf Kosten einer realen Konsumeinschränkung möglich.[1]

Bei den **Erfolgs- und Kapitalbeteiligungen** handelt es sich um Formen materieller Beteiligungen von Arbeitnehmer an Unternehmen. Bei den **Erfolgsbeteiligungen** sind zu unterscheiden:

- **Leistungsbeteiligungen,**

---

[1] Ulrich Baßeler, Jürgen Heinrich, Walter Koch, a.a.O., S. 667

- **Ertragsbeteiligungen und**
- **Gewinnbeteiligungen.**

Die **Leistungsbeteiligung** bezieht sich auf das Arbeitsergebnis der Beschäftigten. Hierbei geht es um Kosteneinsparungen und Produktivitätsverbesserungen, die der abhängig Beschäftigte nicht selten mit seinem Arbeitsplatzverlust bezahlt. Eine Vermögensumverteilung ist hierüber nicht zu realisieren. Die **Ertragsbeteiligung** bezieht über die Leistungsbeteiligung hinaus den Absatzmarkt mit in die Beurteilung ein. Als Bemessungsgröße der Ertragsbeteiligung gilt in der Regel der Umsatz oder die Wertschöpfung. Da aber auch bei Umsatzsteigerungen Verluste auftreten können, und hierdurch auch in Verlustjahren ein Zahlungszwang an die Arbeitnehmer besteht, kommt der Ertragsbeteiligung in der Praxis kaum eine Bedeutung zu. Werden dagegen sowohl die Kosten- als auch die Umsatzseite als Bemessungsgrundlage, und damit der Gewinn eines Unternehmens, berücksichtigt, so spricht man von einer **Gewinnbeteiligung** der Arbeitnehmer. Hierbei treten verschiedene Probleme auf. Erstens ist zu entscheiden, welcher Gewinn als Grundlage genommen werden soll. Hier bestehen eine Fülle an Manipulationsmöglichkeiten, die nicht nur handels- und steuerrechtliche Überlegungen einschließen, sondern bereits beim betriebswirtschaftlich zugunde gelegten Kostenbegriff (wertmäßig oder pagatorisch) beginnen.[1] Zweitens muß die individuelle Zurechnung der Gewinnanteile (wer erhält nach welchen Kriterien wie viel) entschieden werden und drittens gilt es die Frage zu beantworten, ob die Arbeitnehmer auch bei auftretenden Verlusten an diesen beteiligt werden sollen?

Eine Gewinnbeteiligung wird dabei zu einer **Kapitalbeteiligung**, wenn die Gewinnbeteiligung nicht in Form einer Barausschüttung an die Arbeitnehmer erfolgt, sondern wie der Investivlohn zur Bildung von Produktivkapital in Arbeitnehmerhand entweder dem Unternehmen als **Eigenkapitel** oder als **Fremdkapital** überlassen wird. Durch die Eigenkapitalbeteiligung wird der Arbeitnehmer zum **Miteigentümer des Unternehmens**. Damit ist er rechtlich sowohl an den zukünftigen Gewinnen, aber auch an den Verlusten des Unternehmens beteiligt. Er kann dabei sein Vermögen entweder weiter ausbauen oder es wieder verlieren. Die Eigenkapitalbeteiligungsform richtet sich nach der Rechtsform des jeweiligen Unternehmens. Hierbei sind zu unterscheiden:

- **Stiller Gesellschafter einer Einzelunternehmung**

[1] Vgl. dazu Klaus Karies, Norbert Zdrowomyslaw, Gewinn - was ist das? Einige wissenschaftliche Ansätze zur Definition des Gewinnbegriffs und dessen Ausprägungen, in: Der Betriebswirt, Heft 1/1993, S. 18ff

- **Kommanditist einer KG**
- **Gesellschafter oder Kommanditist einer GmbH & Co KG**
- **Gesellschafter einer OHG**
- **Aktionär einer AG**
- **Gesellschafter einer GmbH**
- **Kommanditaktionär einer KGaA**

Es besteht aber auch die Möglichkeit, daß die Gewinnbeteiligung des Arbeitnehmers als **Fremdkapital** dem Unternehmen zur Verfügung gestellt wird. Als Formen sind hier **Mitarbeiterdarlehen** oder **Mitarbeiterschuldverschreibungen** (als z.B. festverzinsliche Wertpapiere) möglich. Der Vorteil für die Arbeitnehmer besteht bei der Überlassung der Gewinnbeteiligung als Fremdkapital darin, daß der Arbeitnehmer aufgrund des Gläubiger-Schuldner-Verhältnisses unabhängig von der wirtschaftlichen Situation des Unternehmens einen Anspruch auf Verzinsung und Rückzahlung seiner Beteiligung hat.

In der wirtschaftlichen Realität sind allerdings bis heute derartige Gewinn- und Kapitalbeteiligungsmodelle die absolute Ausnahme. Dies liegt daran, daß der Staat es bis heute versäumt hat, durch ein entsprechendes **Gesetz** eine wirkliche Vermögensbildung in Arbeitnehmerhand zu fördern. Freiwillig werden die Unternehmer jedenfalls auf breiter Linie einer Übertragung von Gewinn bzw. Kapital in die Hände der Arbeitnehmer wohl kaum zustimmen. Dies widerspricht bereits im Ansatz dem kapitalistischen Grundprinzip.

<u>Literatur:</u>

Hermann Adam, Die Einkommensverteilung in der Bundesrepublik Deutschland, Köln 1976

Willi Albers, Einkommensverteilung II: Verteilungspolitik, in: Handwörterbuch der Wirtschaftwissenschaft (HdWW), Bd. 2, Stuttgart, Tübingen, Göttingen 1988

Hans-Jürgen Ahrns, Hans-Dieter Feser, Wirtschaftspolitik. Problemorientierte Einführung, 6. Aufl., München, Wien 1995

C.A. Andreae, K. Schlögl, Finanzpolitik, Stuttgart, Düsseldorf 1975

Uwe Andersen, Die Vermögenskonzentration und mögliche Gegenmaßnahmen, in: Dieter Grosser (Hrsg.), Konzentration ohne Kontrolle, 3. Aufl., Opladen 1974

St. Bach, B. Bartholmai, Zur Neuregelung von Vermögens- und Erbschaftsteuer, in: DIW-Wochenbericht 30/1996

Hartwig Bartling, Franz Luzius, Grundzüge der Volkswirtschaftslehre, 10. Aufl., München 1993

Hermann Bartmann, Verteilungstheorie, München 1981

Ulrich Baßeler, Jürgen Heinrich, Walter Koch, Grundlagen und Probleme der Volkswirtschaft, 13. Aufl., Köln 1991

Gerold Blümle, Theorie der Einkommensverteilung. Eine Einführung, Berlin, Heidelberg, New York 1975

Manfred Borchert, Zur Problematik der Lohnquote, in: Wirtschaftswissenschaftliches Studium (WiSt), 2. Jg. 1973

Dieter Brümmerhoff, Finanzwissenschaft, 7. Aufl., München, Wien 1996

Der Bundesminister für Arbeit und Sozialordnung (Hrsg.), Die Einkommens- und Vermögensverteilung in der Bundesrepublik Deutschland, Bonn 1974, ebenso die Ausgabe 1979

Der Bundesminister für Arbeit und Sozialordnung (Hrsg.), Statistisches Taschenbuch 1993, Bonn 1993

Peter Conradi, Hartmut Dieterich, Volker Hauff, Für ein soziales Bodenrecht, 3. Aufl., Frankfurt/M. 1973

Deutsche Bundesbank, Monatsberichte Nr. 11/1994 und Nr. 11/1996

Carl Dietzel, Das System der Staatsanleihen im Zusammenhang der Volkswirtschaft betrachtet, Heidelberg 1855

Deutsches Institut für Wirtschaftsforschung, DIW-Wochenberichte, Nr. 4/1996, 29/1996 und 32/1996

Cay Folkers, Vermögen I: Struktur und Verteilung, in: Handwörterbuch der Wirtschaftwissenschaft (HdWW), Bd. 8, Stuttgart, Tübingen, Göttingen 1988

Carl Föhl, Kreislaufanalytische Untersuchungen der Vermögensbildung, Gutachten, hergestellt im Auftrage des Bundeswirtschaftsministeriums, Tübingen 1964

K.- D. Grüke, Die personale Budgetinzidenz - Eine Analyse für die Bundesrepublik, Göttingen 1978

Andreas Hansen, Einkommensverteilung III: Statistik, in: Handwörterbuch der Wirtschaftwissenschaft (HdWW), Bd. 2, Stuttgart, Tübingen, Göttingen 1988

Rudolf Hickel, Das Staatsschuldenproblem, in: K. Dietz/P. Mombert (Hrsg.), Ausgewählte Lesestücke zum Studium der politischen Ökonomie, Frankfurt/M., Berlin, Wien 1980

Rudolf Hickel, Wider die Gefahren geldpolitischen Machtmißbrauchs: Autonomie und/oder Demokratisierung der Deutschen Bundesbank, in: Memo-Forum Nr. 21, Zirkular der „Arbeitsgruppe Alternative Wirtschaftspolitik, Bremen 1994

Werner Hofmann, Einkommenstheorie. Vom Merkantilismus bis zur Gegenwart, 2. Aufl., Berlin 1971

Jörg Huffschmid, Die Politik des Kapitals, Konzentration und Wirtschaftspolitik in der Bundesrepublik, 8. Aufl., Frankfurt/M. 1972

Jörg Huffschmid, Privatisierungen in Westeuropa - Tafelsilber für die Währungsunion, in: Blätter für deutsche und internationale Politik, Heft 8/1996

Jörg Huffschmid, Ursachen, Funktionen und Nutznießer der Staatsverschuldung, in: Blätter für deutsche und internationale Politik, Heft 4/1997

Michal Kalecki, The Distribution of the National Income, in: Readings in the Theory of Income Distribution, London 1938

Klaus Karies, Norbert Zdrowomyslaw, Gewinn - was ist das? Einige wissenschaftliche Ansätze zur Definition des Gewinnbegriffs und dessen Ausprägungen, in: Der Betriebswirt, Heft 1/1993

Wilhelm Krelle, Überbetriebliche Ertragsbeteiligung der Arbeitnehmer, Bd. II, Tübingen 1968

Berhard Külp, Verteilung, Theorie und Politik, 3. Aufl., Stuttgart, Jena 1994

Hans Jung, Allgemeine Betriebswirtschaftslehre, 2. Aufl., München, Wien 1996

Heinz Lampert, Verteilungspolitik, in: Wirtschaftswissenschaftliches Studium (WiSt), 9. Jg. 1980

W. Leibfritz, Maßnahmen zur Überwindung der Wachstumsschwäche und ihre Grenzen - der Beitrag der Fiskalpolitik, in: IFO-Schnelldienst, 8/1978

Konrad Littmann, Definition und Entwicklung der Staatsquote, Aussagekraft und Anwendungsbereiche unterschiedlicher Typen von Staatsquoten, Göttingen 1975

Bruno Molitor, Vermögen II: Vermögenspolitik, in: Handwörterbuch der Wirtschaftwissenschaft (HdWW), Bd. 8, Stuttgart, Tübingen, Göttingen 1988

Monopolkommission (Hrsg.),10. Hauptgutachten 192/93, Mehr Wettbewerb auf allen Märkten, Baden-Baden 1994

R.A. Musgrave, Theorie der öffentlichen Schuld, in: Handbuch der Finanzwissenschaft, Bd. 3, 2. Aufl., Tübingen 1958

Adrian Ottnad, Wohlstand auf Pump. Irrweg der Schuldenpolitik, in: Blätter für deutsche und internationale Politik, Heft 4/1997

Karl H. Pitz (Hrsg.), Das Nein zur Vermögenspolitik, Reinbek 1974

Erich Preiser, Wachstum und Einkommensverteilung, Heidelberg 1964

Claus Schäfer, Mit falschen Verteilungs-„Götzen" zu echten Standortproblemen, Zur Entwicklung der Verteilung in 1995 und den Vorjahren, in: WSI-Mitteilungen, Heft 10/1996

Claus Schäfer, Erich Standfest, Rudi Welzmüller, Verteilung und Umverteilung unter veränderten Wachstumsbedingungen, Köln 1982

Claus Schäfer, Hartmut Tofaute (Hrsg.), Beschäftigungssichernde Finanzpolitik, Eine Chance für Vollbeschäftigung, Frankfurt/M., New York 1980

Erwin Scheele, Einkommenverteilung I: Theorie, in: in: Handwörterbuch der Wirtschaftwissenschaft (HdWW), Bd. 2, Stuttgart, Tübingen, Göttingen 1988

Herbert Schui, Eckart Spoo (Hrsg.), Geld ist genug da, Reichtum in Deutschland, 2. Aufl., Heilbronn 1996

Diethard B. Simmert, Kurt-Dieter Wagner (Hrsg.), Staatsverschuldung kontrovers, Bonn 1981

H. Timm, Das Gesetz der wachsenden Staatsausgaben, in: Horst Claus Recktenwald (Hrsg.), Finanztheorie, 2. Aufl., Köln, Berlin 1970

Axel Troost, Staatsverschuldung und Kreditinstitute, Frankfurt/M.,Bern, New York 1984

Axel Troost, Der Streit um die Staatsverschuldung, in: Blätter für deutsche und internationale Politik, Heft 4/1981

Adolf Wagner, Das Gesetz der zunehmenden Staatstätigkeit, in: Horst Claus Recktenwald (Hrsg.), Finanztheorie, 2. Aufl., Köln, Berlin 1970

U. Wartenberg, Verteilungswirkungen staatlicher Aktivitäten, Berlin 1979

Manfred Willms, Monetäre Wirkungen der Staatsverschuldung, in: Die Bank, 10/1978

Jürgen Zerche, Ingrid Schmale, Ansätze der Verteilungspolitik, in: Wirtschaftswissenschaftliches Studium (WiSt), 10. Jg. 1981

10. Kapitel
Außenwirtschaft

1. Zur Konstituierung des Außenhandels

Allgemein wird unter **Außenwirtschaft** die Gesamtheit aller internationalen wirtschaftlichen Austauschbeziehungen (Außenhandel) zwischen unabhängigen Staaten verstanden.

Die **Außenwirtschaftstheorie** versucht dabei, alle realen und monetären internationalen Wirtschaftsbeziehungen zu erklären und zu beurteilen.

Außenwirtschaftliche Beziehungen in Form eines Austausches von **Sachgütern und Diensten** sowie von **Geld- und Realkapital**, als auch des **Produktionsfaktors Arbeit**, sind heute für jede Volkswirtschaft zur Erhöhung des Volkswohlstandes (Wachstums) von großer Bedeutung. Dies liegt im wesentlichen darin begründet, daß in den einzelnen Ländern bestimmte Rohstoffe nur beschränkt oder sogar überhaupt nicht verfügbar sind, oder die wohlstandssteigernde Wirkung des Außenhandels ist darauf zurückzuführen, „daß heimische Güter nach Art und Qualität nicht den Präferenzen der Inlandsbevölkerung entsprechen. Die wichtigste und deshalb auch traditionelle Begründung für die wohlfahrtsmehrende Wirkung des Außenhandels liegt in den unterschiedlichen Produktionskosten für verschiedene Güter in einzelnen Ländern; diese Kostenunterschiede können auf relativ günstigen natürlichen oder künstlich geschaffenen Produktionsvoraussetzungen beruhen."[1]

Faßt man die wesentlichen **Determinanten des Außenhandels** zusammen, so lassen sich

- **Preis- und Kostenunterschiede,**
- **inländische Nachfragepräferenzen nach ausländischen Gütern,**
- **eine mangelnde Verfügbarkeit von Produktionsfaktoren und Rohstoffen**
- **sowie Qualitätsunterschiede bei den Produktionsfaktoren incl. eines Vorsprungs in Forschung und Entwicklung nennen.**

[1] F. Hösch., P.R. Szigeti, Volkswirtschaftlehre, 5. Aufl., Herne, Berlin 1988, S. 334

Die **Vorteile des Außenhandels** liegen zusammengefaßt im Gegensatz zu einer **reinen Binnenwirtschaft** für die Konsumenten in einem vielfältigeren Sortiment an qualitativ hochwertigen Gütern zu einem wirtschaftlichen Preis-Leistungsverhältnis. Für die Unternehmen bietet der Außenhandel zusätzliche Absatzmärkte mit Gewinnchancen und gleichzeitig die Möglichkeit einer günstigen internationalen Einkaufspolitik für benötigte Vorleistungen.

1.1 Absolute und komparative Kostenvorteile

In der ökonomischen Theorie setzten sich zum ersten Mal die **Merkantilisten** mit ihrer Lehre von der **„positiven Handelsbilanz"** mit dem Außenhandel wissenschaftlich auseinander. Von der Prämisse ausgehend, daß nur der Besitz von Geld (Gold und Silber) für ein Land Reichtum und Wohlstand bedeute, sollte durch die Herbeiführung eines Exportüberschusses möglichst viel Gold und Silber aus dem Ausland ins eigene Land geholt werden. Es war ***Adam Smith*** vorbehalten, als erster Ökonom 1776 in seinem Buch: *„Der Wohlstand der Nationen„* unter dem Kapitel *„Beschränkung der Einfuhr solcher Güter aus fremden Ländern, die im Lande selbst erzeugt werden können"*, eine geschlossene Theorie der **Vorteile der internationalen Arbeitsteilung und des internationalen Freihandels** herauszuarbeiten. Er wies mit seiner Theorie der **„absoluten Kostenvorteile"** nach, daß sich jeder einzelwirtschaftliche Produzent und jedes Land auf die Produktion der Güter konzentrieren sollten, in der sie über absolute Kostenvorteile verfügen. In seinem Buch schreibt er:

„Ein Familienvater, der weitsichtig handelt, folgt dem Grundsatz, niemals etwas im Hause machen zu lassen, was ihn weniger kosten würde, wenn er es kaufte. Dem Schneider fällt es nicht ein, seine Schuhe zu machen, sondern er kauft sie vom Schuhmacher; dem Schuhmacher fällt es nicht ein, sich seine Kleider zu machen, sondern er beschäftigt den Schneider, und dem Landmann fällt es nicht ein, sich eines oder das andere zu machen, sondern er setzt jene beiden Handwerker in Nahrung. Alle diese Leute finden es in ihrem Interesse, ihren Gewerbefleiß ganz auf diejenige Art anzuwenden, in der sie etwas vor ihren Nachbarn voraus haben, und dann ihren übrigen Bedarf mit einem Teile ihrer eigenen Erzeugnisse oder, was dasselbe ist, mit dem Preise eines Teiles zu kaufen. Was aber in der Handlungsweise einer Familie Klugheit ist, das kann in der eines großen Reiches wohl schwerlich Torheit sein. Wenn uns ein fremdes Land mit einer Ware wohlfeiler versorgen kann, als wir sie selbst zu machen imstande sind, so ist es besser, daß wir sie ihm mit einem Teile vom Erzeugnis unseres eigenen Gewerbefleißes, in welchem wir vor dem Ausland etwas voraushaben, abkaufen." (Adam Smith)

Wenn alle Wirtschaftssubjekte und alle Volkswirtschaften sich so verhalten, würden sich, so Smith, für alle Beteiligten ökonomische Vorteile aus der internationalen Arbeitsteilung ergeben. Was ist dann aber mit den Ländern, die bei keinem Produkt über einen absoluten Vorteil verfügen? Diese Frage, die Smith nicht beantwortete, wurde von ***David Ricardo*** in seinem 1817 erschienenen Buch: *„Grundsätze der Volkswirtschaft und Besteuerung"* mit seiner Theorie der **„komparativen Kostenvorteile"** beantwortet.

„Um den Wein in Portugal herzustellen, ist vielleicht nur die Arbeit von 80 Leuten während eines Jahres erforderlich, und um das Tuch in diesem Land zu produzieren, braucht es vielleicht die Arbeit von 90 Leuten während der gleichen Zeit. Es ist daher für Portugal von Vorteil, Wein im Austausch für Tuch zu exportieren. Dieser Austausch kann sogar stattfinden, obwohl die von Portugal importierte Ware dortselbst mit weniger Arbeit als in England produziert werden kann. Wenngleich es das Tuch vermittels der Arbeit von 90 Leuten erzeugen kann, wird Portugal dieses doch aus einem Land einführen, wo man zu seiner Herstellung die Arbeit von 100 Leuten benötigt, da es für Portugal von größerem Vorteil ist, sein Kapital in der Produktion von Wein anzulegen, wofür es von England mehr Tuch bekommt, als es durch Übertragung eines Teils seines Kapitals vom Weinbau zur Tuchfabrikation produzieren könnte." (David Ricardo)

Anhand einer Matrix läßt sich der komparative Kostenvorteil veranschaulichen. Dabei soll (A) für Portugal, (B) für England sowie (x) für Wein und (y) für Tuch stehen.

	x	y	Σ
A	80	90	170
B	120	100	220
Σ	200	190	390

Vor der Spezialisierung durch internationale Arbeitsteilung sind in Portugal insgesamt 170 Arbeitskräfte mit der Herstellung von Wein (80 Arbeitskräfte) und Tuch (90 Arbeitskräfte) beschäftigt. In England sind insgesamt 220 Arbeitskräfte gebunden. In beiden Ländern zusammen beschäftigen sich auf der anderen Seite 200 Arbeitskräfte mit der Herstellung von Wein und 190 Arbeitskräfte mit der Herstellung von Tuch. Dies sind zusammen 390 Arbeitskräfte. Konzentriert sich nun Portugal ausschließlich auf die Herstellung von Wein, so können 10 Arbeitskräfte eingespart werden. Dadurch daß England nur noch Tuch produziert, spart England 20 Arbeitskräfte ein. Obwohl Portugal vor der Arbeitsteilung sowohl bei der Herstellung von Wein als auch bei der Herstellung von Tuch weniger Arbeitskräfte benötigte, werden durch die

Spezialisierung und den anschließenden internationalen Austausch insgesamt 30 Arbeitskräfte eingespart.

	X	y	Σ
A	2 x 80		160
B		2 x 100	200
Σ	160	200	360

Unterstellt man als Prämisse, daß in beiden Ländern die produzierte Warenmenge identisch ist, dann läßt sich die **Produktivität** pro Land und Gut durch die Anzahl der in den jeweiligen Industrien beider Länder beschäftigten Arbeitskräfte angeben. Hieraus leitet sich die folgende Reihenfolge der Produktivitäten ab.

	X	y
A	1.	2.
B	4.	3.

Da sowohl die höchste als auch die zweithöchste Produktivität in Portugal (Land A) realisiert wird, könnte unter Aufrechterhaltung des Güterangebots durch die ausschließliche Konzentration der Produktion auf Portugal die Produktivität des Gesamtsystems sogar weiter durch die Einsparung zusätzlicher 20 Arbeitskräfte erhöht werden. Dies würde allerdings dazu führen, daß England (Land B) ohne jede Beschäftigung wäre. Portugal würde nur exportieren und England müßte ausschließlich importieren. Da aber ein permanenter **Exportüberschuß**, den die Merkantilisten anstrebten, zu keinem volkswirtschaftlichen Vorteil führt, sondern dieser letztlich unter Berücksichtigung einer Geldwirtschaft durch einen **Geldmengen-Ausgleichsmechanismus**[1] eliminiert wird, scheidet ein derartiger Fall praktisch aus.

[1] Bereits ***David Humes*** *(1711 bis 1776)* wies nach, daß es diesen Geldmengen-Ausgleichsmechanismus gibt, der eine permanente positive Handelsbilanz unmöglich macht. Wenn nämlich ein Land, so Humes, durch längere Zeit große Importüberschüsse aufzuweisen hat, dann werden Gold und Silber aus dem Land abfließen und die Geldmenge wird sich verringern. Dadurch werden die Preise in dem Importland erheblich sinken, und als Folge davon wird ein Rückgang der Importe und eine Zunahme des Exports eintreten. Umgekehrt wird im Exportland durch den Zustrom von Gold und Silber die Geldmenge vergrößert und die Preise in die Höhe getrieben. Dadurch aber wird der Export zwangsläufig verringert und der Import gesteigert werden.

Voraussetzung für einen komparativen Kostenvorteil im Gesamtsystem ist aber, daß die sich spezialisierenden Länder komparative Vorteile bei der jeweils anderen Ware haben. Ist dies nicht der Fall, so kehrt sich der Vorteil sogar in einen Nachteil um. Wäre nämlich die Situation vor einer Spezialisierung und einer internationalen Arbeitsteilung durch die folgende Matrix gegeben, dann hätten beide Länder (A) und (B) einen komparativen Vorteil bei dem gleichen Produkt (x).

	x	y	Σ
A	80	90	170
B	100	120	220
Σ	180	210	390

Will sich nun jedes Land auf die jeweils produktivste Industrie spezialisieren, so entstünde ein Überangebot an (x) und ein Mangel an (y). Erfolgt dagegen die Spezialisierung der Länder auf verschiedene Produkte, so wäre ein Land gezwungen ein Produkt herzustellen, bei dem es einen komparativen Nachteil aufweist. Würde sich beispielsweise (A) auf das Produkt (x) spezialisieren und dabei 10 Arbeitskräfte einsparen, so bliebe (B) nur die Herstellung von Produkt (y). Dies impliziert aber, daß (B) 20 zusätzliche Arbeitskräfte beschäftigen müßte. Würde sich umgekehrt (B) auf (x) spezialisieren, so wäre (A) gezwungen, künftig (y) herzustellen. (B) würde 20 Arbeitskräfte sparen, (A) aber 10 mehr beschäftigen müssen. Im letzten Fall entstünde dem Gesamtsystem beider Länder zwar ein Spezialisierungsgewinn in Höhe von 10 eingesparten Arbeitskräften, der jedoch zu Lasten von (A) geht. Unter diesen Prämissen führt eine Spezialisierung immer zu einem Verlust für eines der beiden Länder.

Deshalb setzt die Vorteilhaftigkeit der internationalen Arbeitsteilung immer zwingend voraus, daß die beiden austauschenden Länder ihren komparativen Vorteil bei dem jeweils anderen Produkt haben.

Problematisch bei der internationalen Arbeitsteilung auf Basis der komparativen Kostenvorteile ist auch, daß sich einzelne Länder mit der Spezialisierung automatisch in eine **Produktabhängigkeit** begeben. Steigt dabei der Bedarf und die Nachfrage nach dem Produkt, worauf sich ein Land konzentriert hat, dann erzielt dieses Land auch Vorteile, sinkt dagegen die Nachfrage, so ist dies mit Nachteilen verbunden. Deshalb sollten Volkswirtschaften extreme **Spezialisierungen** (Abhängigkeit von einem Produkt, auch als Monokultur bezeichnet, wovon viele

Entwicklungsländer betroffen sind) im Interesse einer langfristigen Stabilitäts- und Wachstumspolitik vermeiden.

1.2 Terms of Trade

Das **reale Austauschverhältnis** im Außenhandel (in unserem zuvor beschriebenen Beispiel zwischen Tuch und Wein) wird auch als **Terms of Trade** bezeichnet. Empirisch gemessen wird es durch das Verhältnis des **Index der Exportpreise** zum **Index der Importpreise**, gemessen in einer Währung, also unter Berücksichtigung des jeweils gültigen **Wechselkurses**. Exportiert Deutschland beispielsweise eine Maschine im Wert von 5.000 DM bei einem Wechselkurs von 1 DM = 1.000 Lira nach Italien und kauft dafür Wein zum Preis von 100 l für 500.000 Lira, dann beträgt das reale Austauschverhältnis:

5.000 DM/Maschine : 500 DM/100 l Wein = 10 x 100 l Wein : 1 Maschine

Deutschland erhält demnach für eine Maschine 1.000 l Wein.

$$\textbf{Terms of Trade} = \frac{\textbf{Preis des Exportgutes in heimischer Währung}}{\textbf{Preis des Importgutes in ausländischer Währung x Wechselkurs}}$$

Eine Erhöhung der Terms of Trade bedeutet (vom Standpunkt des Inlandes) eine Verbesserung der Außenhandelssituation, da dann für eine gegebene Exportgütermenge mehr Importgüter beschafft werden können. Eine Abwertung der heimischen Währung (der Wechselkurs steigt) verschlechtert dabei die Terms of trade, während für eine Aufwertung (der Wechselkurs sinkt) ceteris paribus der umgekehrte Fall gilt. Ebenso implizieren steigende Preise der Exportgüter und konstante oder sinkende Preise der Importgüter eine Zunahme der Terms of Trade; et vice versa.

Entwicklung der Trems of Trade

- Indizes als Durchschnittswerte, 1980 =100 -

Jahr	Ausfuhrpreise	Einfuhrpreise	Terms of Trade[1]
1977	85,9	79,1	108,6
1978	86,7	76,8	112,9
1979	91,3	85,5	106,8
1980	100,0	100,0	100,0
1981	106,3	113,8	93,4
1982	110,9	114,5	96,9
1983	112,4	114,1	98,5
1984	116,3	120,8	96,3
1985	120,8	123,9	97,5
1986	116,8	104,1	112,2
1987	113,8	97,8	116,4
1988	114,8	98,7	116,3
1989	120,0	106,0	113,2
1990	118,6	103,3	114,8
1991	117,9	105,1	112,2
1992	117,1	101,9	114,9
1993	111,7	96,3	116,0

1) Index der Durchschnittswerte der Ausfuhr in % des Index der Durchschnittswerte der Einfuhr, Quelle: Diverse Monatsberichte der Deutschen Bundesbank

1.3 Monetäre Außenwirtschaft und internationaler Wettbewerb

Die international unterschiedlichen komparativen Kostenvorteile (Produktivitätsvorteile) der einzelnen Volkswirtschaften werden von verschiedenen Faktoren beeinflußt. Generell lassen sie sich aus **natürlichen Standortvorteilen** (z.B. Klima), quantitativen und qualitativen Unterschieden bei den **Produktionsfaktoren** sowie durch eine unterschiedliche Diffusion des **technischen Fortschritts** in den einzelnen Ländern ableiten. Daneben werden sie aber auch vom **Wettbewerb** bzw. von der vorherrschenden Wettbewerbsintensität, die sowohl national wie auch international Einfluß auf **Kosten** und **Preise** der ausgetauschten Güter ausübt, determiniert. Zusätzlich beeinflussen **Wechselkursschwankungen** und **staatliche Maßnahmen** zur Exportförderung (Subventionierung) bzw. Importbeschränkung (Zölle) die komparativen Kostenvorteile des Außenhandels.

Determinanten der komparativen Kostenvorteile

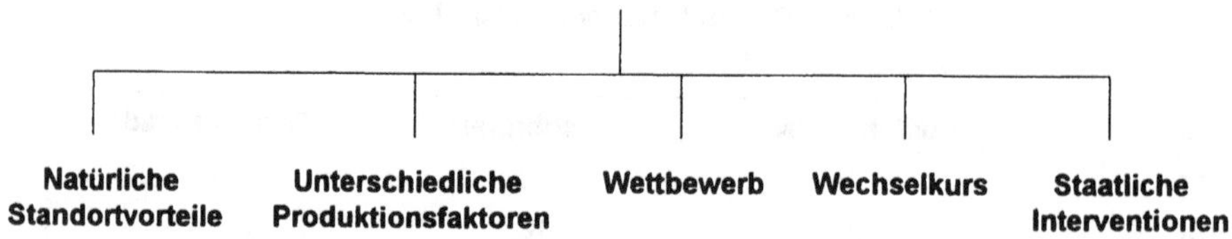

Daß natürliche Standortvorteile, wie z.B. das Klima sowie die Verfügbarkeit und die unterschiedliche Qualität der zum Einsatz kommenden Produktionsfaktoren, einen direkten oder indirekten Einfluß auf die Produktivität und Kostensituation in den einzelnen Volkswirtschaften haben, ist unmittelbar einleuchtend. Über das Umsetzen der jeweiligen Kostensituation in Preise entscheidet national wie international aber letztlich der Wettbewerb.

1.3.1 Internationaler Austausch unter Wettbewerbsbedingungen

Geht man von der Marktform der **vollkommenen Konkurrenz**[1] als Wettbewerbsbedingung für den internationalen Güteraustausch aus (diese wird in fast allen Außenwirtschaftstheorien als Prämisse unterstellt), so entscheiden langfristig die internationalen Preisrelationen bzw. die bei der Produktion entstehenden Stückkosten - prozessuale Gewinne (Vorsprungsgewinne) werden durch den Wettbewerbsprozeß langfristig eliminiert - über die Chancen der einzelnen Länder im Außenhandel.

Angenommen in Deutschland (Inland) wird ein Produkt hergestellt, dessen Preis (Stückkosten) im Inland aufgrund von Wettbewerb und einer bestimmten Nachfrage- und Angebotsmenge 10 DM kostet. Gleichzeitig wird dieses Produkt (Homogenität des Produktes und Markttransparenz sind unterstellt) auch in den USA (Ausland) produziert und unter Wettbewerbsbedingungen der vollkommenen Konkurrenz zum Preis von 4 $ angeboten. Kommt es unter diesen Bedingungen - Transportkosten werden aus Vereinfachungsgründen nicht unterstellt - zu einem Außenhandel bzw. ist ein internationaler Austausch vorteilhaft?

[1] Vgl. dazu ausführlich das 4. Kapitel, Punkt: 1.2.2 „Erlösfunktion und Break-even-Analyse bei vollkommener Konkurrenz

Um diese Frage zu beantworten, müssen zunächst einmal die Preise (Stückkosten), die in Deutschland und den USA in unterschiedlichen **nationalen Währungen** ausgedrückt werden (US-Dollar: \$, Deutsche Mark: DM), durch eine Umrechnung mit dem **Wechselkurs** vergleichbar gemacht werden.

Zur allgemeinen Definition des Wechselkurses

„Ganz allgemein gibt der Wechselkurs das Austauschverhältnis zwischen in- und ausländischer Währung an. Genauer ist der Wechselkurs in Preisnotierung der Preis einer ausländischen Währung, ausgedrückt in inländischer Währung, z.B. 2 DM/\$, und in Mengennotierung der Preis der inländischen Währung, ausgedrückt in Einheiten einer ausländischen Währung, z.B. 0,5 \$/DM."[1]

Der Wechselkurs (w) in Mengennotierung wird auch als **Devisenkurs** (d) bezeichnet. Das mathematische Produkt aus Wechselkurs und Devisenkurs ergibt immer gleich eins:

$$w \times d = 1$$

$$w \frac{2}{1} \times d \frac{1}{2} = 1$$

Der **Wechselkurs** (w) in Preisnotierung - hierauf soll im folgenden zurückgegriffen werden - drückt also den DM-Preis aus, den man für eine Einheit der ausländischen Währung bezahlen muß. Ist der Wechselkurs des Dollar in Deutschland gleich 2, so muß man 2 DM für einen Dollar zahlen. Dollarpreise sind demnach mit 2 zu multiplizieren, um sie mit D-Mark-Preisen vergleichen zu können (Umrechnung in D-Mark) oder durch 2 zu dividieren (Umrechnung in Dollar).

Wechselkurs	**Devisenkurs**
$w = \frac{DM}{\$} = \frac{2}{1} = 2{,}0$	$d = \frac{\$}{DM} = \frac{1}{2} = 0{,}5$

Legt man den Wechselkurs von w = 2,0 DM/\$ in unserem Außenhandelswettbewerbsmodell zugrunde, so läßt sich eine internationale Preis- bzw. Stückkostenvergleichbarkeit herstellen.

[1] Hans-Joachim Jarchow, Peter Rühmann, Monetäre Außenwirtschaft, I. Monetäre Außenwirtschaftstheorie, 4. Aufl., Göttingen 1994, S. 44

Der Inlandpreis ($p_{i / DM}$) = 10 DM impliziert unter Berücksichtigung des Wechselkurses w = 2,0 einen Dollar-Inlandspreis ($p_{i / \$}$) von 5 $.

$$\frac{p_i\,(DM) = 10\ DM}{w\,(2{,}0)} = p_i\,(\$) = 5\ \$$$

Da in den USA nur ein Preis von 4 $ am Markt verlangt wird, bzw. die Produktion lediglich 4 $ kostet, wird die USA zunehmend das Produkt produzieren (anbieten) und Deutschland in den USA nachfragen. Das im Inland hergestellte Produkt ist unter den gesetzten Prämissen (Inlandsstückkosten und Wechselkurs) nicht wettbewerbsfähig und es kommt zu einer Abwanderung der Nachfrage von Deutschland in die USA. Hierdurch werden in den USA Preissteigerungen ausgelöst, weshalb die amerikanischen Produzenten ihr Angebot ausdehnen und die Nachfrager ihre Käufe einschränken. Dadurch entsteht in den USA ein inländischer Angebotsüberschuß. Gleichzeitig gehen in Deutschland aufgrund der verringerten Nachfrage die Preise zurück. Die deutschen Nachfrager steigern deshalb ihre Nachfrage, während die deutschen Produzenten ihr Angebot vermindern und so in Deutschland ein inländischer **Nachfrageüberschuß** ($q_A < q_N$) entsteht. Dieser deutsche Nachfrageüberschuß ist dabei nichts anderes als die deutsche Importnachfrage, die auf das amerikanische Exportangebot (= amerikanischer inländischer **Angebotsüberschuß** ($q_A > q_N$)) trifft.

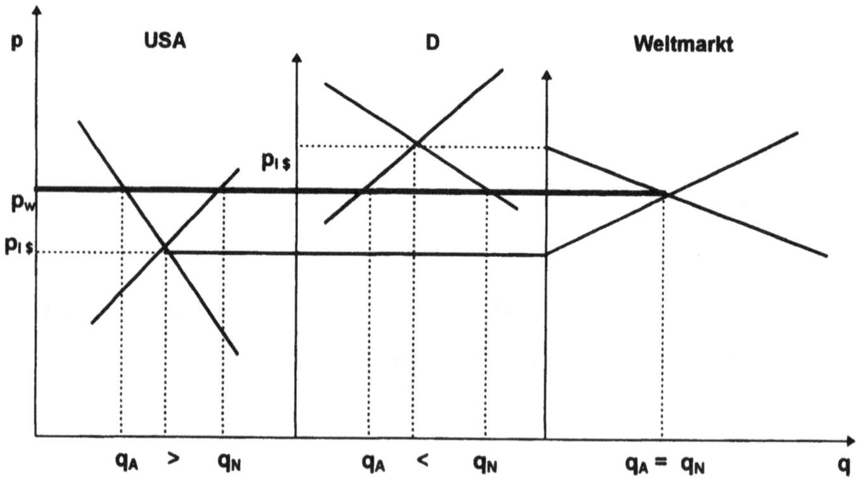

Ein **internationales Marktgleichgewicht ($q_A = q_N$)** ist dabei genau dann realisiert, wenn die deutsche Importnachfrage mit dem amerikanischen Exportangebot übereinstimmt.

Der inländische Angebotsüberschuß (USA) und der inländische Nachfrageüberschuß (Deutschland) führen auf dem in der Grafik abgetragenen „Weltmarkt" zu einer Exportangebots- und einer Importnachfragefunktion, die im Schnittpunkt zu einem einheitlichen Weltmarktpreis (p_w) die inländischen Angebot- und Nachfrageüberschüsse ausgleicht. Hierdurch werden gleichzeitig **Faktorallokationen** ausgelöst. Diejenigen Länder, die vornehmlich inländische Nachfrageüberschüsse produzieren, werden ihr Angebot einschränken müssen, was zu Investitionsrückgängen, einem Ausscheiden von Grenzbetrieben, Entlassungen (Arbeitslosigkeit) und Gewinneinbußen führt. Die Länder mit inländischen Angebotsüberschüssen werden dagegen die entgegengesetzten Entwicklungen zu verzeichnen haben. Da insbesondere der Produktionsfaktor Arbeit nicht uneingeschränkt mobil und die Löhne nach unten nicht flexibel genug sind, kann sich hierdurch in den Ländern mit einem inländischen Nachfrageüberschuß langfristig **Arbeitslosigkeit** etablieren.

1.3.2 Internationaler Handel und Marktmacht

Bisher wurde bei den internationalen Austauschbeziehungen von einem realitätsfremden **Wettbewerbsmodell** ausgegangen. Die wirtschaftliche Realität ist außerdem nicht immer zwingend von Wettbewerb gekennzeichnet, sondern auch von dem Vorliegen und Ausnutzen von **Marktmacht**. Dies gilt nicht nur für den Binnenmarkt (wie im 4. Kapitel ausführlich beschrieben), sondern auch im Bereich der Außenwirtschaft. Hier liegen vorwiegend oligopolistische Märkte mit wenigen Anbietern vor, die sich nicht an vorgegebene Marktdaten (wie im Modell der vollkommenen Konkurrenz) anpassen müssen, sondern die Marktdaten durch ihre Unternehmenspolitik maßgeblich strategisch gestalten können. In diesem Zusammenhang sind die **multinationalen Unternehmen**, die sog. „Multis", zu erwähnen. Hierbei handelt es sich um **Konzerne**, die in zwei oder mehr Staaten tätig sind. Viele dieser Unternehmen erzielen einen größeren Umsatz als Länder an Bruttosozialprodukt realisieren. Obwohl es bis heute keine allgemein anerkannte Definition oder eine in sich geschlossene Theorie über multinationale Unternehmen gibt, lassen sich zwei Grundmodelle ausmachen: In den **marktliberalen Modellen** erscheinen multinationale Unternehmen als „Monstren" und „Saurier", als „entartete Spezies" der kapitalistischen Unternehmung und Fremdkörper im marktwirtschaftlichen System, deren Größe und Marktmacht es einzudämmen gilt. In den mehr **technokratischen Modellbetrachtungen** werden Vor- und Nachteile der multinationalen Unternehmen abgewogen, um per Saldo fast immer zu dem Ergebnis zu kommen, daß die positiven Effekte die negativen überwiegen. Mit der **Zunahme des Welthandels** und weltweit fortschreitender **Konzentrationsprozesse** sind auch die Unternehmensgrößen dieser „Multis" in den letzten Jahrzehnten beträchtlich gestiegen. Dabei kam es gleichzeitig in der *„ökonomischen Triade"* zwischen japanischen, amerikanischen und europäischen Großunternehmen zu einer **Positionsverschiebung** unter den weltgrößten Anbietern. Gehörten 1980 noch 66 Unternehmen aus Japan zu den 500 umsatzgrößten Industrieunternehmen der Welt, so waren es 1990 bereits 111 und zwei Jahre später 128. Umgekehrt hatte sich die Zahl von 217 amerikanischen Unternehmen des Jahres 1980 bis 1990 um 53 auf 164 und bis 1992 auf 161 vermindert. **Europäische „Multis"** haben demgegenüber in den 80er Jahren ihre Stellung in der Spitzengruppe der Welt insgesamt kaum verändert: Ihr Anteil an den 500 größten Unternehmen stieg zwischen 1980 und 1992 leicht von 130 auf 140 Unternehmen.[1] Die Entwicklung bis 1996 ist der folgenden Tabelle zu entnehmen.

Länder mit den meisten Unternehmen der 500 größten Unternehmen der Welt 1996

Land	Anzahl	Größtes Unternehmen
USA	162	General Motors
Japan	126	Mitsui
Frankreich	42	Elf Aquitaine
Deutschland	41	Daimler-Benz
Großbritannien	34	British Petroleum
Schweiz	14	Nestle
Südkorea	13	Daewoo
Italien	13	Fiat
Niederlande	8	Philips Electronics
Kanada	6	BCE
Spanien	5	Teneo
Brasilien	5	Petrobras
Australien	5	Broken Hill Prop.

Quelle: WISU, Heft 8/9/1997, S. 696

[1] Vgl. Jörg Huffschmid, Wem gehört Europa?, Bd. 2, Heilbronn 1994, S. 11ff.

Die Zeitschriften „*Fortune*" und „*Business Week*" erstellen jährlich anhand der Kennziffern Umsatz, Gewinn, Marktwert und Beschäftigung ein Ranking der größten und erfolgreichsten multinationalen Unternehmen.[1] Demnach konnten die 500 größten Unternehmen der Welt 1996 ihren Gewinn um 25,1% steigern, während die Umsätze lediglich um 0,5% zunahmen. Dies ist ein deutliches Zeichen dafür, daß die Unternehmen durch Kostensenkungsmaßnahmen, denen überwiegend Arbeitsplätze zum Opfer fielen, ihre Gewinne gesteigert haben. Vom Umsatz ist seit langem *General Motors (USA)* das größte Unternehmen der Welt. Vom Gewinn her liegt General Motors dagegen an achter Stelle der zwanzig gewinnbesten Unternehmen. Beim Markwert wird *General Electric (USA)* mit 198,1 Mrd. Dollar am höchsten gehandelt und der größte Arbeitgeber der Welt mit 887.546 Beschäftigten ist *U.S. Postal Service (USA)*.

Gewinn-Weltmeister 1996
- in Mrd. Dollar -

1. Royal Dutsch/Shell (NL/GB)	8,9
2. Exxon (USA)	7,5
3. General Electric (USA)	7,3
4. Philip Morris (USA)	6,3
5. AT&T (USA)	5,9
6. IBM (USA)	5,4
7. Intel (USA)	5,2
8. General Motors (USA)	4,9
9. HSBC Holdings (GB)	4,9
10. PDVSA (Venezuela)	4,5
11. Ford (USA)	4,4
12. British Petroleum (GB)	3,9
13. Merck (USA)	3,9
14. Citicorp (USA)	3,8
15. DU Pont (USA)	3,6
16. Chrysler (USA)	3,5
17. Coca-Cola (USA)	3,5
18. Toyota (Japan)	3,4
19. BT (GB)	3,3
20. Roche Holding (Schweiz)	3,2

Quelle: WISU, Heft 8/9/1997, S. 696

[1] Vgl. Das Wirtschaftsstudium (WISU), Heft 8/9/1997, S. 696ff.

Zu den größten Banken der Welt gehört an zweiter Stelle der fünfzehn Größten die *Deutsche Bank AG*. Gemessen an den Zins- und sonstigen Einnahmen lag die *Bank of Tokyo-Mitsubishi* (Japan) mit 46,5 Mrd. Dollar 1996 an erster Stelle. Die Deutsche Bank kam auf einen Wert in Höhe von 39,4 Mrd. Dollar. An dritter Stelle steht die französische Bank *Credit Agricole*. Erst an vierter Stelle steht eine amerikanische Bank, die *Citicorp*.

Die größten Banken der Welt
- in Mrd. Dollar -

1. Bank of Tokyo-Mitsubishi (Japan)	46,5
2. Deutsche Bank (Deutschland)	39,4
3. Crédit Agricole (Frankreich)	34,6
4. Citicorp (USA)	32,6
5. GAN (Frankreich)	32,3
6. Industrial Bank of Japan (Japan)	30,2
7. HSBC Holdings (GB)	28,9
8. Sanwa Bank (Japan)	27,9
9. ABN AMRO Holding (NL)	27,6
10. Crédit Suisse (Schweiz)	27,6
11. Chase Manhattan (USA)	27,4
12. Societe Generale (Frankreich)	26,0
13. Crédit Lyonnais (Frankreich)	25,2
14. Banque Nationale de Paris (Frankreich)	24,1
15. Fuji Bank (Japan)	24,1

Quelle: WISU, Heft 8/9/1997, S. 697

Die Schaffung eines einheitlichen **„Europäischen Binnenmarktes"** zum 1.1.1993 hat den **Fusionsprozeß** und damit die Konzentration beschleunigt und hierdurch die Marktmacht der international agierenden Unternehmen nachhaltig erhöht. Bereits im Jahr 1986 (neuere Daten liegen nicht vor) betrugen die Marktanteile differenziert nach Branchen für die jeweils **fünf größten** europäischen Unternehmen:[1]

- **Raumfahrt** **65,6%**
- **Kfz-Bau** **65,5%**
- **Informatik, Büromaschinen** **65,3%**
- **Tabakverarbeitung** **43,7%**

[1] Vgl. Jörg Huffschmid, Wem gehört Europa?, a.a.O., S. 23

- **Elektronik** **42,2%**
- **Chemie** **41,5%**
- **Getränke** **34,1%**
- **Pharmazeutische Industrie** **28,7%**
- **Eisen- und Stahlindustrie** **27,5%**
- **Baustoffe** **22,3%**

Die Einführung des „Europäischen Binnenmarktes" hatte auch Auswirkungen auf den **nationalen Konzentrationsprozeß** in Deutschland[1], wobei mit der temporären Intensivierung der internationalen Konkurrenz, die sich infolge der Liberalisierung des Außenhandels, nicht zuletzt auch durch die Gründung und Weiterentwicklung der „Europäischen Union", ergeben hat, heute so manche nationale Fusion von Unternehmen gerechtfertigt wird. Nationale Unternehmen müßten schließlich im **internationalen Wettbewerb** bestehen, wozu eine bestimmte Betriebsgröße zur Realisierung von **economics of scale** notwendig sei.

Wenn auch in den letzten Jahrzehnten auf manchen **nationalen Märkten** der Wettbewerb durch die Zunahme der Bedeutung des Außenhandels (hier ist auch seit Beginn der 90er Jahre die Öffnung der osteuropäischen Märkte zu beachten) trotz der vor sich gehenden nationalen und internationalen Konzentrationsprozesse noch belebt wurde, ist hierbei für die Zukunft folgendes zu beachten: Die Zunahme der Wettbewerbsintensität ist ein vorübergehender Vorgang, der sich nicht wiederholen läßt. Je mehr die Konzentration in der Welt zunimmt und je mehr die Märkte durch Tochtergesellschaften ein und desselben Konzerns, also durch „Multis", beherrscht werden, um so stärker wird der Gegensatz zwischen den privatwirtschaftlichen und den volkswirtschaftlichen bzw. gesamtwirtschaftlichen Interessen. Wenn ein Konzern nicht mehr nur den **nationalen Markt** seines Landes, sondern - wie dies die „Multis" tun - den **Weltmarkt** oder zumindest große Teile desselben beherrscht, kann auch ein Abbau von **Handelshemmnissen** den Wettbewerb nicht wiederherstellen. Zum anderen gibt es in vielen Bereichen der Wirtschaft längst **internationale Kartelle**[2], welche nicht nur die Preis-, sondern auch die Qualitätskonkurrenz ausgeschlossen haben und die vielfach die Investitionen nicht nur quantitativ, sondern auch qualitativ - und damit zugleich den technischen Fortschritt - vom Standpunkt der privatwirtschaftlichen Gewinnmaximierung aus reglementieren.

---

[1] Vgl. dazu das 4. Kapitel, Punkt 5.1.2 „Begriff, Formen, Messung und Stand der Unternehmenskonzentration"

[2] Vgl. Kurt Rudolf Mirow, Die Diktatur der Kartelle, Zum Beispiel Brasilien, Materialien zur Vermachtung des Weltmarktes, Reinbek 1978

Neben der **Ausschaltung der Preis- und Qualitätskonkurrenz** oder durch die Festlegung konzerninterner Verrechnungspreise (siehe Kasten), um unterschiedliche nationale Steuersätze im Rahmen ihrer Gewinnpolitik auszunutzen, nehmen „Multis" auch Einfluß auf die **Steuer- und Fiskalpolitik** der einzelnen Länder. Sie nutzen ihre Möglichkeit, **Produktionen** von einem Land in das andere zu verlagern und nehmen damit großen Einfluß auf die **Beschäftigungslage** und die **nationale Lohnpolitik**. Dies geschieht nicht selten unter Drohung und Erpressung der beschäftigten Arbeitskräfte, Gewerkschaften und Politiker. Große Unternehmen beeinflussen nationale Umweltschutzgesetze oder scheren sich bei ihren Ausbeutungsstrategien erst gar nicht um die **Umwelt**. Ist sie zerstört, wechseln sie den Standort bzw. das Land.

Konzerninterne Verrechnungspreise von multinationaler Unternehmen

„Multinationale Unternehmen beeinflussen durch monopolistisches Verhalten, etwa durch Preiserhöhungen oder Absatzbeschränkungen, die internationalen Handelsströme in 'unerwünschter' Weise. Die eleganteste Methode besteht in der Festlegung konzerninterner Verrechnungspreise, die nicht den Wettbewerbspreisen entsprechen. Eine amerikanische Muttergesellschaft liefert etwa Halbfabrikate an ihre deutsche Tochterfirma, die dort weiterverarbeitet werden, zu überhöhten Preisen. Man spricht in diesem Zusammenhang von Transferpreisen, da die von der deutschen Firma gezahlten Preise höher sind als die Kosten (einschließlich eines angemessenen Gewinns). Mit Hilfe von Verrechnungspreisen werden somit Gelder transferiert, die sich als (Zusatz-)Gewinne bei der amerikanischen Muttergesellschaft niederschlagen (Gewinnverlagerungen). Etwa um unterschiedliche Steuersätze in Deutschland und den USA auszunutzen. Damit wird indirekt in die Steuer- und Finanzpolitik von Staaten eingegriffen. Es ist unmittelbar einleuchtend, daß ein derartiges Verhalten sich auf den wertmäßigen Umfang des Außenhandels zwischen Deutschland und den USA auswirkt. Wäre die Zahlungsbilanz der BR-Deutschland defizitär und gingen die wirtschaftspolitischen Bemühungen dahin, das Defizit durch vermehrte Deviseneinnahmen (Exporte) zu beseitigen, so würde durch diese Politik durch die Setzung von Transferpreisen, die ja zu überhöhten Devisenabflüssen führt, durchkreuzt."[1]

Auch können „Multis" ihre eigene **Geldpolitik** (Geldbeschaffung) durch Ausnutzung der internationalen Geldströme und Kreditkonditionen sowie durch Machtpreisbildung (Finanzierung über den eigenen Cash-Flow) losgelöst von den jeweiligen nationalen Geldpolitiken der einzelnen Länder betreiben. Sie sind damit in der Lage, die wesentlichen **nationalen wirtschaftpolitischen Instrumente** zur Konjunktur- und Wachstumspolitik zu unterlaufen. „Multis" verfügen demnach nicht nur über eine enorme wirtschaftliche **Marktmacht**, die mit dem Grundgedanken der marktwirtschaftlichen Ordnung nichts mehr zu tun hat, sondern sie verfügen darüber hinaus über **politische Macht**, die sie zugunsten ihrer Gewinnstrategien häufig schonungslos ein- und durchsetzen.

---

[1] Wilhelm Henrichsmeyer, Oskar Gans, Ingo Evers, Einführung in die Volkswirtschaftslehre, 10. Aufl., Stuttgart 1993, S. 260

1.3.3 Wechselkursveränderungen

Da der Weltmarktpreis, wie bereits angedeutet, auch von dem jeweiligen **Wechselkurs** bestimmt wird, ist die Frage zu beantworten, wie sich die internationalen Austauschbeziehungen unter **veränderten Wechselkursen** verschieben. Auf den Devisenmärken (Devisen = ausländische Zahlungsmittel) werden nationale Währungen ausgetauscht. Es entsteht ein **Devisenangebot** und eine **Devisennachfrage** und daraus abgeleitet eine Preisbildung für Devisen.

1.3.3.1 Flexible Wechselkurse und der Devisenmarkt

Das **Angebot an Devisen** kommt dadurch zustande, daß inländische Exporteure, die Güter ins Ausland verkauft haben und dafür ausländische Währung erhalten haben, diese in inländische Währung umtauschen wollen, oder daß Wirtschaftssubjekte, die im Ausland einen Kredit aufgenommen haben, diesen in eine inländische Währung umtauschen möchten.

Die **Nachfrage nach Devisen** entsteht dadurch, daß inländische Importeure zur Bezahlung ihrer im Ausland gekauften Güter ausländische Währungen benötigen, oder daß Wirtschaftssubjekte, die einen Geldbetrag im Ausland anlegen wollen, dafür eine ausländische Währung brauchen.

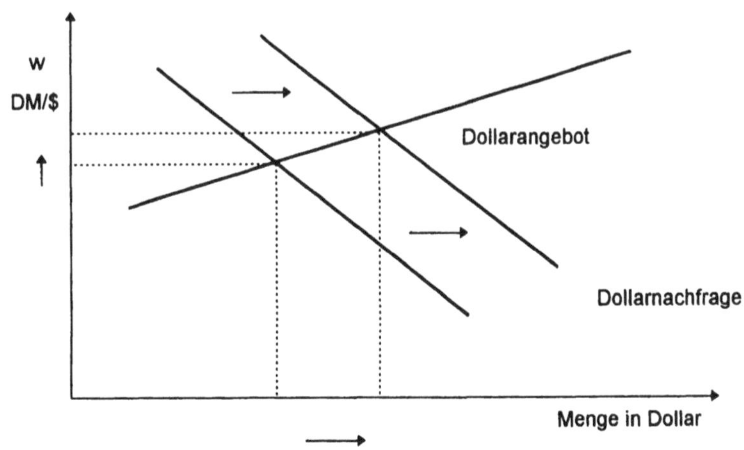

Der **nominale Gleichgewichtswechselkurs** ergibt sich im Schnittpunkt der Devisenangebots- und Devisennachfragekurve. In einem System **flexibler Wechselkurse** kommt es durch den **Wechselkursmechanismus** (Preismechanismus) auf dem vollkommensten Markt aller Märkte, dem Devisenmarkt, (er entspricht den Regeln der Marktform der vollkommenen Konkurrenz) zu einem automatischen neuen Gleichgewicht bei Veränderungen im Export oder Import. Dies gilt gleichermaßen für den Austausch von Gütern als auch von Kapital.

Entwicklung der nominalen Wechselkurse zu ausgesuchten Ländern

Jahresdurchschnittlicher Außenwert der D-Mark

- Veränderungen zum Vorjahr in v.H. -

	US-Dollar	Yen	EU Währungen insgesamt	EWS Währungen insgesamt	Gegenüber 18 Indutrie-ländern	Pfund Sterling	Lira	FF	Peseta
1974	2,5	10,5	6,6	6,7	5,7	7,4	14,5	11,2	1,8
1975	5,3	7,1	1,3	- 0,4	1,9	11,0	5,6	- 6,2	4,8
1976	-2,4	- 2,5	10,8	9,6	6,0	20,6	24,6	9,0	13,9
1977	8,4	- 1,9	9,4	8,7	7,8	11,5	14,9	11,4	23,3
1978	15,7	- 9,4	7,0	6,7	5,2	5,3	11,2	6,1	16,3
1979	9,5	14,4	2,9	3,4	5,1	- 0,9	7,2	3,4	- 3,9
1980	1,0	4,2	- 0,1	1,3	0,6	- 8,0	3,9	0,2	7,7
1981	-19,4	- 21,8	0,9	2,7	- 5,5	- 7,3	6,7	3,3	3,5
1982	- 7,1	5,0	8,9	8,7	5,1	- 0,5	10,8	12,5	10,7
1983	- 4,8	- 9,1	8,2	7,3	3,7	9,6	6,7	10,2	24,1
1984	-10,2	-10,3	2,1	2,2	- 1,3	2,1	3,9	3,0	0,7
1985	- 2,9	- 3,0	1,2	1,2	0,1	0,2	5,3	- 0,6	2,6
1986	35,1	- 4,4	6,9	4,1	9,2	19,3	5,6	4,6	11,4
1987	20,5	3,8	4,3	3,3	6,4	7,8	5,0	4,7	6,4
1988	2,4	- 9,3	- 0,2	0,9	- 0,8	- 5,8	2,7	1,4	- 3,4
1989	- 6,6	0,5	- 1,0	- 0,2	- 1,0	1,6	- 1,5	+/- 0	- 5,0
1990	16,5	22,0	1,6	0,1	5,6	7,0	1,6	- 0,7	0,2
1991	- 2,5	- 9,3	0,2	0,4	- 1,3	- 1,7	0,8	0,4	- 0,7
1992	6,1	+/- 0	1,8	1,8	3,1	6,8	5,6	0,3	4,7
1993	- 5,7	- 17,1	8,1	6,4	2,5	10,1	20,4	1,1	17,2
1994	2,1	- 6,5	0,9	1,0	+/- 0	+/- 0	4,7	- 0,1	7,4
1995	13,1	4,1	4,7	3,7	9,8	9,8	14,4	1,8	5,4
1996	- 4,8	10,2	- 3,7	- 3,2	- 3,7	- 3,7	- 9,8	- 2,4	- 3,3

Quelle: Deutsche Bundesbank, Monatsbericht 8/1997, eigene Berechnungen

Steigt z.B. der Güterimport von Deutschland aus den USA, so wird die Nachfrage nach US-Dollar entsprechend zunehmen, wodurch sich die Nachfragekurve nach rechts verschiebt. Bei einem konstanten Dollar-Angebot steigt der Wechselkurs (w), d.h. die DM hat gegenüber dem Dollar an Wert verloren, der Außenwert der DM ist gesunken. Durch diese automatische **Abwertung (Devalvation) der DM** wird in der nächsten Wirtschaftsperiode die Nachfrage aus den USA steigen, wodurch der Export der Bundesrepublik zunehmen wird. Es kommt demnach zu einer Erhöhung des Dollar-Angebots und damit zu einer **Aufwertung (Revalvation) der DM**, die den Wechselkurs wieder steigen läßt.

Der flexible Wechselkurs sorgt demnach automatisch für einen Ausgleich des Devisenangebots und der Devisennachfrage.

Der Wechselkurs wird aber nicht nur durch Export-Importveränderungen an Gütern und Kapital beeinflußt, die man auch als sog. **Fundamentalfaktoren** bezeichnet, sondern auch durch eine **Wechselkurs- und Zinsarbitrage** sowie durch **Devisenspekulationen**. Eine **Wechselkursarbitrage** ist dann gegeben, wenn bestehende Kursdifferenzen zwischen Währungen an unterschiedlichen Börsenplätzen ausgenutzt werden. Ist z.B. der DM-Dollar-Wechselkurs in Frankfurt ein anderer als in London, so wird die Währung am „billigen" Platz gekauft und am „teuren" Platz verkauft. Derartige Arbitragegeschäfte sind bei Devisenhändlern an der Tagesordnung. Eine **Zinsarbitrage** liegt immer dann vor, wenn Zinsdifferenzen zwischen In- und Ausland ausgenutzt werden. Dabei muß natürlich der Wechselkurs berücksichtigt werden. Ist beispielsweise das Zinsniveau für festverzinsliche Wertpapiere in den USA höher als in der Bundesrepublik, so werden Anleger verstärkt amerikanische Wertpapiere nachfragen und DM in US-Dollar tauschen. Dabei ist aber das Wechselkursrisiko zu antizipieren, das beim Rücktausch von US-Dollar in DM auftritt. Ist dies größer als die Zinsdifferenz, lohnt sich das Geschäft nicht und die Zinsarbitrage ist negativ. Bei Arbitragegeschäften läßt sich durch **Terminmarktgeschäfte** das Wechselkursrisiko ausschalten, da auf einem Terminmarkt bei Vertragsabschluß die Konditionen für später bereits festgelegt werden. Man bezeichnet solche Geschäfte auch als **Kurssicherungsgeschäfte**.

Bei **Devisenspekulationen** versuchen Wirtschaftssubjekte Devisen zu kaufen bzw. zu verkaufen, um aus den **erwarteten Wechselkursschwankungen** Gewinne zu erzielen. Gerade

Devisenspekulationen haben dabei in den letzten Jahren mehrfach die internationalen Währungsmärkte und -strukturen heftig erschüttert. ***Jörg Huffschmid*** bemerkt dazu:

„Für diese Turbulenzen der Währungsmärkte sind in hohem Maße spekulative Geschäfte verantwortlich: der Umfang der täglichen Devisenumsätze hat in den letzten 25 Jahren von rund 15 Mrd. Dollar (1969) auf 1 Billion Dollar (1994), also das 67fache zugenommen, etwa viermal so stark wie der internationale Handel (vgl. die folgende Tabelle: „Welthandel, Direktinvestitionen und Devisenumsätze von 1969 bis 1994"). Die Summe aus Handel mit Waren und Dienstleistungen sowie Direktinvestitionen entsprach im vergangenen Jahr (1994, d.V.) nur 2,4% der weltweiten Devisenumsätze. Die Spekulation ist insbesondere durch die Verbesserungen der Kommunikationstechnik, die Liberalisierung des internationalen Kapitalverkehrs und die Deregulierungen der Finanzmärkte beschleunigt worden."[1]

Welthandel, Direktinvestitionen und Devisenumsätze von 1969 bis 1994

	1969	1979	1989	1994
Welthandel (in Mrd. US-Dollar)				
Waren	273	1.635	3.088	4.748[3]
Dienstleistungen		402[4]	704	1.020[3]
Insgesamt		2.037	3.792	5.768
Direktinvestitionen (in Mrd. US-Dollar)		35	60	237
Devisenmarktumsätze (in Mrd. US-Dollar)[1]	ca. 3.750	30.000	162.500	250.000
Devisenmarktumsätze geteilt durch (Handel + Direktinvestitionen)[2]	18,3%	14,7%	42,9%	43,3%

1) Berechnet auf der Basis der veröffentlichten Tagesumsätze und von 250 Arbeitstagen p.a., 2) Verhältnis der Währungs- zu den Realbewegungen; lies (für 1994): die Währungsbewegungen betragen das 43,3fache der Realbewegungen. 3) 1993, 4) 1980, Quelle: Jörg Huffschmid, Eine Steuer gegen die Währungsspekulation, in: Blätter für deutsche und internationale Politik, Heft 8/1995, S. 1.003

1.3.3.2 Nominaler und realer Wechselkurs

Beim Wechselkurs muß zwischen **nominalem und realem Wechselkurs** unterschieden werden, da die Veränderung des nominalen Wechselkurses durch die Differenz der **Inflationsraten** zweier

[1] Jörg Huffschmid, Eine Steuer gegen die Währungsspekulation?, in: Blätter für deutsche und internationale Politik, Heft 8/1995, S. 1.003

Länder bestimmt wird und damit der **reale Wechselkurs** die internationale Wettbewerbsfähigkeit eines Landes determiniert. Dieser Tatbestand wird durch die sog. relative **Kaufkraftparitätentheorie** von ***Gustav Cassel*** beschrieben. Diese besagt, daß sich der reale Wechselkurs genau um die Inflationsratendifferenz verändert oder anders ausgedrückt, daß die Kaufkraftparität, verstanden als das Verhältnis der Kaufkraft des Geldes in zwei Ländern, den Wechselkurs bestimmt.

$$w_r = \frac{w \times P_a}{P_i}$$

w_r = reale Wechselkursveränderung
w = nominale Wechselkursveränderung
P_a = Inflationsratenveränderung im Ausland
P_i = Inflationsratenveränderung im Inland

Oder ausgedrückt in Wachstumsraten:

$$\log w_r = \log w + \log p_a - \log p_i$$

<u>Beispiel:</u>
Nominale Wechselkursänderung 5% + Inflationsrate in USA (3%) - Inflationsrate in der Bundesrepublik (2%) = realer Wechselkurs 6%.

Die Kaufkraftparitätentheorie muß durch die **Zinsparitätentheorie** ergänzt werden. Diese besagt, daß der Wechselkurs auch durch die Zinsdifferenzen zwischen zwei Ländern determiniert wird. Kommt es zu relativen Zinssatzsteigerungen im Ausland gegenüber dem Inland, dann fließt Kapital ins Ausland ab und es kommt zu einer Abwertung der heimischen Währung. Der Wechselkurs sinkt. Im umgekehrten Fall kommt es zu einer Aufwertung und der Wechselkurs steigt.

1.3.3.2.1 Aufwertung und Abwertung

Zunächst soll ein **nominaler Wechselkurs** unterstellt werden. Hierbei gibt es keine Veränderungen der jeweiligen Inlandspreise. Das Inlandspreisniveau wird als konstant unterstellt.

Durch eine **Aufwertung der DM** (von 1,50 DM = 1 US-Dollar auf 1,40 DM = 1 US-Dollar) werden

- die Preise der US-Güter, in DM gerechnet, sinken,
- die Preise der deutschen Güter, in Dollar gerechnet, steigen.

Eine Aufwertung der DM steigert damit die Importneigung und senkt die Exportneigung.

Durch eine **Abwertung der DM** (von 1,50 DM = 1 US-Dollar auf 1,60 DM = 1 US-Dollar) werden

- die Preise der US-Güter, in DM ausgedrückt, steigen,
- die Preise der deutschen Güter, in Dollar ausgedrückt, sinken.

Eine Abwertung der DM senkt damit die Importneigung und steigert die Exportneigung.

Man spricht in diesem Fall auch von einer **„Normalreaktion auf die Handelsbilanz"**. Die Ökonomen ***A. Marshall*** und ***A.P. Lerner*** haben an eine solche Reaktion aber theoretische Bedingungen geknüpft (*Marshall-Lerner-Bedingung*). Diese lauten, „daß eine Abwertung nur dann zum erwünschten Ziel (Steigerung der Ausfuhr) führen kann, wenn die Summe der Importelastizitäten der beteiligten Länder größer als eins ist. Es muß jedoch darauf hingewiesen werden, daß dies nur unter der Voraussetzung gilt, daß die Leistungsbilanz im Anfangszustand ausgeglichen war, und daß die Angebotselastizitäten für die Ausfuhrgüter unendlich sind. Versuche, diese theoretischen Überlegungen durch empirische Beobachtungen zu verifizieren oder zu widerlegen, führten infolge unzureichender statistischer Unterlagen bisher zu unbefriedigenden Ergebnissen. Lange Zeit herrschte daher (...) ein **'Elastizitätspessimismus'** vor, d.h. viele Ökonomen vertraten die Auffassung, daß durch eine Abwertung infolge der außerordentlich geringen Importelastizitäten kaum die gewünschte Verbesserung der Leistungsbilanz herbeigeführt werden könne."[1]

Diese Position wird heute von der Mehrheit der Ökonomen nicht mehr geteilt. Es hat sich die **optimistische Auffassung** durchgesetzt, die davon ausgeht, daß bei Nachfragepreiselastizitäten

[1] Anton Zottmann, Theorie und Politik der Außenwirtschaft, Stuttgart 1967, S. 64

von größer als eins Aufwertungen negative Auswirkungen auf die Handelsbilanz haben und Abwertungen mit positiven Wirkungen einhergehen.[1]

Zu einer solchen **„Normalreaktion"** des Außenhandels bei einer Aufwertung bzw. Abwertung des Wechselkurses schreibt die *Deutsche Bundesbank*:

„Die Wechselkursentwicklung beeinflußt die Wettbewerbsposition einer Wirtschaft. Inländische Produkte werden vergleichsweise teurer und ausländische Güter werden entsprechend billiger, wenn die heimische Währung bei gegebenen Kostenverhältnissen aufgewertet wird. Im allgemeinen wird daraus der Schluß gezogen, daß eine reale Aufwertung die Absatzchancen der Exportwirtschaft auf den Auslandsmärkten beeinträchtigt und die Wettbewerbslage im Inland zugunsten ausländischer Importgüter verschiebt. Danach wäre zu erwarten, daß sich die Handelsbilanz, also die Differenz aus Export- und Importumsätzen, durch eine reale Aufwertung der Tendenz nach verschlechtert. Gemessen an diesem Vorverständnis ist die Reaktion des deutschen Außenhandels auf die starken Verzerrungen im Währungsgefüge im Jahr 1995 in verschiedener Hinsicht bemerkenswert moderat ausgefallen: Die Ausfuhrtätigkeit der deutschen Wirtschaft hat sich bis in den Herbst 1995 als auffallend robust gegenüber der ungewöhnlich scharfen Aufwertung der D-Mark erwiesen; erst in der Folgezeit zeigte sie die zu erwartende Abschwächung. (...) Ähnlich 'anomale' Reaktionen waren verschiedentlich auch schon in früheren Jahren zu verzeichnen gewesen. So beispielsweise gegen Ende der siebziger Jahre und Anfang der achtziger Jahre, als die D-Mark im Anschluß an die zweite Ölkrise und die dadurch ausgelösten Preisverschiebungen vor allem gegenüber dem US-Dollar deutlich niedriger bewertet wurde, während sich die deutsche Handelsbilanz verschlechterte. Umgekehrt hat sich die Außenhandelsposition der deutschen Wirtschaft Mitte der achtziger Jahre trotz einer beträchtlichen realen Aufwertung der D-Mark bis auf die historischen Höchststände des Jahres 1989 verbessert. (...) Die möglichen Erklärungen für die scheinbar widersprüchlichen Beobachtungen sind vielfältig. Zunächst ist zu berücksichtigen, daß sich die eingangs vermuteten Wirkungsbeziehungen im Unterschied zu den Handelsbilanzsalden nicht auf die wertmäßigen, sondern auf die realen Außenhandelsströme beziehen. In der Tat spricht vieles dafür, daß vor allem auf kurze Sicht wechselkursbedingte Veränderungen der Außenhandelspreise mögliche reale Effekte bei Exporten und Importen verdecken. Erst auf längere Sicht kommen die vermuteten Mengenreaktionen zum Tragen. Allein die zeitlichen Verzögerungen, die sich zwischen den

[1] Vgl. Klaus Rose, Theorie der Außenwirtschaft, 6. Aufl., München 1976, S. 78ff.

Auftragseingängen und den Lieferterminen ergeben, sprechen für einen gewissen Zeitbedarf, bis die Mengenwirkungen in den Ausfuhr- und Einfuhrlieferungen erkennbar sind. Aber auch vom Preissetzungs- und Angebotsverhalten der Außenhandelsfirmen sind die Reaktionen der Handelsbilanz auf Wechselkursänderungen abhängig. So gab es jedenfalls 1995 einige Anhaltspunkte dafür, daß die deutschen Exporteure durch entsprechende Preiszugeständnisse ihre Marktanteile verteidigten. Trotz temporärer Ertragseinbußen, die mit einer solchen Strategie zwangsläufig verbunden sind, können derartige Verhaltensweisen durchaus lohnend erscheinen, wenn beispielsweise die Störungen von der Wechselkursseite als nur vorübergehend angenommen werden. (...) Diese Überlegungen verdeutlichen, daß der einfache Vergleich der (nominalen) Außenhandelszahlen nur bedingt Schlüsse über die Art und den Umfang der Wirkungsbeziehungen zwischen der Wechselkursentwicklung und den grenzüberschreitenden Handelsströmen erlaubt."[1]

Die „Normalreaktion der Handelsbilanz" soll für eine **Aufwertung der DM** im folgenden exemplarisch gezeigt werden. Für eine Abwertung der DM gilt entsprechend der umgekehrte Fall.

1,50 DM = 1 US-Dollar → Wechselkurs 1,5 (vor Aufwertung der D-Mark)
1,40 DM = 1 US-Dollar → Wechselkurs 1,4 (nach Aufwertung der D-Mark)

<u>Verkauf von Autos (Export)</u>

1 PKW kostet 25.000 DM (Inland)
16.667 US-Dollar (Ausland) → Wechselkurs 1,5

1 PKW kostet 25.000 DM (Inland)
17.857 US-Dollar (Ausland) → Wechselkurs 1,4

<u>Einkauf von Maschinen (Import)</u>

1 Maschine kostet 5.000 US-Dollar (Ausland)
7.500 DM (Inland) → Wechselkurs 1,5
1 Maschine kostet 5.000 US-Dollar (Ausland)
7.000 DM (Inland) → Wechselkurs 1,4

[1] Deutsche Bundesbank, Monatsbericht 1/1997, S. 44f.

Der Vergleich der Preisrelationen im Inland und Ausland bezogen auf den Export und Import kommt zu dem Ergebnis, daß bei Aufwertungen der DM die Preise für exportierte Güter im Ausland steigen (von 16.667 US-Dollar auf 17.857 US-Dollar). Dadurch kommen Exporteure in eine **schlechtere Konkurrenzsituation**, wodurch sie häufig nicht in der Lage sind, (es sei denn das exportierte Produkt hat andere komparative Vorteile oder die Exporteure besitzen eine internationale marktbeherrschende Position) die Wechselkursänderung in ihren Preisen weiterzugeben, wollen sie nicht Nachfrage und damit Marktanteile im Auslandsmarkt verlieren. Erhöhen sie die Preise aufgrund der Aufwertung nicht, realisieren sie entsprechend für ihre exportierten Güter einen geringeren Umsatzerlös (16.667 US-Dollar x 1,40 DM = 23.334 DM anstatt 25.000 DM), der bei gleichen Produktionskosten zu **Gewinneinbußen** und eventuell sogar zu **Verlusten** führt. Dazu schreibt die *Deutsche Bundesbank*:

„Die Wirkungen von Wechselkursänderungen auf die Preise der gehandelten Export- und Importgüter hängen entscheidend von den Kosten- und Wettbewerbsverhältnissen auf den jeweiligen Märkten ab. Entsprechend unterschiedlich können die zu beobachtenden Verhaltens- und Reaktionsmuster ausfallen. Konkret reichen die möglichen Effekte vom Extremfall der synchronen und vollständigen Weiterwälzung der Wechselkursveränderungen in den betreffenden Verkaufspreisen auf die Nachfrage bis zum anderen Extrem der einseitigen Übernahme der kursbedingten Erlösschmälerung (oder -verbesserung) durch den jeweiligen Anbieter des betreffenden Gutes. In der neueren außenhandelstheoretischen Literatur wird in dem zuerst genannten Fall vom vollständigen 'exchange rate passthrough' gesprochen, während das zuletzt genannnte Preissetzungsverhalten als 'pricing-to-market' bezeichnet wird. Bei lückenlosem 'pass-through' wird die Wechselkursveränderung unmittelbar in entsprechenden Marktpreisbewegungen sichtbar: Eine Aufwertung der heimischen Währung (D-Mark) bewirkt also bei den gegebenen in- und ausländischen Kostenniveaus eine entsprechende Senkung der in D-Mark gerechneten Importpreise und eine Erhöhung der in Fremdwährung gerechneten Exportpreise. Dagegen bleiben im Falle von 'pricing-to-market' die Absatzpreise im Import und Export unverändert. Die Wechselkursbewegungen schlagen sich in entsprechenden Änderungen der Erlösspanne im Außenhandel nieder: Bei einer Aufwertung der heimischen Währung nehmen die inländischen Exporteure Gewinneinbußen in Kauf, um die Absatzpreise auf den Exportmärkten unverändert halten zu können; während auf der Importseite aufwertungsbedingte Extragewinne bei den ausländischen Lieferanten und/oder den inländischen Importeuren anfallen.“[1]

[1] Deutsche Bundesbank, Monatsbericht 1/1997, S. 45f.

1.3.3.2.2 Preis- und Volkseinkommensmechanismus

Bisher wurden die Wirkungen auf die Handelsbilanz bei einem unterstellten nominalen Wechselkurs (ohne inflatorische Wirkungen) aufgezeigt. Welche Wirkungen stellen sich dagegen bei einem **realen Wechselkurs**, also unter Berücksichtigung von Preissteigerungen im Inland und Ausland, ein? Steigen beispielsweise die Preise in Deutschland bei einem konstanten Preisniveau in den USA, dann kommt es zu einer DM-Preissteigerung der deutschen Güter bei Konstanz der US-Preise der amerikanischen Güter. Bei einem konstanten nominalen Wechselkurs werden die deutschen-Güter, in US-Dollar umgerechnet, teurer, und bei einer elastischen Nachfrage (Preiselastizität > eins) geht die nachgefragte Menge, der Export der deutschen-Güter zurück.

1,50 DM = 1 US-Dollar → Nominaler Wechselkurs = 1,5
Tauschverhältnis **vor** Preisniveauerhöhung in Deutschland

PKW-Preis = 25.000 DM
PKW-Preis = 16.667 US-Dollar

Preisniveau Deutschland steigt um 3% → Preisniveau in den USA bleibt konstant.

Tauschverhältnis **nach** Preisniveauerhöhung in Deutschland und konstanter nominaler Wechselkurs

PKW-Preis = 25.000 DM plus 3% = 25.750
PKW-Preis = 17.167 US-Dollar

Auf der anderen Seite wird die Wettbewerbsfähigkeit amerikanischer Anbieter auf dem deutschen Markt erhöht. Dadurch steigen die Importe nach Deutschland. Hieraus kann allgemein abgeleitet werden:

Steigt das Preisniveau eines Landes schneller als das eines anderen Landes, dann werden die Exporte des preisstabilen Landes zunehmen, seine Importe dagegen abnehmen, die Exporte des inflationären Landes abnehmen, seine Importe dagegen zunehmen.

Neben dem Wechselkurs- und Preismechanismus existiert noch ein **Volkseinkommensmechanismus**, der einen Einfluß auf die internationalen Beziehungen bzw. auf die Handelsbilanz nimmt. Wird nämlich der Export eines Landes gesteigert, so wird sich dies positiv auf das Volkseinkommen (Sozialprodukt) auswirken, während sich eine Abnahme des Volkseinkommens negativ auf die Importe des Landes auswirkt. Unter Berücksichtigung einer marginalen Konsumquote bzw. marginalen Sparquote (s) und einer marginalen Importquote (m) läßt sich der Einkommenseffekt (Δ Y) einer Exporterhöhung unter Berücksichtigung einer negativen multiplikativen Importwirkung (exportinduzierte Importwirkung) wie folgt beschreiben:

$$\Delta Y = \frac{1}{s + m} \Delta Ex$$

s = marginale Sparquote = 0,2
m = marginale Importquote = 0,1
Ex = Export
Y = Volkseinkommen

Steigt demnach der Export um 5 Mrd. DM, so würde der multiplikative Effekt auf das Volkseinkommen ohne eine exportinduzierte Importreaktion bei 25 Mrd. DM liegen:

$$\Delta\ 25\ \text{Mrd. DM} = \frac{1}{0{,}2} \times \Delta\ 5\ \text{Mrd. DM}$$

Die volkseinkommenssteigernde Wirkung des Exports impliziert aber gleichzeitig einen negativen multiplikativen Effekt auf das Volkseinkommen. Hierdurch führt die Erhöhung des Exports um 5 Mrd. DM lediglich zu einer Erhöhung des Volkseinkommens (Y) auf 16.666,66 Einheiten.

$$\Delta\ 16{,}7\ \text{Mrd. DM} = \frac{1}{0{,}2 + 0{,}1} \times \Delta\ 5\ \text{Mrd. DM}$$

1.3.4 Zur Zahlungsbilanz

Alle außenwirtschaftlichen Beziehungen werden in der Zahlungsbilanz erfaßt, die einen speziellen Teil der „Volkswirtschaftlichen Gesamtrechnung“ (VGR) darstellt. Sie erfaßt alle ökonomischen

Transaktionen zwischen Inländern und Ausländern in einer Abrechnungsperiode, wobei als Inländer alle Personen ohne Beachtung ihrer Staatsangehörigkeit gelten, die einen ständigen Wohnsitz im Inland unterhalten. Anders als die Bilanz eines Unternehmens enthält die Zahlungsbilanz keine Bestandsgrößen, sondern **Stromgrößen in Form von Forderungen und Verpflichtungen** zwischen In- und Ausländern. Erstellt wird die Zahlungsbilanz der Bundesrepublik von der Deutschen Bundesbank. Reduziert man die Außenwirtschaftsbeziehungen auf den Kauf und Verkauf von Sachgütern gegen Devisen (ausländische Zahlungsmittel), so würde die Zahlungsbilanz lediglich aus zwei Unterkonten bestehen: aus der **Handelsbilanz** und aus der **Devisenbilanz**.

Handelsbilanz

Sachgüterexporte (Negativer Handelsbilanzsaldo) (I_m > E_x)	**Sachgüterimporte (Positiver Handelsbilanzsaldo) (E_x > I_m)**

Devisenbilanz

Abnahme der Devisenbestände	**Zunahme der Devisenbestände**

Ein **positiver Handelsbilanzsaldo** führt dabei zu einer Zunahme der Devisenbestände, während ein **negativer Handelsbilanzsaldo** die Devisenbestände eines Landes verringert. Oder anders formuliert: Liegt ein Exportüberschuß (= aktive Handelsbilanz) vor, so hat sich die Differenz zwischen den Forderungen und Schulden inländischer Wirtschaftssubjekte gegenüber dem Ausland erhöht. Liegt dagegen ein Importüberschuß (= passive Handelsbilanz) vor, so ist die Differenz zwischen Forderungen und Schulden inländischer Wirtschaftssubjekte gegenüber dem Ausland gesunken. Bei der Konsolidierung der Handels- und Devisenbilanz heben sich die jeweiligen Salden gegenseitig auf. **Die Zahlungsbilanz ist demnach buchhalterisch immer ausgeglichen**. Wenn von Zahlungsbilanzdefiziten oder -überschüssen die Rede ist, so bezieht sich dies lediglich auf einzelne **Unter- bzw. Teilbilanzen** der Zahlungsbilanz. Dazu gehören:

- die **Handelsbilanz**
- plus die **Dienstleistungsbilanz**
- ***= Außenbeitrag***
- plus der **Übertragungsbilanz (Schenkungsbilanz)**
- ***= Leistungsbilanz (Bilanz der laufenden Posten)***
- plus der **lang- und kurzfristige Kapitalverkehrsbilanz**
- plus dem **Saldo der statistisch nicht aufgliederbaren Transaktionen (Restposten)**
- plus dem **Saldo der Veränderung der Netto-Auslandsaktiva der Bundesbank**

  = Zahlungsbilanz

Die Zusammenfassung der **Leistungsbilanz** und der **langfristigen Kapitalverkehrsbilanz** werden dabei auch als **Grundbilanz** bezeichnet.

Durch die Darstellung der einzelnen Unterbilanzen wird im folgenden der Zusammenhang zwischen der Leistungsbilanz und der Kapitalverkehrsbilanz noch einmal deutlich. Das Leistungsbilanzdefizit in Höhe von 25,8 Mrd. DM impliziert in der Kapitalverkehrsbilanz einen Nettozuwachs der Verbindlichkeiten gegenüber dem Ausland, also einen **Kapitalimport**, von ebenfalls 25,8 Mrd. DM. Ein Leistungsbilanzüberschuß bewirkt dagegen einen Nettozuwachs der Forderungen gegenüber dem Ausland, einen **Kapitalexport**. Entsprechend verschlechtert bzw. verbessert sich jeweils die Auslandsposition der Volkswirtschaft. Diesen Zusammenhang zeigt die folgende vereinfachte deutsche Zahlungsbilanz für das Jahr 1995. Dabei enthält der Saldo der Kapitalverkehrsbilanz die Veränderungen der **Netto-Auslandsaktiva der Deutschen Bundesbank** und den **Saldo der statistisch nicht aufgliederbaren Transaktionen** (Restposten).

Handelsbilanz (in Mrd. DM)

Warenexport (fob)	**732,6**	**Warenimport (fob)**	**634,6**
		Aktivsaldo	**98,0**

Dienstleistungsbilanz (in Mrd. DM)

Passivsaldo	**62,9**		

Übertragungsbilanz (in Mrd. DM)

Passivsaldo **60,9**	

Leistungsbilanz (in Mrd. DM)

Passivsaldo **25,8**	

Kapitalverkehrsbilanz (in Mrd. DM)

	Aktivsaldo (Kapitalimport) **25,8**

In der **Handelsbilanz** werden alle Exporte und Importe von Sachgütern (z.B. Autos, Maschinen etc.) erfaßt. Die Exporte werden zu fob-Preisen[1] und die Importe zu cif-Preisen[2] bewertet. Die **Dienstleistungsbilanz** enthält alle Käufe und Verkäufe von Dienst- und Faktorleistungen zwischen In- und Ausländern. Sie wird gegliedert in Reiseverkehrs-, Transport- und Versicherungsleistungen, Kapitalerträge, Regierungsleistungen und übrige Dienstleistungen. In der **Übertragungsbilanz** (auch **Schenkungsbilanz** genannt) erfolgt eine Zusammenstellung der Gegenbuchungen zu allen ohne Gegenleistung erfolgten Sachgüter-, Dienstleistungs- und Forderungstransaktionen. Hier werden u.a. die deutschen Ein- und Ausgaben bezüglich des **EG-Haushalts** verbucht sowie die geldlichen Heimatüberweisungen der Gastarbeiter als auch die staatlichen Zuwendungen an Entwicklungsländer.

Die Salden der Handels-, Dienstleistungs- und der Übertragungsbilanz bilden zusammen die **Leistungsbilanz** oder die **Bilanz der laufenden Posten**. Der Saldo der Handels- und Dienstleistungsbilanz kennzeichnet dagegen den gesamtwirtschaftlichen **Außenbeitrag**, der Bestandteil der gesamtwirtschaftlichen Endnachfrage und damit Bestimmungsfaktor des Sozialprodukts ist.

[1] fob-Preise = free on board Preise. Die Exporte enthalten zusätzlich zum Warenwert die Beladekosten auf ein Transportmittel

[2] cif- Preise = costs, insurance, freight Preise. Die Importe enthalten neben den fob-Preisen zusätzlich noch die Fracht- und Versicherungskosten bis zur jeweiligen Landesgrenze.

Liegt ein negativer Leistungsbilanzsaldo vor, so bedeutet dies, daß das Ausland weniger Leistungen des Inlandes nachgefragt hat als umgekehrt, so daß sich als Folge eine Verschlechterung der Devisenposition des Inlandes und/oder ein Kapitalimport ergeben hat. Die mit der Leistungsbilanz korrespondierende **Kapitalverkehrsbilanz** wäre in einem solchen Fall positiv, weil mehr Kapital per Saldo importiert als exportiert wurde. D.h. die Zunahme von ausländischen Anlagen im Inland (Kapitalimport (+)) wäre größer als die Zunahme deutscher Anlagen im Ausland (Kapitalexport (-)). So ist beispielsweise innerhalb der Kapitalverkehrsbilanz die Unterbilanz der **Direktinvestitionen** seit Jahren negativ. Dies bedeutet, daß Deutsche im Ausland mehr investiert haben als Ausländer in Deutschland. Die hieraus folgenden Kapitalabflüsse (Kapitalexport > Kapitalimport) werden dabei nicht selten als ein negatives Standortindiz gesehen.

In der **Kapitalverkehrsbilanz** werden im Gegensatz zu den güterwirtschaftlichen Transaktionen und den unentgeltlichen Leistungen der Leistungsbilanz die Geldkapitalbewegungen zwischen In- und Ausländern verbucht. Die Deutsche Bundesbank unterscheidet dabei innerhalb der Kapitalverkehrsbilanz die Bilanzen des **kurzfristigen** (Forderungen/Verbindlichkeiten mit einer Laufzeit bis zu einem Jahr) und **langfristigen** (Forderungen/Verbindlichkeiten mit einer Laufzeit von länger als einem Jahr) **Kapitalverkehrs**. Daneben erfolgt eine Differenzierung in private und öffentliche Geldkapitalbewegungen. Außerdem enthält die Zahlungsbilanz einen **„Saldo der statistisch nicht aufgliederbaren Transaktionen"**, auch als **„Restposten"** bezeichnet. Dieser Posten entsteht aus einer nicht exakten Verbuchung der einzelnen Transaktionen zwischen In- und Ausland.

Der buchhalterische Ausgleich der Zahlungsbilanz ergibt sich durch die jeweiligen Veränderungen der Auslandsforderungen und Auslandsverbindlichkeiten - auch als **Devisenbilanz** bezeichnet - als **„Veränderung der Netto-Auslandsaktiva"** der Deutschen Bundesbank. Dabei werden Wechselkursänderungen aufgrund einer Neubewertung der auf Fremdwährung lautenden Aktiva und Passiva zum Jahresende zusätzlich durch die Zahlungsbilanzposition **„Veränderung der Netto-Auslandsaktiva der Bundesbank zu Transaktionswerten"** ermittelt und explizit ausgewiesen. Man spricht dabei von einer aktiven Zahlungsbilanz, wenn es zu einer positiven Veränderung der Netto-Auslandsaktiva kommt (Forderungen größer als Verbindlichkeiten), während eine passive Zahlungsbilanz eine negative Veränderung der Netto-Auslandsaktiva (Verbindlichkeiten größer als Forderungen) impliziert.

Deutsche Zahlungsbilanz

- Ausgewählte Salden in Mrd. DM -

Jahr	**1992**	**1993**	**1994**	**1995**
Handelsbilanz	41,4	65,7	80,0	98,0
Dienstleistungsbilanz	- 42,5	- 52,1	- 61,2	- 62,9
davon:				
Reiseverkehrsbilanz	- 39,9	- 44,9	- 49,7	- 50,5
Übertragungsbilanz[1]	- 31,5	- 39,7	- 52,9	- 60,9
davon:				
Nettoleistung zum EG-Haushalt	- 24,7	- 26,7	- 31,0	- 29,1
Leistungsbilanz	- 32,6	- 26,1	- 34,1	- 25,8
Kapitalverkehrsbilanz	92,2	13,4	59,0	55,9
davon:				
Direktinvestitionen	- 26,3	- 22,4	- 25,9	- 37,1
Statistisch nicht aufteilbare Positionen	9,1	- 23,0	- 12,7	- 12,3
Veränderungen der Netto-Auslandsaktiva	68,7	- 35,7	12,2	17,8

1) Incl. Vermögensübertragungen,Quelle: Geschäftsberichte und Monatsberichte der Deutschen Bundesbank, Ab Juli 1990 einschl. Transaktionen der ehemaligen DDR mit dem Ausland

1.3.4.1 Zur Einordnung der Zahlungsbilanz in den Wirtschaftskreislauf

Die Zahlungsbilanz ist über den Außenbeitrag (E_x - I_m) als Saldo aus Handels- und Dienstleistungsbilanz eine Komponente der gesamtwirtschaftlichen Nachfrage bzw. ein Einflußfaktor des Bruttosozialprodukts zu Marktpreisen.

$Y^{Mpbr} = C_P + C_{st} + I_{br} + E_x - I_m$ oder verkürzt

$Y^{Mp/br} = C + I_{br} + E_x - I_m$

$Y^{Mp/br} + I_m = C + I_{br} + E_x$

Hieraus folgt, daß in einer Volkswirtschaft immer nur so viel konsumiert (C), investiert (I_{br}) und exportiert (E_x) werden kann, wie an Gütern und Diensten aus eigener Produktion (Y) und Import (I_m) zur Verfügung steht. Aus der VGR ist dabei bereits bekannt, daß in einer offenen Volkswirtschaft ex-post die Summe der gesamtwirtschaftlichen Ersparnis (S) gleich der Summe der Nettoinvestitionen (I_n) zuzüglich des Außenbeitrages (E_x - I_m) und des Saldos der Übertragungsbilanz (Ü) ist.

$$S = I_n + E_x - I_m + Ü \quad \text{oder}$$
$$S - I_n = E_x - I_m + Ü$$

Auf der linken Seite der Gleichung steht die Differenz aus gesamtwirtschaftlicher Ersparnis und Nettoinvestitionen und auf der rechten Seite der Saldo der Leistungsbilanz. Der Saldo der Leistungsbilanz entspricht dabei bei Vernachlässigung der Restposten innerhalb der Zahlungsbilanz dem Betrag nach dem Saldo der Kapitalverkehrsbilanz einschließlich der Veränderung der Netto-Auslandsaktiva der Deutschen Bundesbank. Liegt demnach eine positive (negative) Leistungsbilanz vor, dann haben die Netto-Auslandsaktiva zugenommen (abgenommen).

Ein positiver Leistungsbilanzsaldo impliziert demnach, daß im Inland mehr gespart als investiert wurde, wodurch ein positiver Vermögensüberschuß in Form eines negativen Außenfinanzierungsbeitrags gegeben ist, der dem Ausland zur Finanzierung zur Verfügung gestellt werden kann.

Ein negativer Leistungsbilanzsaldo bedeutet dagegen, daß im Inland weniger gespart als investiert wurde, wodurch ein negativer Vermögensüberschuß durch ausländische Finanzierungsmittel (positiver Außenfinanzierungsbeitrag) kompensiert werden muß.

1.3.4.2 Feste Wechselkurse und Zahlungsbilanzausgleich

In einem Währungssystem mit **festen Wechselkursen**, wie dem von ***Bretton Woods***[1], tritt zunächst einmal das Problem der Finanzierung von Zahlungsbilanzungleichgewichten (**Liquiditätsproblem**) auf. Da der nominale Wechselkurs in gewissen Bandbreiten vom Staat als ein Paritätskurs festgelegt wird, z.B. 1 $ = 4,00 DM, müßten quasi exakt zu dem Paritätskurs Angebot und Nachfrage nach Dollar dem freien Konkurrenzspiel am Devisenmarkt entsprechen. „Man spricht dann von einem Gleichgewicht in der Zahlungsbilanz (auf dem Devisenmarkt), wenn sich geplantes Angebot und geplante Nachfrage nach Devisen beim Paritätskurs ausgleichen, ohne daß staatliche Stellen auf dem Devisenmarkt mit Käufen bzw. Verkäufen von Devisen eingreifen,

[1] Zur ausführlichen Beschreibung des Systems von Bretton Woods vgl. Hans-Joachim Jarchow, Peter Rühmann, Monetäre Außenwirtschaft, II. Internationale Währungspolitik, 3. Aufl., Göttingen 1993, S. 30ff.

den Zahlungsverkehr beschränken oder ausgleichende Kredit- und Handelsgeschäfte vornehmen."[1]

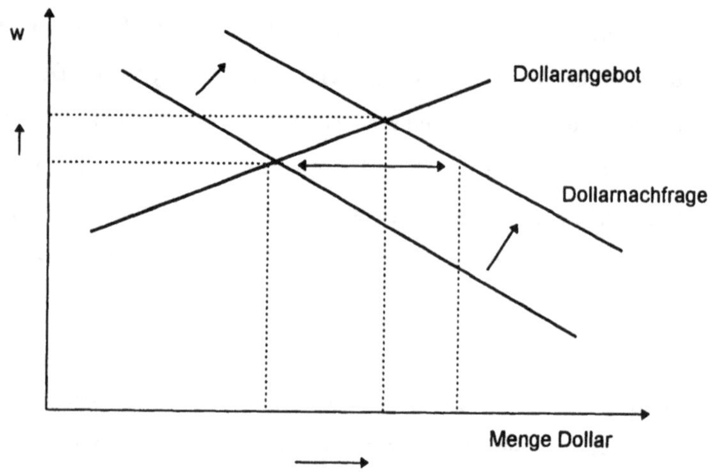

Kommt es, wie in der Grafik zu entnehmen ist, bei einem festgelegten Paritätskurs zu einem **Nachfrageüberhang** (vgl. den Doppelpfeil), d.h. werden mehr Dollar nachgefragt als angeboten, so würde ohne eine Intervention der Zentralbank der Wechselkurs steigen. Da dies aber bei festen Wechselkursen ex definitione ausgeschlossen ist, muß die Zentralbank den Nachfrageüberhang in Form des **Zahlungsbilanzdefizits** eliminieren bzw. finanzieren. Dazu muß sie Dollar anbieten, die sie selbst nicht schaffen kann und die ihr nur in begrenztem Umfang als **Währungsreserve** zur Verfügung stehen. Dadurch entsteht das Liquiditätsproblem. Hinzu kommt, daß der Verkauf von Dollar gegen D-Mark die **inländische Geldmenge** um das Produkt aus Dollarangebot und dem Wechselkurs verringert.

Liegt auf der anderen Seite bei festen Wechselkursen ein **Zahlungsbilanzüberschuß** vor, so muß die Zentralbank dieses Defizit durch das Angebot an Dollar (Kauf von Dollar gegen D-Mark) beseitigen. Dadurch steigt der Bestand der Währungsreserven in der Zentralbank und es erhöht sich die inländische Geldmenge.

[1] Ulrich Baßeler, Jürgen Heinrich, Walter Koch, Grundlagen und Probleme der Volkswirtschaft, 13. Aufl., Köln 1991, S. 545

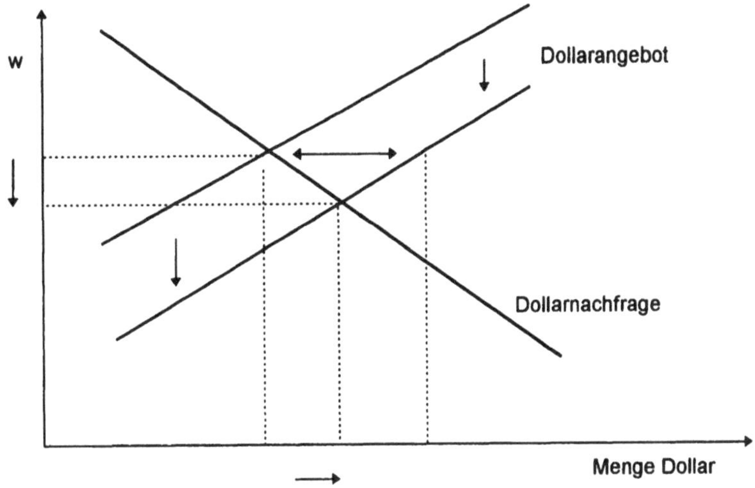

Das Liquiditätsproblem tritt bei einem Zahlungsbilanzüberschuß nicht auf, da die Zentralbank selbst D-Mark unbegrenzt beschaffen kann. Zu beachten ist hierbei aber das **Inflationsproblem**, da es bei einem Zahlungsbilanzüberschuß zu einer Erhöhung der inländischen Geldmenge kommt.

Neben dem Liquiditätsproblem bei festen Wechselkursen entsteht das **Problem der Korrektur eines Zahlungsbilanzungleichgewichtes**. Diese Korrekturmaßnahmen verlangen eine aktive Wirtschaftspolitik. Bei einer negativen Zahlungsbilanz muß mit den Mitteln der Geld- und Fiskalpolitik eine kontraktive Wirtschaftspolitik betrieben werden. Dabei müssen die Geldmenge verringert, die Zinsen erhöht, die Staatsausgaben gesenkt und/oder die Steuern erhöht werden. Ein Defizitland steht bei festen Wechselkursen massiv unter dem **„Diktat der Zahlungsbilanz"**. „Insbesondere wird das Diktat spürbar, wenn das Land vor einem Zielkonflikt steht, wenn ein Land also sowohl ein Defizit in der Zahlungsbilanz als auch **Arbeitslosigkeit** hat. Die Beseitigung der Arbeitslosigkeit durch expansive Geld- und Fiskalpolitik würde das Defizit vergrößern, die Beseitigung des Defizits durch kontraktive Geld- und Fiskalpolitik würde die Arbeitslosigkeit erhöhen."[1] Liegt dagegen eine **positive Zahlungsbilanz** vor, so ist eine **expansive Geld- und Fiskalpolitik** in Form einer Erhöhung der Geldmenge, gesenkten Zinsen, erhöhten Staatsausgaben und durch Steuersenkungen anzustreben. Eine solche Wirtschaftspolitik kann aber konträr zu dem Ziel der Preisniveaustabilität stehen. Im Gegensatz zu den festen Wechselkursen treten die Probleme der Liquidität und Korrekturmaßnahmen bei **flexiblen Wechselkursen** nicht auf. Die Zahlungsbilanz ist bei flexiblen Wechselkursen immer ausgeglichen. Die Souveränität einer nationalen Wirtschaftspolitik im Hinblick auf Vollbeschäftigung, Preisniveaustabilität und Wachstum muß nicht aufgegeben werden. Ein Land muß bei flexiblen Wechselkursen lediglich die Veränderungen des nominalen Wechselkurses akzeptieren, wobei durch den internationalen Währungswettbewerb die Währung des preisstabilsten Landes tendenziell aufgewertet und die Währungen der Inflationsländer abgewertet werden. Die Aufwertungen können dabei allerdings gerade bei exportorientierten Ländern zu Beschäftigungsproblemen führen, da die Aufwertung den Export und damit Wachstum und Beschäftigung erschwert. Auch können von flexiblen Wechselkursen Inflationswirkungen ausgehen, da jedes Land im Grunde so viel Inflation herbeiführen kann, wie es will. Inflation impliziert bei flexiblen Wechselkursen dabei aber wieder auf der anderen Seite eine Tendenz zur Abwertung der Währung.

1.3.4.3 Feste Wechselkurse mit Interventionsbandbreite

Von den absolut festen Wechselkursen sind die festen Wechselkurse mit einer **Interventions-Bandbreite** zu unterscheiden. Hierbei werden zwischen Ländern für ihre Währungen feste Paritäten (sog. Leitkurse) festgelegt, die aber innerhalb einer bestimmten Bandbreite nach oben und unten schwanken (floaten) dürfen. Die Begrenzung wird dabei als **oberer und unterer Interventionspunkt** bezeichnet. Durch eine **Abwertung** kann der Leitkurs nach oben und durch eine **Aufwertung** nach unten verschoben werden. Ist der **untere Interventionspunkt** (Niedrigstkurs) erreicht, weil z.B. das Devisenangebot an FF bei konstanter Devisennachfrage nach FF immer mehr zugenommen hat (Devisenüberschuß **A > N**), muß die Zentralbank zur Kursstützung den Devisenüberschuß aufkaufen, wodurch die inländische Geldmenge zunimmt (Geldschöpfung) und eine Inflationsgefahr besteht.

Ist dagegen der **obere Interventionspunkt** (Höchstkurs) realisiert, weil die Devisennachfrage nach FF größer war als das Devisenangebot an FF (Devisenunterdeckung **N > A**), muß die Zentralbank, um den Höchstkurs zu halten bzw. ihn nicht zu überschreiten, Devisen verkaufen. Dies kann sie aber nur so lange, bis ihre nationalen Reserven an Devisen und Gold aufgebraucht sind. Gewährt das Ausland auch keine Kredite mehr, ist die Regierung gezwungen ihre Währung zur Vermeidung einer Zahlungsunfähigkeit entsprechend abzuwerten.

---

[1] Ulrich Baßeler, Jürgen Heinrich, Walter Koch, a.a.O., S. 548

Feste Wechselkurse mit Interventionsbandbreite

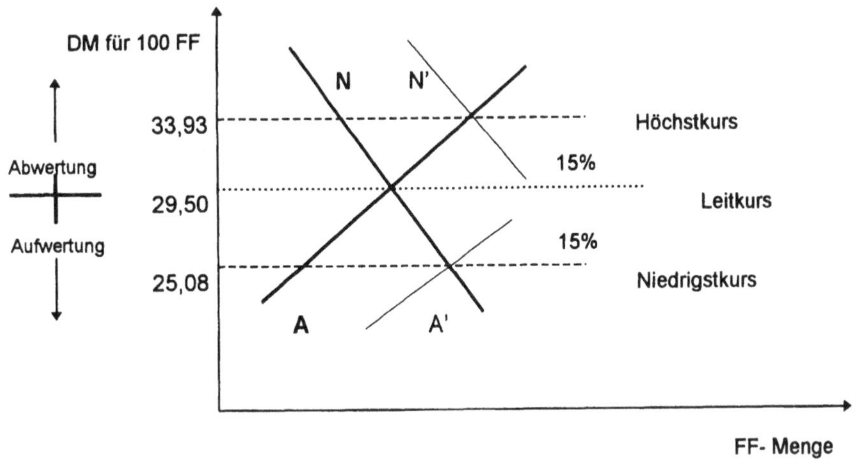

Auf einem solchen System fester Wechselkurse mit oberen und unteren Interventionspunkten basiert das **„Europäische Währungssystem" (EWS)**, das seit dem 13. März 1979 besteht. Mit dem EWS sollte nach dem Scheitern des sog. ***„Werner-Planes"***[1] von 1971 ein neuer Vorstoß in Richtung einer **„Europäischen Wirtschafts- und Währungsunion"** (EWWU)[2] unternommen werden. Dabei sollte das EWS die europäische Integration unter dem Gesichtspunkt der **Währungsstabilität** zwischen den Währungen (Stabilisierung der Außenwerte) als auch für jede einzelne Währung nach innen (Stabilisierung der Binnenwerte) vorantreiben. Auch sollte das EWS dazu beitragen, die EG-Länder bzw. ihre Währungen in gewissem Umfang gegen die **Weltwährung Dollar** abzuschirmen.

Trotz großer wirtschaftlicher Unterschiede in den einzelnen Mitgliedsländern des EWS, konnten bis August 1993 die Wechselkurse in einer Interventionsbandbreite von +/- 2,25% relativ stabil gehalten werden. Ab **Sommer 1993** war dies allerdings aufgrund starker **spekulativer Veränderungen** der Wechselkurse nicht mehr möglich, so daß die obere und untere

[1] Auf der Haager Gipfelkonferenz im Jahre 1969 beschlossen die Regierungschefs der damaligen Mitgliedstaaten der EWG, einen Stufenplan für die Errichtung einer Wirtschafts- und Währungsunion ausarbeiten zu lassen. Diesen Auftrag erfüllte eine Arbeitsgruppe unter Vorsitz des luxemburgischen Ministerpräsidenten Pierre Werner, die 1971 einen entsprechenden Plan, den sog. „Werner-Plan", vorlegte. Danach sollte in drei Stufen (3. Stufe ab 1980) eine Wirtschafts- und Währungsunion errichtet werden. Das Vorhaben scheiterte aber vor allem an den Auswirkungen des Zusammenbruchs des auf dem US-Dollar basierenden Weltwährungssystems und der damit verbundenen Freigabe von Wechselkursen mehrerer Mitgliedstaaten.

[2] Vgl. dazu den Punkt: zum „Europäischen Binnenmarkt".

Interventionspflicht der europäischen Zentralbanken zur Rettung des „Europäischen Währungssystem“ auf +/- 15% angehoben wurde.[1]

Berechnungsbasis des EWS ist die innerhalb der **„Europäischen Union“ (EU)** vereinbarte Währungseinheit **ECU (European Currency Unit)**. Der ECU ist eine künstliche Währung und als ein „Korb der Währungen der Mitgliedstaaten“ definiert. Dadurch sind alle Währungen über den ECU als Bezugsgröße innerhalb der EU miteinander verbunden. Forderungen und Verbindlichkeiten im EWS werden in ECU ausgedrückt, und die Salden zwischen den am EWS teilnehmenden Ländern bzw. deren Zentralbanken werden durch ECU ausgeglichen. Um einen ECU-Anfangsbestand zu erhalten, haben die beteiligten Zentralbanken jeweils 20% ihrer nationalen Gold- und Dollarreserven auf den **„Europäischen Fonds für währungspolitische Zusammenarbeit“** (EFWZ) übertragen.

Der **ECU-Währungskorb** besteht aus **festen Währungsbeträgen** (Mengengerüst) sämtlicher EU-Währungen. Zu jeder Währung gibt es einen **Leitkurs**, der das Wertverhältnis dieser Währung zum ECU angibt. Dabei werden z.B. zur Wertbestimmung einer D-Mark zum ECU der jeweilige Währungsbetrag mit dem Marktkurs (Wechselkurs) multipliziert und die sich so ergebenden Währungsbeträge des ECU-Korbes addiert. Das Verhältnis zweier so ermittelter Leitkurse stellt dann den **festen Wechselkurs** im EWS zwischen diesen beiden Währungen dar. Diese bezeichnet man auch als **„bilaterale Leitkurse“**. Setzt man die ECU-Leitkurse jeweils zweier Währungen zueinander in Bezug und spielt dies für alle Währungen durch, so resultieren hieraus die verschiedensten bilateralen Leitkurse = Paritäten. Jede Währung ist mit einem bestimmten prozentualen Anteil bzw. **„Gewicht“** am ECU-Währungskorb beteiligt. Diese Anteile der Partnerwährungen am „Korb“ sind ursprünglich bestimmt worden aufgrund

- der Relation der Bruttosozialprodukte,
- des jeweiligen Anteils am Inner-EG-Handel und
- der Quoten in den Beistandsmechanismen.

Diese Gewichte unterliegen der regelmäßigen Überprüfung. Multipliziert man Leitkurs und Gewicht, so erhält man den festen Währungsbetrag. Bei der Konstituierung des EWS am 13. März 1979 zeigte der „ECU-Währungskorb“ die folgende Zusammensetzung:

---

[1] Zu den genauen Ursachen der EWS-Krise vgl. Robert B. Vehrkamp, Vom Europäischen Währungssystem zur Währungsunion, Wiesbaden 1995, S. 47ff.

Ein ECU hatte demnach einen Wert von 2,51 DM oder umgekehrt betrug 1 DM = 1/2,51 = 0,39 ECU.

Die **ECU-Leitkurse** von D-Mark und holländischem Gulden betrugen dabei beispielsweise:

1 ECU = 2,51 DM und

1 ECU = 2,72 hfl (siehe Tabelle)

Währungen	**Währungsbeträge Stand: 13.3.79**	**Marktkurse (Wechselkurse) Stand: 13.3.79**	**Leitkurs ECU/DM Stand: 13.3.79 1 ECU =2,51 DM**	**ECU-Leitkurse Stand: 13.3.79**	**Gewichte Stand: 13.3.79**
DM	0,828 DM	1 DM/DM	0,828	2,5106 DM	32,98%
Pfund Sterling[2)]	0,0885 ℑ	3,785 DM/ℑ	0,334	0,6643 ℑ	13,34%
Franz. Franc	1,15 FF	0,433 DM/FF	0,497	5,7983 FF	19,84%
Ital. Lira	109,00 Lit	0,002 DM/Lit	0,218	1148,1500 Lit	9,49%
Holl. Gulden	0,286 hfl	0,923 DM/hfl	0,263	2,7208 hfl	10,51%
Belg. Franc	3,66 bfr	0,064[1)] DM/bfr	0,234	39,4582 bfr	9,28%
Luxm. Franc	0,14 lfr	0,064[1)] DM/lfr	0,089	39,4582 lfr	0,35%
Dän. Krone	0,217 dKr	0,354 DM/dKr	0,076	7,0859 dKr	3,06%
Irisches Pfund	0,00759 irℑ	3,788 DM/irℑ	0,028	0,6626 irℑ	1,15%

1) Belgien und Luxemburg bilden eine Währungsassoziation und Wirtschaftsunion, daher dieselben Kurse. Der ECU-Korb wurde vom Pfund Sterling mitbestimmt, obwohl England zu Beginn am EWS nicht teilnahm.

Hieraus errechnen sich die beiden **Paritäten**:

$$\textbf{DM/hfl-Parität:}\quad \frac{\textbf{2,51 DM}}{\textbf{2,72 hfl}} = \textbf{0,923 DM/hfl}$$

$$\textbf{hfl/DM-Parität:}\quad \frac{\textbf{2,72 hfl}}{\textbf{2,51 DM}} = \textbf{1,084 hfl/DM}$$

Die EG-Zentralbanken kamen dabei 1979 überein, daß jede Parität in einer Bandbreite von +/- 2,25% um den bilateralen Leitkurs (= Mittelkurs) schwanken darf. Mit den festgesetzten

Bandbreiten um die Mittelkurse wurden gleichzeitig auch die Interventionskurse (= Höchst- und Niedrigstkurse = Verkaufs- und Ankaufskurse) bestimmt.

Beispiel:

Unterschreitet der Kurs des holländischen Gulden (Parität = Mittelkurs = 92,3 DM/100 hfl) seinen unteren Interventionspunkt (- 2,25% = 90,2 DM/100 hfl), dann müßte die Deutsche Bundesbank so lange Gulden gegen D-Mark kaufen, bis der Kurs wieder innerhalb des erlaubten Schwankungsbereiches liegt. Da in Holland der DM-Kurs (Mittelkurs = 108,4 hfl/100 DM) gleichzeitig seinen Höchstwert (+ 2,25% = 110,84 hfl/100 DM) erreicht hat, muß die holländische Zentralbank Gulden ankaufen und D-Mark verkaufen. Es muß demnach nicht nur das währungsstarke, sondern auch das währungsschwache Land intervenieren. Die Zentralbank der „starken" Währung verkauft eigene Währung, um ihren Kurs durch ein höheres Angebot am Devisenmarkt zu senken. Andererseits muß die Zentralbank der „schwachen" Währung ihren Kurs über eine höhere Nachfrage nach eigener Währung stützen; sie begleicht ihren Kauf mit der Partnerwährung aus der Währungsreserve. Insofern wird die Last der Intervention im EWS symmetrisch von „starken" und „schwachen" Währungen getragen.

1.3.5 Staatliche Förderung und Behinderung des Außenhandels

Neben währungspolitischen Maßnahmen (Aufwertung und Abwertung des Wechselkurses) existieren noch andere ökonomische Instrumente einer Außenwirtschaftspolitik.[1] Mit ***Wilhelm Röpke*** lassen sich diese in **marktkonforme** und **marktwidrige** (nichtkonforme) Instrumente einteilen. Marktkonform sind solche, die die Preismechanik und die dadurch bewirkte Selbststeuerung des Marktes nicht aufheben, sondern über veränderte Preissignale zu anderen Marktergebnissen führen. Marktwidrige Instrumente implizieren dagegen ein völliges Ausschalten des Preismechanismusses.

Das „klassische" **marktkonforme Instrument** der Außenwirtschaftspolitik sind die **Zölle**. Zu den **marktwidrigen Instrumenten** zählen die **Ein- und Ausfuhrverbote**, **Kontingente**

[1] Von den ökonomischen Instrumenten sind die **politischen Instrumente einer Außenwirtschaftspolitik** zu unterscheiden. Dazu gehören: Der Einsatz der politischen und militärischen Macht des Staates, wobei durch Drohung, Gewaltanwendung oder Eroberung (Krieg) außenwirtschaftliche Ziele durchgesetzt werden. Politische und wirtschaftliche Sanktionen in Form von Blockaden und Boykottmaßnahmen (vgl. die von Napoleon über den europäischen Kontinent in den Jahren 1806 bis 1818 verhängte Kontinentalsperre oder verschiedenste Boykottmaßnahmen wie die gegen das Apartheid-Regime von Süd-Afrika).

(mengenmäßige Beschränkungen), **Maßnahmen des administrativen Protektionismus** und die **Devisenbewirtschaftung**.

Obwohl die Außenwirtschaftstheorie von einem absoluten **Freihandel** ausgeht, ist die wirtschaftliche Realität trotz einem *„General Agreement on Tariffs and Trade" (GATT)* von einer Reihe von Handelsbeschränkungen durchzogen. Dabei spielen die **Zölle** nach wie vor die größte Rolle, wenn auch das allgemeine Handels- und Zollabkommen seit dem Zweiten Weltkrieg bis heute die Zollschranken in der Weltwirtschaft durchschnittlich um 40% auf jetzt gut 6% gesenkt hat.[1]

Zum Handels- und Zollabkommen (GATT)

Das GATT entstand nach dem Zweiten Weltkrieg nach Plänen der USA und Großbritannien zur Schaffung einer neuen Welthandelsordnung. Am 30. Oktober 1947 unterzeichneten 23 Staaten das Abkommen. Ziele des GATT sind „den internationalen Güteraustausch privater Wirtschaftsteilnehmer von allen staatlichen Beschränkungen zu befreien und ihm eine sichere rechtliche Grundlage zu geben, um dadurch - nach den Worten der Präambel - in allen beteiligten Ländern den Lebensstandard zu erhöhen, die Vollbeschäftigung zu verwirklichen, ein hohes und ständig steigendes Niveau des Realeinkommens zu gewährleisten und eine volle Erschließung der Hilfsquellen der Welt zu ermöglichen. Bei der Verfolgung seiner Ziele geht das GATT von folgenden Prinzipien aus. Grundsätzlich werden nur Zölle als Maßnahmen staatlicher Außenhandelsbeschränkung erlaubt. Sie sollen im gegenseitigen Einvernehmen der Vertragspartner schrittweise beseitigt werden. Andere handelshemmende Maßnahmen sind grundsätzlich unerlaubt; Ausnahmen sind nur in einigen Sonderfällen möglich. Für die Anwendung von Handelshindernissen gilt das Prinzip der Nicht-Diskriminierung; alle Länder sollen also gleich behandelt werden."

Vgl. Hermann Sautter, Zölle III, Handels- und Zollabkommen (GATT), in: Handwörterbuch der Wirtschaftswissenschaft (HdWW), Bd. 9, München, Stuttgart, Tübingen 1988, S. 660ff.

Zölle sind **Steuern**, die der Staat an der Grenze (daher der Ausdruck „Grenzzölle") auf Güter erhebt, wobei nach der Erhebungstechnik zwischen Mengen- und Wertzöllen unterschieden wird. Eine andere Unterscheidung sind Einfuhr- und Ausfuhrzölle. **Einfuhrzölle** dienen zur Drosselung der Einfuhr, zum Schutz der heimischen Produktion oder auch zur Erzielung von Staatseinnahmen. **Ausfuhrzölle** sind dagegen Abgaben, die beim Austritt von Gütern aus einem Zollgebiet eines Staates zur Begünstigung der heimischen Produktion, des Raubbaus in einem bestimmten Produktionszweig oder zur Erzielung von höheren Staatseinnahmen entrichtet werden. Da der Export aber immer als vorteilhaft angesehen wird, haben die führenden Industrieländer die Ausfuhrzölle im wesentlichen schon um die Mitte, spätestens gegen Ende des 19. Jahrhundert abgeschafft. Heute gibt es praktisch nur noch Einfuhrzölle.

[1] Vgl. Wirtschaftswoche Nr. 52, vom 24.12.1993, S. 30

USA: Strafzölle für Computer aus Japan

„Die USA wollen Antidumping-Strafzölle für japanische Hochleistungsrechner einführen. Die für internationale Handelsfragen zuständige US-Aufsichtsbehörde ITC hat Strafzölle von 454 Prozent gegen den japanische Supercomputerhersteller NEC, von 173 Prozent gegen die Fujitsu Ltd. Und von 313 Prozent gegen alle anderen japanischen Firmen befürwortet. Das US-Handelsministerium hatte die hohen Strafzölle im August angeordnet, weil die japanischen Anbieter sogenannte Vector-Supercomputer zu unfair niedrigen Preisen angeboten hätten. Vector-Supercomputer werden beispielsweise von Großkonzernen in Forschung und Produktentwicklung eingesetzt."

Quelle: Hannoversche Allgemeine Zeitung vom 1.10.1997

Als **direkte Wirkungen von Einfuhrzöllen** lassen sich feststellen:

- „Ein Einfuhrzoll wird, wenn er nicht prohibitiv ist, d.h. so hoch festgesetzt wird, daß die Einfuhr vollständig zum Erliegen kommt, einen Unterschied zwischen Inlands- und Auslandspreis in der Höhe des Zolls herbeiführen bzw. einen schon bestehenden Unterschied bis auf diese Höhe vergrößern.

- Der Preis für die mit dem Zoll belastete Ware wird im Einfuhrland desto weniger steigen (bzw. im Ausfuhrland um so mehr sinken), je größer und elastischer das Angebot im Einfuhrland ist, d.h. je schneller und stärker die Inlandsproduktion bei kleinen Preiserhöhungen ausgeweitet werden kann. Wenn daher eine bestimmte Ware im Inland, z.B. aus klimatischen Gründen, überhaupt nicht produziert werden kann (Bananen oder Kaffee u.a), dann wird der Zoll eine größere Preissteigerung auslösen, als bei Produkten, deren Erzeugung leicht ausgedehnt werden kann. Auch bei Erzeugnissen von Produktionszweigen, die ihren Ausstoß wegen der hohen Investitionen nur zu steigenden Kosten vergrößern können, werden die Preissteigerungen bei Einführung eines Zolls ziemlich hoch sein (z.B. im Bergbau oder in der Montanindustrie).

- Die Preise im Einfuhrland werden weniger stark erhöht werden, wenn das ausländische Angebot unelastisch ist. Wenn z. B. die fixen Kosten der ausländischen Produzenten sehr hoch sind, werden sie genötigt sein, eventuell auch zu niedrigeren Preisen zu verkaufen. Besonders auf kurze Sicht ist das Angebot vieler Industrien ziemlich unelastisch.

- Die Preise werden im Einfuhrland weniger steigen und im Ausland stärker fallen, je größer und elastischer die inländische Nachfrage ist. Wenn die Nachfrage nach Einfuhrgütern bei Preissteigerungen sehr stark zurückgeht, dann werden die ausländischen Produzenten ihre Preise senken müssen.

- Die Preise werden im Einfuhrland um so stärker steigen und im Ausfuhrland um so weniger fallen, je größer und elastischer die Nachfrage des Auslands ist. Wenn der ausländische Produzent nämlich darauf hoffen kann, einen größeren Teil seiner Erzeugnisse im Inland absetzen zu können, wird er nicht gezwungen sein, seinen Absatz im Ausland unter allen Umständen, notfalls durch erhebliche Preissenkungen, zu halten."[1]

Faßt man die Wirkungen von Zöllen im Vergleich zum Freihandel zusammmen, ist festzustellen, daß das inländische Angebot steigt (**Schutzeffekt bzw. Protektions- oder Produktionseffekt**), wodurch die heimischen Produzenten mehr Güter zu steigenden Preisen absetzen und eine erhöhte Produzentenrente zu Lasten der Verbraucher erzielen können, welche sich wiederum mit einer verringerten Konsumentenrente begnügen müssen (**Umverteilungseffekt**). Im Ausland werden die Produzenten weniger absetzen können, wodurch die Preise verfallen und ihre Produzentenrente ebenfalls zurückgeht. Schließlich erhöht der Staat durch die Zollerhöhung seine Staatseinnahmen (**Einnahmeneffekt**). Damit ist aber noch nicht gesagt, wer die Kosten des Zolls letztlich wirklich trägt. Wie bei den Steuern tritt auch hier das Problem der **Zoll-Inzidenz** (Überwälzung der Zölle) auf. Durch den Zoll werden Preis- und Nachfrageeffekte und damit auch Angebotsveränderungen ausgelöst, die wiederum zu erheblichen Einkommensumschichtungen führen können. Auch sind Rückwirkungen auf den Wechselkurs nicht auszuschließen, wodurch unter Umständen mehr oder weniger große Veränderungen in den Zahlungsbilanzen der beteiligten Länder hervorgerufen werden können. Unter bestimmten Umständen ist es sogar möglich, den Zoll ganz oder zumindest teilweise auf das Ausland abzuwälzen.[2]

Insgesamt sind die Wirkungen von Einfuhrzöllen oder anderen Handelsbeschränkungen für eine Volkswirtschaft als Ganzes und für die Weltwirtschaft nachteilig. „Effizienz und Niveau der Güterproduktion sind höher als ohne oder mit beschränktem Außenhandel, weil dieser die ungleiche Verteilung der Produktionsfaktoren und unterschiedliche Produktionsbedingungen zu

---

[1] Anton Zottmann, a.a.O., S. 67f.

[2] Zum Problem der Zoll-Inzidenz vgl. Anton Zottmann, a.a.O., S. 69ff.

einem erheblichen Teil international ausgleicht."[1] Trotzdem werden aber Zölle erhoben. Die Gründe hierfür sind vielschichtig. Sie reichen von **politischen Zollargumenten**, man solle sich nicht zu stark vom Ausland abhängig machen (Autarkiestreben), bis zu **ökonomischen Zollargumenten** wie

- der Zoll stellt eine Steuerquelle für den Staat dar,
- der Zoll bietet unter dynamischen Wirtschaftsbedingungen zumindest temporären Schutz zur Entwicklung bestimmter Wirtschaftszweige, zur Herbeiführung einer breiteren Streuung der Güterproduktion in einer Volkswirtschaft und zur Beseitigung bzw. Verringerung von Arbeitslosigkeit.[2]

Bei den **marktwidrigen** Instrumenten der Außenwirtschaftspolitik stellt das **staatliche Außenhandelsmonopol** die stärkste Intervention in den Freihandel dar. Daneben kann aber auch über **Ein- und Ausfuhrverbote** der Außenhandel sogar vollständig unterbunden werden. Durch **Kontingente** (mengenmäßige Beschränkungen), die von der Wirkung etwa zwischen den Verboten und den Zöllen anzusiedeln sind, wird die Ein- und Ausfuhr gedrosselt. Behinderungen des Außenhandels können auch durch einen **administrativen Protektionismus**, d.h. durch staatliche Verwaltungsmaßnahmen, insbesondere durch schikanöse Auslegung gesetzlicher Vorschriften oder Verordnungen, herbeigeführt werden.

Auch als marktwidrig wird die **Devisenbewirtschaftung** angesehen. Hierbei wird durch einen staatlichen Eingriff die freie Verfügbarkeit über Devisen eingeschränkt und damit der Zahlungsverkehr mit dem Ausland ganz oder teilweise durch den Staat geregelt. Die Devisenbewirtschaftung dient dabei sowohl der Stabilisierung der Wechselkurse als auch der Erhaltung der Gold- und Devisenreserven sowie der Ermöglichung einer autonomen Konjunkturpolitik und vor allem dem Ausgleich der Zahlungsbilanz.[3]

---

[1] Artur Woll, Allgemeine Volkswirtschaftslehre, 11. Aufl., München 1993, S. 615

[2] Zölle zur Verringerung von Arbeitlosigkeit rufen allerdings sehr schnell Gegenmaßnahmen des Auslands hervor, wie gerade zur Zeit der Weltwirtschaftskrise deutlich wurde, in der zahlreiche Länder ihre Währungen zur Ankurbelung des Exports abwerteten und zur Drosselung ihrer Importe die Einfuhrzölle drastisch erhöhten. Mit dieser beggar-my-neighbour policy, die einen Export von Arbeitslosigkeit impliziert, werden aber Abwehrmaßnahmen des Auslands provoziert, so daß letztlich alle nur verlieren.

[3] Eine intensive Devisenbewirtschaftung wurde z.B. von den Nationalsozialisten ab 1933 in Deutschland betrieben, nachdem ab 1931 bereits Devisenkontrollen durch die Regierung Brüning eingeführt worden waren. Vgl. Hans-Joachim Jarchow, Peter Rühmann, Monetäre Außenwirtschaft, II. Internationale Währungspolitik, a.a.O., S. 98

Ausfuhrfördernde Instrumente als Mittel der Exportförderung sind dagegen **Exportprämien**, **Steuer-** und **Zollrückvergütungen** sowie **Subventionen**. Aber auch Kreditbürgschaften zur Absicherung von Ausfuhrrisiken oder Zinsverbilligungen, um Abnehmern längere Zahlungsziele einräumen zu können, fallen darunter.

1.4 Zur real herrschenden Außenwirtschaftspolitik

Zur Stärkung der heimischen Volkswirtschaft war es schon immer das Anliegen des Staates und der Wirtschaft, durch eine aggressive Außenwirtschaftspolitik am Weltmarktwachstum teilzunehmen. Dies galt für die Merkantilisten und gilt auch heute. Dazu müsse der **Standort Deutschland** international wettbewerbsfähig gemacht und gehalten werden. Dies setze wiederum niedrige Lohnkosten und hohe Arbeitsproduktivitäten sowie einen „schlanken" Staat voraus, der die Unternehmen in ihrem Wachstumsdrang durch Bürokratie und Gesetze, wie z.B. die Arbeits- und Umweltschutzgesetze, nicht behindere und durch zu hohe Steuerforderungen womöglich international wettbewerbsunfähig mache.

Wird der Erfolg anhand der **Handelsbilanz** gemessen, so ist Deutschland aufgrund der hier erzielten Überschüsse von allen Ländern der Welt die Nummer Eins. Pro Kopf der Bevölkerung wird in keinem anderen Land ein größerer Handelsüberschuß mit dem Ausland erzielt. Seit Jahren trägt darüber hinaus der Export deutscher Güter und Dienste das Wachstum des Sozialprodukts.[1] „Deutschland insgesamt kann trotz des Exportbooms und der enormen Verbesserung seiner Handels- und Leistungsbilanz weder in diesem noch im nächsten Jahr (1997 und 1998, d.V.) seine Wachstums- und Investitionsschwäche überwinden."[2] Wie läßt sich dies erklären? ***Jörg Huffschmid*** stellt dazu fest:

„Unternehmen versuchen, ihre Gewinne durch Produktivitätssteigerungen und Lohn- und Sozialkostensenkungen zu erhöhen, die sie nicht in Preissenkungen weitergeben. Dies gelingt ihnen umso eher, je größer ihre Marktmacht ist. Bei steigender Oligopolisierung und Vermachtung der inländischen Märkte entsteht auf diese Weise jedoch ein Nachfrageproblem, das die Umsetzung sinkender Kosten in steigende Profite gefährdet: Die aus den - zurückbleibenden -

[1] Vgl. DIW-Wochenbericht Nr. 33/1997, „Exporte tragen Sozialproduktswachstum"
[2] DIW-Wochenbericht Nr. 27 u. 28/1997, S. 472

Löhnen finanzierte Endnachfrage reicht nicht aus, die gestiegene Produktionsmenge zu unveränderten Preisen zu kaufen. Wenn die staatliche Nachfrage nicht steigt - ohne über Steuern aus den Löhnen finanziert zu werden -, entsteht eine binnenwirtschaftliche Endnachfragelücke, die nur begrenzt und zeitweise durch Verkäufe zwischen Unternehmen überbrückt werden kann. Die Lösung für dieses Problem liegt in der internationalen Expansion, also im Verkauf der Waren im Ausland, für die im Inland nicht genügend Nachfrage vorhanden ist. Das ist die Grundlage für die Internationalisierungsstrategie der Unternehmen. Die Lösung hat eine gewisse Eleganz für sich und bringt zwei sich im Inland widersprechende Ziele - Kostensenkung und Nachfragesteigerung - miteinander in Einklang. Produktivitätssteigerungen sowie Abbau von Löhnen und Sozialleistungen führen zu Kostensenkungen und potentieller Erhöhung der Profitspannen. Der durch die gleichen Maßnahmen bewirkte Ausfall an inländischer Endnachfrage wird durch die zusätzliche Auslandsnachfrage ausgeglichen. Das führt dazu, daß die durch Kostensenkungen möglich gewordenen Profite auch tatsächlich erzielt werden. Der Doppelcharakter der Löhne als Kostenfaktor (der möglichst gering gehalten werden muß) und als wichtigstes Nachfrageaggregat (das möglichst groß sein soll) wird aufgelöst: Für das exportierende Unternehmen sind Löhne nur noch Kosten, die mit allen Mitteln zu drücken sind. Während es aus Sicht eines einzelnen Unternehmens darum geht, möglichst viel zu exportieren, verlangt die Lösung des Nachfrageproblems in gesamtwirtschaftlicher Sicht einen Exportüberschuß. Denn für die gesamtwirtschaftliche Produktion sind auch Importe (zum Beispiel bestimmter Rohstoffe) erforderlich. Das hierfür ausgegebene Geld verringert die inländische Nachfrage und muß daher durch Exporte ausgeglichen werden. Um darüber hinaus zur Lösung des Nachfrageproblems beizutragen, muß der Export (= die Nachfrage aus dem Ausland) größer sein als der Import (= der Verlust an inländischer Nachfrage). In einer wachsenden Wirtschaft kommt es also auf einen ständig steigenden Exportüberschuß an - dem natürlich Handelsbilanzdefizite anderer Länder gegenüberstehen. Die Internationalisierung ist die marktmäßige Entsprechung der Produktivkraftsteigerung in der Produktion. Sie erweitert den Kreislauf der Kapitalverwertung über den nationalen Rahmen hinaus. Sie beschränkt sich nicht auf den Export von Waren, sondern erstreckt sich auch auf produktives Kapital und Geldkapital. Auf dem Weltmarkt verkaufen zu können, wird zu einer wesentlichen Überlebensbedingung kapitalistischer Unternehmen. Dies und nicht der Drang zu internationaler Arbeitsteilung ist der Hintergrund für die Forderung nach internationaler Wettbewerbsfähigkeit, die die wirtschaftspolitischen Debatten und die Leitsätze der Regierungen aller Couleur prägt.“[1]

---

[1] Jörg Huffschmid, Kein Ausweg aus der Weltmarktfalle?, in: Blätter für deutsche und internationale Politik, 770

Eine solche Außenstrategie birgt aber Probleme in sich. Nicht nur deutsche Unternehmen verfolgen eine Außenexpansion, sondern auch Unternehmen des Auslands, wodurch insbesondere bei einer stagnierenden Weltwirtschaft eine enorme Konkurrenz zur Erweiterung oder Verteidigung eigener Marktanteile entsteht. Diese wird über verschiedene Wettbewerbsparameter wie

- Preiskonkurrenz, die durch Kosten- und letztlich durch Lohnsenkungen finanziert wird,
- Produkt- und Prozeßkonkurrenz sowie
- über staatliche Unterstützung bei Forschung und Entwicklung und sonstige Subventionen ausgetragen.

Der Nationalstaat wird dabei zum „Verbündeten" seiner Unternehmen im internationalen Konkurrenzkampf um Weltmarktanteile. Er muß die Erfolge „seiner" Konzerne sichern. Hierdurch geht das Primat der Politik zur Regulierung des Wettbewerbsrahmens, zur Eindämmung von Konzentration und Wirtschaftsmacht verloren; eine wirksame internationale Überwachungsinstitution ist dagegen nicht in Sicht.

Nicht **internationale Arbeitsteilung** zur Realisierung absoluter oder komparativer Kostenvorteile ist demnach der Grund für Außenhandel, sondern das Ziel möglichst große Teile des Weltmarktes mit Unterstützung und durch den Einsatz staatlicher Politik zu besetzen. „Diese Renationalisierung der Außenhandelstheorie, d.h. die Aufgabe des Anspruchs, daß internationaler Handel für alle Beteiligten gut sei, entspricht zwar der wirtschaftspolitischen Praxis, für die nach wie vor dominierende Markttheorie bedeutet sie allerdings eine höchst kompromittierende Tatsache."[1]

Soll der **konkurrenzorientierte Weltmarktkurs** in einen anderen **Entwicklungstyp** umgebaut werden, der auf ein ökologieorientiertes Wachstum mit Vollbeschäftigung setzt, so muß über Arbeitszeitverkürzungen zur Abfederung von Produktivitätssteigerungen und über eine veränderte Verteilungspolitik der Einkommen aus Kapital und Arbeit sowie über eine Politik des Ausgleichs der Leistungsbilanz verstärkt nachgedacht werden. „Grundsätzlich ist alternative Außenwirtschaftspolitik mit einem hohen Niveau außenwirtschaftlicher Beziehungen möglich.

Heft 6/1994, S. 734f.

[1] Jörg Huffschmid, Kein Ausweg aus der Weltmarktfalle? a.a.O., S. 736

Ökonomisch entscheidend ist - als erste Operationalisierung - ihre Abkehr von hohen und steigenden Überschüssen der Handels- und/oder Dienstleistungsbilanz zugunsten eines mittelfristigen Ausgleichs derselben. Denn anhaltend hohe Überschüsse sind identisch mit anhaltend hohen Defiziten anderer Länder. Dies führt zur Verschuldung, die mit jeder Umschuldung größer wird. Die Folge sind politische Abhängigkeit oder ökonomische Enteignung durch Vemögensübertragung an die Gläubiger, in der Regel beides. Die entstehende internationale ökonomische Hierarchie wirkt polarisierend, schafft politische Konflikte und heizt bestehende Spannungen weiter an. Ausgleich der außenwirtschaftlichen Bilanzen heißt, daß die binnenwirtschaftlich produzierten Nachfrageprobleme einer kapitalistischen Ökonomie nicht nach außen verlagert und auf andere Länder abgewälzt werden - wie umgekehrt die Nachfrageprobleme anderer Länder auch nicht in Deutschland gelöst werden können."[1]

Instrumente einer alternativen Außenwirtschaftspolitik, die ihr Augenmerk auf eine ausgeglichene Leistungsbilanz setzt, können dabei sein:

- Währungspolitik,
- Handelspolitik und eine
- Struktur- oder Industriepolitik.[2]

Unverzichtbar für eine kooperative Außenwirtschaftspolitik ist ferner eine Kontrolle und Beschränkung der spekulativen Geld- und Kapitalflüsse.

2. Der Europäische Binnenmarkt

Mit der Etablierung des Europäischen Binnenmarkts zum 1. Januar 1993, dessen Startschuß am 26. März 1984 im Europäischen Parlament fiel, wurde der Rahmen und die Chance für ein harmonisches wirtschaftliches Zusammenwirken der europäischen Staaten geschaffen. Laut **Vertrag zur Gründung der Europäischen Wirtschaftsgemeinschaft (EWGV)** ist die Gemeinschaft eine Solidaritätsgemeinschaft (Art. 108 EWGV), die die Mitgliedstaaten der Europäischen Union (EU) zur vertrauensvollen Zusammenarbeit verpflichtet. Nach Art. 102a

[1] Jörg Huffschmid, Kein Ausweg aus der Weltmarktfalle? a.a.O., S. 739
[2] Vgl. Ebenda, S. 741ff.

EWGV sind die Mitgliedstaaten zur Sicherung der Konvergenz der Wirtschafts- und Währungspolitik aufgerufen. Gemäß Art. 103 und Art. 107 EWGV soll die Konjunktur- und Wechselkurspolitik als Angelegenheit von gemeinsamen Interesse betrieben werden und nach Art. 105 EWGV ist die Wirtschafts- und Währungspolitik innerhalb der EU zu koordinieren. Dies soll gemäß dem Vertrag zur Gründung der Europäischen Gemeinschaft (EGV) in Form einer **marktwirtschaftlichen Ausrichtung** (Art. 3a EGV) geschehen, wobei eine Wirtschaftspolitik zu betreiben ist, die „dem Grundsatz einer offenen Marktwirtschaft mit freiem Wettbewerb verpflichtet ist.“ Als **wirtschaftspolitische Ziele** wurden dabei im Art. 3a EGV stabile Preise, gesunde öffentliche Finanzen, monetäre Rahmenbedingungen sowie eine dauerhaft finanzierbare Zahlungs- bzw. Leistungsbilanz festgelegt.

Dennoch ändern die neuen Bestimmungen nichts daran, daß die Mitgliedstaaten auch weiterhin für ihre Wirtschaftspolitik selbst verantwortlich sind. Jeder Mitgliedstaat soll autonom die Ziele von **Vollbeschäftigung**, **stabiles Preisniveau**, **Zahlungsbilanzgleichgewicht** und die Aufrechterhaltung des Vertrauens in die eigene Währung verfolgen. Mit der **Währungsunion**, die zum 1. Januar 1999 beginnen und bis spätestens im Jahr 2002 abgeschlossen sein soll, wird allerdings durch die **Aufgabe der nationalen Währungen** auch die nationale Geldpolitik als eine entscheidende wirtschaftspolitische Größe in die Verantwortung einer *Europäischen Zentralbank (EZB)* gegeben. Hierdurch wird es nicht zu unbeträchtlichen Rückgriffen auf die jeweils weiter national verfolgte Wirtschaftspolitik, d.h. auf die Fiskalpolitik, kommen. Dies zeigt sich bereits im Vorfeld der Einführung der Währungsunion, worauf im folgenden noch näher einzugehen sein wird. Bevor auf die Bedingungen und ersten Ergebnisse des Europäischen Binnenmarktes konkreter Bezug genommen wird, soll zunächst noch in einem kurzen Überblick die Herausbildung und der formale (organisatorische und rechtliche) Rahmen der EU beschrieben werden.

2.1 Am Anfang stand der Wunsch nach Frieden

Nach zwei Weltkriegen mit katastrophalen Folgen entstand innerhalb und zwischen den europäischen Staaten - insbesondere nach dem Zweiten Weltkrieg - der Wunsch einer nachhaltigen Friedenssicherung durch den Zusammenschluß europäischer Länder. Durch eine politische und wirtschaftliche Einigung sollte die drohende Gefahr eines erneuten Krieges in

Europa ausgeschlossen werden. „So trat 1952 die **Europäische Gemeinschaft für Kohle und Stahl** (EGKS „Montanunion“) durchaus auch mit dem politischen Ziel in Kraft, die Ressourcen der Rüstungsproduktion der nationalen Verantwortung zu entziehen.

Etappen der europäischen Einigung

- **1949** Gründung des Europarates in Straßburg mit heute 26 Mitgliedern. Hauptaufgaben: Förderung der Demokratie und Menschenrechte, kulturelle Zusammenarbeit, Rechtsangleichung.
- **1951** Gründung der Europäischen Gemeinschaft für Kohle und Stahl (Montanunion EGKS) durch Deutschland, Frankreich, Italien und die drei Benelux-Staaten (Belgien, Niederlande, Luxemburg).
- **1958** Inkrafttreten der „Römischen Verträge“ zur Gründung der Europäischen Wirtschaftsgemeinschaft (EWG) und der Europäischen Atomgemeinschaft (EURATOM).
- **1967** Schaffung der Europäischen Gemeinschaft (EG) durch Zusammenlegung der Organe der drei Teilgemeinschaften EGKS, EWG und EURATOM.
- **1970** Verabschiedung eines Plans zur Einführung einer Währungsunion („Werner-Plan“). 1977 wird dieser aufgrund wirtschaftspolitischer Differenzen wieder aufgegeben.
- **1973** Regionale Erweiterung der EG um Großbritannien, Irland und Dänemark. Gründung des Europäischen Währungsverbundes zur Stabilisierung der Wechselkurse.
- **1979** Erste Direktwahl zum Europäischen Parlament. Einführung des Europäischen Währungssystems (EWS)
- **1981** Beitritt Griechenlands.
- **1984** Startschuß zum Europäischen Binnenmarkt.
- **1986** Beitritt von Spanien und Portugal.
- **1987** Am 1. Juli tritt die „Einheitliche Europäische Akte“ in Kraft.
- **1989** Der Plan zu einer Europäischen Wirtschafts- und Währungsunion wird vom Europäischen Rat verabschiedet.
- **1992** Großbritannien und Italien treten aus dem EWS aus. Vertrag von Maastricht zur Wirtschafts- und Währungsunion wird am 7. Februar verabschiedet. Diese soll in drei Stufen bis zum 1.7.2002 verwirklicht sein.
- **1993** Beginn des Europäischen Binnenmarktes.
- **1994** Das Europäische Währungsinstitut (EWI) nimmt als Vorläufer der Europäischen Zentralbank (EZB) die Arbeit auf.
- **1995** Beitritt von Österreich, Finnland und Schweden. Der Europäische Rat legt den konkreten Fahrplan zur Währungsunion fest.
- **1998** Entscheidung über die Staaten, die an der Währungsunion teilnehmen.
- **1999** Geplante Einführung der einheitlichen Währung (Euro). Die EZB soll die Arbeit aufnehmen.
- **2002** Der Euro wird mit der Ausgabe von Euro-Bargeld zum 1.1. gesetzliches Zahlungsmittel. Zum 1.7. soll es die D-Mark nicht mehr geben.

Und 1952 unterzeichneten die sechs EGKS-Staaten Belgien, Bundesrepublik Deutschland, Frankreich, Italien, Luxemburg und die Niederlande einen Vertrag zur Errichtung einer **Europäischen Verteidigungsgemeinschaft** (EVG) und planten die Gründung einer Europäischen Politischen Gemeinschaft.“[1]

[1] Ulrich Baßeler, Jürgen Heinrich, Walter Koch, a.a.O., S. 555.

Durch die Ablehnung des EVG-Vertrages durch die Franzosen beschränkte man sich dann allerdings auf eine rein **wirtschaftliche Integration** bzw. Zusammenarbeit. Diese wurde am 25. März 1957 in Rom durch die **„Römischen Verträge" (EG-Vertrag)** zur Gründung einer **Europäischen Wirtschaftsgemeinschaft (EWG)** und einer Europäischen Atomgemeinschaft (*EAG, Euratom*) von Belgien, der Bundesrepublik Deutschland, Frankreich, Italien, Luxemburg und den Niederlanden auf den Weg gebracht. „Kernstück war die Errichtung einer **Zollunion** und die Realisierung eines gemeinsamen Marktes. Die Zollunion der sechs konnte 1968 vorzeitig realisiert werden. Parallel dazu wurden die ursprünglich getrennten Institutionen von EGKS, Euratom und EWG mit dem Fusionsvertrag vom 8.4.1965 seit 1967 zu den **Europäischen Gemeinschaften (EG)** verschmolzen."[1]

In den 70er und zu Beginn der 80er Jahre waren die anfänglichen Integrationserfolge - so kam es insbesondere zu einer **regionalen Erweiterung der EG** durch den Beitritt der Länder *Dänemark*, *Irland* und *Großbritannien* im Jahr 1973 - von einer Reihe von Mißerfolgen geprägt. Dazu gehörten die Erschwernisse des Außenhandels durch nicht-tarifäre Handelshemmnisse, eine Überbürokratisierung und Regulierung der Agrarmärkte und eine weitgehende Abschottung der nationalen Volkswirtschaften durch eine nicht europäisch abgestimmte Wirtschaftspolitik. Es kam zu einer Negativstimmung, die zu einer **„Eurosklerose"** führte.

Das **Jahr der Wende** war 1984. Insbesondere durch eine deutsch-französische Initiative beschlossen die europäischen Staats- und Regierungschefs, das „Schiff Europa" wieder auf Kurs zu bringen. Im Dezember 1985 wurde dazu die **„Einheitliche Europäische Akte"** (EEA) verabschiedet. Diese geht im wesentlichen von der Schaffung eines einheitlichen **Binnenmarktes '92** und einer neuen **Gesamtorganisation in Form der Europäischen Politischen Zusammenarbeit (EPZ)** aus.

[1] Ulrich Baßeler, Jürgen Heinrich, Walter Koch, a.a.O., S. 556

Wichtige wirtschaftliche Kennziffern der Mitgliedsländer der Europäischen Union

Land	Fläche km²	Einwohner in Mio.	Erwerbstätige in Mio.	Privathaushalte in Mio.	BIP in Mrd. DM	BIP/Kopf DM	Energieverbrauch[1]
Belgien	31.000	10,1	3,7	4,0	420	41.584	50,1
Dänemark	43.000	5,2	2,5	2,5	218	41.923	19,4
Deutschland	357.000	82,0	35,8	35,8	3.320	40.488	332,2
Griechenland	132.000	10,4	3,8	3,6	173	16.635	21,4
Spanien	505.000	39,1	11,7	11,9	1.151	29.437	92,5
Frankreich	544.000	57,3	21,7	22,5	2.444	42.652	214,4
Irland	69.000	3,6	1,2	1,1	113	31.389	9,8
Italien	301.000	58,1	20,0	19,5	2.300	39.587	152,3
Luxemburg	3.000	0,4	0,2	0,2	25	62.500	3,7
Niederlande	42.000	15,3	6,7	6,3	601	39.281	68,9
Portugal	92.000	9,9	4,4	3,2	233	23.535	16,9
Großbritannien	244.000	58,2	25,7	23,6	2.272	39.038	217,2
Österreich	84.000	8,0	3,8	3,1	331	41.375	22,9
Finnland	338.000	5,1	2,0	2,1	169	33.137	22,9
Schweden	450.000	8,7	3,9	3,8	326	37.471	43,7
EU gesamt	2.363.000	371,4	147,3	143,8	14.096	37.954	1.288,3
EU	2.363.000	371,4	147,3	143,8	7.313[2]	19.700 $	
USA	9.373.000	263,3			6.650[2]	25.500 $	
Japan	378.000	125,1			4.582[2]	36.700 $	

1) Primärenergieverbrauch 1994 in Mill t/Rohöleinheit (RÖE) (t/RÖE) = 41.860 kJ Hu/kg (unterer Heizwert/kg), 2) in Mrd. US-$

Zur Konstituierung des Binnenmarktes schrieb der damalige Präsident der Kommission der Europäischen Gemeinschaften, ***Jacques Delors***:

„Der internationale Wettlauf gegen die Zeit, bei dem das Überleben der Länder unserer Gemeinschaft auf dem Spiel steht, erfordert eine gemeinsame Zielsetzung, die uns zur Bündelung unserer Kräfte und Energien zwingt. Aus diesem Grund habe ich dem Europäischen Parlament und den Staats- und Regierungschefs der Gemeinschaft bei meinem Amtsantritt als Präsident der EG-Kommission vorgeschlagen, bis 1992 einen wirklich gemeinsamen und solidarischen Wirtschaftsraum zu schaffen. Die Gemeinschaft hat sich zu diesem Ziel feierlich bekannt. Dieser große Binnenmarkt ist durch seine Ausmaße ebenso wie durch die neuen Möglichkeiten, die er den Europäern für die wissenschaftliche, technologische und handelspolitische Zusammenarbeit bietet, ein unersetzlicher Trumpf, den wir zugunsten der Wettbewerbsfähigkeit unserer Unternehmen und der Schaffung neuer Arbeitsplätze einsetzen können. Er wird einen wichtigen Beitrag zum Wachstum der Weltwirtschaft leisten. Er muß sich aber auch als Faktor des sozialen Fortschritts erweisen. Deshalb haben die zwölf Mitgliedstaaten beschlossen, die Verwirklichung des Binnenmarktes durch eine Reihe von Maßnahmen zu flankieren. Sie sollen den Zusammenhalt der Gemeinschaft durch Unterstützung der weniger entwickelten Regionen - und der von tiefgreifenden industriellen Umstrukturierungsprozessen betroffenen Regionen stärken. Dazu zählen Maßnahmen zur Bekämpfung der Langzeitarbeitslosigkeit, zur beruflichen Eingliederung der Jugendlichen und zur Entwicklung des ländlichen Raumes. Der von uns angestrebte Binnenmarkt betrifft alle Bürger der Gemeinschaft. Was da geschieht, ist eine stille Revolution. Wir werden sie gemeinsam in der Überzeugung zu Ende führen, daß sie einer absoluten Notwendigkeit, aber auch der Hoffnung auf die Europäische Union als unserem obersten Ziel entspricht." (Jacques Delors)

Mit der Schaffung des Binnenmarktes, dem zur Zeit **fünfzehn Staaten** angehören - 1981 trat der EU Griechenland, 1986 *Spanien* und *Portugal* und 1995 *Österreich*, *Finnland* und *Schweden* bei - und dem am 7.2.1992 in Maastricht beschlossenen Vertrag über die **Europäische Union (EU)**, der am 1. November 1993 in Kraft trat, beruht die Integration zukünftig auf drei Säulen:

1. Säule:

- Der Ausbau der Europäischen Gemeinschaft, bisher im wesentlichen bestehend aus den ökonomischen Kernelementen Zollunion, Gemeinsame Agrarpolitik, Strukturpolitik und Binnenmarkt, zu einer **Wirtschafts- und Währungsunion**,

2. Säule:

- Bestimmungen über eine **„Gemeinsame Außen- und Sicherheitspolitik"** sowie

3. Säule:

- Bestimmungen über eine **„Zusammenarbeit in den Bereichen Justiz und Inneres"**.

Die **Europäische Union (EU)** ist demnach in erster Linie ein wirtschaftlicher und weniger ein politischer Zusammenschluß. Die Mitgliedstaaten haben der EU bestimmte Souveränitätsrechte übertragen. In der ersten Säule wurden die Kompetenzen deutlich erweitert, so u.a. auf den Gebieten des Verbraucherschutzes, der transeuropäischen Verkehrs-, Fernmelde- und

Energiegesetze, der Entwicklungszusammenarbeit, der Forschung, des Umweltschutzes, des wirtschaftlichen und sozialen Zusammenhalts und der Sozialpolitik. Als wichtigstes Element enthält die erste Säule einen Stufenplan für den Übergang zu einer **„Wirtschafts- und Währungsunion" (WWU)**. Die zweite Säule enthält die von den Regierungen außerhalb des EG-Vertrags beschlossene „Gemeinsame Außen- und Sicherheitspolitik", die zugleich Grundlage einer künftigen europäischen Verteidigungspolitik sein soll. Die *Westeuropäische Union*, an der zehn der inzwischen fünfzehn EU-Mitgleider beteiligt sind, soll zur „Verteidigungskomponente" der EU ausgebaut werden. Die dritte Säule schließlich bildet die ebenfalls außerhalb des EG-Vertrags vereinbarte Zusammenarbeit der EU-Mitgliedstaaten im Bereich der „Innen- und Rechtspolitik", unter anderem also in Fragen der Einwanderungs- und Asylpolitik und der Bekämpfung der organisierten Kriminalität.

2.1.1 Zu den einzelnen EU-Organen

Mit dem Inkrafttreten des Maastricht-Vertrags am 1. November 1993 haben die fünf wesentlichen **Organe der EU**

- **der Europäische Rat,**
- **der Rat der Europäischen Union (Ministerrat),**
- **die Europäische Kommission,**
- **das Europäische Parlament und**
- **der Europäische Gerichtshof**

erweiterte Aufgaben in der Gemeinschaft übernommen. Sie bilden außerdem eine Klammer zwischen den drei Säulen des europäischen Gemeinschaftswerks.

Im ***Europäischen Rat*** treffen sich die Staats- und Regierungschefs der Mitgliedstaaten. Auf diesen „EU-Gipfeln" werden die Leitlinien der Unionspolitik festgelegt. Der Rat soll dabei der europäischen Entwicklung gleichzeitig neue Impulse vermitteln. Ihm gehören die fünfzehn Staats- und Regierungschefs und der Präsident der Europäischen Kommission an. Mindestens zweimal jährlich soll der Rat zu einem Gipfeltreffen zusammenkommen. Die Beschlüsse des Europäischen Rats sind oft Aufträge an das **wichtigste gesetzgebende Organ**, den ***Rat der Europäischen Union***, auch „Ministerrat" genannt. Die Ratspräsidentschaft wechselt halbjährlich zwischen den EU-Staaten. Das Generalsekretariat des Ministerrats hat seinen Sitz in Brüssel. Im Ministerrat treffen sich die nationalen Fachminister und beschließen die „europäischen Gesetze". Dem Ministerrat gehören 15 Minister an, die als weisungsgebundende Vertreter der nationalen Regierungen zur Beratung und Beschlußfassung in wechselnder fachlicher Zusammensetzung je nach dem Gegenstand der Beratungen zusammenarbeiten. Sie verfügen je nach Größe ihres Landes über 2 bis 10 Stimmen.

Land	**Kommissionsmitglieder in der Europäischen Kommission**	**Stimmen im Ministerrat**
Belgien	1	5
Dänemark	1	5
Deutschland	2	10
Griechenland	1	5
Spanien	2	8
Frankreich	2	10
Irland	1	3
Italien	2	10
Luxemburg	1	2
Niederlande	1	5
Portugal	1	5
Großbritannien	2	10
Österreich	1	4
Finnland	1	3
Schweden	1	4
EU gesamt	20	89

Zu bestimmten Fragen sind einstimmige Beschlüsse erforderlich; andere können mit qualifizierter Mehrheit entschieden werden; sonst genügt die einfache Mehrheit. Die Vorschläge für die „Unions-Gesetze" werden wiederum von der ***Europäischen Kommission***, als einem unabhängigen, überstaatlichen Organ, erarbeitet und dem Ministerrat zur Beschlußlage vorgelegt. Außerdem wacht die Europäische Kommission über die Umsetzung und Anwendung des europäischen Rechts in den einzelnen Mitgliedsländern. Spezielle Befugnisse hat die Kommission im Bereich der Wettbewerbspolitik - Überwachung des Kartellverbots, der Mißbrauchsaufsicht marktbeherrschender Unternehmen - sowie der nationalstaatlichen Subventionskontrolle zur Verhinderung von Wettbewerbsverzerrungen. Hervorzuheben ist auch die Verwaltung der EG-Haushalte und der verschiedenen angegliederten Fonds und europäischen Förderprogramme. Die Kommission besteht aus 20 Mitgliedern, die gegenüber den Mitgliedstaaten unabhängig handeln.

Die Anzahl der Kommissionsmitglieder (auch *EU-Kommissare* genannt) bestimmt sich nach der Größe des EU- Landes. Sie werden von den Regierungen der Mitgliedstaaten ernannt, wobei ihre Amtszeit vier Jahre beträgt und eine Wiederbestellung zulässig ist. Deutschland stellt zwei Kommissare, ***Monika Wulf-Mathies*** (zuständig für die EU-Regionalpolitik) und ***Martin Bangemann*** (Industriepolitik).

Das Europäische Parlament

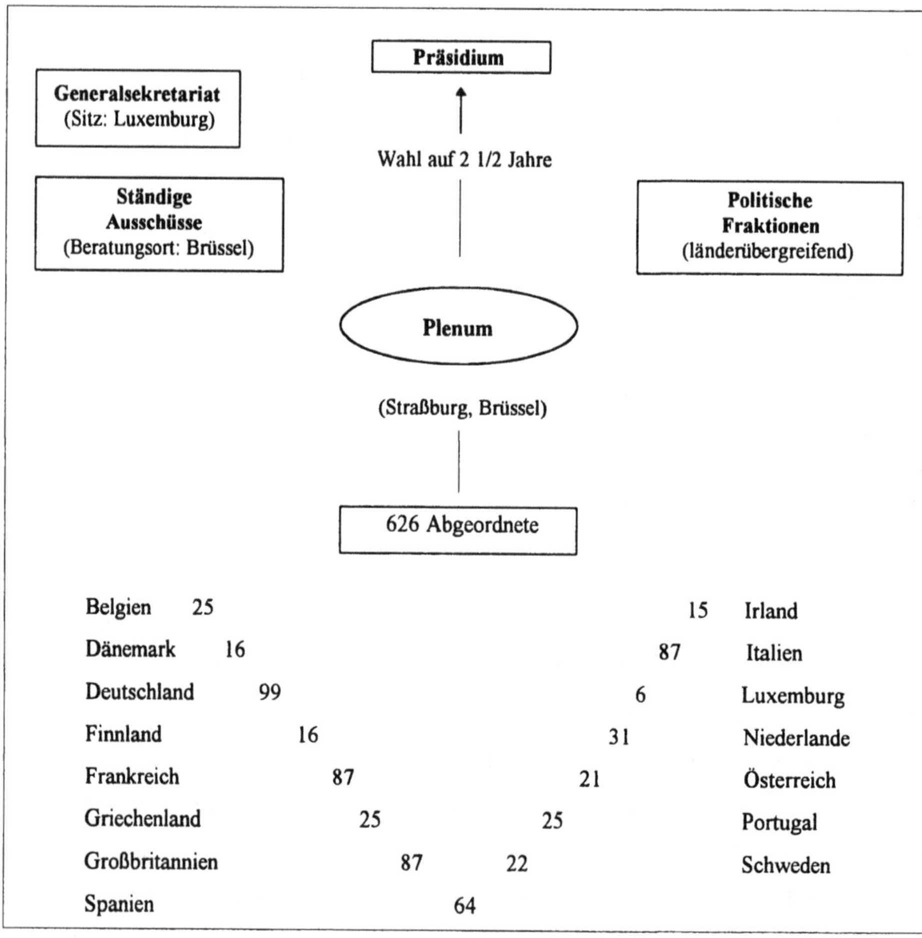

Das ***Europäische Parlament***, dessen 626 Abgeordnete in den Mitgliedstaaten alle fünf Jahre gewählt werden,[1] hat nur politisch beschränkte Befugnisse, wenn auch diese durch den Maastricht-Vertrag erweitert wurden. Solange in Europa keine wirkliche **„Politische Union"** realisiert ist, wird sich hieran auch nicht viel ändern, da das Parlament seiner ureigensten demokratischen Aufgabe, nämlich **Gesetze** zu beschließen, nicht nachkommen kann. Mit ***Ulrich Baßeler*** u.a. muß deshalb die Europäische Gemeinschaft als eine wenig demokratisch legitimierte Organisation bezeichnet werden. „Die Exekutive (die Kommission) und die Legislative (der Ministerrat) handeln, ohne direkt durch Wahlen oder Parlamente legitimiert zu sein, und das einzige Organ, das aus allgemeinen unmittelbaren Wahlen hervorgeht - das Europäische Parlament - spielt im Entscheidungsprozeß praktisch kaum eine Rolle."[2]

Im Grunde lassen sich lediglich vier Arten der **Mitwirkung des Parlaments** unterscheiden. Nur mit **Zustimmung** des Parlaments können internationale Abkommen abgeschlossen und neue EU-Mitgliedstaaten aufgenommen werden. Die Zustimmung des Parlaments ist auch erforderlich, wenn über die Aufgaben der Struktur- und Kohäsionsfonds und der künftigen Europäischen Zentralbank (EZB) sowie über die Unionsbürgerrechte, die Modalitäten der Europawahlen und der Ernennung der Europäischen Kommission bzw. der zwanzig Kommissare entschieden wird. Bei Beschlüssen über den Binnenmarkt, die Freizügigkeit der Arbeitnehmer, allgemeine Programme zum Umweltschutz, die Förderung des Gesundheitswesens und der Kultur verfügt das Europäische Parlament über das Recht der **Mitentscheidung**. Es kann bei Meinungsverschiedenheiten mit dem Ministerrat nach einem Kompromiß suchen und diesen gemeinsam mit dem Ministerrat in Kraft setzen. Andernfalls ist der Rechtsakt gescheitert. Das Parlament hat in diesem Fall also praktisch ein Vetorecht (Art. 149 EWGV). Auf Fragen der gemeinsamen Verkehrspolitik, des Sozial- und Regionalfonds, der EU-Umweltpolitik, des Arbeitsschutzes, der Zusammenarbeit mit den Entwicklungsländern usw. wird das Verfahren der **Zusammenarbeit** angewandt. Es gibt dem Parlament die Möglichkeit zu Änderungsvorschlägen. Über ein ablehnendes Votum des Parlaments kann sich der Ministerrat aber durch einstimmigen Beschluß hinwegsetzen. Bei den meisten übrigen Gesetzgebungsverfahren der EU ist lediglich die **Anhörung** des Parlaments vorgesehen.

---

[1] Die letzten Wahlen zum Europäischen Parlament waren 1994. Die Direktwahl der Abgeordneten erfolgte 1979 zum ersten Mal. Deutschland entsendet mit insgesamt 99 Abgeordneten die meisten. Davon kommen 47 von der CDU/CSU, 40 von der SPD und 12 von Bündnis 90/Die Grünen.

[2] Ulrich Baßeler, Jürgen Heinrich, Walter Koch, Grundlagen und Probleme der Volkswirtschaft, a.a.O., S. 565f.

Das fünfte zentrale Organ der EU ist der ***Europäische Gerichtshof (EuGH)*** (Sitz: Luxemburg). Er sorgt als supranationales Rechtsprechungsorgan für die Anwendung und Auslegung des EG-Vertrages von 1957 mit seinen Erweiterungen durch die Einheitliche Europäische Akte von 1986 und den Vertrag von Maastricht (1992). Der EuGH und die ihm 1989 zur Entlastung vorgeschaltete **Erste Instanz** (hier werden insbesondere Rechtsangelegenheiten aus dem Kohle- und Stahlbereich, Wettbewerbsverfahren sowie Streitigkeiten zwischen der EU und ihren Bediensteten sowie direkte Klagen von Bürgern und Unternehmen gegen Organe der EU behandelt) ist gleichzeitig **Verfassungs- und Rechtschutzinstanz**. Er kann von allen angerufen werden, die für die Anwendung des Gemeinschaftsrechts verantwortlich sind (Organe und Mitgliedstaaten der EU) oder als natürliche oder juristische Personen unmittelbar von Rechtsakten der EU betroffen sind. Der EuGH besteht aus 15 Richtern, denen 8 Generalstaatsanwälte zur Seite stehen. Alle werden auf sechs Jahre einvernehmlich von den Regierungen der Mitgliedstaaten ernannt. Außer den genannten fünf europäischen Organen sind noch zu nennen:

- **der Rechnungshof der Europäischen Gemeinschaften,**
- **der Wirtschafts- und Sozialausschuß,**
- **der Ausschuß der Regionen und**
- **die Europäische Investitionsbank.**

Der **Rechnungshof der Europäischen Gemeinschaften**, kurz Europäischer Rechnungshof mit Sitz in Luxemburg, der am 25.10.1977 erstmals zusammentrat und durch den Vertrag von Maastricht zu einem Hauptorgan der Gemeinschaft aufgewertet wurde, überprüft als unabhängige Institution die Haushaltsführung der Union (vgl. dazu den Punkt: „Zum Haushalt der EU"). Die Ergebnisse seiner Prüfungen werden in Jahresberichten oder in Sonderberichten zu einzelnen Finanzbereichen festgehalten und veröffentlicht.

Der Europäische Rechnungshof besteht aus fünfzehn Mitgliedern, die vom Ministerrat nach Anhörung des Parlaments einstimmig auf sechs Jahre ernannt werden. Sie haben eine ähnlich unabhängige Stellung wie die Richter und Staatsanwälte des Europäischen Gerichtshofs.

Daneben sieht der EG-Vertrag zwei **beratende Organe** vor, deren Aufgabe es ist, Ministerrat und Kommission in ihrer Entscheidungsfindung zu unterstützen. Der **Wirtschafts- und Sozialausschuß**, der bereits 1957 gegründet wurde, besteht aus 222 Mitgliedern, die unterschiedlichen sozialen und wirtschaftlichen Gruppen angehören, darunter Arbeitgeber und Arbeitnehmer, Landwirte und Kaufleute, Handwerker und Freiberufler, Verbraucher- und

Umweltschützer und Vertreter vieler anderer Interessenverbände. Die Ausschußmitglieder sind an keine Weisungen gebunden. Sie werden vom Ministerrat anhand von Vorschlagslisten der nationalen Regierungen ausgewählt und auf jeweils vier Jahre ernannt. Nach den Bestimmungen des EG-Vertrages können der Ministerrat oder die Kommission in vielen Fragen erst nach Anhörung des Wirtschafts- und Sozialausschusses tätig werden. Der Ausschuß hat aber auch die Möglichkeit, von sich aus Stellungnahmen abzugeben.

Die EU-Organe auf einen Blick

Europäischer Rat
15 Staats- und Regierungschefs und der Präsident der Kommission

Europäischer Gerichtshof
15 Richter,
8 Staatsanwälte

Europäischer Rechnungshof
15 Mitglieder

Rat der Europäischen Union
(Ministerrat)
jeweils 15 Fachminister

Ausschuß der Regionen
222 Mitglieder

Wirtschafts- und Sozialausschuß
222 Mitglieder

Europäische Kommission
20 Mitglieder

Europäisches Parlament
626 Abgeordnete

Unter etwas anderen Vorzeichen gilt dies auch für den **Ausschuß der Regionen**, der durch den Vertrag von Maastricht - vor allem auf Drängen von deutscher Seite - geschaffen wurde. Er soll den Ländern, Regionen, autonomen Gemeinschaften und lokalen Gebietskörperschaften der EU-Staaten eine direkte, allerdings ebenfalls nur beratende Mitsprache in den Entscheidungsprozessen der EU ermöglichen. Der Ausschuß wird vom Ministerrat oder von der Kommission besonders zu Fragen der Bildung und Kultur, des Gesundheitswesens, der transeuropäischen Energie- und Telekommunikationsnetze und der Struktur- oder Regionalpolitik gehört. Er kann sich auch zu Wort melden, wenn bei einer Anhörung des Wirtschafts- und Sozialausschusses regionale

Interessen berührt werden. Der Ausschuß zählt ebenfalls 222 Mitglieder und wird nach den gleichen Modalitäten wie der Wirtschafts- und Sozialausschuß benannt. Deutschland entsendet 24 Vertreter, davon 21 für die Bundesländer und 3 für die Kommunen.

Die **Europäische Investitionsbank**, mit Sitz in Luxemburg, hat dagegen keine beratende Funktion. Sie ist ausschließlich für die Gewährung von Darlehen und Bürgschaften im Rahmen von Entwicklungsprojekten von gemeinsamen europäischen Interesse, nicht zuletzt zur Schaffung neuer Arbeitsplätze innerhalb der EU zuständig.

2.1.2 Zum Haushalt der EU

Der Haushalt der EU wird nicht selten - trotz seiner unbedeutenden Größe von lediglich 1,2% des BIP der EU - als der „Ausdruck der gemeinsamen Politik in der EU“ betrachtet. Als Anwort auf die wiederholten Haushaltskrisen in den 80er Jahren haben Ministerrat, Kommission und Parlament im Juni 1988 erstmals einen mittelfristigen Finanzrahmen beschlossen. Ein solcher liegt zur Zeit für die Jahre 1993 bis 1999 vor.

Die Kommission erstellt dabei bis zum 15.6. eines jeden Jahres einen Haushaltsvorentwurf und leitet diesen sowohl dem Ministerrat als auch dem Parlament zu. Der Ministerrat erarbeitet aus dem Entwurf bis zum 31.7. einen Haushaltsentwurf, der dann bis zum 31.10. in einer ersten Lesung im Parlament beraten wird. Änderungen und Änderungsvorschläge des Parlaments liegen dem Ministerrat zur zweiten Lesung bis zum 30.11. vor. Der Ministerrat hat dabei das letzte Wort bei den sog. obligatorischen Ausgaben. Im Dezember tritt dann noch zur zweiten Lesung das Parlament an und beschließt über die nichtobligatorischen Ausgaben.

Die Einnahmenseite des EU-Haushalts umfaßt die **Mehrwertsteuer-Eigenmittel**, **Zölle**, **Agrarabschöpfungen** und sog. **BSP-Eigenmittel**.

Wichtigste, weil größte Einnahmenquelle des EU-Haushalts, sind die **Mehrwertsteuer-Eigenmittel**, die ab 1986 in mehreren Schritten bis auf 1,4% der mehrwertsteuerpflichtigen Umsätze in den Mitgliedstaaten angehoben wurden. Dabei darf zum Schutz der wirtschaftlich schwächeren EU-Staaten die Mehrwertsteuerbemessungsgrundlage des jeweiligen Mitgliedstaates 55 Prozent seines nominalen Bruttosozialprodukts nicht übersteigen. Obwohl zum 1. Juli 1968 die *Zollunion* in der EG verwirklicht wurde, d.h. die **Zölle** zwischen den Mitgliedstaaten abgeschafft wurden, gilt jedoch für den Handel mit Drittländern weiterhin ein gemeinsamer Zolltarif. Diese Zölle, die an den Außengrenzen der Gemeinschaft auf Einfuhren aus Drittländern erhoben werden, fließen als Einnahmen in den EU-Haushalt. Als ein besonderer Zoll gehören dazu auch die **Agrarabschöpfungen**. Diese entstehen dadurch, daß die Gemeinschaft auf landwirtschaftliche Erzeugnisse aus Drittländern, deren Preise unter denen der EU-Produzenten liegen, Agrarzölle erhebt. Da die Summe dieser Einnahmen zur Deckung der Ausgaben in der EU aber nicht ausreichen, hat der Europäische Rat 1988 eine weitere Einnahmenquelle beschlossen, die sog. **BSP-Eigenmittel**. Bemessungsgrundlage ist hierbei das nominale Bruttosozialprodukt der jeweiligen EU-Staaten. Der erhobene Satz ist eine von Jahr zu Jahr schwankende Größe, die die restliche Einnahmelücke im EU-Haushalt schließt. 1992 betrug z.B. der Satz 1,2% des Bruttosozialprodukts. In den Jahren 1995 bis 1999 soll der Satz stufenweise bis auf 1,27% wachsen.

Haushaltsplan der Europäischen Union 1994

Einnahmen 70 Mrd. ECU		Ausgaben 70 Mrd. ECU	
Mehrwertsteuer-Eigenmittel	51%	Agrarausgaben	53%
Zölle	18%	Struktur- und Regionalpolitik	30%
Agrarabschöpfungen	4%	Sozial- u. Entwicklungspolitik	4%
BSP-Eigenmittel	27%	Forschung	4%
		Sonstiges	4%
		Verwaltung	5%

Den größten **Ausgabenblock** des EU-Haushalts bilden die **Agrarausgaben**.[1] Sie machten 1994 allein einen Anteil von über 50 Prozent aus. Die Ausgaben sind allerdings relativ zurückgegangen. 1990 lagen sie noch bei knapp 65 Prozent.

[1] Speziell zur Agrarpolitik der EU vgl. Ulrich Baßeler, Jürgen Heinrich, Walter Koch, Grundlagen und Probleme der Volkswirtschaft, a.a.O., S.569ff.

Einnahmen und Zahlungen der EU nach Mitgliedsländern 1994

Land	Einnahmen von den Mitgliedsländern Mio. DM	%	Zahlungen an die Mitgliedsländer Mio. DM	%
Deutschland	41.120	33,3	14.875	12,8
Belgien	5.431	4,4	4.836	4,2
Dänemark	2.495	2,0	2.877	2,5
Frankreich	24.154	19,6	19.100	16,5
Griechenland	1.910	1,5	9.323	8,0
Großbritannien	12.350	10,0	10.120	8,7
Irland	1.230	1,0	4.601	4,0
Italien	14.934	12,1	10.044	8,7
Luxemburg	318	0,3	807	0,7
Niederlande	8.171	6,6	4.650	4,0
Portugal	2.339	1,9	5.856	5,0
Spanien	9.080	7,4	15.078	13,0
EU insgesamt	123.533	100,0	116.058	100,0

Stark gestiegen sind die **Ausgaben für Struktur- und Regionalpolitik**. Der Anteil am Gesamthaushalt lag 1994 bei ca. 30 Prozent. Der Rest teilt sich auf für Sozial- und Entwicklungspolitik, für Forschung, Energie und Industriepolitik und Sonstiges einschließlich der Verwaltungsausgaben, die 1994 bei ca. 5 Prozent lagen.[1]

Eine politische Auseinandersetzung ist mittlerweile vor dem Hintergrund einer in fast allen europäischen Ländern betriebenen staatlichen Haushaltskonsolidierung um die sogenannten **Nettozahler- und Netto-Empfängerländer** des EU-Haushaltes entstanden.[2] Größter Nettozahler (Einzahlungen in den EU-Haushalt größer Auszahlungen aus dem EU-Haushalt) ist mit großem Abstand zu den drei anderen Nettozahlern Frankreich, Italien und Großbritannien/Nordirland auf Basis der Zahlen von 1994 Deutschland. Größter Netto-Empfänger (Einzahlungen kleiner Auszahlungen) ist Griechenland.[3]

---

[1] Vgl. Statistisches Bundesamt (Hrsg.), Die EU in Zahlen 1996
[2] Vgl. DIW-Wochenbericht Nr. 40/1997, S. 73ff.
[3] Vgl. ebenda

2.2 Zur Wirtschafts- und Währungsunion

Seit der Veröffentlichung des Weißbuches der EG-Kommission 1985 und dem Beschluß des **Ministerrates der EG** vom Februar 1986, bis Ende 1992 den gemeinsamen **Europäischen Binnenmarkt** herzustellen, gibt es bei vielen Politikern, aber auch bei Wirtschaftswissenschaftlern eine regelrechte Europa-Euphorie. Die öffentliche Meinung war da Mitte der 80er Jahre noch wesentlich zurückhaltender. Der damalige Vizepräsident der **„Kommission der Europäischen Gemeinschaften"**, ***Lord Cockfield***, ging sogar soweit, daß er sagte: „Niemand kann noch an der Bedeutung des Binnenmarktes oder an den Möglichkeiten zweifeln, die er eröffnet."[1] Die bundesdeutsche Wirtschaft sah dies zumindest 1986 noch nicht ganz so zuversichtlich. Immerhin befürchteten 17% der Unternehmen bei einer Befragung des *„Deutschen Industrie- und Handelstages" (DIHT)* **negative Auswirkungen** des EG-Binnenmarktes. Nur 25 Prozent der Unternehmen sahen ausdrücklich positive Wirkungen. Dies waren überwiegend international agierende Großunternehmen. Bis heute hat sich dies allerdings zugunsten einer allgemeinen Befürwortung des Binnenmarktes - durch fast alle Bereiche der Wirtschaft[2] - geändert. Auch in der Bevölkerung finden mittlerweile 51% die EU-Mitgliedschaft positiv. Auf die Frage: „Wenn es eine Volksabstimmung zu Europa gäbe und die Frage wäre: 'Soll Ihr Land in der Europäischen Union bleiben oder nicht?', wie würden Sie vermutlich stimmen?", sagten Ende 1996 75% der Deutschen, daß Deutschland in der EU bleiben sollte und lediglich 15% plädierten für einen Austritt.[3]

Mit dem Beschluß zur Errichtung eines einheitlichen Europäischen Binnenmarktes bis Ende 1992 sollten insbesondere **Hemmnisse** abgebaut werden, die

- **die Freiheit des Warenverkehrs,**
- **die Freiheit des Personenverkehrs,**
- **die Freiheit des Dienstleistungsverkehrs und**
- **die Freiheit des Kapitalverkehrs**

---

[1] Vgl. Paolo Cecchini, Europa '92, Cecchini-Bericht, Der Vorteil des Binnenmarktes, Baden-Baden 1988, S. 11

[2] Kritisch stehen aber immer noch viele Bereiche der **mittelständischen Wirtschaft** dem Euro gegenüber. So befürchten aufgrund einer Umfrage die deutschen Handwerksbetriebe überwiegend negative Auswirkungen einer gemeinsamen europäischen Währung. 62% der Befragten gaben als negative Wirkung höhere Kosten an. 60% vermuten eine Entwertung von Geldanlagen und 59% befürchten eine beschleunigte Inflation. Für 47% der Befragten impliziert der Euro eine verstärkte Konkurrenzsituation. Quelle: Handwerkskammer für München und Oberbayern

[3] Vgl. Handelsblatt vom 10/11.1.1997, S. 8

zwischen den Mitgliedsländern der EU durch innergemeinschaftliche Grenzbarrieren behindern. Um die **„Kosten der Nichtverwirklichung Europas“** zu ermitteln, wurde ein Forschungsprogramm mit dem gleichen Titel von der EG-Kommission an den Italiener ***Paolo Cecchini*** vergeben, der die **mikro- und makroökonomischen Wirkungen des Binnenmarktes** untersuchte. Für ***Lord Cockfield*** besitzt die Menschheit mit dem *„Cecchini-Bericht“* „nunmehr den unumstößlichen Beleg für das, was alle am europäischen Aufbauwerk Beteiligten schon immer gewußt haben: Das Fehlen eines einheitlichen Marktes bedeutet für die europäische Industrie überflüssige Ausgaben und vertane Gelegenheiten. Die Vollendung des Binnenmarktes hingegen wird den ökonomischen Rahmen für die Erneuerung der europäischen Wirtschaft sowohl in der Industrie als auch im Dienstleistungsbereich schaffen und den Wohlstand der Völker Europas, ja der ganzen Welt ständig mehren.“[1]

Der Forschungsbericht (veröffentlicht unter dem Titel: *Cecchini-Bericht „Der Vorteil des Binnenmarktes“*) beschreibt im Teil 1 zunächst „Europas Marktzersplitterung - die Kostenfaktoren“ und im Teil 2 „Die Chancen des EG-Binnenmarktes“. Die theoretischen Ergebnisse des Cecchini-Berichts, er umfaßt insgesamt 6.000 Seiten, wurden in einem **Weißbuch** zur „Vollendung des Binnenmarktes“, das die notwendigen **Harmonisierungsmaßnahmen** in insgesamt **282 Rechtsakten** beschreibt, festgelegt. Diese Harmonisierungsmaßnahmen lassen sich dabei zusammengefaßt wie folgt gliedern:

- **Beseitigung der Grenzkontrollen,**
- **Technische Harmonisierung und Normung,**
- **Liberalisierung des öffentlichen Auftragswesens,**
- **Freizügigkeit der Arbeitnehmer und Selbständigen,**
- **Freier Kapitalverkehr,**
- **Freier Dienstleistungsverkehr,**
- **Schaffung geeigneter Rahmenbedingungen für die industrielle Zusammenarbeit,**
- **Beseitigung der Steuerschranken.**

2.2.1 Mikro- und Makroökonomische Prognosen des Cecchini-Berichts

Der *Cecchini-Bericht* versucht durch eine **mikro- und makroökonomische Analyse**, die Vorteile einer Marktintegration herauszuarbeiten. Der Analysezeitraum beträgt dabei sechs

[1] Lord Cockfield, in: Paolo Cecchini, Europa ‘92, Cecchini-Bericht, a.a.O., S. 11

Jahre. In die Untersuchung wurden nicht alle EG-Länder, sondern lediglich die Länder *Belgien*, *Großbritannien*, *Frankreich*, *Italien*, *Niederlande*, *Luxemburg* und die *Bundesrepublik* einbezogen. Alle Untersuchungsergebnisse besitzen eine Ungenauigkeit bzw. Fehlerwahrscheinlichkeit von +/- 30%. Trotz dieser Forschungs- und Ergebnisrestriktionen legte der Cecchini-Bericht für die EU eindeutig dar, welche immensen Möglichkeiten sich künftig mit der Vollendung des Binnenmarktes eröffnen: Möglichkeiten für Wachstum, neue Arbeitsplätze, größenbedingte Kostenvorteile, eine höhere Produktivitat und Rentabilität, einen gesunderen Wettbewerb, berufliche und geschäftliche Mobilität, stabile Preise und ein reichhaltigeres Warenangebot für den Verbraucher, kurz: die Aussicht auf ein erhebliches **inflationsfreies Wachstum** und **Millionen neuer Arbeitsplätze**.

Ausgangspunkt des *Cecchini-Berichtes* ist die **Beseitigung von Grenzformalitäten**, die Vereinheitlichung von einzelstaatlichen Industrienormen und der Wegfall sonstiger nicht tarifärer Handelsbarrieren. Hinzu kommt eine Liberalisierung des öffentlichen Auftragswesens. Aus all diesen Deregulierungsmaßnahmen soll eine unmittelbare **Kostensenkung** folgen. „Damit ist, (so der *Cecchini-Bericht*, d.V.), lediglich der Ausgangspunkt einer Kettenreaktion beschrieben, die im kommenden Jahrzehnt Unternehmen und Verbraucher in der Europäischen Gemeinschaft vor radikal veränderte wirtschaftliche Rahmenbedingungen stellen wird."[1]

Außerdem soll sich durch den Abbau der genannten Schranken (die wie **Zölle** wirken, d.h. sie schützen inländische Anbieter vor ausländischer Konkurrenz) der Wettbewerb in der Gemeinschaft verschärfen. Der *Cecchini-Bericht* geht davon aus, daß Unternehmen, „die sich bisher auf einem abgeschotteten Markt auf einem 'Monopolkissen' ausruhen konnten, (...) die Folgen der Liberalisierung am empfindlichsten zu spüren bekommen. Anpassungsfähige Betriebe werden jedoch trotz sinkender Preise auf stattliche Gewinne setzen können."[2] Durch die **Erhöhung der Wettbewerbsintensität** soll es wiederum zu einem Druck auf die Kosten kommen. In rein **neoklassisch-liberaler Manie** stellt der Cecchini-Bericht fest: „Bei marktwirtschaftlichen Wettbewerbsbedingungen führt dies in einem weiteren Schritt zu niedrigeren Preisen."[3] Durch die Preissenkungen entsteht wiederum eine höhere Kaufkraft und damit ein größeres Nachfragepotential, das sich bei den Unternehmen produktions- und umsatzfördernd auswirken soll.

---

[1] Cecchini-Bericht, a.a.O., S. 102
[2] Ebenda, S. 109
[3] Ebenda, S. 105

Die Unternehmen, die dem Wettbewerbsdruck nicht standhalten können, werden **suboptimal** und scheiden aus dem Markt aus. Die sich dadurch verschärfende Konzentration impliziert weitere produktionsbedingte Größenvorteile mit Produktivitätssteigerungen (economies of scale), die die Stückkosten noch mehr senken. Dies setzt wiederum - vermittelt durch die gestiegene Wettbewerbsintensität - weitere Spielräume für Preissenkungen frei.

Mikroökonomische Auswirkungen der EU-Marktintegration

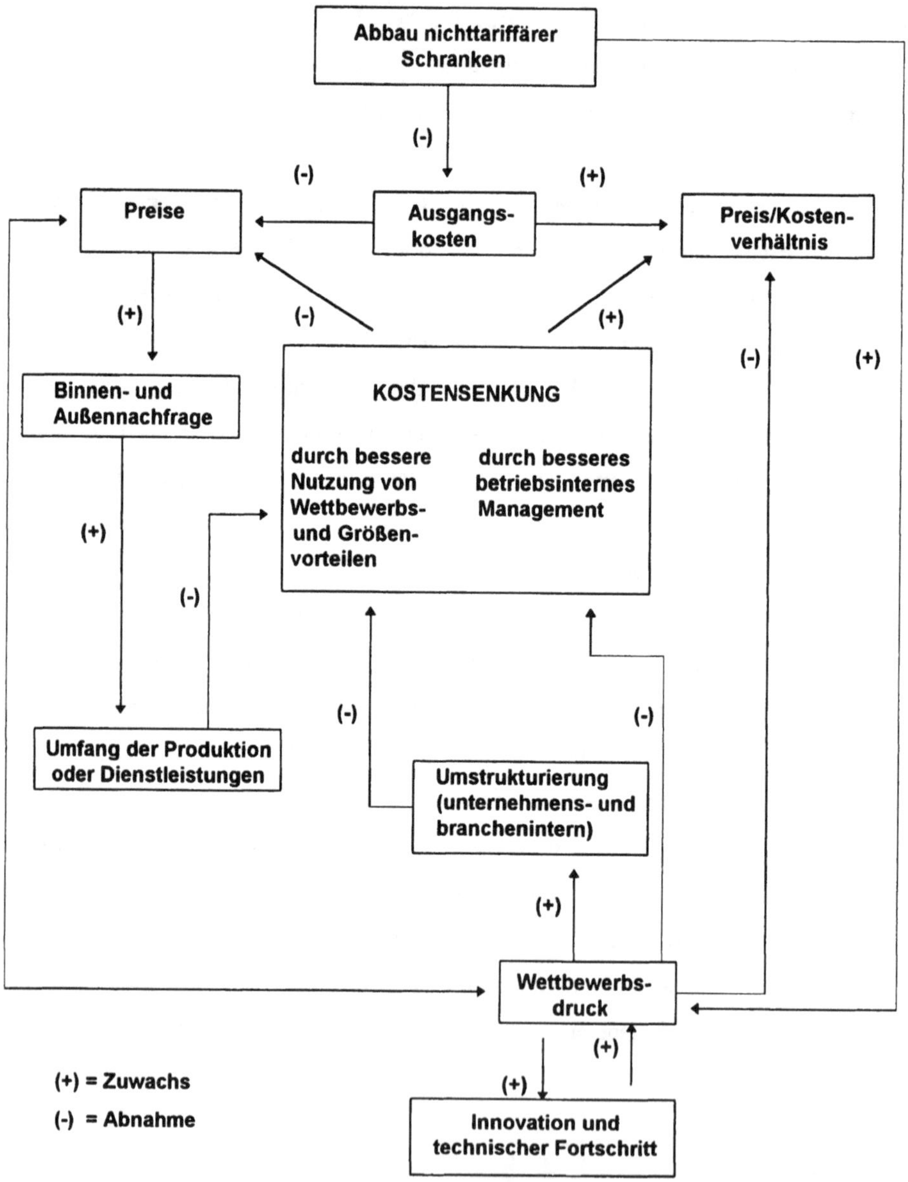

Die entscheidende Größe zur Ableitung der theoretisch ermittelten positiven Auswirkungen des EG-Binnenmarktes innerhalb des *Cecchini-Berichts* ist die Erhöhung der **Wettbewerbsintensität**. Ohne einen intensiven Wettbewerb werden die erwarteten Kostenreduzierungen von den Unternehmen über ihre Produktpreise nicht an die Nachfrager weitergegeben. Hierdurch kommt die abgeleitete „Kettenreaktion" zum Stillstand. Es gäbe keine realen Kaufkraftsteigerungen und dadurch wiederum kein Wachstum. Bleibt dies aus, so sind auch die errechneten Arbeitsplatzeffekte nur Makulatur.

Die Begründung für mehr Wettbewerb leitet der *Cecchini-Bericht* ausschließlich daraus ab, daß es durch die Beseitigung der diversen **Handelshemmnisse** dazu kommt, daß die Unternehmen ihre nationalstaatlichen Schutzräume verlieren und daß durch EG-weite öffentliche Ausschreibungen mehr Wettbewerbsdruck entsteht. Ohne zu erklären, was überhaupt Wettbewerb ist, wie er sich im einzelnen durchsetzt und wie er für Preissenkungen sorgt, wird naiv-ökonomisch unterstellt: „Unter Konkurrenzdruck pendeln sich die Preise in der Regel auf einem niedrigen Niveau ein. Je freier der Wettbewerb, desto schneller müssen sie sich (die Unternehmen, d.V.) an Angebot und Nachfrage anpassen."[1]

Diese typisch über Wettbewerb vermittelte neoklassische Preissenkungsvorstellung läßt sich allerdings allenfalls im völlig realitätsfernen Modell der „vollkommenen Konkurrenz" erzielen - hier gibt es dann aber auch keinen Wettbewerb mehr. In jedem Lehrbuch der Preis- und Wettbewerbstheorie ist nachzulesen, daß sich Wettbewerb durch einen **dynamischen Prozeß** auszeichnet,[2] der im Modell der vollkommenen Konkurrenz nicht mehr stattfindet. „Die Vielzahl von Anbietern, die die Marktform der vollkommenen Konkurrenz kennzeichnet, bedingt Unternehmen von geringer absoluter Größe. Kostenersparnisse der Massenproduktion (economies of scale) können somit kaum genutzt werden."[3] Außerdem fehlt es an der Möglichkeit, sich als „schöpferischer Pionierunternehmer" laut ***Schumpeter*** zu profilieren und bei Erfolg prozessuale Monopolstellungen mit entsprechenden Vorsprungsgewinnen auszukosten. Die Prämisse des Cecchini-Berichts, die **Intensivierung des Wettbewerbs**, läßt sich demnach theoretisch innerhalb des neoklassischen Modells der vollkommenen Konkurrenz nicht stringent herleiten.

---

[1] Cecchini-Bericht, S.107

[2] Vgl. dazu das 4. Kapitel

[3] Hartmut Berg, Wettbewerbspolitik, in: Vahlens Kompendium der Wirtschaftstheorie und Wirtschaftspolitik, Bd. 2, München 1981, S. 222

Aber auch bei einer Unterstellung des theoretisch **dynamischen Wettbewerbsmodells** ergibt sich allenfalls **kurzfristig** eine Erhöhung der Wettbewerbsintensität. Langfristig kommt es auch hier auf den einzelnen Märkten zu **weiterer Konzentration und Marktvermachtung**. Die Folge wird sein, daß die heute schon großen und mächtigen Unternehmen noch mehr als bisher durch Ausbeutungs- und Behinderungsmißbrauch Extragewinne erzielen. Ihre Preisstellungen werden sich nicht - wie unterstellt - den Produktionskosten anpassen, sondern sie werden sich noch weiter davon entfernen. Die dadurch erlösten Gewinne werden wegen der Gefahr einer immanenten Überakkumulation noch weniger in **Realinvestitionen** fließen, sondern in zusätzliche spekulative **Finanzaktiva** oder für den Aufkauf weiterer Unternehmen (wodurch die Konzentration noch mehr erhöht wird) verwandt werden. **Beschäftigungseffekte** wird es dabei auch geben. Sie sind leider negativ und werden die makroökonomischen Probleme enorm vergrößern.

Unter Berücksichtigung der beschriebenen mikroökonomischen Wirkungsketten soll sich **makroökonomisch** das **Bruttoinlandsprodukt** laut *Cecchini-Bericht* bis Anfang 1999 (1993 plus 6 Jahre) um 4,5% erhöhen. Die Inflationsrate soll um 6,1% zurückgehen und 1,8 Millionen zusätzliche Erwerbstätige soll es geben. Außerdem wird mit einer Verringerung der öffentlichen Haushaltsdefizite in Höhe von 2,2% des Bruttoinlandsproduktes gerechnet. Diese makroökonomischen Wirkungen treten dann ein, wenn es zu keinerlei **staatlichen Interventionen** in den Marktprozeß kommt. **Keynesianische Wirtschaftspolitik**, dies ist bei einer totalen liberal-neoklassischen Fundierung des *Cecchini-Berichtes* erstaunlich, läßt das Bruttoinlandsprodukt zwischen 1993 und 1999 sogar von 4,5% auf 7% steigen. Die Arbeitsplätze würden um 5,7 Millionen zunehmen und die Preise um 4,3% zurückgehen. Der Effekt auf die öffentlichen Haushalte wäre allerdings durch die Nettokreditaufnahme (Staatsverschuldung) zur Finanzierung der zusätzlichen Staatsausgaben mit 0,7% des Bruttoinlandsproduktes nicht mehr so hoch wie bei einem „freien Spiel der Marktkräfte".

Der ***Cecchini-Bericht*** ist insgesamt nicht nur wegen seiner falschen wettbewerbstheoretischen Fundierung zu **krisitieren**, sondern auch wegen seiner „Nichtberücksichtigung von Risiken und Anpassungskosten (z.B. Informations-, Werbe-, Distributions- und Harmonisierungskosten usw.), die mit dem Binnenmarkt auf eine Vielzahl von Unternehmen zukommen werden. (..) Auch ist zu kritisieren, daß eine Differenzierung nach Ländern, Regionen und Branchen fehlt."[1] Zusätzlich ist massive **methodische und wirtschaftspolitische Kritik** geübt worden, weil die Ergebnisse der

[1] Josef Weindl, Europäische Gemeinschaft (EU), 2. Aufl., München, Wien 1994, S. 252

Makroökonomische Auswirkungen der EU-Marktintegration

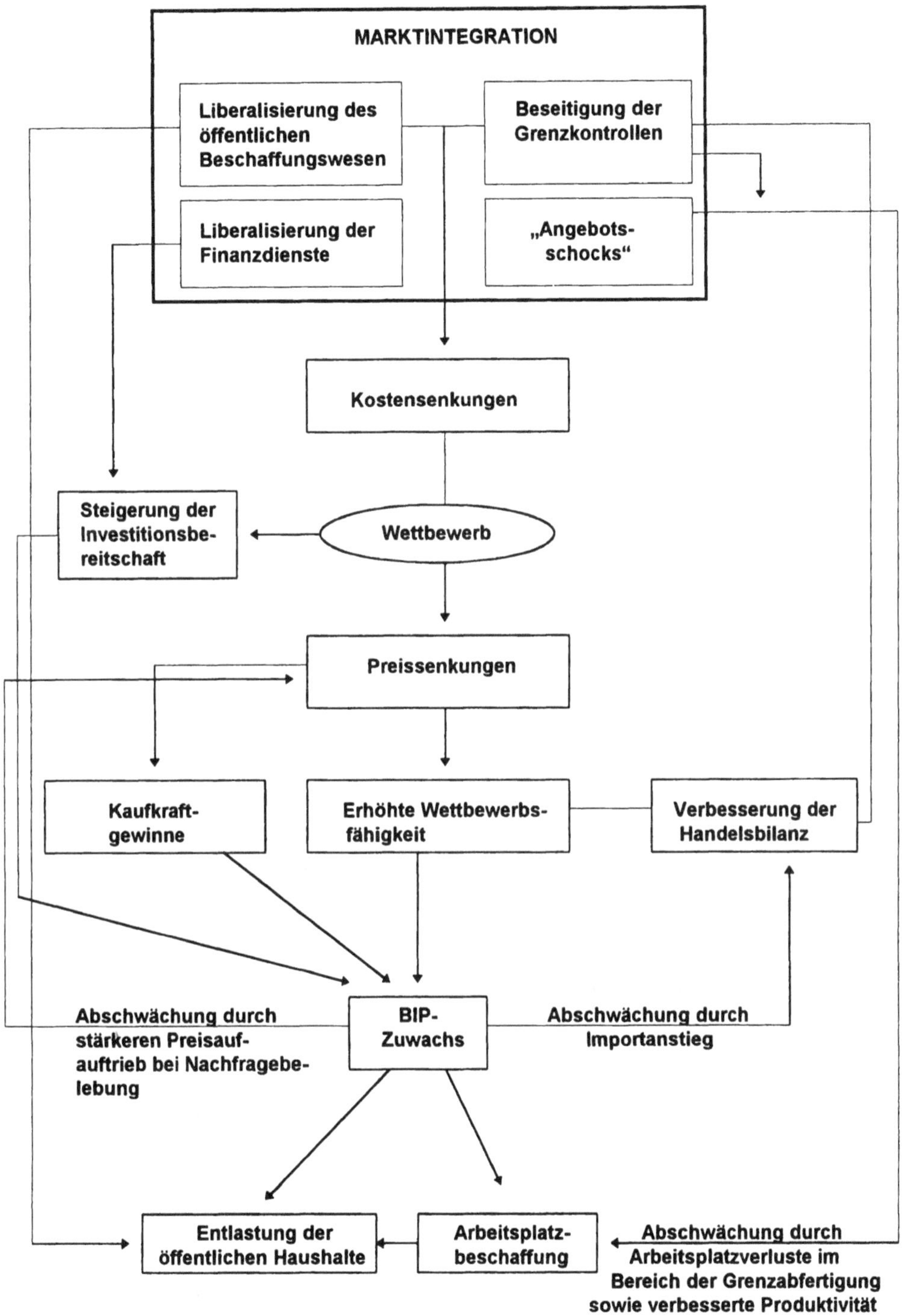

Studie einerseits auf Potentialschätzungen beruhen, die davon ausgehen, daß das Binnenmarktprogramm von Beginn an, also ab 1993, vollständig umgesetzt ist und andererseits wirtschaftspolitisch die gesamte Konzeption eine rein „marktradikal-liberale“ Handschrift trägt, die letztlich eine fortschrittliche auf Beschäftigung und Ökologie ausgerichtete Wirtschaftspolitik vermissen läßt.[1]

Vergleicht man die bis heute eingetretenen **empirischen Ergebnisse** mit den Prognosen des Cecchini-Berichts, so müssen eklatante Abweichungen festgestellt werden. Weder die Größen **Wachstum** noch **Beschäftigung** konnten durch die Einführung des Binnenmarktes bis heute nachhaltig verbessert werden. Im Gegenteil, die **Arbeitslosigkeit** (18 Millionen Arbeitslose wurden Ende 1996 in der EU registriert) nahm noch weiter zu. Lediglich die **Inflationsraten** wurden in den meisten Mitgliedsländern zurückgeführt. Dies war aber nicht einer Intensivierung des Wettbewerbs geschuldet, sondern weil durch eine beschäftigungsfeindliche staatliche Fiskalpolitik der **Haushaltskonsolidierung** in Verbindung mit einer massiven **Hochzinspolitik** durch die *Deutsche Bundesbank* die Konjunktur abgewürgt wurde und 1993 in einer Rezession endete.

Allein zwischen 1988 und Juli 1992 erhöhte die *Deutsche Bundesbank* in neun Etappen den Diskontsatz von 3,5% auf 8,75%. Die Geschäftsbanken gaben die Erhöhung ihrer Refinanzierungskosten mit einer Erhöhung des Kreditzinses (Prime Rate) von 6,0% auf 11,3% weiter. Dadurch stiegen die Zinsbelastungen in den deutschen Unternehmen dramatisch an, weil der größte Teil der Bankverbindlichkeiten aus flexibel verzinsten Bankkrediten besteht. Zusätzliche Investitionen unterblieben wegen fehlender Wirtschaftlichkeit in Folge eines negativen Kapitalwerts aufgrund des hohen Zinsniveaus. Da auch reale Einkommenszuwächse ausblieben, kam es außerdem zu Negativeffekten auf den privaten Verbrauch.

Durch die insgesamt **rückläufige binnenwirtschaftliche Nachfrage** gerieten die Unternehmen letztlich unter Gewinndruck bzw. viele Unternehmen schrieben „rote Zahlen“ in ihren Bilanzen. Da der Staat sich in dieser Situation mit seiner Fiskalpolitik der **Haushaltskonsolidierung** parallel zur Krise verhielt (Parallelpolitik), kam es auch noch zu einem Rückgang staatlicher

---

[1] Zur Kritik vgl. M. Wegner, Die Entdeckung Europas. Die Wirtschaftspolitik der Europäischen Gemeinschaft, Ein Grundriß, Baden-Baden 1991, A. Hermann, W. Ochel, M. Wegner, Bundesrepublik und Binnenmarkt '92: Perspektiven für Wirtschaft und Wirtschaftspolitik, Berlin 1990 sowie „Arbeitsgruppe Alternative Wirtschaftspolitik“ (Hrsg.), Memorandum '89, Köln 1989, S. 298ff.

Nachfrage. Die Krise war damit perfekt. Die hierdurch ausgelösten (krisenbedingten) **Steuerausfälle** und höheren **Zinszahlungen des Staates** an den privaten Bankenapparat implizierten eine weitere Erhöhung der passiven **Staatsverschuldung**, die durch zusätzliche **staatliche Sparaktionen** zur Einhaltung der **Konvergenzkriterien des Euro** (dazu später), die Krise noch verschärfte. Die Sparwut der Politiker hält dabei bis heute (Ende 1997) in allen europäischen Staaten unvermindert - zum Nachteil von Wachstum und Beschäftigung - an. Höchstes Ziel ist nach wie vor zur Realisierung der **Europäischen Wirtschafts- und Währungsunion (WWU)** die strikte Einhaltung der Staatsverschuldungskriterien von 3% der Nettoneuverschuldung und 60% des kumulierten Schuldenbestands bezogen auf das Sozialprodukt.

Auch wurde die **Außenwirtschaftskonjunktur** durch die **Hochzinspolitik** der *Deutschen Bundesbank* negativ tangiert. Der sich spätestens 1990 - im Sog der USA - in Großbritannien und den skandinavischen Ländern rapide verschlechternden Konjunktur - während die deutsche Wirtschaft als Folge der Wiedervereinigung noch boomte - wurde durch die USA mit einer **Senkung der Leitzinsen** begegnet. Die *Deutsche Bundesbank* **erhöhte** dagegen 1991 gleich viermal die Leitzinsen. Die Angst vor inflationären Effekten aus der von der *Bundesregierung* veranlaßten und durchgeführten völlig verfehlten **Deutschen Währungsunion** (der damalige Bundesbankpräsident *Karl Otto Pöhl* nahm deshalb seinen Abschied) war hierfür insbesondere verantwortlich. Die unterschiedlichen Zinsniveaus in den USA und Deutschland führten zu einem **Druck auf den Wechselkurs** des Dollars gegenüber der D-Mark. Dieser „entlud" sich dann endgültig wenige Wochen nach der Unterzeichnung des **„Maastricht-Vertrages"** im Februar 1992 zur Einführung einer Europäischen Wirtschafts- und Währungsunion (WWU). Allein zwischen März und August 1992 sank der Dollarkurs gegenüber der D-Mark und den anderen EWS-Währungen um etwa 15%. Hierdurch wurden insbesondere die „Rezessionsländer" getroffen. Der Außenwert ihrer Währungen nahm zu, wodurch die Wettbewerbsfähigkeit im Export eingeschränkt wurde. Die wirtschaftliche Lage verschlechterte sich weiter.

Aufgrund der deutschen Hochzinspolitik konnten die „Rezessionsländer" auch nicht bei quasi **festen Wechselkursen im EWS** ihr Zinsniveau absenken. Hierdurch kam es letztlich zu beträchtlichen politischen Spannungen innerhalb des EWS, die sich 1992 noch verschärften, als im Juni 1992 der Maastricht-Vertrag in *Dänemark* durch ein Referendum abgelehnt wurde.

Ein in dieser Situation von allen europäischen Regierungen (mit Ausnahme der Bundesdeutschen) erwartetes **Zinssenkungssignal** durch die Deutsche Bundesbank (gefordert auch von der deutschen Opposition und den Gewerkschaften) blieb aber aus. Die Bundesbank erhöhte im Gegenteil Mitte Juli 1992 den Diskontsatz auf das höchste Niveau der Nachkriegszeit, obwohl sich auch die deutsche Wirtschaft seit Ende 1991 mittlerweile in einem konjunkturellen Abschwung befand. Durch den in Großbritannien und Italien wirtschaftlich nicht mehr verkraftbaren **Aufwertungsdruck** ihrer Währungen, stiegen im September 1992 Italien und Großbritannien aus dem EWS aus. Damit war der Verfall des Europäischen Währungsverbundes eingeleitet.

Bis zum Sommer 1993 nahmen die Spannungen auf den europäischen Währungsmärkten mit unterschiedlichen Ausprägungen weiter zu. Als dann im August der Dollarkurs gegenüber den europäischen Währungen erneut stark abfiel - der Diskontsatz war in Deutschland immer noch mehr als doppelt so hoch wie in den USA - reichten die **Bandbreiten für Kursschwankungen im EWS** von +/- 2,25% nicht mehr aus. Der faktische Zusammenbruch des EWS konnte nur durch eine Ausweitung (Manipulation) der Bandbreiten auf +/-15% verhindert werden. Die Folgen der **Wechselkursdestabilisierung** waren erheblich: zwischen 1992 und 1996 nahm das Bruttoinlandsprodukt in der gesamten EU jahresdurchschnittlich nur um 1,6% zu. So wurde zwar auf Kosten von **steigender Arbeitslosigkeit** und **Staatsverschuldung** die Inflation - insbesondere in den „Weichwährungsländern" - bekämpft, wodurch wiederum ihre Konkurrenzfähigkeit gegenüber den „Hartwährungsländern" stieg,[1] aber damit gleichzeitig auch eine **monetäre Spaltung Europas** herbeigeführt.

In den „Hartwährungsländern" kam es zu massiven **Spannungen zwischen Gewerkschaften und Arbeitgeberverbänden**. Zur Stärkung der internationalen Wettbewerbsfähigkeit verlangten die Unternehmerverbände von den Gewerkschaften **Lohnzurückhaltung** und vom Staat eine erhebliche Deregulierung der Arbeitsmärkte durch eine Wegnahme oder Modifizierung verschiedenster Gesetze (hier sei nur das Entgeltfortzahlungsgesetz im Krankheitsfall erwähnt[2]). Damit sollten die aufwertungsbedingten Kostensteigerungen im Export zumindest ein Stück kompensiert werden. Die Gewerkschaften waren aber nicht oder nur bedingt bereit, eine

---

[1] Zwischen 1992 und 1996 stiegen die realen Gesamtexporte von Großbritannien um 6,6% pro Jahr, von Italien um 7,6% und die von Spanien nahmen sogar um 10,2% zu. In Deutschland dagegen nur um 3,1%.

[2] Vgl. Heinz-J. Bontrup, Veränderungen im EFZG - Erhöhung der Wettbewerbsfähigkeit oder Umverteilung? in: Arbeit und Arbeitsrecht (AuA), Heft 12/1996, S. 405ff.

aufwertungsbedingte Kostensteigerung durch weitere Einkommenseinbußen[1] ihrer Mitglieder auszugleichen. Sie argumentierten mit dem Kaufkraftargument der Löhne und Gehälter. Der private Verbrauch, das größte Aggregat innerhalb der gesamtwirtschaftlichen Nachfrage, würde bereits seit Jahren stagnieren und die Binnennachfrage müsse gestärkt werden. Auf den Nachfrageausfall, der von den meisten Unternehmen mit Preissteigerungen nicht kompensiert werden konnte, reagierten die Unternehmen deflationär, d.h. sie betrieben zur Stabilisierung ihrer Gewinne ein fast ausschließliches Kostenmanagement mit der Folge einer gedämpften Investitionstätigkeit (allenfalls wurden Rationalisierungsinvestitionen durchgeführt) und einer weiteren Zunahme der Arbeitslosigkeit.

2.2.2 Emerson-Bericht - Ein Markt - eine Währung

Da der Cecchini-Bericht noch von der **Beibehaltung der nationalen Währungen** ausging, hat die *EG-Kommission* mit der u.a. von ***Michael Emerson** (Direktor für die ökonomische Bewertung der Gemeinschaftspolitiken bei der EU)* verfaßten Studie: *„Ein Markt - eine Währung“*[2] die Vorteile eines Binnenmarktes (Wirtschaftsunion) unter der Prämisse der Einführung einer **einheitlichen Europäischen Währung** (Wirtschafts- **und** Währungsunion, WWU), des **Euros**, untersuchen lassen. Hierbei ging es zunächst um die Abgrenzung von möglichen Szenarien einer Wirtschaftsunion in Verbindung mit **alternativen Währungssystemen**. Eine Wirtschaftsunion plus ein System **flexibler Wechselkurse** (= reines Konkurrenzmodell) wurde dabei als suboptimal verworfen. Dies sei ein Rückschritt hinter das *EWS-System*, das als Koordinationslösung allerdings - wie die Realität gezeigt hätte - instabil sei. Daher sei eindeutig eine **Wirtschaftsunion mit einer einheitlichen Währung** zu präferieren, die zu einem stabilen Währungssystem führen würde.[3]

[1] Im folgenden ist die reale Veränderung der durchschnittlichen Nettoarbeitseinkommen in den neuen Bundesländern aufgeführt: 1989: - 0,8%, 1990: + 4,9%, 1991: - 0,9%, 1992: + 0,4%, 1993: - 0,7%, 1994: - 2,8%, 1995 -1,8%, vgl. Claus Schäfer, Mit falschen Verteilungs-„Götzen“ zu echten Standortproblemen, in: WSI-Mitteilungen, Heft 10/1996, S. 601

[2] Vgl. Michael Emerson u.a., Ein Markt - Eine Währung. Potentielle Nutzen und Kosten der Errichtung einer Wirtschafts- und Währungsunion, Eine Studie der Kommission der Europäischen Gemeinschaften, Generaldirektion Wirtschaft und Finanzen, Bonn, Heidelberg, Brüssel 1991

[3] Vgl. dazu problematisierend die Arbeit von Ralf-Michael Marquardt, Vom Europäischen Währungssystem zur Europäischen Wirtschafts- und Währungsunion, Frankfurt/M., Bern, New York u.a. 1994

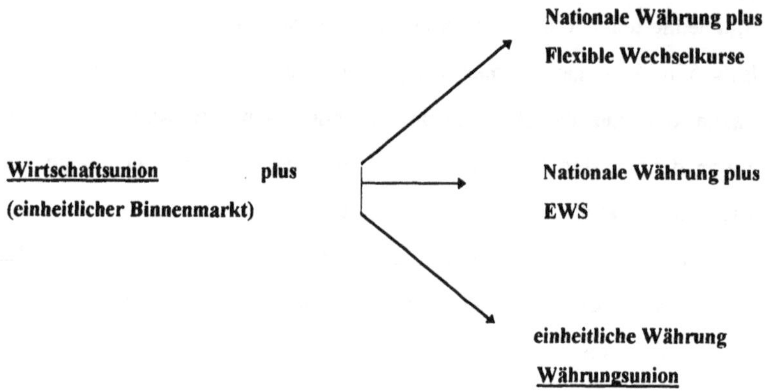

Erst so könnten die Wachstumskräfte aus dem Binnenmarktprogramm '92 in Europa wirklich entfaltet werden. Im Gegensatz zum Cecchini-Bericht gibt der Emerson-Bericht keine Gesamtquantifizierung der positiven und negativen Effekte einer WWU ab. Lediglich die Kosteneinsparungen durch den Wegfall der Transaktionskosten aufgrund heute unterschiedlicher Währungen beziffert der Bericht mit etwa 0,3 bis 0,4% des EU-Bruttoinlandsprouktes (d.h. jährlich mit ca. 13 bis 19 Milliarden ECU).

In Form von **sechzehn Wirkungsmechanismen** werden die Effekte abgeleitet, die sich als eine Kette von sukzessiven Phasen nach Einführung der WWU bemerkbar machen, die zunächst Veränderungen im ökonomischen System implizieren, welche wiederum zu politischen Veränderungen und daraufhin wieder zu Rückwirkungen auf die Verhaltensweisen in der Wirtschaft führen, bevor sich letzten Endes die makroökonomischen Auswirkungen einstellen. Global zusammengefaßt werden durch die **Euro-Einführung dauerhafte Wirkungen** vor allem in den folgenden Bereichen erwartet:

- **„Mikroökonomisch: Effizienzgewinne durch den Wegfall von Wechselkursunsicherheiten und Transaktionskosten;**
- **Makroökonomisch: eine Stabilisierung, da durch den Wegfall der Wechselkurse die geld- und finanzpolitische Disziplin wächst;**
- **Auswirkungen auf die regionale Verteilungsgerechtigkeit;**
- **Außenwirtschaftliche Effekte, ausgelöst durch eine stärkere internationale Bedeutung des Euro sowie durch engere internationale Koordination und mögliche Änderungen der internationalen Währungsordnung.“**[1]

[1] Helmut Wagner, Europäische Wirtschaftspolitik, Perspektiven einer Europäischen Wirtschafts- und Währungsunion (EWWU), Berlin, Heidelberg, New York 1995, S. 27

Um dies zu realisieren, werden an die **Euro-Einführung** insbesondere die folgenden wirtschaftpolitischen Prämissen geknüpft:

- **Einführung einer Europäischen Zentralbank (EZB); damit Aufgabe nationalstaatlicher Geldpolitik.**
- **Die EZB muß unabhängig von Weisungen der Politik und ausschließlich dem Ziel der Geldwertstabilität verpflichtet sein; dies ist insbesondere eine deutsche Forderung; die EZB soll demnach gemäß der Organisation der heutigen Deutschen Bundesbank konstituiert werden.**
- **Beibehaltung nationalstaatlicher Fiskalpolitik; allerdings unter weitgehenden geld- und verschuldungsbedingten Restriktionen.**
- **Einhaltung von Konvergenzkriterien bezogen auf Inflation, staatliche Schulden, Zinsniveau und Wechselkurse als Prämisse zum Beitritt zur WWU.**
- **Zahlung von Strafgeldern nach Einführung der WWU bei Nichteinhaltung der Staatsverschuldungskriterien.**

Im folgenden sollen, unter Berücksichtigung dieser wirtschaftpolitischen Bedingungen, die laut Emerson-Bericht **qualitativ** prognostizierten makroökonomischen Wirkungen der Euro-Einführung einer kritischen Betrachtung unterzogen werden.

2.2.2.1 Zur Problematik der Euro-Einführung

Mit dem am 7.2.1992 in Maastricht beschlossenen Vertrag über die „Europäische Wirtschafts- und Währungsunion" (WWU) soll laut Vertrag in der dritten und letzten Stufe der WWU eine einheitliche Währung, der **Euro**, stehen. Dazu ist vorgesehen, zum 1. Januar 1999 eine **unwiderrufliche** Festlegung der Wechselkurse zwischen den Währungen der WWU-Teilnehmer und gegenüber dem Euro vorzunehmen. Gleichzeitig soll die „Europäische Zentralbank" (EZB) ihre Tätigkeit aufnehmen und der Euro für den bargeldlosen Zahlungsverkehr eingeführt werden. Spätestens zum 1.1.2002 soll dann der Euro neben der nationalen Währung auch als Bargeld und bis zum 1.7.2002 als einzig gültiges gesetzliches Zahlungsmittel eingeführt sein. Dies alles ist für die Beitrittsländer zur Währungsunion mit der **Aufgabe ihrer nationalen Währung** verbunden.

Für den Beitritt in die Endstufe der WWU wurden ausschließlich **geld- und finanzwirtschaftliche Konvergenzkriterien** festgelegt.

Demnach darf die **Inflationsrate** nur um 1,5%-Punkte über der Rate der drei preisstabilsten Länder liegen.

Um die **staatlichen Haushaltsdefizite** zu begrenzen, hat man die jährliche Nettoneuverschuldung auf maximal 3% des Bruttoinlandsprodukts festgelegt und der kumulierte Schuldenstand des Staates darf nicht über 60% des Bruttoinlandsprodukts hinauswachsen.

Außerdem soll der **Zinssatz für langfristige Kredite** maximal nur 2% über den Zinsen für Staatsanleihen der drei preisstabilsten Länder liegen und zur **Wechselkursstabilität** muß die jeweilige Währung mindestens zwei Jahre vor der Entscheidung des „Europäischen Rates" über den Teilnehmerkreis ohne Spannungen mit der normalen Bandbreite (+/- 15%) am „Europäischen Währungssystem" (EWS) teilgenommen haben.

Bis heute werden diese Konvergenzkriterien auf Punkt und Komma nur von *Luxemburg* erfüllt (vgl. dazu die folgende Tabelle).

Einhaltung der Konvergenzkriterien fraglich

	Inflationsrate[1]		Budgetsaldo in % des BIP[2]		Schulden in % des BIP		Langfristiger Zinssatz[1]		Arbeitslosenquote[3]
	1996	1997[5]	1996	1997	1996	1997	1996	1997	
Referenzwert	**2,5**	**3,1**	**- 3,0**		**60,0**		**8,8**		
Deutschland	1,5	1,6	- 4,0	- 3,0	60,3	61,5	6,3		9,1
Frankreich	2,0	1,8	- 4,1	- 3,1	56,0	58,0	6,5		11,6
Italien	3,9	2,9	- 7,2	- 4,2	124,3	121,5	10,0		11,4[4]
Großbritannien	2,6	2,1	- 4,6	- 3,4	55,2	54,8	7,9		8,4
Spanien	3,6	3,2	- 4,8	- 3,7	67,4	67,2	9,3		22,5
Niederlande	2,1	2,5	- 2,6	- 2,3	78,8	76,2	6,2		6,9[4]
Belgien	2,0	2,6	- 3,3	- 2,8	130,6	127,0	6,6		9,9
Dänemark	2,1	2,3	- 1,8	- 1,0	71,3	69,7	7,3		6,4
Portugal	3,1	2,8	- 4,3	- 3,2	70,7	69,1	9,1		8,0
Griechenland	8,6	7,0	- 8,0	- 5,7	109,3	106,6	13,4		8,8[4]
Irland	1,6	2,4	- 1,8	- 1,6	75,9	71,8	7,5		14,5
Luxemburg	1,3	1,8	0,9	0,5	7,8	8,8	6,6		3,0
Österreich	1,8	1,8	- 4,5	- 3,4	71,8	69,9	6,4		3,9
Schweden	1,0	1,9	- 4,0	- 3,0	78,7	78,7	8,4		9,6
Finnland	0,6	1,5	- 3,6	- 2,0	63,4	63,4	7,3		16,7

Quelle: Deutsche Bank Research: Perspektiven, Konjunktur-Zinsen-Währungen, Nr. 11/1996, S. 50, 1) Periodendurchschnitt, 2) Gesamtwirtschaftlicher Finanzierungssaldo auf der Basis der volkswirtschaftlichen Gesamtrechnung, 3) Arbeitslose in % der zivilen Erwerbspersonen im Frühjahr 1996, 4) Jahresdurchschnitt 1995, 5) Prognosewerte

Realwirtschaftliche Kriterien, wie **Wirtschaftswachstum** und **Beschäftigung**, wurden bei der Festlegung der Konvergenzkriterien dagegen ausgeklammert. Auch mehrere Versuche, die Beschäftigung, über eine bestimmte Arbeitslosenquote bei der Einführung des Euros mit zu berücksichtigen, sind nicht zuletzt an der deutschen *Bundesregierung* gescheitert.[1] Beschäftigungspolitik soll demnach weiter eine rein **nationale Aufgabe** sein. Auf dem Europäischen Gipfel von Essen im Dezember 1994 wurde dazu die europäische **Beschäftigungsstrategie** vorgestellt. Sie enthält wirtschaftspolitisch im wesentlichen neoklassische Züge, die sich darauf beschränken, die angeblich zu hohen Arbeitskosten zu senken und die Arbeitsmärkte von ihren zu starren rechtlichen Restriktionen und gewerkschaftlichen Interessen durch eine vitale staatliche Deregulierung zu befreien.[2]

Die Eckpunkte des Fahrplans vom Maastricht-Vertrag zum Euro

Februar 1992	**Dezember 1992**	**Oktober 1993**
Unterzeichnung des Vertrages von Maastricht. Er sieht unter anderem die Einführung des Euro vor.	Der Deutsche Bundestag stimmt dem Vertrag mit überwältigender Mehrheit zu: Von 568 Abgeordneten stimmen 540 zu. Die Bundesländer votieren im Bundesrat einstimmig mit Ja.	Das Bundesverfassungsgericht billigt den Maastricht-Vertrag, aber nur unter der Bedingung, daß die neue Währung so stark ist wie die D-Mark.
Anfang 1994	**1995**	**Dezember 1996**
Das Europäische Währungsinstitut (EWI) nimmt als Vorläufer der Europäischen Zentralbank (EZB) die Arbeit auf. Es beobachtet die wirtschaftliche Entwicklung in den Mitgliedsländern, erstellt sog. Konvergenzberichte und koordiniert die Arbeit der Zentralbanken.	Die Regierungschefs der Mitgliedsländer legen den konkreten Fahrplan zur Währungsunion fest.	Beim EU-Gipfel in Dublin wird der Stabilitätspakt beschlossen, der nach Einführung des Euro die Einhaltung der Stabilitätskriterien sicherstellen soll.
Juni 1997	**Frühjahr 1998**	**Mitte 1998**
Beim EU-Gipfel in Amsterdam werden bezüglich des Stabilitätspaktes konkrete Sanktionsmaßnahmen definiert, die dann greifen wenn EU Länder die Stabilitätskriterien nach der Einführung des Euro nicht einhalten.	Auf Grundlage der Ist-Daten des Jahres 1997 werden die Teilnehmer der Währungsunion festgelegt.	Laut Fahrplan soll die EZB das EWI in Frankfurt/M. ablösen.
1999	**2002**	
Der Euro soll zum 1.1.1999 eingeführt werden. Die EZB nimmt ihre Arbeit auf. Zumindest die Banken rechnen fortan untereinander in Euro ab.	Die Ausgabe von Euro-Bargeld soll spätestens zum 1.1.2002 beginnen. Der Euro wird gesetzliches Zahlungsmittel. Zum 1.7. 2002 soll es die D-Mark nicht mehr geben.	

[1] Vgl. Frankfurter Rundschau vom 30.5.1996, „Bonn lehnt europäische Beschäftigungsziele ab"
[2] Vgl. Europäische Kommission, Generaldirektion Wirtschaft und Finanzen (Hrsg.), Beschäftigungsbericht von Madrid, Beiheft A, Wirtschaftsanalysen Nr. 3, März 1996

Wer letztlich an der Währungsunion teilnimmt, darüber wird im Frühjahr 1998 der **Europäische Rat** auf Basis der wirtschaftlichen Ist-Daten des Jahres 1997 entscheiden. Das **Europäische Währungsinstitut (EWI)**, hat dabei gemäß Artikel 109j des *„Vertrags zur Gründung der Europäischen Gemeinschaft"* den Auftrag in sog. *„Konvergenzberichten"* die Einhaltung und damit die notwendigen Voraussetzungen der einzelnen Mitgliedstaaten für einen Beitritt zur WWU zu überprüfen. Im November 1996 hat das EWI diesbezüglich den ersten Bericht vorgelegt. Er „kommt insgesamt zu dem Ergebnis, daß zur Zeit eine Mehrheit der Mitgliedstaaten die notwendigen Voraussetzungen für die Einführung einer einheitlichen Währung nicht erfüllt."[1]

Legt man die **strenge Einhaltung der Konvergenzkriterien** (auf „Punkt und Komma", wie u.a. vom deutschen Finanzminister ***Theo Waigel*** verlangt) zugrunde, so dürfte es wohl ohne eine Manipulation bei den Kriterien[2] zu keiner WWU kommen, da selbst Deutschland die Einhaltung nicht sicherstellen kann. Eine Euro-Währung ohne die Teilnahme Deutschlands an der WWU wird es aber nicht geben. Als gesichert gilt dagegen, daß nicht alle 15 EU-Länder von Beginn an beteiligt sein werden. Großbritannien hat sich diesbezüglich bereits für eine Nichtteilnahme ausgesprochen.

Die erwarteten Vorteile der Euro-Einführung werden so nicht alle EU-Länder erreichen. Die bestehende Divergenz zwischen den wirtschaftlich starken und schwachen Ländern wird dadurch letztlich noch größer. Es kommt zu nicht unbeträchtlichen **Wettbewerbsverzerrungen**. Sämtliche Kosteneinsparungen (Kurssicherungskosten, Transaktionskosten) können die schwachen EU-Länder nicht für sich verbuchen. Außerdem werden die Länder, die der WWU aufgrund der nicht erfüllten Konvergenzkriterien nicht beitreten können, notgedrungen weiter im EWS verbleiben müssen. Der bestehende Wechselkursmechanismus und damit die Gefahr von Auf- und Abwertungen mit allen realökonomischen Folgen gegenüber dem Euro bleibt also gerade für die schwachen Länder bestehen.

An der „Punkt und Komma" Einhaltung der Konvergenzkriterien, insbesondere bei den fiskalischen, wird aufgrund der von fast allen europäischen Ländern eingeleiteten staatlichen

---

[1] Europäisches Währungsinstitut (Hrsg.), Fortschritt auf dem Wege zur Konvergenz 1996, Frankfurt/M. 1996, S. II

[2] Vgl. Frankfurter Allgemeine Zeitung vom 19.10.1996, S. 13. Es wird bereits darüber nachgedacht, die Verschuldung der öffentlichen Krankenhäuser bei der Bestimmung der Staatsschuld nicht zu berücksichtigen. Auch ist der vom deutschen Finanzminister Theo Waigel gemachte Vorschlag, die Gold- und Devisenreserven bei der Deutschen Bundesbank höher zu bewerten, hierunter einzuordnen. Vgl. dazu DIW-Wochenbericht Nr.

Sparprogramme zur **Haushaltskonsolidierung** nachhaltig Kritik geübt. Maastricht würde mittlerweile Züge einer verhängnisvollen Wirtschaftspolitik wie zur Zeit der Weimarer Republik („Brüningsche Politik") tragen. „Man dürfe aus sozialen Gründen nicht ohne Rücksicht auf Konjunktur und die Lage am Arbeitsmarkt die in Jahrzehnten aufgetürmten fiskalischen Altlasten im 'Hauruckverfahren' beseitigen, wie dies mit dem 'Sparpaket' (nicht nur in Deutschland[1]) zur Zeit geschehe. Wünschenswert wäre eine sozial verträgliche Korrektur mit großzügigeren Zeithorizonten. Unter Verweis auf die de-facto-Währungsunion zwischen Belgien[2], Luxemburg und Niederlanden wird hinzugesetzt, die fiskalischen Kriterien enthielten zudem ein Element der Willkür und seien nicht wissenschaftlich zu begründen."[3]

Nach ***Wilhelm Hankel*** muß wirtschaftstheoretisch zudem nicht das einzelne Land die Verschuldungskriterien erfüllen. Dazu stellt er fest: „Um den Euro, das Geld der gesamten EU, vor fiskalischer Aufweichung abzusichern, muß nicht das Jahresdefizit einzelner Partner begrenzt werden, sondern der Berg aller EU-Staatsschulden - daher das Durchschnittslimit von 60 Prozent am BIP. Eine simple Formel, die Bundesbank hat sie kürzlich veröffentlicht (in ihrem Märzbericht 1997, S. 24), gibt an, wie dieses Ziel zu erreichen ist: dadurch, daß der laufende Schuldenzuwachs (das Jahresdefizit der Partner) um mindestens zwei Prozentpunkte unter der nominalen Wachstumsrate des BIP gehalten wird. Die Architekten des Maastricht-Vertrages rechneten mit einem jährlichen BIP-Wachstum in der EU von etwas über fünf Prozent, eine um das Jahr 1990 durchaus realistische Annahme. Um das Gesamtschuldenlimit nicht zu überschreiten, mußte jeder Partner bei drei Prozent BIP Neuverschuldung anhalten. Die 3,0 Prozent oder x waren also nie ein Ziel des Maastricht-Vertrages oder der Politik eines stabilen Euros. Sie waren lediglich das Mittel, die Gesamtsumme aller Staatsschulden in der EU in den gebotenen Grenzen zu halten."[4]

Fatal an der Fehldeutung des Defizitkriteriums ist dabei, daß man mit dem Versuch der Einhaltung durch eine **prozyklische staatliche Fiskalpolitik** in allen EU-Ländern das Wachstum des

---

23/1997, S. 420, sowie Karlheinz Ruckriegel, Zur Neubewertung der Währungsreserven der Deutschen Bundesbank, in: Das Wirtschaftsstudium (WISU), Heft 8/9 1997, S. 728ff.

[1] Neben Deutschland sind in Frankreich, Österreich, den Niederlanden, Schweden, Finnland und Spanien jeweils Sparprogramme in Milliardenhöhe beschlossen. - R. Fröhlich, Europa beginnt das Sparprogramm, in: Börsen-Zeitung vom 8.5.1996

[2] Vor allem Belgien hat einen weit höheren Schuldenstand und ein höheres Defizit, als es Maastricht erlaubt. Die de-facto-Währungsunion mit den Niederlanden funktioniert trotzdem. - Vgl. M. Boyer, im Gespräch mit M. Dehm, C. Wernicke, Seid vernünftig, vertagt den Euro!, in: Die Zeit vom 15.3.1996

[3] Dirk Löhr, Chancen und Risiken der Europäischen Währungsunion unter besonderer Berücksichtigung des Arbeitsmarktes, in: WSI-Mitteilungen, Heft 5/1997, S. 320ff.

[4] Wilhelm Hankel, Die Europäisierung des Währungsrisikos verleitet zum Fiskalsozialismus, in: Die Welt, 27.8.1997

nominalen Sozialprodukts weit unter die prognostizierte Höhe von 5 Prozent gedrückt und dadurch die gesamte Staatsverschuldung aller EU-Länder nicht gesenkt, sondern auf fast 75 Prozent erhöht hat - und das bei der höchsten Massenarbeitslosigkeit in der EU seit der großen Depression Ende der 30er Jahre.

2.2.2.1.1 Die ökonomische Situation vor Einführung des Euro

Die Probleme der Euro-Einführung sind - wie bereits angedeutet - vielschichtig und komplex und bis heute nicht abschließend wissenschaftlich untersucht. Viele Wirtschaftswissenschaftler äußern Bedenken und verlangen zumindest eine zeitliche Streckung der Einführung, während andere die Einhaltung des Zeitplans zum 1.1.1999 fordern. Auch von der herrschenden Politik wird die Euro-Einführung vehement betrieben, obwohl es auch hier Stimmen gibt, die vor einer zu schnellen Einführung nachhaltig warnen. In der Bevölkerung überwiegt noch leicht eine ablehnende Haltung gegenüber dem Euro. In einer Umfrage des *Handelsblattes* sprachen sich Ende 1996 44% gegen, aber auch 43% für die Euro-Einführung aus.[1]

Im folgenden soll die Währungsunion **problematisiert** werden. Hierbei kann es nicht nur um die **monetäre** Seite des Euros gehen, die die Stabilität (Inflation) untersucht, sondern insbesondere auch um die **realwirtschaftlichen** Wirkungsmechanismen, die auf Wachstum und Beschäftigung abzielen. Außerdem ist auf Wirkungen vor und nach der Euro-Einführung einzugehen.

Zunächst ist einmal festzustellen, daß die Einführung des Euros zu einer Reihe von **technischen Problemen** führt, die nicht mit unbeträchlichen Kosten verbunden sein werden. Hierbei sind u.a. zu nennen, die Währungsumstellungs- und Einführungskosten, die Problematik der doppelten Preisauszeichnung zwischen dem 1.1.2002 und dem 1.7.2002 sowie auch die Gefahr von Gewinnmitnahmeeffekten bei der Umstellung durch höhere Preisauszeichnung auf den Euro. Aber auch Kosten für Schulungsmaßnahmen von MitarbeiterInnen sind hierbei, insbesondere im Finanzdienstleistungsbereich, nicht zu unterschätzen.[2] Zu den technischen Problemen gehört auch die Einführung einer **Europäischen Zentralbank**, die die Rolle der heutigen nationalen

---

[1] Vgl. Handelsblatt vom 10/11.1.1997, S. 8ff.

[2] Vgl. Handelsblatt vom 14.5.1996, S. 35, sowie vom 6.5.1996, S. 17, Frankfurter Allgemeine Zeitung vom 22.11.1996, S. 17, „Die geplante Währungsunion verursacht der Wirtschaft hohe Kosten“

Zentralbanken in Fragen der Geldpolitik übernehmen muß.[1] Die *Deutsche Bundesbank* wird hierdurch, wie die anderen Zentralbanken auch, vor Beschäftigungsprobleme gestellt. Es werden wohl nicht alle Beschäftigten ihren Arbeitsplatz erhalten können.[2]

2.2.2.1.2 Geldwertstabilität und Finanzmärkte wichtiger als Vollbeschäftigung

Die geplante Einführung des Euro hat weitgehend - bedingt durch die Konvergenzkriterien - zu einer Ausblendung der realwirtschaftlichen Seite der Ökonomie, insbesondere der **Beschäftigungssituation**, geführt.[3] Dies ist vor dem Hintergrund der Massenarbeitslosigkeit in Europa mit zur Zeit 18 Millionen registrierten Arbeitslosen in den 15 EU-Ländern wirtschaftspolitisch unverantwortlich (zu den Arbeitslosenquoten vgl. die zuvor gezeigte Tabelle: Konvergenzkriterien). Trotz der vielen Sonntagsreden und Lippenbekenntnisse von Seiten der Politik zur Bekämpfung der Massenarbeitslosigkeit lehnt es die Bundesregierung nach wie vor ab, in einen revidierten EU-Vertrag zusätzliche Bestimmungen über die Beschäftigungspolitik bei der Euro-Einführung aufzunehmen. Beschäftigungspolitik soll ausschließlich nationalstaatlich gemanagt werden. Für die **Europäische Kommission** sind dabei die wichtigsten **Ursachen der hohen Arbeitslosigkeit** in der EU:

- „das Ausbleiben eines starken nachhaltigen Wirtschaftswachstums während mehrerer Jahre;
- ernste Verkrustungen auf den Güter- und Dienstleistungsmärkten infolge von Überregulierung und unzureichendem Wettbewerb;
- regulative Hemmnisse für das effiziente Funktionieren der Arbeitsmärkte;
- mangelnde Übereinstimmung zwischen den Fertigkeiten der Arbeitskräfte und dem infolge der technologischen Entwicklung veränderten Bedarf am Arbeitsmarkt;
- Kluft zwischen den gesamten Lohnkosten gering qualifizierter Arbeitskräfte und dem Marktwert der von ihnen geschaffenen Güter oder Dienstleistungen;
- schließlich die relativ hohe Steuerbelastung der Arbeit.“[1]

Aus diesen Ursachen leitet die Kommission ihre **Therapie** ab. Diese sieht sie zunächst einmal in einer Wachstumsstrategie. Das reale Bruttosozialprodukt müsse an Wachstumsdynamik gewinnen. Hierdurch käme es zu positiven Beschäftigungseffekten. Daneben soll eine **aktive**

[1] Zu den technischen Umstellungsproblemen vgl. Ute Hirschburger, Hans-Jürgen Zahorka, Der Euro, So reagieren Unternehmen und Verbraucher auf die Europäische Währungsunion, 2. Aufl., Stuttgart 1996

[2] Vgl. Handelsblatt vom 18.11.1996, S. 39, „Europäische Zentralbank kostet viele Notenbanker den Job“

[3] Vgl. ausführlich zum europäischen Arbeitsmarkt Egon Görgens, Der Arbeitsmarkt im europäischen Integrationsprozeß, in: Helmut Gröner, Alfred Schüller (Hrsg.), Die europäische Integration als ordnungspolitische Aufgabe, Stuttgart u.a. 1993

Arbeitsmarktpolitik betrieben werden. Grundsätzlich müßten dabei die Faktorpreise für die Produktionsfaktoren Arbeit und Kapital zugunsten der Arbeit verbessert werden, um den Substitutionseffekt zwischen Arbeit und Kapital zu Lasten der Arbeit zumindest abzuschwächen. Dies läuft allgemein auf Lohnsenkung hinaus. Insbesondere müßten die Arbeitskosten für Arbeiten mit geringerer Produktivität gesenkt werden. „Zu diesen Maßnahmen würden u.a. besondere Einstiegslöhne für neu in das Erwerbsleben Eintretende, eine Überprüfung der als implizite Lohnuntergrenzen wirkenden Sozialversicherungssysteme und Senkungen der Lohnnebenkosten, vor allem bei den unteren Lohngruppen, gehören."[2] Auf dem Gebiet der **Arbeitszeit und Arbeitsorganisation** schlägt die EU-Kommission eine bessere Ausnutzung der Teilzeitarbeit und eine höhere Arbeitsflexibilität bei der Arbeitszeit vor. Vor allem müsse es dadurch zu einer Erhöhung der Maschinenlaufzeiten kommen. „Eine obligatorische generelle und massive Arbeitszeitverkürzung wäre in Anbetracht ihrer Rückwirkungen auf die künftigen Produktionskapazitäten, Lohnniveaus und Bevölkerungsentwicklung nach dem Jahr 2000 keine befriedigende Anwort. Diese nachteiligen Auswirkungen lassen sich jedoch bei flexiblen Arbeitszeitverkürzungen auf mikroökonomischer Ebene vermeiden, soweit diese Maßnahmen unter den lokalen Bedingungen gerechtfertigt und für alle Beteiligten sozialverträglich sind."[3]

Im Kontext der Euro-Einführung wird zusätzlich eine größere **Wettbewerbsintensität** auf den Arbeitsmärkten eingefordert. Dies deckt sich mit der neoklassischen Erklärung der Arbeitsmarktkrise, die in zu hohen Reallöhnen einschließlich zu hoher Lohnnebenkosten und in einer Überregulierung der Arbeitsmärkte, die durch ein „bilaterales Tarifmonopol" geprägt sind, gesehen wird. Die neoklassische Therapie, die hierauf folgt, ist eindeutig. Die Arbeitsmärkte müssen von ihrer Überregulierung durch eine Deregulierung befreit werden, am besten durch die Abschaffung des Tarifmonopols, zumindest durch eine Beschränkung der Gewerkschaftsmacht. Dadurch würde der entscheidende Regler am Arbeitsmarkt, der Lohn, die notwendige Flexibilität nach unten bekommen, um die Ungleichgewichte am Arbeitsmarkt (den Angebotsüberhang), bzw. die **„Mindestlohnarbeitslosigkeit"**, zu beseitigen.

---

[1] Europäische Kommission, Generaldirektion Wirtschaft und Finanzen (Hrsg.), Beschäftigungsbericht, a.a.O., S. 2
[2] Ebenda, S. 4
[3] Ebenda, S. 4

Flankiert werden soll dies durch Lohnzuwächse, die **unterhalb der Produktivitätsrate** liegen[1]; die also zu einer Umverteilung von der Lohn- zur Gewinnquote führen. Obwohl dies seit 1982' stattfindet - die bereinigte Lohnquote ist seitdem bereits stark gefallen - gibt es aber nicht weniger Arbeitslose, sondern immer mehr. Die neoklassische Argumentationskette: Mehr Gewinne, mehr Investitionen, mehr Beschäftigung ist eben ein Irrtum. Grundsätzlich ist außerdem bezüglich des neoklassischen Arguments - zu hoher Reallöhne - festzustellen, daß Reallöhne nicht an den Arbeitsmärkten festgelegt werden, sondern vermittelt über die Preissetzungsmöglichkeiten der Unternehmen an den Gütermärkten zustandekommen. Unternehmen können durch ihre **Preissetzungsmacht** die von den Gewerkschaften und Arbeitgeberverbänden an den Arbeitsmärkten lediglich ausgehandelten Nominallöhne ex-post durch Preiserhöhungen (Inflation) wieder entwerten. Die Neoklassik geht in ihrer **Modellwelt** bei sinkenden Reallöhnen von einem Anstieg der Beschäftigung aus, weil dadurch der Grenzertrag der Arbeit steigt. Dies unterstellt völlig realitätsfremd, daß Unternehmen unabhängig von ihrer erwarteten Auftragslage bzw. Nachfrage an ihren Absatzmärkten - nur aufgrund der Tatsache von gesunkenen Reallöhnen - mehr Arbeit nachfragen. Auch verschafft ein gesunkener Reallohn für die Unternehmen keinen Wettbewerbsvorteil, weil dieser für alle gilt (Nullsummenspiel). Dies ist vergleichbar mit der Situation in einem Fußballstadion. Wenn sich einzelne Besucher auf die Zehenspitzen stellen, werden sie, wenn auch mit großer Anstrengung, besser sehen. Wenn aber alle das gleiche tun, hat niemand einen Vorteil.

Neoklassische Arbeitslosigkeit, das ist der große Trugschluß, wird immanent aus den Gesetzen von Angebot und Nachfrage am Arbeitsmarkt, also rein mikroökonomisch abgeleitet und nicht wie in der wirtschaftlichen Realität vermittelt, auf den Gütermärkten durch eine zu geringe gesamtwirtschaftliche Nachfrage. Die Neoklassik unterschlägt dabei zusätzlich den kreislauftheoretischen Zusammenhang zwischen realer Lohnhöhe und kaufkräftiger Nachfrage. Reale Lohnsenkungen schwächen die **Massenkaufkraft** und damit das größte Teilaggregat in der gesamtwirtschaftlichen Endnachfrage, den privaten Verbrauch, weil Einkommensminderungen unter Berücksichtigung der gesamtwirtschaftlichen Konsumfunktion (incl. einer marginalen Konsum- bzw. Sparquote) einen negativen multiplikativen Effekt auf das Wachstum des Sozialprodukts und damit natürlich auch auf die Beschäftigung ausüben.

[1] Vgl. Horst Siebert, Lohnzurückhaltung, Aufwertung und Beschäftigung, in: Wirtschaftswissenschaftliches Studium (WiSt), Heft 2/1997, S. 70ff.

Auch unzulänglich ist die immer wieder vorgetragene Behauptung, daß eine Senkung der **Lohnnebenkosten** mehr Beschäftigung schafft. Diese Argumentation vergißt, daß in den statistisch ausgewiesenen Lohnstückkosten sowohl alle direkten als auch alle indirekten Lohnkosten, sprich Lohnnebenkosten, enthalten sind, und daß diese Lohnstückkosten im internationalen Vergleich keinesfalls zu hoch sind, wie noch vor kurzem das *„Ifo-Institut"* in München feststellte. Im Kreis der G 5 (also der 5 größten Industrieländer) waren sie sogar in der Bundesrepublik am niedrigsten. „Bei der Veränderung seit 1980 schneidet Deutschland gemeinsam mit Frankreich am besten ab, die schlechtesten Werte erreichen mit dem Vereinigten Königreich und den USA zwei Länder, die üblicherweise als wenig lohnkostenintensiv klassifiziert werden."[1] Und laut Aussage des *„Deutschen Instituts für Wirtschaftsforschung" (DIW)* haben die Reallöhne der westdeutschen Arbeitnehmer 1995 kaum höher gelegen als 1980.[2]

Konnten die **Gewerkschaften** nach der Einführung des Binnenmarktes '92, der zu bereits gravierenden wettbewerbsintensivierenden Rückkopplungen auf die europäischen Arbeitsmärkte geführt hat, schon nicht mehr nachteilige Konsequenzen für die nationale Lohn- und Sozialpolitik verhindern, so wird dies nach der Euro-Einführung erst recht nicht mehr möglich sein. Es ist daher mehr als erstaunlich, daß von den Gewerkschaften keine vehemente Kritik am Maastricht-Vertrag zu vernehmen ist.[3]

Durch die Aufgabe bzw. durch den Souveränitätsverzicht auf eine **eigenständige Geld- und Wechselkurspolitik** werden folglich nominale Änderungen der Arbeitskosten zugleich zu realen Veränderungen. Es entfällt nun sowohl die Möglichkeit, Lohnstückkosten in Tariflohnvereinbarungen in die Höhe zu treiben und diese nachträglich über Preiserhöhungen an die Verbraucher weiterzugeben als auch expansive Beschäftigungsprogramme durch eine (nachträgliche) geldpolitische Alimentation inflatorisch abzufedern und deren negative Konsequenzen für die internationale Wettbewerbsposition wiederum durch **Wechselkursanpassungen** aufzufangen.[1] ***Hans Tietmeyer***, der *Präsident der Deutschen Bundesbank*, formuliert dies so: „Mit dem Wechselkurs verzichten die Länder (...) endgültig auf das Scharnier, mit dem sie bisher Unterschiede bei Inflation, Produktivität oder Dynamik der Staatsverschuldung zwischen den Ländern abfedern konnten. Ist der Handlungsspielraum der Finanzpolitik aber erst einmal

[1] Vgl. Ifo-Schnelldienst Nr. 20/1996, S. 7f.
[2] Vgl. DIW-Wochenbericht Nr. 22-23/1996, S. 387ff.
[3] Die Ausnahme bildet Klaus Busch, Die Wirtschafts- und Währungsunion in Europa und die Konsequenzen für die Tarifpolitik der Gewerkschaften, WSI-Mitteilungen, 1992, S. 267-274

erschöpft, liegt bei unterschiedlicher Produktivitätsentwicklung die Last des Anpassens fast allein bei den Arbeitskosten. Das kann nicht nur zu gefährlichen Lohnkonflikten, sondern auch zu mehr Arbeitslosigkeit und einer Überlastung der Sozialsysteme führen."[2]

Durch die Konzentration der EU-Politik auf rein **monetäre Instrumente** (Europäische Geldpolitik, Abschaffung der Wechselkurse durch den Euro) sowie durch die Einführung der Konvergenzkriterien sind die **Arbeitsmärkte** der *„Herrschaft der Finanzmärkte"* unterworfen worden. Dies mag nicht verwundern, wächst doch die Geldvermögensanlage in Europa schneller als die Rate der Sachanlagenwerte (Realinvestitionen). Vor diesem Hintergrund achten natürlich die Zentralbanken peinlich genau auf **Geldwertstabilität**. Eine Zunahme von nur einem Prozentpunkt Inflation impliziert allein in Deutschland bei einem Geldvermögensbestand von ca. 4,6 Billionen DM eine Geldvernichtung von ca. 46 Mrd. DM.

Die zunehmende Verselbständigung und **Globalisierung der Finanzmärkte** setzt die realwirtschaftlichen Güter- und Arbeitsmärkte dabei aber immer mehr unter **Anpassungsdruck**, der sich insbesondere an den Arbeitsmärkten in **Massenarbeitslosigkeit** entlädt. Die Gütermärkte versuchen zur Stabilisierung ihrer Rentabilitäten mit einem Ansatz des **„shareholder value"**, der weitere Arbeitsplatzverluste impliziert, zu retten, was zu retten ist. Solange allerdings die **spekulative Geldanlage** in Finanzaktiva eine größere Rendite verspricht, als die Anlage in Realkapital, wird dies nicht gelingen. Die eigentlich „dienende Funktion" der Finanzmärkte gegenüber dem realwirtschaftlichen Sektor ist längst verlorengegangen. Gelingt es hier in naher Zukunft nicht, diese Funktion durch eine massive staatliche Intervention in die Finanzmärkte zurückzugewinnen bzw. diese zu „bändigen", sie zumindest von ihren stark spekulativen Elementen zu befreien, sei es durch eine *„Tobin-Steuer"*[3], die kurzfristig spekulative Gewinne bestraft, oder durch andere regulierende Maßnahmen, so werden die Folgen für die Arbeitsmärkte weiter katastrophal sein.

Auch ist vor sowie nach der Einführung des Euros zu beachten, daß eine **staatliche Fiskalpolitik** (die auch weiter im Einflußbereich der nationalen Regierungen verbleiben soll) ebenfalls weitgehend zur Belebung der Arbeitsmärkte verbaut ist. Dies gilt insbesondere für keynesianisch

---

[1] Vgl. dazu ausführlich den Punkt: „Realwirtschaftliche Wirkungen nach Einführung des Euro"
[2] Hans Tietmeyer, Geldwertstabilität in der Währungsunion, in: Deutsche Bundesbank (Hrsg.), Auszüge aus Presseartikeln, Nr. 12, S. 3
[3] Vgl. dazu Jörg Huffschmid, Eine Steuer gegen die Währungsspekulation, a.a.O., S. 1.003ff.

sowie postkeynesianisch angelegte Beschäftigungsprogramme im Rahmen eines deficit spending. Die Botschaft von ***Lord John Maynard Keynes** (1883 bis 1946)*, daß marktwirtschaftliche auf privater Gewinnlogik basierende Ordnungen zu einem „Unterbeschäftigungsgleichgewicht", d.h. zu einer wirtschaftlichen Situation neigen, bei der es ein Gleichgewicht auf Güter- und Geldmärkten mit sich gleichzeitig langfristig verfestigender Arbeitslosigkeit geben kann, wird damit - obwohl diese Botschaft gerade heute höchste Relevanz besitzt - völlig ignoriert. Für Keynes führen aus einer solchen ökonomischen Krisensituation keine marktwirtschaftlich immanenten *„Selbstheilungskräfte"* heraus, wie dies von der Neoklassik in Form einer marktradikalen Angebotspolitik immer wieder behauptet wird, sondern für Keynes kann nur der Staat die Krisenlösung durch ein staatliches Nachfragemanagement bieten. Dies wurde bei der Festlegung der Konvergenzkriterien absolut nicht berücksichtigt. Im Gegenteil, es wurden eindeutig „Kniefälle" vor der Neoklassik und ihrer Politikausrichtung als auch vor den Finanzmärkten gemacht und der Keynesianismus als Instrument zur Bekämpfung der Massenarbeitslosigkeit dadurch beiseite geschoben. Dies wird besonders deutlich bei den innerhalb der Konvergenzkriterien festgelegten **Staatsverschuldungsgrößen**. Das Ziel mittelfristig ausgeglichener öffentlicher Haushalte müsse in der konkreten Politik konsequent umgesetzt werden. So die Forderung der EU. Dies deckt sich mit dem neoklassischen Credo, daß der Staatshaushalt ausgeglichen sein muß. Die deshalb praktizierte Wirtschaftspolitik[1] hat allerdings in der wirtschaftlichen Realität zu einem völlig anderen Ergebnis geführt. Die Staatsverschuldung ist in der EU nicht gesunken, sondern dramatisch gestiegen: von 57% bei Abschluß des Maastricht-Vertrages auf derzeit annähernd 75% - und sie wächst weiter.

Zusätzlich sollen laut Neoklassik zur Belebung der privaten Wirtschaft die **Steuern** gesenkt werden; insbesondere die Unternehmen- und Gewinnsteuern zur Förderung von wachstumssteigernden Investitionen. Da dies aber durch den Abbau der Staatsausgaben nicht voll finanzierbar ist, und ein weiterer Ausbau der Staatsverschuldung wegen der Einhaltung der Konvergenzkriterien zur Einführung des Euro nicht in Frage kommt, denkt man an eine Erhöhung der indirekten Umsatz- und Verbrauchsteuern zur Gegenfinanzierung der für die Krisenbehebung

[1] Laut Neoklassik ist auf einen ausufernden Sozialstaat und einen konjunkturstützenden Interventionsstaat zu verzichten. Hierdurch käme es nur zu einer Verdrängung von privaten Investitionen (crowding-out-Effekt) mit Zinssatzsteigerungen an den Kapitalmärkten und inflationären Prozessen. Um die aus neoklassicher Sicht krisenverschärfende Staatsverschuldung zu drücken, müßte demnach der Staatsanteil an der Gesamtwirtschaft auf ein Minimum zurechtgestutzt werden. Abbau von Sozialleistungen, Reduzierung öffentlicher Güter, Privatisierung von öffentlichen Unternehmen und Leistungen sowie Rationalisierung der öffentlichen Verwaltungen sind hier die wesentlichen Therapievorschläge zur „Gesundung" der Wirtschaft.

kontraproduktiven Unternehmergeschenke. Reicht auch dies nicht aus, müßten die staatlichen Sozialhaushalte noch weiter zusammengestrichen werden.

Daß es hierdurch letztlich zu einer **Deflationsorientierung** in der Wirtschaft kommt, die die bereits bestehende Nachfragelücke nicht verkleinert, sondern gegenüber dem gesamtwirtschaftlichen Angebot noch größer macht, wird von der Politik offensichtlich stillschweigend in Kauf genommen. Die Unternehmen geraten durch die Deflationspolitik aber immer mehr unter Kostendruck, der sich letztlich in noch mehr Arbeitslosigkeit entlädt und die Nachfragelücke aufgrund weiter ausfallender Kaufkraft und Nachfrage weiter vergrößert. Da es hierdurch zusätzlich beim Staat zu weiteren Steuerausfällen kommt, vergrößert sich die Staatsverschuldung - die eigentlich verringert werden soll - in Form einer „passiven Verschuldung" und es werden noch weitere Staatsausgabenkürzungen vorgenommen, wodurch die gesamtwirtschaftliche Nachfragelücke noch größer wird. So kommt es letztlich zu einer verhängnisvollen **staatlichen Parallelpolitik**; d.h. der Staat verhält sich krisen-prozyklisch und nicht, wie keynesianisch in einer solchen Krisensituation verlangt, antizyklisch. Mit einer derartigen Wirtschaftspolitik wurde in Deutschland bereits einmal eine Demokratie zerstört.

Die von **Keynes** bei vorliegender Massenarbeitslosigkeit geforderten zusätzlichen Staatsausgaben, die über multiplikative und akzelerative Effekte zu einer Vergrößerung des Sozialprodukts und damit zu mehr Beschäftigung führen,[1] werden durch die wirtschaftpolitisch strikte Einhaltung der Konvergenzkriterien unmöglich gemacht.

2.2.2.1.3 Realwirtschaftliche Wirkungen nach Einführung des Euro

Kommt es zum 1.1.1999 zur Einführung des Euro, so ist mit realwirtschaftlichen Wirkungen in den einzelnen Ländern der Währungsunion zu rechnen. Die für alle teilnehmenden Länder unterstellte Wohlfahrtssteigerung wird dabei genauso wenig eintreten wie die bereits falsch prognostizierten Wachstums- und Beschäftigungseffekte des *„Cecchini-Berichts"* zur Vollendung des „Europäischen Binnenmarktes 1993".[1] Die realwirtschaftlichen Wirkungen ergeben sich in erster Linie aus der **Abschaffung der Wechselkurse** und der **Substitution der nationalen Geldpolitik** durch eine vereinheitlichte (supranationale) Geldpolitik durch die „Europäische

[1] Vgl. dazu ausführlich das 9. Kapitel

Zentralbank" (EZB). Die Länder, die der Währungsunion beitreten werden, sind realwirtschaftlich zu heterogen, als daß durch die Währungsunion eine wirtschaftliche Konvergenz und positive Entwicklung für alle zu erwarten ist. Im Gegenteil, durch die Abschaffung der Wechselkurse wird für die schwächeren Länder innerhalb der EU ein für sie wichtiges wirtschaftspolitisches Instrument nicht mehr zur Verfügung stehen. Mit der Abschaffung des Wechselkurses verzichten nämlich diese Länder endgültig auf das Relais, um die in ihren Ländern höheren Preisniveaus und niedrigeren Produktivitäten zur eigenen Wachstums- und Beschäftigungsentwicklung durch eine Währungsabwertung zu kompensieren. „Daß von diesem Instrument in erheblichen Umfang Gebrauch gemacht wurde, zeigt ein Vergleich der Entwicklung der Lohnstückkosten in nationaler Währung mit der auf ECU-Basis. In den achtziger Jahren (und Subperioden) wird die Streuung der Lohnstückkostenentwicklung zwischen den EG-Ländern durch Wechselkursänderungen nahezu halbiert. Die Länder mit den stärksten Wechselkursanpassungen im Sinne einer Abwertung ihrer Währung gegenüber dem ECU waren Griechenland und Portugal, gefolgt - allerdings mit sehr großem Abstand - von Italien und Spanien."[2]

Dabei muß beim Wechselkurs zwischen **nominalem und realem Wechselkurs** unterschieden werden, da die Veränderung des nominalen Wechselkurses durch die Differenz der Inflationsraten zweier Länder bestimmt wird und damit nur der reale Wechselkurs die internationale Wettbewerbsfähigkeit eines Landes determiniert. Dieser Tatbestand wird in der Wirtschaftswissenschaft durch die sog. **Kaufkraftparitätentheorie** beschrieben. Diese besagt, daß sich der reale Wechselkurs genau um die Inflationsratendifferenz zweier Länder verändert.

$$\mathbf{w_r = (w_n \times P_a) : P_i}$$

w_r = realer Wechselkurs
w_n = nominaler Wechselkurs
P_a = Preisniveau Ausland
P_i = Preisniveau Inland

Oder in Wachstumsraten: $\log w_r = \log w_n + \log P_a - \log P_i$

Steigt demnach das Preisniveau des Auslandes um 2%, nimmt auch der reale Wechselkurs ceteris paribus um 2% zu. Kommt es zu einer solchen Erhöhung des realen Wechselkurses durch eine Inflationsratenerhöhung im Ausland, z.B. in Italien, und damit zu einer Aufwertung der

---

[1] Vgl. Cecchini-Bericht, Der Vorteil des Binnenmarktes, Baden-Baden 1988
[2] Egon Görgens, Der Arbeitsmarkt im europäischen Integrationsprozeß, a.a.O., S. 227

ausländischen Währung (Lira) gegenüber der DM, sinkt die Wettbewerbsfähigkeit des Auslandes (Italien) gegenüber dem Inland (Deutschland). Die Exporttätigkeit des Inlandes (Deutschland) wird dadurch verbessert. Auf der anderen Seite verteuern sich allerdings durch die Aufwertung der Auslandswährung die Importe für Deutschland, wobei die Veränderung des Importwertes (Menge x Preis) zusätzlich von der Elastizität der inländischen Importnachfrage abhängig ist. Hierdurch entsteht die Gefahr einer importierten Inflation im Inland (Deutschland). Um den Wettbewerbsnachteil von Italien durch die Abwertung der D-Mark auszugleichen, der zu Lasten italienischer Arbeitsplätze geht, kann Italien aufgrund einer eigenen Währung diese gegenüber der stabileren Währung (Deutschland) abwerten. Dieses währungspolitische Kompensationsinstrument ist nach Einführung des Euro für die Inflationsländer nicht mehr vorhanden. Dadurch werden die Inflationsländer zu einer Preis- und Kostendisziplin gezwungen, die letztlich die heute schon vorhandene Deflationspolitik verstärkt und damit die Arbeitslosigkeit in Europa erhöhen wird. Können sich die Inflationsländer nicht anpassen, so werden sie noch größere Beschäftigungsprobleme bekommen als sie heute schon haben. Vermeintliche Gewinner der Euro-Einführung werden daher die preisstabilen Länder sein.

Ähnlich wie bei der Kaufkraftparität verhält es sich bei der **Zinsparität**. Diese besagt, daß der Wechselkurs auch durch die realen Zinsdifferenzen zwischen zwei Ländern determiniert wird. Kommt es zu realen Zinssatzsteigerungen im Ausland gegenüber dem Inland, dann fließt Kapital ins Ausland ab und es kommt zu einer Abwertung der heimischen Währung, d.h. der Wechselkurs sinkt, was den Export fördert. Im umgekehrten Fall kommt es zu einer Aufwertung und der Wechselkurs steigt. Hier sind entsprechend negative Wirkungen auf den Export zu erwarten. Dieser Mechanismus entfällt ebenfalls bei der Euro-Einführung.

In Zukunft werden demnach die Länder innerhalb der Währungsunion Preis- und Zinssatzsteigerungen nicht mehr durch den Wechselkurs abfedern können.

Wechselkursauswirkungen

	Land A	Land B	Wechselkurs
Ausgangssituation	50 DM/Std.	52.500 Lira	1 DM = 1.050 Lira
Kosten und Preise im Land B steigen bei gleichem Wechselkurs	50 DM/Std.	55.000 Lira 52,38 DM/Std	Die Wettbewerbsfähigkeit von Land B hat sich verschlechtert. Der Stundensatz ist auf 52,38 DM/Std. gestiegen.
Land B wertet seine Währung ab Importe aus Land B werden teurer. Vor Abwertung liegt der Stundensatz bei 47,62 DM/Std. und nach Abwertung bei 55,55 DM/Std. Dadurch kommt es zu inflationären Effekten im Land A.	50 DM/Std.	47.142 Lira 47,14 DM/Std.	1 DM = 900 Lira Durch die Abwertung der Lira sinkt der Außenwert der Lira u. damit der Stundensatz in DM auf 47,14 DM/Std. Land B erzielt hierdurch einen Wettbewerbsvorteil.
Produktivität im Land A steigt, dadurch sinkt der Stundensatz.	45 DM/Std.	40.500 Lira 47.142 Lira	1 DM = 900 Lira Land A kann zum alten Wechselkurs bei einem Stundensatz zu 45 DM/Std. zu 40.500 Lira anbieten. Der Preis im Land B liegt aber bei 47.142 Lira. Land B ist nicht mehr wettbewerbsfähig.

Preiserhöhungen führen bei einer unterstellten preiselastischen Nachfrage zu entsprechenden realwirtschaftlichen Nachfragerückgängen. Diese wiederum implizieren Auslastungsprobleme bei den Unternehmen in den Inflationsländern, die letztlich zu weiterer Arbeitslosigkeit führen. Zinssatzsteigerungen im Ausland implizieren auf der einen Seite zwar weiter Kapitalzuflüsse, sie senken aber auf der anderen Seite nicht mehr den Wechselkurs, so daß eine verbesserte Exporttätigkeit durch die Zinssatzsteigerungen ausscheidet.

Noch gravierender ist die realwirtschaftliche Wirkung des Euro bei dem Vorliegen unterschiedlich hoher **Produktivitätsniveaus** in den einzelnen Ländern der Währungsunion. Liegt in einem Land die Produktivität und daraus abgeleitet das Stückkostenniveau unter dem eines anderen Landes, so kann das Land mit den höheren Stückkosten diesen Wettbewerbsnachteil heute durch eine Abwertung der Währung kompensieren. Durch den Wegfall des Wechselkursmechanismus nach Einführung des Euro gibt es für das Land mit den höheren Stückkosten nur noch drei Anpassungsmöglichkeiten.

Die erste Möglichkeit besteht in einer **Kostensenkung**, wobei die Last der Anpassung mit Sicherheit fast ausschließlich bei den Lohnkosten liegen wird und die zweite Möglichkeit impliziert eine **Kapazitätsanpassung**. Beide Varianten, in der Realität findet sicher beides statt, implizieren gefährliche Tarifkonflikte und Arbeitslosigkeit mit einer entsprechenden Belastung der öffentlichen Haushalte. Die dabei regional entstehende Arbeitslosigkeit wird sich auch kaum durch eine erhöhte **Arbeitsmobilität**, d.h. durch eine Abwanderung von Arbeitskräften von der nicht produktiven Region in die produktive Region und schon gar nicht zwischen Ländern, abbauen lassen.

Auch die verbleibende letzte und dritte Möglichkeit, einen Ausgleich über internationale **Finanztransfers** (Umverteilung) zur Stützung der wirtschaftlich schwächeren Länder, als Surrogat für den weggefallenen Wechselkurs, herbeizuführen, wird bereits heute in Erklärungen von der EU explizit ausgeschlossen. Zu groß ist hierbei die Sorge um nationale Verteilungskonflikte um die knappen finanziellen Mittel. Hierdurch geraten letztlich die Gewerkschaften an der „Lohnfront" und die Nationalparlamente mit ihrer Fiskalpolitik unter einen massiven Druck. Da die Produktivitäten in den einzelnen Ländern mehr oder weniger von Branche zu Branche und von Unternehmen zu Unternehmen divergieren, kann heute abschließend nicht pauschal gesagt werden, welches Land vom Euro profitiert bzw. welches Land in Summe benachteiligt ist. Es wird wohl mehr eine branchen- und regionenbezogene Auseinandersetzung werden. Fest steht aber mit Sicherheit, daß durch das wegfallende Instrument der Währungsabwertung die direkte Wettbewerbsintensität in Form eines Preis- und Lohnwettbewerbs in Europa zunehmen wird. Die durch die erhöhte Wettbewerbsintensität erzwungene „Produktivitätspeitsche" wird insgesamt zu einem Ansteigen der Arbeitslosigkeit in Europa führen und damit zu enormen realwirtschaftlichen und sozialen Verwerfungen beitragen. Heute liegt die Beschäftigungsschwelle bereits bei einem realen Bruttoinlandsprodukt von 3 bis 4 Prozent.

Letztlich bleibt den schwächeren Ländern zur Abfederung von sozialen Konflikten nur die Möglichkeit, über eine **nationale Fiskalpolitik** den notleidenden Branchen bzw. Unternehmen zu helfen. Dies bedeutet aber in der Regel eine höhere Staatsverschuldung, die durch den Maastricht-Vertrag bereits heute sanktioniert wird. In Dublin wurde dazu Ende 1996 beschlossen, die nationale Fiskalpolitik in der Währungsunion absolut neoklassisch stabilitätsgerecht zu führen und öffentliche Haushalte mittelfristig am Ziel des ausgeglichenen Staatshaushalts zu orientieren sowie Haushaltsdefizite am 3%igen Defizitziel auszurichten. Da dies noch wenig operational war, beschloß der *Amsterdamer-Gipfel* im Juni 1997 ein konkretes **„Haushaltsüberwachungsverfahren“**. Dies sieht vor, daß bereits nach 10 Monaten immer dann Sanktionsmaßnahmen gegen ein Mitgliedsland eingeleitet werden, wenn das Defizitkriterium von 3% Nettoneuverschuldung überschritten wird. Zunächst muß der betreffende Mitgliedstaat eine unverzinsliche Einlage von 0,2% und zusätzlich eine variable Komponente in Höhe des Übersteigens der 3%-Marke jeweils bezogen auf das Bruttoinlandsprodukts bei der EU hinterlegen.

Beispiel:

Beträgt das Haushaltsdefizit z.B. 3,3% des Bruttoinlandsprodukts, sind zunächst 0,2% als Einlage und 0,3% als variable Komponente, insgesamt also 0,5% des BIP, fällig. Für Deutschland hätte dies bezogen auf das Jahr 1996 bei einem BIP von 3.541 Mrd. DM eine unverzinsliche Straf-Einlage in Höhe von gut 17,7 Mrd. DM bedeutet.

Diese unverzinsliche Einlage wird bei einem Fortbestehen des Defizits von mehr als **zwei Jahren** in eine Strafe umgewandelt. Ausnahmen für diesen Sanktionsmechanismus gibt es nur bei außergewöhnlichen Ereignissen wie Naturkatastrophen oder einer schweren Rezession mit einem Rückgang des realen Bruttoinlandsprodukts von mehr als 2%. Geht das reale BIP um 0,75% bis 2% zurück, so hat der *Europäische Rat* einen politischen Ermessensspielraum im Sanktionsverfahren. Der Mitgliedstaat muß dann weitere Beweise für seine schwierige wirtschaftliche Lage vorbringen, um die Feststellung eines „übermäßigen Defizits“ abzuwenden. Der Stabilitäts- und Wachstumspakt soll dabei in erster Linie abschrecken. Die Mitgliedstaaten sollen ihre Haushaltspolitik vorsorgend so gestalten, daß die 3%-Marke erst gar nicht überschritten wird.

Wichtig ist in diesem Zusammenhang, daß gemäß Art. 104 EGV (Vertrag zur Gründung der Europäischen Gemeinschaft) weder die **„Europäische Zentralbank“ (EZB)** noch die nationalen Zentralbanken zukünftig die öffentlichen Haushalte finanzieren dürfen.

Auch die dann noch den schwächeren Ländern bleibende letzte Kompensationsmöglichkeit, nämlich **politischen Druck** auf die EZB auszuüben, durch eine **lockere supranationale Geldpolitik** zu einer Konjunkturbelebung beizutragen, wird nicht funktionieren. Dies wird schon heute durch die Geldpolitik der *„Deutschen Bundesbank“* belegt, die die Geldwertstabilität für das wichtigste wirtschaftpolitische Ziel hält (diesen Auftrag hat auch die EZB) und mit dieser eindimensionalen Sicht schon so manchen wirtschaftlichen Schaden angerichtet hat.

2.2.2.2 Ein Beschäftigungsprogramm für Europa

Die Beschäftigungspolitik kommt in Europa zu kurz. Wenn auch auf dem „Amsterdamer-Gipfel" für November 1997 in Luxemburg ein Beschäftigungsgipfel von der EU festgelegt wurde, ändert dies an der Tatsache nichts, daß **Beschäftigungspolitik nationalstaatlicher Fiskalpolitik untergeordnet wird und diese durch eine neoliberale restriktive Geld- und Haushaltspolitik innerhalb der EU so gut wie nicht mehr möglich ist.**

Zusätzlich übt die anhaltende Massenarbeitslosigkeit in Europa Druck auf das Lohnniveau aus, wodurch der Mangel an gesamtwirtschaftlicher Binnennachfrage noch weiter verschärft wird. Außerdem impliziert die Massenarbeitslosigkeit enorme Finanzierungsprobleme innerhalb der Sozialversicherungssysteme und durch den Steuerausfall entweder eine noch höhere Staatsverschuldung oder eine drastische weitere Senkung der Sozialausgaben.

Die Ergebnisse der in Europa angelegten neoliberalen Wirtschaftspolitik wirken gesellschaftlich zerstörerisch, d.h. sie betreiben letztlich eine Spaltung ökonomischer und damit auch sozialer und politischer Verhältnisse.

Soll eine wirkliche **Konvergenz der Lebensverhältnisse** in Europa bewerkstelligt werden, müßte zunächst einmal der politische Wille zur Bekämpfung der Massenarbeitslosigkeit vorhanden sein. Dazu bedarf es des Primats der Politik gegenüber der privaten Wirtschaft, das in den letzten zwanzig Jahren verloren gegangen ist. Außerdem ist eine Besinnung auf postkeynesianische Wirtschaftpolitik, die nicht nur auf Beschäftigungsprogramme und Staatsverschuldung plus integrierter expansiver Geldpolitik, sondern auch auf Verteilungspolitik, Arbeitszeitverkürzung und auf eine **aktive Arbeitsmarktpolitik**, z.B. in Form von Qualifizierungspolitik und kollektiver Arbeitsalternativen bis zur genossenschaftlichen Ökonomie setzt, schnellstens notwendig. Nicht zuletzt bedarf es dazu einer rigorosen Wettbewerbspolitik, die den kontraproduktiven Konzentrationsprozeß in der Wirtschaft zum Stoppen bringt sowie einer staatlichen Kontrolle der spekulativen Finanzmärkte als auch zumindest einer Teilhabe der mittel- und osteuropäischen Länder, wenn es zu einer wirksamen europäischen Integration kommen soll.[1]

---

[1] Vgl. dazu ausführlich das Memorandum europäischer WirtschaftswissenschaftlerInnen, Vollbeschäftigung, sozialer Zusammenhalt und Gerechtigkeit für Europa, Alternativen zum Austeritätswettlauf, in: Zirkular der „Arbeitsgruppe Alternative Wirtschaftspolitik", Heft Nr. 25, Bremen 1997, Deutsches Institut für Wirtschaftsforschung (DIW), Europäische Union: Osterweiterung beschleunigt Konvergenz, in: DIW-Wochenbericht 14/1997, sowie Bertelsmann Stiftung (Hrsg.), Mittel- und Osteuropa auf dem Weg in die Europäische Union, Gütersloh 1996, Herbert Schui, Eckart Spoo (Hrsg.), Geld ist genug da, Reichtum in

Die Staaten müssen dazu in Europa aufs Engste zusammenarbeiten. Der beste Weg dazu dürfte nach der Wirtschafts- und Währungsunion die zusätzliche europäische Integration in Form einer „Politischen Union" mit einem durch Wahlen demokratisch legitimierten und handlungsfähigen Europäischen Parlament sein.

<u>**Literatur:**</u>

Hubertus Adebahr, Währungstheorie und Währungspolitik, 2. Aufl., Berlin 1978

Jörn Altmann, Außenwirtschaft für Unternehmen - Binnenmarkt und Weltmarkt, Stuttgart 1993

Arbeitsgruppe Alternative Wirtschaftspolitik (Hrsg.), Memorandum '89, Köln 1989, Memorandum '96, Köln 1996, Memorandum '97, Köln 1997

Ulrich Baßeler, Jürgen Heinrich, Walter Koch, Grundlagen und Probleme der Volkswirtschaft, 13. Aufl., Köln 1991

Othmar Belker, Beschäftigungseffekte des Binnenmarktes, Freiburg .Br. 1991

Dieter Bender, Außenhandel, in: Vahlens Kompendium der Wirtschaftstheorie und Wirtschaftspolitik, Bd. 1, 4. Aufl., München 1990

Hartmut Berg, Außenwirtschaftspolitik, in: Vahlens Kompendium der Wirtschaftstheorie und Wirtschaftspolitik, Bd. 2, 4. Aufl., München 1990

Bertelsmann Stiftung (Hrsg.), Mittel- und Osteuropa auf dem Weg in die Europäische Union, Gütersloh 1996

Peter Bofinger, Währungswettbewerb, Köln, Berlin, Bonn, München 1985

Klaus Busch, Die Wirtschafts- und Währungsunion in Europa und die Konsequenzen für die Tarifpolitik der Gewerkschaften, in WSI-Mitteilungen, 1992

Paolo Cecchini, Europa '92, Cecchini-Bericht, Der Vorteil des Binnenmarktes, Baden-Baden 1988

Stefan Collignon, Der Euro als Ausweg aus der Krise, in: WSI-Mitteilungen, Heft 5/1997

Deutsche Bundesbank, Monatsberichte, Nr. 1/1997, Nr. 8/1997

Deutsches Institut für Wirtschaftsforschung (DIW), Wochenberichte Nr. 22 u. 23/1996, Nr. 14/1997, Nr. 23/1997, Nr. 27 u. 28/1997, Nr. 33/1997, Nr. 40/1997

Gustav Dieckheuer, Internationale Wirtschaftsbeziehungen, 3. Aufl. München, Wien 1995

Michael Emerson u.a., Ein Markt - Eine Währung. Potentielle Nutzen und Kosten der Errichtung einer Wirtschafts- und Währungsunion, Eine Studie der Kommission der Europäischen Gemeinschaften, Generaldirektion Wirtschaft und Finanzen, Bonn, Heidelberg, Brüssel 1991

Europäisches Währungsinstitut (Hrsg.), Fortschritte auf dem Wege zur Konvergenz, Frankfurt/M. 1996

Hans H. Glismann u.a., Weltwirtschaftslehre, I. Außenhandels- und Währungspolitik, 3. Aufl., Göttingen 1986

Helmut Görgens, Der Arbeitsmarkt im europäischen Integrationsprozeß, in: Helmut Gröner, Alfred Schüller (Hrsg.), Die europäische Integration als ordnungspolitische Aufgabe, Stuttgart u.a. 1993

Deutschland, 2. Aufl., Heilbronn 1996, Friedrich Heckmann, Eckart Spoo (Hrsg.), Wirtschaft von unten, Selbsthilfe und Kooperation, Heilbronn 1997

Wilhelm Henrichsmeyer, Oskar Gans, Ingo Evers, Einführung in die Volkswirtschaftslehre, 10. Aufl., Stuttgart 1993

Hans-R. Hemmer, Außenhandel II: Terms of Trade, in: in: Handwörterbuch der Wirtschaftswissenschaft (HdWW), Bd. 1, Stuttgart, Tübingen, Göttingen 1988

Hermann, W. Ochel, M. Wegner, Bundesrepublik und Binnenmarkt '92: Perspektiven für Wirtschaft und Wirtschaftspolitik, Berlin 1990

Helmut Hesse, Außenhandel I: Determinanten, in: Handwörterbuch der Wirtschaftswissenschaft (HdWW), Bd. 1, Stuttgart, Tübingen, Göttingen 1988

Ute Hirschburger, Hans-Jürgen Zahorka, Der Euro, So reagieren Unternehmen und Verbraucher auf die Europäische Währungsunion, 2. Aufl., Stuttgart 1996

Hösch, P.R. Szigeti, Volkswirtschaftslehre, 5. Aufl., Herne, Berlin 1988

Jörg Huffschmid, Wem gehört Europa? Bd.1 und Bd. 2, Heilbronn 1994

Jörg Huffschmid, Eine Steuer gegen die Währungsspekulation? in: Blätter für deutsche und internationale Politik, Heft 8/1995

Ifo-Schnelldienst, Nr. 20/1996

Hans-Joachim Jarchow, Peter Rühmann, Monetäre Außenwirtschaft, I. Monetäre Außenwirtschaftstheorie, 4. Aufl., Göttingen 1994

Hans-Joachim Jarchow, Peter Rühmann, Monetäre Außenwirtschaft, II. Internationale Währungspolitik, 3. Aufl., Göttingen 1993

Thomas Läufer, Europäische Gemeinschaft - Europäische Union, Die Vertragstexte von Maastricht, Bonn 1992

Dirk Löhr, Chancen und Risiken der Europäischen Währungsunion unter besonderer Berücksichtigung des Arbeitsmarktes, in: WSI-Mitteilungen, Heft 5/1997

Ralf-Michael Marquardt, Vom Europäischen Währungssystem zur Europäischen Wirtschafts- und Währungsunion, (Diss.), Frankfurt/M. 1994

Memorandum europäischer WirtschaftswissenschaftlerInnen, Vollbeschäftigung, sozialer Zusammenhalt und Gerechtigkeit für Europa, Alternativen zum Austeritätswettlauf, in: Zirkular der Arbeitsgruppe Alternative Wirtschaftspolitik, Heft Nr. 25, Bremen 1997

Kurt Rudolf Mirow, Die Diktatur der Kartelle, Zum Beispiel Brasilien, Materialien zur Vermachtung des Weltmarktes, Reinbek 1978

Christa Randzio-Plath, Europäische Währungsunion - Erosionsvehikel oder Gestaltungsfaktor? in: WSI-Mitteilungen, Heft 5/1997

Klaus Rose, Theorie der Außenwirtschaft, 10. Auf., München 1989

Karlheinz Ruckriegel, Zur Neubewertung der Währungsreserven der Deutschen Bundesbank, in: Das Wirtschaftsstudium (WISU) Heft 8/9 1997

Hermann Sautter, Zölle III, Handels- und Zollabkommen (GATT), in: Handwörterbuch der Wirtschaftswissenschaft (HdWW), Bd. 9, München, Stuttgart, Tübingen 1988

Claus Schäfer, Mit falschen Verteilungs-„Götzen" zu echten Standortproblemen, in: WSI-Mitteilungen, Heft 10/1996

Wolf Schäfer, Währungen und Wechselkurse, Würzburg, Wien 1981

Erich Schneider, Zahlungsbilanz und Wechselkurs. Eine Einführung in die monetären Probleme internationaler Wirtschaftsbeziehungen, Tübingen 1968

Jochen Schumann, Außenhandel III: Wohlfahrtseffekte, in: Handwörterbuch der Wirtschaftswissenschaft (HdWW), Bd. 1, Stuttgart, Tübingen, Göttingen 1988

Stephan Schulmeister, Euro-Projekt - Selbsterhaltungsdrang der Bundesbank und das Finale Deutschland gegen Italien, in: WSI-Mitteilungen, Heft 5/1997

Horst Siebert, Außenwirtschaft, 4. Aufl., Stuttgart 1989

Horst Siebert, Lohnzurückhaltung, Aufwertung und Beschäftigung, in: Wirtschaftswissenschaftliches Studium (WiSt), Heft 2/1997

Statistisches Bundesamt (Hrsg.), Die EU in Zahlen 1996

Hans Tietmeyer, Geldwertstabilität in der Währungsunion, in: Deutsche Bundesbank (Hrsg.), Auszüge aus Presseartikeln, Nr. 12

Robert B. Vehrkamp, Vom Europäischen Währungssystem zur Währungsunion, Wiesbaden 1995

Helmut Wagner, Europäische Wirtschaftspolitik, Persektiven einer Europäischen Wirtschafts- und Währungsunion (EWWU), Berlin, Heidelberg, New York 1995

Josef Weindl, Europäische Gemeinschaft (EU), 2. Aufl., München, Wien 1994

M. Wegner, Die Entdeckung Europas. Die Wirtschaftspolitik der Europäischen Gemeinschaft. Ein Grundriß, Baden-Baden 1991

Rudolf Welzmüller (Hrsg.), Marktaufteilung und Standortpoker in Europa, Köln 1990

Manfred Willms, Währung, in: Vahlens Kompendium der Wirtschaftstheorie und Wirtschaftspolitik, Bd. 1, 4. Aufl., München 1990

Artur Woll, Allgemeine Volkswirtschaftslehre, 11. Aufl., München 1993

Anton Zottmann, Theorie und Politik der Außenwirtschaft, Stuttgart 1967

Personenregister

Engelhardt W.H. 256, 262
Engelen-Kefer U. 348
Engels F. 7, 59, 100, 336, 337, 357, 389
Erhard L. 129, 247
Eschenberg T. 129
Eucken W. 129, 130, 175
Evers I. 60, 61, 464, 498, 511, 740

Owen R. 388, 597

Sachverzeichnis

www.ingramcontent.com/pod-product-compliance
Lightning Source LLC
LaVergne TN
LVHW080750300926
849162LV00008BA/1784